本书得到吉林大学考古学科双一流建设
和边疆考古研究中心出版经费资助

新果集（二）
——庆祝林沄先生八十华诞论文集

吉林大学边疆考古研究中心　编

科学出版社

北　京

内 容 简 介

本书共收录47篇论文，研究内容涉及考古学、古文字学、历史学、民族学等四个学科。考古学研究的论文为本书的主体，其次为古文字学、历史学研究的论文，只有一篇为民族学方面的论文。考古学研究的论文内容丰富，主要为中国北方民族考古、商周考古、东北考古研究的论文，所涉及的年代从石器时代一直到明清时期，此外还有一篇关于近现代考古学史的论文。古文字学的论文以文字考释、战国文字研究为主。历史学方面的论文可分为商周历史、东北史两类。

本书可供考古学、历史学及相关领域研究者及高校相关专业的师生阅读参考。

图书在版编目（CIP）数据

新果集（二）：庆祝林沄先生八十华诞论文集 / 吉林大学边疆考古研究中心编 .—北京：科学出版社，2018.12

ISBN 978-7-03-059974-2

Ⅰ. ①新… Ⅱ. ①吉… ②吉… Ⅲ. ①考古－中国－文集 Ⅳ. ①K870.4-53

中国版本图书馆CIP数据核字（2018）第282834号

责任编辑：王琳玮 / 责任校对：邹慧卿
责任印制：肖 兴 / 封面设计：金舵手世纪

科学出版社 出版
北京东黄城根北街16号
邮政编码：100717
http://www.sciencep.com

中国科学院印刷厂 印刷

科学出版社发行 各地新华书店经销

*

2018年12月第 一 版 开本：787×1092 1/16
2018年12月第一次印刷 印张：38 1/2
字数：920 000

定价：328.00 元

（如有印装质量问题，我社负责调换）

目　录

穆棱河流域上游旧石器工业研究

陈全家[1]　刘石拓[1]　李有骞[2]　李万博[1]

（1. 吉林大学考古学院；2. 黑龙江省文物考古研究所）

一、绪　　论

（一）穆棱河流域概况

穆棱河，土名“牤牛河”，在金代称“毛怜河”（《东北开发史》）、“暮棱水”（《吉林通志》），元时称“莫力河”，明时称“麦兰河”，清初称“木伦河”“木楞河”（《1881年宁古塔副都统卷》），清末改称穆棱河。毛怜、暮棱、莫力、麦兰、木伦、木楞，皆女真（即满洲）语，历史相传转音为穆棱河。“穆棱”在满语中有“马”或“牧马”之意，穆棱河流域是古代渤海国牧马场，因此得名。穆棱河发源于老爷岭山脉东坡穆棱窝集岭，老爷岭山脉原是原始大森林，河流源出于大森林之中，故文献记载穆棱河发源于窝集岭。源头的确切位置在窝集岭北坡，海拔773米处，北纬43°54′25″，东经130°00′41″，在共和乡西南225千米[1]。

穆棱河上游流经在崇山峻岭，下游流经广袤平原，自西南流向东北，流经穆棱、鸡西、鸡东、密山、虎林五个市县，在虎头镇南注入乌苏里江[2]。

在穆棱市，穆棱河上游河段长223.5千米，从南到北纵贯全县中部，占全县径流面积95%，由源头到县城八面通河水下降515米，上游坡陡流急，平均坡降1/400，进入八面通平原以后，流水变缓坡降在1/800左右。

穆棱河在穆棱市境内大小支流和沟汊有1242条，流域面积超过30平方千米的39条，河流长度超过10千米51条，其中流长在50千米以上的有荒草沟河、大石头河、雷峰岐河和亮子河。穆棱河两岸山多林密，自然资源丰富，土地肥沃，灌溉便利，为农林牧副渔业和多种经营的综合发展提供极为有利的自然条件。

（二）2016年穆棱河流域田野考古调查收获

2016年4月20日至5月1日，由黑龙江省文物考古研究所、吉林大学边疆考古研究中心和黑龙江省穆棱市文管所组成的旧石器联合考古调查队，对穆棱河流域进行专题性的考古田野调查。本次田野调查是以穆棱市和鸡西市等高线地形图为依据，筛选出适于古人类生存并具备第四纪埋藏条件的河流阶地，并结合以往的田野调查经验，确定了以穆棱河干流为重点的考察区域。在调查过程中，对出露较好的第四纪剖面进行观察，并选择合适的阶地进行调查。发现文化遗物后，分析其沉积性质、寻找文化遗存的原生层位，并对所发现的地点用全球定位系统（GPS）定位，记录地点的地理位置、地貌特征、地层情况、地点面积、石器数量及绘制河谷剖面图等。通过此次联合考古调查，发现了共和碱场劈山地点[3]、共和胜利北山地点[4]、共和靠山东山地点[5]、穆棱八家子地点[6]、穆棱西岗村地点[7]、兴源小西崴子东山地点[8]、马桥河郑家崴子东山地点[9]、马桥河西河西山地点、下城子东南山地点[10]、下城子霍家窝棚北山地点[11]、下城子新民南岗地点[12]、下城子梨树南山地点、八面通四平山第一地点、八面通四平山第二地点、八面通四平山第三地点、八面通红土山地点、亮子河南山地点、康乐二排山地点、八面通秀池南岗地点、八面通秀池后山地点、鸡西梨树河口东山地点、鸡西麻山山河西山地点，共22处旧石器地点，均位于穆棱河上游及中游两岸的Ⅱ、Ⅲ、Ⅳ级阶地上，分别隶属于共和、穆棱、兴源、下城子、马桥河、梨树及麻山等乡镇。共采集石器1000余件，石器原料包括流纹岩、燧石、硅质泥岩、黑曜岩、砂岩和玛瑙等；剥片以锤击法为主，也存在一定比例的间接剥片法；石器类型十分丰富，包括锤击石核、石叶石核、细石叶石核、石片、石叶、细石叶、刮削器、端刮器、钻器、锯齿刃器和砍砸器等；工具的修理多采用锤击法。

二、旧石器地点概况

（一）地点分布及地形地貌

穆棱河流域上游所发现的旧石器地点共10处（图一）。

靠山东山旧石器地点位于穆棱市共和乡靠山村靠山东山Ⅱ级阶地上，地理坐标为N44°09′20.55″，E130°12′52.60″，海拔为503米。地点在共和盆地的北缘，西距靠山村300米，南距共和乡4500米，穆棱河在该地点的东、南两侧由西南向东北流过，河谷约400米宽，河床约10米，靠山东山旧石器地点位于穆棱河Ⅱ级阶地。

新民南岗旧石器地点位于下城子镇新民村，北距新民村1325米，南距霍家窝棚村1725米，西距穆棱河375米东邻公路。海拔为320米。地理坐标为N44°44′09.36″、E130°26′07.15″。穆棱河在此自南向北流过。河谷较宽，约1125米；河床宽75米，河道弯曲，江心滩较多。在地点南北两侧各有一条小支流，汇入穆棱河。周围群山环绕，植被茂盛，最高峰506.6米。石器采自地表和耕土层，无文化层，基岩为千枚岩。

西岗村地点位于黑龙江省牡丹江穆棱市穆棱镇西岗村穆棱河西岸的Ⅲ级阶地上。东距穆棱河1125米，北距西岗村50米，南距河南村1350米，西距大桥子站3000米。地理坐标为N44°30′52.74″，E130°14′36.85″。北林子河从西岗村地点南侧自西向东汇入穆棱河，穆棱河在地点东侧流过，形成河谷阶地的侵蚀地貌。河床宽约175米，河道弯

图一　穆棱河流域上游旧石器地点分布示意图

1. 下城子新民南岗地点　2. 下城子霍家窝棚北山地点　3. 下城子东南山地点　4. 马桥河郑家崴子东山地点　5. 兴源小西崴子东山地点　6. 穆棱西岗村地点　7. 穆棱八家子地点　8. 共和靠山东山地点　9. 共和胜利北山地点　10. 共和碱场劈山地点

曲，发育多处江心滩。地点周围群山环绕，海拔均为500米左右。Ⅰ级阶地为冲积阶地，砂砾层；Ⅲ级阶地为侵蚀阶地，下部为千枚岩基岩，上部为耕土层。石器皆出土于Ⅲ级阶地上部的耕土层中，无文化层堆积。

八家子地点位于黑龙江省牡丹江穆棱市穆棱镇八家子村的穆棱河西岸的Ⅲ级阶地上。北距蜂子窝村875米，东距穆棱河500米，东南距后腰岭子1250米，西北距后八家1200米。地理坐标为N44°27′38.62″，E130°15′33.39″。穆棱河在八家子地点东侧自南向北流过，形成河谷阶地的侵蚀地貌。河谷较窄，约为150米，河床宽约20米。地点周围群山环绕，最高峰海拔约637米。Ⅰ级阶地为冲积阶地，砂砾层；Ⅲ级阶地为侵蚀阶地，下部为花岗岩基岩。石器皆分布于花岗岩风化壳上，无文化层堆积。

霍家窝棚北山地点位于黑龙江省牡丹江穆棱市下城子镇霍家窝棚村穆棱河东岸的Ⅲ级阶地上。北距新民村2250米，南距霍家窝棚村625米，西距穆棱河1050米，东南距下城子镇4125米。地理坐标为N44°43′38.55″，E130°26′07.00″。穆棱河在霍家窝棚北山地点西侧自南向北流过，形成河谷阶地的侵蚀地貌。河谷较宽，约为1100米，主河道位于左岸附近，宽约75米，河道弯曲，河漫滩有一个大的牛轭湖。周围群山环绕，最高峰506.6米。Ⅰ级阶地为冲积阶地，砂砾层；Ⅱ级阶地为侵蚀阶地，下部为千枚岩基岩，上部为耕土层。石器皆出土于Ⅲ级阶地上部的耕土层中，无文化层堆积。

碱场劈山旧石器地点位于黑龙江省穆棱市共和乡碱场村，东北距共和乡2000米，西南距团结水库750米，西距穆棱河1000米东邻公路。海拔为525米。地理坐标为N44°05′26.10″、E130°11′41.77″。劈山地点就处在穆棱河西岸的Ⅱ级阶地上，周围群山环绕，植被茂盛。石器采自地表和耕土层。

小西崴子东山旧石器地点隶属黑龙江省穆棱市兴源镇西崴子村，东北距兴源镇约2500米，西南距西崴子村1000米，东南距穆棱河1125米。地理坐标为N44°34′59.85″，E130°18′50.07″，海拔430米。穆棱河在地点的东南方向自西南向北流过，河谷宽1375米，河道弯曲，宽约50米，江心滩、牛轭湖发育。其东南与西北两侧有群山，西北最高峰约503米。地点所在Ⅲ级阶地基岩为千枚岩，无地层。

下城子东南山地点位于黑龙江省穆棱市下城子镇东南山，海拔355米。地理坐标为N44°40′39.51″，E130°28′21.04″。西北距下城子镇1250米，西南距南站1750米，西距穆棱河干流2625米。下城子东南山地点处在穆棱河右岸Ⅱ级阶地上，周围群山环绕，最高峰510米。

郑家崴子东山地点位于黑龙江省穆棱市马桥河镇新站村，地理坐标为N44°40′01″，E130°33′19″，海拔370米。地点西北距新站村1400米，东距头道桥屯1500米，北距马桥河300米，面积约30000平方米。地点位于穆棱河支流马桥河的Ⅱ级阶地上，其地层状况自上而下可分为四层：第1层：耕土层，厚约20～25厘米；第2层：黄色亚黏土，厚约10～25厘米，出有石制品；第3层：砾石层，厚约20～30厘米；第4层：砂岩基岩。

胜利北山旧石器地点隶属共和乡胜利村，地理坐标为N44°08′04.22″，E130°11′13.31″。南距胜利村约75米，北距永华村1525米，东距穆棱河约275米，公路1800米，东南距共和乡约2500米。东距屁股山约1800米。地点位于共和盆地西侧中部。穆棱河在地点的东侧由南向北流过，屁股山位于地点的东侧，海拔为748.1米。

（二）石 器 概 况

穆棱河上游的10处旧石器地点，共发现584件石器（表一）。

表一　各地点石器类型统计表

石器类型 \ 地点名称				靠山东山	新民南岗	西岗村	八家子	霍家窝棚北山	碱场劈山	小西崴子东山	东南山	郑家崴子东山	胜利北山	总计
石核	锤击石核	单台面			4		1	3	5	1		4	5	23
		双台面			2	1		2	4	1		4		14
		多台面							5	1		2		8
	石叶石核										2			2
	细石叶石核										1	1	1	3
石片	完整石片			15	3	1		5	22	1	4	29	8	88
	断片	近端断片		8	3			3	5	2	4	7	9	41
		中间断片			4				4		5	1	3	17
		远端断片		1				3	6		9	3		22
		右断片							1					1
		左断片		3					1	1				5
石叶	完整												1	1
	近端断片							1						1
	远端断片							2						2
细石叶									1				2	3
工具	一类	石锤			1			1						2
	二类	刮削器	单刃	3	2		1	2	9	3	5	10	1	36
			双刃	1	4			1		1		1	1	9
		尖刃器			2								1	3
	三类	刮削器	单刃	22	5	2		9	29	9	6	11	35	128
			双刃	5	4	1		1	3	7	2	1	5	29
			复刃		1					1	1			3
		尖刃器		6	2			2	5	2	2		4	23
		凹缺器		2	2				1	1		2		8
		砍砸器		2	2			1		1				6
		锛型器		1										1

续表

石器类型 \ 地点名称			靠山东山	新民南岗	西岗村	八家子	霍家窝棚北山	碱场劈山	小西崴子东山	东南山	郑家崴子东山	胜利北山	总计
工具	三类	尖状器		1							2		3
		雕刻器			1			2					3
		钻器				1							1
		石镞					1						1
		锯齿刃器						1					1
		端刃器						3		2	2	2	9
		两面器									2	8	10
		手镐							2				2
断块			1	4	1	1	2	19	1	5	30	11	75
总计			70	46	7	4	39	126	35	48	112	97	584

三、石器工业

穆棱河上游发现的10处旧石器地点，本文将其分为3种石器工业类型：石片工业、石叶工业和细石叶工业。

（一）分类标准

在进行石器研究之前，需要介绍本文所使用的分类方法。本文所提到的“石器”并不是通常所谓的利用岩石或矿物为原料，并运用一定的技法或技术所制作的使用工具。这里的“石器”是指：具有一定人工痕迹的石制品，包括石核、石片、断块和工具[13]。本文的石器分类是依据陈全家教授的分类标准，将石器分为石核、石片、石叶、断块、一类工具、二类工具和三类工具。每一类还可根据不同的情况分成小类，以此类推，具体分类如下：

石核

锤击石核

单台面

双台面

多台面

盘状

石叶石核

单台面

双台面

细石叶石核

船底形

楔形

石片

完整石片

断片

横向断片

近端

中间

远端

纵向断片

左断片

右断片

石叶

石叶近端

石叶中段

石叶远端

工具

一类工具：是指用来加工工具的工具，包括石锤、石砧等。

二类工具：是指经初步剥片，未经第二步加工而直接使用的石片、石叶。

三类工具：是指经初步剥片，再经第二步加工或由砾石、块状等直接加工而形成的工具，包括刮削器、端刮器、锯齿刃器、钻器、凹缺器、锛形器和砍砸器等。

古人类常会依据每件工具毛坯刃缘的锋利程度、大小和形状以及把手易握等不同的因素，制作出适于使用的工具。对毛坯的不同部位的加工既体现出了古人类对工具更加深刻的理解，又体现了在制作上的进步性。根据毛坯刃缘的锋利程度再进行加工修理，即修刃；根据刃缘的长短和形状是否达到正常的使用标准再进行加工修理，往往是一端或两端折断，即修形；再根据手握部位是否易握而进行加工修理，即修理把手。因此，在三类工具上会常出现以下 7 种情况，即：

① 仅修刃，不修形和修理把手。

② 修刃，修形，但不修理把手。

③ 修刃，不修形，但修理把手。

④ 修刃，修形以及修理把手。

⑤ 直接使用石片或石叶锋利的边缘，修形，但不修理把手。

⑥ 直接使用石片或石叶锋利的边缘，不修形，但修理把手。

⑦ 直接使用石片或石叶锋利的边缘，修形，修理把手。

（二）石片工业

属于此类型的旧石器地点包括靠山东山地点、新民南岗地点、西岗村地点和八家子地点等4处，共发现石器127件，包括石核、石片、工具和断块，具体分析如下：

1. 石核

共8件。均为锤击石核，分为单台面和双台面石核。

（1）单台面　5件。长36.4～67.2毫米，平均长56.1毫米；宽42.2～110.8毫米，平均宽62.8毫米；厚28.6～118.3毫米，平均厚46.62毫米；重56.1～1368.3克，平均重342.86克。原料为石英岩和燧石，修理台面1件，打击台面1件，自然台面3件，均保留了部分自然面（图二，1、3）。

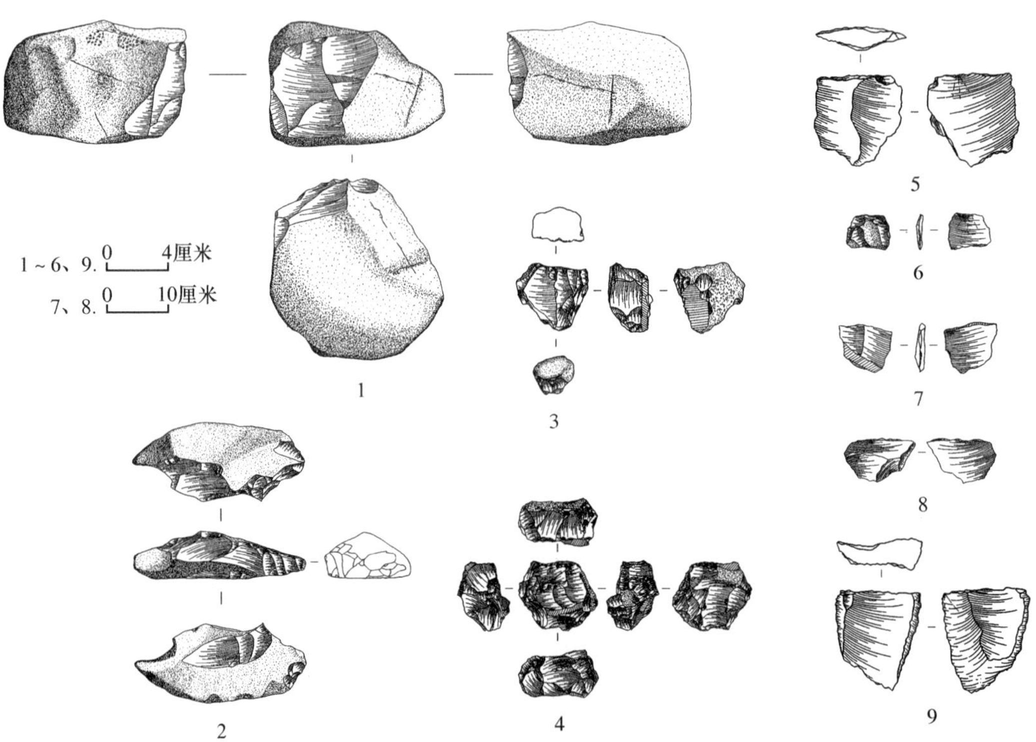

图二　石片工业石核、石片

（1为八家子地点，2为西岗村地点，3、4、6、7为新民南岗地点，5、8、9为靠山东山地点）

1、3. 单台面石核　2、4. 双台面石核　5. 完整石片　6. 近端断片　7. 中间断片　8. 远端断片　9. 右断片

（2）双台面　3件。长29.1～91.6毫米，平均长63.4毫米；宽44.5～103.1毫米，平均宽83.5毫米；厚37.3～88.7毫米，平均厚64.7毫米；重128.2～767.3克，平均重291.7克。原料为燧石、石英和硅质灰岩。形状均不规则，台面包括修理、自然和打击台面（图二，2、4）。

小结：石片工业所发现的锤击石核较少，原料主要为石英岩和燧石，也包括石英和硅质灰岩，石核的剥片率尚可，且有台面加工现象，说明本地的石片工业剥片技术有一定基础。石核大小几乎都为大中型，应该比较符合剥片需求。

2. 石片

共 38 件。根据断裂程度和形态分为完整石片、近端断片、中间断片、远端断片、右裂片。

（1）完整石片　19 件。长 17.6 ~ 59.5 毫米，平均长 33.7 毫米；宽 24.5 ~ 70.1 毫米，平均宽 38.7 毫米；厚 5.1 ~ 27.8 毫米，平均厚 11.1 毫米；重 1.9 ~ 158.2 毫米，平均重 24.3 克，石片角平均为 101.9°。原料以砂岩为主，其余包括泥质岩、硅质岩、角砾岩、玛瑙、黑曜岩和凝灰岩。均为锤击石片，台面以素台面为主，兼有打击台面、有疤台面、线台面、有脊台面。绝大多数完整石片打击点较集中，且石片腹面特征尚比较明显可辨。背面多数带疤（图二，5）。

（2）近端断片　11 件。长 10.7 ~ 26.4 毫米，平均长 24.1 毫米；宽 14.5 ~ 44.2 毫米，平均宽 28.3 毫米；厚 3.1 ~ 7.8 毫米，平均厚 6.5 毫米；重 0.5 ~ 10.7 克，平均重 6.1 克。原料包括砂岩、泥质岩、燧石、玛瑙、硅质泥岩和灰岩，台面包括素台面、线台面、点台面、有脊台面和有疤台面。打击点集中，半锥体较凸出，放射线及同心波都比较明显，部分背面有疤（图二，6）。

（3）中间断片　4 件。长 11.8 ~ 32.1 毫米，平均长 20.7 毫米；宽 16.1 ~ 20.5 毫米，平均宽 18 毫米；厚 3.45 ~ 6.56 毫米，平均厚 4.3 毫米；重 0.7 ~ 4.4 克，平均重 2 克，原料包括硅质泥岩、燧石、流纹岩、石英，背面石片疤数量为 1 ~ 4 个（图二，7）。

（4）远端断片　1 件。原料为泥质岩，长 28.3 毫米，宽 44.8 毫米，厚 6.6 毫米，重 8.7 克，腹面微凸，背面见三个剥片片疤，远端羽状尖灭（图二，8）。

（5）右断片　3 件。平均长 42.2 毫米，平均宽 52.7 毫米，平均厚 31.1 毫米，平均重 39.6 克，石片角平均为 80°。原料包括砂岩和硅质岩，均为素台面，腹面微凸，有轻微放射线（图二，9）。

小结：石片以完整石片为主，近端断片次之。原料则以砂岩为多数，泥质岩次之，其他各类型较少。台面以素台面占多数，存在其他多种类型台面。打击点也多为较集中，背面多数为有疤背面。石片多为小型。

3. 工具

共 74 件。包括一类、二类和三类工具。

（1）一类工具　1 件。锤击石锤。原料为角砾岩。长 96.4 毫米，宽 72.2 毫米，厚 40.7 毫米，重 409.3 克。在石锤两端均有锤击痕迹，崩疤较多。大小合适，利于把握（图三，1）。

（2）二类工具　13 件。包括尖刃器和刮削器。

① 尖刃器　2 件。原料为角砾岩、燧石等。均为片状毛坯。长 25.9 ~ 82.1 毫米，平

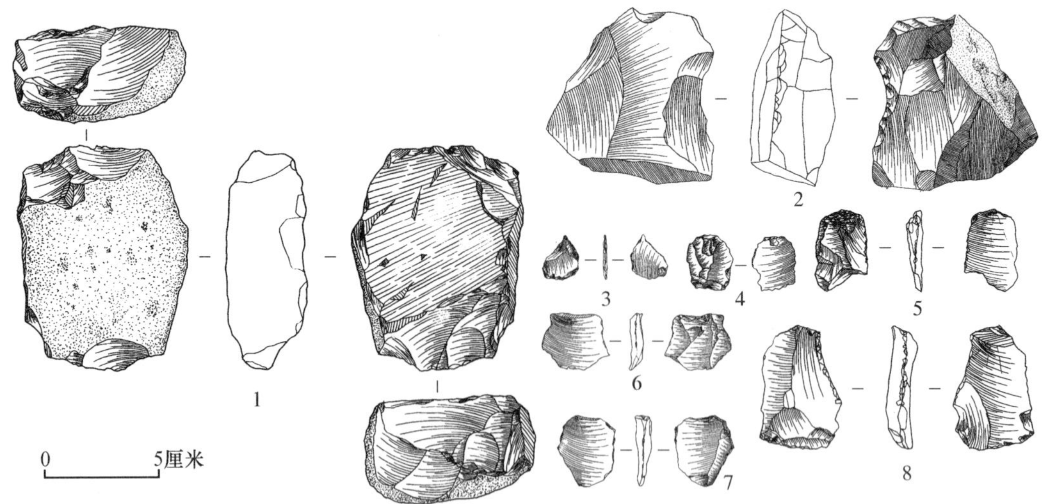

图三　石片工业一、二类工具

（1、3、5～8 为新民南岗地点，2 为八家子地点，4 为靠山东山地点）

1. 锤击石锤　2. 单凹刃刮削器　3. 尖刃器　4. 直凸刃刮削器　5. 单直刃刮削器
6. 凹尖刃刮削器　7. 双直刃刮削器　8. 凹凸刃刮削器

均长 53.7 毫米；宽 20.6～45.9 毫米，平均宽 33.1 毫米；厚 2～17.1 毫米，平均厚 9.6 毫米；重 1～62.9 克，平均重 32 克。刃缘长 22.8～36.1 毫米。刃角 13°～73°（图三，3）。

② 刮削器　11 件。可分为单刃刮削器和双刃刮削器。单刃刮削器可分为单直刃和单凹刃，双刃刮削器可分为直凸刃、双直刃、凹尖刃和凹凸刃。

单直刃　5 件。长 31.4～64.5 毫米，平均长 38.6 毫米；宽 21.8～42.3 毫米，平均宽 29.8 毫米；厚 7.2～26.9 毫米，平均厚 12.8 毫米；重 4.8～72.7 克，平均重 21.7 克。刃长 24.5～54.1 毫米，平均 26.1 毫米；刃角 34°～55°，平均为 41.2°。原料为砂岩、泥质岩、石英和角砾岩，毛坯为完整石片和断片，石器在刃部均有不连续的小疤，应为刃部使用留下的痕迹（图三，5）。

单凹刃　1 件。长 77.6 毫米，宽 76.7 毫米，厚 34.1 毫米，重 162.2 克。原料为凝灰岩。毛坯为石块。石料较粗糙，石器节理面多，造成多处断裂。刃长 58.3 毫米，刃角约 50°，无明显加工痕迹，利用石块锋利的自然边作为刃部，使用痕迹明显（图三，2）。

直凸刃　1 件。毛坯为一完整石片，原料为燧石，整体呈长方形，长 26.4 毫米，宽 22.2 毫米，厚 4.3 毫米，重 2.9 克，刃缘可见连续分布细小崩疤，推测为使用造成，直刃刃长 10.6 毫米，刃角 29°，凸刃刃长 8.8 毫米，刃角 26°（图三，4）。

双直刃　2 件。原料为角砾岩和燧石。长 28.7～32.3 毫米，平均长 30.5 毫米；宽 28.2～29 毫米，平均宽 28.6 毫米；厚 6.7～8.3 毫米，平均厚 7.5 毫米；重 4.5～6.4 克，平均重 5.5 克。刃长 12～19.3 毫米，刃角 17°～38°。石器在刃部均有不连续的小疤，应为刃部进行使用所留下的痕迹（图三，7）。

凹尖刃　1 件。原料为砂岩，长 23.3 毫米，宽 30.3 毫米，厚 5.5 毫米，重 3.4 克。片状毛坯，形状不规则。凹刃刃长 15 毫米，刃角 33°；两自然边夹一角做尖刃，刃角 63°（图三，6）。

凹凸刃 1件。原料为硅质泥岩。长53.1毫米，宽35.6毫米，厚12.1毫米，重20.2克。片状毛坯，形状不规则。凹刃为锋利的自然边，刃长32.4毫米，刃角31°~63°；凸刃刃长34.3毫米，刃角44°~56°（图三，8）。

小结：二类工具以刮削器居多，原料为砂岩、燧石、角砾岩等混杂，各占一部分。毛坯以完整石片为主，断片占小部分。使用痕迹大多比较明显，大小以中小型为主。

（3）三类工具 60件。包括刮削器、尖刃器、凹缺器、砍砸器、尖状器、雕刻器、钻器和锛型器。

① 刮削器 40件。可分为单刃刮削器、双刃刮削器和复刃刮削器。单刃刮削器可分为单直刃、单凸刃和单凹刃，双刃刮削器可分为双直刃、直凹刃、直凸刃、凹刃凹缺刃、凹凸刃和直刃锯齿刃。

单直刃 15件。长24.2~69毫米，平均长42.4毫米；宽24.3~57.9毫米，平均宽37.7毫米；厚6.9~19.3毫米，平均厚10.4毫米；重4.1~100.3克，平均重25.3克。刃长17.9~51.6毫米，平均为35.6毫米。原料为砂岩、泥质岩、角砾岩和石英岩。毛坯为完整石片和断片。加工方式以复向加工为主，也有正向、反向加工（图四，2）。

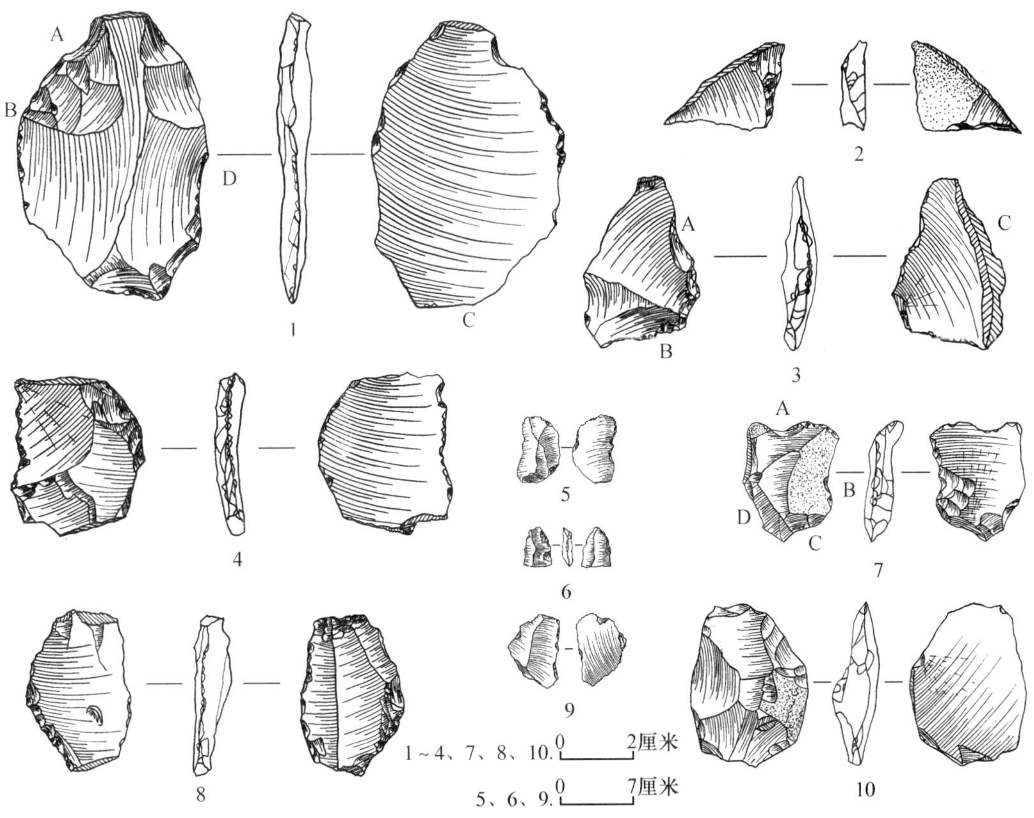

图四 石片工业三类工具之刮削器

（1~4、8为新民南岗地点，5、6、9为靠山东山地点，7、10为西岗村地点）

1. 复刃 2. 单直刃 3. 直凹刃 4. 直凸刃 5. 凹凸刃 6. 直刃锯齿刃 7. 凹刃凹缺刃 8. 双直刃 9. 单凹刃 10. 单凸刃

单凸刃　10件。长31.6～44.9毫米，平均长41.8毫米；宽27.9～41.5毫米，平均宽39.9毫米；厚8～12.4毫米，平均厚10.3毫米；重8.1～31.1克，平均重21克，平均刃长为31.3毫米，平均刃角为43.1°。原料为砂岩、硅质岩和硅质泥岩。多为正向加工，有修型处理，加工修理较简单（图四，10）。

单凹刃　4件。平均长41.5毫米，平均宽40.8毫米，平均厚10.1毫米，平均重21.9克，平均刃长为31.1毫米，平均刃角为46°。原料为砂岩和硅质岩，主要为正向加工，有截断修型修理方式（图四，9）。

凹凸刃　2件。平均长63.6毫米，平均宽57.8毫米，平均厚11.4毫米，平均重44.5克，平均刃长58.6毫米，平均刃角为46°。原料为砂岩和泥质岩，除一边刃为反向加工为均为复向加工，加工较为精细（图四，5）。

双直刃　3件。平均长51.7毫米，平均宽39.7毫米，平均厚10.6毫米，平均重23.6克。原料为砂岩、石英和硅质泥岩，分别经过复向加工和反向加工，有截断修理行为（图四，8）。

直凹刃　1件。原料为砂岩。长31.3毫米，宽47.9毫米，厚9毫米，重12克。片状毛坯，形状不规则。B经正向修理，做直刃，刃长23.2毫米，刃角48°；A为锋利的自然边直接使用。形成凹刃，刃长15.3毫米，刃角32°。C处为修形，是有意折断，使石器大小合适，方便使用（图四，3）。

直凸刃　2件。平均长25毫米，平均宽21.8毫米，平均厚5.4毫米，平均重3.6克。原料为砂岩和黑曜岩，分别使用了正向加工和反向加工，且都利用了一条自然边作为刃，有折断修型处理（图四，4）。

凹刃凹缺刃　1件。长33.6毫米，宽26.3毫米，厚6.4毫米，重5.6克。原料为黑曜岩。毛坯为石片远端断片，背面为石片疤和石皮，石皮约占整个石器表面积的25%。A处经过数次硬锤正向加工形成凹缺刃，凹缺刃长13.1毫米，正中使用磨损痕迹清晰。B处经过数次硬锤反向加工形成凹刃，刃部有连续的鱼鳞状使用疤，凹刃长20.1毫米，刃角约70°。C和D处经过简单加工，为修形（图四，7）。

直刃锯齿刃　1件。毛坯为一完整石片，原料为砂岩，长39.9毫米，宽30.4毫米，厚10毫米，重10.9克，左侧边经过反向加工成锯齿刃，刃长18.3毫米，刃角34°。右侧边经复向加工成一直刃，刃长30.3毫米，刃角50°（图四，6）。

复刃　1件。原料为泥岩。长76.7毫米，宽51.4毫米，厚9.3毫米，重37.5克。片状毛坯，形状不规则。四个直刃。A为正向修理，刃长18毫米，刃角30°；B为自然边，刃长14.5毫米，刃角40°；C为自然边做刃，刃长21.3毫米，刃角29°；D为自然边做刃，刃长24.1毫米，刃角23°（图四，1）。

小结：刮削器以单刃为主。单刃的修理相较双刃简单一些，双刃的刃缘类型较多，加工修理方式也更多样。原料以砂岩居多，硅质岩、泥质岩等各占一部分。毛坯以完整石片居多。修型尤以截断为代表存在较多。石器大小以中型为多数。

② 尖刃器　8件。长16～58.1毫米，平均长52.1毫米；宽22.4～46.1毫米，平均宽42.7毫米；厚5.1～14.1毫米，平均厚12.8毫米；重1.4～42克，平均重36.2克。原

料为砂岩、泥质岩和玛瑙，毛坯为完整石片和断片，采用正向和反向加工形成两边刃口。其中泥质岩石器为尖刃器毛坯（图五，5）。

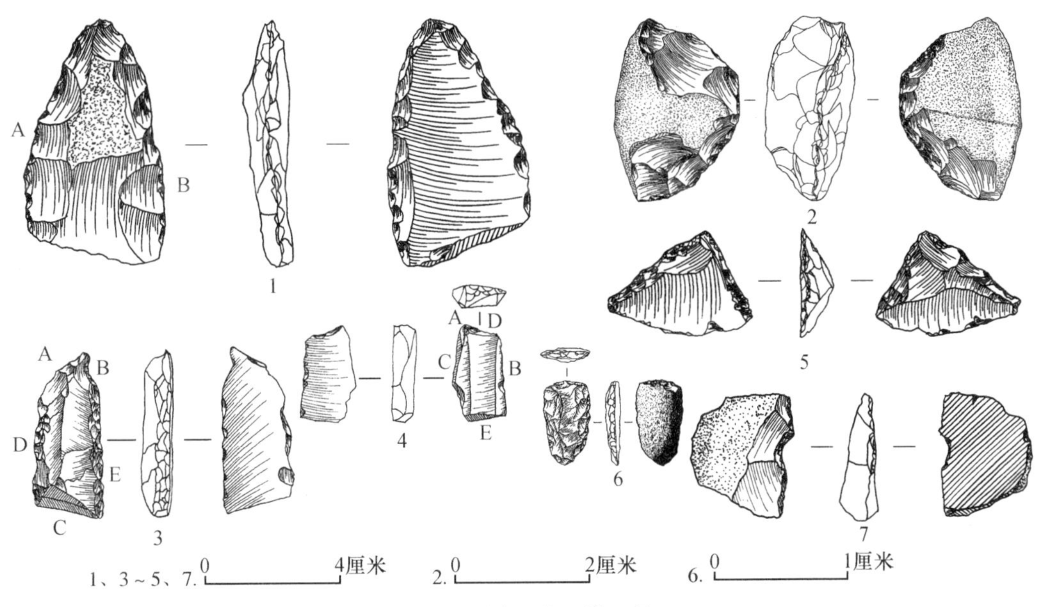

图五　石片工业三类工具

（1、2、5、7为新民南岗地点，3为八家子地点，4为西岗村地点，6为靠山东山地点）

1. 尖状器　2. 砍砸器　3. 钻器　4. 雕刻器　5. 尖刃器　6. 锛型器　7. 凹缺器

③ 凹缺器　4件。长35.5～43.6毫米，平均长37.6毫米；宽26.5～28.9毫米，平均宽28.1毫米；厚10.7～18.4毫米，平均厚12.6毫米；重9～15.6克，平均重11克。刃长11.4～22.5毫米，平均为15.2毫米；刃角35°～69°，平均为56.5°。原料为砂岩、硅质岩和石英岩。毛坯均为完整石片，刃口均为反向加工修理而成（图五，7）。

④ 砍砸器　4件。长88.4～107毫米，平均长96.5毫米；宽55～131毫米，平均宽85.7毫米；厚19～55.6毫米，平均厚33.5毫米；重166～499.7克，平均重293.3克。平均刃长为94毫米，平均刃角为67°。原料为砂岩和角砾岩，毛坯为片状和块状，个体体积均较大，其中一件有四个刃，经过细致修理，十分实用（图五，2）。

⑤ 尖状器　1件。为桂叶形尖状器，原料为石英砂岩。长35.1毫米，宽21.5毫米；厚7.2毫米；重4.8克。片状毛坯，A、B两刃的刃长为36.6毫米，40.7毫米，所夹刃角约37°。器形小巧，几乎通体加工，较为精致（图五，1）。

⑥ 雕刻器　1件。为修边雕刻器。标本16MX：6，长28.6毫米，宽15.5毫米，厚6.8毫米，重3.2克。形状近长方形，原料为黑曜岩。毛坯为石叶中端断片，背面均为石片疤。A为雕刻器的刃，由C所在的边从上往下打击两次和D所在的边经过多次正向加工形成，刃呈“一”字形，长6.6毫米，刃角为74°。B所在的边为石叶的自然边，存在明显不连续的鱼鳞状使用疤，因此此雕刻器存在明显的一器多用现象，即既作为雕刻器也作为单直刃刮削器使用，此直刃长24.3毫米，刃角59°。D处折断，是为修形，使雕刻器形状更为规整与精美（图五，4）。

⑦ 钻器 1件。长48.2毫米，宽20.7毫米，厚8.9毫米，重10.3克。原料为流纹岩。毛坯为石叶中端断片，背面均为石片疤。A和B所夹的喙嘴形尖角为钻尖，A边为直刃，长9.4毫米，反向加工；B边为凹刃，长10.1毫米，正向加工；因此整个钻头为错向加工而成，刃角约40°。C处折断；D和E所在的边存在连续的相互叠压的多层修疤，且D边修疤多为内嵌式，E边修疤都在背面，此钻器应使用平面垂直砸击和硬锤正向锤击两种修理方式，使钻器外形精美，大小适中（图五，3）。

⑧ 锛型器 1件。毛坯为断块。原料为硅质岩，背面保留石皮，长87.6毫米，宽46.7毫米，厚13.8毫米，重68克，一短边经复向加工成刃，刃长39毫米，刃角40°。锛型器形制可能是旧石器时代晚期定型器物端刮器的雏形（图五，6）。

小结：三类工具类型较多。砍砸器体积较大，但也有加工细致者。尖状器等小型石器加工精美复杂，在本地石片工业具有一定代表性。原料多样，小型石器原料质地比较好，大型石器质地相对粗糙一些，体现出了加工技术对不同程度原料的利用目标。

4. 断块

共7件，断块为石器制作过程中的不规则多余废弃。长21.4～40毫米，平均长31.5毫米；宽13.4～26.9毫米，平均宽22.5毫米；厚8.5～17.2毫米，平均厚12.7毫米；重1.8～17.4克，平均重7.2克。

（三）石 叶 工 业

属于此类型的旧石器地点为霍家窝棚北山地点，共发现石器39件，包括石核、石片、石叶、工具和断块，具体分析如下：

1. 石核

共5件。均为锤击石核，根据台面数量分为单台面石核和双台面石核。

（1）单台面石核 3件。长19.7～34.7毫米，平均长24.9毫米；宽32.8～77.2毫米，平均宽50.5毫米；厚13.1～56.8毫米，平均厚33.2毫米；重11.3～87克，平均重38.7克。原料为燧石和板岩。自然台面，最大的剥片疤长23.1毫米，宽40.9毫米。石核形状很不规则（图六，5）。

（2）双台面石核 2件。长42.2～90.5毫米，平均长66.35毫米；宽25.3～145.5毫米，平均宽85.4毫米；厚39.7～132.5毫米，平均厚86.1毫米；重40.7～1730.7克，平均重885.7克。原料为燧石和凝灰岩（图六，1）。

2. 石片

共11件，根据完整程度分为完整石片、近端断片和远端断片。

（1）完整石片 5件。长11.8～25.4毫米，平均长18.54毫米；宽8.3～37.6毫米，平均宽21.36毫米；厚1.4～7.8毫米，平均厚4.28毫米；重0.1～6.3克，平均重2.04

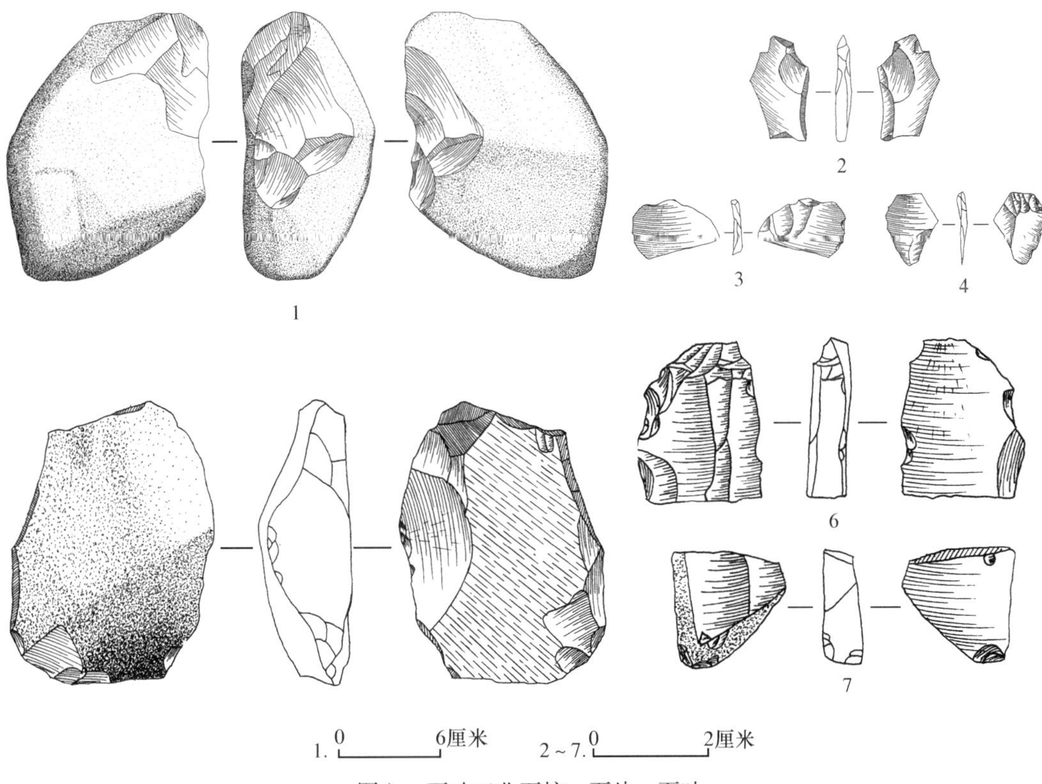

图六 石叶工业石核、石片、石叶

1. 双台面石核 2. 近端断片 3. 远端断片 4. 完整石片 5. 单台面石核 6. 石叶近端断片 7. 石叶远端断片

克。原料为燧石、流纹岩和黑曜岩。原料为燧石、流纹岩和黑曜岩。打击点集中，半锥体凸，无锥疤，同心波显著，放射线清晰（图六，4）。

（2）近端断片 3件。长7.6～18.5毫米，平均长14.1毫米；宽10.4～24.8毫米，平均宽16.63毫米；厚2～9.1毫米，平均厚4.56毫米；重0.2～3.9克，平均重1.5克。原料为玛瑙和黑曜岩。锤击石片。打制台面，打击点集中，半椎体凸，同心波显著，放射线清晰（图六，2）。

（3）远端断片 3件。长9.1～12.7毫米，平均长10.87毫米；宽6.1～15.4毫米，平均宽11.23毫米；厚1.1～1.7毫米，平均厚1.33毫米；重0.06～1.5克，平均重0.15克。原料为板岩和黑曜岩。锤击石片，半椎体平，无锥疤，同心波显著，放射线清晰，侧缘折断，远端内卷（图六，3）。

3. 石叶

共3件。根据完整程度分为石叶近端断片和石叶远端断片。

（1）近端断片 1件。长27.9毫米，宽22.5毫米，厚7.4毫米，重5.1克。原料为硅质灰岩，形状近长方形。硬锤锤击石片。打制台面，台面长6.9毫米，宽3.8毫米，石片角105°。打击点集中，半椎体平，无锥疤，同心波不显著，放射线不明显。背面全疤，两边平行，侧缘未磨（图六，6）。

（2）远端断片　2件。长20.3～20.4毫米，平均长20.35毫米；宽11.7～20.1毫米，平均宽15.9毫米；厚2.4～6.7毫米，平均厚4.55毫米；重0.4～2.5克，平均重1.45克。原料为燧石和黑曜岩。同心波不显著，放射线不明显。背面半疤半自然面（图六，7）。

4. 工具

共18件。包括一类、二类和三类工具。

（1）一类工具　1件。石锤，长109.1毫米，宽40毫米，厚18.7毫米，重125.5克。原料为砂岩，整体呈长条形，一端有断裂。因体积较小，且完整的一端有磕碰痕迹，推测应为一修理石锤。石锤一侧边有清晰的磨蚀痕迹，亦推测有可能一器多用（图七，3）。

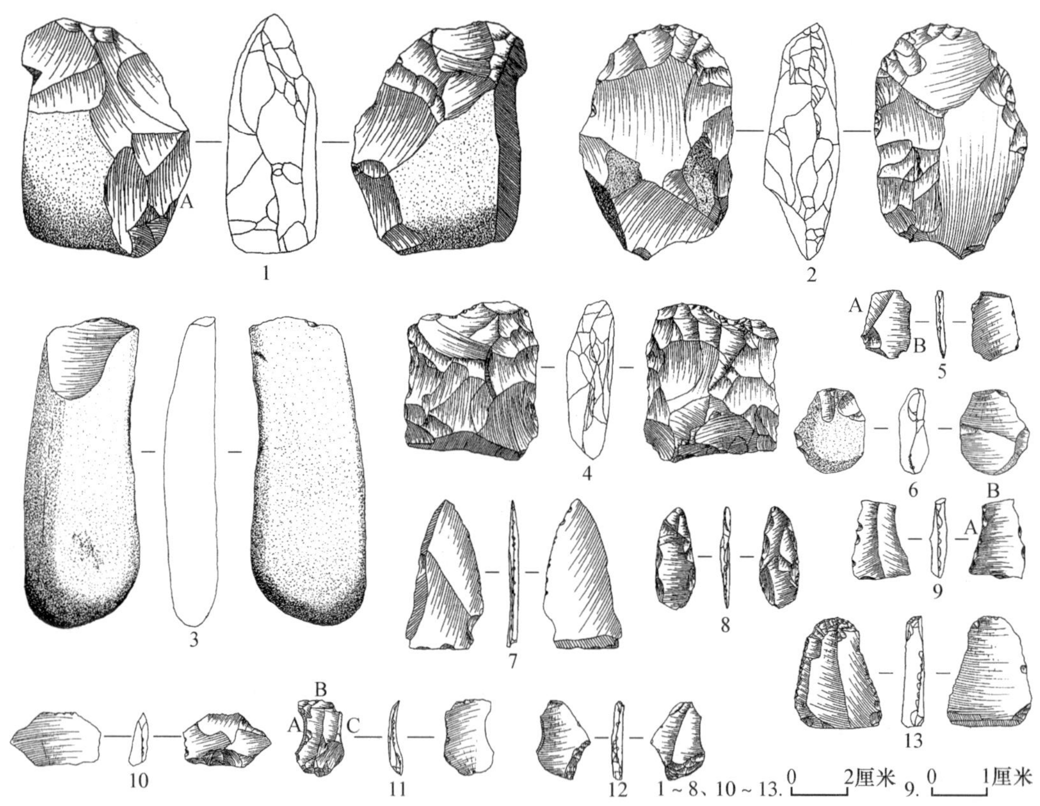

图七　石叶工业一、二、三类工具

1. 砍砸器　2、13. 三类圆头刮削器　3. 石锤　4. 三类单直刃刮削器　5. 三类双直刃刮削器　6. 二类单凸刃刮削器　7. 三类单凸刃刮削器　8. 石镞毛坯　9. 三类单凹刃刮削器　10. 二类单直刃刮削器　11. 二类直尖刃刮削器　12. 尖刃器

（2）二类工具 3件。均为刮削器，根据刃的数量分为单刃和双刃，其中单刃包括凸刃刮削器和直刃刮削器；双刃为直尖刃刮削器。

① 单凸刃刮削器 1件。长26.5毫米，宽31.2毫米，厚11.2毫米，重7.5克。原料为板岩。毛坯为石片且是原料砾石的一半，背面一半石片疤一半自然面，自然面约占背面面积的80%。石片远端均有不连续的鱼鳞状使用疤。刃长24.9毫米，刃角15°～50°（图七，6）。

② 单直刃刮削器 1件。长31.4毫米，宽18.6毫米，厚5.2毫米，重2.7克。原料为板岩。毛坯为石片，背面均为石片疤。远端有明显的使用疤。刃长12.4毫米，刃角30°（图七，10）。

③ 双刃刮削器 1件。为一尖刃和一直刃。标本16HB：28，长27.8毫米，宽17.9毫米，厚3.4毫米，重1.5克。原料为黑曜岩，形状不规则，毛坯为石片，背面均为石片疤。A和B所夹角为尖刃，A长3.1毫米，B长12.9毫米，刃角为65°；C为直刃，长17.1毫米，刃角为15°。刃部均有明显的使用疤（图七，11）。

（3）三类工具 14件。包括刮削器、尖刃器、砍砸器和石镞（毛坯）。

① 刮削器 共10件。根据刃的数量分为单人和双刃，单刃包括圆头刮削器、单直刃刮削器、单凸刃刮削器和单凹刃刮削器；双刃有双直刃刮削器。

圆头刮削器 2件。长40.1～86.4毫米，平均长63.2毫米；宽32.2～57.9毫米，平均宽45毫米；厚8.4～27.6毫米，平均厚18毫米；重9～117.2克，平均重63.1克。原料为硅质灰岩和黑曜岩，毛坯为完整石片和近端断片。采用复向加工和正向加工，有压制修理。一件背面全疤，一件背面大部分疤（图七，2、13）。

单直刃刮削器 3件。长13.7～49.1毫米，平均长28.9毫米；宽11.3～56.7毫米，平均宽27.9毫米；厚1～14.4毫米，平均厚6.07毫米；重0.3～37.2克，平均重12.9克。原料均为板岩。石料较软，修疤很多，风化侵蚀比较严重，疤间轮廓不分明（图七，4）。

单凸刃刮削器 3件。长24.3～53.8毫米，平均长35.1毫米；宽25.5～36.3毫米，平均宽29.5毫米；厚3.1～6.7毫米，平均厚4.4毫米；重2.1～5.7克，平均重4.36克。原料为板岩和燧石（图七，7）。

单凹刃刮削器 1件。长13.8毫米，宽10.6毫米，厚3.1毫米，重0.4克。原料为石英岩，毛坯为石叶近端断片，形状近似梯形。A边为刃部，锤击修理，反向加工，使刃部更为锋利，刃长10.8毫米，刃角54°；B处折断为修型（图七，9）。

双直刃刮削器 1件。长26.2毫米，宽18.5毫米，厚2.9毫米，重1.3克。原料为黑曜岩，毛坯为石片中端断片，形状近似长方形。两个直刃，利用石片锋利的自然边，未经修理，有明显连续的使用疤。一刃长16.7毫米，另一刃长17.4毫米，刃角5°～15°。上下两端被截断，为修形，使大小适中、形状规整（图七，5）。

② 尖刃器 2件。长25.6～29.2毫米，平均长27.4毫米；宽18.8～19.9毫米，平均宽19.35毫米；厚3.6～5.3毫米，平均厚4.45毫米；重1.8～2.8克，平均重2.3克。原料为流纹岩和黑曜岩。主要采用反向加工，背面全疤（图七，12）。

③ 砍砸器 1件。长82.8毫米，宽65.4毫米，厚33.3毫米，重234.1克。原料为

玄武岩。毛坯为石块，形状近扇形。刃长128.3毫米，刃角为58°～117°。刃的形态呈S状，修理方式为硬锤修理，加工方向为典型的交互加工，且加工距离远。砍砸器两面都保留有石皮，石皮占整个石器面积约40%（图七，1）。

④ 石镞（毛坯） 1件。长50.4毫米，宽18.7毫米，厚4.5毫米，重4.6克。原料为板岩。毛坯为石片，形状近柳叶形。两长边的正反面都有较多连续修疤，由边缘向正反面延伸，因此此石镞应使用平面垂直砸击法修理形状。两面均为石片疤，由于石料质量较差，石镞未完全成型，修形也并不完美，因此算是一件半成品（图七，8）。

5. 断块

共2件。长27.2～29.9毫米，平均长28.55毫米；宽18.5～20.7毫米，平均宽19.6毫米；厚7.5～12.1毫米，平均厚9.8毫米；重2.5～4.8克，平均重3.65克。原料均为燧石。

（四）细石叶工业

属于此类型的旧石器地点包括共和碱场劈山地点、兴源小西崴子东山地点、下城子东南山地点、马桥河郑家崴子东山地点和共和胜利北山地点。共发现石器418件，占穆棱河上游所发现的旧石器地点的绝对多数。其研究是穆棱河上游旧石器工业研究的重点，由此可初步判断穆棱河上游旧石器工业的发展程度和水平。具体分析如下：

1. 石核

共37件。分为锤击石核、石叶石核和细石叶石核。

（1）锤击石核 32件。可分为单台面石核、双台面石核和多台面石核。

① 单台面石核 15件。长36.6～203毫米，平均长70.2毫米；宽38.6～116.5毫米，平均宽63.3毫米；厚17.6～73.3毫米，平均厚39.1毫米；重25～2625克，平均重289克。原料以灰岩为主，燧石、砂岩、碧玉、石英岩等少量。均为块状毛坯，形状不规则，台面有修理台面和打击台面，剥片疤1～11个（图八，2、9）。

② 双台面石核 9件。长56.8～144.7毫米，平均长69.2毫米；宽44.5～103.1毫米，平均宽64毫米；厚33.6～88.7毫米，平均厚47.2毫米；重101.7～767.3克，平均重257.1克。原料包括灰岩、石英岩和燧石。存在修理、自然、打击台面，剥片疤5～13个，有长至92.4毫米的剥片疤，延伸程度都比较近（图八，1）。

③ 多台面石核 8件。长41.9～104.8毫米，平均长70.3毫米；宽61.9～131.3毫米，平均宽84.8毫米；厚35.9～90.9毫米，平均厚57.4毫米；重126.9～1294.98克，平均重462.3克。原料包括灰岩和石英岩，三台面者5件，四台面者2件，六台面者1件。剥片疤8～18个，石料质地较差如石英岩的石核剥片效率也相应较差，存在多层剥片疤但是剥片失败的现象（图八，3、4）。

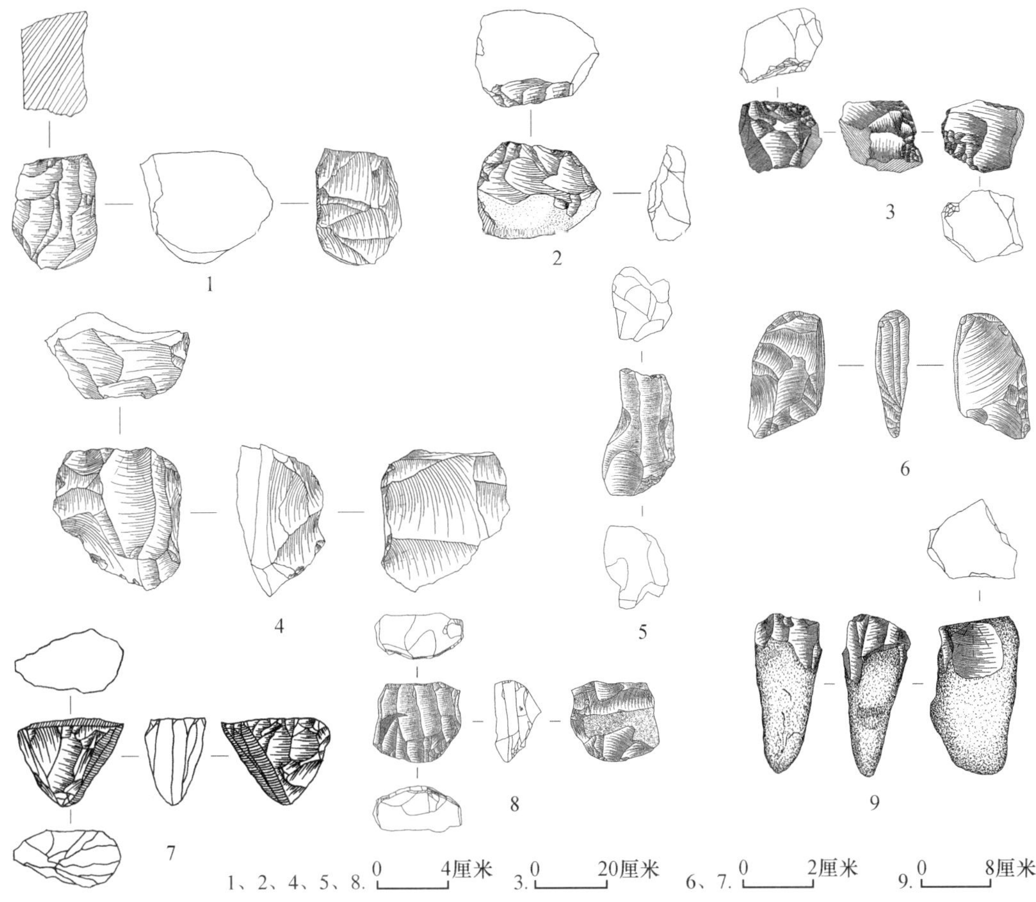

图八 细石叶工业锤击石核、石叶石核、细石叶石核

（1、2、4 为共和碱场劈山地点，3、9 为兴源小西崴子东山地点，5、6、8 为下城子东南山地点，7 为共和胜利北山地点）

1. 锤击石核 - 双台面 2、9. 锤击石核 - 单台面 3、4. 锤击石核 - 多台面

5、8. 石叶石核 6、7. 细石叶石核

（2）石叶石核 2 件。长 46.7 ~ 47.9 毫米，平均长 47.3 毫米；宽 23.3 ~ 48.3 毫米，平均宽 35.8 毫米；厚 24.5 ~ 33.7 毫米，平均厚 29.1 毫米；重 41.3 ~ 64.1 克，平均重 52.7 克。原料为燧石和硅质泥岩，形状均不规则。台面类型包括自然和修理两种，台面角 59° ~ 87° 之间。剥片疤数量为 3 个和 8 个（图八，5、8）。

（3）细石叶石核 3 件。长 16 ~ 34.6 毫米，平均长 24.5 毫米；宽 9.4 ~ 37.8 毫米，平均宽 21.3 毫米；厚 15.3 ~ 37.1 毫米，平均厚 22.4 毫米；重 7.6 ~ 9.5 克，平均重 8.52 克。原料为燧石和硅质泥岩，均为楔形细石叶石核，都经过预制，剥片疤及修理疤都保留明显，完整剥片疤保留 4 ~ 5 个（图八，6、7）。

小结：① 锤击石核以单台面为主，双台面和三台面石核各占一部分，四台面和六台面为少见，原料以灰岩为主，修理台面最多，打击台面次之。原料质量一般，剥片疤数量不少但是剥片效率一般。

② 石叶石核仅发现两件，原料质地较好。

③ 细石叶石核仅发现3件，原料质地较好，保存也比较完好，特征清晰。都经过很好的预制和修理，一定程度上反映了穆棱河流域上游细石器工业的发展水平。

2. 石片

共125件。根据完整程度可分为完整石片和断片，断片又可分为近端断片、中间断片、远端断片、左断片和右断片。

（1）完整石片　64件。长8.2～89.5毫米，平均长34毫米，宽6.9～101毫米，平均宽34.3毫米；厚2.1～42.7毫米，平均厚10毫米；重0.1～153.1克，平均重19.3克。均为锤击剥片，台面包括自然、打击、线状、有疤、点状五种，背面可分为全疤、半疤半自然和自然背面。石片数量较多，原料类型也比较丰富，包括灰岩、黑曜岩、硅质泥岩、角岩、角砾岩、玛瑙、流纹斑岩、玄武岩、石英岩、燧石和砂岩等（图九，1）。

（2）断片　61件。

① 近端断片　27件。长7.6～39.4毫米，平均长19.7毫米；宽5.7～38.2毫米，平均宽22.2毫米；厚1.6～14.4毫米，平均厚4.8毫米；重0.1～19.4克，平均重2.8克。均为锤击剥片，台面包括打击、线状、有疤、点状和自然台面，背面多数为全疤背面，少数保留部分自然面，背面疤数量最多者有13处。原料以黑曜岩和砂岩为主，以及少数灰岩和硅质泥岩（图九，4）。

② 中间断片　13件。长6.4～2.8毫米，平均长26.6毫米；宽13.3～45.6毫米，平均宽27毫米；厚1.1～25.1毫米，平均厚8.8毫米；重79.5克，平均重12.6克。石片背面可分为全疤和含少部分自然面两种。背面石片疤数量为1～5个。原料包括灰岩、砂岩、黑曜岩、石英岩、角页岩和硅质泥岩（图九，2）。

③ 远端断片　18件。长7.6～49.9毫米，平均长26毫米；宽9.2～49.2毫米，26.2毫米；厚1.8～19.7毫米，平均厚7.3毫米；重0.5～23克，平均重5.9克。石片背面均为全疤。背面石片疤数量为2～9个。原料包括灰岩、砂岩、黑曜岩、角砾岩和燧石（图九，6）。

④ 左断片　2件。长27.6～27.9毫米，平均长27.7毫米；宽8.9～18.5毫米，平均宽13.7毫米；厚3.6～8.1毫米，平均厚5.85毫米；重1～5克，平均重3克。原料均为黑曜岩，劈裂面打击点集中，半锥体凸，同心波和放射线非常清晰。一件背面全疤一件背面仅一处疤，自然面90%以上（图九，7）。

⑤ 右断片　1件。长25.2毫米，宽14.8毫米，厚5.6毫米，重1.48克。形状不规则，点状台面，打击点集中，半锥体较凸，同心波显著，放射线清晰，背面全疤，共2个。边缘有折断，原料为燧石（图九，5）。

小结：石片中完整石片和断片各占约一半，短片中以近端断片为主，远端断片次之。原料种类多样灰岩、砂岩所占比重最大，黑曜岩排在之后，质地参差比较大。均为锤击石片，台面以自然和打击台面为主，也有线状、点状、有疤台面。背面以全疤背面居多。

3. 石叶

1件。长130.98毫米，宽33.98毫米，厚15.71毫米，重78.52克，台面长15.26毫米，台面宽6.35毫米，台面角115°。原料为石灰岩，质地较差，受风化严重，整体形状保留比较完整但是腹面特征已几乎不见。腹面未见明显加工使用痕迹，但有几处较小疤痕。背面有不规则分布疤痕，由于该石叶不见使用痕迹，也没有修理刃部迹象，应未被加工成工具（图九，3）。

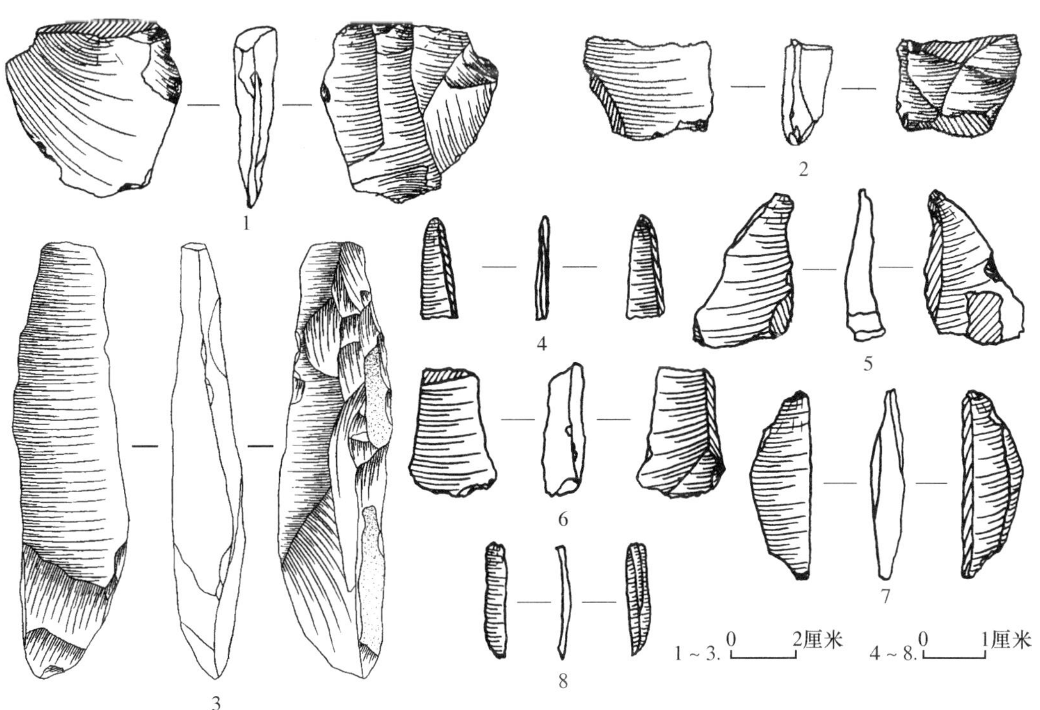

图九 细石叶工业石片、石叶、细石叶

（1、2、4～8为共和碱场劈山地点，3为共和胜利北山地点）

1. 完整石片 2. 中间断片 3. 石叶 4. 近端断片 5. 右断片 6. 远端断片 7. 左断片 8. 细石叶

4. 细石叶

3件。长13.3～16.4毫米，平均长15.3毫米；宽3.9～7毫米，平均宽5.3毫米；厚0.9～2.3毫米，平均厚1.4毫米；重0.1～0.2克，平均重0.1克。原料均为黑曜岩，点状台面，打击点集中，半锥体较凸，同心波显著，放射线清晰。背面有清晰的棱脊，为典型的细石叶（图九，8）。

5. 工具

186件。可分为二类工具和三类工具。

（1）二类工具 32件。包括刮削器和尖刃器。

① 刮削器 31件。可分为单刃和双刃。单刃刮削器根据刃的形状可分为单直刃、单凸刃和单凹刃，双刃刮削器根据刃的形状可分为尖凹刃、双直刃和双凹刃。

单直刃 11件。长17.6～76.7毫米，平均长34.4毫米；宽15.3～47.8毫米，平均宽28.3毫米；厚2.8～22.3毫米，平均厚7.2毫米；重0.9～62.6克，平均重17.2克；刃长11.6～76.4毫米，平均27.8毫米；刃角10°～52°，平均31.4°。原料包括灰岩、黑曜岩、硅质泥岩、石灰岩和玛瑙等。石器在刃部均有不连续的小疤，个别刃部也留有磨光的现象，应为刃部作用于被加工物体所留下的痕迹（图一〇，4）。

单凸刃 15件。长15.2～42.9毫米，平均长31毫米；宽15.9～56.3毫米，平均宽32.5毫米；厚2.8～11.6毫米，平均厚8.3毫米；重0.7～23.8克，平均重10.1克；刃长13.7～52.7毫米，平均31毫米；刃角5°～59°，平均30.5°。原料包括黑曜岩、燧石、流纹斑岩、角砾岩和石灰岩等。石器在刃部均有不连续的小疤，个别刃部也留有磨光的现象，应为刃部作用于被加工物体所留下的痕迹（图一〇，3）。

单凹刃 2件，原料为流纹岩和燧石。长17.2～31.2毫米，平均长24.2毫米；宽15.7～18.9毫米，平均宽17.3毫米；厚5.5～7.5毫米，平均厚6.5毫米；重1.3～1.9克，平均重1.6克。刃长14.1～21.2毫米，平均长17.7毫米；刃角10°～15°，平均12.5°。石器在刃部均有不连续的小疤，个别刃部也留有磨光的现象，应为刃部作用于被

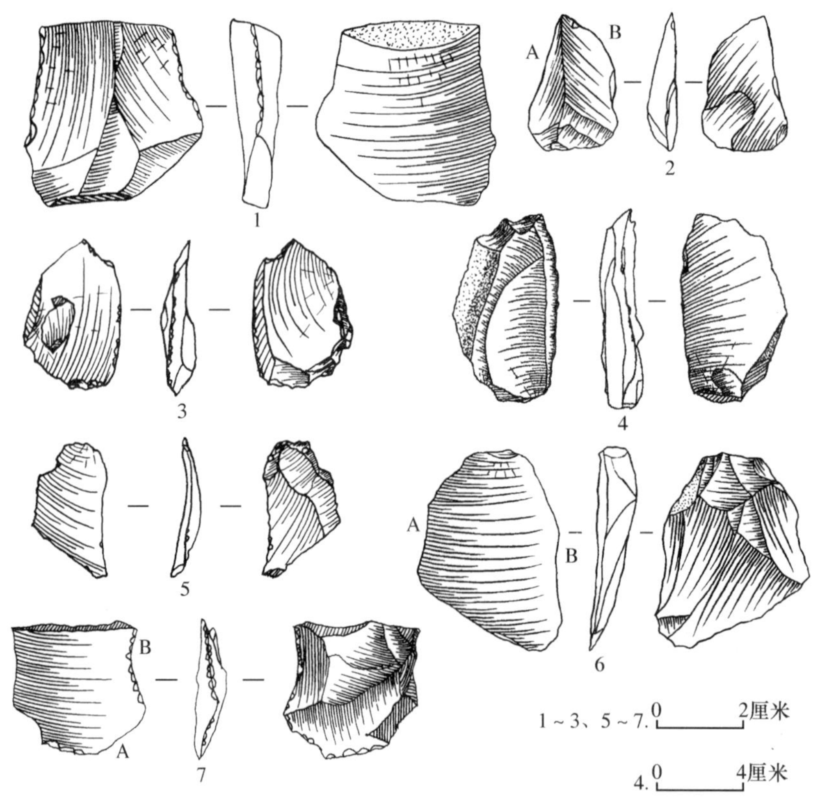

图一〇 细石叶工业二类工具

（1为马桥河郑家崴子东山地点，2、6为共和胜利北山地点，3～5为共和碱场劈山地点，7为兴源小西崴子东山地点）

1. 双直刃刮削器 2. 尖刃器 3. 单凸刃刮削器 4. 单直刃刮削器 5. 单凹刃刮削器

6. 双凹刃刮削器 7. 尖凹刃刮削器

加工物体所留下的痕迹（图一〇，5）。

尖凹刃　1件，原料为流纹斑岩，长27.2毫米，宽28.3毫米，厚6.7毫米，重6.5克。片状毛坯，劈裂面平坦，打击点散漫，半锥体、放射线和同心波均不清晰。背面有6个剥片疤。尖刃两侧及凹刃处有使用留下的不连续的鱼鳞状小疤，组成尖刃的两边长分别为20毫米和6.9毫米，尖刃角为24°。凹刃长为20.3毫米，刃角25°（图一〇，7）。

双直刃　1件，长41.7毫米，宽42.8毫米，厚12.8毫米，重16.9克。流纹岩。自然台面。劈裂面凸，打击点集中，放射线和同心波均清晰。背面均为石片疤。刃角分别为30°和24°，刃长为24.4、17.7毫米，背面侧留有1层连续的使用疤（图一〇，1）。

双凹刃　1件，长45.17毫米，宽34.65毫米，厚7.36毫米，重9.08克，A刃长14.52毫米，刃角31°；B刃长20.26毫米，刃角39°。原料为灰岩，远端有断面，毛坯为完整石片（图一〇，6）。

② 尖刃器　1件，长31.08毫米，宽20.99毫米，厚7.25毫米，重3.11克，A刃为直刃，长17.53毫米，B刃为凸刃，长18.24毫米，两刃夹角为76°。毛坯为完整石片，原料为燧石，质地较优秀，刃口比较光滑（图一〇，2）。

（2）三类工具　154件。包括刮削器、端刃器、尖刃器、凹缺刃器、锯齿刃器、雕刻器、手镐、砍砸器和两面器。

① 刮削器　110件。根据刃缘多少，可分为单刃、双刃、和复刃。单刃刮削器根据刃缘形状可分为单直刃、单凸刃和单凹刃，双刃根据刃缘形状可分为双直刃、直凸刃、直凹刃、双凸刃、双凹刃、凹凸刃。

单直刃　39件。长16.6～103.8毫米，平均长50.3毫米；宽16.9～76.9毫米，平均宽40.4毫米；厚2.8～32.7毫米，平均厚16.1毫米；重1.2～162.4克，平均重31.5克；刃长11.2～74.6毫米，平均32.6毫米；刃角10°～73°，平均34.9°。原料以灰岩为主，砂岩次之，也有石英岩、黑曜岩、流纹斑岩、石英岩、硅质泥岩、角页岩、燧石和板岩等。加工方式包括正向、反向和交互，进行过修理形状和修理把手（图一一，1）。

单凸刃　39件。长16.8～118.4毫米，平均长50.5毫米；宽10.3～105.6毫米，平均宽42.5毫米；厚2.3～48.1毫米，平均厚13.9毫米；重0.3～252克，平均重40.4克；刃长13～113.3毫米，平均38.7毫米；刃角4°～75°，平均35.6°。原料以灰岩为主，包括石英岩、黑曜岩、玄武岩、砂岩和硅质泥岩等。加工方式包括正向、反向和交互，存在修理刃部和形状（图一一，2）。

单凹刃　12件。长16.9～75.8毫米，平均长40.9毫米；宽25.7～45.9毫米，平均宽36.7毫米；厚2.9～19.5毫米，平均厚10毫米；重2.6～47.2克，平均重16.2克；刃长9.2～56.7毫米，平均27.2毫米；刃角5°～56°，平均33°。原料包括灰岩、砂岩、角岩、燧石和页岩。均为片状毛坯，存在修理刃部、形状和把手的现象，加工方式主要是正向和反向（图一一，3）。

双直刃　6件。长8.3～59.9毫米，平均长30.8毫米；宽10.2～57.5毫米，平均宽31.9毫米；厚2.2～22.4毫米，平均厚7.9毫米；重0.5～54克，平均重13.2克；刃长17.4～48毫米，平均29.1毫米；刃角5°～55°，平均26.3°。原料以黑曜岩为主，也包括

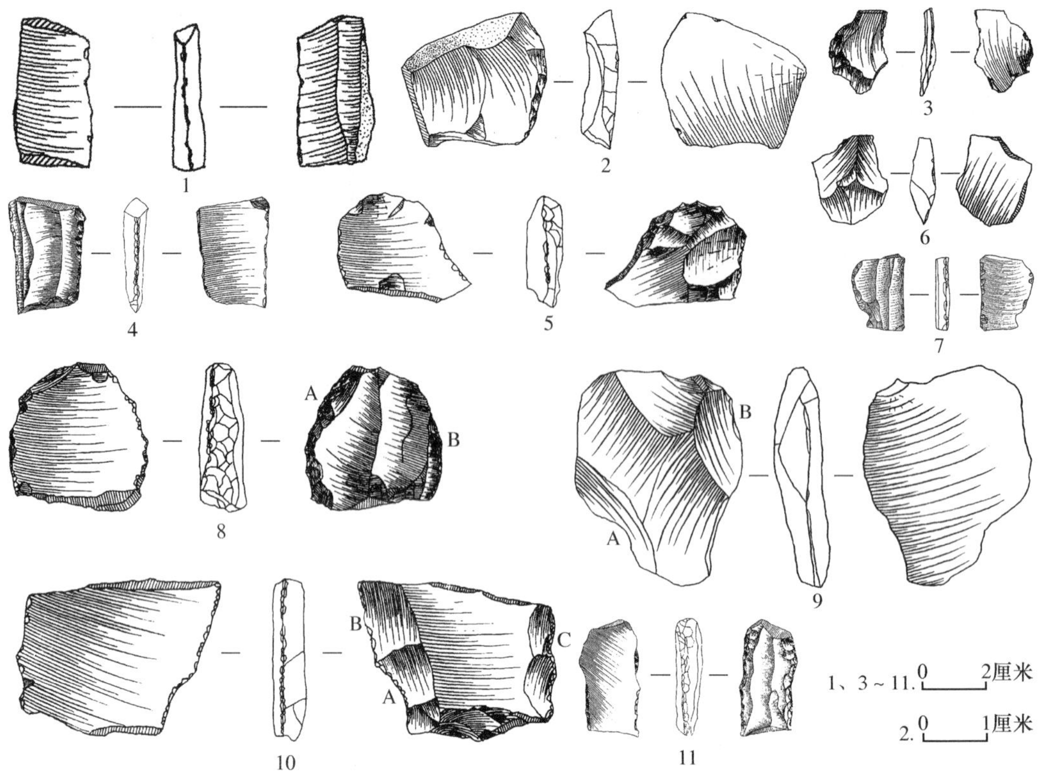

图一一 细石叶工业三类工具——刮削器

（1～3为共和碱场劈山地点，4、5、8、10、11为兴源小西崴子东山地点，

6、9为共和胜利北山地点，7为下城子东南山地点）

1. 单直刃 2. 单凸刃 3. 单凹刃 4. 双直刃 5. 直凹刃 6. 双凹刃 7、10. 复刃

8. 双凸刃 9. 凹凸刃 11. 直凸刃

灰岩和硅质泥岩。存在修型和修理把手，主要是正向加工。3件毛坯为石片，1件毛坯为石叶，2件毛坯为细石叶。石叶及细石叶工具均为人工截断处理使用，细石叶工具使用疤清晰（图一一，4）。

直凸刃 4件。长17.8～66.1毫米，平均长36.1毫米；宽27.1～40.7毫米，平均宽36毫米；厚3.6～9.1毫米，平均厚6.9毫米；重1.9～21.1克，平均重10.6克；凸刃长33.2～47.1毫米，平均45.1毫米；凸刃角12°～61°，平均34°；直刃长28.6～46.2毫米，平均长36.6毫米；直刃角17°～76°，平均39.3°。原料为黑曜岩、泥岩、角岩和玄武岩。均为片状毛坯，锤击修理，修理方式均为正向加工（图一一，11）。

直凹刃 3件。长23.2～47.4厘米，平均长33.6毫米；宽20～32.2毫米，平均宽24.9毫米；厚3.3～11.3毫米，平均厚7毫米；重1.7～15.4克，平均重7.1克，直刃长13.7～19.8毫米，平均长16毫米；直刃角25°～31°，平均28.3°。凹刃长15.1～35.4毫米，平均长32.1毫米；凹刃角25°～44°，平均33°。原料为流纹斑岩、砂岩和灰岩。均为片状毛坯，保留部分清晰石片特征，有两件进行了人工截断，加工方式为正向和反向加工，加工并不细致。使用痕迹比较明显（图一一，5）。

双凸刃　1件，原料为黑曜岩，长42.5毫米，宽43.9毫米，厚14.8毫米，重31.68克。片状毛坯，劈裂面平，打击点散漫，同心波与放射线较清晰。一边采用锤击法正向加工修理出多层鱼鳞状疤，加工距离中等，刃长45.8毫米，刃角46°。另一刃有一层修疤，采用锤击法正向加工，刃长50.1毫米，刃角50°。两凸刃刃缘两侧均有一层不连续的使用疤，由于刃角较大，推测其功能为使用者为刮皮下脂肪所用（图一一，8）。

双凹刃　3件。原料包括灰岩和角页岩。长27.13～57.83毫米，平均长44.8毫米；宽21.4～44.62毫米，平均宽35.94毫米；厚6.83～17.1毫米，平均厚12.2毫米；重3.12～33.75克，平均重21.47克；刃长9.47～24.47毫米，平均长14.25毫米；刃角28°～47°，平均37.16°。片状毛坯，经过修刃。工具风化比较严重，除刃部上留有的修理和使用的细小疤痕，其他疤痕观察不明显（图一一，6）。

凹凸刃　1件。长64.24毫米，宽53.6毫米，厚13.11毫米，重47.53克。原料为灰岩，经过简单的正向加工，疤痕很少，腹面保留完整。风化严重，有几处新疤。凹刃（A刃）长14.16毫米，刃角12°；凸刃（B刃）长22.81毫米，刃角22°（图一一，9）。

复刃　2件。一件原料为砂岩，长63.9毫米，宽45.9毫米，厚9.5毫米，重29.52克。片状毛坯，有3个刃口。A处为凹刃，修疤较深，正向加工。刃长20.6毫米，刃角27°，刃缘正反两侧都有一层连续的使用疤。B处为直刃，修疤较浅，正向加工，加工距离中等，刃长28.3毫米，刃角31°，刃缘正反两侧都有一层连续的使用疤。C处为锯齿刃，有一层连续修疤，形状不规则，正向加工，加工距离近，刃长52.8毫米，刃角32.6°。形成锯齿刃的原因，可能是做刮、削、割等运动所致（图一一，7）。一件长16.5毫米，宽24.1毫米，厚4.3毫米，重2克。原料为黑曜岩，毛坯为石叶中段断片，劈裂面平坦，同心波和放射线非常清晰，背面有细石叶疤。直刃刃角39°，刃长22.3毫米，采用复向加工，修疤小且浅平，密集分布在劈裂面和背面侧边。凸刃刃角29°，刃长11.5毫米，采用正向加工，背面侧边分布一层连续的细小修疤。凹缺刃刃角32°，刃长8.3毫米，采用正向加工，凹缺刃在毛坯侧缘薄锐处一次打击而成，后在凹缺内正向修理，背面侧边留下修疤（图一一，10）。

② 端刃器　9件。长16.5～50.8毫米，平均长35.9毫米；宽19.5～32.5毫米，平均宽24.1毫米；厚5.4～12.5毫米，平均厚8.7毫米；重1.7～18.8克，平均重7.9克；刃长18.9～31.5毫米，平均24.7毫米；刃角40°～77°，平均58°。原料包括黑曜岩、硅质泥岩和燧石。除两件毛坯为石叶外其余均为片状毛坯，加工方式有锤击正向加工和压制正向加工两种。端刃器的制作修理都较为精良，体现出不错的加工技术水平（图一二，5）。

③ 尖刃器　15件。长24.1～99.7毫米，平均长52.2毫米；宽7.1～84.3毫米，平均宽42毫米；厚3.1～31.2毫米，平均厚13.3毫米；重0.9～165.7克，平均重42.7克；原料包括灰岩、石英岩、黑曜岩、角砾岩、燧石和砂岩。均为片状毛坯，主要采用锤击正向修理加工（图一二，9）。

④ 凹缺刃器　4件。长13.1～82.6毫米，平均长42毫米；宽22.6～56.1毫米，平均宽38.2毫米；厚4.5～15.1毫米，平均厚9.8毫米；重0.9～66克，平均重24.3克；

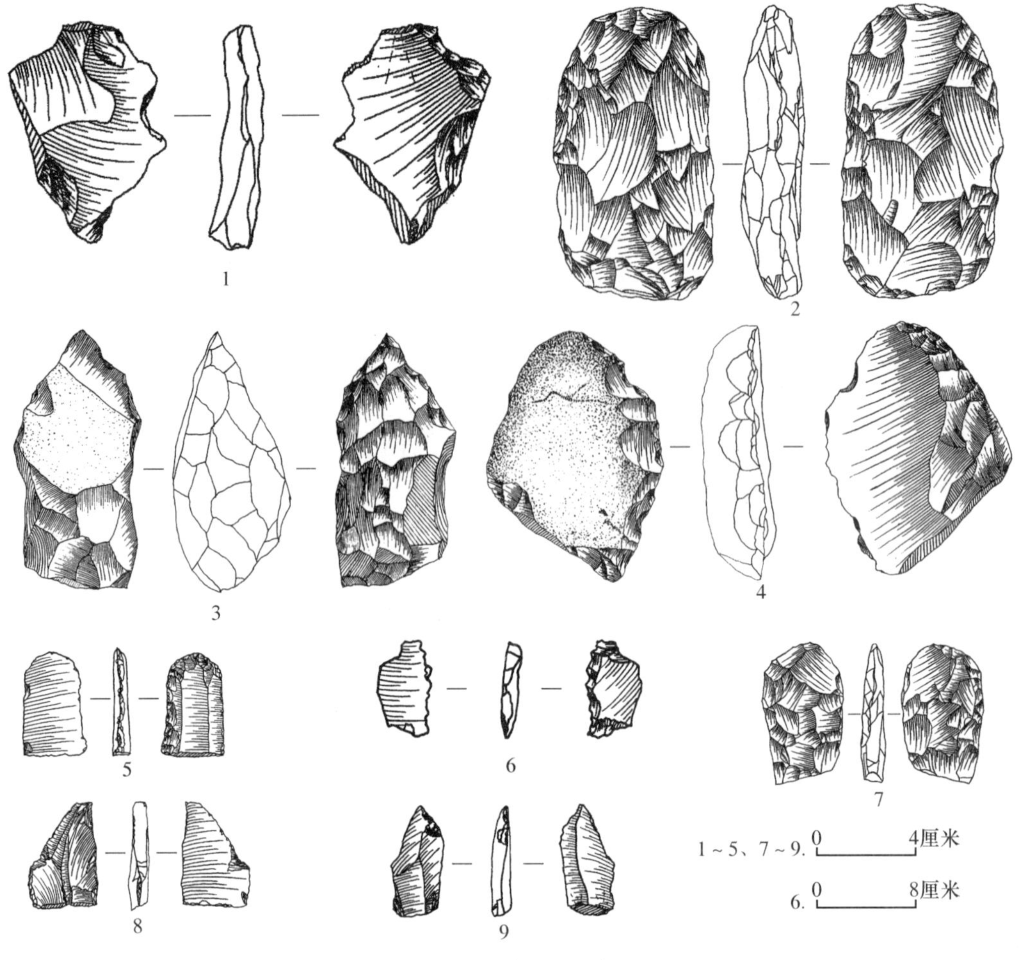

图一二 细石叶工业三类工具

（1、5、6、8、9为共和碱场劈山地点，2、7为共和胜利北山地点，3、4为兴源小西崴子东山地点）

1. 凹缺器 2. 大型两面器 3. 手镐 4. 砍砸器 5. 端刃器 6. 锯齿刃器 7. 小型两面器 8. 雕刻器 9. 尖刃器

刃长10.1～27.2毫米，平均17.5毫米；刃角20°～50°，平均30.4°。原料为灰岩、硅质泥岩和燧石。均为片状毛坯，进行过修型和修理把手（图一二，1）。

⑤ 锯齿刃器 1件，原料为黑曜岩，片状毛坯，形状不规则。长18.1毫米，宽10.9毫米，厚2.8毫米，重0.4克。可见正向修理的多层叠压的疤，形成锯齿刃，加工较为精细。刃长17.5毫米，刃角25°。该件器物尺寸很小，但刃口锋利，很实用（图一二，6）。

⑥ 雕刻器 2件，均为喙嘴形雕刻器。原料均为黑曜岩。两件平均长40.4毫米，宽20.9～27.8毫米，平均宽24.4毫米；厚5.9～6.9毫米，平均厚6.4毫米；重4.3～6.7克，平均重5.5克。均为片状毛坯，刃角分别为45°、60°（图一二，8）。

⑦ 手镐 2件。原料为石英岩，长99.9～146.9毫米，平均长123.4毫米；宽41.8～65.2毫米，平均宽53.5毫米；厚48.1～62.5毫米，平均厚56.7毫米；重263.63～720.34克，平均重491.98克。毛坯均为块状，硬锤修理刃缘，形态呈尖刃，并主要使用尖刃。刃长101.3～145毫米，刃角44°～63°（图一二，3）。

⑧ 砍砸器 1件，凸刃砍砸器，原料为石英岩，长86.9毫米，宽114.7毫米，厚30.9毫米，重343.94克。块状毛坯，劈裂面平坦，打击点散漫，A处刃部采用锤击法正向加工，背部有一层连续的鱼鳞状修疤，加工距离近，刃角65°，刃长164.5毫米。背面自然面占90%以上。劈裂面尾端有多层不连续修疤，形状不规则，推测使用者为修理把手，方便持握所致（图一二，4）。

⑨ 两面器 10件。长37～137毫米，平均长71.9毫米；宽30～67.3毫米，平均宽42.9毫米；厚7.4～29.9毫米，平均厚15毫米；重7.2～288.8克，平均重75.3克。原料以砂岩为主，也有灰岩、流纹岩和石英岩。两面器根据体积可以分为大小二型，因为过于悬殊的体积差异基本不能成为同一用途的工具。大小二型的两面器都进行了通体加工，周身遍布疤痕。2件为小型两面器的残断部分，5件为小型两面器（图一二，7），3件为大型两面器（图一二，2）。

断块 66件。平均长40.4毫米，平均宽29.7毫米，平均厚15.3毫米，平均重26.2克。断块为剥片和加工使用石器过程中产生的残段，难以利用。穆棱河流域上游细石器工业的断块数量较多，在一定程度上反映了此地细石器工业加工修理比较频繁而且原料应当比较丰富，所以产生了为数不少的废弃断块。

四、工业特征

（一）石片工业特征

1. 原料

原料比较丰富，共14种：砂岩、泥质岩、硅质岩、燧石、黑曜岩、石英岩、流纹岩、角砾岩、玛瑙、硅质泥岩、灰岩、硅质灰岩、凝灰岩、石英砂岩。靠山东山地点以砂岩为主，泥质岩次之，其余石料很少；新民南岗地点以燧石、角砾岩和石英岩为主，其余石料较少；西岗村地点和八家子地点石器很少，石料各种类也不超过2件，缺少作为代表性的石料。

总体看来。此工业类型的石器原料是以砂岩为主，占总数的37%；燧石、泥质岩、石英岩、角砾岩、硅质泥岩、硅质岩和黑曜岩较少，分别占11.8%、9.4%、8.7%、7.9%、5.5%、4.7%和4.7%；玛瑙、流纹岩和凝灰岩极少，只占3.1%、2.4%和2.4%；灰岩、硅质灰岩和石英砂岩最少，都仅占0.8%（图一三）。总体来看，石片工业的14种原料大都满足打制石器的需求，是质量比较优良的石料。

2. 石器大小

根据石器的最大长度，将穆棱河流域上游所发现的石器划分为微型（N≤20）、小型（20<N≤50毫米）、中型（50<N≤100毫米）和大型（100<N≤200毫米）的四个等级[14]。在各类型石器中，都是以中小型为主体。总体来看，石片工业类型的石器大

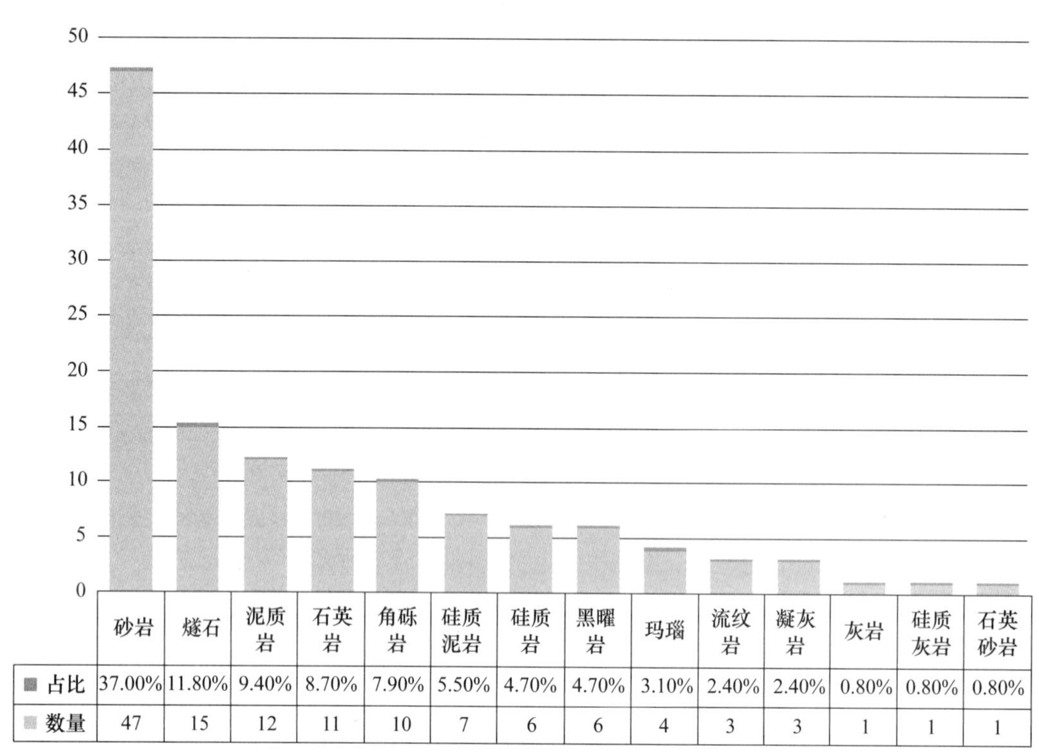

	砂岩	燧石	泥质岩	石英岩	角砾岩	硅质泥岩	硅质岩	黑曜岩	玛瑙	流纹岩	凝灰岩	灰岩	硅质灰岩	石英砂岩
■ 占比	37.00%	11.80%	9.40%	8.70%	7.90%	5.50%	4.70%	4.70%	3.10%	2.40%	2.40%	0.80%	0.80%	0.80%
■ 数量	47	15	12	11	10	7	6	6	4	3	3	1	1	1

图一三　石片工业原料比例图

小是以小型为最多，76件，占总数的59.8%；中型较少，43件，占总数的33.8%；微型和大型极少，分别为5件和3件，各占总数的3.9%和2.3%。由此可见，此工业类型的旧石器是以小型为主的石片工业类型。

3. 石器类型

石器类型非常丰富，包括石核、石片、断块和工具。工具比重最高，占石器总数的58.3%。其中三类工具最多，占工具总数的81.1%；二类工具较少，占工具总数的17.6%；一类工具最少，仅占工具总数的1.3%。石片较少，占总数的29.9%；石核和断块最少，分别占总数的6.3%和5.5%。

锤击石核以单台面为主，占石核总数的62.5%；双台面占另外的37.5%。均为块状毛坯，均采用锤击法剥片。主要是自然台面，也存在修理台面和打击台面。部分石核类型简单，利用率低；基本都出现了剥片失败的情况，台面角度也不合适。因此推测大部分石核已经处在废弃阶段。

石片是以完整石片为主，占石片总数的50%；近端断片次之，占29%；中间断片、远端断片和右断片都很少，各占10.5%、2.6%和7.9%。均为锤击石片，大部分都保留了比较清晰完整的腹面特征，比如打击点比较集中、半锥体凸出、可见放射线和同心波。素台面为主，线状台面和打击台面次之。背面大都全疤，部分保留少量自然面。

一类工具仅1件，锤击石锤。

二类工具为未经二次加工的使用石片，包括刮削器和尖刃器。其中单刃刮削器居多，占总数的 46.2%；双刃刮削器次之，占 38.4%；尖刃器只占 15.4%。毛坯均为完整石片，石料质地都比较好。

三类工具以刮削器为主，占三类工具总数的 66.7%；尖刃器、凹缺器、砍砸器、尖状器、雕刻器、凹刃凹缺刃器、钻器和锛型器较少，分别占 13.3%、6.6%、6.6%、1.7%、1.7%、1.7%、1.7% 和 1.7%（表二）。

片状毛坯为主，基本采用硬锤直接修理加工，单向加工是最主要的加工方式。修刃和修型的处理很常见，也有部分修理把手的现象。刮削器主要是在远端和侧缘进行加工成刃，刃部几乎都进行了修理，几乎没有直接利用毛坯锋利侧边做刃者。

砍砸器除 1 件以完整大石片为毛坯外均为块状毛坯，都进行了多次加工，以其中的 1 件复刃砍砸器加工最为细致，不过保存至今砍砸器的刃缘都已经变钝。

表二　石片工业器类比例表

<table>
<tr><th colspan="5">类型</th><th>数量</th><th colspan="5">百分比（%）</th></tr>
<tr><td colspan="2" rowspan="2">锤击石核</td><td colspan="3">单台面</td><td>5</td><td colspan="4">62.5</td><td rowspan="2">6.3</td></tr>
<tr><td colspan="3">双台面</td><td>3</td><td colspan="4">37.5</td></tr>
<tr><td colspan="2" rowspan="5">石片</td><td colspan="3">完整石片</td><td>19</td><td colspan="4">50</td><td rowspan="5">29.9</td></tr>
<tr><td colspan="3">近端断片</td><td>11</td><td colspan="4">29</td></tr>
<tr><td colspan="3">中间断片</td><td>4</td><td colspan="4">10.5</td></tr>
<tr><td colspan="3">远端断片</td><td>1</td><td colspan="4">2.6</td></tr>
<tr><td colspan="3">右断片</td><td>3</td><td colspan="4">7.9</td></tr>
<tr><td rowspan="18">工具</td><td>一类</td><td colspan="3">锤击石锤</td><td>1</td><td colspan="4">1.3</td><td rowspan="18">58.3</td></tr>
<tr><td rowspan="7">二类</td><td rowspan="6">刮削器</td><td rowspan="2">单刃</td><td>直刃</td><td>5</td><td>83.3</td><td rowspan="2">54.5</td><td rowspan="6">84.6</td><td rowspan="7">17.6</td></tr>
<tr><td>凹刃</td><td>1</td><td>16.7</td></tr>
<tr><td rowspan="4">双刃</td><td>直凸刃</td><td>1</td><td>20</td><td rowspan="4">45.5</td></tr>
<tr><td>双直刃</td><td>2</td><td>40</td></tr>
<tr><td>凹尖刃</td><td>1</td><td>20</td></tr>
<tr><td>凹凸刃</td><td>1</td><td>20</td></tr>
<tr><td colspan="3">尖刃器</td><td>2</td><td colspan="3">15.4</td></tr>
<tr><td rowspan="10">三类</td><td rowspan="10">刮削器</td><td rowspan="3">单刃</td><td>直刃</td><td>15</td><td>51.7</td><td rowspan="3">72.5</td><td rowspan="10">66.7</td><td rowspan="10">81.1</td></tr>
<tr><td>凸刃</td><td>10</td><td>34.5</td></tr>
<tr><td>凹刃</td><td>4</td><td>13.8</td></tr>
<tr><td rowspan="6">双刃</td><td>双直刃</td><td>3</td><td>30</td><td rowspan="6">25</td></tr>
<tr><td>直凹刃</td><td>1</td><td>10</td></tr>
<tr><td>直凸刃</td><td>2</td><td>20</td></tr>
<tr><td>凹刃凹缺刃</td><td>1</td><td>10</td></tr>
<tr><td>凹凸刃</td><td>2</td><td>20</td></tr>
<tr><td>直刃锯齿刃</td><td>1</td><td>10</td></tr>
<tr><td colspan="2">复刃</td><td>1</td><td colspan="2">2.5</td></tr>
</table>

续表

类型			数量	百分比（%）		
工具	三类	尖刃器	8	13.3	81.1	58.3
		凹缺器	4	6.6		
		砍砸器	4	6.6		
		锛型器	1	1.7		
		尖状器	1	1.7		
		雕刻器	1	1.7		
		钻器	1	1.7		
断块			7	5.5		

（二）石叶工业特征

1. 原料

原料比较丰富，共10种：板岩、凝灰岩、燧石、硅质灰岩、石英岩、黑曜岩、砂岩、流纹岩、玛瑙和玄武岩。石叶工业只有霍家窝棚北山地点一处，板岩、燧石和黑曜岩最多，皆占原料总数的25.64%；流纹岩和硅质灰岩次之，皆占5.14%；砂岩、石英岩、凝灰岩、玛瑙和玄武岩最少，皆各占2.56%（图一四）。总体来看，石器原料不集中，优质原料占百分比多。

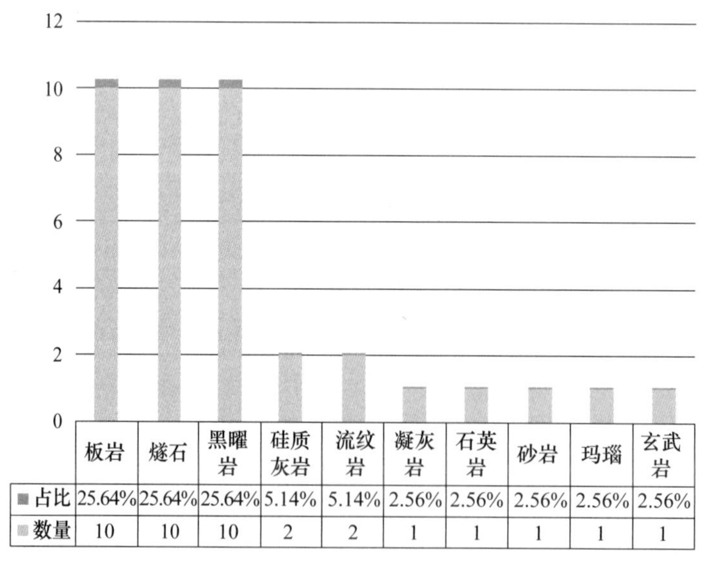

图一四　石叶工业原料比例图

2. 石器大小

根据石器的最大长度，将此地点的石器划分为微型（N ≤20毫米）、小型（20<N≤50

毫米)、中型(50＜N≤100 毫米)和大型(N＞100)的四个等级。小型最多，占石器总数的 53.8%；其次是微型，占总数的 25.6%，中型占 15.4%，大型最少，仅占 5.2%。由此可见，此地点的石器是以小型为主的工业类型。

3. 石器类型

石器类型包括普通石核、石片、石叶、断块和工具。工具比重较高，占石器总数的 46.2%。其中三类工具占总数的 35.9%，占工具的 77.8%，二类工具占工具的 16.7%。一类工具占工具的 5.5%。普通石核有 3 件单台面石核和 2 件双台面石核，占总数的 12.8%。石片有完整的、近端断片和远端断片，占总数的 28.2%。石叶很少，仅占总数的 7.7%。断块最少，仅各占总数的 5.1%(表三)。

石核和石片均用锤击法剥片，且剥片数量少，类型简单，无多台面石核。三类工具有片状毛坯和块状毛坯，但片状毛坯占绝大多数。工具修理除了最常用的锤击法外还有平面垂直砸击法；多为单层的鱼鳞状修疤也有多层的，单层修疤占多数。加工方向较多样，以正向为主，反向和复向次之，兼有交互加工。

三类工具中修理刃缘与修形为主，修理把手较少。可以看出，当时的人类有意识、有选择性的根据不同情况的毛坯，制作出更加适用于生产和生活的工具，但对于石器精美程度没有过高要求。

表三 石叶工业器类比例表

<table>
<tr><th colspan="5">类型</th><th>数量</th><th colspan="5">百分比(%)</th></tr>
<tr><td colspan="2" rowspan="2">锤击石核</td><td colspan="3">单台面</td><td>3</td><td colspan="4">60</td><td rowspan="2">12.8</td></tr>
<tr><td colspan="3">双台面</td><td>2</td><td colspan="4">40</td></tr>
<tr><td colspan="2" rowspan="3">石片</td><td colspan="3">完整石片</td><td>5</td><td colspan="4">45.4</td><td rowspan="3">28.2</td></tr>
<tr><td colspan="3">近端断片</td><td>3</td><td colspan="4">27.3</td></tr>
<tr><td colspan="3">远端断片</td><td>3</td><td colspan="4">27.3</td></tr>
<tr><td colspan="2" rowspan="2">石叶</td><td colspan="3">近端断片</td><td>1</td><td colspan="4">33.3</td><td rowspan="2">7.7</td></tr>
<tr><td colspan="3">远端断片</td><td>2</td><td colspan="4">66.7</td></tr>
<tr><td rowspan="12">工具</td><td>一类</td><td colspan="3">石锤</td><td>1</td><td colspan="4">5.5</td><td rowspan="12">46.2</td></tr>
<tr><td rowspan="3">二类</td><td rowspan="3">刮削器</td><td rowspan="2">单刃</td><td>直刃</td><td>1</td><td>50</td><td colspan="2" rowspan="2">66.7</td><td rowspan="3">16.7</td></tr>
<tr><td>凸刃</td><td>1</td><td>50</td></tr>
<tr><td>双刃</td><td>直尖刃</td><td>1</td><td colspan="3">33.3</td></tr>
<tr><td rowspan="8">三类</td><td rowspan="5">刮削器</td><td rowspan="4">单刃</td><td>圆头</td><td>2</td><td>22.3</td><td rowspan="4">90</td><td rowspan="5">71.4</td><td rowspan="8">77.8</td></tr>
<tr><td>直刃</td><td>3</td><td>33.3</td></tr>
<tr><td>凸刃</td><td>3</td><td>33.3</td></tr>
<tr><td>凹刃</td><td>1</td><td>11.1</td></tr>
<tr><td>双刃</td><td>双直刃</td><td>1</td><td colspan="2">10</td></tr>
<tr><td colspan="3">尖刃器</td><td>2</td><td colspan="3">14.2</td></tr>
<tr><td colspan="3">砍砸器</td><td>1</td><td colspan="3">7.2</td></tr>
<tr><td colspan="3">石镞毛坯</td><td>1</td><td colspan="3">7.2</td></tr>
<tr><td colspan="5">断块</td><td>2</td><td colspan="5">5.1</td></tr>
</table>

（三）细石叶工业特征

1. 原料

原料非常丰富，共21种：灰岩、燧石、黑曜岩、砂岩、石英岩、玄武岩、硅质泥岩、流纹岩、玛瑙、流纹斑岩、角砾岩、角岩、安山岩、碧玉、泥岩、石英、火山角砾岩、页岩、凝灰岩、角页岩和板岩。碱场劈山地点是以灰岩为主，砂岩和黑曜岩次之，其余原料较少；兴源小西崴子东山地点是以石英岩为主，黑曜岩次之，其余原料较少；下城子东南山地点是以燧石为主，黑曜岩次之，其余原料较少；郑家崴子东山地点是以燧石为主，石英岩和玄武岩次之，其余原料较少；共和胜利北山地点是以灰岩为主，砂岩和黑曜岩次之，其余原料较少。总体来看，细石器工业的石器原料是以灰岩为主，占原料总数的23.7%；燧石、黑曜岩和砂岩次之，分别占总数的15.3%、13.6%和11.7%；石英岩、玄武岩和硅质泥岩较少，分别占9.8%、5.8%和5.8%；流纹岩、玛瑙、流纹斑岩、角砾岩和角岩很少，分别占3.1%、2.9%、1.7%、1.7%和1.2%；角页岩、安山岩、凝灰岩和碧玉极少，分别占1%、0.7%、0.5%和0.5%；泥岩、石英、火山角砾岩、页岩和板岩最少，皆仅占0.2%（图一五）。发现的21种原料大都质量较好，适合作为制作石器的原料。

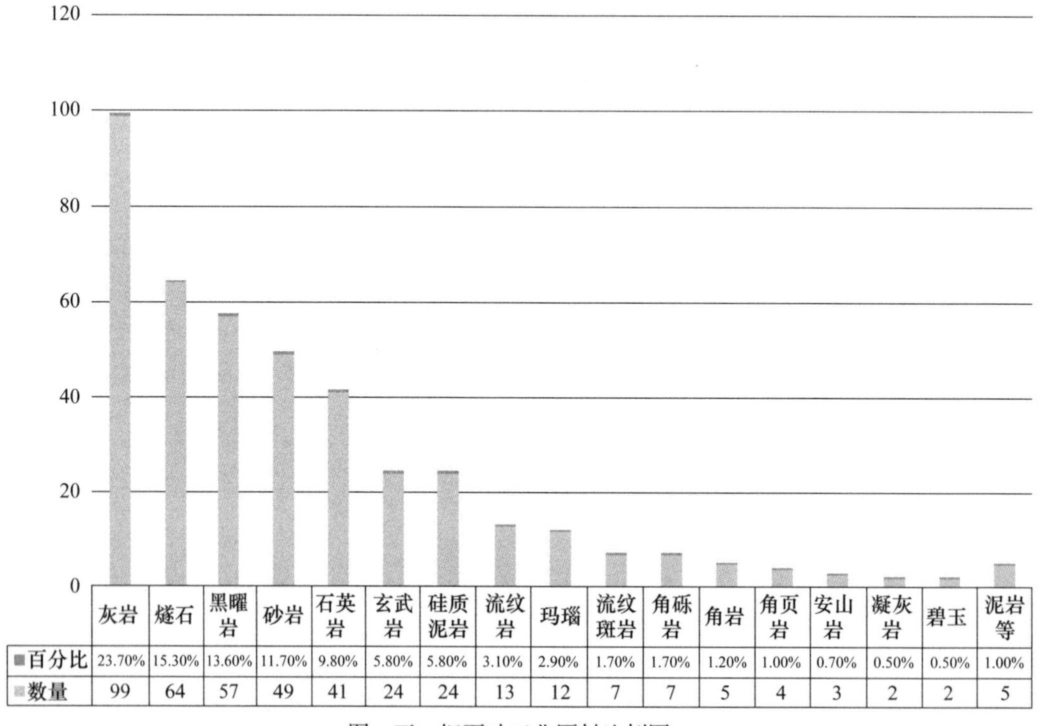

	灰岩	燧石	黑曜岩	砂岩	石英岩	玄武岩	硅质泥岩	流纹岩	玛瑙	流纹斑岩	角砾岩	角岩	角页岩	安山岩	凝灰岩	碧玉	泥岩等
百分比	23.70%	15.30%	13.60%	11.70%	9.80%	5.80%	5.80%	3.10%	2.90%	1.70%	1.70%	1.20%	1.00%	0.70%	0.50%	0.50%	1.00%
数量	99	64	57	49	41	24	24	13	12	7	7	5	4	3	2	2	5

图一五　细石叶工业原料比例图

2. 石器大小

据石器的最大长度，将石片工业的石器划分为微型（N≤20毫米）、小型（20<N≤50毫米）、中型（50<N≤100毫米）和大型（100<N≤200毫米）的四个等级。石核以中型和大型为主，石片以小型为主，工具则以中型和小型为主。总体来看，小型石器占主导，为总数的55.9%；中型次之，占总数的27.5%；微型和大型较少，各占11%和5.2%；巨型最少，仅占0.2%。可见，细石器工业的石器大小是以小型为主的工业类型。

3. 石器类型

石器类型非常丰富，包括石核、石片、石叶、细石叶、断块和工具。工具比重最高，占石器总数的44.5%。工具包括三类工具和二类工具，各占工具总数的82.8%和17.2%。石片次于工具，占总数的29.9%。断块再次，占15.8%；石核较少，占8.9%；石叶和细石叶最少，仅各占0.2%和0.7%。

石核包括锤击石核、石叶石核和细石叶石核。锤击石核最多，占石核总数的86.5%；石叶石核和细石叶石核很少，各占5.4%和8.1%。锤击石核中以单台面石核居多，占锤击石核总数的46.9%；双台面和多台面则各占28.1%和25%。均为块状毛坯，多台面石核除一件为六台面、两件为四台面外均为三台面。几乎所有石核都为修理台面，剥片疤数量较多且剥片率普遍较高，大部分应当还处在使用期间。石叶石核仅发现2件，分别为自然台面和修理台面，形状不规则，均预先在剥片面制造平直脊，剥片疤的形态也能推测出剥片中上部平行或接近平行，剥片疤长度为宽度的两倍以上。细石叶石核仅发现3件，均为楔形，均为修理台面，侧缘、底缘、前缘等都进行了修理，预制非常细致，剥片面都位于一侧，并留下4~5处清晰剥片疤，有的经过更新台面。细石叶石核虽然数量很少，但是制作修理精美且保存完好，对穆棱河流域上游细石叶技法的发展有一定程度的体现。

石片中完整石片与断片大约各占一半，分别占石片总数的51.2%和48.8%。断片中以近端断片和远端断片居多，各占断片总数的44.3%和29.5%；中间断片较少，占21.3%；左断片和右断片最少，分别占3.3%和1.6%。台面以打击台面居多，也有线状、点状、有疤台面。背面以全疤最多。

石叶只发现1件，风化严重，不见加工和使用痕迹。

细石叶发现3件，原料均为黑曜岩，但是细石叶工业未发现黑曜岩原料的细石核。均为典型细石叶，体积很小，不见加工和使用痕迹。

二类工具为未经加工的使用石片，包括刮削器和尖刃器。刮削器包括单刃和双刃，其中以单刃占绝对多数，占刮削器总数的90.3%，而单刃中又以单凸刃居多，占单刃总数的53.6%。直刃、凹刃较少，各占39.3%和7.1%。双刃3件，尖凹刃、双直刃和双凹刃各1件。尖刃器也只有1件。

三类工具也以刮削器占绝对多数，占工具总数的71.4%；尖刃器、两面器和端刃器较少，各占9.8%、6.5%和5.9%；凹缺器、雕刻器、手镐、锯齿刃器和砍砸器最少，分别占2.6%、1.3%、1.3%、0.6%和0.6%。刮削器中以单刃居多，占刮削器总数的81.8%；其中单直刃与单凸刃较多，各占单刃总数的43.3%；单凹刃较少，占13.4%。双刃占刮削器总数的16.4%，其中双直刃占双刃总数30%，直凸刃占20%，直凹刃和双凹刃各占15%，双凸刃和凹凸刃各占5%。复刃最少，占刮削器总数的1.8%（表四）。

毛坯基本全部为片状毛坯，仅在单直刃与双直刃刮削器中有以石叶及细石叶为毛坯者。修理方法以硬锤直接打击技术为主，部分黑曜岩的工具采用压制技术，十分精致。加工方向包括正向、反向、对向、复向和交互加工，以正向加工为主。修刃、修型和修理把手的数量很多，说明细石器工业的修理程度比较高，对石器成品的要求也比较高。

表四　细石叶工业器类比例表

<table>
<tr><th colspan="5">类型</th><th>数量</th><th colspan="5">百分比（%）</th></tr>
<tr><td colspan="2" rowspan="5">石核</td><td rowspan="3">锤击石核</td><td colspan="2">单台面</td><td>15</td><td colspan="2">46.9</td><td colspan="2" rowspan="3">86.5</td><td rowspan="5">8.9</td></tr>
<tr><td colspan="2">双台面</td><td>9</td><td colspan="2">28.1</td></tr>
<tr><td colspan="2">多台面</td><td>8</td><td colspan="2">25</td></tr>
<tr><td colspan="3">石叶石核</td><td>2</td><td colspan="4">5.4</td></tr>
<tr><td colspan="3">细石叶石核</td><td>3</td><td colspan="4">8.1</td></tr>
<tr><td colspan="2" rowspan="6">石片</td><td colspan="3">完整石片</td><td>64</td><td colspan="4">51.2</td><td rowspan="6">29.9</td></tr>
<tr><td rowspan="5">断片</td><td colspan="2">近端断片</td><td>27</td><td colspan="2">44.3</td><td colspan="2" rowspan="5">48.8</td></tr>
<tr><td colspan="2">中间断片</td><td>13</td><td colspan="2">21.3</td></tr>
<tr><td colspan="2">远端断片</td><td>18</td><td colspan="2">29.5</td></tr>
<tr><td colspan="2">左断片</td><td>2</td><td colspan="2">3.3</td></tr>
<tr><td colspan="2">右断片</td><td>1</td><td colspan="2">1.6</td></tr>
<tr><td colspan="5">石叶</td><td>1</td><td colspan="5">0.2</td></tr>
<tr><td colspan="5">细石叶</td><td>3</td><td colspan="5">0.7</td></tr>
<tr><td rowspan="13">工具</td><td rowspan="7">二类</td><td rowspan="6">刮削器</td><td rowspan="3">单刃</td><td>直刃</td><td>11</td><td>39.3</td><td rowspan="3">90.3</td><td rowspan="6">96.9</td><td rowspan="7">17.2</td><td rowspan="13">44.5</td></tr>
<tr><td>凸刃</td><td>15</td><td>53.6</td></tr>
<tr><td>凹刃</td><td>2</td><td>7.1</td></tr>
<tr><td rowspan="3">双刃</td><td>尖凹刃</td><td>1</td><td>33.3</td><td rowspan="3">9.7</td></tr>
<tr><td>双直刃</td><td>1</td><td>33.3</td></tr>
<tr><td>双凹刃</td><td>1</td><td>33.4</td></tr>
<tr><td colspan="3">尖刃器</td><td>1</td><td colspan="3">3.1</td></tr>
<tr><td rowspan="6">三类</td><td rowspan="6">刮削器</td><td rowspan="3">单刃</td><td>直刃</td><td>39</td><td>43.3</td><td rowspan="3">81.8</td><td rowspan="6">71.4</td><td rowspan="6">82.8</td></tr>
<tr><td>凸刃</td><td>39</td><td>43.3</td></tr>
<tr><td>凹刃</td><td>12</td><td>13.4</td></tr>
<tr><td rowspan="3">双刃</td><td>双直刃</td><td>6</td><td>30</td><td rowspan="3">16.4</td></tr>
<tr><td>直凸刃</td><td>4</td><td>20</td></tr>
<tr><td>直凹刃</td><td>3</td><td>15</td></tr>
</table>

续表

<table>
<tr><th colspan="5">类型</th><th>数量</th><th colspan="5">百分比（%）</th></tr>
<tr><td rowspan="12">工具</td><td rowspan="12">三类</td><td rowspan="4">刮削器</td><td rowspan="3">双刃</td><td>双凸刃</td><td>1</td><td>5</td><td rowspan="3">16.4</td><td rowspan="4">71.4</td><td rowspan="12">82.8</td><td rowspan="12">44.5</td></tr>
<tr><td>双凹刃</td><td>3</td><td>15</td></tr>
<tr><td>凹凸刃</td><td>1</td><td>5</td></tr>
<tr><td colspan="2">复刃</td><td>2</td><td colspan="2">1.8</td></tr>
<tr><td colspan="3">端刃器</td><td>9</td><td colspan="3">5.9</td></tr>
<tr><td colspan="3">尖刃器</td><td>15</td><td colspan="3">9.8</td></tr>
<tr><td colspan="3">凹缺器</td><td>4</td><td colspan="3">2.6</td></tr>
<tr><td colspan="3">锯齿刃器</td><td>1</td><td colspan="3">0.6</td></tr>
<tr><td colspan="3">雕刻器</td><td>2</td><td colspan="3">1.3</td></tr>
<tr><td colspan="3">手镐</td><td>2</td><td colspan="3">1.3</td></tr>
<tr><td colspan="3">砍砸器</td><td>1</td><td colspan="3">0.6</td></tr>
<tr><td colspan="3">两面器</td><td>10</td><td colspan="3">6.5</td></tr>
<tr><td colspan="5">断块</td><td>66</td><td colspan="5">15.8</td></tr>
</table>

五、石器工业分析讨论

（一）人地关系

人地关系，人文系统与自然环境系统动态关系的简称。人类和自然环境在人文生态系统中是相互依存、相互制约的两大要素。自然环境为人类提供生存条件，人类活动反过来影响自然，甚至局部改造自然。在旧石器时代考古中，需要了解并研究古人类生产生活的环境与条件，从地质地貌、气候环境等方面研究解释古人类与自然环境的联系和相互影响。由于本区域内关于旧石器时代的人地关系的研究条件目前很有限，故仅通过石器原料和旧石器地点的部分环境因素来进行人地关系的简单讨论。

1. 原料来源

石器是古人类遗址中保存最完好的遗存，对于研究古人类生产生活有着最直接的作用。所以石器原料就是古人类生活中必不可少的一项重要资源，研究石器原料的来源与利用方式就能对古人类的活动有更直观的认识。但石器石料与地质学上的矿物学和岩石学密切相关。古人类要制造工具必须选用硬度大、致密、光滑、不易崩裂、有光泽、有一定颜色的矿物和岩石作为石料[15]。

穆棱河流域上游的石器原料共 24 种，包括燧石、黑曜岩、泥质岩、硅质岩、石英岩、流纹岩、角砾岩、玛瑙、硅质泥岩、灰岩、砂岩、石英砂岩、硅质灰岩、凝灰岩、安山岩、玄武岩、碧玉、流纹斑岩、角岩、泥岩、火山角砾岩、页岩、角页岩和板岩。通过实地调查，这些原料除了黑曜岩，在山体和河漫滩附近都可以找到。说明古人为了生产便利很多原料选择了就地取材，但又经过了一定筛选，比如有的地点的山体基岩并没有出现在材料之中。在穆棱河上游旧石器工业的材料中，黑曜岩占有不小比重，是数量居前几位的重要原料。黑曜岩即便在今天也是石器打制实验常用的优质原料，在旧石器时代得到古人类的广泛利用，尤以旧石器时代晚期细石叶技艺发展快速后为大。根据前人对吉林省东部地区的细石器遗存的材料的研究分析结合黑曜岩本身是火成岩这一特征，可以得出长白山天池是东北地区黑曜岩的主要产源[16]。虽然穆棱河流域距离长白山天池直线距离约400千米，但是依然使用到了一定数量的黑曜岩。体现了两种可能，一是古人的交流联系的区域范围之广和生产生活搬迁距离之远已经可以不把这种距离视作高不可攀，另一种则是在不同人群之间存在着传递性的交流，使得优质原料可以经由“二次传递”到达比较远的区域。比如吉林省东部地区的和龙发现的细石器遗存有大量的黑曜岩，应是来源于长白山天池。而和龙地区的遗址和地点与穆棱河流域上游的旧石器工业中的地点直线距离最近不到200千米，交流搬运的难度相对小一些。又或许是两种可能兼而有之。

综上，穆棱河流域的石器原料基本都可以确定产源。绝大部分种类都是就地取材同时进行了选择以使用更优质的原料。而黑曜岩应当是来源于长白山地区，为研究彼时彼地的古人类的交流范围、运输能力等提供了参考。

2. 环境影响

穆棱河流域上游的旧石器地点，均位于穆棱市范围内，且都位于沿岸的Ⅱ、Ⅲ级阶地之上，根据阶地的形成原因，这在一定程度上有助于判断各自的年代。这些河流阶地地势开阔，顺应河流拐弯凸出呈舌型。在这些阶地上活动，视野开阔，古人类在这种地形既可以寻找猎物，也便于规避大型野兽。

现在穆棱河沿岸的Ⅱ、Ⅲ级阶地高出河流水面很多，看似不利于古人类用水。但是现代的地形地貌是因为新构造运动导致地形抬升。在古人类在此活动的时代，阶地处在水面附近，用水方便，而且河流拐弯处也便于打猎捕鱼获取生活物资。

同时，河流还会把不同石料搬运其中，坚硬致密的岩石会形成砾石。砾石逐渐积累在河漫滩上，古人类在附近活动时就可以就地取材选择原料加以利用。这也属于自然环境提供给人的生存条件。

（二）年代分析

穆棱河流域上游所发现的10处地点，均未经过科技手段进行测年，不能确定各自的精确绝对年代。但是根据各旧石器地点的地形地貌和石器工业特征，可以初步判断各自的所属年代。

穆棱河流域上游旧石器地点均位于穆棱河沿岸的Ⅱ、Ⅲ级阶地，而且除部分石器出于耕土层即黄色亚黏土层外，均采于地表，未发现旧石器文化层。

通过地貌学研究表明，一般认为Ⅳ级阶地形成于早更新世，Ⅲ级阶地形成于中更新世，Ⅱ级阶地形成于晚更新世，Ⅰ级阶地和河漫滩形成于全新世。但在穆棱河流域发现的旧石器遗址的形成时代大大晚于阶地形成时代，这是由于这些遗址的文化层沉积物大多属于风成的黄色亚黏土，也就是说这些风成黄色亚黏土是披盖在阶地之上的，也就是阶地形成之后形成的。如果在阶地内冲积物发现的旧石器，将于阶地的形成时代具有相关性。根据黑龙江省第四纪地层的堆积年代分析，可以确定黄褐色亚黏土层属于上更新统。因此，黄色亚黏土层位属于旧石器时代晚期[17]。所以，穆棱河流域上游的旧石器遗存基本确定不早于旧石器时代晚期。

另外，所发现旧石器遗存无伴生动物化石，也未见磨制石器及陶器，应该要早于新石器时代。小石片工业在旧石器时代普遍存在，石叶工业较发达于石片工业，而细石叶工业则更先进，并且在东北地区石叶与细石叶共存的遗址几乎不早于2.5万年以前。故初步将穆棱河流域上游旧石器工业的石片工业四处地点暂归于旧石器时代晚期，石叶工业的一处地点暂归于旧石器时代晚期中段或晚段，细石叶工业的五处地点暂归于旧石器时代晚期晚段。

（三）与东北地区旧石器工业的关系

东北地区包括黑龙江省、吉林省、辽宁省和内蒙古自治区的五盟市（呼伦贝尔市、通辽市、赤峰市、兴安盟、锡林郭勒盟）。有的学者将该地区的旧石器文化遗存分成三个大的工业类型：① 以大石器为主体的石器工业类型。② 以小石器为主体的石器工业类型。③ 以细石器为主体的石器工业类型[18]。

以小石器为主体的石器工业类型，主要分布在东北中部的丘陵地带。这种类型以营口金牛山遗址为代表[19]，其他遗址或地点还有喀左鸽子洞遗址[20]、海城小孤山遗址[21]、榆树周家油坊遗址[22]和哈尔滨阎家岗地点[23]等。该类型石器的主要特点是打片以锤击法为主，偶尔使用砸击法，而不见碰砧法。工具以刮削器为主，其次是尖状器，砍砸器数量极少。工具修理较精致，并以中小型为主[24]。

1. 石片工业

穆棱河流域上游的石片工业以小型为主，中型次之。与东北地区的典型小石器工业类型遗址进行对比，穆棱河上游的原料多为就地取材，类型包括石核、石片、断块和工具。剥片技术以锤击技术为主，不见砸击或碰砧技术，修理技术以锤击修理为主，单向加工为主。工具组合上以刮削器为主，也包含砍砸器等器型。总的来看与东北地区的石片工业有一定共同特征，但是稍显简单，同时各自带有一定独特性。

2. 石叶工业

原料主要为就地取材，剥片技术为硬锤锤击。石器类型为石核、石片、石叶、断块和工具。石核剥片数量少，工具加工以正向为主，修型修刃较多，未见修理把手，修理比较偏向追求实用而不求细致。工具组合以刮削器居多，有比较精致的石叶毛坯工具。

与黑龙江十八站遗址[25]进行比较，总体上看有相似工具组合，但是穆棱河流域上游的石叶工业材料较少，缺乏足够对比，而且稍显单调。

从材料总体来看，穆棱河流域上游的石片工业和石叶工业应当属于东北小石器主题的石器工业类型中相对较落后者，但是可见相似性和联系性，而且单从石叶技法上相较反而显得成熟。

3. 细石叶工业

以细石器为主体的石器工业类型，主要分布在东北西部的草原地带。以大布苏地点[26]为代表，其他遗址或地点还有昂昂溪大兴屯地点[27]以及吉林省东部含细石器的遗址等。该类型石器的主要特点是打片以锤击和砸击法外，还使用间接技术。工具修理采用锤击法和压制法；工具类型上以刮削器和尖状器为主，还出现了复合工具；器形加工规整。大部分工具都非常细小。

穆棱河流域上游的细石叶工业在地理位置上比较靠近吉林省东部含细石器的遗址，而且在工具组合和修理技术上也有一定共同之处。但是差异也十分明显。吉林省东部的细石器遗存黑曜岩原料所占比重远大于穆棱河流域上游，而且在优质原料的背景下，吉林省东部的细石器遗存有着更多样的打制技术如砸击法[28]和碰砧法[29]，但是穆棱河流域上游不见。而比较复杂的器型如矛头在穆棱河流域上游的细石器工业也没有。这一方面取决于材料的整体优良程度，另一方面也反映了技术水平上的差异。不过穆棱河流域上游的细石叶工业如吉林省东部一样有雕刻器、石镞和砍砸器，细石核和细石叶所反映的压剥技术也比较成熟，而且有石叶与细石叶共存的现象。故穆棱河流域上游的细石叶工业应属于东北地区细石叶工业相对早期水平，或许属于石片工业向细石叶工业过渡阶段。

六、结　　语

通过以上各章节的讨论和分析，本文对穆棱河流域上游的石器工业研究主要有如下认识：

（1）根据各自的工业特征将穆棱河上游流域发现的10处旧石器地点分为三种工业类型：石片工业、石叶工业和细石叶工业类型。三种工业类型没有进行科技手段测年，也未见伴生动物化石、磨制石器、陶器等可能反映大致年代的遗存，并且均出于阶地地表和耕土层中。故根据阶地地质学年代和工业特征上的对比分析，初步进行年代划分。将穆棱河流域上游旧石器工业的石片工业四处地点暂归于旧石器时代晚期，石叶工业的一处地点暂归于旧石器时代晚期中段或晚段，细石叶工业的五处地点暂归于旧石器时代晚期晚段。

（2）将三种工业类型的特征加以总结归纳，丰富对于穆棱河流域上游旧石器工业的了解。

（3）对一些问题加以思考讨论，比如人地关系、不明确的器物类型。有的讨论可以加以佐证和继续探讨，有的则缺少实证支持，需要更具体的深入研究。

（4）与临近地区进行对比分析，归纳其共同点和各自的独特特征，以期找到相互之间的联系从而使对穆棱河流域上游旧石器工业的认识更加具体。但是由于不同地区材料各自的独特性，以及部分材料的共性不足，难以建立直接的联系，不能妄言与其他地区的传承性或区域一体性，但是可见联系的存在。

附记：本文是“教育部人文社会科学重点研究基地重大项目”（批准号：16JJD780008）研究成果之一。

注　释

[1] 穆棱县志编纂委员会：《穆棱县志》，中国文史出版社，1990年。

[2] 穆棱林业局信息中心：《穆棱林业局森林旅游》，2007年。

[3] 陈全家、李万博、李有骞等：《穆棱碱场劈山旧石器地点的石器研究》，待刊。

[4] 陈全家、李有骞、倪春野等：《共和胜利北山旧石器地点的研究》，待刊。

[5] 倪春野、陈全家、李有骞等：《黑龙江穆棱市靠山东山旧石器地点石制品研究》，《北方文物》2017年第4期。

[6] 倪春野、李有骞、陈全家等：《穆棱河流域发现的三处旧石器地点调查简报》，待刊。

[7] 同[6]。

[8] 李有骞、陈全家、朱艺欣等：《穆棱兴源镇小西崴子东山旧石器地点调查简报》，待刊。

[9] 石晶、李有骞、陈全家等：《黑龙江穆棱郑家崴子东山旧石器地点的发现与研究》，待刊。

[10] 陈全家、高黄文、李有骞等：《黑龙江省穆棱市下城子东南山发现的旧石器》，待刊。

[11] 同[6]。

[12] 陈全家、李有骞、李万博等：《穆棱河流域新民南岗旧石器地点调查简报》，待刊。

[13] 陈全家：《吉林镇赉丹岱大坎子发现的旧石器》，《北方文物》2001年第2期。

[14] 卫奇：《石制品观察格式探讨》，《第八届中国古脊椎动物学学术年会论文集》，海洋出版社，2001年。

[15] 程新民、陈全家：《辽宁省东部山地木溪地区旧石器时代人地关系初探》，《边疆考古研究》（第14辑），科学出版社，2013年。

[16] 李有骞、陈全家：《长白山地黑曜岩旧石器的技术模式研究》，《东北史地》2014第5期。

[17] 黑龙江省区域地层表编写组：《东北地区区域地层表·黑龙江省分册》，地质出版社，1979年。

[18] 陈全家：《旧石器时代考古（东北）》，《东北古代民族·考古与疆域》，吉林大学出版社，1998年。

[19] 金牛山联合发掘队：《辽宁营口金牛山旧石器文化的研究》，《古脊椎动物与古人类》1978年第16卷第2期。

[20] 鸽子洞发掘队：《辽宁鸽子洞旧石器遗址发掘报告》，《古脊椎动物与古人类》1975年第13卷第2期。

[21] 张镇洪、傅仁义、陈宝峰等：《辽宁海城小孤山遗址发掘简报》，《人类学学报》1985年第4卷

第 1 期。

[22] 孙建中、王雨灼、姜鹏：《吉林榆树周家油坊旧石器文化遗址》，《古脊椎动物与古人类》1981 年第 19 卷第 3 期。

[23] 魏正一、杨大山、于汇历等：《哈尔滨阎家岗旧石器时代晚期地点》，《古脊椎动物与古人类》1981 年第 19 卷第 3 期。

[24] 赵宾福：《东北旧石器时代的古人类、古文化与古环境》，《学习与探索》2006 年第 2 期。

[25] 张晓凌、于汇历、高星：《黑龙江十八站遗址的新材料与年代》，《人类学学报》2006 年第 2 期。

[26] 董祝安：《大布苏的细石器》，《人类学学报》1989 年第 1 期。

[27] 黄慰文、张镇洪、缪振棣等：《黑龙江昂昂溪的旧石器》，《人类学学报》1984 年第 3 期。

[28] 赵青坡、陈全家、王春雪：《试析吉林省和龙市柳洞旧石器时代晚期遗址的古人类行为和石器技术》，《草原文物》2002 年第 2 期。

[29] 陈全家、方启、李霞等：《吉林和龙青头旧石器遗址的新发现及初步研究》，《考古与文物》2008 年第 2 期。

见微知著：斜口陶器再研究

朱永刚

（吉林大学边疆考古学研究中心）

我国东北地区新石器时代有一种斜口筒形陶器，习称斜口器。这种形制特殊的器物，最先发现于沈阳市新乐遗址[1]，此后在赤峰市西水泉[2]、上机房营子[3]、魏家窝铺[4]，敖汉旗四稜山[5]、兴隆洼[6]、西台[7]、七家[8]，林西水泉[9]、白音长汗[10]、柳树林[11]，翁牛特旗二道窝铺[12]、老牛槽沟[13]、下山湾[14]、杖房川[15]，科左中旗哈民忙哈[16]，建平县牛河梁[17]，奈曼旗满德图[18]、乌根包冷[19]，朝阳市北台子[20]，农安县左家山[21]、元宝沟[22]、五台山[23]等考古发掘资料中均有报道。

以往斜口器发现数量不多，材料零散，报道不详。近年这类器物刊布渐多，各博物馆和文物工作站也有不少收藏品[24]。2010 年、2011 年经大规模发掘的科左中旗哈民忙哈遗址是斜口器出土数量最多，记录最完整的一批材料。作为该遗址发掘的亲历者，也是基于对这类题材的长期关注，本文就已掌握的斜口器材料重新梳理，进行型、式分类和数据变量分析，排列出演变序列及各序列时空范围。在此基础上，通过对典型遗址斜口器出土数量、位置场景观察和共存器物统计，以其形制特点，结合民族学调查资料，重点探讨使用功能问题。

一、范 例 分 析

据不完全统计，以上列举各地点出土斜口器已近百件（指个体数），其中完整者包括可复原个体约占三分之一。本文遴选的 30 件标本属于不同的考古学文化，覆盖时空范围广泛，具有代表性。以此为范例的类型学分析，首先根据器体形态、开口形制及开口部位分为三型。

A 型　相关文献报道中，称此型为“侧口罐”“箕形器”。特点是斜口位于腹腔一侧，斜口宽且深，正面呈倒梯形。以形态差异分二式。

Ⅰ式：腹腔较深，通高与口径（正面上口最宽处，下同）之比达到 1.5 ~ 1.8。以沈阳新乐 F3：190 为例，器体扁圆，后腹背腹面略外弧，椭圆形小平底。围绕斜口饰两周压印之字纹，后腹背素面无纹饰。新乐 F1：5 和新乐遗址博物馆著录的一件藏品（F16：21）[25]，均属此式（图一，1 ~ 3）。

Ⅱ式：腹腔较浅，通高与口径之比不到 1.2。以农安左家山 H9：1 为例，扁圆形器体，

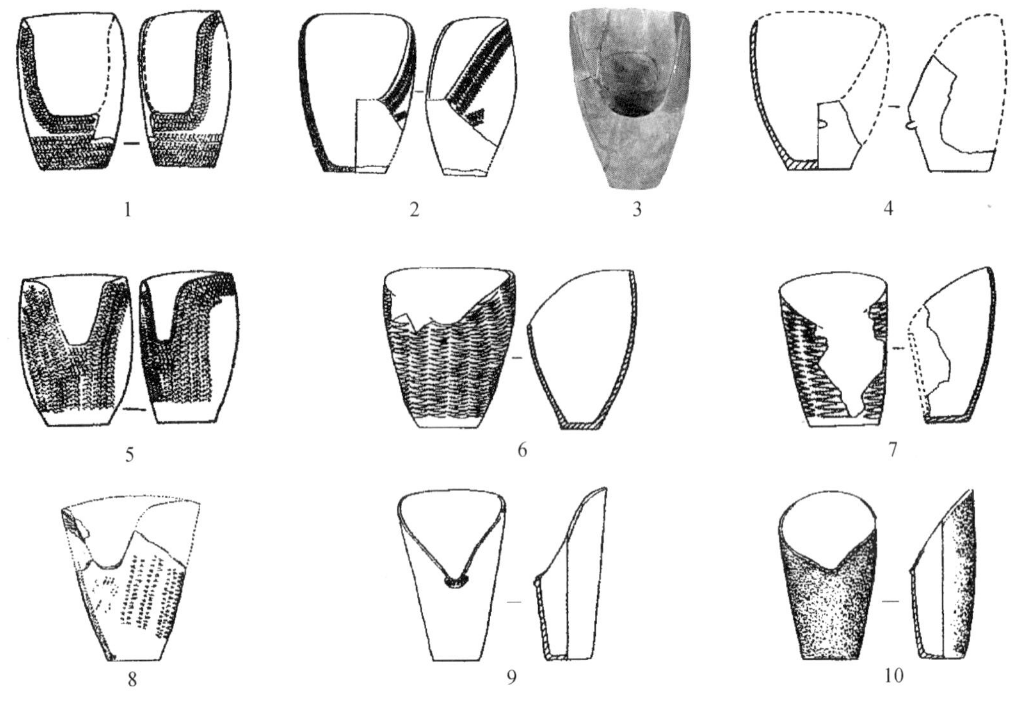

图一　A型、B型斜口器

1～3. A型Ⅰ式（新乐遗址F3：190、F1：5、新乐遗址博物馆馆藏F16：21）4. A型Ⅱ式（左家山遗址H9：1）
5. B型Ⅰ式（新乐遗址F3：194）6～8. B型Ⅱ式（水泉遗址F9②：8、F9②：4、四稜山遗址Y6：8）
9、10. B型Ⅲ式（哈民忙哈遗址F21：1、F20：28）

梯形斜口，素面，低口下部有一横鋬耳（图一，4）。左家山H15：8，斜口近梯形，圆腹，素面，低口部有一横鋬耳。农安元宝沟H5：4是口沿残片，但可观察部分器形为圆弧腹，梯形斜口，它们形制特点相似。近期农安五台山遗址出土的多件，也可归入此式。

B型　腹腔较深，通高与口径之比大多在1.5～1.7之间。斜口位于腹腔一侧，正面呈"V"字形或在低口处饰凹形流口。依形态差异分三式。

Ⅰ式：以沈阳新乐F3：194为例。椭圆形器体，在扁体一侧开"V"字形口，斜口正面围绕口部周围饰压印之字纹，后腹背外凸呈弧形，无纹饰（图一，5）。

Ⅱ式：以林西水泉F9②：8、F9②：4为例。特点是扁圆形器体，高口位口沿平直，低口一侧有一凹形口，斜口正面饰竖排之字纹，后腹背腹面弧鼓，无纹饰。敖汉四稜山出土的一件所谓"带流器"（Y6：8），属此式（图一，6～8）。

Ⅲ式：以科左中旗哈民忙哈遗址已刊布的两件标本为例，腹壁斜直，器体瘦高，"V"字形斜口向两侧外展。F21：1，低口前沿贴塑指压泥条堆纹，通体素面磨光，器底饰有席纹；F20：28，低口饰指压花边纹，通体拍印麻点纹（图一，9、10）。这两件标本保存非常完整，从制作痕迹分析，下部为泥圈套接，制法与筒形罐相同，上部则采用泥片叠筑法塑型[26]。该遗址出土的10余件"半截子"斜口器，皆从斜口的低口位处断裂，制法相同，形制相近，均属此式。

C型　也有称之为"偏口罐""簸箕形器"。特点是抹斜扁圆口，口径较大，弧腹背，器体通高与口径之比大多在 1～1.16 之间，最大比值不超过 1.3。根据形制特点并参考低口高与通高比值，分四式。

Ⅰ式：浅斜口，腹腔较深，高口一侧口沿平直，后腹背略鼓呈弧形。林西水泉 F13②：2，低口位口沿钻一排圆形孔，器表饰竖排之字纹。该器低口高与通高比值为 0.63（图二，1）。

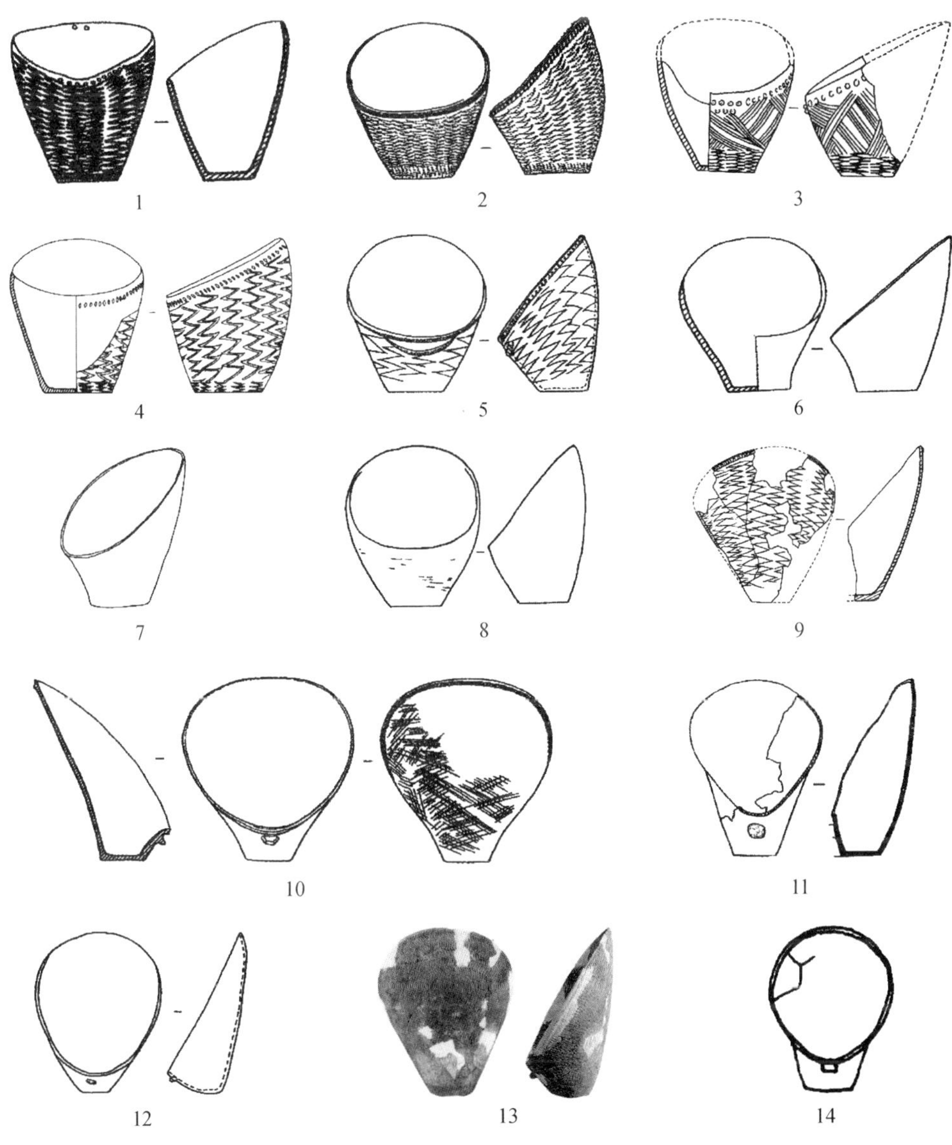

图二 C 型斜口器

1. C 型Ⅰ式（水泉遗址 F13②：2） 2～4. C 型Ⅱ式（西水泉遗址 F17：37、白音长汗遗址 AH34：6、柳树林遗址 T0109②：1） 5～8. C 型Ⅲ式（老牛槽沟遗址 H38：9、白音长汗遗址 BF67②：3、科尔沁博物馆馆藏、兴隆洼遗址 F133③：7） 9～14. C 型Ⅳ式（牛河梁遗址 N5ZCZ1：13、N5XC：1、2009N2H1：1、二道窝铺遗址 H12：1、老虎刺包遗址出土、朝阳北台子遗址出土）

Ⅱ式：斜口较深，后腹背圆鼓，正视口沿呈椭圆形。以赤峰西水泉 F17：37 为例，口沿饰压印附加堆纹一周，器表饰竖排之字纹。器形相同者有林西白音长汗 AH34：6、林西水泉 F6②：2、林西柳树林 T0109②：1、敖汉四棱山 Y6：7。测量数据显示，它们的低口高与通高比值为 0.5 左右（图二，2～4）。

Ⅲ式：深斜口，低口腹壁内收，高口后腹面圆鼓，正视口沿呈圆弧形。翁牛特老牛槽 H38：9，火候高，陶质坚硬。口沿饰一周指压附加堆纹，下口部贴塑半月形泥条，器表饰稀疏之字纹。林西白音长汗 BF67②：3、敖汉兴隆洼 F133③：7、敖汉七家 H12：2、翁牛特仗房川 2005CWZ 采：9 和科尔沁博物馆著录的一件藏品[27]，形态与此相同。以上标本低口高与通高比值，集中在 0.34～0.38 之间（图二，5～8）。

Ⅳ式：大抹斜敞口，高腹背，上口外展，正视口沿呈心形或长椭圆形。以建平牛河梁 N5XC：1 为例，下口低矮外侈，高腹壁呈扇面形外展，小平底。口沿饰戳印附加堆纹一周，低口下贴塑一横鋬耳，器背腹面饰平行交叉纹。同遗址出土的 N5ZCZ1：13 和 2009N2H1：1，器形与此相似。另外，如翁牛特二道窝铺 H12：1、敖汉西台 T404G1②：47、敖汉老虎刺包、朝阳北台子和赤峰魏家窝铺等遗址出土者，均属此式。以上标本除个别数据不全外，其余低口高与通高比值都在 0.12～0.24 之间（图二，9～14）。

将以上范例的型、式分类及相关数据整理统计，如表一所示。

表一　斜口器型、式与数据统计表　　单位：厘米

出土地点	器物编号	型式	通高	低口高	口径	底径	资料出处
沈阳新乐	F3：190	AⅠ	27.5	8.43	16	7.7～11.5	[1]
沈阳新乐	F1：5	AⅠ	31	13.56	20	7.8～11.2	[1]
新乐遗址博物馆藏	F16：21	AⅠ	28.4	11.36	15.7	5.8～8.2	[25]
农安左家山	H9：1	AⅡ	残高 28	11.6	约 24	11.5	[21]
农安左家山	H15：8	AⅡ	残高 26.4	12.8	约 23	9.5	[21]
沈阳新乐	F3：194	BⅠ	22.75	11	15.5	7.2～9.5	[1]
林西水泉	F9②：8	BⅡ	33.6	21.6	22.4～27.6	7.8～12.2	[9]
林西水泉	F9②：4	BⅡ	25.4	16.2	13.8～17.6	7.2～10.5	[9]
敖汉四棱山	Y6：8	BⅡ	28	16.26	约 25	9	[5]
科左中旗哈民忙哈	F20：28	BⅢ	41.7	22.9	24.2	10.8～13.2	[16]
科左中旗哈民忙哈	F21：1	BⅢ	39	18.4	24.8	10.4	[16]
林西水泉	F13②：2	CⅠ	26.8	17.1	22～24.2	8.2～10.5	[9]
林西水泉	F6②：2	CⅡ	26	13.5	17.5～27.5	9～12	[9]
林西柳树林	T0109②：1	CⅡ	30	16.8	约 24	13.8	[11]
敖汉四棱山	Y6：7	CⅡ	30	17	24	10.4	[5]
赤峰西水泉	F17：37	CⅡ	30	15	28		[2]
林西白音长汗	AH34：6	CⅡ	30	15	约 26	10.8	[10]
林西白音长汗	BF67②：3	CⅢ	28.2	9.6	26.7	11.8	[10]

续表

出土地点	器物编号	型式	通高	低口高	口径	底径	资料出处
敖汉兴隆洼	F133③：7	CⅢ	32.7	12.5	28.8	11	[6]
敖汉七家	H12：2	CⅢ	残高 12			12	[8]
翁牛特老牛槽沟	H38：9	CⅢ	33	11.89	29.2	11.6	[13]
通辽市博物馆藏	不详	CⅢ	27.5	9.3	28.8	11	[27]
翁牛特杖房川	2005CWZ 采：9	CⅢ	残高 8		10	4	[15]
建平牛河梁	2009N2H1：1	CⅣ	45	10.9	35	10～11	[17]
建平牛河梁	N5XC：1	CⅣ	52.4	8.87	52.8	12.8	[17]
建平牛河梁	N5ZCZ1：13	CⅣ	40		约 37	10	[17]
朝阳北台子	不详	CⅣ				13.2	[20]
敖汉西台	T404G1②：47	CⅣ					[7]
敖汉老虎刺包	不详	CⅣ	44	9.3	38	12.4	[24]
翁牛特二道窝铺	H12：1	CⅣ	46	5.5	46.2	8.4	[12]

二、序列、编年与区系

上述出土斜口器遗存分属于新乐下层文化、赵宝沟文化、红山文化、左家山上层文化和哈民忙哈文化。按东北新石器文化分期年代研究成果，一般认为：新乐下层文化年代上限不早于公元前 5500 年，下限约在公元前 4500 年；赵宝沟文化已测定的碳十四数据经树轮校正，年代跨度为公元前 5000～前 4700 年之间；红山文化按目前普遍接受的分期方案，分为西水泉和东山嘴（即牛河梁期）早晚两期，年代分别界定在公元前 4500～前 3500 年、公元前 3500～前 3000 年[28]。哈民忙哈文化以该遗址命名，已测定的一组碳十四数据（经树轮校正），年代在公元前 3600～前 3100 年之间，与红山文化晚期年代大体相当[29]。左家山遗址分三期，下层文化即发现有斜口器陶片，可惜无法复原。相当于左家山下层文化偏晚的农安元宝沟遗址出土 2 件斜口器，元宝沟兽骨的碳十四数据距今 5490±145 年（公元前 3540±145 年）[30]，结合文化特征分析；左家山下层文化晚期年代大约在公元前 5000～前 4500 年。上层文化碳十四年代（经树轮校正）约公元前 3000 年，上限年代不早于公元前 3500 年[31]。说明斜口器在当地出现的年代较早，存续时间很长。

将表一遴选标本置于所属文化内，按各型、式序列与编年分为三期，如表二所示。

表二　斜口器各型、式序列与编年表

分期	文化	年代	型式
早期	新乐下层文化	公元前 5500～前 4500 年	AⅠ　BⅠ
	赵宝沟文化 左家山下层文化晚期	公元前 5000～前 4700 年 公元前 5000～前 4500 年	BⅡ　CⅠ　CⅡ
中期	红山文化西水泉期 左家山上层文化	公元前 4500～前 3500 年 上限年代不早于公元前 3500 年	AⅡ　BⅡ　CⅡ　CⅢ
晚期	红山文化牛河梁期 哈民忙哈文化	公元前 3500～前 3000 年 公元前 3600～前 3100 年	BⅢ　CⅣ

早期：无论是新乐遗址出土的A型Ⅰ式、B型Ⅰ式，还是以林西水泉遗址发现代表赵宝沟文化的B型Ⅱ式、C型Ⅰ式，这一时期斜口器腹腔较深，高口一侧口沿平直，后腹背外凸腹面呈弧形。围绕口部及斜口正面均饰之字纹，背面多为素面。造型仍为同时期筒形罐深腹腔特征。

中期：左家山遗址出土的A型Ⅱ式标本，腹腔变浅，两侧腹壁外鼓，器体呈扁圆形。素面，斜口下部有一鋬耳。红山文化西水泉期B型Ⅱ式标本，从复原图形看，保持腹腔较深的特点，低口端饰有凹形流口。可观察的敖汉四稜山（Y6：8）标本，敞口，斜直壁，小平底，器表饰之字纹。C型Ⅱ式和C型Ⅲ式，斜口渐深，腹腔变浅。低口高与通高比值显示，低口位约在器身的二分之一至三分之一处。口沿饰附加堆纹或装饰纹。这一时期斜口器呈现出明显分化现象。

晚期：哈民忙哈遗址出土的B型Ⅲ式斜口器，直口，腹壁斜直，仍延续深腹腔的特点，只是器体更显瘦高并在低口部饰有便于把握的花边纹。红山文化牛河梁期C型Ⅳ式斜口器，具有明显的时代特征，斜口两侧外展呈扇形，低口位继续下降，约至器身的四分之一或小于四分之一，器体扁平若簸箕状。这一时期C型斜口器的口径已扩大到了极致，器形完全脱离筒形罐造型。

本项研究除了对范例通高、低口高、口径、底径等数据进行统计，还计算测评了通高与口径、低口高与通高比值的变化。以C型斜口器为例，从统计数据来看，有三项数值发生变化，一是通高、二是口径、三是低口高与通高比值。参见表一，前两项数值不断增大，后一项比值渐次缩小，由此排列出来的序列，当反映各变量之间内在的逻辑关系。同样A型和B型斜口器的检测，也具有形式上的序列，并符合某种程度同一性的变化。据此，可以认定按类型学划分型、式的斜口器演变序列，具有年代学意义。

据目前掌握的材料，斜口器主要分布于下辽河流域以西、松辽分水岭以南地区。近年来，吉林大学边疆考古研究中心“科尔沁沙地汉以前考古”课题组，对吉林省白城市、通辽市北部三个旗县及兴安盟部分地区调查时，在多个地点都采集到斜口器陶片[32]，并且其分布范围还有向北扩大的趋势。

从斜口器分布情况来看，提出两点认识：一是，斜口器在内蒙古东部和东北西南部与含之字纹陶器的新石器文化分布范围大体重合，大多数情况下与之字纹陶器有共存关系，作为这类考古学文化的特质，斜口器出现应该与之字纹陶器有密切关系。二是，在以上讨论中，将斜口器分为A、B、C三个序列。检视各型、式斜口器出土地点：A序列，分布在下辽河和西流松花江区域*；B序列，主要见于下辽河和西辽河以北区域，晚期在科尔沁沙地以北多有发现；C序列，比较集中于西辽河上游及以南地区（图三）。说明斜口器演变中的分化现象，存在地域差别。

---

* 西流松花江原称第二松花江，1988年废止。西流松花江专指发源于长白山，向西北流经吉林市，在黑龙江肇源县三岔河与嫩江汇合的干流江段，全长958千米。

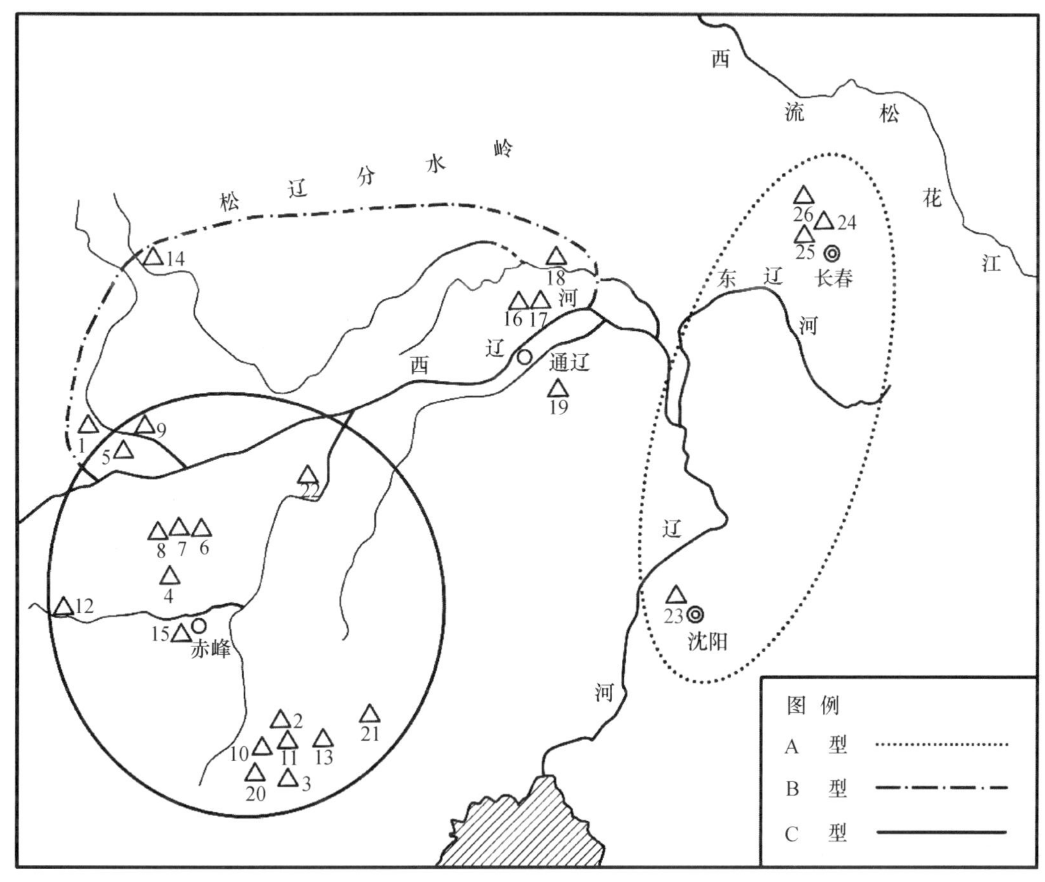

图三 斜口器出土地点及分布区系示意图

1. 林西水泉 2、3. 敖汉四稜山、兴隆洼 4. 赤峰西水泉 5. 林西白音长汗 6～8. 翁牛特老牛槽沟、杖房川、二道窝铺 9. 林西柳树林 10、11. 敖汉七家、老虎刺包 12. 赤峰上机房营子 13. 敖汉西台 14. 巴林左旗富河沟门 15. 赤峰魏家窝铺 16～18. 科左中旗哈民忙哈、白菜营子、敖恩套布 19. 科左后旗阿仁艾勒 20. 建平牛河梁 21. 朝阳北台子 22. 奈曼大沁他拉、满德图 23. 沈阳新乐 24～26. 农安左家山、元宝沟、五台山

三、功能探讨

斜口器是一种形制特殊的器物，最初发现就引起人们极大的兴趣，研究者除了对器形描述外，主要围绕斜口器有何用途展开讨论。有观点认为，在富河沟门遗址曾发现石板灶旁埋有斜口器，所以推测是用来储藏火种或盛放物品的器皿[33]；也有根据其簸箕形造型，认为很可能是用来清理灶坑内的灰烬和撮搂垃圾的用具[34]；还有主张斜口器具有多用功能，既是保存火种的器具，也是防寒取暖的火盆，还可作澄滤器和汲水器[35]。

以往关于斜口器功能的讨论，大多取其形而论，或只是强调形态特征的某一方面，往往主观臆测成分较大，众说纷纭。我们认为：斜口器造型不宜作为储藏器使用。如果说早期斜口器低口位占器物通高二分之一左右，尚可直立，那么到了晚期，斜口渐深，低口位占器物通高不到三分之一甚至小于四分之一，则器物不能直立，显然无法储物。即使直立，容量也不如同样高度的筒形罐。从形制特征看，也不适合作为保存火种的器皿，更难以达到像火盆那样长时间防寒取暖的目的。大多数研究者将斜口器造型比拟为簸箕，认为是用来清理灰烬和撮搂垃圾的用具，但仔细推敲此说法比较牵强。陶土烧制的斜口器，厚重，易碎，特别是晚期器型通高达 40 厘米以上，口沿外展呈扇面状，器形上大下小比例失调，很难手持操作。若就用途而言，完全可以由其他轻质耐用材料制作的器物取代之，如编织物、木制品等。还有澄滤器、汲水器等多用途说。从考古和民族学澄滤器实物看，内壁都有沟槽，可以通过反复搓擦加工芋薯类食物，而斜口器并不具备这一特征。至于汲水器说也要具体分析，东北新石器时代的陶器普遍手制，烧制火候低，陶质脆弱，保水性差，便携性也不能令人满意。同样用木头、树皮、葫芦甚至兽皮制成的容器都可以达到目的，所以很难说斜口器是汲水用具。

那么斜口器的用途到底是什么？本文拟从三方面进行讨论。

首先，是对斜口器出土数量、位置的场景观察。据统计，新乐遗址历年发现的斜口器共 15 件（个体），包括 1973 年第一次发掘报道的 6 件，但明确出土于房址内（F1）的只有 1 件；1980 ~ 1982 年共清理 4 座房址（F3、F4、F5、F6），发现斜口器 3 件；1982 ~ 1988 年在发掘的 9 座房址内，有 4 座房址（83CDF2、83CDF4、84CDF6、84CDF7）出土斜口器 6 件。从出土位置看，据早年参加过发掘的刘焕民撰文称，F3 发现的 2 件均出土在房址内不同的两个边角处[36]，这与 F1 报道的特殊器形陶器（斜口器）出土于房址西南角情况差不多。林西水泉遗址发掘赵宝沟文化房址 17 座，分四排，呈西南—东北向线型排列，均半地穴。简报没有报道斜口器在房址内的出土位置，但根据器物编号可以认定 6 件斜口器出自 5 座房址，并位于不同排列[37]。白音长汗遗址第四期红山文化清理房址 17 座，出土斜口器 6 件。报道出于房址内的只有 1 件，该器位于房址（BF67）西侧，放置在近于半地穴壁的一片抹泥居住面上[38]。

哈民忙哈遗址，经 2010 ~ 2011 年发掘共清理房址 43 座，在 13 座房址内出土斜口器 14 件（复原 2 件，其余均保留有自低口以下器体部分）。这是迄今发现数量最多、记录最完整的一批材料。经过整理，斜口器出土位置及共存器物详见表三。

表三　哈民忙哈遗址斜口器出土位置、碾磨石器及其他共存器物一览表

器物编号	出土位置	共存器物	备注
F7：10	位于东南向门道居住面东北侧，西距灶坑 0.7 米	磨棒 1、石饼 2、石杵、石凿、筒形罐、壶等	不能复原
F9：8	灶坑中	磨盘 1、磨棒 1、石杵、壶	不能复原
F15：2	位于东南向门道居住面东南角，西距灶坑 0.92 米	磨棒 2、石饼 5、石刀、石斧、石凿、骨角蚌器、筒形罐、壶、钵等	不能复原
F15：14	位于房址后部，放置在经烧烤的居住面上，西南距灶坑 1.1 米		不能复原
F20：28	位于门道外侧与房址西南转角的二层台上	磨盘 1、磨棒 2、石饼 3、石斧、石锛、蚌刀、筒形罐、壶、盆、钵、陶具	可复原

续表

器物编号	出土位置	共存器物	备注
F21：1	放置在房址西南一片抹泥硬面上，东距灶坑约 0.3 米	磨盘 1、磨棒 1、石饼 3、玉璧、石镐、石斧、石锛、石刀、筒形罐、钵、陶球、陶具	可复原
F23：5	位于房址后部，紧靠北穴壁，东南距灶坑 1.75 米	磨盘 2、石锛、石杵、蚌器、筒形罐、壶、杯等	不能复原
F24：2	房址后部，居住面北侧，南距灶坑 1.8 米	磨盘 1、磨棒 4、石饼 3、石镐、石锛、筒形罐、壶、盆、钵、陶具	不能复原
F26：9	位于房址居住面北部偏东，南距灶坑 1.5 米。灶坑内发现有陶器底和泥坯块	磨盘 1、石饼 3、石斧、筒形罐、盆、似是陶具	不能复原
F27：3	灶坑中	筒形罐、壶	不能复原
F28：10	位于房址西南角，东南距灶坑 1.7 米。房址内保存较好的烧烤面和壁面	磨盘 6、磨棒 3、石饼 3、石杵、石锛、筒形罐、壶、钵、陶泥坯	不能复原
F32：18	位于房址西角，东南距灶坑 3.5 米	磨盘 9、磨棒 7、石饼 1、环形石器、骨蚌器、筒形罐、壶、盆、陶具等	不能复原
F33：7	位于房址西北两灶坑之间，东南距中心灶坑 0.7 米	石饼 1、石斧、筒形罐、壶、盆、钵、陶具	不能复原
F34：2	位于房址东侧偏北角，西南距灶坑 1 米	磨盘 1、磨棒 5、石饼 2、石杵、石球、石镞、骨蚌器、壶	不能复原

注：本表只对与斜口器有密切关系的碾磨石器进行数量统计，其他共存器物只列举器类

以上列举材料，斜口器基本出土于房址内，应该是与人们日常生活、劳作有关的实用器。哈民忙哈遗址已发掘区域，房址自西北向东南排列，每排 4～8 座房址不等，门道均朝向东南。从聚落布局分析，同一排列房址居民的内部关系较之其他排列房址应该更亲密，如果把每一座房址看成是一个最基本的消费单元，那么一般生产生活和食物分配可能在每一排房址中进行。哈民忙哈遗址每一排列有 1～2 座房址出斜口器，且大多位于排列的东北一侧，即比较靠边的位置，个别位于排列中间，如 F32（最大规模的房址）检视新乐、林西水泉、白音长汗也有类似现象。从出土的具体位置看，除少数发现于灶坑内，大多数情况是放置在房址后部或边角处，与灶坑都保持有一定的距离。说明这种器物的使用，既不能远离灶坑，又需要有一定的操作空间。斜口器形制特殊，发现数量虽不很多，但使用频率较高，且在空间上座落的位置比较固定，故推测很可能是用于食物加工的器具。

其次，是看其共存关系。通过与斜口器共存器物的检索，磨盘、磨棒等碾磨石器出现率较高，如新乐遗址 1973 年发掘 F1 出土斜口器 6 件，磨盘 5 件、磨棒 21 件；1980 年清理四座房址（F3、F4、F5、F6）出土斜口器 3 件，磨盘 22 件、磨棒 14 件；1982～1988 年新乐遗址发掘报告称，出土磨盘 23 件、磨棒 14 件，虽然出土单位报道不详，但至少 83CDF2、83CDF4 两座房址均发现斜口器与磨盘、磨棒伴出[39]。还有林西水泉遗址赵宝沟文化遗存报道，磨盘 9 件、磨棒 6 件，它们大多出土于房址，与斜口器有共存关系。哈民忙哈遗址已确认有斜口器的 13 座房址，除 2 座外其余均出土有磨盘、磨棒，另外还有一种与磨盘配套使用的石饼（根据磨盘浅盘状研磨面观察，为石饼在磨盘上转动留下的痕迹）。合计磨盘 22 件、磨棒 26 件、石饼 26 件（参见表三）。

鉴于斜口器与磨盘、磨棒等可能存在的联系，进一步考察这类碾磨石器功能、加工对象和使用方式，将有助于斜口器用途的推定。

传统观点认为，磨盘、磨棒主要是加工谷物的碾磨工具，甚至作为农业经济存在和发展水平评价的一个重要标识。然而考古发现证实，伴随采集经济出现，磨盘、磨棒早在旧石器时代晚期就已出现，作为食物加工的一种手段，它的存在与农业经济并无必然联系。有学者更是明确指出，“很难把大量出土的碾磨石器和仅处于早期栽培阶段的少量谷物联系在一起，而当新石器中、晚期谷物种植逐渐成为中原食物来源时，碾磨石器却走向衰落”[40]。

所以，磨盘、磨棒并不单一加工谷物，而是广泛应用于坚果和野生类植物的加工工具。从分布范围看，纬度较高、气候偏寒冷、农业欠发达地区比较流行，可以说是与渔猎采集经济相伴随的食物加工重要手段之一。刘莉近年研究认为，橡子是中国新石器时代早期最丰富且稳定的食物资源。碾磨石器的主要功能是加工橡子，两者在时空分布上基本一致，并反映在考古遗存中[41]。在东北地区新石器时代，凡发现斜口器的地点均出土有磨盘、磨棒。这种器物组合的构成，除了表明斜口器是与食物加工有关的器具外，作为一个重要指示物或许还强调了其加工对象的“专属性”。

最后，结合民族学的材料再作些分析。宋兆麟先生在《史前食物的加工技术》一文中，列举了云南独龙族、怒族使用石磨盘加工粟子时，首先要把粟子放在火塘上方进行烘烤，或把粟子放在石锅里，下边点火烘炒，直到干燥为止。由于粟子皮较硬难以脱壳，只有经过烘干去除水分后，再放在石磨盘上研磨两三遍，才能去壳留米。同样加工稗子、青稞时，放在特定器皿中烘烤，也是必不可少的一道工序。民族学调查发现，藏族有一种双耳夹砂陶罐，是专门用于炒青稞的器皿，使用时先把陶罐架在火塘上烧烤，待炽热时倒入青稞，操作者手提陶罐双耳不停摇晃，使青稞在罐内均匀受热，直至炒熟。蒙古族日常食用的炒米，由糜子加工而成，其做法是先把细砂放在锅里加火烧热，然后放入糜子炒干。炒动时糜子皮开裂，会发出很大的声响，最后再用杵臼去皮制成炒米。宋兆麟先生认为，“史前时期加工粟黍过程中，应包括两个过程：一是晒干或炒干，二是研磨，石磨盘仅是进行第二道加工的工具，第一道加工则使用比较坚固的炊具”[42]。以此推定史前在使用磨盘、磨棒加工前，需要借助某种器具，先行对谷物、采集的坚果或颗粒状植物烘干、焙烤。那么就提出一个有趣的问题，在以往发现的考古学文化中，应该有与磨盘、磨棒配合使用的食物加工器具，是何器具?

关于斜口器用途的种种推测，只取其形而论，虽然不可取，但器型分析尤其是某些特质表现，却是使用方式和功能判断不可缺少的环节。从形态观察，斜口器具有以下几个特点：①扁体，椭圆形截面，筒腹造型，一般器体高度在25~35厘米之间，晚期体型通高达40厘米以上。②口沿一侧高，另一侧低形成斜口。早期斜口较浅，器形可直立；晚期斜口变深，器体上部口沿两侧外展，在重力作用下，器形只能平放。③后腹背腹面外鼓呈圆弧形。④口沿多饰有指压附加堆纹，或在低口部位贴塑鋬耳。还有两点也很重要：一是，大多数器表带有纹饰的个体，腹背面均不施纹，且留有磨损痕迹；二是，这种器物均为夹砂陶或砂质陶，没有泥质陶，外表为黄褐色，腹腔内较光滑呈黑灰色。

从器物发生学角度看，斜口器是为满足某种需求，由作为炊器的筒形罐衍生而来。为什么要在筒形罐上开一个倒梯形或“V”字形口呢，应该是为了便于观察和方便手伸入器皿操作有关。那么斜口器型由小变大，斜口由浅变深，后腹背圆鼓以及强调低口位置的把握功能，则反映这种器物功能的专一属性和为满足其功能发生的形态变化。

凡此种种，根据斜口器形制特征、共存器物和出土数量、位置的场景观察，可以认定它是一种供食物加工烘干、焙烤的专用器具。使用时应架在灶坑或平放在炽热的炭灰上，手持低口端把握位置，反复摇动、抄炒，使加工对象受热均匀，直至烘干或炒熟。由于这种器皿不受火塘限制，可以随意移动，所以在特定区域被广泛使用。我们提出的斜口器是用于食物加工并与磨盘、磨棒配合使用的看法，还需要考古发掘中更为系统的资料记录与收集，同时得到残留物分析和微痕观察等技术手段的支持，以便获取更多信息。这方面研究还有很大的提升空间。

四、余　论

对斜口器的认知，不只是通常考定了其使用范围，更重要的是通过特定文化历史背景和自然环境的关联，了解这种器具所反映的经济形态与生活方式，所谓见微知著。

就目前已掌握的情况，斜口器出土地点散布于内蒙古东部和东北西南部，与含之字纹陶器的新石器文化分布范围基本重叠，同时也是磨盘、磨棒等碾磨类石器发现最集中的区域。有学者对白音长汗遗址跨越近4000年的四种文化遗存出土的碾磨石器进行过数量统计，各期遗存碾磨石器占石器总数分别为兴隆洼28%、赵宝沟26%、红山57%、小河沿19%。除红山文化外，总体呈现下降趋势。到夏家店下层文化时期，碾磨石器已很少见，北票丰下遗址仅出土7件，占石器总数的5%[43]。纵观辽河流域的新石器文化，兴隆洼文化时期，尽管在兴隆沟遗址已发现少量粟和黍[44]，但其他遗址植物遗存主要为坚果类，没有发现农作物。当时的经济形态是渔猎和采集，农业尚处于萌芽状态。赵宝沟文化虽然有一些被认定的农业工具，但缺乏石镰一类的收割工具。经正式发掘的几处遗址，均没有发现农作物痕迹，房址内出土的大量野生动物和坚果，狩猎采集在赵宝沟文化中仍占主导地位[45]。红山文化时期，虽然农业有了较大发展，但由于地理环境不同，各遗址之间的经济形态差别较大。这一时期位于西辽河以北的哈民忙哈遗址，从浮选结果来看，人工栽培作物占植物总量不足百分之一[46]。出土的动物遗存经鉴定均为野生个体，尚未发现饲养动物。该遗址农业生产规模不大，仍以渔猎和采集为主，与赤峰周边红山文化遗址比较，经济形态呈现出明显的地域差异[47]。我们认为，东北地区经济形态可以归纳为两个特点：一是，南部地区谷物种植出现较早，并且在经济中的重要性逐渐加强，但发展比较缓慢，在整个新石器时代，广谱型经济模式一直占主导地位；二是，北部地区（大体西辽河以北）渔猎、采集经济的指向性明显，纬度越高对攫取型自然经济的依存度越大，渔猎、采集经济越发达。

考古学认为，器物形态（包括纹饰、装饰物）与人们生产、生活息息相关。若把特殊造型的斜口器放在东北新石器时代含之字纹陶器分布范围内考虑，不仅凸显该文化系统的独特性，而且也一定程度反映当时的生存环境和生活方式。也就是说斜口器的缘起和时空范围与渔猎、采集经济有密切关系。

我们还注意到，一些靺鞨文化遗址中出土过斜口器，如浑江市永安遗址[48]、佳木斯市凤凰山[49]、绥滨市四十连[50]、绥滨市同仁[51]（图四，1～3、5～7）。另有报道，在黑龙江左岸俄罗斯布拉戈斯洛文[52]（图四，4）、乌拉夫洛夫卡、乌斯季温固山和滨海地区库尔库尼哈遗址[53]也有发现。这些有明确出土地点的斜口器，根据共存陶器形式排比和碳十四测年数据分析[54]，年代上自汉魏，下至南北朝并延续到唐代渤海时期。从器形上看，它们也有由小变大，斜口由浅变深，以及后腹背圆鼓和在低口下附加泥条等特点，与新石器时代斜口器很相似。尤其是倒梯形和“V”字形开口，更接近于新乐下层文化的A型Ⅰ式和B型Ⅰ式标本。出现年代很晚的这种类型品，形式特征与新石器文化斜口器如此相似，是否意味着早在新石器时代就已存在某种文化交流的传承，还是从那时起就有来自辽河流域居民向北方以远地区的迁徙，或是确有相同生活方式所反映的古老食物加工技术之必然，虽然还无法解释，但这是一个非常重要而有趣的现象。

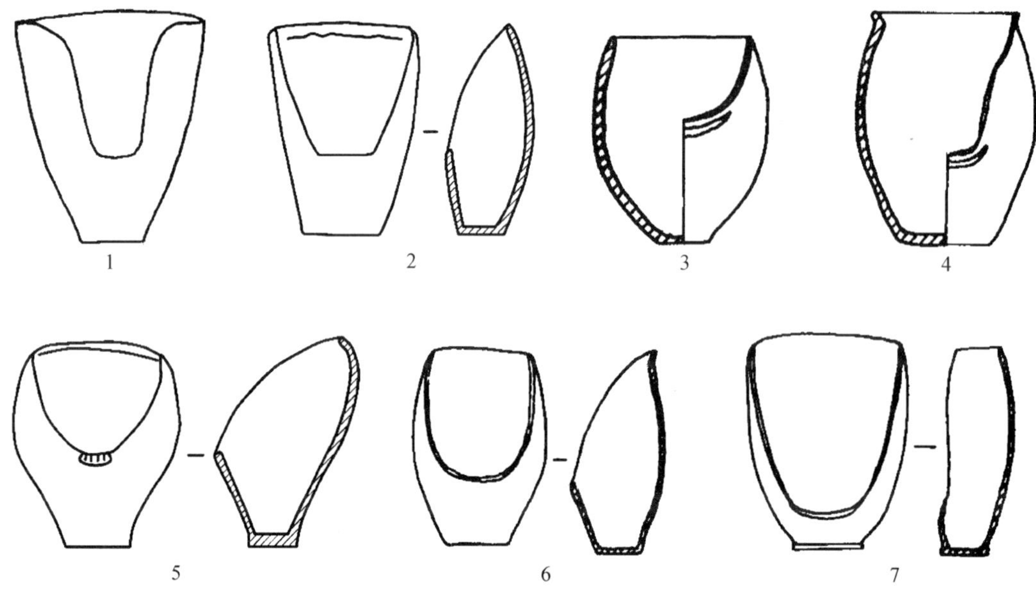

图四 黑龙江中游及邻近区域出土的斜口器

1. 浑江市永安遗址 2、5. 佳木斯市凤凰山 3. 绥滨市四十连遗址 4. 布拉戈斯诺文遗址 6、7. 绥滨市同仁遗址

附记：此项研究为国家社会科学基金重大项目“哈民忙哈——科尔沁沙地新石器时代遗址发掘与综合研究”系列成果（批准号：12&ZD191）。

注 释

[1] 沈阳市文物管理委员会：《沈阳市新乐遗址试掘报告》，《考古学报》1978年第4期。沈阳新

乐遗址博物馆、沈阳市文物管理办公室：《辽宁沈阳新乐遗址抢救清理发掘简报》,《考古》1990年第11期。李晓钟：《沈阳新乐遗址1982～1988年发掘报告》,《辽海文物学刊》1990年第1期。

[2] 中国社会科学院考古研究所内蒙古工作队：《赤峰西水泉红山文化遗址》,《考古学报》1982年第2期。

[3] 内蒙古自治区文物考古研究所、吉林大学边疆考古研究中心：《赤峰上机房营子与西梁》，科学出版社，2012年。

[4] 成璟瑭等：《内蒙古赤峰魏家窝铺新石器时代遗址的发现与认识》,《文物》2014年第1期。

[5] 辽宁省博物馆、昭乌达盟文物工作站、敖汉旗博物馆：《辽宁敖汉旗小河沿三种原始文化的发现》,《文物》1977年第12期。李恭笃、高美璇：《内蒙古敖汉旗四棱山红山文化窖址》,《史前研究》1987年第4期。

[6] 刘国祥：《红山文化研究》(下)，科学出版社，2015年，图5-1-45，1。

[7] 杨虎、林秀贞：《内蒙古敖汉旗红山文化西台类型遗址简述》,《北方文物》2010年第3期。林秀贞、杨虎：《红山文化西台类型发现与研究》,《考古学集刊》第19集，科学出版社，2013年。

[8] 赤峰市博物馆、敖汉旗博物馆：《赤峰市敖汉旗七家红山文化遗址发掘报告》,《草原文物》2015年第1期。

[9] 内蒙古文物考古研究所：《内蒙古林西县水泉遗址简报》,《考古》2005年第11期。

[10] 内蒙古自治区文物考古研究所：《白音长汗——新石器时代遗址发掘报告》，科学出版社，2004年。

[11] 内蒙古自治区考古研究所：《赤峰市林西县柳树林红山文化遗址发掘简报》,《草原文物》2015年第1期。

[12] 内蒙古自治区文物考古研究所、赤峰市博物馆、翁牛特旗博物馆：《翁牛特旗二道窝铺遗址发掘简报》,《内蒙古文物考古文集》(第四辑)，科学出版社，2013年，第89～128页。

[13] 内蒙古自治区文物考古研究所：《翁牛特旗老牛槽沟红山文化遗址发掘简报》,《内蒙古文物考古文集》(第四辑)，科学出版社，2013年，第129～171页。

[14] 内蒙古自治区文物考古研究所、赤峰市博物馆、翁牛特旗博物馆：《赤峰翁牛特旗下山湾遗址发掘报告》,《内蒙古文物考古文集》(第四辑)，科学出版社，2013年，第172～189页。

[15] 内蒙古自治区文物考古研究所：《赤峰翁牛特旗仗房川遗址调查》,《内蒙古文物考古文集》(第四辑)，科学出版社，2013年，第32～61页。

[16] 内蒙古文物考古研究所、科左中旗文物管理所：《内蒙古科左中旗哈民忙哈新石器时代遗址2010年发掘简报》,《考古》2012年第3期。内蒙古文物考古研究所、吉林大学边疆考古研究中心：《内蒙古科左中旗哈民忙哈新石器时代遗址2011年的发掘》,《考古》2012年第7期。

[17] 辽宁省文物考古研究所：《牛河梁——红山遗址发掘报告(1983～2003年度)》，文物出版社，2012年。

[18] 1973～1974年，吉林省文物工作队对当时划归吉林省的哲里木盟奈曼旗满德图遗址进行过四次调查，并作了试掘。参见吉林省考古研究室、吉林省文物工作队：《统一的多民族国家的历

史见证——吉林省文物考古工作三十年的主要收获》,《文物考古工作三十年》，文物出版社，1980年。

［19］ 朱凤瀚:《吉林奈曼大沁他拉新石器时代遗址调查》,《考古》1979年第3期。

［20］ 吉向前:《红山文化斜口器是盛放器不是撮搂工具》,《中国文物报》2000年12月24日。

［21］ 吉林大学考古专业教研室:《农安左家山新石器时代遗址》,《考古学报》1989年第2期。

［22］ 吉林省文物考古研究所:《吉林农安县元宝沟新石器时代遗址发掘》,《考古》1989年第12期。

［23］ 吉林省文物考古研究所:《农安五台山遗址发掘》,《2017年度吉林省考古工作汇编》，2017年11月。

［24］ 通辽市博物馆:《科尔沁历史瑰宝》，内蒙古人民出版社，2009年。内蒙古敖汉旗博物馆:《敖汉文物精华》，内蒙古文化出版社，2004年。

［25］ 沈阳新乐遗址博物馆:《新乐遗址博物馆馆藏文物集粹》，辽宁美术出版社，2008年，第31页。

［26］ 朱永刚、陈醉:《哈民忙哈遗址制陶工艺研究》,《中原文物》待刊。

［27］ 通辽市博物馆:《科尔沁历史瑰宝》，内蒙古人民出版社，2009年，第71页，科尔沁博物馆收藏。

［28］ 赵宾福:《东北石器时代考古》，吉林大学出版社，2003年，第212～214、234、280页。

［29］ 采自哈民忙哈遗址房址内的木炭标本，经北京大学考古文博学院科技考古与文物保护实验室测定，五个碳十四数据树轮校正年代为公元前3600～前3100年（半衰期5730年）。

［30］ 吉林省文物考古研究所:《吉林农安县元宝沟新石器时代遗址发掘》,《考古》1989年第12期。

［31］ 赵宾福:《东北石器时代考古》，吉林大学出版社，2003年，第336～339页。

［32］ 朱永刚、郑钧夫:《通榆县三处史前遗址调查与遗存分类》,《边疆考古研究》(第7辑)，科学出版社，2008年。王立新、宋德辉等:《吉林洮南四海泡渔场家属区遗址的复查与初步认识》,《边疆考古研究》(第8辑)，科学出版社，2009年。朱永刚、王立新:《敖恩套布和西固仁茫哈遗址复查与遗存辨析》,《边疆考古研究》(第9辑)，科学出版社，2010年。内蒙古自治区文物考古研究所、吉林大学边疆考古研究中心:《科尔沁左翼后旗阿仁艾勒遗址调查与遗存试析》,《草原文物》2011年第1期。

［33］ 中国社会科学院考古研究所:《新中国的考古发现和研究》，文物出版社，1984年，第177页。吉向前:《红山文化斜口器是盛放器不是撮搂工具》,《中国文物报》2000年12月24日。

［34］ 都兴智:《关于之字纹陶器的几个问题》,《北方文物》2006年第4期。

［35］ 周延忠:《浅谈“新乐文化”出土的斜口器》,《新乐遗址学术讨论会文集》，沈阳市第三印刷厂，1983年。

［36］ 刘焕民:《新乐斜口异形器用途研究》,《新乐遗址学术讨论会文集》，沈阳市第三印刷厂，1983年。

［37］ 李婉琪、索秀芬、马晓丽:《斜口器初探》，附表一、续表一,《北方文物》2017年第1期。

［38］ 内蒙古自治区文物考古研究所:《白音长汗——新石器时代遗址发掘报告》，科学出版社，2004年，第381、382页，图二九八。

［39］ 李晓钟:《沈阳新乐遗址1982～1988年发掘报告》,《辽海文物学刊》1990年第1期，参见该文遗迹遗物表。

[40] 刘莉：《中国史前的碾磨石器和坚果采集》，《中国文物报》2007 年 6 月 22 日，第 7 版。

[41] 刘莉：《中国史前的碾磨石器、坚果采集、定居及农业起源》，《庆祝何炳棣先生九十华诞论文集》，三秦出版社，2008 年。

[42] 宋兆麟：《史前食物的加工技术——论磨具与杵臼的起源》，《农业考古》1997 年第 3 期。

[43] 刘莉：《中国史前的碾磨石器、坚果采集、定居及农业起源》，《庆祝何炳棣先生九十华诞论文集》，三秦出版社，2008 年。

[44] 赵志军：《从兴隆沟遗址浮选结果谈中国北方旱作农业起源问题》，《东亚考古》（A 卷），文物出版社，2004 年，第 188 ~ 199 页。

[45] 刘国祥：《赵宝沟文化经济形态及相关问题探讨》，《21 世纪中国考古学与世界考古学》，中国社会科学出版社，2002 年。

[46] 孙永刚、赵志军、吉平：《哈民忙哈史前聚落遗址出土植物遗存研究》，《华夏考古》2016 年第 2 期。

[47] 朱永刚：《哈民忙哈遗址经济形态研究：一个居住模式与生态环境悖论的推导》，《边疆考古研究》第 19 辑，科学出版社，2016 年。

[48] 吉林省地方志编纂委员会：《吉林省志》卷四十三，文物志，吉林人民出版社，1991 年，第 38 页。吉林省文物考古研究所：《吉林浑江永安遗址发掘报告》，《考古》1997 年第 2 期。

[49] 佳木斯市文物管理站：《佳木斯市郊凤凰山遗址调查》，《北方文物》2005 年第 1 期。

[50] 黑龙江省文物考古研究所：《黑龙江省绥滨县四十连遗址发掘报告》，《北方文物》2010 年第 2 期。

[51] 黑龙江省文物考古研究所、中国社会科学院考古研究所：《黑龙江绥滨同仁遗址发掘报告》，《考古学报》2006 年第 1 期。

[52] A. п. 奥克拉德尼科夫：《阿穆尔地区的古代艺术》，选自《岩画、雕刻、陶器》，彼得格勒，1981 年，第 127 页。

[53] C.B. 阿尔金、A.B. 格列兵希科夫：《阿穆尔河沿岸地区发现的一件罕见的靺鞨族陶器》，《北方文物》2011 年第 2 期。

[54] 转引自谭英杰、赵虹光：《黑龙江中游铁器时代文化分期浅论》，《考古与文物》1993 年第 4 期。

东北亚视域中的史前三江平原

乔　梁

（中国文化遗产研究院）

地处黑龙江、松花江和乌苏里江交汇区域的三江平原是在长期的地质构造下陷和江河冲积下所形成的低地平原，所以也有三江洼地之称。三江平原也是中国现生面积最大的沼泽分布区，故曾长期以北大荒之名传世。横亘于中部的完达山脉将三江平原分为南北两部分：北部是沼泽化低平原，一般也称合江平原或狭义的三江平原；南部是乌苏里江及其支流与兴凯湖共同形成的冲积——湖积沼泽化平原，亦称穆棱——兴凯平原。三江平原分布的水系均属于黑龙江流域，流向的主体趋势呈北向。

相对于中原、南方地区而言，三江平原文明的产生可能要晚一些，目前的考古发现和研究表明大约在相当于汉魏时期分布于三江平原以滚兔岭文化为代表的人群集团可能已发展出一定的文明形态，因此本文所指的史前阶段也基本以滚兔岭文化的出现作为年代的下限。

一

相比于松嫩平原等区域而言，三江平原的考古工作开展的相对要晚一些，大约一直到20世纪70年代才开始有真正科学意义上的考古调查与发掘工作。截至目前，这一区域确立的史前考古学文化以及重要考古遗存主要有以下发现：

新开流文化：由1972年密山新开流遗址的发掘所确立[1]，此后三江平原所见的新石器时代遗存多被研究者归属为该文化或与之相关联。遗址分布在大、小兴凯湖之间的湖岗上。由西北部的T3、T5的发掘来看，遗址的文化堆积由晚及早基本呈现为四个大的时序，即打破第2层的遗迹→第2层→被第2层叠压并打破第3层的遗迹→第3层，此外同一层位下开口的个别遗迹之间也存在打破的关系。发掘者根据堆积层位和特征将遗址的文化遗存分作上、下两层，2层下的遗迹和第3层遗存被视作下层，其余堆积属于上层。其中下层遗存中包含一座墓葬和全部的鱼窖，上层的遗迹主要是墓葬。陶器则表现为下层以夹砂灰褐、黄褐陶为主，陶器纹饰以大而深的刻菱形纹、三角纹、短竖线、折线纹，此外还有拍印、戳刻和附加纹饰，偶尔可见与第2层相同的鱼鳞纹、菱形纹等。器形仅见罐类。石器以压制的细石器为主，磨制和打制石器的比例均很低。上层陶器质地有夹砂灰褐、黄褐和泥质红褐三种，以灰褐者占绝大多数。陶器纹饰极为繁缛，大多是由几种组合成复合纹饰，以鱼鳞纹和菱形纹为主体。施纹的技法可分为刻划、戳刺、按捺和拍印四种。石器仍以压制细石器为主，但磨制石器的比例有所增加。遗址出土人骨的碳十四测年树轮校正年代为6080±130年。

万里霍通遗址：属桦南县，遗址分布在松花江右岸的台地上，被万里霍通古城址所叠压。经1974年和1979年两次调查[2]，发现有新石器、青铜以及辽金时期不同阶段的遗存。采集的标本表明，早期阶段遗存的石器以细石器为主，磨制石器较少，打制石器仅一件。陶器以夹砂黄褐陶居多，灰褐陶其次，夹砂陶一般较粗糙，常含粗砂或石英粒。器形比较单一，以筒形和直口罐为主，还有少量的钵。纹饰多数是由刻划、戳刺、拍印、按捺等几种组合成复合纹饰。其中横菱形纹最常见，还有篦点纹、方格纹、鱼鳞纹、凹弦纹、波折纹、指甲纹等。调查者认为该类遗存与新开流遗址在文化内涵上存在一致性，故两者当属同一文化类型，但两者间也存在一些差别。

小南山遗址：属饶河县，遗址位于乌苏里江畔，1958年当地师生就曾将在遗址采集到的桂叶形石器寄赠中国科学院古脊椎动物与古人类研究所[3]。1971年经科学调查并首次进行了试掘[4]，在文化层内发现路土、烧火坑，大量的石材、石片，压琢的石矛、石镞、刮削器，磨制的石镞、石矛等，同时出土有手制夹砂粗红陶器，器形仅罐、钵两类，饰以方格纹、刻划纹、弦纹、篦纹、波浪纹等，还发现少量玉器。1991年当地在小南山之巅边防瞭望塔施工中发现了一批玉石器[5]，经事后的清理以及当事人的回忆，推测该批遗物出自一座土坑墓中，墓底距地表2.5米，墓葬为二人合葬，仰身直肢，头向西。散失又追回的随葬品中有玉器67、石器56和牙坠饰3件。该发现的地点距离既往发掘的小南山遗址存在一定的距离，疑似较大规模墓葬构建在临江的山巅也许体现着特殊的涵义。2015～2017年，黑龙江省文物考古研究所连续对小南山遗址实施了发掘[6]，确认小南山遗址至少存在两个阶段的新石器时代遗存，其中时代较早的遗存主要是史前墓地，墓葬规模不大，大部分直接构筑在风化的基岩之上，随葬品以玉石器为主。小南山遗址下层墓葬出土陶器表现的面貌与新开流文化存在一定的差别，应当分属于不同的考古学文化。

亮子油库遗址：属抚远市，所以也曾有抚远油库遗址的命名。遗址坐落在黑龙江支流浓江河的右岸，1982年发现，2012年黑龙江省文物考古研究所做了比较细致的调查[7]，将采集到的陶器等遗存区分为四组，其中甲组属于新石器时代，以在直口或侈口筒形罐上单一施加压印斜线纹或戳印纹最具特色（图一），调查者认为面貌与新开流文化存在一定的共性因素，所以年代或当接近。自2016年夏起，黑龙江大学和黑龙江省文物考古研究所联合组队对遗址开展发掘[8]，当年共发掘500多平方米，揭露灰坑、墓葬等遗迹100多座，出土各类遗物1600余件。2017年的持续发掘发现灰坑、墓葬及房址等各类遗迹30多处，出土陶、石、骨等材质遗物200余件。发掘者认为遗存分为新石器时代的马雷舍沃文化和汉魏时期的蜿蜒河类型（波尔采文化）两个大的时期，此外，新石器时代的孔东文化（新开流文化）和沃兹涅谢诺夫卡文化以及隋唐、辽金时期遗物也有发现。

街津口遗址：属同江市，位于莲花河东岸的台地之上，莲花河由南向北流至距遗址

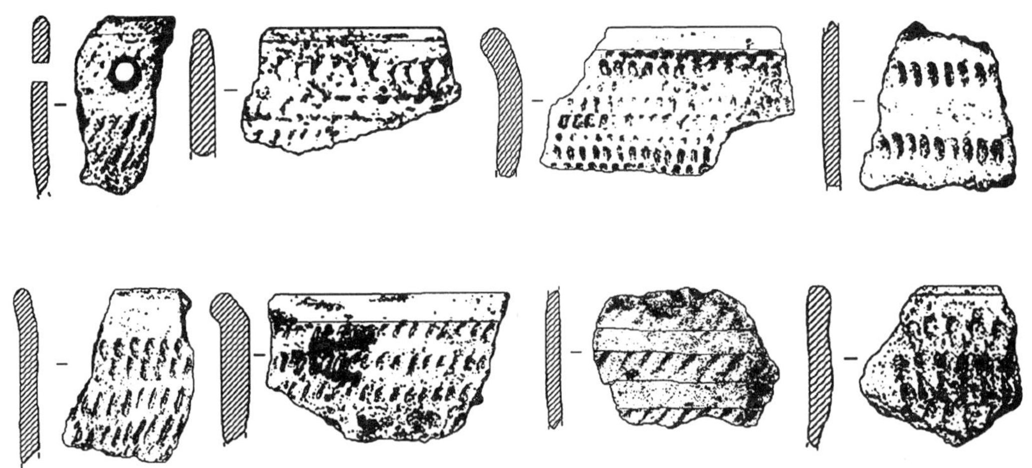

图一　抚远亮子油库遗址采集陶器

北约1.5千米处汇入黑龙江。1982年发现，此后经多次调查。采集的遗物可以划分为三组，其中第一组属于新石器时代，陶器均为夹砂陶，颜色不纯，以黄褐为主，器形均是罐类，绝大多数器表饰细密的复合纹饰，有篦点纹、小方格纹、菱形纹、弧边三角纹、指甲纹等，以篦点纹最常见。调查者认为该组年代最早，纹饰与器形与新开流文化相似，年代也应与之相当[9]。

渔丰南城址：属饶河县，位于挠力河右岸，三面环水。遗址分布在临水小上丘的顶部。2009年调查发现，2013年进行了抢救性清理[10]。在遗址的最下层清理发现纹饰丰富的陶器，多为夹砂黄褐陶，少量夹砂灰陶和夹砂灰褐陶，火候较高，质地坚硬。器形仅见筒形罐、鼓腹罐和陶杯等。纹饰以菱形纹和组合篦点纹的组合纹饰为主，而以单头戳印中部带有圆柱形凸点的菱形纹最具特色，其他还有三角纹、圆窝纹、附加堆纹、指甲纹、刻划人字纹等。该遗址的主体遗存面貌与新开流文化最为接近，所以应当属于新开流文化，但也存在一定的特点以及其他新石器时代文化的因素。

高台子村南遗址：属富锦市，分布于外七星河沿岸。陶器皆为夹砂陶，个别砂粒较大，陶色不匀，主要为黄褐色，部分器表呈灰褐色。内芯为灰或深灰色。器形主要为筒形罐类，器表施压印或戳印纹，有较少量的凸棱纹和薄附加堆纹。根据采集陶器的纹饰特征，调查者认为该处遗存的年代与新开流文化接近[11]。

刀背山遗址：属鸡西市，地处穆棱河右岸河谷二级台地之上。陶器以夹砂黄褐陶为主，夹石英颗粒，火候不匀，偶见泥质红皮陶。制法为泥条盘筑和捏制两种，捏制者形体较小。器表纹饰繁缛，有戳刺、拍印、附加堆纹三类，以戳刺纹最多，当器表为复合纹饰时以拍印纹作主体。纹饰的题材有条带纹、方格纹、波折纹、鱼鳞纹、凸弦纹、篦点纹、指甲纹、圆窝纹、叶脉纹等。器形以罐类为主，其他还有钵类，罐以筒形为主，但折沿鼓腹者也占一定比例。石器中磨制石斧比较发达，玉器为一些小件璧环类饰品。简报认为刀背山遗存的年代应当与新开流遗址上层文化的年代相去不远[12]。

二道岭遗址：属宝清县，地处七星河流域。1998年发现，2007年进行抢救性清理。出土陶器质地多为夹砂陶，少数为泥质陶，火候较低，器形有瓮、罐、碗、杯、钵、盆等，多数形体较大。器表纹饰有水波纹、回字纹、附加堆纹、刻划纹和指甲纹等（图二）。调查者通过与当地或周边不同考古学文化的对比认为该处遗存应当与新开流文化接近[13]。

图二　二道岭遗址出土陶器

历年来，在三江平原的外围区域也陆续有史前遗存的发现，这些遗存的发现与研究对于探索三江平原史前考古学文化也具有重要的意义。

倭肯哈达洞穴：属依兰县，地处牡丹江下游，洞穴位于依兰县城东郊，倭肯河东岸陡峭的山坡上。洞穴为人工利用天然岩壁所造的方筒形横穴，清理的迹象表明，洞穴最初似乎是居住用的，所以洞底部堆积出土了鱼、鸟、兽残骨和灰烬、烧炭、烧骨以及陶片，之后居穴内成为安葬死者的墓穴。发现确认的尸骨至少属于四个个体，其中有呈屈肢蹲踞葬者。随葬的物品主要是随身佩戴的玉、石饰品，在2号墓死者腰股一带发现较多带孔骨片。陶器胎土含云母粉，呈黄褐色，硬度不一，器形有罐和钵，纹饰为篦纹和附加堆纹[14]。

振兴遗址：属海林市，地处牡丹江下游的上段。遗址位于牡丹江右岸的二级台地上[15]。遗址的第一期属于新石器时代，据文化内涵又可分作甲、乙两类。其中甲类遗存分布在遗址的最下层，而乙类遗存则出自断崖上暴露的灰坑，因此两者之间缺乏明确的堆积层位关系。甲类的陶器均为夹细砂的褐陶，器壁普遍比较薄，胎土含有云母，制法为手制，器形规整，器壁厚薄均匀。器物的种类较少，仅有罐、盆、钵，罐的造型多样，器物口沿加厚的制法区别于以往周边区域的发现。器表普遍施压印或刻划等方式形成的纹饰，篦点纹占总数的五分之三，细窄或曲线的附加堆纹也比较富具特点。从陶器的纹饰特征看，振兴一期甲类遗存的性质，与万里霍通、新开流、鸡西刀背山等遗址的关系要密切些，而与亚布力及莺歌岭下层的关系则相对疏远些。年代则可能与新开流上层比较接近。乙类遗存陶器的特点为，罐类为主，以侈口筒形为特征，口沿下施一周齿状附加堆纹，器身多见平行划纹组成的图案。类似的遗存以往在宁安石灰场遗址有所发现[16]，并且与俄罗斯滨海地区的扎伊桑诺夫卡文化存在较多的共性，后者的年代属于新石器时代晚期，碳十四测年为距今4000余年。

整合相关发现与研究，依据陶器等体现的特征与组合关系，三江平原的史前遗存大致可以区分为不同的组别，暂时分别以新开流、小南山、亮子油库、刀背山和二道岭为代表。

新开流组，以新开流遗址的上层遗存为代表，渔丰南城址、万里霍通等遗址的主体遗存可以归入本组。陶器形制多为筒形罐，一般为直口或微敛口，口沿存在加厚的做法，纹饰以压印的菱形纹和鱼鳞纹最为突出，埋葬中的祔葬习俗可能也是比较典型的特征，而类似于下层遗存中的鱼窖等则可能属于特定环境条件下的产物，所以不宜视作考古学文化的群体特征。另外值得注意的是属于下层的Y10：1的陶罐以粘贴附加的技法装饰细凸弦纹和波纹的风格，实际上也与上层附加纹饰的风格相去甚远，而可能与环南侧日本海地区所流行的所谓隆线纹相类似。受发表资料的限制，虽然目前尚难于对新开流遗址上下层遗存间的文化关系作出更切实际的判断，但两者的区别无疑是深入研究中不可忽视的因素，因此在现行条件下，对新开流文化的认识还是以上层遗存作为基点可能更为稳妥。

小南山组，以小南山早期墓群为代表，不包括的以螺旋纹为代表的上层遗存。陶器装饰成组的斜向平行篦点纹是该组的典型特征，篦点的距离相对稀疏。随葬比较发达的玉质装饰品也是比较突出的特点。最新的碳十四测年表明，该组的年代可到距今9000年左右，虽然测年数据存在一定偏差的可能性，但就陶器表现的总体特征考察，其年代当早于新开流文化的认识可能问题不大。尽管不同时期不同地点的工作都有玉器因素的发现，但对于它们年代和关系的认识仍需要谨慎，现有资料的表现尚不能排除同样应用玉器的遗存之间很可能存在着一定的年代差别[17]。

亮子油库组，细密篦齿条纹构成图案的装饰是区别其他组别的显著特点。图案组成中以折线或交叉的所谓“绞索纹”比较常见。陶器的形制已略显复杂，筒形罐不再是一统天下。部分陶器开始出现施红彩或陶衣的现象，所以就陶器表现的发展程度而言，年代可能要晚于小南山组遗存。同江街津口遗址的主体遗存或可归入本组。

刀背山组，密集戳点或拍印小方格是该组遗存陶器最显著的特征，陶器的形制呈现多样化的趋势，除去筒形罐外，有领或折沿的鼓腹罐比较多见，敛口钵也比较发达。倭肯哈达洞穴遗存大约与该组最为接近，海林振兴一期的甲组也含有较多该组的因素。就陶器器形已趋于复杂化的倾向分析，该组可能在时间上要略晚于新开流组的年代，或至少存在晚于新开流遗址上层年代的遗存。

二道岭组，陶器所反映的特点与其他组别的区别较大，器形已不再是筒形罐为主导，器表纹饰以刻划为主要技法，图案以几何纹较为突出，通常是在刻划轮廓线条内再填充短线或篦点，图案多是折线或雷纹等。此类遗存似乎在三江平原南端分布的更多，在穆棱河上游已发现了数个地点[18]。另外三江平原外围的振兴遗址一期乙组和宁安石灰场等遗存可能也属于该组别，所以此类遗存可能并非由三江平原当地前期新石器时代文化的发展演变形成，而来源于三江平原外围东南一侧的可能性更大。

饶河博物馆基本陈列中所置一件出于小南山的陶罐装饰着由稀疏篦点构成的螺旋纹图案（图三，1），按照俄罗斯黑龙江下游的发现和研究此类特征可能属于沃兹涅谢诺夫斯卡文化。小南山遗址20世纪70年代试掘的资料所表现的面貌就比较复杂，从发表的陶器标本反映的情况分析，按照当前的认知水平能够归属于下层的遗存并不十分确定，而表现为所谓“珍珠纹”的作风（图三，3），似乎也与下层已知形制和装饰相对原始的陶器风格存在一定的出入，所以小南山遗址存在不同阶段新石器时代考古学文化遗存应当是客观事实，而晚期遗存的年代可以按照特征相对明显的螺旋纹暂视同于沃兹涅谢诺夫斯卡文化，因此以小南山螺旋纹罐所代表的遗存应当也是三江平原史前考古学文化序列之中的一个组别。

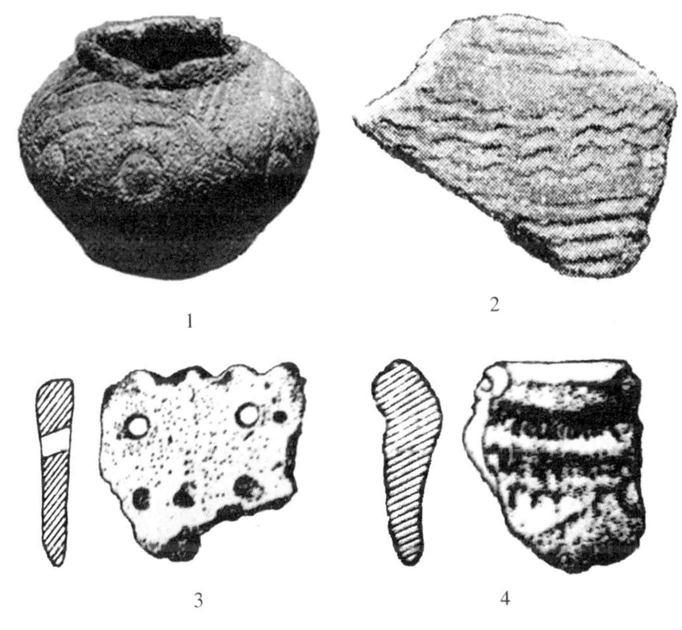

图三　小南山遗址陶器

二

涉及三江平原史前考古学的相关论者多会征引俄罗斯远东地区的考古学资料作为对比参照，一方面就事实而言两个区域历史上本身即大体属于相同的考古学文化系统板块，另一方面俄罗斯一侧的考古学工作开展的更早，研究的基础也更为扎实，所以对于后起的三江平原史前考古而言，俄罗斯一侧的考古发现与研究无疑具有重要参照系的作用。

梳理已知俄罗斯一侧史前考古学文化的发现，大体围绕着三江平原的外侧，分布着奥西波夫卡、马林斯克、马雷舍沃、孔东、沃兹涅谢诺夫斯卡、鲁德纳亚、博伊斯曼、扎伊桑诺夫卡等不同面貌和年代的考古学文化，其中奥西波夫卡等主要分布在三江平原北侧的黑龙江下游地区，鲁德纳亚等则分布在面向日本海的滨海地区。

将三江平原的史前考古遗存对比俄罗斯一侧的发现，目前属于奥西波夫卡阶段的遗存尚未有明确的发现，由于此类被认为属于陶器发生期、年代在距今万年左右甚或更早的遗存在黑龙江下游的发现已非个例，所以一江之隔的北部三江平原很可能也会有这一阶段遗存的存在。由加夏、贡恰尔卡等遗址出土属于奥西波夫卡文化阶段的陶器特征来看，该类文化的陶器器壁较厚，有羼草筋等纤维的现象，器物造型简单，基本是平底筒形的罐类，纹饰稀疏不规整，一般为戳印或刻划所形成，但也已出现口沿施花边等迹象。

据李有骞的介绍，马林斯克文化为俄罗斯学者近年来在黑龙江下游区域新辨识出的一类考古学文化[19]，年代略晚于奥西波夫卡文化。陶器装饰以戳印的斜向平行条形篦点纹为基本特征，也有较细的斜向划纹。器形比较简单，均为略鼓腹的平底筒形罐。纹饰多分布在口沿下方，口沿的端面或唇部有压印花边或齿状的现象（图四）。在三江平原一侧，与马林斯克文化面貌最为接近的当属小南山下层墓葬遗存，所以小南山墓地所测得的碳十四数据较早的现象，也许并非完全不可接受。

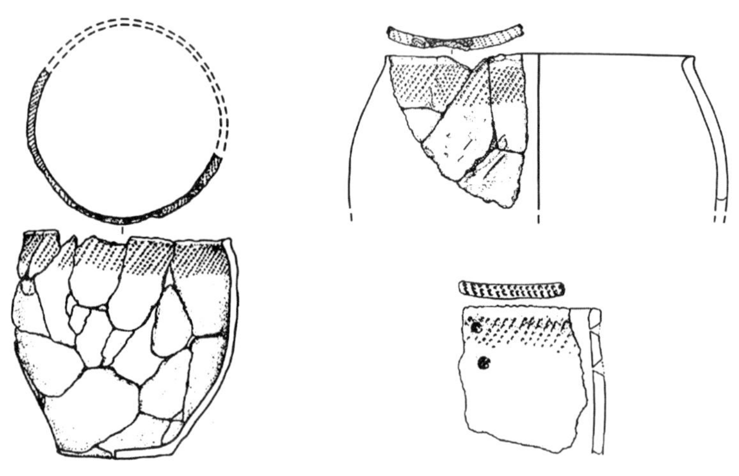

图四　马林斯克文化陶器

马雷舍沃文化的提出或确认已有多年，但关于内涵和年代的认知仍存在着一些不确定的因素，如果在承认孔东和沃兹涅谢诺夫斯卡文化分别成立的前提下，则马雷舍沃文化的内涵在陶器装饰方面的表现当以篦点组成的连续线条为基本特征，图案则以折线或所谓的绞索较为典型，所谓的阿穆尔编织纹和螺旋纹也已初露头角，开始见有施彩或陶衣的现象。陶器施有纹饰的范围较马林斯克文化已大大扩展，在一些器形略小的器体上甚至已满施纹饰。陶器的形式和类别也比较丰富，表现出远比马林斯克文化更为发达或进步的样相。亮子油库遗址发掘的简略报道中提出该遗址新石器时代遗存的内涵与马雷舍沃文化存在着联系，就目前所见的陶器特征而言，这一认识或当不会有太大的出入，但值得注意的是亮子油库遗址陶器装饰特征表现的复杂性，很可能表明该遗址的早期遗存并不限于单一的马雷舍沃文化。

孔东文化的情况比较复杂，在孔东邮局遗址的发现是不同形式所谓的阿穆尔螺旋纹分别与编织纹或篦点之字纹共存。潘玲曾专门做过分析，认为在孔东遗址编织纹的出现早于篦点之字纹，并据此将孔东遗址分为早晚两个时期，同时提出孔东遗址陶器特征有许多与沃兹涅谢诺夫斯卡文化的陶器面貌相似，“两者在陶器上的相似程度可以归为同一种考古学文化”[20]。由于孔东遗址含有多种文化因素，所以关于孔东文化的定义以及代表性特征尚存在较多的不确定因素，因此相关认识或结论也还需要对具体资料的排比和辨析。在近些年俄罗斯学者的研究中，似乎已不再将发达的螺旋纹视作孔东文化的代表性特征。对三江平原的史前遗存而言，表现为菱形、鱼鳞等形象的所谓阿穆尔编织纹的发现已比较普遍，所以应当存在着与孔东遗址属于孔东文化的遗存年代相同或相近的遗存，但由于此类所谓的编织纹的样貌大多数都能够与新开流遗址相联系，所以究竟如何排定它们的位置或确定文化性质显然仍需要下更多的工夫。

沃兹涅谢诺夫斯卡文化目前被视作黑龙江下游最晚阶段的新石器时代考古学文化，轮廓线加地纹的螺旋纹以及器表进行磨光和施陶衣是该文化比较显著的特征，就陶器纹饰特征分析，该类遗存分别存在与马雷舍克和孔东文化的联系，由于目前所见到的上述文化遗存的典型遗址多存在多种不同考古学文化的堆积，所以有关此类反映文化关联性的现象究竟反映的是考古学文化之间的真实联系，还是对考古学文化特征辨识不够准确而导致可能的混淆，似乎一时都难以遽论，甚至也不排除两者兼而有之的可能。在三江平原与沃兹涅谢诺夫斯卡文化面貌接近的遗存已有一些零星的发现，以往出土于小南山遗址装饰螺旋纹的小鼓腹罐很可能就属于沃兹涅谢诺夫斯卡文化的阶段，在近年对小南山和抚远油库遗址的发掘中也偶有这一阶段的陶器出土，小南山墓地的上层遗存有可能就是该时期的遗存。

三江平原东南侧俄罗斯滨海地区的考古学文化系统与黑龙江下游存在一定的差别，虽然已确立的考古学文化年代序列大致相当，但考古学文化的面貌却存在较大的变化，因此被视作不同的考古学文化系统。其中与三江平原的新石器时代考古学文化联系比较密切的主要有鲁德纳亚文化和扎伊桑诺夫卡文化等。

鲁德纳亚文化在滨海地区的发现比较普遍，大多数研究者认为该文化与中国一侧的新开流文化应当属于同一考古学文化，甚至有论者提出了合并两个典型遗址的命名方式。虽然两者均以菱形、鱼鳞等所谓的阿穆尔编织纹为基本陶器装饰特征，但就细节的表现而言，两者仍存在较多的差别。冯恩学就曾经指出，鲁德纳亚的一些纹饰和尖唇外侈的作风不见于新开流文化[21]。实际上诸如鲁德纳亚陶器施纹的部位较少见于腹部或全器的现象，新开流陶器很少有折沿或带领的作风等也都是两者比较突出的变化。所以两者尽可能属于同一考古学文化，但可能在年代存续和地域分布等方面仍存在着一定的区别。至于一些分布更远的遗存被纳入该文化系统之中，由于研究方法多仅仅是着眼于某种因素的有无或近似，所以显然难以达到定性研究的可信度。

博伊斯曼系列遗址发现于滨海南部的大彼得湾沿岸，博伊斯曼遗址第二地点的内涵比较复杂，其中下层尖圜底的罐类陶器很可能是以环日本海南部为主要地理分布区域的特定文化因素，所以与下层以平底器为代表的遗存究竟是否能够归属为同一考古学文化，目前尚存在着一些疑问。杨占风通过层位的分析认为两种遗存可能存在先后的关系，分别属于不同的考古学文化，而尖圜底器所代表的遗存当早于平底器的年代[22]。博伊斯曼遗址尖圜底器所代表的遗存目前在三江平原尚没有发现，如果根据大格局下文化分布态势的分析，三江平原可能至少也不会是该类特征的核心分布区。而平底器所代表的组别，陶器装饰特征以刻划的直线条为主，与三江平原新石器时代陶器纹饰更多以戳、滚等技法压印为主体特征不同，所以体现的可能是分布在更南或东南区域考古学文化系统的特点，因此无论如何对所谓博伊斯曼文化的内涵进行界定，就总体特征而言该文化均难于纳入三江平原史前考古学文化的基干序列。

扎伊桑诺夫卡文化也是以刻划作为器表装饰主导技法的考古学文化，刻划图案除去可能与博伊斯曼平底器组别存在渊源联系的人字、斜线等纹样外，刻划线条内填充短线、篦点等形成的折线几何纹和雷纹等表现得也比较突出。三江平原东南侧与该文化比较接近的遗存分布较多，在穆棱河上游的调查中曾有若干地点的发现，而宝清二道岭和振兴一期的乙组遗存也应当属于该文化，表明该文化在三江平原及其周边的分布已比较普遍。扎伊桑诺夫卡文化碳十四测定的年代大致在距今4500~3500年，与其陶器纹饰所反映的时代风格基本一致，另外扎伊桑诺夫卡文化的遗存之中也见有类似于沃兹涅谢诺夫斯卡文化的螺旋纹等因素，表明两者的年代存在大体接近的阶段，可能都属于区域中较晚的新石器时代考古学文化。

三

梳理了三江平原史前遗存的发现，并通过与周边区域考古学文化进行的对比分析，已大致能够了解三江平原新石器时代考古学文化的编年，初步构建该区域史前考古学文化的年代框架。

小南山下层墓地遗存是已知三江平原较早的新石器时代考古学文化，根据俄罗斯一侧马林斯克文化的发现，该类遗存与更早的奥西波夫卡文化可能存在着一定的渊源或影响关系。亮子油库组的主体遗存如果能够确认与黑龙江下游的马雷舍克文化具有同一性的话，则有可能属于小南山下层文化的后裔之一。新开流文化就部分戳印方格或篦纹构成的斜、垂线条纹饰来看，似乎还能隐约看到源自小南山下层的遗传因子，新开流文化代表性的菱格、鱼鳞等密集成组的戳印纹饰风格虽然尚很难追溯到小南山下层或马林斯克文化，但相当于亮子油库的马雷舍沃文化中篦点或小方格戳印纹饰已十分密集和规律，就工艺和风格而言可能已具备形成阿穆尔编织纹的基础，由此似乎可以推测新开流文化的上限有可能要略晚于马雷舍沃文化的上限。新开流文化存在部分与所谓孔东文化相同或相近的因素，因此两者当存在一定的共存年代关系，但两者的差异也十分突出，所以尚难以将两者视为同一考古学文化，就陶器的表现分析，孔东文化体现了更多的进步或复杂因素，所以推测其年代下限可能要晚于新开流文化。刀背山遗存所代表的组别以往多被研究者视作属于新开流文化，虽然存在少量与新开流文化类似的戳印纹饰，但两者的区别也十分明显，特别是刀背山所获陶罐多为折沿或有领鼓腹罐，而非新开流更多流行的直或敛口的筒形罐，所以刀背山组是否能够归入新开流文化尚需更深入的发现与研究，其存续年代虽然可能存在与新开流文化共时的阶段，但下限无疑应当晚于新开流文化。此外还应当注意由于刀背山遗址所获遗物均是因施工破坏而采集的，所以也不能排除其内涵本身就存在不同阶段遗存混合的可能性。小南山上层遗存目前只是一些片断或零星因素的发现，所以还很难有更深入的认识，但似乎已能够反映出三江平原存在着类似于黑龙江下游马林斯克、马雷舍沃和沃兹涅谢诺夫斯卡文化那样前后接续的考古学文化序列。二道岭组虽然可能是三江平原年代最晚的新石器时代遗存，但就陶器反映的状况来看其与同区域的前期新石器时代考古学文化都很少存在渊源关系。

三江平原新石器时代遗存的年代和序列已有大致的掌握，不同文化或组别的关系以及与周边考古学文化的关系也初露端倪。小南山下层、亮子油库主体遗存和小南山上层三个阶段的遗存可能存在着延续发展的关系，也就是说这三支考古学文化可能属于同一谱系的考古学文化系统，而它们的源头大致可以追溯至被视作陶器发生期的奥西波夫卡文化。因此从起源和关联关系来看，三江平原的史前文化特别是偏早阶段的遗存无疑与黑龙江下游的亲缘更近，在这一阶段中至少三江平原偏北的区域应当与俄罗斯一侧的黑龙江下游属于同一考古学文化区，实际上这一文化现象也符合区域地理的历史真实。晚于小南山下层的新开流文化的来源尚不十分清楚，如果就发达的所谓阿穆尔编织纹而言，马雷舍沃文化中密集的篦点或小方格装饰也许能够视作成因或诱因之一，但似乎还应当还有其他的强力外来因素促成了新开流文化的形成，因此仅据目前的资料尚难以将新开流文化纳入前述由奥西波夫卡文化演化的诸考古学文化序列之中。相较于小南山下层诸考古学文化，新开流文化在地理分布上的南向趋势显然更为突出，但值得注意的是作为典型特征编织纹的发达程度似乎也存在着随遗存南向分布而递减的现象，所以暂时也没有理由将新开流文化的起源追向俄罗斯的滨海地区。螺旋纹的存在是将所谓小南山上层与马雷舍沃文化相联系并视作沃兹涅谢诺夫斯卡文化的主要缘由，螺旋纹在三江平原的发现远没有编织纹那样普遍，其中的原因一方面可能受螺旋纹发达于黑龙江下游更北区域的制约，另一方面则可能与二道岭组在三江平原偏北区域的出现有关。二道岭组的陶器特征与此前三江平原的新石器时代考古学文化均存在较大的区别，难以在当地追溯起源。对于此类遗存已有研究者认为可能是受到南侧长白山地史前文化的影响[23]，如就以刻划为饰纹的传统而言，估计这一推测不会有太大的出入，但也许存在更多元的影响或更多因素的参与。二道岭组结束之后，三江平原似乎一时进入了比较沉寂的状态，考古学文化遗存发现基本属于空白，此后大约一直到滚兔岭文化的兴起，才又一次带来了三江平原的繁荣。

通过诸考古学文化关联性的研究，大致可以确认三江平原史前文化的起源可能与北侧的黑龙江下游关系更为密切，特别是在偏北的区域形成了相对稳定的发展序列，但是也不排除其间存在其他考古学文化系统进入或强力施加影响的可能，所以导致文化演化序列中呈现多元因素的现象。新开流文化的南向分布远远超出奥西波夫卡系统文化传统势力范围的表象，也许反映的就是不同系统文化交融所产生营力的结果。到了较晚的阶段，来自南侧长白山地的文化势力则表现得更为强势，二道岭组出现在三江平原的北部，可能中断了此前源自北侧的奥西波夫卡诸考古学文化系统在三江平原的演进，而伴随着二道岭组人群集团的消失，三江平原的新石器时代可能也就此终结。

在所谓史前时期的东北地区考古学系统研究中，论者往往将考古学文化区分为两大系统。关于这两个考古学文化系统，不同的论者会有不同的命名或划分，但在地理分布上总体可以分割为东西两部分的认识，则基本不会有更多的争议。并且基本以大兴安岭和长白山等具有分水岭性质的系列山脉的延伸线作为各自系统的背景，期间部分区域处于交叉或变化之中，这一基本态势可以说是对中国东北区域考古学文化系统的高度概括[24]。

三江平原就地理环境而言与长白山一系北向延伸、以张广才岭诸山岭为主体的黑龙江东南山地应当联系的更为紧密，因此这一区域往往也多被研究者视作属于东北考古学文化系统的东部区系，而区别与以大兴安岭为依托的西部系统。然而通过前述的分析和对比，可以确认三江平原主体史前考古学文化在起源、演化和基本装饰特征等方面均与东南一侧的诸考古学文化存在着显著的差别，更与东北地区东部考古学文化系统的整体共性特征表现的格格不入，虽然不排除两者间存在着影响或交流的事实，但难于将两者视作同一系统的结论似乎应当没有疑问。所以也可以理解为，中国东北地区考古学文化东部系统的北向分布基本可以三江平原为终点，这一判断对于梳理文献中东北地区的部族体系和分布也许不无积极的意义。

史前考古学文化的表现，反映出三江平原在相当长的时期内与北侧的黑龙江下游区域有可能属于相同的考古学文化系统，而如果将视野扩展到更广袤的整个东北亚，则包括三江平原在内的黑龙江下游区域也仍然表现出较多的自身特征或独立性，可以视作东北亚考古学文化大系统中的一个相对独立的子系统。

黑龙江下游区域以戳印为基本技法的装饰风格明显地区别于以刻划为主要施纹技法的中国东北地区东部系统。在环日本海偏南一侧的俄罗斯滨海地区、朝鲜半岛和日本列岛都存在以尖圜底为特征的所谓“陀螺形”陶器，而此类陶器在黑龙江下游及三江平原已基本成序列的诸考古学文化中则难觅踪迹，反映了两者之间的差异很可能体现的是更大地理背景下考古学文化系统的变化，所以黑龙江下游区域与东南侧环日本海周边的区域基本不属于同一的考古学文化系统，即使对陆域相连的俄罗斯滨海地区而言也是如此，至少在大多数时间段滨海与黑龙江下游两个区域的考古学文化表现更多的是差异。值得注意的是在黑龙江中游也存在此类尖圜底陶罐[25]，而在更西或北的西伯利亚也多有此类陶器的发现，所以包括三江平原在内的黑龙江下游区域的特殊表现对于整个东北亚史前考古学文化系统的研究应当更具有重要的意义。

附记：近年来黑龙江省的考古机构对饶河小南山和抚远亮子油库等遗址开展了持续的发掘工作，期间笔者受邀曾多次到现场观摩考察，并参加学术研讨会进行交流与学习，正是得益于这些经历，才有了本篇作品的产生。所以在此要向相关发掘者特别是李有骞、王乐文诸学友致以谢忱！

注　释

[1] 黑龙江省文物考古工作队：《密山新开流遗址》，《考古学报》1979年第4期。

[2] 郝思德：《桦川万里霍通原始社会遗址调查》，《北方文物》1984年第1期。

[3] 张森水：《桂叶形尖状器在我国首次发现》，《古脊椎动物与古人类》1965年第3期。

[4] 黑龙江省博物馆：《黑龙江省饶河小南山遗址试掘简报》，《考古》1972年第2期。

[5] 佳木斯市文物管理站、饶河县文物管理所：《黑龙江饶河县小南山新石器时代墓葬》，《考古》1996年第2期。

[6] 董云平：《饶河小南山遗址考古成果丰硕》，《黑龙江日报》，2017年8月30日，第3版。董云平：《饶河小南山遗址考古取得重要收获》，《黑龙江日报》，2015年12月28日，第10版。

[7] 黑龙江省文物考古：《黑龙江省抚远县亮子油库遗址调查简报》，《北方文物》2014年第2期。

[8] 张建友：《黑龙江亮子油库遗址发掘出土文物1800件》，《中国文化报》，2017年9月20日，第8版。

[9] 王海燕、张立玫：《黑龙江省同江市街津口遗址调查报告》，《北方文物》2003年第1期。

[10] 杨永才：《黑龙江饶河县渔丰南城址发现的新石器时代文化遗存》，《北方文物》2016年第2期。

[11] 佳木斯市文物管理站、富锦市文物管理所：《黑龙江省富锦市南部考古调查简报》，《北方文物》1999年第2期。

[12] 武威克、刘焕新、常志强：《黑龙江省刀背山新石器时代遗存》，《北方文物》1987年第3期。

[13] 李筠：《黑龙江省宝清县二道岭遗址简介》，《文物鉴定与鉴赏》2016年第6期。

[14] 李文信：《依兰倭肯哈达的洞穴》，《考古学报》1954年第1期。

[15] 黑龙江省文物考古研究所、吉林大学考古学系：《河口与振兴——牡丹江莲花水库发掘报告（一）》，科学出版社，2001年。

[16] 陶刚：《黑龙江省宁安县石灰场遗址》，《北方文物》1990年第2期。

[17] 赵宾福、孙明明、杜战伟：《饶河小南山墓葬出土玉器的年代和性质》，《边疆考古研究》（第14辑），科学出版社，2013年。

[18] 陶刚、倪春野：《黑龙江省穆棱河上游考古调查简报》，《北方文物》2003年第3期。.

[19] 参见2016年10月于抚远和饶河召开的第二届"文化族群社会——黑龙江流域考古学术研讨会"上黑龙江省文物考古研究所李有骞副研究员发表的"黑龙江下游地区新石器时代考古学文化的基本框架"讲演幻灯。本文所引用有关俄罗斯黑龙江下游的资料多来自于此，不再一一注出。

[20] 潘玲：《俄罗斯孔东遗址的陶器及孔东文化》，《北方文物》2004年第1期。

[21] 冯恩学:《俄国东西伯利亚与远东考古》，吉林大学出版社，2002年。
[22] 杨占风:《鸭绿江、图们江及乌苏里江流域新石器时代文化研究》，文物出版社，2013年。
[23] 同[22]。
[24] 赵宾福:《中国东北地区夏至战国时期的考古学文化研究》，科学出版社，2007年。
[25] 小畑弘已:《シベリア·極東地域の初期土器研究について》,《考古学ジャーナル》，東京，2004年。

2017年梨树长山遗址一号房址研究

方　启　孔祥梅

（吉林大学考古学院）

一、引　　言

梨树长山遗址位于梨树县小城子镇西北约10.5千米处，东南距长山村约500米，处于东辽河中游左岸。是一处新石器时代、青铜时代、辽金时代共存的重要遗址[1]（图一）。1983～2015年间，吉林省文物考古研究所、四平市文物管理委员会、梨树县文物管理所同吉林大学边疆考古研究中心等单位对梨树县长山遗址进行了三次田野考古调查，在此基础上，2016～2017年度，吉林大学边疆考古研究中心、吉林省文物考古研究所和四平市文物管理委员会办公室、梨树县文物管理所组成联合考古队，对长山遗址进行了为期两年的考古发掘。

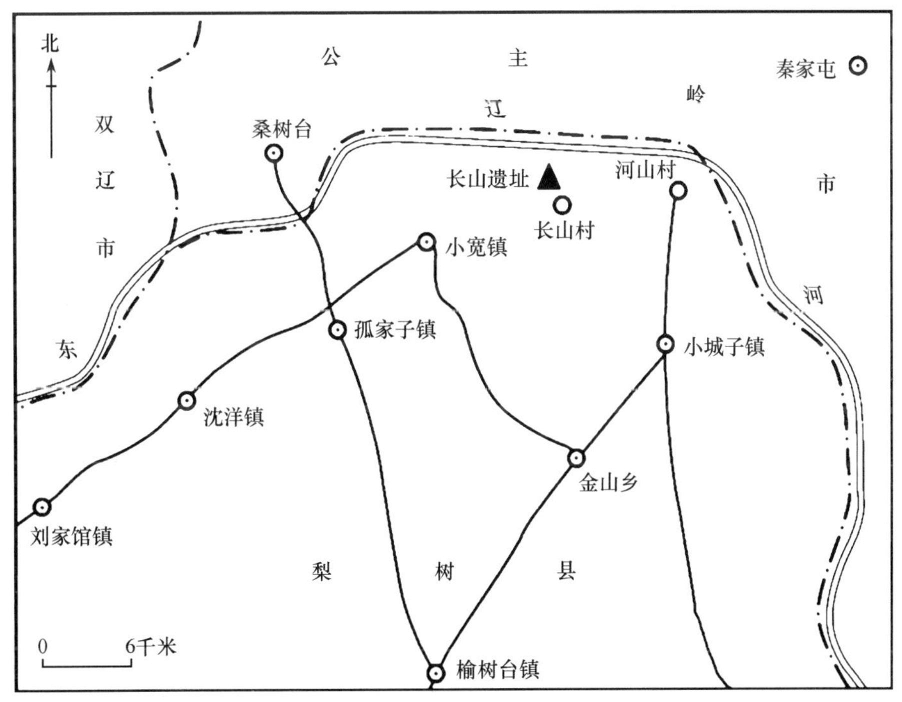

图一　长山遗址位置图

2017 年发掘区位于 2016 年发掘区东南，总发掘面积 2000 余平方米。本年度发掘区内揭开表土即是生土，遗迹均开口于生土上。发现新石器时代中期到清代的各类遗迹 300 余个，包括灰坑 299 个、墓葬 10 座，房址 23 座，灰沟 10 条，出土遗物十分丰富。遗址以新石器时代遗存为主，亦发现青铜时代及辽金时期遗存，清代遗存仅迁葬墓一座，遗物若干。

本年度发现的 23 座半地穴式房址为东辽河流域首次正式发掘的新石器时代聚落遗存，其中一号房址（F001）作为发掘区内规模最大的房址，遗迹现象复杂，遗物出土丰富，是长山遗址乃至整个东辽河流域较为重要的考古发现。

二、一号房址介绍

（一）房 内 遗 迹

1. 居住面

F001　主体位于 17LCIT0612、17LCIT0613、17LCIT0511、17LCIT0512、17LCIT0513、17LCIT0514、17LCIT0412、17LCIT0413 内，开口于第 1 层下，打破生土。房址西南与东北部被晚期灰坑打破，东南壁中部坍塌。

F001　为凸字形半地穴式房屋，门道位于西南壁中部，门向为 230°，为喇叭形斜坡式门道，由于文化层破坏严重，门道坡体残存极短，仅保留门道两侧柱洞共 12 个，据此推断门道长度至少为 3.57 米，宽为 0.71 米。居室平面近圆角方形，面阔 9.6、进深 11.1 米，居住面上无明显踩踏面。穴壁斜直，存高 0.45 米，无明显加工痕迹。房内有三层堆积，分别编号为 F001①、F001②、F001③。其中 F001①、F001② 为房屋废弃堆积，F001③ 为居住面。F001① 为较疏松的灰褐色砂质黏土，呈圆角方形分布于整个房内，厚度为 12 ~ 30 厘米。F001② 为较疏松的夹杂黑色斑块的黄褐色砂质黏土，主要分布于房内南部，厚度为 0 ~ 15 厘米。17LCF001③ 为较致密的黄白色细砂土，呈圆角方形分布于整个房内，厚度为 0 ~ 0.01 米（图二）。房内附属遗迹包括灶、灰坑、灰沟、柱洞，现各自介绍如下。

2. 灶

F001 内共八个灶，根据其不同结构特征可分为三种（图三）。

（1）坑灶

房内典型坑灶有 F001Z002、F001Z008。

F001Z002　位于居室正中，正对门道，平面近椭圆形，斜壁，圜底。灶内四层堆积，均含大量草木灰，灶底有厚约 0.1 米的红褐色烧结面，土质极坚硬。灶内出土少量遗物，包括陶片、动物骨骼、石器、蚌器等。

Z002 未与任何遗迹发生叠压打破关系，周围也始终存在一个宽 0.3 ~ 1.5 米的无遗

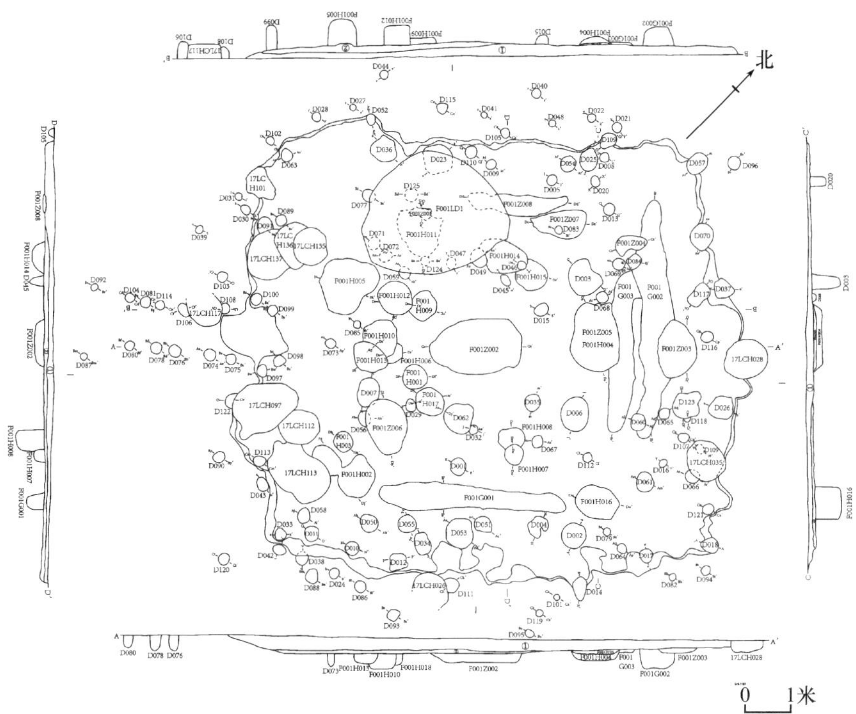

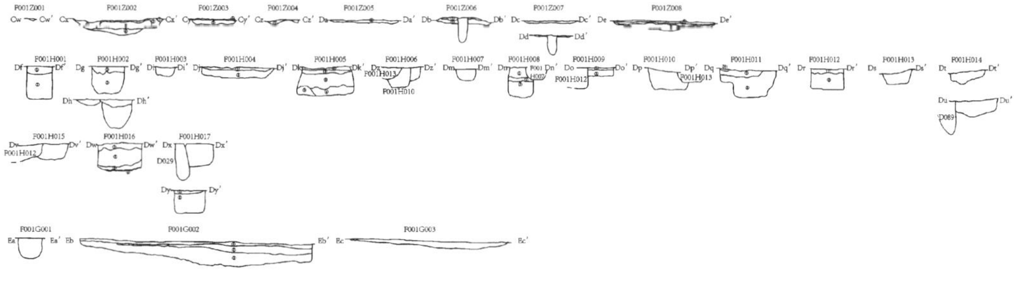

图二　一号房址平、剖面图

迹区域，说明使用者对这一区域采取谨慎态度，有意规避新结构对这一区域的破坏，这一态度维持了灶的整个使用过程，足见该灶的重要。结合其灶底烧结面极厚极硬的情况，Z002 很可能为自 F001 营建结束至 F001 废弃一直投入使用的重要灶。

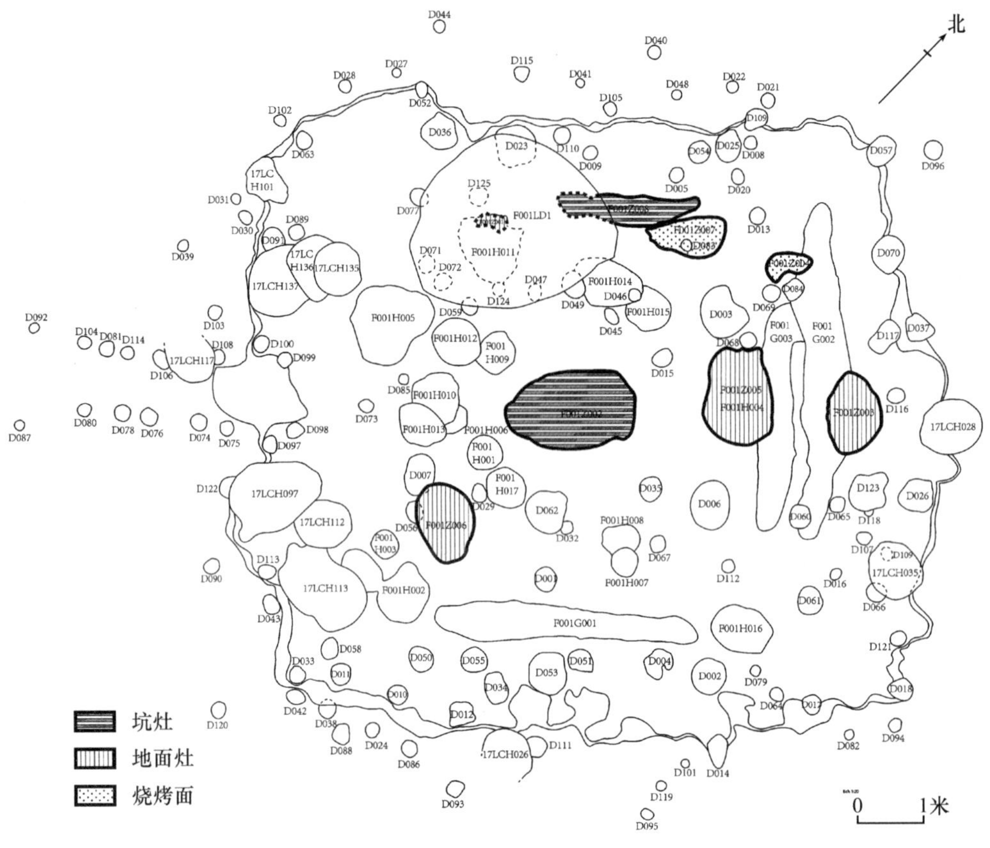

图三 房内各类灶分布位置图

F001Z008 位于居室西北部，平行于西北壁。平面近长条形，斜壁，弧底。灶内两层堆积，均含大量草木灰，灶底有厚约 0.1 米的红褐色烧结面，土质坚硬。灶内发现少量蚌壳。

Z008 与其周围柱洞保持至少 0.3 米的直线距离，该区域在 Z008 出现前无其他遗迹，可能为使用者休息活动的空间，Z008 出现后发生了功能变更。

（2）地面灶

房内典型地面灶有 F001Z001、F001Z003、F001Z005、F001Z006。

F001Z001 位于居室西北部，叠压 F001H011。该灶的烧土与灶底烧结面均较薄，排除了长时间使用的可能。

F001Z003 位于居室东北部，靠近东北壁，正对门道，灶上堆积呈不规则形，底部近椭圆形。F001Z003 叠压于房内沟 F001G002 上，灶的地上部位有厚约 0.01 ~ 0.04 米的红褐色烧结土台，土质坚硬，烧结土台上有少量草木灰，烧结土台下沟内堆积部分被烧至浅红褐色。灶内发现少量陶片及动物骨骼。

F001Z005 位于 Z002 与 Z003 之间，正对门道，叠压 F001H004 与 F001G003。平面近椭圆形。红褐色烧结面上残留少量草木灰。

F001Z006　位于居室南部，平面呈不规则形，灶上有厚约 0.12 米的红褐色烧结土台，土质坚硬，台上不规则分布有大量草木灰。F001Z006 叠压 D007 与 D056，灶内发现少量陶片及动物骨骼。

在这四个灶中，仅 F001Z006 上层存留有大量灰烬，其余灰烬均保留较少，推测除 F001Z006 外，其余灶在房屋废弃前有过清理行为，可能已暂停使用，而 F001Z006 直到房屋废弃仍在使用。

F001Z005 与 F001Z006 与柱洞的关系较为密切，理清灶与柱洞的关系对于房内分期问题的讨论有重要意义。

（3）烧烤面

局部片状分布，应为地面灶废弃并进行清理后留下的红褐色烧烤痕迹，故也将其归入灶的范围内。典型的烧烤面有 F001Z004、F001Z007。

F001Z004　位于居室北角，叠压 F001G002。平面呈不规则形，长 0.88、宽 0.34 ~ 0.38 米。

F001Z007　位于 F001Z008 东侧，被 F001D083、F001Z008 打破。平面呈不规则形，长 1.14、宽 0.6 米。

此类灶体现了房内灶的废弃行为，在灶废弃之后，原灶的位置被清理平整，为之后其所在区域的继续使用提供了条件。因此此类灶往往是房内遗迹的一个重要"线索"，是判断各类遗迹的早晚关系与形成废弃过程的关键点。

3. 柱洞

F001 内共 125 个柱洞，深度在 0.14 ~ 1.07 米之间，口径在 0.12 ~ 0.76 米之间。根据柱洞位置可分为室内柱洞、室外柱洞两类，室内柱洞共 80 个，室外柱洞共 45 个。根据其位置，室内柱洞又分为间柱与壁柱。"间柱"即中间立柱，"壁柱"即室内穴壁处立柱[2]。间柱又可细分为承重柱与辅助柱，F001 室内承重柱一般深且口径大，深度一般大于等于 0.7 米，且多有为加深柱洞而采取的诸如坑柱法等特殊营建手段。其次为辅助柱，辅助柱多是为加固原结构而在原有木柱附近增设木柱，一般深度与口径都不大，仅起辅助作用。该房址内柱洞形态与新乐遗址房址柱洞形态相似。

根据柱洞的不同营建形式，F001 附属柱洞可分为直柱法与坑柱法两种营建手段[3]，其中坑柱法又分为坑下挖洞与坑内直接埋柱两种形式。

直柱法柱洞，即直接在地面上挖一较木柱稍粗的坑，栽柱，原土回填。此类柱洞往往细且浅，承重稍弱。一些后期增设的加固支柱也往往为此类柱洞。较典型的有 D025、D049、D060、D069、D072、D084。其中 D049、D060、D069、D072、D084 为间柱，D025 为壁柱。

坑柱法柱洞，即为了加大柱洞深度，增强木柱稳定性，在地面挖一口径较大的椭圆形坑，在坑底挖一较木柱稍粗的坑，栽柱，原土回填。此类柱洞往往较深，多位于中心承重柱位置。较典型的有 D002、D006、D007、D023、D026、D036、D050、D053、

D070、D117。其中 D002、D023、D026、D036、D050、D053、D070、D117 为壁柱，D007、D006 为间柱。

在此对房内坑柱法柱洞做进一步探讨。宾福德在讨论狩猎采集人群的住宅与移动性的关系时认为定居性强在建筑上体现为营建时成本高，而维护成本低；有精心备置的耐用的建筑材料。而流动性强则体现为营建时成本低，多临时性结构；多采用易得的现成建筑材料，后期维护也多选用易得的材料[4]。在这种研究中，并没有出现前期营建成本低而后期维护成本高的情况。总体而言，考虑到经济成本，一般无后期大修或改建行为的房址，其后期维护成本不会高于营建成本。

大修是指“对房屋建筑的部分承重（主体）结构的翻修或更换”[5]，其特点包括工程量大，经济成本高。一般情况下即使是大修也并不会出现整体营建成本超过初次整体营建成本的情况，而改建则有可能出现这种情况。

我们倾向于认为采用了诸如坑柱法之类的特殊营建方法的柱洞其选材与建造都需耗费更多的人力，具有更高的营建成本。因此坑柱法柱洞为 F001 最初营建时所建造的柱洞的可能性更高（图四）。

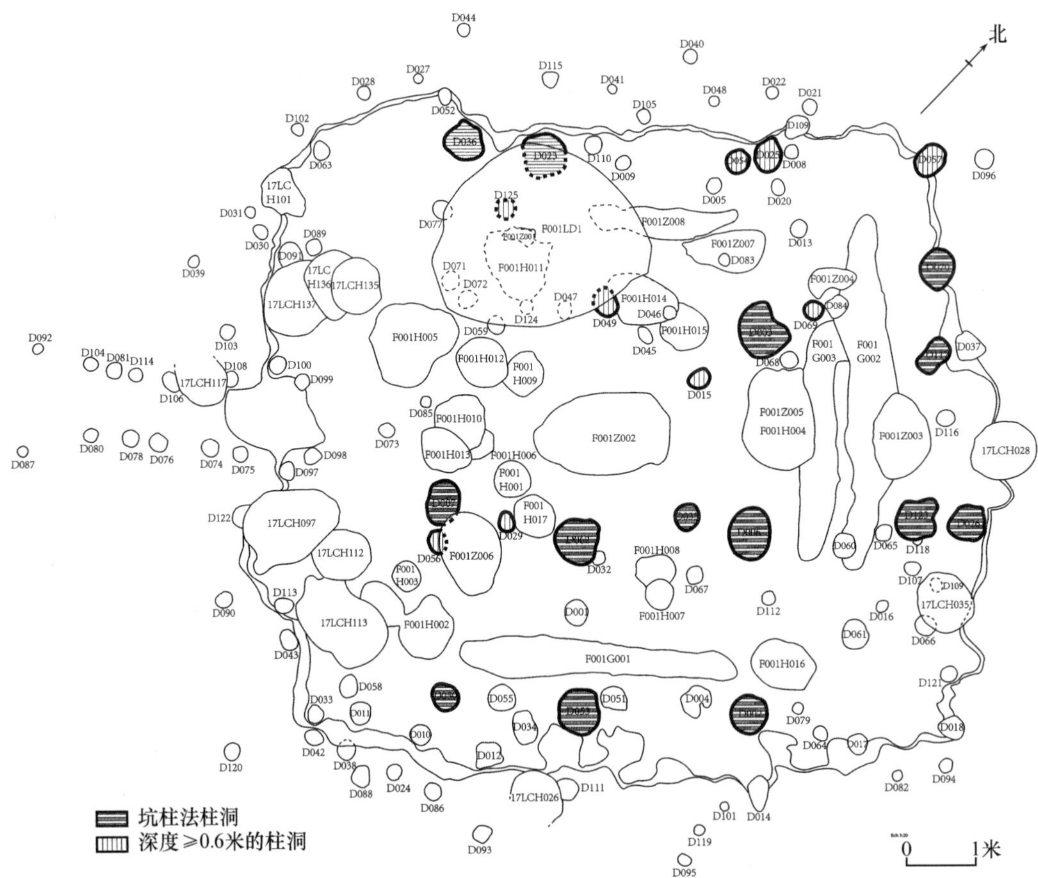

图四　坑柱法柱洞与深度≥0.6 米的柱洞分布图

但考虑到可能出现的大修或改建行为，因此坑柱法柱洞的营建时间有两种可能：一为F001营建之初，二为F001大修或改建之时。

F001是遗址里规模最大的房屋，这种特殊性本身就无可替代，很难否认其在营建之前就已被设定为某种具有特殊功能的房屋的可能，因此这种改建行为的合理性不大。

因此F001内的坑柱法的柱洞的营建时间有如下可能：① 均为初次营建时所建；② 均为大修时所建；③ 以上两者均有。

根据F001房内遗迹关系可以对这一问题进行判断（图五）。

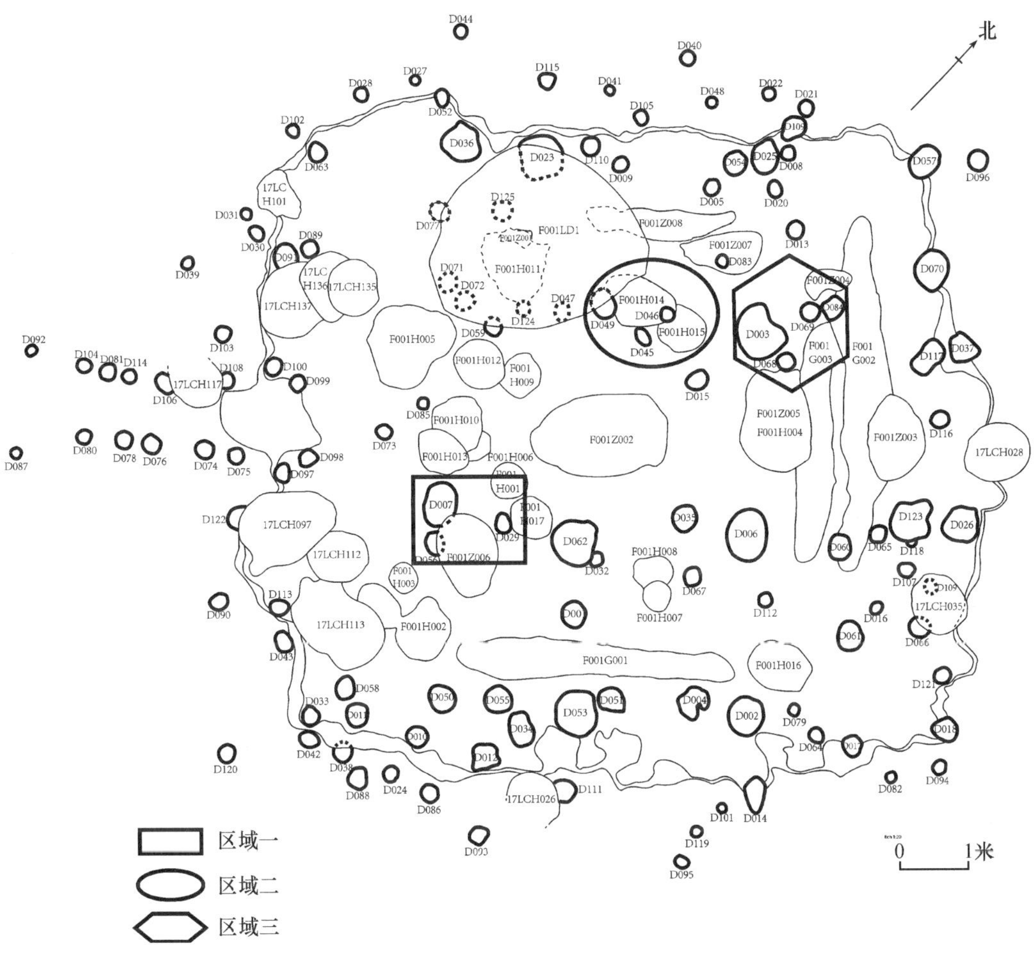

图五　房内重点柱洞分布区域图

坑柱法柱洞D007（图五，区域一）与D003（图五，区域二）都距房内灶过近。D007周围的D056与D029为其辅助柱，D007与D056均被Z006叠压，说明在Z006投入使用前二者已废弃。且由于Z006与房屋同时废弃，故排除发掘错误的可能。作为一个深达0.85米的承重柱，出现了在房址使用过程中的废弃现象，这暗示了大修行为存在的可能。一个承重柱的废弃更有可能是一次替换行为，即将承重柱位置进行了调整。考虑其周围遗迹情况，同为特殊营建结构的D062值得怀疑。

D003 周围的 D068 为其辅助柱，D003 与 D068 距离 Z005 过近。D003 只有初次营建时所建和大修时所建两种情况。若其为初次营建时所建，那么只可能先出现柱洞，在其废弃或位置变更后营建了灶；而若其为大修时所建，那么灶既可能为大修前所建，又可能为大修后所建。若其为前者，那么首先需要考虑在该柱洞之前，这一区域的承重柱为哪一个柱洞，其周围较可靠柱洞为 D069 与 D084，而此二者首先并非坑柱法柱洞（并非所有的承重柱都为坑柱法柱洞，反之亦然，但仅对间柱而言，采用坑柱法的间柱应都为承重柱），同时二者距离 Z004 极近，Z004 是被清理过的地面灶，若先有 Z004 再有两柱洞，则该区域在 F001 营建之初到 Z004 废弃这一过程中无承重柱，而其附近最有可能为承重柱的 D049 打破 F001H014，是房屋在使用中所建柱洞，且很可能为大修时营建的柱洞，这就出现了更大一片区域在房屋营建之后的一段使用时期内无承重柱的尴尬情况，这显然是不合理的。因此 D003 为大修时所建时，灶为大修前所建的说法不可信。另一种可能是灶为大修后所建，那么就又回到了上述这种尴尬局面，在大修之前的一段时间里，该区域无承重柱可用。因此 D003 只能为初次营建时所建造的柱洞。这一局部区域的遗迹变化过程是首先出现 D003 与 D068，而后房屋使用者在其附近营建了 Z004，之后 Z004 被废弃并清理，其上又变为平整的居住面，之后由于某种原因，D003 与 D068 被废弃——D003 可能仍起到一定支撑作用——并营建 D068 与 D084 作为其替代品。之后，房屋使用者在已被填埋的 D003 与 D068 极近的位置营建了 Z005。

D049（图五，区域三）打破房内坑 H014，D049 出现前，这一区域并无其他可以作为承重柱的柱洞，而由于 D003 自 F001 始建即作为承重柱使用，故该区域无承重柱也是可以的。D049 更西侧的 D072、D059、D071 未与其他房内遗迹发生叠压打破关系（螺堆问题在后文中会提及），可解释性较大，虽然并非坑柱法柱洞，但其位置可与 D049、D003，D007 形成矩形网格布局，因此将其定为初次营建时的承重柱是合理的。

综上，D007 与 D003 作为承重柱出现过替换现象，而 D049 的出现也暗示了作为承重柱的 D072 的替换或增设行为，故有理由认为在 F001 内出现过大修行为。有大修行为意味着坑柱法柱洞的营建时间有房屋初次营建时建造和大修时建造两种可能。故 D003、D007 均为首次营建时具有特殊营建手段的柱洞，D006 未和其他遗迹发生叠压打破关系，其东侧有一柱洞 D060 位置与 D069、D084 相对于 D003 的位置十分相似，D060 可能与这二者的作用相近，虽然 D006 始终不存在废弃或更新现象，但增加辅助柱能使其承重能力更好。因此，在 F001 初次营建时即有的柱洞应为 D003、D006、D007、D072；大修过程中新建的柱洞包括坑柱法柱洞 D062，普通柱洞中 D049 的可能性较高，D069、D084、D052 亦有可能（图六）。

对壁柱的探讨可延续间柱的推理方法，坑柱法柱洞可能同时包括 F001 初次营建时建造的柱洞和大修时营建的柱洞，但壁柱与房内遗迹无涉且其结构变化不大，故不做过多讨论。

在这里值得指出的一点是，根据 D018、D057 等半壁柱可知，四周柱应有至少一层是紧贴穴壁营建的，这就意味着在此类木柱的修缮过程中，穴壁一侧无法作为辅助柱安放的被选位置，因此只剩靠近房内的一侧与原木柱相邻的左右两侧。这为探讨四周柱到

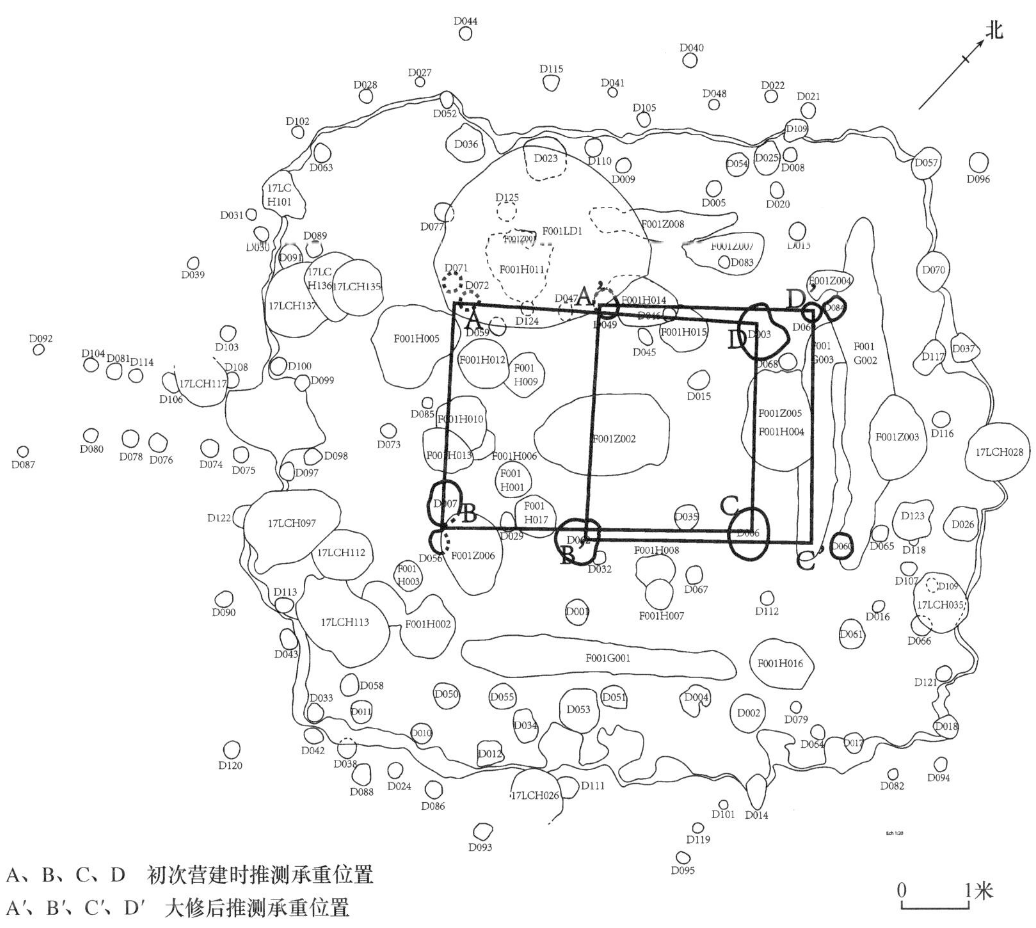

图六 房内承重柱网分布图

底有几层结构以及四周柱的早晚关系提供了较为可靠的依据。

同时，在壁柱中有几个位置较为突出，在这些位置上组柱数量极多，存在反复修缮或刻意加固的情况。包括房屋左右两壁前部位置柱洞密集，且多特殊营建手段的柱洞；房屋后壁东南部柱洞密集，似经过反复加固；房屋北角前侧 D025 周围柱洞密集，似内外成层分布。

对于上述情况可尝试进行解释。房屋左右两壁前处柱洞较多是为了弥补在后期由于承重柱位置后移而形成的房屋前部的亏空，可以起到一定的稳定结构的作用，而 D053 与 D023 更像是在大修中增加的坑柱法柱洞，为 D036 与 D050 提供了有力的辅助；房屋后壁东南部柱洞密集是暗合了房内柱洞的一个特点，即房屋东南部的柱洞较西北部柱洞深度更大，数量更多，可能与这情况相关联的因素有两个，一为风向问题，一为房屋屋架结构问题，由于均无可参考的确切证据，故不再讨论；房屋北角前侧 D025 处柱洞密集原因不明，可能与木柱自身问题有关联。

4. 灰坑

F001 内共有灰坑 17 个，根据灰坑的堆积与形态对这些灰坑进行分类，可分出如下四种类型（图七）。

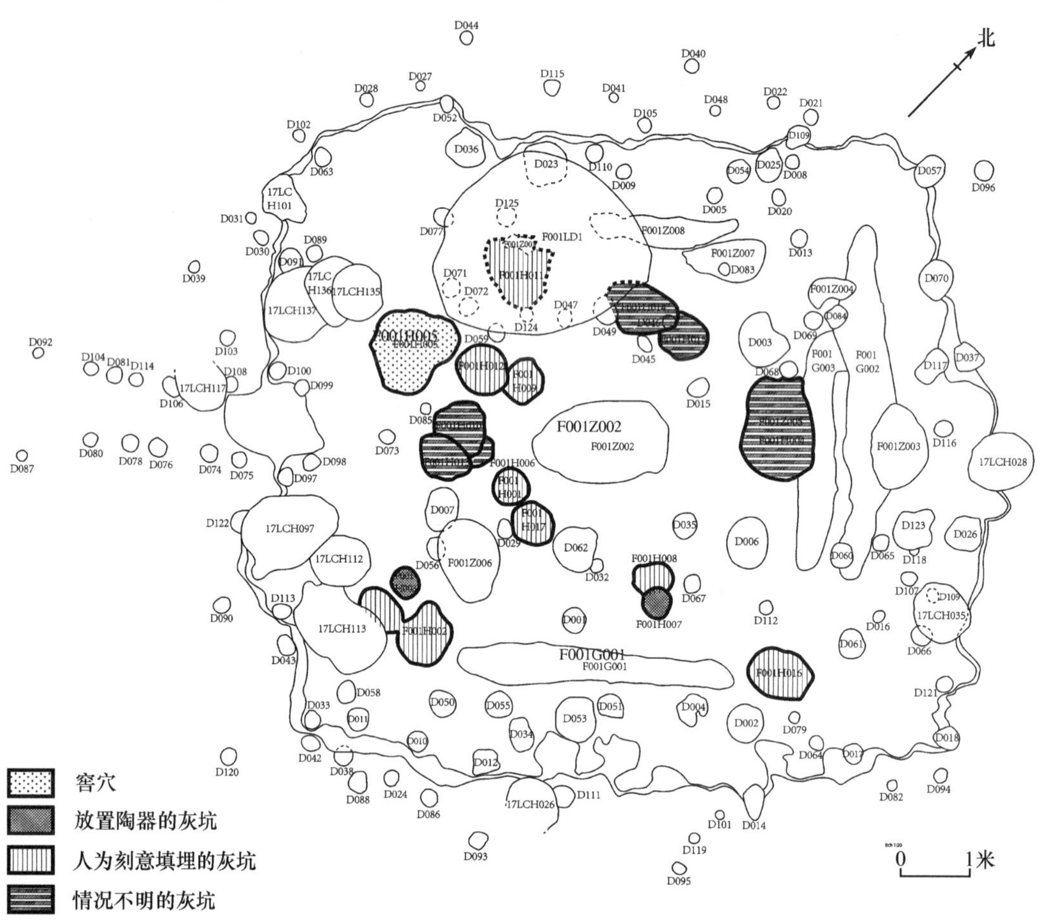

图七　房内各类灰坑分布位置图

（1）窖穴

袋形坑多被视为窖穴，起到储存某种食物或用具的作用。对于 F001H005 而言，其形制为较典型的袋形坑，坑内堆积较复杂，结合房内无其他袋形坑的情况，认为该灰坑为房内窖穴。其内部存储为何物有待植硅体分析结果的发表。

（2）置物灰坑

一些房内为了放置陶器可能会在居住面上挖一浅坑。房内较浅、较小的近圆形坑 F001H003 与 F001H007 很有可能为此类灰坑。

（3）刻意填埋灰坑

H001、H002、H008、H009、H011、H012、H016、H017 这八个房内坑具有共同的特征，

即 ① 平面近圆形；② 直壁，近平底，③ 堆积特征均为上层灰褐色沙质黏土，下层为烧渣或板结物。烧渣成分为烧结的草木灰、炭粒、红烧土块、动物骨骼碎片等，板结物为质地坚硬或极坚硬的黄白色板结物，成分与烧渣部分类似。

灰坑形制的相近可能代表很多种可能的信息，譬如功能相同或制造者相同，但首先可以肯定的是 F001 内此类灰坑是房屋使用者出于某种目的刻意营造而成的一类形制规整、用途单纯的灰坑，而其规整的形制很有可能是为某种特定功能服务。此些灰坑内部存在的叠压打破关系——如 H012 打破 H009 等情况——说明此类灰坑在房内的使用有一定时间跨度，在这一过程中，其功能所反映出来的人的行为有一定的稳定性。

此类灰坑相似的堆积亦能说明问题。灰坑下层的堆积，无论是烧渣或是板结物，其中均含有大量草木灰。其形成有两种可能，一为灰坑在使用过程中形成的堆积，二为灰坑废弃之后人为填埋灰坑时选取的防沉降材料，即采用板结的烧渣块避免填埋疏松的沙土后形成地面沉降。这两种可能性的对比需要在对烧渣与板结物进行具体的成分分析之后才可以进行，我们仅在此讨论其基本特征所反映出来的一些问题。烧渣与板结物中含有草木灰，草木灰质地轻且极细腻，极易扩散，在使用灶时定期清理灰烬一方面是为后续使用提供空间，另一方面也有保持居室内卫生的需求。若灰烬散于地面，房内地面很快就会布满灰烬，这是一种“脏”的表现。F001 对聚落人群而言是一个具有独特性与重要性的房屋，房屋使用者对其反复修缮，甚至进行了成本极高的大修，其关心程度可见一斑。保持日常的清洁是成本最低的维护方式，因此在填埋废弃灰坑时，为了避免防沉降材料——包含有草木灰的烧渣与板结物——在日常踩踏过程中对房内造成污染，在填埋后，房屋使用者在其上填埋了另一种不包含灰烬的灰褐色沙质黏土。这种行为在上述八个灰坑中均出现，是一种十分典型的人为废弃使用结构并进行合理填埋的行为，也是一种稳定且持续的惯例行为。

此类灰坑在房内分布无明显规律，但多集中于房内前部。一种怀疑是此类坑为灶的附属建筑，其功能是存放清出的灶内灰烬，在填满时废弃，表面覆盖灰褐色沙质黏土。但其分布范围与灶并不完全重合。此外，在笔者所参与的烧灶实验中，灶旁挖一形制规模均与 F001 房内坑相似的圆形坑，每日向其中填埋灶内垃圾，灰坑在二十天之内被填满。这说明若将该坑作为灶旁的垃圾坑使用，其营建成本相较于可利用性而言过高，并不合适。另一种怀疑是此类坑是作为一种烘烤块茎类植物而使用的“烤炉”[6]，但这种利用方法缺少证据，因为坑内并无明确的烘烤痕迹，灰坑壁也并不十分坚硬。更为一般的说法是此类坑为储藏坑，但其储藏物需要进一步确认。

（4）用途不明灰坑

F001H004　位于居室东北部，开口于 17LCF001② 下。被 1F001Z005 叠压。坑口呈不规则形。斜壁，近平底。灰坑共一层堆积，为灰白色烧渣。出土少量陶片及动物骨骼。

F001H006　位于居室西南部，开口于 17LCF001② 下。同时被 17LCF001H010 和 17LCF001H013 打破。灰坑共一层堆积，为灰白色烧渣。发现少量陶片及动物骨骼。

F001H010　位于居室西南部，开口于 17LCF001② 下，被 F001H013 打破，打破

F001H006。灰坑共一层堆积，为灰褐色细砂土，夹杂大量草木灰、炭粒及红烧土块。其内堆积与 17LCF001H013 很难分辨，只能靠包含物区分，该坑内有更多的白灰和更少的动物骨骼。发现 4 件陶片，其中 3 件为夹细砂灰褐陶，1 件为夹细砂红褐陶。此外还发现有三件石器。

F001H013　位于居室西南部，开口于 17LCF001②下，打破 F001H010 和 F001H006。灰坑共一层堆积，为灰褐色砂质黏土，并带有少量白灰。发现少量陶片及动物骨骼，发现骨镞 1 件，骨器 2 件，蚌器 4 件。

F001H014　位于居室北部，开口于 17LCF001②下，被 F001D049 打破，打破 F001H015。坑内共一层堆积，为黄黑混杂且呈斑点状的粉砂土，夹杂有极少量白灰和烧渣，厚 0.23 ~ 0.33 米。出土少量陶片及动物骨骼。

F001H015　位于居室北部，开口于 17LCF001②下，被 F001H014 打破，打破 F001D139。坑内共一层堆积，为黄黑混杂且呈斑点状的粉砂土，夹杂有极少量白灰和烧渣。出土少量陶片。

5. 灰沟

房内发现三条灰沟（图八）。

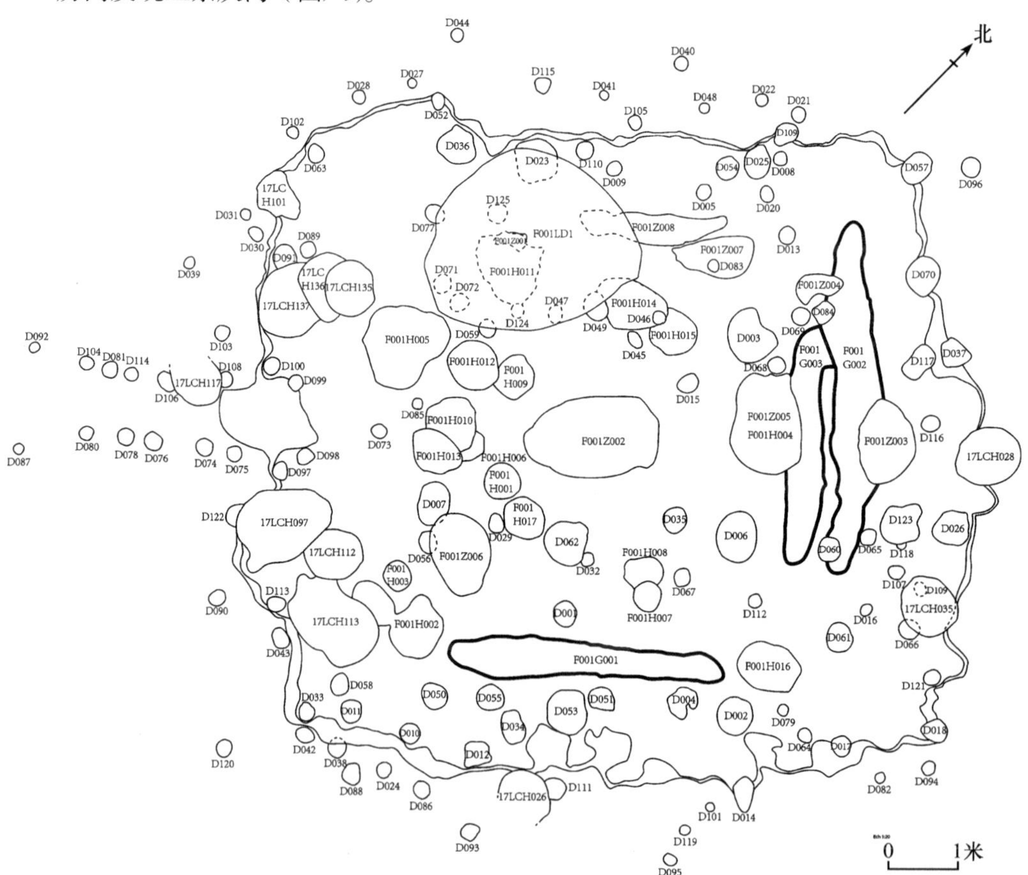

图八　房内灰沟分布位置图

F001G001 位于居室东南，平行于东南壁，开口于 17LCF001② 下，打破 17LCH222。沟为东北西南走向，整体呈近长条形，近直壁，圜底。沟壁较坚硬，可能经过人为烘烤加工。沟内共一层堆积，为夹杂烧渣的黑褐色砂质土。沟内发现石镞 2 件，骨器 1 件，骨镞 1 件，骨针 1 件，此外还有少量陶片及一定数量的动物骨骼。

F001G002 位于居室东北部，开口于 17LCF001② 下。灰沟为西北—东南走向，由北向南依次被 1F001Z004 叠压、被 F001D084 打破、被 F001Z003 叠压、被 F001D060 打破，中段偏北打破 F001G003，南段打破 17LCH223。沟近直壁，近平底。沟内共三层堆积。

F001G003 位于居室东北部，开口于 17LCF001② 下。灰沟为西北—东南走向，北段被 F001G002 打破，中段被其西侧的 F001Z005 和 F001H004 打破。斜壁，近平底。沟内共一层堆积，为灰褐色砂质黏土，出土石镞 1 件，少量陶片及动物骨骼。

房内沟在新石器时代的房址中发现较少。F001G001 沟壁有烧烤痕迹，未与任何遗迹发生叠压打破关系，这可能说明 F001G001 为 F001 初次营建时建造，在之后的时间内也一直在投入使用。F001G002 与 F001G003 年代较早，被房内众多遗迹打破，然而 F001G002 形制不规整，F001G003 深度过浅，无法确定其形成原因及用途。三条沟与 F001 东北壁、东南壁分别平行，而 F001G001 避开了房内柱洞，这很难说是偶然。更多的信息有待于测年与堆积成分分析结果的发表。

6. 螺堆

房内西北靠近居室前部的位置有一个特殊的遗迹，是由大量蚌壳及螺组成的堆（图九）。

该遗迹开口于生土下，叠压在居住面上，其下被叠压遗迹包括 F001Z008、F001Z001、F001H011、F001H014、F001D023、F001D071、F001D072、F001D059、F001D124、F001D125、F001D047、F001D049。螺堆呈近椭圆形，长径 3.2、短径 2.7、厚约 0.2 米。堆积以蚌壳与螺为主体，分上下两层，上层为深黑色沙质黏土，下层为灰褐色沙质黏土，堆积基本上小下大，呈圆台状。出土大量蚌壳、螺、大型动物骨骼及陶片，小件 22 件，其中包括三件有孔陶具，其中一件上有阴刻人面像。

螺堆的形成应该在房屋接近废弃的时刻，其内发现了带有人面像的有孔陶具，这种特殊遗物的出土代表着螺堆甚至 F001 的某种特殊意义，这一特殊意义很有可能与祭祀有关，是在房屋废弃之前的某种特殊祭祀活动。

（二）房内遗物

F001 内出土大量遗物，包括骨器、石器、蚌器、陶器，陶片及动物骨骼等，根据材质分别进行介绍。

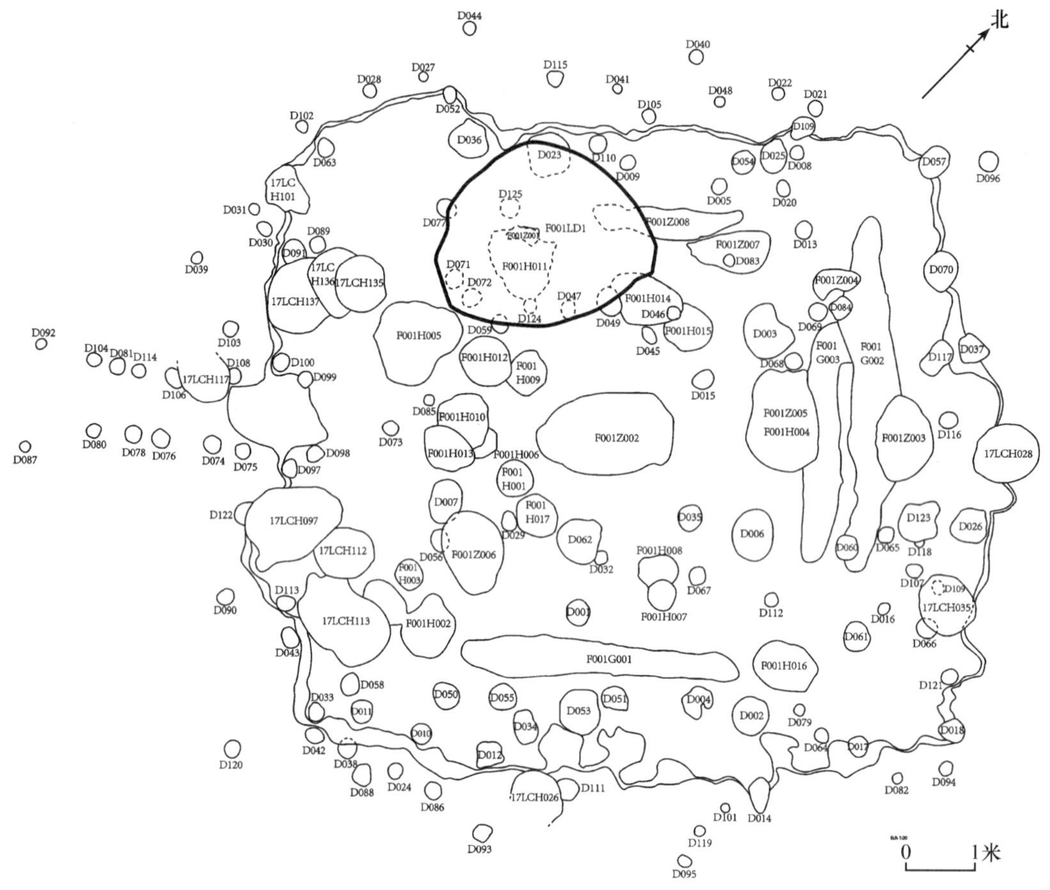

图九　房内螺堆位置图

1. 骨角制品

骨锥　24件。标本17LCF001H05③：1，采用动物肢骨制成，磨制。锥尖经火烧呈黑色，磨光，锥尖三棱形，尾端残断（图一○，1）。

骨镞　15件。标本17LCF001①：62，采用骨壁较薄的动物肢骨骨体骨片制成，磨制。柳叶形，片状，弧刃，刃部有磨制痕迹，凹底（图一○，2）。标本17LCF001①：9，采用骨壁较薄的动物肢骨骨体骨片制成，磨制。柳叶形，片状，镞尖截面长方形，较厚，镞尖中部有凸棱，向下渐平缓内凹，形成两道凸棱，铤呈长方形（图一○，3）。标本17LCF001①：104，采用骨壁较厚的动物肢骨骨体骨片制成，磨制。三棱锥形镞尖，中部起脊略弧，铤片状，表面有磨制痕迹，尾端残断（图一○，4）。标本17LCF001①：36，采用骨壁较薄的动物肢骨骨体骨片制成，磨制。柳叶形，片状，弧刃，平底，表面有磨痕，镞尖中部有凸棱，向下渐平缓内凹，形成两道凸棱（图一○，5）。标本17LCF001①：19，采用骨壁较厚的动物肢骨骨体骨片制成，磨制。柳叶形，四棱形镞尖，铤平面长方形，截面椭圆，铤尾部残半（图一○，6）。标本17LCF001H13①：1，采用骨壁较薄的动物肢骨骨体骨片制成，磨制。柳叶形镞身，片状，镞尖中部有凸棱，

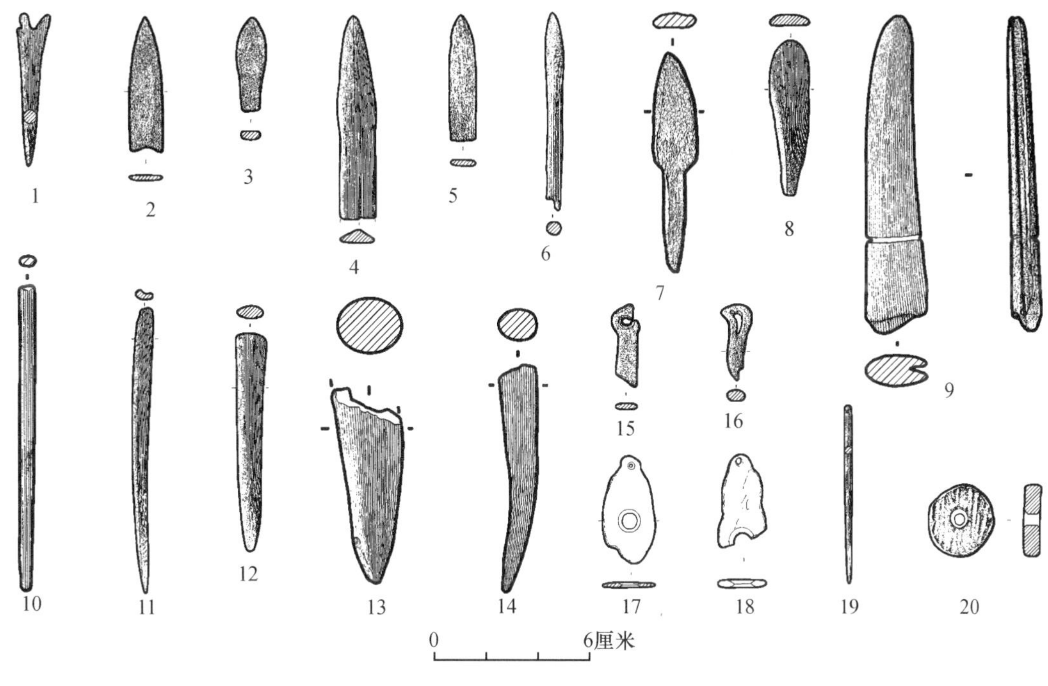

图一〇 F001 出土遗物

1. 骨锥（17LCF001H05③：1） 2～7. 骨镞（17LCF001①：62、17LCF001①：9、17LCF001①：36、17LCF001①：19、17LCF001H13①：1） 8. 骨匕（17LCF001①：156） 9. 骨柄石刃刀（17LCF001①：101） 10～12. 骨笄（17LCF001①：136、17LCF001①：154、17LCF001①：69） 13、14. 角锥（17LCF001①：168、17LCF001①：171） 15、16. 骨饰（17LCF001D026①：1、17LCD001D026①：2） 17、18. 玉饰（17LCF001①：112、17LCF001①：6） 19. 骨针（17LCF001①：44） 20. 陶纺轮（17LCF001①：66）

向下渐平缓内凹，形成两道凸棱，铤平面长方形，尾部内收呈尖状（图一〇，7）。

骨匕 1 件。标本 17LCF001①：156，采用动物肋骨骨片制成，磨制。通体磨光，首端片状，较宽，边缘弧状，背侧有扁圆形凹坑，尾端截面呈长方形，较窄，残断（图一〇，8）。

骨柄石刃刀 1 件。标本 17LCF001①：101，采用大型哺乳动物肢骨制成，磨制。整体呈扁锥形，略弯曲，首端圆钝，中部偏下饰有一浅刻槽环绕柄身，内弧缘有装石刃的深槽（图一〇，9）。

骨笄 12 件。标本 17LCF001①：136，磨制。表面呈黑褐色，圆锥形，形态规整，两端均残，通体有磨制痕迹，截面呈椭圆形（图一〇，10）。标本 17LCF001①：154，采用动物肢骨制成，磨制。扁锥形，略弧，一面光滑平齐，一面保留原骨壁内侧形状，尾端残断（图一〇，11）。标本 17LCF001①：69，采用哺乳动物肢骨制成，磨制。扁锥形，首端磨扁，主体部分磨光，尾端残断（图一〇，12）。

骨饰 4 件。标本 17LCF001D026①：1，采用骨壁较薄的动物肢骨骨体骨片制成，磨制。首端呈鸟喙状，主体和尾端呈长方形，略弯曲，首端穿扁形孔，尾端残断（图一〇，15）。标本 17LCD001D026①：2，采用骨壁较薄的动物肢骨骨体骨片制成，磨制。表面未磨光，主体呈片状长方形，首端环状，中有穿孔，对钻，穿孔残断，尾端残断（图一〇，16）。

骨针　3件。标本17LCF001①：44，采用动物腓骨制成，磨制。通体磨光，首端截面近圆形，尾端有一横向圆形穿孔，单面钻，扁状（图一〇，19）。

角锥　15件。标本17LCF001①：168，采用牛科动物角尖制成，磨制。圆锥形，尖端一侧有砍痕，尾端残断（图一〇，13）。标本17LCF001①：171，采用鹿角角枝制成，磨制。整体保留鹿角原有形状，表面有少量加工痕迹，尾端截面呈椭圆形，残断（图一〇，14）。

2. 玉石制品

玉饰　2件。标本17LCF001①：112，磨制。表面呈青绿色，玉质较纯，表面有裂缝。首部有穿绳用小孔，中部饰有穿孔，对钻，由中部残断（图一〇，17）。标本17LCF001①：6，磨制。整体略呈椭圆形，表面呈青绿色，有较黑色斑点状玉沁，中部饰有穿孔，对钻，首端有穿绳用小孔（图一〇，18）。

3. 陶制品

陶纺轮　2件。标本17LCF001①：66，夹细砂红褐陶，磨制而成。圆饼形，中部有圆形穿孔，对钻，表面有刻划纹饰，边缘磨损较严重。（图一〇，20）。

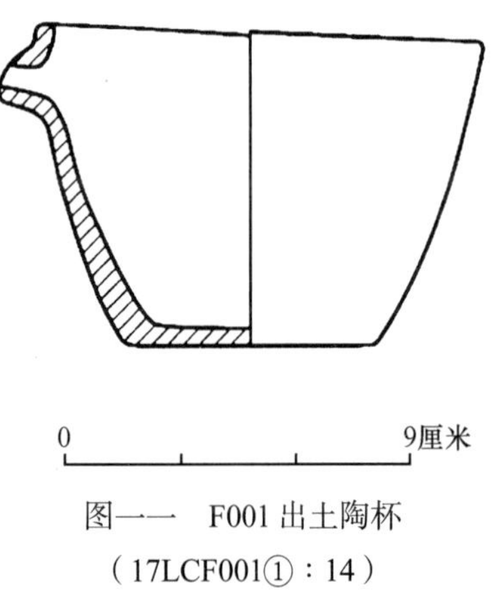

图一一　F001出土陶杯
（17LCF001①：14）

陶杯　1件。标本17LCF001①：14，夹粗砂薄壁黑褐陶，圆唇。直口，外壁口沿下部有一流，流截面呈方形，斜弧腹，平底，表面磨光，素面（图一一）。

陶塑　1件。标本17LCF001①：59，烧土，整体呈近圆台体，实心。两端均残断，较窄一端不规则分布有2周戳孔，底面残端疑有穿孔（图一二，1）。

有孔陶具　4件。标本17LCF001LD1①：14，烧土，梯形。上端有凹陷的弧边，中间有孔。陶塑为阴刻人面像，残存一眼一鼻，缺少右部面孔（图一二，4）。标本17LCF001LD1①：10，烧土，梯形。上端有凹陷的弧边，中间有孔。表面有压印弧线之字纹，之字纹分布有一定规律，成数条向中心汇拢（图一二，3）。标本17LCF001LD1①：3，烧土，残存部分呈梯形。上端有凹陷的弧边，中间有孔（图一二，2）。

4. 蚌制品

蚌刀　103件。标本17LCF001①：188，蚌质，采用剑状矛蚌加工而成，两端被截断，腹侧为刃，有加工、使用痕迹，背侧残断。

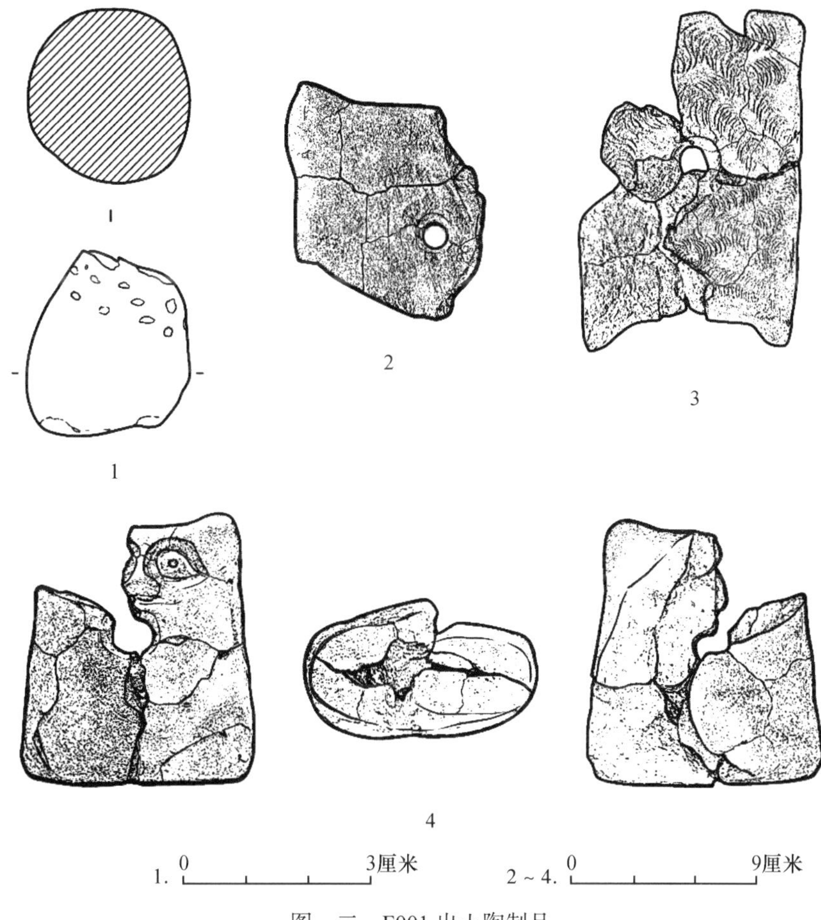

图一二 F001 出土陶制品

1. 陶塑（17LCF001①：59） 2～4. 有孔陶具（17LCF001LD1①：3、17LCF001LD①：10、17LCF001LD①：14）

5. 石制品

石镞 97 件。标本 17LCF001①：6，黑色，石质。通体压制，柳叶形，片状，直弧刃，凹底（图一三，1）。标本 17LCF001①：10，青黑色，石质。磨制，镞身柳叶形，

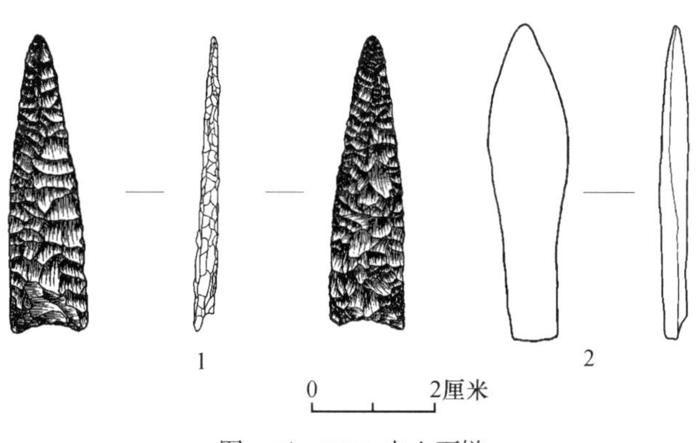

图一三 F001 出土石镞

1. 17LCF001①：6 2. 17LCF001①：10

镞尖中部有凸棱，向下渐平缓内凹，形成两道凸棱；铤部可见清晰平行状磨痕，铤截面呈长方形（图一三，2）。

三、房址相关研究

（一）一号房址房内部相关问题研究

1. 房内遗迹研究

由上文可知，房内存在一次大修行为，因此分期时以这一行为为节点，将 F001 划分为前后两期，Ⅰ期为自房屋初次建造完毕到大修之前，Ⅱ期为大修到房屋废弃之前。Ⅰ期根据灶的情况又可以分为前后两段。灰坑的时期难以判断，在此不做讨论。

Ⅰ期：大修前的房内结构分布情况。

A. 前段：F001 在初次营建完成时房内结构的分布情况（图一四）。

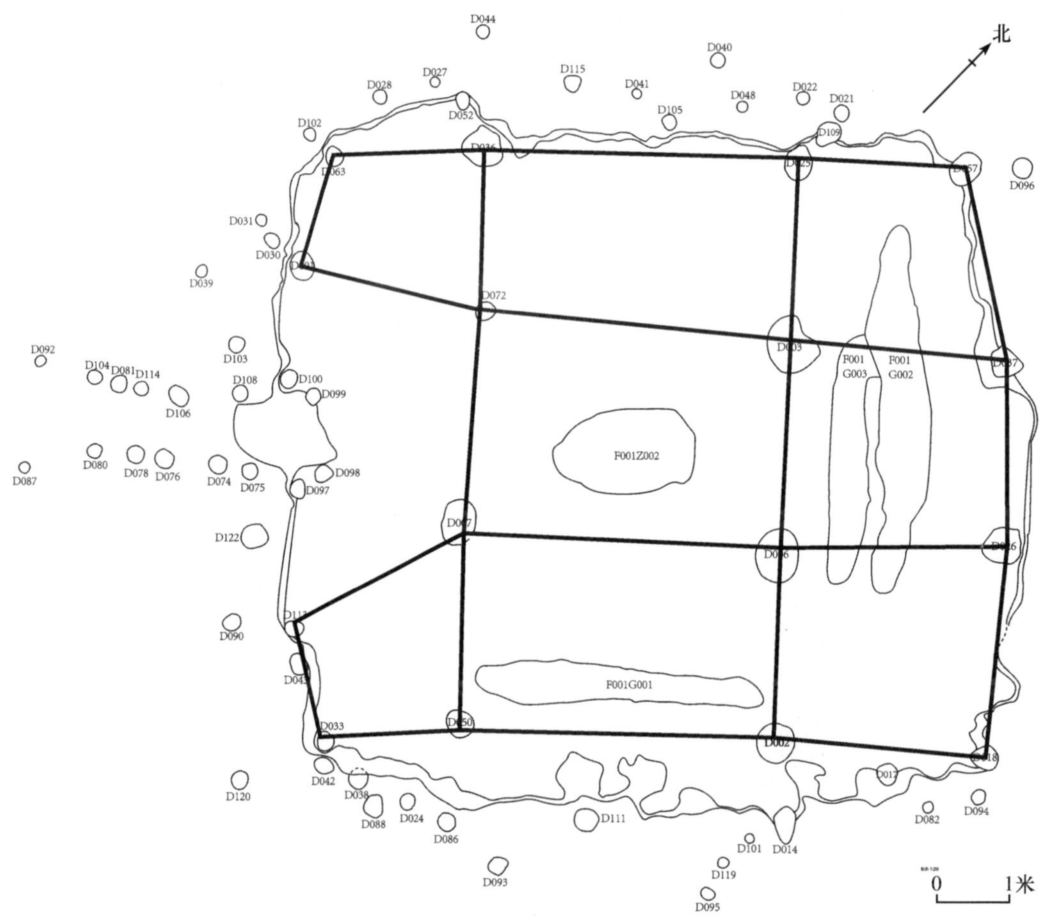

图一四　F001 Ⅰ期前段内部结构分布图

B. 后段：F001在使用一段时间后房内出现辅助柱与新的灶的房内结构分布情况（图一五）。

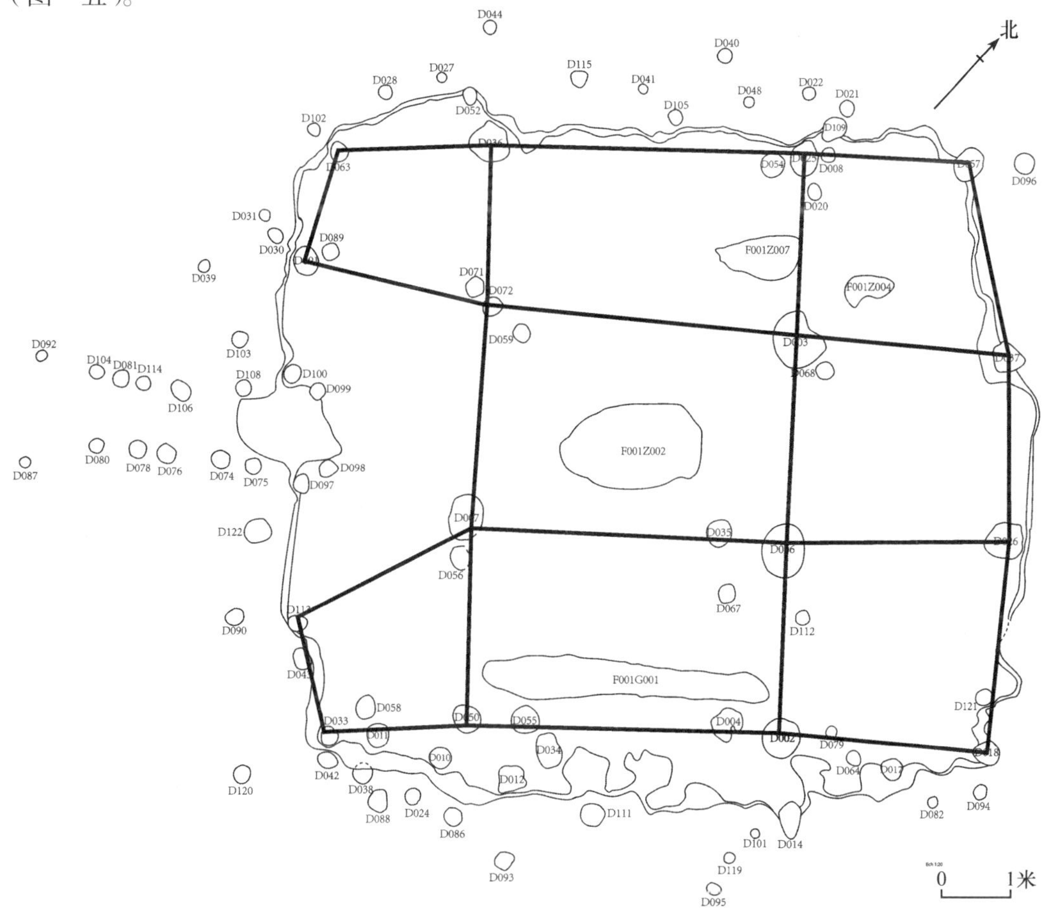

图一五　F001 Ⅰ期后段内部结构分布图

Ⅱ期：大修后的房内结构分布情况（图一六）。

2. 房内遗物研究

（1）人工遗物

F001中出土各类小件595件，还包括大量陶片及动物骨骼。小件根据材质分为骨、蚌、角、石、陶、玉五类，对房内一些具有突出特点人工遗物进行简要讨论。

F001房内陶片以夹蚌黄褐陶为主，另有大量夹细砂薄壁红褐陶。纹饰以各类之字纹为主，此外还有大量刻划纹、戳点纹等。

陶器是在无明确测年结果之前判断遗迹年代的较为可靠的证据。通过对遗址内所有房址内出土的陶片进行分析，认为该遗址所发现的新石器时代遗存可分为两期：Ⅰ期为新石器时代中期的晚段，该期内陶器文化特征与左家山下层文化特征相近，存在上部刻划横向之字纹、腹部竖向压印之字纹的左家山下层文化典型纹饰陶片。陶器以夹细砂红褐陶为主，也有大量的夹蚌黄褐陶，器表装饰以刻划之字纹为主，另有少量彩陶片。

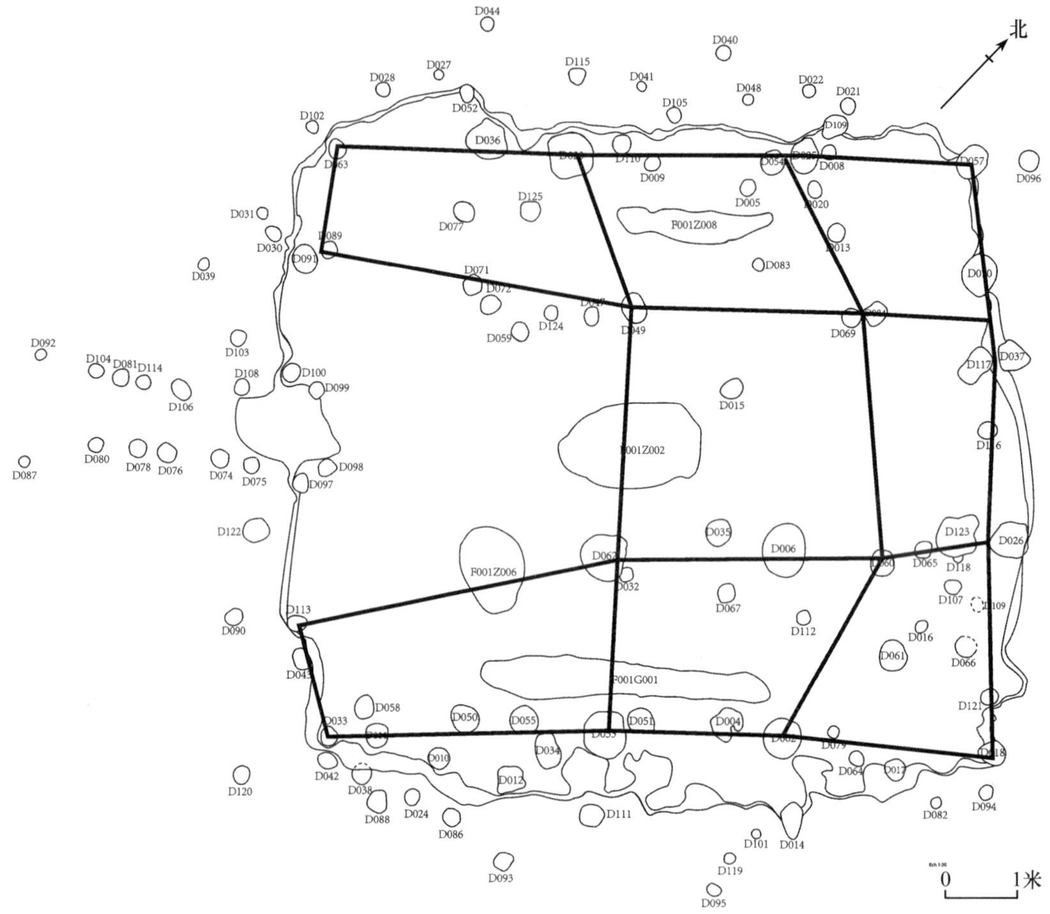

图一六　F001 Ⅱ期内部结构分布图

F001出土的中间带有穿孔的陶塑人像和有穿孔的陶器与农安左家山与五台山遗址出土的遗物较相似；Ⅱ期为新石器时代晚期，该期内陶器文化特征与左家山上层文化特征相近，多夹蚌黄褐陶，也有夹砂薄壁黑褐陶，多素面，纹饰以刻划纹为主，流行平行线纹、人字形纹，存在少量戳点纹，器物多为直口或微侈。而F001中出土的玉器、彩陶片以及陶塑人像均和辽西红山文化遗物相似。与长山遗址新石器时代遗存特征比较接近的红山文化遗址是通辽市奈曼旗乌根包冷、福盛泉遗址。另外，少量绳纹陶片的出土，说明长山遗址可能存在年代更晚的新石器时代遗存。房内完整陶器的缺失表明人群是有计划撤离，且在撤离前将日用器具和一些难以加工的生产生活工具带走。这一情况在该遗址内的房址中为较普遍的现象，因此很有可能是集体性迁移。

房内有大量的蚌制品，在所有种类的遗物中占比最大。数量如此之多的蚌制品在整个遗址内仅在F001出现。对于蚌制品前人已有细致的研究，其种类有刀、匙、饰品等。F001房内蚌制品以蚌刀为主，少量蚌匙和饰品，另有部分有人工痕迹的蚌料。对于蚌制品的考量应从两个角度入手，一为原料来源，二为蚌制品功能。F001房内遗迹堆积内部所出小件中蚌器所占比重较大，说明蚌制品在人群使用过程中相较其他器物的废弃比重较大；而整个 F001 中出土的蚌制品数量庞大，在房内遗物总数中有较大比重，这说明该地区人群对于蚌类的获取应该是极为便捷的，因为获取难度小，所以可以大量加工使用，同时又可以轻易地废弃并进行更新，因此原料在该人群居住时期来源广且供应稳定。长山遗址位于东辽河南岸 1.25 千米的岗地上，遗址内的蚌类最可能的来源即是东辽河。在公元前 5500 ~ 前 3000 年这一期间，东辽河地区自然环境应与其周边地区相近[7]，为适宜人居的大暖期，环境优越，物产丰富，水产资源的获取也应该较为容易，而当时的河道应距长山遗址较近，为渔猎活动提供了极大便利。

至于蚌制品功能，在此主要讨论蚌刀的功能。对于蚌刀的功能学界争论不大，基本认为其有收获工具与加工工具两种功能，与石刀功能相近。[8]收获工具主要用于收割谷物，也可用作采集野生谷物；加工工具则主要为刮、切、割，不同的功能可能对应不同的形态。F001 内蚌刀的类型学研究参照《内蒙古哈民忙哈新石器时代遗址出土蚌制品研究》（陈全家、吉平、陈君、王春雪，《考古》2015 年第 12 期，第 98 ~ 105 页）一文中的分类方法，并将其中的 B 型蚌刀又细分为二型，即 B 型弧形蚌刀（即原文中的）与 C 型窄条型蚌刀。这一分类是基于形态与功能的双重考虑，对于蚌刀的三种不同形态应对应有三种不同功能，首先长条形蚌刀刃弧度小，其功能应主要为切，类似于日常使用的菜刀，除了切植物类食物之外也可以切处理好的肉类食物。弧形蚌刀其刃弧度较大，中部突出，与被加工对象接触面小，且无锋利尖部，十分适合刮除动物的皮下脂肪，既能高效地刮除脂肪，又能保护毛皮不会破损。窄条型蚌刀便于抓握，其截断而成的直角或锐角的边缘能够形成一个尖部，在割开动物皮毛方面有优势。而在肢解动物时，窄条型蚌刀与弧形蚌刀应该是搭配使用的，窄条型蚌刀处理小面积难以切割的部位，弧形蚌刀处理大的部位。

房内镞的数量较多，各类镞的总数近百余件，其中以磨制石镞数量最多。此类镞是利用页岩的层理磨制而成的石镞，较通体压制而成的石镞更加轻薄，加工也更为简便。遗址内偶见较薄的片状页岩原料，当地无页岩矿脉，但东辽河上游应存在页岩矿，顺流而下成为长山聚落人群的石器制作原料，其原料取得便利，石器制作也更加节约人工，因此工具的更新成本十分低廉。

F001 房内出土中间带有穿孔的陶塑人像和有穿孔的陶器与农安左家山与五台山遗址出土的遗物较相似，对于此类器物的用途至今尚无定论，有学者怀疑其为陶支脚。此类器物在 F005 内亦有发现。该类器物的共性特点是整体呈上小下大的梯形，上边略凹，截面近圆角长方形，器物分实心与空心两种，中部均有圆形穿孔，应为烧制前精心塑成。根据目前出土遗物可知此类器物器表有素面、之字纹与人面像三种装饰，且人面像为孤例。就此而言，此类器物应该为某种实用器形。与赵宝沟遗址中所出人面像不同，该人像并非是对人面的直接写实，而是出于某种更为加富有艺术趣味的审美而进行的再创作。整个陶塑呈现出一种圆润而饱满的形象，圆睁的双眼、俏皮的鼻子以及被当做嘴巴的圆形穿孔都体现出了一种活泼乐观，充满趣味的情态。艺术创造是艺术创作者精神世界的直观反映，这一形象某种程度上反映出了创作者或者其所在的群体的乐观平和的精神状态，这很有可能是富足的物质生活对人群的精神世界的积极影响。这从一个侧面反映出了当时人群的生存压力较小且有较为充裕的可以用资源。至于陶塑人面像本身的意识内涵则是另外一个层面的问题，对于此类陶塑首先的联想应是某种偶像崇拜，通过这种偶像崇拜行为以祈求实现自己的某种愿望或达到某种告慰的目的。而其相关联的行为有可能是某种祭祀行为。陶塑人像发现于 F001 的螺堆内，螺堆本身就具有某种特殊性，二者的结合使这种特殊性转向了一个可能的猜测，即某种祭祀行为所形成的遗存。

结合以上特点对 F001 房内人工遗物进行整体认识可知，房内生产工具有镞、鱼镖两种，手工业工具有锥、蚌刀、针、针筒（骨管）、骨柄石刃刀、纺轮等，生活用具陶器仅有一件带流陶杯出土；饰品中骨角制品、蚌制品均有，器形确定的为骨笄；此外还有各类半成品及器物残件。生产工具仅有渔猎工具是一个较为突出的特点，但考虑到该聚落在废弃时应该是有计划撤离的，相关的农业生产工具诸如石斧、石铲等工具可能本来数量又较少且不易加工，因此被迁移的人群妥善地带走，这是有可能存在的情况。因此尽管大量镞的出土在暗示着聚落人群的狩猎采集活动在日常生活中应占据重要地位，也并没有办法确定早期农业形态如“烧荒点种”等情况是否存在[9]，更多关于经济形态的信息需要依赖植硅体研究来提供。手工业工具的存在说明 F001 房内应该有毛皮、衣物的缝纫行为。正如前文所述，半成品的存在暗示了加工行为的存在，将其与手工工具的存在结合起来看的话能够反映出使用者在房内加工生产生活用具，制作衣物的情景。

（2）自然遗物

动物遗存方面，F001 房内出土大量动物骨骼，以野生为主，水生动物居多，鹿的种类丰富，也有猫头鹰、熊等稀有动物骨骼。种类包括贝类、两栖类、鱼类、鸟类、哺乳类动物，哺乳类动物中大型哺乳类动物较少，猪、狗所占比重较多。大量的鹿为房内角锥的提供了原材料；稀有动物骨骼尤其是熊的骨骼的存在为我们描绘出了聚落中的青壮年群体狩猎到熊之后在房内举行庆典的场面。

植物遗存方面，F001 内保留较好的植物遗存为 Z001 中的炭块，已被送检。此外无植物遗存出土，对房址内遗迹的堆积也进行了取样，希望通过显微镜下观察、植硅体研究有新的发现。

对于整个遗址而言，自然剖面显示在公元前 5500 ~ 前 3000 年这一阶段内，该地区地表植被以草本植物为主，木本植物较稀少。由此可见营建 F001 应该是一个集体性的重大事件，其投入的人力物力在当时而言应该是极高的，遗址周边木本植物的缺乏使得建造如此之大的建筑需要花费更大的心血与精力。

3. 房址功能探讨

此类“大房子”的功能问题，前人已做过相关的研究。汪宁生根据民族学研究结果将此类大型房屋的功能分为五种[10]，以此为理论指导，对于房址功能问题的探讨应该从房内结构、房内遗迹情况、房内遗物等多个角度入手。

从房内结构而言，亨特·安德森认为，圆形的房屋适合有限数量的同类活动与社会角色，而当需要区分的一系列异构活动被安置在统一结构中时，矩形房屋形式变得尤为重要[11]。F001 房内结构复杂，局部的格局变化也较为频繁，因此不认为 F001 是一个功能单一、使用者单一的房屋。

从房内遗迹而言，F001 房内遗迹密度较大，种类较多，柱洞的频繁更新说明房屋的使用强度较大，房内坑的更新和灶的更新情况说明房屋使用者的活动仍由一定的稳定性，会有一些惯例性的事务在房内不断重复，保持着较好的延续性，无突变情况发生。

从房内遗物而言，房内发现了用于渔猎的生产工具与用于缝纫的手工业用具，虽然有缝纫用具并不能说明女性的存在，男性同样有缝纫行为[12]但出现的渔猎用具可以将该房屋为女性会所的可能排除在外。即使缝纫用具的出现可以在某种程度上暗示女性的存在，但以上两类工具的占比也可说明该房屋的主要使用者应该为聚落中的男性。生产工具中农业生产工具的缺失又说明该聚落以狩猎采集活动为主要生业方式。房屋内出土的陶塑人面像代表了某种特殊的含义，应为某种祭祀行为的用具。

除此之外，还应考虑房址所处聚落的整体情况，聚落内大部分房址内有灶，因此 F001 并非全聚落人的公共住宅。

根据汪宁生对房址功能的判断，在排除了公共住宅与女子会所之外，可能的功能剩下了男子会所、集会房屋以及首领住宅。根据上文可知，该房屋并非使用者单一的房屋，其内复杂的结构与遗迹情况也暗示了并非由单个人或单个家庭所住房屋。因此即使有首领住宅的作用，也应该是房屋的次要功能，附属于房屋的主要功能。因此该房屋很有可能为一集会房屋，在集会之外，不排除会承担男子会所与首领住宅的作用。集会房屋的作用通常有“集会、闲谈、娱乐，招待宾客，举行盛宴，储藏宗教用品，进行宗教仪式或供一些特殊人居住，有时也可作为一般成员临时住所[13]”，根据陈星灿在《庙底沟期仰韶文化“大房子”功能浅论》一文中对台湾南势阿美族的描述，其作为集会所的房屋还承担了商议事务，开展公共事务等作用，如渔捞前一天集体制作渔具的行为。房内大量出土的蚌制品暗示 F001 很有可能也承担了此类集体加工生产生活用具的作用[14]。

（二）一号房址所处聚落相关问题研究

1. 聚落形态

聚落内房屋并非完全同时，其中 F007、F012、F013、F014、F015、F016、F018、F019 为年代较早的房屋，门道朝向基本为西南，而 F002、F003、F006、F009、F010、F011、F017、F020、F021、F022 则为年代较晚的房屋，门道既有西南又有东南方向（图一七）。F001 与 F005 为年代跨度较长的两个房址，二者有相似的中心大灶与柱洞网，年代也基本相同，但 F005 规模较 F001 稍小，F001 内高密度的遗迹也并未出现在 F005 中。不排除聚落内有双集会场所的可能性。

2. 生业模式

但从目前长山遗址出土的新石器时代遗存来看，并没有明确的农业证据，对于东辽河流域经济形态与生业模式的讨论目前仍处于空白，在此参照西辽河与下辽河流域在新石器时代中晚期的经济形态与生业模式进行简要的讨论。

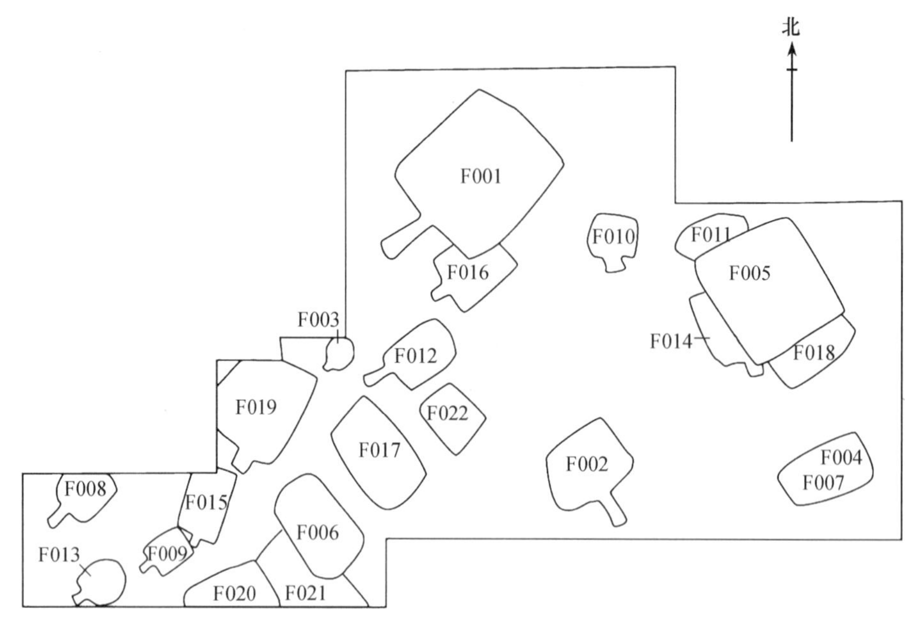

图一七　遗址内房址分布图

下辽河流域的新乐下层文化年代在公元前 5500 ~ 前 4000 年左右，属于这一文化的新乐遗址距长山遗址的直线距离 226 千米。学界对于该文化的经济形态多有讨论，郭大顺、黎家芳、刘凤芹、朱永刚等学者都有各自不同的观点。其中以朱永刚所认为的渔猎采集与烧荒点种等早期农业形态并存的观点较为受学者认可。[15]

西辽河流域的红山文化年代在公元前 4000 ~ 前 3000 年左右，属于这一文化的通辽市奈曼旗乌根包冷、福盛泉遗址[16]距长山遗址的直线距离 304 千米。对于西辽河流域在这一时期的环境与经济形态学界也有讨论，在“8500 ~ 3000a B.P. 存在被称为全新世大暖期的环境适宜期同时，指出这一时期在总体气温呈上升趋势的背景下，也经历着冷暖、干湿的气候波动，红山文化期所处的时段正是大暖期内‘气候剧烈波动’阶段”，出现了三次降温事件，且在 5500a B.P. 气候有变干趋势。因此红山文化为了应对环境变化，在采取渔猎采集这种生业方式的同时还发展出了早期农业。[17]第二松花江流域的左家山上层文化、左家山下层文化年代在公元前 5500 ~ 前 3000 年左右，属于这两种文化的左家山遗址距长山遗址直线距离 97 千米。对于左家山文化的生业模式无明确证据，仍需进一步研究。[18]

根据遗物将长山遗址新石器时代遗存年代暂定为公元前 5500 ~ 前 3000 年，更加确切的年代有待碳十四结果的发表，在这一期间，人群应长期以渔猎采集经济为主要生业模式，而在后期，不排除有早期农业形态产生的可能。

（三）东辽河流域相关问题研究

对于某一时期的聚落研究归根结底是对于人的行为的研究，微观来讲，是对于人在某一聚落内的物质与精神生活进行探讨，宏观来讲，是对于人群在某个大的地形区内的居住与迁徙，以及与其他人群的碰撞与交融的情况进行研究。因此在考虑一个聚落的时候也应考虑其所在的大的地形区的整体的人群与文化情况。因此对东辽河流域新石器时代的其他聚落的考察是十分重要的，与此同时，对于人的研究更直观的角度是对于当时人的墓葬的研究，因此在考虑东辽河流域的遗存时，新石器时代的聚落及墓葬都应是关注重点。

东辽河流域的考古工作始于 20 世纪 30 年代，此后较长时间处于停滞状态，虽又陆续发现了一些古文化遗存，但材料均较为零散，而涉及新石器时代的考古发现与研究就更为匮乏[19]。1983 ~ 1986 年，考古工作者在该地区进行了较大规模的文物普查工作，发现先秦至辽金时期的遗址、墓葬数百处。1988 年 5 ~ 6 月，吉林省文物考古研究所等单位在东辽河上游进行专题考古调查，新发现 7 处汉代及其以前的遗址，并对大架子山、炮台山、元宝山、荣华等遗址进行了小规模的试掘[20]。1992 年，金旭东先生对东辽河流域汉代以前古文化遗存的年代、文化性质、考古编年等问题作了深入探讨，指出该区域的古文化从新石器时代起就与周邻地区开始了相互吸收、互相影响的变异过程，在这一过程中，由于其独特的地理位置，逐渐成为南北文化交流的重要通道。东辽河流域与西流松花江和辉发河流域在新石器时代联系较为紧密，青铜时代下辽河与东辽河流域间文化传播和彼此影响则表现得比较频繁。两汉时期，由于汉朝势力的北渐，上述地区均受到了中原汉文化的影响，土著文化从总体面貌上趋向一致。 这种相邻地区文化因素在东辽河流域此消彼长过程，造成了东辽河流域汉代以前古文化的复杂性和多样性[21]进入 21 世纪以来，东辽河流域最重要的田野考古工作当属双辽市后太平遗址。此外，考古工作者还在辽河三级支流的叶赫河流域新发现了新石器时代至早期铁器时代遗址 99 处。

然而遗憾的是在这些考古工作中，所发现的新石器时代遗存虽然有一定数量，但真正进行过发掘的仅有 1988 年对大架子山、炮台山、元宝山、荣华等遗址进行的小规模的试掘以及在双辽后太平遗址进行的试掘。这两次发掘中新石器时代遗物数量尚可，遗迹数量较少，前者仅发现房址一座，灰坑若干[22]，后者仅发现灰坑若干。前者所发现房址房内遗物较少，形制为半地穴长方形，面积较小，房内无柱洞，由于只有这一座房址出土，参照性不高。

在一定程度上，东辽河流域新石器时代房址与聚落的研究是空白的。更多的信息有待后续工作的进一步开展。

注　释

[1] 吉林省文物志编修委员会：《梨树县文物志》，吉林省文物志编修委员会，1984 年，第 13 页。

[2] 赵宾福：《东北石器时代考古》，吉林大学出版社，2003 年，第 279 页。

[3] 史本恒：《胶东半岛中全新世人类对环境的文化适应》，山东大学，2009 年，第 19 页。

[4] Binford L.R. Mobility, housing, and environment: a comparative study. *Journal of Anthropological*

Research, 1990, 46 (2): 119-152.

[5] 孙瑞虎等：《房屋建筑修缮工程》，中国铁道出版社，1988 年，第 5 页。

[6] Wandsnider L. The roasted and the boiled: food composition and heat treatment with special emphasis on pit-hearth cooking. *Journal of Anthropological Archaeology*, 1997 (16): 1-48.

[7] 韩茂莉、张一、方晨、赵玉蕙：《全新世以来西辽河流域聚落环境选择与人地关系》，《地理研究》2008 年第 5 期，第 1118 ~ 1128、1225 页。韩茂莉、刘宵泉、方晨、张一、李青淼、赵玉蕙：《全新世中期西辽河流域聚落选址与环境解读》《地理学报》2007 年第 12 期，第 1287 ~ 1298 页。

[8] 陈全家、吉平、陈君、王春雪：《内蒙古哈民忙哈新石器时代遗址出土蚌制品研究》，《考古》2015 年第 12 期，第 98 ~ 105 页。王仁湘：《论我国新石器时代的蚌制生产工具》，《农业考古》1987 年第 1 期，第 145 ~ 155 页。

[9] 朱永刚：《文化变迁与边缘效应——西辽河流域北系区新石器时代文化的发现与研究》，《考古学报》2016 年第 1 期，第 1 ~ 24 页。

[10] 汪宁生：《中国考古发现中的"大房子"》，《考古学报》1983 年第 3 期，第 271 页。

[11] Hunter-Anderson R.L. A theoretical approach to the study of house form. *For Theory Building in Archaeology: Essays on Faunal Remains, Aquatic Resources, Spatial Analysis, and Systemic Modeling.* Academic Press, 1977: 287-315.

[12] E.M. 勒布、R. 汉 • 格顿、林惠祥：《苏门答腊民族志》，《南洋问题资料译丛》1960 年第 3 期，第 97 页。

[13] 汪宁生：《中国考古发现中的"大房子"》，《考古学报》1983 年第 3 期，第 277 页。

[14] 陈星灿：《庙底沟期仰韶文化"大房子"功能浅论》，《考古学研究》（九），文物出版社，2012 年，第 598 ~ 601 页。

[15] 刘晓辰：《下辽河流域新石器至早期青铜时代经济形态研究综述》，赤峰学院学报，2016 年 9 月，第 37 卷第 9 期，第 21 ~ 22 页。

[16] 朱凤瀚：《吉林奈曼旗大沁他拉新石器时代遗址调查》，《考古》1979 年第 3 期，第 209 ~ 222 页。

[17] 韩茂莉：《史前时期西辽河流域聚落与环境研究》，《考古学报》2010 年第 1 期，第 1 ~ 20 页。

[18] 赵宾福：《东北石器时代考古》，吉林大学出版社，2003 年，第 327 ~ 339 页。

[19] 金旭东：《东辽河流域的若干种古文化遗存》，《考古》1992 年第 4 期，第 347 页。

[20] 吉林省文物考古研究所：《东辽河上游考古调查发掘简报》，《辽海文物学刊》1995 年第 2 期，第 1 页。

[21] 金旭东：《东辽河流域的若干种古文化遗存》，《考古》1992 年第 4 期，第 355、356 页。

[22] 吉林省文物考古研究所：《东辽河上游考古调查发掘简报》，《辽海文物学刊》1995 年第 2 期，第 1 ~ 8 页。

论红山文化的核心区及牛河梁遗址的性质

吕学明

（中国人民大学历史学院）

红山文化主要分布在辽宁西部和内蒙古东南部的大凌河、老哈河、西拉木伦河流域，该文化以其复杂多样的礼仪建筑、规模巨大的积石冢和类型丰富的玉器而闻名。近些年来，对红山文化的聚落考古和社会结构研究有很大进展，使我们对该文化的认识更加全面和深刻。红山文化的年代范围大约在公元前 4600 ~ 前3000 年之间，是东亚地区社会复杂化最早的代表之一。

一、红山文化的核心区与周边区

我们将大凌河中上游流域认定为红山文化的核心区，老哈河流域和西拉木伦河流域为红山文化的周边区[1]（图一）。核心区里有牛河梁[2]、东山嘴[3]、胡头沟[4]、半拉山[5]、草帽山[6]、兴隆沟[7]等重要遗址。除以上经过考古发掘的遗址外，在敖汉旗

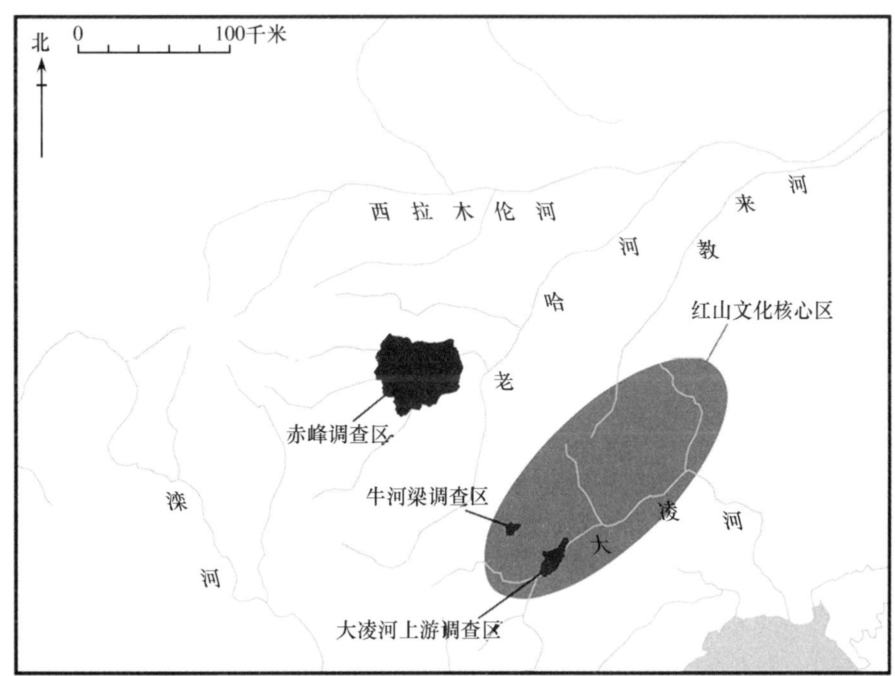

图一　红山文化核心区位置示意图

老虎山河流域[8]及朝阳地区最近的考古调查中，发现了数量较多的积石冢和祭祀遗迹。核心区内有数量多、种类全、规模大的礼仪建筑，如女神庙、积石冢、祭坛等。发现了高等级墓葬，用石板砌筑精致的棺椁，随葬雕刻精美的玉器。玉器种类十分丰富，有很多是核心区之外未曾发现的，如玉人、玉凤、玉鳖、龙凤佩、玉钺等。在核心区内还发现了多种类型的人像，在牛河梁、东山嘴、兴隆沟遗址出土了陶质、泥塑和玉雕人像，在草帽山、半拉山遗址发现了石雕人像（图二），这些人像在红山文化的周边区以及同时期其他地区的考古学文化中是十分罕见的。

图二　红山文化核心区出土人像

1. 兴隆沟　2～4. 东山嘴　5. 半拉山　6. 草帽山　7～9. 牛河梁

然而，我们对核心区内的日常生活遗存却知之甚少，即使有一些发现也是较为零星、规模不大。例如，敖汉旗西台遗址[9]发现10余座房址，均为半地穴式，平面多为长方形，面积20平方米左右。朝阳县小东山遗址[10]发现了红山文化的房址和灰坑，房址为半地穴式，有方形和圆形两种，面积较小。在牛河梁遗址第5地点下层，发现了20余个灰坑，出土了一批陶器、石器，但没有发现房址。

相反，在红山文化的周边区，发掘了许多红山文化的居住遗址。包括红山后[11]、蜘蛛山[12]、西水泉[13]、白音长汗[14]、南台子[15]、二道梁[16]、魏家窝铺[17]、哈喇海沟[18]、上机房营子[19]、老牛槽沟[20]等遗址。绝大多数房址的形制、大小与核心区的房址相同，只在西水泉发现了面积达100平方米的大型房址。通过发掘、采集获得的人工制品和生物标本，揭示出红山人从事多种经济活动。包括种植粟及其他谷物，采集植物果实、根茎，饲养猪、狗，狩猎鹿等动物，从事纺织、皮革加工、陶器、石器制作等活动。

我们对红山文化的认识主要基于核心区的礼仪建筑遗存和周边区的聚落遗存，前者毫无疑问地给人更加深刻的印象。

在红山文化的核心区内，牛河梁遗址因其高度集中的大型礼仪建筑而闻名。在数十平方千米的范围内，分布着16处已经编号的礼仪建筑。其中大部分是积石冢，虽然在形式上与红山文化其他分布区的积石冢相似，但是规模更大、形制更规整、筑造更精良。在一些地点发现了积石冢持续修建、扩建、重建的证据[21]。在另外一些地点发现了独一无二的建筑，其中包括第1地点装饰壁画的半地穴式“女神庙”，以及其北侧的可以容纳多人举行礼仪活动的大型人工修筑的平台；第13地点是一个大型高耸的圆坛建筑，中心是夯土筑成，其外围绕石墙；在第1和第5地点还发现了祭祀坑，普遍经火烧烤，填充陶器和石块。

牛河梁遗址的考古遗存因其极为独有的特质而凸显出来，被普遍认为是红山文化艺术、建筑和文化的最高峰。许多学者认为牛河梁遗址代表着规模巨大、高度发展的聚落，是神权与王权的结合和中华五千年文明古国的象征[22]。

二、牛河梁遗址的系统性考古调查

在过去的30多年里，牛河梁遗址内红山文化的礼仪建筑已经被详细调查、记录、发掘和重点研究，但是与日常生活有关的红山文化遗存并没有被系统调查和记录，也缺乏深入研究。为了对牛河梁红山文化遗址的内涵有更全面的掌握，进而更深刻理解该遗址的性质，辽宁省文物考古研究所与中国人民大学历史学院于2014年夏季在牛河梁遗址的核心区开展了系统性区域考古调查，调查总面积42.5平方千米[23]。

经调查发现，红山文化遗存数量丰富，分布在整个调查区。牛河梁遗址内的礼仪建筑（大部分是积石冢）主要分布在调查区南部边缘的东北至西南走向的条带上，筒形器陶片的分布情况也是如此。根据既往的发掘和研究可知，筒形器与积石冢的关联十分密切，因此我们把积石冢和筒形器分布密集的地点都认定是举行礼仪活动的场所。

日常生活遗存分布的态势是显而易见的，共有两个大的集群，以及三个小集群，估算人口数量为350～700人。人口居住在小型村落里，最大的村庄也不超过100个居民[24]。两个大集群和三个小集群中的两个也都分布在调查区南部边缘的东北至西南走向的条带上，与积石冢等礼仪建筑和筒形器陶片的分布情况高度一致。也就是说，在这个条带上不但集中了丰富的礼仪建筑，同时也集中了调查区内大部分的人口。在调查区的西北部，有一处人口聚集区，这里有三个很小型的礼仪建筑，但与居住区相距较远。尽管这里人口少且分散，却拥有调查区内最好的土地资源—向阳的平缓坡地、肥沃的土壤和便利的水源。自红山文化始，历经夏家店下层文化、战国汉代和辽代，直至今天，这里一直是重要的农耕区。由此可知，在牛河梁遗址内大部分红山文化人口并不是居住在适合农业生产的地区，而是居住在距离主要的礼仪建筑很近的区域（图三）。

系统调查显示，牛河梁遗址的礼仪建筑并不是孤立地分布在无人居住的地区，礼仪建筑分布区存在大量的居住遗存，二者存在良好的适配性。

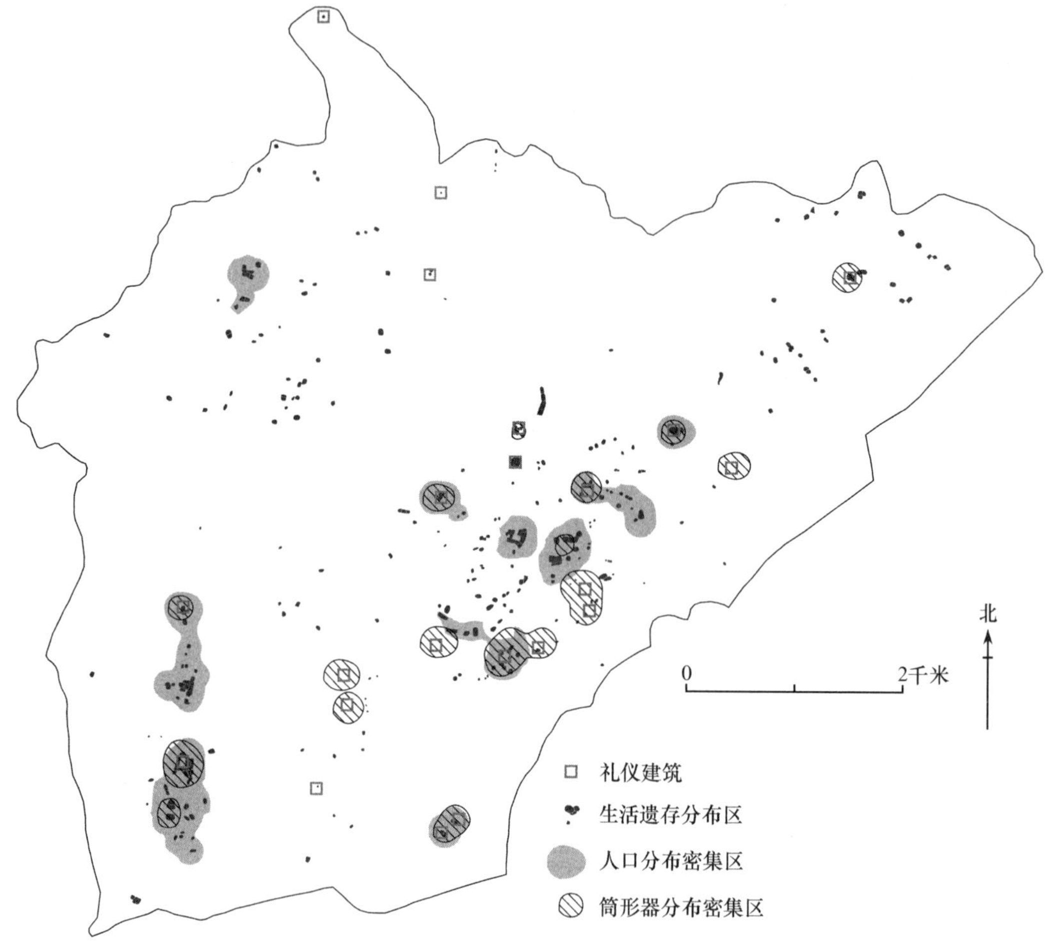

图三　牛河梁调查区红山文化遗存分布

三、牛河梁遗址与其他地区的比较

在红山文化分布区内，另外有两个开展过系统性区域考古调查的地区，所获取的信息可以与牛河梁进行比较。一个是位于牛河梁东南25千米的大凌河上游的喀左地区[25]，也属于红山文化核心区，有经过考古发掘的东山嘴遗址，调查面积200平方千米。另一个是位于牛河梁西北125千米的赤峰地区[26]，属于红山文化的周边区，调查面积1234平方千米。

在牛河梁调查区，虽然最大的村庄只有不到100名居民，与喀左和赤峰调查区拥有500名甚至更多居民的村庄无法相提并论。但是总体来看，牛河梁调查区的总面积为42.5平方千米，人口数量为350～700人，无论是在面积，还是在人口方面都与喀左和赤峰调查区的红山文化行政区的规模相仿。括而言之，在牛河梁遗址不存在一个与数量多、等级高的礼仪建筑群相匹配的巨型行政区。

但是，牛河梁遗址内的礼仪活动是极为突出的，这样的认识再次获得系统调查数据的强化。在牛河梁调查区，确认了24个礼仪建筑，每个对应15~30人（0.6个/平方千米）。在喀左调查区，共有26个礼仪建筑，每个对应30~60人（0.1个/平方千米）。在位于红山文化周边区的赤峰调查区，只发现了5个礼仪建筑，每个对应500~1000人（0.004个/平方千米）。在牛河梁，筒形器陶片占红山文化陶片总数的12%，喀左是10%，赤峰是1%。这些考古证据表明，在核心区尤其是牛河梁遗址，礼仪活动是非常丰富的。

牛河梁、喀左和赤峰地区在气温、降水量方面差别不大，但是三者内部的农业生产要素的变化还是很显著的。在这些地区，农业生产依赖于肥沃、深厚、便于灌溉的土地，通常这些高产农田分布在谷底冲积平原和起伏平缓的台地上。相比较而言，牛河梁调查区山高坡陡，基岩裸露，适宜耕种的土地资源最为匮乏。虽然如此，牛河梁的人口密度却高于喀左和赤峰，三者分别为8~16人/平方千米、4~8人/平方千米、2~4人/平方千米。很显然，居住在牛河梁的人口并不主要是为了从事农业生产。

四、牛河梁遗址的性质

牛河梁遗址第1地点的女神庙和第13地点的夯土圆丘是独一无二的建筑，在红山文化其他地区未曾发现。然而，这些建筑并不具有政治功能。女神庙是一座狭小的建筑，只能容纳非常有限的人。再加上里面大型的泥塑人像和动物塑像，只能让人视其为昏暗朦胧、严格受限制的神圣场所，而不是具有政治功能的建筑。女神庙毗邻的大平台可以容纳大量的人群开展礼仪活动，很可能是女神庙功能的拓展区域。

第13地点夯土丘的形式近似于积石冢，只是占地面积更大，修建的更高，但里面没有墓葬。锥形的土丘外包石墙，发现有筒形器、塔形器等祭祀礼器。很难找到证据说明其具有特殊的政治功能，看上去与其他积石冢的功能是一样的，或者具有某种更加特殊的宗教属性。2014年的调查确认其附近没有居住遗存，进一步否定其具有行政功能。牛河梁这两处独特的建筑不但可能没有更多的政治特性，反而更鲜见政治色彩。

牛河梁遗址的其他礼仪建筑多是积石冢，或者是积石冢与祭坛的结合体，虽然数量多、规模大、砌筑精，并且包含随葬精美玉器的大型墓葬，但是其形式和功能与红山文化其他地区的积石冢是一样的，没有本质的区别。

系统性区域聚落研究为我们增加了大量的考古证据，表明牛河梁遗址不是一个主要的人口聚集中心，也不是一个大型的行政区，更不是一个巨大的政治统一体的中心。

如前所述，牛河梁遗址拥有特殊性质的礼仪建筑，存在举行丰富礼仪活动的证据，而且不具有政治功能，居住在这里的人们主要服务于礼仪活动，完全符合朝拜中心的条件。牛河梁的礼仪建筑在广大的范围内独一无二，而且与这里独特的超自然特征密切关联。牛河梁的主要礼仪建筑朝向一座形似猪首（或熊首）的山峰，有可能赋予牛河梁遗址宗教范畴的重要意义，产生独有的仪式。正是因为牛河梁遗址具有这些特质，朝圣者不惧长途跋涉，前来参拜。

已有的聚落考古研究表明，红山文化社会是由大量小规模的政治单元组成的，单元内的领导力通过主持宗教仪式体现。考虑到这样的背景，可以设想长途跋涉参拜牛河梁的朝圣者中尤其应该包括各政治单元中宗教仪式的主持者。对红山文化的精英们来说，朝圣牛河梁、参加独有的礼仪活动、分享特殊的宗教意义，是极为重要的。他们可能通过这种方式，在牛河梁与红山文化最令人尊敬的宗教人物进行交流互动。当然，也可能朝圣者包含了红山文化社会各个阶层，对他们来说到牛河梁朝拜是人生中最重要的事件。

基于牛河梁遗址丰富的礼仪建筑，拥有独特的人文和自然属性，缺乏政治和行政功能设施，相对适度的人口规模，人群分布与礼仪建筑的良好契合，我们认为牛河梁遗址是红山文化的祭祀中心，是红山人的朝觐中心。

注　释

[1] 辽宁省文物考古研究所、美国匹兹堡大学人类学系、美国夏威夷大学：《辽宁大凌河上游流域考古调查简报》，《考古》2010年第5期。

[2] 辽宁省文物考古研究所：《牛河梁——红山文化遗址发掘报告（1983～2003年度）》，文物出版社，2012年。本文中关于牛河梁遗址的考古发掘资料均采自此报告，不再一一注释。

[3] 郭大顺、张克举：《辽宁省喀左县东山嘴红山文化建筑群址发掘简报》，《文物》1984年第11期。

[4] 方殿春、刘葆华：《辽宁阜新县胡头沟红山文化玉器墓的发现》，《文物》1984年第6期。

[5] 辽宁省文物考古研究所、朝阳市龙城区博物馆：《辽宁朝阳市半拉山红山文化墓地的发掘》，《考古》2017年第2期。辽宁省文物考古研究所、朝阳市龙城区博物馆：《辽宁朝阳市半拉山红山文化墓地》，《考古》2017年第7期。

[6] 邵国田主编：《敖汉文物精华》，内蒙古文化出版社，2004年，第27～29页。

[7] 中国社会科学院考古研究所内蒙古第一工作队：《内蒙古赤峰市兴隆沟聚落遗址2002～2003年的发掘》，《考古》2004年第7期。吉日嘎拉：《内蒙古赤峰市敖汉旗兴隆沟遗址挖掘报告》，《赤峰学院学报》（汉文哲学社会科学版）2012年第33卷第11期。

[8] 中国社会科学院考古研究所内蒙古工作队、内蒙古自治区敖汉旗博物馆：《内蒙古敖汉旗蚌河、老虎山河流域新石器时代遗址调查简报》，《考古》2005年第3期。

[9] 杨虎、林秀贞：《内蒙古敖汉旗红山文化西台类型遗址简述》，《北方文物》2010年第3期。林秀贞、杨虎：《红山文化西台类型的发现与研究》，《考古学集刊》19，科学出版社，2013年。

[10] 辽宁省文物考古研究所、朝阳市博物馆、朝阳县文物管理所：《朝阳小东山新石器至汉代遗址发掘报告》，《辽宁省道路建设考古报告集（2003）》，辽宁民族出版社，2004年。

[11] 滨田耕作、水野清一：《赤峰红山后》，《东方考古学丛刊》甲种第6册，东亚考古学会，1938年。

[12] 中国社会科学院考古研究所内蒙古工作队：《赤峰蜘蛛山遗址的发掘》，《考古学报》1979年第2期。

[13] 中国社会科学院考古研究所内蒙古工作队：《赤峰西水泉红山文化遗址》，《考古学报》1982年第2期。

[14] 内蒙古文物考古研究所：《白音长汗——新石器时代遗址发掘报告》，科学出版社，2004年。

[15] 内蒙古自治区文物考古研究所：《克什克腾旗南台子遗址发掘简报》，《内蒙古文物考古文集》（第一辑），中国大百科全书出版社，1994 年。

[16] 内蒙古自治区文物考古研究所：《巴林左旗友好村二道梁红山文化遗址发掘简报》，《内蒙古文物考古文集》（第一辑），中国大百科全书出版社，1994 年。

[17] 段天璟、成璟塘、曹建恩：《红山文化聚落遗址研究的重要发现——2010 年赤峰魏家窝铺遗址考古发掘的收获与启示》，《吉林大学社会科学学报》2011 年第 4 期。

[18] 内蒙古文物考古研究所、赤峰市博物馆：《元宝山哈喇海沟新石器时代遗址发掘报告》，《内蒙古文物考古》2008 年第 1 期。

[19] 内蒙古自治区文物考古研究所、吉林大学边疆考古研究中心：《赤峰上机房营子与西梁》，科学出版社，2012 年。

[20] 内蒙古自治区文物考古研究所：《翁牛特旗老牛槽沟红山文化遗址发掘简报》，《内蒙古文物考古文集》（第四辑），科学出版社，2013 年。

[21] 吕学明、朱达：《牛河梁红山文化墓葬分期及相关问题》，《玉魂国魄——中国古代玉器与传统文化学术讨论会文集》，北京燕山出版社，2002 年。

[22] 严文明：《中国王墓的出现》，《考古与文物》1996 年第 1 期。郭大顺：《中华五千年文明的象征——牛河梁红山文化坛庙冢》，《牛河梁红山文化遗址与玉器精粹》，文物出版社，1997 年。刘国祥：《红山文化研究》，科学出版社，2015 年。

[23] 辽宁省文物考古研究所、中国人民大学历史学院：《2014 年牛河梁遗址系统性区域考古调查研究》，《华夏考古》2015 年第 3 期。

[24] Robert D. Drennan1, Xueming Lu,Christian E. Peterson, A place of pilgrimage? Niuheliang and its role in Hongshan society. *Antiquity*, 91 355 (2017): 43-56.

[25] 辽宁省文物考古研究所、匹兹堡大学比较考古学中心：《大凌河上游流域红山文化区域性社会组织》，匹兹堡大学比较考古学中心，2014 年。

[26] 赤峰中美联合考古研究项目：《内蒙古东部（赤峰）区域考古调查阶段性报告》，科学出版社，2003 年；Chifeng International Collaborative Archaeological Research Project. *Settlement Patterns in the Chifeng Region*. Center for Comparative Archaeology, University of Pittsburgh, 2011.

基于牛河梁积石冢的红山文化玉器功能研究

吕　军

（吉林大学考古学院）

一、引　言

牛河梁遗址位于辽宁省西部建平县、凌源市（县级市）与喀喇沁左翼蒙古族自治县（以下简称喀左县）交界处，努鲁儿虎山谷间绵延十余千米的3道黄土山梁上。同时，牛河梁遗址位置处在红山文化分布区四通八达的中心部位，从更大范围看，这里地处辽宁与河北、内蒙古两省一区的交界区，又是蒙古高原向华北平原过渡的南端，东北地区向西通往北方草原的前沿地带也扩及这里[1]。牛河梁遗址发现于1981年，已经发现的地点有27处，从1983年开始发掘，已经编号的共16个地点（N1 ~ N16）。牛河梁遗址以女神庙、祭坛和积石冢群为特色，而其中积石冢出土玉器成为红山文化具有代表性的重要遗存。

牛河梁积石冢共发掘红山文化墓葬81座（表一）[2]，有随葬品的46座，其中只随葬玉器的墓葬38座；玉、石同葬墓2座，玉、陶同葬墓2座，充分显示其“唯玉为葬”的特点[3]。墓中出土玉器共计161件（含5件绿松石）[4]。出土玉器种类丰富，主要有玉猪龙、勾云形器、有齿兽面纹佩、斜口筒形器、兽面牌饰、玉璧、双联璧、三联璧、系璧、镯、环、珠、玉龟、玉鳖、玉鸟、玉蚕蛹、玉臂饰、璧式钺、双兽（鸮）首饰、双人首三孔玉梳背、双兽首三孔玉梳背、玉人、玉凤、凤首饰、龙凤佩、玉勾角、长条板状饰等，多数为科学发掘品，玉器在墓中未经扰动，随葬位置比较明确，为我们探讨玉器的使用方式及用途提供了基础性资料。而2012年出版的《牛河梁——红山文化遗址发掘报告（1983 ~ 2003年度）》[5]（以下简称《牛河梁报告》），发表了第二、第三、第五、第十六地点的发掘资料，为本文的研究提供了方便条件。

表一　牛河梁积石冢红山文化墓葬及其随葬品情况简表

地点	墓葬数	随葬品情况					墓葬出土玉器	地层出土玉器
		无	仅葬陶器	陶、玉同葬	石、玉同葬	仅葬玉器		
N2	46	19	3	1	1	23	83	14
N3	12	8	1	—	—	3	9	—
N5	10	5	—	1	—	4	18	10
N16	13	3	—	—	1	8	51	11
备注	81	35	4	2	2	38	161	35

注：据《牛河梁——红山文化遗址发掘报告（1983~2003年度）》统计

本文拟以牛河梁积石冢为依据，结合有关资料，对红山文化玉器中最具特点的玉猪龙、斜口筒形器、勾云形器、有齿兽面纹玉佩以及玉璧的用途、功能进行讨论，主要是依据玉器表现形式和出土位置等情况来探讨其使用方式，并对其功能作出较为合理的解释。

二、玉 猪 龙

玉猪龙是红山文化玉器中独具特色的器物，也是红山文化玉器典型器物之一。其形制基本表现为兽首虫身蜷曲成“C”字形环状，从正面看，头部似猪，两耳竖起，两眼相对圆睁，以浑厚的大眼眶将两眼连在一起；吻部前突，口微张或紧闭，嘴眼之间刻出许多道横向沟纹褶皱。颈背部有一个小穿孔，似可系挂或绑缚。最初被称为兽形玉雕[6]，后因其头部面相似猪，故称玉猪龙[7]。又因其卷曲而成环形且多有一裂隙，也称玉兽玦[8]；近年来则又称为玦形龙[9]或兽面玦形玉饰[10]。为行文方便，本文依旧使用玉猪龙的称谓。

玉猪龙在牛河梁第二地点（N2）和第十六地点（N16）的积石冢N2Z1M4[11]和N16M14[12]有出土（表二）。其中，N2Z1M4墓中出土2件。出土时两者并排倒置于墓主胸骨上，背靠背，吻部向外（图一）。这两件玉猪龙形制近似，皆作兽首形，大耳，圆眼，吻部前凸，口略张开，体蜷曲如环，环孔和背上小孔均为对穿。整体扁圆、厚重、光洁。其中一件（M4：2）淡绿色玉质，面部有皱褶多道，琢磨成隐沟纹。通高10.3、宽7.8、厚3.3厘米。另一件（M4：3）白色，兽首纹饰较为简洁清晰。通高7.9、宽5.6、厚2.5厘米。玉猪龙在N16M14中出土1件，出土于头骨东下侧，立置，玉器缺口方向和墓主人头骨方向相反（图二）。体扁圆厚重，卷曲呈椭圆形，首尾间切开，相距较近，缺口处有明显的切割痕。头部较大，前额微凸，两个圆弧形立耳稍向外撇，一耳尖部磨平。双耳间起棱脊，面部以阴线雕出圆目、口及吻部皱褶，吻部前凸。长圆形鼻孔，鼻孔上下各三道皱褶。体光素无纹，颈部对穿一圆孔。高9.69、宽7.62、厚2.61厘米。

表二 玉猪龙出土情况统计表

序号	地点	玉猪龙	出土位置	同葬其他玉器	墓主人	备注
1	N2Z1M4	2	胸部	斜口筒形器1	男性，成年	
2	N16M14	1	头骨东下侧	斜口筒形器1、璧1、镯1、环3，细石器石刃1	女性，成年	二次叠骨葬
3	半拉山M12	1	腹部	璧、石钺、兽首形柄端饰各1	男性，成年（30岁以上）	单人一次葬，无头骨

玉猪龙除牛河梁积石冢出土的这三件外，在最新的考古发掘中，还出土于辽宁朝阳市半拉山红山文化墓葬中[13]。半拉山墓地也属于积石冢，其中在M12石棺墓中，出土一件玉猪龙，出于墓主腹部。体卷曲如环，首尾相离似玦。猪龙体光滑无纹，首

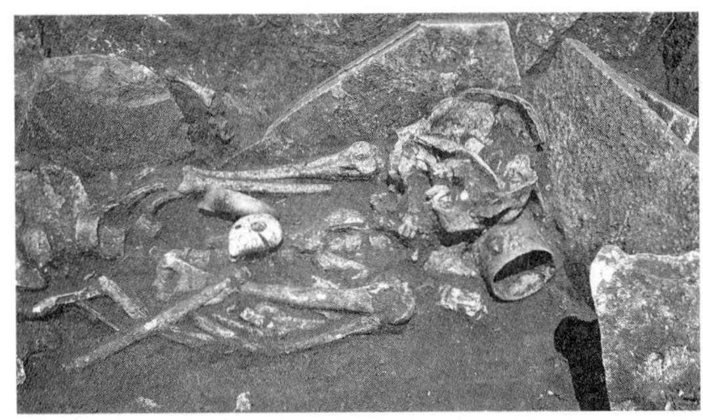

图一　N2Z1M4 玉猪龙出土状态
（除注明来源外，均引自《牛河梁报告》）

图二　N16M14 玉猪龙出土状态

图三　半拉山 M12 出土玉器状态
（引自《考古》2017 年第 2 期）

部雕刻精美。长立耳，双目圆睁，微鼓，吻部前凸，两侧鼻孔微张，口禁闭。前额与鼻之间刻有五道宽大阴线，眉间三道阴线与眼眶想通，鼻部由两道阴线表现，口部为一道阴线。高 13.5、宽 10.1、厚 3.3、孔径 3.2 ~ 4.3 厘米（图三）。

另外，在河北省阳原县属于小河沿文化的姜家梁墓地（M75）出土了一件玉猪龙，应属红山文化玉器的直接流传[14]。出土时位置在墓主右侧颈部，应为佩戴的饰物[15]。此外，国内外公私均多有收藏，除大小有别、面部刻划繁简不同外，还有器身首尾间的切割相隔口也有所不同，有的首尾相近已断开，有的首尾相连或缺而不断。但其基本造型相近，极具鲜明的文化特征，可视为红山文化中具有特别象征涵义的遗物。

关于玉猪龙的用途，曾有过一些研究[16]。由其颈背部有对钻穿孔及在牛河梁积石冢 N2Z1M4 和半拉山墓地 M12 的出土位置判断（因 N16M14 为二次捡骨葬，其出土位置不足为凭），这类玉猪龙似可穿系或绑缚使用[17]，因此具有一定的装饰作用。但从这类玉饰形制“惊人的一致”[18]来看，这类玉器的设计制作，绝不是随意而出，而是遵守着严格的规则，受着一定的观念形态的制约。可以认为玉猪龙绝不是工匠们随意制造出来的简单的某种动物的形体，它可能是一种为当时人们所崇奉而今人不知其名的神兽，或是被神化的灵物，是使用其的某一部族或部族联盟共同崇尚的一种神物，是红山先民崇拜、祭祀的对象。因此它不可能是普通装饰品，其更主要的作用是祈求吉祥和护身。《大荒北经》说：“大荒之中，有山，名曰不咸。有肃慎氏国。有蜚蛭，四翼。有虫，兽首蛇身，名曰琴虫”。此兽首蛇身的琴虫，与红山文化玉猪龙形象相吻合。这种兽首虫身的动物可能是当时人们的崇拜物，有祥瑞、压邪的作用，随身佩带，以求神灵保佑。

牛河梁积石冢群众多墓葬中目前仅第二地点一号冢4号墓（N2Z1M4）和第十六地点14号墓（N16M14）出土了此玉猪龙，半拉山墓地共发掘78座墓葬，有随葬品的为48座，仅M12一座墓葬中出土一件，可见这类玉饰并不是普遍使用和殉葬的，它应当是具有一定身份地位的人才能佩用。先来看看出土玉猪龙的N16M14，墓圹为带二层台的长方形竖穴土坑，砌筑墓室。墓室室壁砌筑方法是先用薄厚不一的粗糙石块立置于外，再于其内立置规整石板，构成防止渗土的墓室内壁，室口不用盖板，改用较厚重的大石块封盖；室底用规整薄石板铺就，在薄石板上见有烧土和烧灰痕迹。此墓主人是一位成年女性。墓中同时还出土了斜口筒形器、玉璧、镯、环等玉器和一件细石器石刃。再来看看出土玉猪龙的N2Z1M4，为长方形石棺墓，墓顶封石二层，上层是石块，下层由三块大石板拼对。在墓盖东端出彩陶筒形器大块残片。四壁较规则的砂岩石板立置而成，微外撇。石板内、外两侧以小石板和小石块倚撑。北壁为三块长石板衔接，南壁以一块长97厘米的石板为主。墓口长1.98、宽0.4～0.55米，墓底长1.7、宽0.25～0.39米，深0.6米。M4出土2件玉猪龙的同时还出土1件斜口筒形器，通长18.6厘米，为已知同类器中最大者之一[19]。M4虽仅出土了3件玉器，然而死者胸前摆放2件玉猪龙，头骨下横置一斜口筒形玉器（图一），均为高品级玉器，足以说明此墓主人身份地位非同一般。由此可见玉猪龙也是身份等级的标志。

在半拉山墓地，出土玉猪龙的M12，虽然其位置并不在积石冢中心，但是，与此玉猪龙同时出于腹部的还有玉璧和石钺各1件，另在墓主大腿内侧还出土1件兽首形柄端饰，发掘者认为是与石钺配套使用的。此墓墓主人为男性，年龄在30岁以上。人骨保存一般，无头骨。玉猪龙与钺同出，说明墓主绝不是普通的氏族贵族，其身份地位当高于一般的氏族贵族[20]。刚好与牛河梁积石冢出土玉猪龙的情形相为佐证。

三、斜口筒形器

斜口筒形器是红山文化遗址和墓葬中经常出土的一种玉器，其形制大体相同，一般呈椭圆形筒状；分长面和短面，长短两面有程度不同的错位，形成一端大斜口而另一端为平口或近于平口的小斜口的形状；大斜口及平口的边缘皆磨薄似刃；平口一端近边缘处有对称双孔，个别为对称双缺口，有的还另在长面靠近平口的一端钻单孔。两端口径不一，斜口大于平口，斜口口沿为斜坡状，故称为马蹄形筒形器，也常被称为箍形器或玉箍，《牛河梁报告》中称为斜口筒形器。

关于斜口筒形器的用途，存在着许多不同的说法。早年李文信先生生前认为是一种发箍，将长发装在圆筒里，用笄子在斜口处别住，立在头上[21]。而有的学者认为是一种腕饰[22]。还有学者认为是冠饰，作通天之器[23]。也有人认为其孔径较大，可套于手腕上，作为护臂器；其上端有刃，且有缺口，似经使用所致，或作工具和武器；下端有两孔，可穿系悬挂；轻击能发出清脆之音，或作乐器[24]。外国学者的观点有三种：其一认为是头发上的饰件[25]，其二认为是一个舀米之具[26]，其三认为是一种工具，用于铲（或撮）谷物的工具[27]。近年来又新添了龟壳一说[28]。总之，对其用途，众说纷纭，各有其道理。

就目前已发表的材料来看，斜口筒形器的出土位置基本有三种（表三）：其一是置于头顶部或脑后或颈部；其二是出于胸部或腹部；其三是出于腰部。牛河梁积石冢出土品的位置均属前两种，即出于头颈部或胸腹部。此外在夏家店下层文化大甸子墓地[29]，出土 1 件流传至该文化的红山文化玉筒形器，出土时位于人体背后，横于腰间与脊椎相垂直，似系于腰后。

表三　斜口筒形器出土情况统计表

序号	地点	出土位置	同葬器物（未标数量者均为 1 件）	墓主人	备注（厘米）
1	N2Z1M4	头下；长面朝上，平口朝左（南）	玉猪龙 2	男性，成年	通长 18.6、斜口 10.7、平口 7.4
2	N2Z1M15	墓主颅骨顶部；斜口面覆地，平口端朝北	璧、环、镯 2	女性，成年	通长 11.6、斜口 8.3、平口 6.7
3	N2Z1M21	横置于墓主头顶部；斜口面朝下，平口端向南	兽面牌饰、勾云形器、璧 10、双联璧 2、龟壳、镯、珠、璧形饰、圆筒状饰	男性，成年	通长 10.6、斜口 8.5、平口 5.1 ~ 6.9
4	N2Z1M22 : 1	颅骨顶部；横置，斜口朝下，平口朝左（南）	有齿兽面纹器、镯		长 9.1、斜口 8.5、平口 7 ~ 5.5
5	N2Z1M25 : 3	颈部；横置，平口端朝左（北），斜面朝下	珠 2、镯 2、管状器		通长 13.3、斜口 8.3、平口 6.8 ~ 5.9
6	N2Z1M25 : 6	右腹部；平置，平口朝头部，短面和斜面朝上	同上		通长 11.1、斜口 8.7、平口 7.3 ~ 5.6
7	N2Z4M2 : 1	右胸部；竖置，短边朝上，平口朝向头部	环 2、绿松石饰 2	女性，成年	长 17.2、斜口 9.7、平口长 7.4
8	N2Z4M8 : 1	腹部	陶器 2（短边端两侧无钻孔）	疑男性成年	通长 16、斜口 9.5、平口长 7.4
9	N2Z4M9 : 1	头顶左侧，长面与头顶部紧贴，平口朝左	无（平口近端未见钻孔）	女性，成年	通长 12.7、斜口 9、平口长 8
10	N2Z4M15 : 2	头顶；横置，斜口向上，短边朝上，平口朝北	环 2、长条块状玉石件	女性，成年	通长 11.1、斜口 8.3、平口长 6.8
11	N2Z4M15 : 4	胸部；竖置，斜口向上，短边朝上，平口朝向头部一侧	同上		通长 9.6、斜口 8.4、平口长 6.7

续表

序号	地点	出土位置	同葬器物（未标数量者均为1件）	墓主人	备注（厘米）
12	N2Z4M16：1	右胸部；斜置，侧面朝下，斜口朝右（东）	无		通长9.3、斜口8.5、平口长7.2
13	N3M7：1	头骨后部；长面朝上，平口向东北	镯、大玉珠	男性，成年	通长13.1、斜口9、平口长6.9
14	N16M4：2	胸部右肋第六肋骨上，顺置，斜口面朝上	凤、玉人、镯、环2，绿松石饰2	男性，成年	高13.7、斜口8.45、平口6.9～5.9
15	N16M10：1	墓圹东北角；斜口朝上	环		扰动移位
16	N16M14：5	位于玉镯（肢骨堆北侧偏西）东部，平置，斜口向上	玉猪龙、璧、镯、环3，细石器石刃1	女性，成年	二次叠骨葬
17	N16-79M2：4	右胸部；顺人骨方向放置；斜口面朝上	勾云形器、璧2、环2、镯、管珠、鸟	成年	高14、斜口10～9.4、平口7.3～5.7位置清晰可辨
备注	头顶部：5；头骨下1，头骨后1；颈部：1 胸部：右4+1 腹部：2 位置不明：2				

牛河梁出土于头颈部的斜口筒形器，一般多是横置，而且也未见有发笄之类的器物一同出土，由此或可说明，这类玉器不是发箍也不是束发器；目前尚未见有出土于手腕处的材料，说明这类玉器也不是腕饰或护臂器。笔者注意到，安徽含山县凌家滩遗址的第五次考古发掘，其墓葬中出土的斜口筒形器被定为龟形器[30]，有学者认为其是龟壳的简化形式[31]。郭大顺先生提出推测，这种斜口筒形器的出土状态也应以长面的一侧在上，短面的一侧在下为正常状态[32]。但是，牛河梁积石冢出土的斜口筒形器，其斜口面朝下的有4件，占比为23.5%，所以这一推测与实际情况有出入，或可说明这类斜口筒形器并非简化的龟壳。而且这类玉器一般在斜口边缘或两端口沿边缘均有使用磨损痕迹（图四），说明此类玉器曾被使用过。据此我们认为斜口筒形器应是一种特殊用途的工具，使用在特殊仪式上的一种用具。斜口筒形器在牛河梁积石冢中较常见（牛河梁出土玉器的

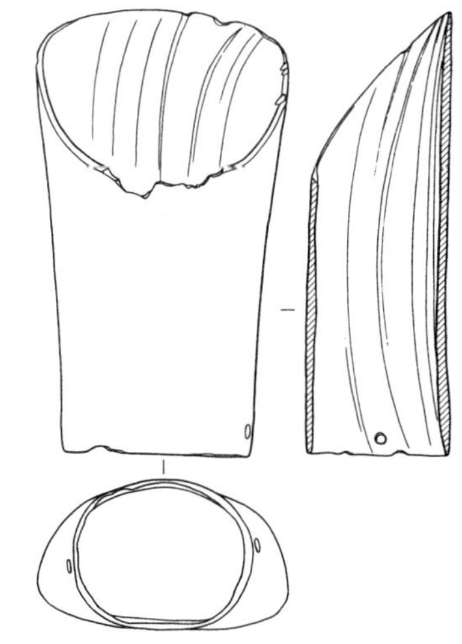
图四　N2Z1M4 出土

38座墓葬中有15座墓共出土17件），多数都是一墓只出土一件，仅在N2Z1M25[33]和N2Z4M15[34]则是分别各自出土两件斜口筒形器。说明其较普遍地用于随葬，因而不可能是普通工具，应是具有特殊含义或用途的工具——在祭祀活动中所使用的工具。一墓出土两件者，其出土位置一个为颈部和右腹部（N2Z1M25），一个为头顶和胸部（N2Z4M15）。出于颈部和头部者，均横置；出于右腹部和胸部者，皆平口朝向头部。随葬位置的不同，可能是不同阶层或同一阶层中所司不同职责人们的身份差别所致。出土位置在胸腹部的人，生前应是手持此器参加特殊祭祀仪式的人，由于此器长期为他所持用，因此他死后能得到此器作为随葬品，这种人不可能是普通人，应是具有一定地位的人，或许可以说就是巫师。N16M4[35]墓主头枕玉凤，胸部右肋骨顺置该器，同时还出土玉人1、镯1、环2、绿松石饰2件；N16-79M2[36]墓主右胸部出土1件斜口筒形器，头部出勾云形器1件，同时还葬有环2件、鸟1件、珠1件和璧式钺（方形玉璧）2件。值得注意的是2件璧式钺（方形玉璧）出土于左胸部和右腰部，应是具有某种特殊的象征意义或是使用于特殊仪式上，因此可说明该墓主生前享有一定的地位，并能亲自参与一些特殊祭祀活动，这就证明上述推论是有道理的。而头部葬有此器的人，则是生前享受地位极高、受人崇拜的首领人物，人们使用这种玉器就是为了祭祀他；或者也可能其生前是专门主持特殊祭祀活动的主持者，所以死后随葬此器，象征其拥有特权地位或特殊身份，而为了以示区别，则陈放于头部。这说明此时已有明显的地位显赫人物，也有了宗教祭祀仪式方面的专职人员（巫师）。

四、勾云形器

图五　N2Z1M21出土玉器状态

勾云形器是红山文化玉器中一种形制奇特的玉器。以往多称为勾云纹玉佩，此名称是根据其形状命名的。这种玉佩的形制基本相同，呈长方形或近方形板状，多两面雕饰，也有只在正面雕饰的。往往在中心镂空作勾云状盘卷，四角作卷勾状，佩面磨出与纹饰对应的浅凹槽，皆有穿孔或背面制四鼻（隧孔）。《牛河梁报告》中称为勾云形器。

勾云形器在牛河梁积石冢墓中出土位置明确者有三种（表四）：其一是出于墓主左肩部，其二是位于胸腹部，其三出于墓主头部。在N2Z1M21[37]，出土1件位于左肩上部，同时其下叠压玉璧1件，体中近缘处斜钻一小孔（图五）；N5Z1M1[38]出土1件位于胸部，正面雕纹，背面无纹，器上无穿孔，背面制四鼻（隧孔）（图六），出土时其一角压在鼓形箍[39]之上，背面朝上，由此来看并非以往认为的是缝缀在某种织物上的饰件[40]。N2Z1M14[41]出土1件于胸前，竖置，反面朝上，体中部上方钻三孔（图七），可以推知其是穿系佩戴在胸前使用的。在牛河梁积石冢N16-79M2[42]中出土的勾云形器位于头部，且背面也制有四鼻（隧孔），出土时正面朝上，或可认为此玉器是固定在帽子上戴在头上的饰物[43]。这类玉饰除在墓葬中出土外，还散见于红山文化遗址中。因此要弄清这种勾云纹佩的功能，应该研究其制作意图。

图六　N5Z1M1出土勾云形器背面

图七　N2Z1M14玉器出土状态

表四　勾云形器出土情况统计表

序号	地点	出土位置	同葬器物（未标数量者均为1件）	墓主人	备注
1	N2Z1M14：1	胸前；竖置，反面朝上	镯2	女性，成年	
2	N2Z1M21：3	左臂上部，其下叠压玉璧1	斜口筒形器、兽面牌饰、璧、双联璧等19	男性，成年	
3	N2Z1M24：3	腹部	镯/镯（右腕上）	女性/男性	双室墓
4	N5Z1M1：4	胸部；有隧孔的反面朝上，一角压在鼓形箍上	璧2（头部两侧）、鳖2（左右手部）、镯（右手腕）、鼓形箍（胸部）	男性，成年	
5	N16-79M2：1	头部；斜置，正面朝上	斜口筒形器（右胸部）、璧2、环2、镯、管珠、鸟	性别不详，成年	
备注	头部1，左肩部1，胸部2，腹部1				

关于勾云形器的寓意，目前学术界有以下几种观点，一是关于“云气”的观念及对“云神”的祭祀与崇拜[44]；二是认为其“勾云卷角”造型的灵感，来自于对强劲有力的鹰类之模仿[45]；三是认为其“中心镂孔作勾形状盘卷”，是模拟了勾龙、蜷龙的形状，而“勾角形”的四角，则是综合模拟了包括天上飞的、地上爬的、水中游的多种动物，因此勾云形器是集各种动物之灵于一体的神物[46]。

以上之说均各有道理。那么，这种勾云形器的制作，到底出于当时人们的何种心理，今天已无法准确推定，只能推测。我们认为从勾云形器基本形状特征来分析，其最初的创造应是源自于红山文化的玉璧。如果把勾云形器的四个勾角去掉，就不难发现，所剩的中间部分与红山文化方圆形玉璧极为相似（图八）。可以认为勾云形器的制作是在方圆形玉璧基础上进一步发展的结果。牛河梁积石冢 N2Z1M21 出土的勾云形器，其中心为一圆孔，四角圆润略向外翻，是这类玉器的最初始的形态，恰好证实了我们的这种推测[47]（图九）。而玉璧在古代历来被认为是礼器用于祭天。红山文化这种由玉璧发展演化而来的勾云形器，其功能应该不单纯是用于祭天，还应该有更为深层的含义。由出此玉佩的 N2Z1M21、N5Z1M1 位于积石冢中心位置，且同出玉器颇多情况来看，勾云形器或许是具有某种特殊意义的一种标志；再由其佩在胸前或缀于帽子上而戴在头上的使用方式，我们进一步推测勾云形器或许是红山先民们“古城古国”[48]的徽帜，是“植基于公社，又凌驾于公社之上的高一级的社会组织形式”[49]的徽帜，即是高于图腾徽帜的徽帜。

图八　N2Z1M14 出土勾云形器

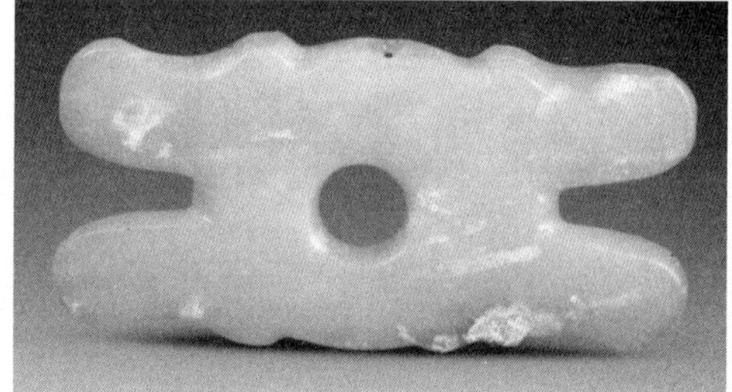

图九　N2Z1M21 出土勾云形器

五、有齿兽面纹佩

牛河梁积石冢出土一种玉佩，整体呈横长形，兽面，中间上部琢出眉、眼，下部有五齿；两端圆头，磨有沟痕，下部有爪。以往人们多把这种玉佩与勾云纹佩（即勾云形器）归为一类，统称勾云形佩[50]。但是笔者经过仔细对比分析，发现两者有着较大的差异，混称为勾云形佩，极为不妥，故笔者将这类下侧带有兽齿形外突的兽面佩定名为“有齿兽面纹佩”[51]，与勾云纹佩相区别。

这类有齿兽面纹佩目前仅见于牛河梁积石冢，已公开发表的共 4 件；此外国内外公私收藏 10 余件。玉佩饰纹有简有繁，形体有小有大。牛河梁出土的四件，N2Z1M9：2，其下侧有三组六枚兽牙，器中仅镂空三个小圆孔，略呈等腰三角形，靠近短齿的两孔，孔径略大似为兽眼，上侧一孔可供穿系佩带，长6.2厘米[52]（图一〇）。N2Z1M27：2，其横长28.6厘米，是目前所知同类玉佩中最大的一件。墨绿色玉质，兽面，中间上部琢有眉、眼，下部有五齿；两端圆头，下部有爪，整体磨制光润[53]（图一一、图一二）。

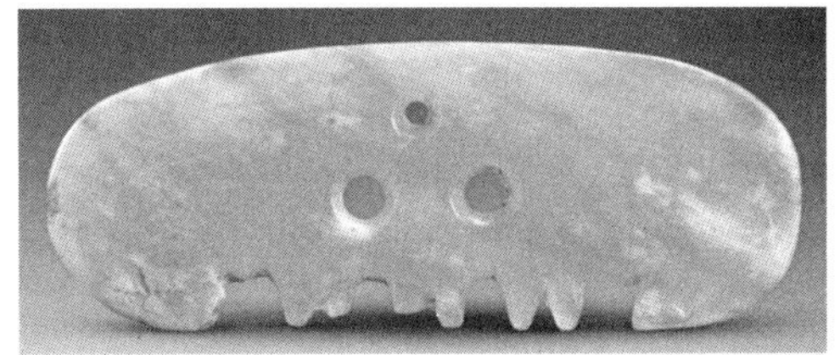

图一〇　N2Z1M9出土有齿兽面纹佩

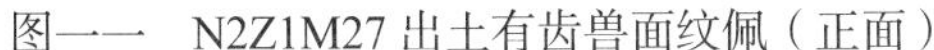

图一一　N2Z1M27出土有齿兽面纹佩（正面）

图一二　N2Z1M27出土有齿兽面纹佩（背面）

目前从已公开发表的此类玉佩在墓葬中的具体位置可知，其一般出土于头部或胸腹部或腰部（表五）。N2Z1M27：2，出土于头部左侧、左肩以上，出土时竖置，背面朝上；N2Z1M9：2，出土于腹部，置于石钺之上。N2Z1M22：2，出土于右胸部，竖置，墓主头顶还出土1件斜口筒形器[54]。N16M15：3出于腰椎骨下，顺人体方向平置，正面朝上[55]。从其上方均有一个穿孔可知，其可穿系佩带使用；从其形制及表现手法分析，这种玉佩绝非普通佩玉，而是已具有了礼器或祭器的性质。并且玉佩的纹饰已基本具备了饕餮纹的特征[56]。饕餮纹是我国商周青铜器主体纹饰，它完全是变形了的、风格化了的、幻想的、可怖的动物形象。它们呈现出来的是一种神秘感，它体现了一种无限的、原始的、还不能用概念语言来表达的原始宗教的情感、观念和理想[57]。因此有学者研究认为，饕餮纹为神的形象[58]；也有学者指出，在中国古代人的观念中，玉有降神的功能，是鬼神降临人间的依凭物。人死后将这种玉佩随葬墓中，其用意显然是希望获得神灵的祐护[59]。因此，红山文化这类玉饰，无疑是祭祀神灵的祭玉。

表五　有齿兽面纹玉佩出土情况统计表

序号	地点	出土位置	同出器物	墓主人	备注（厘米）
1	N2Z1M9：2	腹部，石钺之上	石钺（腹部）	男性，成年	长6.2
2	N2Z1M22：2	右胸部；竖置	斜口筒形器（颅骨顶）、镯（右腕部）		长14.2
3	N2Z1M27：2	头部左侧、左肩以上；竖置，背面朝上	环（左腕部）		横长28.6
4	N16M15：3	腰椎骨下，顺人体方向平置，正面朝上	玦（右侧胸部肋骨上，平置，缺口向外）、环（胸腹结合处中部，平置，位置偏高）	男性，成年	长16.4
备注	头部：1；胸腹部：2；腰椎骨下：1				

六、玉　璧

红山文化玉璧，形制基本相似，多方圆形、近方圆形或不甚圆形，上端中央近缘处一般有 1 ~ 3 个小孔，孔间距离较近；体扁平，周边薄似刃，孔周与璧面光素无饰，有的边缘与孔边均呈刃状。横截面均呈“凸透镜”状，是红山文化玉器中深具特色的一种（图一三 ~ 图一五）。

图一三　玉璧 N2Z1M21 出土

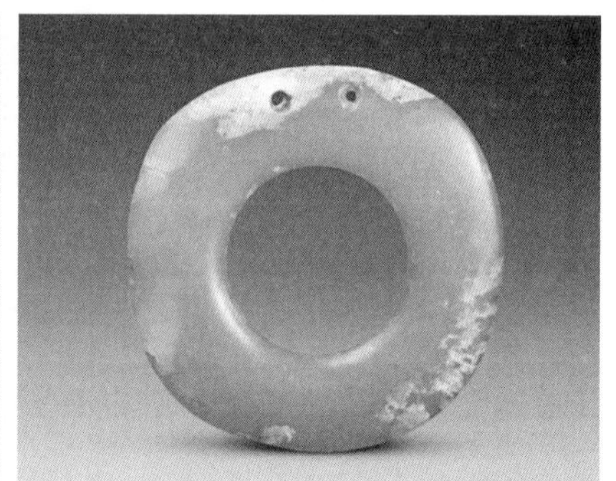

图一四　玉璧 N2Z1M21 出土

图一五　玉璧 N2Z1M21 出土

根据《周礼》"以苍璧礼天"的文献记载，人们普遍认为玉璧是礼器。红山文化玉璧目前见于发表的均出自墓葬之中，尚不见出于遗址的报道，充分表现出玉璧作为礼器而用于随葬的使用方式，也符合其为礼器的定义。

红山文化玉璧在墓中位置多出于头部、胸部，个别也见于腰部（表六）。牛河梁积石冢N2Z1M21号墓共出土玉璧10件，分别在墓主头骨左、右两侧，左、右小臂两侧，左、右手下端各置1件；在头骨右侧颌下、左股骨外侧、左小腿骨下、双小腿骨下各置1件，其摆放讲究左右对称，极有规律。与玉璧相叠压的有勾云纹佩1件、双联璧2件；同出的还有斜口筒形器、兽面牌饰、龟、镯、环、珠等，陈置于墓主周身，具有浓厚的宗教祭祀色彩。牛河梁积石冢N5Z1中心大墓（M1），墓主头部两侧头骨之下对称各置一璧，玉璧带穿孔的一侧一致向上，从玉璧的具体位置看，不像是耳饰，很可能是特意"摆放"的陈祭，或者头上原有"冠"饰，玉璧为冠上所饰之物[60]。

表六 玉璧出土情况统计表

序号	地点	出土位置	同葬器物（未标数量者均为1件）	墓主人	备注
1	N2Z1M7：2	人骨架上	环2、璧2	三人二次葬	无小孔
2	N2Z1M7：3	人骨架上	环2、璧2		两小孔
3	N2Z1M7：5	人骨架上	环2、璧2		一小孔
4	N2Z1M11：2	分散于墓室南壁下	环、蚕（蛹）	男性，成年二次葬	近方形；两小孔
5	N2Z1M15：4	左胸部	斜口筒形器、环、镯2	女性，成年	两小孔
6	N2Z1M21：4	头骨左侧，上斜压勾云形器1	兽面牌饰、斜口筒形器、龟壳、勾云形器、圆筒状玉饰、双联璧2、珠、镯、璧形玉饰、璧9	男性，成年	一小孔
7	N2Z1M21：5	头骨右侧，下叠压双联璧2	同上	同上	一小孔
8	N2Z1M21：9	头骨侧颌下	同上	同上	三小孔
9	N2Z1M21：12	左小臂内侧	同上	同上	孔不明
10	N2Z1M21：13	右小臂内测	同上	同上	一小孔
11	N2Z1M21：16	右手下端	同上	同上	一小孔
12	N2Z1M21：17	左手下端，与N2Z1M21：16对称，上斜压璧1	同上	同上	两小孔
13	N2Z1M21：18	左股骨外侧，叠压N2Z1M21：17璧	同上	同上	两小孔
14	N2Z1M21：19	左小腿骨下	同上	同上	一小孔
15	N2Z1M21：20	双小腿骨下	同上	同上	最大，两孔

续表

序号	地点	出土位置	同葬器物（未标数量者均为1件）	墓主人	备注
16	N2Z1M23：2	钺形璧，右胸部	龙凤佩、镯、绿松石饰		两小孔，有系沟
17	N3M3：1	头骨左侧顶结节上	环、镯2	女性，成年	一小孔
18	N5Z1M1：1	（头部两侧）	勾云形器、鳖2（左右手部）、镯（右手腕）、鼓形箍（胸部）	男性，成年	近方圆形，双孔
19	N5Z1M1：2	（头部两侧）		男性，成年	长圆形，双孔
20	N16M1：1	人骨下颌骨左侧	双联璧、三联璧、环2		方圆形，无小孔
21	N16M11：1	移位	系璧	男性，成年	方圆形，一小孔
22	N16M11：2	移位	璧	男性，成年	系璧，无小孔
23	N16M14：2	立置于头骨和肢骨之间	猪龙、斜口筒形器、环3、镯、细石器石刃	女性，成年	正圆形，无小孔
24	N16-79M2：5	左胸部	勾云形器、斜口筒形器、环2、镯、管珠、鸟	性别不详，成年	近方形，两小孔
25	N16-79M2：6	右腰部	同上	同上	近方形，一小孔
备注	25件 头部：8；左胸部2；右胸部1；右腰部1 周身陈放：7 位置不明：6 两孔10；一孔9；三孔1；无孔4；残1（有无孔，不明）				

结合玉璧一般有1～3个穿孔，即使无孔，也有系缚的痕迹，说明均可穿系佩挂使用，且在牛河梁第三、第五地点多出自头部分析，红山文化玉璧的使用很可能是系挂于头上“冠”饰之上，代表某种权力，或象征某种特殊身份等级。出土于胸腹部的，则是穿系佩挂于胸前的，同样是墓主身份等级的象征。再由N2Z1M21的玉璧成双组对分置墓主身体的上下左右相对称部位，可见玉璧还是用于“特殊的陈祭葬俗”中的用品，具有祭玉性质。玉璧几乎不见于遗址而只出于墓葬，也可证明这一点。

七、结　语

牛河梁红山文化积石冢的特点，已有考古工作者将其总结归纳为以下几个方面：其一是，积石冢的位置选择在高度适中的岗丘顶部，一般为一岗一冢（如牛河梁第三、第十六地点），也有一岗双冢的（如牛河梁第五地点）、一岗多冢（如牛河梁第二地点）。其二是，一冢多墓，以石板和石块砌筑石棺，较大的墓葬石棺筑在土圹内，小墓则无明确土圹。均有成行排列的规律。其三是，位于冢的中心部位有中心大墓（如N2Z2M1、N3M7、N5Z1M1、N16M1）。大墓有宽而深的墓穴，墓穴为达到预定深度不惜开凿基岩。大型石棺，以石板平砌，内壁平齐，随葬玉器数量多，种类齐全，选料精，工艺讲究。其四是，墓上封土后再积石，形成地上建筑。冢顶积石以石块堆砌，似无规律。冢的周边则砌筑讲究，以经过加工的石块砌出冢界，一般为三层叠砌，框界平面有方形（如N2Z2）、长方形（如N2Z1）、圆形（N3、N5Z1）、前方后圆形（如N2Z4）。积石和石棺所用石料以硅质石灰岩为主，从而形成白色冢体。其五是，墓内一般只葬玉器，同时随葬陶器者少。尤其是尚未见大墓有随葬陶器的。陶器大量置于冢上，即冢上石砌台阶内侧竖置成排筒形陶器。这种圆筒形陶器均为泥质红陶，壁厚，口下有弦纹，腹部一侧绘黑彩，最大特点是都没有底部。它们依次成排立置于冢的周界，可能起到保护冢顶封石和边侧石砌台阶不致塌落的“坝”的作用。其六是，积石冢冢体庞大，地上砌石，冢体宽敞平坦，形状非方即圆或方圆结合，结构上圆下方或方圆相叠，存在独立的祭坛。设坛祭祀，坛冢结合，构成了红山文化祭祀遗址的鲜明特点[61]。半拉山积石冢则分出带有明显祭祀功能的墓葬区，充分表明积石冢本身所具有的祭祀功能。因而，积石冢出土的玉器也就带有了明显的祭祀色彩。

综观红山文化玉器的功能，它的祭祀和礼仪上的用途及蕴涵的深层次的意义，在牛河梁积石冢中表现得较为充分。然而，由于牛河梁遗址的考古发掘工作还在继续进行着，牛河梁积石冢的考古资料也尚未全部发表，使我们面对各种造型奇特、雕琢精细的红山文化玉器，感到还有很多难解之谜。但是，仅从其作为当时特殊人物等级、身份、地位、权力的标志这一侧面上看，红山文化玉器在中国古代文明起源过程中的作用就已是不可替代的了，其对后世的影响也是巨大而深远的。

注　释

[1] 辽宁省文物考古研究所：《牛河梁——红山文化遗址发掘报告（1983～2003年度）》，文物出版社，2012年，第1页。

[2] 据[1]统计。

[3] 郭大顺：《红山文化的“唯玉为葬”与辽河文明起源特征再认识》，《文物》1997年第8期。

[4] 据[1]统计，实际数量远不止这个数。

[5] 同[1]。

[6] 孙守道：《三星他拉红山文化玉龙考》，《文物》1984年第6期。

[7] 孙守道和郭大顺先生提出此玉器形似猪首，即猪龙。参见孙守道、郭大顺：《论辽河流域的原始文明与龙的起源》，《文物》1984年第6期。

[8] 程秀岩：《辽宁省文物总店藏红山文化玉器》，《辽海文物学刊》1994年第2期。

[9] 郭大顺：《红山文化玉器概述》，《玉魂国魄——红山文化玉器精品展》，浙江古籍出版社，2009年，第8～22页。

[10] 朱乃诚：《红山文化兽面玦形玉饰研究》，《考古学报》2008年第1期。

［11］ 同［1］，第79～82页。

［12］ 同［1］，第421～426页。

［13］ 辽宁省文物考古研究所、朝阳市龙城区博物馆：《辽宁朝阳市半拉山红山文化墓地的发掘》，《考古》2017年第2期。

［14］ 同［9］。

［15］ 河北省文物研究所：《河北阳原县姜家梁新石器时代遗址的发掘》，《考古》2001年第2期。

［16］ 如陆思贤先生认为玉猪龙是作为鼓棒头用的，见《神话考古》，文物出版社，1995年。朱乃诚先生认为是“特殊的饰品”，见《红山文化兽面玦形玉饰研究》，《考古学报》2008年第1期。刘国祥先生认为具有“动物崇拜功能”，见《红山文化研究》，中国社会科学院研究生院，2015年，第571页。

［17］ 以往多认为是可佩戴使用，但是，由背部穿孔穿系后牵挂起来之际，其头部呈向下形态，已不符合玉猪龙的使用规制。

［18］ 孙守道、郭大顺：《论辽河流域的原始文明与龙的起源》，《文物》1984年第6期。

［19］ 同［1］，第79～82页。

［20］ 同［13］。

［21］ 转引自李恭笃：《辽宁凌原县三官甸子城子山遗址试掘报告》，《考古》1986年第6期。

［22］ 那志良：《琮·腕饰·扳指——海外藏玉介绍（七）》，《故宫文物月刊》1986年总第48期。

［23］ 杨美莉：《新石器时代北方系环形玉器系列之四——圆角方璧与马蹄筒形器》，《故宫文物月刊》1993年总第129期。

［24］ 杨伯达等：《中国美术全集·工艺美术编9·玉器》，文物出版社，1986年。

［25］ R. L.d' Argence的观点，参见［22］。

［26］ Stanley Charles Nott的观点，参见［22］。

［27］ 林巳奈夫的观点，见林巳奈夫：《红山文化出土的所谓马蹄形玉箍》，《中国文物报》1990年5月10日。

［28］ 2008年，安徽含山县凌家滩遗址发掘者把墓葬中出土的斜口筒形器定为龟形器，邓淑苹先生认为红山文化斜口筒形器为龟壳的简化形式。分别参见安徽省文物考古研究所：《安徽含山县凌家滩遗址第五次发掘的新发现》，《考古》2008年第3期；邓淑苹：《解开红山文化玉箍形器之谜》，《故宫文物月刊》2009年第311期。

［29］ 中国社会科学院考古研究所：《大甸子——夏家店下层文化遗址与墓地发掘报告》，科学出版社，1996年。

［30］ 安徽省文物考古研究所：《安徽含山县凌家滩遗址第五次发掘的新发现》，《考古》2008年第3期。

［31］ 邓淑苹：《解开红山文化玉箍形器之谜》，《故宫文物月刊》2009年第311期。

［32］ 同［9］，第8～22页。

［33］ 同［1］，第73～75页。

［34］ 同［1］，第204～207页。

［35］ 同［1］，第394～407页。

[36] 同[1]，第414~419页。
[37] 同[1]，第97~104页。
[38] 同[1]，第312~318页。
[39] 原报告发表时称“鼓形箍”，经研究笔者认为称鼓形镯更为适宜。
[40] 邓淑萍：《龙兮？凤兮？——由两件新公布的红山玉器谈起》，《故宫文物月刊》1992年总第114期。
[41] 同[1]，第90~92页。
[42] 同[1]，第414~419页。
[43] 李恭笃：《辽宁凌源县三官甸子城子山遗址试掘报告》，《考古》1986年第6期。
[44] 邓淑萍：《中国新石器时代玉器上的神秘符号》，《故宫学术季刊》1993年第十卷三期。尤仁德：《勾云形佩及相关器物探研》，《故宫文物月刊》1995年总第143期。
[45] 杨美莉：《新石器时代北方系环形玉器系列之一——勾云形器》，《故宫文物月刊》1993年总第126期。
[46] 陆思贤：《“勾云形玉佩”的形状结构及寓意的思想内容》，《内蒙古东部区考古学文化研究文集》，海洋出版社，1991年。
[47] 此件在笔者的研究中，被划分为一式，是勾云形器的早期形态，也可为证。吕军：《红山文化玉器研究》，《青果集——吉林大学考古系建系十周年纪念文集》，知识出版社，1998年，第44~83页。
[48] 苏秉琦：《辽西古文化古城古国——兼谈当前田野考古工作的重点或大课题》，《文物》1986年第8期。
[49] 同[48]。
[50] 如刘淑娟：《红山文化玉器类型探究》，《辽海文物学刊》1995年第1期。
[51] 吕军、栾兆鹏：《关于红山文化勾云形类玉器研究的几个问题》，《文物春秋》2001年第1期，第8~14转21页。
[52] 同[1]，第84~87页。
[53] 同[1]，第110~114页。
[54] 同[1]，第104~105页。
[55] 同[1]，第426~428页。
[56] 信立祥：《“全国考古新发现精品展”巡礼》，《文物》1997年第10期。
[57] 李泽厚：《美的历程》，文物出版社，1981年，第37页。
[58] 张光直先生的观点，转引自信立祥《“全国考古新发现精品展”巡礼》，见[56]。
[59] 林巳奈夫的观点，转引自信立祥《“全国考古新发现精品展”巡礼》，见[56]。
[60] 辽宁省文物考古研究所：《辽宁牛河梁第五地点一号冢中心大墓（M1）发掘简报》，《文物》1997年第8期；又见[1]，第312~318页。
[61] 郭大顺：《中华五千年文明的象征——牛河梁红山文化坛庙冢》，《牛河梁红山文化遗址与玉器精粹》，文物出版社，1997年，第16~24页。

简论中国早期国家形成的动力机制

戴向明

（中国国家博物馆）

早期国家起源问题正持续受到我国学界的关注。以前人们曾普遍认为夏是中国历史上第一个王朝国家，近些年随着考古资料的增多、研究的深入，许多学者将探索中国早期国家起源的目光投向了史前晚期。笔者此前曾撰文对包括中原、北方地区在内的黄河中游早期国家起源问题做过讨论[1]，最近又推及到全国范围进行了简要分析[2]。概括地说，笔者认为在新石器时代晚期到青铜时代初期，长江下游的良渚、黄河中游的陶寺、石峁和二里头所代表的社会集团先后成为各自区域内最早出现的国家，其他如长江中上游、黄河下游和上游等地区也存在诞生早期国家的潜在可能性，只是因材料不足而尚不能确认；笔者还进一步提出了以这些“超级聚落”为代表的社会集团为“雏形国家”的概念，以区别于后来商、周那种成熟形态的早期国家。本文是这一研究的继续，拟专门探讨不同区域早期国家形成与社会演变的背景与动因。

一、以往的理论

国家首先是一种高度复杂的政治制度和社会组织，其本质特征是社会权力的高度集中，并有一套有分工和分层管理的机制或官僚体制，一般还有常备的武装力量和法律制度来给予维护和保障。但对最初形态的早期国家，这些特征在考古发现上很难完备且彰显，常需仔细辨析。自20世纪后半叶以来，早期国家形成的“原动力”一直是西方学术界讨论的一个热点课题，主要观点有如下几种：

第一，早年以柴尔德为代表，其观点在理论上受到马克思主义影响，认为农业发展导致出现剩余产品，为专业化生产和劳动分工的发展创造了条件，生产技术的进步使得财富积累和社会分化加剧，形成阶级，正是阶级冲突促成了国家的出现；此种观点强调社会内部冲突和结构变化的作用。第二，人口增长导致资源紧张、社会竞争加剧，为缓解压力、管控争端风险而出现权力集中的社会组织，最终诞生国家。第三，为争夺资源、财富（包括土地、人口等），群体间的战争促成社会规模扩大、组织复杂化、管理加强和权力集中，最终导致国家形成，而这往往又同人口增长、环境限制造成的生存压力有关。第四，为追逐财富和满足对特殊资源的需求，各种产品贸易在不同地区间发展，在对贸易管理甚至寻求垄断的过程中，产生复杂的国家组织。第五，人口增长、资源紧张导致农业生产强化，从而引发大规模兴修水利和灌溉农业的发展，在对水资源进行管理的过程中形成复杂的社会组织，最终导致国家出现。第六，强调意识形态和宗教礼仪对获取和巩固社会权力的合法性、并导致国家形成的重要作用，其物化表现常常是大型礼仪建筑、宗教祭祀遗迹，以及拥有象征威望、身份地位的奢侈品。第七，除了上述各种“单因”说，还有一种是多变量的、系统论的观点，认为每个社会都由若干亚系统组成，其中任何一种变量（如人口、资源、环境等）的变化都会引发其他变量联动，当这些变化以正反馈的方式运作时就会导致社会的进化，正是整个系统的变化而非单一要素的变化最终促成国家的形成。第八，另外还有就是“后过程”考古学的解释，强调社会发展和国家起源的不同背景、各自特定的历史条件和特殊性，强调历史偶然性的作用[3]。

上述所有理论或解释模式都受到了不同的批评，从中可以看出没有哪种是完美无缺的。但正如有人指出过的，正确的解释也许存在于每一种理论模式之中。经过多年讨论，人们普遍认识到没有哪一种单一的因素能够解释所有社会的变化和国家的起源，普遍适用的法则也许并不存在。从多要素、系统论的角度探索国家起源的机制或许是一种稳妥的、合理的途径。但即便如此，仍需找出究竟是那种主要的动因启动了某个社会整个系统的变化。多年研究所沉淀下来的认识中，许多人仍坚持人口增长、社会群体规模的扩大，或其他原因导致的对资源、财富、权力的追求，亦即社会竞争的加剧，是导致社会组织复杂化、权力集中和国家产生的基础和基本的动力机制。除此之外，我们需要根据不同社会特定的环境背景和特殊条件去寻求社会变化和国家形成的“原动力”。本文正是基于这样的认识来讨论中国早期国家起源问题的。

在我国，很多学者一直将国家起源与文明起源相等同，因此可以说对国家起源的探索也有了较长的历史。20世纪90年代初苏秉琦先生提出的“古国、方国、帝国”之国家形成与发展的三部曲，就包含了对国家起源问题的认识[4]。但长期以来我国学者对早期国家形成的动力机制的探讨却显得不太充分。尽管如此，一些学者在总结中国史前文明化进程的阶段性变化、不同区域文明特点和发展模式的时候，也涉及了一些社会发展和国家起源的动因问题。如严文明先生就曾指出史前末期生产的进步、社会分工和手工业专门化的发展，致使贫富和阶层分化加剧，对重要珍稀资源和财富的争夺导致频繁和激烈的战争，最终催生出早期国家[5]。近年李伯谦先生指出仰韶社会突出“军权”，红山和良渚社会突出“神权”，代表了中国古代文明演进历程中的两种模式，其中也暗含着两种不同的国家形成机制[6]。刘莉先生分析了不同环境中社会发展的不同途径，系统讨论了不同的经济体系、政治取向和领导策略以及宗教礼仪在不同社会中的表现和作用，并认为在开放型环境中“同等政体”（酋邦）之间的对抗竞争乃至激烈的战争，是中原早期国家形成的主要推动力[7]。赵辉先生则基于中国史前文明多元演进、不同区域的特征，总结出北、南两种不同的社会演进模式，并对不同模式和不同区域文明发展演变的机理进行了深入的辨析；他同样强调生产力的发展、农业和手工业技术的进步，引发贫富分化和社会分层，加剧社会矛盾，促使经济结构和社会组织结构日趋复杂，推动社会的演变；同时他又认为，“北方模式”下的中原和北方，资源相对贫乏，社会分化缓慢，等级发育不充分，但集体之间的矛盾尖锐，导致社会动荡、战争频仍，军事权力被不断强化，成为此种社会分化和重组的主要途径；而“南方模式”下的长江中下游和黄河下游，自然条件好，农业和手工业发展较快，专业化程度高、分工复杂，社会分层和等级制度发育充分，同时大型公共工程又锻炼了人们的组织统筹能力，这些都促进了社会组织结构的复杂化，而像良渚那种统一的宗教信仰又强化了自上而下的社会秩序的设计与建设[8]。

以上述认识为基础，本文提出，探讨史前晚期社会复杂化的发展和早期国家形成的动力机制，应该是在多变量、系统论的视角下，重点考察社会权力是如何发展、集中和提升的。

二、对已知早期国家的分析：黄河中游与长江下游

这里我们首先观察那几个已确认的早期国家，或称“雏形国家”的主要特征和形成过程，分别从生产经济、武备与军事、宗教信仰等不同角度来探索他们各自起源的动力问题。前述几个已确认出的雏形国家集中在两个地区，一是中原及北方所在的黄河中游，包括晋南的陶寺、陕北的石峁和豫西伊洛盆地的二里头；二是长江下游的环太湖地区，即良渚。这几个“超级聚落”所代表的社会集团是目前所能够识别出的史前晚期到青铜时代初期不同区域内最早的国家组织。

1. 黄河中游

对于黄河中游早期国家形成的背景和动因，笔者以前有过论述[9]，这里拟在此基础上做进一步的分析。

首先看生产经济方面。近年的考古发现和研究表明，自新石器时代开始，从种植农业的发生到发展壮大、直到以农业为主体经济的确立，经历了一个相当漫长的过程。中原地区以粟黍为主的作物种植、以猪为主的家畜饲养取代狩猎采集成为主导性的生业经济，即所谓农业社会的真正建立，可能要迟到公元前第四千纪的仰韶中期以后[10]。而根据我们的研究，中原地区出现等级分化的复杂社会（或称酋邦社会），也恰恰始于仰韶中期[11]。可见社会复杂化与农业经济的成熟和稳定往往是相伴而生的，正是农业生产的发展、农业社会的建立，导致出现剩余产品、贫富分化，也可以说这是制度化不平等社会得以确立的根本原因。动植物考古的成果显示，龙山到二里头时期，中原经济发展的一个显著特点是食物品种的多样化。首先是粮食作物种类的多样化，此时仍以粟为主，其次为黍，同时水稻较前明显增多，大豆普遍出现，小麦似乎开始有少量的种植[12]；肉食中仍以家猪为主，同时牛、羊也开始占有一定的比例[13]。从龙山到二里头，中原地区逐渐初步形成了“五谷丰登、六畜兴旺”的农业格局。食物资源的多样化和丰富性尤其体现在高等级的大型中心聚落中。如陶寺出土的动物骨骼中，除了家猪，羊、牛都占有很高的比例，而且陶寺的绵羊年龄普遍偏老，或许与获取羊毛等副产品有关[14]；二里头出土的粟虽然仍占有一定的优势，但水稻的数量惊人地与其接近，这在

中原同时期的遗址中是罕见的，而以猪、牛、羊为主体的肉食资源也相当丰富[15]。这些特征有别于同时期的普通遗址，说明统治中心比一般的小村落能够掌控、获取更多的资源，包括基于土地、人力和贡赋体系的食物资源。正是这种农业的发展和资源的集中，为早期国家的兴起奠定了根本的经济基础。

在农业发展的基础上，手工业生产的规模和专业化程度也随时间推移而发生了相应的改变。如仰韶中晚期以后到龙山时期，中原地区发现的制陶作坊有不断增大的趋势，从小规模的家庭作坊到规模较大的家庭作坊群，再到独立的不断扩大的专门生产场所，直到龙山时期出现以较大社群为单位进行的大规模生产；而石器制造更是很早就表现出了专业化生产的方式，仰韶中晚期就有一些专门的石器加工点，到龙山、二里头时期出现了规模很大的石器加工场，在陶寺这样的超级聚落甚至有对石器生产和流通进行集中管控的迹象；此外，龙山时期陶寺、石峁等超级聚落中出土的玉器、彩绘陶器、漆木器，以及二里头时期的铜礼器等高端手工业的生产和分配，可以肯定是直接受到权贵阶层的控制和管理的[16]。这些手工业，尤其是服务于上层权贵的高端手工业的发展，既是社会财富增长的途径，同时也直接刺激了社会复杂化的提升；或者也可以说，正是社会分化的加剧、权贵者对财富的追逐，反过来又促进了手工业特别是高端手工业生产的不断进步（另外也有通过远距离交换或掠夺而获得的产品）。两者互为表里，相辅相成。

然而，另一方面，就一般民用手工业而言，观察中原地区出土的生产工具，从仰韶到龙山，甚至直到二里头时期，尽管磨制石器的技术有所提高、数量有明显的增长，尤其是作为收割工具的石刀有显著增加，可在一定程度上反映生产技术的进步，但同时我们也注意到，用于农业生产的石、骨、陶质等工具的种类并无明显的变化，看不出从耜耕（或锄耕）到犁耕这种革命性的转变，这与后面将要谈到的江南地区有很大的差别。虽然我们可以推测到龙山时代随着生产经验的积累和人口增长的需求，人们在开垦扩大耕地面积，整地、中耕、灌溉、施肥，以及四时农候的把握等方面都可能有一定的进步，但与同时期长江中下游更为发达的稻作农业相比，中原地区旱地农业的发展可能仍是有其局限性的。

北方黄土高原的黄河两岸地区，受地理条件的限制，经济与社会的发展长期滞后于中原。从仰韶时代开始，受中原的直接影响，北方地区的农业和家畜饲养也逐渐发展起来，只是渔猎采集经济一直占有较高的比重。到龙山和二里头时代，这里的粟黍种植农业和以羊、牛、猪为主的家畜饲养业并举，初步形成了农牧混合的经济模式[17]；而手工业包括贵族奢侈品的生产、获取和使用也与中原大体相若。但受当地气候条件制约，北方地区农业发展的程度以及作物多样化的程度要弱于中原。

与此同时，自仰韶中晚期以来直到龙山、二里头时期，黄河中游不同区域人口的增长、中心聚落规模的扩大都先后出现了高峰，如晋南的临汾盆地[18]、运城盆地[19]和北方河套地区[20]在龙山时期，伊洛流域的洛阳盆地在二里头时期[21]，都达到了聚落总规模和人口总规模的一个峰值，并相继出现了像陶寺、周家庄、石峁、二里头这样的特大型超级聚落。在此过程中，人口的增加和向大型聚落集中的“核心化”，以及社会分化导致的上层权贵需求的增长，与有限的资源产出必然会形成紧张的矛盾，从而造成不同社会群体间竞争的不断加剧。故此，战争、掠夺、暴力也就不可避免地成为史前晚期以后中原及北方地区的一个突出特点，事实上战争与暴力的迹象在龙山时代及以后的考古遗存中确实是随处可见。

正如严文明先生所指出，龙山时代暴力与战争扩大化的证据主要表现在三个方面："一是武器的改进，二是城堡的出现，三是战死者的乱葬坑到处可见"[22]。

中原地区龙山时代出现了大量的石质箭头，磨制精致、杀伤力强，而且较前数量有明显的增长，同时骨质箭头也在大量使用。箭是一种远射武器，箭头很容易遗失，但在龙山时代的遗址中却常有很多的出土，这本身就反映了其数量之大、使用频率之高。与从前相比，龙山时代狩猎野生动物在生业经济中所占比重已呈明显的下降趋势，人们所需肉食资源主要靠家畜饲养[23]。因此，武器的改进和数量的增长显然是战争频发的反映。

众多城堡的涌现是中原龙山和二里头时代一个突出的特征。已发现的城址共有大大小小十几座，实际的数量显然还应更多。龙山时期的城堡主要集中在环嵩山地区，多数属于王湾三期文化，其次在豫北冀南的后岗二期文化和豫东的造律台文化也有少量发现。这些城堡拥有坚固的夯土城墙，外面环绕宽壕深堑，城与壕组合成完善的防御体系。城址的规模多在数万到数十万平方米之间，大多彼此相距较远、互不统属，应主要是对峙并立的关系，正反映了龙山时代"万邦林立"的局面。到龙山末期，随着不同集团间兼并、整合的加剧，在中原腹地出现了像新密新砦这样面积达百万平方米的大型遗址，而且在其发展的鼎盛期有三道壕沟围绕，中间一道似还有城墙遗迹，可见这是一座极其注重防御的大型中心聚落。而龙山时代晋南地区的发展势头更为迅猛，分别在临汾盆地出现了陶寺、运城盆地出现了周家庄这种面积达 400 余万平方米的特大型聚落，而且聚落主体也都有城或壕环护，其内面积达 300 万平方米左右。其后被视为夏朝都城的河南偃师二里头遗址，虽然目前还没有发现环绕整个聚落的大型城壕，但其内面积达 10 余万平方米的宫殿区却是有方正的城墙围绕的，并非没有任何保护的开放式聚落。二里头文化的城址还有郑州大师姑、东赵、新郑望京楼等，晋南的垣曲古城南关、夏县东下冯则有环壕，也都是当地规模较大、等级较高的中心聚落。至于北方地区，近年的考古工作更是发现了很多龙山时代的石头城址，大型和较大的有陕西神木石峁、山西兴县碧村、白崖沟等，其中石峁是有两道石头城圈、总面积超过 400 万平方米的特大型城址；而且这些城堡大多位于地势险峻的山顶或梁峁高处，显然是在战争频仍状态下出于安全防卫需要的选址[24]。总之，龙山、二里头时代众多城址或有防御设施的大型中心聚落的涌现，毫无疑问是中原和北方地区社会关系紧张、战争冲突加剧的结果。

至于这个时期乱葬坑的例子，更是多得不胜枚举。乱葬坑中掩埋的死者，除了部分骨架完整、难以判断死因的以外，还有大量属于非正常死亡的。一种是与各种杀人祭祀活动有关的"乱葬"。例如，登封王城岗小城内发现许多夯土基址残迹，一些基址下面就有填埋数目不等的人骨架的"奠基坑"[25]；山西绛县周家庄龙山墓地里发现有人与动物分层埋在同一坑内的祭祀坑[26]；而在陕北神木石峁的东门址及附近墙基下发现的多处人头骨坑[27]，更是杀人奠基或祭祀的集中体现。另外一种更常见的是将人丢弃掩埋在废弃的窖穴、灰坑里，有的虽骨架较完整但有被砍杀的痕迹，有些则是身、首异处，有的肢体不全、惨遭肢解；还有许多显然是被活埋的，人骨架的姿势显示出各种挣扎状，有些还有捆绑迹象。这些乱葬坑形状不一，以口小底大的袋状坑较常见，如在郑州大河村、登封王城岗、禹州瓦店、新密新砦、洛阳王湾、临汝煤山、辉县孟庄、邯郸涧沟、神木新华、长安客省庄……很多遗址中都可见到（恕不一一引述）。这样的乱葬坑在大型遗址中更是多见。如襄汾陶寺宫殿区旁边的一条灰沟里（HG8）出有大量散乱的人骨，以头骨居多，且多数有砍切痕迹，其中还有针对女性的残忍的暴力现象[28]。再以本人发掘多年的绛县周家庄为例，在这个大型遗址的不同发掘区里几乎都能见到乱葬坑，其中也有将多个散乱的人头、肢体随意掩埋的例子。在偃师二里头已发掘的区域里，乱葬的例子更是多达数十处[29]。除了一般的杀戮乱葬，其中一些很可能也与祭祀活动有关。无论出于何种原因，绝大多数被杀戮、肢解或活埋的死者，显然不应该是与施暴者同族的人，甚至也不会是附近属于同一集团的异族人，最大可能就是来自战争冲突中被捕获的外族或外集团的俘虏（少数因“犯罪”等原因被处死的人除外）。而大型高等级聚落中多见乱葬坑，表明这些大型中心聚落是战争的主要发起者和参与者。结合各地聚落演变的过程可以判断，大型中心聚落和城址的出现，正是在激烈而频发的战争冲突过程中发展、壮大起来的。

比较而言，正如以往人们观察到的，黄河中游出土遗存中，有关宗教信仰方面的意识形态色彩相对较淡。尽管不乏对某些观念的表达，特别是与祖先和神灵崇拜等有关的祭祀活动，如在陶寺、石峁和二里头等中心聚落中都可见到大型祭祀遗迹，以及贵族墓葬中对死者的供奉和祭奠仪式（从中可以看出死后有冥界、事死如事生、希冀祖先保佑的观念普遍存在），但总体上看不到对整个社会起支配作用的成体系的宗教迹象。

总结起来，黄河中游龙山到二里头时代，随着生产的发展、人口的增长、聚落的“核心化”与资源的集中，以家族为主体的社会分化加剧，社会需求特别是权贵阶层对财富的贪欲日益膨胀，在总体资源有限的情况下，不同利益集团之间的竞争越来越激烈，引发战争与冲突不断加剧，通过持续的兼并与整合，社会集团规模不断扩大，直至出现“超级聚落”并形成大型区域政体。在此过程中，社会组织结构日趋复杂，社会公权力的垄断性不断提高，最终先后促成了以陶寺、石峁和二里头为代表的早期王权国家的诞生。因此，在史前末期的黄河中游，由社会竞争而导致频繁的战争并形成军事强权，是催生早期国家的直接动因。

2. 长江下游

位于长江下游的良渚文化，在公元前3000年之前就孕育出了东亚最早的国家社会，这一点得到越来越多学者的支持。良渚早期国家的形成又有着不同于中原和北方的另一种模式和动因。

长江下游社会复杂化的进程始于良渚之前的崧泽文化时期，这也是稻作农业发展成熟并开始居于主导地位的时期。崧泽和良渚文化时期石器制造工业越来越发达，代表性的如斧钺、锛、凿等器物制作精良。尤其是开始有“石犁”和“耘田器”出现（尽管这两种器物的功用存在争议，但许多人仍倾向认定其为先进的农具），从崧泽到良渚越来越流行，一般被认为是犁耕和精耕细作的表现，反映这个时期农业技术取得了实质性的进步。在余杭茅山遗址，发现了大片良渚时期的水稻田，与此前发现的早期小块稻田完全不同，与历史时期的稻田相似，在良渚聚落中当具有一定普遍性，直观展现了良渚社会发达的农业景观[30]。近年在良渚核心区莫角山东坡和西南坡的发掘中出土了数量惊人的炭化稻谷，显然这一带存在为上层权贵所管控的大型仓储遗迹，亦是良渚农业发达的直接证据[31]。

以发达的农业为基础，良渚时期劳动分工细化，手工业生产专业化程度发展到了史前社会的一个高峰。出土遗物中最突出的是大量精致的玉石器，尤其是种类繁多的玉器，不但造型精美，而且运用了多种切割、钻孔、雕刻、打磨技术，并可在方寸之间制作出繁复细密的花纹，其高超的工艺往往令人叹为观止。此外还有同样精美的刻纹陶器、漆器和纺织品等。迄今在良渚古城内已发现多处制玉作坊，显然以玉器生产为代表的高端手工业是为权贵阶层所控制的。这些高端手工业品集中出土于不同等级的贵族墓葬中，是财富与权力的集中体现。而且，这些精雕细琢的物品的制作需要消耗大量人力，供养专门的高级工匠阶层，这本身就是经济实力雄厚的表现。

从崧泽文化到良渚文化，墓葬随葬品皆以表现财富为突出特征。崧泽时期最显著的是江苏张家港东山村[32]和安徽含山凌家滩[33]两处高等级墓地。东山村贵族大墓一般随葬有二三十件日用陶器和一些玉石器，包括多件石钺、锛、凿等武器和工具，还有一些玦、环、镯、璜、管、珠、坠等玉石饰件。凌家滩大墓的突出特点是陶器很少，但拥有大量玉石器，一般从数十到百余件不等，除了少量玉人、鹰、龟、龙等肖形玉器和玉板等特殊器物，其他玉石器的种类与东山村类似，但石钺、锛、凿等武器和工具的数量较大。到良渚时期，以瑶山[34]、反山[35]墓地为代表的王者级别的大墓更是将财富的表达推向了顶峰，除不多的与饮食相关的陶器、漆器等，随葬最多的就是大量华美的玉石器，既有各种饰物，更有众多体量较大、几乎不见于低等级墓葬的钺、琮、璧等。除了不同等级的贵族大墓，许多普通小墓也随葬有少量的陶器、石器甚至是玉石饰件，这与黄河中游仰韶中晚期到龙山和二里头时期大多数小墓几乎一无所有的贫乏现象形成鲜明对比。除了葬俗不同，也应该在很大程度上反映了两地社会财富和富裕程度的总体差别。

良渚墓葬随葬品另一个突出特征是具有强烈的宗教信仰色彩。这主要体现在贵族大墓中随葬众多的琮、璧等“宗教法器”，以及雕刻在琮、锥形饰、冠状饰（玉梳背）、三叉形饰等器物上的“神人兽面纹”和少量的其他纹样。由于这些高端玉器和附着其上的神人兽面纹（多为简化样式）成“发散式”分布，即以良渚瑶山、反山等大墓为最高中心，依次向其他等级（包括其他聚落群的地方中心）递减，形成了一个几乎覆盖整个良渚文化分布区的网络[36]，因此有学者提出良渚文化存在着类似“一神教”的信仰体系[37]。这一宗教网络体系与社会结构相呼应，实质是各级权贵确立身份地位与权力等级的工具，反映了良渚社会“政教合一”的特点。这个特点在中国史前社会中是独一无二的。这种“一神教”对于良渚国家的形成和构建应当发挥了巨大而独特的作用。

比较而言，从崧泽到良渚，与战争、暴力有关的迹象却很不明显。与黄河中、下游和长江上、中游等核心文化区不同的是，在长江下游的崧泽—良渚文化区内，大型城壕等防御设施罕见，良渚古城是迄今发现的唯一史前城址。出土遗物中除有一些斧钺等武器，石、骨镞的出土数量相对北方和中原要少得多；玉石钺主要出于不同等级的墓葬中，而墓中少见作为射杀武器的镞。至于像黄河中游各种乱葬坑所反映的暴力、杀戮现象，在长江下游则很少见到。这或许与南方酸性土壤不利于骨骼保存有关，就像大部分墓葬都难以见到人骨一样；但结合上述其他方面的证据，我们仍然可以推断本地区的战争与冲突远不像黄河中游等地那样频繁和剧烈，至少在良渚文化中心区是如此。与暴力直接相关的迹象主要在苏北等良渚文化的边缘区才明显可见，如新沂花厅[38]、兴化蒋庄等[39]。

从崧泽到良渚，与武力相关联的主要器物就是玉石钺。玉钺是权力的象征，在黄河流域的史前大墓中也普遍使用。据林沄先生考证，“王”字源于斧钺之形，王权即源于军权，到了商周时期仍以斧钺为王权的象征[40]。从考古发现看，在黄河中游，如前所述，暴力、战争导致军事强权是催生出王权国家的主要途径，因此龙山时代陶寺等权贵大墓中的玉石钺应主要与“军权”相关联[41]，或者说权力获取和巩固的最重要基础就是军事主导权。而长江下游的情况则稍有不同，尽管我们相信早期以钺象征权力也与武力相关。到良渚时期，大墓中随葬的玉钺一般只有一件，是从武器中升华出来的“权杖”；其他较多的石钺，除少量“风”字形钺，多数是大孔、圆弧边的“舌形”或“璧形”钺，看起来并不像实用的武器，这些多件重复随葬的器物，其含义除了逐渐淡化的作为武器的指向，与一个墓随葬多件玉璧、琮等奢侈品一样，可能更主要的是作为财富的载体被大量使用。因此，良渚大墓中玉钺所凝聚的权力，除了基本的军事保障权以外，其获取和巩固的基础，以及实际所蕴含的功能，更主要的恐怕是对经济和宗教信仰的主导权。这从上面谈到的良渚社会整体缺乏军事暴力色彩可以得到进一步证明。可以说，世俗权力与宗教神权紧密结合，即“政教合一”构成了良渚王权的突出特征[42]。反山大墓M12玉钺上镌刻有完整的“神徽”图像，正是“君权神授”、王权富有神性的生动写照。

与其他地区相似，从崧泽到良渚，聚落数量也有显著的增长，并在不同地域形成了规模不等的聚落群，各群也都有高等级的贵族墓地，尤其是在良渚的核心区出现了良渚古城这个“超级聚落”，显示了在早期国家形成过程中人口的增长、聚落的核心化、资源与权力的集中。但与其他地区不同的是，在整个良渚文化区、贯穿良渚文化的始终，良渚古城不但是迄今发现的唯一城址，而且也是唯一的一处特大型聚落，它所在的良渚聚落群所包含的聚落数量、整体规模也远超环太湖流域的其他聚落群。良渚的一家独大为良渚社会造就了一种超稳定结构，避免或减缓了不同地域集团为争夺资源和势力而引发的恶性竞争，这或许也是良渚社会少见战争与暴力现象、得以长期平稳存在和发展的主要原因之一。

在可观察到的考古发现中，大型公共工程是良渚文化的另一突出特征。我们知道在其他核心文化区，所见大型公共工程主要是用于聚落防卫的城、壕及宫室等大型建筑。而在良渚文化区内，除了这些，还有大型水利设施、生前居住和死后埋葬的高台土丘等，这一点在良渚核心区表现得尤为显著。良渚古城近 300 万平方米，城墙用远处运来的石块铺底、上面为黄土堆筑，其外围还有一圈人工堆起、类似“郭城”的环状遗址带；城内有面积近 30 万平方米、高达 10 余米的台城莫角山，是利用自然土丘加人工堆筑而成，其上有多组大型宫殿建筑基址；莫角山的南侧还有 20 余万平方米的皇坟山，上面也有人工堆筑的大型建筑台基；紧邻莫角山的西侧是几处人工堆起的高台墓地，其中就有已知规格最高的反山墓地；古城内有纵横交错的水道，水道之间则是人为营建的居址和进行各种手工业生产活动的台地。在良渚古城外西北边，沿大遮山边缘修筑了一系列高、低水坝，构成了可能具有防洪、运输、调节水利等多方面功能的大型水利系统。据估算，仅上述主要工程（良渚晚期的“外郭城”除外）所需 900 余万方的土石方量，就需要 10000 个劳力连续不断地工作 7.5 年才能完成，这还不算提供后勤保障和服务所需的更多人力和其他方面的工程建设（如材料获取、运输和房屋建造等）；若均衡考虑，整个古城系统工程的兴建大概需要几十年的时间[43]。由此可见，良渚社会拥有异常强大的组织、调动和管理能力，这也是其成为早期国家的主要证据之一。重要的是，这种能力不是用于战争与掠夺，而是同各种生产、生活环境的改造与营建相关，而且一定是建立在异常发达的生业经济基础之上的。江南环太湖地区为水乡泽国，随着良渚时期人口的迅猛增长、生产的发展和社会财富的积累，权贵阶层开始不断组织、集中大量人力物力来堆筑高台、建造宫室及兴修水利，改善居住环境；甚至一些等级稍低的聚落也对居址和墓地进行一定规模的营建和改造，这在良渚古城外围的姚家墩[44]、玉架山[45]、普安桥[46]等遗址都可见到；而水坝和水道的营建则是为维护和满足整个社会群体的利益需要。可以说，正是在这些大规模建设过程中，良渚的社会组织和公权力得到了不断地完善和提高，各级权贵也强化了对各种资源的控制，这也是促成良渚国家诞生的主要原因之一。

概括地说，良渚国家的形成主要是在经济发展、财富积累和社会分化的基础上，权贵阶层建立起了一套有效的控制、占有和分配资源与财富的机制，而且成功地将这种机制与统一的宗教信仰体系相结合，又进一步构建起一个覆盖整个社会的权力和等级的网络体系；同时，在强大的社会财富和生产能力的支撑下，玉器等高端手工业的发展，对生活环境的改造和大型工程的建设，不但促进了城市化的发展，而且还促进了整个社会管理能力的增强和机构的复杂化，以及公权力集中与垄断性的不断提升，并最终导致王权的诞生。在这一过程中，对资源、财富的经济控制与分配权，以及环境改造、工程建设中对社会统辖与管理权的发展起到了主导作用，基于统一的宗教信仰的“神权”则发挥了强大的辅助作用，而军事强权对于维护良渚社会的稳定也许具有一定功能，但对于国家组织与王权的建立似乎没有太多实质性的贡献。故此，推动良渚国家形成的主要动因就是高度发展的政治经济和与之相关的社会与意识形态建设，以及在此基础上成功构建和运作的社会公权力的不断提升。

三、其他地区的简单比较

以上讨论了黄河中游和长江下游早期国家形成的不同模式和动力机制。其他地区因受考古发现限制，在史前末期和青铜时代初期是否已形成早期国家尚不能确定，但一些地区存在潜在的可能性。我们可依据已有资料对各地区的社会特征及其变化的驱动力做出简单的比较分析，这有助于我们对不同环境、文化传统和社会背景下社会发展模式和动力机制的认识。

1. 黄河下游

黄河下游的海岱地区到大汶口文化时期农业发展成熟，并且在偏南的区域逐渐呈现出旱、稻混作的现象；到龙山时期，地域差异明显，鲁中西和北部以粟类作物为主，而鲁东南和鲁南地区的水稻种植则占有一定优势[47]，同时海岱地区小麦的出土概率也高于黄河上中游，显示出多种作物相交汇的富庶农业特点。与此相应，本地区手工业发达，尤其是制陶业，从大汶口到龙山文化，不但陶器出土量大、种类丰富，而且制作精致、造型美观，特别是龙山时期蛋壳陶高柄杯更是代表了史前陶器制作的一个高峰。以高柄杯、觚形杯、鬶、盉等为代表的成套酒礼器，被大量随葬在贵族墓葬中，直观地表现出发达经济的特点。与良渚文化不同的是，从大汶口到龙山，海岱地区不同等级的权贵墓葬大多以随葬大量陶器（还应包括其中的饮食）来宣示财富，同时还有一些玉石饰品和特殊的骨器（如獐牙、骨牙雕筒等）、猪头和猪下颌等，另外也常见少许象征权力或作为武器的玉石钺。一些遗址中的普通小墓，许多也有少量陶器等随葬品。这些以不同形式展示出的经济较发达的特征与长江下游相似，而有别于黄河中游。但本地区既少见良渚那种大型公共工程（防御性城壕除外），亦无标示统一宗教信仰的特殊迹象，其文化与社会的世俗性特征又与中原相近，而不同于良渚。

从大汶口到龙山，海岱地区的聚落数量有大幅增加，亦显示出人口增长和聚落核心化的趋势。龙山时期沿泰沂山脉北侧和鲁东南到苏北沿海一带出现了许多城址，但多数都不大，显示出各自分立的局面。只有鲁东南日照地区的两城镇[48]和尧王城[49]规模较大，存在为超级聚落的可能性，且都有多重环壕，除了防御作用，似乎也有防洪排涝、甚至水利灌溉的功能。此外，围绕这些城堡和大型中心聚落出现了许多聚落群，显露出不同区域集团竞争加剧的态势。但从出土遗物尤其是墓葬随葬品观察，作为武器的斧钺类虽有些发现，但比例不是很高、数目不是很大；石、骨镞和矛等也有一定的数量，但同样也不很丰富。作为最能体现暴力杀戮的乱葬坑虽偶有发现，但并不常见。

总的看，海岱地区史前晚期生产经济的发达程度，与暴力、武力相关的遗存所反映的战争、冲突的激烈程度，似乎都介于中原与长江下游之间。像其他地区一样，我们可以看到本地区随着经济发展，社会分化加剧，权力与财富越来越向少数人集中。但本地区既没有像良渚那样以一家独大将战争冲突压制到了几乎无形的地步，显然也没有像黄河中游那样频繁爆发惨烈的战争。这里财富的聚敛和权力的提升既非单纯依靠武力，也非通过大规模公共工程建设来获取对资源与权力的控制。本地区社会发展的主要驱动力似乎就是群体与个体间为争夺财富、地位和权力而普遍存在的社会竞争。此外，从大小、贫富、等级高低有序排列的墓葬可以看出，海岱地区的大汶口和龙山社会，在基于武力的强权和复杂的社会组织管理权之外，似是又建立起了一套有效协调和维护各种利益关系的社会机制，也许可以称之为最早的“礼制”。这种“明身份、序等级”的“礼制”在史前晚期就已程度不同地存在于各个地区，但在海岱地区表现得尤为突出。至于这种机制是最终促进了早期国家的形成，还是因缓解社会矛盾而削弱了社会“前进”的动力，尚有待于更多的考古发现和更深入的研究来进一步确认。

2. 黄河上游

黄河上游的甘青文化区，像北方河套地区一样，史前社会复杂化的发展长期滞后，直到龙山及二里头时代的齐家文化才有了实质性的变化，社会分化有了较明显的迹象。然而因考古发现的不足，齐家文化究竟发展到了何种程度，是否像石峁那样已经跳跃式地形成了早期国家，目前尚难给出准确的判断。根据已有发现，齐家文化的农业既有以粟为主的种植业和猪为主的家畜饲养业，同时从西北欧亚内陆传入的羊、牛等也有较丰富的发现；而众多玉器和青铜工具、武器等显示本地区普遍存在较先进的手工业生产。但总的看，甘青地区的生业资源和经济状况不会好于中原，可能与北方黄土高原近似。若此，那么本地区不同社群之间也会存在剧烈的竞争和战争。只是目前尚无一处史前城址发现，出土的斧钺和箭镞等武器也算不上很丰富。不过多年来已陆续发现了一些出有高端玉器和建筑材料的大型遗址，在一些遗址的墓葬中有殉人或人牲现象，还有丛葬坑发现[50]，说明肯定存在较尖锐的不同社会阶层之间的对立分化和较激烈的群体之间的冲突与战争。尽管现有的资料还较贫乏，但从已知现象可以初步推断，齐家文化社会发展的主要动力机制大概与北方河套地区类似，即经济发展、人口增长并向中心聚落会集，而资源又相对贫乏，社会竞争和群体间的战争格外激烈，从而导致集团规模融合扩大和武力强权的不断提升。

3. 长江中游

长江中游的稻作农业早在大溪文化时期就已发展成熟，并在其中晚期开始呈现初步的社会分化。到屈家岭—石家河文化时期，聚落数量猛增，社会分化加剧，普通聚落与中心聚落规模相差悬殊。其中天门石家河古城面积达 180 万平方米，其周围密集分布的聚落群占地达 8 平方千米[51]，与良渚“外郭城”内的面积相似，成为两湖地区鹤立鸡群般的“超级聚落”综合体。只是囿于考古发现，目前对石家河古城代表的区域集团是否已达到国家水准的社会，尚不能遽断。

以石家河聚落群为中心的江汉平原北部地区，在屈家岭—石家河文化时期成为长江中游经济最发达、实力最雄厚的区域，这不仅表现在聚落规模和密集程度上，也体现在墓葬的随葬品方面。该地区已发现的墓葬基本都是普通的平民墓，多数都有数量不等的随葬品，其中主要是陶容器，石器和骨器等很少见；同时贫富差异很大，少数墓葬有多达数十甚至上百件陶器，尤其刻意随葬大量高领罐。张弛先生认为其葬仪内容突出显示的是对财富的渴求和拥有，是普通族众树立威望的表达方式，是屈家岭文化晚期到石家河文化早期江汉平原北部出现的新葬制和新观念[52]。显然，这种新葬制和新观念是建立在经济发达、社会竞争激烈的基础之上的，是一个文化区核心地带特有的现象。其以饮食器具来展示财富和地位的特征与前述黄河下游类似。同样地，本地区斧钺、箭镞等武器并不丰富，在墓葬中也不常见；乱葬坑更是罕见。总的看整个社会暴力、战争的迹象不显著。

屈家岭—石家河文化时期，沿两湖平原北部和西部山前地带出现了10余处城址。这些城址皆堆筑而成，城外有宽阔的壕沟形成“护城河”，并往往与外围的河道水系相连通。因此除了防御外敌入侵的功能，很多城址实际形成了一个便于交通运输和防洪的水利系统。而且一些城内外的居住、生产和生活环境似都经过大规模的修整改造。典型者如澧县城头山[53]、鸡叫城[54]和天门石家河古城等。其中鸡叫城在城、壕之外还有两重环壕，并与外围密集分布的沟渠和河道相连通，形成了一个四通八达的防洪、排水、交通运输、水利灌溉的综合系统，是这种城址和聚落模式的典型代表。这些大型人造工程所体现出的社会组织、动员和管理能力与良渚有许多相似之处，应该也是两湖地区社会发展的一个重要驱动力。

石家河古城还出土了许多具有浓厚的宗教或巫术特征的遗存。在城内外邓家湾[55]、肖家屋脊[56]、印信台[57]等地见有多处形状怪异的筒形器和套缸/列缸等遗迹，邓家湾还出土了大量的陶塑动物，这些遗存应与大型祭祀活动或巫术行为有关，反映石家河社会虽不一定像良渚那样具有统一的宗教体系，但也笼罩着异常强烈的基于某种观念、信仰的神巫色彩。可以想见，石家河社会公权力的构建也是非常借重于“神力”的。

总体观察，史前晚期两湖地区稻作农业的发展为其社会复杂化的发展奠定了坚实的基础，对财富与权势的追求加剧了社会分化，而不同社会群体间的竞争、大型中心聚落的成长、人居环境的改造与营建促进了社会权力的集中与提升，世俗权力与神巫之力相结合成为其突出特征。两湖地区社会发展模式和主要驱动力总体上与良渚近似，只是不同社会集团间的角力显得更加突出。

4. 长江上游

长江上游的新石器文化出现较晚，基本是在仰韶中晚期之后才有迹可循。到了龙山时代，四川盆地西部成都平原的宝墩文化跳跃式发展，聚落数量呈现爆发式增长，而且发现了近10处城址，其中有面积近300万平方米的新津宝墩[58]和广汉三星堆[59]。虽然目前这些城址的整体布局都还不太清楚，也缺乏可以确定其发展高度的宫室建筑和贵族大墓，不过有的遗址已发现有较大的房子甚至是礼仪性建筑，也有等级稍高的墓葬，可以肯定当时已经出现社会等级的分化。从工作较多的宝墩看，其内外两重城区都被水道和低洼地分割成了多处大小不一的居住台地，整个居住环境似乎也经过了大规模的修整和改造，显示出与长江中下游的石家河和良渚相似的情形。从多处发掘过的遗址看，钺、镞等武器类遗物同样不多，也罕见乱葬坑，说明暴力、战争亦非频繁而剧烈。本地区社会发展的动力模式应该与长江中下游类似，也是在经济发展的基础上，通过大规模兴修水利设施和改造居住环境而获得社会组织的发展和权力的集中。同时，从后来三星堆[60]、成都金沙[61]等商周时期古蜀国都邑遗址所发现的大型祭祀遗迹和丰富而奇特的祭祀遗物等现象推测，之前龙山时代的宝墩文化很可能也存在浓厚的宗教巫术氛围，其社会公权力的发展或许也伴有浓郁的“神权”特征。只是目前材料不足，尚难尽述其详。

5. 燕辽地区

位于燕山至辽河之间的辽西、冀东北和内蒙古东南部的燕辽文化区，早在新石器时代中期的兴隆洼文化时期就有了旱作农业和成熟的定居村落，此后一直呈稳定的发展态势，到红山文化后期出现大型积石冢所代表的权贵阶层，表明等级分化的复杂社会的形成。红山文化遗址数量较前有大幅增长，且多呈集群分布，应代表着不同的区域组织。但受发掘所限，目前对其中少数大型中心聚落还缺乏足够的了解。不过从已调查和发掘过的遗址可以看出，红山文化尚未有城址出现，缺少实用性的大型公共工程；斧钺、箭镞等武器也不丰富，罕见乱葬坑，暴力与战争的迹象不明显。红山文化最突出的特征是有大型宗教祭祀遗迹和集中分布的上层权贵墓葬，其中以辽西牛河梁的“女神庙”、祭坛和多个地点的积石冢规格最高[62]，这一带应是红山社会的宗教祭祀中心和集中埋葬贵族的特殊茔域。现有资料没有显示红山社会形成了一个类似国家的政治实体，而是存在各自分立、规模和实力不等的若干“酋邦”。然而，这些社会群体似是在统一的神灵崇拜和共同的信仰体系下整合成了一个“宗教共同体”，他们共同崇拜的对象或许就是“女神庙”里供奉的神祇。很可能，红山文化是在良渚之外又一个有着统一宗教信仰或崇拜对象的社会。由于生产经济、财富积累、社会竞争程度和动员能力等方面的差异，红山社会没有达到良渚那样的复杂程度和发展高度。但无论如何，在刺激红山社会复杂化发展的各要素中，形而上的宗教信仰和祭祀礼仪应当发挥了巨大的、甚至是主要的作用。这是红山社会与众不同的一个突出特征。

四、结语：早期国家起源的动力机制——一般性与特殊性

通过对上述各“核心文化区”史前晚期社会发展和国家形成的背景与动因的梳理探讨，我们发现导致各区域社会演变的动力机制既有一般的共性，也有一些特殊性。下面做一概括总结。

首先要关注的一个问题是，在早期国家或高度复杂的社会形态出现之前，不同地区最初的社会分化，或称最早的社会复杂化是如何发生的，其背后的动因是什么？这也是近几十年来西方学术界常常单独提出来讨论的一个重要问题。因该问题与国家起源问题密切相关，这里也做一些简要的讨论。我们知道，人作为动物之一种，自利、贪欲是其本性之一。然而人作为高智商、情感丰富的特殊动物，大的发展趋势是“文明化”，为

自身生存发展的需要会建立起各种社会制度和行为规范。当生产力水平低下、人们需要群体互助才能生存的情况下，例如在“游群”和“氏族”社会中，个人欲望会受到有效压制，一般会确立相对平等、平均主义的原则。其后在条件适宜的地区，随着种植农业或其他生业方式的发展、生产力水平的提高，各种手工业也获得相应发展，剩余产品不断增加，社会财富得到持续积累，个体或小型社群的生存能力逐渐增强；与此同时，人性中的贪欲和自利性不断被释放，对财富和权势的追求导致社会竞争加剧，通过不同途径，少数人获取更多利益和权力而成为权贵阶层，最终形成等级分化的复杂社会。对这样一种社会发展规律的认识，马克思主义经典作家早有所论。这样的认识也不断得到考古发现和研究的证明。在中国，初期复杂社会（也可称为“酋邦”组织）大约在公元前第四千纪前、中叶出现于黄河中下游、长江中下游和东北的燕辽地区，主要有仰韶中晚期文化、大汶口文化、崧泽文化、大溪—油子岭文化、红山文化等。在上述大的背景下，经济生产或贸易交换导致的贫富分化、基于武力的暴力掠夺、对宗教信仰话语权的垄断，这些要素在不同区域的社会发展中可能分别起到了不同程度的作用。其实，自彼时起，对财富与权力的追逐就一直是人类社会竞争和发展的核心要素及主要驱动力之一，迄今不衰。而另一方面，由于人性中同时共有的对真善美、公平正义等“正能量”的渴求，必然会导致对人性中诸种贪欲进行有效控制，并不断进行良性制度与文化的建设，这是促使人类最终走向真正文明的必然途径，尽管这一过程可能会相当漫长。

从前文的分析可以看出，早期国家起源的根本基础也是经济发展和社会竞争，这是不同地区共有的一般性。史前晚期随着生产力的发展，各核心文化区社会群体中的基本组成单元，即能够较独立组织生产和生活的单位都日趋小型化，由过去那种较大规模的氏族渐变为家族，到龙山时代以后就基本是小型家族或扩大家庭了。与此相应，财富的积累和贫富分化也便在家族这个层面上产生并扩展开来，而社会权力也就日益集中到少数强势家族的权贵手中。在这一过程中，伴随着人口增长和聚落的“核心化”，大型中心聚落逐渐成为各种社会活动汇聚和人群互动的中心，也是生产分工和社会管理、社会竞争、矛盾冲突的焦点。在此基础上，不同群体与个体之间的竞争导致等级与阶层分化不断加剧，而以不同统治策略加强社会的整合和控制则是各地国家起源共有的特征。早期国家皆是在多种要素和复杂机制的共同作用下形成的，用任何单一的因素来解释国家起源都是不恰当的。而我们探索国家起源的主要原动力，重点是要考察社会权力是在什么核心要素驱动下、以何种方式成长和集中的。

在追逐财富与权力、构建复杂的社会管理体制的过程中，因环境背景、资源条件、生产方式、意识观念和文化传统的差异，不同地区社群间处理彼此关系的方式、上层权贵的领导策略都会有所差别，从而导致国家产生途径的不同；其中起主导作用的主要有社会政治、经济、军事和宗教信仰等方面的要素。在如前所述各个地区共有的经济发展、人口增长、社会竞争与等级分化的基础上，黄河中游与长江下游代表了两种完全不同的国家形成模式。在黄河中游，除了社群内部的竞争与分化，上层权贵还主要通过军事、战争来获取更多资源和财富，攫取和提升政治权力，即以军事强权为基础构建起复杂的社会组织，最终催生出像陶寺、石峁和二里头这样的王权国家；长江下游的良渚，上层权贵主要是通过对资源特别是奢侈品生产与分配的控制、组织大型工程建设来聚敛财富、强化管理、垄断权力，并与统一的宗教神权紧密结合，最终构建起具有“政教合一”特性的王权国家。

以上黄河中游和长江下游早期国家形成的动力机制是两个典型的代表，不管其他地区史前晚期高度复杂的社会组织是否已形成国家，其社会发展模式皆可以此为参照进行比较分析。如红山社会，以牛河梁“坛、庙、冢”为代表的大型祭祀中心和高等级墓葬聚集地，彰显出统一的宗教观念对整合红山社会的统领作用，此点与良渚类似，但其世俗社会却没有良渚那样发达，可能还没有形成“政教合一”的国家政治实体。至于黄河上游的齐家社会，目前也还看不出早期国家的迹象，但其总体特征似乎更接近相邻的中原和北方。黄河下游的龙山社会，各方面介于中原与良渚之间，但似乎与中原相近处更多；自大汶口时期起礼制的发展就成为海岱地区一个突出的特征，礼制对构建、维护和巩固本地区的社会结构与秩序起到了非常重要的作用，但主要是基于财富、权力等级的世俗性，而不像良渚那样同时还具有强烈的神性和宗教色彩。与之相似的还有长江中游的石家河，总体上也介于中原与良渚之间，但更与良渚近似。而长江上游的宝墩到三星堆文化，其社会发展的路径和风格与良渚亦多类似之处。

简而言之，中原和北方所在的黄河中游与长江下游的良渚形成对照，似乎可以看作是国家形成与社会发展动力模式的两极，其间则存在着多种中间形态，而非简单的二分。如果非要做出某种粗略总结的话，由于不同区域间环境的相似与差异性，总体上似乎可以将中国史前社会演变与早期国家形成的动力机制简单概括为“黄河类型”与“长江类型”两种模式。前者偏重武力与军事，后者偏重经济与宗教的结合。这与赵辉先生所讲的“北方模式”和“南方模式”约略相近而微有差别。

最后再次强调，我们可以将国家起源、社会演变的动力机制分成偏政治经济型的、军事战争型的、宗教信仰型的几种，但这只不过是强调某种要素的突出作用。实际上任何国家的形成和社会的演变都是多种因素作用下的结果，都有着复杂的动力机制。如黄河中游早期国家的形成过程中，虽然军事强权、暴力战争的作用突出，但同样有社会内部的经济竞争、借助祖先崇拜等神灵信仰方面的作用；而良渚社会尽管在资源、财富、公共建设等方面的经济控制和对宗教神权的垄断发挥了主导作用，但军事强权的获取和掌控同样不可或缺。

注　释

[1] 戴向明：《中原地区龙山时代社会复杂化的进程》，《考古学研究》（十），科学出版社，2012年；《陶寺、石峁与二里头——中原及北方早期国家的形成》，《夏商都邑与文化（二）——纪年二里头遗址发现55周年学术研讨会论文集》，中国社会科学出版社，2014年；《北方地区龙山时代的聚落与社会》，《考古与文物》2016年第4期。

[2] 戴向明：《中国史前社会的阶段性变化及早期国家的形成》，待刊。

[3] 相关总结可参见：Flannery, Kent V. The Cultural Evolution of Civilizations. *Annual Review of Ecology and Systematics*, 1972 (3): 404-407. Blanton, Richard E., Gary M. Feinman, Stephen A. Kowalewski and Linda M. Nicholas. *Ancient Oaxaca: The Monte Alban State*. Cambridge: Cambridge University Press, 1999：111-132. 科林·伦福儒、保罗·巴恩：《考古学：理论、方法与实践》，文物出版社，2004 年。陈淳：《考古学理论》，复旦大学出版社，2004 年。

[4] 苏秉琦：《华人·龙的传人·中国人——考古寻根记》，辽宁大学出版社，1994 年。

[5] 严文明：《东亚文明的黎明——中国文明起源的探索》，《农业发生与文明起源》，科学出版社，2000 年。

[6] 李伯谦：《中国古代文明演进的两种模式——红山、良渚、仰韶大墓随葬玉器观察随想》，《文物》2009 年第 3 期。

[7] 刘莉：《中国新石器时代：迈向早期国家之路》，文物出版社，2007 年。

[8] 赵辉：《论中国史前社会文明化进程》，《聚落演变与早期文明》，文物出版社，2015 年。

[9] 同［1］。

[10] 赵志军：《仰韶文化时期农耕生产的发展和农业社会的建立——鱼化寨遗址浮选结果的分析》，《江汉考古》2017 年第 6 期。

[11] 戴向明：《中原地区早期复杂社会的形成与初步发展》，《考古学研究》（九），文物出版社，2012 年。

[12] 农业研究课题组：《中华文明形成时期的农业经济特点》，《科技考古》（第三辑），科学出版社，2011 年。

[13] 动物考古课题组：《中华文明形成时期的动物考古学研究》，《科技考古》（第三辑），科学出版社，2011 年。

[14] 博凯龄：《中国新石器时代晚期动物利用的变化个案研究——山西省龙山时代晚期陶寺遗址的动物研究》，《三代考古》（四），科学出版社，2011 年。

[15] 中国社会科学院考古研究所：《二里头》（1999 ~ 2006），文物出版社，2014。

[16] 戴向明：《黄河中游史前经济概论》，《华夏考古》2016 年第 4 期。

[17] 尹达：《河套地区史前农牧交错带的植物考古学研究——以石峁遗址及其相关遗址为中心》，中国社会科学院研究生院博士学位论文，2015 年。

[18] 何驽：《2010 年陶寺遗址群聚落形态考古新进展》，《中国社会科学院古代文明研究中心通讯》2011 年第 21 期。

[19] 中国国家博物馆田野考古研究中心、山西省考古研究所、运城市文物保护研究所：《运城盆地东部聚落考古调查与研究》，文物出版社，2011 年。

[20] 孙周勇：《公元前第三千纪北方地区社会复杂化过程考察》，《考古与文物》2016 年第 4 期。

[21] 中国社会科学院考古研究所二里头工作队：《河南洛阳盆地 2001~2003 年考古调查简报》，《偃师二里头遗址研究》，科学出版社，2005 年。

[22] 严文明：《黄河流域文明的发祥与发展》，《华夏考古》1997 年第 1 期。

[23] 袁靖：《论中国新石器时代居民获取肉食资源的方式》，《考古学报》1999 年第 1 期。

[24] 上述有关各城址和环壕聚落的资料可参见许宏：《先秦城邑考古》，金城出版社、西苑出版社，

2017 年。

[25] 河南省文物研究所、中国历史博物馆考古部：《登封王城岗与阳城》，文物出版社，1992 年。北京大学考古文博学院、河南省文物考古研究所：《登封王城岗考古发现与研究》（2002~2005），大象出版社，2007 年。

[26] 中国国家博物馆田野考古研究中心、山西省考古研究所等：《山西绛县周家庄遗址 2007~2012 年勘查与发掘简报》，《山西绛县周家庄遗址居址与墓地 2007~2012 年的发掘》，两篇皆刊于《考古》2015 年第 5 期。

[27] 陕西省考古研究院等：《陕西神木县石峁遗址》，《考古》2013 年第 7 期。陕西省考古研究院等：《发现石峁古城》，文物出版社，2016 年。

[28] 中国社会科学院考古研究所山西队、山西省考古研究所等：《山西襄汾陶寺城址 2002 年发掘报告》，《考古学报》2005 年第 3 期。

[29] 中国社会科学院考古研究所：《偃师二里头：1959 ~ 1978 年考古发掘报告》，中国大百科全书出版社，1999 年；《二里头（1999 ~ 2006）》，文物出版社，2014。

[30] 丁品、郑云飞等：《浙江余杭临平茅山遗址》，《中国文物报》2010 年 3 月 12 日。

[31] 刘斌、王宁远、陈明辉、朱叶菲：《良渚：神王之国》，《中国文化遗产》2017 年第 3 期。

[32] 南京博物院、张家港市文管办等：《东山村》，文物出版社，2016 年。

[33] 安徽省文物考古研究所：《凌家滩》，文物出版社，2006 年。

[34] 浙江省文物考古研究所：《瑶山》，文物出版社，2003 年。

[35] 浙江省文物考古研究所：《反山》，文物出版社，2005 年。

[36] 秦岭：《长江下游地区的史前聚落演变与早期文明》，《聚落演变与早期文明》，文物出版社，2015 年；《权力与信仰——解读良渚玉器与社会》，《权力与信仰——良渚遗址群考古特展》，文物出版社，2015 年。

[37] 赵辉：《从“崧泽风格”到“良渚模式”》，《权力与信仰——良渚遗址群考古特展》，文物出版社，2015 年。

[38] 严文明：《碰撞与征服——花厅墓地埋葬情况的思考》，《文物天地》1990 年第 6 期。

[39] 南京博物院：《江苏兴化、东台市蒋庄遗址良渚文化遗存》，《考古》2016 年第 7 期。

[40] 林沄：《说王》，《考古》1965 年第 6 期。

[41] 中国社会科学院考古研究所、山西省临汾市文物局：《襄汾陶寺——1978 ~ 1985 年考古发掘报告》，文物出版社，2015 年。中国社会科学院考古研究所山西队等：《陶寺城址发现陶寺文化中期墓葬》，《考古》2003 年第 9 期。

[42] 张忠培：《良渚文化墓地与其表述的文明社会》，《考古学报》2012 年第 4 期。

[43] 刘斌、王宁远、陈明辉、朱叶菲：《良渚：神王之国》，《中国文化遗产》，2017 年第 3 期。

[44] 刘斌：《余杭卢村遗址的发掘及其聚落考察》，《浙江省文物考古研究所学刊》，长征出版社，1997 年。

[45] 楼航等：《浙江余杭玉架山遗址——发现了由六个相邻的环壕组成的良渚文化完整聚落》，《中国文物报》2012 年 2 月 24 日。

[46] 北京大学考古学系、浙江省文物考古研究所、日本上智大学：《浙江桐乡普安桥遗址发掘简

报》,《文物》1998 年第 4 期。
[47] 栾丰实:《海岱地区史前时期稻作农业的产生、发展和扩散》,《海岱地区早期农业和人类学研究》,科学出版社,2008 年。
[48] 中美联合考古队:《两城镇——1998 ~ 2001 年发掘报告》,文物出版社,2016 年。
[49] 中国社会科学院考古研究所山东队、山东省文物考古研究所等:《山东日照市尧王城遗址 2012 年的调查与发掘》,《考古》2015 年第 9 期。
[50] 中国社会科学院考古研究所:《中国考古学·夏商卷》,中国社会科学出版社,2003 年。
[51] 北京大学考古系等:《石家河遗址调查报告》,《南方民族考古》(第五辑),1992 年。
[52] 张弛:《石家河聚落兴盛时期葬仪中的新观念》,《考古》2014 年第 8 期。
[53] 湖南省文物考古研究所:《澧县城头山》,文物出版社,2007 年。
[54] 郭伟民:《新石器时代澧阳平原与汉东地区的文化和社会》,文物出版社,2010 年。
[55] 石家河考古队:《邓家湾》,文物出版社,2003 年。
[56] 石家河考古队:《肖家屋脊》,文物出版社,1999 年。
[57] 湖北省文物考古研究所等:《湖北天门市石家河遗址 2014 ~ 2016 年的勘探与发掘》,《考古》2017 年第 7 期。
[58] 江章华、何锟宇:《成都平原史前聚落分析》,《四川文物》2016 年第 6 期。江章华:《成都平原先秦聚落变迁分析》,《考古》2015 年第 4 期。
[59] 雷雨:《四川广汉三星堆遗址 2012 ~ 2013 年考古新收获》,《2013 中国重要考古发现》,文物出版社,2014 年。
[60] 江章华、李明斌:《古蜀寻踪—三星堆文化的兴起及其影响》,巴蜀书社,2002 年。
[61] 朱章义、张擎、王方:《成都金沙遗址的发现、发掘与意义》,《四川文物》2002 年第 2 期。
[62] 辽宁省文物考古研究所:《牛河梁——红山文化遗址发掘报告(1983 ~ 2003 年度)》,文物出版社,2012 年。

白敖包遗址分期和年代

索秀芬

（内蒙古自治区长城保护工作中心研究员）

白敖包遗址位于内蒙古自治区鄂尔多斯市伊金霍洛旗乌兰木伦镇松定霍洛村三社东2千米的白敖包山的山坡上。

1986年8月，内蒙古自治区伊克昭盟文物工作站调查小组在文物普查中发现了伊金霍洛旗白敖包遗址。同年10月，在修建松（松定霍洛）马（马家塔）公路过程中，沿白敖包山南侧坡下推铲路基，致使遗址和墓葬遭到破坏。11月伊克昭盟文物工作站组织人员前往清理发掘，清理房屋1座、灰坑11座、墓葬2座（其中1座为瓮棺葬），出土少量陶器、石器、骨器等遗物。1989年8～11月，由内蒙古自治区文物考古研究所会同伊克昭盟文物工作站、伊金霍洛旗文物管理所，共同对白敖包山南侧筑路施工取土地段进行抢救性清理发掘，分为西部、中部和东部三个区布方，发掘面积约6000平方米，清理房址1座、灰坑28座、灰沟7条、墓葬66座，出土有陶器、石器、骨器数百件。下面就1989年发掘资料对遗址进行分期和年代研究。

一、分　　期

（一）地层和遗迹间叠压打破关系

在遗址西部布T1～T11、T11扩方、T12～T14探方15个，其中T7、T9、T10为空方，其余探方有文化层堆积和房屋（F2）、灰坑（H10、H12、H14、H17～H40）、沟（G1）、墓葬（M1、M2、M3）等遗迹分布。M1开口T12表土层下，打破T12②～⑦层和生土层，M1晚于T12②～⑦层。M2开口于T13表土层下，打破T13②层、③层和生土层，M2晚于T13②层、③层。M3开口在T11扩方表土层下，打破H23，M3晚于H23。H23开口T11扩方②层下，H24开口T11扩方③层下，H23打破H24，H23和H24打破④层、⑤层、⑥层，H23晚于H24。

在遗址东部布T15～T21探方7个，其中T18、T19为空方，其余探方表土下有灰坑H26-H33，沟G2～G6，墓葬M44、M45、M46分布。M44打破灰沟G6，从打破关系看，M44晚于灰沟G6，但灰沟G6内没有遗物出土，这组打破关系也不具有分期意义。

在遗址中部西边打 TG1 ~ TG17 探沟 17 条，探沟上部堆积被推土机推掉，地表出露墓葬 M4 ~ M36、M43、M47 ~ M67，共计 55 座墓葬。墓葬均打破生土。墓葬之间有四组打破关系，即 M6 → M7、M11 → M10、M59 → M58，M62 → M61，其中 M7、M6、M10 没有随葬品，M7 和 M6、M11 和 M10 不具备分期意义，M58 早于 M59，M61 早于 M62。在遗址中部东边打 TG38 ~ TG42 探沟 5 条，地表下开口 G7、M37、M38、M39、M41、M42，均打破生土，G7 打破 M37、M38、M39、M41、M42，G7 晚于 M37、M38、M39、M41、M42。

（二）陶器阶段划分

M37、M38、M39、M41、M42 出土折肩罐、双耳罐、敞口尊、侈口盉、敛口盉、单耳罐、粗柄豆、细柄豆、单耳鬲等，灰沟 G7 中出土蛇纹鬲、敛口瓮等。根据 G7 打破 M37、M38、M39、M41、M42 的打破关系，确定以蛇纹鬲为代表的遗存晚于以单耳鬲为代表的遗存，由此划分为早晚两个阶段，以 M37、M38、M39、M41、M42 为代表的遗存属于第一阶段，以 G7 为代表的遗存属于第二阶段。除了 G7 以外的其他 1989 年清理的遗存特征大致相同，均属于第一阶段遗存。

F2 位于发掘区西部，居住面上的陶鬲（F2②：1）高领，袋足，与 M33 随葬鬲（M33：2）形态一致，不同之处为 F2②：1 为双鋬，形体大，为实用器，M33：2 为单把，形体小，为明器。F2 居住面上的高领罐下部残，高领，与墓葬出土高领罐形制相同。从而判断第一阶段居住址和墓葬为生居死葬关系。

（三）第一阶段陶器分期

1. 陶器分期

根据地层和遗迹叠压打破关系，以及遗物特征，遗址分为两个阶段，第一阶段有发掘的地层、灰坑、房址、灰沟 G1 ~ G6 和墓葬，以及一些采集陶器，资料丰富，可以进一步进行期段划分；第二阶段以灰沟 G7 为代表，还有一些采集陶器，发掘遗存资料少，不能进一步进行期段划分。

根据第一阶段鬲、盉、斝、尊、折肩罐、豆、双耳罐、单耳罐、花边罐、圆腹罐、长腹罐、折腹罐、碗、杯、小罐、壶、器盖、鼎、甗、三足瓮、篮、筒形器、盆、钵、纺轮、陶丸等陶器演变的型式划分，将第一阶段陶器分为 4 段，归为早、中、晚三期（图一）。

2. 各段期陶器特征

（1）早期陶器特征

第 1 段属于早期。鬲、盉无实足跟。平卷沿尊。折肩罐喇叭口、高肩。豆座下缘无

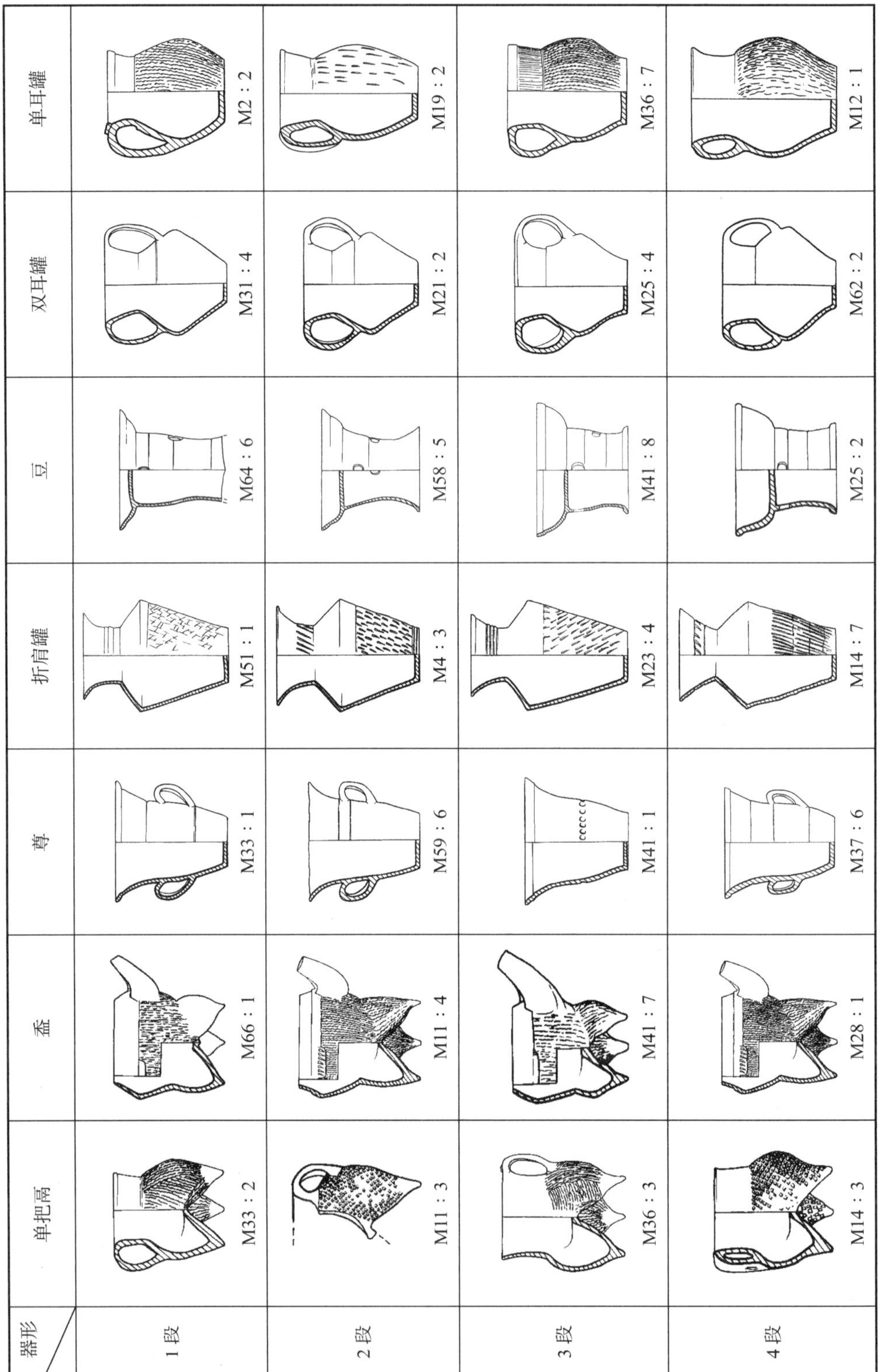

期段 \ 器形		单把鬲	盉	尊	折肩罐	豆	双耳罐	单耳罐
早期	1段	M33：2	M66：1	M33：1	M51：1	M64：6	M31：4	M2：2
中期	2段	M11：3	M11：4	M59：6	M4：3	M58：5	M21：2	M19：2
	3段	M36：3	M41：7	M41：1	M23：4	M41：8	M25：4	M36：7
晚期	4段	M14：3	M28：1	M37：6	M14：7	M25：2	M62：2	M12：1

图一 陶器分期图

凸棱。双耳罐和单耳罐下腹微外凸弧。长腹罐、折腹罐下腹斜直。花边罐领部较长和溜肩。鼓腹罐敞口，斜直领，束颈。碗、杯瘦高。

（2）中期陶器特征

第2段和第3段属于中期，空三足器有直立的实足跟。喇叭口和敞口尊。中喇叭口和小喇叭口折肩罐，中高肩。豆座下缘无凸棱和有小凸棱。双耳罐和单耳罐下腹斜直和微内凸弧。碗、杯较高。

第2段的鬲、盉、斝矮实足跟，喇叭口尊。折肩罐中喇叭口、肩部较高。豆座下缘无凸棱。双耳罐和单耳罐下腹斜直。碗、杯较为瘦高。

第3段的鬲、盉、斝高实足跟。尊大敞口。折肩罐小喇叭口、肩部较低。豆座下缘有小凸棱。双耳罐和单耳罐下腹微内凸弧。长腹罐、折腹罐下腹内凸弧形。花边罐领部较短和鼓肩。鼓腹罐侈口和短直颈。碗、杯较为矮胖。

（3）晚期陶器特征

第4段属于晚期，鬲实足跟高而外撇。敞口尊。折肩罐敞口、低肩。豆座下缘凸棱明显。双耳罐和单耳罐下腹内凸弧形。碗、杯矮胖。

3. 陶器演变过程

空三足的鬲、盉、斝足跟从无到有，由矮到高，从直立到外撇。尊由平卷口发展为斜敞口。折肩罐由大喇叭口到小喇叭口，再发展为斜口，折肩位置逐渐下移。豆柄下缘由无凸棱发展出有凸棱，凸棱逐渐明显。双耳罐和单耳罐下腹由外凸弧收到内凸弧收。

二、年　代

（一）第一阶段遗存年代

白敖包遗址出土的第一阶段遗存中敛口甗、三足瓮、大口尊等陶器在大口遗址[1]第二期文化中都能找到相近似形制陶器，白敖包遗址第一阶段遗存与大口二期遗存时间相当。

白敖包遗址的墓葬与朱开沟遗址[2]原报告中的1～4段土坑墓葬在墓葬形制、随葬品和殉牲等诸多方面有较多共性，两者年代应该相当。白敖包遗址中的居住址中的半地穴式房屋和双鋬鬲、花边鬲、敛口甗、三足瓮、敞口盆等陶器，都能在朱开沟遗址的居住址（原报告的1～4段）中找到相同或相近陶器，两者存在时间大致相当。朱开沟遗址共有六个碳十四测年，其中两个偏早太多，应予剔除，还有四个碳十四测年，树轮校正后年代分别是公元前1875～前1673年、公元前1731～前1521年、公元前1599～前1427年、公元前1527～前1408年[3]。碳十四测年在公元前1875～前1408年，相当于夏代早期偏晚阶段和夏代晚期，以及商代早期。

白敖包遗址第一阶段遗存中半地穴式凸字形房屋、土坑竖穴墓，以及单把鬲、双鋬鬲、敛口甗、三足盉、三足瓮、折肩罐、粗柄豆、细柄豆、大口尊等陶器都能在寨峁遗址[4]找到相同或相近形制，两者所处时代大致相当。

白敖包遗址第一阶段遗存中双鋬鬲、单把鬲、三足盉、大口尊、折肩罐、粗柄豆、双耳罐、三足瓮、直口斝、侈口斝等陶器在石峁遗址[5]中均有相同器形，两者年代大致相当，石峁遗址年代确定在龙山时代晚期至夏代早期[6]。

白敖包遗址的第一阶段遗存中的半地穴式凸字形房屋和土坑竖穴墓，以及双鋬陶鬲、单把陶鬲、花边陶鬲、矮领肥足陶鬲、敛口陶甗、敛口陶斝、三足陶盉、三足陶瓮、大口陶尊、折肩陶罐、细柄陶豆、粗柄陶豆、敞口陶盆、双耳陶罐、梯形穿孔石刀、卜骨、骨锥等，在新华遗址[7]中均有形制相同的房址、墓葬、陶器、石器、骨器，两者年代应该相同。新华遗址分为早晚两期，早期年代相当于龙山晚期，晚期相当于夏代早期。新华遗址直领鬲（99H150：1）的足部无实足根，与白敖包遗址第一阶段遗存早期1段三足器根部特征相同，新华遗址直领鬲（99H150：1）与白敖包遗址第一阶段遗存早期1段年代相当。新华遗址早期单把鬲（99H3：6）矮实足根，与白敖包遗址第一阶段遗存中期2段三足器根部特征相同，新华遗址早期单把鬲（99H3：6）与白敖包遗址第一阶段遗存中期2段年代相当。新华遗址晚期斝（96H18③：20）高实足根，与白敖包遗址第一阶段遗存中期3段三足器根部特征相同，新华遗址晚期斝（96H18③：20）高实足根，与白敖包遗址第一阶段遗存中期3段年代相当。新华遗址晚期双鋬鬲（96H27：1）高实足根外撇，与白敖包遗址第一阶段遗存晚期4段三足器根部特征相同，新华遗址晚期双鋬鬲（96H27：1）与白敖包遗址第一阶段遗存晚期4段年代相当。白敖包遗址的第一阶段遗存早、中、晚三期与新华遗址的早晚两期大致相当。新华遗址两个碳十四测年是距今4030±120年和3940±120年[8]，年代大约在距今4200～3800年，相当于龙山时代晚期至夏代早期。白敖包遗址第一阶段遗存中早期年代在距今4200～4100年，中期年代在距今4100～3900年，晚期年代在距今3900～3800年。白敖包遗址第一阶段遗存中分为四段，共计经历大约400年时间，每一段经历大约100年时间。

（二）第二阶段遗存年代

白敖包遗址第二阶段出土的甗、鬲、瓮，均在朱开沟遗址有形制相同或相近陶器。白敖包遗址采集：6和朱开沟遗址W2005：1，均为敞口甗，束颈，上腹圆鼓，下腹斜直，两者上部形制相同。白敖包遗址采集：7和朱开沟遗址W2012：1，均为侈口甗，束颈，上腹微鼓，下腹斜直，腰部较细，两者上部形制相近似。白敖包遗址出土蛇纹鬲（G7：1），口沿沿面内凹，口沿外侧饰蛇纹和圆形纽，与朱开沟遗址出土的蛇纹鬲（W2004：2、QH79：4、H4006：2、M4020：1）口部特征形同。白敖包遗址出土的敛口瓮，口沿内折，与朱开沟遗址W1001：1瓮的口部特征相同。

敞口和侈口甗、蛇纹鬲、敛口内折沿瓮是朱开沟遗址原报告第五段中典型陶器，敞口和侈口甗在晋中太谷白燕四期一段中出现，年代在夏代晚期[9]，白敖包遗址第二阶段的敞口和侈口甗年代与之相当。朱开沟遗址原报告第五段中出土二里岗上层文化典型的青铜戈、镞、鼎、爵和陶鬲、簋、豆等器物[10]，朱开沟遗址原报告第五段年代与二里岗上层文化年代相当，在商代早期，年代距今3600～3300年。

通过以上比较分析，白敖包遗址第二阶段年代在夏代晚期至商代早期，年代在距今大约在3800～3300年。

白敖包遗址出土遗存分为两个阶段，第一阶段分为三期。早期为龙山时代晚期的早段，年代在距今4200～4100年；中期为龙山时代晚期的晚段和夏代早期的早段，年代在距今4100～3900年；晚期为夏代早期的晚段，年代在距今3900～3800年。共划分为四段，各段约100年。第二阶段为夏代晚期至商代早期，年代在距今3800～3300年。

附记：本文系国家社会科学基金项目“范杖子墓地发掘报告”（项目批准号：17BKG014）的阶段性成果。该文的器物线图由马婧和田丽绘制，特此致谢。

注　释

[1] 吉发习、马耀圻：《内蒙古准格尔旗大口遗址的调查与试掘》，《考古》1979年第4期，第308～319页。

[2] 内蒙古自治区文物考古研究所、鄂尔多斯博物馆：《朱开沟——青铜时代早期遗址发掘报告》，文物出版社，2000年。

[3] 中国社会科学院考古研究所：《中国考古学中碳十四数据集（1965～1991）》，文物出版社，1991年。

[4] 陕西省考古研究所：《陕西神木县寨峁遗址发掘简报》，《考古与文物》2002年第3期，第3～18页。

[5] 戴应新：《陕西神木县石峁龙山文化遗址调查》，《考古》1977年第3期，第154～157页。西安半坡博物馆：《陕西神木石峁遗址调查试掘简报》，《史前研究》1983年第2期，第92～100页。陕西省考古研究院、榆林市文物考古勘探工作队、神木县文体局：《陕西神木县石峁遗址》，《考古》2013年第7期，第15～24页。

[6] 陕西省考古研究院、榆林市文物考古勘探工作队、神木县文体局：《陕西神木县石峁遗址》，《考古》2013年第7期，第15～24页。

[7] 陕西省考古研究所、榆林市文物保护研究所：《神木新华》，北京：科学出版社，2005年。

[8] 陕西省考古研究所、榆林市文物保护研究所：《神木新华》，北京：科学出版社，2005年，第269～272页。

[9] 许伟：《晋中地区西周以前古遗存的编年与谱系》，《文物》1989年第4期，第42～48页。

[10] 王立新：《早商文化研究》，高等教育出版社，1998年。

老哈河中、上游夏家店上层文化之源

朱延平

（中国社会科学院考古研究所）

关于夏家店上层文化的渊源，近30年来，许多学者认为应主要来自东面的高台山文化[1]，或是由高台山文化的一部分，吸收了北面西拉木伦河流域晚商遗存文化成分而生成的，之后夏家店上层文化向南推移，于两周之际扩展到老哈河流域[2]。后来又有一种观点，认为“高台山文化下限与夏家店上层文化上限之间还隔着晚商，”故高台山文化不能对夏家店上层文化产生直接的影响，夏家店上层文化“是在西拉木伦河流域晚商遗存的基础上，吸收魏营子……多种文化因素而产生的”[3]。

仅从“老哈河流域”是“夏家店上层文化的重心”[4]这一近乎共识的描述来考虑，至少不应将此重心区内的夏家店上层文化源自本土的可能性排除在外。根据赤峰中美联合考古队（Chifeng International Collaborative Archaeological Research Project）1999～2007年对英金河流域的调查，在1200多平方千米的范围内，青铜时代的遗址分属夏家店下层文化和夏家店上层文化，未发现时间上居于二者之间的文化遗存[5]。同时，与赤峰境内其他地区相比，英金河流域这两种文化的遗址分布都非常密集，夏家店上层文化的遗址与此前的夏家店下层文化同样，也显示出以“阴河中下游一带最为重要。”[6]并且，英金河流域的这两种文化均以“石城”和“石圆圈”等“石砌建筑”[7]而引人关注，尤其是都在“高山顶端或地势较高处”营建“祭祀址”[8]……如此看来，以英金河流域为重心的老哈河中、上游一带[9]，极有可能由当地的夏家店下层文化发展为夏家店上层文化。

一

就已发表的夏家店上层文化遗物而言，老哈河中、上游一带的石、骨、金属制品和非容器陶制品中，均有一些明显源自当地的夏家店下层文化，仅举以下几例。

被视为夏家店上层文化典型石器的磨制双孔石刀中，有一种略近半圆形而双孔贴近背侧者，如赤峰松山区上机房营子遗址T0203②：5，“弧背较大，器形不对称，双孔贴近刀背边缘，刀身厚薄均匀，刃较钝。长6.5、宽3.8、厚0.6厘米。”[10]松山区陈家营子遗址H33：1属夏家店下层文化，“弧形双面刃，孔为单面钻孔法制。长7.9、宽4、厚0.3、孔径0.4厘米。”（图一）[11]二者不仅形似，大小也很接近。

夏家店上层文化流行夹砂红褐陶圆台形或半球形纺轮，有不少在底面还戳刻较为复杂的纹样，如上机房营子遗址 T0301①：1，“平顶，夹砂红褐陶，边缘有残破脱落现象，中心有一外大内小的圆孔。底面有‘十’字形刻划纹，刻划纹两侧有对称成行排列的篦点纹。直径 4.5、厚 1.9、孔径 0.5～0.75 厘米。”[12]松山区康家湾遗址ⅡH15②：1 则是夏家店下层文化的陶纺轮，“残，整体呈馒首状，底面微内凹，中间有一孔，凹底面有一‘十’字形刻划纹，两侧为锥刺篦点纹。直径 6.5、厚 2、孔径 1 厘米。”（图二，2、1）[13]二者形制略近，刻纹尤其相似。

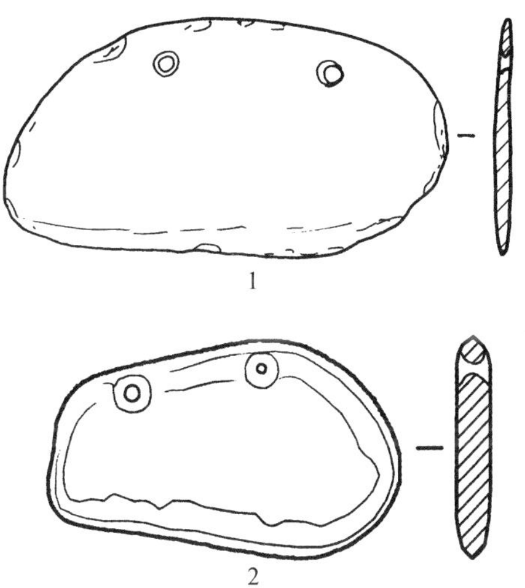

图一　夏家店下层文化和夏家店上层文化的双孔石刀

1. 赤峰陈家营子 H33：1（夏家店下层文化）

2. 赤峰上机房营子 T0203②：5（夏家店上层文化）

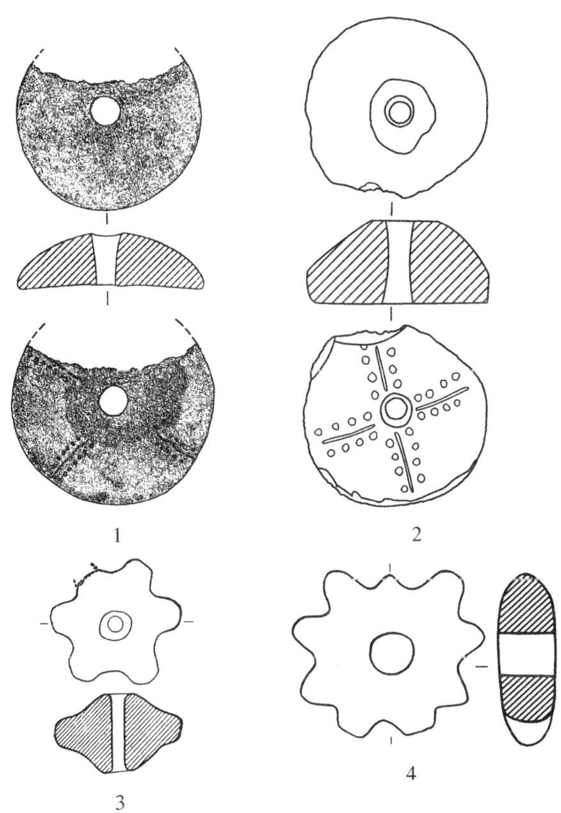

图二　夏家店下层文化和夏家店上层文化的两种纺轮

1. 赤峰康家湾ⅡH15②：1（夏家店下层文化）

2. 赤峰上机房营子 T0301①：1（夏家店上层文化）

3. 赤峰药王庙 T1①：12（夏家店下层文化）

4. 宁城小黑石沟 92-93NDXAⅡT1311②：4（夏家店上层文化）

夏家店下层文化习见泥质陶算盘珠形纺轮，并有沿外缘制成一周凸齿的，如赤峰药王庙遗址 T1①：12，“圆形，中腰有六个凸瘤。”[14]夏家店上层文化虽缺乏此种形制的陶纺轮，却出现过与之类似的石纺轮，如宁城小黑石沟遗址 92-93NDXAⅡT1311②：4，“通体打磨光滑，平面呈九齿花瓣形，略残，中间有穿孔。直径 6.3、孔径 1.4、厚约 1.8 厘米。”（图二，3、4）[15]

夏家店上层文化屡见骨甲片，正视近长方形，靠近边角处设若干组缀孔，每组 1～3 孔，即赤峰夏家店遗址发掘报告所称之“骨牌”[16]。此类制品夏家店下层文化业已出现。如上机房营子遗址 T0403③下开口的夏家店下层文化 H91，出有 H91：5 这件“骨牌饰”，“器表打磨光滑。整体呈扁薄长方形，一面内凹，另一面外弧，两端及两侧磨平。四角有倾斜的双孔，中部上下有对称双孔，上端与下端有浅凹痕，推测是绑痕。长6.6、宽2.8、厚0.5、孔径0.2厘米。”该遗址夏家店上层文化的06H12②：5与之类似，“整体呈扁薄长方形，一面内凹且凸凹不平，另一面外弧。器表稍经打磨，四角有倾斜对称的单面钻双圆孔，中部上下各有对称单面钻双圆孔。长7.4、宽3.4、厚0.6厘米。”（图三）[17]

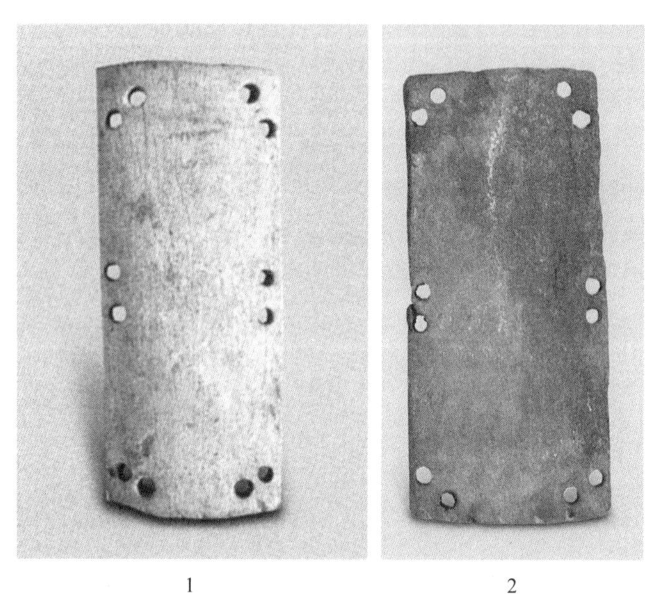

1　　2

图三　赤峰上机房营子骨甲片

1. H91：5（夏家店下层文化）　2. 06H12②：5（夏家店上层文化）

上机房营子遗址T0502③下开口的夏家店下层文化H152，出“骨笄”H152：13，“通体磨制光滑。整体呈扁长三角形……长10.8、宽1.3、厚0.3、孔径0.3厘米。”[18]夏家店遗址夏家店上层文化的“穿孔器”H15：14，“磨制。长条形骨片，一端稍宽，有穿孔，另一端较狭而薄。”[19]据线图推算，长7～8厘米。此二者或为同类骨器（图四，1、2）。

上机房营子遗址的夏家店上层文化骨铲06H12①：1，“长18.8、宽8.4、厚0.4～1.2厘米。”[20]报告介绍“用偶蹄类动物肩胛骨制成”，但如图所示，很可能是以动物下颌骨制成的。此类形制的骨铲虽亦见于其他地区，但赤峰境内的夏家店下层文化不乏其例，如敖汉旗大甸子遗址T3③：20，“长17、铲刃边宽8.5厘米。柄端尚存颌骨原貌。”（图四，4、3）[21]

燕山南北的商周时期，还有一种两端呈扁喇叭口形的金属环，多称臂钏（明确介绍出于墓内“手臂处”的有喀左和尚沟A点M1的“金钏一对”[22]），亦作耳环（蓟县张家园墓葬的这类环“皆出于头骨两侧”[23]）或名之“钏式耳环”[24]。发掘资料显示，老哈河中、上游一带的这类金属环共出有3件，赤峰二道井子遗址的“铜耳环”F6：12，“圆环形，两端扁状喇叭口相接。外径4.9、内径3.8、厚0.4厘米。”[25]宁城汐子北山嘴

7501号石椁墓之“金环”，“环径4.6、厚0.15厘米，重6.89克。”[26]宁城南山根的“金环”M101：126，“直径5.1～5.5厘米，重10.5克。”[27]“环的接口处向内凸起一尖角，接口有一阴刻分界线。”[28]从发表的线图和照片不难看出，前两件环扁喇叭形口的两端紧贴并拢，作“合口”状，后者两端相连，仅以一道刻线表示端口。（图五）燕山南北其他地域所见既有这种“合口”的（如喀左和尚沟A点M1的一对），也有两端隔开一定距离而作“开口”状的（如迁安小山东庄QXM1：2、QXM1：3这两件“金臂钏”[29]），更有少数是两端的端口交互搭叠的（如蓟县张家园87M1：1和87M3：3这两对“金耳环”[30]）。而老哈河中、上游的3件环内径仅为3.8～5.1厘米，燕山南北其他地域的这类环除前述“搭叠口”的之外，其余的直径至少在8厘米以上[31]。由此可见，小型“合口”环大约是老哈河中、上游一带的地域特色。二道井子F6：12属夏家店下层文化，宁城的2件皆为夏家店上层文化金环，故可得知，在老哈河中、上游一带，夏家店上层文化的这类金环应源

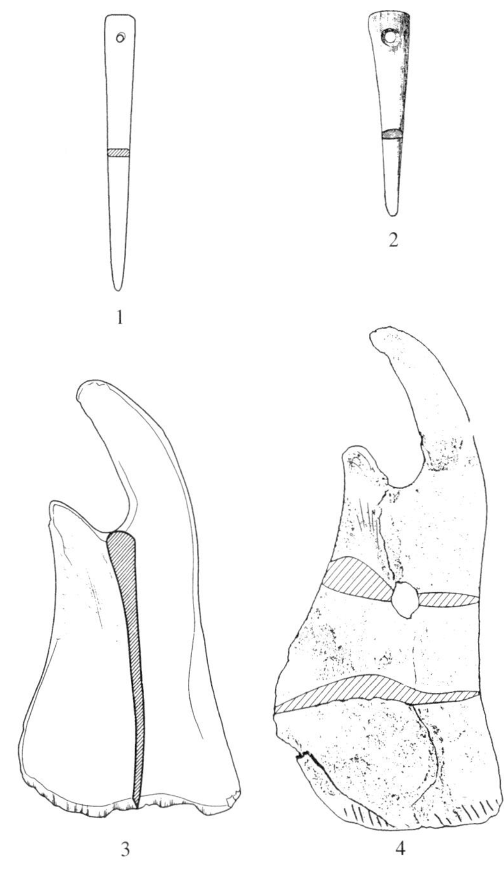

图四　夏家店下层文化和夏家店上层文化的骨器

1. 骨笄（赤峰上机房营子H152：13，夏家店下层文化）
2. 骨穿孔器（赤峰夏家店H15：14，夏家店上层文化）
3. 骨铲（敖汉大甸子T3③：20，夏家店下层文化）
4. 骨铲（赤峰上机房营子06H12①：1，夏家店上层文化）

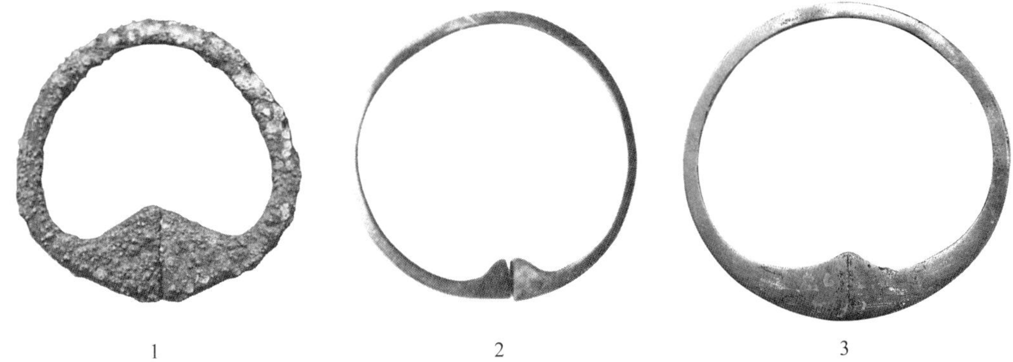

图五　夏家店下层文化铜环和夏家店上层文化金环

1. 赤峰二道井子F6：12（夏家店下层文化）　2. 宁城汐子北山嘴7501号石椁墓所出（夏家店上层文化）
3. 宁城南山根M101：126（夏家店上层文化）

于当地夏家店下层文化的铜环。

二

事实上，在更受学界关注的陶质容器方面，老哈河中、上游一带的夏家店上层文化也体现为对夏家店下层文化的一脉相承。只是由于二者在陶质、陶色和器表纹饰上的迥然不同，使得人们难以接受它们属于同一文化谱系的认识，从而将探索夏家店上层文化主源的目光投向邻近地区的相关文化。但如果仅就器形而言，两种文化陶器的关联性还是比较清楚的。

作为夏家店上层文化的典型器，至少“筒腹鬲”[32]（筒腹鬲“袋足呈半球状”[33]，本地区夏家店下层文化的“筒形鬲”[34]在这一点上与之相仿）、鼓腹鬲、矮领鼓腹罐、双鋬盆、圜底钵式豆、敞口盆式无腰隔甗这几种器形在夏家店下层文化的陶器中均可找到原型。不可否认，除陶质、陶色和器表纹饰外，夏家店上层文化陶器的器形较之夏家店下层文化的同类器已有所改变。例如，作为两文化的主要器类，夏家店上层文化筒腹鬲和夏家店下层文化筒形鬲的上部确有差异；同属圜底钵式豆，夏家店下层文化的豆座常连有较细长的柄部，夏家店上层文化的豆座则比较粗矮，且多呈漫凸弧或近于斜直的纵剖轮廓线；夏家店上层文化的鬲、盆类器普遍出现外叠唇；夏家店上层文化盛行在三空足器上安装长实足根，尤以鬲、鼎类的表现最为突出；夏家店上层文化还流行附加鋬手，与夏家店下层文化相比，鋬手的形式也有明显的区别……（图六），[35]这些局部的改变，当可视为时代之更替使然。

另外，在器表处理方面，这里的夏家店上层文化的陶器，也反映出对当地夏家店下层文化的某种传承。例如，该地区夏家店上层文化绝大多数陶器的外表是素面，其中又有许多因“用工具刮抹”[36]而“留有粗劣的刮磨痕”[37]，致使器表被刮抹的参差不齐，周身光素但并不匀整。此点于筒腹鬲的器表表现得最为典型（图七）。[38]而这种刮抹器表的做法亦见于夏家店下层文化的磨光陶，赤峰药王庙遗址的夏家店下层文化磨光陶“大多是把已印上的绳纹磨掉而成的。”夏家店遗址夏家店下层文化的“磨光陶也有把印上的绳纹磨掉的现象。”[39]尤其是该地区还见有被磨去绳纹的夏家店上层文化陶器，如赤峰松山区砚台山遗址 2005 年 B2 发掘区出土的夹砂红褐陶鬲残片 H12：13、H12：15、H16：1、H16：2，局部均遗留绳纹痕迹[40]，从而更可说明夏家店上层文化刮抹器表的做法源自当地夏家店下层文化之传统（有一种意见认为砚台山的鬲等陶器代表了“夏家店下层文化与夏家店上层文化之间”的另外一种文化遗存[41]。限于篇幅，暂不讨论）。

三

器物发展演化的变异程度与历时之久暂成正比，红山文化晚期发展到夏家店下层文化，时间间隔至少有七八百年，二者陶器群的面貌已是大相径庭。夏家店上层文化和

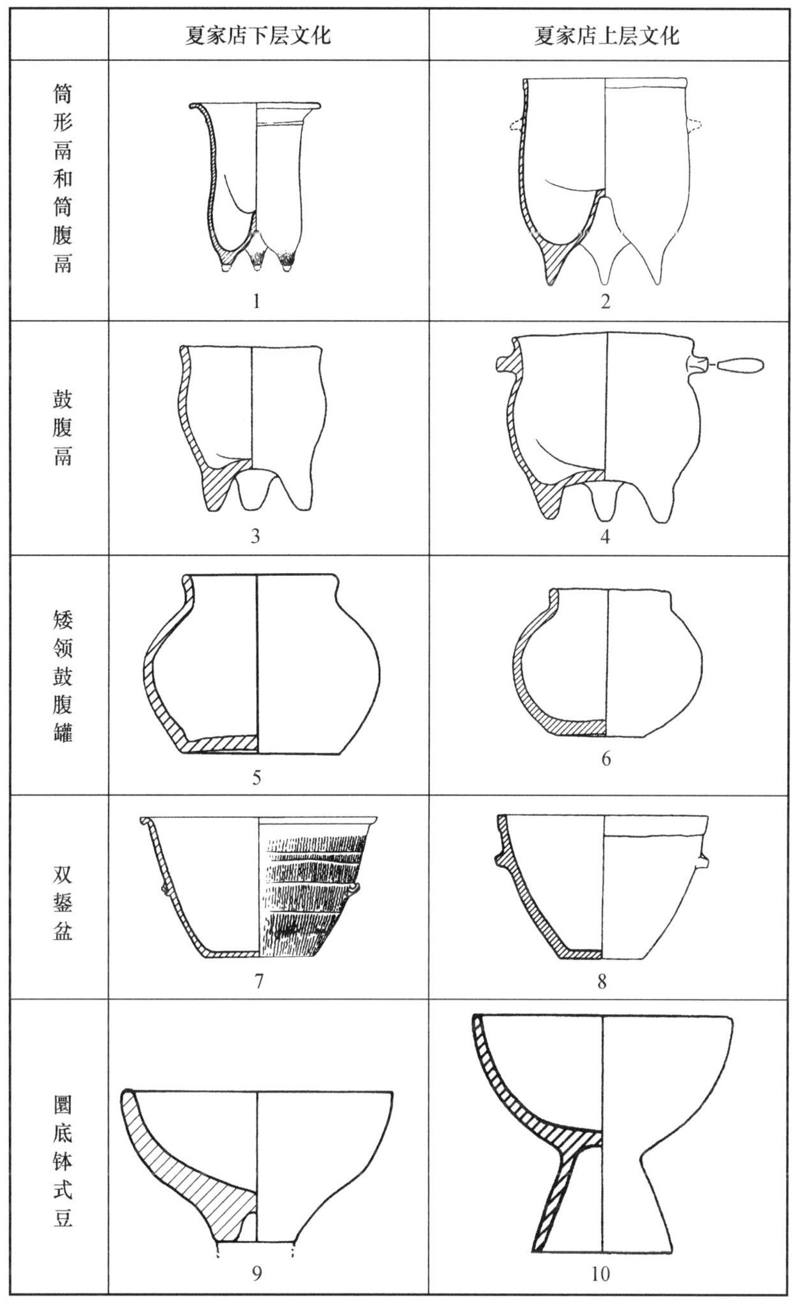

图八 夏家店下层文化和夏家店上层文化的陶器

1. 宁城南山根 T1③：35 2、7. 喀喇沁旗大山前Ⅳ H107①：2、Ⅳ T402④：1 3～6. 赤峰上机房营子 G1②：6、H138①：2、F6：5、T0403②：1 8、10. 宁城小黑石沟 92NDXAⅡH5：1、ⅡH68：1 9. 赤峰陈家营子 H47：6

夏家店下层文化相比，虽然文化面貌的差别也很显著，但主要陶器成分未变，故而两种文化的年代差不会太大。既如前述老哈河中、上游一带的两种文化显现了前后相继的关系，那么，二者之间也就不会隔着晚商至西周早期那样长的时间阶段[42]。以下的分析或许有助于说明这一地区夏家店上层文化的起始年代。

图七　器表有刮抹痕的筒腹鬲
（赤峰夏家店 T3⑤：11）

彰武平安堡遗址第三期的陶器与夏家店上层文化有所相似，这一点素为学界关注。就已发表的材料而论，平安堡三期夹砂褐陶的筒腹鬲、双鋬筒腹罐、四盲耳罐（钵）、壶等在老哈河中、上游一带的夏家店上层文化遗存中都不乏与之形近者：平安堡筒腹鬲 H1012：1 和夏家店 T3⑤：11 酷似，唯其体量稍小，圜底袋足似乎略尖，并多出两个“对称花鋬”[43]（图八，1、2）。平安堡双鋬筒腹罐 H3074：1 相似于上机房营子 H128：1、喀喇沁旗大山前Ⅳ H143③：1，也只是体量较小[44]（图八，3～5）。平安堡钵 H1002：3、M3004：1 和夏家店罐 M12：7 都在器腹安有 4 个对称的“盲耳”或“类似附加堆纹的器耳”，前者和后者的大小几乎相同[45]

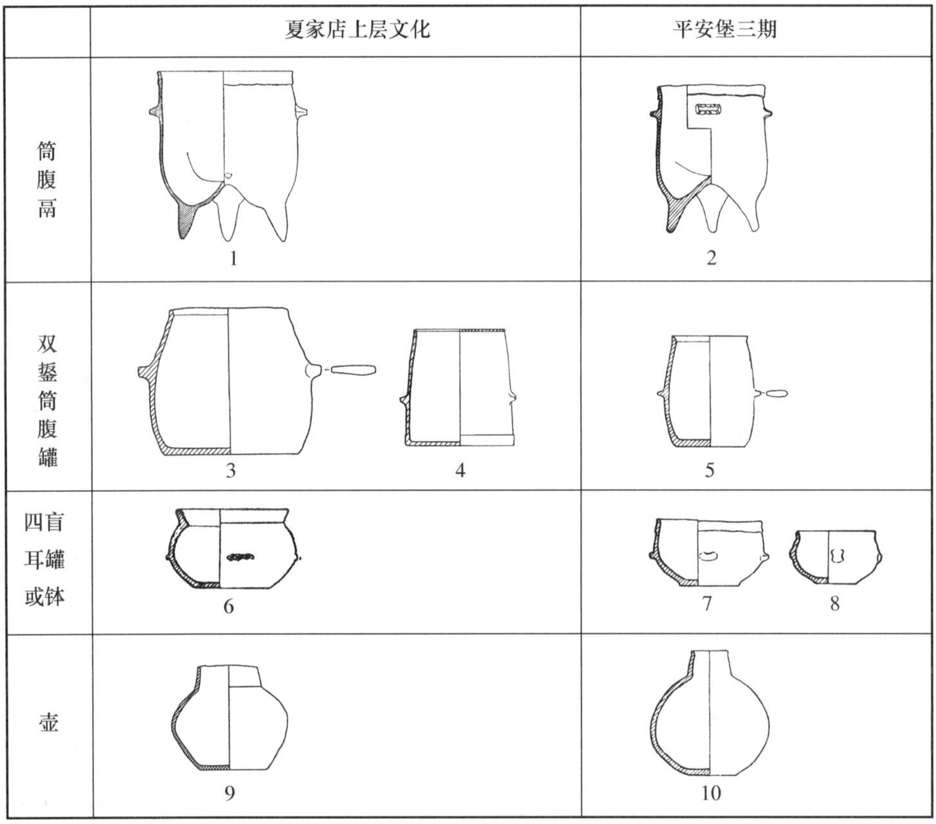

	夏家店上层文化	平安堡三期
筒腹鬲	1	2
双鋬筒腹罐	3　4	5
四盲耳罐或钵	6	7　8
壶	9	10

图八　夏家店上层文化和平安堡三期的陶器

1、6. 赤峰夏家店 T3⑤：11、M12：7　2、5、7、8、10. 彰武平安堡 H1012：1、H3074：1、H1002：3、M3004：1、M3008：2　3、9. 赤峰上机房营子 H128：1、06H16：2　4. 喀喇沁旗大山前Ⅳ H143③：1

（图八，6～8）。平安堡壶M3008：2与上机房营子罐06H16：2形态接近，体积大体相若[46]（图八，9、10）。

在对平安堡三期遗存的讨论中，多将图八的2、5、7、8、10这5件陶器的出土单位归入平安堡三期（或以此为代表的同类遗存）的晚段或晚期[47]，而关于此阶段的定年则有不同意见，一般认为相当于"商代的晚期"[48]，少数学者提出应为商代"中期"[49]或"早于晚商，下限不会晚于殷墟一期。"[50]

黄河及其以北的中国北方地区的磨制石锤斧中有一种较为粗短的形式，其宽（最宽处）长（最长处）比往往超过0.6，顶部略平，正视略近倒三角形（而非顶部向上隆起，整体如倒水滴形），纵剖面似长方形或上、下边长差别不是很大的梯形。此型锤斧有明确出土单位的，多见于西周之前。如长武碾子坡遗址相当于晚商时期的T157④：10，"浅灰色砾石磨制。长11.8厘米，顶宽8.2厘米，厚4.6厘米，孔径3厘米。"[51]又如北京昌平张营遗址H54：1这件"穿孔石器"，"灰色细砂岩，体形厚重，通体打磨。长19.1、宽11.8、厚约5.4厘米。"此器亦当为磨制锤斧，属张营早期青铜文化遗存中的第3段，该段的年代被判断为相当于商文化的"二里岗上层至白家庄期"[52]。老哈河中、上游一带的夏家店上层文化虽有不少石锤斧，但几乎不见出土单位明确的完整品。夏家店T4②：3"残。楔形，磨制，纵剖面长方形。"此器的线图参考了该遗址采集的"与此形状相同"的完整品[53]，故可依从。建平水泉遗址T26③：29也是1件"平面呈三角形，平顶，窄刃"的磨制残锤斧，"长12、残宽3.5、厚4.8厘米。"[54]与碾子坡锤斧大小相近（图九）。

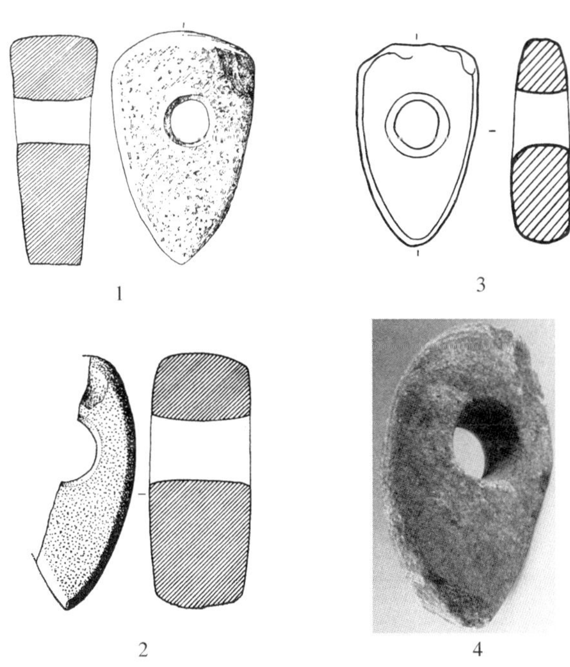

图九 石锤斧

1. 赤峰夏家店T4②：3（夏家店上层文化） 2. 建平水泉T26③：29（夏家店上层文化）
3. 长武碾子坡T157④：10（白家庄期之后的商代） 4. 昌平张营H54：1（白家庄期之后的商代）

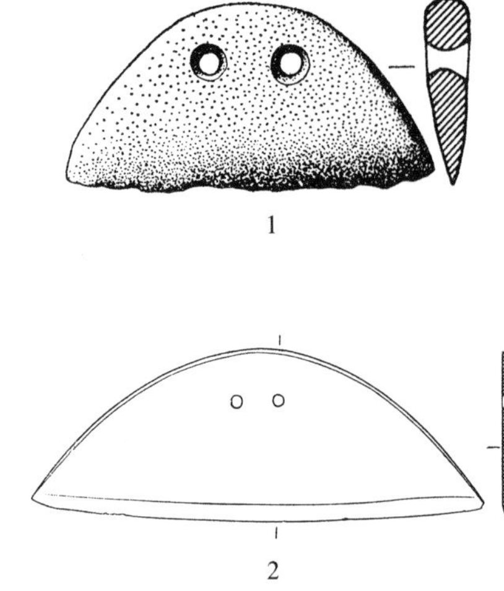

图一〇　夏家店上层文化石刀和殷墟的玉刀
1. 建平水泉的夏家店上层文化石刀 T22③ : 6
2. 殷墟妇好墓的玉刮刀 M5 : 559

老哈河中、上游一带的夏家店上层文化习见半月形磨制双孔石刀，此类石刀双孔的位置以及背、刃之边廓线随时间推移而有变化。一般而言，较早阶段的双孔靠近背侧，而在弧背线条的差异上，较早阶段的弧线曲率更大或凸弧更陡，较晚阶段凸弧趋缓（如小黑石沟 92NDXAⅡH64 : 7[55]）。较早阶段的可以建平水泉 T22③ : 6 为代表，直刃，“长 10.1、宽 5 厘米。”[56]殷墟妇好墓玉刮刀 M5 : 559 背边弧线特征与之相同，双孔偏于背侧，“长 15.6、宽 5.7、厚 0.3 厘米。”（图一〇）[57]

此区域夏家店上层文化尚有一种顶部明显上凸的夹砂陶纺轮，剖视近“凸”字形，如上机房营子 H16 : 1，“直径 4、厚 2.3、孔径 0.3 ~ 1 厘米。”H96 : 16，“直径 4.2、厚 2、孔径 0.4 ~ 1.4 厘米。”[58]昌平张营的夹砂陶纺轮 H69 : 6 和 T0305④ : 24 与它们同形而略显瘦高，分别为“顶径 1.7、底径 3.5、孔径 0.6、高 2.7 厘米”和“顶径 1.4、底径 3.3、孔径 0.4、残高 2.6 厘米。”H69 和 T0305④ 均属张营早期青铜文化遗存的第 3 段[59]（图一一）。

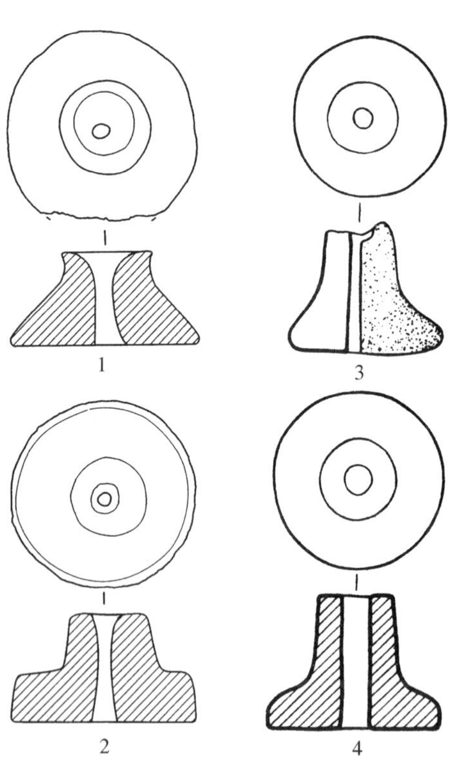

图一一　夏家店上层文化和张营早期青铜文化第三段的陶纺轮
1、2. 赤峰上机房营子 H96 : 16、H16 : 1（夏家店上层文化）3、4. 昌平张营 T0305④ : 24、H69 : 6（张营早期青铜文化第三段）

老哈河中、上游一带的夏家店上层文化还以多种形式的铜镞见长，并有不少三翼镞。夏家店 M12 出土的 2 件铜镞中就有 1 件三翼镞 M12 : 4，镞身正视近三角形。M12 的另一件铜镞 M12 : 6，“镞身扁平，中有脊，两刃向前聚成较宽的前锋，向后聚于中脊，呈扇形，与《赤峰红山后》墓 22 青铜镞相似，铤部椭圆形。”即俗称之柳叶形镞。该墓尚有 2 件骨镞，M12 : 3 镞身“三棱形”，正视亦近三角形，M12 : 1 镞身“圆锥形”[60]（图一二）。可见，两种质料的双镞中均有 1 件为三翼或三棱而正视若三角形者。此区以北西拉木伦河流域的克什克腾旗龙头山遗址夏家店上层文化ⅡM1 也出有两种铜镞，一为柳叶形镞（ⅡM1 : 5），另一是正视近若长三角形的三翼镞（ⅡM1：18）[61]。这两种铜镞共出的墓葬尚见于宁城小黑石沟，如85NDXAM3和M9601，据介绍，85NDXAM3：14这件柳叶形镞和M9601的柳叶形镞也都是三翼镞，M9601虽被盗掘，但最终登记的镞身正视若三角形的三翼镞有86件，柳叶形三翼镞85件[62]，两种铜镞数量基本相当。是知三角形三翼（或三棱）镞与柳叶形镞成双配对的稳定组合大约是夏家店上层文化葬俗中的某种规制。而这也许暗示出三角形三翼镞和柳叶形镞或为夏家店上层文化的原创。

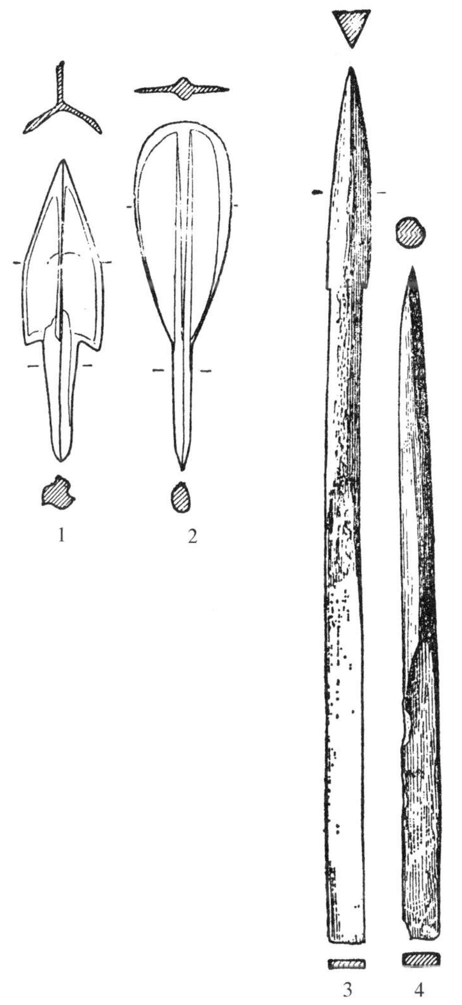

图一二　夏家店M12的铜镞和骨镞
1、2. 铜镞M12：4、M12：6
3、4. 骨镞M12：3、M12：1

从出示的线图和图版约略可知，夏家店M12：4三翼较薄，俯视若“Y”形，亦未显现出铤与镞身之间的关，与以小黑石沟M9601：254所代表的俯视如三角星形或凹边三角形而本、关、铤有着清晰分界的三角形三翼镞构成明显的早、晚之区别。夏家店M12：6虽属柳叶形镞，但“呈扇形”，与以小黑石沟85NDXAM3：9～13为代表的镞身修长、前锋尖凸的柳叶形镞也有较大差异，前述龙头山ⅡM1的柳叶形镞在形制上似居两者之间而更近后者。从这一点来看，夏家店M12至迟应不晚于龙头山ⅡM1。至于龙头山ⅡM1的年代，按发掘者的意见，应“大致相当于商晚期或不晚于商周之际。”[63]。

如石岩博士所言，黄河流域及其以北的中国北方目前所见年代最早的三翼铜镞可能是西安老牛坡遗址的85XLⅡ2T4②：2[64]，年代“相当于殷墟文化一、二期。”[65]（从《老牛坡》发表的材料看，“晚期铜镞混入早期地层”[66]的可能性不大）老牛坡的这件与夏家店上层文化的三角形三翼镞形制差别明显，目前还看不出两者之间有何联系。但如果说“三翼镞的产生可能是源自北方”[67]，而辽西区的冶金工艺于夏家店上层文化之前已显出某种优势[68]，则老哈河中、上游一带在晚商时期出现三翼铜镞是完全有可能的。

综上所述，将老哈河中、上游夏家店上层文化的年代上限估计在白家庄期之后的商代范围内应不致大谬。

四

以上我们看到，老哈河中、上游一带的夏家店上层文化是在当地夏家店下层文化之后不久形成的，并体现了对后者的传承，但陶器的质、色为何会出现偌大的变化呢？

红山是崛起在英金河畔的突兀的孤丘。因其岩体是一种罕见的红色花岗岩，裸露的外表呈现出一派暗红色，从西、南两侧瞻望，甚为壮观（图一三）。老哈河流域及其周边以山地为主，虽说连绵的山丘间也不乏红色花岗岩之岩体，但红山的周围是英金河下游广袤的低地，所以，这座暗红色孤丘异常显赫，格外引人瞩目，这一独特的景观在整

图一三　红山（上：俯瞰红山及其周边；下：从西面眺望红山）

个老哈河流域无出其右。学界早就注意到红山的特殊性，那里不仅是著名的红山后遗址所在地，红山的南坡（红山前）和北坡（红山后）还分布着若干新石器到战国—西汉间的不同时段的遗址[69]。这突兀的孤丘并不适于居住，而更可能是人们心目中的圣山，因此，这里的发现多半应是各时期的祭祀遗存。

2007年，赤峰中美联合考古队对红山进行详查，在34平方千米的范围内调查到30处遗址点，以夏家店下层文化和夏家店上层文化为主，属于后者的有15处，其中超过半数的夏家店上层文化遗址点分布于各山头的顶部（图一四）[70]。这些地处山顶的遗址点经过多年自然营力和人为因素的破坏，存留至今的竟只是极碎的陶片甚至是陶片渣，它们散布于岩丛之间，与深红的基岩浑然一色，胎土中均匀掺杂的浅色砂石，和花岗岩特有的半透明颗粒几无二致，发现辨认十分不易。由此可见，夏家店上层文化的红褐色夹砂陶很可能是出于对这座圣山红色岩体的模拟。其实，这样的做法早在红山文化就已出现了，夏家店上层文化则是在新的背景下对古老传统的复兴。目前看到的据以辨识夏家店上层文化的那种独特的陶质陶色，或正是红山圣灵的象征。换言之，晚商时期老哈河中、上游一带陶器面貌的骤变，很可能是当地先民于祭祀礼俗乃至宗教信仰上发生变革的某种反映。

图一四　从南面仰望红山（左端山头为夏家店上层文化遗址点）

注　释

[1] 朱永刚：《论高台山文化及其与辽西青铜文化的关系》，《中国考古学会第八次年会论文集》，文物出版社，1996年，第152~155页。赵宾福：《中国东北地区夏至战国时期考古学文化研究》，

科学出版社，2009 年，第 279~283 页。

[2] 朱永刚：《夏家店上层文化向南的分布态势与地域文化变迁》，《庆祝张忠培先生七十岁论文集》，科学出版社，2004 年，第 422~436 页。

[3] 井中伟：《夏家店上层文化的分期与源流》，《边疆考古研究》（第 12 辑），科学出版社，2012 年，第 166、169 页。

[4] 朱永刚：《夏家店上层文化向南的分布态势与地域文化变迁》，《庆祝张忠培先生七十岁论文集》，科学出版社，2004 年，第 432 页。

[5] Chifeng International Collaborative Archaeological Research Project, 2011, *Settlement Patterns in the Chifeng Region*, Center for Comparative Archaeology University of Pittsburgh, 2011 (Pittsburgh).

[6] 朱延平：《赤峰南部夏家店上层文化遗址的分布及相关问题》，《无限悠悠远古情——佟柱臣先生纪念文集》，科学出版社，2014 年，第 526 页。

[7] “单纯的夏家店上层文化石城”和“石圆圈”如赤峰市松山区二八地、大王山、下洼、鸡冠子山东近沟山峰等遗址所见［吕富华：《昭苏河流域石砌建筑调查简报》，《边疆考古研究》（第 9 辑），科学出版社，2010 年，第 376~378 页］。

[8] 建于山顶或地势较高处的纯夏家店上层文化祭祀址如赤峰市松山区岱王山、鸡冠子山等［赤峰学院红山文化国际研究中心、中国社会科学院考古研究所内蒙古第一工作队：《内蒙古赤峰市岱王山夏家店上层文化遗址调查简报》，《边疆考古研究》（第 6 辑），科学出版社，2007 年，第 398~410 页。吕富华：《昭苏河流域石砌建筑调查简报》，《边疆考古研究》（第 9 辑），科学出版社，2010 年，第 378 页］。

[9] 本文所说的老哈河中、上游一带，系指羊肠子河—红山水库以南的老哈河流域，大体包括目前赤峰市的红山区、元宝山区、松山区、喀喇沁旗、宁城县，以及翁牛特旗南部、敖汉旗西部、建平市的中北部和平泉市的北部。

[10] 内蒙古自治区文物考古研究所、吉林大学边疆考古研究中心：《赤峰上机房营子与西梁》，科学出版社，2012 年，第 105 页，图一〇八，2。

[11] 内蒙古自治区文物考古研究所：《赤峰市陈家营子遗址发掘报告》，《内蒙古文物考古文集（第四辑）——配合国家基本建设专集》，科学出版社，2013 年，第 356 页，图五一，2。

[12] 内蒙古自治区文物考古研究所、吉林大学边疆考古研究中心：《赤峰上机房营子与西梁》，科学出版社，2012 年，第 89 页，图九七，4。

[13] 吉林大学边疆考古研究中心、内蒙古文物考古研究所：《内蒙古赤峰市康家湾遗址 2006 年发掘简报》，《考古》2008 年第 11 期，第 19、20 页，图九，16。

[14] 中国科学院考古研究所内蒙古工作队：《赤峰药王庙、夏家店遗址试掘报告》，《考古学报》1974 年第 1 期，第 117 页，图八，9。

[15] 内蒙古自治区文物考古研究所、宁城县辽中京博物馆：《小黑石沟——夏家店上层文化遗址发掘报告》，科学出版社，2009 年，第 32 页，图一八，2。

[16] 中国科学院考古研究所内蒙古工作队：《赤峰药王庙、夏家店遗址试掘报告》，《考古学报》1974 年第 1 期，第 135 页，图版壹叁，12、13。

[17] 内蒙古自治区文物考古研究所、吉林大学边疆考古研究中心：《赤峰上机房营子与西梁》，科学

出版社，2012 年，第 53、130 页，彩版五，3，彩版九，5。

[18] 内蒙古自治区文物考古研究所、吉林大学边疆考古研究中心：《赤峰上机房营子与西梁》，科学出版社，2012 年，第 53 页，图四八，12。

[19] 中国科学院考古研究所内蒙古工作队：《赤峰药王庙、夏家店遗址试掘报告》，《考古学报》1974 年第 1 期，第 135 页，图二五，8。

[20] 内蒙古自治区文物考古研究所、吉林大学边疆考古研究中心：《赤峰上机房营子与西梁》，科学出版社，2012 年，第 129 页，图一二七，1 。

[21] 中国社会科学院考古研究所：《大甸子——夏家店下层文化遗址与墓地发掘报告》，科学出版社，1996 年，第 33 页，图二〇，3。

[22] 辽宁省文物考古研究所、喀左县博物馆：《喀左和尚沟墓地》，《辽海文物学刊》1989 年第 2 期，第 110 页，图版贰，5。

[23] 天津市历史博物馆考古部：《天津蓟县张家园遗址第三次发掘》，《考古》1993 年第 4 期，第 322 页。

[24] 杨建华：《燕山南北商周之际青铜器遗存的分群研究》"表一"，《考古学报》2002 年第 2 期，第 158、159 页。

[25] 内蒙古自治区文物考古研究所：《内蒙古赤峰市二道井子遗址 2009 年发掘述要》，《内蒙古文物考古文集（第四辑）——配合国家基本建设专集》，科学出版社，2013 年，第 298 页，彩版四〇，3。

[26] 宁城县文化馆、中国社会科学院研究生院考古系东北考古专业：《宁城县新发现的夏家店上层文化墓葬及其相关遗物的研究》，《文物资料丛刊》（9），文物出版社，1985 年，第 26 页，图六。

[27] 辽宁省昭乌达盟文物工作队、中国科学院考古研究所东北工作队：《宁城南山根的石椁墓》，《考古学报》1973 年第 2 期，第 36 页。

[28] 刘冰主编：《赤峰博物馆文物典藏》，远方出版社，2007 年，第 37 页。

[29] 唐山市文物管理处、迁安县文物管理所：《河北迁安县小山东庄西周时期墓葬》，《考古》1997 年第 4 期，第 59 页，图六，右下、左下。另需提及的是，平谷刘家河墓葬的 2 件"金臂钏"，从《北京市平谷县发现商代墓葬》出示的照片看，均应作"开口"状（北京市文物管理处：《北京市平谷县发现商代墓葬》，《文物》1977 年第 11 期，第 6 页，图一三），而《北京考古四十年》（图版八，2）却显现为"合口"状（北京市文物研究所：《北京考古四十年》，北京燕山出版社，1990 年），二者出入较大，令人费解。

[30] 天津市历史博物馆考古部：《天津蓟县张家园遗址第三次发掘》，《考古》1993 年第 4 期，第 321、322 页，图一三，3。

[31] 蓟县张家园 87M4：3 这对"金耳环"未介绍尺寸，但据线图推算它们的直径应不小于 10 厘米。迁安小山东庄的 2 件"金臂钏"亦未介绍尺寸，但 QXM1：2 重 21 克，QXM1：3 重 15.5 克，按此重量（前者与喀左和尚沟 A 点 M1 的一对相同）推测其直径当不下 8 厘米。

[32] 朱永刚：《夏家店上层文化的初步研究》，《考古学文化论集》（一），文物出版社，1987 年，第 119 页。

[33] 朱永刚：《论高台山文化及其与辽西青铜文化的关系》，《中国考古学会第八次年会论文集》，文

物出版社，1996 年，第 154 页。

［34］ 张忠培：《关于内蒙古东部地区考古的几个问题》，《内蒙古东部区考古学文化研究文集》，海洋出版社，1991 年，第 6 页。

［35］ 图六诸器分别引自——中国科学院考古研究所内蒙古工作队：《宁城南山根遗址发掘报告》，《考古学报》1975 年第 1 期，图六，2（T1③：35）。赤峰考古队：《内蒙古喀喇沁旗大山前遗址 1998 年的发掘》，《考古》2004 年第 3 期，图一〇，4，图五，3（ⅣH107①：2、ⅣT402④：1）。内蒙古自治区文物考古研究所、吉林大学边疆考古研究中心：《赤峰上机房营子与西梁》，科学出版社，2012 年，图三五，2，图三六，2，图八九，1、5（上机房营子 G1②：6、F6：5、H138①：2、T0403②：1）。内蒙古自治区文物考古研究所：《赤峰市陈家营子遗址发掘报告》，《内蒙古文物考古文集（第四辑）——配合国家基本建设专集》，科学出版社，2013 年，图四三，2（H47：6）。内蒙古自治区文物考古研究所、宁城县辽中京博物馆：《小黑石沟——夏家店上层文化遗址发掘报告》，科学出版社，2009 年，图四四，9，图九五，2（92NDXAⅡH5：1、ⅡH68：1）。

［36］ 中国科学院考古研究所内蒙古工作队：《赤峰蜘蛛山遗址的发掘》，《考古学报》1979 年第 2 期，第 227 页。

［37］ 刘观民、徐光冀：《内蒙古东部地区青铜时代两种文化》，《内蒙古文物考古》1981 年创刊号，第 10 页。

［38］ 中国社会科学院考古研究所：《考古精华——中国社会科学院考古研究所建所四十年纪念》，科学出版社，1993 年，第 230 页，图版一九〇，2。

［39］ 中国科学院考古研究所内蒙古工作队：《赤峰药王庙、夏家店遗址试掘报告》，《考古学报》1974 年第 1 期，第 114、123 页。

［40］ 赤峰博物馆：《砚台山遗址（B2 区）发掘简报》，《内蒙古文物考古》2009 年第 2 期，第 17 页，图九，1、2、7、10。

［41］ 付琳、王立新：《夏家店下层文化消亡后的辽西》，《考古》2015 年第 8 期，第 95 页。

［42］ 井中伟：《夏家店上层文化的分期与源流》，《边疆考古研究》（第 12 辑），科学出版社，2012 年，第 164 页。

［43］ 辽宁省文物考古研究所、吉林大学考古学系：《辽宁彰武平安堡遗址》，《考古学报》1992 年第 4 期，第 455 页，图一五，1。中国科学院考古研究所内蒙古工作队：《赤峰药王庙、夏家店遗址试掘报告》，《考古学报》1974 年第 1 期，第 130 页，图二三，1。

［44］ 辽宁省文物考古研究所、吉林大学考古学系：《辽宁彰武平安堡遗址》，《考古学报》1992 年第 4 期，第 459 页，图一七，5。内蒙古自治区文物考古研究所、吉林大学边疆考古研究中心：《赤峰上机房营子与西梁》，科学出版社，2012 年，第 78、79 页，图八九，3。赤峰考古队：《内蒙古喀喇沁旗大山前遗址 1998 年的发掘》，《考古》2004 年第 3 期，第 38 页，图一〇，9。

［45］ 辽宁省文物考古研究所、吉林大学考古学系：《辽宁彰武平安堡遗址》，《考古学报》1992 年第 4 期，第 460、467 页，图二〇，18，图二七，12。中国科学院考古研究所内蒙古工作队：《赤峰药王庙、夏家店遗址试掘报告》，《考古学报》1974 年第 1 期，第 131、132 页，图二三，8。

［46］ 辽宁省文物考古研究所、吉林大学考古学系：《辽宁彰武平安堡遗址》，《考古学报》1992 年第

4期，第465页，图二六，3（该页介绍M3007：1高14厘米，M3008：2高6.6厘米，而依线图两壶高度均在15厘米以上）。内蒙古自治区文物考古研究所、吉林大学边疆考古研究中心：《赤峰上机房营子与西梁》，科学出版社，2012年，第79页，图八九，6。

[47] 辽宁省文物考古研究所、吉林大学考古学系：《辽宁彰武平安堡遗址》，《考古学报》1992年第4期，第471页，“附表一”。董新林：《高台山文化研究》，《考古》1996年第6期，第52~66页。唐淼、段天璟：《夏时期下辽河平原地区考古学文化刍议——以高台山文化为中心》，《边疆考古研究》（第7辑），科学出版社，2008年，第79~91页。赵宾福：《高台山文化再论》，《华夏考古》2012年第3期，第38~46页。

[48] 赵宾福：《高台山文化再论》，《华夏考古》2012年第3期，第44页。

[49] 董新林：《高台山文化研究》，《考古》1996年第6期，第59页。

[50] 井中伟：《夏家店上层文化的分期与源流》，《边疆考古研究》（第12辑），科学出版社，2012年，第166页。

[51] 中国社会科学院考古研究所：《南邠州·碾子坡》，世界图书出版公司北京分公司，2007年，第117页，图九七，3。

[52] 北京市文物研究所、北京市昌平区文化委员会：《昌平张营——燕山南麓地区早期青铜文化遗址发掘报告》，文物出版社，2007年，第90、213、214、233页，“续附表一”，图八七，4，图版一七，5。

[53] 中国科学院考古研究所内蒙古工作队：《赤峰药王庙、夏家店遗址试掘报告》，《考古学报》1974年第1期，第132页，图二四，13，图版壹壹，11、10。

[54] 辽宁省博物馆、朝阳市博物馆：《建平水泉遗址发掘简报》，《辽海文物学刊》1986年第2期，第25页，图一七，2。

[55] 内蒙古自治区文物考古研究所、宁城县辽中京博物馆：《小黑石沟——夏家店上层文化遗址发掘报告》，科学出版社，2009年，图九二，11。

[56] 辽宁省博物馆、朝阳市博物馆：《建平水泉遗址发掘简报》，《辽海文物学刊》1986年第2期，第25页，图一七，4。

[57] 中国社会科学院考古研究所：《殷墟妇好墓》，文物出版社，1980年，第143页。中国社会科学院考古研究所：《殷墟的发现与研究》，文物出版社，1994年，图一九五，4。

[58] 内蒙古自治区文物考古研究所、吉林大学边疆考古研究中心：《赤峰上机房营子与西梁》，科学出版社，2012年，第90页，图九八，5、4。

[59] 北京市文物研究所、北京市昌平区文化委员会：《昌平张营——燕山南麓地区早期青铜文化遗址发掘报告》，文物出版社，2007年，第69、178页，表二，图六四，6、9。

[60] 中国科学院考古研究所内蒙古工作队：《赤峰药王庙、夏家店遗址试掘报告》，《考古学报》1974年第1期，第139~141页，图三〇，9、10、5、6，图版壹肆，5、6、15、14（本文在此处征引的是该报告作者刘观民先生原稿中对M12：6的描述，并非报告发表时所称之“双翼呈椭圆形”）。

[61] 内蒙古自治区文物考古研究所、克什克腾旗博物馆：《内蒙古克什克腾旗龙头山遗址第一、二次发掘简报》，《考古》1991年第8期，第710页，图一一，3、2。

［62］ 内蒙古自治区文物考古研究所、宁城县辽中京博物馆：《小黑石沟——夏家店上层文化遗址发掘报告》，科学出版社，2009 年，第 302、377~379 页，图二四二，2~8、11、12，图三〇六，7~9。

［63］ 齐晓光：《内蒙古克什克腾旗龙头山遗址发掘的主要收获》，《内蒙古东部区考古学文化研究文集》，海洋出版社，1991 年，第 64 页。

［64］ 石岩：《青铜三棱镞与三翼镞出现年代考》，《北方文物》2005 年第 1 期，第 15、16 页。

［65］ 刘士莪：《老牛坡》，陕西人民出版社，2002 年，第 142、333 页，图一〇七，3。

［66］ 石岩：《青铜镞在先秦时期的多元化作用》，《新果集——庆祝林沄先生七十华诞论文集》，科学出版社，2009 年，第 298 页。

［67］ 同 [66]。

［68］ 朱延平：《辽西区冶金考古初识》，《庆祝张忠培先生八十岁论文集》，科学出版社，2014 年，第 256 页。

［69］ 吕遵谔：《内蒙赤峰红山考古调查报告》，《考古学报》1958 年第 3 期，第 25~40 页。赤峰学院红山文化国际研究中心、中国社会科学院考古研究所内蒙古第一工作队：《内蒙古赤峰市岱王山夏家店上层文化遗址调查简报》，《边疆考古研究》（第 6 辑），科学出版社，2007 年（第 410 页所述“赤峰红山后第Ⅳ地点”）。赵爱民、黄丽、张艳玲、于晓玲：《赤峰市红山夏家店下层文化石城址调查报告》，《内蒙古文物考古》2009 年第 1 期，第 1~12 页。

［70］ Chifeng International Collaborative Archaeological Research Project, 2011, *Settlement Patterns in the Chifeng Region*, Center for Comparative Archaeology University of Pittsburgh, 2011 (Pittsburgh). 此书 143 页的 Appendix B 提供了查阅所有调查资料和彩图的路径。

从鄂尔多斯青铜器到北方系青铜器
——中国北方长城地带青铜器研究的历程

杨建华　邵会秋

（吉林大学边疆考古研究中心）

中国北方地区通常也被称为“中国北方长城地带”，这个地区主要指古代中原农业居民与北方游牧人群互相接触的地带。中国北方长城地带位于欧亚草原的东南部，是欧亚草原的重要组成部分。这个地区在中国历史上曾是中原地区和西方交流的大通道，也是丝绸之路开通以前研究欧亚大陆与中国古代文明与文化交流的关键地区。在这片土地上孕育了一批和大河流域农业居民不同的族群，他们创造了许多辉煌的青铜文化。

从20世纪初到现在，在中国北方长城地带出土了大量独具特色的青铜器，这些青铜器遗存一直也是学术界研究的重点内容之一，本文将对这些研究史进行梳理，揭示中国北方长城地带青铜器研究的历程，希望这样的梳理分析能有助于讨论北方地区考古发现和学术发展的内在规律。

一、北方地区青铜器的著录

早在20世纪初，中国北方地区就已经发现了大量的青铜器，但这些青铜器大都没有明确的出土地点和可供断代的共存遗物，多为采集或征集所得。这些青铜器被一些外国学者收集，并对它们进行著录。其中最著名的成果是《鄂尔多斯青铜器选集》[1]和《内蒙古长城地带》[2]。

瑞典学者安特生所著《鄂尔多斯青铜器选集》，对著录的青铜器进行了介绍，该书中最早提出鄂尔多斯青铜器这一名称，当时主要是指鄂尔多斯地区采集或征集的青铜器；日本学者江上波夫和水野清一所著的《内蒙古长城地带》包含三部分内容，其中《绥远青铜器》是最重要的一部分内容。书中著录了大量来自中国北方地区的青铜器。江上波夫等还认为北方青铜器来源于黑海沿岸的斯基泰，由西向东顺次流传，而“绥远青铜器”的主体，相当于卡拉苏克文化的后半期。

这个时期虽然出现了一些青铜器图录，但北方地区青铜时代考古学文化的研究基本是空白。征集的青铜器没有统一的名称，仅以“鄂尔多斯青铜器”和“绥远青铜器”这样以青铜器主要征集地区命名，进行的研究主要是从艺术史角度研究器物本身，结论也多是各种推断，带有猜测的成分。但是这个时期的工作具有开创性的意义，收集了大量的实物资料，并注意到与遥远的黑海沿岸以及西伯利亚等地的联系。

二、鄂尔多斯青铜器的发掘与“鄂尔多斯式青铜器”的提出

新中国建立后，北方地区青铜器由零星收集向科学发掘转变。在内蒙古地区发现了许多重要的墓葬，包括范家窑子[3]、水涧沟门[4]和速机沟[5]等。尤其是在20世纪70年代，在鄂尔多斯地区的桃红巴拉[6]、阿鲁柴登[7]、呼鲁斯太[8]、西沟畔[9]、玉隆太[10]等出土了大量精美的青铜器和金器，大多数器物有明确的出土地点和共存器物，这为深入研究提供了一批较为可靠的材料。这些发现扩大了北方地区青铜器的内涵，不仅有助于了解北方地区青铜器的组合关系以及它们在墓葬中的出土位置，也使得“鄂尔多斯青铜器”这一称呼闻名于世。

这一时期发现的青铜器年代上大都相当于中原的春秋战国时期，在20世纪70年代学术界也缺乏对内蒙古中南部地区夏商和西周时期的文化面貌的了解，根本无法讨论这些青铜器遗存是外来的还是本地的起源。而朱开沟遗址的发掘为这一问题的讨论提供了重要资料。

朱开沟遗址位于内蒙古自治区伊克昭盟（今鄂尔多斯市）东部伊金霍洛旗纳林塔乡，从20世纪70年代开始，考古工作者在这一区域内先后进行了4次发掘，出土了大量遗物。该遗址延续的时间比较长，上限大约在龙山晚期，而下限已经到了商代早期[11]。在朱开沟遗址早商时期的墓葬中不仅出土有商文化的青铜器，还发现一些具有特色的北方土著青铜器。这些青铜器的发现证明了在中国商代早期的中国北方，就完全有能力生产具有地方特色的青铜器。朱开沟遗址的发掘填补了长城沿线中段及以北地区夏商文化的空白，为探索北方草原青铜文化的渊源及其与相邻地区青铜文化的关系提供了重要依据。

1986年，田广金和郭素新先生出版了《鄂尔多斯式青铜器》一书，对内蒙古地区已发现的商周到两汉时期的青铜器进行综合研究，并讨论了这些青铜器的起源和族属问题，认为鄂尔多斯式青铜器可能起源于鄂尔多斯及其邻近地区[12]。在该书中他们沿用了“鄂尔多斯青铜器”这一概念，使用了“鄂尔多斯式青铜器”的术语，它涵盖的内容不仅仅包括鄂尔多斯地区，还包括北方其他地区出土的同类青铜器，后来他进一步提出早期鄂尔多斯式青铜器分布“以鄂尔多斯、陕西北部和山西吕梁地区为中心，向东经京、津、唐地区达沿海之滨；向北越辽西丘陵、蒙古高原达外贝加尔；向西跨甘、青、宁北部达新疆巴里坤草原；向南伸进中原腹地商文化分布区域之内”[13]。《鄂尔多斯式青铜器》的出版使得“鄂尔多斯式青铜器”这一概念在学术界产生了很大的影响，这本著作也成为了解中国北方地区青铜时代考古研究的必修书目，无论是资料方面还是研究方面都具有十分重要的意义。之后，他们又先后发表了《鄂尔多斯式青铜器的渊源》[14]和《再论鄂尔多斯式青铜器的渊源》[15]两篇文章，强调了朱开沟遗址在鄂尔多斯式青铜器起源过程中的重要作用。并进一步阐述了鄂尔多斯及其邻近地区是鄂尔多斯式青铜器的最早发源地。

三、“北方系青铜器”的提出

从20世纪70年代末，考古发掘由零星的墓葬转为大片的墓地的发掘。随着北方地区考古工作的大规模开展，又有大批地点明确、有共出物的青铜器出土。有学者开始意识到北方地区的青铜器遗存分布范围很广，来源也可能并不单一。

1982年，林沄先生在美国举行的商文化国际学术讨论上发表了《商文化青铜器与北方地区青铜器关系之再研究》，文章的英文版和中文版分别正式发表于1986年张光直先生主编的《商代研究》[16]和1987年苏秉琦先生主编的《考古学文化论集》(一)[17]上。在这篇文章中林沄先生认为北方地区的这些青铜器分布和发现远远不止鄂尔多斯一地，而且延续时间很长，而且内蒙古地区北方系第一期青铜器至今缺乏成群的发现。因此已经不宜再用“鄂尔多斯”这样具有区域色彩的名称来泛指中国的北方系青铜器，也不应该从“鄂尔多斯青铜器”提出“鄂尔多斯青铜文化”。因此他提出了“北方系青铜器”这一概念，并对其含义进行了界定。“从中国考古学的角度来看，在首先认识了黄河中下游为中心的商周文化之后，开始逐步认识到北方地区还存在着与中原青铜器有别而自成一系的青铜器。进而认识到这种北方系青铜器，至少在商代后期就已经分布在现时中国国境以外很大的一片地域……在米奴辛斯克盆地和黄河流域之间，是一个广大的北方系青铜器的分布区，米奴辛斯克盆地只是这个分布区最北的一小部分，黄河流域则是这个分布区的最南缘。”

林沄先生认为“北方系青铜器”有以下主要特征：第一，在考古学文化上可以分成几个，但这些青铜器存在着共性；第二，北方系青铜器与中原系青铜器、东北系青铜器和新疆地区的青铜器不同；第三，北方系青铜器不是中原文化和欧亚草原文化的扩展，而是一种土著遗存；第四，北方系青铜器不是单一起源，每种共同成分是有不同的来源，是不同起源的文化因素在这一自然环境相近的地带互相影响与交融的结果。而且针对北方系青铜器的起源，他有一段精彩的论述“中央亚细亚的开阔草原地带，是一个奇妙的历史漩涡所在。它把不同起源的成分在这里逐渐融合成一种相当一致而稳定的综合体，又把这种综合体中的成分，像飞沫一样或先或后地溅湿着整个四周地区。”

其实“北方系”这个名称并非林沄先生首创，日本学者梅原末治在1938年出版的《古代北方系文物の研究》[18]一书中就使用了这个概念，但他所指的更像一个区域性的概念，不单指中国北方地区，而是泛指中国北疆、蒙古高原、西伯利亚和阿尔泰等广大地区，而且也并没有明确其具体内涵。而林沄先生不仅明确了“北方系青铜器”这一概念的基本内涵，而且赋予其实际意义，正如梅建军先生所评价的“北方系青铜器不仅仅是为研究和使用的一个符号性的笼统概念，而是一个特定学术意义的科学概念”[19]。

林沄先生的这篇文章是北方青铜时代考古具有里程碑意义的成果，在国内外影响极大，“北方系青铜器”这一概念也得到了绝大多数学者的认同，开始广泛流行。田广金先生也从“鄂尔多斯式青铜器”转而开始使用“北方系青铜器”这一概念[20]。乌恩岳斯图先生和其他一些学者所使用的“北方青铜器”或“北方式青铜器”的含义也都与之相似[21]。一些国外学者在研究中国北方地区青铜器时也采用相同的概念[22]。

1994年，林沄先生发表了《早期北方系青铜器的几个年代问题》[23]，进一步强调了北方系青铜器的内涵，他认为之所以称为“北方系”一方面意在强调它们在器类、器形、纹饰和艺术风格等方面有区别中原起源的青铜器，另一方面则着眼于它们与横贯欧亚大陆的大草原地带的其他地区青铜器的密切联系。同时他也论述了北方系青铜器年代的上限可以到中原的二里头文化时期。2001年又在“中国北方地带青铜时代考古国际学术研讨会”上发表了《夏代的中国北方系青铜器》[24][后收录在《林沄学术文集》（二）]，对夏时期的北方系青铜器进行了专门阐述。林沄先生对于北方系青铜器研究的这些系列成果，不仅将“北方系青铜器”这一概念推上了历史的舞台，同时也大大推动了北方青铜时代考古研究的深入。

四、鄂尔多斯青铜器与北方系青铜器的关系

随着近些年北方地区考古工作的大规模开展，不仅积累了大批科学发掘的材料，北方地区考古学文化研究也达到了一定的深度，学术界对北方地区各支青铜文化的面貌、分期、时代和分布等方面有了较为充分的认识，还出现了一些针对整个北方文化带的综合性研究成果[25]。另外一些新的技术手段（如冶金考古）也都也开始应用到北方地区青铜文化和青铜器研究上，在很多方面的研究都有突破性的进展。“北方系青铜器”或“北方青铜器”已经被大多数学者所接受，不过仍有人坚持使用“鄂尔多斯青铜器”。

从目前的发现和研究看，北方地区青铜时代至少可以分为东、中和西三个大区，其中东区是指包括赤峰、辽西和冀北的燕山南北地区；中区主要指有晋陕高原、内蒙古中南部的鄂尔多斯地区和凉城岱海地区；西区主要包括宁夏、甘肃[26]和青海的东北部等地区。时代上从夏时期到战国晚期，分为四个时期，各区都存在具有自身特色的青铜文化和青铜器。第一期即夏至早商时期，西区有齐家文化青铜器、中区有朱开沟文化早期青铜器、东区有夏家店下层文化和大坨头文化青铜器（图一）。

第二期即晚商到周初，中国北方地区进入了青铜文化繁荣期，出现了大量种类和形制相似的青铜器或青铜器组合，其中包括河北青龙县抄道沟为代表的八类青铜器组合[27]（图二）。这八个组合以太行山为界，分属于晋陕高原和燕山南北两个中心，形成了北方系青铜器的第一个高峰——中国北方—蒙古高原冶金区，这个冶金区的影响甚至到了亚洲内陆山麓地带的米努辛斯克盆地，但这一时期鄂尔多斯地区发现的青铜器多为征集品，并未辨认出发达的青铜文化遗存。

第三期是西周到东周早期，北方系青铜器以燕山以北的夏家店上层文化青铜器和青海的卡约文化青铜器最为发达（图三）。尤其是夏家店上层文化青铜器已经具备了发达的武器、马具和动物纹装饰三要素，不仅在中国北方，在整个欧亚草原青铜文化中都具有重要地位[28]。

第四期的东周时期，各地的北方系青铜器也都十分繁荣（图四），在东区冀北地区存在文化特色明显的玉皇庙文化青铜器，西区甘肃宁夏也有以固原为代表的青铜器遗

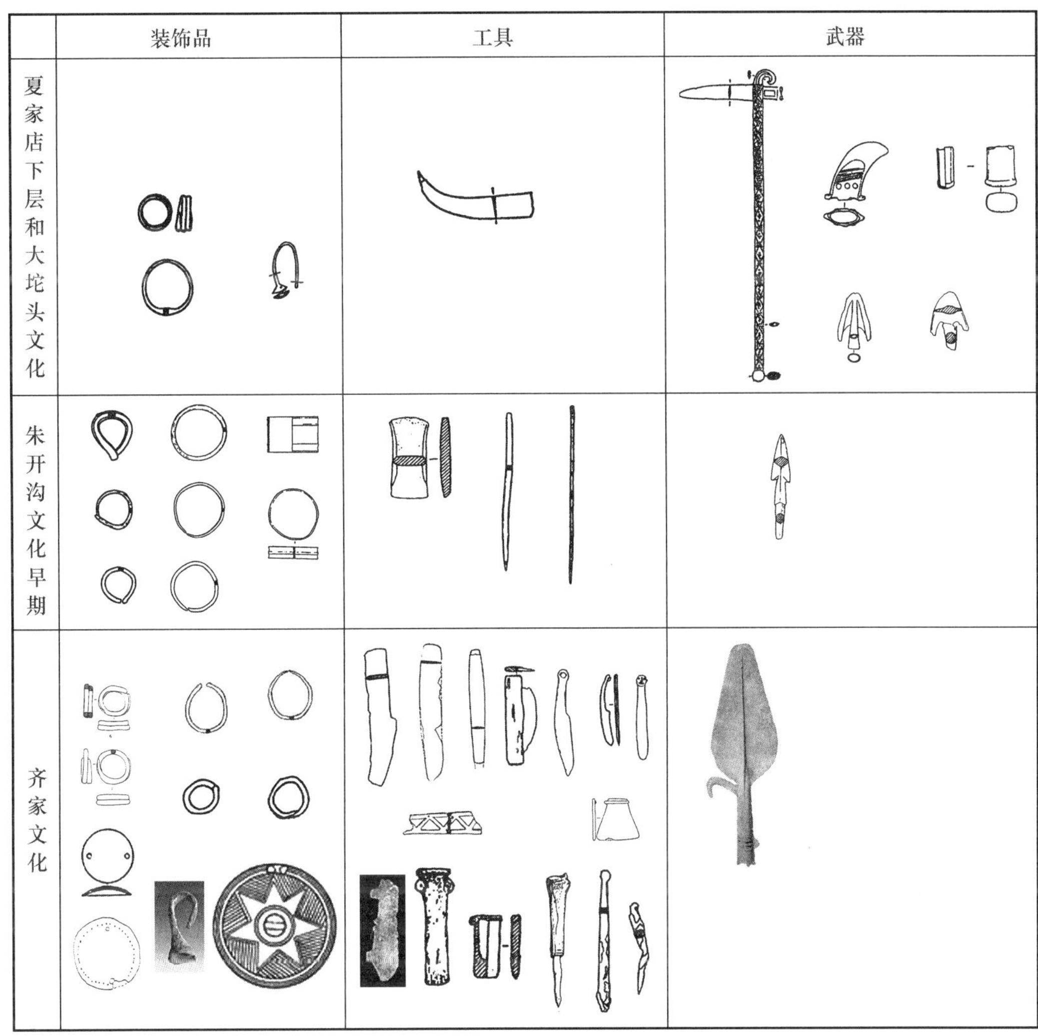

图一　夏至早商时期的北方系青铜器

存。在中区除了鄂尔多斯地区外，岱海地区也有毛庆沟为代表的青铜器遗存。这一时期在鄂尔多斯地区的北方系青铜器最为发达。

从中国北方先秦的分期与分区研究看，鄂尔多斯青铜器只是其中的一部分，而且在时代上也有很多缺环。有的时代只有零星的发现，还没有科学发掘出土的资料。目前中国北方青铜时代的第一期与第二期的联系还不明朗，第二期与第四期可以通过夏家店上层文化看出发展脉络，所以说夏家店上层文化在中国北方青铜时代具有重要的传承作用[29]。

在第二期末向第三期过渡的晚商到春秋初期，北方系青铜器首先从燕山以南向北部传播，再从燕山以北向蒙古和外贝加尔地区传播。铜盔的时空信息反映了这种传播的路线，最早可能受到商代晚期殷墟的中原式铜盔的影响[30]（图五，1），从南流黄河两岸（图五，2），再到燕山以南的昌平白浮墓葬[31]（图五，3），然后到燕山以北的夏家店上

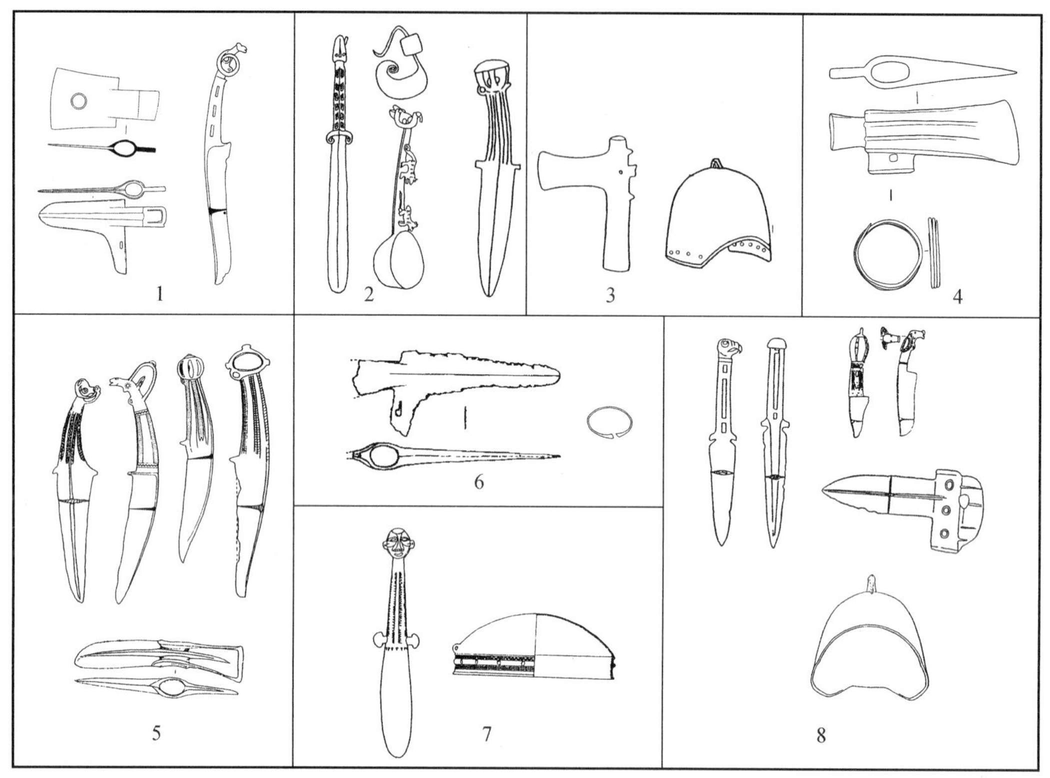

图二　晚商到周初的北方系青铜器

1. 旌介组合　2. 石楼组合　3. 保德组合　4. 西岔组合　5. 抄道沟组合
6. 张家园墓葬组合　7. 赤峰朝阳组合　8. 白浮组合

层文化[32]（图五，4～6），这是一条连接长城沿线到长城以外北方系青铜器的传布路线，勺形镳和长体刀的传布也可以作为其佐证（图五，7～13）。在北方系青铜器的传承和发展过程中，已有的考古发现并没有显示鄂尔多斯地区发挥了重要作用。北方地区青铜器第三期与第四期的联系也主要体现在夏家店上层文化对冀北地区玉皇庙文化影响，如短剑和卷曲动物纹等[33]。

通过以上分析可以看出，鄂尔多斯地区是北方青铜文化中区的核心区域，这个地区的“朱开沟文化是北方草原青铜文化的重要源头之一”[34]，这些都表明了鄂尔多斯地区的重要地位。但鄂尔多斯青铜器无论从来源还是发展上很明显涵盖不了目前北方系青铜器所有内容，也不利于对整个中国北方青铜时代的深入研究。

五、结　　语

以上我们简要的梳理了北方地区青铜器研究的历程，也重新总结了林沄先生根据大量的新的考古发现提出的“北方系青铜器”的含义，从已有的发现和研究看，鄂尔多斯青铜器包含不了目前北方地区青铜器全部内容。从“鄂尔多斯青铜器”到“北方系青铜

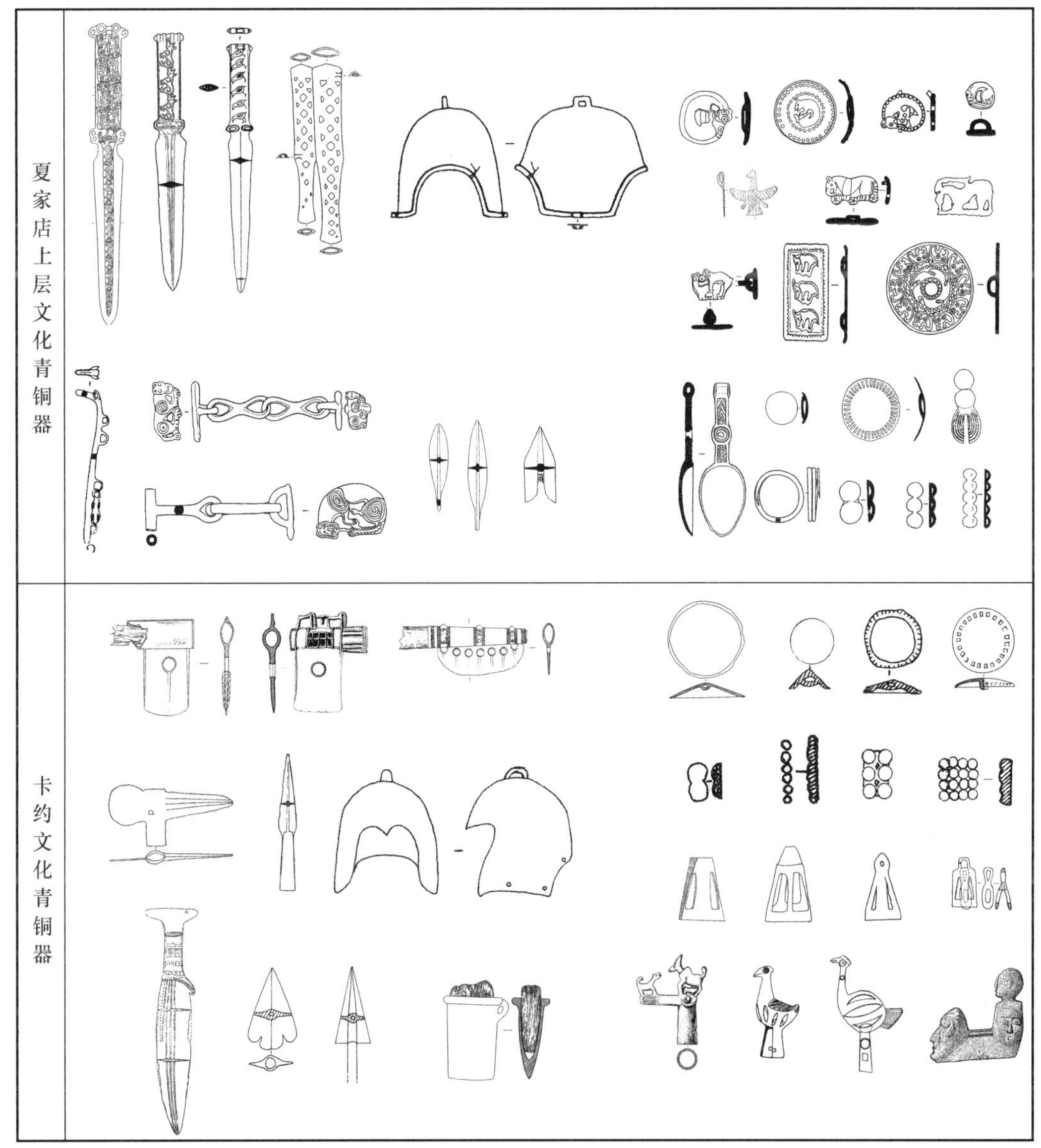

图三　西周到春秋早期的北方系青铜器

器”不仅仅是概念的转换，这也是北方青铜时代考古学术研究深入的需要。

其实，这个问题在欧亚草原考古研究中也出现过。欧亚草原考古的早期研究中，斯基泰文化一直是早期游牧文化的代表。斯基泰三要素“发达的武器、马具和动物纹装饰”也闻名于世，欧亚草原地区很多早期游牧文化都曾被纳入斯基泰文化体系中。后来学者们意识到斯基泰文化只是分布在黑海北岸地区，“斯基泰”著名的原因一是在很早就发掘了斯基泰人的大型墓葬，出土了大量精美的青铜器和金器；二是希腊历史学家希罗多德在其所著的《历史》[35]一书中，对斯基泰人有较为详细的描述。实际上“斯基泰文化”并不能涵盖欧亚草原地区的其他早期游牧文化，欧亚草原各地也都存在自身特

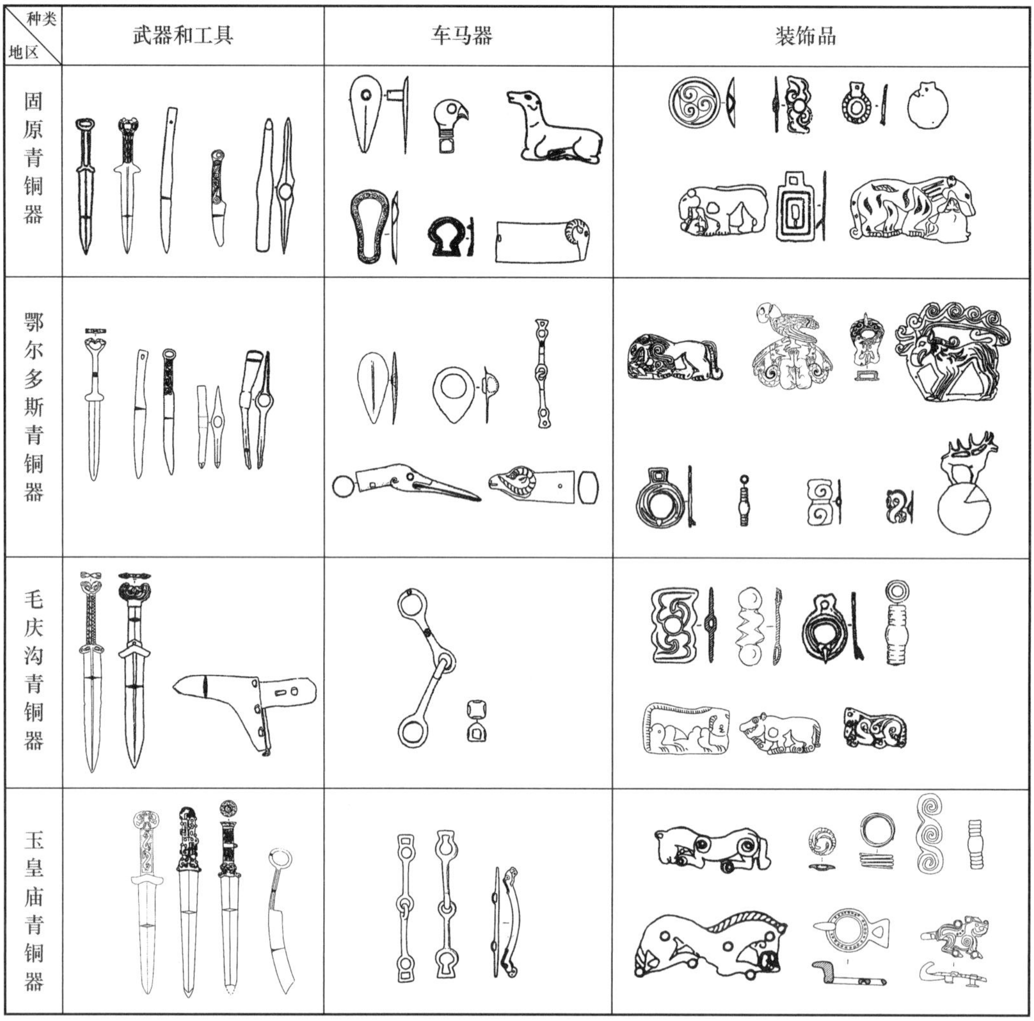

种类 地区	武器和工具	车马器	装饰品
固原青铜器			
鄂尔多斯青铜器			
毛庆沟青铜器			
玉皇庙青铜器			

图四　春秋中期到战国末期的北方系青铜器

色的青铜文化。因此，从“斯基泰文化”到“欧亚草原早期游牧文化”的转变也经历了与“鄂尔多斯青铜器”到“北方系青铜器”类似的过程。

洛雷斯坦青铜器也经历了同样的演变过程。在这里出土了大量的青铜器，于是把这些器物命名为“洛雷斯坦青铜器”。当与周边发现的青铜器进行比较后得知，很多在洛雷斯坦发现的年代较早的青铜器其实是从两河流域传入的。这一地区特有的不见于其他地区的青铜器的年代大多在公元前 15 世纪之后，这些器物才能够称之为“洛雷斯坦青铜器”。

虽然“北方系青铜器”或“北方青铜器”在一定程度上体现了中国学者观察和研究的角度，可能有国外学者认为这一术语有中原或中国中心论的嫌疑，但实际上很多国外学者在研究这一区域的时候也会使用“Northern Belt”或“Northern Zone”[36]，与我们所说的北方地带含义基本一致，而且中国北方地区青铜文化在欧亚大陆草原地带有举足轻重的地位[37]。

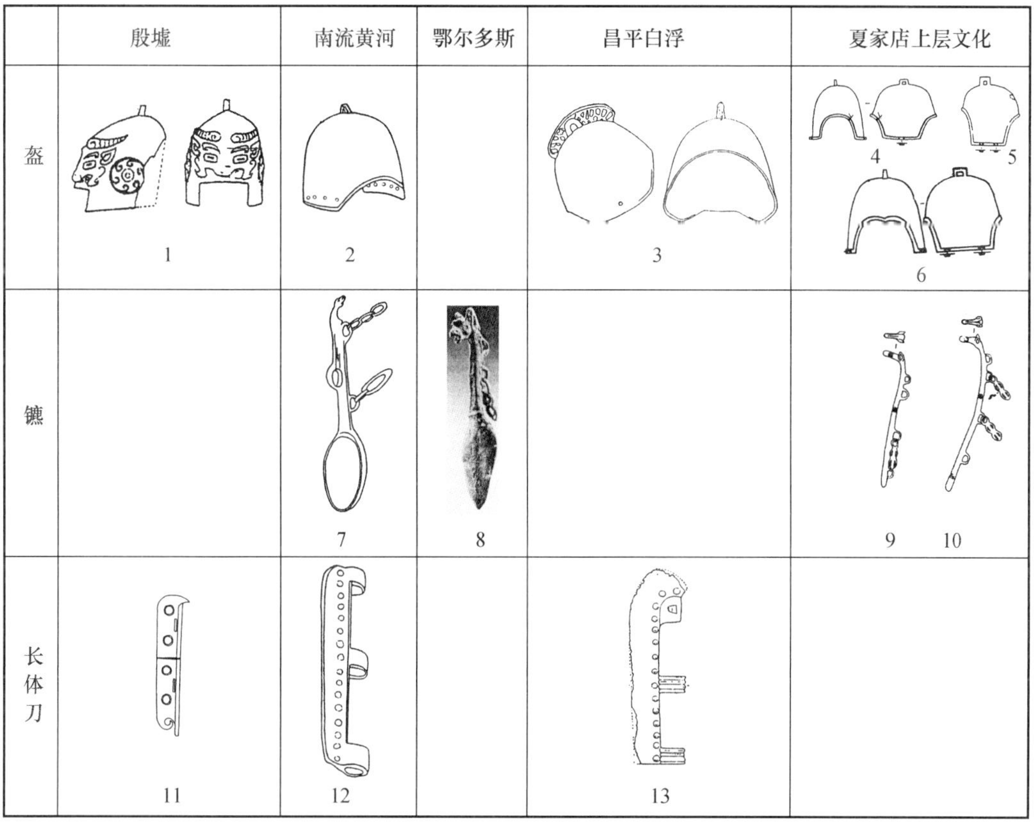

	殷墟	南流黄河	鄂尔多斯	昌平白浮	夏家店上层文化
盔	1	2		3	4 5 6
镳		7	8		9 10
长体刀	11	12		13	

图五 商周时期北方系青铜器的传承和发展

当然林沄先生也认为“北方系青铜器”是在认识过程中产生的一个相当笼统的概念，北方各地因不同的历史传统和不同的外界影响在共性之外都有一定的差异性。随着资料的丰富和研究的深入，北方系青铜器与以曲刃剑为代表的东北系青铜器仍然区分明确，但是河西走廊与新疆地区出土的早期青铜器与齐家文化的青铜器有着密切的联系，它们与北方系青铜器是什么关系还需要更多的考古资料来讨论。“北方系青铜器”作为特定的考古学发展阶段的概念，也许会被更加符合新的考古发现的术语所取代。

注 释

[1] J. G. Anderson. Selected Ordos Bronzes. *Bulletin of the Museum of Far Eastern Antiquities*, 1933 (5).

[2] 江上波夫、水野清一：《内蒙古长城地带》，东方考古学丛刊，乙种第一册，1935年。

[3] 李逸友：《内蒙古和林格尔县出土的铜器》，《文物》1959年第6期。

[4] 郑隆：《大青山下发现一批铜器》，《文物》1965年第2期。

[5] 盖山林：《内蒙古自治区准格尔旗速机沟出土一批青铜器》，《文物》1965年第2期。

[6] 田广金：《桃红巴拉的匈奴墓》，《考古学报》1976年第1期。

[7] 田广金、郭素新：《内蒙古阿鲁柴登发现的匈奴遗物》，《考古》1980年第4期。

[8] 塔拉等：《呼鲁斯太匈奴墓》，《文物》1980年第7期。

[9] 伊克昭盟文物工作站等:《西沟畔匈奴墓》,《文物》1980 年第 7 期。

[10] 内蒙古博物馆等:《内蒙古准格尔旗玉隆太的匈奴墓》,《考古》1977 年第 2 期。

[11] 内蒙古文物考古研究所:《内蒙古朱开沟遗址》,《考古学报》1988 年第 3 期。内蒙古文物考古研究所等:《朱开沟——青铜时代早期遗址发掘报告》，文物出版社，2000 年。

[12] 田广金、郭素新:《鄂尔多斯式青铜器》，文物出版社，1986 年。

[13] 田广金、郭素新:《鄂尔多斯式青铜器的渊源》,《考古学报》1988 年第 3 期。

[14] 田广金、郭素新:《鄂尔多斯式青铜器的渊源》,《考古学报》1988 年第 3 期。

[15] 田广金、郭素新:《再论鄂尔多斯式青铜器的渊源》,《内蒙古文物考古》1993 年第 1、2 期合刊。

[16] Lin Yun. *A reexamination of the relationship between bronzes of Shang culture and of the Northern Zone*, *Studies of Shang Archaeology*. New Haven and London: Yale University, 1986: 237-273.

[17] 林沄:《商文化青铜器与北方地区青铜器关系之再研究》,《考古学文化论集》(一)，文物出版社，1987 年，第 129 ~ 155 页。

[18] 梅原末治:《古代北方系文物の研究》，星野书店，昭和十三年（1938 年）。

[19] 梅建军:《"北方系青铜器"：一个术语的"诞生"和"成长"》,《中国冶金史论文集》(第五辑)，科学出版社，2012 年，第 3 ~ 16 页。

[20] 田广金:《中国北方系青铜器文化和类型的初步研究》,《考古学文化论集》(4)，文物出版社，1997 年。

[21] 乌恩:《殷至周初的北方青铜器》,《考古学报》1985 年第 2 期。李刚:《中国北方青铜器的欧亚草原文化因素》，文物出版社，2011 年。

[22] 三宅俊彦:《中国北方系青铜器文化の研究》，国学院大学大学院，东京，1999 年。

[23] 林沄:《早期北方系青铜器的几个问题》,《内蒙古文物考古文集》，中国大百科全书出版社，1994 年。

[24] 林沄:《夏代的中国北方系青铜器》,《林沄学术文集》(二)，科学出版社，2002 年。

[25] 林沄:《中国北方长城地带游牧文化带的形成过程》,《燕京学报》新十四期，2003 年。杨建华:《春秋战国时期中国北方文化带的形成》，文物出版社，2004 年。乌恩岳斯图:《北方草原考古学文化研究》和《北方草原考古学文化比较研究》，科学出版社，2008 年。

[26] 目前针对河西走廊地区青铜文化是否应该纳入"北方系青铜器"的范畴还存在争论，见梅建军:《"北方系青铜器"：一个术语的"诞生"和"成长"》,《中国冶金史论文集》(第五辑)，科学出版社，2012 年，第 3 ~ 16 页。

[27] 杨建华:《商周时期中国北方冶金区的形成——商周时期北方青铜器的比较研究》,《边疆考古研究》(第 6 辑)，科学出版社，2007 年。

[28] 乌恩:《论夏家店上层文化在欧亚大陆草原古代文化中的重要地位》,《边疆考古研究》(第 1 辑)，科学出版社，2002 年。

[29] 杨建华:《夏家店上层文化在中国北方青铜器发展中的传承作用》,《边疆考古研究》(第 7 辑)，科学出版社，2008 年。

[30] 梁思永、高去寻:《侯家庄（安阳侯家庄殷墟墓地）》第五本，1004 号大墓，"中央"研究院历史语言研究所，1970 年。

[31] 北京市文物管理处:《北京地区的又一重要考古收获——昌平白浮西周木椁墓的新启示》,《考古》1976年第4期。

[32] 刘国祥:《夏家店上层文化青铜器研究》,《考古学报》2000年第4期。

[33] 杨建华:《夏家店上层文化在中国北方青铜器发展中的传承作用》,《边疆考古研究》(第7辑),科学出版社,2008年。

[34] 乌恩:《朱开沟文化的发现及其意义》,《中国考古学论丛》,科学出版社,1995年。

[35] 希罗多德:《历史》,商务印书馆,2005年。

[36] William Watson. *Cultural Frontiers in Ancient East Asia*. Edinburgh university press, 1971.

[37] 乌恩岳斯图:《北方草原考古学文化研究》,科学出版社,2007年。

非战之兵——青铜时代兵器的特殊现象

石　岩

（黑龙江大学）

兵器，杀器也，顾名思义是用来作战的用具，它应该用在战场上，带着冷酷，带着血腥，具有威慑的力量。兵器的强弱，代表着军事力量的强弱，是战争的物化表现，它代表国家的实力，代表了一个国家在当时的话语权。故而《左传》中有说："国之大事，在祀与戎"。兵器不仅可以反映出技术的进步和社会经济形态的变迁，同样也可以直观的表现人们意识形态领域的一些反映。

正是因为兵器的重要，兵器远远超出了其作为器具的层面，其属性得以扩展，使它具有了战争中杀伤功能以外的非战属性。从兵器的非战属性来看，主要表现在两个方面。

一、兵器的礼仪化属性

一些被赋予了特殊的象征意义的兵器类型被特定阶层的成员所垄断，它在某种程度上成为一种身份的标识。我们在考古中会发现，有些兵器不只是冰冷的杀人工具，还有精致的花纹、繁复的造型。这类兵器，不仅有尖锋利刃，还具有神秘、庄严、狞厉等不同内涵的精致花纹装饰，具有另类的艺术魅力与神秘的震慑力。这类兵器的杀伤属性下降，更多的是特定身份之人表明其身份及仪式上用来彰显王权威仪的用具。

夏代的兵器是否具有这类的性质还不清楚，但至少在早商时期人们就已经在意识中产生了以武器来代表地位和权势。

（一）商代兵器的礼仪化

商代的兵器超越了兵器本身的范畴，被赋予了礼仪和身份的功能。商代能够表现一个人的身份地位的兵器主要表现在器形、构造与纹饰等方面，有的还体现在数量上。

1. 特殊种类的兵器

先秦时期等级森严，等级不同，所享礼也不同。《左传 庄公十八年》："名位不同，礼亦异数。"能够表现身份的形式有很多，但是因身份不同而使用的兵器有所差别的现象在商代是最早体现，也是表现最为明显。从早商二里岗文化时期就已经显示出这种差别，到了商代晚期这种等级差异则表现的更加突出。

商代兵器的出土基本上来自于墓葬，最能体现这种等级差别的兵器是钺和大刀。

从商代墓葬中出土的兵器组合中我们可以看到，钺并不是商代的常规武器，它的存在有一定的限制。商代的钺有大钺和小钺两种不同的体量，大钺都是出自高级贵族的墓葬中，同出的有成套的礼器。商代晚期大钺的刃部有磨损痕迹，说明此时的钺还具有实用性。这类大钺的装饰纹样也有一定的规律性，一般都会装饰精致华丽的纹饰，钺身主体经常饰以张口的兽面、龙、夔、虎等类神兽。突出表现的是威严与震慑。这种偏于装饰与美化的现象也更进一步的显示出其象征性高于其实用性。钺作为礼仪用器在古文字中也有明证。甲骨文与金文中的“王”字即为钺的象形，《太平御览》卷三四一引《字林》：“钺，王斧也。”说明了斧钺与王权的关系。不论是商代文字中以“钺”为“王”还是西周文献中所记武王秉钺出征，都体现出钺作为最高统治者的权杖的作用。

大刀作为礼器出现的年代略晚，在殷墟二期时出现，从这种刀的出土情境来看，这种刀出土数量少，目前有妇好墓、大象墓、辉县琉璃阁 M150 等，均为随葬品丰富的高级贵族墓，这种装柄大刀往往都会伴出青铜礼器和大量青铜兵器，有的还随葬具有权杖性质的大型铜钺，如妇好墓、花园庄 M54、郭家庄 M160、戚家庄 M2691 等，反映出这类墓葬的主人是具有高级军事指挥权的统帅。

妇好墓及花园庄 M54 等晚商墓葬中所出窄直柄刀装饰非常华丽，刀体宽大，两侧有精美的纹饰，刀背有扉棱。从出土的位置看，殷墟 M186 中出有 3 件这种刀，M186 是祭祀坑，其中一件放置在木俎上，从金文上看，有这种刀的象形字与俎组为一字的现象，因此其功用应该是用于宰杀、切割祭牲。吕学明认为这种刀就是文献中所记载的“鸾刀”[1]。鸾刀是古代一种用于祭祀等重要场合的刀，《礼记·郊特牲》中记载，“而鸾刀之贵，贵其义也，”说明鸾刀的尊贵在于其专门用于祭祀。

卷头刀在商墓中出两件的有三座墓，并同出两件或三件铜钺，刀与钺的形制较大，制作精细。因此刘一曼认为它不仅是武器，而且是“明贵贱、辨等列”的礼器[2]。

2. 常规武器也可作礼仪用器

一般来说，常规武器以实用为主，基本上素面无饰。但是考古发现有少部分常规武器表现得比较特异。以戈为例，部分戈的内与援上作了精致的装饰，曲内戈内部的华丽的纹饰，镂空的装饰花纹，多变的歧冠，直内戈援与内的精细纹饰，等等，这些装饰性的部件的出现与实用功能相左甚至会影响到其功能发挥，显然这种装饰是对其实用功能的弱化和否定。部分戈援上施加的繁缛的纹饰，显然与兵器的实用性能不相吻合，显示其非实用性。在戈内部或矛骹等部位做过度装饰，以昂贵或罕见的附加物质装饰。上述种种现象显然跟兵器的实用性能发生冲突，它们是少部分高级贵族才有权力拥有，具有彰显身份的作用。

3. 以大数量和多种类彰显身份

即使常规兵器在用于随葬的时候也能显现出表明墓主人身份的作用。商代无论哪个层次的参战者都有以兵器随葬的现象，但是在种类和数量上却等级分明。低级贵族和低级官吏一般随葬几件兵器，多为戈、矛、镞中的两种，普通士卒一般随葬戈、矛、镞中的一种，但是在一些大中型墓葬中，即使随葬的青铜兵器是戈、矛和镞，却在数量还是种类上占绝对优势，数量从数十件至数百件，甚至上千件，这种规模也非一般人群所能拥有，同样显示权力与财富的占有。

上述种种，只是商王朝对统治权力进行多层次分配的具体手段中的一部分，目的是借此实现一种理想的政治秩序的建构。

（二）西周的礼仪兵器

西周时期兵器仍有部分代表了礼仪与身份，在一些大型墓葬中，兵器种类较多，但在具体兵器的种类上与商代有所变化。

西周时期青铜钺出土数量骤减，出土钺的墓葬皆为比较大型的墓，墓主身份为诸侯级的贵族。次一级的高级贵族及高级将领也有执钺的资格，如虢季子白盘中有："赐用钺，用征蛮方"等。从制作工艺上来看，更受到重视的是它的形制上的威严与华丽，实用性则不受到重视。而且从出土钺的墓主人身份上可以推断，钺仍然代表着权力、地位，对于钺的使用权的获得更加严格。从装饰手法上与商代有所区别，西周时期的钺注重在钺身两侧装饰立体的龙纹或近似龙纹，以及半环形大张口的龙或虎的銎口装饰。西周的直内钺仅保留了其象征性功能，实用功能基本丧失。尽管商周青铜钺装饰的主题和方法有所不同，但同样的都是要表达一种权力和威严的意图，为的是强调所具有的威势和高高在上的地位。

兵器上的纹饰，是当时统治阶层通过这种种现实中不存在的形象，将其赋予神灵化，并通过在兵器上的这种表现形式，将神灵所具有的神秘力量渗透到人的身上，从而达到在一种诡异、肃穆、森严的宗教氛围中，统治阶层实现对既有权力的确认与强化。

晚商的大刀在西周早期还偶尔发现，在鹿邑太清宫 M1 中曾出土 2 件，一件窄直柄带棱脊，形制与商代基本相同，此刀被折为三段，分别与不同礼器摆放在一起，另一件卷锋有銎刀，与晚商形制也基本一致。这类刀中期之后就再不见。晚商时的在戈、矛等兵器上作镶嵌绿松石等装饰手法在西周未见。

西周早期新出现了一种扁茎剑，这种新式兵器有的上面有纹饰，制作精美，特别是剑鞘造型很别致。这类剑比较集中的出土在陕西西部，均出自贵族墓中，代表了一定身份和地位的人才能有资格拥有。

这些迹象表明，西周早中期兵器仍然有等级之分，但礼仪化的程度有所减弱，要远低于商代。

春秋开始，周王室与诸侯、卿大夫阶层之间权力的消长，令基于等级制度的西周礼制产生的束缚力日渐衰退，列国在祭祀礼仪的规格上已经不再遵守过去的规定，经常会有违背与僭越，春秋时期的周礼已经处于崩清边缘，而战国则彻底走向了礼崩乐坏的境地。这种变化使得延续近千年的兵器的礼仪功能逐渐退化。

二、兵器的明器化

所谓的明器，也称为“冥器”，它是专为随葬而制作的器物。《礼记 檀弓上》记载：“夫明器，鬼器也”，一语道破其内涵。明器是社会发展到一定阶段，人们的思想观念发生了变化。从最初的以实用器带入死后的世界，逐渐变化为专业地为死去的人制作的物品。林沄指出，先秦文献中的“明器”可以泛指墓葬中的随葬品，也可以指和生者之器有别而不可用的器物。[3]

以兵器随葬的习俗在夏代二里头文化中就有，甚至还可以追溯到更早。二里头重要的兵器主要来自墓葬，如战斧、戈、镞等。这些随葬的兵器从形制上与遗址中发现的相同，应该是实用器。

商代的墓葬中随葬的青铜兵器有部分兵器质地轻，工艺明显比同类器粗糙，跟其他兵器差异较大，这类兵器显然不具备实用的功能，因此这类器应该是专门用来随葬而制作的器物，即“明器”。

最早的青铜兵器明器化始于何时，以前认为是开始于殷墟文化第二期，但刘一曼提出兵器的明器化应该始于殷墟一期[4]，她认为 59WGM1：14 曲内戈质地轻薄，纹饰模糊，可能是明器。

从殷墟二期开始，墓葬中兵器明器化的数量开始有所增加。基本上可以辨识的都是戈。之后，兵器的明器化现象比较常见，而且有的还以铅制兵器来替代青铜。

商代因为戈这种兵器出土数量多，我们可以很清楚地观察到其中有关明器戈的造型及工艺的特征。这种明器化的习俗最早只是存在于戈这种器物，慢慢波及其他兵器。在晚商时期，钺 、矛、大刀等都出现了明器化现象。

通常明器有以下几个特点：

（1）比通常的实用器体量小。宝鸡強国墓地的墓葬出土了较多的明器戈，个体很小，制作粗糙，显然不具备实用功能。如竹园沟墓地出土了 14 件戈，22 座墓葬中有 13 座出有这种明器戈。这类戈直内，无胡，通长 7.5 ~ 8、内长 2.3 ~ 2.5、内宽 1.3 ~ 1.7 厘米。出土位置少部分在墓主头端棺椁之间或棺盖上，多数放置在棺内墓主人腰腹部。

（2）人为改变兵器的形状。对于兵器形体的人为改变也是明器的特点之一。墓葬中毁器的习俗在商代曾发现过，但能够比较确认的是对陶和铜容器之类的行为[5]，出土兵器的类似情况在殷墟墓葬中也有，如妇好墓近半数铜戈内部均遭折损，但并不能肯定判断是人为还是自然形成的。对兵器的折毁主要是西周时期对戈的行为，在西周墓中可以看到铜戈的人工变形，人们会把随葬的戈折弯或截断，毁坏的主要是具有杀伐部分。这种人为对兵器损毁不只是对戈，对矛、戟、剑、刀、钺及镞等也都有同样的行为，只是没有戈这么普及。沣西发掘的墓葬中，14 座墓葬共出铜戈 16 件，多数都有折断或者弯曲[6]。同样的情况在洛阳北窑墓葬中也发生，发掘者统计，无论是戈矛或剑戟，均已被毁，“比重达 95% 以上”[7]。毁兵习俗从西周初年出现，贯穿整个西周时期。直到东周时期，这种情况仍然还有所保留，如山西侯马上马东周墓地，共计出土铜戈 27 件，其中大多数在出土时已经残断或者弯曲。推测是西周丧葬习俗的遗风。这种对随葬兵器的人为变形行为虽然具体代表什么还没法定论，但这种习俗是以丧葬为前提是确定无疑的。

（3）制作粗糙。宝鸡竹园沟 BZM19 出土一组 6 件明器戈，通长 6.8、内长 2、内宽 1.4 厘米，6 件放置在一起，铸痕明显，戈身周边毛碴尚未打磨。商代明器戈以曲内戈为多，曲内是商戈中最重装饰的，早在二里头时期发现的曲内戈就在弯曲的内部装饰花纹，殷墟时这种风气更甚，不仅流行花纹，而且很多作出立体镂空式的装饰。这可能也是为什么明器戈要多选自这种曲内戈。曲内的明器戈多数也有纹饰，例如安阳大司空 M43：4[8]，内尾方折，内后段立鸟简化为方折形，后缘上的鸟冠简化为两个小刺，内上无纹饰。器体轻薄，厚仅 0.1 厘米左右，制作粗糙。这种戈在晚商时成为明器戈的主流。

（4）朴素无纹。明器化的兵器除了少部分在纹饰上仍保留比较清楚的痕迹，多数只余简化的线条，更多的是素面无纹。殷墟郭家庄 M160：59[9]，出土两件卷锋大刀，形制相同，大小相近，均素面。通长 33 厘米，刀锋向后弯卷近方折，背部较薄，内上四穿靠锋的穿未透，说明这类刀并未装柲，是作为明器随葬的。同样的，殷墟戚家庄 M269 中所出 2 件素面卷锋刀作为明器。

（5）拟古。中山王厝墓中所出青铜礼器具有复古的倾向，中山王墓二号车马坑 CHMK2：13[10]，钺身扁宽，长方形内上无穿，在内后段饰夔纹，钺身上端饰夔纹，夔纹下装饰三角纹，钺身中部有一大圆孔，圆孔下有 15 字铭文，从钺上的铭文来看，它是中山王的仪仗用品。战国时期青铜钺已经很少见，这件钺与西周钺的形制不同，有仿商钺的风格，长方形内上无穿，显然不具备实用功能，应是专门为随葬所制。

除了上述特征，商周时期还有部分以铅来代铜制作的兵器明器。

先秦时期在丧葬形式上采用明器有很深远的原因，透过这些原因，我们借以推测为什么在商周时期的墓葬中会用明器兵器随葬。

最早用明器来随葬，刘一曼认为在殷墟一期晚段已经有明器化的兵器，在殷墟文化二期的时候，出现了铜礼器的明器。到了殷墟四期，随葬兵器的明器已经比较普遍。对于出现这种情况的原因，人们有不同的认识。归结最后，应该是人们的意识形态发生了变化。商代是一个崇拜鬼神的朝代，以大量的随葬品陪葬，是商人对神鬼的敬畏。在他们的观念中“尊神、尚鬼、重刑。”《礼记·表记》记载：“殷人尊神，率民以事神，先鬼而后礼，先罚而后赏”，但是随着社会的发展变化，人的意识形态也发生了转变，这点可以从商代的甲骨卜辞中寻找点线索。武丁时期商王对祖先、神灵的祭祀非常隆重，用人、用牲数量很大，但到了帝乙、帝辛时期，这种祭祀用人和用牲数量显著减少，可能代表着商人的观念发生了转变。当时的人们已经不再像早期那样尚鬼重神，受此影响，人们为死者的陪葬的器物也简化。

以明器兵器来随葬也不排除与墓主人的财力有一定关系。因为最早使用明器的是比较小墓的墓主，商代铜贵，大约财力不足，才以其他方法来补不足。因此，至少有一部分人可能是因为财力不足才采取这种办法。

兵器的这些非战属性是青铜时代的一种特殊现象，当时的青铜兵器的地位仅次于青铜礼器，在人们的政治、社会生活中同样占有重要地位。在某些方面，兵器已经超越了它的物质形态，它被赋予了可以标识身份、地位、职业等作用的新的意义，成为一种具有标识和象征意义的具备礼器性质的器物。同时，兵器在某些层面上也能反映出青铜时代人们的精神、意识和思想，比如随葬兵器的明器化以及毁兵习俗等现象，即使现在还有不同的认知，但可以确认的是这种人为的现象反映出的是青铜时代人们的意识形态中的某种特殊意义。

注 释

[1] 吕学明:《鸾刀考》,《边疆考古研究》(第14辑)，科学出版社，2013年第2期。

[2] 刘一曼:《殷墟青铜刀》,《考古》1993年第2期。

[3] 林沄:《周代用鼎制度商榷》,《林沄学术文集》，中国大百科全书出版社，1998年。

[4] 刘一曼:《安阳殷墓青铜礼器组合的几个问题》,《考古学报》1995年第4期。

[5] 郜向平:《商墓中的毁器习俗与明器化现象》,《考古与文物》2010年第1期。

[6] 中国科学院考古研究所:《沣西发掘报告》，文物出版社，1963年。

[7] 洛阳市文物工作队:《洛阳北窑西周墓》，文物出版社，1999年。

[8] 中国社会科学院考古研究所:《安阳大司空——2004年发掘报告》，文物出版社，2014年。

[9] 中国社会科学院考古研究所:《安阳殷墟郭家庄商代墓葬——1982~1992年考古发掘报告》，中国大百科全书出版社，1998年。

[10] 河北省文物研究所:《厝墓——战国中山国国王之墓》，文物出版社，1996年。

“先周文化”探索的再思考

王立新

（吉林大学边疆考古研究中心）

自20世纪30年代苏秉琦先生发掘陕西宝鸡斗鸡台沟东区墓葬[1]以来，探索灭商前姬姓周人所使用的文化已走过了80多年的历程。目前学界之所以普遍将探索的重点锁定在陕西关中西安以西地区（以下称关中西部地区），乃是因为文献记载和考古发现可以相互印证，晚商时期的殷墟文化主要是被源自关中西部地区非商的土著文化所取代，而周原与丰镐遗址很有可能分别是公亶父所迁的岐邑及文王所作的丰京与武王所都的镐京之所在。尽管取得了上述共识，但是，关中西部除商文化之外，迄今已发现和确认的却有碾子坡文化、刘家文化、孙家类型、郑家坡文化、黑豆嘴类型、枣树沟脑遗存等多种。判断其中哪种遗存可能属于姬姓周人所使用的文化，仍是众说纷纭，莫衷一是。本文即拟在归纳总结关中西部地区晚商时期遗存的种类及性质的基础上，检讨以往关于“先周文化”探索中出现的若干问题，并尝试提出解决相关学术问题的一点思路。

一、关中西部地区晚商时期遗存的分类及过渡期遗存的提出

关中西部地区的商时期文化中，邹衡先生命名的“京当型”[2]，其文化性质的归属学界几无疑义。而与周族或姬姓周人相关的文化，尽管在分类、年代与族属判断上还存在一定的争议，但诸家的讨论基本不超出碾子坡文化、郑家坡文化、刘家文化与孙家类型。关于这四种文化或类型的分期、年代、特征、分布等基本问题，张天恩[3]、刘军社[4]、雷兴山[5]、宋江宁[6]等先生均进行过细致的梳理。尤其是张天恩和雷兴山先生关于这些基本问题的认识总体上比较接近，已为相当多的学者所接受，渐成主流看法。为便于展开相关问题的探讨，以下先对这四种文化或类型的基本问题作一简单的归纳。

碾子坡文化因长武碾子坡遗址和相关墓葬的发掘[7]而命名。也有人认为其应归属于刘家文化，是后者的一个地方类型[8]。主要分布在泾水中上游的陕西长武、彬县、麟游和甘肃灵台一带。经正式发掘的遗址除碾子坡之外，还包括麟游蔡家河、园子坪[9]、旬邑枣林河滩[10]等。典型陶器包括带鋬或无耳无鋬的高领袋足鬲、分裆袋足甗、腹饰绳纹带的深腹盆、折肩罐、敛口钵等。墓葬以长方形土坑竖穴墓为主，男性流行俯身葬，女性流行仰身直肢葬。早期随葬品甚少，晚期墓葬多有随葬品，随葬陶器以1鬲或1鬲1罐较为常见，且晚期墓流行壁龛。至于碾子坡遗址早期遗存的年代，报告认为

"略早于古公亶父时期，大致与殷墟二期文化的年代相当"，晚期遗存的年代"可能是周人迁岐前夕或稍晚的遗留，……大致与殷墟第三期文化的年代相当"。张天恩、雷兴山先生均认为其早期遗存的年代上限可早至殷墟一期。此期约当雷兴山关于关中西部商时期文化统一分期（以下简称雷氏分期）的第二期，绝对年代大致相当于殷墟一期至殷墟二期偏早。至于碾子坡遗址晚期遗存的年代，本文亦同意雷兴山先生的判断，认为其相当于雷氏分期的第五期，与早期遗存之间有缺环。晚期墓葬中出弧裆鬲者，年代可能已入西周时期。

郑家坡文化是以武功郑家坡居住址[11]出土商时期遗存所命名的一支考古学文化，其典型遗存主要分布在陕西关中西部偏东的漆水河中下游地区，涉及武功、杨陵、乾县、永寿、麟游等县区。经正式发掘的遗址除郑家坡之外，还有武功黄家河[12]、岸底[13]、东坡[14]，以及麟游史家塬[15]等。陶器流行联裆鬲、联裆甗、折肩罐、腹饰印纹带的深腹盆、真腹豆、盆形簋等，亦有少量斜直领分裆鬲及分裆甗。从分期的角度看，偏早阶段的鬲、甗类器比较流行花边装饰，分裆鬲也主要见于偏早阶段。鬲类陶器似乎存在一个联裆作风逐渐普及的过程。该文化墓葬已报道的不多，主要是长方形土坑竖穴墓，葬式为仰身直肢，极少量墓葬中有撒朱砂的现象。随葬陶器多见1鬲或1鬲1罐。至于该类遗存的年代上限，张天恩先生认为可早至二里岗上层时期，雷兴山先生则认为最早可到小双桥期。下限一般认为可至商末周初。王巍、徐良高[16]、宋江宁等先生认为郑家坡文化是由商文化京当型发展演变而来，否认该文化的独立性，实际上既与学者们逐渐认可的郑家坡文化的年代上限不符，也无法解释京当型中大量的非商文化因素从何而来。比较合理的判断是，该文化偏早阶段"在偏南部有与京当型重合和交错分布的现象"[17]。大致在雷氏所分周原商时期第6段（即统一分期的第五期），此类遗存的文化因素扩及宝鸡至西安一线的广大地区，并最终成为这一区域中主导性的文化因素。

孙家类型是以旬邑孙家遗址[18]命名的一个商时期文化类型。同类遗存主要分布在彬县和旬邑两县相邻地区。经发掘的遗址仅有旬邑孙家和彬县断泾（一期遗存）[19]两处。器类有带花边的矮领分裆鬲、斜直领分裆鬲、联裆鬲、高领袋足鬲、有腰隔甗、折肩罐、带印纹带的深腹盆、真腹盘形或钵形豆等。多数器类的陶质陶色、形制、纹饰风格均与郑家坡文化十分接近，即使是其中数量较多的花边矮领分裆鬲，除分裆特点外，整体器形、纹饰特征也与郑家坡文化中的一类联裆鬲颇为相似。张天恩先生将其与郑家坡遗址为代表的遗存均归入他所称的"先周文化"，分别称为"孙家型"与"郑家坡型"。雷兴山同意张天恩关于该类遗存内涵的限定，但赞成将其作为一类相对独立的遗存，称为孙家类遗存。宋江宁则认为孙家、断泾（一、二期）与淳化枣树沟脑遗址出土商时期遗存均可归为一类，称为枣树沟脑类遗存。本文基本同意张天恩先生意见，认为孙家类型（不包括断泾二期遗存与枣树沟脑遗存）总体上可以归入郑家坡文化，作为该文化地域偏北的一个类型。目前所见该类型遗存属于雷氏分期的第二期第3段，年代大体相当于殷墟一期前后。由旬邑枣林河滩遗址的发掘及周边调查来看，该类遗存至晚在殷墟二期之后就退出了旬邑和彬县相邻区域，原有文化分布区被碾子坡文化所占据[20]。

还有两类遗存从陶器组合特征看亦可归入郑家坡文化。一是近年发掘的淳化枣树沟脑遗址出土的商时期遗存，年代大体相当于殷墟二期至四期[21]。据韩辉研究，该类遗存主体特征与“郑家坡类型”接近，也含有少量“孙家类型”“碾子坡类型”，以及源自晋陕间黄土高原地区的文化因素，同时还有一些自身特点[22]。从基本器物组合看，也可归入郑家坡文化。或许代表了该文化的一个地方类型。二是2004年秋周原考古队在周原遗址南缘附近的扶风老堡子发掘所获商时期遗存[23]。此类遗存中既含有商式分裆鬲、分裆甗、假腹豆、小口尊等商文化风格的陶器，又含有与郑家坡文化同类陶器风格一致的联裆鬲、联裆甗、折肩罐、深腹盆、真腹豆。从数量上看，后者要明显多于商文化风格陶器。发掘报告认为这类遗存的特征与壹家堡一期相似，年代也大体相当，主张将其纳入“京当型”商文化。发掘者之一的宋江宁先生认为其中以赵家沟H1为代表的遗存，含有较多花边矮领或斜直领分裆鬲，面貌与孙家类型一致。实际上，此类花边风格的分裆鬲在老堡子其他单位中都有出土，体现出的是郑家坡文化偏早阶段的共同特征。我们认为，依据这类陶器的基本陶器组合，可以将其归入郑家坡文化。这类遗存在京当型商文化分布区中的出现，恰恰表明郑家坡文化偏早阶段在周原及其附近与商文化有交错并存的现象。

至于上文提及的断泾遗址第二期遗存，张天恩先生指出其与孙家类型的文化面貌有较大差异，而与李家崖文化更为接近，“或可称为李家崖文化‘断泾类型’”[24]。但从其常见的陶鬲形态来看，腹部特征为弧腹、微分裆，无实足根，特征近似于孙家类型陶鬲；而领部则多为侈口、矮弧领，也有少量高弧领或高斜直领，特征近似于碾子坡文化陶鬲。属于两种文化因素的融合体。这类陶鬲与李家崖文化习见的曲颈、鼓腹、矮实足根鬲的风格大异其趣。其他如折肩罐、深腹盆等形制也有别于李家崖文化的同类器。因此，这类遗存不宜归入李家崖文化。鉴于目前资料有限，暂称其为“断泾二期遗存”。

刘家文化是以周原遗址范围内的刘家村墓地[25]为代表性遗存所命名的一支考古学文化。主要分布于陕西周原以西的关中西部地区，也涉及甘肃东部的平凉、庄浪、会宁和宁夏南部的隆德等县区。经发掘的遗址或墓地不多，除刘家外，还有宝鸡纸坊头[26]、高家村[27]等几处。但零星发现该类遗存的地点已有60多处[28]。墓葬多见偏洞室墓和带头龛的土坑竖穴墓，个别为土坑竖穴墓。随葬品多见双耳高领袋足鬲和带单耳、双耳或腹耳的高领圆腹罐，也见有少量带鋬或无耳无鋬的高领袋足鬲、折肩罐、圆腹罐，且鬲、罐在一墓中可出多件。墓内或填土中多发现有石块。从纸坊头居住址中出土器物看，与墓葬中出土器物种类大体相同。张天恩先生将该文化上限年代断在二里岗上层或稍早阶段，基本可信。该文化自早至晚存在自西向东发展的趋势，大致于殷墟二期商文化退出之后进入周原地区。

至于雷氏所分关中西部商时期第五期遗存的性质，需要重点加以辨析。此期包括了居址类遗存中以沣西H18为代表的遗存、周原第6a（王家嘴地点）与6b（礼村H8为代表）段遗存、周公庙遗址第1与第2段、孔头沟遗址第1与第2段、壹家堡遗址第4段、蔡家河遗址第4段、纸坊头遗址第2段、岸底遗址第5段，以及墓葬类遗存中的周原刘家墓葬第4段、王家嘴第4段部分墓与第5段、贺家第3段、高家村第3段，斗鸡台先周期墓葬多属此期。此外，沣西、碾子坡、北吕、西村、周公庙、黄家河等地点也均发现有此期墓葬[29]。其中周原、周公庙与孔头沟居址遗存被细分为两段，并无层位依据，而且高领袋足鬲等典型器物的形制也无显著差别。雷氏之所以将其区分开来，主要是考虑两段单位中虽然都含高领袋足鬲与联裆鬲，但各自所占的比重不同，即由早段的高领袋足鬲数量远多于联裆鬲，发展到晚段联裆鬲数量超过高领袋足鬲。其实，这样的细分是没有根据的。近来宋江宁就主张将此期细分的两段加以合并，并指出其年代为商末周初，这是很有道理的。至于此期遗存的文化属性，学者看法不一。以往张天恩先生将其中除碾子坡文化晚期（约当雷氏分期的碾子坡遗址晚期、蔡家河遗址第4段）和刘家文化晚期（约当雷氏分期的刘家墓葬第4段、纸坊头遗址第2段、高家村墓葬第3段）遗存之外的大部分遗存视为他所称的“先周文化”，认为此时的“先周文化”已扩展到关中地区的大部。而雷兴山先生虽然从中新区分出了以沣西H18、礼村H8为代表的“沣西类”遗存和以贺家第3段、斗鸡台先周晚期墓为代表的“西村类”墓葬，承认其中大量吸收了郑家坡文化的因素，但仍然坚持认为，这两类遗存与周原第3～6a段可一同划归碾子坡文化，是碾子坡文化在晚期与郑家坡文化逐渐融合的发展结果。由周公庙1、2段之间与孔头沟1、2段之间的变化，结合墓地结构分析，他还认为这种由高领袋足鬲为主的遗存向以联裆鬲为主的遗存转变，并非是人群之间的替代，而是同一地点同一人群文化渐变的结果。至于不同地点不同人群中所出现的同步变化，雷先生认为是碾子坡文化在发展过程中与其他文化融合程度不断加深的结果，而这种以碾子坡文化为主体所形成的融合型文化，是丰镐地区西周文化的直接前身，因而可以将碾子坡文化视为姬姓周人所使用的文化，最终也可称之为“先周文化”。

实际上，雷氏所分第五期遗存的面貌和文化性质是非常复杂的。虽然此期在关中西部的多个地点均出现了两种或两种以上文化因素在同一居住址中共存，原属两种文化葬俗的墓葬在同一墓地并存的一致性现象，但具体到不同遗址或墓地，各类文化因素所占的比重又有所不同。例如被雷氏归入周原遗址第6a段、周公庙遗址第1段、孔头沟遗址第1段的居址遗存，带鋬或无耳无鋬高领袋足鬲数量明显要多于联裆鬲，若以主要文化因素为依据，虽然可以归入碾子坡文化，但也毕竟融入了较之前各段遗存更多的郑家坡文化因素。而被雷氏归入周原遗址第6b段、周公庙遗址第2段、孔头沟遗址第2段的居址遗存中，虽然联裆鬲、联裆甗等郑家坡文化因素的比重占据了重要地位，但毕竟仍含有一定数量的高领袋足鬲等碾子坡文化的因素。这后一类遗存，文化面貌既有别于典型的郑家坡文化，又有别于丰镐地区的西周文化，更无法归入碾子坡文化。何况正如雷兴山先生所言，周原第五期居址的这两“段”遗存，所对应的墓地应当就是王家嘴第4段部分墓与第5段、贺家第3段墓葬，其典型特征就是随葬高领袋足鬲与随葬联裆鬲的墓葬同时并存于同一墓地之中。甚至此类墓地在刘家文化分布的核心区也有出现，斗鸡台先周晚期墓地即是。与此同时，碾子坡文化、刘家文化、郑家坡文化在其原有的核心分布区内依然存在延续其自身主体文化因素的遗存，但也都或多或少地接受了其他文化的一些因素。这样的一种变化，始自周原，而逐渐扩及周边，形成了一种由多元文化并行到相互融合的一个文化发展趋势。综上，鉴于雷氏所分第五期遗存在较大范围中呈现出来的交融性及结构上的非稳定性，我们主张将此期遗存总体上视作关中西部商周之际的“过渡期”遗存。

关中西部地区商时期的多元文化为何会在商周之际呈现出一种交融和整合的发展趋势？从此期区域内聚落形态的变化中可以窥见端倪。从雷兴山、宋江宁先生关于关中地区区域聚落与社会发展演进的分析来看，虽然从殷墟一期前后该区域非商文化的分布区中就已经出现了规模较大的中心性聚落，且出现有随葬青铜礼器的墓葬（如史家塬与郑家坡），表明非商文化的人群中也出现了社会分层现象。但从已有的资料尚难看出一种区域社会的整合。殷墟二期之后，伴随商文化势力的退出，刘家文化、碾子坡文化与郑家坡文化的遗存几乎同时出现于周原遗址及其附近（详后），表明周原已经成为一个含多个来源不同的人群的地缘性社会。不过，此时的周原是否已成为区域社会的中心，其内部人群结构和社会结构如何尚不清楚。但至雷氏所分的第五期（宋江宁所分第六期与此大体相当）即商周之际，关中西部地区的聚落已经出现了明显的层级化：最大的聚落是周原，从调查看，此期遗存的分布面积大致有500万平方米[30]。有迹象表明，此期该聚落中已经出现了大型夯土建筑和专业化的手工业作坊。周原以西，沿岐山南麓，相继出现了孔头沟、周公庙、劝读、水沟等数处区域性的中心，它们相互之间距离均在10千米左右，且面积也均在100万～200万平方米上下。另据近年调查，在渭河北岸的台塬一带，以及渭河北岸与岐山南麓之间的漳水及其支流两岸，也存在若干这样的次级中心聚落[31]。此期的丰镐遗址应当也已成为一处中心性或次级中心聚落，但可惜的是，此期遗存在丰镐聚落中的分布及相关情况并不清楚。在次级中心之下，还有大量中小型的聚落。这样的一种区域聚落形态的出现，表明该区域内已经建立了统一的政治秩序。文献记载同样反映出这样的变化。经过王季、文王两代的不断征伐和向周边开拓，至文王时其地位已为商王朝所认可，被封为西伯，成为西土“诸侯”的领袖。《论语·泰伯》称此时的周邦已“三分天下有其二”，虽系夸大之词，但从关中西部地区此时聚落形态的变化及其涉及区域的范围看，至少关中的大部分地区可能已经纳入了这一统一的政治秩序。在此期商文化分布区中，除了商王朝的核心区——豫北以安阳为中心的地区，已经看不到规模可与关中地区相匹敌的政治力量了。所以，结合聚落形态变化和相关文献记载可以了解到，此期关中西部地区原有的考古学文化分布格局被打破，文化面貌趋于相互交融乃至逐渐整合，正是缘于该区域在晚商偏晚阶段所发生的重要变革，并在政治上逐步走向统一的结果。这是由区域社会的整合导致文化整合的又一个例证。

二、以往研究中存在的主要问题

李伯谦先生曾说，导致“先周文化”探索歧见纷呈，“这里既有材料尚不够充分的问题，也有理论、方法方面的问题”[32]，这是很有道理的。具体来说，材料方面的问题可能还包括了三个方面：其一，有关周人先世活动的相关记载少而零散，以至于对其不同时间的活动地域、居邑所在、迁徙过程等重要问题的把握相当困难。其二，尽管考古学上对于先周期遗存的探索已有八十余年的历程，但是材料的积累仍然不足。像周原、丰镐这样的遗址，虽然已能初步判断为周人灭商前的重要都邑，但是针对先周期遗存所开展的工作仍然相当有限。其三，与探索“先商文化”不同，与周人早期活动密切相关的关中西部地区，至少从二里岗上层阶段开始，已有多种不同性质的遗存在该区域并行发展，尤其是被认为是岐邑的周原遗址范围内就存在多种遗存交错并存的现象，为判定何种遗存与姬姓周人有关增添了相当大的困难。以上三方面问题虽然十分关键，但似乎都属于客观方面的原因，有待今后考古工作的不断推进以补其不足。而李先生所言的“理论、方法方面的问题”，按本文理解，主要属于主观认识方面的问题，至少应当包括以下三个方面：

1. 文化遗存的分类问题。

针对20世纪50年代以前考古学文化命名中出现的乱象，夏鼐先生明确提出了定名原则，并借鉴柴尔德的意见，将“经常地、独有地共同伴出”的“一群具有明确的特征的类型品”作为判断和划分考古学文化的标准[33]。但是，对于这样的一个“群”的内涵大到多大，小到多小，具体如何把握，却并未做出明确的界定。所以此后考古学界所使用的“仰韶文化”与“后冈二期文化”“二里头文化”等绝大多数的考古学文化仍然可以不在同一层面之上。1983年，苏秉琦先生在辽宁朝阳考古座谈会上指出：“要解决考古学文化划分问题，我们的考古学方法论必须向前推进一步”。并就如何划分考古学文化提出了一个原则，即“只有具备某些相对稳定的文化特征、因素、发展序列和它们之间的平行共生关系的代表性材料，并且体现一定的规律性，这种文化类型的存在才是明确的”[34]。1986年，张忠培先生就如何判断“某遗存是类型还是一考古学文化”，曾提出过一个“陶器基本组合”的概念[35]。其后在为我们讲授硕士研究生《考古学方法论》课程时进一步提出，一类遗存的陶器基本组合是判断其文化属性、追溯其文化源流的基本依据。这样的一种组合，指的就是数量多、分布面广、延续时间长，且经常共存的一组陶器，构成了一个考古学文化的主成分。1989年，林沄先生又对苏秉琦先生提出的划分考古学文化的原则作了进一步的概括，强调“不能靠一组固定不变的文化特征来划定考古学文化，而是应该找到一组文化特征，它们都有互相平行的渐变现象，即构成平行的发展序列”。并将这样的划分考古学文化的方法称为“平行序列法”[36]。我理解，三位先生均是在强调归纳提炼一个考古学文化的主成分对于判定其文化属性，乃至追溯其源流的重要意义。按照以上原则衡量，前述关中西部地区已经命名的刘家文化、碾子坡文化、郑家坡文化无疑都是相互并行但彼此相对独立的考古学文化，不能笼统地将它们全都视为同一考古学文化。

前已述及，对雷氏所分的第五期遗存的性质归属，也存在截然不同的看法。持碾子坡文化是先周文化观点的学者，主张将其中由不同文化因素混合而成的各类遗存归入碾子坡文化；主张郑家坡文化是先周文化的学者，又一律将这些遗存归入郑家坡文化。实际上，从丰镐地区先周晚期遗存，到周原第6段遗存，再到宝鸡一带的斗鸡台先周晚期墓葬，均属于两种或两种以上考古学文化因素重新组合乃至再创造的产物。按照“陶器基本组合”或“平行序列法”的标准，这样的一类遗存其实是难以归入关中西部地区迄今已命名的任何一种考古学文化的。对于这样一种结构上处于非稳定状态的遗存，只宜加强辨识，而不宜轻率归类。由此可见，以往由于文化分类方法和尺度把握的不同，是造成“先周文化”探索意见分歧的一个重要原因。

商代晚期前后，关中西部这一并不很大的区域内同时并存着几种考古学文化或遗存，其实并非孤立的现象。同时期的北方长城地带，从中段到东段，伴随朱开沟文化、夏家店下层文化、大坨头文化的结束，均出现了多种文化在同一地区并存乃至交错分布的局面，代表了一个文化多元化时代的到来。在长城地带中段，偏北的地区存在着以内蒙古清水河西岔遗址为代表的遗存，偏南地区则有安塞西坬渠遗存、李家崖文化及柳林高红遗存[37]；在长城地带东段，偏北地区出现了魏营子墓葬遗存、后坟类遗存、向阳岭类遗存、喜鹊沟类遗存、柳南墓葬遗存[38]，偏南地区则出现了围坊三期文化（塔照类型与围坊类型）[39]、刘家河墓葬遗存[40]等。分析关中西部哪种文化遗存可能与周人的先世有关，自然应在充分理解北方地区同时期出现的多元文化并行的大背景之下进行，细致地开展区域内，甚至同一遗址内的遗存分类研究，继而结合相关文献记载，去判断族属与考古学文化之间的关系。

2. 辨析西周文化来源的基点问题

判定何种考古学文化属于西周文化的前身即所谓的“先周文化”，其中非常关键的一点就是需要在考古学上确定出一个尽可能可靠的基点。但是如何确定这一基点，学界却出现了不同的看法。最初邹衡先生是以丰镐遗址西周早中期的器物组合向前排比以追溯其考古学文化上的渊源的[41]。其后王巍、徐良高先生又主张以丰镐地区的“先周末期”遗存为基点向前追溯更早的先周文化的来源[42]。雷兴山先生在评述以往学者们使用的“追溯法”和“都邑法”的得失之后，提出目前应当以周原遗址第6b段遗存为基点来确定“先周文化”，因为至少在这一阶段，周原遗址不仅礼村H8等单位发现有“周”字陶文，说明其为“周族”或“周地”，而且从聚落规模及大型建筑与手工业作坊的出现等方面看，也无疑可当中心性聚落。因之，以此时的周原遗址作为“岐邑”，将礼村H8为代表的遗存的族属与周人相联系，应是可行的。

实际上，就判定何种遗存属于“先周文化”来说，以往的学者并不是仅考虑“追溯法”，或仅考虑“都邑法”。基本都是将可能的周人都邑与文化渊源的探讨结合起来的。而且，多数学者认可，探讨一个文化的源流，绝不是简单地拿这个文化最早期的器物和更早的器物比，或拿这个文化的最晚期器物去和更晚的比。真正应该做的，是分析出这个文化的主成分，从动态的、发展的角度观察这些主成分的来源和去向。就“先周文化”探寻来说，显然应以西周时期典型周文化（丰镐地区）的基本陶器组合向前追溯其可能的前身。邹衡先生当年之所以将关中地区的先周期遗存与丰镐地区的西周早、中期遗存的器物组合编列出一个演变关系清晰的序列，正是因为他意在追溯典型西周文化主体陶器组合的来源。这种方法，无疑是将丰镐这一“都邑”与其自身文化来源的“追溯”一同来考虑的。方法自然是可取的。但可惜的是，邹衡先生当时所能追溯到的“先周文化”的遗存，包括沣西先周晚期遗存、斗鸡台瓦鬲墓初中期部分墓葬、贺家先周墓葬等，正是我们前文提出的“过渡期”遗存，并不具有结构上的稳定性。其在不同的地点，文化面貌有所不同，所代表的人群也可能有很大差异。所以，这一时期的遗存，虽然可以如邹先生所说，是“姬姜联盟”为代表的族群的文化，或曰灭商之前的周国之人的文化。但是，很难笼统地将其一律视为丰镐地区西周文化的主要来源，即丰镐地区西周文化的直接“前身”。至于王巍、徐良高、雷兴山先生所提出的“基点”，虽然既考虑到了“丰镐”和“周原”作为周人早期都邑的可能性，也考虑到了遗存与典型西周文化之间的承继关系，但是所举遗存却正是我们前文所说的“过渡期”遗存，即使是出有“周”字陶文的礼村H8为代表的遗存，也很难认为就是姬姓周人所使用的文化。因为“周”字更可能代表周地，而此时生活在周地之人，族属已是相当的复杂。因此，这样的基点，显然是不合适的。

3. 有关“先周文化”的概念问题

尽管邹衡先生提出了“先商文化”“先周文化”的概念，但因为某一族的文化与考古学文化本就难以密合，且使用者理解上颇多歧异，而被越来越多的学者所弃用。然而不能不承认，邹先生依据年代、地域、文化特征、文化来源与社会发展阶段等方面的相互比较，判断豫北冀南地区二里头时期文化是商人先世所使用的文化，二里头文化是夏代夏人所使用的文化，就是一个将族属与考古学文化相联系的成功范例[43]。同理，学者们之所以频频将关中西部地区的诸种晚商时期遗存与姬姓周人所使用的文化相联系，也恰恰正是考虑到这些文化的年代、分布区域与文献记载中周人的相关信息大体相合，且在文化内涵上与丰镐地区的西周文化存在联系。为何使用的方法相似，认识结论仍然大为不同，除资料尚不够丰富之外，问题可能在于对关键性聚落中文化遗存的分类、谱系关系认识上的不同。

在邹衡先生看来，“先周文化是指武王克商以前周人的早期文化”[44]，对于其中的“周人”虽未加解释，但从文中仍可明确，其所指应既包括姬姓周人，又包括与周人联姻的姜姓戎人。在他之后，虽然又有学者将“先周文化”分别解读为“周族”[45]“周民族”[46]“姬姓周族（人）”[47]“以周族为主体的周人”[48]的文化等，但有一点却多与邹衡先生相同，认为自己所称的“先周文化”是指考古学文化。然而，这种做法，其实质无疑是将自己所理解或建构的“周族”或包含了周族在内的一个人群，给某一种考古学文化或遗存直接贴上了标签。既然关中西部地区商时期遗存种类颇多，那不同的学者所说的“先周文化”也自然会产生颇大的差异。由此可见，对族属概念的建构不同，也是导致认识歧异的一个重要原因。其实，古人称呼大大小小人群所用的名称并不混乱。统扩之，大体包含了四个层次。一是如《左传·定公四年》所称分鲁以“殷民六族”、分卫以“殷民七族”的“族”（其中具体的每一族，又常常被称为“氏”）。这样的一个概念，按照《周礼·春官·大宗伯》“族坟墓”条下郑玄的解释是，“族，犹类也，生相近，死相迫”，即这样的一群人活着要共同居住在一起，死了也要紧紧聚集在一起，显然是指以血缘为纽带的人群无疑，具有共同的居住与埋葬区域是其最为重要的标志。二是如“姬姓”“姜姓”“怀姓”这样的“姓”族，是由血缘或自认为具有血缘关系的人群逐渐繁衍发展而成，随着人群迁徙流动，已不必居于同一地域。三是如“夏人”“商人”“周人”这样的人群，往往是指建立了国家政体之后，人们对其国之人的称呼，这从孟子的话中能够体会出来。《孟子·滕文公上》云：“夏后氏五十而贡，殷人七十而助，周人百亩而彻，其实皆什一也”，说的是夏商周三代的租税制度虽然有别，但其实税率皆为十分之一。这样的租税制度，显然是针对三代的国人。只不过此处习惯上以“夏后氏”指代了“夏国之人”罢了。这样的人群，无疑应当是指一个地缘性质的社会。第四个层次，即如“华夏”“东夷”“北狄”这样的人群，显然又是指自认或被指认出于同源的一个很大的地缘性群体。从先秦文献所见线索看，其所居地域并不亚于一个较大的国家，甚至还可能包括了若干个地域性的国家。明晰了以上概念系统，当从考古学上探索某一考古学文化与某一人群相关时，首先应当考虑这一考古学文化是与哪一层次的人群相关，继而才可进一步按照年代、地域、文化特征、历史变化节点等因素的吻合程度，去判断二者的相关度。唯有如此，才能使我们今天所划分的考古学文化、类型与遗存，尽可能地贴近古代相应的人群。

上述第一层次的“族”，从商周时期常见的“族墓地”来看，可以单独拥有自己的墓地，也可能与其他的“族”共同拥有一个墓地，人口规模大致数十人至数百人不等。对于常常地跨数百乃至数千平方千米的一个考古学文化来说，无疑会包含有众多这样规模的人群。若想从中辨识出这样的一个人群，无异于大海捞针。所以，考古学者即使采用“周族”这样的概念，事实上也主要是用以指代第二层次的“姬姓”之人（本文称“姬姓周人”）或第三层次的“周人”。至于第三层次的“周人”，即“周国之人”，原本就包括了姬姓周人之外的其他一些族姓，并且随着周国的不断发展壮大，所涵盖的人群自然日益复杂，显然已非一般意义上的“族属”。是故，按我们的理解，考古学上探讨某一考古学文化的族属，在相当大程度上均是指第二层次的“姓”族。具体到探索“先周文化”，就是判断某一考古学文化与“姬姓周人”的相关性。这样的一个人群，虽然未必全由真正的血缘纽带相维系，但是由于采用族外婚[49]，足见其内部相互认同观念之强。由于长久的共处与观念认同，自然会导致人群之内的习性相近相通，也会在很大程度上体现于物质文化的一致性中。正如希安·琼斯所指出的，族属的差异源于不同人群的习性积淀与具体社会条件的相互作用，而能够反映这种习性积淀的“物质文化与族属的识别和表现均有关系：它既被用来构建族属，也被族属所构建”[50]。伊恩·霍德等人也曾指出，有些物质文化的式样或形制具有标识族群的意义，而有些式样或形制则会为不同的族群所拥有[51]。商周考古多年的实践表明，尽管一个“姓”族的文化在不同阶段可能会发生变化，但总有一些文化因素会显示出相关文化在内涵上的“血脉相连”。尤其是前后有承继关系的两个文化。考古学家完全有可能从器物形制、器用制度、葬俗等方面的比较去把握这种“族属代码”[52]。对于如何从考古学上追溯姬姓周人可能使用的文化，雷兴山先生曾经指出，“我们只需辨析出灭商前姬姓周人使用的是何类考古学文化遗存即可，而不必一定非要找到仅仅是姬姓周人单独使用的某类考古学遗存不可。极有可能的是，也许我们可以找到某个特定的遗迹或遗物是由姬姓周人使用的，但永远也不可能找到仅由姬姓周人使用的‘某类遗存’”[53]。可谓卓见。有鉴于此，我们不赞成在相关研究中继续采用含义存在诸多歧见的“先周文化”这样的概念。但是以考古材料与文献史料相结合，探寻考古材料与文献所记姬姓周人早期历史在年代、地域、文化特征、社会发展阶段等多方面的契合点，判断关中西部地区晚商阶段的何种文化可能是姬姓周人所使用的文化，仍然是中国考古学能够预期的重要学术目标。

三、关于探索姬姓周人所使用的考古学文化的几点设想

追溯西周时期周国之人文化的来源，尤其是辨识出姬姓周人的文化最有可能包含于某种考古学文化之中，是一个复杂而艰巨的系统工程。限于篇幅，本文不可能对这些问题做出面面俱到的分析。只能在前人的研究认识基础上，针对以往研究中存在的一些问题，尝试提出一些自己的想法和建议。

（1）由周初的分封结果来看，以联裆鬲、折肩罐、圆肩罐为代表的器物群就是姬姓周人及其“亲戚”之族所使用的文化。

新中国成立以来数十年的系统工作，已经证明丰镐遗址就是西周王朝丰京与镐京所在，这里的文化面貌虽因包含了不同族系（如姬姓周人、殷遗民、姜姓戎人等）的文化成分而显得纷纭复杂，但总体上仍可视为一个结构稳定的考古学文化，这一点已成为考古界的共识。那么，以丰镐遗址作为探索更早的所谓先周文化的基点，也自然会成为多数学者的选择。张礼艳将丰镐地区西周墓葬出土陶器的主要文化因素划分为三组。其中第一组是以联裆锥足鬲、素面或弦纹圆肩罐、肩部抹光或饰弦纹的折肩罐、腹饰绳纹或方格纹带的陶盆、折肩尊为代表的陶器群，按其说法，属“关中西部先周文化因素”。第二组是以商式鬲、铁轨式口沿簋、粗柄盘形豆、绳纹肩双耳罐、绳纹圆肩或缓折肩罐、陶瓿、仿铜尊、陶壶为代表的陶器群，属殷墟商文化因素。第三组则是以平裆柱足鬲、腹底之间缓折的盆式簋、折盘豆、束颈折肩或鼓肩的盂为代表的陶器群，属于“周人创新或者新流行的因素”[54]。最为关键的是，正是由于周初实行的“封建亲戚，以藩屏周”的国策，才导致上述第一组源于关中西部的文化因素很快即分布到东方的广大封国地区，尤以晋、燕、鲁、卫、邢、曾等姬姓封国文化中体现得最为明显，且与当地商遗民及土著人群的文化因素区别显著[55]。不仅如此，东方姬姓封国墓葬中随葬陶器多见1鬲、或1鬲1罐的用器习俗也与关中西部地区除刘家文化之外各类文化遗存的葬俗非常相似[56]。所以，以往将此类陶器群及用器习俗作为姬姓周人文化的代表，无疑是合理之举。

（2）以文化传承的相对稳定性原则，可以将郑家坡文化（包括孙家类型）视为姬姓周人使用的文化。

在张礼艳所分第一组陶器群中，除素面或弦纹的圆肩罐多出于商末周初的过渡性阶段、最终来源尚不明确，且腹饰绳纹带的陶盆可能源自碾子坡文化之外，其中数量最多、最具标志意义的联裆锥足鬲、肩部抹光或饰弦纹的折肩罐、腹饰方格纹带的陶盆等，显然是源自郑家坡文化的代表性器物。因此，作为丰镐地区西周文化中最主要文化成分来源的郑家坡文化，也可以看作是姬姓周人所使用的文化。当然，使用郑家坡文化

的族群，也绝非仅仅只包括了姬姓周人。其道理如前所述。一般来讲，一个有着强固认同意识的族群的文化，除非因被异族征服或遭遇重大变故而解体，自身的文化特征消解并融入他种文化之外，其自身的文化虽然可能会因受周邻文化的影响、或因技术的革新等原因而发生某些变化，但自身的特色会相对稳定地传承和保留下去。尤其是像姬姓周人这样的在征服战争中的胜利者，更有可能会继续保持和发扬自身的文化传统。张礼艳以历时性发展的角度观察发现，尽管丰镐地区殷遗民墓葬的数量不少，但总体上存在着商文化成分不断弱化，殷遗民社会地位逐渐降低的趋势。而恰恰是来源于如今所称的郑家坡文化的联裆锥足鬲、折肩罐、深腹平底盆为代表的这类因素，在西周王朝的都邑中成为倡导和发展的文化因素。反过来看，正是因为有着这样的发展趋势，则更宜将来自郑家坡文化的因素视为姬姓周人所使用的文化因素。

主张同一族群的文化不经历重大变故也会发生突变的学者，常常会引用梁云先生关于秦文化在战国中期前后发生的所谓“突变”现象[57]作为支持自身说法的实例[58]。然而需要注意的是，战国中期正是秦国在政治上大力改革，并在多方面学习三晋礼制和文化，甚至招徕三晋流民的时期，导致在墓葬器物组合上发生所谓的“突变”现象是可以理解的。何况，如果考虑到秦人在居住址中仍然大量使用秦式釜等日用陶器，以及屈肢葬等葬俗，可以看到秦文化在相当大程度上仍然是在继续传承和延续的。

（3）进一步论定郑家坡文化是姬姓周人使用的文化需要关注关键性聚落以及发生于其中的关键性历史节点。

如今，众多的考古发现业已表明，位于岐山、扶风两县交界处的周原遗址就是公亶父率族人为避戎乱所徙居的岐邑之所在。周原遗址可以作为探索灭商前姬姓周人所使用的考古学文化的关键性聚落。

按照雷氏分期，在殷墟二期之后，关中西部地区考古学文化的分布格局发生了一次大的变动，主要体现在三个方面：一是商文化京当型在周原地区消失，二是在周原遗址商时期第 3 段时（相当于雷氏统一分期的第三期第 5 段）“刘家一类墓葬遗存”（即本文所称“刘家文化”）向东进入周原遗址，三是大体同时碾子坡文化也向南逾岐山而到达周原遗址。按其认识，鉴于到达周原一带的碾子坡文化文化因素是构成商末广布于关中地区的“沣西类遗存”的主体，且与丰镐地区西周遗存存在直接继承关系，最有可能就是姬姓周人偏早阶段所使用的文化。

实际上，从现有材料看，在商文化退出周原一带后，出现在该地区的文化并非仅有刘家文化和碾子坡文化两类，还包括了郑家坡文化遗存。

据雷兴山披露，周原遗址商时期第 3 段的居住遗存主要包括 2001 年在王家嘴居住址发掘[59]的 H94 和 H147 两个典型单位。尽管他已注意到这两个单位“互含对方的器类非常少”，仍然将此段遗存归入“王家嘴类”遗存，并最终归类到碾子坡文化中。现在来看，H147 出土遗物以带鋬或无耳无鋬高领袋足鬲、袋足分裆甗为主，甚少见联裆鬲和联裆甗，文化性质归入碾子坡文化没有问题。而 H94 却出有联裆鬲、花边口斜直领分裆鬲、方格纹盆、绳纹盆、折肩罐、敛口罐、敛口瓮等，不见高领袋足鬲。雷兴山虽也注意到该单位的“器类及其形制特点与同期郑家坡类特征基本相同”，但鉴于周原遗址仅发现这一座灰坑，陶片数量少，同段其他居址遗存均属王家嘴类等原因，认为"也可将其视为王家嘴类遗存中的一部分"，但同时又说"本文暂不将其明确归类"[60]，透露出一种判断上的矛盾心理。此段尽管目前在周原遗址有限的发掘范围内仅见这一个单位，但这一发现的重要意义却丝毫不能低估，它以组合的形式代表了一类新的遗存。正如夏商之交出现在郑州地区的洛达庙三期遗存、南关外期遗存和郑州化工三厂遗存[61]一样，反映着该阶段周原聚落中同样出现了不同来源的人群在同地交错杂居的历史状况。尽管发现尚少，这一面貌单纯的单位的存在，显然已不同于此前周原遗址商时期第1、2段遗存，以及壹家堡遗址第一期遗存中所含的郑家坡文化因素，反映了此期周原聚落中很可能也存在着郑家坡文化的人群。发现的有限，既可能与目前商时期遗存发掘面积小相关，也可能与此类人群的数量相比碾子坡文化人群原本就不占优势有关。至于这类遗存来自何处，从此类遗存联裆鬲与斜直领分裆鬲共存，且唇部有花边的风格看，颇似漆水河下游的郑家坡遗址第1段，但也与漆水河中游的麟游史家塬遗址出土遗存特征非常相似，因郑家坡文化早期遗存在漆水河中游只是在殷墟一期前后短期存在，后该地被碾子坡文化所占据，所以不排除周原的此类遗存系自漆水河中游南下而来的可能性。而史家塬遗址北距传统所认为的"古豳地"已并不很远。显然不能忽略此类遗存代表自北辗转迁徙而来的一支姬姓周人的可能性。而且，王家嘴H94出土陶器也可在年代稍早的孙家类型中找到形制特征基本一致者，表明此类遗存也有来自孙家类型的可能（图一）。而孙家类型分布的彬县与旬邑交界地带，正是多数学者所认同的"古豳地"之所在。

以上分析表明，在殷墟二期商文化势力退出之后，周原一带成为各类势力的角逐之地，除西来的刘家文化之外，由北部地区迁徙而来的文化遗存其实并不止于碾子坡文化一类，还包括了以王家嘴H94为代表的郑家坡文化。此类遗存亦不能排除自北而来的可能。考虑到郑家坡文化在文化主成分上与丰镐地区西周文化所具有的一致性，完全有理由将郑家坡文化视为姬姓周人所使用的文化。当然，这些南来的文化遗存的使用者当然也可能包括了随公亶父南迁而来的"豳人"及"他旁国"之人[62]。

假如像胡谦盈[63]、王巍、徐良高[64]、雷兴山等先生设想的那样，以碾子坡文化作为姬姓周人所使用的文化，虽然可以将长武一带视为古豳地的范围，也可以认为周原地区在殷墟三期前后出现的同类遗存就是从"古豳地"南迁而来的族群的文化。但是，有一个难点无论如何是绕不开的。那就是，丰镐地区的西周文化并没有从主体上继承碾子坡文化。尽管也有学者设想，姬姓周人自周原东进丰镐地区的过程中，可能路遇郑家坡文化人群，于是出于制作技术改进的需要，在陶鬲制作方面学习了郑家坡文化，导致自身文化面貌发生较大改变[65]。但对正在强大起来且逐渐成为西土族群领导力量的姬姓周人来说，不仅没有"贬戎狄之俗"，却大量习用非本族群的文化因素，实在是令人难以想象的。

最后，我们似乎可以提出这样一种设想：郑家坡文化中居于漆水河中游（如史家塬）或古豳地一带的人群，很可能就包括了姬姓周人的一支，即公亶父为首领的一个"族"。因其偏居北部一隅，所以可能受到更北地区文化（如朱开沟文化）的影响，陶鬲

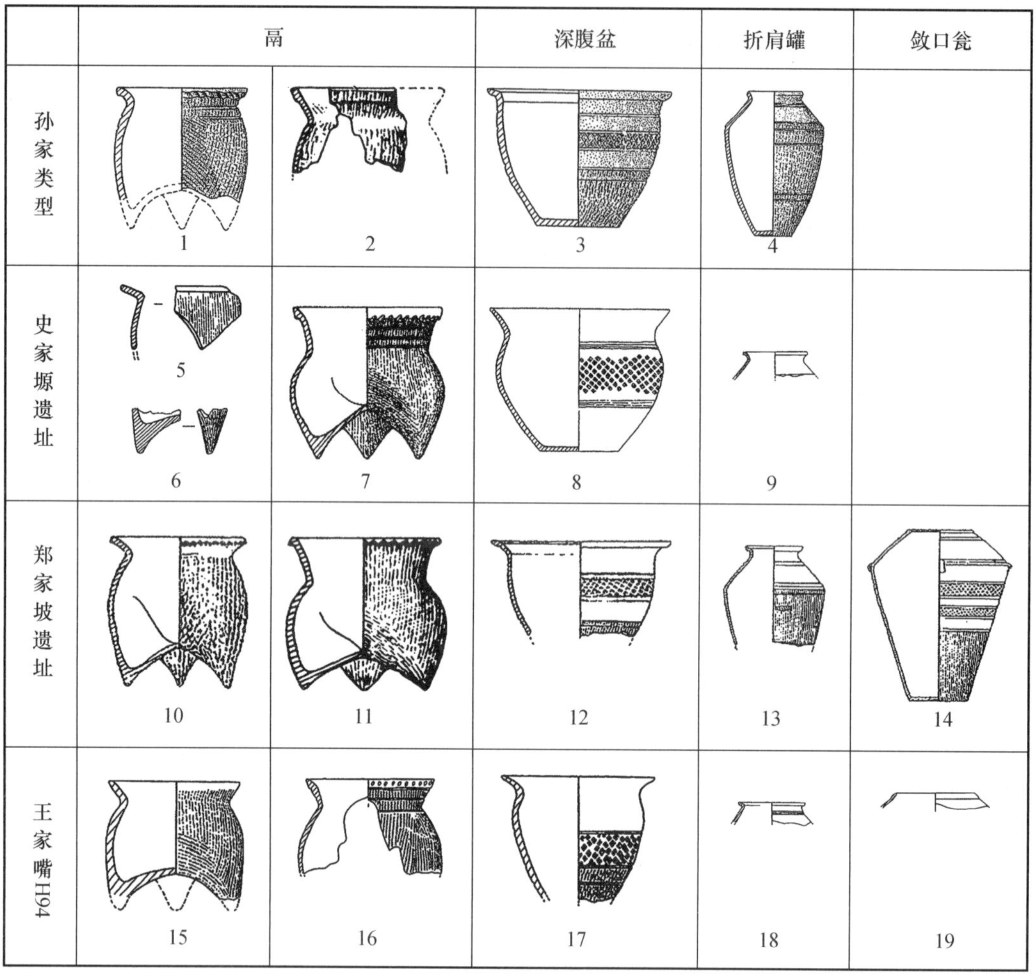

	鬲		深腹盆	折肩罐	敛口瓮
孙家类型	1	2	3	4	
史家塬遗址	5 6	7	8	9	
郑家坡遗址	10	11	12	13	14
王家嘴H94	15	16	17	18	19

图一　王家嘴H94与相关遗址出土陶器比较

1. 鬲（孙②C：2） 2. 鬲（孙T201④：2） 3. 方格纹盆（孙③A：1） 4. 折肩罐（孙②B：5） 5. 鬲（史H3：6） 6. 鬲（史T1②：24） 7. 鬲（史H2：1） 8. 方格纹盆（史T1②：1） 9. 折肩罐（史T1②：12） 10. 鬲（郑H71：8） 11. 鬲（尚H4③） 12. 方格纹盆（郑H71：4） 13. 折肩罐（郑H71：1） 14. 瓮（郑H71：6） 15. 鬲（王H94：8） 16. 鬲（王H94：10） 17. 方格纹盆（王H94：2） 18. 折肩罐（王H94：12） 19. 敛口瓮（王H94：6）

更为流行花边装饰，同时，因与碾子坡文化为邻，也含有少量后者的因素。大约在殷墟二期之后，随着商人势力退出周原，这一人群因在北部的发展受到影响，而向南迁居岐山之阳。在这里“爰及姜女”（《诗·大雅·绵》），也就是与西进的刘家文化的人群相遇并且联姻。同时，又因为公亶父的“仁”，威望日隆，原来的旧邻“豳人”及“他旁国”也相继归附到周原地区。从而导致周原及其附近在殷墟三、四期阶段人群的高度混杂。在这样的一个人群中，姬姓周人的人数原本就不占优势，所以导致遗留下来文化遗存并不丰富。但是因为姬姓周人自公亶父之后，代有贤能之人，逐渐取得了周原地区人群集团的领导权。至少在文王之时，其地位也得到商王朝的认可，被封为“西伯”，统领西土众多的"诸侯"。从前述过渡期遗存的分布、特征和聚落形态来看，也正是在商末周初之际，在关中西部广大地区正在发生一种规模颇大的文化整合现象，而其中发挥主导作用的因素，恰恰是郑家坡文化的因素。所以，由迄今所见资料来看，郑家坡文化仍然最有可能是姬姓周人所使用的文化，也是丰镐地区西周文化最为重要的来源。但是如果要最终证实这种设想，还需围绕郑家坡文化偏北地区的遗存（包括孙家类型）进入周原地区的过程，以及这类遗存在周原地区的发展脉络开展系统的研究工作。

综上，本文通过对关中西部商时期遗存内涵的重新分析，认为在关中西部泾河与渭河之间的三角形区域内，主要分布着三种考古学文化：分布于偏北泾河中上游地区的是碾子坡文化，分布于周原以西的是刘家文化，而分布于偏东漆水中下游地区的是郑家坡文化。郑家坡文化偏早阶段的分布区向北可至旬邑与彬县交界一带的"古豳地"，在偏南的周原及邻近地区与商文化"京当型"有交错分布的现象。而雷兴山先生所分商时期第五期遗存属于"过渡期"遗存，其中以丰镐遗址先周晚期、周原遗址第6段和斗鸡台沟东区先周晚期墓葬为代表的遗存属于碾子坡文化、郑家坡文化等相互融合所形成的一类遗存，在性质上已不宜归入已命名的任何一种文化。学界所使用的"先周文化"概念，实际上就是学者将自己所理解或建构的"周族"或包含了"周族"在内的一个人群，给某一种考古学文化或遗存直接贴上了标签。这种做法既不客观、严密，又容易引起理解上的歧异。因此，在相关研究中已不宜再随意使用这样的概念。然而，考古学文化与族属的相关性判断虽然颇为复杂，但由周初分封在考古学上的反映来看，以联裆鬲、折肩罐、深腹盆为代表的器物群就是姬姓周人及其"亲戚"之族所使用的文化，由此器物组合及用器习俗上溯，郑家坡文化应当就是姬姓周人所使用的文化。大约在殷墟三期前后，出现在周原的以王家嘴H94为代表的遗存，或许就代表了自"古豳地"或邻近地区迁徙而来的一支姬姓周人所使用的文化。

注　释

[1] 苏秉琦：《斗鸡台沟东区墓葬》，《苏秉琦文集》（一），文物出版社，2010年。

[2] 邹衡：《试论夏文化》，《夏商周考古学论文集》，文物出版社，1980年。

[3] 张天恩：《关中商代文化研究》，文物出版社，2004年。下文除引用该书原文注出页码外，所引张天恩先生此书观点，不再另注。

[4] 刘军社：《先周文化研究》，三秦出版社，2003年。

[5] 雷兴山：《先周文化探索》，科学出版社，2010年。下文除引用该书原文及材料注出页码外，所引雷兴山先生此书观点，不再另注。

[6] 宋江宁：《区域社会的形成与发展——商代关中的考古学研究》，《古代历史文化研究辑刊》（十九编第2册），花木兰文化事业有限公司，2018年。下文除引用该书材料注出页码外，所引宋江宁先生此书观点，不再另注。

[7] 中国社会科学院考古研究所编著：《南邠州·碾子坡》，世界图书出版公司，2007年。

[8] 如牛世山：《先周文化探索》，《文物季刊》1998年第2期。

［9］ 北京大学考古文博院、宝鸡市考古工作队：《陕西麟游县蔡家河遗址商代遗存发掘报告》，《华夏考古》2000年第1期。雷兴山：《蔡家河、园子坪等遗址的发掘与碾子坡一类遗存分析》，《考古学研究》（四），科学出版社，2000年。雷兴山：《陕西麟游县园子坪遗址商代遗存分析》，《考古与文物》2006年第4期。

［10］ 西北大学文化遗产学院：《陕西旬邑枣林河滩遗址考古发掘报告》，待出版。

［11］ 宝鸡市考古工作队：《陕西武功郑家坡先周遗址发掘简报》，《文物》1984年第7期。

［12］ 中国社会科学院考古研究所武功发掘队：《1982～1983年陕西武功黄家河遗址发掘简报》，《考古》1988年第7期。

［13］ 陕西省考古研究所：《陕西武功岸底先周遗址发掘简报》，《考古与文物》1993年第3期。

［14］ 1986年宝鸡市考古工作队抢救性发掘，资料未发表。参见前引张天恩《关中商代文化研究》一书第201页。

［15］ 北京大学考古文博学院、宝鸡市考古工作队：《陕西麟游县史家塬遗址发掘报告》，《华夏考古》2004年第4期。

［16］ 王巍、徐良高：《先周文化的考古学探索》，《考古学报》2000年第3期。

［17］ 同［3］，第87页。

［18］ 资料未正式发表。材料见雷兴山《先周文化探索》第82～84页。

［19］ 中国社会科学院考古研究所泾渭工作队：《陕西彬县断泾遗址发掘报告》，《考古学报》1999年第1期。

［20］ 西北大学文化遗产学院：《陕西旬邑枣林河滩遗址考古发掘报告》结语，待出版。

［21］ 钱耀鹏、李成、魏女：《淳化县枣树沟脑遗址调查发掘的主要收获》，《西北大学学报（哲学社会科学版）》2008年第4期。钱耀鹏、李成、韩辉、马明志：《枣树沟脑遗址F14及其相关问题分析》，《考古与文物》2009年第2期。西北大学文化遗产与考古学研究中心、陕西省考古研究院、淳化县博物馆：《陕西淳化县枣树沟脑遗址先周时期遗存》，《考古》2012年第3期。

［22］ 韩辉：《淳化枣树沟脑先周时期遗存分析》，西北大学硕士学位论文，2007年。

［23］ 中国社会科学院考古研究所周原考古队：《2004年秋季周原老堡子遗址发掘报告》，《考古学集刊》（第17集），科学出版社，2010年。2002年周原考古队在七星河流域的考古调查中就曾在老堡子遗址的赵家沟（当时误作“曹家沟”）地点采集到花边鬲的口沿残片，调查报告认为是“花边罐”的口沿，并将年代推断为夏至商初时期。这一线索是促成老堡子遗址2004年发掘的一个重要原因。见周原考古队：《陕西周原七星河流域2002年考古调查报告》，《考古学报》2005年第4期，图一三，2、3。

［24］ 同［3］，第257～260页。

［25］ 陕西周原考古队：《陕西刘家姜戎墓地发掘简报》，《文物》1984年第7期。

［26］ 宝鸡市考古队：《宝鸡市纸坊头遗址试掘简报》，《文物》1989年第5期。

［27］ 宝鸡市考古工作队：《陕西宝鸡市高家村遗址发掘简报》，《考古》1998年第4期。高次若、刘明科、李新泰：《宝鸡高家村发现刘家文化陶器》，《考古与文物》1998年第4期。

［28］ 同［3］，第278页。

［29］ 同［5］，第148页，表二，第212页，表四。

[30] 同[6]，第208页。
[31] 同[5]，第25、26、286～290页。
[32] 李伯谦：《〈先周文化探索〉读后的若干思考》，《先周文化探索》，科学出版社，2010年，第ⅰ～ⅵ页。
[33] 夏鼐：《关于考古学上文化的定名问题》，《考古》1959年第4期，第171页。
[34] 苏秉琦：《燕山南北地区考古——在辽宁朝阳召开的燕山南北、长城地带考古座谈会上的讲话》，《文物》1983年12期。
[35] 张忠培：《研究考古学文化需要探索的几个问题》，《文物与考古论集》，文物出版社，1986年。
[36] 林沄：《考古学文化研究的回顾与展望》，《辽海文物学刊》1989年第2期。
[37] 王立新：《试论长城地带中段青铜时代文化的发展》，《庆祝张忠培先生七十岁论文集》，科学出版社，2004年。陕西省考古研究所：《陕西安塞县西坬渠村遗址试掘简报》，《华夏考古》2007年第2期。该简报将西坬渠遗存的年代判断为晚商时期是对的，但是将其与"朱开沟文化"视为同类遗存则是错误的。
[38] 付琳、王立新：《夏家店下层文化消亡后的辽西》，《考古》2015年第8期。
[39] 蒋刚：《商末周初：围坊三期文化与张家园上层文化》，《公元前2千纪的晋陕高原与燕山南北》，科学出版社，2008年。
[40] 杨建华：《燕山南北商周之际青铜器遗存的分群研究》，《考古学报》2002年第2期。
[41] 邹衡：《论先周文化》，《夏商周考古学论文集》，文物出版社，1980年。
[42] 王巍、徐良高：《先周文化的考古学探索》，《考古学报》2000年第3期。
[43] 邹衡：《试论夏文化》，《夏商周考古学论文集》，文物出版社，1980年。
[44] 邹衡：《论先周文化（摘要）》，《中国考古学会第一次年会论文集》，文物出版社，1980年，第153页。
[45] 如梁星彭：《〈论先周文化〉商榷》，《考古与文物》1982年第4期。该文认为，"先周文化的族属仅限于周族"。
[46] 如[3]，第180页。该文同时也使用"姬周族"的概念，见第183页。
[47] 刘军社：《对先周文化涵义的再认识》，《庆祝武伯伦先生九十华诞论文集》，三秦出版社，1991年。
[48] 牛世山：《先周文化探索》，《文物季刊》1998年第2期。
[49] 高兵：《周代婚姻形态研究》，巴蜀书社，2007年。
[50] 希安·琼斯著，陈淳、沈辛成译：《族属的考古——构建古今的身份》，上海古籍出版社，2017年，第153页。
[51] Hodder I. *Symbols in Action*. Cambridge： Cambridge University Press, 1982.
[52] 王阳：《西周墓地结构研究》，中山大学博士学位论文，2018年。
[53] 同[5]，第23页。
[54] 张礼艳：《丰镐地区西周墓葬研究》，社会科学文献出版社，2015年，第104页。本文所引张礼艳观点，凡出此文，不再另注。
[55] 刘绪：《西周早期考古学文化与周初分封》，《文化的馈赠——汉学研究国际会议论文集·考古

学卷》，北京大学出版社，2000 年。

[56] 王阳：《西周墓地结构研究》，中山大学博士学位论文，2018 年。

[57] 梁云：《从秦文化的转型看考古学文化的突变现象》，《华夏考古》2007 年第 3 期。

[58] 马赛：《考古学文化与族群关系的思考—— “先周文化” 研究反思》，《文博》2008 年第 9 期。

[59] 周原考古队：《22001 年度周原遗址（王家嘴、贺家地点）发掘简报》，《古代文明》（二），文物出版社，2003 年。

[60] 同 [5]，第 53、162 页及图五、图七。

[61] 王立新：《早商文化研究》，高等教育出版社，1998 年。

[62] 《史记·周本纪》记：公亶父“乃与私属遂去豳，度漆、沮，逾梁山，止于岐下。豳人举国扶老携弱，尽复归古公於岐下。及他旁国闻古公仁，亦多归之。于是古公乃贬戎狄之俗，而营筑城郭室屋，而邑别居之”。

[63] 胡谦盈：《周文化及相关遗存的发掘与研究》，科学出版社，2010 年。

[64] 王巍、徐良高：《先周文化的考古学探索》，《考古学报》2000 年第 3 期。

[65] 刘绪：《周原考古札记四则》，《俞伟超先生纪念文集》（学术卷），文物出版社，2009 年。

泾河流域西周墓葬研究

井中伟 胡子尧

（吉林大学边疆考古研究中心）

泾河主要发源于六盘山东麓，其上游流经宁夏固原、甘肃平凉、庆阳等区县，主要支流有蒲河、马莲河、汭河、黑河、达溪河等，它们呈扇形分布态势，进入陕西长武县后，支流明显减少，至西安市高陵区陈家滩注入渭河，全长450余千米，流域面积45421平方千米。

20世纪60年代以来，泾河流域见于报道的西周墓葬数量已达230余座。目前来看，虽有学者对其中部分墓葬或个别墓地做过探讨，但尚缺乏通盘考察。本文基于当前见于报道的墓葬材料，首先对部分年代争议较大的西周墓葬进行重新断代，进而分析墓葬遗存的人群和等级构成，探讨西周政权在不同时期对泾河流域的经略方式，以及泾河流域在西周政权兴衰过程中所起的重要作用。

一、年代与分期

泾河流域发现的西周墓葬分布较零散，绝大多数墓葬之间没有打破关系，很难通过地层学分析判断墓葬的年代早晚关系。以往泾河流域西周墓葬的具体年代，多是与关中地区年代明确的西周墓葬进行比对得以确定的，其中仍有少部分墓葬的年代尚存在争议或可商榷之处。

《崇信于家湾周墓》发掘者将墓葬年代分为先周、西周早、西周中三期[1]；刘静将其分为商末周初、西周早、西周中二期[2]；许永杰将该墓地出土陶鬲分为先周、西周初、西周早、西周中、西周晚五期[3]。通过对于家湾墓地出土随葬品进行详细分析，我们认为刘静的分期较为准确，可予采纳。

除于家湾墓地外，庆阳巴家咀M1[4]出土袋足鬲（图一，1）与雷兴山所分刘家墓地第4段M3：1袋足鬲（图一，6）形制相似，后者年代在商末周初[5]。合水兔儿沟M5[6]所出折肩罐（图一，2）形制、纹饰与扶风北吕墓地M136：1（图一，7）都极为相似，后者年代原报告定在文王迁丰之前[7]。宁县焦村西沟周墓原报告定在西周晚期[8]，井中伟将该墓葬随葬青铜戈戟年代定在西周早期[9]，该墓部分随葬兵器有残断现象，原报告因此认为随葬品制作粗糙，器型单薄，因而对墓葬年代产生误判，其实这一现象应是毁兵葬俗在该墓葬中的反映。姚家河M2[10]出土两件随葬品，其中陶鬲为

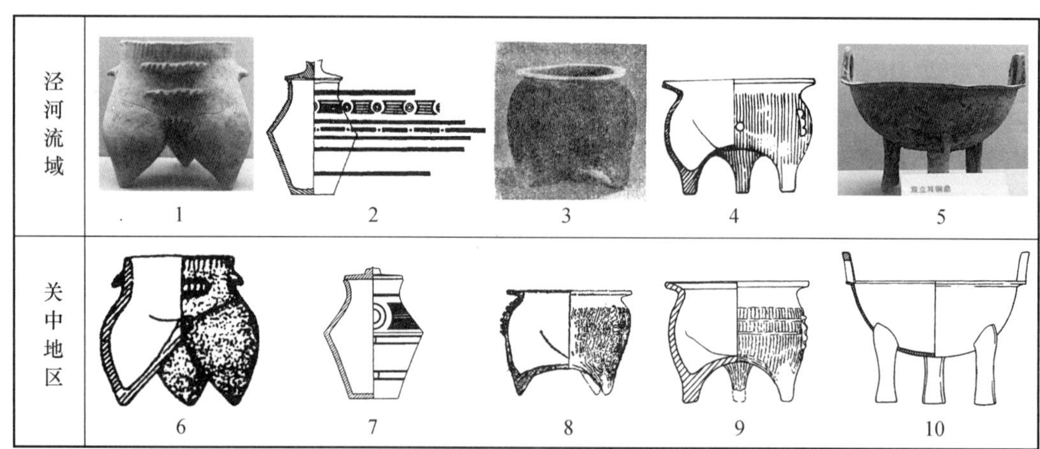

图一　部分墓葬随葬品对比图

1. 巴家咀　2. 兔儿沟 M5　3. 姚家河 M2：1　4. 西梁家 M3　5. 徐湾墓

6. 刘家 M3：1　7. 北吕 M136：1　8～10. 张家坡（79M7：3、M279：2、M355：1）

平折沿弧裆鬲（图一，3），形制与张家坡 79M7：3 弧裆鬲[11]（图一，8）接近，后者张礼艳分在第四期，即西周中期偏晚[12]；陶罐为折肩，相比于西周早期折肩罐，该罐折肩部位更低，定在西周中期为宜，故姚家河 M2 的年代应在西周中期。西梁家 M3[13]所出仿铜陶鬲（图一，4），形制接近张家坡 M279：2 仿铜陶鬲[14]（图一，9），但束颈更为明显，年代可能稍晚于后者，定在西周中期偏晚为宜。镇原徐湾墓原报告定在东周时期[15]，墓葬内出土鼎簋盘盉壶 5 件随葬品，均锈蚀严重，铜鼎（图一，5）形制与张家坡 M355：1（图一，10）接近，唯腹部略浅，后者年代原报告定在宣幽时期[16]，据我们调研观察，该鼎蹄足形制尚不明显，考虑到墓葬随葬品中鼎、簋、盘、盉、壶的组合于西周晚期开始流行，故将该墓年代应在西周晚期。

据统计，泾河流域 235 座西周墓葬中，有 83 座墓葬因被盗扰、自然破坏或不出随葬品等原因难以准确断代，其余墓葬可分三期，其中第一期墓葬有 127 座，年代约当商末周初到西周昭王时期；第二期墓葬有 21 座，年代约当西周穆王至夷王时期；第三期墓葬仅有 4 座，年代约在西周厉、宣、幽王时期（表一）。若排除无法分期的墓葬，这三期墓葬的数量由早及晚呈现急剧减少趋势，所占比例分别为 83.6%、13.8% 和 2.6%。虽然我们难以获知无法分期的 83 座墓葬原属期别的配比，但从可分期墓葬的比例构成业已窥见端倪。泾河流域西周墓葬数量由早及晚期急剧减少的考古现象，应是该地区整个西周时期历史本相的真实反映。

表一　泾河流域西周墓葬分期统计表

分期	典型墓例	总数
一期	于家湾墓地 56 座，碾子坡墓地 37 座[17]，高家堡墓地 5 座[18]，白草坡墓地 2 座[19]，姚家河 M1、M2、M3、M4，洞山墓[20]，郑家洼墓[21]，东庄墓[22]，兔儿沟 M4、M5，巴家咀墓，庄底墓[23]，焦村西沟墓，韩家滩墓[24]，73 年兔儿沟林场 M1、M2、M3、78 年兔儿沟林场墓[25]，双城大队墓[26]，杨家台墓[27]，孙家庄墓[28]，下魏洛墓[29]，崔家河 M1、M2[30]，庙庄 M1、M2[31]，史家塬墓[32]，香山寺墓[33]	127 座

续表

分期	典型墓例	总数
二期	于家湾墓地8座，碾子坡墓地3座，白草坡墓地5座，姚家河M2，西岭墓[34]，寺沟墓[35]，红崖沟墓[36]，西梁家M3	21座
三期	火巷殡仪馆墓[37]，何家畔墓[38]，宇村墓[39]，徐湾墓	4座
无法分期	于家湾墓地71座，碾子坡墓地5座，高家堡M6，白草坡M6、M8，西梁家M2	83座
总计		235座

二、人群与等级

（一）人群划分

先秦时期考古学文化所反映的人群族属问题，是目前学术界研究的一个难点。通过对墓葬葬俗特征和随葬品的文化因素分析，并结合出土铭文材料，可对泾河流域西周各期的人群构成进行推测。

1. 第一期人群构成

于家湾墓地属于第一期的墓葬均为长方形土坑竖穴墓，墓向为北向，墓主采用仰身直肢葬，随葬品中陶器以联裆鬲、折肩罐为主，铜器中常见的乳钉纹无耳簋、微胡二穿戈流行于同时期的关中地区，这些葬俗特征符合西周时期周人墓地的特点。除联裆鬲外，本期于家湾墓地内还出土了2件高领袋足陶鬲，并且5座墓葬设有头龛，而这些葬俗目前主要见于宝鸡地区以高领袋足陶鬲随葬的刘家文化高家村墓地[40]。刘家文化的族属一般被认为是姜戎，于家湾墓地见有随葬高领袋足陶鬲与设头龛的葬俗暗示着墓地内除了姬姓周人外，可能还有姜戎人群，两类人群共处同一墓地，正是“姬姜联盟”在考古学文化上的反映。无独有偶的是，在庆阳巴家咀墓[41]中，甚至可见高领袋足陶鬲与联裆陶鬲共存一墓的现象。同属崇信县境内，在于家湾墓地西南30千米处的香山寺墓[42]随葬陶器以高领袋足鬲、素面罐为主，也采用头龛葬俗，墓主也可能来自刘家文化。

从随葬品和墓葬特征来看，其他如姚家河墓、洞山墓、郑家洼墓、东庄墓、兔儿沟墓、双城大队墓、杨家台墓、崔家河墓都应该是典型的周人墓葬。

灵台白草坡墓地属于本期的墓葬有2座，原报告根据两座墓中各自所出青铜器铭文考证M1墓主为“潶伯”，M2墓主为“㒓伯”[43]。刘钊认为所谓“潶”应该释作“泾”[44]。李学勤认为白草坡墓地为文王灭密须后建立的姬姓封国，此二墓墓主为姬姓密国贵族[45]。不过，从这两座墓随葬的青铜容器较多具有族徽、日名，并且有腰坑、殉狗葬俗来看，墓主更有可能是殷遗民。

泾阳高家堡墓地有5座墓葬属于第一期，5座墓都有腰坑，并且M2、M3各殉1人，所出青铜容器多带有“戈”氏族徽铭文，且日名多见[46]。邹衡[47]、张懋镕[48]、朱凤瀚[49]等学者都曾对高家堡墓地的族属、年代等问题进行过探讨。综合来看，将这些墓葬视为殷遗民墓较为合适。

具有殷遗民墓葬特征的还包括郑家洼、崖湾、庄底、焦村西沟、韩家滩、孙家庄、下魏洛、庙庄、史家塬等墓，这些墓葬往往有腰坑，部分甚至有殉人现象，青铜容器常见族徽、日名。其中，崖湾墓虽然被严重扰乱，有无腰坑不详，但墓内填土中包含有兽骨，所出铜甗有“并伯作宝彝”5字铭文。梁云认为“并”为商代部族，墓主为西周早期迁徙到泾河上游[50]。

有关碾子坡遗存的族属，目前还存在较大的分歧，主流观点包括先周文化说（姬姓周人）[51]、刘家文化说[52]、密须说[53]等。碾子坡墓地内男性均采用俯身葬、女性采用仰身葬的葬式在整个商周时期均未发生变化，说明墓地的族属应该没有发生变化。但商末周初之时，墓葬随葬品存在突然从高领袋足鬲向联裆鬲转变的过程，因此要通过陶器判断墓葬是何族属的可能性不大。梁云曾经对西周时期采用俯身葬式的墓葬做过统计分析，并将碾子坡遗存与周边地区同时期遗存进行比较，认为“密须说”较为可信[54]。不过，梁云根据文献记载认为周人曾对密须上层贵族进行迁移，碾子坡西周时期墓葬仅仅是密须社会中下层居住的聚落。若依此说，则在周人迁密须上层贵族之前，该遗址应该有密须上层贵族居住，相应地存在着等级较高的墓葬遗存，但该遗址内先周时期墓葬看不出明显的等级差异，故周人曾迁徙密须上层贵族的可能性也不大。综合来看，目前有关碾子坡墓地族属的看法均无法与墓葬所反映的特征完全对应。因此，本文暂且将其称为碾子坡人群。从商末周初碾子坡墓地内突然出现联裆鬲，到西周早期完全采用联裆鬲随葬来看，这一人群在西周早期已经被纳入到西周政权的统治体系中。

根据以上墓葬特征所反映的历史信息，泾河流域的第一期人群构成可能主要包括了“姬姜联盟”在内的广义上的周人、原本属于殷商或受殷商文化影响程度较深的广义上的殷遗民、自先周时期以来一直存在于泾河流域的碾子坡人群。另外，本期墓葬中虽然出土有少量具有北方文化因素的兵器和工具、极个别如辛店文化、寺洼文化的陶器，但这些遗物更可能为当时西周政权与周边考古学文化的交流与冲突中直接获得或仿制而成，很难作为本地区西周政权势力范围内定居这几类文化人群的证据（如合水九站一类寺洼文化人群聚居点虽处泾河支流马莲河上游，但应不属西周政权控制范围，故本文不做探讨）。

2. 第二期人群构成

第一期即已存在并且延续到本期的于家湾墓地、白草坡墓地、碾子坡墓地等，从墓葬葬俗和随葬品特征来看人群都未发生变化。本期灵台地区新增的墓葬包括西岭墓、寺沟墓、红崖沟墓，这些墓葬随葬品中，陶器仅见联裆鬲，铜器不见族徽、日名，无腰坑，墓主为周人的可能性较大。此外，西岭墓出土铜簋铭文“吕姜作簋”（图二，1）说明这些周人墓葬中仍然包括了姜姓周人的存在。泾河流域的第二期人群构成与第一期相比，没有太大的变化。

3. 第三期人群构成

第三期总共发现4座墓葬。宁县宇村墓共出土随葬品30件，除去8件骨、蚌器，22件青铜器中，3件容器（鬲、盨、杯）为中原地区西周晚期常见的器类，剩余17件青铜器中，如虎纹牌饰、花格剑、双耳小铜罐等更多地体现北方文化因素。从墓向上看，宇村墓为东向，与关中地区典型的周人墓并不相同。杨建华以共同的“遗存基因”为线索，将战国时期白狄遗存的文化来源向前追溯到宇村墓，认为宇村墓是代表了戎文化因素的西周墓[55]。井中伟认为宇村墓出土的日常生活用品和装饰品更能彰显该墓属于北方文化系统，墓主并非来自中原，而可能是当地的羌戎贵族[56]。中原与北方器物共存于宇村墓的现象表明，该墓主可能为与中原关系较为密切的当地戎狄人群。何家畔墓出土了8件青铜容器，包括7件鼎和1件甗，形制与纹饰特征与中原地区一致，其中1件附耳鼎有61字铭文（图二，3）。据梁云考证，铭文中提到伯硕父与姜姓申国联姻，负责管理赤戎及北方边境民族事务[57]。铭文中的伯硕父为墓主的可能性较大，墓主与姜姓申国联姻并管理戎族事务，应与当地的戎狄人群存在密切的关系。镇原徐湾墓出土的5件青铜器，出土环境较差且公布的图片不清晰，我们在庆阳市博物馆调研的过程中，对陈展的该墓葬所出鼎、盘进行观察，发现这两件铜器形制上与中原地区同类器有一定差异，具有地方特点。西峰火巷墓出土陶鬲1件，但图片未公布，具体墓葬信息无从知晓。

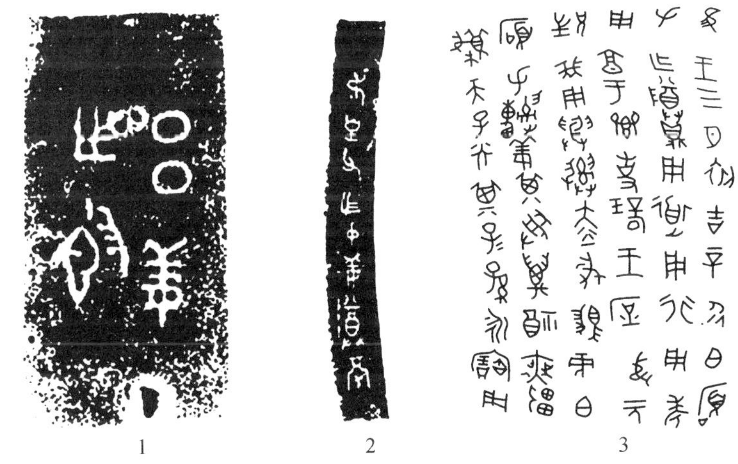

图二 泾河流域涉及姜姓人群的铭文

1. 吕姜簋（灵台西岭 M1：2） 2. 叔皇父鬲（长武县） 3. 伯硕父鼎（梁云摹，合水何家畔墓）

可见，泾河流域的第三期人群构成相比于前两期已经发生了变化，殷遗民和碾子坡人群完全消失，典型的周人墓葬很难见于本地区，取而代之的是一些具有地方特点的戎狄人群墓葬。

（二）等级构成

为了辨析泾河流域不同人群之间是否存在等级上的关系，我们根据墓室面积、棺椁重数、随葬品多寡将这一地区的西周墓葬分为四个等级，各等级特点如下：

第一等级墓葬：墓室面积在8平方米以上，绝大多数为一棺一椁，个别为一棺二椁和一棺，未被盗的墓葬随葬鼎数通常在3件及以上。随葬品包括青铜容器、兵器、车马器、杂器、陶器、漆器、玉器、石器、骨牙器、蚌器、海贝、蛤蜊壳、麻布、金叶、果核等，数量最多，种类非常丰富。

第二等级墓葬：墓室面积在5~8平方米之间，通常为一棺一椁，少部分为一棺，未被盗墓葬鼎数一般为2件。随葬品有青铜容器、兵器、车马器、杂器、陶器、漆器、玉器、石器、骨牙器、蚌器、海贝、蛤蜊壳等，数量较多，种类较丰富。

第三等级墓葬：墓室面积在2.5~5平方米之间，通常为一棺，少数为一棺一椁，个别无棺椁，未被盗墓葬鼎数最多为1件。随葬品有青铜容器、兵器、车马器、杂器、陶器、玉器、石器、蚌饰、海贝、蛤蜊壳等，数量和种类较少。

第四等级墓葬：墓室面积在2.5平方米以下，一般一棺，少数无棺椁，墓葬均不出青铜礼器。随葬品一般为陶器、海贝，个别随葬铜戈、泡饰、骨器、石器，数量和种类极少。

碾子坡墓地所发现西周墓葬面积均较小，绝大部分面积在2.5平方米以下。葬具基本都为一棺，大部分墓葬随葬品极少，以1~2件陶器为主，无随葬青铜器的墓葬。从以上特征来看，该墓地未出现明显的阶层分化，将其划分在第四等级为宜。

根据以上划分标准，我们把西周各期墓葬数量与等级的关系列表如表二：

表二　各期墓葬等级统计表　　单位：座

	第一等级	第二等级	第三等级	第四等级	未分等级	总计
第一期	17	11	33	50	16	127
第二期	3	5	6	4	3	21
第三期	1				3	4
未分期	2	14	49	16	2	83
总计	23	30	88	70	24	235

通过对墓葬等级的划分，可以了解不同人群的等级构成。周人的等级构成比例中，第三等级墓葬所占比例最高，占49%；其次为第四等级，占17%；第一等级与第二等级墓葬分别占到8%和14%（图三）。殷遗民墓葬中，第一等级墓所占比例高达45%；其次为第二等级，占32%；第三等级为18%；不见第四等级墓葬（图四）。从以上分析可以看出，泾河流域内周人墓葬以第三等级为主，其他三个等级墓葬各自所占比重较低；殷遗民墓葬中，第一等级和第二等级所占比例极高，达到近八成，除去上文被定为第四等级的碾子坡人群，可以看出周人与殷遗民的等级构成比例存在明显的差异。

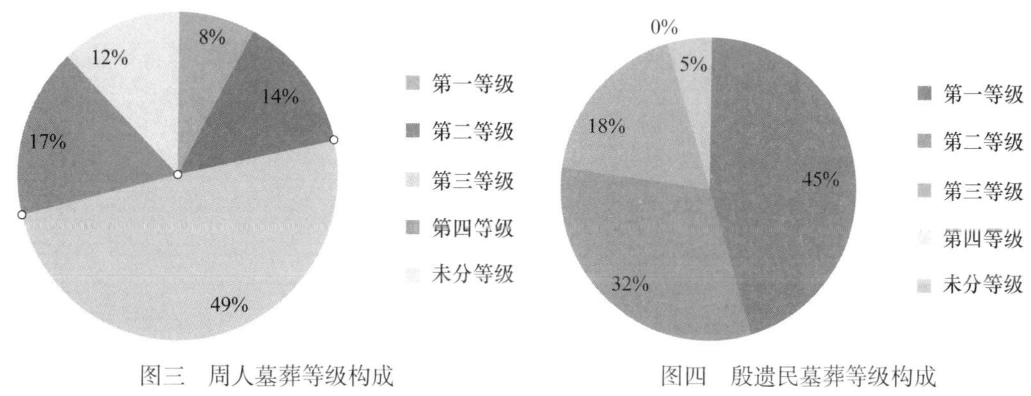

图三 周人墓葬等级构成　　图四 殷遗民墓葬等级构成

三、经略方式

判明泾河流域西周墓葬的人群构成及等级差异，可以了解各期不同人群的分布态势，进而窥知西周政权对泾河流域的经略方式，并为探讨泾河流域在西周兴衰过程中的重要地位提供依据。

目前一般将长武地区作为划分泾河上下游的节点，长武县以西、以北的地区支流众多，可以称为泾河上游；长武以南则支流较少，可称为泾河下游。泾河上游又可分为东西两个支系，以马莲河为主的流域可称为泾河上游东线支流，以蒲河、黑河、达溪河等为主的流域可称为泾河上游西线支流。

（一）第 一 期

现在看来，西周政权在第一期时对泾河流域的扩张可以分为两个阶段：第一阶段发生于商末周初，以来自周原地区的先周人群首先进入泾河上游地区为标志。从随葬品来看，包括赤城香山寺、崇信于家湾（少部分墓葬）、庆阳巴家咀等墓葬随葬品的年代都有早到这一阶段的可能。第二阶段发生在西周早期，以大量殷遗民墓葬出现在泾河上游地区为标志。商代晚期，泾河流域并未纳入商文化的分布范围，目前仅在泾河下游断泾二期遗存[58]发现有两座带腰坑、殉人的墓葬，但该期遗存文化面貌复杂，墓主是否为殷人都尚存疑问。

第一期墓葬点共有21处，其中殷遗民墓葬点11处，周人墓葬点9处，碾子坡墓葬点1处，分布范围几乎遍布整个泾河流域，个别墓葬点甚至已经略微超出了泾河上游源头（图五）。从人群的分布态势来看，周人与殷遗民据点呈插花式布局，体现出“你中有我，我中有你”的局面。在整个泾河上游，存在两个统治中心区，第一个是崇信地区，这里是周人进入泾河上游地区最早的据点之一，于家湾墓地是本期单个墓地内墓葬数量最多者，是一处较为单纯的周人据点。第二个是灵台地区，这里聚集了5个墓葬点，殷遗民墓葬无论在等级和数量上都占据优势地位，是以殷遗民为主导的据点。这两

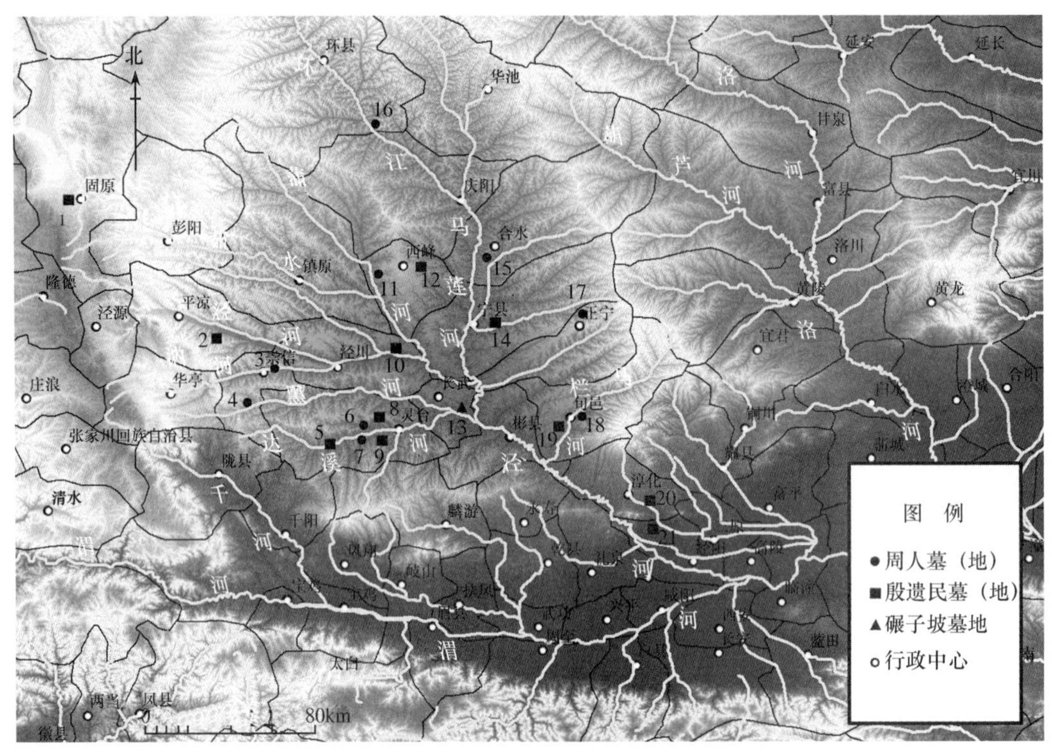

图五　第一期墓葬（地）分布态势

1. 孙家庄　2. 庙庄　3. 于家湾　4. 香山寺　5. 崖湾　6. 姚家河　7. 洞山　8. 白草坡　9. 郑家洼　10. 庙庄　11. 巴家咀　12. 韩家滩　13. 碾子坡　14. 焦村西沟　15. 兔儿沟　16. 双城　17. 杨家台　18. 崔家河　19. 下魏洛　20. 史家塬　21. 高家堡

个中心区也是泾河上游仅有的墓葬中出土了象征军事统帅和武力征伐权的铜钺（图六，1、2）的地点，其地位可见一斑。晚商时期，泾河下游分布有断泾遗存[59]和黑豆嘴遗存[60]，这两类遗存所在地区内均呈现较强的北方文化色彩，其年代下限都到不了西周初年。恰恰是在邻近这两类遗存分布区附近发现了第一期墓葬点，且也有铜钺随葬（图六，3、4）。可以看出，西周政权对于泾河流域部分据点的布局具有较强的目的性。

梁云认为，各地发现的殷遗民墓葬随葬兵器的比例中，周原地区为0～5.3%，张家坡村东、南为6.5%，曲阜鲁故城被认为是殷遗民的“甲组墓”无一随葬兵器，而泾河上游的殷遗民墓葬随葬兵器的比例高达50%且出土兵器的种类繁多，其身份可能是为周王朝戍守边疆的武士[61]。不仅如此，在第一期发现的9处周人墓葬点中，有5处均发现有数量不等的青铜兵器，比例亦在50%以上。可以认为，这些分布于泾河流域的周人与殷遗民是带有浓重的军事身份的。

本期墓葬的分布态势表明，来自关中西部地区的以“姬姜联盟”为主的周人首先进入并控制了部分泾河流域地区，以确保其在东进灭商时无后顾之忧。在周公二次东征之后，为防止殷商势力的复辟，对殷遗民采取“分而治之”的策略，泾河流域出现大量殷遗民墓葬当是源于这一大的历史背景。本期周人墓葬中，墓室面积最大者为12平方米，

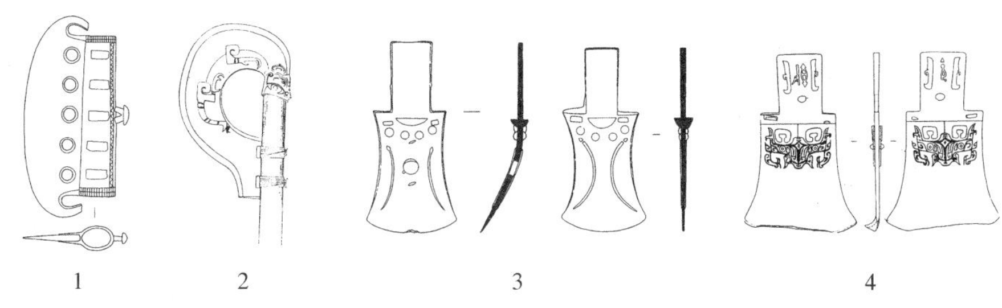

图六 泾河流域墓葬出土铜钺

1. 于家湾 M60：1 2. 白草坡 M1：58 3. 下魏洛 M1：15、16 4. 高家堡 M4：14

棺椁重数最多为一棺一椁，反观殷遗民墓葬，墓室面积最大者为 30 平方米，有两座墓葬还采用了一棺两椁。另外，从墓葬等级来看，近 80% 的殷遗民墓葬属于第一、二等级，可见在泾河流域内殷遗民的整体地位是高于周人的，这与丰镐地区殷遗民墓葬整体等级构成低于周人墓葬的现象大相径庭[62]。刘绪认为在西周西土不见有封建诸侯国的记载，表明西土外围一直没有得到西周王朝的重视[63]。可以看出，西周政权在第一期对泾河流域的经略方式是利用周人与殷遗民共同守卫这一地区，且殷遗民的地位整体来看高于周人，但西周政权并非完全信任这些殷遗人群。从第一期墓葬的分布态势可以看出，几乎每一处殷遗民墓葬点附近都有周人墓葬点的分布，即使是汇聚了较多殷遗民墓葬点的灵台地区，其间仍然夹杂着几处周人墓葬点。正如梁云所言，周灭商后，把原居东方的殷遗民中的一部分编入行伍，派驻到泾河上游戍边，既可把前朝不安定因素消弭于无形，又能增加防御戎狄的力量，一石二鸟，民族羁縻之策不可谓不高明[64]。

（二）第 二 期

第二期墓葬点的分布范围相比于第一期有了很大的变化。泾河上游西线支流墓葬点从 12 处减少到 7 处，泾河上游东线支流不见 1 处墓葬点，下游地区仅见 1 处墓葬点。殷遗民墓葬点从第一期的 11 处到本期仅剩原白草坡墓地 1 处，无新增加墓葬点。周人墓葬从第一期的 8 处下降到本期的 6 处，且其中有 4 处为本期新增加的墓葬点，其中 3 处分布在灵台地区；碾子坡墓地延续至本期（图七）。总体上看，泾河流域大部分区域不见西周墓葬点分布，其中包括完全退出了泾河上游东线支流地区，西线支流则仅保有崇信及灵台两个中心区，第二期墓葬点呈现出全面收缩的现象。

我们注意到，第一期结束后，殷遗民墓葬点几乎消失殆尽。西周政权将殷遗民分迁于各地，采取“分而治之”以确保其统治稳定的策略无疑是成功的，但是利用殷遗民戍守泾河流域却可视为败笔。徐良高认为，随着周王室统治的稳固，异性政治联盟与姬姓统治集团缺乏血缘纽带的问题日益突出，异性贵族家族逐渐被疏离，其政治地位和作用日益弱化[65]。西周政权利用大量殷移民贵族戍守泾河流域，而未在这一带分封等级较高的姬姓人群的做法造成了极大的弊端。正是周人对泾河流域经略方式的失误，致使这一地区始终缺少一个强有力的核心掌控势力。殷遗民墓葬点从第一期的 11 处迅速下降

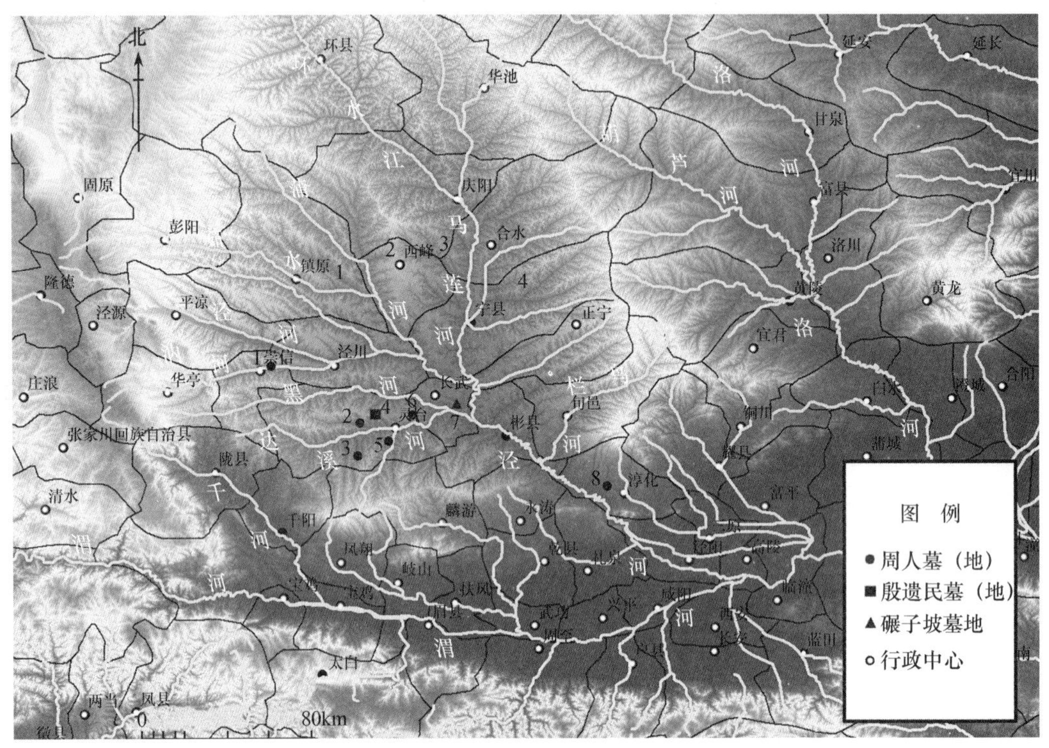

图七 第二期墓葬（地）分布态势

1. 于家湾 2. 姚家河 3. 寺沟 4. 白草坡 5. 红崖沟 6. 西岭 7. 碾子坡 8. 西梁家

到第二期仅剩一处，一定程度上是因为被肢解分散到泾河流域各地，缺乏了以往所应具备的以血缘为纽带的凝聚力的表现。

丧失了泾河流域上游大部分地区之后，西周统治者似乎意识到在第一期时经略泾河流域的策略失误。但自昭王南征失败后，西周国力大不如前，向南扩张的势头锐减。第二期伊始，穆王便主动发起了对西北边疆的战争，意图在西北方向能有所作为。本期在灵台地区新出现了一批周人墓葬点，可看作是西周政权试图重新稳固其在泾河上游地区统治力度的一种补救措施。《国语·周语》载“穆王将征犬戎……得四白狼四白鹿以归。自是荒服者不至。”《今本竹书纪年》载懿王二十一年“虢公帅师北伐犬戎，败逋。”然而可以看出，第二期时与诸戎的战争中西周王朝并没有绝对的优势可言，时有无功而返或遭遇败绩的记载。

灵台西岭墓出土的吕姜簋可能是活动于此地的吕国姜姓人群所作。一般认为春秋时期的吕国在南阳地区。李峰指出，吕在封于南阳之前，已经存在很长时间了，并且很可能就位于西周王畿的附近或者王畿之内，吕姜簋的发现暗示着吕同西申所在的泾河上游地区的联系[66]。前文已经论证在第一期时有部分姜姓人群进入了泾河流域地区，在墓葬葬俗和随葬品特征无法判别人群的情况下，吕姜簋铭文的发现，似乎证明姜姓周人仍然活动于泾河上游地区。曹斌根据石鼓山墓葬材料分析，高领袋足鬲族群在商末周初主要是向西向北发展，布防于周王朝的西部边境，以巩固周王室的统治[67]。既然能在泾河上游立国，吕姜人群应该是有一定势力的。吕国青铜器出现在灵台地区，可能说明西周政权已经开始倚重如吕氏这一类姜姓人群以巩固在泾河上游地区的统治。

（三）第　三　期

进入第三期后，第二期的墓葬点已全部消失，新出现的4个墓葬点基本集中于泾河上游东线支流，整体分布明显靠北。泾河上游西线地区和泾河下游不见一处墓葬点分布（图八）。

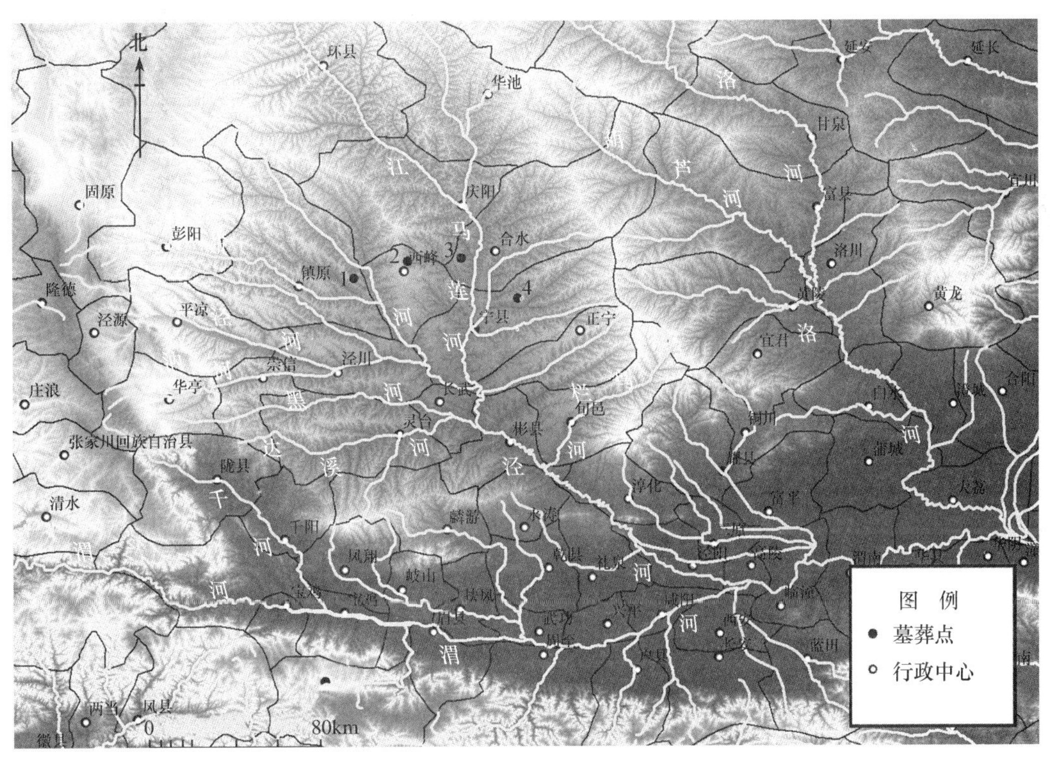

图八　第三期墓葬分布态势

1. 徐湾　2. 火巷　3. 何家畔　4. 宇村

第三期时，突然出现在西周王朝西北方向的玁狁成为周人的梦魇，《诗经》和西周晚期的金文多次记载了二者之间的战争。李峰根据多友鼎（《殷周金文集成》02835）、兮甲盘（《殷周金文集成》10174）铭文的记载，对西周政权与玁狁作战的地点进行了推测，并且绘制了作战图[68]。根据李峰绘制的作战图，在厉王时期多友鼎铭的战役中，作战地区在东起旬邑，西到固原的泾河上游西线和泾河下游的偏北地区；随后兮甲盘铭的战役中，主战场与前一次战役相似，但玁狁已经向南入侵到北距丰镐地区只有30千米的泾阳地区。在玁狁势力从泾河流域上游西线直达泾河下游地区距离丰镐地区仅有几十千米的泾阳地区后，周师才抵达该地进行反击，表明在玁狁入侵的沿途地区，几乎是没有受到周人抵抗的。这也能很好的解释为何本期在泾河上游西线地区没有发现一处墓葬点的分布。虽然本期在泾河下游没有发现墓葬点，但多友鼎铭文记载，玁狁曾在"筍"俘获西周居民，"筍"地在今旬邑东北地区[69]，说明本期在泾河下游仍有周人居住，近年公布的泾河下游淳化地区的一些考古发现也能证明这一点[70]。

相反，零星分布有墓葬点的泾河上游东线支流在本期不见有西周政权跟外敌作战的记载。但宇村墓的发现，表明第三期时地方戎狄贵族势力已经在泾河流域坐大，周王朝如何处理与地方戎狄之间的关系，是对王畿地区安全的重大考验。何家畔墓出土铜鼎铭文提到墓主夫人为申氏，出土于南阳的仲爯父簋证实了西周晚期南阳地区有一个南申国的存在[71]，而这一点恰好与《诗经·崧高》中记载的宣王徙封其舅申伯于南阳的记载相印证。据徐少华研究，在南申国建立之前，还存在一个西申国[72]。李峰曾考证西申国的地望在平凉地区[73]。伯硕父鼎铭文在一定程度上证实了西申国在泾河流域的可能，其夫人应来自西申，而非南申。《史记·秦本纪》载："非子居犬丘……孝王召使主马于汧渭之间，马大蕃息。孝王欲以为大骆适（嫡）嗣。申侯之女为大骆妻，生子成为适（嫡）。申侯乃言孝王曰：昔我先郦山之女，为戎胥轩妻，生中潏，以亲故归周，保西垂，西垂以其故和睦。今我复与大骆妻，生嫡子成。申骆重婚，西戎皆服，所以为王。"从申与秦联姻可以起到镇服西戎的作用及申侯联络西夷犬戎灭周的事件，可以看出申国与戎狄人群的关系异常密切。《国语·周语》载"齐、许、申、吕，由太姜。"申国与第二期墓葬出土铜器铭文中的吕国同为姜姓，而姜姓原本就来源于戎狄人群。另外，出土于长武县境内的西周晚期叔皇父鬲[74]铭文（图二，2）亦可作为姜姓人群在本期仍活跃于泾河上游的证据。可以认为，这一时期，西周政权同申、吕这一类姜姓人群的亲疏关系，与西周王朝在西北方的安宁程度息息相关。伯硕父能够管理西北地区的戎狄事务，可能在很大程度上借助了与姜姓申国的联姻关系。

第三期时，泾河上游难以见到典型的周人墓葬，西周王朝已基本丧失了对泾河流域绝大部分地区的直接掌控，与当地的戎狄势力关系密切的姜姓人群则在泾河流域慢慢坐大。幽王时期，当西周政权和泾河流域内以申氏为主的姜姓人群关系破裂时，失去了泾河流域这一缓冲地带的关中平原王畿区便直接暴露在敌人的兵锋之下，这不得不说是西周灭亡的一个很重要的外部原因。

附记：最近在宁夏彭阳姚河源遗址新发现一处晚商至西周早中期的遗址。从目前公布的发掘情况来看，遗址规模较大，内有居住区、作坊区、墓葬区，应是目前西周时期泾河上游规模最大的一处中心区。已发掘的9座墓葬，2座带有一条墓道，这是目前泾河流域发现的等级最高的墓葬。令人惊奇的是这些墓葬均有殉牲，有腰坑、坑内殉狗，葬俗具有浓重的殷遗民特点。如此高等级的殷遗民墓出现在泾河上游，与西周政权在周初对泾河流域的经略方式有关。遗址年代仅能到西周中期，也与本文所分析西周政权对泾河流域掌控力不断衰退的结论相符。本文得到教育部人文社会科学重点研究基地重大项目（16JJD780007）和吉林大学基本科研业务费哲学社会科学研究种子基金项目（2016ZZ025）资助。

注　释

[1] 甘肃省文物考古所:《崇信于家湾周墓》，文物出版社，2009年。

[2] 刘静:《试析崇信于家湾周墓》,《文物》2013年第7期。

[3] 许永杰、陈靖云:《甘青宁地区的陶鬲》,《中国陶鬲谱系研究》，故宫出版社，2014年。

[4] 许俊臣、刘得祯:《甘肃合水、庆阳县出土早周陶器》,《考古》1987年第7期。

[5] 雷兴山:《先周文化探索》，科学出版社，2010年。

[6] 同[4]。

[7] 宝鸡市周原博物馆:《北吕周人墓地》，西北大学出版社，1995年。

[8] 庆阳地区博物馆:《甘肃宁县焦村西沟出土的一座西周墓》,《考古与文物》1989年第6期。

[9] 井中伟:《早期中国青铜戈•戟研究》，科学出版社，2011年。

[10] 甘肃省博物馆文物队、灵台县文化馆:《甘肃灵台县两周墓葬》,《考古》1976年第1期。

[11] 中国社会科学院考古研究所沣西发掘队:《1979 ~ 1981年长安沣西、沣东发掘简报》,《考古》1986年第3期。

[12] 张礼艳:《丰镐地区西周墓葬研究》，社会科学出版社，2015年。

[13] 淳化县文化馆:《陕西淳化县出土的商周青铜器》,《考古与文物》1986年第5期。

[14] 中国社会科学院考古研究所:《张家坡西周墓地》，中国大百科全书出版社，1999年。

[15] 庆阳地区博物馆:《甘肃庆阳地区出土的商周青铜器》,《考古与文物》1983年第3期。

[16] 同[14]。

[17] 中国社科院考古研究所:《南邠州•碾子坡》, 大象出版社，2007年。

[18] 陕西省考古研究所:《高家堡戈国墓》，三秦出版社，1995年。

[19] 甘肃省博物馆文物组:《灵台白草坡西周墓》,《文物》1972年第12期。

[20] 同[10]。

[21] 刘得祯:《甘肃灵台两座西周墓》,《考古》1981年第6期。

[22] 史可晖:《甘肃灵台县又发现一座西周墓葬》,《考古与文物》1987年第5期。

[23] 刘玉林:《甘肃泾川发现早周铜鬲》,《文物》1977年第9期。

[24] 庆阳地区博物馆:《甘肃庆阳韩家滩庙嘴发现一座西周墓》,《考古》1985年第9期。

[25] 许俊臣:《甘肃庆阳地区出土的商周青铜器》,《考古与文物》1983年第3期。

[26] 同[25]。

[27] 同[25]。

[28] 固原县文物工作站:《宁夏固原县西周墓清理简报》,《考古》1983年第11期。

[29] 咸阳市文物考古研究所、旬邑县博物馆:《陕西旬邑下魏洛西周早期墓发掘简报》,《文物》2006年第8期。

[30] 咸阳地区文管会、旬邑县文化馆:《陕西旬邑县崔家河遗址调查记》,《考古与文物》1984年第4期。

[31] 平凉地区博物馆:《平凉文物》，平凉博物馆编印，1982年。

［32］ 淳化县文化馆：《陕西淳化史家塬出土西周大鼎》，《考古与文物》1980 年 2 期。
［33］ 陶荣：《甘肃崇信县香山寺先周墓葬清理简报》，《考古与文物》2008 年第 2 期。
［34］ 同［10］。
［35］ 同［21］。
［36］ 刘得祯：《甘肃灵台红崖沟出土西周铜器》，《考古与文物》1983 年第 6 期。
［37］ 何翔：《甘肃省西峰市出土的西周陶贝》，《文博》1991 年第 3 期。
［38］ 由 http://news.ifeng.com/history/kaogu/detail_2009_05/20/332180_0.shtml 网页发布。
［39］ 许俊臣、刘得祯：《甘肃宁县出土西周青铜器》，《考古》1985 年第 4 期。
［40］ 宝鸡市考古工作队：《陕西宝鸡市高家村遗址发掘简报》，《考古》1998 年第 4 期。
［41］ 同［4］。
［42］ 陶荣：《甘肃崇信香山寺先周墓清理简报》，《考古与文物》2008 年第 2 期。
［43］ 甘肃省博物馆文物队：《甘肃灵台白草坡西周墓》，《考古学报》1977 年第 2 期。
［44］ 刘钊：《泾伯器正名》，《文物研究》1989 年第 5 期。
［45］ 李学勤：《西周时期的诸侯国青铜器》，《新出青铜器研究》，文物出版社，1990 年。
［46］ 陕西省考古研究所：《高家堡戈国墓》，三秦出版社，1994 年。
［47］ 邹衡：《论先周文化》，《夏商周考古学论文集》，文物出版社，1980 年。
［48］ 张懋镕：《高家堡出土青铜器研究》，《考古与文物》1997 年第 4 期。
［49］ 朱凤瀚：《中国青铜器综论》，上海古籍出版社，2009 年。
［50］ 梁云：《泾河上游西周时期殷遗民墓葬研究》，《中国考古学会第十五次年会论文集》，文物出版社，2013 年。
［51］ 胡谦盈：《南邠碾子坡先周文化遗存的性质分析》，《考古》2005 年第 6 期；原报告依此观点。
［52］ 邹衡：《再论先周文化》，《周秦汉唐考古与文化国际学术会议文集》，《西北大学学报》1988 年增刊。
［53］ 张天恩：《关中商代文化研究》，文物出版社，2004 年。梁云：《碾子坡商代遗存族属探讨》，《中原文物》2015 年第 6 期。
［54］ 梁云：《碾子坡商代遗存族属探讨》，《中原文物》2015 年第 6 期。
［55］ 杨建华：《白狄东迁考——从白狄建立的中山国谈起》，《鄂尔多斯青铜器国际学术研讨会论文集》，科学出版社，2009 年。
［56］ 井中伟、李连娣：《中国北方系青铜“花格”剑研究》，《边疆考古研究》（第 13 辑），科学出版社，2013 年。
［57］ 梁云：《陇山东侧商周方国考略》，《西部考古》（第 8 辑），科学出版社，2015 年。
［58］ 中国社科院考古研究所泾渭工作队：《陕西西彬县断泾遗址发掘报告》，《考古学报》1998 年第 1 期。
［59］ 同［58］。
［60］ 姚生民：《陕西淳化县出土的商周青铜器》，《考古与文物》1986 年第 5 期；《陕西淳化县新发现的商周青铜器》，《考古与文物》1990 年第 1 期。
［61］ 同［50］。

［62］ 张礼艳：《丰镐地区西周墓葬研究》，社会科学出版社，2015 年。

［63］ 刘绪：《西周西土的考古学观察》，《周原》（第 1 辑），三秦出版社，2013 年；收入刘绪：《夏商周考古探研》，科学出版社，2014 年。

［64］ 同［50］。

［65］ 徐良高：《考古发现所见西周政治中的亲疏盛衰现象》，《两周封国论衡——陕西韩城出土芮国文物暨周代封国考古学研究国际学术研讨会论文集》，上海古籍出版社，2014 年。

［66］ 李峰：《西周的灭亡——中国早期国家的地理和政治危机》，上海古籍出版社，2007 年。

［67］ 曹斌：《宝鸡石鼓山三号墓研究》，《考古与文物》2016 年第 2 期。

［68］ 同［66］。

［69］ 同［66］。

［70］ 中国考古学会编：《中国考古学年鉴》，文物出版社，2011 年。

［71］ 李学勤：《论仲爯父簋与申国》，《中原文物》1984 年第 4 期。

［72］ 徐少华：《周代南土历史地理与文化》，武汉大学出版社，1994 年。

［73］ 同［66］。

［74］ 咸阳地区文管会、陕西省考古研究所：《咸阳地区出土西周青铜器》，《考古与文物》1981 年第 1 期。

铜枳（卮）起源的初步研究

王 青 刘延常

（1. 山东大学文化遗产研究院 2. 山东省文物考古研究所）

椭圆体的铜枳（卮）是周代兴起的一种重要礼器，因器形小巧，工艺简单，铸造和使用的数量较多，出土及传世也较多，宋代以来已见于著录。这种器物自清代《西清古鉴》以来多以其形称为舟，二十世纪八十年代以来又以其自铭称为鋓或卮[1]。最近石小力博士综合考证各家意见，认为自铭应释为枳，通卮[2]，本文从之。二十世纪八九十年代，随着考古资料的不断增加，学界的研究逐渐深入。高明、朱凤瀚先生对中原地区的铜枳（卮）做了深入探讨[3]，王恩田、刘彬徽先生对山东发表的20余件铜枳（卮）做了专题研究，刘文还首次提出这种铜器应起源于山东[4]。笔者也曾对山东地区的铜枳（卮）做了初步探讨，认为山东的铜枳（卮）兴起年代较早，普及范围广[5]。近年来，随着青铜时代各区域文化及各类青铜器的研究不断深入，毕经纬、吴伟华、路国权、齐耐心等年轻学者又对全国及山东出土的数百件铜枳（卮）做了综合研究，取得了重要进展，并通过比较分析再次肯定山东是铜枳（卮）的发源地[6]。但在铜枳（卮）起源的一些关键问题上认识还不够深入，分歧也比较明显。本文将在此基础上结合近年在山东地区收集的相关资料，对铜枳（卮）的起源做初步研究，希望能以此推进这一问题的继续探索。不妥之处还请批评指正。

一、起源年代与形制分析

山东出土的铜枳（卮）大多数为平底，只在春战之际有少量蹄足枳（卮）。在笔者先前的研究中，曾将山东已发表图像资料的约40件平底铜枳（卮）（有些报道称为舟或鍪）分为六式，年代断在西周晚期到战国中期，并初步总结了演变规律。近年发表资料又有增加，对其形制演变的研究也进一步细化，基本都认为莒县西大庄M1、临淄齐故城东古城M1出土的铜枳（卮）是早期形态，与起源密切相关，而这2件铜枳（卮）分别属于笔者划分的第Ⅰ、Ⅱ式，也是早期形态。由此可知，Ⅰ、Ⅱ式所代表的阶段应是铜枳（卮）发展的早期阶段，也是我们讨论铜枳（卮）起源的基本着眼点。截至目前，山东地区出土早期铜枳（卮）并已发表的墓葬主要有莒县西大庄M1、淄川南阳墓、临淄东古城M1、临朐泉头M甲、栖霞吕家埠M2和沂水东河北墓[7]。这六座墓还出土了铜鼎、簋、盘、匜等，年代大体在西周晚期至春秋早中期，诸家对这些墓的具体年代已多有讨论，但认识尚未达成一致，很大程度上制约了铜枳（卮）起源的研究。笔者也曾讨论过这些墓的年代，以下稍作展开分析（图一）。

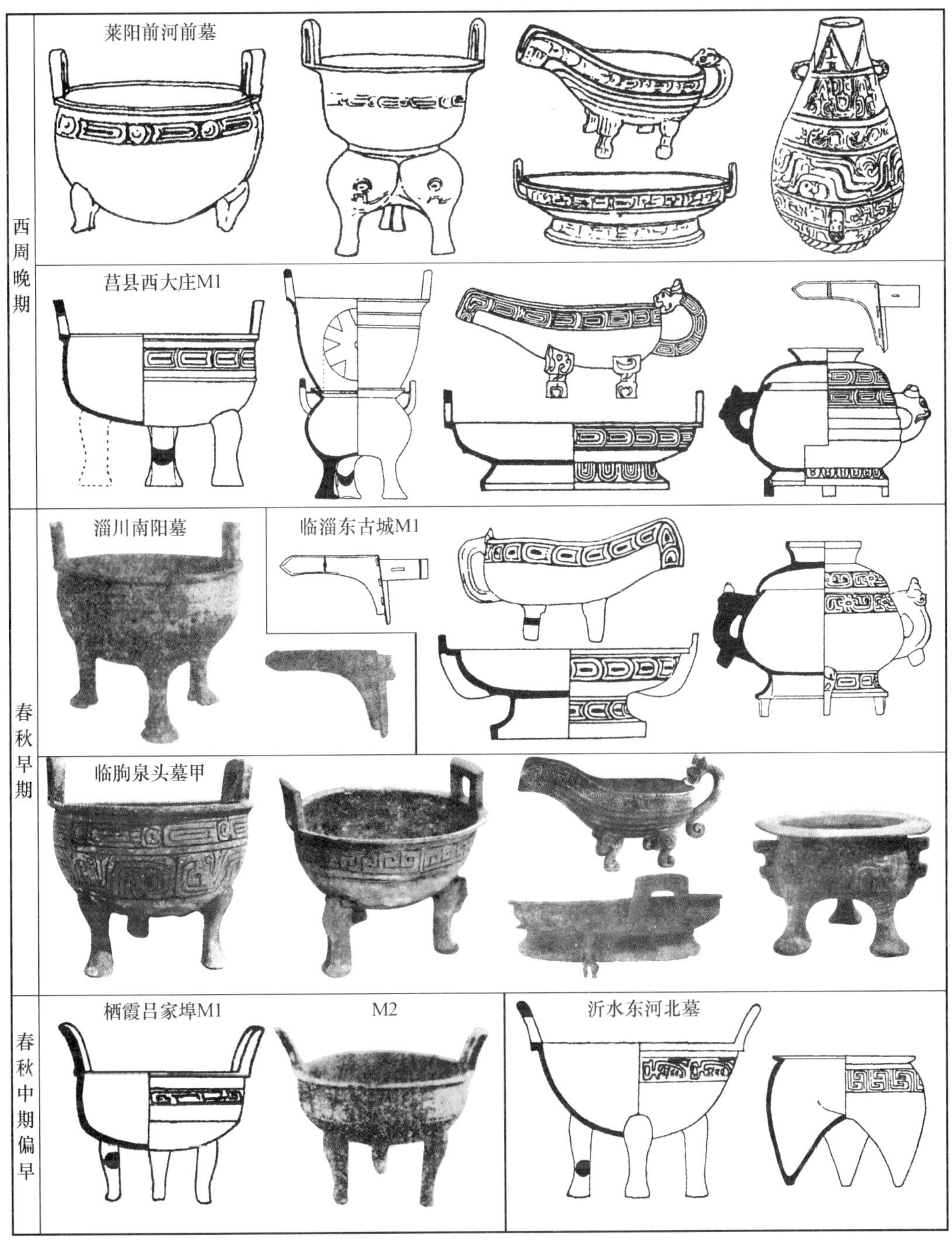

图一　山东早期铜枳（卮）出土墓葬断代比较图（前河前墓及吕家埠 M1 为对比墓例）

莒县西大庄 M1，原简报断在西周晚期至春秋初，近年的研究或断在春秋早期。笔者认为这是一座比较典型的西周晚期墓，主要表现在：出土铜器以装饰重环纹最流行，见于鼎、簋、盘、匜等多数铜器上，鼎腹较浅较直而非半球腹，盘的圈足较矮，匜的龙形鋬不卷尾，簋的口部内敛程度较小，戈为长胡三角锋。这些都是西周晚期最常见的纹饰和形制特征。在山东地区，与西大庄铜器最相近的是莱阳前河前墓，学界多断在西周晚期，分歧不大[8]。唯从甗的形制看，前河前为甑、鬲合铸的扁宽体，甗足有西周中期象鼻足的遗风，而西大庄已是甑、鬲分铸的瘦长体，通体素面，表现出略晚的特点。所以，我们认为西大庄墓约在西周晚期偏晚，下限应晚不到春秋。临淄东古城 M1 和南阳墓出有长胡三角锋铜戈及龙鋬不卷尾铜匜，与西大庄基本相同，鼎、簋、盘、匜也多饰重环纹，表明两墓年代与西大庄较近。但东古城 M1 铜簋敛口明显、龙耳下另出珥、圈足也加高，且盖及上腹饰有窃曲纹，铜枳（卮）则饰较为原始的蟠螭纹，南阳墓铜鼎已显半球腹，蹄足也更发达。这些都显示出晚于西大庄的时代特征，因此可将这两墓断在春秋早期偏早。

临朐泉头 M 甲及其附近的 M 乙简报断在两周之际，两座墓分别出有“齐侯子行”铜匜和“齐趫父”铜鬲，李学勤、王恩田等认为两人是同一人，两墓为夫妇并穴合葬墓，下葬年代当不早于《春秋》所载鲁庄公元年（前 693 年）“齐迁纪郱”（按郱邑在今临朐），即春秋早期偏晚[9]。这两墓出土青铜器的形制及组合比较接近，匜的龙鋬已卷尾，鼎的半球腹较为明显，鼎、鬲的蹄足更为发达，M 乙还出现了簠这种新器形。这都表现出晚于东古城和南阳墓的特点，也印证了几位先生的观点。栖霞吕家埠 M2（及其附近的 M1）和沂水东河北墓，笔者曾断在春秋早期或略晚，所出铜鼎均立耳明显外侈，半球腹较典型，三足安装也明显内聚，这都与泉头两墓的鼎形差别较大，而与滕州薛故城 M1 出土的铜鼎形制基本相同[10]，后者刘彬徽、朱凤瀚等均断在春秋中期[11]。再考虑这三墓多数还同出有簋、豆、罐、罍等陶器，其形制也多在春秋早中期之间，笔者此前已做过详细讨论和分析。所以可将三墓断在春秋中期偏早，上限可能到春秋早期之末[12]。

以上年代分析为讨论铜枳（卮）的起源诸问题提供了必要基础。可知在这六座墓中，只有莒县西大庄 M1 铜枳（卮）有同出的铜器证明年代在西周晚期偏晚，其他墓出土的铜枳（卮）从同出铜器和陶器看都应晚于西大庄，年代落在春秋早中期。因此，我们仍将西大庄 M1 出土的铜枳（卮）作为第Ⅰ式，即它是目前发表资料能明确的年代最早的铜枳（卮）。以它为基础，我们对现存于山东有关县市文博单位的类似铜枳（卮）资料做了调研和收集，初步统计至少有 4 件，分别出自莒南陡山水库[13]、卢范大庄、临沂某地和平度韭园村，这 4 件铜枳（卮）属于采集或征集品，详细的出土信息已不能确知，但不难发现，其形制与西大庄是基本相同的（表一，图二）。总结这 5 件的形制特征主要有以下几点：均为器身较薄的椭圆体，单环耳较大且为半环形，略侈口、鼓腹、平底，长边两侧或一侧的中部略内凹形成凹脊，由此造成口及腹部并非规整椭圆形，并在凹脊处铸有较粗的纵向绳索纹，器身其余大部为素面。这些可视为Ⅰ式铜枳（卮）的普遍特征，如果以西大庄的年代为标准，以及与下述Ⅱ式形制的比较，基本可断定这应是西周晚期铜枳（卮）起源时的原始形态。当然，这几件枳（卮）也有自己的个别特点，如西大庄的器壁很薄且全身布满小砂眼，临沂的耳上铸有小鸟头，陡山水库的下腹另有一周横向绳索纹，卢范大庄和韭园村的底外缘也另有一圈绳索纹，韭园村的腹部还有两周绳索纹，绳索纹之间还有数个立鸟，耳上并铸有龙首等。这些多是不同铸铜作坊的工艺传统所致，年代上略有早晚可能也是原因，但不影响我们对其总体特征的把握。

表一　山东出土的早期铜枳（卮）统计表

本文序号	所在县市	出土地点	式别	自身特点	现藏单位
1	莒县	店子集镇西大庄 M1	Ⅰ	器身布满小砂眼	莒县博物馆
2		果庄镇上茶城	Ⅱ	中腹饰雷纹带，上腹有一对小纽	
3		城区莒故城	Ⅱ	小口高体素面，上腹有一对小纽，器身布满小砂眼	
4		城区莒故城	Ⅱ	中腹饰蟠螭纹与三角纹带	
5	莒南	陡山水库	Ⅰ	口沿略残	莒南博物馆
6		柳沟乡卢范大庄	Ⅰ	底上另有一周绳索纹	
7		岭泉镇殷家庄	Ⅱ	素面	
8		不详（征集）	Ⅱ	上腹饰蟠螭纹带	
9		坪上镇中峪	Ⅱ	素面	
10		坪上镇大山空	Ⅱ	素面	
11	临沂	不详（征集）	Ⅰ	耳上铸有小鸟首	临沂市博物馆
12		相公镇大范庄	Ⅱ	素面	
13		枣沟头镇俄庄庙后花园庄祊河北岸	Ⅱ	素面，注为“与铜鼎、编钟同出”	
14		不详（征集）	Ⅱ	锈厚纹饰暂不明	临沂银雀山博物馆
15	沂水	杨庄镇李家坡	Ⅱ	素面	沂水博物馆
16		许家湖镇庄家营	Ⅱ	中腹饰蟠螭纹带，上腹有一对小纽	
17		黄山铺镇东河北墓	Ⅱ	中腹饰蟠螭纹带	
18		黄山铺镇东河北	Ⅱ	中腹饰蟠螭纹带，上腹有一对小纽	
19	沂南	界湖镇陆家庄	Ⅱ	素面	沂南博物馆
20		湖头镇西明生砖厂	Ⅱ	腹部细密蟠螭纹带较宽	
21	日照	巨峰镇赵家庄	Ⅱ	残断，素面	日照博物馆
22		巨峰镇赵家庄	Ⅱ	口沿已残，中腹蟠螭纹带较窄	
23	五莲	中至镇留村	Ⅱ	素面	五莲博物馆
24	沂源	南麻镇西鱼台（姑子坪）	Ⅱ	素面	沂源博物馆
25	蒙阴	岱崮镇东指村	Ⅱ	中腹饰蟠螭纹带	蒙阴博物馆
26	费县	不详（征集）	Ⅱ	素面	费县博物馆

续表

本文序号	所在县市	出土地点	式别	自身特点	现藏单位
27	临淄	暂不明	Ⅱ	耳上铸有龙首，素面	齐故城博物馆
28		齐故城东古城 M1	Ⅱ	中腹饰蟠螭纹带，上腹有一对小纽	
29		城区棕榈城小区	Ⅱ	素面	
30	淄川	太和乡南阳墓	Ⅱ	素面	淄川博物馆
31	临朐	五井镇泉头墓甲	Ⅰ晚	底上另有一周绳索纹	临朐博物馆
32	寿光	文家街道岳家铺	Ⅱ	上腹饰细密蟠螭纹带	寿光博物馆
33	潍坊	不详（老潍县金属收购站回购）	Ⅱ	上腹饰蟠螭纹带	潍坊市博物馆
34	平度	大泽山镇韭园村	Ⅰ	腹部有两周横向绳索纹及立鸟纹，底下另有一圈绳索纹，与提链小罐同出	平度博物馆
35	青岛	不详	Ⅱ	腹饰蟠螭纹带	青岛市博物馆
36		暂不明	Ⅱ	残断	城阳文管所
37	蓬莱	大季家镇（现已并入烟台经济技术开发区）	Ⅱ	素面	烟台市博物馆
38		暂不明	Ⅱ	锈厚纹饰暂不明	蓬莱水城博物馆
39	栖霞	松山镇吕家埠 M2	Ⅰ晚	现已朽坏	栖霞文管所

图二　山东出土的Ⅰ式铜枳（卮）及其细部特征举例

（上中两排分别为莒县西大庄 M1、临沂某地出土，下排之左、中为莒南陡山水库出土，右为平度韭园村出土）

需要说明的是，临朐泉头M甲和栖霞吕家埠M2出土的2件铜枳（卮），从已发表的资料可知其形制基本相同，而且不少特征与Ⅰ式枳（卮）也基本相同，如单环耳较大且为半环形，口、腹中部略内凹并形成凹脊，凹脊上装饰纵向绳索纹等（泉头的底上另有一周绳索纹）。但这两件的口沿外卷比较明显，与Ⅰ式枳（卮）差别较明显，而与下述Ⅱ式枳（卮）比较近似（图三，左、中）。这说明，泉头和吕家埠两件的年代可能在Ⅰ、Ⅱ式之间。但限于目前资料尚少，我们暂将这2件列为Ⅰ式中年代较晚的标本，以待将来资料增加再议。另外，这2件枳（卮）所出墓葬的年代分别在春秋早期偏晚和春秋中期偏早，比Ⅰ式枳（卮）要晚，而与Ⅱ式枳（卮）年代同时甚至略晚。这在考古学上是可以理解、也是比较常见的现象，因为铜器铸造后往往会流传使用，下葬的年代就更晚了，泉头和吕家埠枳（卮）就属于这种情况，推测应该是沿袭旧制或沿用旧器。

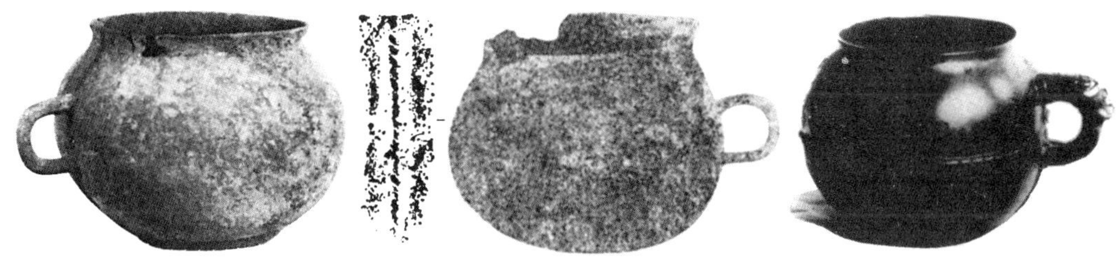

图三 临朐泉头M甲（左）、栖霞吕家埠M2出土的Ⅰ式晚期铜枳（卮）（中）及史孔枳（卮）（右）

在此基础上，Ⅱ式铜枳（卮）的形制特征也能得以明晰。此式枳（卮）年代明确的出自临淄东古城M1、淄川南阳墓和沂水东河北墓，共3件。尽管多数发表的图像不太清晰，也不难发现它们的形制是基本相同的。以资料比较完整的东古城M1铜枳（卮）为参照[14]，我们对有关单位收藏的采集或征集铜枳（卮）做了甄别，初步统计至少有29件类似者，主要出自鲁东南的莒县、莒南、沂南、临沂、沂水一带，及其外围的费县、沂源、蒙阴、五莲、日照[15]等地，在更外围的淄博、潍坊、青岛、烟台等地也有发现（表一，图四）。总结这32件铜枳（卮），其形制特征主要有：均为器身略厚的椭圆体，单环耳较小且近似环形，侈口、卷沿、鼓腹、平底，口部内凹已消失而呈规整的椭圆形，长边一侧的腹中部略内凹形成凹脊，凹脊上及腹部的绳索纹已消失不见，腹部普遍流行蟠螭纹带。此外，器体普遍变大变高，器身的长边也普遍加长，如Ⅰ式一般腹部长径8～9、通高6～7厘米，Ⅱ式则一般腹部长径10～12、通高8～9厘米。这些可视为早期铜枳（卮）发展到春秋早期的普遍特征，与Ⅰ式相比形制上的发展变化比较明显，已基本摆脱了西周晚期的原始形态，走向定型。当然，Ⅱ式各件之间也略有差别，如东古城的环耳为绳索状，上腹还另有一对小纽，南阳墓及鲁东南、胶东出土的部分枳（卮）是素面等。与Ⅰ式一样，这也应是工艺传统不同或年代略有早晚造成的。

以上即为山东早期铜枳（卮）形态演变的基本过程。如果放在笔者所分整个六式的发展历程中来看（图五），早期阶段还是比较原始的，Ⅲ式以后的晚期铜枳（卮）则明显进入新的阶段。如Ⅲ式普遍变为双环耳（鲁东南和胶东也有单耳的），器身变矮变扁

图四　山东出土的Ⅱ式铜杯（卮）及其细部特征举例

上、中排为临淄东古城M1、莒县莒故城出土，下排为莒南出土，下左大山空、下中中峪、下右地点不详

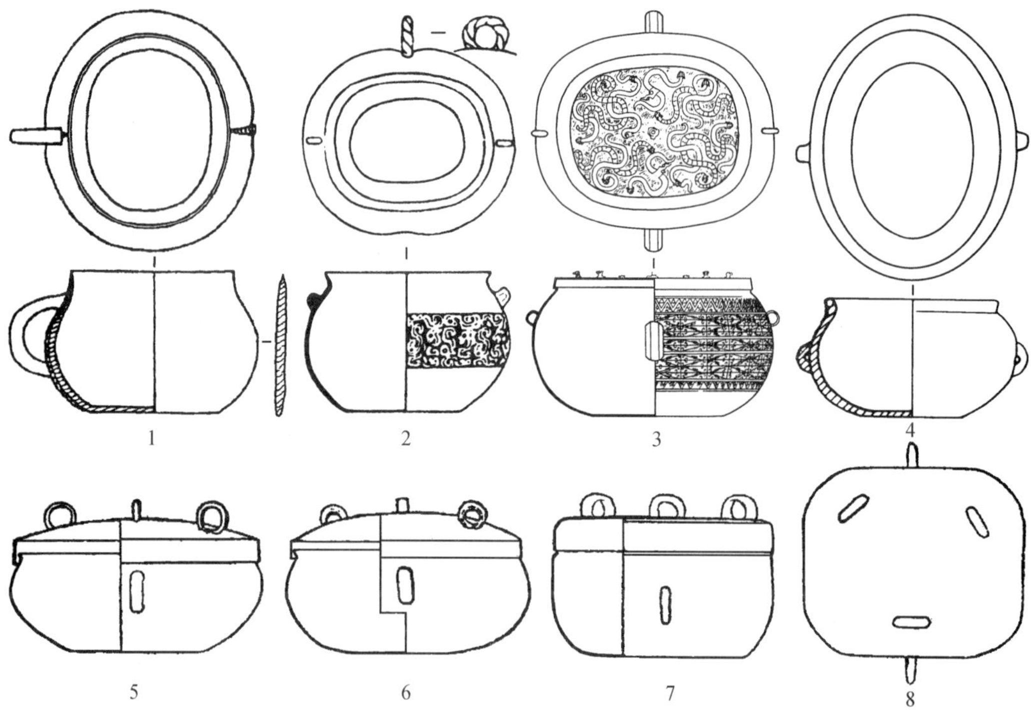

图五　山东铜杯（卮）Ⅰ至Ⅵ式演化序列

1. Ⅰ式莒县西大庄M1：14（西晚） 2. Ⅱ式临淄东古城M1：9（春早） 3. Ⅲ式海阳嘴子前M4：132（春晚） 4. Ⅲ式栖霞吕家埠M1出土（春中，短边上腹部一对小纽线图未表现，原器现已朽坏，器壁应较薄） 5. Ⅳ式淄川磁村M01：3（春晚） 6. Ⅴ式济南左家洼M1：10（战早） 7. Ⅵ式长岛王沟M10：28（战中） 8. 7之俯视图

圆并多带平顶盖，口部普遍变大、腹部普遍下垂，凹脊基本消失，上腹的一对小纽比较多见，腹部的纹饰带普遍加宽精美，多为带状下附三角内填螭纹或雷纹。此式流行于春秋中晚期，已是山东铜枳（卮）形态比较成熟的时期，出土数量也大增［此期出现的少量蹄足枳（卮）暂不论］。在已发表标本中，海阳嘴子前M4：132这件比较有代表性，年代约在春秋晚期偏早[16]，所以我们现在采用这件枳（卮）作为Ⅲ式的典型标本。Ⅳ至Ⅵ式则是Ⅲ式双耳枳（卮）的继续发展，以通体素面和有环耳盖为最大特点，这是山东铜枳（卮）比较繁荣的时期，流行于战国早中期，出土数量最多。到战国晚期，铜枳（卮）发现的数量很少，已基本消失不见。以这一演变历程看，栖霞吕家埠M1出土的矮体双耳铜枳（卮）的形态并不早，应属于春秋中期出现的Ⅲ式枳（卮），在出土和发表数量较多的此式枳（卮）中显得比较普通（还有更多未发表），并且其素面特点还是胶东的地域传统，不具有代表性。如果把它视为双耳枳（卮）起源的最早标本和典型标本，恐怕是不妥当的。

二、起源原型及功用分析

关于铜枳（卮）起源的原型，近年的研究也提出了两种认识，或认为仿自小陶罐，或认为仿自皮囊制品。通过对早期铜枳（卮）实物标本的观察我们发现，这两种观点都有再检讨的余地。首先，研究者举出的临淄东古墓地M1019：41这件小陶罐[17]既非椭圆形，也无环耳，与早期铜枳（卮）的形制差别太大，而且笔者此前的研究已表明，这种素面圜底小罐应是山东北部齐文化区独具特色的陶器，而Ⅰ式铜枳（卮）主要见于山东东南部莒文化区，二者并无内在联系是可以肯定的。其次，正如上文分析看到的，Ⅰ式铜枳（卮）的最大特点之一是器身中部凹脊处有纵向绳索纹，主张铜枳（卮）源自皮囊的研究者认为这是对缝制皮囊针线或针脚的模仿，但有些Ⅰ式枳（卮）的腹部及底上还另有一两周横向的绳索纹［传世的“蔡太史枳（卮）”也有］，缝制皮囊显然是不需要也不应有这周“缝合线”的，而且缝制皮囊最应对口部加厚缝合以固型，但铜枳（卮）口沿上并未见这种痕迹的模仿。另据有关民俗资料可知，缝制皮制品多采用“平针”针法，以使接合更严密不至于渗漏，而不是这种绳索状的粗糙的“锁边”针法[18]。由此可以推断，铜枳（卮）的起源原型应该不是陶器或皮囊。以Ⅰ式铜枳（卮）的形态看，似应从小型椭圆体、两侧有凹脊、一侧有单环耳、沿凹脊绑缚细绳等几个特征来追索它的原型。

综合考虑各种资料和线索，我们认为铜枳（卮）应仿自葫芦器。葫芦在我国的种植历史悠久，上古、中古时期多以瓠、匏、壶统称，并有甘瓠、苦匏之分，至宋代陆佃《埤雅》分为4种：长而瘦上曰瓠，短颈大腹曰匏，似匏而圆曰壶，细腰曰蒲（或曰蒲卢）。明代李时珍著《本草纲目》再细分为7种，今人则在此基础上以植物分类学标准分为亚腰的葫芦和小葫芦，长体圆柱状的瓠子（又称长蒲），及短柄扁球腹的匏瓜（又称瓢瓜）[19]。从考古发现看，目前已在南方的浙江余姚河姆渡、田螺山、江苏、兴化蒋庄湖北江陵望山等先秦遗址发现了葫芦实物遗骸[20]，北方地区因地理环境不利于保存而发现较少，但《诗经》等文献记载表明北方也大量种植葫芦，如《小雅·南有嘉鱼》“南有樛木，甘瓠累之”，朱熹《集传》引吕祖谦曰：“瓠有甘有苦，甘瓠则可食者也”；《小雅·瓠叶》“幡幡瓠叶，采之亨之”，《毛传》曰：“幡幡，瓠叶貌，庶人之菜也”；《豳风·七月》“七月食瓜，八月断壶”，《毛传》：“壶，瓠也”，高亨先生进一步认为瓜指嫩葫芦，断壶则指断蔓摘取成熟的葫芦[21]。由此可知，葫芦对于古人的首要用途是食用，正如《管子·立政》所言：“六畜育于家，瓜瓠、荤菜、百果备具，国之富也。”

葫芦的另一重要用途就是器用，即对葫芦进行适当剖切加工制成器物使用。《韩非子·外储说》载：“夫瓠所贵也，谓其可以盛也。”《说文·包部》也载：“匏，瓠也。从包，从瓠省。包，取其可藏物也。”可知以葫芦制器主要是用作盛装什物的容器。其中最常见的葫芦器当属纵剖制成的瓢，用来饮水。《论语·雍也》：“一箪食，一瓢饮，在陋巷。”邢昺疏正：“瓢，瓠也。”《庄子·逍遥游》：“剖之（按指大瓠）以为瓢，则瓠落无所容。”葫芦瓢也是古今民间一直使用的葫芦器，西汉《盐铁论·散不足》载：“庶人器用，即竹柳陶瓠”，唐陆龟蒙《幽居赋》：“炊秕粺以为食，割瓠瓢而作器”，直到二十世纪八九十年代，各地农村仍普遍使用[22]。尽管葫芦瓢已腐朽无存，但山东目前已在莱芜西上崮、栖霞吕家埠等地出土了春秋中晚期的铜匜，在滕州庄里西和威海鲸园等地出土了战国时期的铜匜[23]，其形制为深腹平底盆形，有敞口长流，与同时期的兽形四足铜匜迥异，而与葫芦瓢的形状基本相同，显然是仿自葫芦器而来（图六）。如果对照古人对葫芦的分类，其原型就应是以短柄大腹的匏瓜纵剖制成的瓢。这都说明，我国各地包括山东地区先秦时期制作和使用葫芦器应是很普遍的，到周代随着青铜铸造技术的进步和文化环境的改变，至少已由匏瓜瓢仿制成瓢形铜匜。这一背景是我们推断铜枳（卮）仿自葫芦器的重要前提。此外，1857年出土于山东胶县灵山卫（今属青岛市新黄岛区）的战国齐器“左关枳（卮）”（现藏上海博物馆），其形制为瓢形匜却自铭为“枳”，也说明铜枳（卮）与瓢形铜匜都应是仿自葫芦器。

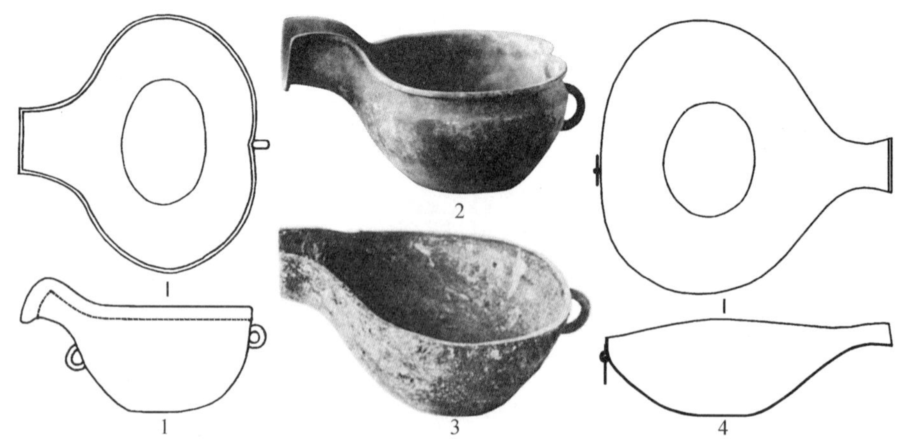

图六　山东出土东周铜匜举例（1、4据照片初步校改）

1. 栖霞吕家埠 M1 出土　2. 莱芜西上崮墓采　3. 滕州庄里西 M8 出土　4. 威海 M3 出土

再从铜枳（卮）的形状看，在匏瓜中也能找到器身类似椭圆体、两侧并有凹脊者（今或俗称梨形葫芦），只不过不是像瓢那样纵剖，而应是横切而成（图七，左）。横切去掉匏瓜上部后，以有圜底的下部掏出瓜瓤制成容器时，应至少有两个步骤：一是加装一只用枝条弯曲做成的环耳，以利于持握。宋代苏颂著《图经本草》曾载：“今人取其（柳）细条，火逼令柔，屈作箱箧。”把湿的树枝放在火上烤一下使之柔软，是古今制作编织器的通用方法，把枝条弯成环形也应是用的类似方法。另据有关民俗资料推测[24]，葫芦器上加装环耳等附件还应使用某种黏合剂，以使环耳牢固并弥合缝隙以防渗漏，铜枳（卮）的环耳应是就此仿制而来；二是沿两侧原有的凹脊绑缚细绳以便于提握，有的还要在腹部加缚细绳以加固器身，底部也加缚细绳以保持平稳。我们看栖霞吕家埠M1出土的瓢形铜匜，其口沿就有绑缚一周细绳的模仿（图八，1），另在山东出土的一些早期铜壶或匏壶的底缘也发现有绑缚一周细绳作圈足的模仿（参见图一莱阳前河前墓铜壶）。而据有关民俗调查可知，海南黎族过去所用渡水大葫芦的器表，也用竹篾（或藤条）编织而成以起到保护作用，并编出圈足以使葫芦能放平稳（图七，右）[25]。据此可知，匏瓜制器还需要绑缚细绳或编织网套以保护和稳定器身，早期铜枳（卮）上的绳索纹应是就此模仿而来的。因此我们认为，铜枳（卮）应仿自葫芦器，具体原型应是一种器身类似椭圆体，两侧有凹脊，一侧加装木制环耳，同时还需要绑缚细绳来使用的小型葫芦器。当然，与匏瓜瓢已腐朽无存一样，目前尚未在考古遗址中发现这种匏瓜横切制成的小型葫芦器实物，有待今后田野工作的进一步深入。

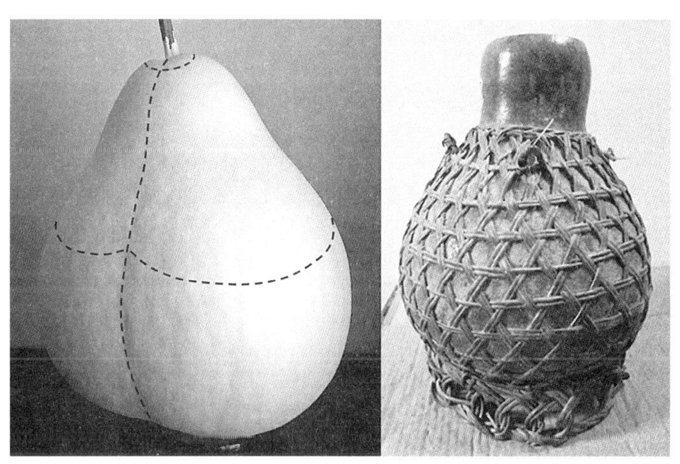

图七　匏瓜剖切制器示意图（左）及黎族渡水葫芦举例（右）

关于这种小型葫芦器的定名也有些线索可稽。《汉书·司马相如列传》有“莲藕、觚卢”，《世说新语》有“长柄壶卢”，研究认为，“觚卢”“壶卢”即今之“葫芦”，由“瓠”音变而来[26]。《说文·皿部》又曰：“卢（按繁体作盧），饭器也，从皿，𩦎声。”《本草纲目·菜部·壶卢》则进一步提出：“壶，酒器也；卢，饭器也。此物各象其形，又可为酒饭之器，因以名之。”其中的“壶”应即用“似匏而圆”的匏瓜截去柄柢制成的酒器，“卢”自然也应是由匏瓜制成的一种容器，尽管未言明“卢”的具体形状，也

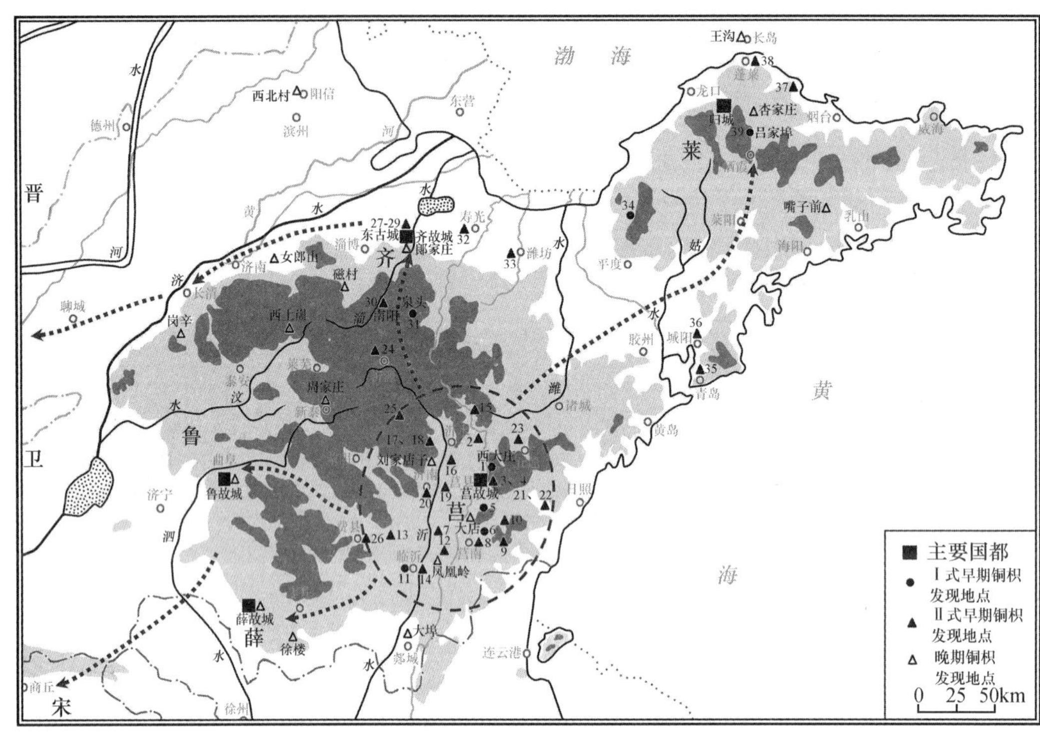

图八　山东铜枳（卮）起源及传播示意图

［底图据谭其骧主编《中国历史地图集》“春秋齐鲁幅”绘制，中国地图出版社 1982 年；图中数字序号代表的早期铜枳（卮）信息见表一，晚期铜枳（卮）的资料出处见注 30］

说明古时有用作食（饭）器的葫芦器。而从考古发现看，栖霞吕家埠 M2 随葬的Ⅰ式晚期铜枳（卮）出土时内有谷物朽壳，简报同时指出，此墓的 50 余件陶铜器“多数器物内有腐朽的猪、鸡骨和谷壳”，可知此墓下葬时应经过了有意安排，显然是举行葬仪的遗留。这一重要信息多不为人注意[27]，笔者认为值得重视，“内有谷物朽壳”说明这件铜枳（卮）应是作为食器使用的，更说明铜枳（卮）的原型葫芦器也可以作为食器使用，与《说文》《本草纲目》的解释相一致。换言之，“壶卢”（及“觚卢”）很可能分指由葫芦横切制成的两种葫芦器“壶”与“卢”，它们分别是铜壶（及匏壶）与铜枳（卮）的模仿原型。

关于铜枳（卮）的功用，近年的研究多主张是酒器。从前文的分析可知，随葬早期铜枳（卮）的墓葬多同时随葬有铜簠及盘、匜，簠是食器、盘匜是一套盥洗用水器已无需多言，所以从器物组合的整体而言，说铜枳（卮）不是食器或水器而是酒器并无大碍。从葫芦器的功用看，《诗经·大雅·公刘》载：“执豕于牢，酌之用匏。”郑玄笺：“酌酒以匏为爵，言忠敬也。”也是说匏瓜制成的器物用作饮酒器。但上列《论语·雍也》“瓢饮”的记载说明，葫芦器用作饮水器也是很常见的。进一步分析，早期铜枳（卮）处于起源阶段，器形及功用都不太稳定应是可以理解的，而且早期铜枳（卮）多分布在鲁东南及胶东的东夷之地，文化上颇具自身文化传统（下详），不会完全遵守中原礼法也是可以理解的，上述栖霞吕家埠 M2 出土的铜枳（卮）“内有谷物朽壳”就是证明。所以，我们认为早期铜枳（卮）的功用很可能是一器多用的，作为饮器和食器都是允许的。随着铜枳（卮）器形及功用的逐渐稳定，到春秋中期Ⅲ式枳（卮）出现、尤其传入中原地区以后，才正式作为酒器使用（并衍生用作量器），不能以晚期铜枳（卮）的功用来推断早期铜枳（卮）也都是酒器。早期枳（卮）与晚期枳（卮）的环耳都安装在长边一侧或两侧，短边则形成了类似流口的窄弧形状，便于饮酒或进食。而晚期枳（卮）大多是双环耳的，适合使用时双手持握，这应该是饮酒的姿态，早期枳（卮）都是单耳的，使用时可一手持握，另一手则可以借助箸等佐餐工具进食（饭）。因此，从使用方法分析也能说明早期铜枳（卮）应是一器多用的。

另外，我们在梳理早期铜枳（卮）出土的墓葬时发现，属于夫妇并穴合葬的情况不在少数，如临朐泉头M甲及其附近的墓乙，前述已有学者指出是夫妇并穴合葬；栖霞吕家埠M1和M2都随葬了铜枳（卮），这两墓相距只有10米，其中M1随葬铜器较多并有兵器剑、戈、镞等，M2随葬铜器较少并且没有兵器，因此也可以推断是夫妇并穴合葬墓；莒县西大庄M1随葬了较多铜容器和兵器、车马器等，还有1件陶纺轮，一般情况下随葬陶纺轮的墓主应是女性，这在近年发掘的新泰周家庄东周墓地已有明确发现[28]，所以西大庄M1应该是女性墓，附近应有男性幕组成夫妇并穴合葬。其他出土早期铜枳（卮）的墓葬因为资料比较破碎，暂时不好判断。而据《礼记·昏义》记载：男女成婚时夫妇要“共牢而食，合卺而酳”，目的在于“合体同尊卑，以亲之也”，孔颖达疏曰：“以一瓠分为二瓢谓之卺”，《三礼图》曰：“合卺，破匏为之，以线连柄端，其制一同匏爵。”这说明“卺”是一种葫芦器，可能指“瓢”，但早期很可能指“卢”，因为上述夫妇并穴合葬墓中只有吕家埠M1出土瓢形铜匜，其他更多是随葬铜枳（卮）。这一方面说明葫芦器可以是酒器（酳指以酒漱口），另一方面意味着铜枳（卮）出现以后可能替代“卢”或“瓢”用于贵族婚礼上的“合卺”环节，而且早期铜枳（卮）器身中部都有纵向凹脊，形似两个圆形器拼合而成，与“合体”的寓意相同。这对于判断铜枳（卮）的具体使用场合应有所启发。

三、起源地域及文化背景分析

关于铜枳（卮）起源的地域范围，过去一直以为河南洛阳、山西闻喜等地出土的铜枳（卮）年代最早（约在春秋早中期之间）[29]，所以主张铜枳（卮）首先起源于中原地区。近年来通过更大范围的比较研究，普遍认同山东是铜枳（卮）的发源地，纠正了传统认识。但对于铜枳（卮）究竟是山东哪个地域首先兴起的，目前还存在山东北部或东南部的不同认识。通过上文的分析已经明了，北部齐文化区那种素面圜底小陶罐与早期铜枳（卮）的起源无关，而且这里也未发现西周晚期的Ⅰ式铜枳（卮）[临朐泉头M甲出土的铜枳（卮）属Ⅰ式晚期]，所以基本可排除源自山东北部的可能性。上文的分析还能看出，目前所知山东东南部出土的Ⅰ式铜枳（卮）至少有4件，Ⅱ式则有20余件，出土地点（或具体遗址）也有20余处，数量之多都是山东其他地域所不能比拟的。而Ⅲ式以后的晚期铜枳（卮）则分布范围急剧扩大，山东大部分县市都有出土，仅已发表的重要墓葬资料就有莒南大店、临沂凤凰岭、郯城大埠、沂水刘家店子、海阳嘴子前、栖霞杏家庄、长岛王沟、临淄郎家庄、淄川磁村、阳信西北村、章丘女郎山、长清岗辛、曲阜鲁故城、滕州薛故城、枣庄徐楼等[30]，铜枳（卮）从山东东南部向外扩散传播的趋势比较明显。早期铜枳（卮）及晚期铜枳（卮）的这种分布格局显然意味着，它很可能是首先兴起于山东东南部的莒文化区（图八）。而且，目前资料所见山东东南部的早期铜枳（卮）又以莒县、莒南至临沂一带发现较为集中，换言之，将来随着新发现的增多，也可能把铜枳（卮）的发源地锁定在山东东南部某些更小的区域。

但同时需要指出的是，目前资料似不能排除胶东半岛也是铜枳（卮）起源地的可能性。正如前文分析的，栖霞吕家埠 M2 出土的Ⅰ式晚期铜枳（卮）应属沿袭旧制或沿用旧器，这就意味着当地可能存在更早形制的铜枳（卮）有待发现。著名的自铭器“史孔枳”据闻是早年购自青岛（现藏国家历史博物馆），其形制为单环耳、小口略侈、鼓腹平底，腹部还有一周横向绳索纹（环耳位置可能另有纵向绳索纹）（图三，右）[31]，约属Ⅰ式晚期，也显示出较早的特点。还应注意的是，平度韭园村出土的Ⅰ式铜枳（卮）腹部铸有数个整齐排列的立鸟，这是目前所知其他Ⅰ式铜枳（卮）所没有的特征，其立鸟的形态如果对照有关研究成果看[32]，与昭穆时期的大鸟纹比较近似，亦即有早到西周中期或略晚的可能。另外，这件铜枳（卮）腹部饰有两道横向绳索纹，底部外缘也有一圈绳索纹，这是目前所知Ⅰ式铜枳（卮）中绳索纹最复杂的，如果允许推测的话，铜枳（卮）在最初仿制葫芦器“卢”时应该是最像的，包括对细绳绑缚细节的模仿也应更具体，那么绳索纹较为复杂的可能年代会更早些。另据了解，这件铜枳（卮）可能与铜提链小罐同出，小罐的形制和纹饰约在西周晚期前后。这都隐约透露出平度这件Ⅰ式铜枳（卮）的年代可能较早。平度一带地处胶莱河以东，战国早期以前属于胶东莱文化区是可以肯定的[33]。因此，我们根据种种迹象推测，目前不宜将胶东半岛排除在铜枳（卮）起源地之外，需要以后继续关注。

以上分析已能看出，早期铜枳（卮）主要分布在山东东半部的鲁东南及胶东地区，笔者此前的研究已指出，这两地在战国早期以前分别是莒文化和莱文化分布之地，也是当时东夷文化传统的主要分布之地。笔者认为，这是早期铜枳（卮）起源于这一带的重要文化背景。大家知道，史前的大汶口—龙山文化是东夷文化发展的鼎盛时期，夏代以后随着自然环境的变迁和中原王朝的东进，东夷文化也走向衰落。到晚商至西周早中期，东夷文化作为一个文化系统已近于瓦解，在考古遗存上的重要表现就是日用陶器的急剧减少和贫乏。属于这一时期的考古文化，胶东地区莱地主要是珍珠门文化，近年在山东北部的淄川北沈马等地也发现了类似遗存，另在山东东南部莒地的莒县、沂水、沂南、莒南等地也有类似遗存[34]。总结这些遗址出土的陶器，器形只有乳足鬲、乳足甗、锥足鼎、圈足碗、小口罐、折腹罐等寥寥几种，出土数量大为减少，制陶工艺也大大下降，多数都是较为疏松的夹砂褐陶，在各个方面都与大汶口—龙山文化有天壤之别，与夏代前后的岳石文化也不可同日而语。仔细分析这些陶器的功用还能发现，用作炊器的鬲、甗、鼎数量最多，而用作盛储和饭食的陶器出土很少，只有圈足碗、小口罐、折腹罐可算此列。据《宋史·蛮夷传·黎洞》载：“陶土为釜，器用瓠瓢”，即宋代地处偏远的黎人由于生产力低下，只有炊器用陶土做成，其他日用器物多为葫芦器[35]。这种情况与珍珠门等类遗存的陶器比较相像，所以我们推测夷人应大量使用了制作简便的葫芦器，以应付制陶工艺下降、陶器贫乏的困境，满足日常器用的基本需要。

进入西周中晚期以来，随着齐、鲁等外来封国的统治变得稳固，西周文明也逐渐实现了由点到面的扩张和传播，莒、莱等土著夷人国家的文化面貌也因此发生了质的变化。从前文分析的有关贵族墓葬可知，随葬的青铜器绝大多数使用的是中原形制，表明夷人的上层贵族接受“新文明”的态度比较积极，这是周王朝大力推行以青铜礼器为载体的礼制的结果。小型墓却仍多用传统陶器随葬，表明夷人社会下层在对待“异质”文化上比较消极，所保留的传统文化因素较多。但事情往往具有两面性，相关考古发现证明，莱、莒等国的贵族面对夷人文化传统渐趋消亡的情势下，又在刻意保持自身文化传统，譬如都流行殉人习俗、主要随葬品组合都以偶数较常见、墓室中多设头箱或边箱、日用陶铜器多加器盖等，这些做法与周制明显不同，却与山东龙山文化大墓的葬俗很相似。不唯如此，莱、莒两国的贵族还各自模仿传统陶器创制出新的铜礼器器形，如前者的宽折沿铜簋和后者的锥足铜鬲等（图九）[36]。在近年发掘的沂源姑子坪两周之际夷人贵族墓中，甚至还出土了典型的岳石文化陶盆，显然是刻意保存下来的[37]。由此可知，莱、莒等国的贵族在积极吸收中原礼制文明的同时，还刻意维持夷人传统文化的延续，以彰显自身文化特色，应该说，这是他们在当时的社会及文化氛围中保持文化认同及身份认同的重要举措——有意识地仿造传统器形正是显示这种认同的具体体现，而非某个人的即兴之举或即兴之作。进言之，这也是由葫芦器“卢”仿制出铜枳（卮）的最大时代背景与文化背景[38]。

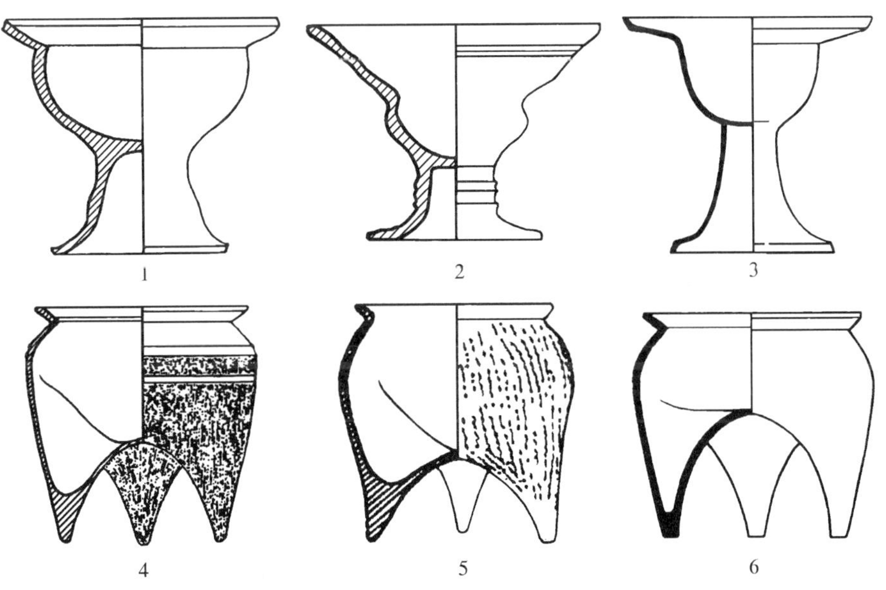

图九 莱文化仿陶铜簋（上）、莒文化仿陶铜鬲（下）举例

1. 龙口归城 M2：2 陶簋（西中） 2. 吕家埠 M2 出土陶簋（春中） 3. 海阳嘴子前 M1：2 铜簋（春晚）
4. 临沂中洽沟墓彩陶鬲（春早） 5. 莒县杭头 M2：5 陶鬲（春中） 6. 莒县西大庄 M1：4 铜鬲（西晚）

四、余　论

以上本文在前人基础上从几个方面进行分析，将铜枳（卮）的发源地进一步论定在山东东南部（或及胶东半岛），并认为铜枳（卮）的起源具有鲜明的东夷文化特色，是西周晚期土著夷人从自身使用的传统葫芦器首先创制的新器形。除了铜枳（卮），铜瓢形匜以及匏壶、提梁壶等也应是土著夷人由葫芦器仿制而来的，后来很快传入中原地区成为重要铜礼器。这是商周时期中原文明进入山东地区与夷人文化传统交流的产物，也是东夷文化融入并共同创造新的华夏文明的重要体现。这一历史进程的许多细节及重要意义，值得以后大力开掘和研究。

铜枳（卮）是继觚、爵之后出现的一种传布范围很广的新样式酒器，到战国中晚期又进一步发展出耳杯这种延及秦汉大量使用的酒器，铜枳（卮）的重要历史地位由此可见一斑。在以往的研究中，多将铜枳（卮）以及瓢形铜匜等视为中原地区首先发明的新器形，致使对有关墓葬的断代产生了不小误差，铜枳（卮）起源的研究有助于更准确地判断墓葬年代，并在此基础上进一步深化有关历史及考古问题的认识。另外，本项研究表明，铜器的起源原型除了常见的陶器、漆木器之外，易腐的葫芦器也应是重要的来源途径，这对今后的田野考古工作也提出了新要求，值得加以密切注意。

附记：本文在收集资料和实地调研过程中，得到临沂、日照、淄博、潍坊、青岛、烟台、威海、滨州地区各县市区文博部门的大力支持，并承莒县、莒南、临沂、临淄、平度等地博物馆、文物局惠允使用相关图片资料，不能一一具名，谨在此表示衷心感谢！本文完成后呈林沄先生审阅，并对枳（卮）器定名提出宝贵意见，特此说明。

注　释

[1] 刘翔：《说铏》，《江汉考古》1986年第2期。朱凤瀚：《古代中国青铜器》，南开大学出版社，1995年。李学勤：《释东周器名卮及有关文字》，《文物中的古文明》，商务印书馆，2008年。

[2] 石小力：《东周金文与楚简合证》，上海古籍出版社，2017年。

[3] 高明：《中原地区东周时代青铜礼器研究》，《考古与文物》1981年第3期。朱凤瀚：《古代中国青铜器》，南开大学出版社，1995年。朱凤瀚：《中国青铜器综论》，上海古籍出版社，2009年。

[4] 王恩田：《东周齐国铜器的分期与年代》，《中国考古学会第九次年会论文集》，文物出版社，1997年。刘彬徽：《山东地区东周青铜器研究》，《中国考古学会第九次年会论文集》，文物出版社，1997年。

[5] 王青：《海岱地区周代墓葬研究》，山东大学出版社，2002年；增订版《海岱地区周代墓葬与文化分区研究》，科学出版社，2012年。以下凡引拙说未注明者均出于此，不再一一注出。

[6] 毕经纬：《铜铏研究》，《考古学报》2015年第4期。吴伟华：《山东出土东周铜铏及相关问题研究》，《考古》2012年第1期。路国权：《东周青铜容器谱系研究》，北京大学考古文博学院

2014 年博士学位毕业论文。齐耐心：《东周青铜卮的整理与研究》，陕西师范大学 2011 年硕士学位毕业论文。

[7] 莒县博物馆：《山东莒县西大庄西周墓葬》，《考古》1999 年第 7 期。张光明：《山东淄博南阳村发现一座周墓》，《考古》1986 年第 4 期。齐国故城遗址博物馆：《山东临淄齐国故城西周墓》，《考古》1988 年第 1 期。临朐县文化馆等：《山东临朐发现齐、朐、曾诸国铜器》，《文物》1983 年第 12 期。栖霞县文物管理所：《山东栖霞县松山乡吕家埠西周墓》，《考古》1988 年第 9 期。马玺伦：《山东沂水发现一座西周墓葬》，《考古》1986 年第 8 期。

[8] 朱凤瀚：《中国青铜器综论》，上海古籍出版社，2009 年。

[9] 李学勤：《试论山东新出青铜器的意义》，《文物》1983 年第 12 期。王恩田：《东周齐国铜器的分期与年代》，《中国考古学会第九次年会论文集》，文物出版社，1997 年。

[10] 山东省济宁市文物管理局：《薛国故城勘察和墓葬发掘报告》，《考古学报》1991 年第 4 期。

[11] 朱凤瀚：《中国青铜器综论》，上海古籍出版社，2009 年。刘彬徽：《山东地区东周青铜器研究》，《中国考古学会第九次年会论文集》，文物出版社，1997 年。

[12] 刘延常：《莒文化探析》，《东南文化》2002 年第 7 期。

[13] 张文存主编：《莒南文物志》，青岛出版社，2014 年。发表了陡山水库出土铜枳（卮）的黑白照片。

[14] 齐国故城博物馆编：《齐国故城博物馆馆藏青铜器精品》，文物出版社，2015 年。发表了东古城 M1 出土铜枳（卮）彩色照片。

[15] 杨深富：《山东日照市周代文化遗存》，《文物》1990 年第 6 期。发表了赵家庄出土铜枳（卮）的黑白照片。

[16] 烟台市文物管理委员会：《山东海阳县嘴子前春秋墓的发掘》，《考古》1996 年第 9 期。林仙庭主编：《海阳嘴子前》，齐鲁书社，2002 年。

[17] 山东省文物考古研究所等：《临淄东古墓地发掘简报》，《海岱考古》（第 1 辑），山东大学出版社，1989 年。

[18] 宋兆麟：《最后的狩猎者》，山东画报出版社，2001 年。

[19] 罗桂环：《葫芦考略》，《自然科学史研究》2002 年 21 卷 2 期。

[20] 浙江省博物馆自然组等：《河姆渡遗址动植物遗存的鉴定研究》，《考古学报》1978 年第 1 期。北京大学中国考古学研究中心等：《田螺山遗址自然遗物综合研究》，文物出版社，2011 年。南京博物院：《江苏、兴化、东台市蒋庄遗址良渚文化遗存》，《考古》2016 年第 7 期。湖北省文物考古研究：《江陵望山沙冢楚墓》，文物出版社，1996 年。

[21] 高亨：《诗经今注》，上海古籍出版社，1980 年。

[22] 师恩：《平中出奇 凡中有异——话葫芦》，《民俗研究》1988 年第 3 期。

[23] 刘慧：《莱芜西上崮出土青铜器及双凤牙梳》，《文物》1990 年第 11 期。莱芜市文管办编：《莱芜市文物志》，华文出版社，2004 年，发表了铜匜彩色照片。栖霞县文物管理所：《山东栖霞县松山乡吕家埠西周墓》，《考古》1988 年第 9 期。杜传敏等：《1989 年山东滕州庄里西西周墓发掘报告》，《中国国家博物馆馆刊》2012 年第 1 期。郑同修等：《山东威海发现周代墓葬》，《考古》1995 年第 1 期。

[24] 宋兆麟：《最后的狩猎者》，山东画报出版社，2001 年。

[25] 袁晓莉：《匏：采集时代的渡水方式设计——海南黎族日常生活中的原始水具》，《内蒙古大学艺术学院学报》2013 年第 1 期。

[26] 李艳：《“瓠”“匏”“瓢”考辨》，《宁夏大学学报》2009 年第 1 期。

[27] 朱凤瀚先生注意到此墓铜枳（卮）出土时“内有谷物朽壳”，主张应是食器，但认为此器为小罐，不是枳（卮）。见氏著《中国青铜器综论》，上海古籍出版社，2009 年，第 1705 页。

[28] 山东省文物考古研究所等：《山东新泰周家庄东周墓地》，文物出版社，2015 年。该墓地随葬纺轮的 M62，经骨骼鉴定为女性墓。

[29] 中科院考古研究所：《洛阳中州路（西工段）》，科学出版社，1959 年。山西省考古研究所：《1976 年闻喜上郭村周代墓葬清理记》，《三晋考古》（第 1 辑），1994 年。

[30] 山东省博物馆：《莒南大店春秋时期莒国殉人墓》，《考古学报》1978 年第 3 期。山东省兖石铁路文物考古工作队：《临沂凤凰岭东周墓》，齐鲁书社，1987 年。山东省文物考古研究所等：《郯城县大埠二村遗址发掘报告》，《海岱考古》（第 4 辑），科学出版社，2011 年。山东省文物考古研究所等：《山东沂水刘家店子春秋墓发掘简报》，《文物》1984 年第 9 期。烟台市文物管理委员会：《山东海阳县嘴子前春秋墓的发掘》，《考古》1996 年第 9 期。林仙庭：《海阳嘴子前》，齐鲁书社，2002 年。烟台市文物管理委员会等：《山东栖霞县占疃乡杏家庄战国墓清理简报》，《考古》1992 年第 1 期。烟台市文物管理委员会：《山东长岛王沟东周墓》，《考古学报》1993 年第 1 期。山东省博物馆：《临淄郎家庄一号东周殉人墓》，《考古学报》1977 年第 1 期。淄博市博物馆：《山东淄博磁村发现四座春秋墓葬》，《考古》1991 年第 6 期。惠民地区文物普查队等：《山东阳信城关镇西北村战国墓器物坑清理简报》，《考古》1990 年第 3 期。济青公路文物考古队绣惠分队：《章丘绣惠女郎山一号战国大墓发掘报告》，《济青高级公路考古发掘报告集》，齐鲁书社，1993 年。山东省博物馆等：《山东长清岗辛战国墓》，《考古》1980 年第 4 期。山东省文物考古研究所等：《曲阜鲁故城》，齐鲁书社，1982 年。山东省济宁市文物管理局：《薛国故城勘察和墓葬发掘报告》，《考古学报》1991 年第 4 期。枣庄市博物馆等：《枣庄市峄城区徐楼东周墓地发掘报告》，《海岱考古》（第 7 辑），科学出版社，2014 年。

[31] 穆玉敏：《中国历史博物馆国宝失踪第一案》，《档案春秋》2010 年第 8 期。

[32] 陈公柔等：《殷周青铜容器上鸟纹的断代研究》，《考古学报》1984 年第 3 期。

[33] 王青：《海岱地区周代墓葬与文化分区研究》，科学出版社，2012 年。王青等：《墓葬所见胶东半岛周代莱文化的几个问题》，《夏商周方国文明国际学术研讨会论文集（2014 中国广汉）》，科学出版社，2015 年。

[34] 北京大学考古系等：《胶东考古》，文物出版社，2000 年。任相宏等：《淄川考古——北沈马遗址发掘报告暨淄川考古研究》，齐鲁书社，2006 年。刘延常等：《鲁东南地区商代文化遗存调查与研究》，《东方考古》（第 11 集），科学出版社，2014 年。

[35] 至二十世纪八九十年代，海南的黎族仍大量使用葫芦器，参见袁晓莉：《匏：采集时代的渡水方式设计——海南黎族日常生活中的原始水具》，《内蒙古大学艺术学院学报》2013 年第 1 期。

[36] 王青：《海岱地区周代墓葬与文化分区研究》，科学出版社，2012 年。王青等：《墓葬所见胶东半岛周代莱文化的几个问题》，《夏商周方国文明国际学术研讨会论文集（2014 中国广汉）》，

科学出版社，2015年。

[37] 山东大学考古系等:《山东沂源县姑子坪周代墓葬》,《考古》2003年第1期。任相宏:《山东沂源县姑子坪周代遗存相关问题探讨》,《考古》2003年第1期。姑子坪遗址即西鱼台遗址，早年出有Ⅱ式铜枳（卮）。该遗址地处沂水上游山区，北距淄水上游的淄川南阳墓及临朐泉头墓地较近，这一带应是早期铜枳（卮）向北传播的重要路线。

[38] 1998年，在滕州薛故城北不远的东小宫墓地M241发掘出土了1件单耳陶枳（卮）（置于陶鬲中，简报名为舟），形制与本文划分的Ⅰ、Ⅱ式铜枳（卮）都有所差异，但从同出的鬲、盂、豆、罍等陶器看，此墓年代应在春秋早期。从发掘的21座春秋墓看，该墓地的文化面貌应属薛文化范畴。薛国属于夷人土著国家，目前在薛故城等地尚未发现早于春秋中期的铜或陶枳（卮），但这件陶枳（卮）的出土表明，薛文化区可能较早就从邻近的莒文化区传入了铜枳（卮）。特此说明。东小宫资料详见山东省文物考古研究所等:《山东滕州市东小宫周代两汉墓地》,《考古》2000年第10期。

族群认同背景下的辽西含东北系铜剑早期遗存初步考察

华玉冰[1]　徐韶钢[2]
辽宁省红山文化遗产研究重点实验室

（1. 辽宁大学历史学院　2. 辽宁省文物考古研究所）

1981年，有学者将广布于西起老哈河左岸、东到医巫闾山西麓、北自敖汉旗、南达承德的广大地区，流行于西周晚期至战国中期，中心在大、小凌河流域含东北系铜剑的遗存统称为“凌河类型”，因其与辽东地区相关遗存有别，同时又称之为“辽西文化类型”[1]。

目前，尽管凌河类型所指代的地域范围已缩小至努鲁尔虎山以东的辽西地区，但仍无法确认相关遗存属同一种考古学文化，对此已有诸多研究成果。诸如：

1997年，朱永刚将大、小凌河流域含东北系铜剑遗存划分为五段三期，认为第一期遗存属魏营子文化；第二期遗存的年代为春秋中期至战国早期，在无法用典型遗址命名的前提下暂称其为“凌河类型”，同时指出其文化面貌仍很复杂，可分为5个器类组；第三期遗存的年代为战国早、中期前后，称为“后凌河遗存”[2]；2007，郭大顺先生指出：“将辽西这一时期含曲刃青铜短剑的考古文化做细的划分较为适宜，……将代表当地文化的‘和尚沟类型’、代表辽东双房类型西移的‘十二台营子类型’确定下来，……是十分必要的”[3]；2010年，乔梁将辽西夏家店上层文化之后的含东北系铜剑遗存区分为乌兰宝拉格、三官甸、黄家店土城子三种，认为三类型间区别较大。进而指出“凌河类型”不具合理性，因其既不符合考古学文化定名规范，何况也不存在“凌河”的河流，且所指代的考古学遗存也并不限于大、小凌河流域，最重要的在于其并非同一考古学文化范畴[4]；诚如赵宾福所言，所谓凌河类型“从整体上看，应该是一种以存在曲刃柱脊短剑（东北系铜剑）和基本不见三足器和绳纹陶器为主要特点的文化共同体”[5]。

可见，“凌河类型”不属于考古学研究的基本单位——考古学文化名称，已没有按照易名原则重新界定文化内涵而赖以维持的必要与可能。但因系统发掘资料较少，与墓葬相对应的遗址文化面貌不详，故许多问题在学术界难以达成共识，上述各位先生提出的诸相关文化类型也未能通行，有必要进行确认。

与上述遗存呈现出的复杂文化面貌相对应，有关含东北系铜剑遗存族属的研究成果表明，这类铜剑也并非单一族群所拥有。如林沄先生早就指出其“应是濊貊（包括高句丽、夫余等）、真番、朝鲜等族的祖先所共有的一种遗物”[6]。即使是辽西与东北系铜剑有关的“貊”人，也可能并非单一族群，如乔梁认为黄家店土城子墓类遗存中的兴城马圈子墓葬可能就与“屠何”有关[7]。因而，弄清含东北系铜剑诸考古学文化不同文化因素的源流，对研究相关民族活动的历史具有十分重要的意义。限于篇幅，本文重点对辽西地区相关遗存进行初步考察。

从目前的考古发现及相关研究成果看，在东北系青铜短剑流行的两周时期，传统辽西区的文化格局几度发生改变，大体经历了强势的夏家店下层与大坨头文化衰落后不同区域文化因素融合（晚商至西周早期）、整合燕南地区不同族群而形成的燕文化与燕北强势的夏家店上层文化对峙（西周中晚期至春秋早期）、夏家店上层文化衰落后新一轮不同区域文化竞逐辽西（春秋中晚期至战国早期）以及燕文化全面渗透至一统（战国中晚期）等四个阶段。在上述诸时段内，不同的“考古学文化”所代表的“社会共同体”极为复杂，反映了不同“族群”共同体的整合与认同过程。

在上述文化背景下，辽西含东北系铜剑遗存至少经历了两次重组，致使整体文化面貌发生了重大改变，据此可分为两期。早期（西周至春秋中期）大体与夏家店上层文化并存并受其深刻影响，由产生发展至鼎盛，春秋中期以后产生分化。晚期（春秋晚期至战国晚期）经历了多种文化因素再次整合、与燕文化共存至文化认同、最终衰亡的过程。本文重点考察其早期阶段遗存，采用文化因素分析（主要是墓葬资料）的方法，发现不同族群的延续线索，进而探讨辽西地区含东北系铜剑诸文化类型的族群渊源、形成过程及相互关系，以就教于诸方家。

一、辽西含东北系铜剑遗存出现的文化背景

夏家店下层文化、大坨头文化相继衰落以后，跨燕山南北，文化面貌日趋近同的大辽西“亲缘文化区”[8]不复存在。周邻地区文化乘势而入，伴随着人群的迁徙，区域内呈现出多种考古学文化遗存并存甚至“交错”的局面。

据蒋刚研究：晚商时期至西周早期，燕南地区相继或并存有围坊三期文化、张家园上层文化、以宣化小白阳为代表的遗存、以青龙抄道沟为代表的遗存、西周燕文化等[9]。据付琳、王立新研究：同期燕北地区也至少存在后坟类遗存、魏营子墓葬遗存、喜鹊沟类遗存、向阳岭类型、柳南墓葬遗存等[10]。约当西周初期，龙头山类型兴起。可见，这一时期燕山南北地区的文化因素来源较为复杂。本节在上述研究成果的基础上，重点讨论与东北系铜剑遗存起源密切相关的两个问题。

（一）魏营子类型与周（燕）文化的“亲缘”关系

“魏营子类型”是由郭大顺先生命名的，指出其“是主要分布于大凌河流域南部、小凌河流域以至渤海海滨，时代在商周之际前后的一种青铜文化”[11]。此后，朱永刚将和尚沟墓地B、C、D三个地点遗存亦归入该文化中。因之，董新林在相关研究中扩大了其地域与年代范围[12]。如前文所述，付琳、王立新在《夏家店下层文化消亡后的辽西》一文中将其做了拆分，同时取消了魏营子类型的命名。

本文认为，郭大顺先生最初对魏营子文化的内涵及年代判定大体无误，现就相关问题说明如下。

首先，付琳等提出的“后坟类遗存”就是魏营子文化的主体。从地域分布看，主要见于以喀左为中心的大、小凌河上游地区，包括喀左后坟陶器群[13]，喀左南沟门遗址[14]、朝阳魏营子遗址[15]、朝阳小东山遗址[16]，喀左高家洞 M1[17]、喀左和尚沟 A 点墓葬[18]、喀左道虎沟墓葬[19]等地点；其次，董新林、蒋刚等提及的见于滦河上游，最西至河北宣化的小白阳遗址[20]等地点遗存似也可以纳入进来。上述地域既曾是夏家店下层文化的分布区，又可以同与朱开沟文化有密切关系的“李大人庄类型”相联系，充分反映了魏营子文化的来源及活动范围。

从目前的研究成果看，魏营子文化与燕南地区围坊三期文化的关系极为密切，如典型陶器器类、同类器物形态，中原式青铜容器，土著武器和工具，铜耳环、金臂钏等装饰品等均类似，而后者伴随族群迁徙与先周（燕）文化又有一定的渊源关系。

围坊三期文化兴起于大坨头文化衰落以后，下限年代可能延至西周初年。两种文化分布地域大体相同，使用的臂钏和耳环等佩饰，用牛、羊头等殉牲习俗一脉相承；以鼎、簋等为代表的青铜容器属殷墟式；管銎斧、有銎戈、弧背刀等器类有些受到了北方系青铜器的影响；新出现的俯身葬、花边鬲、凹沿鬲等文化因素，有学者认为“表现出和先周文化陶器群的联系”[21]，可见，围坊三期文化的文化成分较为复杂。

蒋刚注意到，尽管围坊三期文化与晚商文化比邻，但始终没有接受商人以爵、觚为主要搭配的青铜容器组合随葬所表征的礼制。相反，贵族墓中出现鼎、簋等为组合的青铜容器随葬，偏晚时候成为了一种固定的葬制，表明受到了周文化的影响[22]。上述情况进一步验证了林沄先生早年的论断：（晚商时期）“西方的有鬲的半农半牧的人群也乘虚而入”“太保罍、盉铭中的羌，实有可能是指在商代晚期已东进到渤海之滨而和商人本有历史联系的羌人”[23]。可见，周武王灭商后“分封亲戚，以藩屏周”，其中召公奭受封于该文化区内有其人文背景；围坊三期文化的消失与部分融入周文化、部分融入张家园上层文化有关。

由此推知，魏营子文化与周文化同样具有密切的关系，因而魏营子遗址东南坡墓葬遗存[24]进入燕北辽西地区也是极其自然的，因其本属周人的亲缘文化区。需要说明的是，对魏营子遗址墓葬的年代及文化属性尚有不同的看法。发掘报告认为其墓葬结构和随葬器物具有西周早期的时代特征，无疑是有道理的，因其出土的车马器除与西安张家坡[25]西周早期墓的同类者接近外，与琉璃河[26]西周早期墓葬同类遗物亦基本相同。而认为其文化面貌与北京昌平白浮村西周墓葬[27]更接近，进而将其年代亦推后的看法则均有疑问。

上述认识，在以往对商周青铜器出现于燕北辽西地区的背景研究成果中，也可以得到交互验证。如：杨建华认为：在喀左以外散点式分布的中原式青铜器数量少，种类单一，主要是鼎和甗，零星有簋，年代为商中晚期，有输入品及仿造品，说明是有选择的吸收；以喀左为中心的窖藏青铜器，年代从殷周之际到西周中期之前，分布集中，器物组合全，结合铭文反映出这一带是燕山以北与琉璃河遥相呼应的一个据点，同样有殷商文化的存在，与北方广大地区如周原和灵石等地的文化有联系[28]。周海峰认为喀左一带的窖藏铜器，除少数为殷墟晚期之外，多数在西周早期而不包含更晚的器物，"应是西周燕文化对外传播和辐射在考古学上的反映"[29]。晏琬等学者更认为是西周燕国的势力范围已达到辽西的一种标志[30]。

从上述历史背景考虑，现阶段将魏营子遗址墓葬遗存单独划分出来或作为魏营子类型的晚期阶段均无不可。这样，可确定林沄先生提及的"燕亳邦"[31]形成年代及地域范围。

由是观之，喀左一带青铜器以窖藏形式的出现，很可能与整合北方及东北势力而成的夏家店上层文化推进，魏营子遗址墓葬类型高层人物退出辽西有关。

需要指出的是，尽管魏营子文化时期东北系铜剑尚未出现，但其遗民则与其后兴起的东北系铜剑遗存有一定的关系，并奠定了这类遗存与燕文化保持密切关系的基础。

（二）下辽河平原北部区与辽西区的文化趋同

辽河平原北起松辽分水岭，南至渤海，西为科尔沁沙地、辽西丘陵，东接辽东丘陵。

铁岭——彰武一线以南的区域称下辽河平原，东西两面为山地，北部为低矮丘陵，南为渤海，长约200千米，宽约100千米，海拔均在50米以下，河流众多、河网较密，河道宽浅、曲流发育，以0.25%的比降倾伏于渤海，水流不畅，每到雨季极易产生内涝和洪泛[32]，古有"辽泽"[33]之称。

目前，学界一般以医巫闾山作为辽西与辽东的文化区域分界线，无疑是将下辽河平原区划为辽东的，未必合适（且这一地理概念出现的年代也较晚）。特殊的地理环境致使下辽河平原区的考古文化时断时续，而不同历史时段区域文化面貌的变化，则与辽东、辽西、松嫩平原乃至北方草原诸文化消、长都有密切的关系。换言之，下辽河平原既是上述诸区域文化独立发展的天然"隔离区"（下辽河平原南部"沼泽地带"对辽东、辽西两大丘陵地区文化割裂的表现尤为明显），又是交融带（下辽河平原北部及邻近的低丘陵地带，行政区划隶属沈阳市、抚顺市及铁岭市等文化有密切的联系，简称下辽河平原北部区，下同）。

商代晚期至西周早期，下辽河平原北部区的考古学文化遗存主要有两种，与辽西及辽东同期文化均有联系。其一为新乐上层文化（含法库湾柳遗存[34]），主要分布于下辽河及浑河中游的平原地带。居址出土陶器中鋬手和桥形器耳发达，浅腹平底鼎颇具特色。墓葬多为圆角长方形土坑竖穴墓，多单人侧身屈肢葬，随葬品多为陶器，以颈部以上饰对称双耳或单耳的壶最具特征；其二顺山屯类型，主要分布于招苏台河和东、西辽河交汇的辽北地区。居址出土陶器以敛口鼓腹鬲最具特色。墓葬呈不规则的圆形或椭圆形，有多人葬习俗，随葬陶器多见生活用鬲、鼎等（可能属非正常埋葬）。在发展过程中受到了新乐上层文化的影响。

对上述两类遗存的来源，学界多以为与高台山文化有关。不仅如此，付琳等分辨出来的属晚商时期的“向阳岭类遗存”、柳南墓地[35]遗存等都有较多的高台山文化因素。此外，魏营子文化、夏家店上层文化等也都直接或间接地受到了高台山文化的影响。可见，夏家店下层文化衰落之后，辽河平原区的高台山文化也发生了分化，其文化因素扩展至辽西、松辽分水岭、辽河以东的平原地带。

毋庸置疑的是，上述辽西、下辽河平原北部区文化面貌趋同的文化格局形成，也有辽西地区自身文化因素的作用。如：有学者注意到顺山屯类型含较多的魏营子文化因素，人骨鉴定分析显示，居民属于蒙古人种“古华北类型”[36]。

尤为重要的是，在法库湾柳[37]、新民大红旗、抚顺望花[38]等属于新乐上层文化遗址中曾采集到管銎战斧、方銎斧、铃首刀、鹿首刀、环首刀、镜等多件“北方系”铜器。

上述铜器在辽西魏营子文化及邻近地区多见于窖藏，如青龙县抄道沟[39]、兴城市杨河[40]、绥中冯家村[41]等。据杨建华研究，这类遗存分布广泛，见于燕山以南、长城一线的延庆、兴隆、青龙，沿辽东湾西岸到绥中、兴城、锦州，以及上述下辽河流域的新民、抚顺，从喀左向东北到朝阳，向北到建平、赤峰地区，以北方式青铜工具和兵器为主，不与中原式青铜容器共存[42]。目前，对上述铜器遗存的文化归属有两种不同的看法，有学者将不同地点遗存归属于同期所在地域的不同考古学文化[43]，有学者认为属于魏营子文化[44]。洪猛、王箐等注意到：抄道沟等窖藏青铜器与魏营子文化遗址和墓葬出土的工具、武器不同，与容器窖藏内涵有别，且分布地远离其中心分布区，更不在围坊三期文化分布范围之内，应属于商周之际分布于燕山山地一带与小白阳类型相关的另一类北方文化遗存，与魏营子文化的关系最为密切[45]。

事实上，抄道沟类型的特殊性主要在于：以多个窖藏的形式出土了具有类似组合的成批铜器。这种现象也可以理解为，因埋藏者身份不同、埋藏的目的不同，对埋藏品有所选择的结果，在判定考古学文化属性方面无特殊意义。而且，正如林沄先生所指出的：中国的北方系青铜器是指中国北部地区在青铜时代所使用的青铜器[46]，按现惯用方法，应以研究陶器群为根本手段，划定明确的考古学文化[47]。

从辽西商周时期的青铜容器窖藏、工具武器窖藏地域范围大体一致的情形看，或可认为两者有相同的埋藏社会背景，只是不同等级、不同身份者选择的不同“重器”类型而已。诚若如此，更彰显了相关遗存与魏营子文化的密切关系及魏营子文化的核心地位。

无论如何，上述遗存出现于下辽河平原北部区除更加表明了其与辽西地区同期遗存的密切关系外，亦为其后东北系铜剑在两地流行奠定了文化认同及建造技术的基础。

二、辽西含东北系铜剑早期遗存的不同区域特点

目前，对东北系铜剑的最初“诞生地”、所属考古学文化及其相互关系等有不同的

看法。

有许多学者认为东北系铜剑最早产生于辽西地区，是仿銎柄式铜剑创造出来的，也有学者认为这类剑起源于辽东，辽西地区这类剑的出现是流布的结果。实际上，就技术而言，东北系铜剑是可以连铸而成的（如夏家店上层文化所见），但却自始至终保持分体、组装的形式延续下来，无疑其精神层面的含义大于实用价值，甚至具有族群认同的“象征”意义。因此，对上述问题的讨论必然涉及不同考古学文化的形成过程、人群构成及相互关系。

辽西含东北系铜剑早期遗存一般被划分为两种考古学文化，即分布于努鲁尔虎山以西的夏家店上层文化（以下简称西部区）及以东的所谓凌河类型（简称东部区）。从解决上述问题的角度出发，需对相关遗存进行比较。其中现有资料显现的两个现象为本文考察的重点：第一，夏家店上层文化的墓葬形制多样，相互间具有怎样的关系，与含东北系铜剑遗存的墓葬形制有何异同；第二，东北系铜剑、铜镜等遗物在上述两类遗存中均见，而铜镜在春秋晚期以后主要见于下辽河平原北部及辽东地区，辽西则绝迹，其相关遗物特征与使用具有怎样的特点，文化间具有怎样的联系等。

（一）相关墓葬类型及重要遗物简要分类

西周至春秋晚期，辽西地区的墓葬类型有多种，等级有所不同，随葬遗物也有别，为表述方便，统一进行简要分类。

1. 墓葬类型

墓葬形制多样，葬具、回填物、墓丘形态等皆显著不同。如葬具包括无葬具土坑、石盖土坑、木棺、木椁、石棺、石椁木棺等，回填物有土、石等，墓丘形态包括封土、封土外包石等。可惜多遭破坏，地表以上部分尤甚，多数大型墓葬的结构不详。鉴于这种情况，本文按是否有石质葬具将所有墓葬分为两大类。

甲类：石质葬具，据形制不同可分为三型。

甲 A 型　石椁墓，指以石块、石板砌成的较大封闭空间，内部多有木质葬具者。据回填方式及细部做法的不同，又可分为两个亚型。

甲 Aa 型　石椁，上部多填石块（因多数墓葬被盗，无法再据回填方式细分）。

甲 Ab 型　石室，有封门石，回填土。

甲 B 型　石棺墓，指以石块或石板砌成的直接盛放尸体与随葬品的狭小葬具。据回填方式不同分为两个亚型。

甲 Ba 型　石棺上部及周边多填石，有的棺上部填小石块数十层。

甲 Bb 型　多以板石构筑石棺，墓穴内填土，多夯实。该型墓葬有的墓上封土包石，如夏家店上层文化河北平泉（黄）M10[48]（辽西地区未见可辨识者）。

甲 C 型　石盖墓：土坑，上部盖以石板，如河北平泉（黄）M8，墓葬上部有丘状封土，封土外侧不见包石（辽西地区未见可辨识者）。

乙类：无石质葬具，因木质葬具多不易保存，故据墓内回填物的不同分为二型。

乙 A 型　多有木棺，填土，此类墓葬多笼统称为土坑墓。夏家店上层文化的一些中型以上的墓葬地表以上部分情况不详，小型墓葬多在封土上有堆石或包石（为加以标识，特称乙 Aa 型）。

乙 B 型　填石墓，指在木质葬具周边、上部填石块或石板，较散乱，不具有椁的作用，在小型墓葬中常见。以往被笼统称之为石椁或简易石棺，不确切。

此外，夏家店上层文化还有利用灰坑埋人的现象，有的为乱葬坑。

2. 随葬品反映的墓葬等级

辽西含东北系铜剑诸早期遗存墓葬的随葬品数量、种类差异较大，充分反映出了墓主人不同的身份与等级，据此可将墓葬分为四大类亦可称为四个等级。

Ⅰ类（Ⅰ级）：或多或少包含所有类别铜器，以是否随葬青铜礼器或容器为主要标志（含鼎、簋、鬲、豆形器、罐等）。

Ⅱ类（Ⅱ级）：无日用或礼器类铜器，见车马器（含衔、镳、軏、铃等）、兵器（含各类短剑、盔、镞、戈、矛等）、工具（含刀、斧、锛、凿等）、装饰品（含各类镜、牌饰、动物形饰、联珠饰、泡饰等）等，以是否随葬青铜兵器或车马器为主要标志。

Ⅲ类（Ⅲ级）：仅见铜工具、装饰品，陶器等，以是否随葬铜工具为标志。

Ⅳ类（Ⅳ级）：仅见小件铜装饰品，陶、石器等，或无随葬品。

上述分类较粗，甚至同类墓葬随葬品差别也很大，但大体可反映出一定的问题。

3. 重要遗物分类

为表述方便，在此重点对铜剑、铜镜形饰进行简要分类。

其中铜剑形制多样，重点考察其中较重要的二型。

A 型　东北系铜剑，据组装方式不同分为两个亚型。

Aa 型　身、柄、加重器分体组装。

Ab 型　合铸为一体。

B 型　銎柄式铜剑。根据剑格的有无分为两亚型（Ba 型，无格，Bb 型，有格），二亚型根据剑刃部分形态的差异均可分为二式。Ⅰ式：直刃。Ⅱ式：曲刃。

铜镜（或称镜形饰），形式多样。暂据整体形态不同分为二型。

A 型　凸背凹面，一纽。

B 型　正面平直，分两个亚型。

Ba 型　单纽。

Bb 型　多纽。

需要说明的是，小件装饰品类铜器以及陶器最能反映不同遗存的文化内涵与时代特征，但数量较多，在此不一一说明，将在比较时简要归纳。

（二）辽西西部区墓葬遗存特征简要归纳

西周至春秋晚期，辽西西部区的相关遗存属于夏家店上层文化。

以往，朱永刚[49]、刘国祥[50]、王立新[51]、乌恩岳斯图[52]、井中伟[53]等诸多学者都从不同角度对该文化进行过较为系统的研究，对其文化来源及其内涵、发展阶段、流向、乃至族属等问题都有了初步的认识。

以往对夏家店上层文化分期研究或粗或细，少者分为三期，多者达八期，对一些墓葬的年代也有不同的看法。实际上，从大的文化背景考察，其鼎盛阶段的年代为西周晚期至春秋早期，此前为形成期，此后衰落并产生分化。故本文以此为据进行阶段划分，既可大体厘清各类墓葬的发展脉络，又可尽量避免过多考证某些墓葬的年代细节分歧。

1. 形成期——西周中期以前

本期墓葬未见有属于Ⅰ级者。

属于Ⅱ级的墓葬有如下几种形制。

甲 Aa 型（石椁）墓葬：以克什克腾旗龙头山 M1[54]（Bb 型Ⅰ式铜剑）为代表。

乙 A 型（土坑）墓葬：包括翁牛特旗大泡子墓葬[55]（Ba 型Ⅰ、BbⅠ式铜剑，共存具有白金宝文化特点的陶器）、建平烧锅营子大荒 M1（随葬匕首式剑）[56]、敖汉旗林家地乡热水汤墓[57]（残铜剑、A 型铜镜 1）等。

敖汉旗牛古吐乡千斤营子墓葬[58]形制不详，亦属该级。

属于Ⅲ级者主要见于夏家店遗址墓葬[59]，皆乙 A 型、乙 B 型（填石）墓葬。

属于Ⅳ级者也见于夏家店遗址墓葬，除乙 A 型、乙 B 型墓葬外，还有乱葬坑及用灰坑埋人的现象。

2. 鼎盛期——西周晚期至春秋早期

本期属于Ⅰ级者皆为甲 Aa 型（石椁墓）墓葬。

包括宁城南山根 M101[60]（Aa 型、Ba 型Ⅱ式铜剑各 1，A 型铜镜 2）、小黑石沟 M8501[61]（有石砌头龛，见有 Ab 型 2、Ba 型Ⅰ式、Bb 型 I 式铜剑，Ba 型铜镜 1）、小黑石沟 M9601[62]（残剑 2）。

此外，宁城汐子北山嘴 M7501[63]见有铜簋及 Aa 型铜剑 1、小黑石沟 98NDXAⅢM5 见有铜鬲及 A 型铜镜 1。

属于Ⅱ级的墓葬包括如下几种类型。

甲 Aa 型（石椁）墓葬：包括宁城南山根 M102[64]（车马器、Ba 型铜镜 1）、南山根东区石椁墓[65]（Ab 型剑，柄端较特殊。Bb 型Ⅱ式铜剑）、建平老南船石砬山 M741（Bb 型Ⅱ式铜剑）、M742[66]（Bb 型 I 式铜剑）、宁城小黑石沟 M8061[67]（Ba 型Ⅱ式铜剑）等，以及宁城瓦房中 M791[68]、宁城天巨泉 M7301[69]（A 型铜镜 2）等。

甲 Ba 型（填石石棺）墓葬：以小黑石沟 85NDXAⅠM3 等为代表。

乙 A 型（土坑）墓葬：包括巴林右旗大板南山墓[70]（Ba 型Ⅱ式铜剑、双鋬耳红陶钵）、小黑石沟 85NDXAⅠM2（Ba 型Ⅰ式铜剑）、92NDXAⅡM5（其他铜剑）等。

此外，敖汉旗山湾子墓地[71]发现墓葬数座，形制不详。出土 Aa 型铜剑 6、Ba 型铜剑 1、Bb 型铜剑 2、A 型铜镜 1，还有铜刀、镞，Aa 型剑石范，陶壶、陶罐、陶鬲等。有本级本阶段的遗物。

属于Ⅲ级的墓葬有如下几种形制。

甲 Aa 型（石椁）墓葬：包括宁城梁家营子 M8071[72]（出土红陶钵）、小黑石沟 85NDXAⅠM1（残存铜扣、长方形牌饰及骨饰等，或被盗）。

甲 Ba 型（石棺）墓葬：包括小黑石沟 85NDXAⅠM6、小黑石沟 92NDXBⅠM1 等。

乙 A 型（土坑）墓葬：包括者克什克腾旗关东车 02M1[73]（袋状坑套土坑竖穴墓，坑发现保存完整的狗 1、羊头骨 2，随葬陶壶具有白金宝二期文化特点）。

属于Ⅳ级的墓葬有如下几种形制。

甲 Ba 型（石棺）墓葬：包括小黑石沟 85NDXAⅠM5、92NDXBⅠM1 等，有少量装饰品。小黑石沟 85NDXAⅠM4、92NDXAⅡM2 等，无随葬品。

乙 A 型（土坑）墓葬：包括小黑石沟 92NDXBⅠM4 等，随葬陶钵及少量装饰品。小黑石沟 92NDXBⅠM2、92NDXAⅡM4 等，无随葬品。

乙 B 型（填石）墓葬：小黑石沟 92NDXBⅠM7 等出土少量装饰品，92NDXBⅠM8 等无随葬品。

3. 分化期——春秋中晚期

该阶段能够确属夏家店上层文化的墓葬不多，有学者认为敖汉旗东井村[74]、宁城南山根[75]、赤峰红山后 A 区[76]部分墓葬应属这一阶段，皆为Ⅲ、Ⅳ级墓葬，形制与上一阶段同级墓葬相同。

与本文化相关的遗存应为敖汉周家地墓地[77]，共发掘墓葬 54 座，皆土坑竖穴（乙 A 型）、东西向。随葬陶器较为普遍、殉牲较为发达，王鹏[78]认为其属于夏家店文化的一个类型，有一定的道理。从残存的随葬品看，皆为Ⅲ、Ⅳ级墓葬（因多被盗排除有更高等级墓葬的存在），随葬部分陶器具有白金宝文化特点。

（三）辽西东部区墓葬遗存特征简要梳理

对分布于努鲁尔虎山以东的东北系铜剑遗存，靳枫毅[79]、朱永刚[80]、吕军[81]、赵少军[82]等都从不同角度做过分期断代研究，在此基础上，本文分阶段对正式发掘或清理的资料进行考察。

1. 西周早中期

属于Ⅰ级的墓葬见于魏营子文化，为乙类墓，略。

属于Ⅱ级的墓葬，均为乙类墓葬。

乙A型（土坑）墓葬：包括建平水泉城子M7701（见BaⅠ式铜剑、A型铜镜1）、水泉城子M7801[83]（见BaⅡ式铜剑、A型铜镜1）。

乙B型（填石）墓葬：以建平水泉遗址M8[84]（木棺，填土见少量石块，以一堆不规则石块封顶，出土BaⅠ式铜剑、A型铜镜1）。

属于Ⅲ级者主要见于建平水泉遗址墓葬，皆乙类墓葬。

属于Ⅳ级者也见于建平水泉遗址墓葬，除乙A型、乙B型墓葬外，还有乱葬坑及用灰坑埋人的现象。

2. 西周中晚期至春秋早期

此阶段含东北系铜剑遗存的墓地或墓葬均未见青铜容器。

属于Ⅱ级的墓葬，皆见有东北系铜剑，其形制及共存重要遗物如下。

甲Aa型（石椁）墓葬：包括建平炮手营子M881[85]（共存铜器有扣、盒、勺形器，铜质加重器、矛、斧、凿、刀、镞，銮铃、当卢、镖形器，A型铜镜1、Bb型铜镜1等，还有石斧、石珠，骨镞等）、建平大拉罕沟M851[86]（Aa型铜剑2，共存铜斧、刀、Bb型铜镜1、Ba型铜镜2、A型铜镜1，石斧，骨镳等）、朝阳小木头沟M1[87]（共存铜制剑柄端，铜刀、锥、斧等）。

甲Ab型（石室）墓葬：朝阳小波赤墓葬[88]（门在东侧，石板竖堵，共存各类铜泡饰等）。

甲Bb型（石板）墓葬：见于朝阳东岭岗墓地[89]。

乙A型（土坑木棺）墓葬：包括大拉罕沟M751（共存铜斧、凿、銮铃、A型铜镜2）、建平栾家营子M901[90]（共存铜斧、刀、铃、镞，串珠等），建平县喀喇沁河东墓葬[91]（共存铜斧、凿等），喀左和尚沟B、C、D地点墓葬[92]M17（共存铜刀、石斧、骨镞、铜泡）、M6（有壁龛、葬牛头）、M13，朝阳小河南村墓地[93]M1（共存夹砂褐陶钵）、M3。

此外，属于本级，但墓葬形制不详者还有锦西（葫芦岛）乌金塘[94]、喀左桃花池[95]、朝阳县西大坡[96]、朝阳县西封山[97]等墓地墓葬。

属于Ⅲ级的墓葬较明确的都见于和尚沟墓地。

乙A型（土坑）墓葬：3座，皆随葬铜刀。M15共存石斧、骨镞、陶杯各1，陶钵2，填土中见牛头；M22共存石斧、溜耳罐、罐、钵各1；M12共存石斧、葬牛肩胛骨于头侧。

乙B型（填石墓）墓葬：1座。M10，随葬石质加重器1，共存石斧1、铜环1。

属于Ⅳ级的墓葬也主要见于和尚沟。

乙A型墓葬：仅随葬陶器者6座，多钵、杯、罐等3。包括M8、M16、M18、M20，M14随葬陶罐1，有羊骨；M21头侧见牛腿骨；M5、M7、M9无随葬品。

乙B型墓葬：1座。M19（破坏），无随葬品。

此外，朝阳东岭岗、小河南村墓地也有上述两类墓葬。

3. 春秋中晚期

这一阶段夏家店上层文化解体，多种文化因素再次进入辽西。在此重点讨论与上一阶段东北系铜剑遗存直接相关者。

属于Ⅱ级的墓葬，皆见有东北系铜剑，其形制及共存重要遗物如下。

甲 Ab 型（石室墓）墓葬：以朝阳十二台营子墓地[98]为代表。共发现 3 座墓。M1 门在西侧，出土 Aa 型铜剑 2，伴出铜镞、刀、斧、凿、锥、鱼钩，砺石等兵器与工具；铜镳形具、带具、节约等带饰或马具；Y 形铜具、人面与兽面牌饰等装饰品。见有 Bb 型铜镜 2，立置于男头顶、足下。M2 与 M1 结构相同，随葬品种类类似，亦见 Bb 型铜镜 2。M3 收集 Bb 型铜镜 1、石质加重器 1。

此外，阜新胡头沟墓地[99]M2，破坏，墓顶砌成近拱形，口稍外敞，石块铺底，东西向，有木葬具，或亦属此类。

乙 A 型（土坑墓）墓葬：包括喇嘛洞ⅡM306[100]（共存铜凿、铜斧、陶壶各 1、串珠 2），阜新胡头沟墓地 M5（伴出剑标 1 及其坠饰铜珠 20 余），朝阳袁台子 79M1[101]（共出陶钵、双鋬耳叠沿罐，两翼铜镞、刀，石斧，骨针等[102]）。

属于Ⅲ、Ⅵ级的墓葬有如下几种形制。

甲 Bb 型（石板）墓葬：喇嘛洞墓地ⅡM271 随葬石枕状器、石纺轮、蚌饰和串珠等，ⅡM310 出土陶壶，ⅡM348 出土骨锥、颈饰，ⅠM36 随葬绿色料珠 2，ⅠM41 无随葬品。

乙 A 型墓葬：喇嘛洞墓地ⅡM355 出土陶壶 2，ⅡM152 有项链饰，ⅡM81 随葬陶纺轮 1。ⅡM177、ⅡM351 无随葬品；

乙 B 型（填石，原称石椁木棺墓）墓葬 1 座（ⅡM185），无随葬品。

三、相关问题初步讨论

在初步了解相关遗存特征的基础上，现就与东北系铜剑有关的几个问题进行初步讨论。

（一）夏家店上层文化所反映的“人类共同体”性质

井中伟认为，夏家店上层文化可能是在西拉木伦河流域地方类型的基础上，吸收了魏营子文化、顺山屯类型、新乐上层文化、白金宝二期文化等多种因素而产生的[103]，不无道理。从辽西西部区西周早中期一批等级较高，以随葬銎柄式铜剑等兵器，铜刀、斧等工具，各类牌饰、泡饰等装饰品为主要标志的墓葬，至少就包含以龙头山 M1（石椁）和大泡子墓葬（土坑）为代表的两种文化因素。

有学者主张，应严格以努鲁尔虎山为界区分“凌河类型”与夏家店上层文化，一些文化因素互见属文化交流的结果，无疑是有道理的。但从任何一种考古学文化的形成过程看，分布地域并非一成不变。就夏家店上层文化来说，西周早中期分布于努鲁尔虎山以东以水泉 M8 为代表的遗存，也宜归属为该文化，从葬制与随葬遗物少量自身特点看，代表另一种文化因素。

此后，直至夏家店上层文化解体，上述三种可能代表不同族群的文化因素一直保持着自身特征，相互影响，分布地域有侧重，各自发展演变的线索如下。

A 群：早期以地处西拉木伦河流域龙头山 M1 为代表，以石椁填石为主要墓葬形式，随葬 Bb 型铜剑。鼎盛期努鲁尔虎山西侧所见的Ⅰ、Ⅱ级乃至个别Ⅲ级墓葬形制皆与之相同，可见这类墓葬形制不仅与等级相关，也与特定人群有联系。在夏家店上层文化核心区的小黑石沟（南山根类型），Ⅲ、Ⅳ级乃至个别Ⅱ级墓葬都是甲 Ba 型石棺墓，其石棺周边及上部堆满石块的特点与石椁墓极为类似，只是较之狭小，或为该群人等级较低者所特有。春秋中期以后，石椁这种墓葬形制虽依然存在，但鲜有等级很高者。甲 Ba 型墓葬少见，在努鲁尔虎山以东的喇嘛洞墓地以及玉皇庙文化中见有其简化的形式。这类人群应兴起于西拉木伦河流域，最早吸收了大量新兴的北方文化因素，并对相关人群施加影响。

B 群：早期以地处邻近努鲁尔虎山（属东侧）的水泉遗址墓葬为代表。等级较高者（Ⅱ级）皆为土坑墓，包括水泉城子 M7701、M7801、水泉遗址 M8 等（其中水泉遗址 M8 经过发掘，属乙 B 型墓葬，填土见石块，石块封顶），皆随葬 Ba 型铜剑、A 型铜镜等。小型墓葬也分为土坑、土坑填石两种。同类的小型墓葬也多见于西部区的夏家店上层文化墓地及其东南沟类型。推测这类人群为土著居民的可能性较大，与东北系铜剑遗存的一类人群关系也很密切。该类遗存在夏家店上层文化中一直存在，并延续至战国中期，达到鼎盛。

C 群：早期以地域分布介于西拉木伦河与老哈河中间地带的大泡子墓葬为代表，以土坑墓为主要墓葬形式，随葬 Ba、Bb 两型铜剑。夏家店上层文化鼎盛期的相关遗存包括克什克腾旗关东车 02M1 等，可辨者均为稍高等级墓葬，皆随葬具有浓郁白金宝文化特点的陶器，其人群可能与之有关。年代属春秋晚期的周家地墓地亦为土坑墓，随葬陶器也与上述墓葬风格类似，应为同类人群。王鹏注意到类似周家的盗墓现象还见于较早时期西北地区的卡约文化，大体同期或稍晚的白金宝文化讷河二克浅墓地[104]、汉书二期文化黑龙江泰来平洋墓地[105]，以及林西井沟子墓地[106]等，并推测与相似的游牧经济生活有关。或许，也反映出了上述遗存之间的文化联系与族群联系。

当然，夏家店上层文化的不同文化因素不止上述几种，鼎盛期还有来自冀北山地者。

西周早中期，上述三种主要文化因素交互影响，等级差异不明显。

西周晚期至春秋早期，属 A 群的墓葬等级较高，见有Ⅰ级墓葬。从墓葬形制的变化、出土遗物的趋同、服饰的类似等方面看，其他两群受到了其强烈的影响。从墓葬形制看，努鲁尔虎山以东含东北系铜剑的遗存的高等级墓葬也采用了石椁、石室的墓葬形式，春秋晚期以后又以土坑、土坑填石为主。在此期间，夏家店上层文化分布区的 B 群墓葬等级较低，地处东北系铜剑分布区者等级则稍高。这种迹象表明，B 群既有独立的分布区，又有与夏家店上层文化混居者，部分高等级阶层受夏家店上层文化的影响更为强烈。这一阶段，C 群墓葬的等级更次之，主要见于夏家店上层文化核心区以北。总之，夏家店上层文化本身并非单一族群。

夏家店上层文化鼎盛期间，一度对燕文化构成威胁，而临近的东北系铜剑遗存却一直稳定发展，再结合 A 群Ⅰ、Ⅱ级墓葬中也随葬东北系铜剑、仿东北系铜剑的情形看，可推知辽西地区这两种文化遗存的关系较为紧密，或许具有方国联盟。这一点，也可以从燕文化的形成过程得到启示。

西周早中期的燕（周）文化地域范围很小，逐渐整合商文化、围坊三期文化、张家园上层文化等，直至西周晚期，商式鬲和周式鬲融合成了独具特色的“燕式鬲”，才标志着燕文化形成。燕文化墓葬可以分成燕侯、燕侯宗族的显贵、异族贵族、周人及异族中的次贵族、燕国平民、张家园上层文化等六个等级[107]。可见，燕文化形成经历不同族群的文化认同过程。

学术界现较通行的认识为，夏家店上层文化可能是历史上有能力“病燕”的“山戎”遗存，因齐桓公的征伐而衰落。

按《国语·齐语》记载：“齐桓公……北伐山戎，弗令支，斩孤竹而南归”。从目前的考古发现看，将分布于努鲁尔虎山以西的夏家店上层文化各群皆看做是“山戎”，或许是不完全确切的。按时间推算，春秋早中期明显衰落的是 A 群遗存。即便如此，按文献记载当年损失最惨重的还有“令支”“孤竹”。

（二）辽西东北系铜剑早期遗存的类型及相互关系

郭大顺先生曾提出，有必要将辽西地区含东北系铜剑遗存划分为“和尚沟类型”和“十二台营子类型”两种，并确定下来。就本文研究阶段而言是十分适宜的，现就相关问题讨论如下。

1. 关于“和尚沟类型”

以和尚沟墓地 B、C、D 地点墓葬为代表的一类遗存年代当在西周晚期至春秋早期，不是辽西东北系铜剑遗存中有明确共存关系的墓葬中年代最早的，但却最具自身特点。

墓地报告编写者在对和尚沟各地点关系的讨论中，指出了其与 A 地点（属魏营子文化）之间的联系与差别，诸如：从墓地布置看具有一体性；各地点墓葬结构基本一致，墓向、头向相同，随葬品中陶器都以钵为主，唯 A 点墓葬饰绳纹，其他地点为素面；A 点殉猪，其他三点殉牛、羊。认为其差别与年代不同有关。据此，韩嘉谷[108]、郭大顺等先生都认为和尚沟 B、C、D 地点墓葬是大小凌河流域具有本地文化特点的含东北系铜剑遗存的典型代表，但未深入讨论。基于大体相同的理由，有学者等将其纳入魏营子文化（含春秋早期以前的东北系铜剑遗存）。王立新认为：在资料较少的情况下，宁可暂信曲刃青铜短剑及伴随遗物的出现是该地区文化的一次重大变革[109]。赵宾福表示赞同：“就和尚沟 B、C、D 地点遗存所代表的阶段而言，所见陶器无论是器形还是手制素面夹砂红褐陶系等特点，都与魏营子文化的陶器存在较大的区别，而且在木椁外又垒石椁的高等级墓葬不见于魏营子文化。”

本文赞同将其作为东北系铜剑遗存的一个类型提出来，主要基于如下理由。

第一，努鲁尔虎山以东地区目前所见西周至春秋早期遗存具有自身的特点：所有墓葬皆接近东西向，与夏家店上层文化大型墓葬多南北向，小型墓葬方向各异的情况不同；部分墓葬为石质葬具（甲类墓），多见于高等级（Ⅱ级）墓葬，如炮手营子M881、建平大拉罕沟M851、朝阳小木头沟M1等为石椁墓，随葬个别日用小件铜器、工具等与夏家店上层文化出土者类似，但装饰品（铜镜除外，属本地特点遗物）与夏家店上层文化不同，兵器也几乎仅见东北系铜剑一种。个别见石板墓，如朝阳东岭岗墓地（也见等级较低的石板墓），不同于夏家店上层文化的石棺，随葬铜器更为单纯。新见石室墓，如朝阳小波赤墓葬。应属受到了夏家店上层文化影响的本地遗存（参见前文）；而绝大部分墓葬无石质葬具（乙类墓），随葬品基本不见明确属夏家店上层文化的典型遗物，自身特点更加浓郁。如属于Ⅱ级的大拉罕沟M751、建平栾家营子M901，建平县喀喇沁河东墓葬、喀左和尚沟M17等。属Ⅲ级、Ⅳ级者几乎均为土坑墓及填石墓，除和尚沟外，还有朝阳东岭岗、小河南村墓地等。

第二，上述乙类墓葬与属夏家店上层文化的B群墓葬形制极为接近，应属于本地葬制，与早期魏营子及与之相关的土著文化居民有密切的关系。需要说明的是，上述含东北系铜剑遗存的大部分墓葬虽界定为Ⅱ级，但共存遗物并不丰富，甚至多见一墓只葬一件东北系铜剑而无其他的现象，可见这类遗物在这类遗存中的普遍性与重要性。换言之，对这类遗存而言，随葬东北系铜剑既是等级的标志，更是族群认同的象征。

第三，与“十二台营子类型”相比较，其文化面貌有一定的差异。这种差别既与年代、墓葬等级不同有关，也与新的文化因素介入有关（详后）。从去向看，十二台营子类型春秋晚期战国初期时主要向辽东发展，而和尚沟类型则是在春秋晚期以后兴起的东北系铜剑遗存——东大杖子类型的重要构成因素（略）。

2. 关于“十二台营子”类型

以往，“十二台营子类型”指的夏家店上层文化的一个地方类型[110]，或作为不同时期辽西地区含东北系铜剑遗存的统称，故也有学者称为“十二台营子文化”[111]。

本文界定的十二台营子类型是指：流行年代大体在春秋中晚期，分布于努鲁尔虎山以东直至下辽河平原的核心地带——沈阳，具有诸多下辽河平原北部区文化因素的一类含东北系铜剑遗存。

这类遗存的面貌、来源还不是很清晰，但仍有一些线索，逐一分析如下。

（1）大型墓葬

也分为两种墓葬形制。

甲Ab型（石室墓）：以十二台营子墓地为代表，发现的三座墓葬形制、随葬品组合基本一致。其中马具发达，包括具有自身特色的镳、衔、节约等。装饰品中，镜形饰有单纽、多纽之分。人面形和兽面形牌饰也很有特点。铜泡数量较多。此外，还有造型各异的青铜器具。与夏家店上层文化显著有别，应另有所源。林沄先生据 M1 所出三穿马镳的形式判定其年代当在春秋中期[112]。

“石室”这种墓葬形制，在和尚沟类型中仅见于朝阳小波赤墓葬，在夏家店上层文化中则不见。在辽东，有门的这种石构墓葬形制出现较早，主要为建于地上的石棚墓与地下的盖石墓。鉴于夏家店上层文化东南沟类型的盖石土坑墓也有辽东同类墓葬的特点，故有学者认为其来源于辽东，不无道理。然而，石椁墓这种墓葬形制在和尚沟类型、夏家店上层文化高等级墓葬中则极为多见，自身发展演变的可能性依然存在。从随葬的大量青铜器及相关葬俗特征看，无疑更多地具有辽西地区早期遗存特点。

乙 A 类（土坑木棺椁）墓：以郑家洼子 M6512[113]为代表，一椁、一棺。随葬铜、陶、石、骨器，共 42 种 797 件。其随葬铜器类别，主要铜器风格特征等与十二台营子墓地几座墓葬极为接近，尤其是头上、脚下各立一面大型 A 型铜镜，身上等距离放置四面略小的 A 型铜镜，也见纹饰相同的 Ab 型双纽铜镜等葬俗完全一致。

此外，2014 年，辽宁兴城市碱厂乡朱家村在农田基建过程中发现一座木椁墓，受葫芦岛博物馆孙建军馆长之邀，在本地工作的辽宁大学郑钧夫老师与笔者参与了抢救清理。尽管遭到破坏，但残存的随葬品仍达百余件，见有与郑家洼子 M6512 类似的东北系铜剑、马具、工具、泡饰等，可知这类遗存的分布范围。

（2）中小型墓葬

除以郑家洼子 M659 为代表的一批土坑墓外，在辽西还有朝阳袁台子 79M1。

一般认为袁台子 79M1 的年代为春秋中期，大体可信。许多学者认为其陶器具有辽东风格，确切说是具有下辽河平原北部区相关遗物的风格特点。类似陶器最早见于老虎冲类型，稍晚还有战国初期的辽阳亮甲山 M5[114]出土者以及战国晚期的本溪上堡 M3[115]。

年代处于春秋晚期的喇嘛洞墓地墓葬有三类，一类为土坑墓，一类为石板墓，还有 1 座石板填石墓，其石板墓的特征与朝阳东岭岗相同，填石也具有和尚沟类型的特点，两者铜剑形态也极为类似，属瘦长型。发掘者将墓地出土铜剑及陶器与郑家洼子墓地比较，认为有相似之处，实际不然。从造型及风格看，更接近于敖汉旗山湾子的同类器物。

阜新胡头沟墓地 M5 伴出剑标 1 件及其坠饰铜珠 20 余枚，亦应属此类遗存。

在现有资料下，似可做如下推测：该类遗存受到了辽东，尤其是辽河平原北部区同类遗存的影响。夏家店上层文化之后发展至鼎盛，春秋晚期以后核心区为沈阳一带。从这个意义上说，称之为郑家洼子类型，似更为合适（详后）。

（三）关于东北系铜剑的起源

对东北系铜剑的起源地，一直有“辽西”“辽东”两种说法，相持不下。

持“辽西说”者又有两种较为具体的意见：一种认为东北系铜剑是仿銎柄式铜剑创造出来的，两者皆起源于夏家店上层文化，并由此传入、影响到东邻地区；另一种认为在西周中晚期辽西地区大小凌河流域的古代民族，是东北系青铜短剑的创造者。

持“辽东说”者所指的辽东，多以医巫闾山为界，含辽河平原区，多将东北系铜剑遗存看做一种考古学文化。细辨又有区分为最早见于辽东北部区（以辽阳二道河子等剑为代表）与南部区两种（以双房M6出土者为代表）意见。

因东北系铜剑多为采集品，共存陶器等资料较少，故上述研究成果多以类型学研究为主。有些虽涉及了某种考古学文化，也没有上升到文化格局的角度考察，现以此为视角再就相关问题讨论如下。

1. 东北系铜剑核心分布区考古学文化格局的演变

青铜时代，东北系铜剑的主要分布区——辽西（主要为东部区）、下辽河平原（主要为中部）、辽东区的考古遗存有多种，相互间的关系也有所不同，简要说明如下。

前文已述，夏家店下层文化衰落后，辽西、下辽河平原北部区出现了多种文化类型，都受到了本地传统文化因素、北方系青铜器遗存以及燕（周）文化因素的共同影响。沈阳老虎冲类型[116]中9座“灰坑”均积满青膏泥，有的坑内设置椁状木构架等迹象表明其与魏营子遗址墓葬遗存间有文化联系。总之，晚商至西周早期，上述两区间文化关系极为密切。

辽东地区传统文化产生突变的年代较晚，发生于西周早期，主要表现为：辽东半岛盛极一时的双砣子三期文化衰落，经系统发掘的该文化遗址几乎均毁于大火，如双砣子[117]、大嘴子[118]、大王山[119]等，大批遗物皆留在屋内，不排除与战乱有关；辽东北部地区马城子文化北上西流松花江流域，发展为西团山文化。学界充分认识到，上述情况的发生，有辽东传统文化自身所起的作用，因而形成两种主要观点：其一，双砣子三期文化北进，一统辽东，以其为主体形成“双房文化”（指辽东及辽河平原区，西周至战国时期所有遗存）；本文持第二种观点，马城子文化产生分化，存留本地者构成新兴新城子文化[120]的主体。但很少有学者关注产生这种变化的条件，即区外文化因素的促动。从区内新兴文化因素及其分布、与区外诸文化的关系等角度综合观察，不可忽视下辽河平原北部区文化因素的影响，现将本人以往的研究成果[121]梳理综述如下：伴随以积石墓为主要墓葬形式（可追溯至小珠山上层、双砣子一期文化）的双砣子三期文化衰落，辽东半岛北部以石棚墓、盖石墓为代表的遗存勃兴（从其巨大的石构建筑便可见其文化发达程度），随葬陶器始终普遍见有叠沿罐（叠唇罐），较早时期共存弦纹壶，可命名为“双房类型”（为与双房文化相区别，采用该名称，下同）。新城子文化较早时期分布于辽东北部，很快扩展至下辽河平原北部乃至松辽分水岭一带，以钵口弦纹壶、双横耳钵为典型器物，不见叠沿罐。其以弦纹壶为代表的文化因素广布东北系铜剑核心分布区，但各地区出现的年代不同，有的为其变体形式。上述两类遗存的遗物皆见于与辽西关系密切的老虎冲遗址，这种情形可理解为“交融带”，也可认为是“兼容区”。

春秋早期，辽西地区整合多种文化因素形成的夏家店上层文化由盛转衰。含老虎冲、双房类型因素的遗存进入辽西东部地区，春秋中期以后与和尚沟类型结合产生了“十二台营子——郑家洼子”一类遗存。春秋晚期，辽东半岛南部以岗上、楼上、卧龙泉[122]等积石冢及尹家村土坑墓[123]为代表的一类遗存[124]兴起。双房类型、新城子文化依旧延续。

约战国初，在辽西，以和尚沟类型为主导，整合多种文化因素形成的新的东北系铜剑遗存——“东大杖子类型”形成，与燕文化一直保持着密切的关系，燕文化全面进入辽西后衰亡。在辽东，郑家洼子类型开始向辽东半岛南部扩张，相关遗存包括上马石青铜短剑墓地（土坑非火葬）[125]、尹家村 M12[126]（所谓石椁实为填石）等，葬俗及随葬陶器均与之基本相同。战国晚期，郑家洼子类型、燕文化共同入主辽东，典型遗存以本溪上堡石棺墓[127]为代表。秦统一后，东北系铜剑多散见于燕辽东郡以外区域并以变体形式存在。

通过上述对含东北系铜剑遗存之间关系的讨论可以归纳出如下两点认识：一是较早期辽西、辽河平原区的相关遗存都与燕（周）文化有一定的联系，晚期又分为两支，均一度与燕文化并行；二是辽西、辽东两大区系文化差异明显，不同时期均以沈阳一带为中心主要环下辽河平原两侧区域产生互动。

2. 关于东北系铜剑的起源

讨论东北系铜剑的起源，涉及两个密切相关的问题：一是如何出现的，二是在何地、何时出现的。

对如何出现这一问题，多数学者认为是出于模仿。主辽西说者多认为是模仿銎柄式铜剑，从现有资料显现的两类剑出现年代看，可算作依据，但造型截然不同，至少不是完全模仿。主辽东说者认为是仿石剑，也存在同样的问题。

其实，它更有可能是一种精心的创造。这种地域分布广泛，流行时间长达数世纪的短剑，尽管剑身形态有所变化，但一直保持着分体、组装、立置使用的形式，是不能简单地将其用途归结为武器的，更可能是表达某种社会关系、族群关系、或共同信仰的象征物。

提及创造，也离不开模仿。西周早中期，夏家店上层文化分布于努鲁尔虎山以西的族群最早使用有格銎柄式直刃铜剑，以东的族群则使用无格者的这种标识形式，无疑给创造东北系铜剑的族群以很大的启示。

至于东北系铜剑最早出现于何地，一般是以出现的时间为依据的，与铜器制造业是否发达关系不大。

以目前的资料与研究成果看，含东北系铜剑的遗存之间是有文化联系的。夏家店上层文化之所以出现东北系铜剑，与其文化背后代表的族群共同体有关，详见前文所述。结合仅在该文化中发现连铸的东北系铜剑的情况看，其 A 类人群只是兼容了这类文化因素而已，并不重视其所体现的精神内涵。且据吕军的研究成果，努鲁尔虎山以东地区发现的东北系铜剑并不晚于见于西部区者，故东北系铜剑是夏家店上层文化所创造这一说法欠妥。而辽东，自西周早期起便形成了一个亲缘文化区，东北系铜剑在各文化中普遍流行有其文化认同基础。

目前，尚无确切的断代证据表明东北系铜剑出现在辽西、与辽东的年代孰早孰晚，不同说法与类型学排序采用不同的标准而获得不同的结果有关。现有资料显示，不排除辽东、辽西几乎同时出现东北系铜剑的可能性。诚如此，那么，必然存在一个连接两大文化区的文化桥梁。从上述文化背景看，只有下辽河平原区中、北部区相关遗存具备这一条件：商周之际既与辽西区诸文化进行了深入融合，周初以后又兼容了辽东地区诸文化因素。地域介于两区之间，不同时期分别促成或“发动”了两区文化互动。

以上述相关考古学文化格局研究为基础，结合上述分析，重新审视已发现和新发现的东北系铜剑资料及相关类型学研究成果，会发现一些问题。

2017年，沈阳市考古所在新民市法哈牛镇巴图营子村北崴遗址发现了一柄东北系铜剑及1件扇形铜斧石范（相关媒体做了报道，正式资料未发表，为此文写作，李树义同志对这把铜剑进行了测量并将相关资料发给我，极为感谢）。除上述遗物外，同层位所见皆属新乐上层文化遗存，其上为厚达一米左右的水积砂层。

这柄剑剑叶长20.7、叶宽4.8厘米，前后比为0.53，长宽比为4.3左右，属吕军在《中国东北系青铜短剑研究》中所划分的Ab型WS式。吕文还列举了该式的全部5件标本，因其前段几乎近于斜直线，推测是由于锉磨所形成的，故将其年代推定的较晚。其实，除双房M6所出的剑外，余皆无后磨痕迹。

上述6剑所在区域分属不同的考古学文化。其中北崴、抚顺甲帮[128]地处老虎冲类型、新城子文化分布区；大连金州区亮甲镇赵王村墓[129]、大连新金双房M6[130]虽属双房类型，但盖石石棺的墓葬形制却是源于新城子文化的；大连双砣子M1[131]为土石混杂回填的土坑墓，无火烧迹象，与本地传统葬俗有别，应为双砣子三期文化衰落之后所见新文化因素。吉林永吉星星哨AM19[132]的1件属西团山文化，地域与新城子文化邻近，共渊源马城子文化，或为后者的传入品。

结合上述诸文化关系的人文背景，可以这样推测：东北系铜剑可能最早产生于老虎冲、新城子文化中，其中前者的可能性更大；大连所见三柄铜剑是上述两文化主导而成的新文化格局的体现与见证。

而且，将上述这类剑叶稍短、节尖至剑锋段近直线三角形而非弧线、代表地域类型的剑叶长宽比适中、具有年代早晚意义的剑叶前后比数值最小者，作为东北系铜剑的最早形式，从类型学的角度看，是极为合理的（图一）。

至于东北系铜剑起源的年代，推测应在新乐上层文化之后，不晚于西周中期较为合理，夏家店上层文化銎柄式剑发展为曲刃可作为其佐证。如果采用朱永刚[133]的研究结论——无格銎柄式铜剑是仿东北系铜剑的，则产生的年代更早。

如若再深究东北系铜剑起源的背景，可以和有关箕子的文献记载相比附。

《史记·宋微子世家》载：“箕子者，纣亲戚也……于是武王乃封箕子于朝鲜而不臣

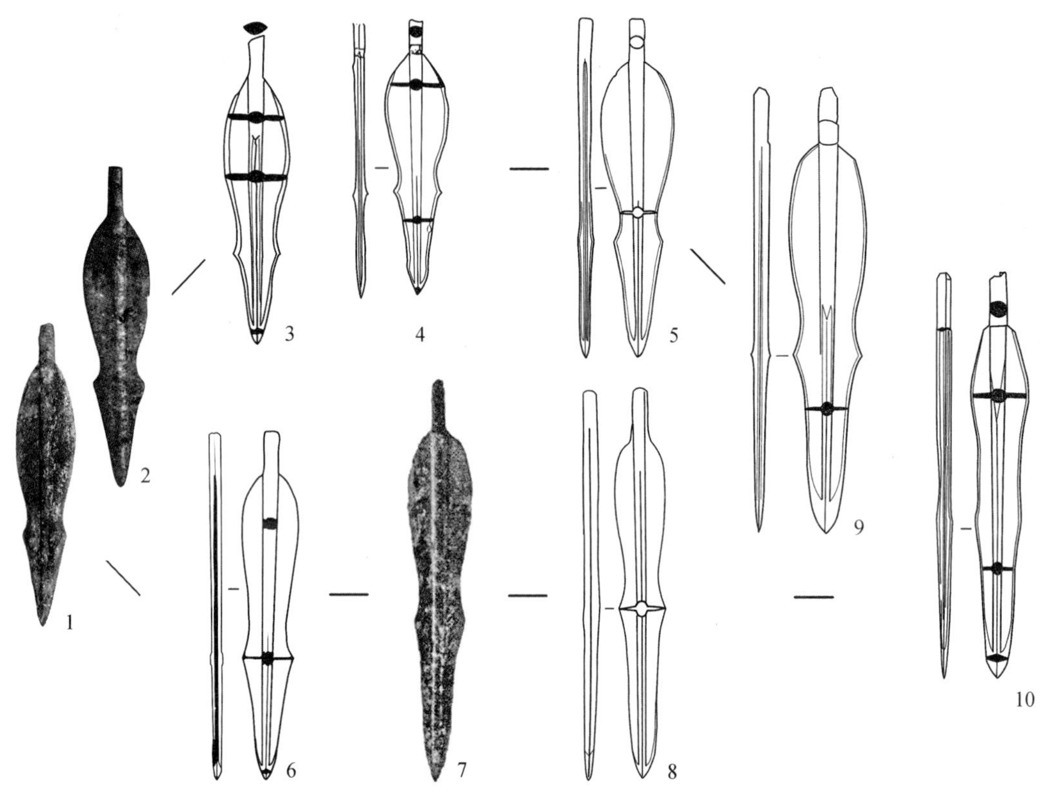

图一　东北系铜剑演变示意图

1. 沈阳北崴　2. 抚顺甲帮　3. 永吉星星哨　4. 清原门脸　5. 大连双坨子　6. 朝阳广富营子
7. 宁城南山根　8. 喀左和尚沟　9. 朝阳十二台营子　10. 沈阳郑家洼子

也。”；《三国志·魏书·乌丸鲜卑东夷传》：“昔箕子既适朝鲜，作八条之教以教之。”；《三国志·魏书·乌丸鲜卑东夷传》注引《魏略》：“昔箕子之后朝鲜侯，见周衰，燕自尊为王，欲东略地。朝鲜侯亦自称为王，欲兴兵逆击燕以尊周室……燕乃遣将秦开攻其西方，取地二千余里，至满番汗为界，朝鲜遂弱。”

从产生、发展过程，与辽西相关遗存以及周燕文化的关系等角度考察，在老虎冲——郑家洼子类型中出现东北系铜剑，可能与箕子适朝鲜有关，创造这一具有象征意义的器物，无疑也是其采取的统治措施之一。

林沄先生在《“燕亳”和“燕亳邦”小议》一文的结尾中说：“如果允许做大胆些的推测，或许燕的辽西郡就是因袭原貊人原先的主要分布区而置，辽东郡则是取地于箕氏朝鲜”。

在此基础上，本文再做一些细节推测：箕氏立足于受商、周文化影响的最北端——下辽河平原北部区后，联合新乐上层、马城子文化（有学者统称为马城子文化）部分居民开始经营辽东，夏家店上层文化衰落后，一度插足辽西。与周（燕）文化保持着复杂的关系，一方面受封而不臣，时而又欲兴兵逆击燕以尊周。燕置辽东郡后，郑家洼子类型、新城子文化因素依然存在，故可能仅贵族高层被驱逐。燕能在政治上统一辽东，与箕氏多年倡导对周的文化认同有很大关系。

附记：本研究得到国家社会科学研究基金重大项目——东大杖子墓地及相关遗址勘探、发掘资料的整理与研究（12&ZD193）的资助。感谢我的学生范佳微、苏哲为本文使用文献进行校对并配图。

注 释

[1] 王成生：《辽河流域及邻近地区短铤曲刃短剑研究》，《辽宁省考古博物馆学会成立大会纪念文集》，1981年。

[2] 朱永刚：《大、小凌河流域含曲刃短剑遗存的考古学文化及相关问题》，《内蒙古文物考古文集》（第二辑），中国大百科全书出版社，1997年。

[3] 郭大顺：《辽东半岛青铜文化的原生性——以双房六号墓为实例之一》，《旅顺博物馆馆刊》，旅顺博物馆，2007年。

[4] 乔梁：《燕文化进入前的辽西》，《内蒙古文物考古》2010年第2期。

[5] 赵宾福：《中国东北地区夏至战国时期的考古学文化研究》，科学出版社，2009年。

[6] 林沄：《中国东北系铜剑初论》，《考古学报》1980年第2期。

[7] 同[4]。

[8] 王立新：《辽西区夏至战国时期文化格局与经济形态的演进》，《考古学报》2004年第3期。

[9] 蒋刚：《太行山两翼北方青铜文化的演进及其与夏商西周文化的互动》，吉林大学2006年博士学位论文。

[10] 付琳、王立新：《夏家店下层文化消亡后的辽西》，《考古》2015年第8期。

[11] 郭大顺：《试论魏营子类型》，《考古学文化论集》（1），文物出版社，1987年。

[12] 董新林：《魏营子文化初步研究》，《考古学报》2000年第1期。

[13] 喀左县文化馆：《记辽宁喀左县后坟村发现的一组陶器》，《考古》1982年第1期。

[14] 同[11]。

[15] 辽宁省博物馆文物工作队：《辽宁朝阳魏营子西周墓和古遗址》，《考古》1977年第5期。

[16] 辽宁省文物考古研究所、朝阳市博物馆、朝阳县文物管理所：《朝阳市东山新石器至汉代遗址发掘报告》，《辽宁省道路建设考古报告集（2003）》，辽宁民族出版社，2004年。

[17] 辽宁省文物考古研究所：《辽宁喀左县高家洞商周墓》，《考古》1998年第4期。

[18] 辽宁省文物考古研究所等：《喀左和尚沟墓地》，《辽海文物学刊》1989年第2期。

[19] 同[11]。

[20] 张家口市文物事业管理所、宣化县文化馆：《河北宣化县小白阳墓地发掘报告》，《文物》1987年第5期。

[21] 杜正胜：《从三代墓葬看中原礼制的传承与创新——兼论与周边地区的关系》，《中国商文化国际学术讨论会论文集》，中国大百科全书出版社，1998年。

[22] 同[9]。

[23] 林沄：《释史墙盘铭中的“逖虘髟”》，《林沄学术文集》，中国大百科全书出版社，1998 年。

[24] 同 [15]。

[25] 中国社会科学院考古研究所：《张家坡西周墓地》，中国大百科全书出版社，1999 年。

[26] 北京市文物研究所：《琉璃河西周燕国墓地（1973 ~ 1977）》，文物出版社，1995 年。

[27] 北京市文物管理处：《北京地区的又一重要考古收获——昌平白浮西周木椁墓的新启示》，《考古》1976 年第 4 期。

[28] 杨建华：《燕山南北商周之际青铜器遗存的分群研究》，《考古学报》2002 年第 2 期。

[29] 周海峰：《燕文化研究——以遗址、墓葬为中心的考古学考察》，吉林大学 2011 年博士学位论文。

[30] 晏琬：《北京、辽宁出土的铜器与周初的燕》，《考古》1975 年第 5 期。

[31] 林沄：《“燕亳”和“燕亳邦”小议》，《史学集刊》1994 年第 2 期。

[32] 唐成田：《下辽河平原的发育过程》，《东北师大学报自然科学版》1989 年第 4 期。

[33] 《旧唐书 • 阎立德传》：“十八年，从征高丽，及师旅至辽泽，东西二百余里泥淖，人马不通。”

[34] 井中伟：《夏家店上层文化的分期与源流》，《边疆考古研究》（第 12 辑），科学出版社，2012 年。

[35] 杨虎、林秀贞：《内蒙古敖汉旗柳南墓地综述》，《北方文物》2011 年第 4 期。

[36] 朱泓：《中国东北地区的古代人种》，《文物季刊》1998 年第 1 期。

[37] 曹桂林、许志国：《辽宁法库县湾柳街遗址调查报告》，《北方文物》1988 年第 2 期。铁岭市博物馆：《法库县湾柳街遗址试掘报告》，《辽海文物学刊》1990 年第 1 期。辽宁大学历史系考古教研室等：《辽宁法库县湾柳街遗址发掘》，《考古》1989 年第 12 期。

[38] 抚顺市博物馆：《辽宁抚顺市发现殷代青铜环首刀》，《考古》1981 年第 2 期。

[39] 河北省文化局文物工作队：《河北青龙县抄道沟发现一批青铜器》，《考古》1962 年第 12 期。

[40] 锦州市博物馆：《辽宁兴城县杨河发现青铜器》，《考古》1978 年第 6 期。

[41] 王云刚、王国荣、李飞龙：《绥中冯家发现商代窖藏铜器》，《辽海文物学刊》1996 年第 1 期。

[42] 同 [28]。

[43] 乌恩岳斯图：《北方草原考古学文化研究——青铜时代至早期铁器时代》，科学出版社，2007 年。

[44] 同 [12]。

[45] 洪猛、王箐：《燕山一带抄道沟类铜器窖藏的文化归属及其他》，《华夏考古》2017 年第 1 期。

[46] 林沄：《夏代的中国北方系青铜器》，《边疆考古研究》（第 1 辑），科学出版社，2002 年。

[47] 林沄：《商文化青铜器与北方地区青铜器关系之再研究》，《林沄学术文集》，中国大百科全书出版社，1998 年。

[48] 河北省博物馆，文物管理处：《河北平泉东南沟夏家店上层文化墓葬》，《考古》1977 年第 1 期。

[49] 朱永刚：《夏家店上层文化的初步研究》，《考古学文化论集》（1），文物出版社，1987 年。

[50] 刘国祥：《夏家店上层文化青铜器研究》，《考古学报》2000 年第 4 期。

[51] 王立新、齐晓光：《龙头山遗址的几个问题》，《北方文物》2002 年第 1 期。

［52］ 同［43］。

［53］ 同［34］。

［54］ 内蒙古自治区文物考古研究所、克什克腾旗博物馆：《内蒙古克什克腾旗龙头山遗址第一、二次发掘简报》，《考古》1991年第8期。

［55］ 贾鸿恩：《翁牛特旗大泡子青铜短剑墓》，《文物》1984年第2期。

［56］ 建平县文化馆、朝阳地区博物馆：《辽宁建平县的青铜时代墓葬及相关遗物》，《考古》1983年第8期。

［57］ 邵国田：《内蒙古敖汉旗发现的青铜器及有关遗物》，《北方文物》1993年第1期。

［58］ 同［57］。

［59］ 中国科学院考古研究所内蒙古工作队：《内蒙古赤峰药王庙、夏家店遗址试掘简报》，《考古》1961年第2期；《赤峰药王庙、夏家店遗址试掘报告》，《考古学报》1974年第1期。

［60］ 辽宁省昭乌达盟文物工作站、中国科学院考古研究所东北工作队：《宁城南山根的石椁墓》，《考古学报》1973年第2期。

［61］ 项春松、李义：《宁城小黑石沟石椁墓调查清理报告》，《文物》1995年第5期。

［62］ 内蒙古自治区文物考古研究所，宁城县辽中京博物馆：《小黑石沟——夏家店上层文化遗址发掘报告》，科学出版社，2009年。后文涉及小黑石沟墓葬未加注释者皆见此书。

［63］ 宁城县文化馆、中国社会科学院研究生院考古学系东北考古专业：《宁城县新发现的夏家店上层文化墓葬及其相关遗物的研究》，《文物资料丛刊》（9），文物出版社，1985年。

［64］ 中国社会科学院考古研究所东北工作队：《宁城南山根102号石椁墓》，《考古》1981年第4期。

［65］ 李逸友：《内蒙古昭乌达盟出土的铜器调查》，《考古》1959年第6期。中国科学院考古研究所内蒙古工作队：《宁城县南山根遗址发掘报告》，《考古学报》1975年第1期。

［66］ 同［56］。

［67］ 同［63］。

［68］ 同［63］。

［69］ 同［63］。

［70］ 董文义：《巴林右旗发现青铜短剑墓》，《内蒙古文物考古》创刊号，1981年。

［71］ 同［57］。

［72］ 同［63］。

［73］ 吉林大学边疆考古研究中心、内蒙古文物考古研究所：《克什克腾旗关东车遗址考古调查与试掘》，《边疆考古研究》（第2辑），科学出版社，2004年。

［74］ 同［57］。

［75］ 中国科学院考古研究所内蒙古工作队：《宁城县南山根遗址发掘报告》，《考古学报》1975年第1期。

［76］ 滨田耕作、水野清一：《赤峰红山后》，《东方考古学丛刊》（甲种第六册），1938年。

［77］ 中国社会科学院考古研究所东北工作队：《内蒙古敖汉旗周家地墓地发掘简报》，《考古》1984年第5期。

[78] 王鹏：《周家地墓地研究——兼论夏家店上层文化的衰亡与流向》，中国社会科学院研究生院2008年硕士学位论文。

[79] 靳枫毅：《论中国东北地区含曲刃青铜短剑的文化遗存（上）》，《考古学报》1982年第4期。

[80] 同［2］。

[81] 吕军：《中国东北系青铜短剑研究》，吉林大学2006年博士学位论文。

[82] 赵少军：《试论凌河类型的石构墓葬》，《北方文物》2017年第1期。

[83] 同［56］。

[84] 辽宁省博物馆、朝阳市博物馆：《建平水泉遗址发掘简报》，《辽海文物学刊》1986年第2期。

[85] 李殿福：《建平孤山子、榆树林子青铜时代墓葬》，《辽海文物学刊》1991年第2期。

[86] 同［85］。

[87] 靳枫毅：《朝阳地区发现的剑柄端加重器及其相关遗物》，《考古》1983年第2期。

[88] 张静、田子义、李道升：《朝阳小波赤青铜短剑墓》，《辽海文物学刊》1993年第2期。

[89] 朝阳市博物馆：《朝阳历史与文物》，辽宁大学出版社，1995年。东岭岗墓地共发现14座墓，其中石板墓6座、土坑墓8座，均为东向。出土东北系铜剑7件、加重器6件。M1随葬东北系铜剑、加重器各1件，伴出铜镞、砾石、磨光黑陶钵。其余各墓有的仅有1件短剑，有的无遗物。

[90] 同［85］。

[91] 辽宁省博物馆文物工作队、朝阳地区博物馆文物组：《辽宁建平县喀喇沁河东遗址试掘简报》，《考古》1983年第11期，第979页。

[92] 同［18］。

[93] 同［89］。

[94] 锦州市博物馆：《辽宁锦西县乌金塘东周墓调查记》，《考古》1960年第5期。墓葬形制不详。出土东北系铜剑、铜甲叶、戈、镞、斧、凿、刀、盔，长方扁平形饰、盾形饰、纽、泡，玛瑙珠等。非同一墓葬出土，亦非同一时期。

[95] 同［79］。喀左桃花池墓葬出土青铜短剑1件并有陶器共出。

[96] 同［89］。朝阳县西大坡墓地发掘墓葬4座，出土加重器、石斧、铜项环。

[97] 同［96］。朝阳县西封山墓地发掘11座墓，出土剑3，泡饰，石斧、铜刀、铜项环。

[98] 朱贵：《辽宁朝阳十二台营子青铜短剑墓》，《考古学报》1960年第1期。

[99] 方殿春、刘葆华：《辽宁阜新县胡头沟红山文化玉器墓的发现》，《文物》1984年第6期。胡头沟墓地共发现墓葬3座，1座石椁墓，2座土坑墓。

[100] 辽宁省文物考古研究所：《辽宁北票喇嘛洞青铜时代墓葬》，《文物》2004年第5期。喇嘛洞村墓地发现12座墓，其中土坑墓6座，填石墓1座，石板墓5座，多头向西北。

[101] 辽宁省文物考古研究所等：《朝阳袁台子》，文物出版社，2010年。对该墓葬的年代，朱永刚、郭治中等定为春秋中期，也有认为上限有可能达到西周晚期者（见付琳、王立新：《朝阳袁台子周代墓葬的再分析》，《北方文物》2012年第3期）。

[102] 王成生：《概述近年辽宁新见青铜短剑》，《辽海文物学刊》1991年第1期。

[103] 同［34］。

[104] 黑龙江省文物考古研究所:《黑龙江讷河市二克浅青铜时代至早期铁器时代墓葬》,《考古》2003年第2期。

[105] 黑龙江省文物考古研究所:《平洋墓葬》,文物出版社,1990年。

[106] 内蒙古自治区文物考古研究所等:《林西井沟子——晚期青铜时代墓地的发掘与综合研究》,科学出版社,2010年。

[107] 陈光:《西周燕国文化初论》,《中国考古学的跨世纪反思》,商务印书馆,1999年。

[108] 韩嘉谷:《从军都山东周墓谈山戎、胡、东胡的考古学文化归属》,《内蒙古文物考古文集》(第一辑),中国大百科全书出版社,1994年。

[109] 同[8]。

[110] 同[95]。

[111] 同[43]。

[112] 同[6]。

[113] 沈阳市故宫博物馆、沈阳市文物管理办公室:《沈阳郑家洼子的两座青铜时代墓葬》,《考古学报》1975年第1期。

[114] 孙守道、徐秉棍:《辽宁寺儿堡等地青铜短剑与大伙房石椁墓》,《考古》1964年第6期。

[115] 魏海波、梁志龙:《辽宁本溪县上堡青铜短剑墓》,《文物》1998年第6期。

[116] 曲瑞琦:《沈阳地区新石器时代的考古学文化》,《辽宁省考古、博物馆学会成立大会会刊》,1981年。

[117] 中国社会科学院考古研究所:《双砣子与岗上——辽东史前文化的发现和研究》,科学出版社,1996年。

[118] 大连市文物考古研究所:《大嘴子——青铜时代遗址1987年发掘报告》,大连出版社,2000年。

[119] 辽宁省文物考古研究所、大连市文物考古研究所:《辽宁大连市大王山青铜时代遗址发掘简报》,《东北史地》2014年第2期。

[120] 华玉冰、王来柱:《新城子文化初步研究——兼谈与辽东地区相关考古遗存的关系》,《考古》,2011年第6期。

[121] 华玉冰:《中国东北地区石棚研究》,科学出版社,2011年;《辽东青铜文化谱系再检讨》,《庆祝张忠培先生八十岁论文文集》,科学出版社,2014年。华玉冰、张依依:《试说辽东青铜考古文化圈》,《青铜器与山东古国》学术研讨会论文集,上海古籍出版社,2017年。

[122] 同[117]。

[123] 同[122]。

[124] 同[117]。有学者称之为尹家村一期文化。

[125] 旅顺博物馆、辽宁省博物馆:《辽宁长海县上马石青铜时代墓葬》,《考古》1982年第6期。

[126] 同[117]。

[127] 同[115]。

[128] 同[38]。

[129] 许明纲:《大连市近年来发现青铜短剑及相关的新资料》,《辽海文物学刊》1993年第1期。

[130] 许明纲、许玉林:《辽宁新金县双房石盖石棺墓》,《考古》1983年第4期。

[131]〔朝〕中联合考古队（东北亚考古学研究会译）:《岗上、楼上中国东北地方遗迹发掘报告书（1963～1965）》，六兴出版社，1986年；又见于[117]

[132] 吉林市博物馆、永吉县文化馆:《吉林永吉星星哨石棺墓第三次发掘》,《考古学集刊》(3)，中国社会科学出版社，1983年。

[133] 朱永刚:《试论我国北方地区銎柄式柱脊短剑》,《文物》1992年第12期。

简论晋国都城遗址的几个主要问题

谢尧亭

（山西大学北方考古研究中心）

我们首先对晋文化史作一个概要回顾。晋文化考古工作始于1952年发现侯马晋国遗址，其后考古工作持续至今[1]。1962年发现天马—曲村遗址，1963年进行了调查和试掘，1971年在曲村村中清理了一座被破坏的西周铜器墓。1979年北京大学与山西省文物工作委员会开始在该遗址进行长期的持续发掘[2]。1985年正式提出“晋文化”的概念[3]。1992年在曲村镇北赵村发掘晋侯墓地，工作断续进行到2000年[4]，此后对晋侯墓地一号车马坑又进行了完整发掘[5]。2005年发现并发掘了羊舌晋侯墓地[6]。近年山西省考古研究所又在曲村遗址三张古城附近进行了勘探和试掘[7]。

那么文献记载的晋国都城有哪几座呢？最早的都城是唐都鄂[8]，是开国始祖唐叔虞的国都。到第二代国君唐伯燮父迁都于晋，为第一代晋侯，这个都城的名字我认为是翼[9]，翼都持续到晋国正宗被灭时的公元前679年。其间有一个小宗的曲沃城[10]，可以视为是后来故绛和新绛都城的陪都。翼都之后晋国的都城是故绛[11]，故绛之后是新绛[12]，最后二代国君先后被迁到端氏和屯留[13]，苟延残喘，不能称其为晋国都城了。

考古发现目前能够确认的就是晋国早期的都城翼和晚期的都城新绛。最早的唐都鄂[14]和故绛还不知其具体所在，曲沃陪都大致可以确定在今闻喜县上郭村一带[15]，但考古工作明显不足。因此本文主要讨论早期都城翼（天马—曲村遗址）和晚期都城新绛（侯马晋国新田遗址）存在的问题。

一、晋国早期翼都遗址考古研究中存在的主要问题

一般来讲都城遗址应具备四大要素，那就是活人的生活居址（一般有城）、农业和手工业生产遗址、宗教信仰遗址和安置死人的墓地，我把它们简称为生、产、信、死。当然这并不排除还包含其他性质的遗址或遗存。

1. 天马—曲村遗址的兴衰及与故绛的关系

天马—曲村遗址面积很大，据1979年调查[16]，遗址东西长3800米，南北宽2800米，总面积约11平方千米。包含仰韶文化、龙山文化、东下冯文化、晋文化及战国秦汉各时期的遗存。在跨越数千年的长时代中（其中没有发现商时期遗存），西周和春秋

时代的遗址究竟有多大呢?

早在1982年发表的《晋豫鄂三省考古调查简报》[17]中作者认为“天马—曲村晋文化遗址主要是西周中晚期至春秋早期的遗址。……此遗址在西周初期就已兴起，发展到繁盛时期是在西周晚期至春秋初期，而到春秋中晚期至战国早期，却又陡然衰歇下来”。在《翼城曲沃考古勘察记》[18]中作者认为“尤其是第3~5段文化层，分布十分密集。……3000米 ×2000米范围内，文化层基本上是连成一片的。”那么照此估算第3~5段文化层的分布面积有6平方千米，按照作者的说法，第3~5段的年代，为西周中晚期之间到春秋早期。《天马—曲村1980~1989》（以下简称《天马—曲村》）报告显示1980~1989年六次发掘，共揭露面积16506平方米，其中居址区3712.75平方米，墓地12793.25平方米。可见，相对于整个遗址来讲，只是极少的一部分。在报告“结束语”中，作者认为“第一、二、三、四、五期主要集中在整个遗址偏西地区的中部（J6、J7），材料比较匀称而且比较丰富。由此可见，自西周早期以来，直至春秋中期，天马—曲村遗址的西半部一直处于相对繁荣的时期，居住址范围较大，文化遗物也比较丰富，而到春秋晚期，天马—曲村遗址的西半部则陡然衰歇下来，居住址范围缩小，文化遗物贫乏。”“由此进一步证明，自西周早期至春秋中期前段，天马—曲村遗址正处于比较兴盛的时期，人口较多，物质文化也比较发达，而到春秋中期偏晚阶段，人口急剧减少，物质文化衰谢。”[19]

我们可以看出，从1982年发表的《晋豫鄂三省考古调查简报》、1992年发表的《翼城曲沃考古勘察记》到2000年发表的《天马—曲村》报告，作者的态度前后发生了一定的变化。这个变化就是把天马—曲村遗址的繁荣时期上限从西周中晚期之间上推到西周早期，下限从春秋早期下延到春秋中期了。那么实际情况究竟是怎样呢？我们还是看《天马—曲村》报告“结束语”作者提供的数据：“随葬青铜礼器的墓共47座，全属西周时期。”“陶器墓，第一段88座，第二段110座，第三段83座，第四段47座，第五段38座，第六段45座，第七段24座，第八段2座，第九段3座。”[20]“从陶器墓来看，西周早期墓最多，西周中期墓次之，西周晚期墓又次之，春秋早期墓较少，春秋中期墓更少。1994年继续在Ⅴ区（即I2区）发掘，又发掘了几十座春秋早中期墓，但春秋中期墓（后段）仍然最少。这种墓葬数量的分配同居住址的情况是基本相称的。”[21]从这些数据看，我们认为作者所说的春秋中期（前段）还继续繁荣是十分勉强的。我们再把居住址发现的各遗存单位按时代作一个统计分析（表一）。从表中我们可以看到，春秋中期出现了明显的衰落。当然作者在报告中并没有按照春秋中期前段和春秋中期后段这样的时间段来发表居住址资料，因此我们所统计的数字与作者实际得到的春秋中期前后段的数字可能有一定的出入。同时应该清醒地意识到，这种统计是建立在不具有科学抽样发掘资料的基础上的，也许与实际情况相去甚远。但至少从目前所得到的资料来看，不能支持《天马—曲村》报告作者所得出的结论。再从北赵[22]和羊舌[23]晋侯墓地的发现来看，其下限均不晚于春秋早期，特别是大中型墓葬的年代根本到不了春秋中期。因此所谓的故绛都城也就不能说一定在天马—曲村遗址[24]。不同的是，在《天马—曲村》报告“附录二”中，作者说“从兽骨数量统计看，……西周早期和中期数量大致相当，到西周晚期和春秋早期数量增多，春秋中、晚期兽骨又明显减少。这从一个侧面反映了该遗址人类居住情况的时空变化。曲村遗址始于西周早期，到西周晚期和春秋早期，发展到最大规模，随后逐渐衰落。[25]”我认为作者的这种说法可能是比较客观、符合实际的。天马—曲村遗址的兴盛时期是在西周中期至春秋早期。

表一　天马—曲村遗址居住区各时期各类遗迹数量统计表

遗迹 数量 年代	房址	灶	水井	陶窑	灰坑1区	灰坑2区	灰坑3区	灰坑4区	灰坑J6区	灰坑J7区	灰坑K14区	烧坑	灰沟	合计	百分比/%
西周早期	2		1	3	10	2	3		8	18		7	2	56	19
西周中期			1				6	4	2	18	1			32	11
西周晚期			2		11		11	3	8	37			2	74	25
春秋早期	3	1	4	1	7	2	7	2	7	35			4	73	25
春秋中期				2				1	9	16			2	30	10
春秋晚期											1			1	0.3
年代不清		3		2	7		2	1	4	4	1		1	25	8.6
合计	5	4	8	8	35	4	29	11	38	128	3	7	11	291	98.9
百分比 %	1.7	1.4	2.7	2.7	12	1.4	10	3.8	13	44	1	2.4	3.8	99.8	

2. 天马—曲村遗址的作坊址分析

从相关发掘资料可知，天马—曲村遗址墓葬区是非常明确的，它们与居住区和作坊区基本不相混杂，至少我们现在可以知道存在曲村族墓地、北赵晋侯墓地和羊舌晋侯墓地三处墓地，各墓地墓葬间也极少见叠压打破现象。羊舌晋侯墓地属于该遗址的一部分，在天马—曲村遗址外没有发现与之相对应的单独的遗址。在周代这种聚落应该是在统一的规划下形成的。

我们首先看曲村居住址发掘的位置和面积，据《天马—曲村》报告第9页表述，所谓的Ⅰ区即后来的J7区，实际发掘了576平方米。Ⅱ区即后来的H5区，实际发掘81平方米。Ⅲ区即后来的I5、I6区，实际发掘467.5平方米。Ⅳ区即后来的I5区偏北，实际发掘416平方米。Ⅷ区即后来的I5区，实际发掘47平方米。那么在接下来的统计中，我们就把早期分的区分别归入后来科学规划的区域中，得到的结果是：H5区发掘81平方米（2.2%），I5、I6区发掘930.5平方米（25%），J6区发掘约414.75平方米（11%），J7区发掘约1993.5平方米（54%），K14区发掘293平方米（7.9%）[26]。

报告称，手工业作坊区大约处于J6、J7区等地。如1979年在天马村西、村北和北赵村西、村东各发现陶窑1座，在北赵村南面大道旁我们还曾拾到残铜炼渣，在曲村东650米处并发现一制骨遗址[27]。Ⅰ区有两座陶窑（Y101、Y102），J6区有两座陶窑（Y11、Y16），J7区有4座陶窑（Y1、Y2、Y3、Y17）。从发掘和调查可知陶窑分布较散，并不是集中在一个区域，当然它们的年代是有先后之别的[28]。值得注意的是天马—曲村遗址发现了铸铜的遗存，除了上面提到的在北赵村南“拾到残铜炼渣”，还发现了陶范，共发表了10件，其中地层中3件，遗迹中7件，全部发现在J7区，那么我们有理由推测J7区可能存在铸铜作坊。这些陶范有些显然是容器范，说明天马—曲村遗址具有青铜容器铸造能力。关键的是其年代问题，《天马—曲村》报告认为这些出土陶范的单位年代为西周晚期或春秋早期，“陶范均为残块，主要见于J7区，所铸之器包括容器、兵器、工具等”[29]，今检查《天马—曲村》发表的10件陶范，都位于J7区，其中F10、H119、H171、H50、H145和H162六个单位报告说明其时代为春秋早期阶段，唯称H81为西周晚期，无陶容器发表，但从其打破的H83看，H83的豆与报告中图四四、四五比较，年代似乎定在春秋早期更为合适。那么H81就不早于春秋早期。另外三个单位是T7③、T46③A、T1368③，唯T7未发表其他陶器，时代难以确定。T46③A、T1368③从上下层有陶器的单位推断，其年代大致可以定为春秋时期，从以上出土陶范的10个单位来看，这些陶范大多见于春秋早期，而且它们都位于J7区，由此可知J7区可能是晋都青铜器铸造作坊的中心区域。春秋早期陶范的出土与“晋姜鼎”[30]和“戎生编钟”[31]等铭文所谓的以“卤积”换取青铜的情况是相呼应的，充分说明春秋早期晋国可以独立铸造青铜器。

目前还没有证据表明西周时期晋国能独立铸造青铜器，但毫无疑问春秋时期晋国可以独立铸造青铜器。从《天马—曲村》报告第59页刊布的数字来看，青铜器小件共49件，相对于所有小件器物来说，数量很少。种类以铜镞、锥、刀为主，这与已发表器物的统计结果是一致的，可以看出这些器物种类绝大部分是生产工具，其次是生活用具。从表五可以看出，J7区和H5区出土青铜小件器物的比例高出了发掘面积的比例16和4.8个百分点，J6区、I5I6区和K14区出土青铜小件器物的比例低于发掘面积的比例分别是8.7、6和5.6个百分点。这说明J7区和H5区都有可能与铸铜手工业有关，特别是J7区陶范的出土，增加了实证资料。与之相邻的J6区可能与铸铜手工业作坊没有直接的关系。

天马—曲村遗址发现了3件铁器，分别见于春秋早期和中期的地层中，虽然“把中国古代获得液态生铁的时代提前了200余年”[32]，非常重要，但这似乎还远不足以说明该遗址拥有铸造铁器的能力。

按照《天马—曲村》报告第59页的表述，玉、石器共631件。数量最多，占小件器总数44.2%。发现石刀313件，石斧56件，石圭44件，石铲40件，砾石28件，玉石玦17件，石纺轮8件，石锛7件，石镰7件，石凿3件。根据报告发表的器物统计（表二～表四），得到的结果与报告的数量多少顺序大致相符[33]。J7区H30出土的19件石刀坯说明这里可能是一处石刀制造作坊。石刀在所有小件器物中数量最多，这表明它在生产和生活中的重要地位，其用量大，使用频繁，导致损坏的频率较高，因此发现较多，可见石刀在农业生产中具有非常重要的作用，是其他工具所无法替代的。其次是石斧，石铲等工具。总体来看石制品中工具的种类多，数量大，也是当时各种工具中的大宗，西周春秋时代石制品工具在生产生活中仍占据重要地位，可见当时的工具并没有摆脱其原始性。同时我们可以看到，石圭的数量也非常突出，还发现了一件石璋和一件石璜，它们无疑都属于礼器。石圭可能是在曲村遗址制造的。此外还发现了一些装饰品，如数量较多的17件石玦等，这表明石制装饰品在日常生活中占有一定的地位。通过表五还可以看出，J7区出土石器的数量比例高出发掘面积比例10个百分点，而H5区则低出9个百分点，其他几个发掘区比例相当。这说明J7区是石器大量出土的地区，存在石器作坊的可能性较大。

表二　各区地层中出土小件器物统计表（已发表的）

器 \ 数量 \ 区	J7	J6	I5I6	H5	K14	合计	百分比/%
石刀	86	9	23		8	126	22
石纺轮	1				1	2	0.3
石牌	5	1			1	7	1.2
石玦	4		5		2	11	1.9
石凿	2		1			3	0.5
石斧	16	5	5		1	27	4.6
石锛	2		3		1	6	1
石刮削器	2		1		3	6	1
石砍砸器					1	1	0.2
石切割器					1	1	0.2
石环	2					2	0.3
石尖状器	1		1		1	3	0.5
石锤	1					1	0.2
石刀坯	4				1	5	0.9
石盘状器	1					1	0.2
石璜	1					1	0.2
石镰	2	1			1	4	0.7
石铲	5		2			7	1.2
石圆饼	6		1			7	1.2
石核	1				1	2	0.3
石杵	2					2	0.3
石圭	8	1	2			11	1.9
石锯	1					1	0.2
石陀螺形器		1				1	0.2
石片					1	1	0.2
石柱状饰					1	1	0.2
骨镞	18	3	5			26	4.5
骨笄	70	12	18	1	10	111	19
骨锥	28	8	6		2	44	7.5
骨铲	2	1	3			6	1

续表

器　　数量　　区	J7	J6	I5I6	H5	K14	合计	百分比 /%
骨针	1	1				2	0.3
骨匕	1	1				2	0.3
骨匕首	1					1	0.2
骨圆条饰	1					1	0.2
骨占具	1	1 套 5				2	0.3
卜骨	2		1			3	0.5
骨牌饰	1					1	0.2
骨钉			1			1	0.2
角锥	2		2		3	7	1.2
蚌刀	1	1				2	0.3
蚌镰	3	2				5	0.9
蚌泡	6	1	3	1		11	1.9
蚌圆饼饰	1					1	0.2
蚌壳	1				1	2	0.3
铜刀	3					3	0.5
铜镞	4	1	2			7	1.2
铜笄	1				1	2	0.3
铜锥	5		1			6	1
铜管	1					1	0.2
铜凿	1					1	0.2
铜鱼			1			1	0.2
锡块	1					1	0.2
陶纺轮	27	10	20		8	65	11
陶支脚	4					4	0.7
陶垫	2	1			1	4	0.7
陶动物	2					2	0.3
陶埙	1		1			2	0.3
陶范	3					3	0.5
陶弹丸	1				2	3	0.5
陶刀	1		4			5	0.9
陶圆饼	1	2			1	4	0.7
陶鼓风管	1					1	0.2
合计	352	63	112	2	54	583	100.2
百分比 %	60.4	11	19	0.3	9.3	100	

表三　各区遗迹中出土小件器物统计表（已发表的）

器 \ 数量 \ 区	J7	J6	I5I6	H5	K14	合计	百分比 /%
石刀	50	13	12	3	3	81	18
石纺轮				1		1	0.2
石牌	4	1	1			6	1.3
石玦	4		2			6	1.3
石凿	1					1	0.2
石斧	6	2	1			9	2
石锛	1			1		2	0.4
石砍砸器	1					1	0.2
石环	1					1	0.2
石锤	1					1	0.2
石刀坯	21					21	4.6
石镰	2					2	0.4
石铲	5	1				6	1.3
石靴形器		1				1	0.2
石圆饼	2	1				3	0.6
石圭	4	9	3			16	3.5
石片	1					1	0.2
石管饰	1					1	0.2
石璋					1	1	0.2
石柱状饰	1					1	0.2
骨镞	14	2	3	1		20	4.4
骨笄	71	3	10	3		87	19
骨锥	24	7	2		2	35	7.6
骨锉	1					1	0.2
骨刀	2					2	0.4
骨铲	5				1	6	1.3
骨针			1			1	0.2
骨匕	1	1	1			3	0.6
骨管	1					1	0.2
骨占具	1，1套8件					2	0.4
卜骨	1					1	0.2
骨钉			1			1	0.2

续表

器 \ 数量 \ 区	J7	J6	I5I6	H5	K14	合计	百分比 /%
骨圆条饰	1					1	0.2
角锥	5					5	1
角器	1					1	0.2
蚌刀	1		2			3	0.6
蚌镰		1				1	0.2
蚌泡	5			1		6	1.3
蚌玦				1		1	0.2
蚌圆饼饰	2		1			3	0.6
蚌片			1			1	0.2
蚌条饰	1					1	0.2
蚌壳	5					5	1
铜刀	2		2	1		5	1
铜镞	4		2			6	1.3
铜笄	1					1	0.2
铜锥	5			1		6	1.3
铜铲	1					1	0.2
铜镈	1					1	0.2
铜针				1		1	0.2
铜构件	1					1	0.2
陶纺轮	45	4	7	1	6	63	14
陶支脚	2					2	0.4
陶垫	4		1			5	1
陶动物	2					2	0.4
陶埙	1					1	0.2
陶范	7					7	1.5
陶弹丸	1					1	0.2
陶方片	1					1	0.2
陶刀			1			1	0.2
陶圆饼	1	1				2	0.4
陶圆柱	1					1	0.2
合计	329	47	54	15	13	458	99.1
百分比 %	72	10	12	3	2.8	99.8	

表四　各区地层和遗迹单位中出土小件器物合计表（已发表的）

区/数量/器	J7	J6	I5I6	H5	K14	合计	百分比 /%
石刀	136	22	35	3	11	207	19.9
石斧	22	7	6		1	36	3.5
石圭	12	10	5			27	2.6
石刀坯	25				1	26	2.5
石玦	8		7		2	17	1.6
石牌	9	2	1		1	13	1.2
石铲	10	1	2			13	1.2
石圆饼	8	1	1			10	1
石锛	3		3	1	1	8	0.8
石刮削器	2		1		3	6	0.6
石镰	4	1			1	6	0.6
石凿	3		1			4	0.4
石尖状器	1		1		1	3	0.3
石环	3					3	0.3
石纺轮	1			1	1	3	0.3
石核	1				1	2	0.2
石砍砸器	1				1	2	0.2
石锤	2					2	0.2
石杵	2					2	0.2
石片	1				1	2	0.2
石柱状饰	1				1	2	0.2
石切割器					1	1	0.1
石靴形器		1				1	0.1
石盘状器	1					1	0.1
石璜	1					1	0.1
石锯	1					1	0.1
石陀螺形器		1				1	0.1
石管饰	1					1	0.1
石璋					1	1	0.1
骨笄	141	15	28	4	10	198	19
骨锥	52	15	8		4	79	7.6
骨镞	32	5	8	1		46	4.4

续表

器 \ 数量 \ 区	J7	J6	I5I6	H5	K14	合计	百分比 /%
骨铲	7	1	3		1	12	1.2
骨匕	2	2	1			5	0.5
骨占具	3	1				4	0.4
卜骨	3		1			4	0.4
骨针	1	1	1			3	0.3
骨刀	2					2	0.2
骨钉			2			2	0.2
骨圆条饰	2					2	0.2
骨锉	1					1	0.1
骨匕首	1					1	0.1
骨管	1					1	0.1
骨牌饰	1					1	0.1
角锥	7		2		3	12	1.2
角器	1					1	0.1
蚌泡	11	1	3	2		17	1.6
蚌壳	6				1	7	0.7
蚌镰	3	3				6	0.6
蚌刀	2	1	2			5	0.5
蚌圆饼饰	3		1			4	0.4
蚌玦				1		1	0.1
蚌片			1			1	0.1
蚌条饰	1					1	0.1
铜镞	8	1	4			13	1.2
铜锥	10		1	1		12	1.2
铜刀	5		2	1		8	0.8
铜笄	2				1	3	0.3
铜铲	1					1	0.1
铜镈	1					1	0.1
铜管	1					1	0.1
铜凿	1					1	0.1
铜针				1		1	0.1
铜鱼			1			1	0.1
铜构件	1					1	0.1

续表

区 数量 器	J7	J6	I5I6	H5	K14	合计	百分比 /%
锡块	1					1	0.1
陶纺轮	72	14	27	1	14	128	12.3
陶范	10					10	1
陶垫	6	1	1		1	9	0.9
陶支脚	6					6	0.6
陶刀	1		5			6	0.6
陶圆饼	2	3			1	6	0.6
陶弹丸	2				2	4	0.4
陶动物	4					4	0.4
陶埙	2		1			3	0.3
陶方片	1					1	0.1
陶圆柱	1					1	0.1
陶鼓风管	1					1	0.1
合计	681	110	166	17	67	1041	100.7
百分比 %	65.4	10.6	15.9	1.6	6.4	99.9	

《天马—曲村》第 61 页表述骨、角器共 454 件。骨笄 249 件，占骨器总数一半以上。骨锥 110 件，其中 8 件为角锥。骨镞 51 件。骨铲 17 件。根据报告发表器物的数量统计（表四），其多少顺序与作者所述是一致的[34]。骨笄的数量如此之大，说明这种器物在人们的生活中是常用物品，消耗量较大，它们的生产可能有专门的作坊，主要分布与 J7 区和 I5I6 区。从发现骨器的种类来看，生产生活器具是大宗，骨笄和牌饰等属于装饰品。值得注意的是发现的宗教用品，如骨占具 4 件套和 4 件卜骨，这反映了该遗址具有较高的规格和独立的宗教行为。它们主要发现在 J7 区，J6 区仅发现 1 件套。从表五可以看出，J7 区小件骨器占骨器总数的比例高出发掘面积比例 15 个百分点，而 I5I6 区则低出 10.6 个百分点，其他几个发掘区相差不大。可见 J7 区存在骨器作坊的可能性很大。

《天马—曲村》第 62 页述及蚌器共 62 件，器形可辨者 50 件，其中刀 23 件，泡 21 件，镰 6 件。根据报告发表的蚌器统计（表四），发表蚌泡 17 件，蚌壳 7 件，蚌镰 6 件，蚌刀 5 件，蚌圆饼饰 4 件，蚌玦、蚌片和蚌条饰各 1 件[35]。蚌刀和蚌镰属于工具，其余几类则属于装饰品。蚌刀和蚌镰数量较多，表明工具在生产和生活中的重要性。从数量同样较多的装饰品来看，当时漆木器手工业应该比较发达。再根据发表器物观察蚌器在各发掘区的分布（表五），J7 区的数量比例高出发掘面积比例 8 个百分点，J6 区持平，I5 区低出 8 个百分点，H5 区高出 4.8 个百分点，K14 区低出 5.5 个百分点。J7 区可能也有蚌器和漆木器类作坊遗存。

表五　青铜小件器物在各区的分布及与发掘面积的比较

名称＼数量＼区	J7	J6	I5I6	H5	K14	合计
各区发掘面积（平方米）	1993.5	414.75	930.5	81	293	3712.75
占居址发掘总面积的百分比	54%	11%	25%	2.2%	7.9%	100.1%
发表的青铜器小件器物数量	30	1	8	3	1	43
青铜小件占总数的百分比	70%	2.3%	19%	7%	2.3%	100.6%
发表的石器小件器物数量	259	46	63	5	29	402
石器小件占总数的百分比	64%	11%	16%	1.2%	7.2%	99.4%
发表的骨器小件器物数量	249	40	52	5	15	361
骨器小件占总数的百分比	69%	11%	14.4%	1.4%	4.2%	100%
发表的蚌器小件器物数量	26	5	7	3	1	42
蚌器小件占总数的百分比	62%	12%	17%	7%	2.4%	100.4%
发表的陶器小件器物数量	108	18	34	1	18	179
陶器小件占总数的百分比	60%	10%	19%	0.6%	10%	99.6%

《天马—曲村》称发现陶工具和其他共199件，其中纺轮133件，陶支脚14件，陶垫9件，陶范均为残块，主要见于J7区，所铸之器包括容器、兵器、工具等。根据报告发表器物统计（表四），陶纺轮128件，陶范10件，陶垫9件，陶支脚6件，陶刀6件等，合计179件。陶纺轮占绝对多数，可见这种器物在日常生产生活中具有重要地位，是常用工具之一。陶范的发现为天马—曲村遗址春秋早期可以铸造青铜器提供了直接证据，也从一个侧面证明这里是晋国早期的都城翼，具有十分重要的意义和价值。其余陶垫和支脚属于制陶工具，陶刀、陶弹丸和鼓风管也属于工具类，可见工具在这些小件陶器中占绝大多数。其余多为装饰品、玩具或乐器，数量较少。再根据发表陶器小件数量来看它们在各区的分布（表五），J7区发表的陶器小件数量比例比发掘面积比例高出6个百分点，K14区高出2.1个百分点，J6区近平，I5I6区低出6个百分点，H5区低出1.6个百分点。可以看出J7区明显较高的陶器小件出土率。

总之，天马—曲村遗址居住址发掘的3712.75平方米相对于6平方千米遗址范围来说，实在是微不足道。但从中我们可以观察到一些特点：① 按照发表器物的数量来统计，石刀占19.9%，骨笄占19%，陶纺轮占12.3%，这三类器物占所有小件器物的51.2%。可见其在生产生活中的重要地位和作用。其次是骨锥、骨镞、石斧、石圭，数量相对较多（表四）。② 在各类小件器物中，生产工具的种类都占大多数，除了骨笄外，工具的数量在各类器物中都占绝对优势。③J7区发掘面积较大，出土器物较多，相对于发掘面积的比例来说，J7区出土的各类器物数量比例都高于前者，这说明J7区手工业制品发达，存在有铸铜、制陶、制骨、制蚌（及漆木器）、制石器等多种手工业作坊的可能性。④ 天马—曲村遗址手工业比较发达，可以看出当时石制品在生产生活中占有重要地位，骨制和陶制工具也占有一定地位，相反，玉器极少发现，青铜小件器物数量稀少，这从一个侧面反映了当时晋国社会的发展程度。西周时期青铜和玉器资源恐怕还受王室统一管控，尽管春秋早中期晋国可以独立铸造青铜器，但在铸造规模、种类和数量上可能还有一定的局限性。

3. 天马—曲村遗址都城的城垣问题

我认为天马—曲村遗址是晋国早期的都城遗址，都城名字是翼[36]。那么这个都城有没有城垣呢？《左传·成公十八年》记载“晋栾书、中行偃使程滑弑厉公，葬之于翼东门之外，以车一乘。”同样的记载见于《国语·晋语》和《国语·周语》。当时晋国的都城在新绛，葬厉侯于翼东门外，说明翼都当有城垣，不然何来“东门之外”？可是至今仅在天马—曲村遗址（所谓的6平方千米）南边发现一座或两座时代较晚的三张古城[37]，与翼都城垣关系不大。在天马—曲村遗址范围内目前还没有发现西周时期城垣的迹象，所以有学者怀疑天马—曲村遗址没有都城城垣。其实西周时期很多国家的都城是有城垣的，已有的考古发现像燕国、鲁国、虢国等自不必说。像《国语·晋语一》记载的翟柤国也有城垣：“献公田，见翟柤之氛，归寝不寐。……士蔿以告，公悦，乃伐翟柤。郤叔虎将乘城，其徒曰：‘弃政而役，非其任也。’郤叔虎曰：‘既无老谋，而又无壮事，何以事君？’被羽先升，遂克之。”这段文字就说明晋南的翟柤国[38]是有城垣的。

关于天马—曲村遗址，首先我们必须承认在该遗址的考古工作做得还很不够，回顾天马—曲村遗址多年的考古工作，实际上主要解决了两个问题，一是遗址的性质，确定为晋国早期的都城遗址（包括墓地）。二是初步建立了该遗址的年代序列，为晋文化年代框架的建立奠定了基础。由于工作开展得十分有限，所以很多问题的研究难以深入。例如都城的兴废过程问题、聚落结构问题等，甚至我们对于该遗址的年代上限把握得也不准确，燮父迁都之前这里有没有遗址和墓葬，它们的内容是什么，其实并没有搞清楚。

因此我认为首先应该对天马—曲村遗址进行一次现代式的系统调查，通过平面和断面发现的遗迹和遗物线索，初步分析此遗址的功能分区和各时代遗存分布密度，为探索重点遗存提供线索。其次在调查的基础上，进行重点勘探，搞清遗址的城垣、宫殿布局和宫城的面貌，及道路系统和水路系统。然后在此基础上科学量化地有选择地进行重点发掘，以聚落考古的方法进行工作，以解决诸多的学术问题。这就需要我们解放思想，设计问题，例如我们是否可以设想该都城的城垣在遗址的外围，也就是说现在发现的西周遗址与墓地都有可能在城垣内，只有通过更全面、细致、认真地工作，才能逐步解决这个都城的问题。如果一个都城遗址既没有发现城垣（宫城或郭城），也没有发现大型建筑基址[39]或宗教祭祀遗存，道路系统和水路系统也不明确，那么这个所谓的“都城”是很令人怀疑的。

二、晋国晚期绛都遗址考古研究中存在的主要问题

侯马晋国都城遗址发现较早，如果从1952年发现算起[40]，至今已历66年。经过了至少两代考古工作者的探索。发现了著名的侯马盟书、铸铜遗址和上马墓地等享誉考古界的遗存。也出版了不少考古报告和研究文章，但是该都城遗址的考古工作还存在很

多问题。尽管发现了以“品”字形古城为代表的大小 11 座古城、11 处祭祀遗址、14 处作坊遗址和 9 处墓地[41]，从“四要素”的视角来看，这座都城的考古发现似乎比较完备。但仔细考察我认为尚存在以下几个主要问题。

1. 年代问题

对侯马晋国遗址的年代学研究首推叶学明先生。叶先生在 1962 年发表了《侯马牛村古城南东周遗址出土陶器的分期》[42]一文，这是首次对该遗址进行的系统分期编年研究。在此之前相关文章也有关于遗址年代的判断，例如《侯马牛村古城南东周遗址发掘简报》[43]就将发掘的 2300 余平方米遗址分了两期，它分期的思路是“根据地层叠压关系及发现的遗物、遗迹，我们将本遗址分为早晚两期，早期约相当于春秋后期，晚期相当于战国前期。”这种认识可能主要是依据《左传·成公六年》和《史记·晋世家》等记载，从公元前 585 年晋国迁都新田到晋国灭亡前后的历史学年代而推断所得。也没有与周边相关遗存资料的年代进行比较。而叶学明先生在《分期》一文中说“陶器的分期和断代的主要依据是文化层堆积的情况；其次是陶器本身之间、与其他遗物之间的相互比较参证”，“以上述探方为典型，并结合多组灰坑相互打破的关系，将所出陶器依次排比，同样可以分为早晚两期；每期又可分为早晚两段……分别相当于第三、四层的上下两层。”叶先生的分期方案也没有交代地层和遗迹之间的层位关系，虽然其划分型式的逻辑是比较合理的，但排定的大部分器物我们也无法验证其逻辑序列的正确性。从叶先生分期方案中发表的器物单位，我们可以罗列出以下七组单位共存关系（其余单位找不到共存的其他陶器）：

第 1 组：中口罐Ⅰ（60H4T47H419）早期早段
盘豆Ⅰ（60H4T47H419）早期早段
第 2 组：小口罐Ⅱ（60H4T213H241）早期晚段
盘Ⅰ（60H4T213H241）早期晚段
第 3 组：盘豆Ⅱb（60H4T36H93）早期晚段
盖豆Ⅰb（60H4T36H93）早期
第 4 组：鬲Ⅲc（60H4T53F151④）晚期早段
釜Ⅰ（60H4T53F151③）晚期早段
盖豆Ⅱa（60H4T53F151）晚期早段
盘豆Ⅲb（60H4T53F151③）晚期早段
鑑Ⅱ（60H4T53F151）晚期
第 5 组：盖豆Ⅱb（60H4T301③）晚期早段
缽Ⅱb（60H4T301③）晚期早段
第 6 组：中口罐Ⅳb（60H4T53H155①）晚期晚段
缽Ⅱa（60H4T53H155③）晚期早段
第 7 组：盘豆Ⅳa（60H4T78②）晚期晚段
曲颈盆Ⅲ（60H4T78③）晚期晚段

以上七组单位共存关系中的层位顺序与“附表：侯马牛村古城南东周遗址各期、段出土陶器比较简表”中的期段时序是相一致的。其他单位因未发表共存器物和层位关系无从进行验证。

关于遗址年代的推断，叶先生在通过与《洛阳中州路（西工段）》等资料的比较后得出“我们认为侯马牛村古城南东周遗址的年代：上限似可定为春秋后期；下限则到战国中期。”同时说明“遗址内遗迹、遗物的分布、堆积，比较集中、连续；只有早期和晚期的器物之间区别比较显著，这说明在这二百余年间遗址的堆积似乎没有间断过。”不论当时的比较对象与侯马陶器之间的相似程度有多高，也不论《洛阳中州路（西工段）》等资料的年代是否准确[44]，但叶先生给出的年代范围是“春秋后期”到“战国中期”，战国晚期是排除在外的，包含不包含战国中期并不明确。不过从“二百余年间”的字样来看，可能在作者的头脑中实际上有一个预设前提，侯马晋国遗址是晋国晚期都城遗址，文献记载晋国在此定都二百余年。推测作者以晋国的灭亡作为遗址的下限，那么战国中期应当是不包含在其中的。这个分期断代方案显然比《侯马牛村古城南东周遗址发掘简报》要细致合理得多。但两者的缺点都是非常明显的，即分期的依据、过程不明确，几乎无法进行验证和再研究。

其后1987年发表的《晋国石圭作坊遗址发掘简报》[45]根据地层关系和陶器的比较分析，将此遗址的文化堆积分为三期五段，经过对发表的层位关系、陶器共存关系及期段划分的检查，该分期方案在逻辑上是可行的，但显得颇为粗糙，也不具有可验证性。在“结语”中，作者认为第3～5段年代从春秋战国之交到战国中期，将下限定在了公元前376年，将战国中期排除在外了。上限年代作者未讲，但显然将第1、2段归在春秋晚期了。从“结语”中可知作者并没有与周围相关材料进行比对，确定年代的主要依据是《左传》等文献记载的晋国晚期定都新田的时间。

同年发表的《侯马呈王路建筑群遗址发掘简报》[46]将此遗址文化堆积分为二期三段。将其年代确定在公元前550年～前480年左右。从文中可以看出，该分期编年方案主要参考《晋国石圭作坊遗址发掘简报》，年代给定的更具体，推测也是以《左传》等文献记载的晋都新田的年代为基础，但不知为何将石圭作坊遗址早期第一段的年代确定在公元前550年左右，中期第二段的年代确定在公元前480年左右，从其前后文来看，其下限年代当是受到《侯马盟书》[47]年代的影响，其实侯马盟书遗址的年代未必是公元前480年左右[48]，文章中所引用的侯马盟书的文辞大多也是错误的[49]，以此来论证该遗址“宗庙”的性质就不甚妥当。

1988年发表的《山西侯马晋国遗址牛村古城的试掘》[50]将文化堆积分为三期。“结语”中说“早于城墙遗迹的文化遗迹出土的Ⅰ式折沿鬲、Ⅰ式折沿盆较侯马石圭作坊遗址出土的Ⅰ式折沿鬲、Ⅰ式折沿盆时代偏早，破坏或叠压城墙遗迹的文化遗迹中出土的Ⅲ式折沿盆、Ⅱ式折沿罐、Ⅱ式方盘豆、Ⅲ式小口高领罐相同或相近，其时代定为中期，相当于公元前500～前420年左右。据此，我们初步认为牛村古城兴建于公元前6世纪下半叶，也即晋都新田‘绛都’初期稍晚。废弃时期约在公元前5世纪下半叶，也即晋国新田‘绛都’中期之末。”由其上文看，所谓早于城墙的单位，指Ⅰ式折沿鬲、Ⅰ式折沿盆，即T101H6②：5、T104H47：2等，所谓早于石圭作坊遗址出土的Ⅰ式折沿鬲、Ⅰ式折沿盆等，这可能是《晋国石圭作坊遗址发掘简报》一文未明确谈及，而《侯马呈王路建筑群遗址发掘简报》将年代定为公元前550年的最关键的依据，分析其认识的来源，也是以公元前585年晋国迁都新田为起始年，以城墙下叠压单位为第一段，言下之意即以第一段起始年与公元前585年前后相对应。那么这里牵涉的一个问题是，迁都之前即已建城（牛村古城）还是迁都之后建城？这关系到第一段是早于还是晚于公元前585年的问题。这里作者显然认为是迁都到这里以后若干年（具体说是30年左右）才修建的牛村古城南城墙，即以第一段的起始年为公元前585年。同样，按照作者的说法，到石圭作坊第三段已经有遗迹破坏了城墙，第三段给出的年代是公元前500～前420年左右，跨了80年，这显然有点过宽，也没有什么依据。其实应该说牛村古城的建筑年代不早于第一段遗存，废弃年代不晚于第三段遗存。其具体的年代需要与周边遗存进行比较来确定，而作者除了参考石圭作坊遗址外并没有这样做。

1988年发表的《山西侯马呈王古城》[51]将文化遗存分为三期，与石圭作坊遗址进行了比对，认为其早中晚三期相互对应。“结语”中认为，呈王古城修建使用的时间约相当于公元前500～前400年间。通过对发表的层位关系和遗存单位分析，作者分期方案中所选择的几个单位在层位上是讲得通的。其年代也是与石圭作坊遗址进行比对，作者给定的公元前500～前400年是所谓的中期，那么即认为公元前585～前500年为早期，公元前400年之后为晚期。首先其绝对年代是如何估算的，合理不合理，我们不清楚。其次其晚期是否包含战国中期也属未知。

1988年还发表了《山西侯马牛村古城晋国祭祀建筑遗址》[52]一文。将该遗址文化堆积分为三期五段。认为“建筑基址始建于侯马晋国遗址的中期晚段，而废弃于其晚期早段之前，前后使用约30～40年。亦即公元前450～前420年左右。”依据层位关系，只能说建筑遗址的使用年代不早于第二段时期，废弃年代不晚于第四段时期。因此作者推定的始建与废弃年代尚存在一定的问题，推定的绝对年代自然就过于短暂，而且照作者的推断，其年代属于战国早期之初，不知道这个绝对年代是如何得来的。若按照晋国迁都以后的第二段始建，其使用时期似乎较牛村古城晚一个阶段，无论如何是不能将建筑遗址的使用年代上限定在战国早期。当然作者认为牛村古城废弃于公元前五世纪下半叶，从《山西侯马晋国遗址牛村古城的试掘》看可能指的是公元前420年左右。同样作者认为“建筑基址建废时代相当于牛村古城晚期，它是属于牛村古城晚期的一处祭祀建筑基址。”

1993年出版的《侯马铸铜遗址》[53]给出了新的分期断代方案。将遗址分为三期六段，这个分期方案将遗址所有陶器进行了验证，也与周边遗存进行了比对，最后将遗址年代确定为春秋中期偏晚至战国早期，即公元前600～前380年左右。值得注意的是，作者在报告中写道“铸铜遗址早期Ⅰ段遗迹很少，未发现铸铜遗物，Ⅱ段则遗迹较多且发现铸铜遗物，其间的变化可能与迁都有关。”[54]第一段是属于迁都之前还是迁都之后的遗存，作者并未明言，我们也无从知晓[55]。《侯马铸铜遗址》发掘了4700平方米，遗存丰富，作者在分期上下了很大的工夫，选择的六种陶器也比较典型，其分期在逻辑上也比较严密，分期的结果应该是比较可信的。但可惜的是发表的陶器太少，特别是单位共存陶器发表得更少，有层位关系的单位发表的陶器多不具有可比性，而且该报告没有发表单位出土陶器登记表，这样导致读者难以对作者的陶器分期进行验证，无法进行分期再研究[56]。其年代推断与周边陕西、河南和山西的相关材料进行了比较，并结合文献综合判断，得到的年代大体是可信的。

1994 年发表的《侯马北坞古城勘探发掘简报》[57]将遗址分为三期五段。分别对应《侯马铸铜遗址》的 2 ~ 6 段。作者认为北坞古城的始建年代大体稍晚于晋国迁都于新田，约当公元前 550 年前后，废弃时间约当公元前 380 年晋国灭亡前后。从这里可以看出，作者叶学明先生实际上将侯马铸铜遗址的第一段年代也归属于晋国迁都新田后，其给定的具体年代为公元前 600 ~ 前 550 年。

1995 年发表的《1992 年侯马铸铜遗址发掘简报》[58]将文化堆积划分了三期五段，但没有说明与以往发表分期方案的对应关系。此文发表了较多的陶器，但所得年代也是依据文献记载，虽然也参照了以往的断代结果，其实所定年代也没有什么准确依据。

2012 年刊布的《侯马白店铸铜遗址》[59]将这批文化遗存分为五段，主要与《侯马铸铜遗址》等发掘资料进行了对比，年代范围确定在自公元前 530 ~ 前 380 年左右。其年代框架也没有突破《左传》和《史记》等文献记载的晋都新田的年代范围。

通过上面的分析，我们可以看到在 20 世纪 60 年代将侯马晋国遗址（牛村古城南）分为二期或二期四段。到 20 世纪 80 年代，划分为早中晚三期或三期五段。到 20 世纪 90 年代，《侯马铸铜遗址》首次划分出三期六段。各期段之间的对应关系，有的清楚，如石圭作坊遗址和呈王路建筑遗址、牛村古城、呈王古城遗址；北坞古城和侯马铸铜遗址。其余各遗址之间的期段难以对应或难以全部对应。各遗址的上限即《侯马铸铜遗址》第一段遗存在牛村古城是存在的，在石圭作坊遗址、呈王路建筑遗址、呈王古城遗址和北坞古城是不存在的，但其他遗址有无则不明确。这需要通过各遗址发表的遗物进行比对来确定。也就是说侯马晋国遗址还缺乏统一的文化分期（表六）。另外，我们不难发现从 60 到 90 年代，研究者们将侯马晋国遗址的年代上限定在春秋中期晚段，即公元前 600 年左右，下限定在战国早期末，即公元前 380 年左右，主要是依据文献记载的晋都新田时间来确定的，同时与周边相关遗存也进行了粗略比较。

问题是在侯马地区存不存在战国中期的遗存呢？在以往发掘的侯马晋国遗址中发现了一部分战国中期的墓葬，如侯马牛村古城南[60]发现有 M12、M33、M204 三座，下平望墓地[61]发现有 M14、M23、M25 和 M1010 等，515 地质队[62]发现有 90H0M3，上马墓地[63]发现有 M1、M2、M3、M4 等，乔村墓地发现有 626 座[64]等。凤城古城[65]发现有 M2 和 M24 等。以上这些发现虽然大多比较零星，但这说明在战国中期阶段侯马遗址还应有人类活动的遗存。但与墓葬对应的遗址内容我们却付之阙如。是战国中期阶段人类活动没有或很少留下遗存我们尚未发现呢，还是我们在遗址年代划定上出现了主观的偏差？这个问题值得引起我们的重视。战国晚期阶段发现了乔村墓地、西里墓地和虒祁墓地等，对应的遗址有凤城古城遗存，而虒祁墓地与西里墓地对应的遗址也尚未发现。

表六　侯马晋国遗址各遗址分期断代方案试复原[66]

<table>
<tr><th></th><th>牛南</th><th colspan="2">分期</th><th>石圭</th><th colspan="2">呈王路</th><th>牛古</th><th>呈古</th><th colspan="2">牛祭</th><th colspan="2">1992 铜</th><th colspan="2">铸铜</th><th>北坞</th></tr>
<tr><td>最早遗物</td><td>?</td><td colspan="2">?</td><td>无</td><td colspan="2">无</td><td rowspan="2">早期</td><td>无</td><td colspan="2">?</td><td colspan="2">?</td><td rowspan="2">早期</td><td>1 段</td><td>无</td></tr>
<tr><td rowspan="3">石圭的早期</td><td rowspan="4">早期，春秋后期</td><td rowspan="4">早期</td><td rowspan="2">早段</td><td rowspan="3">1 段</td><td rowspan="3">一期</td><td>1 段</td><td rowspan="3">早期</td><td>早期</td><td>1 段</td><td rowspan="3">早期</td><td>1 段</td><td>2 段</td><td>1 段</td></tr>
<tr><td rowspan="2">2 段</td><td rowspan="4">中期 公元前 500 ~ 前420 年</td><td rowspan="3">中期</td><td rowspan="2">2 段</td><td rowspan="2">2 段</td><td rowspan="3">中期</td><td rowspan="2">3 段</td><td rowspan="2">2 段</td></tr>
<tr><td rowspan="2">晚段</td></tr>
<tr><td rowspan="2">石圭的中期</td><td>2 段</td><td>二期</td><td>3 段</td><td rowspan="2">中期，公元前 500 ~ 前400 年</td><td>3 段</td><td rowspan="2">中期</td><td>3 段</td><td>4 段</td><td>3 段</td></tr>
<tr><td rowspan="4">晚期，战国前期</td><td rowspan="4">晚期</td><td rowspan="2">早段</td><td>3 段</td><td rowspan="3"></td><td rowspan="3"></td><td rowspan="3">晚期</td><td rowspan="3">晚期</td><td rowspan="3">晚期</td><td>4 段</td><td>4 段</td><td rowspan="3">晚期</td><td>5 段</td><td>4 段</td></tr>
<tr><td rowspan="3">石圭的晚期</td><td rowspan="2">4 段</td><td rowspan="2">5 段</td><td rowspan="2">晚期</td><td rowspan="2">5 段</td><td rowspan="2">6 段</td><td rowspan="2">5 段</td></tr>
<tr><td rowspan="2">晚段</td></tr>
<tr><td>5 段</td><td></td><td></td><td></td><td></td><td colspan="2">公元前 600 ~ 前 376 年</td><td colspan="2">公元前 600 年 ~ 前 380 年</td><td>公元前 550 年 ~ 前 380 年</td></tr>
<tr><td>关系</td><td>无</td><td colspan="2">无</td><td>标准</td><td colspan="2">有</td><td>有</td><td>有</td><td colspan="2">无</td><td colspan="2">无</td><td colspan="2">无</td><td>无</td></tr>
</table>

另一个问题就是侯马晋国遗址第一段遗存的年代问题[67]，究竟是迁都前还是迁都后的遗存，若是迁都前的遗存，则侯马晋国遗址的年代需要重新估量，也就是说，第二段遗存的年代始于公元前 600 年左右，若是迁都后的遗存，那么如何解释古城城垣和夯土基址叠压或打破第一段遗存的现象。

2. 关于侯马晋国都城遗址的宫城和郭城的问题

侯马晋国遗址考古工作开展了数十年，发现了大量的考古遗存，特别是发现了大小 11 座古城址。目前对这 11 座古城的性质有了一个初步的判断，比如认为白店古城范围可能不准确[68]，以为平望、牛村、台神三座古城组成的“品”字形古城组是宫城，其他几座较大的古城如马庄、呈王、北坞等可能是卿城[69]，新发现的几座小城没有定性。但是这种判断是否正确呢？通过分析，我们发现其解释的依据其实并不充分。相当大的程度上属于推测。

如果说“品”字形宫城可以邯郸赵王城[70]宫城的结构作为反证的话，其郭城为什么就不能作为反证呢？侯马晋国都城究竟有没有郭城呢？二十多年前日本学者江村治树曾经进行过推测[71]。值得注意的是在今天的侯马市东北部有北郭马、南郭马村，东南部有郭村和郭村堡村，西南部有宋郭村，这些村名可能与晋国的郭城存在一定的关系。

若据此来复原郭城，正好可以将已发现的晋国相关遗存纳入其中。关键问题是我们并没有在这些地域进行过任何考古工作，轻易否定侯马晋国都城不存在郭城的态度和做法是武断的，也是没有道理的。

同样，在所谓"品"字形宫城中，平望古城宫殿台基最大，即推测为文献记载的所谓"公宫"，将牛村古城推测为"固宫"[72]。这里有两个问题不好解释，一个是平望古城的城墙明显没有牛村古城的城墙宽厚[73]，国君所居的"公宫"为何没有更宽厚的城墙呢？何况当时所谓的"公宫"也有可能是指宗庙中的"公宫"，我们知道，周代国君经常在宗庙居住和处理政务，庙寝合一，赵简子与晋君"盟于公宫"[74]，完全有可能是在宗庙中进行的。第二个问题是《左传》和《国语》记载的"固宫"和"襄公之宫"[75]显然指的是一个宫，即是宗庙之宫，不是宫城内生君所居之宫，那么在"品"字形宫城中是否存在宗庙建筑呢？到底平望古城和牛村古城哪一个可能是宗庙呢？台神古城的功能又是什么呢？会不会是所谓的"左祖右社"[76]呢？显然，这种可能性是不能排除的。

其实，关于晋国发现的11座古城的年代、功能和相互关系并没有都搞清楚，除了牛村古城南城墙[77]、呈王古城[78]和北坞古城[79]等做过一些发掘工作，大部分古城的工作做得都比较少。特别是"品"字形宫城组的结构、内部布局和年代先后关系都没有做过多少工作，因此存在的诸多问题都还没有搞清楚，因此先前的推测就不见得有多少合理性。

3. 关于侯马晋国遗址聚落遗存的年代和性质等问题

侯马晋都遗址是一个大聚落，晋国在此定都200年左右[80]，虽然目前已经发现了大小11座古城，但可以肯定这不是全部，应该还有一些古城没有发现，因为侯马晋国遗址的考古发掘成果主要是配合基本建设的产物，很多地方都没有做过考古工作，因此我们没有理由认为侯马晋都的古城布局和聚落形态就是我们现在已知的模样。即便发掘过的遗址有很多也还没有进行整理和刊布。

不过，有意思的是侯马古城的方向存在明显差异（表七）。从表中我们可以看到除平阳宾馆小城方向不明外，"品"字形古城组及台神小城为北偏西方向，其余几座古城均为北偏东方向。这种方向上的差异与当时营建古城规划者的思想是密切相关的，它反映了一种什么样的思想观念呢[81]？至于"品"字形古城组以外的这些小城是否与卿城有关，还是另有其他用途，例如宾馆等，我们现在根本讲不清楚。

表七　侯马晋国遗址古城的方向（白店古城除外）

古城	平望	牛村	台神	台神小城	马庄	呈王	北坞	北郭马[82]	凤城	平阳宾馆
方向（度）	358	外359，内350	349	北偏西	9	约11	21（或约15）	北偏东	4	？

手工业作坊址中以铸铜遗址面积大，延续时间长，其遗物分布范围以牛村古城南为

中心，在“品”字形古城内有之[83]，在白店村西北即台神古城南有之[84]，在呈王古城以东原金属公司院内的所谓“宗庙”建筑遗址有之[85]，在北西庄祭祀遗址有之[86]。几乎在晋国遗址范围内都发现有铸铜的陶范遗存，那么当时的铸铜生产作坊是否分散在不同的区域中呢？我们已知牛村古城南铸铜作坊从早到晚一直沿用，而白店铸铜遗址的年代明显偏晚，属于晋都遗址晚期遗存。其他几处作坊的年代还不甚清晰。这关系到晋国铸铜业的生产管理机制和发展过程问题。

侯马盟书[87]属于二十世纪的重大考古发现之一，它的发现直接证明侯马晋国遗址是晋都遗址的性质，也是研究者将呈王路建筑祭祀遗址推测为晋国宗庙遗址的主要证据之一。侯马盟书中多见“岳公大冢”（K67 纳室类）的词句，“岳公”被认为是太岳山山神[88]，无疑是非常正确的。那么此神是否在侯马晋都遗址中存在祭祀的神庙呢？答案是肯定的[89]。侯马盟书中的“皇君岳公”（K16：3）“吾君”（宗盟类二、三、四、五）“君”（委质类）“皇君”（委质类）等都必指“岳公”，即侯马盟书中所盟誓的神灵均指“岳公”山神而言，与晋国先君和生君无关。那么将呈王路祭祀建筑遗址确定为晋国宗庙可能就存在一定的问题了。不过我认为所祭祀的“岳公”之岳不是指今天霍州一带的霍山[90]，而是指襄汾县一带的塔尔山，即乔山（或桥山，也称崇山，或可称嵩山[91]）。我认为塔尔山自旧石器时代以来地位是非常之高的，在此山的西南部发现有著名的丁村遗址，西北部发现有著名的陶寺遗址，其南部发现有著名的晋国早期都城翼，塔尔山当属晋国祭祀的望内名山，这当是有一定的历史渊源的，所谓的“岳公”当指此山之神。由此我推测曲村遗址发现的 58 座战国时期的祭祀坑[92]可能也与晋国晚期祭祀“岳公”有关。

侯马目前已发现 11 处祭祀遗址，这些祭祀遗址的年代的确难以断定，因为这些祭祀遗址的遗物以玉石器为主，几乎不见陶器，要想把祭祀坑的年代落实到春秋晚期或战国早中期都是一件困难的事情，更不要说更细致的断代。这只能寄希望于未来技术的进步。关于祭祀遗址的性质以往的推测其实大多也没有多少依据[93]。不过侯马牛村古城南 21 号祭祀建筑遗址[94]被推测为宗庙祭祀性质比推测为社祀[95]似乎更具有说服力。建筑基址周围发现了大量的板瓦和筒瓦就是明证。但是否一定是宗庙祭祀还有待更多的发现和深入的研究来确定。

值得关注的是在侯马秦村北发现的近万平方米的排葬墓地[96]，该墓地位于侯马盟书遗址东北约 600 米，省建一公司机运站祭祀遗址正北约 200 米。按我据其面积估算此墓地大约有 1000 座墓葬。发掘了 85 座，墓口面积较小，深度较浅，填土均未经夯打，均为南北向（头向北 65 座，向南 19 座，不明 1 座），均没有发现葬具和随葬品，可鉴定的 72 具人骨中有 67 个男性和 5 个女性个体。葬式中仰身葬 51 例（直肢 31 例，屈肢 20 例），俯身葬 16 例（直肢 8 例，屈肢 8 例），侧身葬 13 例（直肢 6 例，屈肢 7 例），其他葬式 4 例。可见这批墓葬排列整齐，墓主地位很低，埋葬草率。发现极个别的打破关系（2 组 4 墓），从墓葬平面图看，虽然墓葬排列整齐，但从其方向和位置上还是能看出有不少墓葬成组分布的现象，可能是多次埋葬的结果。其年代被断定在战国早期大致无误，但不能排除有些墓葬更早或更晚的可能性。

报告推断“这批排葬墓的墓主人可能是属于某一次或几次战争的牺牲者”。但是这里有一个问题，在72个可鉴定的人骨中发现5个女性人骨，那么照此比例推算，1000座墓葬中（假如都有人骨埋葬的话）有女性个体为69个。当时这69个女性也是战争的牺牲者吗？人骨架上的创伤或者缺少头骨等，或者可以解释为他们作为罪犯、刑徒或俘虏所遭遇的伤残或杀戮。特别值得注意的是葬式中那些非常不正常、非“人道”的处理方式（例如M84、M004、M99等），这显然难以解释成是为“战争牺牲者”埋葬的方式，这样对待战争“牺牲者”显然是不合情理的。还有一个值得注意的现象是葬式中有16座俯身葬，这些葬式并非随意而为，我们知道，在晋国晚期墓葬中非常罕见俯身葬现象。另外还有13座侧身葬和35例屈肢葬，再从埋葬位置来看，这些所谓的“排葬墓”位于祭祀区，由此我认为将这些习俗理解为祭祀或者更为合理，祭祀人牲的来源可能主要是战俘，其次是罪犯和刑徒。晋国人祭现象在北赵晋侯墓地M93、羊舌晋侯墓地M1的南墓道上及两侧[97]即有发现，在侯马晋国遗址牛村古城南[98]也有发现。这批“排葬墓”人祭现象祭祀的对象或者也与“岳公”有关。我们也不能排除在此墓地以北有大型建筑遗址“神庙”的可能性。

总之，侯马晋国遗址的发现虽然较多，但对于研究一个都城还远远不够。对已发现遗存的研究工作还非常滞后，尤其是缺乏系统深入的综合研究，相关的理论与方法探讨也较肤浅。以往发表的资料大多也不甚理想，希望今后天马—曲村遗址和侯马晋都遗址的资料能够发表得更详细一些，因为这对于考古学研究具有非常重要的科学价值。

注　释

[1] 杨富斗：《侯马考古工作概况》，《晋文化研究座谈会纪要》，1985年，侯马，第5页。山西省考古研究所侯马工作站：《晋都新田》，山西人民出版社，1996年，第2页。

[2] 北京大学考古学系商周组、山西省考古研究所：《天马—曲村1980～1989》，科学出版社，2000年，第9页。北京大学历史系考古专业山西实习组、山西省文物工作委员会：《翼城曲沃考古勘察记》《考古学研究（一）》，文物出版社，1992年，第124页。

[3] 山西省考古研究所侯马工作站：《晋文化研究座谈会纪要》，1985年，侯马。此前1970年代初苏秉琦先生就提出晋文化的概念（见同书第70页）。1981年王克林先生在《晋国建立前晋地文化的发展》（载《中国考古学会第三次年会论文集1981》，文物出版社，1984年）一文中提到“晋文化”一词。1982年邹衡先生在《晋豫鄂三省考古调查简报》（载《文物》1982年第7期）也提到“晋文化”概念。但系统论述和正式提出是苏秉琦先生在1985年晋文化研究座谈会上。又载于文物出版社：《文物与考古记传》，文物出版社，1986年，第44～54页；又载于苏秉琦：《谈“晋文化”考古》，《三晋考古》（第一辑），山西人民出版社，1994年，第1～9页。

[4] 北京大学考古系、山西省考古研究所：《1992年春天马—曲村遗址墓葬发掘报告》《文物》1993年第3期；《天马—曲村遗址北赵晋侯墓地第二次发掘》《文物》1994年第1期；《天马—曲村遗址北赵晋侯墓地第三次发掘》《文物》1994年第8期；《天马—曲村遗址北赵晋侯墓地第四次发掘》《文物》1994年第8期；《天马—曲村遗址北赵晋侯墓地第五次发掘》《文物》

1995 年第 7 期；《天马—曲村遗址北赵晋侯墓地第六次发掘》《文物》2001 年第 8 期。

[5] 山西省考古研究所、北京大学考古文博学院：《山西北赵晋侯墓地一号车马坑发掘简报》《文物》2010 年第 2 期。

[6] 山西省考古研究所、曲沃县文物局：《山西曲沃羊舌晋侯墓地发掘简报》《文物》2009 年第 1 期。

[7] 吉琨璋、武俊华：《曲村—天马遗址三张古城遗存》《中国考古学年鉴 2016》，中国社会科学出版社，2017 年，第 188 页。

[8] （汉）宋衷注、（清）秦嘉谟等辑：《世本八种》，北京图书馆出版社，2008 年。

[9] 谢尧亭：《重读〈晋国史〉札记》《陟彼阿丘：首届晋学与区域文化学术研讨会论文集》，科学出版社，2016 年，第 204 页。

[10] “翼”和“曲沃”，最早见于记载的是《左传·隐公五年》和古今本《竹书纪年》。后见于《史记·晋世家》晋昭侯时。

[11] “绛”都最早见于《左传·庄公二十六年》：“士蔿城绛，以深其宫”。今本《竹书纪年》有晋穆侯徙绛一说。

[12] “新绛”都最早见于《左传·成公六年》：“不如新田…夏四月丁丑，晋迁于新田”。

[13] 方诗铭、王修龄：《古本竹书纪年辑证》，上海古籍出版社，1981 年，第 105 页。王国维：《今本竹书纪年疏证》，《古本竹书纪年辑证》，上海古籍出版社，1981 年，第 281 页。（清）朱右曾辑、王国维校补、黄永年校点：《古本竹书纪年辑校》，第 26 页。王国维撰、黄永年校点：《今本竹书纪年疏证》，辽宁教育出版社，1997 年，第 118 页。《史记·晋世家》《史记·赵世家》均载此事。（清）梁玉绳《史记志疑》和（清）顾炎武《日知录》对此均有考证。

[14] 关于唐都鄂，孙庆伟先生和王立新先生都有独到见解，我认为他们的看法是有道理的。特别是王立新把唐都推测在坊堆—永凝堡遗址是正确的，另文论述。参见王立新：《关于天马—曲村遗址性质的几个问题》《中原文物》2003 年第 1 期。孙庆伟：《𤔲公簋、晋侯尊与叔虞居鄂、燮父都向》，《古代文明研究通讯》总第 35 期，2007 年，第 23 ~ 32 页。

[15] 朱华：《闻喜上郭村古墓群试掘》，《三晋考古》（第一辑），山西人民出版社，1994 年，第 95 ~ 122 页。李夏廷：《1976 年闻喜上郭村周代墓葬清理记》，《三晋考古》（第一辑），山西人民出版社，1994 年，第 123 ~ 138 页。张崇宁：《闻喜县上郭村 1989 年发掘简报》，《三晋考古》（第一辑），山西人民出版社，1994 年，第 139 ~ 153 页。晋文：《闻喜上郭墓地的西周青铜器》，《中国文物报》1992 年 5 月 17 日 3 版。在该遗址进行的多次考古发掘工作没有绘制一张总平面图，遗址和墓地范围、结构、年代、性质等都不清楚。多年来该遗址惨遭盗掘。

[16] 北京大学考古专业商周组等：《晋豫鄂三省考古调查简报》《文物》1982 年第 7 期，第 2 页。北京大学历史系考古专业山西实习组、山西省文物工作委员会：《翼城曲沃考古勘察记》《考古学研究》（一），文物出版社，1992 年，第 124 ~ 228 页。又见北京大学考古学系商周组、山西省考古研究所：《天马—曲村 1980 ~ 1989》，科学出版社，2000 年，第 9 页。

[17] 北京大学考古专业商周组等：《晋豫鄂三省考古调查简报》《文物》1982 年第 7 期，第 11 页。

[18] 北京大学历史系考古专业山西实习组、山西省文物工作委员会：《翼城曲沃考古勘察记》《考古学研究》（一），文物出版社，1992 年，第 138 页。

[19] 北京大学考古学系商周组、山西省考古研究所：《天马—曲村 1980 ~ 1989》，科学出版社，

2000 年，第 1133 页。

[20] 报告认为第 1、2 段为西周早期，第 3、4 段为西周中期，第 5、6 段为西周晚期，第 7、8 段为春秋早期，第 9 段为春秋中期。实际上，曲村一部分铜器墓和陶器墓的年代作者估订得偏早了一段，据我研究，曲村 47 座铜器墓中，有西周早期 18 座，西周中期 24 座，西周晚期 5 座。曲村陶器墓中，有西周早期 76 座，西周中期 216 座，西周晚期 115 座（谢尧亭：《晋南地区西周墓葬研究》，吉林大学博士学位论文，2010 年，第 31 页）。此外，从北赵晋侯墓地最早的一组墓 M114、M113 来看，其年代在昭穆之际，第一代晋侯燮父迁都于天马—曲村遗址大约在康王时期，北赵晋侯墓地还有西周中期墓 3 组 6 座，西周晚期墓 4 组 9 座，春秋初年墓 1 组 2 座。另外，疏公簋的发现从根本上否定了唐在天马—曲村遗址，这与该遗址不存在商代遗存也是相吻合的。综合来看，作者在《天马—曲村》报告中将遗址繁荣时期的上限年代从西周中晚期之间上推到西周早期其实没有什么道理。相反的，前两篇简报的说法倒是比较符合实际的。

[21] 同 [19]。

[22] 北京大学考古系、山西省考古研究所：《1992 年春天马—曲村遗址墓葬发掘报告》，《文物》1993 年第 3 期；《天马—曲村遗址北赵晋侯墓地第二次发掘》，《文物》1994 年第 1 期；《天马—曲村遗址北赵晋侯墓地第三次发掘》，《文物》1994 年第 8 期；《天马—曲村遗址北赵晋侯墓地第四次发掘》，《文物》1994 年第 8 期；《天马—曲村遗址北赵晋侯墓地第五次发掘》，《文物》1995 年第 7 期；《天马—曲村遗址北赵晋侯墓地第六次发掘》，《文物》2001 年第 8 期。

[23] 山西省考古研究所、曲沃县文物局：《山西曲沃羊舌晋侯墓地发掘简报》，《文物》2009 年第 1 期。

[24] 邹衡：《论早期晋都》，《文物》1994 年第 1 期；《论故绛与唐》，《夏商周考古学论文集（再续集）》，科学出版社，2011 年。

[25] 同 [19]，第 1167 页。

[26] J6 和 J7 区的发掘面积在报告第 11 页有合在一起交代的现象，我将其大约分开，得到的就是不甚准确的数字。I5 和 I6 区的发掘面积没有办法区分开来进行统计。

[27] 北京大学历史系考古专业山西实习组、山西省文物工作委员会：《翼城曲沃考古勘察记》，《考古学研究（一）》，文物出版社，1992 年，第 136 页。

[28] 同 [19]，第 45 页，表 26。

[29] 同 [19]，第 62 页。

[30] 中国社会科学院考古研究所：《殷周金文集成》5.2826，中华书局，1984 ~ 1994 年。

[31] 《保利藏金》编辑委员会：《保利藏金——保利艺术博物馆精品选》，1999 年，第 117 页。

[32] 同 [19]，第 1180 页。

[33] 报告发表了 8 件石锛，而不是其表述的 7 件。我在统计的过程中将所谓的砾石分解成石牌和石圆饼等。

[34] 报告发表了 12 件角锥，而不是其表述的 8 件。

[35] 据报告称蚌刀和蚌镰合计 29 件，蚌泡 21 件。再加上其他几类器物，数量达到了 64 件，多于报告所述的蚌器 62 件。

[36] 谢尧亭：《重读〈晋国史〉札记》，《陟彼阿丘：首届晋学与区域文化学术研讨会论文集》，科学

出版社，2016 年，第 204 页。

[37] 北京大学历史系考古专业山西实习组、山西省文物工作委员会：《翼城曲沃考古勘察记》，《考古学研究（一）》，文物出版社，1992 年，第 186 页。吉琨璋、武俊华：《曲村—天马遗址三张古城遗存》，《中国考古学年鉴 2016》，中国社会科学出版社，2017 年，第 188 页。

[38] 翟柤国族属显然是媿姓狄人，无疑在晋南地区晋国附近，我怀疑近年发掘的绛县雎村墓地可能是柤国族群的墓地，其文化内涵与绛县横水墓地高度一致，可惜被盗惨重。参见王金平：《绛县雎村西周墓地》，《中国考古学年鉴 2016》，中国社会科学出版社，2017 年，第 185 页。

[39] 在天马—曲村遗址发现有板瓦和筒瓦，推测应有大型建筑基址存在。北京大学考古学系商周组、山西省考古研究所：《天马—曲村 1980～1989》，科学出版社，2000 年，第 62 页。刘绪：《晋国始封地与早期晋都》《夏商周考古探研》，科学出版社，2014 年，第 263 页。

[40] 杨富斗：《侯马考古工作概况》《晋文化研究座谈会纪要》，1985 年，侯马，第 5 页。

[41] 古城：白店古城、平望古城、牛村古城、台神古城、马庄古城、呈王古城、北坞古城、凤城古城、北郭马古城、平阳公园古城及台神小城。祭祀遗址：北西庄、牛村古城南、电厂及扩建区、煤灰制品厂、呈王路、一公司机运站、地质水文二队（包括中国银行和开发区）、西南张、呈王古城西南角、虒祁、西高。作坊：牛村古城南铸铜、白店铸铜、平阳中学西铸铜、呈王路铸铜、西侯马制陶、新田市场制陶、平阳宾馆东制陶、虒祁制陶、牛村古城内制陶、侯马考古站东部附近制骨、牛村古城南制骨、新田市场制骨、平阳厂动力车间地点制骨、牛村古城南制石圭。墓地：上马、柳泉、下平望、东高、虒祁、西里、乔村、牛村古城南和第二安装公司排葬墓。

[42] 叶学明：《侯马牛村古城南东周遗址出土陶器的分期》，《文物》1962 年第 4、5 期。

[43] 侯马市考古发掘委员会：《侯马牛村古城南东周遗址发掘简报》，《考古》1962 年第 2 期。

[44] 刘绪：《晋与晋文化的年代问题》，《夏商周考古探研》，科学出版社，2014 年，第 253 页。

[45] 山西省考古研究所侯马工作站：《晋国石圭作坊遗址发掘简报》，《文物》1987 年第 6 期。

[46] 山西省考古研究所侯马工作站：《侯马呈王路建筑群遗址发掘简报》，《考古》1987 年第 12 期。

[47] 山西省文物工作委员会：《侯马盟书》，文物出版社，1976 年。

[48] 谢尧亭：《侯马盟书的年代及相关问题》《山西省考古学会论文集（三）》，山西古籍出版社，2000 年，第 315 页。

[49] 如第 1085 页“《侯马盟书》誓辞中屡见‘盟于公宫’”。实际上《侯马盟书》无此誓辞，语出《左传·定公十三年》“赵鞅入于绛，盟于公宫”。

[50] 山西省考古研究所侯马工作站：《山西侯马晋国遗址牛村古城的试掘》，《考古与文物》1988 年第 1 期。

[51] 山西省考古研究所侯马工作站：《山西侯马呈王古城》，《文物》1988 年第 3 期。

[52] 山西省考古研究所侯马工作站：《山西侯马牛村古城晋国祭祀建筑遗址》，《考古》1988 年第 10 期。

[53] 山西省考古研究所：《侯马铸铜遗址》，文物出版社，1993 年。

[54] 同 [53]，第 446 页。

[55] 以文义推测作者是以第一段为迁都之前的遗存，可是作者又将遗址的年代上限确定在公元前

600年，这与公元前585年迁都新田又相吻合，因此第一段究竟是迁都之前还是迁都之后作者没有交代清楚。

[56] 山西省考古研究所侯马工作站：《晋都新田》，山西人民出版社，1996年，第4页。

[57] 山西省考古研究所：《侯马北坞古城勘探发掘简报》，《三晋考古》（第一辑），山西人民出版社，1994年，第154～184页。

[58] 山西省考古研究所侯马工作站：《1992年侯马铸铜遗址发掘简报》，《文物》1995年第2期。

[59] 山西省考古研究所：《侯马白店铸铜遗址》，科学出版社，2012年。

[60] 王金平、范文谦：《侯马牛村古城南墓地发掘报告》，《晋都新田》，山西人民出版社，1996年，第194～248页。

[61] 山西省考古研究所侯马工作站：《侯马下平望墓地发掘报告》，《三晋考古》（第一辑），山西人民出版社，1994年，第85～207页。山西省考古研究所侯马工作站、侯马市博物馆：《侯马下平望墓地南区调查报告》，《三晋考古》（第一辑），山西人民出版社，1994年，第213～217页。

[62] 山西省考古研究所侯马工作站：《1990年山西侯马战国西汉墓发掘简报》，《文物》1993年第7期。

[63] 山西省文物管理委员会侯马工作站：《山西侯马上马村东周墓葬》，《考古》1963年5期。山西省考古研究所：《上马墓地》，文物出版社，1994年3月，第174、175页。

[64] 山西省考古研究所：《侯马乔村墓地（1959～1996）》，科学出版社，2004年，第496页。

[65] 李永敏：《1960、1988年凤城古城遗址、墓葬发掘报告》，《晋都新田》，山西人民出版社，1996年。

[66] 与石圭作坊遗址有关的，期段对应，其余不对应。《侯马牛村古城南东周遗址发掘简报》简称“牛南”；《侯马牛村古城南东周遗址出土陶器的分期》简称“分期”；《晋国石圭作坊遗址发掘简报》简称“石圭”；《侯马呈王路建筑群遗址发掘简报》简称“呈王路”；《山西侯马晋国遗址牛村古城的试掘》简称“牛古”；《侯马呈王路建筑群遗址发掘简报》简称“呈古”；《山西侯马牛村古城晋国祭祀建筑遗址》简称“牛祭”；《1992年侯马铸铜遗址发掘简报》简称“1992铜”；《侯马铸铜遗址》简称“铸铜”；《侯马北坞古城勘探发掘简报》简称“北坞”。

[67] 谢尧亭：《关于晋文化的几点认识》，《汾河湾——丁村文化与晋文化考古学术研讨会论文集》，山西高校联合出版社，1996年，第254页。

[68] 谢尧亭：《白店古城》，《晋都新田》，山西人民出版社，1996年，第12页。

[69] 俞伟超：《中国古代都城规划的发展阶段性》，《文物》1985年第2期。田建文：《新田模式—侯马晋国都城遗址研究》《山西省考古学会论文集》（二），山西人民出版社，1994年，第126～143页。田建文：《综合研究》，《晋都新田》，山西人民出版社，1996年，第85～120页。

[70] 河北省文物管理处等：《赵都邯郸故城调查报告》，《考古学集刊4》，中国社会科学出版社，1984年，第162～191页。

[71] 〔日〕江村治树：《侯马古城群与盟誓遗址的关系》，《汾河湾：丁村文化与晋文化考古学术研讨会论文集》，山西高校联合出版社，1996年，第147～151页。

［72］ 田建文：《新田模式——侯马晋国都城遗址研究》，《山西省考古学会论文集》（二），山西人民出版社，1994 年。山西省考古研究所侯马工作站：《晋都新田》，山西人民出版社，1996 年，第 119 页。

［73］ 山西省考古研究所侯马工作站：《晋都新田》，山西人民出版社，1996 年，第 14 页。

［74］ 《左传·定公十三年》："赵鞅入于绛，盟于公宫"。

［75］ 谢尧亭：《〈左传〉·考古札记八则》，《文物世界》2003 年第 1 期。

［76］ （汉）郑玄注、（唐）贾公彦疏：《周礼注疏·考工记·匠人》，《十三经注疏（标点本）》，北京大学出版社，1999 年，第 1149 页。

［77］ 同［50］。

［78］ 山西省考古研究所侯马工作站：《山西侯马呈王古城》，《文物》1988 年第 3 期。

［79］ 山西省考古研究所：《侯马北坞古城勘探发掘简报》，《三晋考古》（第一辑），山西人民出版社，1994 年，第 154 ~ 184 页。

［80］ 以往大家都认为晋国定都新绛的时间段为 209 年，其实不到 209 年，因为《史记·晋世家》和《古本竹书纪年》等文献记载晋国最后二代或一代国君被迁徙到端氏和屯留去了，绛都就不再作为晋国都城了。而且长子县鲍店大墓的发现也支持这种说法，参见山西省考古研究所：《山西长子县东周大墓》，《1999 中国重要考古发现》，文物出版社，2001 年，第 56 页。

［81］ 同样，我们发现晋国早期北赵晋侯墓地和羊舌晋侯墓地的方向也存在这种现象，北赵晋侯墓地墓葬方向为北偏东，羊舌晋侯墓地墓葬方向为北偏西。

［82］ 王金平：《侯马市北郭马古城》，《中国考古学年鉴 2001》，文物出版社，2002 年，第 124 页。

［83］ 田建文：《新田晋都古城》，《晋都新田》，山西人民出版社，1996 年，第 86 ~ 120 页。

［84］ 山西省考古研究所：《侯马白店铸铜遗址》，科学出版社，2012 年。我认为台神古城南与牛村古城南相似，可能也有大量的手工业作坊遗址存在。

［85］ 山西省考古研究所侯马工作站内部资料，1994 年 12 月吉琨璋、王金平发掘金属公司祭祀建筑遗址，发掘面积 500 余平方米（山西省考古研究所侯马工作站：《晋都新田》，山西人民出版社，1996 年，第 370 页）。

［86］ 山西省文物工作委员会：《侯马北西庄东周遗址的清理》，《文物》1959 年第 6 期。

［87］ 山西省文物工作委员会：《侯马盟书》，文物出版社，1976 年。山西省文物工作委员会：《侯马盟书》（增订本），山西古籍出版社，2006 年。

［88］ 以往有释为"晋公大冢""出公大冢""敬公大冢"等，均非是。（美）魏克彬：《侯马与温县盟书中的"岳公"》，《文物》2010 年第 10 期。

［89］ 《侯马盟书》宗盟类一有"皇君岳公"，委质类屡言"皇君之所"，纳室类有"岳公大冢"。

［90］ 赵瑞民、郎保利：《侯马盟书、温县盟书中的太岳崇拜——兼论侯马盟书中的"吾君"》，《史志学刊》2017 年第 2 期。

［91］ （清）郝懿行：《尔雅义疏·释诂上》，北京市中国书店，1982 年，第 42 页。

［92］ 同［19］，第 983 页。由其祭祀牺牲的马、牛、羊数量来看，其祭祀者规格较高，遗物年代约当战国早期，或与晋国国君有关。

[93] 相关文章参见吉琨璋:《新田祭祀遗迹研究》,《鹿鸣集：李济先生发掘西阴遗址八十周年·山西省考古研究所侯马工作站五十周年纪念文集》，科学出版社，2009年。

[94] 山西省考古研究所侯马工作站:《山西侯马牛村古城晋国祭祀建筑遗址》,《考古》1988年第10期。山西省考古研究所侯马工作站:《晋都新田》，山西人民出版社，1996年，第53页。

[95] 王克林:《侯马东周社祀遗迹研究》,《山西文物》1983年第1期。

[96] 胡敬彪:《侯马排葬墓发掘报告》,《晋都新田》，山西人民出版社，1996年。

[97] 北京大学考古学系、山西省考古研究所:《天马—曲村遗址北赵晋侯墓地第五次发掘》,《文物》1995年第7期。山西省考古研究所、曲沃县文物局:《山西曲沃羊舌晋侯墓地发掘简报》,《文物》2009年第1期。

[98] 同[52]。

烟台上夼所出㠱器之㠱非纪国辨析

王锡平[1]　孙　进[2]

（1. 烟台市博物馆、烟台大学中国学术研究所　2. 烟台大学中国学术研究所）

出土铭文青铜器说明，己与㠱是商周时期不见于先秦文献记载的国家。由于文献记载的阙如，己与㠱是一个国家还是两个国家，以往研究多存争议。烟台上夼己器与㠱器同出一墓后，己与㠱是否为一个国家又成为热议。作者先前也因上夼己器与㠱器同出一墓，赞同一国说。近年在对烟台出土铭文青铜器的整理和思考过程中，认为问题并非如此。一是在考古发现中，不同国别的铜器同出一墓的现象常见，不能简单地将国别不同的铜器视为一国。二是上夼墓中己器的“华父”与㠱器的“叟”，未必有着必然的联系，同为一人。三是烟台是山东出土己器与㠱器较多的地区，但对这些器物的年代、性质认识还不一致，直接影响了对相关史实的推断。

基于以上几点，作者认为有必要在前人研究的基础上，对烟台地区出土的己器与㠱器作一梳理，并就上夼墓出土的己器与㠱器的国别及㠱国的地望、“纪侯大去其国”后之地望等与烟台相关的问题作些探索。

一、己与㠱国别考证略说

对铭文青铜器中的己国即文献记载中的纪国，其国都在今山东寿光境内的认识，学界基本无疑。而对不见于文献却在铭文青铜器中有较多发现的㠱国，与己国是一个国家，还是属于两个国家，历来学界的观点截然不同，可分为一国说和二国说。

（一）己与㠱为一国说

最早提出己与㠱为一国的是清代学者方濬益先生。他对宋代以来引用汉人卫宏说证明㠱国与杞国同之说，表示怀疑，提出㠱为姜姓，杞为姒姓，两者不是一国，并进一步指出，㠱国即姜姓纪国。郭沫若先生在《两周金文辞大系国录考释》中，同意其观点，认为杞乃姒姓之国，㠱与杞非一也，谓㠱亦纪[1]。曾毅公、陈梦家、杨树达诸先生亦从此说。李白凤先生在《东夷杂考》中也赞同郭沫若的意见，并进一步指出，清季出土于寿光纪侯台下之纪侯钟，乃书作“己”，是称“㠱”，省作“己”，春秋以后称“纪”[2]。

烟台上夼己器与㠱器同出一墓后，又成为己与㠱为一国说的新证。齐文涛在《概述近年来山东出土的商周青铜器》中，认为己华父鼎的华父与𠩱侯鼎的弟叟应是一人，叟乃其名[3]。李步青先生在上夼墓清理简报中，认为上夼𠩱国铜器和己国铜器同出一墓，应系一人之器，即墓主名叟，号华父，证明𠩱、己本系一国之称[4]。李学勤先生在《试论山东新出土青铜器的意义》中，认为原报道上夼墓器主系一人是正确的，己𠩱互见，是𠩱在金文里纪的又一写法，而不是另一姜姓国[5]。张博泉先生在《箕子与朝鲜研究的问题》中，认为上夼墓的𠩱侯是己侯的又一写法，即纪侯[6]。李沣先生在《探寻寿光古国》中，则认为上夼墓的己和𠩱为一国的不同称谓[7]。高广仁、邵望平先生在《海岱文化与齐鲁文明》中，赞同上夼𠩱器和己器的器主当为同一个人的看法，是纪国公室贵族无疑，己、𠩱并用、通用[8]。林仙庭先生在《扑朔迷离看己国》中，亦从李步青先生之说，认为上夼墓的器主名叟，号华父，叟与华父是一个人，这两个人名之前的国名𠩱与己也应是一国之名的不同写法，𠩱国与己国就是一个国家[9]。近年来，许多地方史研究者也多从此说。

（二）己与𠩱为二国说

否认己与𠩱为一国说的有容庚先生。他在评价《山东金文集存》时说，𠩱侯恐非纪侯，对纪、𠩱为一国说表示怀疑[10]。王献唐先生在《黄县𠩱器》中，认为己器与𠩱器在时间和字体上的不同，可证明己与𠩱是截然不同的两个国家[11]。杜在忠先生在《寿光纪器新发现及几个纪史问题再认识》中，依据1983年寿光新出土己国铜器及以往有关资料，也否认纪、𠩱为一国说[12]。崔乐泉在《纪国铜器及相关问题》中，认为纪和𠩱当为商周时期两个不同的姜姓小国[13]。孙敬明先生在《甲骨金文所见山东古国与商王朝关系》中，认为纪、𠩱均为姜姓，但渊源有各，商代纪、𠩱，一在山东寿光，一在河南淇水流域，终非一国[14]。高明英先生在《商周𠩱国研究》中，也认为𠩱非纪，𠩱与纪是两个国家[15]。

除上述己、𠩱国别两说外，还有𠩱、杞为一国说[16]，𠩱、蓟为一国说[17]，𠩱为箕子朝鲜说[18]，己、齐为一国说[19]，纪、莱为一国说[20]，纪、𠩱、莱为一国说[21]等，可谓众说纷纭。因诸说已超本文所论，故对诸说论点不再述及。

二、烟台地区出土己器、𠩱器概况与年代分析

（一）己器与𠩱器出土概况

烟台是山东出土己器与𠩱器具有明确地点最多的地区，而且出土地较为集中，出土的数量也较多。在所辖的芝罘区、莱阳市和龙口市一区两市中，计有6处地点出土了己器或𠩱器，数量至少有18件之多。其中己器4件，𠩱器14件。还有1件旧藏己侯钟，传为龙口归城出土，现藏烟台市博物馆。

（1）芝罘区（原烟台市），出土地点有2处。一处是1969年11月，在上夼村东河旁黄土台地上，因建设工程破坏了一座墓葬，烟台地区文物组进行了抢救清理[22]。墓葬因破坏仅存部分底部，从残存的底部可以看出，其结构为土坑竖穴，东西长4.1米，

南北宽 2.8 米，深 3.6 米。葬具为一棺，是否有二层台已不可知。墓向东，墓底有腰坑。随葬器物，墓室仅存 9 件铜器，2 件鼎，1 件壶和 1 件匜出土于墓室的东部，2 件戈、1 件钟、1 件铃和 1 件鱼钩出土于墓室的南部。腰坑西端有陶豆 1 件，石环 1 件，犬齿数枚。其中 2 件铜鼎的腹内壁铸有铭文。一件铭为“曩侯赐弟叟司戭，弟叟作宝鼎，其万年子子孙孙永宝用”（图一），另一件铭为“己华父作宝鼎，子子孙孙永用”（图二）。两鼎的形制基本相同，立耳，折沿，足微显蹄形。纹饰有所区别，曩侯弟叟鼎腹部两道凸弦纹间饰重环纹一周，己华父鼎腹部仅饰两周凸弦纹。

图一　曩侯弟叟鼎及铭文

图二　己华父鼎及铭文

另一处位于毓璜顶的东坡上，烟台第二中学校区的东北部，东距上夼墓仅有几千米。1993 年 12 月，烟台二中在校舍建设施工时，出土 1 件铜爵。爵的腹上部饰两周凸弦纹，流部和一足残，在鋬手之内的内壁上，铸有一反文“己”字（图三）。经现场勘查，未发现文化层堆积，分析也应出自墓葬[23]。

（2）莱阳市，出土地点有前河前墓群 1 处。1974 年冬，前河前村民在平整土地时，

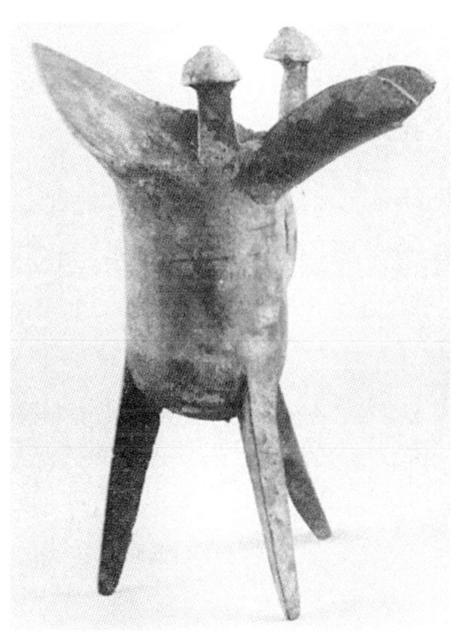

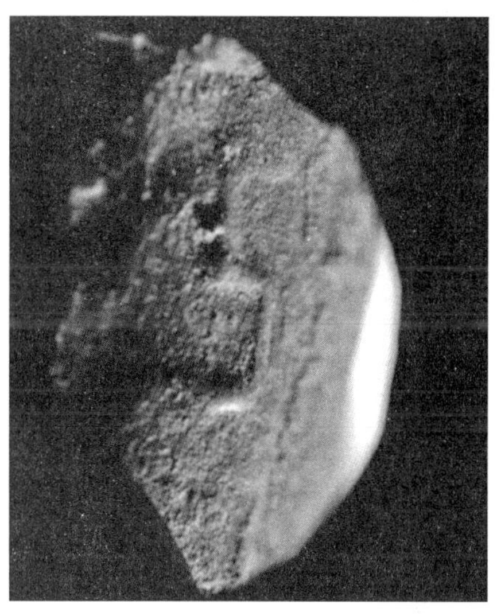

图三　己爵及铭文

破坏一座墓葬，出土一批铜器。有鼎 2 件，壶 2 件，甗、匜、盘等各 1 件。其中壶、甗 2 件铜器有铭。壶铭为“己侯作铸壶，使小臣以汲，永宝用”（图四）。甗铭为“作旅尊彝”[24]。1975 年 5 月，山东省博物馆与烟台地区文物组又对残墓进行了清理（编号为 M2）。墓为东西向土坑竖穴，有二层台，一棺一椁。棺施红漆，椁下有腰坑。殉葬 4 人，北二层台上放置 2 人，南二层台上放置 1 人，1 殉人和 1 殉狗放在腰坑中。随葬陶器 107 件，有鬲 20 件，簋 20 件，豆 30 件，均放在头部棺椁之间。铜器放在棺内的东端，除原报道的 8 件外，还有簠、壶、刀各 1 件。墓主人身上还有玉玦、玉管、鸡血石珠、石贝币、铜鱼形等装饰品[25]。在清理 M2 残墓的同时，还发掘了 4 座规模较大的墓葬和 1 座车马坑。墓葬皆为土坑竖穴，有生土层台，头向东，都有殉人。年代为西周至春秋时期[26]。1981 年春，前河前村民耕作时还发现 1 件有铭西周时期的仿铜器陶盉。铭文有十多个字，多不可识，金文与卜辞中不见，仅有鹿、鱼等象形文字可辨，很有可

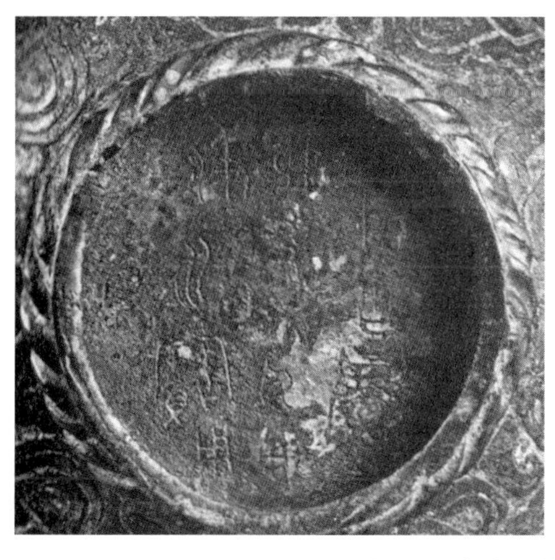

图四　己侯壶及铭文

能是一种失传的夷人文字[27]。

前河前墓群地处五龙河西岸，位于前河前村南的台地上，面积约4万平方米。除墓群外，前河前村一带还是一处范围很大的周代遗址。遗址上有许多遗迹和遗物，灰坑中还曾出土过似珍珠门文化的素面乳状袋足鬲。据莱阳籍原西北大学历史系副主任文暖根先生说，在前河前村里有古城址，他还见过古城墙。由此可见，莱阳前河前村一带有可能是周代的一个古国或邑城所在。

（3）龙口市（原黄县），出土地点有3处。一处是1951年4月，归城南埠村民在村东平整土地时出土8件铜器及陶器、珠形佩饰等，分析应是一座墓葬出土。铜器中有盨4件，盘、匜、甗、鼎各1件，其中四盨及盘、匜6件铜器有铭。四盨同铭，铭为“曩伯子㚑父作其征盨，其阴其阳，以征以行，匄眉无疆，庆其以臧”（图五）。盘铭为“曩伯㚑父媵姜无颣盘”，匜铭为“曩伯㚑父媵姜无颣匜”。盘、匜为曩国君主为女儿姜无出嫁陪送的媵器[28]。

图五　曩侯伯子㚑父征盨及铭文

一处是1958年归城和平村民在村南取土时，挖出铜器30余件，绝大部分被毁掉、卖掉，仅剩鬲1件。鬲的口沿上有一周铭文，部分铭文残蚀。铭为“己侯□□姜□□□子子孙孙永宝用”（图六），也是媵器[29]。

另一处位于石良镇集前赵家村西。2004年4月，集前赵家砖厂在取土烧砖过程中破坏一座墓葬。出土一批青铜器，有鼎3件，卣2件，簋2件，尊、盘、甗、壶、觯、爵、钟各1件。2件完整鼎的铭文分别为“里父作尊彝”和“作鼎”（图七），另一件鼎的残片上有“曩侯”及两残字（图八）。2件簋同铭，铭为“伯应父赐弟索金，用作宝簋”（图九）[30]。残鼎片上的铭文虽残损不全，但与曩国君主有关无疑。里父鼎的“里”字，通“厘”，通“釐”，通“斄”，即“莱”字。伯应父，其名金文未见，或与招远市

图六　己侯鬲及铭文

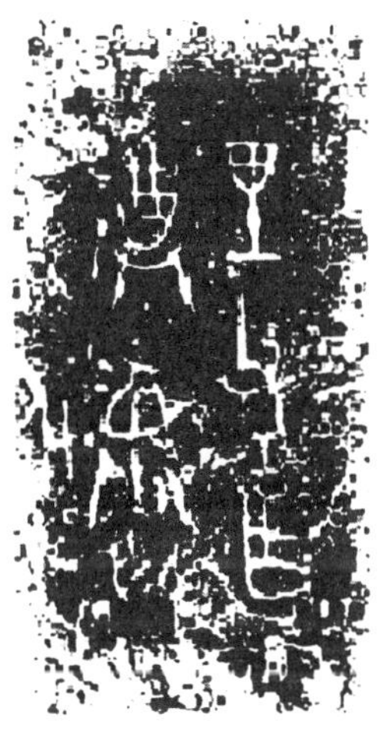

图七　里父鼎及铭文

图八　曩侯鼎残片铭文

图九　伯应父簋及铭文

金岭镇西店墓群中出土的“伯作鼎”之“伯”相关[31]。

西距归城约10千米的石良镇一带，应是西周时期归城领主的贵族墓葬分布区，现已发现有集前赵家、鲁家沟、庄头和东营周家四处墓群。在这些墓群的墓葬中，都有多件铭文青铜器出土。鲁家沟墓群早在1896年曾出土10件铜器，4件铸有铭文，其中鼎铭为“莱伯作旅鼎”。甗铭说的是禹随周王室进行外交活动的情况，年代为西周早期[32]。庄头墓群是1980年村民取土时，破坏一座墓葬，出土17件铜器，4件铸有铭文。其中2件簋同铭，铭文是芮国国君为旅的宗庙作器，年代为西周中期早段[33]。东营周家墓群是在1986年清理的2座被破坏的墓葬中，有一座墓葬出土2件同铭簋，为单国女出嫁时的陪嫁之器，年代为西周晚期[34]。

（二）出土己器与曩器的年代分析

目前，对上述己器与曩器的年代，认识还不一致，有的器物所断年代甚至差别很大。对其断代的准确与否，会直接影响对相关历史的认识。因此，有必要对上述己器与曩器的年代做些分析，以期更接近于当时的史实。

上夼墓出土己器与曩器的年代原报道定为西周晚期至春秋初期[35]，学界多定为西周晚期[36]，也有学者定为春秋时期[37]。从这两件铭文鼎的形制来看，立耳、半球形深腹，蹄足上下两端突出不明显，且三足安装不聚于底，多具西周晚期特征，与鲁故城西周晚期M11、M14、M20鼎的形制相近[38]，而与本地区吕家埠春秋早期M1鼎的形制为斜直耳，腹较浅，蹄形足，三足安装近于底明显不同[39]，断为西周晚期无疑。

前河前墓出土的己侯壶年代，意见分歧较大。原报道及部分学者定为西周中期[40]，部分学者定为西周晚期[41]，还有学者定为春秋早中期[42]。定为春秋时期显然不确，是西周中期，还是西周晚期，值得探讨。首先，与断代基本无分歧的上夼西周晚期墓加以比较，基本可以确定其年代关系。两地的墓葬均出土2件铜鼎，不但其形制基本一致，而且其纹饰也分别相同，一件腹部饰重环纹，另一件腹部饰两周凸弦纹，说明二者的年代相若。两墓出土的匜和壶的形制和纹饰则有所区别，其年代也应有早晚差别。上夼墓的匜腹部饰窃曲纹，四蹄形足；前河前墓的匜腹部饰重环纹，四兽形足。上夼墓的壶颈部较细高，圆肩，腹部饰三角纹；前河前壶的颈部较粗短，溜肩，腹上部饰窃曲纹，腹下部饰三角纹。从王青先生对上夼墓的匜、壶定为Ⅰ式，前河前的匜、壶定为Ⅱ式来看，上夼墓的年代应略早于前河前墓[43]。

再与本地区西周中期的材料相比，也可提供不为西周中期的佐证。前河前墓出土的鼎、甗、盘的形制和纹饰均与归城M1、庄头M1、威海M1等西周中期墓出土的同类器物有较大差别，明显不属于同一期别[44]。能与己侯壶形制类比的仅有曲城出土的一件铜壶。1958年，曲城曾出土一批青铜器，有鼎、齐仲簋、盘、鉴、甑（甗）、壶，其中壶的形制基本与己侯壶一致[45]。原报道分析这批铜器的地点并非一座墓葬，时代也有早晚。鼎、簋定为西周中期，其余的可能稍晚。并认为该壶应早于己侯壶，己侯壶可能晚至西周晚期。王青先生对这批铜器进行了重新分析，鼎、簋与原报道一致也定为西周中期，其余的盘、盆 、壶则明确定为西周晚期[46]。这样，前河前墓的年代不属西周中期，应为西周晚期，并晚于上夼墓。这也与李学勤先生断上夼墓为西周晚期，断前河前墓为西周末年相合[47]。

归城南埠村出土曩器的年代，《黄县曩器》及部分学者定为春秋或春秋早期[48]，也有学者定为西周晚期[49]。从南埠村所出 8 件铜器的形制、纹饰来看，虽具有一些西周晚期的特征，但区别也较为明显。如曩伯痎父盘与曩伯痎父匜的形制，虽然与前河前盘、匜的形制相近，但纹饰区别较大。前者饰钩屈纹，后者饰重环纹。再如前河前铜甗的甑鬲部联体，南埠村的分体，一般认为分体是春秋早期才出现的形制。二者鼎的形制、纹饰也有明显区别。前河前鼎腹较深，饰重环纹，而南埠村鼎腹较浅，饰钩屈纹。综观这些区别，南埠村的年代显然晚于前河前，定为春秋早期较为合适。

归城和平村出土的己侯鬲年代，原报道定为春秋早期或西周晚期[50]，学界则有西周晚期[51]和春秋早期的断代分歧[52]。由于与己侯鬲同出的其他铜器早年皆已流失，缺少同出他类铜器断代的参考。该鬲的形体较小，折沿，弧裆，三柱形足，腹部饰扉棱，沿有铭文。形制与长安张家坡青铜器窖藏西周晚期的伯庸父鬲形制相近[53]，年代也应与之相当，为西周晚期。

烟台二中出土的己爵与龙口集前赵家出土的曩器年代，目前尚无不同意见。林仙庭先生分别断为不晚于西周中期和西周前期[54]。从烟台二中己爵的形制来看，与归城 M1 西周中期爵的形制基本一致[55]，可定为西周中期。集前赵家曩器的年代，仅从铭文“曩侯”的字体来看，与上夼“曩侯”和南埠村曩器的“曩”字体区别较大，曩的“其”字缺少下部的横和撇点，是曩字的早期形态，可视为西周前期。但从同时出土的十余件铜器的形制来看，年代可定的更为确切一些。

两件完整鼎的形制基本一致，方唇，折沿，立耳，柱足，一件沿下纹带饰鸟纹，另一件饰两道凸弦纹。形制与归城 M1 ：2 鼎的形制相近，只是归城 M1 ：2 鼎的沿下纹带饰夔纹，与之有别[56]。甗为侈口，立耳，袋足，素面。其形制与归城 M1 的甗一致，不同的是归城 M1 甗的沿下和三袋足饰兽面纹[57]。尊为侈口，垂腹，喇叭形圈足，腹、颈部饰二道凸弦纹。其形制与归城小刘庄的启尊相同，仅归城小刘启尊的颈部饰兽面纹，与之有别[58]。壶为扁圆体，贯耳，圈足有一对不规整的穿孔，颈饰二道凸弦纹，特征基本与归城 HG70 壶相近。区别主要在壶的形体上，前者最大腹径在中部，后者在接近底部处[59]。簋为侈口，束领，鼓腹，对称两兽耳有珥，方座四面有方缺口，颈部饰二道凸弦纹。形制与庄头墓芮公叔簋相近，只是芮公叔簋方座无缺口，通体雷纹底饰饕餮纹，与之不同。觯口部残，矮圈足，形制也与庄头墓的觯相近[60]。

从以上的对比可以看出，集前赵家墓出土的这批铜器，分别与归城小刘庄、庄头和归城 M1 出土的一类或几类器物相近，其年代也应与之相当。但问题是，目前对这三地铜器的断代还很不一致。小刘庄多断为西周早期或早期的晚段，也有断为西周中期的；庄头与归城 M1 多断为西周中期，也有断为西周早期或早期晚段的。作者认为，这三地铜器墓的年代应在西周中期的早段，有的器物或早至西周早期。山西翼城大河口西周中期早段 1017 号墓出土的铜器，可作为三地铜器断代的参考[61]。在 1017 号墓中，即出土西周早期与归城 M1 相似的尊、与归城 M1 相似的卣，又出土西周中期早段与鲁家沟和集前赵家相似的尊、与归城 M1 相似的卣，还出土西周早期与庄头和集前赵家相似的觯。因此，集前赵家墓的年代断为西周中期的早段为宜。

通过对烟台地区出土己器与曩器的年代分析，其年代已较为明确。己器的年代为西周中期到西周晚期，曩器的年代为西周中期到春秋早期，同时还理清了上夼墓早于前河前墓的年代关系。

三、上夼曩器之曩非纪国及相关问题

（一）上夼曩器之曩非纪国辨析

持上夼墓出土己器与曩器为一国说的论据，主要有两点：一是两器同出一墓，二是推测曩侯弟叟鼎的“叟”与己华父鼎的“华父”同为一人。

己器与曩器同出一墓，是否能作为己与曩为一国之说的证据，是值得商榷的。考古发现说明，不同国别的青铜器同出一墓是常见的现象，原因同国与国之间的联姻、赠送、赏赐、赗赙或战争等因素有关。因而，上夼己器与曩器同出一墓，不能作为己与曩为一国的证据。相反，上夼己器与曩器同出一墓，正是己与曩不同国属的有力证据。

纪国与曩国是商周时期两个势力较强的国家，同为姜姓。尽管有学者分析两国有着共同的族源关系[62]，但均在商代立国无疑。1983 年，在寿光北古城遗址出土一批商代晚期青铜器，有 19 件铸有铭文。其中 2 件铭“己”,1 件铭“己甲”,15 件铭“己并”[63]，证实纪国至迟于商代晚期在寿光一带建国。在晚商帝乙、帝辛卜辞中，有“曩”“曩侯”之称，又可证曩国至迟也在商代晚期建国。出土和传世己器与曩器说明，从西周早期至西周晚期，己器与曩器同时并存，年代未有中断。进入春秋时期，仅见曩器出土，未见己器出土。这些发现说明，己与曩应是不同国家的名称。若为一个国家，其国名在同时代的金文中，字体虽有变化，但一般不会出现不同的用字。至于为何出现己与曩是金文的又一写法的认识，可能与曩字从己，与己有关。在这方面，王献唐先生在《黄县曩器》中，对己非杞亦非曩作过详论[64]，不再赘述。

“叟”与“华父”为同一人，最先提出的是齐文涛先生在《概述近年来山东出土的商周青铜器》一文中。认为“叟”系器主之名，华父与叟应是一人[65]。其后，李步青先生在原报道中认为，两器同出一墓，应系一人之器，即墓主名叟，号华父[66]。吴洪涛、林仙庭先生考释叟与华父皆有老者之义，从李先生之说[67]。李学勤先生则将叟释为“弁”。虽然弁与华父字义不同，但也认为原报道作器者系一人，华父是字，是正确的[68]。由此看来，推断叟与华父为同一人，并非完全依二者字义确定的。按着推理，如果两器的形制、年代相同，铭文的国名用字相同，虽然器主名用字不同，但字义相近，推断为同一人，有着较大的可能性。同理，如果两器主名用字相同，而国名用字不同，虽可以说二者是同一国名的异写，但也存在着不确定性。问题是上夼两器的国名用字不同，器主名用字也不同。因而叟与华父、己与曩就很难说为一人和一国之关系。

（二）归城、上夼与㠱国地望

㠱国建于商代，亡于春秋。其地望众说不一。按现行政区划分，大概可归为河南、山西、北京、辽宁和山东说。在诸说中，有的因时代不同，其地望也发生变化。为体现学者观点的完整性，现以学者考定的商代㠱国地望归类，并对持周代㠱国地望变迁的一同述之。

河南说：主要有张俊成先生的安阳一带[69]；朱活先生的㠱本在王畿之内，周灭商后迁到燕都东北[70]；孙敬明先生的商代在河南淇水流域，周初迁辽宁大凌河流域，西周中期大凌河流域㠱族的强支迁山东半岛即墨一带[71]。

山西说：主要有李学勤先生的山西箕城[72]；曹定云先生的殷初在今山西浦县"晋人败狄于箕"之处，殷代为北方燕地，春秋为山东莒县北部[73]；陈槃先生的㠱之初国本在山西，渐迁河南，最后迁山东[74]。

北京说：主要有《辽宁喀左县北洞村的殷商青铜器》报告的周初的燕地，今北京沙河一带[75]；彭邦炯先生的北京附近[76]；何景成先生的燕地㠱侯[77]；高明英先生的商代中晚期至周初在北京一带，西周中期迫于戎狄的压力南迁山东，西周晚期及春秋定于山东黄县归城一带[78]。

辽宁说：主要有阎海先生的在祖先发源的故地，与孤竹等一起成为商朝在北方的方国[79]。

山东说：主要有王献唐、逄振镐、何光岳等先生的莒县北境[80]；李白凤先生的最初以黄县为中心，殷时因受殷的侵略，一部分迁到辽东半岛，河南安阳、洛阳的㠱器是㠱降附商后内迁的产物[81]；王永波先生的商代在临朐一带，西周时期因受齐国的迫胁，逐步向半岛深处移动，远达黄县、烟台等地[82]；还有王恩田、齐文涛先生的周代在山东东部和烟台一带[83]。

从以上学者考证研究的结果来看，除李白凤先生认为㠱族最初以黄县为中心外，商代㠱国的地望几乎与烟台地区无涉。进入周代，龙口归城南埠村和烟台上夼㠱国铭文青铜器的发现，将人们的视线引向龙口和烟台。㠱国无论是由北迁入，还是从西进入，多认为与龙口、烟台及所处的胶东半岛有关。对周代地望考定较为具体明确的有高明英先生的黄县归城一带，齐文涛先生的烟台一带，孙敬明先生的即墨一带，王献唐先生的莒县北境。其论据，前两者多侧重㠱器出土地的推定，后两者则多结合地名的推断。这里仅就龙口归城和烟台上夼涉及与㠱国地望相关的问题作些分析。

归城，又名灰城，是胶东地区规模最大、文化内涵最为丰富的一处周代古城址，有内外两城。内城建在河边台地上，城墙内外设有环壕，面积22.5万平方米。城内已探明17处大小不等的夯土基址，最大的面积为1750平方米，应为宫殿基址。外城沿内城四周的山丘顶部，依势构筑，面积约8平方千米。其建筑规模与鲁国故城相当，为都城性质无疑，始建年代不早于西周中期[84]。历年来，多次出土重要铭文青铜器。除上述两处己器、㠱器地点外，还有1969年归城小刘庄出土了3件铭文青铜器，其中启卣、启尊两器记述的大致为一事，是启随昭王南征之事，年代为西周早期[85]。

关于归城的国属，学界虽有分歧，但多认为是莱国都城。其论者，多依1896年石良镇鲁家沟出土的莱伯鼎为据。2004年石良镇集前赵家出土的里（莱）父鼎又为其说增添新的物证。就目前材料而言，虽然不能统一归城为莱国都城的认识，但更无法证实归城是曩国西周晚期至春秋时期南迁或东移之地。

一是归城的年代与曩国南迁或东移的年代不合。以归城小庄、归城M1及与归城领主相关的石良镇庄头墓群、鲁家沟墓群、集前赵家墓群出土的铭文青铜器年代来看，归城的年代至晚应在西周中期的早段。

二是归城古城址的规模与曩国被迫南迁或东移时的国力不符。归城如此规模宏大的内外城墙、环壕及大型宫殿基址的形成，不但需要有在这一地区强大的统治势力，而且还需要大量的人力、物力才能完成，一个南迁或东移国家的国力是无法办到的。

三是西周早中期归城领主与曩国同周王朝的关系不同。归城小刘庄、鲁家沟等地出土的多件青铜器铭文显示，归城领主在西周早中期就与周王朝关系密切，曾多次参与周王朝的东征、南伐等重大军事活动。而曩国未见西周早中期与周王朝关系的铭文记载，所见只是西周晚期参与周王朝征淮夷及与周王室联姻的铭文记述。

四是归城领主与曩国是联姻关系。虽然集前赵家出土西周中期的曩器，但因铭文残损不能确定其性质。归城南埠村出土的曩器，铭文明确是曩国君主为其女儿出嫁陪送之器，可证归城领主与曩国是联姻关系。

以上四点足以说明，归城非曩国都城，与曩国是联姻关系。同样，归城也不是纪国大去其国后的新都[86]。归城出土的西周晚期己侯鬲为媵器，又证实归城领主与纪国也是联姻关系。因而，归城应是与莱国关联最大的故城址。

上夼所在的芝罘区，春秋时称"转附"，是先秦时期的著名港口，又是齐地八神中的阳主之地。史载齐景公欲观于转附，秦皇汉武多次幸临祭祀阳主。考古发现证实，这里曾是先秦时期一个政治、经济、文化繁荣的地域中心。这一地域中心，虽早被现代城市化的高楼大厦所湮没，但上夼和烟台二中纪国与曩国铭文青铜器的出土，为解开这一地域中心的历史面纱提供了重要的实物资料。

上夼墓出土的己器与曩器，上文已辨析己与曩不是一个国家。这样，芝罘上夼一带就存在两种可能，一种可能是纪国的领地，另一种可能是曩国的领地。有学者认为是纪国的领地[87]，有学者认为是曩国的领地[88]。作者赞同上夼一带为曩国领地的看法。

一是上夼墓曩侯弟叟鼎的出土，是曩国在上夼一带最重要的实物证据。在无文献记载的情况下，地下出土的青铜器铭文，是考证研究该地历史的重要实物资料。烟台上夼和龙口归城、集前赵家所出曩器，是山东地区唯一有清楚出土地点的曩国器物，在明确归城非曩国都城后，上夼曩器就成为判断曩国地望在上夼一带的重要实物证据。

二是从铭文的内容来看，上夼曩侯弟叟鼎是直接与曩国君主相关的器物。而已华父鼎虽然是纪国的华父所作器物，但存在着是否与纪国君主相关联的不确定性。烟台二中出土的己爵为西周中期，不能作为纪国在春秋早期大去其国地望的物证。这也是赞同上夼一带为曩国领地非纪国领地的因素之一。己华父鼎与己爵显示的应是纪国与曩国两国之间关系的实物证据。己爵又为上夼一带古国地域中心可能形成于西周中期提供了重要的实物资料。齐地八神在胶东地区的四神中，阴主、月主、日主三神与所在的曲城、归城、不夜城古国地域中心，形成的年代均不晚于西周中期，为确定阳主所在的上夼一带古国地域中心可能形成于西周中期提供了佐证。

三是若曩国在西周中期由北京一带或辽宁大凌河流域南迁至山东半岛之说成立的话，迁入上夼一带的可能性要大于迁到即墨一带[89]。一是上夼出土有与曩国君主相关的铭文青铜器，而即墨一带虽有箕山、不其得名或许与曩国有关，但却未出土与曩国相关的实物证据。二是从两地所处的地理位置来看，上夼位于半岛的北部，曩国南迁到岸后即可到达。而即墨位于半岛的南部，曩国南迁到岸后需长途跋涉穿越半岛的腹地才能到达，远不如上夼一带便利。

总之，西周中晚期至春秋时期，曩国的地望在上夼一带的可能性最大。

（三）前河前与纪侯去国后之地望

《左传·庄公四年》（公元前690年）载："纪侯不能下齐，以与纪季。夏，纪侯大去其国，违齐难也。"文献中的纪国历史自此中断，究竟去向何方，也是众说不一。旧说有清康熙十一年和道光七年《沂水县志》记，距县西北的纪王崮，相传是纪侯去国居地；高士其引《城冢记》说，邹县东南有纪城及纪侯冢，相传为纪侯去国避难处。此两旧说现已被考古发现所否定。2012年，纪王崮发掘了春秋时期贵族大墓。从墓葬的结构和随葬器物的特征来看，应属莒文化范畴[90]。邹县的纪城，又名纪王城，实为春秋邾国故城[91]。

新说除何光岳先生的纪人南迁至江苏赣榆纪鄣城一带外[92]，几乎均认为在山东半岛的烟台地区，只是具体地望不同。王献唐先生认为，纪国那时只有一条路可走，向东边远处走，通过莱国，迁到东莱为止[93]；王恩田先生认为其新都有可能就在黄县归城[94]；孙敬明先生认为纪国向东莱迁徙地点应在上夼一带[95]；常兴照、程磊先生认为纪国的鄣邑应该就是前河前遗址，并为纪侯大去其国的流亡方向找到踪影[96]；《山东省历史文化遗址调查与研究报告》认为，前河前为己国遗址与墓葬区[97]；持己与曩为一国说的学者，则多认为上夼一带和前河前一带都是纪国的活动范围。由此看来，对纪侯去国地望的具体位置还需要作些分析。

一是纪侯大去其国向东迁移的方向，为胶东半岛的烟台地区是可以肯定的。同时需要指出的是，作为一个流亡之国，显然不可能还有如此强大的实力，统治着烟台上夼和莱阳前河前一带的两个古代地域中心。在上文中已论述龙口归城与纪侯去国地望无涉，烟台上夼一带为曩国地望的可能性最大。所以，推断莱阳前河前遗址为纪侯大去其国后之地望，则有着更多的合理性。

莱阳位于胶东中部，是古代半岛与内陆东西交通的重要通道，也是现代国道由淄博、潍坊经平度、莱西，东达半岛最东端的文登、荣成的重要交通枢纽，又远离齐国故都临淄，因而可能成为纪国东迁的选择之地。考古发现又说明，前河前遗址也是一处周代古国或邑城的地域中心。即有纪国的贵族墓群，又是面积很大的居住遗址，还可能存在城址。前河前墓葬中出土的己侯壶为纪国君主作器，是判断纪侯去国地望最重要的实物证据。若如有学者考证纪国的鄣邑是前河前遗址不误的话，更可证前河前遗址为纪侯去国后之地望。

二是鄣邑应与降纪侯去国后的地望相关联。《春秋》庄公三十年（公元前664年）载："秋七月，齐人障。"《公羊传》《谷梁传》皆说鄣为纪之遗邑。此载可知，纪侯去国26年后，齐国才把纪国降附。因而，鄣邑是最有可能成为纪侯去国后的居地。

关于鄣邑之地望，杜预在《左传》注解中说，在东平无盐鄣城。而段玉裁在《说文解字注》中却说，在海州赣榆县之北七十五有纪鄣城，亦曰纪城。王献唐先生在《山东古代的姜姓统治集团》中，则详细论述了这两地距齐、纪均甚远。如在东平或赣榆，当时中隔鲁、莒、向、邾等国，纪国无法统治，齐人的势力也远不到这些地方而收降纪邑，降之也无法统治。进而推定鄣之地望仍在纪国外郱、鄑、郚各地一带[98]。常兴照、程磊先生从前河前遗址具有城邑性质、"纪人代夷"地理位置、五龙河古代俗称漳河等三个方面的分析，认定纪之鄣邑应该是前河前遗址[99]。作者认为，王献唐先生论之有理，赞同纪之鄣邑不在东平或赣榆之说。常兴照、程磊先生的鄣邑就是前河前遗址之说，虽是一家之言，但论据较为客观，与前河前遗址的文化内涵和遗址的年代相吻合。前河前遗址为纪之鄣邑的可能性是存在的。

通过以上对烟台上夼、龙口归城南埠与集前赵家、莱阳前河前出土的己器与曩器分析，作者提出了上夼曩器之曩非纪国之己，上夼一带为曩国之地望；归城非纪亦非曩，为莱国之都城；前河前遗址可能为纪之鄣邑，是纪侯去国后之居地的初步认识。当然，随着今后考古新材料的发现与研究工作的深入，上述认识可能得到验证或更正，这正是作者所期待的。

注　释

[1] 郭沫若：《两周金文辞大系图录考释》，科学出版社，2002年，第199页。

[2] 李白凤：《东夷杂考》，齐鲁书社，1981年，第47、48页。

[3] 齐文涛：《概述近年来山东出土的商周青铜器》，《文物》1972年第5期。

[4] 烟台地区文物管理委员会：《烟台上夼村出土曩国铜器》，《考古》1983年第4期。

[5] 李学勤：《试论山东新出土青铜器的意义》，《文物》1983年第12期。

[6] 张博泉：《箕子与朝鲜研究的问题》，《吉林大学社会科学学报》2000年第3期。

[7] 李沣：《探寻寿光古国》，齐鲁书社，2001年，第132页。

[8] 高广仁、邵望平：《海岱文化与齐鲁文明》，江苏教育出版社，2005年，第36页。

[9] 林仙庭：《扑朔迷离看己国》，《考古烟台》，齐鲁书社，2006年，第127页。

[10] 容庚：《商周彝器通考》，哈佛燕京学社，1941年，第280页。

[11] 王献唐：《黄县曩器》，《山东古国考》，齐鲁书社，1983年，第60～69页。

[12] 杜在忠：《寿光纪器新发现及几个纪史问题研究》，《东夷古国史研究》（第一辑），三秦出版社，1988年。

［13］ 崔乐泉：《纪国铜器及相关问题》，《文博》1990 年第 3 期。

［14］ 孙敬明：《甲骨金文所见山东古国与商王朝关系》，《潍坊高等专科学校学报》1999 年第 4 期。

［15］ 高明英：《商周㠱国研究》，天津师范大学 2016 年硕士学位论文。

［16］ 多为旧说，王献唐先生在《黄县㠱器》中进行过梳理，见《山东古国考》，齐鲁书社，1983 年，第 60、61 页。

［17］ 张碧波：《朝鲜研究的误区》，《黑龙江民族丛刊》1999 年第 4 期。

［18］ 丁山：《商周史料考证》，中华书局，1988 年，第 169、170 页。杨军：《再论朝鲜研究中几个问题——答张碧波先生》，《吉林大学社会科学学报》2000 年第 6 期。晏琬：《北京、辽宁出土铜器与周初期的燕》，《考古》1975 年第 5 期。李学勤：《小臣缶方鼎与箕子》，《殷都学刊》1985 年第 2 期。

［19］ 李步青、刘玉明《9盉铭文初释及其有关历史问题》，《东岳论丛》1984 年第 1 期。

［20］ 于敬民：《纪莱一国文献考》，《管子学刊》1989 年第 2 期。

［21］ 王恩田：《纪、㠱、莱为一国说》，《齐鲁学刊》1984 年第 1 期。《再说纪、㠱、莱为一国》，《管子学刊》1991 年第 1 期。《三说纪、㠱莱国一国：答郭克煜先生》，《管子学刊》1993 年第 3 期。

［22］ 烟台地区文物管理委员会：《烟台上夼村出土㠱国铜器》，《考古》1983 年第 4 期。

［23］ 林仙庭：《扑朔迷离看己国》，《考古烟台》，齐鲁书社，2006 年，第 125、126 页。

［24］ 李步青：《山东莱阳县出土己国铜器》，《文物》1983 年第 12 期。

［25］ 常兴照、程磊：《试论莱阳前河前墓地及有铭陶盉》，《北方文物》1990 年第 1 期。

［26］ 国家文物局：《中国文物地图集·山东分册下》，中国地图出版社，2007 年，第 238 页。

［27］ 同［19］。

［28］ 同［11］，第 20～49 页。

［29］ 李步青、林仙庭：《山东黄县归城遗址的调查与发掘》，《考古》1991 年第 10 期。

［30］ 刘玉涛：《周代的莱国与莱文化》，《烟台区域文化通览·龙口卷》，人民出版社，2016 年，第 49 页。林仙庭：《扑朔迷离看己国》，《考古烟台》，齐鲁书社，2006 年，第 129 页。

［31］ 李爱山：《招远先秦文化印记》，《烟台区域文化通鉴·招远卷》，人民出版社，2016 年，第 23 页。

［32］ 同［11］，第 135 页。

［33］ 王锡平、唐禄庭：《山东黄县庄头西周墓清理简报》，《文物》1986 年第 8 期。

［34］ 唐禄庭、姜国钧：《山东黄县东营周家西周墓清理简报》，《海岱考古》（第一辑），山东大学出版社，1989 年。

［35］ 烟台地区文物管理委员会：《烟台上夼村出土㠱国铜器》，《考古》1983 年第 4 期。

［36］ 李学勤：《试论山东新出土青铜器的意义》，《文物》1983 年第 12 期。王青：《海岱地区周代墓葬研究》，山东大学出版社，2002 年，第 187 页。李步青、王锡平：《建国以来烟台地区出土商周铭文青铜器概述》，《古文字研究》（第 18 辑），中华书局，1992 年。

［37］ 《山东省志·文物志》，山东人民出版社，1996 年，第 497 页。

［38］ 山东省文物考古研究所等：《曲阜鲁故城》，齐鲁书社，1982 年。

［39］ 栖霞县文物管理所：《山东栖霞县松山乡吕家埠西周墓》，《考古》1988 年第 9 期。

[40] 李步青：《山东莱阳县出土己国铜器》，《文物》1983年第12期。林仙庭：《扑朔迷离看己国》，《考古烟台》，齐鲁书社，2006年，第122页。《山东省志·文物志》，山东人民出版社，1996年，第491页。孙敬明：《商周吉金与纪史新谭》，《东方考古》（第9集），科学出版社，2012年，第248页。

[41] 李学勤：《试论山东新出土青铜器的意义》，《文物》1983年第12期。高广仁、邵望平：《海岱文化与齐鲁文明》，江苏教育出版社，2005年，第367页。王青：《海岱地区周代墓葬研究》，山东大学出版社，2002年，第187页。

[42] 王恩田：《纪、曩、莱为一国说》，《齐鲁学刊》1984年第1期。山东省博物馆：《山东金文集成》，齐鲁书社，2007年，第614页。

[43] 王青：《海岱地区周代墓葬研究》，山东大学出版社，2002年，第69、71页。

[44] 李步青、林仙庭：《山东黄县归城遗址的调查与发掘》，《考古》1991年第10期。王锡平、唐禄庭：《山东黄县庄头西周墓清理简报》，《文物》1986年第8期。郑同修、隋裕仁：《山东威海发现周代墓葬》，《考古》1995年第1期。

[45] 李步青、林仙庭、杨文玉：《山东招远出土西周青铜器》，《考古》1994年第4期。

[46] 王青：《海岱地区周代墓葬研究》，山东大学出版社，2002年，第189、191页。

[47] 同[5]。

[48] 王献唐：《黄县曩器》，《山东古国考》，齐鲁书社，1983年，第18页。《山东省志·文物志》，山东人民出版社，1996年，第500页。孙敬明：《商周吉金与纪史新谭》，《东方考古》（第9集），科学出版社，2012年，第248页。王青：《海岱地区周代墓葬研究》，山东大学出版社，2002年，第74页。山东省博物馆：《山东金文集成》，齐鲁书社，2007年，第230页。

[49] 曹斌：《胶东半岛西周时期遗存的分期和年代》，《海岱考古》（第9辑），科学出版社，2016年，第425页。李步青、王锡平：《建国以来烟台地区出土商周铭文青铜器概述》，《古文字研究》（第18辑），中华书局，1992年。

[50] 李步青：《山东莱阳县出土己国铜器》，《文物》1983年第12期。

[51] 孙敬明：《商周吉金与纪史新谭》，《东方考古》（第9集），科学出版社，2012年，第248页。王青：《海岱地区周代墓葬研究》，山东大学出版社，2002年，第74页。山东省博物馆：《山东金文集成》，齐鲁书社，2007年，第230页。曹斌：《胶东半岛西周时期遗存的分期和年代》，《海岱考古》（第9辑），科学出版社，2016年，第425页。

[52] 李步青、王锡平：《建国以来烟台地区出土商周铭文青铜器概述》，《古文字研究》（第18辑），中华书局，1992年。《山东省志·文物志》，山东人民出版社，1996年，第500页。

[53] 中国社会科学院考古研究所：《长安张家坡西周铜器群》，文物出版社，1965年。

[54] 林仙庭：《扑朔迷离看己国》，《考古烟台》，齐鲁书社，2006年，第129页。

[55] 李步青、林仙庭：《山东黄县归城遗址的调查与发掘》，《考古》1991年第10期。

[56] 同[55]。

[57] 同[55]。

[58] 齐文涛：《概述近年来山东出土的商周青铜器》，《文物》1972年第5期。

[59] 同[55]。

［60］ 王锡平、唐禄庭：《山东黄县庄头西周墓清理简报》，《文物》1986 年第 8 期。
［61］ 山西省考古研究所等：《山西翼城大河口西周墓地 1017 号墓发掘》，《考古学报》2018 年第 1 期。
［62］ 王永波：《“己”识族团考——兼论其、並、巳三氏族源归属》，《东夷古国史研究》（第 2 辑），三秦出版社，1990 年。
［63］ 寿光县博物馆：《山东寿光县新发现一批纪国铜器》，《文物》1985 年第 3 期。
［64］ 同［11］，第 60 页。
［65］ 齐文涛：《概述近年来山东出土的商周青铜器》，《文物》1972 年第 5 期。山东省烟台地区文物管理委员会：《烟台市上夼出土㠱国铜器》，《考古》1983 年第 4 期。
［66］ 烟台地区文物管理委员会：《烟台上夼村出土㠱国铜器》，《考古》1983 年第 4 期。
［67］ 吴洪涛：《芝罘㠱国铜器铭文补释》，《山东古文字研究》1993 年第 6 期。林仙庭：《扑朔迷离看已国》，《考古烟台》，齐鲁书社，2006 年，第 127 页。
［68］ 同［5］。
［69］ 张俊成：《商代㠱国及其相关问题》，《内江师范学院学报》2009 年第 24 卷第 1 期。
［70］ 朱活：《谈山东临淄齐故城出土的尖首刀化兼论有关尖首刀化的几个问题》，《考古与文物》1980 年第 3 期。
［71］ 孙敬明：《考古发现与㠱史寻踪》，《东夷古国史研究》（第 1 辑），三秦出版社，1988 年。
［72］ 李学勤：《小臣缶方鼎与箕子》，《殷都学刊》1985 年第 2 期。
［73］ 曹定云：《亚其考》，《文物集刊》，文物出版社，1980 年。
［74］ 陈槃：《不见春秋大事年表之春秋方国稿》，“中央”研究院历史语言研究所，1982 年，第 50、51 页。
［75］ 辽宁省博物馆：《辽宁北洞村出土的殷商青铜器》，《考古》1973 年第 4 期。
［76］ 彭邦炯：《从商的竹国论及商代北疆诸氏》，《甲骨文与殷商史》（第 3 辑），上海出版社，1991 年。
［77］ 何景成：《商周青铜器族氏铭文研究》，齐鲁书社，2009 年，第 266 页。
［78］ 高明英：《商周㠱国研究》，天津师范大学 2016 年硕士学位论文。
［79］ 阎海：《箕子东走朝鲜探因》，《北方文物》2001 年第 2 期。
［80］ 王献唐：《黄县㠱器》，《山东古国考》，齐鲁书社，1983 年，第 70 ~ 128 页。逄振镐：《山东古国与姓氏》，山东人民出版社，2006 年，第 76 页。何光岳：《杞国史考》，《许昌师专学报》（社会科学版）1986 年第 2 期。
［81］ 李白凤：《东夷杂考》，齐鲁书社，1981 年，第 54 页。
［82］ 王永波：《山东古城古国考略》，文物出版社，2016 年，第 174 页。
［83］ 王恩田：《纪、㠱、莱为一国说》，《齐鲁学刊》1984 年第 1 期。齐文涛：《概述近年来山东出土的商周青铜器》，《文物》1972 年第 5 期。
［84］ 中美联合归城考古队：《山东龙口归城两周城址调查简报》，《考古》2011 年第 3 期。
［85］ 齐文涛：《概述近年来山东出土的商周青铜器》，《文物》1972 年第 5 期。
［86］ 王恩田：《纪、㠱、莱为一国说》，《齐鲁学刊》1984 年第 1 期；《再说纪、㠱、莱为一国》，《管

子学刊》1991 年第 1 期；《三说纪、曩莱国一国：答郭克煜先生》，《管子学刊》1993 年第 3 期。
[87] 孙敬明：《商周吉金与纪史新谭》，《东方考古》（第 9 集），科学出版社，2012 年，第 243 页；包括持己、曩为一国说的学者。
[88] 同 [85]。
[89] 同 [71]。
[90] 山东省文物考古研究所等：《沂水县纪崮一号春秋墓及车马坑》，《海岱考古》（第 6 辑），科学出版社，2013 年。
[91] 同 [86]。
[92] 何光岳：《纪国的来源和迁徙》，《吉首大学学报》（社会科学）1991 年第 12 卷第 4 期。
[93] 王献唐：《山东古代的姜姓统治集团》，《山东古国考》，齐鲁书社，1983 年，第 175 页。
[94] 同 [86]。
[95] 同 [87]。
[96] 同 [25]。
[97] 王志民：《山东省历史文化遗址调查与研究报告》，齐鲁书社，2008 年，第 372 页。
[98] 王献唐：《山东古代的姜姓统治集团》，《山东古国考》，齐鲁书社，1983 年，第 159 页。
[99] 同 [25]。

铜角管器若干问题探讨

张文立

（吉林大学考古学院）

在商周时期铜器当中，有一类形制特别的器物。器体呈方形或三角形，角部各附设一圆管，管底有足。因角部圆管乃此类器物最突出特征，故暂称之为铜角管器[1]。

关于此类器物，以往研究者有过一些讨论，内容涉及名称、用途及年代等，尤集中于名称与用途的讨论，但看法不一。在此，笔者结合目前所见资料，就其类型、年代及用途诸问题略作探讨。

一、类型与年代

目前，见诸公开发表的铜角管器数量已达十余件，以传世品为主，田野考古发掘所得标本仅有 3 件。依据角部圆管足部形态，可将这些标本分为 A、B、C 三型[2]。

A 型　锥状足，共 3 件。可分三式。

Ⅰ式：1 件。殷墟 GM82 出土[3]。方形体，无柄。四角各有一圆管，圆体略显矮胖，足根细小，呈乳头状。四壁有长条状镂孔，器壁下缘与圆管内收处齐平。器体顶面中央有一圆孔。器高 7.2 厘米（图一，1）。

Ⅱ式：1 件。英国牛津大学阿什莫尔博物馆藏[4]。方形体，有柄。四角各有一圆管，管体略显瘦长，足根粗大，呈截锥状。一侧器壁饰一鹤首长柄，鹤首双目凸出。器壁下缘与圆管内收处齐平。器体顶面中央有一圆孔。器物最大高度 9.6 、宽 10.5、深 6.6 厘米，重 1155 克（图一，6）。

Ⅲ式：1 件。美国圣路易斯艺术博物馆藏[5]，形制与上述牛津大学阿什莫尔博物馆所藏标本相近。四角圆管上部饰窃曲纹，下部有蝉纹。一侧器壁延伸出一高昂的牛首长柄，牛首双目凸出，头部饰有重复的鳞片，颈部饰以重环纹。长柄两侧器壁各饰一环形兽耳。器壁下缘高于圆管内收处。器体顶面中央有一圆孔。器高 17.1 厘米，柄外侧最大宽度 14.6 厘米，沿牛首轴线纵深长 19.7 厘米。器体顶面宽 8.9、深 8.6 厘米。器顶中央的圆孔口径 3.2、圆管口径 3.2 厘米。重约 1100 克（图一，11）。

B 型　马蹄状足，共 6 件，分三式。

Ⅰ式：1 件。剑桥大学穆菲收藏[6]。方形体，无柄。四角各有一圆管，管体略显矮胖，足根粗大。器壁均有装饰，其中相对两侧各有一十字形镂孔，系典型的商代特征。

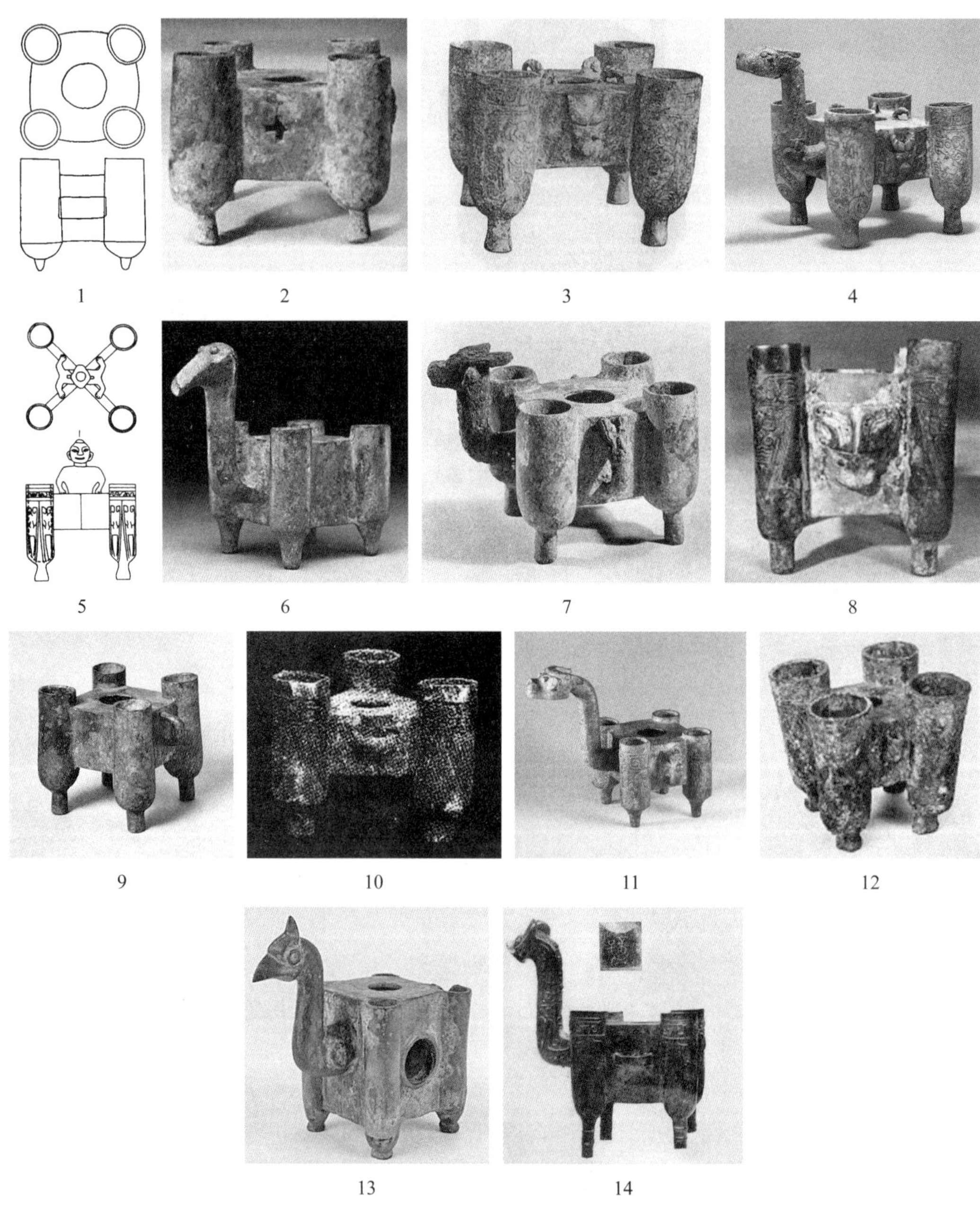

图一　铜角管器类型

1、6、11. A 型（殷墟 GM82∶4、英国牛津大学阿什莫尔博物馆藏、美国圣路易斯艺术博物馆藏） 2～5、12、13. B 型（英国剑桥大学穆菲收藏、《双剑誃古器物图录》著录、美国哈佛大学福格艺术博物馆藏、洛阳林校西周车马坑 C3M230∶8、加拿大多伦多皇家安大略考古博物馆藏、美国史密森学会亚洲艺术博物馆藏） 7～10、14. C 型（陕西岐山贺家村、英国剑桥大学穆菲收藏、美国旧金山亚洲艺术博物馆藏、北京故宫博物院藏、美国哈佛大学福格艺术博物馆藏）

另外两侧则各有一兽耳。器壁下缘与圆管内收处基本平齐。器体顶面中央有一圆孔，孔侧有铭文。器高 8.2、宽 7.4 厘米（图一，2）。

Ⅱ式：2 件。标本 1,《双剑誃古器物图录》著录[7]。方形体，无柄。四角各有一圆管，管体稍瘦长，上部饰有水平窃曲纹，窃曲纹以下饰龙纹。足根粗大。器壁饰一高浮雕牛面形饰。器壁下缘略高于圆管内收处。器体顶面中央有一圆孔，沿圆管间两条对角线，在圆孔周围各置两个半圆环。标本具体尺寸不详（图一，3）。标本 2，美国哈佛大学福格艺术博物馆藏[8]。此器形制与上述著录品相近。管体口沿下饰有水平窃曲纹，窃曲纹以下饰带鳞片的龙纹。与前者不同之处是，一侧器壁伸出一高昂的牛首长柄，长柄两侧器壁各饰一高浮雕牛面形饰，双目凸出，牛面形饰两侧阴刻夔龙纹。器壁下缘略高于圆管内收处。器体顶面中央有一圆孔，孔径略小于角部圆管孔径。沿圆管间两条对角线，在圆孔周围亦各置两个半圆环。靠近兽柄的两半圆环之间铸有铭文。器高 16.4、宽 14.3、纵深 19.8 厘米。重约 1550 克（图一，4）。

Ⅲ式：1 件。洛阳林校西周车马坑出土[9]。形制与其他标本有所不同。四角各有一圆管，管体瘦长，足根粗大。近管口处饰一周阴线卷云纹，下饰长焦叶状阴刻三角纹[10]。圆管由十字交叉的连接臂相连，连接臂正中立一半身双面人像，两耳宽大，鼻梁宽高，头顶似戴小圆帽或盘发，两双手分别置于连接臂上，作支撑状。自双面人头顶正中至器底有一贯通的小孔。连接臂上缘略低于圆管顶端，下缘明显高于圆管内收处。双面人像胸前铸有铭文。器高 15.5、管径 3、管高 8.5 厘米，重 1300 克（图一，5）。

另有两件标本也需要提到。其中，一件标本系加拿大多伦多皇家安大略考古学博物馆所藏[11]。方形体，无柄。四角各有一圆管，管体高而略显肥胖，且自上而下逐渐内收。圆管口部周围刻有涡形边线和同心三角纹饰。足根类似马蹄状，略显扁平。两侧器壁饰以两贯耳。器壁上缘略矮于圆管上端，下缘则稍高于圆管内收处。器体顶面中央有一圆孔，上下贯通。器高 9 厘米（图一，12）。另一件标本系美国史密森学会亚洲艺术博物馆所藏[12]。方形体，有柄。四角各有一圆管，管体瘦高。足根部与上一标本相同。一侧器壁饰一禽首长柄，作直立状。兽柄侧面器壁饰有圆孔，且孔周起缘，孔径明显大于顶面圆孔及圆管口径。器壁上缘与管筒上端近乎平齐，下缘与圆管内收处齐平。器体顶面中央有一圆孔，上下贯通。器高 9.3、宽 4.9、纵深 10.1 厘米（图一，13）。以上两件标本足根部类似马蹄状，略显扁平，不同于 B 型的其他标本。在考古发掘品中，尚不见此类足根。另，史密森学会标本，器壁饰圆孔，多伦多标本角部圆管自上而下逐渐内收等特点，亦不见于其他标本，可资比较材料少，暂存不论。

C 型　圆柱状足，共 5 件，分三式。

Ⅰ式：1 件。岐山西周墓葬出土[13]。方形体，有柄。四角各有一圆管，管体略显矮胖，足根粗壮。一侧器壁伸出一昂起的牛首长柄，长柄两侧器壁各饰一兽耳。器壁上缘略低于圆筒顶端，下缘与圆管内收处齐平。器体顶面中央有一圆孔，上下贯通。通高 13.5、通耳高 15 厘米（图一，7）。

Ⅱ式：2 件。标本 1，剑桥大学穆菲所藏[14]。方形体，无柄。四角各有一圆管，管体稍显瘦长。管体装饰精美，上部口沿下饰水平排列的蝉纹，下部饰垂直排列的蝉纹。

足根粗壮。相对两侧器壁各饰一环形兽耳，另外相对两侧器壁则各饰一较大的高浮雕饕餮纹堆塑。器壁上缘低于圆管顶端，下缘略高于圆管内收处。器体顶面中央有一圆孔，孔径与管径相当，且孔周起缘。器物上有铭文。器高 10.2、宽 11 厘米（图一，8）。标本 2，美国旧金山亚洲艺术博物馆藏[15]。方形体，无柄。四角各有一圆管，管体略显瘦长。足根粗壮。器壁饰环形耳。器壁上缘略低于圆管顶端，下缘则略高于圆管内收处。器身顶端中央有一圆孔，上下贯通。器高 8.3、宽 8.9 厘米（图一，9）。

Ⅲ式：1 件。故宫博物院藏[16]。三角体，无柄。角部各有一圆管，管体略显瘦长，上部饰蝉纹，下部饰蕉叶纹，足根粗壮。三面器壁各饰一横置半环形耳。器壁上缘低于圆管顶端，下缘则明显高于圆管内收处。器体顶面中央有一圆孔，器上有铭文。器高 7.5、宽 9.4 厘米，重 300 克（图一，10）。

与此类型相关的另有一件标本。该标本系美国哈佛大学福格艺术博物馆所藏[17]。方形体，有柄。四角各有一圆管，管体瘦长。圆管上部口沿下饰水平窃曲纹，其下饰蝉纹。足根细长，上饰两道凸弦纹，明显有别于其他标本。一侧器壁伸出一龙首长柄，龙首角部被锤平，皱起的髯略显夸张。其他三面器壁各装饰一横置板耳。器壁上缘略低于圆管顶端，下缘与圆管内收处齐平。器体顶面中央亦有一圆孔。器上有铭文。器高 17.5 厘米（图一，14）。此标本管体瘦长，器壁较高，器壁下缘与管体内收处齐平，与此类器物管体胖瘦与器体高矮较高相匹配的特点不相符合，故该标本真实性暂存疑。

根据对 A、B、C 三型诸标本形制观察，可以看到明显的共性变化，角部圆管从矮胖到瘦高，器壁从高变矮。这种形制变化暗示了上述诸标本可能存在年代上的差异。

关于铜角管器诸标本的年代，此前研究者均进行过一些推测。考古发掘所得三件标本年代比较清晰。其中，属于 A 型Ⅰ式圆管矮胖的殷墟标本，年代被断在商代晚期。属于 B 型Ⅲ式圆管瘦高的林校标本的年代被断在西周早期。C 型Ⅰ式的岐山标本，简报将年代其断在西周早期。对传世品年代认识不尽相同。根据上述类型分析，结合以往研究成果对铜角管器诸标本的年代进行重新梳理。

属于 A 型Ⅰ式殷墟标本，年代被断在商代晚期。A 型Ⅲ式标本的年代，美国圣路易斯艺术博物馆官网推定应该在商代或西周，郑德坤先生则认为其年代不晚于西周早期，但并未说明断代理由。观察该标本管体所饰蝉纹及兽首长柄上的重环纹特点，年代当在西周偏早阶段。属于 B 型Ⅲ式的林校标本的年代被断在西周早期。B 型Ⅱ式标本年代，有研究者根据器身纹饰断在商代晚期[18]，同属Ⅱ式的《双剑誃古器物图录》著录品年代也被断在商代，则 B 型Ⅰ式年代不应晚于商代晚期。这样，A 型、B 型Ⅰ ~ Ⅲ式式别变化应该反映了从早到晚的演变规律。

属于 C 型Ⅰ式的岐山标本的年代被断在西周早期。属于 C 型Ⅲ式的故宫所藏标本，年代有西周和殷代不同的说法[19]。后一种说法在否定前一种说法同时，并未就该标本“殷代器无疑”的推断给出明确依据。参照前述 A 型、B 型标本的演变规律，C 型诸标本Ⅰ ~ Ⅲ式式别变化可能也反映从早到晚的演变关系。若此成立，则故宫所藏标本的年代当不早于西周早期。

这里特别要提到是美国旧金山亚洲艺术博物馆所藏标本。该馆曾将此标本的年代断在汉代。就演变序列而言，旧金山标本位于岐山标本与故宫标本之间，年代当不会早于岐山标本。从形制特点观察，旧金山标本与岐山标本基本形制相近，仅角部圆管较后者略显瘦高，其年代即便较后者晚，可能是稍晚于后者，晚至汉代可能性不大。在整个演变序列中，故宫标本位置更靠后，其年代抑或更晚。

从年代上看，铜角管器在商代就已经出现，主要流行年代是商代晚期至西周早期，但不排除个别标本年代可能较西周早期更晚。

就发现地点而言，目前所见铜角管器标本发现地点相对比较集中。在考古发掘所得三件标本中，河南洛阳和殷墟各发现一件，陕西岐山发现一件。在传世标本中，美国圣路易斯市艺术博物馆所藏标本也被认为安阳制造，加拿大皇家安大略考古学博物馆所藏标本据称自中国洛阳购置。

综上，铜角管器可能是商代至西周早期，甚至西周更晚时期主要流行于陕西、河南等地的一类器物。

二、用　　途

关于铜角管器，以往曾有“四足器”[20]、“器座”[21]、“调色器”[22]、“盛色器”[23]、“四柱形铜器”[24]、“图庐”[25]、“灯”[26]等多种不同称谓和功能推测。其中，以“器座”、“调色器”两种说法影响最大。下面就在此基础上，对铜角管器的用途，再做些讨论。

笔者认为，铜角管器可能是用于特殊目的的礼器类器物。理由如下：一是，从造型与装饰看，设计颇为用心。如前所述，此类器物整体造型奇特。而且，在目前所见标本中，除个别标本外，多数标本均有不同形式装饰。多见标本饰有兽首长柄，柄端或为牛首、或为龙首、或为禽首，形象生动逼真。管体则多见通体纹饰，器壁或饰以各种耳，或以堆塑等不同手法装饰牛首等纹饰或图案。其中，洛阳林校标本造型和装饰尤其引人注目。若器物用作一般性用途，如此精心的设计多少有些费解。二是，器上有铭文。考古发掘所得的洛阳林校标本上有铭文。传世标本中，也有多件标本见有铭文（图二）。虽不排除其中铭文有伪作，但此类器物有铭无疑。三是，就材质而言，上述标本均为铜质。如前文所言，此类器物主要流行年代是商代晚期至西周早期。当时，铜仍然属于较为珍贵的材料。用珍贵材料制作形制特别的器物，用作特殊目的的可能性大。四是，出土环境也有特殊之处。在上述诸标本中，田野考古发掘所得三件标本出土环境清楚。岐山标本出自墓葬。墓葬系墓土扩竖穴，东西向，长4.1、宽2米。有二层台。铜角管器位于二层台上。共存遗物中有铜泡、戈、矛、弓形器、銮铃、盖弓帽等车马器和贝币数十枚。容器则有簋、鼎、罍、角、甗、尊等十七件，其中有一些器物花纹精美，有的还有铭文[27]。林校标本出自车马坑。坑分上、下两层，铜角管器出自上层，该层还出土原始青瓷瓮、瓷尊；铜尊、铜铙、铜提梁卣，另有漆器等。下层埋藏一车四马及铜兵器、蚌饰等[28]。殷墟标本出自墓葬M82。墓葬长214、宽66、深140厘米。有棺，有腰坑。腰坑、填土中各有一狗。共存遗物有陶觚、爵、簋[29]。除殷墟标本外，岐山标

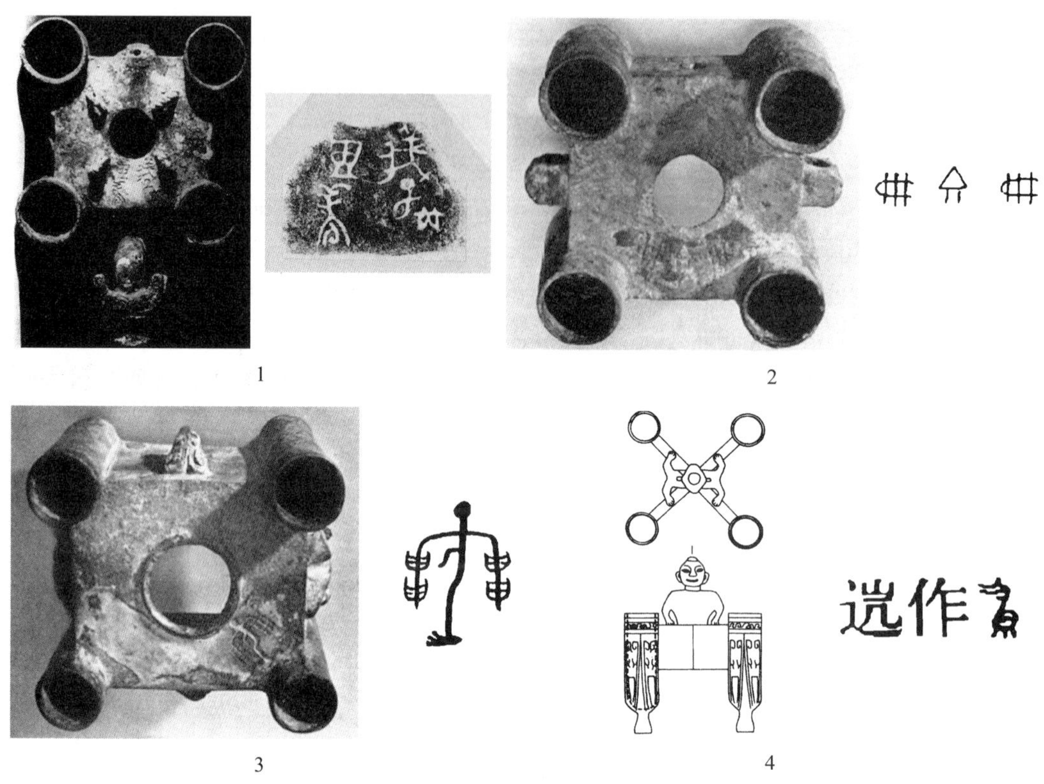

图二　铜角管器铭文举例

1. 美国哈佛大学福格艺术博物馆藏　2、3. 英国剑桥大学穆菲收藏　4. 洛阳林校西周车马坑 C3M230：8

本与林校标本共存遗物丰富，且有多件铜器共存，显示此类器物可能是与身份较高人有关的特殊物品。另外，《双剑誃古器物图录》著录的那件标本直接被归入彝类，当系礼器之属。综合上述几个方面推测，铜角管器可能用于特殊目的的礼器类器物，非一般性的日常用品。

关于此类器物的具体用途，笔者认为，可能作支撑之用。理由有二：一是，圆筒中残存有朽木。传世品中，据称，多伦多皇家安大略考古学博物馆所藏标本发现有木柄残留现象。考古发掘品中，洛阳林校标本也发现有类似的现象。其中，洛阳林校标本四角圆管中均残存朽木，管口以上残留高度甚至多达 5 厘米，与管高 8.5 厘米形成鲜明对照。这种木质残留可能系承载之物一部分，这样，铜角管器当作支撑之用。从另一个方面讲，如果此类器物用作调色器或盛色器，管内留存朽木何用？如果说残存朽木先前用作管筒的塞子，似乎也缺乏足够的合理性。以洛阳林校标本为例。该标本管口以上残留高度 5 厘米（最初实际长度可能更长）。仅以此长度计算，管口以上残留高度几乎是管筒长度近三分之二，塞子和管筒长度间的比例关系不大合乎常理。二是，器物顶面中央圆孔的支撑作用。以往在讨论此类器物用途时，对器物顶面中央圆孔的功能所论甚少。在谈到英国剑桥大学收藏的 B 型 Ⅰ 式样标本时指出，郑德坤先生推测顶面中央的圆孔是用来放置一小碟，里面有水，供调色之用（这可能也是此类器物被认为是调色器或盛色器的理由之一）。必要时，可以挪走。如此，其他标本上的圆孔当作同样的用途。从洛阳林校标本观察，四角圆管没有变化，器物中央根本不见所谓的圆孔，取而代之的是一半身双面人像，由此，器物顶面中央的圆孔可能并非如郑德坤先生所推测的那样与调色有关，一种可能的情形是圆孔最初是用以承载类似半身双面人像一类的东西，做支撑之用，基座与承载之物是分离的。在某些情况下，将基座与承载之物直接铸造在一起，洛阳林校标本当属于此。

过去在讨论此类器物用作调色器或盛色器时，一个主要理由是多件标本角部圆管内发现有颜色的残留物质。个别标本圆管中的残留物曾做过科学分析。剑桥大学穆菲收藏中的B型Ⅰ式标本圆管中的残留物化学成分分析结果显示，它们是白、黑、红、绿四种颜色的物质残渣。经牛津大学考古学研究实验室检测，其中包含了大量的下列物质：氧化钙或碳化钙、炭黑或石墨、氧化铁和铜的混合物。针对上述结果，该实验室后又做了进一步的说明，“遗憾的是，由于缺乏非常仔细的分析和大量有关可能被发现的材料类型方面的知识，我无法就这些颜料来自哪里给出任何说法。不过，我的意思是，白色物质是简单的磨碎的白垩粉；红色物质是磨碎的赤铁矿；黑色物质是磨碎的木炭。至于绿色，有些可能是孔雀石一样的物质。不过这些仅仅是猜测。”[30]对于圆管内的沉积物，也有另外的说法。在谈到哈佛大学福格艺术博物馆所藏标本，Allen女士指出，“对于一个圆管内的沉积物的化学分析表明，沉积物被认为是少许碳化的灯芯”[31]，并据此推测此器是灯。至少在目前情况下，圆管中残留物质的性质可能还有待更多实验分析结果来确认。另外，商周时期人工施色的器物如漆器、彩绘木器等，并不少见。以角部圆管内发现有颜色的残留物质推定此类器物用途证据略显单薄。

至于此类器物究竟用于支撑何物，虽然缺乏更直接的证据，但是研究者对这种器物可能的特征进行了一定的推测。俞凉亘先生“依据这类器物的高度、特征及自身重量，推测所承载的器物不会太高，也不能太重，否则难以支撑。”[32]在谈到洛阳林校标本时，高西省先生认为铜器中央的圆雕双面人可能是“阴阳人”，很可能是沟通人间与神灵的神人，并推测此器“可能是专用祭器的一个部件”[33]。结合器上铭文及铜器中央的圆雕双面人像，高西省进一步推测此器乃“特有的神器器座。”[34]考虑到此类器物可能用于特殊目的，且作支撑之用，其作为小型祭祀用器物器座的可能性大。

注　释

[1] 过去有一种看法，称此类器物为“四足器”。因“四足器”仅表明器足的数量，未能体现此类器物角部附设管筒的突出特点，且不易与鼎等其他四足类器物相去区分，故暂以角管器称之。

[2] 据报道，在故宫博物院、广州市文物商店各收藏一件同类器物。其中，故宫博物院所藏标本，方形体，四角各有一圆管，一侧器壁饰有长颈兽首，腹内有一“庚”字。高15.6厘米。广州市文物商店所藏标本形制与后文提到的岐山贺家村出土标本相近。唯在腹壁一侧铸有铭文，似为“木”字。参见《陕西出土青铜器（一）》，文物出版社，1979年。因缺乏图像材料，相关报道介绍材料有限，暂不作类型分析。

[3] 中国社会科学院考古研究所安阳工作队：《1969～1977年殷墟西区墓葬发掘报告》，《考古学

报》1979 年第 1 期，97 页，图七一，7。原报告称为“器座”，认为用途不明。标本年代可断在商代晚期。

［ 4 ］ 阿什莫尔博物馆官网称之为“鸟形器”，推测可能是“盛色器”（colour container），系交流或艺术 / 书写装备，年代为商代（c.1600 ~ c.1050BC）。参见牛津大学阿什莫尔博物馆官网 http：//jameelcentre.ashmolean.org/object/EA1956.857。1955 年对于管筒内含物检测表明，其中一管筒内有红色颜料残留，故 Ingram 夫人在收藏出版物中描述这件器物时，认为此器“可能是被用于盛放不同色彩的颜料”，即“盛色器”。Herbert Ingram 爵士在描述这件标本，推测它可能是“某种支架。”参见 Cheng Te-kun. The t’u lu colour-container of the Shang-Chouperiod. *Bulletin of the Museum of Far Eastern Antiquities*, 1965(37): p245-6, Plate 4: 5.

［ 5 ］ 美国圣路易斯艺术博物馆官网称之为“盛色器”（调色器，pigment container），系安阳制造，年代被定在前 11 世纪，属商代或西周。参见美国圣路易斯艺术博物馆官网，http：//www.slam.org/。关于其用途及年代，也有另外的说法，如 Kidder 称之为“礼灯”（ceremonial lamp）。郑德坤先生则认为其年代不晚于西周早期。参见 Cheng Te-kun. The t’u lu colour-container of the Shang-Chouperiod. *Bulletin of the Museum of Far Eastern Antiquities,* 1965(37): p246, Plate 4: 6.

［ 6 ］ 郑德坤先生认为，此器是商周时期的盛色器（colour-container），并根据柄上的兽首，十字镂空及铭文将该器的年代断在商代晚期。四角圆筒中发现有白、黑、红、绿四种颜色的物质残渣。器上有铭文，郑德坤释读作“京册”。参见 Cheng Te-kun. The t’u lu colour-container of the Shang-Chouperiod. *Bulletin of the Museum of Far Eastern Antiquities*, 1965(37): pp.239-250, p244, Plate 2.

［ 7 ］ 于省吾：《双剑誃古器物图录》，中华书局，2009 年，85 页。此器在图录中被称作“商[illegible]彝”，并被归入金类。

［ 8 ］ 哈佛大学福格艺术博物馆称之为“盛色器”（pigment container），认为此器年代在公元前 14 ~ 前 11 世纪，属商代。器上有铭文。郑德坤释读作“义子图庐考”。参见哈佛大学福格艺术博物馆官网，https://www.harvardartmuseums.org/。关于该标本的年代，有不同看法。研究者将其年代或断在商代，或断在周。前者如江涛、Waterbury 女士等。江涛根据器物上的装饰，将其年代定在商代晚期。参见江涛：《商代考古中的颜色》，《商文化论集（上）》，文物出版社，2003 年，第 442 ~ 451 页。《商文化论集》，446 页。Waterbury 女士认为，其年代可断在商。后者如 Allen 女士等。Allen 女士将此器物年代断在周代，推测此器系灯。除特殊注明外，出处均参见 Cheng Te-kun. The t’u lu colour-container of the Shang-Chouperiod. *Bulletin of the Museum of Far Eastern Antiquities*, 1965(37): p241, Plate 1: 2.

［ 9 ］ 俞凉亘：《洛阳林校西周车马坑》，《文物》1999 年第 3 期，14 页，图二十二，1，彩版一，2。报告称之为“四足器座”，并称出土时管内朽木残高 5 厘米。发掘者称四个圆管内均残存朽木，且管口以上残留高度达 5 厘米，“与同出的 3 件铜铙残存的木柄朽痕一致”，推测此器“应确定为器座”，并将其年代断在西周早期。参见俞凉亘：《铜四足器座小议》，《文物》1999 年第 3 期。另据高西省先生介绍，在对该器表面进行清理之后，发现在双面人胸前铸“**逬作[illegible]**”三字。高氏认为，“**逬**”系人名，“**[illegible]**”系器名，很可能是该器的专称，但字不识。参见高西省：《洛阳新获西周青铜器管见》，《上海文博论丛》2006 第 3 期，第 34 ~ 39 页。

[10] 高西省:《几件罕见的西周青铜器》,《收藏家》2000年第7期,第33~36页。

[11] 据称,此标本系在中国洛阳购置。根据加拿大皇家安大略考古学博物馆藏品记录描述,这种由四个瓶状油容器组成的青铜器,“可能是灯”,管筒中有木头、木塞残留,年代当属早周。参见Cheng Te-kun. The t'u lu colour-container of the Shang-Chouperiod. *Bulletin of the Museum of Far Eastern Antiquities,* 1965(37): p246-7, Plate4: 7 .

[12] 史密森学会亚洲艺术博物馆称之为“盛色器(调色器)”,认为年代在前11世纪晚期至前10世纪,属西周。参见史密森学会亚洲艺术博物馆官网,https://www.si.edu/,Freer Gallery of Art and Arthur M. Sackler Gallery Collection。

[13] 长水:《岐山贺家村出土的西周铜器》,《文物》1972年第6期,第29页,图十一,1。报道者称之为“四足器”,用途不明,推测其年代不会晚于穆王时期。也有研究者称为“调色器”,理由是“此器出土时内有矿物粉末。”参见陕西省考古研究所、陕西省博物馆、陕西省文物管理委员会:《陕西出土商周青铜器(一)》,文物出版社,1979年,图一五八。

[14] Cheng Te-kun. The t'u lu colour-container of the Shang-Chouperiod. *Bulletin of the Museum of Far Eastern Antiquities*, 1965(37), p245, Plate 3. 郑德坤认为,此标本乃“盛色器”(colour-container),属于商代。在两个管筒中发现有一些小的绿色颗粒和稍黑的颜料(pigment)。器物上有铭文。郑德坤释读作“倗”。

[15] 美国旧金山亚洲艺术博物馆称之为“四足器”(Four-legged object),将其年代断在汉代。参见旧金山亚洲艺术博物馆官网,http://www.asianart.org/。

[16] 梓溪:《青铜器名辞解说》(十一),《文物》1958年第11期,第77页,图一。作者依据管筒内残留有不同颜色,称之为“调色器”,推测可能是古代绘画用具。同时,根据花纹的风格将其年代断在西周时期。王永昶则认为,此器“殷代器无疑”,器原为素面,器上铭文及纹饰皆系伪刻。参见王永昶:《故宫博物院藏部分青铜器辨伪》,《故宫博物院院刊》1989年第1期,第66页,图六十。

[17] Cheng Te-kun. The t'u lu colour-container of the Shang-Chouperiod. *Bulletin of the Museum of Far Eastern Antiquities*, 1965(37): p239, Plate1: 1. 关于此器用途,Omura(1923)最初将其描述为带流的酒器。后因四角有四管而认为此器可能是某种祭献中用于存放5种调味汁的器皿。关于此器年代,Yamanaka目录(1928年)将此器年代段断在周。器上有铭文,郑德坤释读作“龚子”。

[18] 江涛:《商代考古中的颜色》,《商文化论集(上)》,文物出版社,2003年,第442~451页。

[19] 同[16]。

[20] 长水:《岐山贺家村出土的西周铜器》,《文物》1972年第6期,第29页,图十一,1。

[21] 俞凉亘:《铜四足器座小议》,《文物》1999年第3期。Herbert Ingram爵士在描述现藏牛津大学阿什莫尔博物馆所藏标本时,推测其可能是“某种支架”。参见Cheng Te-kun. The t'u lu colour-container of the Shang-Chouperiod. *Bulletin of the Museum of Far Eastern Antiquities*, 1965(37): p245-6, Plate 4: 5. 高西省:《几件罕见的西周青铜器》,《收藏家》2000年第7期。高西省:《洛阳新获西周青铜器管见》,《上海文博论丛》2006年第3期。

[22] 江涛:《商代考古中的颜色》,《商文化论集(上)》,文物出版社,2003年,第442~451页。梁颜民:《殷周时期青铜调色器小议》,《文博》2008年第2期。梓溪:《青铜器名辞解说》

（十一），《文物》1958年第11期。王永昶：《故宫博物院藏部分青铜器辨伪》，《故宫博物院院刊》1989年第1期。杜文：《乾隆四柱形器造型溯源——从商周调色器到清仿定窑白釉四足炉》，《收藏家》2013年第8期。陕西省考古研究所、陕西省博物馆、陕西省文物管理委员会：《陕西出土商周青铜器（一）》，文物出版社，1979年。岳洪彬、岳占伟：《殷墟王陵区出土铜蛋形器功能考》，《三代考古》（四），科学出版社，2011年。

[23] 国内外研究者均有持“盛色器”者，以国外研究者居多。持此观点的国外研究者，参见Cheng Te-kun. The t'u lu colour-container of the Shang-Chouperiod. *Bulletin of the Museum of Far Eastern Antiquities*, 1965(37): pp. 239-250. 另，在前述哈佛大学福格艺术博物馆官网、牛津大学阿什莫尔博物馆官网、美国圣路易斯艺术博物馆官网上，“盛色器”与“调色器”的区分并不严格。持此观点的国内研究者，参见胡洪琼、申明清：《商周时期盛色器功用考辨》，《中原文物》2013年第6期。

[24] 杜文：《乾隆四柱形器造型溯源——从商周调色器到清仿定窑白釉四足炉》，《收藏家》2013年第8期。

[25] Cheng Te-kun. The t'u lu colour-container of the Shang-Chouperiod. *Bulletin of the Museum of Far Eastern Antiquities*, 1965(37): pp.239-250.

[26] 主张此类器物是灯的看法，多见于国外学者。参见[5]、[8]、[11]。

[27] 长水：《岐山贺家村出土的西周铜器》，《文物》1972年第6期，第26页，图一一，1。

[28] 洛阳市文物工作队：《洛阳林校西周车马坑》，《文物》1999年第3期。

[29] 中国社会科学院考古研究所安阳工作队：《1969～1977年殷墟西区墓葬发掘报告》，《考古学报》1979年第1期，第97页，图七一，7。

[30] Cheng Te-kun. The t'u lu colour-container of the Shang-Chouperiod. *Bulletin of the Museum of Far Eastern Antiquities*, 1965(37): p244.

[31] Cheng Te-kun. The t'u lu colour-container of the Shang-Chouperiod. *Bulletin of the Museum of Far Eastern Antiquities*, 1965(37): p241.

[32] 俞凉亘：《洛阳林校西周车马坑》，《文物》1999年第3期，第65页。

[33] 高西省：《几件罕见的西周青铜器》，《收藏家》2000年第7期，第33～36页。

[34] 高西省：《洛阳新获西周青铜器管见》，《上海文博论丛》2006年第3期，第34～39页。

燕置郡前辽西战国遗存考察

潘 玲

（吉林大学边疆考古研究中心）

辽西地区自古以来就是中原、长城地带和东北地区三大文化区域的交流通道，也是古往今来兵家必争之地。战国时期燕国向东北开疆扩土，辽西成为其经营东北的重要基地。

2010年朝阳袁台子墓地发掘报告[1]以及近几年来建昌东大杖子墓地6篇发掘简报[2]的发表，说明战国早期燕文化已经进入辽西地区，并开始与当地原有文化融合，这与冀北地区的玉皇庙文化因燕文化的挤压而走向衰亡的时间基本相当。可见，燕国在冀北立足不久，就着手开拓辽西地区。

文献没有记载燕国在战国早、中期开拓其北境和东北境的历史，只有司马迁的《史记·匈奴列传》中有燕却东胡后筑长城、开五郡的概况：

> 其后（指赵武灵王修长城以后）燕有贤将秦开，为质于胡，胡甚信之。归而袭破走东胡，东胡却千余里。与荆轲刺秦王舞阳者，开之孙也。燕亦筑长城，自造阳至襄平。置上谷、渔阳、右北平、辽西、辽东郡以据胡[3]。

根据秦舞阳为秦开之孙可以推测，秦开却东胡、设五郡的时间大致在燕昭王末年至燕惠王时期，即考古学界划分的战国晚期早段的时间范围内。目前在辽西地区发现的战国城址，基本为战国晚期所筑[4]。这说明燕国是在筑长城之后，才开始大规模开发辽西地区。

那么，在战国早期至战国中期，燕是如何进入辽西地区并逐步推进的？辽西土著居民对此有何反应？是如何与燕共处的？在文献记载缺失的情况下，只有通过对考古材料的分析，才能尝试回答上述问题。近年新材料的发现，为推进辽西战国遗存的研究[5]，提供了条件。

辽西地区自北向南有四处包含战国早、中期墓葬的墓地，即内蒙古敖汉旗铁匠沟墓地、水泉墓地，辽宁朝阳袁台子墓地、建昌东大杖子墓地，它们分别是辽西地区有代表性的战国时期考古遗存（图一）。通过对这四处墓地的分析，可以窥见燕筑长城置五郡前开拓辽西的情况。

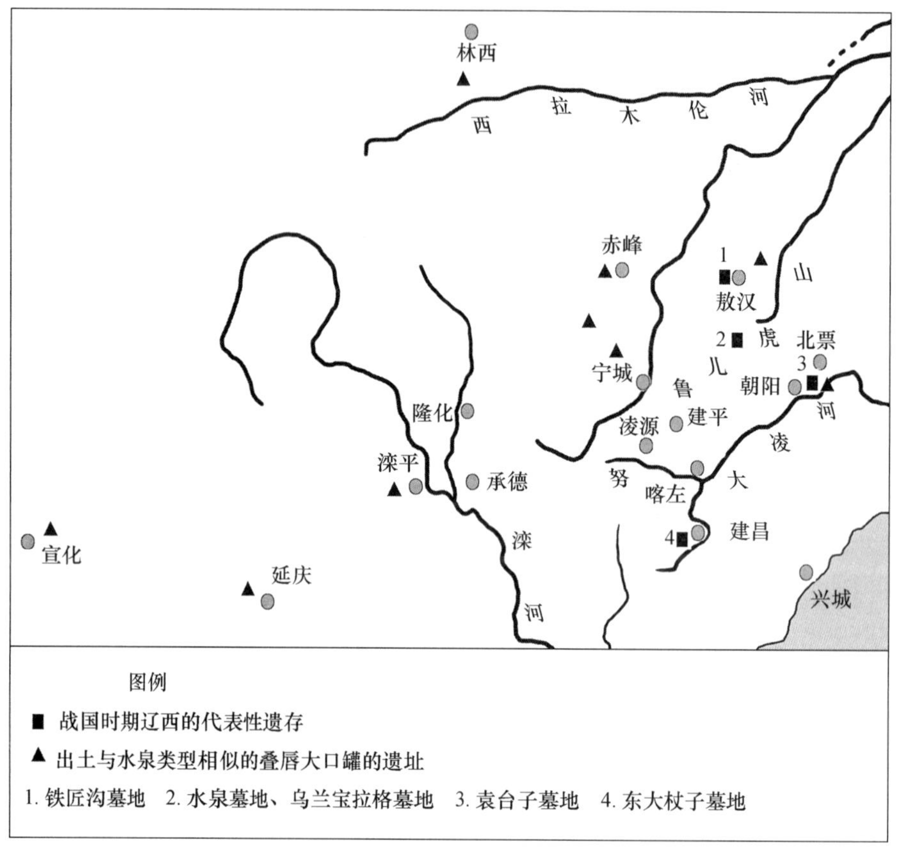

图一　辽西及与其相关地区战国时期部分遗址分布图

一、具有浓厚游牧色彩的遗存——敖汉铁匠沟墓地

铁匠沟墓地[6]位于内蒙古赤峰市敖汉旗新惠乡房身村的铁匠沟，墓地主体在燕长城遗迹以南，一部分压在燕长城的灰土带遗迹下，燕长城穿过墓地的一角。墓地破坏严重，根据3座A区墓葬出土器物的特征，学界曾将该墓地称为“铁匠沟遗存”[7]（图二）。后来林西县井沟子墓地的发掘，使我们认识到这类遗存主体分布在更西北的西拉木伦河以北地区，其陶器与夏家店上层文化有一定亲缘关系，青铜带具和马具发达，有浓厚的游牧色彩，居民体质特征属于北亚蒙古人种[8]。根据井沟子墓地的分期研究，可知铁匠沟墓地相当于井沟子墓地的第三期，年代应在战国早期偏晚至战国中期[9]。铁匠沟墓地只是井沟子类型伸到辽西北境的一个触角。

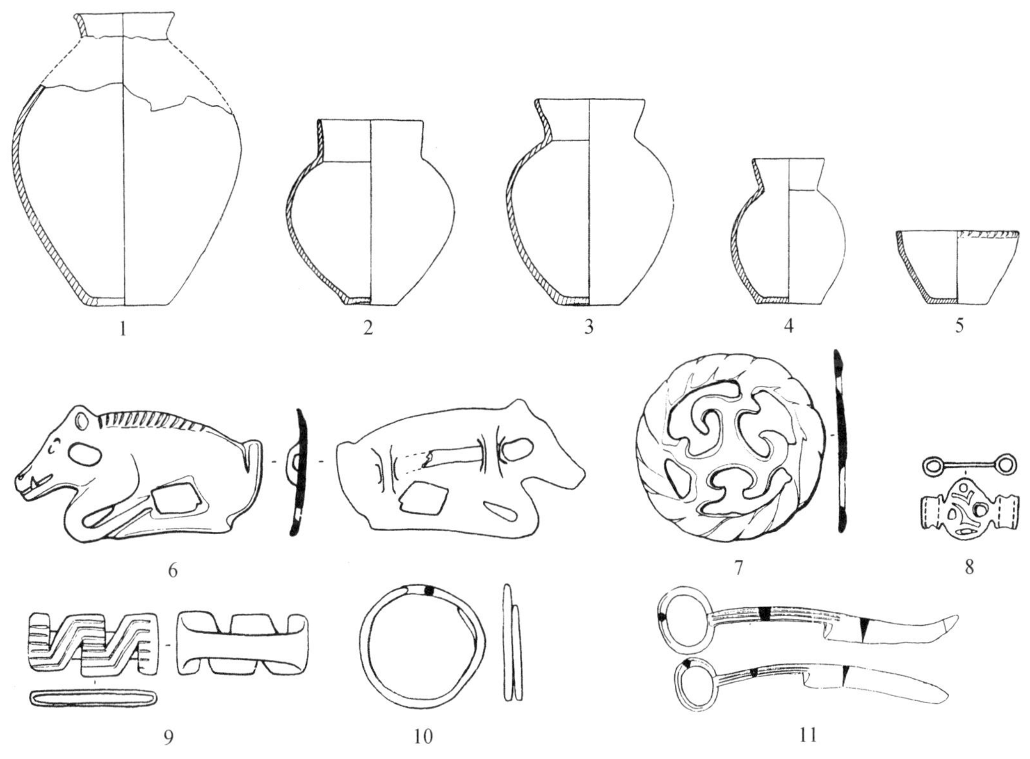

图二　敖汉旗铁匠沟墓地出土器物举例

1～5. 陶器　6～11. 铜器（野猪形牌饰、卷云纹圆饰牌、鸟头纹带饰、“之”字形带饰、弹簧式耳环、环首刀）

二、进入辽西的冀北人及其与辽西本地居民融合的遗存——敖汉水泉墓地和乌兰宝拉格墓地

水泉墓地位于内蒙古赤峰市敖汉旗四家子镇的水泉村，学界将以该墓地北区墓葬为代表的遗存称为“水泉类型”[10]。该类遗存不含曲刃短剑，土坑竖穴墓，葬具为木棺，少数有棺有椁，以牛、猪、狗的头蹄和下颌骨殉葬，陶器绝大多数为夹砂陶系，人种为东亚蒙古类型。随葬陶器和殉牲、人种特征都反映出水泉类型与辽西地区固有的“凌河类型”遗存[11]、井沟子类型遗存之间没有渊源关系。郭志忠先生通过对比分析，将水泉类型遗存年代推断为春秋战国之际至战国早期（图三）。

发掘者认为，水泉类型特有的柱状泥条榫接而成的单耳或双耳的夹砂叠唇深腹罐，是源于长城地带中段，经张家口、延庆、围场到达赤峰地区[12]。这一认识非常有先见性，但是从目前的发现看，这类陶器更可能来源于长城地带东段的冀北地区，长城地带中段是因为同样也受到冀北地区的文化影响，才出现与水泉类型陶器相似的因素。冀北玉皇庙文化及与其有文化联系的周边地区，在春秋战国之际至战国早期流行双耳器。从军都山[13]、葫芦沟[14]等墓地发表的材料可以看出，水泉类型的双耳叠唇罐与玉皇庙文

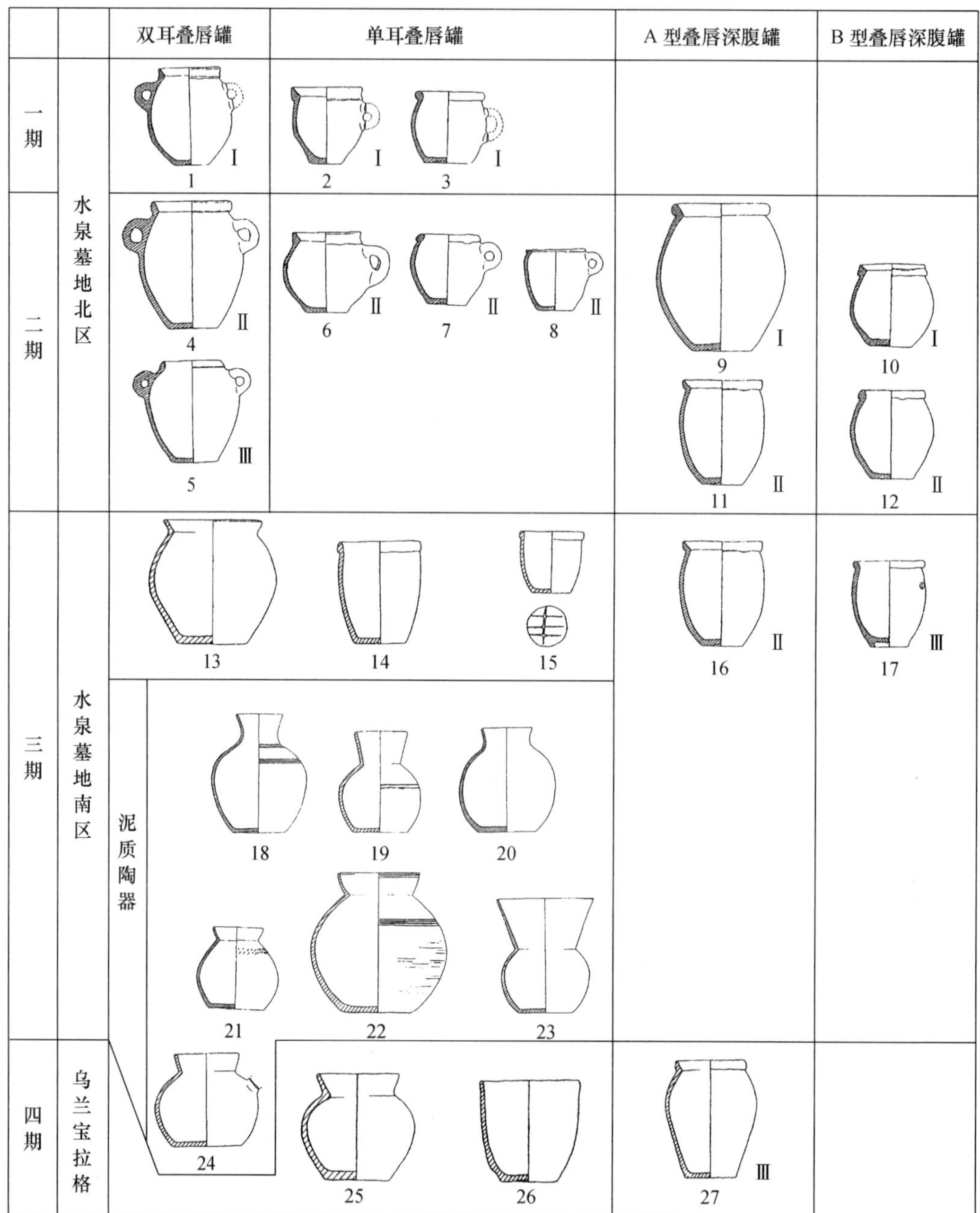

图三　敖汉旗水泉墓地、乌兰宝拉格墓地陶器及其分期

（根据郭志忠《水泉墓地及相关问题之探索》）

1～12、14～17、27. 叠唇罐　13、25. 折沿罐　18～20. 壶　21、22. 杯口罐　23. 敞口壶　24. 角柄罐　26. 筒腹罐（图上未注明者均为夹砂陶器）

（第一期：春秋战国之际—战国早期　第二期：战国早中期　第三期：战国早中期—战国中晚期前　第四期：战国中晚期）

化晚期的双耳罐相似，其形制与该文化中晚期阶段地点偏东的滦平梨树沟门墓地所出双耳罐最接近（图四，5、6）[15]。水泉北区最早一期的单耳夹砂叠唇罐，也与玉皇庙文化的同类罐形制很接近（图四，9、12、13）。在河北滦平、内蒙古的林西井沟子以及喀喇沁旗大山前、宁城三座店、赤峰初头朗镇等地，都发现与水泉类型相似的双耳或单耳叠唇罐（图四，1、2、7、10、11）[16]。水泉类型的腹部较深的双耳和无耳叠唇罐，在玉皇庙文化中也可找到类似者，同类器物既见于敖汉旗山湾子[17]，也见于属于玉皇庙文化系统的宣化小白阳（图四，1～4、8、14、17）[18]。水泉类型以动物头蹄为殉，以及殉狗的习俗也与玉皇庙文化有较多相似之处。如果我们在地图上将出土与水泉类型相似的双耳、单耳叠唇罐的墓葬标出，明显可见它们从燕山山脉西段的延庆一带北上到冀北山地的滦河中游，再向东穿过七老图山到达水泉墓地，越偏西的遗存年代越早（图一）。

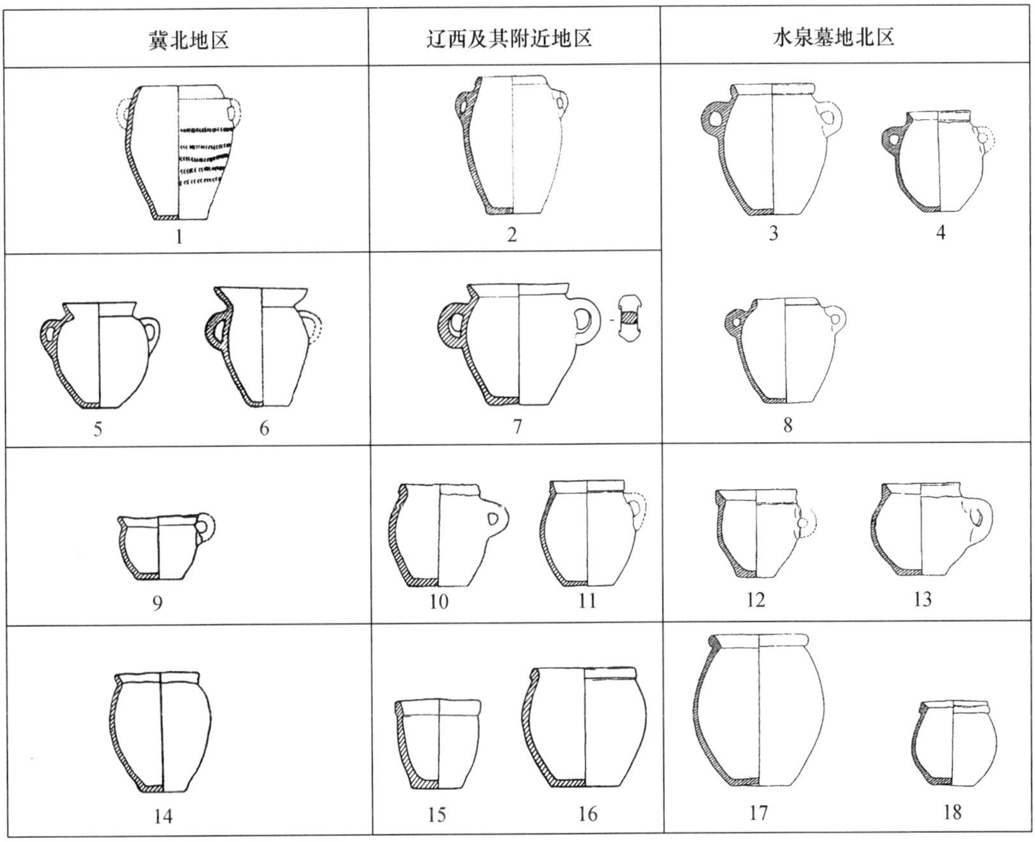

图四 水泉墓地北区与其他地区叠唇罐对比图

1. 宣化小白阳 M4 2. 敖汉山湾子 3. 水泉 M50 4. 水泉 M73 5. 滦平梨树沟门 1988 年征集 6. 梨树沟门 M35 7. 林西井沟子 M10 8. 水泉 M73 9. 延庆玉皇庙 M396 10. 宁城三座店 11. 井沟子 M13 12. 水泉 M4 13. 水泉 M7 14. 玉皇庙 M340 15. 井沟子 M45 16. 井沟子 H5 17. 水泉 M8 18. 水泉 M21

可以看出，水泉类型陶器主要因素来源于冀北玉皇庙文化，形制则较冀北的有所变化。水泉类型遗存能够经过长距离迁徙到达辽西地区，其文化因素甚至分布到更北的林西井沟子墓地，这些都说明这类遗存的主人有很强的移动能力和影响力。他们从冀北北上、东进到辽西地区，应与春秋晚期至战国早期燕势力进入冀北对当地居民的挤压有密切关系。

水泉墓地南区墓葬年代在战国早中期，其陶器既有从水泉类型延续下来的夹砂叠唇罐，也有来自大小凌河流域春秋时期“凌河类型”遗存的泥质敞口壶、杯口罐、曲刃青铜短剑（图三，21～23），以及矮腹敞口壶（图三，19）。在距离水泉墓地6千米的乌兰宝拉格墓地也发现了与水泉墓地南区同类的遗存，但是年代相对略晚，并已经出现仿制的燕式陶礼器，其年代大致在战国中晚期（图三，25～27）[19]。学界将水泉墓地南区墓葬和乌兰宝拉格墓地归入“凌河类型”或“凌河文化”遗存[20]，但是，它们与辽西同时期的其他“凌河类型”遗存有明显差别，主要差别体现在它们有较多源自水泉类型的夹砂陶器。从目前发现看，水泉墓地南区和乌兰宝拉格墓地这类遗存集中分布于辽西敖汉旗南部的水泉和乌兰宝拉格墓地、朝阳袁台子墓地，由水泉类型因素与辽西原有的“凌河类型”文化因素融合而成，有必要将其从内涵复杂的“凌河类型”或“凌河文化”遗存中独立出来考察，这里暂时称这类遗存为“水泉南区类型”。

总之，水泉墓地及与其紧邻的乌兰宝拉格墓地，都是外来人群迁入当地后留下的遗存。春秋战国之际从冀北东进到此的人留下了水泉类型遗存；战国早、中期从辽西地区中南部北上到达这里的人群，又与水泉类型的人群共处、融合，形成水泉南区类型遗存。到战国中晚期，水泉南区类型的人群已经受到燕文化的影响，在距离水泉墓地不远的乌兰巴拉格留下含燕文化因素的墓葬。

三、冀北燕人及其与辽西本地人相互融合的遗存——朝阳袁台子墓地

袁台子墓地共有战国时期墓葬40座，墓葬形制相同，大多数有一棺一椁。随葬品不见青铜礼器，其中有19座墓葬随葬燕式陶礼器，13座只随葬水泉南区类型的夹砂叠唇深腹罐（其中5座出燕墓常见的小石条或带钩），4座墓葬只随葬水泉南区类型的泥质陶器，4座墓葬只随葬1～2件小罐（这种小罐常见于冀东北的战国燕文化墓葬，其中有2座墓随葬燕墓常见的小石条）。这40座战国时期墓葬有相似的形制特征，大多数随葬燕式陶器；不随葬燕式陶器的墓葬或者有燕文化墓葬特有的小石条，或者有冀东北地区战国燕墓常见的小罐。上述情况说明，袁台子墓地的40座战国墓葬大多数可确定为燕墓（表一）。

表一　袁台子墓地40座战国时期墓葬统计表

墓葬数量	随葬燕式陶礼器	只随葬水泉南区类型夹砂叠唇罐	只随葬水泉南区类型泥质陶器	只随葬1～2件小罐
战国早期	6	13（5座随葬小石条或带钩）	4	4（2座随葬小石条）
战国中期	6			
战国晚期	7			

根据裘炫俊的分期研究[21]，袁台子19座随葬燕陶礼器墓葬可分为战国早、中、晚三期（即第一、二、三期），其中属于战国早期的有6座，陶礼器组合均为鼎1，豆6，壶2，三足盘1，匜1（图五，1～7）。这6座墓葬中有3座随葬三足罐，这种三足罐是玉皇庙文化晚期的双环耳鼎的进一步发展，在战国早期冀北地区燕墓[22]以及内蒙古凉城毛庆沟墓地[23]等地均发现此类形状的三足罐（图五，9）。上述6座战国早期燕墓中有5座也随葬属于日用陶器的小罐（图五，10），类似小罐也见于迁西大黑汀[24]、天津贾各庄[25]的部分燕墓。在袁台子墓地，从战国早期到中期，三足罐一直与成套的燕式

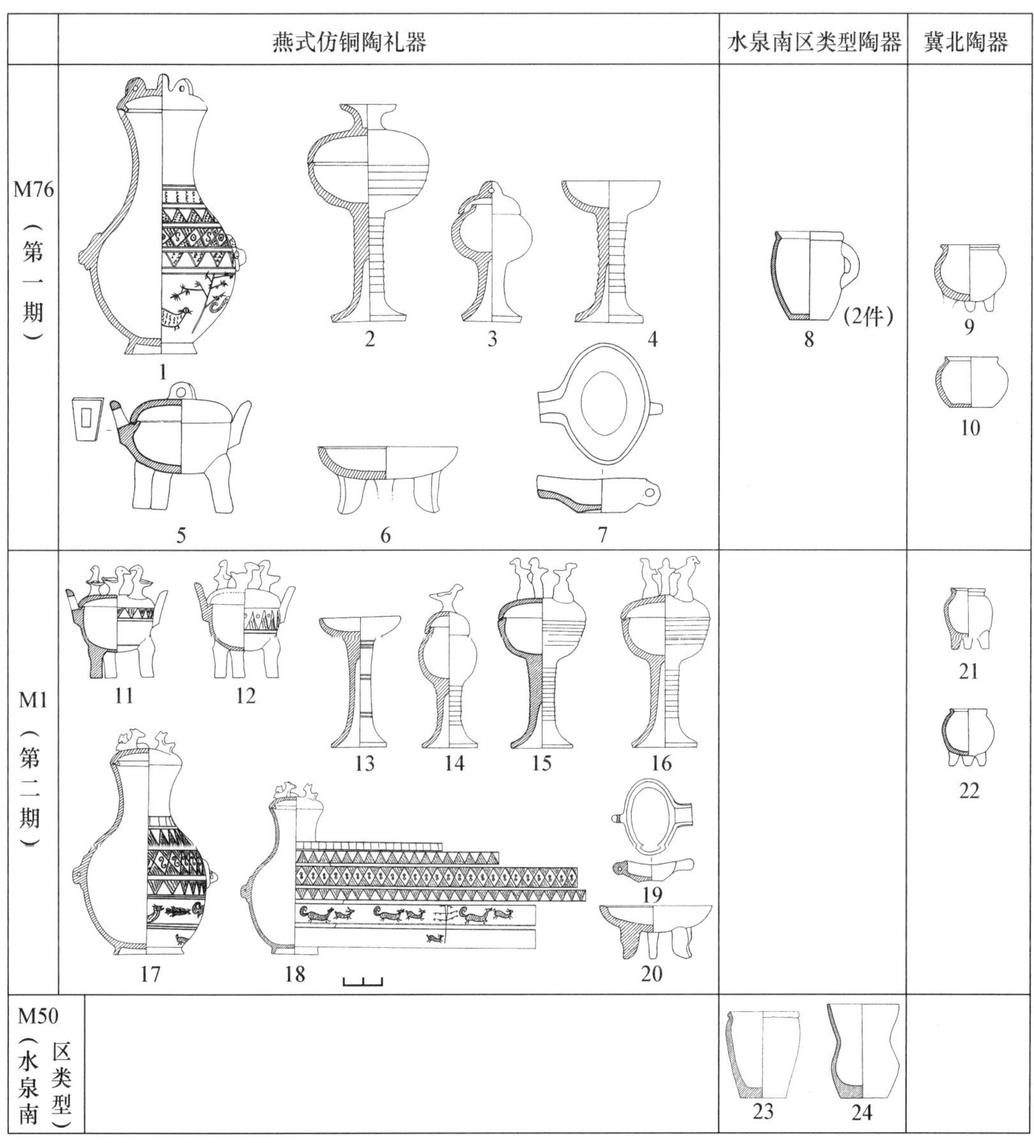

图五 袁台子墓地战国墓葬随葬陶器举例

（分期依据裘炫俊《东周时期燕文化的扩张与东北地区文化的变迁》）

1、17、18. 壶 2～4、13～16. 豆 5、11、12. 鼎 6、20. 三足盘 7、19. 匜 8. 单耳叠唇罐 9、10、21、22. 三足罐 23. 深腹叠唇罐 24. 敞口罐

陶礼器共出；小罐从战国早期延续到晚期。上述情况说明，袁台子墓地的 19 座燕陶礼器墓的主人一部分是接受燕文化的冀北玉皇庙文化人群的后裔，一部分是冀东北地区的燕人。他们虽然已经接受了燕文化，但是还保留少量自身特有的代表性陶器。这与冀北地区战国早、中期的同类燕墓的性质相同（表二）。

在以上 6 座战国早期的燕式陶礼器墓葬中，有 3 座同时也随葬水泉南区类型的夹砂叠唇罐（图五，8），其中 2 座夹砂叠唇罐与三足罐共出。可见袁台子墓地年代最早的燕墓，已经融合入了水泉南区类型的因素，并且出现了玉皇庙文化和水泉南区类型因素共存的现象（表二）。

表二　袁台子墓地随葬燕式陶礼器墓葬统计表

序号	期别	墓号	燕文化陶礼器	玉皇庙文化因素陶器	冀东北燕墓陶器	水泉南区类型陶器
1	一	M11	鼎 豆 6 壶 2 三足盘 匜	三足罐	小罐	
2	一	M60	同上	三足罐	小罐	
3	一	M111	同上	三足罐	小罐	
4	一	M35	同上		小罐	叠唇深腹罐
5	一	M37	同上	三足罐		单耳深腹罐
6	一	M76	同上	三足罐	小罐	叠唇深腹罐
7	二	M1	同上	三足罐 2		
8	二	M3	同上		小罐 2	
9	二	M4	同上		小罐	
10	二	M6	同上	三足罐 2		
11	二	M31	同上		小罐 2	
12	二	M8	鼎 豆 4 壶 2 圜底盘 匜		小罐	
13	三	XM73	鼎 豆 壶 盘 匜			
14	三	XM14	鼎 豆 3 壶			
15	三	XM21	鼎 2 豆 4 壶 2			
16	三	XM9	鼎 豆 3 豆盖 1 壶 2 盘		小罐	
17	三	M14	鼎 豆 6 壶 盘		小罐 2	
18	三	XM25	鼎 豆 3 壶 盘 匜		小罐	
19	三	XM22	鼎 2 豆 4 壶 2 盘 匜		小罐	双耳深腹罐 单耳深腹罐

注：分期根据裘炫俊：《东周时期燕文化的扩张与东北地区文化的变迁》，XM25 为潘玲增补

袁台子墓地有 21 座战国时期墓葬不随葬燕式陶礼器，但是其中有一部分随葬燕墓特有的小石条，有的随葬带钩，可见这些墓葬也受到燕文化的影响。这 21 座墓葬

中大部随葬与水泉类型有明显渊源关系的陶器，只不过形态明显偏晚，深腹罐与水泉南区类型的更相似；只有少数墓葬的陶器与水泉南区及乌兰宝拉格墓地的泥质陶器属于一类，学界认为这些泥质陶器是典型的“凌河文化”陶器，即来自辽西本地（图五，24）（表一）[26]。

从以上分析可知，以接受燕文化的冀北玉皇庙文化的后裔为主体的人群，进入辽西大凌河谷地的今朝阳袁台子一带后，首先选择的是与先期来自冀北并已与辽西本地的“凌河类型”文化融合的人群——水泉南区类型的居民共处。初来乍到的冀北燕人选择与其有同源关系的人群共处，更有安全感。

在辽西地区，袁台子墓地发现战国燕墓的数量最多，延续时间也最长。这里的燕墓均为中、小型，无铜礼器，第一、二期墓葬的陶礼器组合和数量几乎完全相同，形制统一，这也反映出该地燕文化居民的葬制非常严格。位于袁台子墓地西侧大凌河谷地的袁台子遗址，在战国晚期已经初具规模，汉代为辽西郡的西部都尉所治的柳城[27]。柳城所处的朝阳盆地平坦开阔，水源丰富，大凌河的河道稳定。东晋初，慕容皝在柳城之北兴建前燕都城——龙城[28]。唐代在龙城置营州，是经营东北的军政中心。综合这些情况，可以看出，战国早期燕的势力首先占据朝阳盆地一带绝非偶然，该地应是燕经过精心选择后确定的最佳地点。

辽西其他地区也发现有少量与袁台子战国燕文化墓葬性质类似的遗存，如喀左眉眼沟 M1 即为燕式陶礼器与三足罐共存，年代在战国中期左右[29]。

四、与燕合作的辽西土著遗存——建昌东大杖子墓地

东大杖子墓地是辽西地区等级最高的战国时期墓地，有以大型木椁为葬具的墓葬，随葬品中本地“凌河类型”陶器与曲刃短剑、燕式的青铜礼器及陶器共存，墓地的年代贯穿整个战国时期。已发表的材料中，有 18 座墓葬出土遗物相对丰富。裘炫俊对这些墓葬做过断代分析，推定为战国早期的墓葬有 5 座，但是其中 2000 年发掘的 M5 出土的三足带流罐（图六，1），明显是从水泉南区类型的带柄侈口罐和杯口罐发展而来，而水泉墓地南区的年代为战国早、中期（图六，4、5）。另外东大杖子 M5 的敞口罐颈部较粗（图六，2），类似形状的敞口罐在袁台子 M50 与水泉南区类型的叠唇深腹罐共出（图六，3）。这些情况说明，东大杖子 M5 的年代断代在战国早、中期更合理。东大杖子 M16、M37 所出铜敦的形状（图六，8、9）与通县中赵甫[30]、迁西人黑汀 M1[31] 所出的基本相同（图八，10、11），纹饰均为燕地特有的纹饰，朱凤瀚的《中国青铜器综论》将后两者均断在战国中期偏早阶段[32]。辽西作为燕的边缘地区，青铜礼器的使用年代，正常情况下应略晚于中心区域。因此，本文根据朱凤瀚先生的断代，也将 M16、M37 断在战国中期偏早阶段。其余的墓葬断代采用裘炫俊的观点（表三，因资料有限，表中仅有 17 座墓葬材料）。

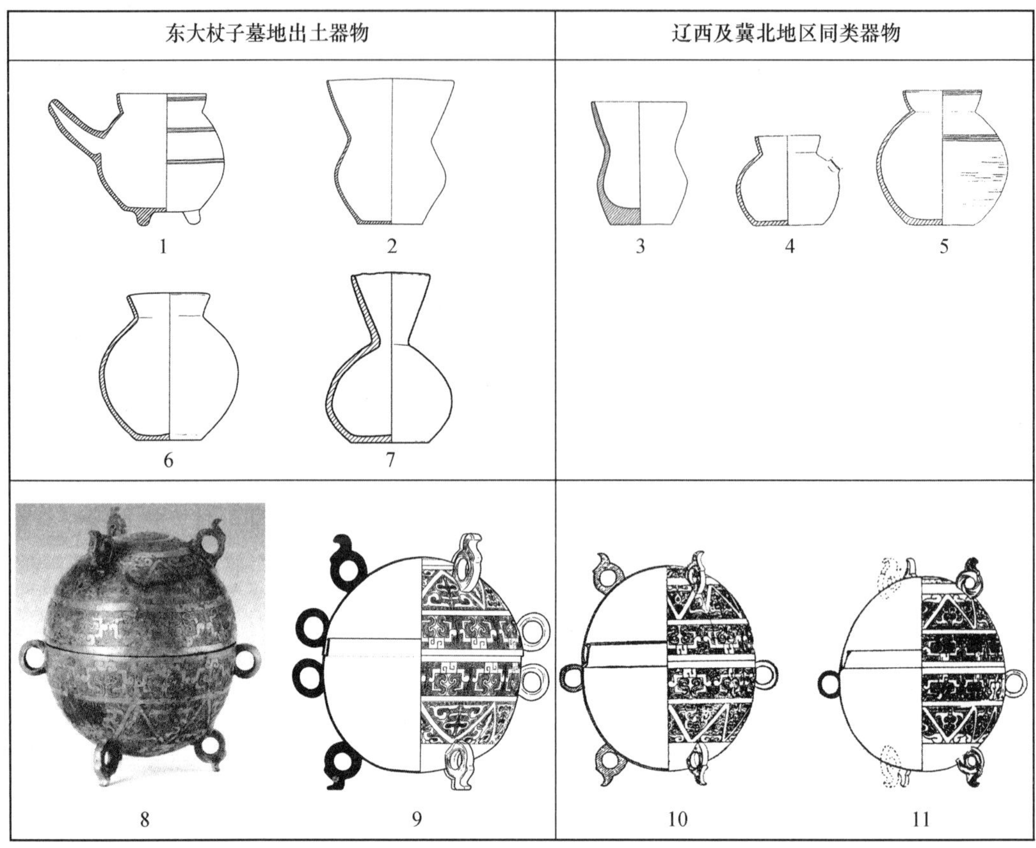

图六　东大杖子墓地出土器物与辽西、冀北同类器物对比图

1、2. 建昌东大杖子 M5　3. 朝阳袁台子 M50　4. 敖汉水泉南区 M100　5. 水泉南区 M29　6. 东大杖子 M23　7. 东大杖子 M16　8. 东大杖子 M16　9. 东大杖子 M37　10. 通县中赵甫墓葬　11. 迁西大黑汀 M1

表三　东大杖子墓地已发表的战国时期墓葬统计表

序号	年代（战国）	发掘年份及墓号	燕文化陶器	燕文化铜礼器	本地文化陶器	其他	其他
1	早期	2002M34	壶	敦足		盖弓帽	被打破
2	早、中期	2000M5	壶、豆	敦	敞口盂、三足有流罐	曲刃短剑、中原剑、中原车马器	
3	中期早段	2001M16	豆	敦、匜	罐	中原戈、燕式戈、中原车马器、铜斧	
4	早、中期	2001M23			敞口壶	曲刃短剑、带钩	
5	早、中期	2002M32		鼎、敦、壶	侈口罐	铜工具	
6	中期早段	2002M37		敦			
7	中期	2000M11		鼎、豆、壶、盘、匜		曲刃短剑、中原戈、中原车马器	

续表

序号	年代（战国）	发掘年份及墓号	燕文化陶器	燕文化铜礼器	本地文化陶器	其他	其他
8	中期	2001M20	豆			曲刃短剑、燕式戈	
9	中期	2001M25			敞口壶	中原戈	
10	中期	2002M28	豆	豆		中原车器	被盗
11	中期	2002M29	豆		敞口壶		被盗
12	中期	2003M44	豆		侈口罐		
13	中期	2003M46	豆				
14	中晚期	2003M45		鼎、豆、壶、盘、匜、尊		曲刃短剑、燕式戈、中原戈、中原车马器	
15	晚期	2011M40	鼎、豆、壶、三足盘、圈足盘、簋				
16	晚	2003M42	釜				
17	末期	2011M47	鼎、豆、壶、盘、匜、簋				

从东大杖子墓地18座战国时期墓葬可以得出以下五点认识：

第一，在战国晚期以前，该墓地的燕式陶器只有豆、壶两种，其中绝大多数豆属于日用陶器而非陶礼器，壶属于陶礼器；绝大多数墓葬只随葬1件豆或1件壶，或者豆、壶全无，只有M5墓葬同时随葬豆和壶（图七，1～3）。到战国晚期才出现成套的陶礼器，而且是高级燕墓中使用的仿古的陶礼器。

第二，体现本地文化特征的陶器和曲刃短剑分别延续到战国中期和中、晚期，并且与燕式陶器和铜礼器共出。本地传统的陶器有两种：一种是继承自春秋时期“凌河类型”的陶器（图六，1、2、6）；一种是过去认为来源于辽东的敞口壶（图六，7）。

第三，不见水泉类型陶器，也不见随燕文化而来的冀北的三足罐、肩双耳罐等陶器。

第四，大、中型墓葬多随葬燕式青铜礼器，同时还常见中原式车马器、中原式戈和燕式戈（图七，6～12）。保存好的墓葬青铜礼器组合完整，与燕核心区域青铜礼器墓的组合相同。

第五，战国晚期的M40和末期M47这两座大型墓葬只用仿古的陶礼器，不见青铜礼器，也不见体现辽西本地传统的器物，其墓葬结构和随葬器物与战国中晚期燕国核心区的高级燕墓保持高度一致，但是两座墓均大量使用马、牛、羊、猪和狗的头为殉。这说明战国晚期，至少该地的贵族阶层几乎完全接受了燕文化，只在殉牲习俗方面保留了其固有传统。

通过以上分析可以看出，东大杖子墓地居民的上层在战国早期已经与燕合作，燕通

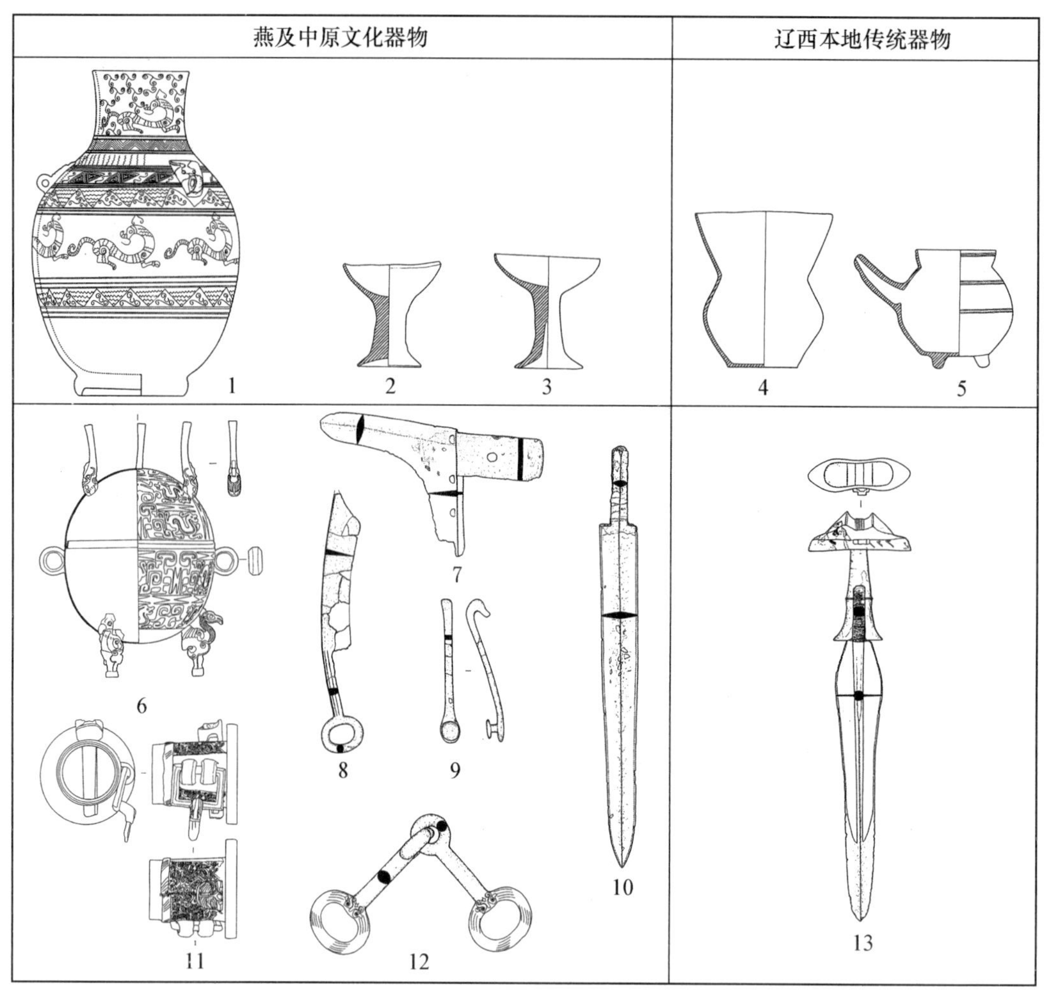

图七　东大杖子墓地 M5 主要随葬器物

1. 陶壶　2、3. 豆　4. 敞口罐　5. 带流三足罐　6. 敦　7. 戈　8. 尖首刀　9. 带钩　10. 剑　11. 车辖　12. 马衔　13. 曲刃短剑（1～5 为陶器，其余为铜器）

过笼络社会上层的方式将该地逐步纳入其势力范围，至战国晚期这里的居民已经基本燕化。因为燕是通过与上层合作的方式对这里施加影响，因此当地的文化传统得以长期延续，燕的成套陶礼器到战国晚期才在这里出现。这也说明东大杖子一带的居民有很强大的实力和影响力，使燕不能用派燕人来征服的方式对待他们，而是耐心地从社会上层入手逐渐渗入。

与东大杖子类似的遗存，在喀左也有发现。喀左南洞沟石椁墓出属于“凌河类型”的侈口鼓腹罐和只见于辽西地区的鳐鱼形节约，辽西地区流行的曲刃短剑（图八，1～3），燕式青铜簋（图八，8），中原式的车軎、马衔、戈、带钩（图八，4～7）。根据曲刃短剑和铜簋的形制特征判断，墓葬年代在战国早期[33]。喀左老爷庙墓葬出与水泉南区类型形状相似的直口带柄罐、曲刃青铜短剑（图九，1、2），带横贯耳的仿燕式陶壶（图九，3），中原式的戈、带钩（图九，4、5），年代应在战国早中期（图九）[34]。

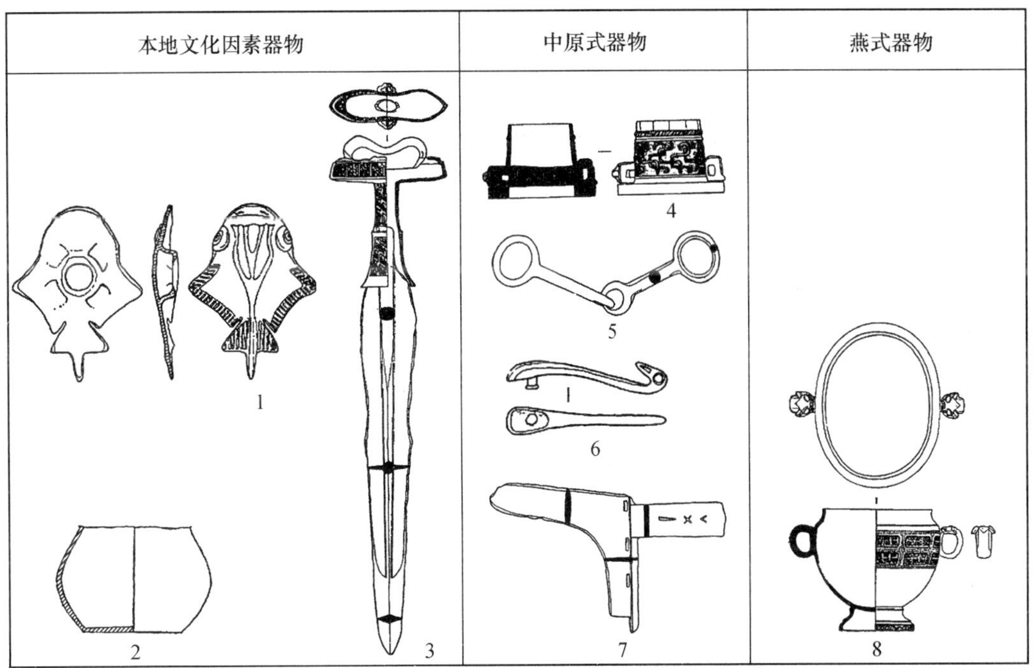

图八　喀左南洞沟石椁墓主要随葬器物

1. 鳐鱼形节约　2. 侈口罐（口残）3. 曲刃短剑　4. 车軎　5. 马衔　6. 带钩　7. 戈　8. 簋

（2 为陶器，其余均为铜器）

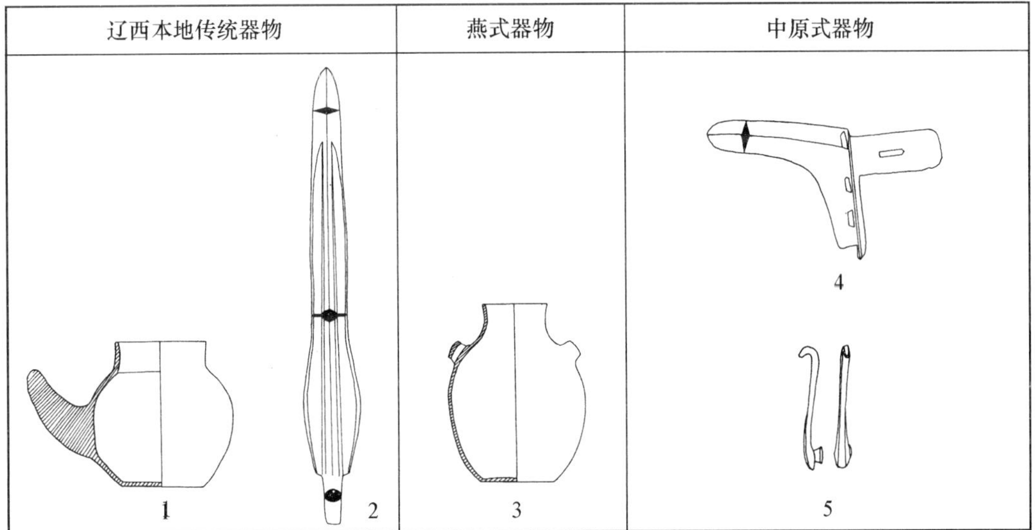

图九　喀左老爷庙墓葬出土器物

1. 带柄罐　2. 曲刃短剑　3. 横双耳壶　4. 戈　5. 带钩（1、3 为陶器，其余为铜器）

五、其 他 遗 存

1. 来源待考的矮腹敞口壶遗存——朝阳吴家杖子墓地、兴城马圈子墓地

在辽西地区战国早中期的遗存中，经常能见到一种矮腹敞口壶，如水泉南区墓地、建昌东大杖子墓地均可见到。这种壶通常是与“凌河类型”陶器共存，一般都认为这类矮腹敞口壶来自于辽东地区。单纯随葬这种敞口壶的墓葬很少，只见于两处墓地。一是朝阳吴家杖子墓地[35]，共清理残存墓葬17座，其中8座有殉牲，3座随葬陶器，均为1件矮腹敞口壶（图一〇，1～3），且这3座墓葬均有殉牲。可确认的殉牲组合为猪头和狗头、牛头和狗头两种。吴家杖子墓地的青铜器有中原式与东北式融合型的柱脊直刃短剑（图一〇，6），燕和冀北流行的尖首刀（图一〇，7、8），属于夏家店上层文化遗留因素的齿柄刀（图一〇，9），北方长城地带流行的璜形片状颈饰（图一〇，10），与冀北玉皇庙文化流行的带钩相似的方牌形带钩（图一〇，11）。兴城马圈子清理的34座墓葬中大多数无随葬品，只有1座随葬2件形制相同的矮腹敞口壶（图一〇，4、5）[36]。

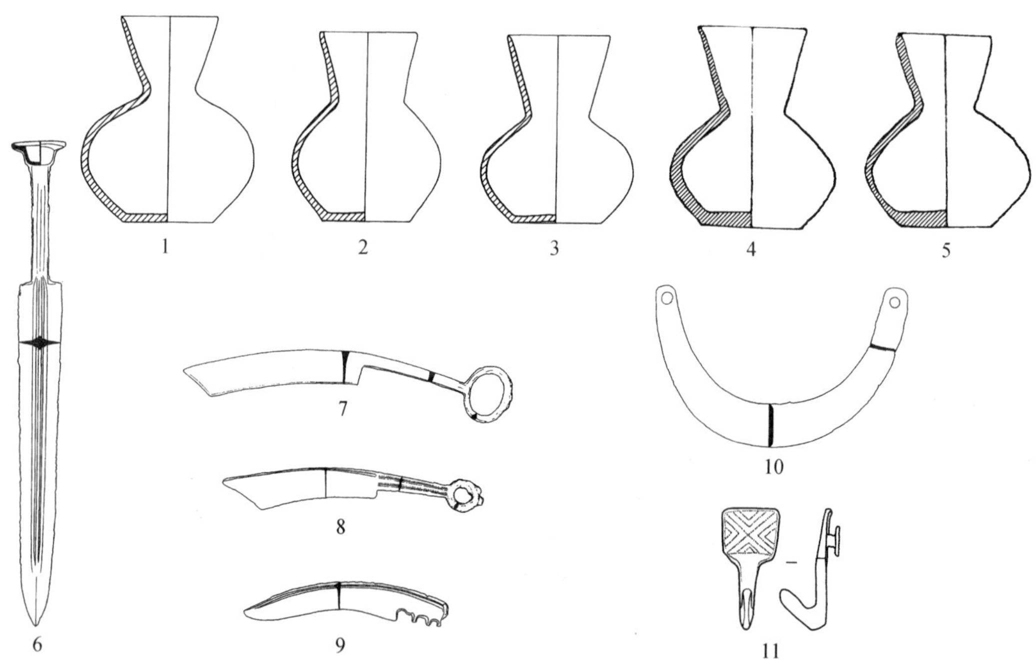

图一〇　朝阳吴家杖子、兴城马圈子墓地出土器物

1. 吴家杖子Ⅱ M11　2、8. 吴家杖子Ⅱ M4　3. 吴家杖子Ⅱ M1　4、5. 兴城马圈子M31　6、7、9、10. 吴家杖子Ⅱ M2　11. 吴家杖子Ⅱ M7

过去学界普遍认为辽西地区战国时期的矮腹敞口壶是来自于辽东地区的因素，但是上述两处单纯随葬敞口矮腹陶壶的墓地，却不见与辽东地区相关的文化因素。吴家杖子墓地发现的青铜武器、工具的文化因素复杂，唯独不见源自辽东的因素，特别是无曲刃

青铜短剑，其殉牲习俗也不流行于辽东地区。由此可见，辽西矮腹敞口壶不可能来源于辽东地区。根据吴家杖子的青铜器和殉牲习俗可以推测，它们与冀北地区和辽西夏家店上层文化的关系更密切。王鹏认为这种矮腹敞口壶与吉林双辽后太平墓地的陶壶非常相似，两者之间的联系有待新的研究和发现来证明[37]。

从现有发现可以看出，单纯随葬矮腹敞口壶遗存的势力较弱，而且分布比较分散，其实力完全无法与上述四种遗存相比。目前发现的矮腹敞口壶，大多数已经融入辽西本地“凌河类型”遗存中，与该类型遗存的陶器共存。

2. 外来强人的遗存——凌源五道河子墓地

五道河子墓地位于凌源县三道河子乡五道河子村办砖厂的取土场，清理前已被破坏[38]。共清理墓葬11座，未发现陶器，青铜装饰品发达。墓底铺桦树皮，墓内发现成排的马牙。与玉皇庙文化相似的有马形饰牌（春秋晚期至战国早期）、鹿形带钩、金质璜形颈饰、环首刀（图一一，1~5）。中原式的器物有铜剑和戈、铜车軎，马衔、钟（图一一，6~11）。有中原式剑身和东北式柱脊的融合型剑，但是不见曲刃短剑（图一一，12~14）。与辽西地区有关的器物有见于喀左南洞沟石椁墓的鳐鱼形铜节约（图一一，15），见于铁匠沟墓地的野猪形金饰牌（图一一，16），原型可见于辽西地区春秋时期墓葬的锚形挂缰钩（也见于蒙古境内）（图一一，18）。也有仅见于五道河子墓地的鸡形铜饰牌（图一一，17）。根据与玉皇庙文化相关器物的特征可知，五道河子墓地的年代在战国早、中期，与玉皇庙文化有一定的联系，使用中原式车马器和兵器、乐器，有特有的动物形饰牌。该墓地的器物与辽西有一定的联系，但是均为在辽西很少见的器物[39]。与该墓地的野猪形饰牌、锚形挂缰钩相似的器物，也见于蒙古和西伯利亚。从随葬品特征看，这处墓地的人群移动能力强，崇尚武力，应该是游牧色彩较浓的武士阶层的墓葬。他们还没有受到典型的燕文化和辽西本地文化的影响，但是与冀北玉皇庙文化有联系。过去学界曾经推测该墓地可能为东胡的遗存[40]，但是之后没有再发现同类遗存，墓葬的人骨也没有做人种鉴定。该墓地使用中原式的兵器、车马器和乐器，这也与战国秦汉时期游牧民族的习俗有别。因此，仅靠五道河子墓的材料，目前不能确定它们与东胡有关。

3. 汇聚多种文化因素的遗存——凌源三官甸青铜短剑墓地

凌源三官甸青铜短剑墓地位于凌源县凌北乡三官甸村，清理前已遭到破坏，大多数墓葬随葬品较少，只有一把剑或1至2枚铜镞。少数规模大的墓葬均为石椁墓，随葬品丰富，其中绝大多数为青铜器，有少量金器[41]。文化因素有六种，第一种是属于辽西本地“凌河类型”的曲刃短剑、以石椁为葬具（图一二，1、2）；第二种是来自于冀北玉皇庙文化的虎形和鹿形金饰牌、环首刀（图一二，5~7）；第三种是燕文化的青铜鼎（图一二，9）；第四种是只见于辽西地区的蛙形节约和双蛇衔蛙形器（图一二，3、4）；第五种是夏家店上层晚期流行的一节直杆式马衔（图一二，8）；第六种是中原式的戈、铜钮钟（图一二，10、11）。根据虎形金饰牌、曲刃短剑、燕式铜鼎判断，墓群的年代应在战国早期。虽然三官甸和五道河子都有来自玉皇庙文化的因素，但是相比较而言，

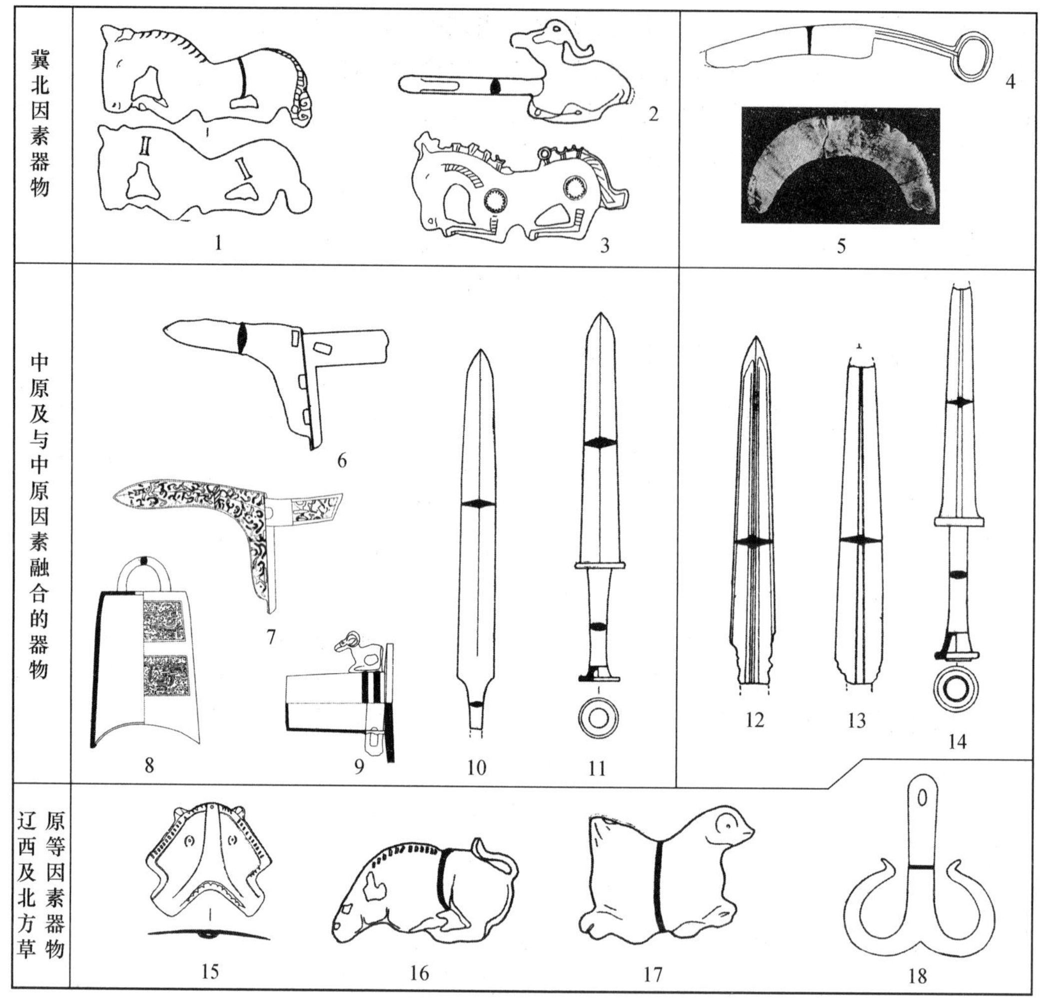

图一一　凌源五道河子墓地出土器物

1、3. 马形饰牌　2. 鹿形带钩　4. 环首刀　5. 璜形颈饰　6、7. 戈　8. 钟　9. 车軎　10～14. 剑　15. 鳐鱼形节约　16. 野猪形饰牌　17. 鸡形饰牌　18. 挂缰钩

（5、16. 为金器，其余均为铜器）

三官甸墓地的文化因素更复杂，与辽西本地文化的关系更密切。

4. 文化因素极其复杂的墓葬——喀左北山根石椁墓

过去也称为喀左园林处墓葬，位于喀左县大城子镇北的北山根[42]。随葬品有青铜器和陶器。该墓的文化因素极其复杂，辽西本地文化因素有曲刃青铜短剑、石椁。随葬陶器中有2件陶壶，肩部均有截面为圆形的纵向环耳。其中1件陶壶的形制与长城地带中段内蒙古岱海地区的毛庆沟和小双古城墓地所出非常相似（图一三，1）[43]；另一件的器身形状仿照燕式陶礼器壶，但是肩上的双耳仍然与第一件陶壶的器耳相同，不见于燕式陶壶（图一三，2）。2件叠唇深腹的夹砂陶罐属于水泉南区类型陶器（图一三，3）。

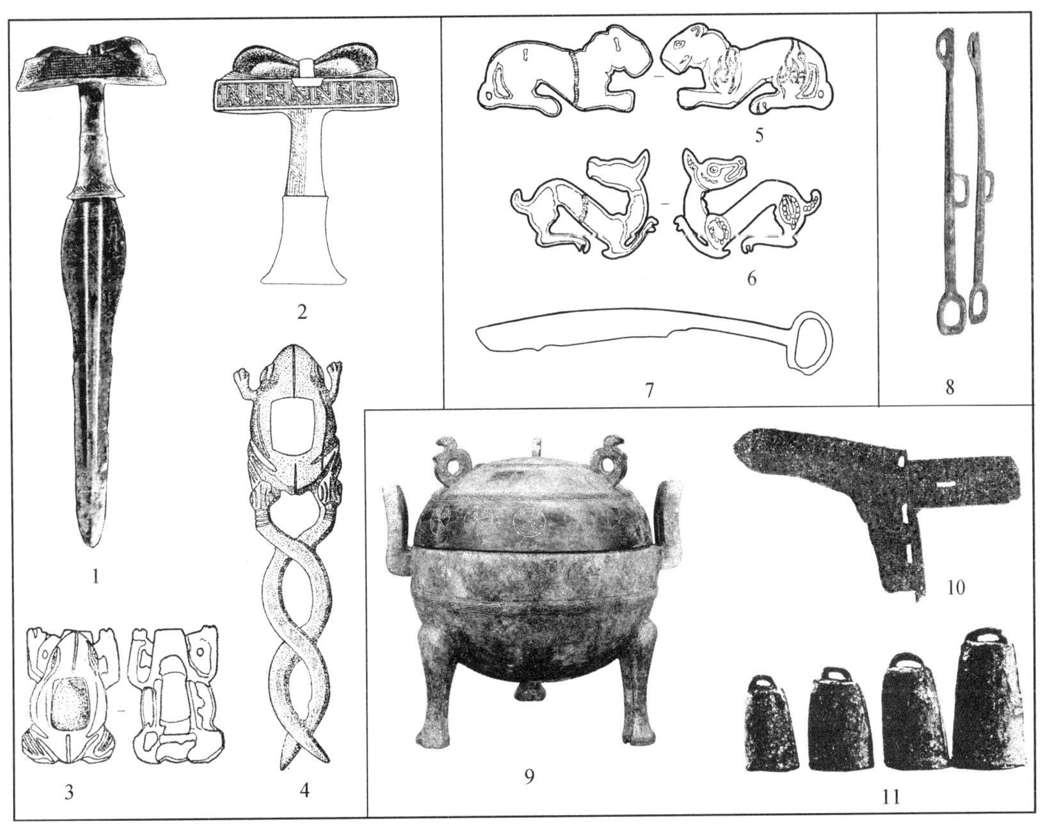

图一二　凌源三官甸墓地出土器物

1. 曲刃短剑　2. 曲刃短剑剑柄　3. 蛙形节约　4. 双蛇衔蛙形器　5. 虎形饰牌　6. 鹿形饰牌　7. 环首刀　8. 马衔　9. 鼎　10. 戈　11. 钟

（5、6 为金器，其余均为铜器）

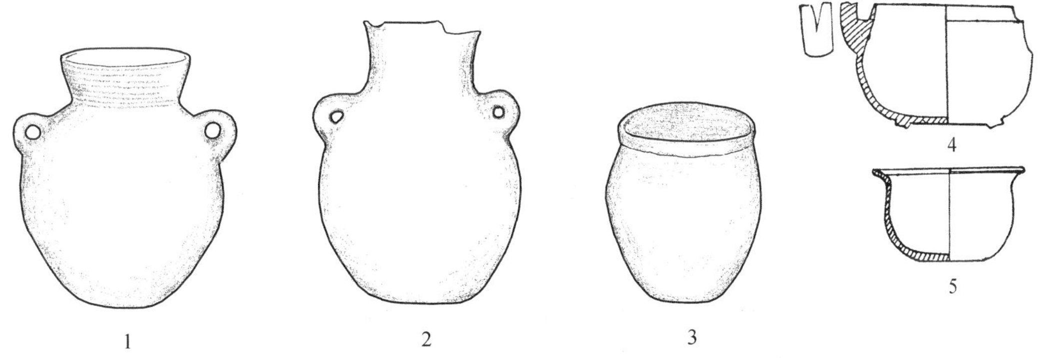

图一三　喀左北山根墓葬随葬陶器

1、2. 肩双耳壶　3. 叠唇深腹罐　4. 仿燕式鼎　5. 盆

泥质陶鼎的器耳和腹部特征与战国早中期燕式陶礼器鼎相同（图一三，4）。泥质陶盆和铜带钩不能确定是否来源于燕文化，但是至少属于中原文化因素（图一三，5）根据双耳陶壶和叠唇深腹罐的形制特征判断，该墓的年代在战国早、中期。

北山根石椁墓所出的水泉南区类型叠唇深腹罐是辽西南部地区仅见的一件，岱海地区的肩双耳壶在辽西地区也仅见于该墓，石椁墓则是辽西本地的传统，曲刃青铜短剑是已成为辽西本地特征的源自辽东地区的因素。东、西、南、北四面的因素汇聚在一座墓中，尤其是辽西仅见的源自长城地带中段的肩双耳壶，尤其耐人寻味。该墓最能体现战国早、中期辽西地区文化因素的复杂性，林沄先生多年前就指出该墓是一个“应该抓住不放的线索”[44]。

六、文化的整合和战国晚期的辽西

从以上分析可知，战国早、中期，辽西地区的中部和南部都受到了燕文化的影响。在辽西中部的袁台子墓地，已经燕化的冀北人与含水泉南区类型遗存共处、融合。在辽西南部的东大杖子墓地等地，燕文化主要通过当地社会上层逐渐渗入。战国中晚期，燕文化因素才到达辽西北部的水泉墓地一带。此外，在凌源县的努鲁尔虎山区内，还有三官甸、五道河子这类与燕文化关系相对疏远、有浓厚冀北文化因素的遗存。

尽管燕文化在辽西各地推进的时间和方式有别，但是到战国晚期，燕文化已经基本取代辽西原有的文化因素，辽西境内燕的城址均兴建于战国晚期或末期[45]，城址和其他遗址出土遗物绝大多数为燕式器物。从考古学文化的角度来看，此时辽西的确已经成为燕国的一部分。

因此，从辽西地区的考古发现来看，秦开却东胡筑长城，绝不是突然的军事行动。在筑长城以前的战国中、晚期之际，辽西的居民虽然还有一部分保留其固有的传统，但是大多数居民对燕文化已经采取接受的态度；被派到辽西开拓局面的冀北燕人已经定居在辽西中北部地区。正因辽西已经在燕的掌控之中，辽西境内居民已认同燕文化，因此才有必要筑长城防御外敌。辽西绝不是在击退东胡、筑长城后才成为燕的领地，而是在筑长城之前就已经被燕控制。

七、战国时期貊和东胡遗存的推测

研究战国时期辽西地区的考古，无法回避貊和东胡遗存的认定这两个问题。

1. 战国时期貊的遗存

林沄先生通过对相关历史文献的梳理，指出貊是至少在西周晚期或更早的时候已经存在于燕北境的古老民族，战国中期的陈璋方壶上的刻文将燕国蔑称为“燕貊之邦”，西汉早期仍将燕故地的人称为“北貉燕人”，这说明在战国和汉初人的眼里，燕和貊有非常密切的关系[46]。可见，寻找貊的遗存有两个前提条件，一是在辽西地区历史悠久，可追溯到西周时期；二是战国时期与燕的关系密切。本文分析的战国早、中期辽西地区的考古遗存中，只有建昌东大杖子墓地具备这两个条件，其他三处战国前期规模较大的墓地都不具备或只具其一。

东大杖子墓地的本地文化传统陶器主要是“凌河类型”的侈口罐和敞口罐，后者的原型可追溯到西周时期大、小凌河流域的魏营子类型陶器。该墓地普遍随葬的曲刃青铜短剑，在辽西也可上溯到西周时期[47]。东大杖子的中、高级别墓葬随葬成套的燕式青铜礼器，并与“凌河类型”的陶器共存，说明他们与燕的关系密切，燕将该地的上层人士当做其贵族阶层来对待，同时又允许他们保持其固有的传统。

水泉墓地北区的水泉类型遗存，其文化因素主要来源于冀北地区，在春秋、战国之交才到达辽西的北部边缘，与貊没有联系。水泉南区类型的陶器主要是水泉类型夹砂陶器的延续，还有少量“凌河类型”因素，即“貊”的文化因素，但是不见燕文化因素，它们只能算含貊文化因素的遗存。乌兰宝拉格墓地与水泉墓地南区墓葬类似，只不过出现少量燕文化因素。袁台子战国墓葬是外来冀北燕人和本地水泉南区类型居民的遗存，以燕文化为主体，辽西本地“凌河类型”的因素只有一种敞口罐，数量极少。

因此，只有东大杖子墓地最有可能是战国时期貊的遗存，与东大杖子相距不远的喀左南洞沟、喀左老爷庙墓葬也应如此。这也证明了林沄先生二十余年前提出“十二台营子类型”遗存（即后来称为“凌河类型”的代表性遗存）应该是貊人遗存观点的先见性[48]。

2. 东胡的遗存

根据《战国策》《史记》的记载，东胡活跃于战国晚期，在燕国之北，西与匈奴相接，在战国末年非常强大，秦汉之际被匈奴所灭。燕是在东胡被秦开打败北退千余里后筑的长城，因此战国时期东胡的主体应在燕长城以外，但是其活动的一部分地域应在战国晚期被圈入燕长城内，成为燕的领土。

王立新提出井沟子类型是战国早期的东胡遗存，即位于燕辽西郡北缘的铁匠沟墓地也属于东胡遗存[49]。这一观点有以下三点合理性。首先，井沟子墓地和铁匠沟墓地之间距离达200余千米，期间未见其他同类遗存；井沟子墓地远离燕长城，铁匠沟墓地正处于燕长城沿线。这些均符合东胡移动能力强、分布地域广、主体在燕长城以外的特点。第二，井沟子类型带具、马具发达，普遍以马、牛、羊为殉，饮食中肉食成分所占比重较大，这些都符合东胡为游牧民族的特征。第三，井沟子墓地人骨为北亚蒙古类型，与匈奴和汉代鲜卑人骨的特征相同，这符合文献关于东胡与匈奴均属于“胡人”系统的记载。

对井沟子类型为东胡遗存的观点，这里提出两点补充。

第一，东胡遗存很可能不只局限于井沟子类型。战国晚期与东胡并存的匈奴是在征服了长城地带诸部之后建立的军事联盟，匈奴特有的文化在近西汉中期时才形成[50]。因此，战国前期的东胡很可能像战国晚期的匈奴一样，还没有形成统一的文化，井沟子类型只是其遗存的一部分。井沟子墓地有少量水泉类型的陶器；水泉类型遗存分布在辽西地区的北部，在辽西南部极少见其因素；属于水泉类型的水泉北区墓地距离铁匠沟墓地不远，无曲刃短剑，不见燕文化因素。这些都提示我们水泉类型与井沟子类型曾经相邻而居，两者之间有某些共性且有文化交流，因此不排除水泉类型人群在战国时期的某一阶段曾经为东胡的一部分。当然，也不排除留下五道河子遗存的人群，在战国早中期的某个特定时期，加入广义的东胡集团的可能性。

第二，井沟子类型在战国晚期已经不见踪影，但是文献记载东胡在在秦汉之际才灭亡。那么战国晚期的东胡遗存面貌如何？这一直是困扰学术界的问题。我们可以借鉴匈奴遗存的特征来反观东胡遗存。例如，从地理位置和文化特征两方面看，战国晚期的阿鲁柴登[51]、西沟畔M2[52]等墓葬都应属于战国晚期的匈奴遗存。但是它们与可确认的年代最早的匈奴文化遗存之间的差别非常大，只能从腰带具方面看出两者之间有渊源关系[53]。以此类推，战国晚期的东胡遗存，可能只在某些稳定的文化特征方面延续了其先世的传统，而陶器等已经较战国早期发生了很大的变化。因此，在燕五郡塞外，战国晚期的使用与井沟子类型相同的长梃扁尾镞、无封土或封石的土坑竖穴墓，以及人种含有北亚蒙古类型成分的遗存，都是探寻战国晚期东胡遗存时应该注意考察的对象。

八、结　　语

燕在战国早期开始进入辽西，针对当地不同背景的居民采取不同的应对措施，辽西地区考古遗存的面貌也相应发生巨大变化，从最初的纷繁复杂，逐渐走向统一的燕文化。

燕占据冀北地区，使一部分与玉皇庙文化有联系的人群在春秋战国之际迁徙到辽西地区北部。在战国前期，已经有少量东胡的势力到达辽西地区北部，在先期到此的冀北人的北面落脚。当时燕对于辽西北部的这两类外来人群几乎没有施加任何影响。燕对辽西实力强大的貊人主要采取利用其上层人士作为其代理人的方式，使燕文化渗透到这里，但是不排除燕也采取过激进措施，迫使一部分貊人北上到辽西地区的中北部。燕在战国前期积极经营辽西最有力的措施，是派遣冀北的燕人到辽西中部占领战略要地，在地理位置优越的朝阳盆地建立基地，逐渐将当地居民纳入到燕的控制范围之内。战国早、中期，燕基本上控制住了大凌河上、中游谷地，其他外来势力，均未能越过努鲁儿虎山，到达大凌河河谷。经过战国前期的经营，到战国晚期秦开却东胡筑长城之时，辽西大部已经基本在燕的控制之下。

根据目前对燕文化的研究可以明显看出，战国晚期燕筑长城开五郡前，燕文化已经在冀北和辽西地区与当地文化相融合，这与只出现零星燕文化墓葬的辽东地区有明显的差别。可以看出，燕新开辟的五郡中，位于冀北和辽西的上谷、渔阳、右北平、辽西四郡均为已在燕的有效控制之下开设的，而辽东郡则是在燕却东胡、筑长城后才开始有效经营。

燕在战国前期已经潜心经营冀北和辽西，到战国晚期才在此筑长城置郡。在燕之前，秦伐残义渠、赵破林胡和楼烦后均先后筑长城、置郡。但是从考古发现可以看出，秦、赵的上述新开拓地区在置郡前的战国前期均以北方文化遗存为主体，秦、赵并没有像燕那样先期经营这些地区。杨建华先生曾经指出，东周时期长城地带各区域中，冀北地区的生态环境与中原最接近，中原文化对冀北地区的影响也最早，战国早、中期之际冀北已经被纳入燕文化的范围[54]。通过本文分析可以看出，继冀北地区之后，辽西地区在战国中、晚期之际也被纳入燕文化范围。

燕对冀北、辽西的长期经营，使冀北的玉皇庙文化在战国早期迅速衰落，间接导致内蒙古中部东区的北方文化迅速崛起，并使辽西的文化格局发生重大变化。战国时期燕对北方文化带的影响，值得深入研究。

附记：本文为教育部人文社会科学重点研究基地项目（项目编号：16JJD780006）的成果。

注　释

[1] 辽宁省文物考古研究所、朝阳市博物馆：《朝阳袁台子》，文物出版社，2010年。

[2] 辽宁省文物考古研究所、葫芦岛市博物馆、建昌县文物局：《辽宁建昌东大杖子墓地2000年发掘简报》，《文物》2015年第11期，第4～26页。辽宁省文物考古研究所、葫芦岛市博物馆、建昌县文物管理所：《辽宁建昌东大杖子墓地2001年发掘简报》，《考古》2014年第12期，第3～17页。辽宁省文物考古研究所、葫芦岛市博物馆、建昌县文物管理所：《辽宁建昌东大杖子墓地2002年发掘简报》，《考古》2014年第12期，第18～32页。辽宁省文物考古研究所、葫芦岛市博物馆、建昌县文物管理所：《辽宁建昌东大杖子墓地2003年发掘简报》，《边疆考古研究》（第18辑），科学出版社，2015年，第39～56页。辽宁省文物考古研究所、吉林大学边疆考古研究中心、葫芦岛市博物馆、建昌文物管理所：《辽宁建昌县东大杖子墓地M40的发掘》，《考古》2014年第12期，第33～48页。辽宁省文物考古研究所、吉林大学边疆考古研究中心、葫芦岛市博物馆、建昌文物管理所：《辽宁建昌县东大杖子墓地M47的发掘》，《考古》2014年第12期，第49～63页。

[3] 《史记》第180卷，中华书局，1982年，第2885、2886页。

[4] 裴炫俊：《东周时期燕文化的扩张与东北地区文化的变迁》，北京大学2016年博士论文。

[5] 专门研究辽西本地战国时期遗存，主要有以下三篇：朱永刚：《大、小凌河流域含曲刃短剑的考古学文化及相关问题》，《内蒙古文物考古文集》（二），中国大百科全书出版社，1997年，第362～374页。郭志忠：《水泉墓地及相关问题之研究》，《中国考古学跨世纪的回顾与前瞻》，科学出版社，2010年。乔梁：《燕文化进入前的辽西》，《内蒙古文物考古》2010年第2期，第63～75页。

[6] 邵国田：《敖汉旗铁匠沟战国墓地调查报告》，《内蒙古文物考古》1992年第1、2期，第84～90页。

[7] 王立新：《辽西夏至战国时期文化格局与经济形态的演进》，《考古学报》2004年第3期，第243～270页。

[8] 王立新：《2002年内蒙古林西井沟子遗址西区墓葬发掘纪要》，《文物与考古》2004年第1期，第6～18页。

[9] 内蒙古自治区文物考古研究所、吉林大学边疆考古研究中心：《林西井沟子》，科学出版社，2010年。

[10] 郭志忠：《水泉墓地及相关问题之研究》，《中国考古学跨世纪的回顾与前瞻》，科学出版社，

2000 年，第 297 ~ 309 页。
[11] 朱永刚：《大、小凌河流域含曲刃短剑的考古学文化及相关问题》，《内蒙古文物考古文集》（二），中国大百科全书出版社，1997 年，第 362 ~ 374 页。
[12] 同 [10]。
[13] 北京市文物研究所：《军都山墓地——玉皇庙》，文物出版社，2007 年。
[14] 北京市文物研究所：《军都山墓地——葫芦沟与西梁垙》，文物出版社，2009 年。
[15] 滦平县博物馆：《河北省滦平县梨树沟门墓群清理发掘简报》，《文物春秋》1994 年第 2 期，第 15 ~ 30 页。
[16] 同 [10]、[15]。
[17] 邵国田：《内蒙古敖汉旗发现的青铜器及有关遗物》，《北方文物》1993 年第 1 期，第 18 ~ 25 页。
[18] 张家口市文物事业管理所、宣化县博物馆：《河北宣化小白阳墓地发掘报告》，《文物》1987 年第 5 期，第 41 ~ 51 页。王鹏在其硕士论文中曾提出冀北和辽西地区双耳叠唇罐相似，并做过对比分析。见王鹏：《周家地墓地研究》，中国社会科学院 2008 年硕士论文。
[19] 同 [17]。
[20] 同 [10]。
[21] 同 [4]。
[22] 郑君雷：《战国燕墓的非燕文化因素及其历史背景》，《文物》2005 年，第 69 ~ 75 页。
[23] 内蒙古文物工作队：《毛庆沟墓地》，《鄂尔多斯式青铜器》，文物出版社，1986 年，第 227 ~ 315 页。
[24] 顾铁山、郭景斌：《河北迁西县大黑汀战国墓》，《文物》1996 年第 3 期，第 4 ~ 17 页。
[25] 安志敏：《河北唐山市贾各庄发掘报告》，《考古学报》（第六册），1953 年。
[26] 同 [10]。
[27] 辽宁省文物考古研究所、朝阳市博物馆：《朝阳袁台子》，文物出版社，2010 年。
[28] 田立坤：《龙城新考》，《边疆考古研究》（第 12 辑），科学出版社，2012 年。
[29] 徐基：《辽宁喀左大城子眉眼沟战国墓》，《考古》1985 年第 1 期，第 7 ~ 13 页。
[30] 程长新：《北京市通县中赵甫出土一组战国青铜器》，《考古》1985 年第 8 期，第 694 ~ 700 页。
[31] 顾铁山、郭景斌：《河北迁西县大黑汀战国墓》，《文物》1996 年第 3 期，第 4 ~ 17 页。
[32] 朱凤瀚：《中国青铜器综论》，上海古籍出版社，2009 年。
[33] 辽宁省博物馆、朝阳地区博物馆：《辽宁喀左南洞沟石椁墓》，《考古》1977 年第 6 期，第 373 ~ 375 页。
[34] 刘大志等：《喀左老爷庙乡青铜短剑墓》，《辽海文物学刊》1993 年第 2 期，第 18 ~ 21 页。
[35] 田立坤、万欣、杜守昌：《朝阳吴家杖子墓地发掘简报》，《辽宁考古文集（二）》，科学出版社，2010 年，第 27 ~ 40 页。
[36] 辽宁省文物考古研究所：《兴城马圈子青铜时代遗址发掘报告》，《辽宁省道路建设考古报告集（2003）》，辽宁民族出版社，2004 年。
[37] 王鹏：《周家地墓地研究》，中国社会科学院研究生院 2008 年硕士论文，第 47 页。
[38] 辽宁省文物考古研究所：《辽宁凌源五道河子战国墓发掘简报》，《文物》1989 年第 2 期，

第 52 ~ 61 页。

[39] 本文对玉皇庙文化的分期认识，依据洪猛的博士论文（洪猛：《玉皇庙文化初步研究》，吉林大学 2014 年博士论文。）

[40] 同 [7]。

[41] 辽宁省博物馆：《辽宁凌源三官甸青铜短剑墓》，《考古》1985 年第 2 期，第 125 ~ 130 页。

[42] 傅宗德、陈莉：《辽宁喀左县出土战国器物》，《考古》1988 年第 7 期，第 663、664 页。

[43] 同 [23]。内蒙古文物考古研究所：《岱海地区东周墓群发掘报告》，科学出版社，2016 年。

[44] 林沄：《东胡与山戎的考古探索》，《环渤海考古国际学术讨论会论文集》，知识出版社，1995 年。收录于《林沄学术文集》，中国大百科全书出版社，1998 年，第 387 ~ 396 页。

[45] 裴炫俊：《东周时期燕文化的扩张与东北地区文化的变迁》，北京大学 2016 年博士论文。

[46] 林沄：《说貊》，《史学集刊》1999 年第 4 期，第 53 ~ 60 页。

[47] 同 [11]。

[48] 同 [44]。

[49] 王立新：《探寻东胡遗存的新线索》，《边疆考古研究》（第 3 辑），科学出版社，2004 年，第 84 ~ 94 页。

[50] 潘玲：《伊沃尔加城址和墓地及相关匈奴考古问题研究》，科学出版社，2007 年。

[51] 田广金、郭素新：《阿鲁柴登发现的金银器》，《考古》1982 年第 4 期，第 333 ~ 338 页。

[52] 伊克昭盟文物工作站、内蒙古文物工作队：《西沟畔匈奴墓》，《文物》1980 年第 7 期，第 1 ~ 10 页。

[53] 潘玲、王宇：《东周时期中国北方地区腰带研究（一）》，《边疆考古研究》（第 21 辑），科学出版社，2017 年，第 145 ~ 168 页。

[54] 杨建华：《春秋战国时期中国北方文化带的形成》，文物出版社，2004 年，第 141 页。

雍城：东周秦都与秦汉“圣城”布局沿革之考古材料新解读

田亚岐

（陕西省考古研究院）

春秋早期，秦襄公被封为诸侯，初都西犬丘。而后随着周平王东迁洛邑，关中地区岐以西之地由以往周的领地交由秦国来驻守，于是秦便开启了逐渐迁徙关中之路，其先后历经了秦邑、汧、汧渭之会、平阳、雍城、泾阳、栎阳和咸阳等多处都、城、邑，史称“九都八迁”。按照秦国的发展轨迹，如果说雍城之前的东迁拉开了秦国发展的序幕，那么之后东出陇山而定都雍城才使其步入发展的快车道，成为后来秦始皇最终统一六国，建立了历史上第一个中央集权制封建帝国的蓄势之都。在秦“九都”中，之间存在功能化与层次结构上的差异，其中雍城具备政治、军事、经济、文化综合功能，即在考古文化遗存上表现为城墙、朝宫、宗庙、门类齐全的作坊、代表人口规模的聚落和国人墓葬、秦公陵园、郊外的礼制建筑和举行国家祭祀的固定场所——畤，和咸阳一样，最高层次结构与功能组配显现出雍城为正式都城，而且在秦“九都”中系置都时限最长的一处[1]。雍城一度作为秦历次选择体验的理想之都，其发挥的作用则在延续过程中得到体现，如张衡在《西京赋》所述，“秦据雍而强，周即豫而弱”，其所指雍城所具有优越自然和特殊的人文环境造就了秦国战略安全感与持久立都的社会人文与经济基础。自秦都城从雍城迁出之后，战国晚期至秦王朝时期，由于宗庙、秦公陵园和郊外畤祭活动场所继续沿用，其原有的“俗都”功能逐渐退化，仅保持着祭祀上的崇高地位，由此而成为东迁新都的陪都，即“圣都”[2]。西汉初期以降，“汉承秦制”，秦人设在雍城郊外的畤祭场所并未随迁长安，而是继续加以利用，直至西汉末期，使雍城这座古城成为一座“圣城”[3]。始于20世纪30年代至今的雍城考古工作，历经几代考古人，在文献记载与考古探索互证的背景下，从点到面，从微观到宏观，从对遗址范围、总体布局、内涵性质与结构、历史沿革等方面取得了全面认识，整体面貌已清晰显现，有关秦都到秦汉“圣城”各功能区的空间摆布展现出其时空演变特征[4]。

本文即在最新取得考古新发现的基础上，从以下几方面对雍城从东周时期的秦国都城，秦代“圣都”再到西汉时期“圣城”，从布局沿革角度总结其动态变化上的轨迹。

一、东迁之前的秦都：从“城堑河濒”到列国大都市

雍城之前，秦国为摆脱来自西戎等外部的军事袭扰，以寻找更加适合秦国需求之安全生存与发展空间而数次东迁。对于每一处城邑的选择首先考虑是军事防御条件，同时兼顾经济保障与社会人文基础。考察比较迁雍之前的西犬丘、秦邑、汧邑、汧渭之会和平阳诸城，虽是短期的权宜之地，但往往在历经“体验”之后，达不到长治久安之效果，于是秦国选择了雍城为都。

据《史记·秦本纪》记载，从“德公元年（公元前677年），初居雍城大郑宫，……卜居雍，后子孙饮马于河”至“献公二年（公元前383年）”，雍城作为秦国政治、军事、经济、文化中心长达294年，也是秦“九都”中置都时限最长的一处正式都城。八十多年来所获得考古资料既是对有关历史文献记述不详的补充和解读，也是关于这座神秘古都最新的面貌复原，具体回答了当时秦国何以选择雍城为长久之都、置都三百年间的扩改建发展序列、城市聚落与社会组织结构及其经济形态变化、陵墓制度等诸多重要问题[5]。

（一）水系自然环境与“城堑河濒”的城防功能

雍城之前的秦城邑，构建安全防御设施至关重要，在没有城墙的情况下，何以防御？通过考察发现，均以河流、陡崖等自然元素为之，这种情形在整个秦汉时期城址呈现规律性的主导作用，如海史念海先生观点“自然环境应是形成都城的首要因素，不具备自然环境诸条件，是难以成为都城的”[6]。雍城城址区位于整个遗址北部，总面积约11平方千米，因周边河流的制约，使其平面布局范围近似于梯形。考察城址自然环境，有以下几个鲜明特征：

第一，城址所在位于低洼地带，从地貌关系看，外围的西北高，东南低，西北和北部高处来自雍山一带的雍水河、塔寺河、纸坊河、凤凰泉河等大河环围城址四周；并汇集于雍水河而注入渭河。这些大河水量较大，河面较宽，临城河谷纵深，河堤陡直，环城的外围大河成为这座城的屏障，以加强城防安全系数，同时堑于河内的泥土堆积于岸边也起到抵挡河水上岸的作用。这种以水围城的情形符合古文献关于在没有城墙时秦人的城防理念（图一）。比较雍城周边早期城址的发现和认识，如周原就是“因自然山水地形地貌加以堑修而成的河沟台地堑城，它的北边是岐山山麓，东边是贺家沟、齐家沟，西边是祁家沟，南边是三沟会聚的三岔河。一面背水三面环山，这正是做堑的绝佳地形”[7]；西周丰镐城也如此，即“新发现的面积广大的自然水面或沼泽构成了其外围的天然屏障，镐京四面的三条河流，形成了护卫的天然界河与堑沟”[8]。秦早期在周人封赏的领地建城，雍城的初行选址和防御构建当是尊重和借鉴周人习惯的[9]。

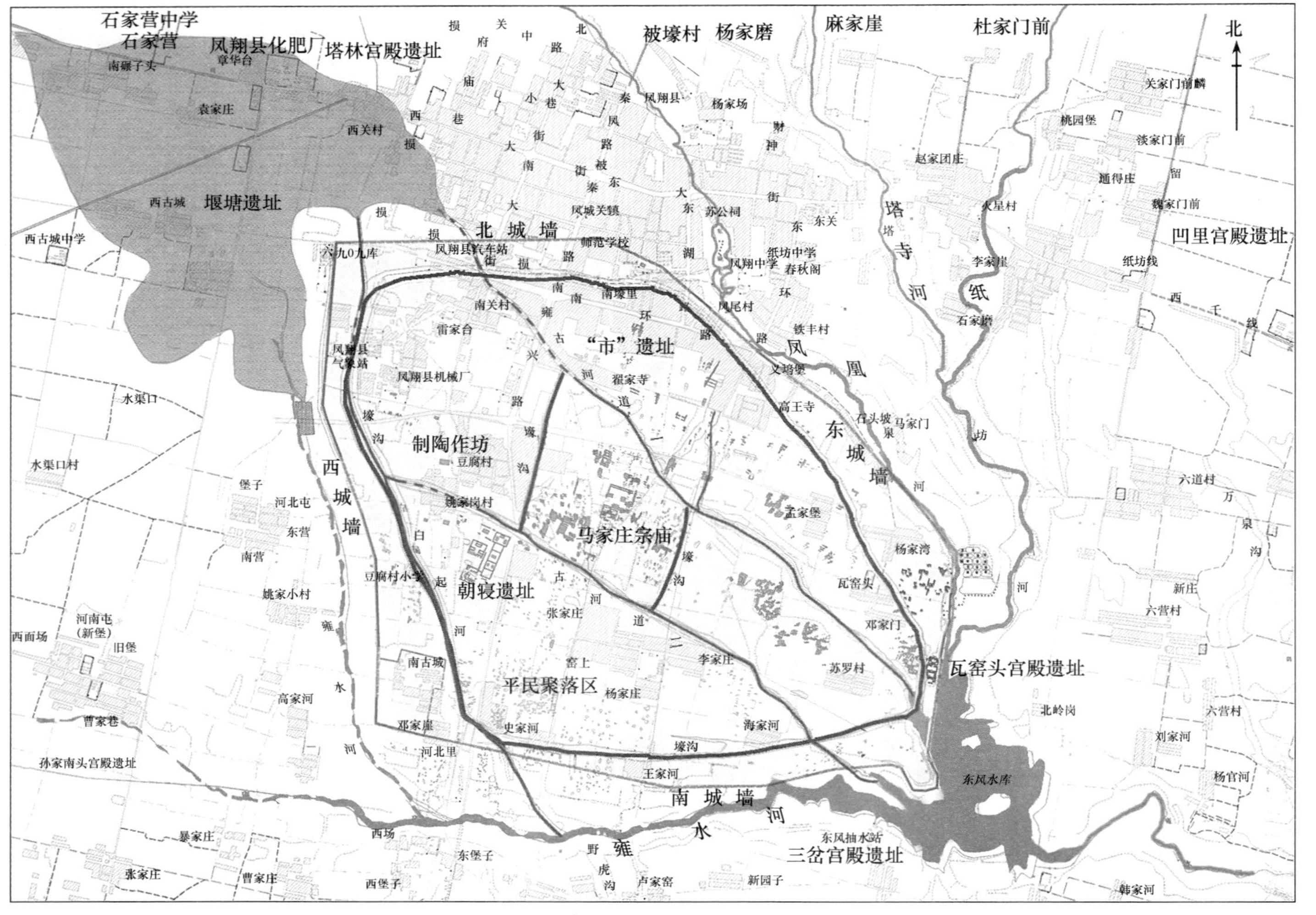

图一 秦雍城城址区水系环境

第二，从城西北主河道上引支河流穿城而过，发现城内的主要文化遗存分布在河流沿岸的较高台地上，将这样水与城的依存摆布关系总结为“顺河而建，沿河而居”。小河沿岸为城内部分主干道路，又提供了便捷的水上交通。临河聚落内河布局则提供了城内人口生活、作坊生产、农田灌溉，以及方便排水的作用。考古调查发现，当时在城外西北主河道上修筑水坝，通过提升水位来确保城内河流水量。

（二）置都三百年的扩改建过程

既往已在秦雍城城址区做了较多的考古工作，通过重要遗迹如宗庙、凌阴、作坊及暂未确定属性建筑遗存的发掘，基本确定了主城区范围[10]。近十年来，在总结前期“宏观”工作成果经验同时，利用大遗址考古新方法、新理念，持续开展“微观”细部全面的调查与发掘，获得了对整个城址区完整格局的全面了解，其中参考文献的线索，用考古地层学和类型学方法，较为清晰地标示出早、中、晚期城址从小逐步扩大的区域范围，以及每个时段的动态特征[11]。

第一期：春秋中期，即秦初居雍城的“体验期”。其城址范围在整个城址的东南角即今瓦窑头村一带，面积不足1平方千米。考察该区域城址布局与内涵，其选址处在河水丰沛，河谷纵深的“以水御敌于城外”为“城堑河濒”特征的显著地带[12]，有西周时期“庙寝合一”为典型特征的多进院落大型礼制建筑[13]、贵族与平民聚落以“和谐”分布在没有相互界隔的区间内，这一期当定在德公、宣公、成公这三位国君执政时期，这也是对下一步秦人能否在雍城长久居住的“体验期”（图二）。

第二期：春秋晚期至战国早期，即按照“城郭之制”正式规划营筑雍城到修筑城墙之前，即秦穆公至秦惠公执政时期。经过居雍的“体验期”之后，从安全防御、一定数量的秦人和“周余民”为主要社会人群构成，以及粮食生产能够满足所需，以及考虑到城市人口剧增，早先的城建规模已无法容纳的情况下而扩建新城。新城选址则从第一期空间狭小的瓦窑头一带向西北开阔的马家庄一带挪移。新城仍然没有夯土城墙，是利用自然河道、人工沟壕合围的里外两重区间，其中里区间约3平方千米；外围区间是环围第一重区间的纯人工环壕，其涵盖范围约7平方千米，两者形成较为规则的“回”字形结构。从各区间的内涵看，宗庙遗址和多处大型建筑均置于里侧区间之内，当为秦公和贵族所居，而平民聚居则分布于外区间内，这两条壕恰似内城与外城之象征，符合于文献关于“筑成以卫君，造郭以守民”的情景（图三）[14]。

第三期：战国中晚期的大都雍城创建时期，即自悼公执政止于秦都主功能迁出雍城时期。伴随列国之间争雄步伐，为适应东方诸国纷纷修筑城墙的形势，秦国也开始应对。据《史记·秦始皇本纪》记载，“悼公享国十五年……城雍”，即在雍城作为秦国都城近二百年后才有了真正意义的城墙，在实际防御中又增加了一道坚固屏障。至此，城墙以内面积近11平方千米，其涵盖范围即现在所确定的雍城城址区。从布局内涵观察，不仅城内西侧和北侧新的拓展区出现专门服务于主城建设的作坊和贵族生活用途凌阴[15]，以及在城北和城东拓展区出现可能系楚国、吴国等贵族客居于雍城时期的建

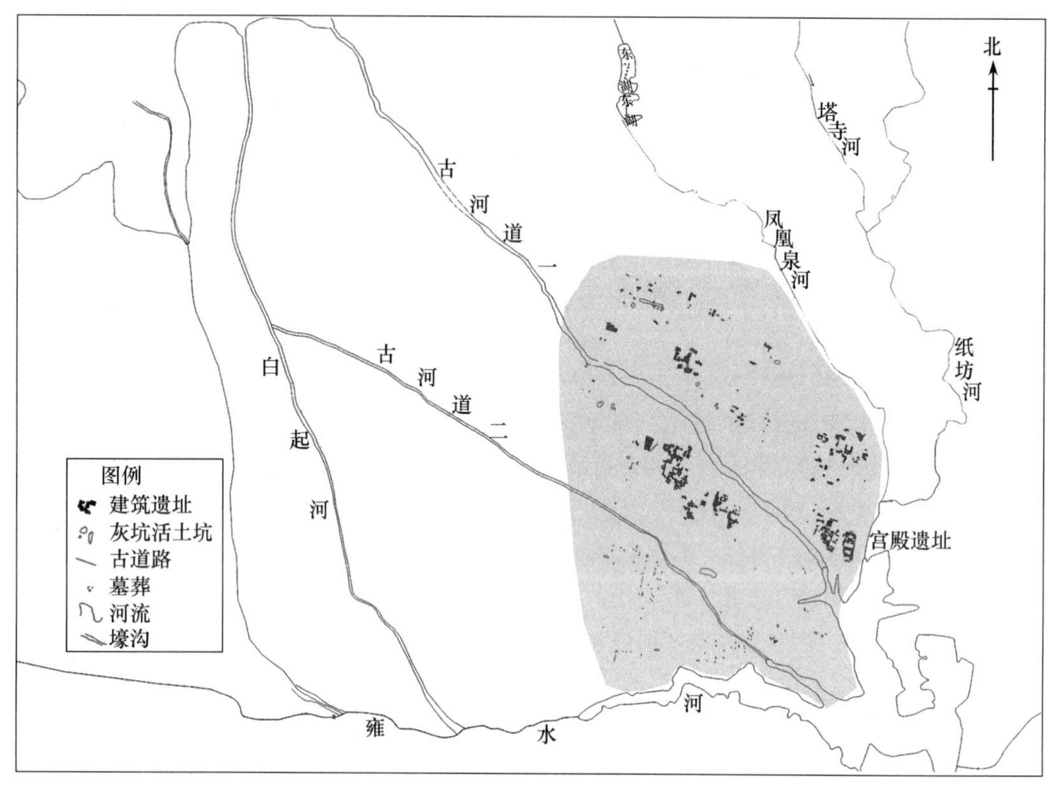

图二　秦雍城一期城址布局

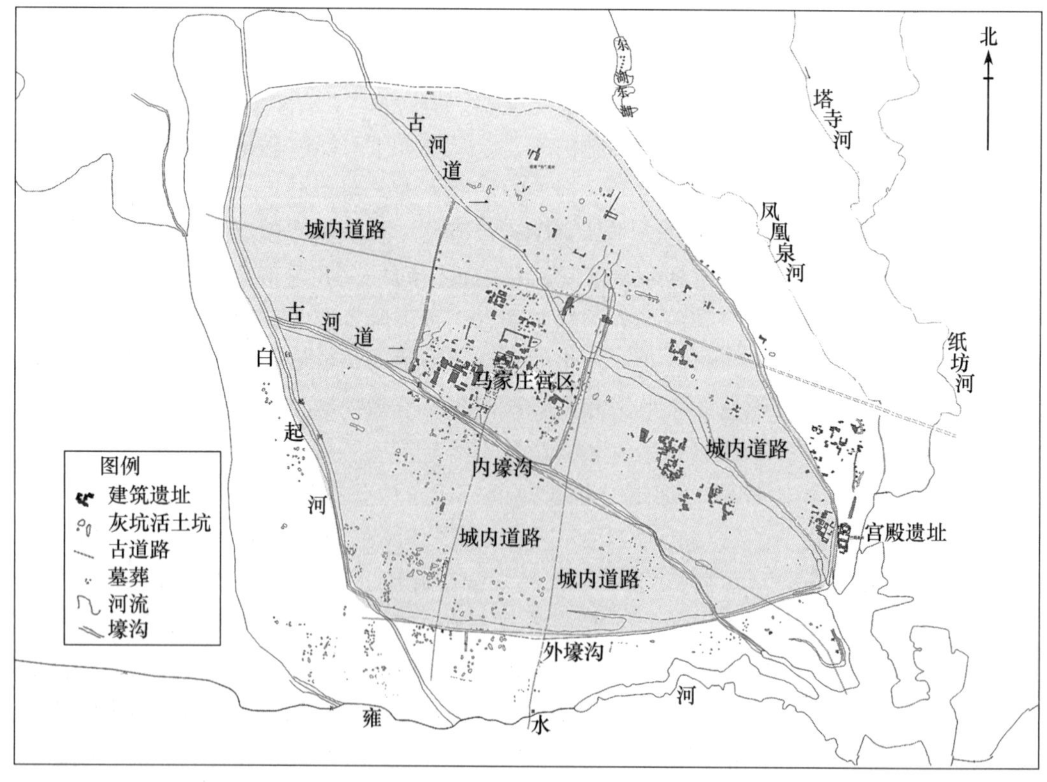

图三　秦雍城二期城址布局

筑[16]，而且大城以外也同时出现了礼制性建筑，如年宫、棫阳宫、蕲年宫、橐泉宫、来谷宫，以及在雍城城北新发现而至今尚未定名的塔陵宫殿遗址等，相对于春秋战国的其他都城，雍城在都城外建离宫别馆，可能城市规模扩大或城内功能向城外拓展的缘由[17]。同时位于马家庄一带的核心区也出现动态性变化，如对旧庙的拆除与新庙建设方面，因为要“突出天子之威”而将其迁建于主城区之外；又如城内核心区平面摆布上的“左祖右社”和“前朝后市”的情景的出现，值得在今后考古工作中做深入探讨。关于雍城城址区的交通道路，根据目前的阶段性考古收获分析，以沿河两岸大道为主，还辅以城市水上交通，此外还有各功能区间的互通道路，或者过河可能存在搭建的木桥（图四）。从早、中、晚三期所分别对应的瓦窑头、马家庄和铁风高王寺这三大宫区观察，雍城的城市规模从东南部逐渐向北、西北部扩大，也体现了城市制度逐渐发生变化的过程。滕铭予先生以时代演变特征明显的中小型秦墓葬材料为分析依据，将秦文化划分为秦文化起源与形成、秦文化确立、秦文化稳定发展与秦文化转型四个阶段，其中雍城时期处于稳定发展阶段，雍城城址的扩改建过程则与这一观点吻合[18]，即从早期以防御为目的选址，逐步发展成为具有大都市综合综合功能的政治、军事、经济、文化中心。

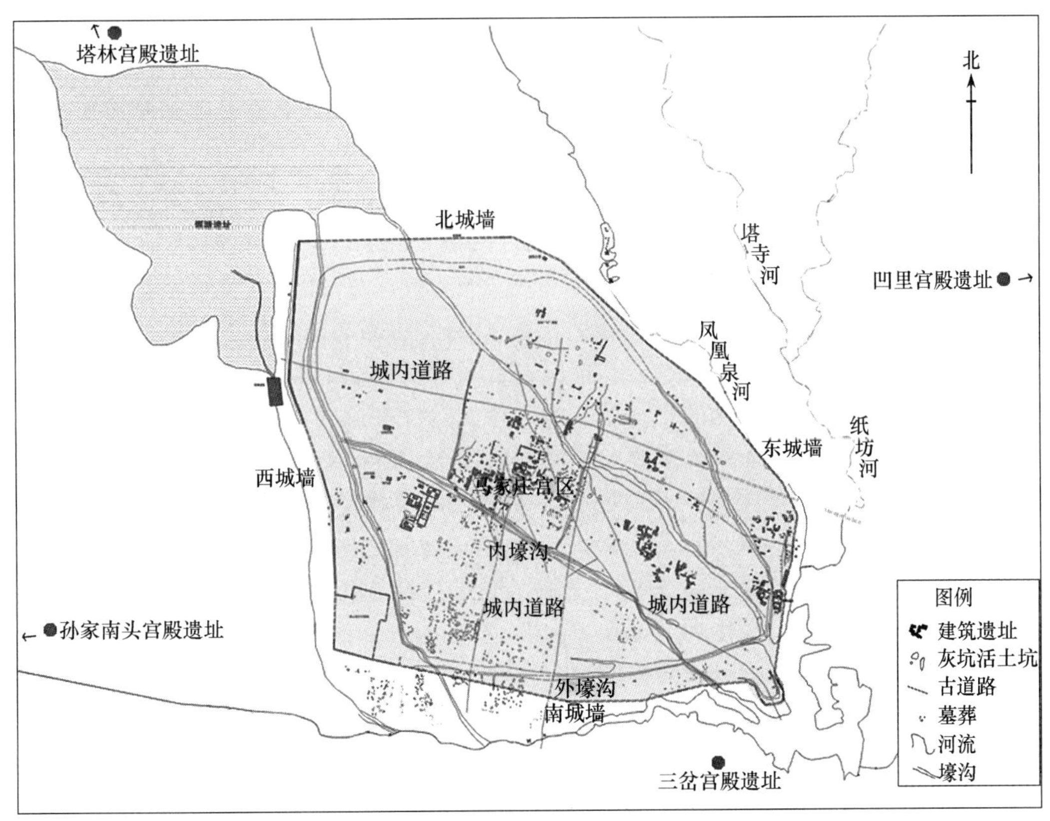

图四 秦雍城三期城址布局

（三）城址布局与陵墓反映雍城聚落与社会

从仅利用自然河流做城界，到自然河流与人工沟壕的并用，表明雍城早、中期从“单城”到“城郭”的存在，而后期的修筑城墙，以及城墙以外出现的如塔陵宫殿区说明秦国雍城最终走向“大都无城”的模式，这种城的布局自然就蕴含着从里到外“卫君”和“守民”的原则。瓦窑头宫区可能对应于秦德公“初居雍城大郑宫”的年代，考古发现的多进院落大型宫室建筑附近有中型的木构房屋建筑，可能为秦公及其贵族所居，在其外围有三处相对集中的半地穴式居址和大量的生产与生活设施，此当为平民聚落区。尽管之间存在等级之分，并有相对集中特点，但这一时期不同“聚落之间没有相互隔离的设施，所有人作为城内和谐共处的成员生活在同一个大聚落之内”[19]。马家庄宫区可能对应于秦穆公称霸西戎的强势发展年代，考古发现中间由两条自然河流与两条人工沟壕合围的区间为内城功能，以宗庙、大型宫室或高台建筑、“市场”等均在这里，而在这一区间更大空间的二重人工环壕则是外城，其间内涵以诸多平民聚落分布为主，仅早年发现的“朝寝”这一座大型建筑。关于该建筑的年代和性质，经2015年试掘后分析认为，可能系年代较晚原马家庄宗庙拆除后迁建主城以外的新宗庙。雍城时期所有秦人聚居场所和农业、手工业生产都在城墙以内，城内土地生产粮食能够支撑人口所需，除国家所需的用物通过大型手工业作坊生产以外，在南郊聚落遗址考古材料显现在居民的栖息之地是和生活用器加工作坊在一起，表现出“自给自足”的生产关系和经济形态。陵墓制度也印证了城内的场景，位于雍城城址以南三畤塬上的秦公陵园是目前所知最大的秦国国君陵寝之地，自20世纪80年代起至20世纪末，对雍城秦公陵园经历了三次大规模勘探，已探出的51座各类型大墓，在已知的十四座分陵园内发现有内、中、外三重兆沟，其中兆沟是围绕个别“中”字形大墓墓室的围沟，中兆沟围绕每座分陵园大墓及外藏坑，而整个陵园被外兆沟环围，三重壕沟的功能用途应与城址区的三道“城墙”一致[20]。根据目前在秦公一、六号陵园进行的勘探，发现在每座分陵园的东北侧，还各有一处典型秦文化的中小型墓地，经选择性发掘确认，“墓主的身份可能是某一代秦公的未继位公子及其家族的成员即后嗣”[21]。临近秦公陵园的国人墓群均呈现规模大，形成时代早，延续时间长，墓葬之间层次结构区分明显，且同期墓葬属性与特征相近。这些墓地因靠近陵园或在已知陵区之内，墓主人包括官吏、贵族和族系成员，从人口数量和族系规模上讲是秦国社会主流，当然也包括后期埋入该墓地，且文化属性发生变化的“异族”人群[22]。尽管如此，在雍城城址的外侧，还分布着一批与典型秦文化风格迥异的国人墓葬，有些比起屈肢葬“更具有特殊意义”战国中晚期直肢葬[23]，有些为“北方游牧民族葬俗传入关中之后，顺应当地传统葬俗发生了相应变化”偏洞室屈肢葬墓[24]。通过考古遗存来研究秦雍城“大聚落”，并“以此为基础探索同一文化不同时期、不同文化同一时期和不同文化不同时期的聚落变异，从中求证社会群体的演变，观察历史社会变化”，因为“秦文化的发展，会因时间与空间的变化，呈现不同文化结构与面貌”。[25]

上述有关城址和墓葬材料表明自“城雍”之后，由以往以血缘为纽带的“聚族相居”和“聚族相葬”的“单元”模式，已经逐步转换为“多元”模式的“团聚型”大聚落结构，标志着雍城“大都会”的雏形，尤其是雍城的城郭出现，除将“卫君”放置与城中之外，又作为“一种新模式，其最大的特点就是将手工作坊、一般居民居址，以及商市一并纳入，反映出当时都城建制中已比较重视安排控制居民的问题”[26]。

二、“圣都”与“圣城”：东迁之后的沿革与历史地位

战国晚期，随着秦政治、军事力量东迁，雍城的主要功能逐步减弱，但作为完备都城所具有宗庙、陵墓和郊祀场所留在雍城，所以秦栎阳至秦王朝时期雍城仍然享有“圣都”地位；西汉时期，“汉承秦制”，由皇帝亲往的国家郊祀活动一直在雍城郊外举行，显现出雍城在这一历史时期的特殊地位。

（一）秦栎阳和咸阳时期的“圣都”

在探讨栎阳之前，首先分析雍城和栎阳之间“泾阳”的属性。关于泾阳，虽有《史记·秦始皇本纪》后附《秦记》：“肃灵公，昭子子也，居泾阳，享国十年”的记载，但已有研究认为，泾阳并非秦都。首先，灵公幼年继位，且宫廷内部“君臣乖乱”，当时正值秦魏两国在河西对峙阶段，泾阳为军事据点，且秦国处于防守之势，“居泾阳”只是部分握有兵权的贵族扶持灵公的一次政变分裂行动；其次，灵公时，宗庙先君之主依然在雍，灵公首次在雍郊置吴阳上畤、下畤郊祀天地及五帝，灵公及其后的简公、惠公皆葬雍，亦能说明灵公居泾阳不是迁都，都城仍然在雍城[27]。

关于秦栎阳，首先从文献记载分析，据《史记·秦本纪》载：“献公二年（公元前383年），城栎阳。二十四年献公卒，子孝公立，十二年，（公元前350年）作为咸阳，筑冀阙，秦徙都之。”在《史记·秦本纪》中，虽多处言及“栎阳”，但没有“都”或“徙都”的记载，而是“徙治栎阳”。《史记·秦本纪》：孝公“十二年，作为咸阳，筑冀阙，秦徙都之”。在秦迁都咸阳时，用“徙都”一词，也能说明徙治非迁都，在《商君列传》文中又云：“作为筑冀阙宫庭于咸阳，秦自雍徙都之”，这是太史公着意强调秦是自雍城迁都咸阳的。因此，献公和孝公徙治栎阳，并非迁都栎阳。其次，从当时秦国所处的政治和军事环境分析，秦献公初继位，宫廷斗争仍然很激烈，采取徙治栎阳，目的是为了摆脱世袭的宗室贵族势力干预和影响的权宜之策。同时，面对河西之地而与强大魏国的争夺，采取由国君自将，以“镇抚边境”“且欲东伐”为由而“徙治栎阳”，亦为权宜之策。再次，秦“徙治栎阳”是秦国发展的特殊阶段，有献公和孝公在此执政，有军事力量的驻扎于此，有兵器制造的手工业于此，更有“栎市”的存在，这在一定程度上显现出栎阳所发挥的政治、军事和经济方面的“俗都”功能和作用，甚至在栎阳设立

了郊祀天地及五帝的畦畤，但是秦国无法将宗庙和陵墓迁至战争前线，说明“圣都”的功能仍然在雍城。长期以来栎阳考古工作取得了重要收获，但是无法证实在这里存在“陵随都移”的场景，执政栎阳的秦公仍然归葬雍城，况且从《史记·秦始皇本纪》中已明确地得到栎阳无宗庙的答案，“先王庙或在西雍，或在咸阳”，而“秦都雍城自雍迁至咸阳之后，雍依然是宗庙和祭祀中心所在，具有文化中心地位”[28]。

秦都咸阳时，始皇对先王列祖的宗庙祭祀非常重视，他认为“赖宗庙之灵，六王咸服其辜，天下大定”，于是咸阳周边诸庙得到隆重祭祀。与此同时，雍城的宗庙也得到高规格的奉祀，包括雍城郊外祭天场所，如秦昭王五十四年，“王郊见上帝于雍”[29]，始皇九年，“上宿雍，己酉，王冠带剑”[30]，通过向上帝和烈祖列祖祭祀，表明他要从此亲理朝政。在秦代雍地祭祀场所往往被放在尊贵之列，可见其“圣都”之尊仍享有崇高地位。

（二）西汉时期祭天的“圣城”

“国之大事，在祀与戎”。早在秦都雍城时期，秦人继承周礼传统，在郊外举行国家祭祀活动。“礼有五经，莫重于祭”。祭祀对象分为三类：天神、地祇、人神。天神称祀，地祇称祭，宗庙称享。据《左转》记载，“神不歆非类，民不祀非族”，尽管西汉时期不祭秦宗庙，但作为秦以来的祭天却被继承下来，汉初继续保留设在雍郊的祭天场所，规定用秦的祭祀礼官，用秦的设施，用秦的礼典。郊祀祭天是天子的权利，当初秦是借周天子名义举行活动，祭天的目的是通过感恩天的赐予，明确“天子”身份合法化，祈福国家强盛，国民生活安宁。

从考古资料分析，西汉时期，秦雍城已废弃，而代表雍“圣城”的则是其郊外与郊祀相关的文化遗存，其中供皇帝歇息的离宫别馆早年已发现多处，而由祭坛、祭祀坑、各类建筑、礼仪道路系统所组合而成的畤祭场所——雍山血池秦汉畤遗址却是近年来取得的首次重大考古新发现（图五）[31]。

根据《史记·封禅书》和《汉书·郊祀志》记载，自秦以来，止西汉晚期，在雍郊置畤达五百多年：

公元前 754 年，秦文公东猎于千渭之间，置鄜畤。

公元前 674 年，秦宣公在渭南（即渭河以南，当属雍地范围）置密畤。

公元前 422 年，秦灵公于吴阳之地置上畤，祭黄帝；置下畤。

公元前 419 年，秦灵公于吴阳之地置上畤，祭黄帝；置下畤。

对以上诸畤的祭祀，由于距离较近，每年分别举行活动。

秦始皇统一中国之后，在他确定的所有祭祀对象中，将雍四畤（密畤、吴阳上、下畤、畦畤）放在最为尊贵之列，规定每三年举行一次祭畤活动，规定皇帝亲往。

西汉高祖时期，由于西汉政权刚刚产生，还顾不上对祭祀礼仪进行修订，只能延续秦的旧章。高祖认为，此前秦只设四畤，而天有五帝，于是置黑帝祠，命曰北畤。汉文帝是亲自郊祀雍五畤的第一位西汉皇帝。

图五　凤翔雍山血池新发现畤祭遗址地貌与遗存分布图

汉武帝时期，随着国力逐渐强盛，加之武帝本人尤其对鬼神和儒术的兴趣，出现了祭畤的鼎盛阶段，而且武帝也是临幸雍郊参加祭祀活动次数最多的一位皇帝。

汉成帝时期，随着儒家祭祀礼仪的改革，关于雍郊畤祭合法化问题而形成较大争论，祭祀活动亦时断时续。

西汉晚期南郊祭祀制度确立之后，王莽按照周代礼制“兆五帝于四郊”的原则，用阴阳五行学说对长安五畤祭祀形式作出了系统化的设计，也因此标志着雍郊畤祭的废除，以及雍城作为汉代“圣城”的终结[32]。

三、余　论

雍城作为秦国历史上置都长达三百年且功能结构最为完备的都城，整个营建过程的“三部曲”，从每个时段布局与内涵结构上所体现的是，秦人在遵循周文化传统的大背景下，从初期“顺其自然”的择都，到“适从自然”的规划建都，再到“改造自然”大都扩建，这个时候，秦国面对东周纷乱与鼎新的时代，筑城理念的内涵中既有对东方六国借鉴，又有秦人本身的创新内容。文明以往在讨论战国时期秦与东方六国文化差异时，提出了诸如“东方国家都城在战国时期普遍发展成为 " 两城制 "，秦国都城则保持了非城郭制的特点，体现了独尊君权的精神；东方国家的中小城址众多，秦国缺乏中小城址。”的显著差别[33]。由秦人独创又与东方六国有某种相似的，即雍城二期河流与人工沟壕所围城的“城郭”结构也曾经一度存在，但是，随着战国晚期列国争雄时秦国的“城雍”，到后来秦统一六国一统天下局势的出现，都城制度走向非城郭的“大都无城”则是一种必然性。雍城地处西北一隅，地理位置决定着不仅与东方六国的互动，也要考虑其与“西边”的联系，多年来，城的考古材料之外，还有像屈肢葬分布、凤翔马家庄陶瓦上疑似外来陶文符号、中小型秦墓葬较多的“戎狄”文化因素等，这也是今后考察雍城文化元素时除了东方还有西边远距离的文化交流与互动。

雍城都城功能迁出之后，雍城由“俗都”到“圣都”，再到“圣城”的功能延续之长，规格之高，影响之深，这在中国古代都城的沿革历史中绝无仅有。雍城宗庙作为先秦时期唯一发掘并被确认的大型礼制建筑，它是在雍城持续扩改建过程中被拆除的[34]；秦国新君拆旧庙建新庙是一种制度，而且还要考虑“突出天子之威”而让宗庙移至次要位置的情况，所以发现与确认雍城新宗庙则充分参照雍城城市格局演变的序列。如果说，栎阳时期宗庙的位置还在雍城范围之内，那么秦咸阳时始皇所祭拜的列祖宗庙可能移至雍城郊外目前所发现“祈年殿”一代。雍城核心功能区曾经出现过“左祖右社，前朝后市”的布局，但随着庙的变化，这种摆布形式淡出之后，早先标识东西对称的线轴该由那些新的元素替代，这是今后需要细部考察的一个重要问题。雍城郊外的郊祀场所是西汉一代将雍城作为“圣城”的唯一理由，因为雍郊“祭祀者是国家最高元首，祭祀对象是中国人心目中最神圣的天，而祀与戎是中国古代最为重大的两件事”[35]。从目前雍城考古资料分析，到西汉雍郊持续开展规模浩大祭天礼仪时，秦雍城已经废弃，那么，承载汉代国家大型礼仪活动的场所应该在雍城郊外雍山一带，很有可能就是原先雍城的城外之城。

从历史文献来看，有关雍城基本脉络是清晰的，但是对其历史文化完整真实面貌需要通过考古工作的不断发现和研究来补写和还原。从文化遗存的物化表现上所显现出诸如气势恢宏的宫殿和半地穴式聚落，周文化、秦文化、西戎文化、楚文化等因素的共处与“包容”等，正是要从这“多样性”和“复杂性”的考古学文化遗存中，按照“透物见人”的崇高目标研究秦国社会在这座持久都城的演绎过程。林沄先生在总结论述关于中国考古学中“古国”“方国”“王国”的理论方法时指出，作为文明的“次生型”模式，“秦最具典型性，自襄公（古国）、穆公（方国）到始皇帝（帝国）三部曲，史籍记载和考古资料对应清楚”。要做好这样一个大课题的研究，“在对考古学物化现象进行分析比较时，应参照人类学史和历史学的研究成果”，而且要“充分估计不同自然环境，不同文化传统下，大致相同的社会发展水平有不同的物化表现”[36]。雍城考古工作历经几代人，既取得了丰富的考古资料，在与文献的互证下，对古代国家文明体系的研究则是神圣的职责和使命。

注　释

[1] 关于秦雍城置都的起止年代，据《史记·秦本纪》记载，“德公元年，初居雍城大郑宫”，即公元前677年，秦国都城迁往雍城，但是关于何时迁出雍城，却有不同的观点，分别有秦灵公于公元前419年迁泾阳说，即雍城置都时限为250年，参见徐卫民：《泾阳为秦都考》，《中国历史地理论丛》1998年第1期；《秦都城研究》，陕西人民教育出版社，2000年。有秦献公于公元前383年迁都栎阳说，即雍城置都时限为294年，参见韩伟、焦南峰：《秦都雍城考古发掘

研究综述》,《考古与文物》1988年第5、6期合刊。还有一种观点认为，栎阳虽为秦政治、军事之都，且在秦国东进的特殊时期，宗庙和秦公陵墓仍然放在雍城，所以在栎阳时期，雍城还具有“圣都”的功能作用，参见王子今:《秦献公都栎阳说质疑》,《考古与文物》1982年第5期。田亚岐、张文江:《秦置都雍城年限考辨》,《炎帝与汉民族关系学术研讨会论文集》，三秦出版社，2002年。田亚岐:《秦雍城沿革与历史地位研究》,《秦始皇陵博物院院刊》(总第贰辑)，三秦出版社，2013年。关于秦栎阳属性的探讨，据最新考古发现，目前对于宗庙和秦公陵墓遗存仍然没有确认，这一部分功能或否保留在雍城则需要在后续考古工作中探讨，参见李政:《西安秦汉栎阳城遗址渐露真容》,《中国文物报》2017年10月19日。刘瑞、李毓芳、张翔宇、高博:《陕西西安秦汉栎阳城遗址考古取得重要收获》,《中国文物报》2018年2月23日第8版。不管采用上述哪一种观点，秦雍城置都时限都是其中最长的。

[2] 秦雍城之后的“圣都”之制是三代以来的传统，由于局势所限，秦的新都不能承担“祀”与“戎”的功能，就自然出现政治军事性都城和祭祀性都城，参见李自智:《先秦陪都研究》,《考古与文物》2002年第6期。潘明娟、吴宏岐:《秦的圣都制度与都城体系》,《考古与文物》2008年第1期。

[3] 田亚岐:《秦汉置畤研究》,《考古与文物》1993年第3期。

[4] 田亚岐:《秦都雍城布局研究》,《考古与文物》2013年第5期。

[5] 陕西省考古研究院秦汉研究室:《陕西秦汉考古工作60年综述》,《考古与文物》2018年第5期。

[6] 史念海:《中国古都的形成因素》,《中国古都研究》(第四辑)，浙江人民出版社，1989年。

[7] 彭曦:《西周都城无城郭？——西周考古中一个未解之谜》,《考古与文物》增刊，2002年。

[8] 许宏:《大都无城——论中国古代都城的早期形态》,《文物》2013年第10期。卢连成:《西周丰镐两京考》,《中国历史地理论丛》1988年第3期。

[9] 有学者根据周代地名和散盘铭文提到与郑国封地“棫”在矢、散两国附近的记载，以及在凤翔发现“棫阳”宫瓦当的情况，认为秦“初都雍城大郑宫”原是周的大国——郑国的古城，参见尹盛平:《试论金文中的“周”》,《陕西省考古学会第一届年会论文集》,《考古与文物》(丛刊第三号)，1983年。尚志儒:《郑棫林之故地及其源流探讨》,《古文字研究》(第13辑)，中华书局，1986年。苏勇:《周代郑国史研究》，吉林大学2010年博士论文。

[10] 韩伟、焦南峰:《秦都雍城考古发现与研究综述》,《考古与文物》1988年第5、6期合刊。焦南峰、段清波:《陕西秦汉考古工作四十年》,《考古与文物》1998年第5期。陕西省考古研究院秦汉研究部:《陕西秦汉考古发现与研究五十年综述》《考古与文物》2008年第5期。陕西省考古研究院秦汉研究室:《陕西秦汉考古工作60年综述》,《考古与文物》2018年第5期。

[11] 田亚岐、任周方:《秦都雍功能与格局的典型性特征》,《嬴秦溯源》，台北故宫博物院，2016年。田亚岐、王元、郁彩玲:《秦都雍城城郭形态的新观察》,《秦始皇帝陵博物院院刊》(总伍辑)，陕西师范大学出版社，2013年。田亚岐、郁彩玲:《秦都雍城城市体系演变的考古学观察》,《秦始皇帝陵博物院院刊》(总伍辑)，陕西师范大学出版社，2013年。

[12] 杨永林、张哲浩:《陕西秦雍城“微观”考古新发现“城堑河濒”实景》,《光明日报》2013年1月8日9版。

［13］ 周原考古队：《陕西岐山凤雏西周建筑遗址发掘简报》，《文物》1979 年第 10 期。
［14］ 同［4］。
［15］ 凤翔县文化馆、陕西省文物管理委员会：《凤翔先秦宫殿试掘及其铜制建筑构件》，《考古》1976 年第 2 期。陕西省考古研究院、宝鸡市考古研究所、凤翔县博物馆：《秦雍城豆腐村战国制陶作坊遗址》，科学出版社，2013 年。陕西省雍城考古队：《陕西省凤翔春秋秦国凌阴遗址发掘简报》，《文物》1978 年第 3 期。
［16］ 韩伟、曹明檀：《陕西凤翔高王寺战国窖藏》，《文物》1981 年第 1 期。景宏伟、曹建宁：《陕西凤翔小沙凹村发现春秋时期窖藏青铜器》，《考古与文物》2016 年第 4 期。王宏：《凤翔小沙凹窖藏青铜器研究》，《文博》2017 年第 2 期。
［17］ 焦南峰、马振智：《焦南峰，马振智·蕲年、棫阳、年宫考》，《考古与文物》（丛刊第三号），1983 年位于雍城西北郊外约 6 千米处的塔陵建筑遗址区首次发现于 2008 年夏，后经陕西省考古研究院调查勘探，确认其时代为战国晚期至西汉时期，属性可能是郊外礼制建筑。潘明娟：《秦都雍城的形态与规划》，《宝鸡文理学院学报（社会科学版）》2006 年 2 期。
［18］ 滕铭予：《秦文化：从封国到帝国的考古学观察》，学苑出版社，2002 年。
［19］ 田亚岐、王炜林：《秦都雍城聚落结构与沿革的考古学观察》，《庆祝张忠培先生八十岁论文集》，科学出版社，2014 年。
［20］ 韩伟：《陕西凤翔秦公陵园钻探简报》，《文物》1983 年第 7 期。陕西省雍城考古队：《陕西凤翔秦公陵园第二次钻探简报》，《文物》1986 年第 5 期。陕西省考古研究院、宝鸡市考古研究所、凤翔县博物馆：《陕西凤翔秦公 14 号陵园钻探简报》，《考古与文物》2015 年第 4 期。陕西省考古研究院、宝鸡市考古研究所等：《雍城一、六号秦公陵园第三次勘探简报》，《考古与文物》2015 年第 4 期。陕西省考古研究院、宝鸡市考古研究所等：《雍城六号秦公陵园兆沟西南侧中小型墓葬及车马坑发掘简报》，《考古与文物》2015 年第 4 期。
［21］ 梁云、田亚岐：《试论雍城秦公陵园的墓葬及葬制》，《考古与文物》2015 年第 4 期。
［22］ 同［19］。
［23］ 陕西省考古研究所雍城工作站：《凤翔邓家崖秦墓发掘简报》，《考古与文物》1991 年第 2 期。滕铭予：《论秦墓中直肢葬及其相关问题》，《华夏考古》1993 年第 2 期。
［24］ 陕西省考古研究院、宝鸡市考古研究所、宝鸡先秦陵园博物馆：《凤翔六道村战国秦墓发掘简报》，《文博》2013 年第 2 期。陈洪：《关中、陇山两地区洞室墓之比较研究》，《秦始皇帝陵博物院》2013 年总叁辑。
［25］ 张忠培：《聚落考古初论》，《中原文物》1999 年第 1 期。
［26］ 李自智：《秦都雍城的城郭形态及有关问题》，《考古与文物》1996 年第 2 期。
［27］ 田亚岐、张文江：《秦雍城置都年限考辨》，《文博》2003 年第 1 期。
［28］ 王子今：《公元前 3 世纪至公元前 2 世纪晋阳城市史料考议》，《晋阳学刊》2010 年第 1 期。
［29］ 《史记·秦本纪》，中华书局，1959 年。
［30］ 《史记·秦始皇本纪》，中华书局，1959 年。
［31］ 田亚岐、陈爱东：《陕西凤翔雍山血池秦汉祭祀遗址》，《2016 年中国重要考古发现》，文物出版社，2017 年。

[32] 田亚岐:《秦汉置畤研究》,《考古与文物》1993年第3期。

[33] 梁云:《战国时代的东西差别》，文物出版社，2008年。

[34] 陕西省雍城考古队:《马家庄一号建筑发掘简报》,《文物》1982年第1期。韩伟:《马家庄秦宗庙建筑制度研究》,《文物》1985年第2期。

[35] 刘庆柱:《辉煌雍城：全国（凤翔）秦文化学术研讨会论文集序言》，三秦出版社，2017年。

[36] 林沄:《中国考古学中“古国”“方国”“王国”的理论方法问题》,《中原文化研究》2016年第2期。

汉之经营辽海及影响

田立坤

（辽宁省博物馆）

辽海一词正史中最早见于《后汉书·公孙瓒传》："瓒破禽刘虞，尽有幽州之地，猛志益盛。前此有童谣曰：'燕南垂，赵北际，中央不合大如砺，唯有此中可避世。'瓒自以为易地当之，遂徙镇焉。乃盛修营垒，楼观数十，临易河，通辽海。"[1]显然，"辽海"是一地理概念，但是所指地域并不清晰明了。在此后的《晋书》《魏书》中，"辽海"所指则比较明确。《晋书·苻坚载记》：前秦灭前燕前夕，慕容暐与慕容评等人从邺城逃出，欲奔往旧都龙城，慕容暐途中即被秦郭庆的追兵所俘，慕容评侥幸逃回龙城，再奔于高句丽。"（郭）庆追至辽海，句丽缚评送之。"[2]另据《资治通鉴》："郭庆进至龙城，太傅（慕容）评奔高句丽，高句丽执评，送于秦。宜都王（慕容）桓杀镇东将军勃海王（慕容）亮，并其众，奔辽东。辽东太守韩稠，先已降秦，桓至，不得入，攻之，不克。郭庆遣将军朱嶷击之，桓弃众单走，嶷获而杀之。"[3]郭庆追慕容评至龙城后，又追慕容桓至辽东，可见前燕平州所属的龙城、辽东都在《苻坚载记》所说"庆追至辽海"的范围之内。再有，《魏书·高句丽传》称，太武帝拓跋焘时，高句丽王高琏遣使到平城奉表贡方物，并请国讳，拓跋焘遣员外散骑侍郎李敖拜高琏为"都督辽海诸军事、征东将军、领护东夷中郎将、辽东郡开国公、高句丽王。"[4]据《资治通鉴》，此次高琏遣使平城在北魏太延元年（宋元嘉十三年，435 年）六月，[5]当时高句丽已迁都平壤，早已陷于高句丽的辽东、玄菟两郡，应在高琏所"都督辽海"的范围之内。又《魏书·库莫奚传》称："及开辽海，置戍和龙，诸夷震惧，各献方物。"[6]"开辽海"系指北魏太延二年（436 年）五月灭北燕占领辽西一事；"置戍和龙"之"和龙"，即北燕都城龙城，北魏灭北燕，先在龙城置镇，后置营州、护东夷校尉，均治龙城。可见《魏书》中所说的"辽海"与《晋书》相同，都是指辽西、辽东两地。由此推测，《后汉书·公孙瓒传》所说的"辽海"，是指汉幽州东部长城障塞之内的辽西郡、辽东属国、辽东郡、玄菟郡四个边郡（属国）之地，即今中国东北地区南部的辽西山地与辽西走廊、下辽河平原、辽东半岛三个地理单元，以及朝鲜半岛清川江下游北岸地带。

"辽海"这一概念应该产生在战国燕占领这一地区置辽西、辽东两郡之前，此后分而言之则为辽西、辽东，合而言之仍为辽海。

一、经营辽海之背景

汉之经营辽海，是在燕秦置郡县，筑长城、移民戍守的基础上展开的。不晚于战国燕昭王时，辽海地区即已纳入燕的版图。据《史记·匈奴传》："燕有贤将秦开，为质于胡，胡甚信之，归而袭破走东胡，东胡却千余里。燕亦筑长城，自造阳至襄平。置上谷、渔阳、右北平、辽西、辽东郡以拒胡。"[7]秦统一六国后，实行郡县制，分天下为三十六郡，辽海地区仍然为辽西郡、辽东郡，两郡下置二十九县。[8]始皇"乃使蒙恬将三十万众北逐戎狄，收河南。筑长城，因地形，用制险塞，起临洮，至辽东，延袤万余里。"[9]秦二世元年（公元前209年）七月，谪戍渔阳的九百戍卒因遇雨失期，在大泽乡推举陈胜、吴广为首起兵反秦。陈胜自立为王，建号张楚，派武臣、张耳、陈余前去开辟赵地；武臣到邯郸后，自立为赵王，派故燕上谷卒史韩广率兵北上占领燕地，韩广在燕国故贵人豪杰的鼓动下，也在故燕地自立为王，辽西、辽东两郡属韩广所有。[10]鸿门宴后，项羽西屠咸阳，杀秦降王子婴，自称西楚霸王，分天下，立诸将为侯王，将燕国之东部析出为辽东国，徙原燕王韩广为辽东王，都无终；以故燕将臧荼代韩广为燕王，都蓟。韩广不就封，臧荼杀韩广并其地，辽西、辽东两郡又属燕王臧荼。[11]

楚汉相争，以垓下之战项羽大败，在"此天之亡我，非战之罪也"的无奈叹息中自刎于乌江而告终。汉高祖五年（公元前202年）正月，刘邦称帝，项羽封的燕王臧荼归附于汉，仍为燕王。[12]燕国领有广阳、上谷、渔阳、右北平、辽西、辽东六个支郡，汉之经营辽海自此始。

二、汉对辽海之经营

根据辽海地区与中央之间的关系，汉经营辽海四百年的历史可分为诸侯国支郡、中央直辖郡、公孙氏割据三个时期。

（一）诸侯国支郡时期（公元前202～前154年）

秦统一六国，分全国为三十六郡，建立了一套完整的由郡、县、乡、亭、里构成的地方行政体制。郡为直接隶属于中央的地方最高行政机构，行政长官称郡守，下设郡丞、郡尉，在边郡增设长史。郡下置县，万户以上县的行政长官称县令，不足万户者称县长，下设县丞、县尉及令史等属吏。县下为乡，乡有三老、有秩、啬夫、游徼，分掌地方教化、行政、听讼、征收赋税、巡查禁盗。乡下有亭，亭下还有里。[13]汉行政体制承秦郡县制，但是与秦制又有所区别，即诸侯王封国与直属朝廷的郡县并存。汉初刘邦先封异姓功臣为诸侯王，后来又封予皇室子弟，这些诸侯王封国都各管辖一部分郡县，封国内"有太傅辅王，内史治国民，中尉掌武职，丞相统众官，群卿大夫都官如汉朝。"[14]诸侯王虽然受中央的节制，但是朝廷政令并不能直接施行于其封国所辖郡县之内，具有割据之实，是潜在的分裂势力，对朝廷构成巨大的威胁。

高祖五年（公元前 202 年）正月，刘邦称帝，七月，燕王臧荼谋反，刘邦亲自率军讨伐，九月俘臧荼，再封同乡卢绾为燕王。高祖十二年（公元前 195 年）二月，卢绾又反，刘邦又封皇子建为燕王。吕后七年（公元前 181 年），燕王刘建薨，其子为吕雉所杀[15]。吕后八年（公元前 180 年），复置燕国，以吕通为燕王。吕雉薨，汉大臣诛吕通。琅琊王刘泽与诸将相共立代王刘恒为帝，即汉文帝。文帝元年（公元前 179 年），改封琅琊王刘泽为燕王，王燕者虽然归于刘姓宗室子孙，但是，辽海地区的诸侯国支郡性质并没有改变。文帝三年（公元前 177 年），燕王刘泽薨，子康王嘉嗣，文帝十一年（公元前 169 年），刘嘉薨，子定国嗣。[16]景帝三年（公元前 154 年），吴王刘濞为首发动吴楚七国叛乱，[17]“与其父刘嘉的妾通奸生子，夺其弟之妻为妾”的燕王刘定国既没参与叛乱，也未勤王救驾，属于旁观者。景帝平定叛乱后，趁势削藩，燕国的上谷、渔阳、右北平、辽西、辽东五郡都在削夺之列，辽海地区脱离燕国，始为中辖直辖郡。[18]

汉初承秦之乱，人口减少，经济凋敝，社会残破不堪。为医治战争创伤，刘邦吸取秦横征暴敛、赋役繁重，苛政亡国的教训，实行轻徭薄赋，与民休息政策，鼓励流民还乡，恢复、发展农业生产。同时命各郡国发现有德行、才能的人，要马上向朝廷举荐，以广招贤能之士。当时匈奴势力强大，不断侵扰北方沿边郡县，刘邦采取和亲策略，予以忍让笼络。同时加强防御，将燕秦辽东长城至浿水段进行修复加固。[19]使得北方边境稍安。汉的和亲策略虽然收到很大的成效，但是匈奴对汉恃强不恭，仍然不断违约入侵边郡，云中、辽东深受其害[20]。景帝二年（公元前 155 年），为对匈奴作战提供战马，在北方边郡开辟官营的牧马场三十六所，辽东郡襄平即为其中之一，有牧师官专司牧马之职。[21]

汉初的与民休息政策，为深受战乱和匈奴入侵之害的辽海地区下一阶段社会经济的发展奠定了基础。

（二）中央直辖郡时期（公元前 154 ~ 公元 189 年）

景帝三年（公元前 154 年），上谷、渔阳、右北平、辽西、辽东五个边郡之地削归朝廷直属郡，郡县制在辽海地区得以最终确立。

经过汉初的休养生息，至汉武帝即位时，国力已经强大，开始调整对匈奴的策略，在继续执行和亲策略的同时，着手做反击匈奴入侵的各项准备。元朔元年（公元前 128 年）秋，匈奴二万骑又大举入侵，杀辽西太守，劫掠二千余人；入侵渔阳、雁门两郡，各杀掠千余人。汉武帝派卫青率军出雁门，将军李息出代郡，大破入侵的匈奴。第二年，卫青再次率军出云中以西至陇西击匈奴，“遂取河南地，筑朔方，复缮故秦时蒙恬所为塞，因河为固”。[22]辽海地区的燕秦长城障塞，即是“秦时蒙恬所为塞”的一部分。

燕王卢绾反时，有燕人卫满聚党千余人东走朝鲜，王其地，与辽东太守约为汉之外臣，为汉维护边境秩序，故得以借汉的兵威财物征服周边各小国。至卫满孙右渠时，引诱逃亡汉人，阻止真番等小国向汉朝贡，与北方的匈奴相呼应，并袭杀辽东郡的东部都尉涉何。武帝于是招募罪人东击朝鲜，“以断匈奴之左臂”[23]。元封三年（公元前108年），朝鲜王卫右渠为部下所杀，汉遂定朝鲜，于其地置真番、临屯、乐浪、玄菟四郡[24]。

随着民族分布格局及各少数民族与汉关系的变化，汉对辽海地区的建制也进行了调整。昭帝始元五年（公元前82年），原治朝鲜半岛东北部沃沮城的玄菟郡因受夷貊所侵，西迁所辖的高句丽县，即今辽宁省新宾永陵镇南3千米苏子河南岸的汉城遗址。开朝鲜四郡，内迁玄菟郡治，如同设置了一道屏障，客观上为辽东郡解除了来自东北方的威胁。

西汉后期对辽东郡威胁最大的是来自于乌桓的侵扰。不晚于汉昭帝初年，乌桓南下至塞外，归附于汉。[25]汉昭帝元凤三年（公元前78年）冬，辽东乌桓反，中郎将范明友为度辽将军，率北边七郡一万四千骑击之。为防御乌桓对辽海地区的侵扰，元凤五年六月，将三辅及郡国恶少年及吏有告劾亡者，发往辽东屯垦戍边。六年正月，又招募郡国有罪刑徒修筑辽东、玄菟两城。[26]

辽海地区环抱渤海，有丰富的盐、铁资源，不晚于战国时期，辽东就已经开始利用海水煮盐。汉初“弛山泽之禁”，允许民间冶铁、煮盐。元狩初年，汉武帝实行盐、铁官营，产盐、铁的郡国设置盐、铁官，负责盐铁的生产与销售。辽西郡海阳的盐官[27]，辽东郡平郭的铁官、盐官，[28]均置于此时。

经过二百年的经营，到汉平帝元始二年（公元2年），辽海地区的人口已达174226户，846709口，其中辽西郡有72654户，352325口。十四县：且虑，海阳，新安平，柳城，令支，肥如，宾徒，交黎，阳乐，狐苏，徒河，文成，临渝，絫。辽东郡有55972户，272539口。十八县：襄平，新昌，无虑，望平，房，候城，辽队，辽阳，险渎，居就，高显，安市，武次，平郭，西安平，文，番汗，沓氏。玄菟郡有45006户，221845口。三县：高句骊，上殷台，西盖马。[29]平均每户近五口。

汉平帝初始元年十二月，王莽即天子位，复古改制实行新政，即依据古籍中所记修改当时实行的各项制度，其中之一按《周礼》改官制、官名，重新调整行政区划，改变地名，如辽西郡的交黎改为“禽虏”，辽东郡的襄平改为“昌平”，玄菟郡的高句丽改为“下句丽”。将汉朝廷授予周边部族首领的王号均降为侯，其他的官职封号也随之改变。始建国元年（9年），王莽派“五威将军奉符命，赍印绶，王侯以下及吏官名更者，外及匈奴、西域，徼外蛮夷，皆即授新室印绶，因收故汉印绶。”“普天之下，迄于四表，靡所不至。”其中东出者到辽东的玄菟、乐浪、高句骊、夫余。[30]“高句丽王”被降为“高句丽侯”。

王莽改“匈奴单于玺”为“新匈奴单于章”，引起匈奴单于的强烈不满，导致匈奴大肆入塞寇盗缘边郡县。王莽征发郡国勇士，武库精兵，十道并出，穷追匈奴。乌桓兵、高句丽兵都在被征发之列。王莽征发乌桓兵屯代郡，并将乌桓人的妻子等作为人质。乌桓人不服水土，要求撤回。“莽不肯遣，遂自亡叛，还为抄盗，而诸郡尽杀其质，由是结怨于莽。匈奴因诱其豪帅以为吏，余者皆羁縻属之。”[31]王莽降“高句丽王”为

“高句丽侯”，已使高句丽不满，更不愿为王莽卖命，王莽遂强征其去伐匈奴，高句丽纷纷逃亡塞外为寇盗。王莽派严尤诱杀高句丽侯騶，传首长安。“其更名高句丽为下句丽，布告天下，令咸知焉。”[32]王莽的新政致使高句丽、乌桓、匈奴寇边更频，危害愈甚。

西汉虽然灭亡了，但是王莽复古改制造成的民族矛盾并没有化解。“光武初，乌桓与匈奴连兵为寇，代郡以东尤被其害。居止近塞，朝发穹庐，暮至城郭，五郡民庶，家受其辜，至于郡县损坏，百姓流亡。”这里的“五郡”即上谷、渔阳、右北平、辽东、辽西郡。汉光武帝刘秀一面派兵迎击围剿，一面贿赂安抚，重新调整民族政策。“二十五年，辽西乌桓大人郝旦等九百二十二人率众向化，诣阙朝贡，献奴婢牛马及弓虎豹貂皮。是时四夷朝贡，络绎而至，天子乃命大会劳飨，赐以珍宝。乌桓或愿留宿卫，于是封其渠帅为侯王君长者八十一人，皆居塞内，布于缘边诸郡，令招来种人，给其衣食，遂为汉侦候，助击匈奴、鲜卑。”复置护乌桓校尉，负责管理乌桓、鲜卑事务。[33]

辽东的高句丽、夫余也相继遣使朝贡。“建武八年，高句丽遣使朝贡，光武复其王号。”高句丽与汉的友好关系没能维持多久，建武二十五年（49 年），高句丽寇右北平、渔阳、上谷、太原，“辽东太守祭肜以恩信招之，皆复款塞”。及高句丽王公即位后，数犯边境。[34]建武“二十五年，夫余王遣使奉贡，光武厚答报之，于是使命岁通”。[35]

汉和帝初年，鲜卑、乌桓也由为汉保塞而变为屡屡入寇边郡。汉和帝永元中，匈奴北单于因被大将军窦宪遣右校尉耿夔击破而逃走，鲜卑据其地，留下的匈奴余种十余万落皆自号鲜卑，流入辽东，与鲜卑杂处，鲜卑由此强盛。永元九年（97 年），辽东鲜卑攻辽西郡的肥如城。自此以后，侵扰不断。汉安帝永初三年（109 年），乌桓也开始入寇边郡。夫余与汉的关系则相对稳定。东汉对辽海地区的统治力逐渐下降，乌桓、鲜卑、高句丽等势力逐渐强大起来。

在乌桓、鲜卑不断寇边的压力下，东汉安帝时对辽海地区的建置又做了较大的调整。一是将辽东郡的候城、高显、辽阳三县划归玄菟郡。一是辽西郡向内收缩，仅存辽西走廊一线的阳乐、海阳、令支、肥如、临渝，省去辽西山地区的沮虑、新安平，柳城、狐苏、文成、絫六县。一是从辽西郡东部划出昌黎、宾徒、徒河三县，从辽东郡西部划出险渎、房两县，新置扶黎，为辽东属国，以安置内附的乌桓鲜卑。

东汉罢盐、铁之禁，允许民间煮盐、冶铸。“其郡有盐官、铁官、工官、都水官者，随事广狭置令、长及丞，秩次皆如县、道，无分士，给均本吏。本注曰：凡郡县出盐多者置盐官，主盐税。出铁多者置铁官，主鼓铸。有工多者置工官，主工税物。有水池及鱼利多者置水官，主平水收渔税。”[36]辽海地区“有鱼盐枣栗之饶”[37]，是否还置有水官不得而知。

东汉顺帝永和五年（140 年），辽西郡有 14150 户，81714 口。领五县：阳乐、海阳、令支、肥如、临渝。辽东郡有 64158 户，81714 口。领十一县：襄平、新昌、无虑、望平、辽队、安市、平郭、西安平、汶、番汗、沓氏。玄菟郡有 1594 户，43163 口。领六县：高句骊、西盖马、上殷台、高显、候城、辽阳。辽东属国领六县：昌黎、宾徒、徒河、扶黎、房、险渎。户口不详。[38]与西汉元始二年时的户口数相比，辽西与玄菟两郡的数量减少，辽东郡在减少七县的情况下，户数却增加 8186 户，如按每户 5 口推算，辽东郡当时的人口大约在 320000 左右。

（三）公孙氏割据时期（189 ~ 220 年）

东汉后期，中原爆发了黄巾大起义，天下大乱。在镇压黄巾起义的过程中，各路豪强拥兵自重，大肆扩张势力范围，形成各据一方的分裂割据局面，东汉朝廷已名存实亡，完全失去控制地方的能力。辽海地区虽然没有受到黄巾大起义的影响，社会相对稳定，但是辽西已被乌桓占据，高句丽亦虎视眈眈，觊觎辽东久矣。公孙度就是在这一背景下出任辽东太守，进而祖孙三代割据辽东五十年，在中原大乱的情况下，使孤悬海外的辽东地区局面保持相对稳定，成为中原流民向往的避乱之所。

汉献帝中平六年（189 年），公孙度经同乡徐荣向权臣董卓推荐，出任辽东太守。因公孙度出身于玄菟郡小吏，所以，不为辽东郡所看重。公孙度到任后，马上先发制人，将守襄平令公孙昭杀于襄平市中，夷灭以田韶为首的辽东名豪大姓百余家，一时郡中震栗，秩序安然。公孙度稳住局面之后，从辽东郡分出辽西、中辽两郡，又趁中原混战之机，越海占领今山东半岛的东莱诸县，置营州刺史。自封为辽东侯、平州牧，形成事实上割据辽东的局面。

当时对辽东公孙度威胁最大的是占据辽西的乌桓和辽东的高句丽。公孙度采取联合鲜卑以制约乌桓，北结夫余以制约高句丽的对策，"东伐高句丽，西击乌桓，威行海外"。[39]公孙度还曾在乐浪郡的南部置带方郡，[40]将势力范围扩展到朝鲜半岛。

公孙度割据辽东，令行海外，保境安民，襄平成为东北地区的政治、经济、文化中心，辽东地区成为无家可归的流民得以栖身之地，那些中原名士如国渊、邴原、管宁、王烈[41]都率家族渡海到辽东躲避战乱，在中原战乱，人口锐减的情况下，辽东地区则社会稳定，人口增加。国渊、邴原、管宁、王烈这些中原名士，在辽东开馆讲学，传道授业，传播先进的生产技术，形成强不凌弱，众不暴寡、商贾之人，市不二价的局面，辽东的经济得到发展，文化得到提高，对推动辽海地区社会发展意义重大。

辽东地区与东吴也保持着政治、经济联系，东吴的战马很多就买自于辽东。

公孙度祖孙三代所以能割据辽东五十年，除中原战乱导致分裂割据，无暇东顾之外，自西汉以来经营辽海地区四百年，积累了大量财富为经济基础，也是一个重要条件。

三、辽海之汉代遗存

辽海地区的汉代遗存，是在汉王朝大一统的背景下形成的，不论是墓葬形制，殉葬制度、随葬品及其组合，还是建筑技术、材料、装饰纹样、风格等方面都与中原地区保持高度一致。

重要发现有辽西的汉长城遗址、[42]辽东的汉列燧遗址，[43]城址、遗址有朝阳汉柳城遗址，[44]凌源三十家子、[45]安杖子汉城址，[46]喀左黄道营子汉白狼城遗址，[47]

锦州部集屯汉城址，[48]绥中姜女石秦汉行宫遗址，[49]辽阳汉襄平遗址、三道壕村落遗址，[50]辽阳太平沟、牌路沟汉代铁矿遗址，[51]营口英守沟汉代冶铁遗址汉冶铁遗址，[52]熊岳汉平郭遗址，[53]大连张店汉城址，[54]沈阳上伯官汉城址，[55]新宾南汉玄菟郡遗址[56]等。墓地有朝阳袁台子墓，[57]喀左黄道营子墓地，[58]凌源安杖子墓地，[59]以辽阳、[60]鞍山[61]为中心分布的汉代墓地，以盖州、熊岳[62]为中心分布的汉代墓地，大连地区的汉代墓地，[63]以沈阳、[64]抚顺[65]为中心分布的汉代墓地。

据目前的发现与研究看，辽海地区汉代遗存中，属于汉初燕国支郡时期的墓葬数量较少，汉武帝时期的墓葬数量明显增加。西汉时期以土坑木棺（椁）墓为主流，极少石椁墓，沿海地区流行墓内填充贝壳。王莽时期开始出现砖室（椁）墓。东汉时期出现壁画墓和花纹砖墓。[66]

由于区域发展不平衡，辽海地区汉墓也有内部差异，据此可以分为以辽阳为中心的辽东郡区，以朝阳为中心的辽西郡区，以沈阳和抚顺为中心的玄菟郡区。辽东郡区还可以分为辽阳与沿海的营口、大连两个亚区，辽西郡区也可以分为朝阳与沿海的锦州两个亚区。介于辽东、辽西两郡之间的辽东属国区，目前还没有明确的属于辽东属国的墓葬发现。

辽海地区汉墓的区域差异主要表现在墓地数量多少、规模大小、沿用时间长短，单位出土遗物数量多少、档次高低和墓内装饰等几方面。

辽东郡区：

从西汉初年至东汉末年墓葬都有发现，而且墓地数量多、规模大，很多墓地都沿用百年以上。[67]单位出土遗物数量多、档次高，有些墓出土遗物数十件，且有冥器马车、金器、玉器等。东汉时期开始出现大型的壁画墓和花纹砖墓。

玄菟郡区：

墓地数量少、规模小、沿用时间也短。目前尚无较大规模的墓葬发现，多为一般平民墓葬，出土遗物数量少，多是生活日用或随葬用陶器，没有大型的壁画墓和花纹砖墓。

辽西郡区：

墓地的数量、规模都无法与辽东地区相比，出土遗物数量少。因受乌桓、鲜卑内迁的影响，东汉时期辽西郡收缩至辽西走廊一线，朝阳地区还没有这一时期的墓葬发现。

辽海地区汉墓区域差异的形成原因：

辽东郡虽地处边疆，但是东北有玄菟郡、西有辽西郡、辽东属国为屏障，所以受乌桓、鲜卑侵扰的影响较小，社会比较安定，而且有丰富盐铁资源，并可通过海路与经济文化发达的齐地进行商贸往来。

玄菟郡与辽西郡作为边郡，深受乌桓、鲜卑侵扰之害，社会生活难以安定。尤其是辽西郡，经常遭到乌桓、鲜卑的寇抄，致使东汉时期所辖地域大大收缩。

社会安定、盐铁之利、海路交通优势，使辽东郡户口增加、经济、文化得到快速发展。东汉时期，已形成以郡治襄平为军政中心，以设有盐官铁官的平郭为经济、商贸中心的格局。[68]呈现出阡陌交通，鸡犬相闻，炊烟相望的繁荣景象。

郡治襄平流行绘有车马出行、家居、宴饮、百戏等题材的大型石室壁画墓，沿海地区则流行随葬品丰富的大型花纹砖墓，即是现实生活中贵与富的不同反映。

辽阳三道壕村落遗址是研究辽海地区农村社会的典型标本。

四、经营辽海之影响

统一政令、设置郡县、移民屯田戍边、修筑长城，是汉经营辽海地区乃至于东北的有力措施，对巩固统治，促进地方社会经济文化的发展具有重要作用，为汉文化能够很快覆盖辽海地区创造了条件。

郡县制的实行，加强了辽海地区与中原的政治、经济、文化上的联系。大量的中原移民、军人来到辽海地区屯田戍边，带来了先进的科学技术、生产工艺、思想观念、文化知识，加快了社会发展步伐，促进了民族之间的交流与相互影响。修筑长城，对北方匈奴等少数民族的有效防御，使长城内的郡县保持社会基本稳定，人们能够从事农业和其他手工业生产，中原先进的农业生产技术、建筑技术在辽海地区得到推广、普及。

辽东郡具有丰富的盐、铁资源，“辽东之煮”即盐业生产，给战国燕带来了很大的经济利益。汉代在辽西郡的海阳县和辽东郡的平郭县都设有专门负责管理盐业生产、交换的盐官，可见当时的盐业生产已经具有很大的规模。“能史书”“治尚书、论语，略通大义”的涿郡高阳人王尊，即因清廉而被郡太守举荐“补辽西盐官长”。[69]平郭县同时还设有专门负责管理冶铁业的铁官。铁农具在辽海地区的大量出土，既说明了当时铁制农具的普及、农业生产的水平，同时也说明冶铁业也得到了很快的发展。[70]

两汉时期的大量中原移民是汉文化在辽海地区广泛深入传播的社会基础。其中有很多学通经史的仁人志士来到辽海地区，或仕宦、或隐逸，是传播中原科学文化知识、道德观念，思想启蒙的先行者。

辽东郡治襄平、辽西郡治沮虑、玄菟郡治今上伯官，正是后来三阳——辽阳、龙城朝阳、沈盛京阳之所在。“三阳”所以能够先后成为东北地区不同时期的政治、经济、文化中心，盖奠基于汉经营辽海时期，可谓空穴来风，渊源有自。

汉之经营辽海，是在战国燕、秦之后，又一次大规模对辽海地区的开发。其影响的深度、广度都远远超出燕、秦时期，奠定了此后汉文化在辽海地区始终占据主导地位的基础，对辽海地区乃至东北及东北亚地区各部族的发展趋势产生重要影响。

注释

[1] 《后汉书》卷73《公孙瓒传》，第2362、2363页。

[2] 《晋书》卷113《苻坚载记》，第2893页。

[3] 《资治通鉴》卷102晋海西公太和五年，第3237、3238页。

[4] 《魏书》卷100《高句丽传》：“世祖时，钊曾孙琏始遣使者安东奉表贡方物，并请国讳。世祖嘉其诚款，诏下帝系名讳于其国，遣员外散骑侍郎李敖拜琏为都督辽海诸军事、征东将军、领

护东夷中郎将、辽东郡开国公、高句丽王。”第 2214、2215 页。

［5］《资治通鉴》卷 122 宋文帝元嘉十二年，第 3858 页。

［6］《魏书》卷 100《库莫奚传》，第 2223 页。

［7］《史记》卷 110《匈奴传》，第 2885、2886 页。

［8］《史记》卷 57《周勃世家》：燕王卢绾反，周勃率军破卢绾，“定上谷十二县，右北平十六县，辽西、辽东二十九县，渔阳二十二县。”此应是秦时所置县数。第 2070 页。

［9］《史记》卷 88《蒙恬传》，第 2565 页。

［10］《史记》卷 48《陈涉世家》，第 1950 ~ 1956 页。

［11］《史记》卷 8《高祖本纪》，第 365、366 页。

［12］《史记》卷 8《高祖本纪》，第 380 页。

［13］《汉书》卷 19 上《百官公卿表上》，第 742 页。

［14］《汉书》卷 19 上《百官公卿表上》，第 741 页。

［15］《汉书》卷 14《诸侯王表第二》，第 405 页。

［16］《汉书》卷 35《燕王刘泽传》，第 1900 页。

［17］《汉书》卷 35《吴王刘濞传》，第 1903 页。

［18］《史记》卷 17《汉兴以来诸侯王年表第五》：“吴楚时，前后诸侯或以谪削地，是以燕、代无北边郡，吴、淮南、长沙无南边郡，齐、赵、梁、楚支郡名山陂海咸纳于汉。”第 803 页。

［19］《史记》卷 115《朝鲜传》：“自始全燕时尝略属真番、朝鲜，为置吏，筑障塞。秦灭燕，属辽东外徼。汉兴，为其远难守，复修辽东故塞，至浿水为界，属燕。”第 2985 页。

［20］《汉书》卷 94 上《匈奴传》，第 3762 页。

［21］《汉书》卷 28 下《地理志》辽东郡，第 1625 页。

［22］《史记》卷 110《匈奴传》，第 2906 页。

［23］《汉书》卷 73《韦贤传》，第 3126 页。

［24］《史记》卷 115《朝鲜传》，第 2989 页。

［25］关于乌桓进入塞外的时间，《后汉书》卷 90《乌桓传》称：及武帝遣骠骑将军霍去病击破匈奴左地，因徙乌桓于上谷、渔阳、右北平、辽西、辽东五郡塞外，为汉侦察匈奴动静。因《史记》《汉书》以及《三国志》、王沈《魏书》都没有关于武帝迁乌桓于五郡塞外的记载，所以《乌桓传》的记载可能不符合史实。见潘玲《西汉时期乌桓历史辨析》，《史学集刊》2011 年第 1 期。

［26］《汉书》卷 7《昭帝纪》，第 229、231、232 页。

［27］《汉书》卷 28 下《地理志》，辽西郡海阳县，第 1625 页。

［28］《汉书》卷 28 下《地理志》，辽东郡平郭县，第 1626 页。

［29］《汉书·地理志》郡国所属县目为汉成帝元延（公元前 12 ~ 前 9 年）之末数；户籍为汉平帝元始二年（公元 2 年）数。参见周振鹤《西汉政区地理》，人民出版社，1987 年，第 22 页。《汉书》卷 28 下《地理志》，辽西郡，第 1625 页；辽东郡，第 1625 页；玄菟郡，第 1626 页。

［30］《汉书》卷 99 中《王莽传中》，第 4116 页。

［31］《后汉书》卷 90《乌桓传》，第 2981 页。

[32] 《汉书》卷九十九中《王莽传中》，第4130页。

[33] 《后汉书》卷90《乌桓传》，第2982页。

[34] 《后汉书》卷85《东夷·高句丽传》，第2814页。

[35] 《后汉书》卷85《东夷·夫余传》，第2812页。

[36] 《后汉书》卷118《百官志五》，第3625页。

[37] 《史记》卷129《货殖列传》，第3265页。

[38] 辽东郡“候城”与玄菟郡互见，“无虑”与辽东属国互见，依《中国历史地图集释文汇编东北卷》，“候城”属玄菟郡，辽东郡补“辽队”，“无虑”属辽东郡，辽东属国增“扶黎”。中央民族学院出版社，1988年，第7页。辽东郡“户六万四千一百五十八，口八万一千七百一十四”，每户平均约1.27口；玄菟郡“户一千五百九十四，口四万三千一百六十三”，每户平均约27口。两郡的户与口数之比均不正常，且辽东郡的口数与辽西郡全同，必误无疑，不足信。《后汉书》卷23《郡国五》辽西郡，第3528页；辽东郡、玄菟郡,3529页；辽东属国，第3530页。

[39] 《三国志》卷8《魏书·公孙度传》，第252页。

[40] 《晋书》卷14《地理志》，平州带方郡，第427页。

[41] 《三国志》卷11《魏书·袁张涼国田王邴管传》，第339、350、354、355页。

[42] 李庆发 张克举：《辽宁西部汉代长城调查报告》，《北方文物》1987年第2期。

[43] 孙守道：《汉代辽东长城列燧遗迹考》，《辽海文物学刊》1992年第2期。

[44] 辽宁省文物考古研究所等：《朝阳袁台子》，文物出版社，2010年。

[45] 1987年春，笔者与尚晓波去凌源三十家子调查一座被破坏的汉墓时，在三十家子镇南耕地中发现有大量的汉代绳纹陶片、方格纹瓦片，地边还有耕地时捡出的成堆陶片。据村民介绍，这里原是一处高台地，五十年代时被夷为平地。据此我们认为这是一处汉代的城址无疑。

[46] 辽宁省博物馆：《辽宁凌源安杖子古城址发掘报告》，《考古学报》1996年第2期。

[47] 刘新民：《白狼城考》，《辽宁省考古博物馆学会成立大会论文集》，1981年。

[48] 朱永刚等：《辽宁锦西部集屯三座古城址考古纪略及相关问题》，《北方文物》1997年第2期。

[49] 辽宁省文物考古研究所：《姜女石——秦汉行宫遗址发掘报告》，文物出版社，2010年。

[50] 李文信：《辽阳三道壕西汉村落遗址》，《考古学报》1957年第1期。

[51] 《中国文物地图集·辽宁分册（下）》，辽阳县8-A8太平沟铁矿遗址、9-A9牌路沟铁矿遗址，西安地图出版社，2009年，第308页。

[52] 《人民日报》1964年4月21日第二版：辽宁发现一座“失踪”汉代古城。

[53] 孙进己、王绵厚：《东北历史地理》，黑龙江人民出版社，1989年，第一卷，平郭条，第293页。

[54] 旅顺博物馆等：《辽宁新金县花儿山汉代贝墓第一次发掘》，《文物资料丛刊》（4），文物出版社，1981年。

[55] 郑明、沈长吉：《沈阳伯官屯汉魏墓葬》，《考古》1964年11期。佡俊岩：《沈阳上伯官汉墓清理简报》，《辽海文物学刊》1991年第2期。

[56] 辽宁省文物考古研究所：《永陵南城址发掘报告》，文物出版社，2017年。

[57] 辽宁省文物考古研究所等：《朝阳袁台子》，文物出版社，2010年。

[58] 金殿士：《辽宁省喀左县三台子乡发现西汉墓葬》，《文物》1960年第10期。傅宗德：《喀左县

黄道营子汉墓》，《博物馆研究》1990 年第 1 期。

[59] 辽宁省博物馆：《辽宁凌源安杖子古城址发掘报告》，《考古学报》1996 年第 2 期。

[60] 《中国文物地图集·辽宁分册（上）》，辽阳市文物图，西安地图出版社，2009 年，第 168～171 页。

[61] 《中国文物地图集·辽宁分册（上）》，鞍山市文物图，西安地图出版社，2009 年，第 124～129 页。

[62] 《中国文物地图集·辽宁分册（上）》，营口市鲅鱼圈区、盖州市文物图，西安地图出版社，2009 年，第 160、161 页。

[63] 《中国文物地图集·辽宁分册（上）》，大连市文物图，西安地图出版社，2009 年，第 112～123 页。

[64] 《中国文物地图集·辽宁分册（上）》，沈阳市文物图，西安地图出版社，2009 年，第 102、103、106、107 页。

[65] 《中国文物地图集·辽宁分册（上）》，抚顺市文物图，西安地图出版社，2009 年，第 130～133 页。

[66] 郑君雷：《中国东北地区汉墓研究》，吉林大学 1997 年博士论文。辽宁省文物考古研究所等：《姜屯汉墓》，文物出版社，2013 年。

[67] 孙守道：《论辽南汉魏晋墓葬制之发展演变》，《辽海文物学刊》1989 年第 1 期。

[68] 田立坤：《辽宁古代文化特征及形成之背景》，《辽宁大学学报（哲学社会科学版）》2013 年第 2 期。

[69] 《汉书》卷 76《王尊传》，第 3226 页。

[70] 万欣：《中国东北地区战国至西汉时期的铁器与冶铁遗存——试以这一时期铁器中的铁制工具为例》，《2012 东亚古代铁器文化研究学术论坛论文集》（中日韩文版），2012 年。

平乐银山岭墓地的年代学问题

郑君雷

（中山大学历史人类学研究中心）

广西平乐银山岭墓地1974年发掘墓葬165座，其中110座被推断为战国墓[1]，另文发表汉墓45座（其中西汉前期13座）[2]。银山岭墓地是岭南战国秦汉考古的重要材料，一些学者认为银山岭战国墓年代为西汉前期，实际是汉墓（南越国墓）。本文就银山岭墓地的年代、分期等问题作进一步讨论。

一、银山岭战国墓的年代争议

最早提出银山岭战国墓已经进入西汉纪年的是《广州汉墓》，指这批墓葬出土陶器与广州西汉初年墓相同，“原报告推定的年代（战国中、晚期）偏早了，似应定为西汉早期”[3]。徐桓彬注意到“平乐银山岭出土大量铁器，与其他战国墓不同”，认为“这部分墓葬的年代应晚于战国，出土铁器不能代表秦以前南越的冶金水平”[4]，黄展岳推测“平乐银山岭战国末汉初墓，估计是西瓯抗击秦兵南下的屯戍吏卒所遗留”[5]。

其后黄展岳指出银山岭战国墓与广州、贺县西汉早期墓形制相同、出土器物基本一致、铁器比例大，认为“这批铁器是在秦平岭南之后从中原带来的”，战国墓与西汉早期墓“彼此交错在一起，墓制相同，出土物又相似”，当“同属于南越王国早期”[6]。黄展岳、麦英豪称其为反映特殊屯戍生活的“南越西瓯戍卒墓”[7]。容达贤认为大量随葬铁锄与战国西瓯、汉代骆越的农业发展水平不符，推断墓地年代属秦，墓主“是被秦王朝统治者从岭北地区迁徙到岭南西瓯人居地充当戍卒的楚故地居民”[8]。

李龙章认为“岭南地区出土铁器遗存的年代上限均未超出秦汉时期”，银山岭战国墓的“瓿、三足瓿、盒、三足盒、釜形鼎、杯、钵等陶器，无论是器形、纹饰、施釉、刻划记号等方面与广州汉墓西汉前期墓、南越王墓同类器完全相同”，特别是三足壶（M119：12）“与广州汉墓Ⅰ型3式匏壶基本相同，属岭南汉代典型陶器”，绝不见于两广先秦墓葬（图一）；银山岭战国墓“的确较广州汉墓西汉前期墓中出仿铜陶礼器的墓葬为早，并且基本不见广州汉墓常见的几何戳印纹陶，这正是发掘报告误将其年代定在战国的主要原因之一，…… 但其年代仍处在秦汉时期，与博罗银岗二期遗存的年代基本相同”，即相当于西汉文景时期[9]。

主张银山岭战国墓已经进入西汉纪年的学者主要依据有三，即墓葬形制、陶器与银山岭汉墓和广州等地西汉前期墓相同，铁器数量多，但这并不具有绝对说服力。就前两点而言，窄长方形墓坑、二层台或腰坑、墓底铺卵石是岭南战国墓和西汉前期墓共有的形制设施，部分陶器未必能够代表这批墓葬的全体年代或主体年代。就第三点而言，虽然学术界近年来倾向于认为“岭南地区跨入铁器时代，是伴随着秦平岭南而开始的”[10]，但是银山岭墓地所在的湘桂走廊楚文化进入较早，还需要排除这批铁器与楚地的关联[11]。

极端言之，银山岭战国墓与岭南西汉前期墓的共性，逻辑上也可以逆推为银山岭西汉前期墓实际是战国墓。要之，银山岭战国墓已经进入西汉纪年的观点虽然引起广泛注意，但是并未成为定论，一些较晚近著述或者仍然视其为战国遗存[12]，或者在汉墓研究中不涉及[13]。显然，在岭南战国秦汉考古学研究尚有许多空白、缺环的情况下，这一观点有必要进一步论证。

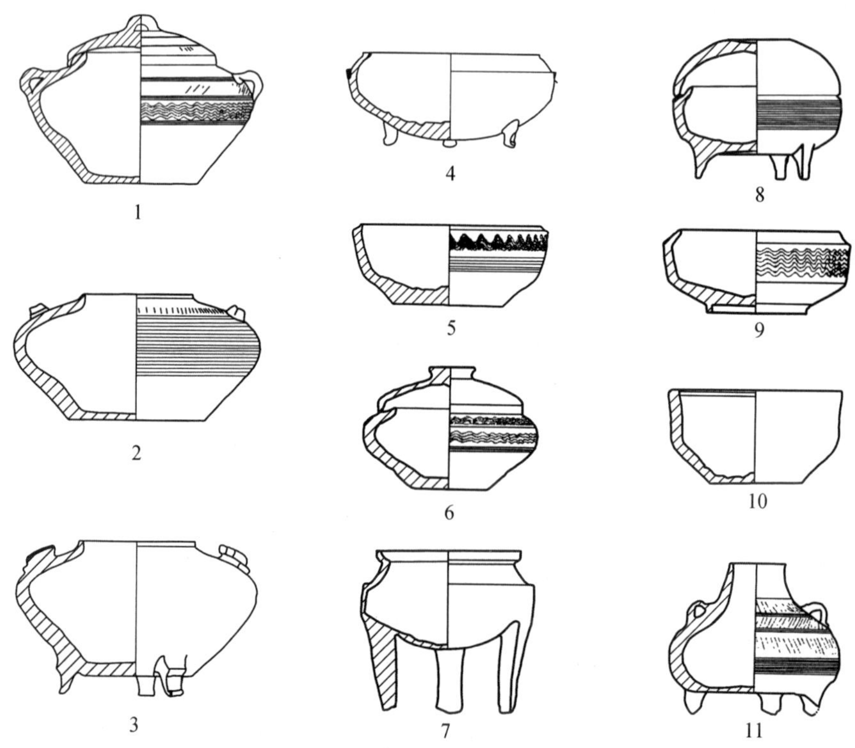

图一　银山岭“战国墓”部分与广州汉墓相似陶器[14]

1. Ⅰ式瓿（M15：5） 2. Ⅱ式瓿（M115：8） 3. 三足瓿（M3：13） 4. 三足盒（M92：8） 5. 三足盒（M108：4） 6. Ⅲ式盒（M18：4） 7. Ⅱb式盒（M73：5） 8. Ⅰ式盒（M93：4） 9. Ⅰ式杯（M129：1） 10. Ⅲ式鼎（M15：4） 11. 三足壶（M119：12）

二、银山岭战国墓的主体年代

鉴于有些问题暂无从深入讨论，需要论证的内容集中于两点，一是如何看待这批墓葬的地域（或族属）特征，二是其与广州等地西汉前期墓的共性是否具有普遍意义。

有些学者认为银山岭战国墓出土许多楚式器物，墓葬形制、陶器等与湖南资兴旧市战国墓地多具共性，属于楚墓[15]。资兴旧市战国墓地[16]的发掘报告虽然将“普遍出土了百越文化的遗物”的第Ⅳ类墓视为楚墓，但已经指明“并不是楚人的墓，墓主的族属很有可能是为楚人所征服的越人”，其实可以径称为越人墓。资兴旧市等地西汉墓[17]几乎不见楚文化因素，其西汉前、中期的A类墓出有坛、罐、纺轮等越式陶器和越式铜鼎，报告即推测墓主为越人后裔。李龙章认为湖南、岭南两地越族青铜文化是同一民族文化的早、晚期类型，“平乐银山岭墓葬属青铜越墓”[18]的认识更符合实际。

桂东北地区东周时期主要受到粤北和西江中游考古学文化的影响[19]，报道有灌阳古城岗[20]、灵川马山[21]、贺州高屋背岭[22]、兴安石马坪[23]等战国至西汉前期墓地，银山岭、古城岗、石马坪等地虽然见有楚文化因素，但是整体而言属于岭南百越文化体系。湖南资兴与银山岭等地战国至西汉前期考古学文化的共性（窄坑墓、青铜兵器、陶纺轮、“米”字纹等），宜视为岭南百越文化体系在湘南方向的延伸，而非相反。

岭南地区的铁器化进程始自秦平定岭南之后，银山岭墓地凹口锸、条形锛、銎、中长剑“这类铁器显然是直接从中原地区、尤其是江南地区传入的”，锻銎铁斧、凿这类器物“应当是模仿中原地区同类铁器、采用发生于中原地区的锻銎技法在当地制造的”[24]。白云翔的认识排除了这批铁器与楚文化的关联，并且为银山岭墓地的铁器墓进入秦汉纪年提供了佐证。

李龙章在银山岭战国墓中识别出一批相当于西汉文景时期的陶器，我们暂称为“文景时期陶器组”（表一）[25]。该组墓葬普遍出有以A型Ⅰ式铁锸、铁刮刀为代表的铁器，多见鼎、瓿、盒、壶等三足陶器，出有铜盖弓帽和漆盒，这些相对晚近的因素值得注意。

表一 银山岭战国墓“文景时期陶器组”墓葬登记表

墓号	墓葬形制	随葬器物
M73	长方形窄坑	陶盒、铜钺、铜镦、铜勺、铁锸AⅠ、铁矛
M18	长方形窄坑，设腰坑	陶杯、陶盒、陶纺轮、铜盖弓帽、铁刮刀
M92	长方形窄坑，设腰坑	陶杯、陶三足盒、铜剑、铜镞、铜盖弓帽、铁锸AⅠ、铁刮刀、铁锛、砺石
M93	长方形窄坑，设腰坑	陶杯、陶盒、陶纺轮、铜勺、铁锸AⅠ、铁刮刀
M129	长方形窄坑，设腰坑	陶杯、陶盒、陶鼎AⅠ、陶纺轮、铜铃、铁锸AⅠ、铁刮刀、漆盒
M115	长方形窄坑，设腰坑，置二层台，底铺卵石	陶杯、陶盒、陶鼎AⅡ、陶瓿、陶纺轮、铜勺、铁锸AⅠ、铁刮刀
M3	长方形宽坑，置二层台	陶杯、陶三足瓿、铜剑、铜矛、铜镞、铜斤、铁锸AⅠ、铁削、砺石
M15	长方形宽坑，设腰坑	陶杯、陶瓿、陶鼎B、陶罐、铜剑、铜斤、铜勺、铁锸AⅠ、铁刮刀
M108	长方形宽坑，设腰坑	陶三足盒、陶瓿、陶三足鋬耳罐、铜剑、铜矛、铜矛、铜镞、铜斤、铜鼎A、铜镦、铜杖头饰、铁锸AⅠ、铁刮刀、铁凿、铁锛、砺石
M119	长方形宽坑，设腰坑	陶钵、陶盒、陶三足壶、陶纺轮、铜斧、铜鼎B、铜勺、铜盆、残铁器、玉玦

在32座（约总数的1/4强）不出A型Ⅰ式铁锸或铁刮刀（包括不出铁器、铁器不明）[26]的战国墓中，M42出有三足陶盒、M71出有三足陶瓿、M102出有三足鋬耳陶罐和铜盖弓帽、M14出有铜盖弓帽，器物组合与“文景时期陶器组”相似。其余28座墓中，M4等7座墓[27]出有铁斧、铁削、B型铁锸、铁铤铜镞等器物，其他21座不出铁器的墓葬与“铁器墓”的形制、器物组合差别不明显。这些情况表明银山岭战国墓的主体年代确实进入秦汉纪年，而且相差不至很悬殊。

银山岭战国墓普遍出有各类铁制农、工具和铁矛、铁鼎等兵器、生活用器，瓿、盒、壶等三足陶器有别于岭南战国时期以平底为主的陶器传统，M14等8座墓的铜盖弓帽是岭南战国墓未曾出现的新器类，铜带钩、“江、鱼”铜戈为中原形制，“孱陵”铜矛来自楚地。诸多岭南本土以外的文化因素（图二）说明，银山岭战国墓的主体年代当在某一重大历史事件引发的社会变革之后，从历史背景看可能就是“秦定岭南”[28]。

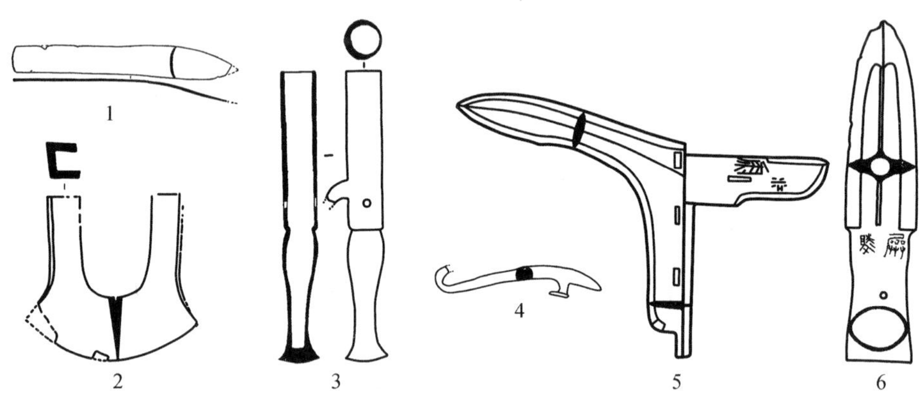

图二 银山岭“战国墓”相对晚近的文化因素

1. 铁刮刀（M115：9） 2. A型Ⅰ式铁锸（M55：29） 3. 铜盖弓帽（M102：4）
4. 铜带钩（M98：4） 5. “江、鱼”铜戈（M4：4） 6. “孱陵”铜矛（采：7）

三、部分器物的型式调整及年代判断

银山岭墓地发掘报告中一些器物的型式划分不尽贴妥，包括作为汉墓分期重要线索的陶釜和陶杯[29]。为便于讨论分期等问题，我们对发掘报告中可能具有年代学意义的陶鼎、铁锸、铁斧、铜鼎等器物的型式酌情加以调整。

战国墓发掘报告将陶鼎分为三式，其中Ⅰ式、Ⅱ式为夹砂褐胎，Ⅲ式为泥质灰陶。汉墓发掘报告将陶鼎分为二式，Ⅰ式为夹砂粗陶，暗红色或紫褐色胎，报告介绍与战国Ⅰ式鼎造型相同、制法类似；Ⅱ式为泥质灰陶。观察图照，原战国墓Ⅰ式（M129：3）、Ⅱ式（M115：6）和原汉墓Ⅰ式（M33：2）宜分别称为A型Ⅰ、Ⅱ、Ⅲ式（图三，1～3），原战国墓Ⅲ式（M15：4）宜称为B型（图三，5），原汉墓两件Ⅱ式鼎（M134：21、M53：5）宜分别称为C型Ⅰ、Ⅱ式（图三，6、7），原归入汉墓Ⅰ式

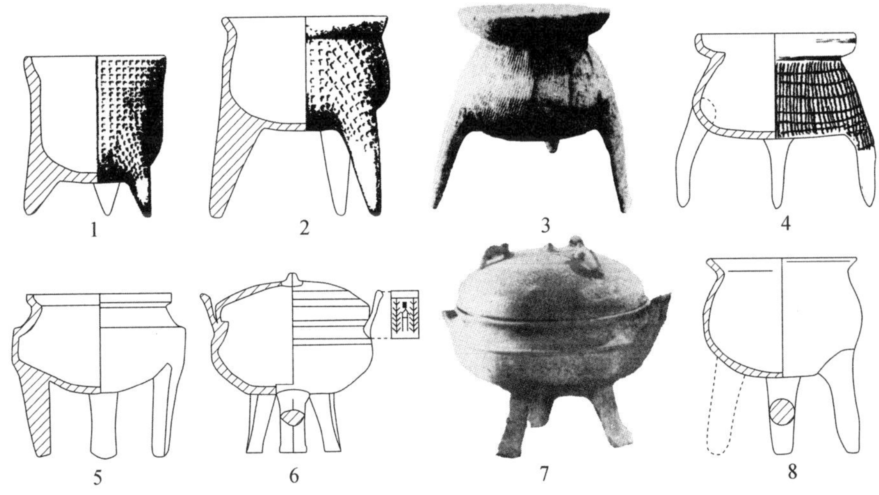

图三　银山岭及相关墓地出土陶鼎

1. A型Ⅰ式（M129：3） 2. A型Ⅱ式（M115：6） 3. A型Ⅲ式（M33：2） 4. 钟山张屋（M1：33） 5. B型（M15：4） 6. C型Ⅰ式（M134：21） 7. C型Ⅱ式（M53：5） 8. 合浦文昌塔（M57：2）（1、2、5. 银山岭战国墓　3、6、7. 银山岭汉墓）

的一件“钵形腹，三乳状足”陶鼎（M143：2，无图照）宜划分为D型。

“文景时期陶器组”的M129、M115分别出有A型Ⅰ式、Ⅱ式陶鼎，M115的A型Ⅱ式陶鼎与合浦文昌塔墓地南越国后期陶鼎相似[30]（M57：2，图三，8），钟山张屋[31]（M1：33）陶鼎（原称三足釜，图三，4）可以列入A型陶鼎演变序列，年代为东汉晚期偏晚。根据类型学原理，A型Ⅰ式陶鼎约当文景时期及其前（南越国前中期），A型Ⅱ式陶鼎约当文景时期至武帝前期（南越国中后期），A型Ⅲ式陶鼎年代约在西汉后期。出有B型陶鼎的M15属于“文景时期陶器组”，C型陶鼎多见于岭南地区东汉墓，年代大致可以判断。

战国墓、汉墓发掘报告将铁锸（原称铁锄）各自划分为四式，其中汉墓发掘报告介绍其Ⅰ式同于战国墓Ⅲ式，Ⅱ式同于战国墓Ⅳ式，Ⅲ式、Ⅳ式战国墓未见。我们将原战国墓Ⅰ式两件（M55：29、M92：12）划分为A型Ⅰ式，原汉墓Ⅳ式的两件（M2：12、M117：15）划分为A型Ⅱ式（图四，1～4）；将原战国墓Ⅱ式（M42：4）划分为B型Ⅰ式，原战国墓Ⅲ式（M145：3）和原汉墓Ⅰ式划分为B型Ⅱ式（图四，5、6）；将原战国墓Ⅳ式（M61：1）和原汉墓Ⅱ式划分为C型，将原汉墓Ⅲ式（M27：9）划分为D型（图四，7、8）。

A型铁锸两个銎口间距较宽，广州汉墓（M1005：18）、贵县罗泊湾汉墓（M1：283）和广州象岗南越王墓（B4：41）的西汉前期铁锸（图五，1～3），以及合浦堂排（M2B：5，西汉晚期）、乐昌对面山（M124：15，东汉后期）、钟山张屋（M1：18，东汉晚期偏晚）的铁锸（图五，4～6）可以列入A型铁锸演变序列。与序列中的东汉铁锸比较，A型铁锸刃角上抬、腰沿（銎口与刃角之间）从弧曲渐成折角、直

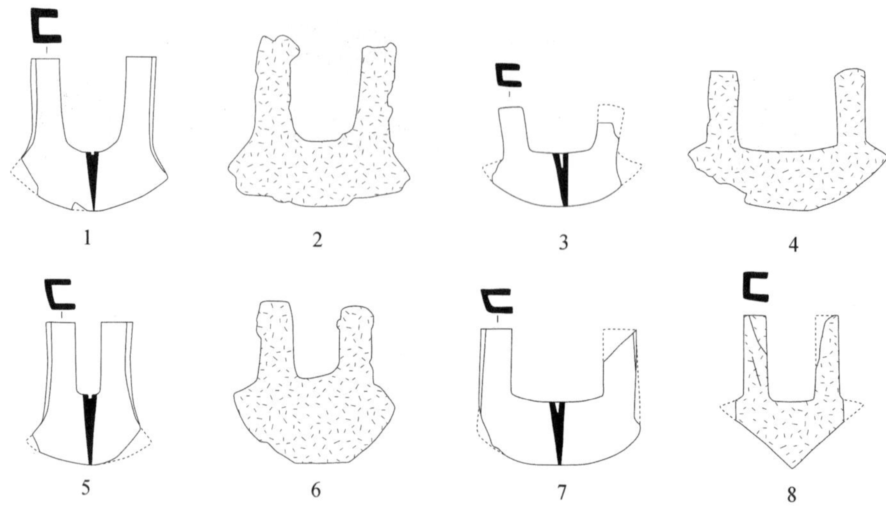

图四　银山岭墓地出土铁锸

1、2. A型Ⅰ式（M55：29、M92：12）3、4. A型Ⅱ式（M2：12、M117：15）
5. B型Ⅰ式（M42：4）6. B型Ⅱ式（M145：3）7. C型（M61：1）8. D型（M27：9）
（1、2、5～7. 战国墓　3、4、8. 汉墓）

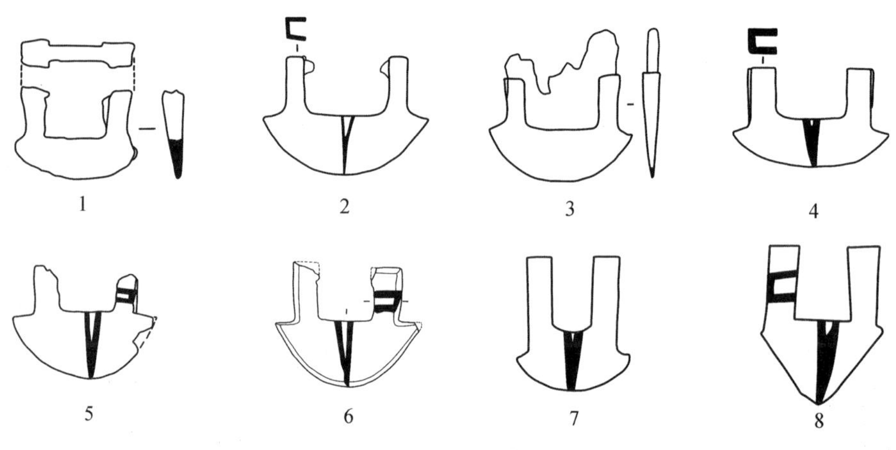

图五　相关铁锸[32]

1. 广州汉墓（M1005：18）2. 贵县罗泊湾（M1：283）3. 南越王墓（B4：41）4. 合浦堂排（M2B：5）
5. 乐昌对面山（M124：15）6. 钟山张屋（M1：18）7. 临淄齐王墓（K4：01）8. 资兴（M211：1）

角的变化趋势明显。A型Ⅰ式铁锸与广州汉墓M1005相似，出有此型式铁锸的M92属于“文景时期陶器组”，流行年代约在西汉前期（南越国前、中期）；A型Ⅱ式铁锸与贵县罗泊湾M1、南越王墓、合浦堂排M2B相似，年代跨度较大，可以延续至西汉后期。

B型铁锸两个銎口间距较窄，刃角上抬不明显、腰沿较弧曲属于早期特征，西汉早期的临淄齐王墓（K4：01，图五，7）出有相似形制，年代基本与A型Ⅰ式相当。出有D型铁锸的M27同出文帝半两，湖南资兴西汉中期墓（M211：1，图五，8）铁锸与D型略相似，D型铁锸年代为西汉前、中期。C型铁锸战国墓出土4件，其中战国墓M50、M61同出A型Ⅰ式铁锸（M61还同出三足陶盒），M151同出B型Ⅰ式铁斧（参见下文），汉墓3件（M47、M131、M132）均属于“第一类汉墓”（参见下文），年代大致在西汉前期。

战国墓发掘报告将10件铁斧划分为三式，汉墓出土的3件未划分式别。我们将原战国墓Ⅰ式铁斧（M8：4）划分为A型，原战国墓Ⅱ式（M160：10）、Ⅲ式（M17：7）划分为B型Ⅰ式、Ⅱ式（图六，1～3），将汉墓发表图照的两件（M27：6、M27：8）划分为C型（图六，4、5）。

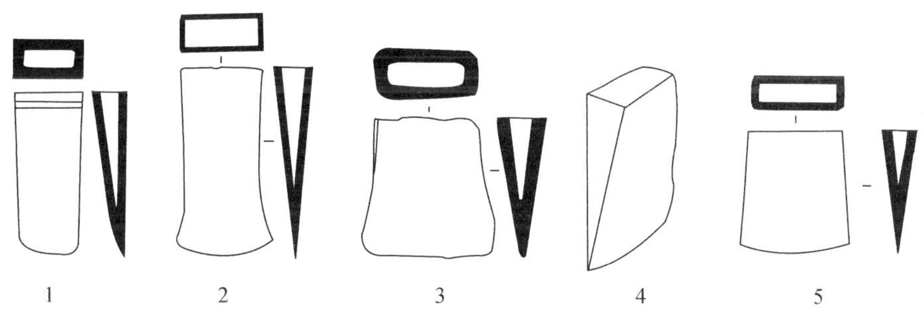

图六 银山岭墓地出土铁斧

1. A型（M8：4） 2. B型Ⅰ式（M160：10） 3. B型Ⅱ式（M17：7） 4、5. C型（M27：6、M27：8）

（1～3. 战国墓 4、5. 汉墓）

A型铁斧与战国晚期的辽宁宽甸黎明村窖藏、内蒙古赤峰老虎山遗址铁斧较为相似（图七，1、2），銎口处均有数周凸带；出有A型铁斧的M57同时出有A型Ⅱ式陶鼎（文景时期至武帝前期）。与B型相似的束腰铁斧见于福建崇安汉城和广州象岗南越王墓（图七，3～5），推测B型铁斧不晚于武帝前期。C型铁斧梯形、直腰、斧身较宽，其中

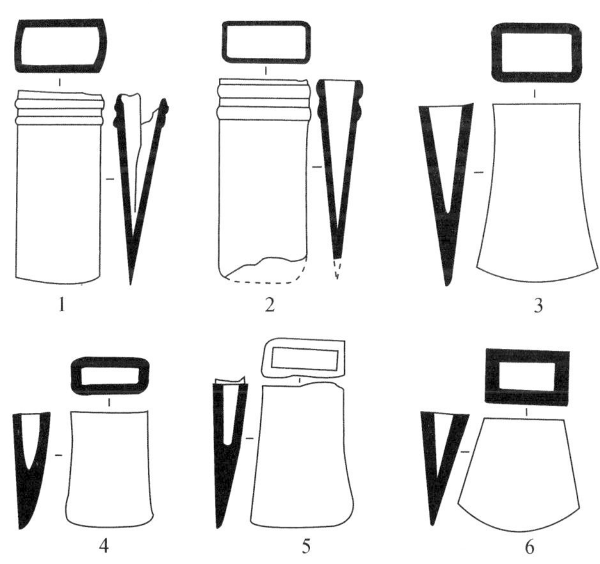

图七 相关铁斧[33]

1. 宽甸黎明村窖藏（LMD：05） 2. 赤峰老虎山遗址 3、4. 崇安汉城（T287：36、T135：5）

5. 广州象岗南越王墓（C：145-5） 6. 兴安七里圩“秦城”遗址（QLW91T5：15）

一件（M27：8）与兴安七里圩城址出土铁斧略相似（图七，6），出有 C 型铁斧的 M27 同出文帝半两和 D 型铁锸，大致不晚于西汉中期。

此外，发表图照的 5 件铜鼎可以划分为二型。汉墓（M51：1）和战国墓（M71：1）两件盘口铜鼎宜划分为 A 型（图八，1、2），战国墓 1 件立耳铜鼎（M119：17）宜划分为 B 型（图八，3），战国墓两件附耳铜鼎（M22：14、M110：12）宜划分为 C 型（图八，4、5）。

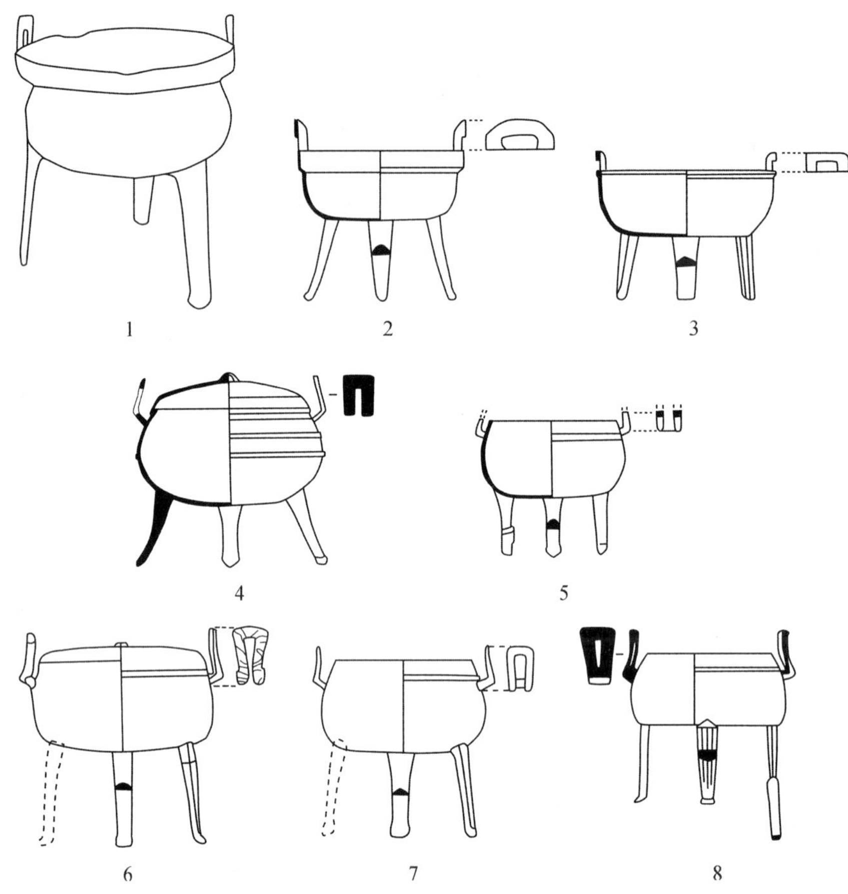

图八　银山岭及相关墓地出土铜鼎

1、2. A 型（M51：1、M71：1）　3. B 型（M119：17）　4、5. C 型（M22：14、M110：12）
6. 资兴旧市（M165：4）　7. 资兴旧市（M326：2）　8. 资兴（M69：2）
（1. 银山岭汉墓　2～5. 银山岭战国墓）

参照郑小炉对百越地区越式铜鼎的研究[34]，银山岭墓地发表图照的 5 件铜鼎不至早于战国前期。出有 A 型铜鼎的 M108 和出有 B 型铜鼎的 M119 属于“文景时期陶器组”。C 型铜鼎与湖南资兴战国中期墓（M165：4、M326：2，图八：6、7）和西汉前期墓（M69：2，用铁筒套接残足，图八，8）所出铜鼎相似，但是足部明显变短，资兴 M69 约在文景时期，可为年代参考。

四、发掘报告的汉墓分期及打破关系

银山岭汉墓发掘报告根据陶器组合关系将墓葬分为三类。

第一类墓葬9座，陶器组合以杯为主，仅M5为宽坑墓。报告认为“这种随葬少量陶器的小墓”与当地战国墓相似，“只是随葬有战国墓中不曾出现过的新器形，如陶四联罐、半两铜钱、铁长剑和铁刀等”。这9座墓与未出陶器的M59、M131、M138和仅出陶纺轮的M157被推定在西汉前期（表二）。

表二　银山岭“第一类汉墓”登记表

墓号	墓葬形制	随葬器物	备注
M45	窄坑，设腰坑、底铺卵石	陶杯、陶纺轮、铁刀	
M48	窄坑，设腰坑	陶杯、陶盒、陶罐、陶纺轮、残铜器、铁刀、铁刮刀	
M83	窄坑，设腰坑	陶杯、陶盒、陶纺轮	
M47	窄坑	陶杯、铁锸C	
M132	窄坑	陶杯、陶纺轮、铁锸C、铁勾残器	
M44	窄坑	陶杯、铁刀	
M59	窄坑	铜镞、铁锸AⅡ	附入“第一类汉墓”
M131	窄坑，置二层台	铁锸C、铁刀	附入“第一类汉墓”
M138	窄坑	铁刀	附入“第一类汉墓”
M157	窄坑	陶纺轮、铁刀	附入“第一类汉墓”
M27	窄坑，设腰坑、底铺卵石	陶杯、铜剑、铜矛、铜镦、半两、铁斧C、铁锸D、铁剑	归入“文景时期陶器组”
M51	窄坑，设腰坑	陶杯、陶瓮、陶罐、陶四联罐、陶纺轮、铜鼎A、铜盘、铜勺、铜剑、铜镞、铁锸AⅠ、铁刮刀、铁斧、砺石	归入“文景时期陶器组”
M5	宽坑	陶杯、陶盒、陶鼎AⅠ、陶纺轮、铜鼎	归入“文景时期陶器组”

第二类墓葬9座，宽坑墓，陶器组合以釜为主。报告认为陶杯、陶釜不共出，“说明杯、釜两者有替代关系”。M97出土武帝和宣元五铢，“与釜伴出的细颈、胆形腹、高圈足的陶壶，在广西各地都是西汉后期才流行的”。这9座墓连同“无釜而有钵”的M23被推断在西汉后期（表三）。

表三　银山岭“第二类汉墓”登记表

墓号	墓葬形制	随葬器物	备注
M87	宽坑，设置腰坑和二层台、底铺卵石	陶釜、陶罐、铁刀	
M94	宽坑，设置腰坑和二层台	陶釜、陶壶、陶灯、铜盘、铜牌饰、铁刀	
M97	宽坑，设置腰坑和二层台	陶釜、铁刀、铁削、五铢	
M100	宽坑，设置腰坑和二层台、底铺卵石	陶釜、石砚	

续表

墓号	墓葬形制	随葬器物	备注
M101	宽坑，置二层台	陶釜、陶圈足杯、陶纺轮、铁刀	
M127	宽坑，设腰坑	陶釜、铁刀、铁练	
M137	宽坑，底铺卵石	陶釜、铁刀	
M142	宽坑，设腰坑	陶釜、陶壶	
M149	宽坑，设腰坑	陶釜、铁锸AⅡ、铁刮刀	
M23	宽坑	陶钵、铁锸AⅡ、D、铁刀	归入“第一类汉墓”

第三类墓葬22座，陶器组合以鼎、碗（盆）、罐为主，其中宽坑墓2座，其他均为带墓道土坑木椁墓，发掘报告将第三类墓分为前、后两期，其中西汉后期和东汉前期各11座[35]。

综上，发掘报告将银山岭汉墓分为三期，计西汉前期13座，西汉后期21座，东汉前期11座，其中第一、二类汉墓随葬器物的年代特征与前面分析基本吻合，逻辑序列较可靠，需要调整的是“第一类汉墓”的M27、M5、M51和“第二类汉墓”的M23。

“第一类汉墓”多见铁刀、A型Ⅱ式和C型铁锸，少见青铜兵器、容器，与M27、M5、M51随葬器物差别较大。M27出有文帝半两，M5出有铜鼎和A型Ⅰ式陶鼎，M51出有A型Ⅰ式铁锸和A型铜鼎，与“文景时期陶器组”年代更为接近。M23出有陶钵和D型铁锸，报告介绍陶钵“似战国Ⅱ式杯，但腹浅而大”，前文分析D型铁锸年代约在西汉前、中期，M23宜归入“第一类汉墓”。后文相关讨论均依本文调整。

战国墓和汉墓发掘报告列出M157→M155、M132→M146、M5→M6、M14→M26和M149→M154计5组打破关系（表四），结合打破关系，能够判断部分随葬器物的相对早晚关系。

表四　银山岭墓地“打破关系”登记表

打破关系	墓号	墓葬形制	随葬器物
M14→M26	M14（战国墓）	宽坑	铜剑、铜盖弓帽
	M26（战国墓）	宽坑，设腰坑	陶杯、陶钵、陶瓮、铜矛、铜镞、铜勺、铁锸AⅠ、铁削、铁刮刀、砺石
M5→M6	M5（文景时期陶器组）	宽坑	陶杯、陶盒、陶鼎AⅠ、陶纺轮、铜鼎
	M6（战国墓）	宽坑	陶杯、陶盒、陶纺轮、铁锸AⅠ、铁刮刀
M132→M146	M132第一类汉墓	窄坑	陶杯、陶纺轮、铁锸C、铁勾残器
	M146（战国墓）	窄坑，设腰坑	陶杯、陶盒、陶三足盒、铁锸AⅠ、铁刮刀、玉玦、砺石
M157→M155	M157（第一类汉墓）	窄坑	陶纺轮、铁刀
	M155（战国墓）	窄坑，设腰坑	陶杯、陶盒、陶鼎AⅠ、铜剑、铜矛、铜镞、铜矩、铁锸AⅠ、铁刮刀、砺石
M149→M154	M149（第二类汉墓）	宽坑，设腰坑	陶釜、铁锸AⅡ、铁刮刀
	M154（战国墓）	窄坑，设腰坑	陶杯、陶盒、铜剑、铜镞、铁锸AⅠ、铁刮刀、铁锛、砺石

（1）在打破关系中，被打破的墓均出铁刮刀和A型Ⅰ式铁锸，出有铁刀的墓打破出有铁刮刀的墓（M157→M155），出有A型Ⅱ式铁锸的墓打破出有A型Ⅰ式铁锸的墓（M149→M154），出有C型铁锸的墓打破出有A型Ⅰ式铁锸的墓（M132→M146）。

（2）“文景时期陶器组”多见A型Ⅰ式铁锸、铁刮刀；“第一类汉墓”不出A型Ⅰ式铁锸，M45等6座墓的铁刀、M59和M23的A型Ⅱ式铁锸、M47等3座墓的C型铁锸不见于“文景时期陶器组”，是相对晚近的因素，说明“第一类汉墓”整体晚于“文景时期陶器组”。

（3）战国墓M57、M8的A型铁斧与A型Ⅱ式陶鼎、A型Ⅰ式铁锸或铁刮刀共出，M151、M21的B型Ⅰ式铁斧分别与C型铁锸或铜盖弓帽共出，M17的B型Ⅱ式铁斧与三足陶盒和铜盖弓帽共出，说明B型铁斧整体晚于A型铁斧。

五、银山岭墓地分期的若干观察点

（一）关于墓葬形制的分期意义

银山岭墓地的窄坑墓（长宽比约为3∶1）、宽坑墓（长宽比约为2∶1）、带墓道土坑木椁墓及其设置腰坑、二层台、底铺卵石情况见表五。

表五　银山岭墓地墓葬形制、设施登记表[36]

设施＼形制	战国墓（110座）			汉墓（45座）		
	窄坑（74座）	宽坑（33座）	带墓道宽坑（3座）	窄坑（12座）	宽坑（13座）	带墓道宽坑（20座）
腰坑	60座	24座	3座	5座	7座	无
二层台	8座	15座	2座	1座	5座	8座
底铺卵石	3座	5座	1座	2座	3座	3座

广州汉墓的窄坑墓均属于西汉前期。银山岭“第一类汉墓”只有1座宽坑，“第二类汉墓”全部是宽坑，“第三类汉墓”（西汉后期和东汉前期）几乎均设置墓道，从窄坑墓至宽坑墓、带墓道土坑木椁墓的演变线索清楚。不过窄坑墓、宽坑墓的文化因素往往混杂，而且早于“第一类汉墓”的“文景时期陶器组”仍然窄、宽坑各半，因此窄坑、宽坑并不绝对具有分期意义。

战国墓和第一、二、三类汉墓均存在底铺卵石的情况，数量不多，年代意义不明显。“文景时期陶器组”几乎均设腰坑、个别置二层台，“第一类汉墓”少量设腰坑、个别置二层台，“第二类汉墓”基本设腰坑、大半置二层台，“第三类汉墓”腰坑绝迹、二层台有一定数量，似乎腰坑流行于西汉后期及其前，二层台流行于西汉后期及其后。值得注意的是，广州汉墓的腰坑主要与西汉前期的竖穴木椁墓而非窄坑墓对应[37]，不是最早期因素。

（二）关于铁器、铜器和陶器的分期意义

银山岭战国墓出土铁器181件（墓均1.6件），汉墓出土铁器68件（墓均1.5件），墓均铁器数量持平，铁器的分期意义主要表现在种类（及其型式）方面。战国墓出有铜器377件（墓均3.4件），绝大多数为青铜兵器和生产工具（331件，近9成）；汉墓出有铜器52件（墓均1.2件），主要是鼎、鍪等生活用具和钱币，青铜器尤其是兵器、生产工具（仅10件），衰退趋势明显。铜盖弓帽、铜杖头饰见于“文景时期陶器组”，不见于第一、二、三类汉墓，有可能作为分期线索。

战国墓和“第一类汉墓”多见陶杯、不出陶釜，第二类汉墓不出陶杯。战国墓的陶盒、陶鼎，“文景时期陶器组”的三足陶器、陶四联罐，“第二类汉墓”的陶四系罐、陶灯，“第三类汉墓”西汉后期墓的模型明器陶屋以及四系罐、奁等陶器和滑石器，东汉前期墓的模型明器陶井、陶灶以及鐎壶、卮、魁等陶器具有分期指征意义。

（三）关于陶纺轮、砺石、玉玦的年代意义

陶纺轮作为“性别代码”在银山岭墓地研究中颇受关注，36座战国墓中出有陶纺轮36件，20座汉墓中出有30件，汉墓似乎更流行，但是分期意义不明显。砺石在40座战国墓出有71件，汉墓中出有2件，其中3件（M3、M92、M51）属于“文景时期陶器组”，显然是较早期因素。

玉玦在15座战国墓中出有40件，汉墓未见，其中M119属于“文景时期陶器组”。M20等6座墓玉玦与砺石同出，除M77、M106外均与铁器同出（基本为A型Ⅰ式铁锸、铁刮刀），M22、M64与铜杖头饰同出，M64、M109、M146与三足陶盒同出。玉玦亦是较早期因素，但是流行年代下限较砺石为晚。

六、银山岭战国墓的分期线索

根据前面分析，铁器、腰坑以及铜盖弓帽、铜杖头饰、三足陶器等有可能作为银山岭战国墓的分期线索。

第一组（不出铁器且不设腰坑），包括窄坑墓7座（M9、M29、M40、M76、M88、M90、M144）、宽坑墓3座（M14、M30、M104），随葬陶器和青铜兵器、工具多数简单，不出砺石。窄坑墓陶器主要是杯、纺轮，M76出有铜剑；宽坑墓M30、M104出有陶盒，M14出有铜盖弓帽。本组中的窄坑墓M9（还出有陶瓿、陶钵）、M29（出有陶盒、铜剑、铜斧等）和宽坑墓较晚。

第二组（不出铁器且设置腰坑），包括窄坑墓9座（M13、M28、M77、M80、M84、M106、M107、M159、M163），宽坑墓2座（M1、M71）、带墓道宽坑墓2座（M102、M110），其中M28、M71、M102置二层台，M102同属“铜盖弓帽组”“三足陶器组”。

窄坑墓陶器和青铜兵器、工具一般较简单，陶器主要是杯、盒，M163、M13还分别出有出有A型Ⅰ式、Ⅱ式陶鼎，仅M77青铜兵器、工具较多，M77、M80出有砺石。宽坑墓和带墓道宽坑墓还出有瓮、罐、三足錾耳罐、三足瓿等陶器，青铜兵器、工具、容器（鼎、盆、盘）数量较多，M71等3座墓出有砺石。本组整体晚于前组，窄坑墓中的M28（设二层台）和宽坑墓、带墓道宽坑墓晚于其他窄坑墓，带墓道宽坑墓更晚。

第三组（铜盖弓帽组），包括窄坑墓5座（M17、M18、M21、M92、M156）、宽坑墓2座（M14、M58）、带墓道宽坑墓1座（M102）。除M14外均设腰坑，M17、M102置二层台，仅M14和M102不出铁器，铁器见有A型Ⅰ式锸、B型斧、刮刀、锛、削等，陶器见有杯、盒、瓿、三足盒等，M17等4座墓出有砺石。M18和M92同属“文景时期陶器组”，M17、M156、M102同属“三足陶器组”。本组整体与“文景时期陶器组”年代相当。M21、M17分别出有B型Ⅰ式、Ⅱ式铁斧，同属“铁斧组”，年代较晚。

第四组（铜杖头饰组），包括窄坑墓3座（M22、M55、M57）、宽坑墓3座（M64、M74、M108）。除M55外均设腰坑，M55、M64设二层台，均出有A型Ⅰ式铁锸，M57出有A型铁斧，其他铁器有刮刀、锛、凿、削、矛等；陶器有A型Ⅱ式鼎、杯、盒、瓿、三足盒、三足錾耳罐等，青铜兵器、工具、容器较多，M55等4座墓出有砺石。M108同属“文景时期陶器组”，本组整体与“文景时期陶器组”年代相当。

第五组（三足陶器组），包括窄坑墓9座（M17、M25、M42、M61、M78、M86、M92、M109、M156）、宽坑墓6座（M3、M64、M71、M145、M168、M119）、带墓道宽坑墓1座（M102）。其中M3、M168置二层台，M17、M71、M64、M102、M145设置腰坑和二层台，其余各墓均设腰坑。M3、M92、M119同属“文景时期陶器组”，M17、M92、M102、M156同属“铜盖弓帽组”，M64同属“铜杖头饰组”，M17同属“铁斧组”。

本组各墓均随葬铁器（M71出有铜铁合制三棱镞），以A型Ⅰ式锸、刮刀最普遍，陶器见有杯、三足盒及三足瓿、三足壶、三足錾耳罐、盒、钵、纺轮等，青铜兵器、工具、容器丰富，M64等8座墓出有砺石。本组整体与“文景时期陶器组”年代相当，出有BⅡ式铁斧的M17和分别出有BⅠ式、BⅡ式、C型铁锸的M42、M145、M61年代较晚。

第六组（铁斧组），包括窄坑墓7座（M17、M21、M56、M57、M151、M152、M160）、宽坑墓3座（M4、M8、M82）。除M151外均设腰坑，M17和3座宽坑墓置二层台。M8、M57出有A型铁斧，其余墓出有B型铁斧。M17、M21同属“铜盖弓帽组”，M57同属“铜杖头饰组”。

陶器多见杯、盒、钵、瓿、罐、三足盒、鼎等，青铜兵器、工具一般较多（M56、M152不出铜器）；其他铁器有A型Ⅰ式和C型铁锸、铁刮刀、铁鼎等；M8等6座墓出有砺石。本组整体晚于“文景时期陶器组”，但是出有A型铁斧的M8、M57（同出A型Ⅱ式陶鼎）、出有B型陶鼎的M82年代较早，A型Ⅰ式铁锸仅见于这3座墓。

七、银山岭墓地的逻辑分期框架

前述各组打破关系中，除了汉墓打破战国墓、宽坑墓打破窄坑墓以外，战国墓之间、宽坑墓之间、窄坑墓、腰坑墓之间也有打破关系；仅出铜器的墓也有打破铁器墓者；出有铁刀的墓打破出有铁刮刀的墓以外，出有铁刮刀的墓之间也有打破关系，早、晚期文化因素交织混杂，不能截然分开，暂且只能根据逻辑线索划分出期段框架。

第 1 段：以不出铁器、不设腰坑为考察标准，包括第一组的多数窄坑墓，陶器多为杯、纺轮，青铜兵器、工具少见。

第 2 段：以不出铁器、设置腰坑为考察标准，包括第二组的多数窄坑墓，陶器多见杯、盒、纺轮，出现陶鼎；青铜兵器、工具数量略多。

第 3 段：包括前两组的宽坑墓和少量窄坑墓（M9、M28、M29 等）。出现宽坑墓、二层台和铜盖弓帽、三足陶瓿等新因素，腰坑较普遍，青铜兵器、工具丰富，不出铁器。

第 4 段：以“文景时期陶器组”为代表，包括第二组的 M102、M110，“铜盖弓帽组”“铜杖头饰组”“三足陶器组”的大多数墓，“铁斧组”的 M8、M57、M82，原归入“第一类汉墓”的 M27、M51、M5 等。宽坑墓和盒、瓿、壶等三足陶器增多，出现带墓道宽坑墓和陶四联罐，腰坑普遍，二层台有一定数量，青铜兵器、工具较丰富，鼎、盆等青铜容器增多，普遍出有 A 型Ⅰ式铁锸、铁刮刀，多见砺石，随葬半两。

第 5 段：以调整后的“第一类汉墓”为代表，还包括“铁斧组”多数墓、“三足陶器组”的 M17、M42、M145、M61，原归入“第二类汉墓”的 M23 等。窄坑墓、宽坑墓仍然共见，腰坑较普遍，有少量二层台，陶杯、陶纺轮仍然较多；多见铁刀、A 型Ⅰ式以外的其他型式铁锸、A 型和 B 型铁斧等，青铜兵器、工具衰退。

第 6 段：即调整后的“第二类汉墓”。流行宽坑墓，腰坑、二层台较普遍；不出陶杯，流行陶釜，出现陶壶；流行铁刀，出有 A 型Ⅱ式和 D 型铁锸，偶见铁刮刀，青铜兵器、工具绝迹，随葬五铢。

第 7 段：即“第三类汉墓”中的西汉后期墓。以带墓道土坑木椁墓为主，腰坑绝迹，二层台有一定数量，出有四系罐、灯等陶器和模型明器陶屋，滑石器较多见。

第 8 段：即“第三类汉墓”中的东汉前期墓。均为带墓道土坑木椁墓，二层台有一定数量，出有卮、魁、鐎壶等陶器以及模型明器陶井、灶等。

以第 4 段（文景时期）、第 7 段（西汉后期）为年代参照，约略可以推断其他各期段的年代。第 1、第 2 段不出铁器，未见外来文化因素，推断在秦文化进入岭南之前、之初，分别相当于战国晚期和秦代前后。第 3 段不出铁器，见有铜盖弓帽、三足陶器等新因素，结合“高后时，有司请禁南越关市铁器”[38]所反映的铁器匮乏的历史背景，推断在高祖吕后阶段（南越国前期）。第 5 段出现铁刀，铁器种类丰富，但是铁刮刀、陶杯等早期因素仍然存留，与第 4 段年代衔接，约为武帝前期（南越国后期）。第 6 段不出陶杯，青铜兵器、工具基本绝迹，推断在西汉中期（武帝后期至昭宣时期），第 8

段年代明确，为东汉前期。以上 8 段合并为五期（表六）。

表六　银山岭墓地分期及文化特征

<table>
<tr><th colspan="2" rowspan="2">期段</th><th colspan="2" rowspan="2">年代</th><th rowspan="2">墓葬形制</th><th colspan="3">随葬器物</th></tr>
<tr><th>陶器</th><th>铜器</th><th>铁器</th></tr>
<tr><td rowspan="2">第一期</td><td>1 段</td><td colspan="2">战国晚期</td><td>窄坑</td><td>以杯、纺轮为主</td><td>兵器、工具少见</td><td>无</td></tr>
<tr><td>2 段</td><td colspan="2">秦代前后</td><td>窄坑，流行腰坑</td><td>以杯、盒、纺轮为主</td><td>兵器、工具略多</td><td>无</td></tr>
<tr><td rowspan="3">第二期</td><td>3 段</td><td rowspan="3">南越国</td><td>高祖吕后</td><td>出现宽坑墓、二层台，腰坑较普遍</td><td>出现瓿、鋬耳罐等三足陶器</td><td>兵器、工具丰富，出现盖弓帽</td><td>无</td></tr>
<tr><td>4 段</td><td>文景</td><td>宽坑墓增多，个别带墓道。腰坑普遍，一定数量二层台</td><td>鼎、盒、壶、瓿等三足陶器增多，出现四联罐</td><td>兵器、工具较丰富，鼎、盆等容器增多，随葬半两</td><td>多见刮刀、A 型Ⅰ式锸，出现 D 型锸和 A 型、C 型斧</td></tr>
<tr><td>5 段</td><td>武帝前期</td><td>窄坑墓、宽坑墓共见，腰坑较普遍，少量二层台</td><td>杯、盒、纺轮仍较多见</td><td>兵器、工具衰退</td><td>多见刀，出现其他型式锸、斧</td></tr>
<tr><td>第三期</td><td>6 段</td><td colspan="2">西汉中期（武帝后期、昭宣）</td><td>宽坑墓，腰坑、二层台较多</td><td>不见杯，流行釜，出现壶</td><td>兵器、工具绝迹，随葬五铢</td><td>多见刀，出有 A 型Ⅱ式和 D 型锸</td></tr>
<tr><td>第四期</td><td>7 段</td><td colspan="2">西汉后期</td><td>以带墓道土坑木椁墓为主，腰坑绝迹，一定数量二层台</td><td>出现四系罐、灯等陶器和模型明器房屋</td><td>盘、鋬、鐎壶等</td><td>刀、斧、锸、削、凿、锅架等</td></tr>
<tr><td>第五期</td><td>8 段</td><td colspan="2">东汉前期</td><td>带墓道土坑木椁墓，一定数量二层台</td><td>出现卮、魁、鐎壶等陶器以及模型明器井、灶</td><td>鼎、碗、鋬、灯等</td><td>鼎、釜、刀、锸、镰、削、凿、锅架等</td></tr>
</table>

本文对于银山岭墓地年代学问题的讨论主要基于墓葬形制和器物种类的变化，各组别的划分和表六归纳的各期段特征表现的仅是逻辑演变趋势，具体分期仍然有待于系统的类型学研究。层位学、类型学以外，考古学的基本方法论还应该包括年代学，在考古报告中尽可能地获取和利用年代学信息，也是本文写作目的所在。

注　释

[1]　广西壮族自治区文物工作队：《平乐银山岭战国墓》，《考古学报》1978 年第 2 期。

[2]　广西壮族自治区文物工作队：《平乐银山岭汉墓》，《考古学报》1978 年第 4 期。

[3]　广东省文物管理委员会等：《广州汉墓》（上），文物出版社，1981 年，第 472 页，注释 2。

[4]　徐恒彬：《南越族先秦史初探》，《百越民族史论集》，中国社会科学出版社，1982 年。

[5]　黄展岳：《两广汉墓的发掘与研究》，《新中国的考古发现和研究》，文物出版社，1984 年，第 438 页。

[6]　黄展岳：《论两广出土的先秦青铜器》，《考古学报》1986 年第 4 期。

［7］黄展岳，麦英豪：《从南越墓看南越国》，《庆祝苏秉琦考古五十五年论文集》，文物出版社，1989年。

［8］容达贤：《广西平乐银山岭墓群的时代与墓主》，《百越文化研究》，厦门大学出版社，2005年，第411页。

［9］李龙章：《两广地区出土战国秦汉铁器辨析（上）》，《深圳文博物论丛》，文物出版社，2010年。

［10］白云翔：《先秦两汉铁器的考古学研究》，科学出版社，2005年，第132页。

［11］高至喜认为银山岭墓地出土的鼎、矛、凹字形锄、斧、刮刀等铁器以及铁足铜鼎等铜铁合金器来自楚地。参见高至喜：《楚文化的南渐》，湖北教育出版社，1996年，第234页。

［12］杨建军：《岭南地区商周时期墓葬研究》，中山大学博士学位论文，2016年。

［13］余静：《中国南方地区两汉墓葬研究》，吉林大学博士学位论文，2009年。中国社会科院考古研究所：《岭南地区汉墓》，《中国考古学·秦汉卷》第八章第十节，中国社会科学出版社，2010年。

［14］李龙章：《两广地区出土战国秦汉铁器辨析（上）》，《深圳文博物论丛》，文物出版社，2010年。

［15］吴铭生：《资兴旧市战国墓反映的楚、越文化关系探讨》，《湖南考古辑刊》（1），岳麓书社，1982年。容达贤：《广西平乐银山岭墓群的时代与墓主》，《百越文化研究》，厦门大学出版社，2005年。

［16］湖南省博物馆：《湖南资兴旧市战国墓》，《考古学报》1983年第1期。

［17］湖南省博物馆 湖南省文物考古研究所：《湖南资兴西汉墓》，《考古学报》1995年第3期。

［18］李龙章：《岭南地区出土青铜器研究》，文物出版社，2006年，第289、270页。

［19］何安益、宁永勤：《桂东北和西江中游区东周越人土坑墓及族属探讨——以墓葬随葬陶器为例》，《百越研究》（第二辑），安徽大学出版社，2011年。

［20］广西文物考古研究所：《灌阳古城岗战国墓》，《广西考古文集》（第三辑），文物出版社，2008年。

［21］广西壮族自治区文物工作队等：《灵川马山古墓群清理简报》，《广西考古文集》，文物出版社，2004年。

［22］广西壮族自治区文物工作队：《贺州市高屋背岭古墓群勘探与试掘》，《广西考古文集》，文物出版社，2004年。

［23］广西壮族自治区文物工作队等：《兴安石马坪汉墓》，《广西考古文集》，文物出版社，2004年。

［24］白云翔：《先秦两汉铁器的考古学研究》，科学出版社，2005年，第313、315、316页。

［25］器物名称、型式依本文调整，下文各表同。

［26］墓号为M1、M4、M9、M13、M14、M17、M28、M29、M30、M40、M42、M56、M60、M71、M76、M77、M80、M84、M88、M90、M102、M104、M106、M107、M110、M113、M119、M144、M159、M160、M161、M163。

［27］墓号为M4、M17、M60、M113、M119、M160、M161。

［28］洪德善：《平乐银山岭“战国墓”的时代及墓主身份与族属探讨》，《广西博物馆文集》（第五辑），广西人民出版社，2008年。

［29］战国墓发掘报告将陶杯划分为三式，从发表线图看分式标准不一，而且有些陶杯与陶钵

（M22：4）不易区分。汉墓出土陶釜47件，Ⅰ式“小平底”，Ⅱ式“略同”，Ⅲ式“与Ⅰ、Ⅱ式略同”，但是发表线图的Ⅲ式（M112：21）为圜底；发表线图的Ⅰ式釜（M125：22）其实是陶罐，报告亦称陶釜“形制象小罐”。

[30] 广西文物保护与考古研究所：《广西合浦文昌塔汉墓》，文物出版社，2017年。中山大学课题组：《合浦地区南越国时期遗存辨识及南越国政权治下整体社会面貌观察》（内部资料），合浦县申报海上丝绸之路世界文化遗产中心，2018年。

[31] 广西文物保护与考古研究所等：《广西钟山县张屋村汉、晋墓发掘简报》，《四川文物》2018年第1期。

[32] 图五，9、10引自［10］白著图6~16；11、12、15、16引自图5~20。

[33] 图七，1引自［10］白著图4，4；2引自图4~7；3、4引自图6，14；5引自图5，2；6引自图5，1。

[34] 郑小炉：《吴越和百越地区周代青铜器研究》，科学出版社，2007年，第92~98页。

[35] 经核对发掘报告正文，M150属于西汉后期（二期），“墓葬登记表”误记为东汉前期（三期）。

[36] 根据发掘报告“墓葬登记表”统计，与报告正文个别有出入。

[37] 广州汉墓西汉前期的15座长方形窄坑墓中有1座设二层台，19座竖穴木椁墓中有5座设腰坑、13座底铺河卵石、1座置二层台。材料出自《广州汉墓》。

[38] 《史记·南越列传》。

高句丽四横耳壶研究

李新全

（辽宁省文物考古研究所）

四横耳壶是高句丽陶器中最具特色的一种典型器物，目前学术界对它的名称尚不统一，有称之为壶的[1]，也有名其中一部分为罐者[2]。笔者均称之为壶，它的最显著特征就是腹上对置4个横桥状耳。这种器物从高句丽建国前即已存在，并且一直存在于整个高句丽时期，不仅在一些遗址中出土，而且经常在一些高等级的王公贵族墓葬中出土，并且在高句丽中晚期曾流行将这种器物制成釉陶，魏存成先生曾作过专门研究[3]，其他学者也在相关的文章中有所论述[4]。遗址中出土的如集安国内城老道德会遗址[5]，通沟河口遗址[6]，桓仁五女山城址[7]，新宾永陵南城址[8]；墓葬中出土的如集安山城下M196[9]、禹山M3105[10]、麻线沟1号墓[11]、山城下332号墓[12]、禹山下41号墓[13]、长川2号墓[14]、长川4号墓[15]、七星山96号墓[16]、万宝汀78号墓[17]、三室墓[18]、麻线沟117号墓[19]，桓仁的望江楼1号墓、4号墓、6号墓[20]，米仓沟将军墓[21]，通化东山石棚墓[22]，朝鲜土浦里大墓[23]等。

由于这种四横耳壶发现较多，特征鲜明，且经常出自于一些等级较高的王公贵族墓葬中，因此，研究的学者较多。但学者们对其类型划分、编年和发展演变序列等问题可谓仁者见仁，智者见智，尚未达到共识。

以往的学者由于受到资料的局限，对高句丽四横耳壶的型式划分均存在着不同程度的误差。笔者拟结合近年来的考古新发现，对其型式重新划分，在此基础上，探寻其发展演变规律并寻根溯源。

一、四横耳壶类型与式别

笔者据现有的资料，依据高句丽四横耳壶腹部特征，将其划分为六型（图一）。

A型　四横耳壶。腹部卵圆形，最大腹径在肩部。斜颈，喇叭口外张。可分为八式。

Ⅰ式：集安山城下M196：15，夹砂红褐陶，素面。侈口，微卷沿，斜颈，鼓腹，下腹弧收，假圈足。

Ⅱ式：桓仁望江楼M6：1，夹滑石灰褐陶，手制，素面。喇叭口，方唇，折沿，耸肩，鼓腹，下腹急斜收，平底。

Ⅲ式：集安麻线沟M1出土，细泥红陶胎，黄绿色釉，素面。大喇叭口，展沿微

型 式	A型	B型	C型	D型	E型	F型
Ⅰ式	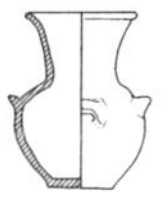 山城下M196:15	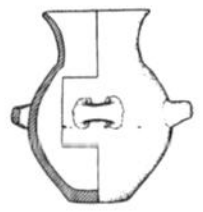 桓仁望江楼M1	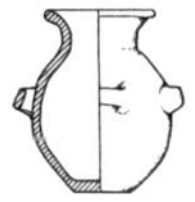 集安国内城	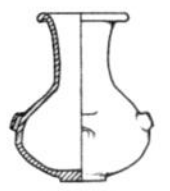 集安山城下	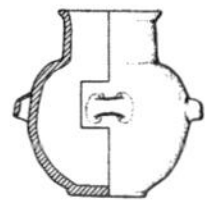 清原石棺墓	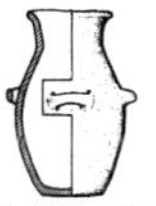 桓仁望江楼M4
Ⅱ式	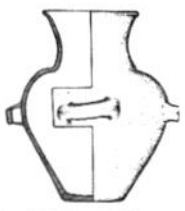 桓仁望江楼M6:1	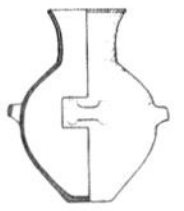 桓仁望江楼M1	 永陵南城址	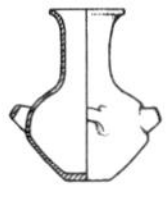 集安国内城	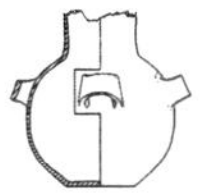 永陵南城址	 桓仁五女山山城
Ⅲ式	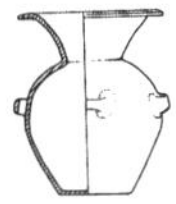 麻线沟M1	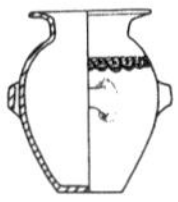 集安长川M2	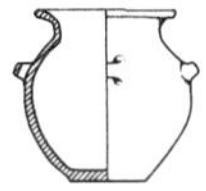 禹山M3105			
Ⅳ式	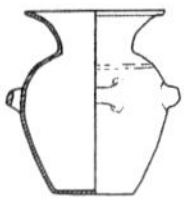 集安山城下M332	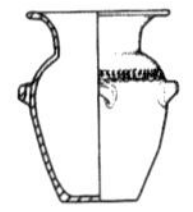 集安三室墓	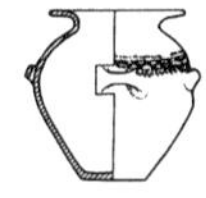 桓仁米仓沟将军墓			
Ⅴ式	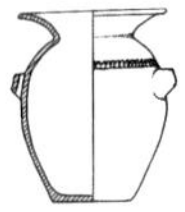 禹山M41	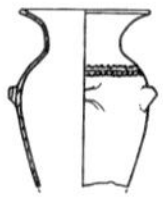 集安麻线沟M117				
Ⅵ式	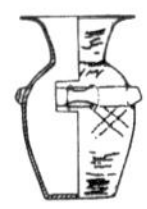 梦村土城	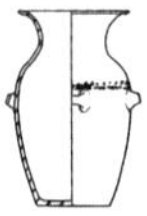 长川M4				
Ⅶ式	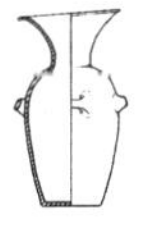 通沟河口					
Ⅷ式	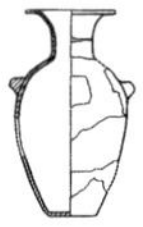 土浦里大墓					

图一 高句丽四横耳壶型式表

卷，宽肩，圆鼓腹，平底。

Ⅳ式：山城下 M332 出土，泥质灰陶，素面，肩上有两道压印弧线纹。喇叭口，展沿，圆肩，鼓腹。

Ⅴ式：禹山 M41 出土，泥质红陶胎，黄绿色釉，肩部饰三周弦纹，上饰斜方格纹，下饰垂帐纹。喇叭口，展沿，圆肩，鼓腹，最大腹径偏上。

Ⅵ式：梦村土城出土，泥质灰褐陶。喇叭口变得细长，腹部亦变得瘦消细长。

Ⅶ式：通沟河口遗址出土，泥质灰陶，通身压磨有规则的方格暗纹。大长喇叭口，鼓肩，筒腹瘦长。

Ⅷ式：平安南道大同郡紫足面土浦里大墓出土，黄釉陶。喇叭口，腹部瘦长，颈部、肩部各有 4 条平行直线组成的弦纹带（图二）。

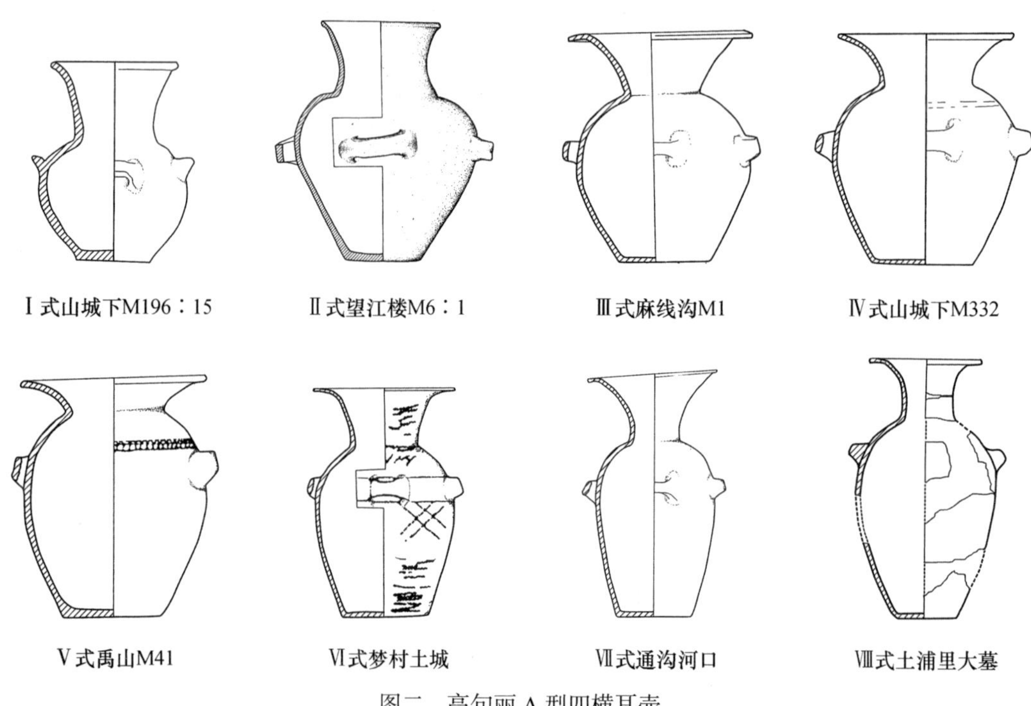

图二　高句丽 A 型四横耳壶

B 型　四横耳壶。腹部卵圆形，最大腹径在腹中部。侈口，直颈。可分为六式。

Ⅰ式：桓仁望江楼 M1 出土，夹砂灰褐陶，手制，素面抹光。方唇，敞口，弧颈，溜肩，圆鼓腹，下腹弧收，平底。

Ⅱ式：桓仁望江楼 M1 出土，夹砂黄褐陶，手制，素面抹光。圆唇，敞口，弧颈，溜肩，圆鼓腹，最大腹径偏上，下腹弧收，平底。

Ⅲ式：集安长川 M2 出土，黄釉陶，肩部阴刻菱格、垂帐纹饰。卷沿，直颈略外敞，颈腹夹角明显，鼓腹，最大腹径在腹中部。

Ⅳ式：集安三室墓出土，茶绿釉，肩部饰水波纹。侈口，展沿，直颈略外敞，圆肩，最大腹径偏上。

Ⅴ式：集安麻线沟 M117 出土，泥质黄褐陶，肩部饰有两道弦纹和两道水波纹。侈口，宽卷沿，直颈略外敞，圆肩，鼓腹，最大腹径偏上。

Ⅵ式：集安长川M4出土，黄釉陶，肩部饰三道水波纹。侈口，卷沿，颈部斜直，溜肩，微鼓腹（图三）。

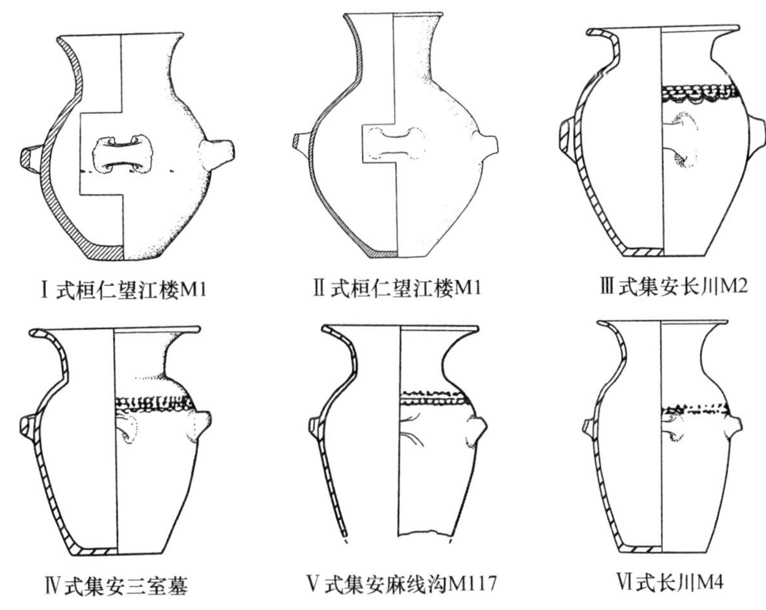

图三　高句丽B型四横耳壶

C型　四横耳壶。腹部椭圆形。侈口，折沿。可分为四式。

Ⅰ式：集安国内城老道德会遗址出土，夹砂黑灰陶。卷沿，短曲颈，扁圆鼓腹，最大腹径偏下，平底。

Ⅱ式：新宾永陵南城址出土，夹砂灰褐陶，素面抹光。卷沿，短曲颈，扁圆鼓腹，最大腹径在腹中部，平底。

Ⅲ式：集安禹山M3105出土，夹细砂褐陶。卷沿，短直颈，扁圆鼓腹，最大腹径偏上，平底。

Ⅳ式：桓仁米仓沟将军墓出土，黄绿釉陶，肩部饰由弦纹、水波纹、人字纹组成的纹饰带。宽平沿，短曲颈，圆鼓腹，最大腹径偏上，平底（图四）。

D型　四横耳壶。腹部扁圆形。侈口，折沿，细长的直颈。可分为二式。

Ⅰ式：集安山城下M196出土，夹砂红褐陶，素面。微卷沿，侈口，长颈微敞，扁圆鼓腹下垂，假圈足。

Ⅱ式：集安国内城二商场遗址出土，夹砂黑灰陶，陶色不匀，素面抹光。方唇，侈口，折沿，长直颈，扁圆鼓腹，最大腹径偏上，平底（图五）。

E型　四横耳壶。腹部呈球形。侈口，直颈，平底。可分为二式。

Ⅰ式：清原任家堡石棺墓出土，泥质黄褐陶。侈口，尖唇，直颈，扁圆鼓腹，假圈足。

Ⅱ式：新宾永陵南城址H出土，夹砂黑灰陶，陶色不匀，素面。口残，长直颈，扁圆鼓腹，平底（图六）。

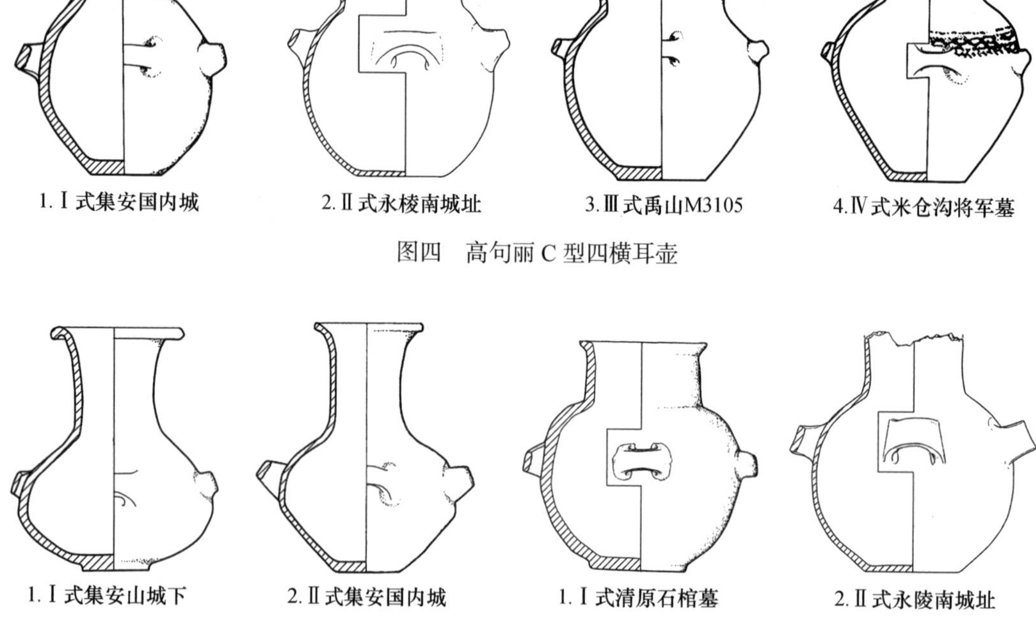

1. Ⅰ式集安国内城　2. Ⅱ式永棱南城址　3. Ⅲ式禹山M3105　4. Ⅳ式米仓沟将军墓

图四　高句丽 C 型四横耳壶

1. Ⅰ式集安山城下　2. Ⅱ式集安国内城

图五　高句丽 D 型四横耳壶

1. Ⅰ式清原石棺墓　2. Ⅱ式永陵南城址

图六　高句丽 E 型四横耳壶

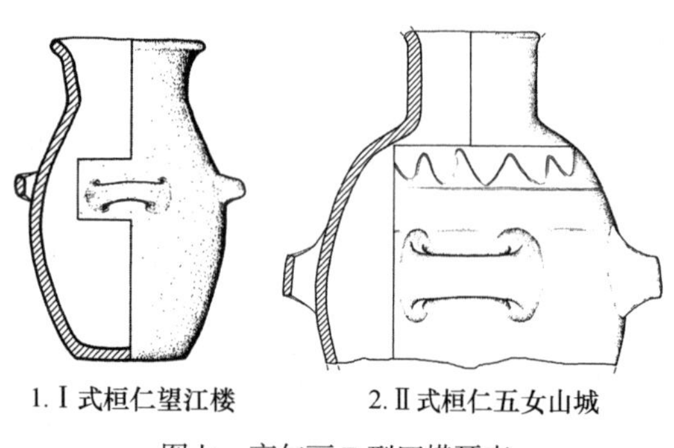

1. Ⅰ式桓仁望江楼　2. Ⅱ式桓仁五女山城

图七　高句丽 F 型四横耳壶

F 型　四横耳壶。腹部略呈枣核形。侈口，折沿，直颈。可分为二式。

Ⅰ式：桓仁望江楼 M4 出土，夹砂灰褐陶，手制，素面抹光。方唇，侈口，直颈略敞，溜肩，瘦长腹，平底。

Ⅱ式：桓仁五女山城 F33：14，夹砂黄褐陶。口残，直颈，溜肩，上腹部对置四个横桥状耳，耳以上腹部饰两周弦纹和水波纹，底残（图七）。

二、四横耳壶的年代

根据上面对各型四横耳壶的式别划分，下面探讨各式别的相对年代。

1. A 型四横耳壶的年代

出土Ⅰ式壶的山城下 M196 是一座阶墙石圹积石墓，原报告认为其相对年代大致在三世纪初至三世纪末[24]。笔者根据墓葬形制和出土陶器综合分析，认为其相对年代应在高句丽建国初期，也就是在公元前后。

出土Ⅱ式壶的望江楼 M6 是一座无坛石圹积石墓，根据望江楼其他墓葬出土的遗物综合分析，M6 的相对年代应在公元一世纪前半叶。

出土Ⅲ式壶的集安麻线沟 M1 是一座封土石室壁画墓，原报告认为其相对年代约在五世纪[25]。有学者已指出该墓的年代可以早到四世纪末[26]，笔者认为，无论从该墓出土的四耳壶的类型学排比，还是从该墓的墓葬形制、与四耳壶共出的陶灶、陶盆来看，该墓的年代确实可以早到四世纪末。

出土Ⅳ式壶的山城下 M332 是一座封土石室壁画墓，原报告认为其相对年代约在四世纪末[27]，有的学者认为该墓的年代可以早到四世纪中叶[28]。笔者赞同原报告的意见，但从类型学排比的结果来看，该墓出土的Ⅳ式壶应晚于麻线沟 M1 出土的Ⅲ式壶。

出土Ⅴ式壶的禹山 M41 是一座方坛阶梯石室壁画墓，原报告认为其相对年代约在五世纪中叶[29]，有的学者认为该墓的年代可以早到四世纪末，墓中出土的四耳壶的年代可以早到四世纪中叶[30]。笔者认为将该墓的年代定在五世纪初比较合适，理由如下：一是该墓出土的四耳壶颈部变短、口沿外展较甚、上腹部的纹饰比较复杂；二是该墓的墓顶石外沿凿刻细槽防止渗水的做法与将军坟一号陪冢相同，而将军坟的年代在五世纪初，故禹山 M41 的年代应与之相近。

出土Ⅵ式壶的梦村土城中的高句丽遗迹，韩国学者将其年代定为 425 ~ 500 年前后[31]，即五世纪前叶后半至五世纪末。

通沟河口遗址出土的Ⅶ式壶，原报告者认为其年代当在六世纪以后[32]，因缺乏与之共存的其他遗物的报道，笔者暂从。

出土Ⅷ式壶的平安南道大同郡紫足面土浦里大墓，日本学者将其年代定在六世纪初[33]，中国学者认为在六世纪中叶[34]。笔者倾向于后者。

2. B 型四横耳壶的年代

Ⅰ、Ⅱ式 B 型壶均出土于桓仁望江楼 M1，根据望江楼 M1 出土的其他遗物综合分析，M1 的相对年代应在公元前后，也就是在高句丽建国的初期。但Ⅰ、Ⅱ式壶在陶色、造型等方面仍存在差别。Ⅰ式壶最大腹径居中，Ⅱ式壶偏上，Ⅱ式壶的四横耳亦比Ⅰ式壶偏上。因此，Ⅰ式壶应早于Ⅱ式壶。

出土Ⅲ式壶的集安长川 M2 是一座封土石室壁画墓，原报告将其年代定为五世纪中叶或稍后[35]。笔者倾向于将其定为五世纪前半叶。

出土Ⅳ式壶的集安三室墓是一座封土石室壁画墓，报告者认为该墓的年代大体相当于五世纪或五世纪后[36]。笔者认为应定在五世纪中叶为宜。

集安麻线沟 M117 出土的Ⅴ式壶，原报告认为该壶的年代在六世纪以后[37]，笔者认为年代定得偏晚，该壶的肩部饰有两道凹弦纹和两道水波纹，很显然与长川 M2 和三室墓出土的该型壶的纹饰接近，表明它们之间年代不会相距太大。但 M117 的壶体形态明显变瘦，最大腹径上移，因此，应定在五世纪后半叶为妥。

出土Ⅵ式壶的集安长川 M4 是一座异穴同封的封土石室壁画墓，原报告认为该墓的年代在六世纪初[38]，笔者无疑义。

3. C 型四横耳壶的年代

出土Ⅰ式壶的集安国内城老道德会遗址的年代，报告者定在三世纪末至四世纪初[39]。实际上老道德会遗址出土文物的年代比较复杂，时代有早有晚，并非同时代的东西。笔者从类型学的角度观察，认为Ⅰ式壶的年代应在三世纪中叶。

出土Ⅱ式壶的新宾永陵南城址还共出了一批高句丽陶器和三燕早期陶器，其时代应在三世纪末至四世纪初。

出土Ⅲ式壶的集安禹山 M3105 的年代，报告者将其下限定在五世纪初[40]。似嫌略晚，应定在四世纪中、后期为宜。

出土Ⅳ式壶的桓仁米仓沟将军墓的年代，报告者定在四世纪末至五世纪初[41]。笔者同意这一看法。

4. D 型四横耳壶的年代

出土Ⅰ式壶的集安山城下 M196 是一座阶墙石圹积石墓，原报告认为其相对年代大致在三世纪初至三世纪末[42]。但是据笔者目前对高句丽陶器研究的编年认识，认为其相对年代应在高句丽建国初期，也就是在公元前后。

出土Ⅱ式壶的集安国内城址二商场遗址，原报告认为其年代约在三世纪末至四世纪初[43]。笔者结合与此壶共出的其他遗物分析，其时代应在四世纪末至五世纪初。

5. E 型四横耳壶的年代

出土Ⅰ式壶的清原任家堡石棺墓，笔者在前文曾推测墓葬的年代应在西汉中晚期。

出土Ⅱ式壶的新宾永陵南城址 H，是一座高句丽时期的灰坑，结合该城址内同时期的遗存综合分析，其时代应在四世纪中叶。

6. F 型四横耳壶的年代

出土Ⅰ式壶的桓仁望江楼 M4 的年代，根据望江楼 M4 出土的其他遗物综合分析，M4 的相对年代应在公元前后，也就是在高句丽建国的初期。

出土Ⅱ式壶的桓仁五女山城 F33，属于五女山第四期文化遗存，笔者将此期遗存年代确定在四世纪末五世纪初[44]。

三、四横耳壶的演变规律

从上述类型学的排比以及各式壶的相对年代的考订，总结 A 型四横耳壶的发展演变规律如下：

（1）A 型四横耳壶：口沿部位越来越外展；颈部先是由高变矮，然后再由矮变高，经历了一条“之”字形的发展路线；腹部由矮胖向瘦高发展，最大腹径逐渐上移；四耳的位置由在最大腹径处逐渐上移到肩部；由无纹饰向有纹饰发展，纹饰由简单向复杂发展。

（2）B 型四横耳壶：口部由侈口变为敞口，由折沿变为卷沿，颈部由直长变为短曲，最大腹径由中腹部逐渐上移至肩腹交接处，四横耳由中腹上移至上腹部，底部由小平底逐渐变为大平底。器表装饰亦由素面抹光发展为在肩部施水波纹、垂幛纹等纹饰。

（3）C 型四横耳壶：口沿部从卷沿演变为平沿、再演变为宽展沿，颈部由微曲发展为深曲，最大腹径由偏下发展为偏上，逐渐上移，四横耳由下腹部上移到上腹部，底部由凹底发展为假圈足，再发展为平底。

（4）D 型四横耳壶：口沿部由卷沿发展为折沿，颈部由微敞发展为直颈，最大腹径由偏下发展为偏上，底部由假圈足发展为平底。

（5）E 型四横耳壶：最大腹径由偏下发展为偏上，底部由假圈足发展为平底，四横耳的位置上移，由平直变为上翘。

（6）F 型四横耳壶：壶的颈部由直颈略敞发展为直颈，最大腹径上移，器表由素面抹光发展为装饰花纹。

四、四横耳壶源流及传播途径

1. A 型四耳壶

探寻 A 型四横耳壶的根源，我们把目光投向了吉林省东丰县的两处遗址，即西南山遗址 F1[45]和石大望遗址 F2[46]出土的四横耳壶。这两件四横耳壶均为喇叭口，短颈，最大腹径居中，在最大腹径偏下处饰四个对称的横桥耳，小平底。整个器形很大，石大望遗址 F2 出土的四横耳壶最大腹径 42、通高 49.5 厘米，西南山遗址 F1 出土的四横耳壶最大腹径 55.8、通高 63.3 厘米，显然二者都是实用器。关于西南山遗址的年代，据报告者称，其下限已经进入铁器时代[47]。石大望遗址的年代，有学者将其定在春秋战国时代[48]，也有的学者认为这种文化类型年代的上限应在西汉初或稍晚，下限则不晚于西汉晚期[49]。而石大望遗址 F2 内采集的木炭标本经 ^{14}C 测定为公元前 380 ~ 前 314 年，经树轮校正为公元前 398 ~ 前 212 年[50]，为推测遗址的绝对年代提供了依据。因此，这两处遗址出土的陶壶就是 A 型四横耳壶的祖型（图八）。

2. B 型四横耳壶

追溯 B 型四横耳壶的根源，我们发现它有着非常久远的发展演变历程。在桓仁望江楼 M1 的Ⅰ式壶之前，有新宾龙头山土坑封石石盖墓 M2 出土的此型壶，比它稍早一些的是同墓地 M3 出土的此型壶，这两座墓的年代被定在西汉中晚期[51]，相对而言，M3 要早于 M2。比新宾龙头山土坑封石石盖墓早的此型壶发现于吉林省东丰县的两处遗址，即西南山遗址 F2[52]和石大望遗址 F1[53]。其中，西南山遗址 F2 的 B 型四横耳壶要早于石大望遗址 F1 的此型壶。这两处房址的年代一般认为在战国晚期至汉初。因此，西南山遗址 F2 和石大望遗址 F1 的此型壶应是高句丽 B 型四横耳壶的鼻祖（图九）。

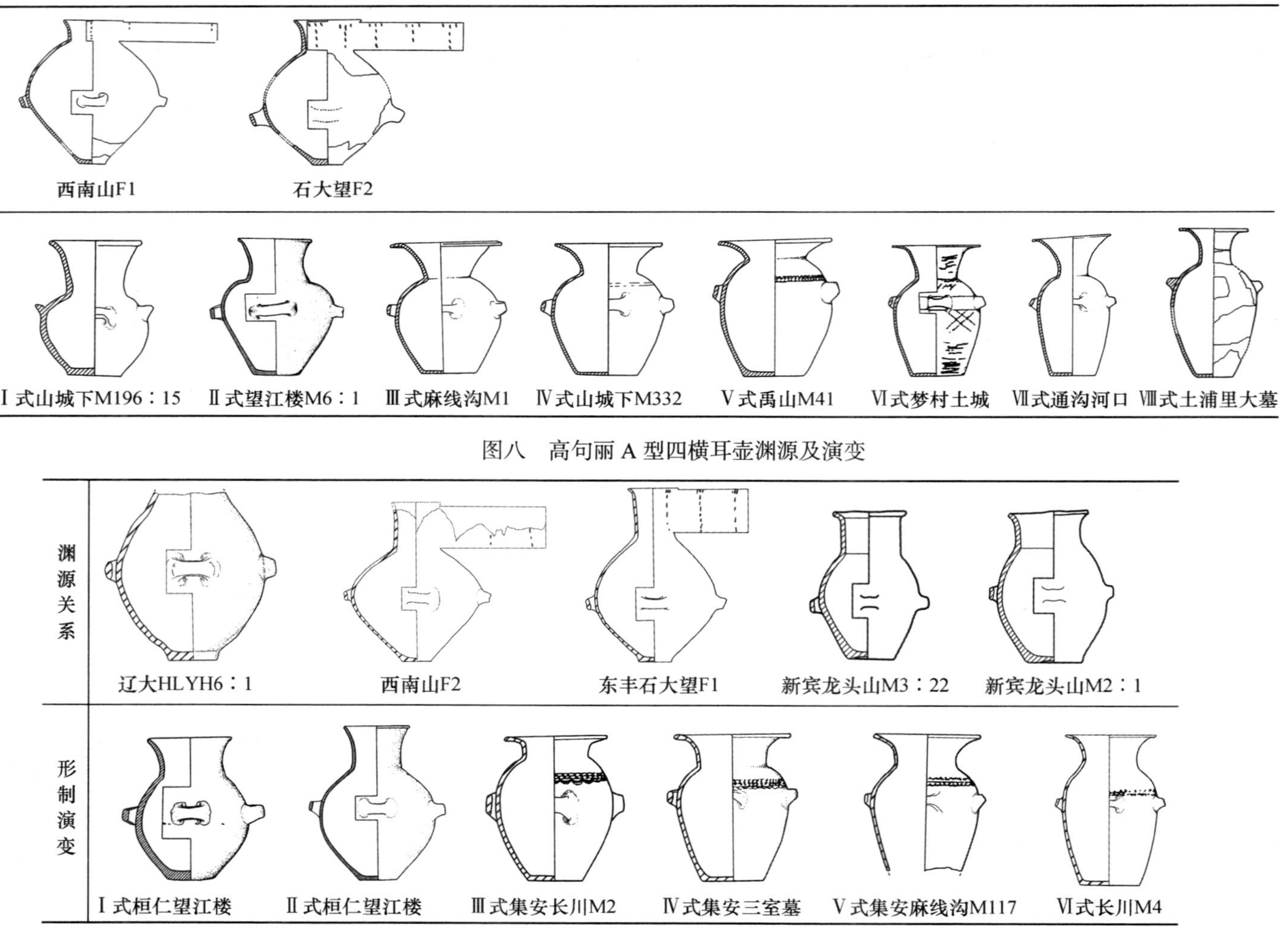

图八　高句丽A型四横耳壶渊源及演变

图九　高句丽B型四横耳壶渊源及演变

3. C 型四横耳壶

C 型四横耳壶的源可追溯至新宾龙头山墓地，龙头山 M2 和 M3 都是土坑封石石盖墓，两墓均出有此型壶，其中 M2：15，夹砂红褐陶，素面抹光。方唇，侈口，短颈，溜肩，扁圆鼓腹，中腹部对称置四个横桥状耳，假圈足。M3：21，夹砂黑灰陶，素面抹光。方唇，侈口，短颈，溜肩，扁圆鼓腹，下腹部对称置四个横桥状耳，底微内凹。原报告将两墓的年代定为西汉中晚期[54]，笔者同意这种观点。只是 M2 与 M3 的墓葬形制、埋葬习俗大体相同，但两墓在墓地的排列位置上应有早晚关系，在随葬器物上也有早晚的差别。在排列位置上，两墓同在一条山冈上，M3 位于 M2 之上，按照辽东地区此类墓葬的排列规律，一般位置越靠上者年代越早；按 C 型壶的演变逻辑关系来分析，M2 出土的壶也比 M3 的要晚（图一〇）。

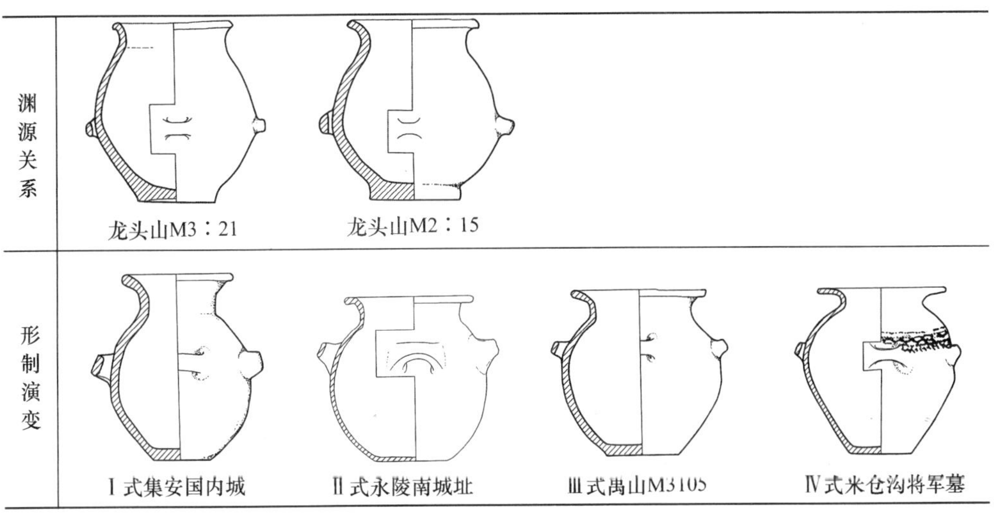

图一〇　高句丽 C 型四横耳壶渊源及演变

4. D 型四横耳壶

关于 D 型四横耳壶的源，笔者目前尚未找到可供讨论的材料。

5. E 型四横耳壶

关于 E 型四横耳壶的源可以追溯到通化市东山石棚墓，报告者认为墓内出土陶器的年代不会晚于春秋时期[55]。笔者认为年代定得过早，根据墓内共出的其他器物综合分析，墓葬的年代应在战国末至西汉前期。因此，通化市东山石棚墓出土的壶应是此型壶的源（图一一）。

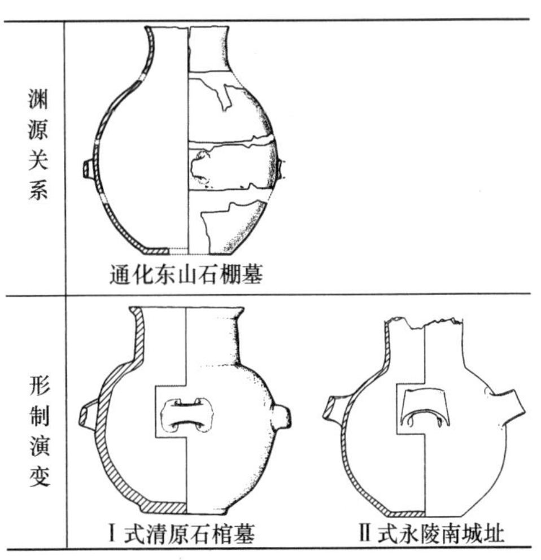

图一一　高句丽 E 型四横耳壶渊源及演变

6. F 型横耳壶

探讨 F 型四横耳壶的起源，笔者推测可能是在高句丽之前早已存在的敞口壶，受到了 A、B 型四横耳壶的影响，在敞口壶的腹上安置了四个对称的横桥耳所形成。

五、结　语

据现有的资料，可将高句丽的四横耳壶划分为六种类型。关于四横耳壶的年代，这种壶早在高句丽建国前既已存在，并伴随着高句丽的始终，是高句丽陶器中最典型和最具代表性的一种器物，也是高句丽陶器分期断代最典型的标志性器物。尤其是在高句丽中晚期，这种壶被制成了釉陶，多随葬在高等级的贵族大墓中，且经常与釉陶灶一同伴出，是一种身份、地位和等级的象征。这种陶壶最早可追溯到辽东地区青铜时代晚期和早期铁器时代，对探讨高句丽早期陶器的起源具有十分重要的意义。

附记：本文得到国家社科基金资助，项目编号 17VGB016。

注　释

[1] 耿铁华、林至德：《集安高句丽陶器的初步研究》，《文物》1984 年第 1 期。魏存成：《高句丽四耳展沿壶的演变及有关的几个问题》，《文物》1985 年第 5 期。

[2] 郑元喆：《高句丽陶器研究》，吉林大学 2005 年硕士学位论文。

[3] 魏存成：《高句丽四耳展沿壶的演变及有关的几个问题》，《文物》1985 年第 5 期。

[4] 耿铁华、林至德：《集安高句丽陶器的初步研究》，《文物》1984 年第 1 期。绪方泉：《试论集安高句丽墓的分期》，《北方文物》1994 年第 4 期。东潮：《高句丽考古学研究》，吉川弘文馆，1997 年，第 426 页。乔梁：《高句丽陶器的编年与分期》，《北方文物》1999 年第 4 期。耿铁华：《高句丽釉陶器的类型与分期》，《考古与文物》2001 年第 3 期。郑元喆：《高句丽陶器研究》，吉林大学 2005 年硕士学位论文。崔钟泽：《高句丽陶器的编年研究》，《高句丽文化的历史意义》，2005 年，第 363 ~ 432 页。

[5] 董峰：《国内城中新发现的遗迹和遗物》，《高句丽研究文集》，延边大学出版，1993 年，第 189 ~ 198 页。

[6] 耿铁华、林至德：《集安高句丽陶器的初步研究》，《文物》1984 年第 1 期。

[7] 辽宁省文物考古研究所：《五女山城——1996 ~ 1999、2003 年桓仁五女山城调查发掘报告》，文物出版社，2004 年。

[8] 辽宁省文物考古研究所：《辽宁新宾永陵南城址发掘报告》，文物出版社，2017 年，第 219 页、267 页。

[9] 集安县文物保管所：《集安高句丽墓葬发掘简报》，《考古》1983 年第 4 期。

[10] 吉林省文物考古研究所、集安市文物保管所：《集安洞沟古墓群禹山墓区集锡公路墓葬发掘》，图二十，《高句丽研究文集》，延边大学出版，1993 年，第 21 ~ 79 页。

[11] 吉林省博物馆辑安考古队:《吉林辑安麻线沟一号壁画墓》,《考古》1964年第10期。

[12] 李殿福:《集安洞沟三座壁画墓》,《考古》1983年第4期。

[13] 吉林省博物馆文物工作队:《吉林集安的两座高句丽墓》,《考古》1977年第2期。

[14] 吉林省文物工作队:《吉林集安长川二号封土墓发掘纪要》,《考古与文物》1983年第1期。

[15] 耿铁华:《高句丽釉陶器的类型与分期》,《考古与文物》2001年第3期。

[16] 集安县文物保管所:《集安县两座高句丽积石墓的清理》,《考古》1979年第1期。

[17] 吉林省博物馆文物工作队:《吉林集安的两座高句丽墓》,《考古》1977年第2期。

[18] 集安县文物保管所、吉林省文物工作队:《吉林集安洞沟三室墓清理记》,《考古与文物》1981年第3期。

[19] 同[6]。

[20] 发掘材料见辽宁省文物考古研究所:《桓仁望江楼墓群清理简报》,待刊稿。

[21] 武家昌、梁志龙、王俊辉:《桓仁米仓沟高句丽壁画墓》,《辽宁考古文集》,辽宁民族出版社,2003年,第58~74页。

[22] 吉林省文物考古研究所、通化市文物管理委员会办公室:《通化市东山石棚墓调查清理简报》,待刊稿。

[23] 绪方泉:《试论集安高句丽墓的分期》,《北方文物》1994年第4期。

[24] 同[9]。

[25] 同[11]。

[26] 东潮、田中俊明:《高句丽历史与遗迹》,中央公论社,1995年。耿铁华:《高句丽釉陶器的类型与分期》,《考古与文物》2001年第3期。

[27] 同[12]。

[28] 同[26]。

[29] 同[1]。

[30] 同[15]。

[31] 崔钟泽:《高句丽陶器的编年研究》,《高句丽文化的历史意义》,2005年,第363~432页。

[32] 同[6]。

[33] 东潮、田中俊明:《高句丽历史与遗迹》,中央公论社,1995年。

[34] 同[15]。

[35] 吉林省文物工作队:《吉林集安长川二号封土墓发掘纪要》,《考古与文物》1983年第1期。

[36] 李殿福:《集安洞沟三室墓壁画著录补正》,《考古与文物》1981年第3期。

[37] 同[6]。

[38] 张雪岩:《集安两座高句丽封土墓》,《博物馆研究》1988年第1期。

[39] 同[5]。

[40] 吉林省文物考古研究所、集安市文物保管所:《集安洞沟古墓群禹山墓区集锡公路墓葬发掘》,《高句丽研究文集》,延边大学出版,1993年,第21~79页,图二十。

[41] 同[21]。

[42] 同[9]。

［43］ 同［5］。

［44］ 同［7］。

［45］ 唐洪源：《东丰南部青铜文化遗存调查》，《博物馆研究》1995 年第 2 期。

［46］ 唐洪源、周传波：《东丰县石大望遗址考古调查》，《辽海文物学刊》1994 年第 1 期。

［47］ 同［45］。

［48］ 金旭东：《1987 年吉林东丰南部盖石墓调查与清理》，《辽海文物学刊》1991 年第 2 期。

［49］ 吉林省考古研究所、东丰县文化馆：《1985 年吉林东丰县考古调查》，《考古》1988 年第 7 期。

［50］ 中国社会科学院考古研究所实验室：《放射性碳素测定年代报告》（二〇），《考古》1993 年第 7 期。

［51］ 肖景全、张波等：《新宾旺清门镇龙头山大石盖墓》，辽宁省考古学会第五届年会论文，2005 年。

［52］ 同［45］。

［53］ 同［46］。

［54］ 肖景全、张波等：《新宾旺清门镇龙头山大石盖墓》，辽宁省考古学会第五届年会论文，2005 年。

［55］ 吉林省文物考古研究所、通化市文物管理委员会办公室：《通化市东山石棚墓调查清理简报》，2005 年，待刊稿。

吉林大学藏“归义羌王”印考

刘　爽

（吉林大学边疆考古研究中心）

吉林大学考古与艺术博物馆藏古玺印共1210方，主要由古文字学家于省吾先生于20世纪50年代从北京琉璃厂购藏，其余多为捐赠。这批玺印上起战国，下讫明清，形式多样、种类不一，本文所介绍的即为其中一方少数民族归义王印。

印体方正，长 × 宽 × 高为2.3厘米 ×2.3厘米 ×1厘米，加纽通高2.8厘米，重60.5克。兽形纽，风格粗率，只呈兽的大致轮廓，无穿。铜质。做工粗糙，有黑、绿、土状锈蚀物夹杂。阴刻篆文“归义羌王”。见《吉林大学藏古玺印选》22·116[1]。

传世、出土的少数民族“归义”首领（印文称长、王、侯）印较多，如图一。

图一

1954年在新疆沙雅县什格提汉代遗址内发现“汉归义羌长”（图二，1）羊纽铜印[2]，应是西汉中央政府颁发给在今新疆地区的羌族某部首领的官印[3]。

1948年出土于甘肃西和的“晋归义氐王”（图二，2）羊纽金印、“晋归义羌侯”（图二，3）羊纽金印[4]。

1　2　3　4　5

图二　少数民族“归义”首领印

1. 汉归义羌长（西汉）　2. 晋归义氐王　3. 晋归义羌侯　4. 晋乌丸归义侯　5. 晋鲜卑归义侯

1956 年于内蒙古乌兰察布盟凉城县蛮汉山南部沙虎子沟出土的“晋乌丸归义侯”（图二，4）驼纽金印、“晋鲜卑归义侯”（图二，5）驼纽金印[5]。

1973 年于河南洛阳从银行拣选的“晋归义胡王”（图三，1）驼纽金印（新中国成立前出土于甘肃一带）[6]。

出土地点不详、现为首都博物馆收藏的“晋匈奴归义王”（图三，2）驼纽金印[7]。

陕西历史博物馆藏“亲晋羌王”（图三，3）驼纽鎏金铜印、“晋归义羌王”（图三，4）驼纽金印[8]。

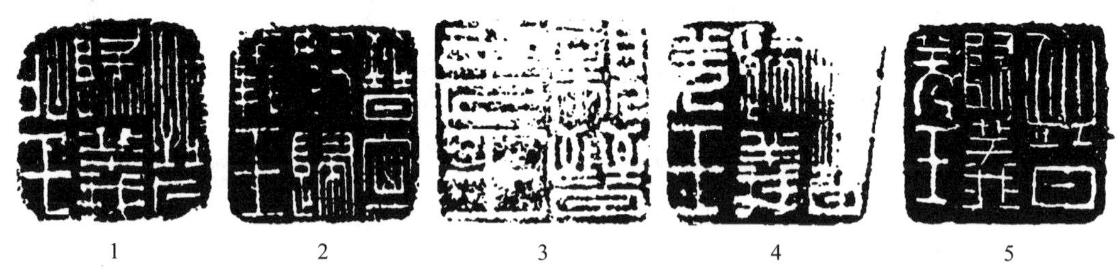

图三　少数民族“归义”首领印

1. 晋归义胡王　2. 晋匈奴归义王　3. 亲晋羌王　4. 晋归义羌王　5. 晋归义羌王

1987 年于陕西省白水县民间发现的“晋归义羌王”（图三，5）羊纽铜印[9]，但此印是印章持有者（一乡民）的曾祖在该省洛水流域经商时购获的，非科学考古发掘出土，且印文浅细无力，“归”为错字，其他字的写法及印纽形制皆异于一般晋归义印，对于它的真伪我们持保留态度。

1976 年在甘肃泾川太阳墩窖藏出土的“归义侯印”龟纽铜印（图四，1），报道者据出土地点及该印的形制特点定其为十六国时期后秦王姚兴封赐给西秦王乞伏乾归的印信[10]。

图四　少数民族“归义”首领印

1. 归义侯印　2. 归义羌王　3. 四角羌王（北凉）

由上可知，这类归义王侯印在汉、两晋十六国时都曾行用过，是颁发给归顺的少数民族首领的。"归义"有归附、内属之义，"是古代汉族朝廷处理少数民族问题时经常使用的词，它带有安抚、笼络的意思，是对少数民族'归顺'行为的表彰[11]。"既然是颁赐给首领的，这类印通常做工精致，文字规整，有时还为金质或鎏金质，足见其规格之高，只是到了十六国时期才出现粗糙滥制的王侯印，这是当时社会动荡战争频繁的现实在官府印章上的直接反映，叶其峰先生说：十六国官印中的龟纽和鼻纽，形态与晋印大致相同，但却多制作简陋、草率，印文也多信手刻凿，缺乏章法[12]。吉林大学这方"归义羌王"印（图四，2）材质为普通的铜质，文字粗疏模糊，纽只为一兽的简单的轮廓外形，做工极粗糙，与《湖南省博物馆藏古玺印集》著录一方十六国北凉（401～433年）的"四角羌王"印[13]（图四，3）形制风格及文字章法相近，二者的时代应为同一时期，即十六国时期，由图四可知，十六国时期的归义王印并不在前面标注朝代，这一点可以看作该期归义王印的特征之一。

吉林大学考古与艺术博物馆文物帐将此印定名为汉"归义羌王"龟纽铜官印，应修改为：十六国"归义羌王"阴文兽纽铜官印。

注释

［1］ 吉林大学历史系文物陈列室：《吉林大学藏古玺印选》，文物出版社，1987年。

［2］ 孟池：《从新疆历史文物看汉代在西域的政治措施和经济建设》，《文物》1975年7期。

［3］ 曹锦炎：《古代玺印》，文物出版社，2002年，第78页。

［4］ 薛英群：《晋归义羌侯印与晋归义氐王印》，《文物》1964年第6期。

［5］ 李逸友：《内蒙古出土古代官印的新资料》，《文物》1961年第9期。

［6］ 贺官保等：《洛阳博物馆藏官印考》，《文物》1980年第12期。

［7］ 姜东方：《"晋匈奴归义王"金印》，《文物》1988年第6期。

［8］ 董洁、杨亮：《陕西历史博物馆藏魏晋官印考》，《陕西历史博物馆馆刊》（第9辑），2002年。

［9］ 任树民：《陕西白水县发现"晋归义羌王"印》，《考古》1991年第3期。

［10］ 刘玉林：《甘肃泾川出土的古代官印》，《考古与文物》1988年第1期。

［11］ 叶其峰：《我国古代叟族的印章》，《文物》1980年第9期，第77页。

［12］ 叶其峰：《古玺印与古玺印鉴定》，文物出版社，1997年，第19页。

［13］ 湖南省博物馆：《湖南省博物馆藏古玺印集》，上海书店出版社，1991年，第49页。

从邺城遗址布局看统万城的设计理念

邢福来

（陕西省考古研究院）

一

邺城作为魏晋、南北朝时期六朝古都，文献多有记载，加之多年考古工作成果，城市布局逐渐清晰，成为魏晋南北朝时期城市布局研究的典范。统万城作为东晋十六国时期大夏国都城，其主人虽为匈奴后裔赫连勃勃，但汉化程度较高，加之大量启用汉族谋士、官员，其都城布局必受汉长安城、邺城等的影响，比较邺城与统万城，对统万城布局研究有所帮助。

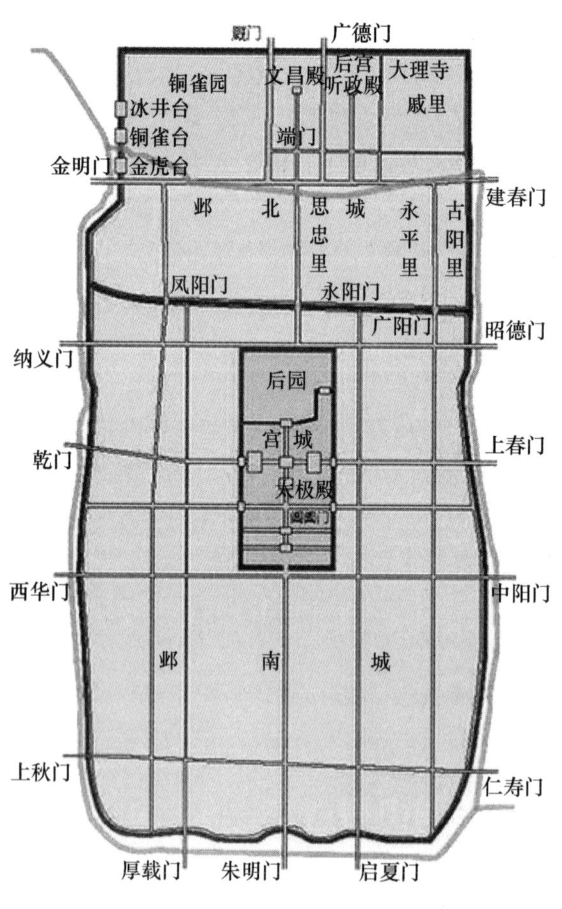

图一 邺城遗址平面图

邺城遗址分邺北城和邺南城两部分，大体呈日字形（图一）。邺北城为曹魏时期的城市，为曹操主持建设（图二）。北城东西七华里，南北五华里，外城共设七个门，南面三个，北面两个，东西各一个门。邺北城经勘测东西长2400米，南北宽1700米。城内由贯穿东西城门的大道分割成南北两部分。北部中央为宫殿区，西为禁苑铜爵园，内设马厩、武库，西城垣上筑有壮观的铜雀、金虎、冰井三台。宫殿东面为贵族聚居区戚里及衙署。城南部为居民区，被南北向道路分割成长寿、吉阳、永平、思忠四里。北邺城规划整齐，交通便利，对北朝、隋唐都城的建设产生过深远影响。

东魏时期，邺南城在邺北城的基础之上续建而成。南城紧靠邺北城，共用一墙，北城南墙即南城北墙，邺南城的北门就是邺北城的南门。

邺南城实测东西2800米，南北3460米，城垣迂曲，墙外有护壕。宫城设在城北部中央，宫北有后苑。居民区分设里坊。正南门朱明门已经发掘，为三门道，门南侧有方形阙楼夯基。

邺城作为魏晋、南北朝时期六朝古都，其布局前承秦汉，后启隋唐，中轴对称制度、单一宫城布局、明确功能分区的设计理念，在中国古代都城规划史影响深远。隋唐时期的长安城、洛阳城，元明清时期的北京城均沿袭于此，日本奈良的平城京也是仿邺城建造而成。

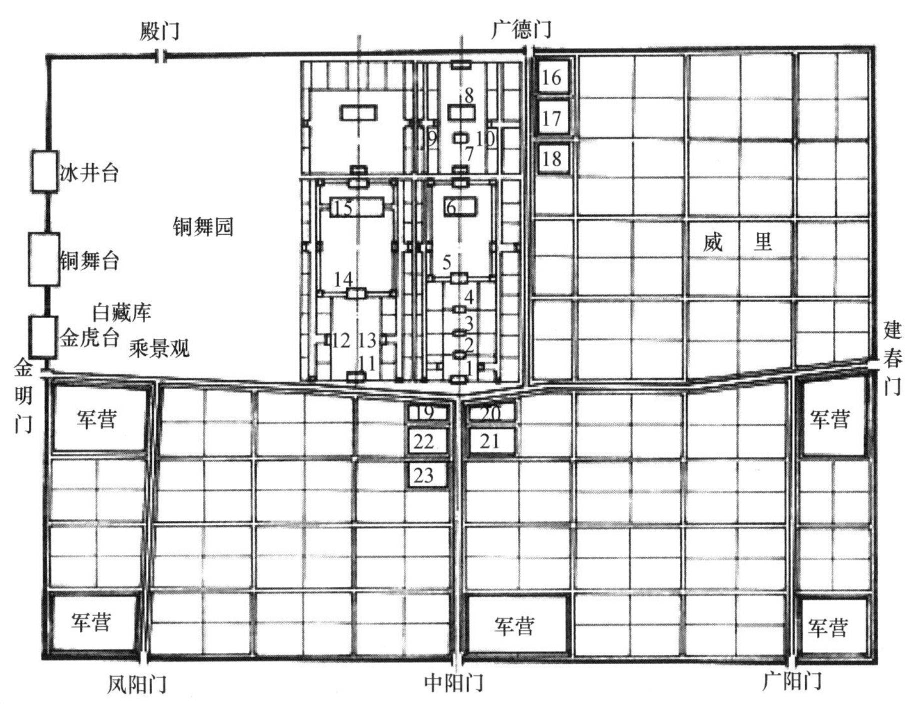

图二　曹魏邺城平面复原图

汉长安城的城墙均为版筑土墙，墙高8米，墙基宽16米。东城墙长5940米，南墙长6250米，西墙长4550米，北墙长5950米，共有12个城门（图三）。

《晋书》卷130《载记》第30记载，赫连勃勃“乃赦其境内，改元凤翔。以叱干阿利领将作大匠，发岭北夷夏十万人，于朔方水北、黑水之南营起都城。勃勃自言：‘朕方统一天下，君临万邦，可以统万为名。’阿利性尤工巧，然残忍刻暴，乃蒸土筑城，锥入一寸，即杀作者而并筑之。勃勃以为忠，故委以营缮之任”。真兴元年（418年）宫殿落成。

《晋书》载《统万城铭》：“崇台霄峙，秀阙云亭，千榭连隅，万阁接屏……温室嵯峨，层城参差，楹凋雕兽，节镂龙螭。莹以宝璞，饰以珍奇……”

《北史》也有记载：“城高十仞，基厚三十步，上广十步，宫城五仞，其坚可以砺刀斧。台榭高大，飞阁相连，皆雕镂图画，被以绮绣，饰以丹青，穷极文采。”416年，赫连勃勃趁东晋破后秦之机挥师南下攻取长安，418 年，在长安称帝，改元昌武。他留下太子镇守南都长安，自己回师统万城，值宫殿大成，又改元真兴，并刻石歌颂功德。425 年，赫连勃勃死。427 年，北魏军攻破统万城，太武帝拓跋珪谓左右曰："蕞尔小国，而用人如此，虽欲不亡，其可得乎？" 431 年，大夏首领赫连定被吐谷浑部族俘虏，夏灭亡。赫连勃勃创建的夏只传三世二十余年，一代名城随夏灭亡而衰败。

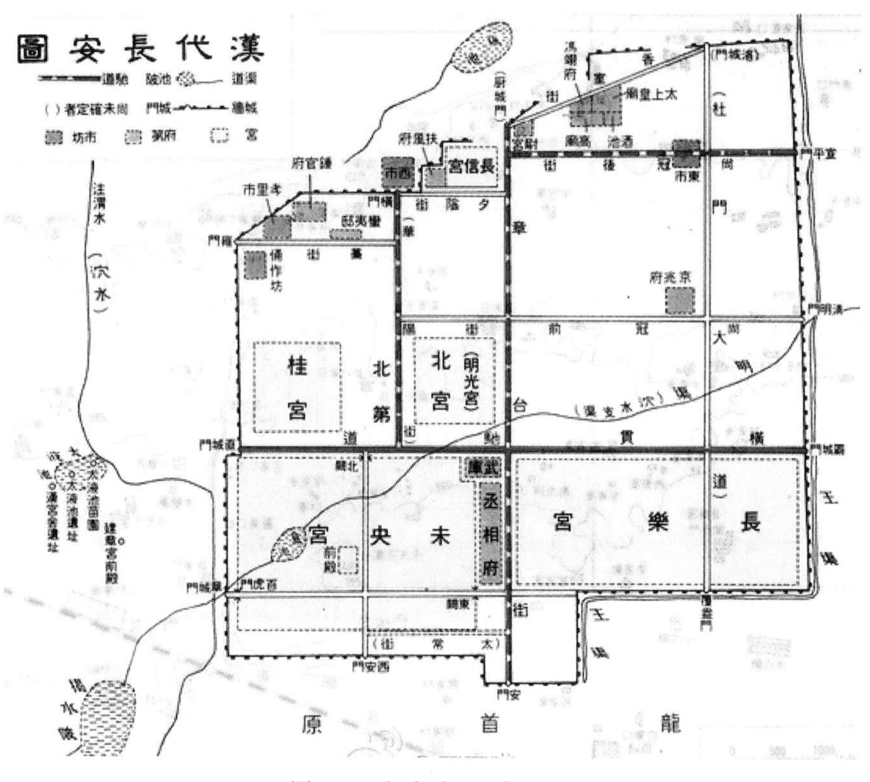

图三　汉长安城平面复原图

统万城遗址地处东经 108°52′04″ ~ 108º49′19″，北纬 37°59′35″ ~ 38°01′31″之间，基本建在同一水平台地上，西北略高，海拔 1157 ~ 1183 米，分为外郭城、东城和西城。西城保存最好，墙基厚约 16 米，东城保存略差，墙基厚 10 米左右。东、西城四隅都有高于城垣的宽大的长方形或方形隅台。东西城方向 113°，均略呈长方形，西城西垣、东城南垣均有一曲折，东城南垣略有长出。东城周长 2566 米，其中东垣长 737 米，西垣 774 米，北垣 504 米，南垣 551 米，西城周长 2470 米，东垣长 692 米，西垣 721 米，北垣 557 米，南垣 500 米，西城城垣保存最好，墙基厚约 16 米，加上马面长度可达 30 米。东城保存略差，墙基厚 10 米左右（图四），西城内西半部，紧挨西垣的地方，已为流沙覆盖。沙梁高度几乎与城垣平齐。

城垣、隅台、马面和台基均由苍白色土夯筑而成。夯层厚 15 ~ 20 厘米，城门道、隅墩拐角夯层略薄，为 12 ~ 14 厘米。东、西城隔墙夯层厚 20 ~ 40 厘米。西城城垣夯层薄，也最为坚固。

统万城在长时间内是中国北方的重镇之一。大夏国灭亡后，北魏改统万城为统万

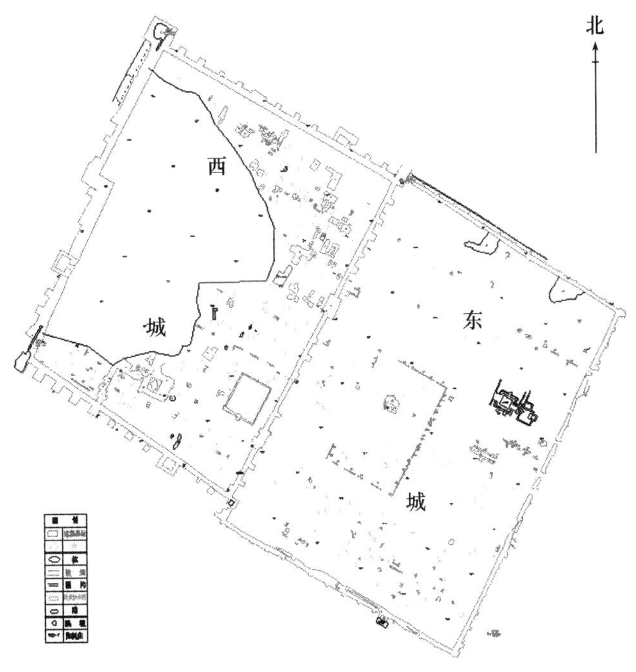

图四　统万城遗址钻探平面图

镇，太和十一年（487年）以此为夏州治所。隋代统万城属朔方郡，大业末年梁师都据此称帝，国号梁。唐代以其地复为夏州，置都督府。天宝元年（742年）改为朔方郡，乾元元年（758年）复为夏州。由于党项族以此为据点侵扰北宋，淳化五年（994年），太宗下诏毁废统万城，迁居民于绥、银等州。从此，统万城从文献记载和人们的视野中消失。直至清代横山知县何炳勋于道光二十五年（1845年）寻访统万城，并将调查收获写成《复榆林徐太守松查夏统万城故址禀》，对统万城遗址的地理位置、自然环境及保存状况进行了如实的描绘，统万城遗址才重新被人发现。

二

统万城与邺城布局比较，我们发现两座城有许多相似之处，同时统万城又有其独特之处。相同之处主要表现在以下几个方面：

第一，都不是一次建成，后建部分与新建部分共用一墙。邺城分为南、北城，大体呈“日”字形布局，两者共用一墙，北城建于曹魏，南城建于东魏。统万城除外郭城外，分为东、西城，两城呈横“日”字布局，共用一墙，西城为大夏都城，始建于413年，东城约建于唐末五代时期。

第二，均坐北朝南。关于统万城的方向，学术界有不同的看法和解释，通过大面积的考古钻探和重点的发掘，我们认为统万城为坐北朝南。统万城虽方向为113°，呈东北—西南向，不似汉长安城和邺城那样基本为正南北向，但我们不能忽视一个重要的原因，统万城地处陕西与内蒙古交界处鄂尔多斯高原，这里为毛乌素沙漠南缘。史载赫连勃勃曾经北游到达契吴（今统万城一带），为这里的美景所折服，叹曰："美哉斯阜，临广泽而带清流。吾行地多矣，自岭以北，大河以南，未有若斯之壮丽矣！"广泽、清流、水草虽美，但经过我们考古发掘，确证统万城城垣直接建在湖相堆积的沙层上，即所谓的广泽、清流、水草之下也为沙层。随着大气候环境的改变，脆弱的平衡很容易被打破，干旱使植被破坏，沙层露出，凛冽的朔风是居住于这一带居民优先考虑的问题。一个现实是，正因为统万城东北—西南走向，现存高达 26.67 米的西城西南隅台，阻挡了寒风。现西南隅台西侧、南侧，有一道较宽的深沟，不少人认为是护城河，通过钻探发掘，我们获知统万城另有夯土筑成的护城壕。关于这道深沟的形成，我们认为应该是强风遇到阻力后向下回旋带走城外的沙粒，甚至将隅台基础露出，是隅台基础明显高于深沟。基于此，我们可以大胆推测，统万城的设计建造者可能有意让城垣呈东北—西南走向，以高大的西南隅台阻止、缓解凛冽的西北风肆虐，保护城中居民。

《晋书》卷 130《赫连勃勃载记》勃勃还统万，以宫殿大成，于是赦其境内，又改元日真兴。刻石都南，颂其功德。将刻有《统万城铭》的石碑竖立在城南，这是统万城坐北朝南的另一证据。

另外我们从统万城现存马面的高度、尺寸等也可证南门为统万城的正门。

第三，都有南北向中轴线。邺北城城内由贯穿东西城门的大道将整个城市分割成南北两部分，北部中央为宫殿区，西为禁苑铜爵园，内设马厩、武库，西城垣上筑有壮观的铜雀、金虎、冰井三台。宫殿东面为贵族聚居区戚里及衙署。城南部为居民区，被南北向道路分割成长寿、吉阳、永平、思忠四里。

统万城西城目前可以确定的城门有三座，分别为西门、南门和北门，其中南、北两门距东、西垣距离几乎一致，我们推测南、北门相连的大道将西城分为东西两部分，这条大道可能就是统万城的轴线。这条轴线明显偏东，可能与统万城城内建筑布局有关。另外，统万城东城南北门之间的道路与西城一样也明显偏东。

与邺城相较，统万城设计布局也有其独特之处，主要体现在与防御体系有关的设施上。

（1）城墙外有护城壕。西城西、南、北垣外经钻探都发现了护城壕，东垣外因唐末五代建造东城，暂未发现。已经发掘的护城壕与城垣平行，距西城西垣底部水平距离 11.3 米，我们只清理了其中的 28.5 米。现存壕堤顶部低于城墙基础表面 3.7 米。护城壕剖面呈梯形，上缘宽 11.5 米，其中壕沟宽 7.1、壕堤宽 2.2 米，现存深度 2.2 米，经钻探知壕沟底部夯土厚 0.8 米。已清理的护城壕北高南低，走向与城墙保持平行。护城壕是在原始沙层上先挖好壕沟，然后用与城墙相同的土以平夯筑成，内壁光滑，制作极为规整。

（2）已确认的城门外均有瓮城。以已发掘的西门瓮城为例，瓮城位于西城西垣偏南处，南北长 38.5、东西宽 22 米，瓮城内长 30、宽 20.7 米，深 10 米。瓮城城垣宽 3.8 米。瓮城内流沙堆积厚达近 8 米，清理出隋代墓葬一座、瓮棺一座、灰坑 10 多个。另外，还发现水井一眼，已清理了 4 米，经钻探深 13 米仍不见底。瓮城门面南，紧贴西城西垣。另外瓮城底部发现比统万城城垣年代早的方形灰坑。从发掘情况看，至迟在隋代，瓮城门已坍塌，门洞以夯土块封堵，瓮城内成为废墟。西门在宋代遭焚毁，宋代地层普遍有一层灰烬、木炭块等，从而证明宋太宗淳化五年（994 年），下诏毁废统万城的记载不虚。

（3）城门均为单门洞。单门洞的设置看起来与都城不符，但可能也与防御有关。以已发掘的西门为例，西门平面呈“亞”字形，东西即门道内外侧均有凸出夯土台，进深20.60米，为单门洞，门道宽6.5、长19.5米，门道西部底部宽3.9米，门道底部夯土厚0.8～1.2米，内含砂石。门道南北两侧各有一排15个排叉杆洞，有圆形与六边形，六边形洞6个，直径26～45厘米，圆形9个，直径约20厘米，两边洞自下而上侧向门道中央。洞一半在夯土内。洞底部有东西向地栿，长14.75、宽0.25、高0.2米。门道伸向城内及瓮城部分两侧均有凸出的夯土台，用以加固城门，南侧宽6.8米，北侧宽7.3米。夯土基础凸出夯土台0.5～1.3米。

门道中部南北各有一个似为门墩被移走后留下的坑，两坑之间亦有一似顶门石被移走后留下的方坑。门道内有唐代东西向排水渠。下有柱础石。从唐至蒙元，西门门道内均有人为利用南北两侧夯土及废弃建筑材料搭建住屋的痕迹。

西门内发现唐代灰坑、井，并多有打破夯土的情况，其中H11出土礌石460枚，石刻残件多件。

从地层堆积看，唐代西门瓮城废弃后，西门内侧人为修筑夯土，隔断城内与瓮城的联系。

（4）城垣四面均有马面。西城经钻探确认35个马面，其中东墙12个马面、南墙9个、西墙4个（可确认的）、北墙10个，这些马面，现存高度10～12米，基本呈覆斗行，基础边长10～28米。东城经钻探也发现45个马面，其中东墙18个、南墙14个、北墙13个。

（5）城角均有明显高于城垣的规模较大的隅台，这些隅台作为统万城的制高点，可以全面观察城内外动静。西城东南隅台东西长21～24 、南北宽15～16.5 、高4.8～9、残高4.6～9米。西南隅台现存夯基南北长43.8、东西宽25米，残高26.67米。西北隅台，东西长51、南北宽44.5、高7.3～16.3米。东北隅台现存南北长4～8.5、东西宽3.5～8、残高约4米。

三

北朝时期，城市布局上坐北朝南、南北中轴线似乎已经成为一个大的发展趋势。与郡城相较，统万城的防御体系更加完善。大夏政权统治的主要地域为陕西秦岭以北，甘肃东部，宁夏部分地区及内蒙古西南部，东北为其主要敌人北魏，西有南凉、北凉，南有后秦（刘宋），基于十六国时期频仍的战乱，统万城的设计、建设更注重防御。统万城建于无定河（红柳河）与纳林河相交形成的台地上，两条河流成为其南、东、北首道防线；依河流和地势修建的外郭城成为其第二道防线；护城壕、现存高10～12米，顶宽达10～16米的城垣、密布的马面、瓮城等形成第三道立体防御系统。“城高十仞，基厚三十步，上广十步，宫城五仞，其坚可以砺刀斧。台榭高大，飞阁相连，皆雕镂图画，被以绮绣，饰以丹青，穷极文采”正是对统万城的形象描述。《晋书》卷130《赫连勃勃载记》：“勃勃还统万，以宫殿大成，于是赦其境内，又改元日真兴。刻石都南，颂其功德，曰：乃远惟周文，启经始之基；近详山川，究形胜之地，遂营起都城，开建京邑。背名山而面洪流，左河津而右重塞。高隅隐日，崇墉际云，石郭天池，周绵千里。其为独守之形，险绝之状，固以远迈于咸阳，超关于周洛”。

牛川古城与北魏六镇布列关系辨析

魏　坚

（中国人民大学北方民族考古研究所）

引　言

北魏六镇，是北魏迁都平城以后为应对柔然侵袭而依次设立的六处军镇。“北魏六镇”指哪六镇？具体位置在哪里？因文献记载语焉不详，许久以来史家多有争执。近年来，笔者在深入田野调查的基础上，梳理各家之说，颇感清人沈垚《落帆楼文集》卷一《六镇释》所言甚是。沈垚认为，六镇自西至东应为沃野、怀朔、武川、抚冥、柔玄、怀荒。由此观之，可知六镇的布列，西起今内蒙古自治区巴彦淖尔市，东至河北省张北县，除最西端的沃野镇所处略偏南外，其余都东西一线分布在阴山山脉以北北魏长城沿线的南侧，范围在北纬40°33'～41°28'、东经107°09'～114°43'之间，最西有沃野镇控制着从狼山南麓鸡鹿塞和高阙塞的再南下之路，最东有怀荒镇扼守阴山尾闾的交通孔道，武川镇和怀朔镇则分别位于平城出塞北的咽喉要道“白道”和“稒阳道”之上。在整个北魏前中期，六镇的地位极其重要。

20世纪50年代以来，内蒙古的考古工作者对北魏六镇展开了较多的调查工作，李逸友先生结合诸多学者的考证，在《中国北方长城考述》一文中，综合探讨了六镇城址各自的位置，认为乌拉特前旗根子场古城为北魏晚期沃野镇，固阳县城圐圙古城为怀朔镇，武川县二份子古城为武川镇，四子王旗乌兰花土城子古城为扶冥镇，尚义县哈拉沟古城为柔玄镇，察右后旗白音察干古城为怀荒镇。其中除了怀荒镇许多学者认为在河北省张北县以外，其余观点均得到广泛认可，但亦有学者对武川及柔玄的位置所在持不同意见。

有关北魏六镇的布列及各自位置和功用，笔者已有专文讨论[1]，此不赘述。但作为北魏兴起之初所居之牛川古城的地望，以及其在北魏军事防御体系中的历史作用，就成了我们必须面对和研究探索的重要问题。本文将在北魏六镇考古调查的基础上，结合以往的研究成果，对牛川古城的位置所在，及其在北魏六镇军事防御体系中的作用做进一步的梳理和讨论。[2]

一

拓跋鲜卑由大兴安岭北段的大鲜卑山南下进入阴山一带之后，便在檀石槐牙庭的基础上发展壮大起来。在首领拓拔力微期间（神元三十九年，258 年），曾以盛乐为中心，组织过一个以拓跋部为首的部落联盟，其中有拓跋部的"宗室八姓"和七十五个异性部落。力微之后，子、弟相传。至拓跋猗卢之时，拓跋部畜牧业繁盛，财富充盈，控弦之士四十余万。又因出兵协助晋朝并州刺史刘琨作战有功，被晋封为大单于、代公，并获得了句注山径岭（山西代县北）以北之地，猗卢从此疆域扩大，实力雄厚，乃于晋建兴三年（315 年）以盛乐为北都，平城为南都，建立了代政权。这时的拓跋部已经开始向着阶级社会迈进。

376 年，代政权被前秦攻灭，以拓跋部为首的部落联盟亦同时瓦解。十年后，前秦覆亡，代政权末主拓跋什翼犍之孙拓跋珪收集旧部，乘机东山再起，在"牛川"大会诸部，即代王位，建元"登国"，不久迁都盛乐，改称魏王，最终入主中原，建立了封建政权，史称北魏。

《魏书》载，"登国元年（386 年）春正月戊申，帝（拓跋珪）即代王位，郊天，建元，大会于牛川。复以长孙嵩为南部大人，以叔孙普洛为北部大人。班爵叙勋，各有差。二月，幸定襄之盛乐。"[3]

拓拔什翼犍之孙拓跋珪是在"牛川"大会诸部、起兵復国。由此可知，作为拓跋鲜卑龙兴之地的"牛川"，早在北魏王朝修筑六镇之前就已存在，并且一直是北魏皇帝临幸之地，故而应当是建有城池的。

笔者在对北魏六镇的布列进行排比研究中发现，北魏长城沿线城址的规模是有级差的，镇、戍的设置分布也具有规律性。就目前考古调查资料看，镇城的城墙边长一般在 600 米以上至 1000 米左右；相距较远的镇城之间，增设戍堡以加强防御体系，戍堡一般拱卫于镇城之间，戍堡的城墙长度在 300 米至 500 米之间；镇城间的相对距离一般在 50 ~ 90 千米之间。其中，唯一有所不同的是，在由西向东分布的第四镇抚冥镇和第五镇柔玄镇之间的距离相距较远，也即从四子王旗的乌兰花古城至尚义县的哈拉沟古城的距离是 185 千米，比正常的距离超过一倍。这从军事防御的角度来看似乎是不可理解的。但重要的是，我们在上述两座镇城址之间，发现了并不在六镇之列的克里孟古城。

二

克里孟古城位于乌兰察布市察右后旗白音查干镇西北 25 千米的克里孟村西北 1 千米处。古城东南约 3 千米为韩勿拉山脉西缘，南部约 5 千米为灰腾梁山脉东北尾闾，古城正当两山之间的通道，北部和西部平坦开阔。古城址中部有哈卜泉河自南向北穿过。乌兰察布文物工作站[4]及李逸友先生曾对该城进行过调查。[5]

古城平面略呈横梯形，城内地势东高西低，中部偏东有一道隔墙将古城分为东西两城。城外 20 ~ 40 米处有围绕整个城址的土垄，较为低矮，可能为拦马墙，土垄四角均向外突出，可能建有角台。

东城东墙建在一片山丘之上，为全城制高点，东墙中部因地形而外折，未发现城门遗迹。东墙长 405 米，南墙长 565 米，西墙长 460 米，北墙长 560 米，墙体夯层厚约 9 厘米。南墙中部偏西处有城门，东距东南角约 340 米，城门宽 6.8 米，两端墙体存高 4 ~ 5 米。西墙南部被河水冲毁，墙体宽约 5 米，夯层厚约 9 厘米，墙体外侧均匀分布有 2 个马面，无设城门。北墙中部偏西有城门，宽约 6 米，东距东北角约 355 米。现存三个城角均设有高大的角台，呈圆形土丘状。

西城东墙即东城西墙，南墙长 847 米，西墙长 635 米，北墙长 875 米。西墙中部设一门，西北与西南角设有角台。

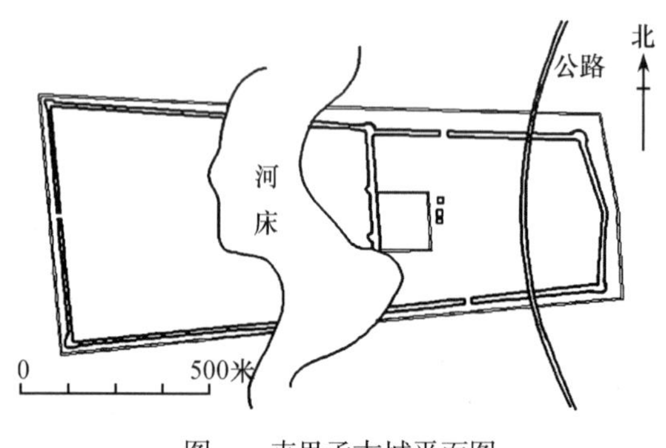

图一　克里孟古城平面图

古城内建筑址、遗物主要分布在东城内。其中东城西部有一处方形院墙，依东城西墙而建，南北边长约 155 米。院墙保存较差，现仅略高于地表数十厘米，院内地势平整，地表散布有大量板瓦、筒瓦。靠近该院落的东墙外侧，发现三处建筑台基，其余未见其他建筑遗迹（图一）。本次调查发现的较多瓦片及少许陶片，主要分布在东城院落附近，基本为布纹筒瓦，水波纹板瓦、灰陶片等遗物。

李逸友先生据调查发现的板瓦和陶器残片认为，克里孟古城应为东汉至北魏时期修筑使用；又据《魏书》所记，推测牛川之名应是拓跋鲜卑初迁到乌兰察布的灰腾梁以北草原时所使用的名字。据笔者 2014 年调查采集遗物看，该城除大量的北魏砖瓦陶片外，的确有少量的东汉时期遗物。

《魏书》载，登国二年（387 年）“冬十月癸卯，幸濡源……十一月，遂幸赤城。十有二月，巡松漠，还幸牛川。”[6]

又，泰常元年（416 年）“六月丁巳，车驾北巡。秋七月甲申，帝（拓跋嗣）自白鹿陂西行，大猎于牛川，登釜山，临殷繁水而南，观于九十九泉。”[7]

濡源，即濡水之源，今称滦河，发源于今张家口市以北坝上的沽源县境内。赤城在沽源之南，松漠当指东边的辽西之地。太祖道武帝拓跋珪登国二年的这次北巡，当是先北上濡水之源，又南下赤城，再东至辽西之地，最后东还牛川城。

九十九泉，位于今察右中旗和卓资县交界处的灰腾梁上。据李逸友先生考证，“殷繁水当为今之丹岱河，其水北流注入白音淖尔，应为白鹿陂，殷繁水位于牛川之东南，循此水南行登上灰腾梁，再西南行至九十九泉。”[8]丹岱河在察右后旗旗府所在地白音察干镇南发源，北流注入镇北的白音淖海子。太宗明元帝泰常元年的这次北巡，出平城北上至牛川大猎后，循东南临殷繁水而到九十九泉避暑。

牛川是鲜卑復兴建国的重要之地，乃国之根本，所以在北魏政权建立之初才会经常被皇帝临幸，并以此为据点东出北还。此外，在克里孟古城东北10~30千米内分布有二兰虎沟、三道湾等鲜卑墓群，也可充分印证克里孟古城即为拓跋鲜卑龙兴之地的牛川古城遗址。同时，环绕城墙外侧的高大土垅，也可以说明该城具有重要的军事防御功能。由此可见，将克里孟古城遗址推定为北魏初期之牛川古城应具有说服力。

三

六镇的具体设置时间史书记载不详。一般认为，北魏边镇大约在道武帝时代已初具规模，当时统称为“北镇”，有的镇还没有固定的治所。太平真君七年（446年）六月，魏世祖太武帝拓跋焘调发司、幽、定、冀四州十万人在东起上谷（今北京延庆），西至今山西河曲一带大规模修筑边防工程。太和十八年（494年）七月，高祖孝文帝拓跋宏巡视怀朔、武川、抚冥、柔玄四镇，下诏六镇及御夷城人，年满八十以上而无子孙兄弟，终身给其廪粟；七十以上家贫者，各赐粟十斛。“六镇”之称，始见于记载，而御夷城不在其列。

《魏书》卷四一《源贺附子怀传》记正始元年（504年），源怀出师北伐，回来后上表称“‘……去岁复镇阴山，庶事荡尽，遣尚书郎中韩贞、宋世量等检行要险，防遏形便。谓准旧镇东西相望，令形势相接，筑城置戍，分兵要害，劝农积粟，警急之日，随便翦讨。如此则威形增广，兵势亦盛……如此北主无忧矣。’世宗从之。今北镇诸戍东西九城是也。”[9]

《太平寰宇记》亦云：“正始三年（506年），尚书源思礼、侍郎韩贞抚巡蕃塞，以沃野镇居南，与兰山泽六镇不齐，源别置三戍。”[10]关于沃野镇的位置变迁，唐长孺先生曾有翔实的考证，指出“沃野镇始置实在汉沃野县故城（按；今内蒙古磴口县脑高古城），太和十年（486年）迁于汉朔方故城（按：今内蒙古杭锦旗什拉召古城），正始元年（504年）又迁于唐天德军北（今内蒙古乌拉特前旗根子场古城）。”[11]由此可知，沃野镇经历了两次迁址；北魏为了加强六镇的军事防御能力，在六镇之外又“筑城置戍”之举始于正始年间。

如前文所述，北魏六镇城址分布的相对距离一般在50~90千米之间，仅抚冥镇（乌兰花土城子古城）与柔玄镇（哈拉沟古城）之间的直线距离有185千米之遥，而克里孟古城恰好位于抚冥和柔玄两镇城之中间位置。此外，还有位于克里孟古城以西的四子王旗库伦图城卜子古城和察右中旗元山子古城，以及位于克里孟古城以东的白音察干古城，从这些城址的规模来看，均小于镇城，属于戍堡性质。此外，从位于武川、抚冥两镇之间的达茂旗希日穆仁城圐圙古城的规模来看，亦当属戍堡之一。这样，在六镇各镇城之间根据防御的需要增筑戍堡，由此构成了北魏北边塞更为严密的军事防御体系（图二）。

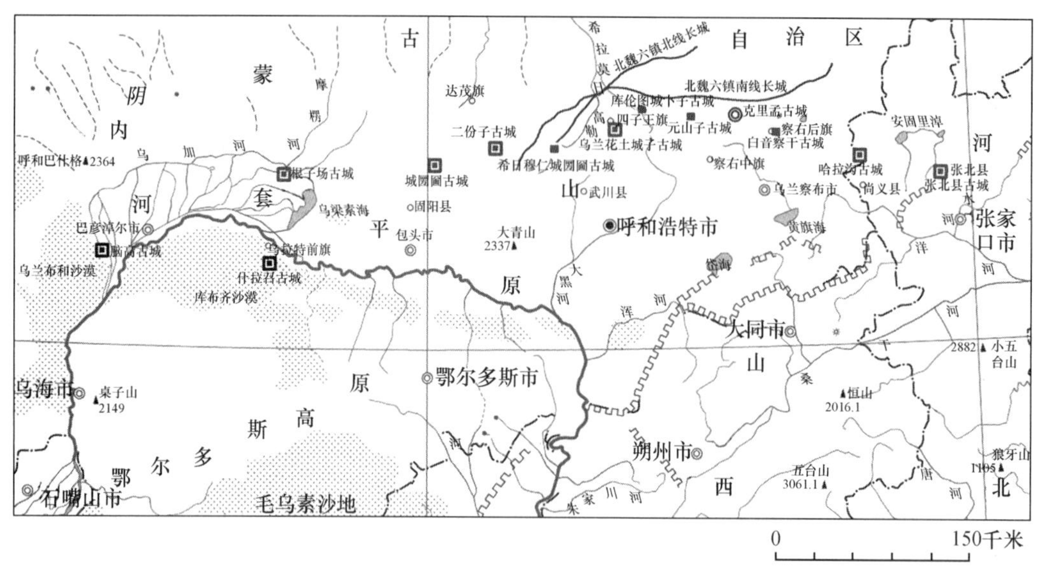

图二　牛川古城与北魏六镇及相关戍堡分布示意图

结　语

北魏自立朝以来，便因柔然的侵扰而不断加强北部边塞的军事防务。克里孟古城作为拓跋鲜卑入主中原的龙兴之地，为北魏历朝皇帝所倚重，特别是在建国之初，这里应当是北魏北部边疆军事防御的重镇。

由于北方柔然势力的强大，北魏王朝大约在经历了半个多世纪的防御和征伐之后，终于在平城以北的阴山北边长城沿线建立了意在加强北部边防的六个军镇，并派重兵驻守。百年后，又在六镇周边“筑城置戍”，进一步加强防卫。

北魏建镇置戍，屯兵驻守，其中尤以六镇地位显要。六镇不仅和北方长城共同构成北魏王朝抵御异族的防线，而且是北魏军队主力驻扎的主要地区之一，更是连接漠北与中原的关要所在。

牛川（克里孟）古城不仅是拓跋鲜卑的龙兴之地，而且是北魏建国之初防御北方的军事重镇，在北魏王朝一个半世纪的军事防御和皇帝北巡的过程中，一直扮演着重要的角色。

我们可以推测，在北魏渐次设立六镇之时，牛川古城因地处冲要，在六镇东西布列的环节上占有重要位置，并当有城址存在，故其防御功能亦当考虑在其中。所以，在六镇的布列中，牛川古城正好起到了东、西连接抚冥和柔玄两镇的作用。同时，由于牛川古城崇高而特殊的历史地位，在北边塞防布列时，当不便将其与“六镇”并列，并在该城址两侧，又别置三个戍堡，以加强防卫。

近年来，由于北魏六镇考古调查的深入和北魏长城的逐步确认，北魏王朝在北部边塞的军事防御体系也渐趋明晰，相信随着今后考古工作的进一步加强，诸多学术问题会迎刃而解。

附记：基金项目：本文系中国人民大学科学研究基金“河套地区汉魏遗存的考古学调查与研究”（11XNL004）阶段性成果，中央高校基本科研业务费专项资金资助。

注　释

[1] 魏坚：《北魏六镇城址的调查与初步研究》，《庆贺徐光冀先生八十华诞论文集》，科学出版社，2015年，第456～471页。

[2] 本文中所使用的数据，除特别注释以外，均为本次调查亲自测得。

[3] （北齐）魏收：《魏书》卷二《太祖纪第二》，中华书局，1974年，第20页。

[4] 乌兰察布盟文物工作站：《察右后旗克里孟古城调查简报》，《乌兰察布文物》1989年第3期。

[5] 李逸友：《中国北方长城考述》，《内蒙古文物考古》2001年第1期，第39页。

[6] 同[3]，第22页。

[7] （北齐）魏收：《魏书》卷三《太宗纪第三》，中华书局，1974年，第56页。

[8] 李逸友：《中国北方长城考述》，《内蒙古文物考古》2001年第1期，第39页。

[9] （北齐）魏收：《魏书》卷四一《源贺附子怀传》，中华书局，1974年，第927、928页。

[10] （宋）乐史：《太平寰宇记》卷三十六，中华书局，2007年，第763页。

[11] 唐长孺：《北魏沃野镇的迁徙》，《华中师院学报》1979年第3期，第29～32页。

北朝丈八佛像研究

徐光辉

（日本京都龙谷大学）

1910 年以来，在山东等地发现了十余尊大型圆雕立佛石像，包括基座在内，其整体高度多在 5 米以上至 7 米左右，因大致符合传统的一丈八尺，故俗称丈八佛。但是，“丈八（佛）”一词，不是近世以来的称呼，而是最晚从北朝时期就已经出现的俗称。山东临邑龙泉寺的发愿碑首上即刻有“双丈八碑苏公之颂”八个篆刻大字即是明证。

从目前发现来看，这类佛像多集中在山东地区，其雕凿年代集中在北魏至北齐时期。在临淄地区，还见有少量通高数米的石雕坐佛像，其制作年代也可能在北朝晚期。此外，在河北、河南、山西以及遥远的成都地区也发现了部分丈八佛像，可见其分布范围较广。

值得关注的是，这些佛像究竟出于佛教的哪种信仰而造。对于这个问题还很少有人提及。十多年来，笔者经过实地走访观察，认为它们很有可能出于当时盛行的弥勒信仰。

从山东境内的分布情况来看，目前以临淄、青州地区较多。据笔者初步统计，原临邑县龙泉寺有两尊（现陈列于青岛市博物馆 1 楼大厅内）、临淄西天寺内有一尊，该寺还有一尊来自康山寺（头部系后来复原）的丈八佛。近年，在青州市邵庄镇石佛寺遗址出土了一尊丈八佛的头部，高约 150（一说 140）厘米。

此外，在滨州市博兴县兴国寺佛殿内立有一尊丈八佛像，保存状况也较为良好。值得注意的是，在潍坊地区的诸城市博物馆还藏有一尊丈八佛的头部，系 1979 年出土于当地龙兴寺遗址，高达 110 厘米，面带微笑，安详庄严，制作极尽工巧。

另据刘凤君介绍，在寿光县丈八佛寺和长青龙兴寺也各有一樽，后者体量似乎更大，被当地居民称为丈九佛[1]。

由此可以初步判断，仅在山东境内至少有九尊丈八佛像。加上其他省份的资料在内，应该多达十余尊。

博兴、临淄、青州均处于太沂山系以北，鲁北平原一望无际，地理上相对较近，文化交流也较为便利，而诸城等地在其以南，靠近黄海沿岸，历史上曾经为南朝所统治，南朝佛教造像艺术技法的影响是很值得重视的。

由于临邑龙泉寺的佛像资料较为丰富，下面就从这批资料入手，考察上述丈八佛的形制特点、制作年代、类型演变过程及其性质、交流影响等问题。

一、临邑龙泉寺的丈八佛像

现陈列于青岛市博物馆一楼大厅的两尊北魏丈八佛石雕像原本属于临邑龙泉寺，而不是青岛当地制作的佛像。不幸在1928年被当地村民盗卖给日商，企图先运到淄河店车站后运往青岛，并从青岛海运出境，幸为有识之士察觉并主动运往青岛，保存在四方机厂。“文革期间”又险被打砸，1979年被正式入藏青岛市博物馆后陈列在新馆一楼大厅。当时，被运往青岛的还有龙泉寺碑记一通、石雕菩萨立像两尊和“双丈八碑苏公之颂”大型碑首一座，现均藏在青岛市博物馆。

据近年出版的《临淄区志》记载，龙泉寺位于齐陵镇西龙池村北部，是临淄地区一座古老的寺院[2]。寺院建筑早已不存，据说原有大佛两尊，高一丈八尺，俗称‘丈八佛’。丈八佛像两侧侍立菩萨石像两尊，高3米。大佛雕刻于北魏景明年间以后到北周以前。菩萨像是北周、北齐时期的作品，惜其头部被割走，现陈列于青岛市博物馆内的两尊菩萨立像的头部是后来复原的，并不是当初的原貌，因此无法从头部考察其造像特点。两侧还有《龙泉寺志碑》和《双龙丈八碑》。现陈列于青岛博物馆的只有其碑首部分，而不见碑身和碑座，

近年，刘海宇、史韶霞就青岛博物馆所藏双丈八佛像做了较为详尽的介绍和研究[3]。其内容大致分为形制特点、流传经过、国内同类像比较及相关问题探讨等。因佛像形体高大，不易观察细部特征，在此多引用该文的观察结果。为便于理解，以下使用了笔者近年在该馆参观时拍摄的图像资料，特此说明。

双丈八佛，现陈列于青岛市博物馆一楼大厅，手部和足趾均残，后用水泥修补。两佛像均面带微笑，稍显消瘦，螺发高髻，内着僧祇支，束带结于胸前下垂，外著褒衣博带式正披，左右领襟从双肩自然下垂，衣纹的断面呈“V”字形，下穿长裙，裙摆外侈，右手施无畏印，左手作施与愿印，跣足站于莲花座上，莲瓣呈尖头状（图一；图二，3）。这种形制是北魏孝文帝太和年间实施汉化政策以后才出现的，是汉化服装在佛像上的具体体现。北京大学阎文儒教授据此判断：“这样的形象以全国石窟寺造像的分期，应在景明、正始以后，北齐北周以前，魏晋南北朝阶段中的第二期形象。”两尊丈八佛形制非常相似却稍有不同，底座差异最大。左侧造像底座，正面分三格，中间一格的正中刻一赤身力士头顶博山炉；两侧相对各刻一罗汉，对博山炉顶礼膜拜，左右两格均三个浅龛，内刻坐姿小像，似为供养人及供养比丘。右侧造像底座，正面也分三格，中间一格的正中刻一带座背屏式的佛像，两侧相对各刻一人，右侧人物似是僧人，单膝跪地，左侧人物冕服戴冠；左右两格均刻一个浅龛，内刻坐姿小像，也似供养人与供养比丘（图三）。两尊造像头部的后面均有上下两个用以固定的卯眼，或安装背光使用（图二，1、2）。

两尊北朝菩萨造像现陈列于青岛史话第二展厅，头部均残，后补。两尊造像均双肩著披肩下垂，胸前饰项圈，腹前结僧祇支，跣足站于莲花座上（图四）。两尊菩萨像的区别是手姿和底座的不同。左侧造像右手施无畏印，左手拿环状桃形法器而底座明显低

图一　临邑龙泉寺两尊丈八佛像（笔者拍摄，以下凡未注明出处者皆为笔者拍摄）

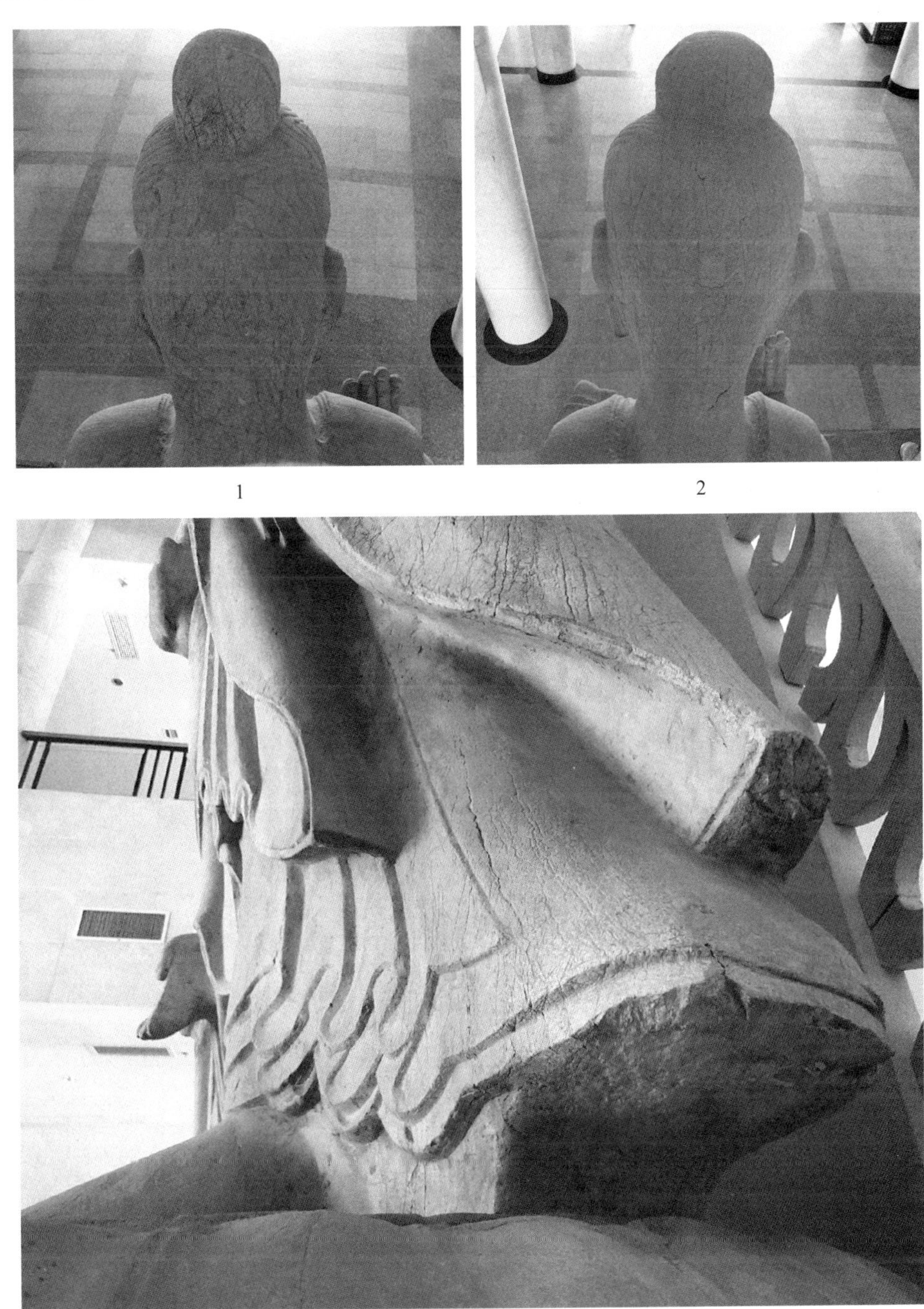

1　　2

3

图二　临邑龙泉寺两尊丈八佛像

矮；右侧菩萨左手施无畏印，右手拿玉璧形法器，底座明显高一些。两菩萨应为阿弥陀佛的胁侍菩萨，左为观世音菩萨，右为大势至菩萨。头部是后来用水泥补做的，但是做成了有肉髻的佛头，在菩萨身上极不协调。

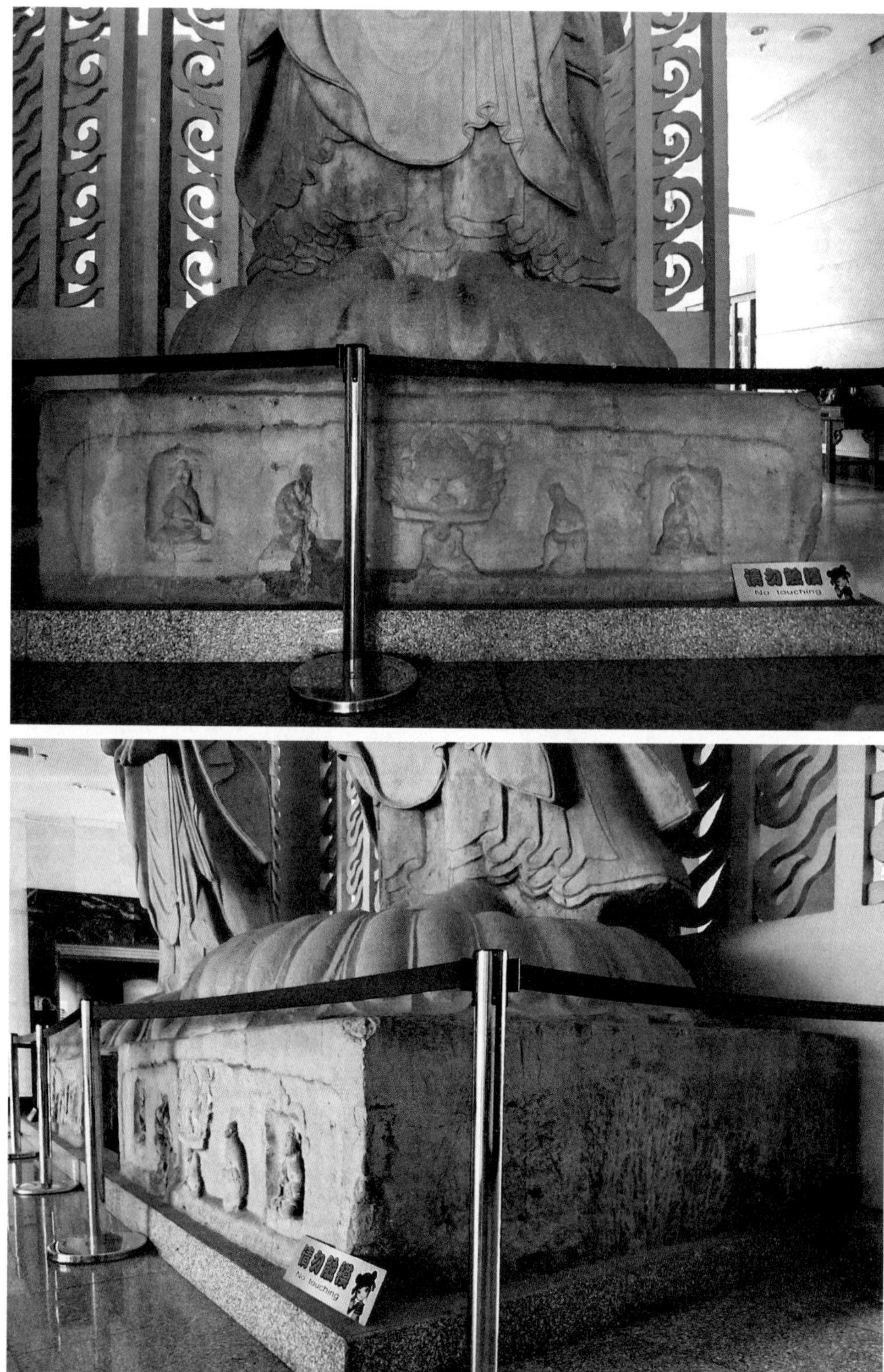

图三　临邑龙泉寺两尊丈八佛像

图四　临邑龙泉寺两尊北朝菩萨造像

“双丈八碑苏公之颂”大型碑首也陈列于青岛史话第二展厅（图五~图七）。碑首半圆形，高160、宽210厘米，正面正中阳刻两行文字，每行四字，篆书“双丈八碑苏公之颂”，刻字处长55、宽36厘米。碑首背面两侧各刻两只蟠龙，头向下而尾部交叉于碑首上部，蟠龙中间刻一佛龛，龛内刻一佛二菩萨，中间佛像着袈裟，右手施无畏印，

图五　临邑龙泉寺双丈八碑苏公之颂碑首

图六　临邑龙泉寺双丈八碑苏公之颂碑首

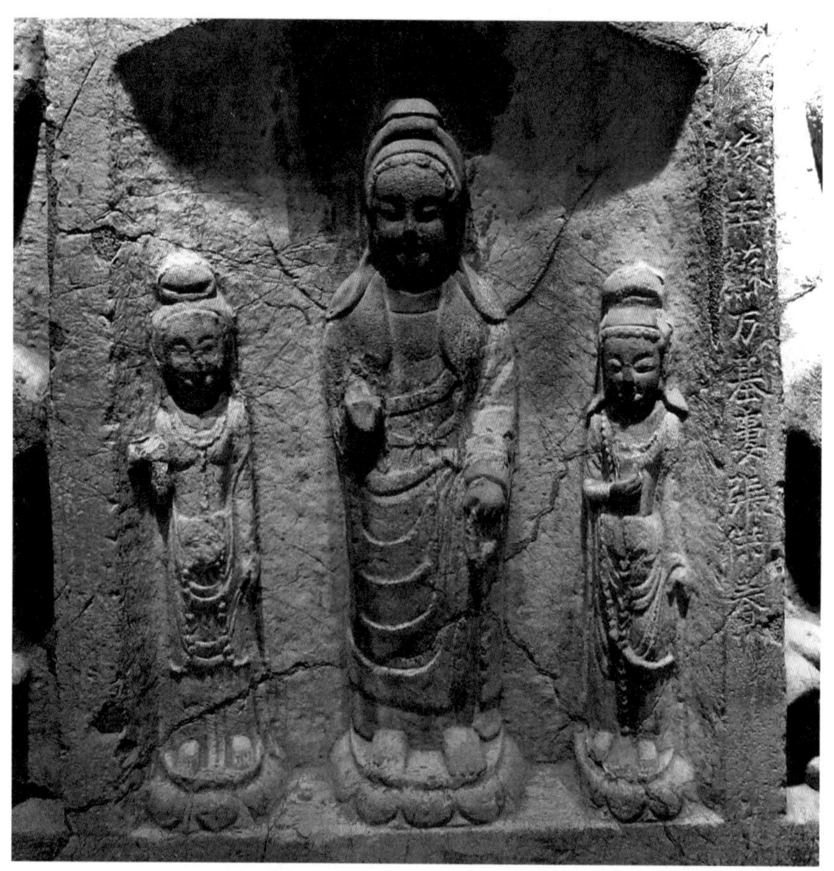

图七　临邑龙泉寺双丈八碑苏公之颂碑首及展厅说明牌

左手施与愿印，戴头巾，面部明显为妇女形象，两侧菩萨像也明显为妇女形象。佛龛右侧阴刻铭文一行："像主苏万基妻张供养"。妇女形象的一佛二菩萨极为罕见，似应与供养人为女性有关。像主苏万基，史书无载，难以查考。根据背面"像主苏万基"的铭文，把正面文字"双丈八碑"理解为双丈八佛之碑，"苏公之颂"理解为像主苏公之颂。

龙泉寺记石碑现存青岛市博物馆院内。石碑为圆首，带底座，高 220、宽 80、厚 28 厘米。碑额四字"龙泉寺记"尚可识读，但碑文已经磨泐得非常厉害，基本不可辨识，无法知道碑刻的时代。

另据青岛博物馆官网介绍，陈列在大厅中的两尊北魏石佛像，为该馆镇馆之宝。两佛像距今已有1500年的历史，各高6米，重约30吨，俗称“丈八佛”。两佛造型基本相同，神态宁静，身姿飘逸，高贵典雅，充分体现出北魏后期佛造像雕刻追求神韵与风雅的艺术特征；两佛雕刻技法娴熟，衣纹细致柔和，神态栩栩如生；从保存情况看，据我国著名考古学家宿白教授鉴定，目前像此两佛一样成对出现、身形高大、保存完好无损的佛像，已十分罕见。两佛对研究北魏时期国家的社会政治、宗教和石雕艺术史以及山东经济和文化的发展等，都具有重要的价值。

从以上所引内容可以看出，临邑龙泉寺曾有两尊高达6米的北魏大型石佛，即丈八佛，还有两尊略小的菩萨像，有可能是前者的胁侍。此外，龙泉寺记碑和像主苏公之颂碑首对推定丈八佛的年代都极为重要。

二、临邑龙泉寺丈八佛像性质年代问题

1. 龙泉寺记碑、双丈八碑的性质及年代

据笔者实地观察，龙泉寺记碑诚如引文所说，除了碑首上的篆书“龙泉寺记”四字尚可分辨之外，碑文所剩无几，无法识读。但是，可以隐约看出，碑文属于细线浅刻，这也是保存不佳的原因之一，字体属于楷书兼带行书风格，结字规整，雄劲高雅，不难看出王羲之书风的影响，而且镌刻工整，和西安兴教寺《唐三藏大遍觉法师塔铭》等以往唐碑所见字体具有较多的相似之处，推测是中唐以后的作品（图八）。碑文前半部分的字体大约1.4～1.5厘米见方，尺寸约合当时的五分，后半部分字体略小，大约1厘米见方，应是捐资、供养人的名单。

值得注意的是，“双丈八碑苏公之颂”碑首的人物造像立在顶部呈三角形的佛龛内，其左侧竖刻苏妻张等文字，这种刻有铭文的三角形佛龛造型，年代可能较晚。上海博物馆藏北齐武平三年（572年）马仕悦等造像碑的碑首上亦见有类似的佛龛，里面端坐一菩萨，其左上方明确刻有“弥勒像主宣威将军”等铭文（图九），另北齐宋始兴造像碑也大体与此相类，表明前者的年代有可能晚到北齐时期，比两尊丈八佛的制作年代要晚许多。因为“双丈八碑苏公之颂”碑是苏公之妻张氏发愿而立的，想必当时其夫已经去世多年。

这里有一个需要澄清的小问题，直接关系到如何识别“像主”。

前引论文谓龛内人物形象为一佛二菩萨，中间佛像着袈裟，右手施无畏印，左手施与愿印，戴头巾，面部明显为俗世妇女形象，两侧菩萨像也明显为女子形象。笔者认为，从广义的佛教信仰可以将此视为一佛二菩萨。但是，仅从外在服饰特征来观察，这三个人物形象并非一佛二菩萨，因为都戴着头巾，尤其是中间的立像显非佛陀形象，而是借用菩萨形象而刻画的供养者张氏本人。

从马仕悦等造像碑碑首上的“弥勒像主宣威将军”等铭文看，佛龛里的人物应该

1

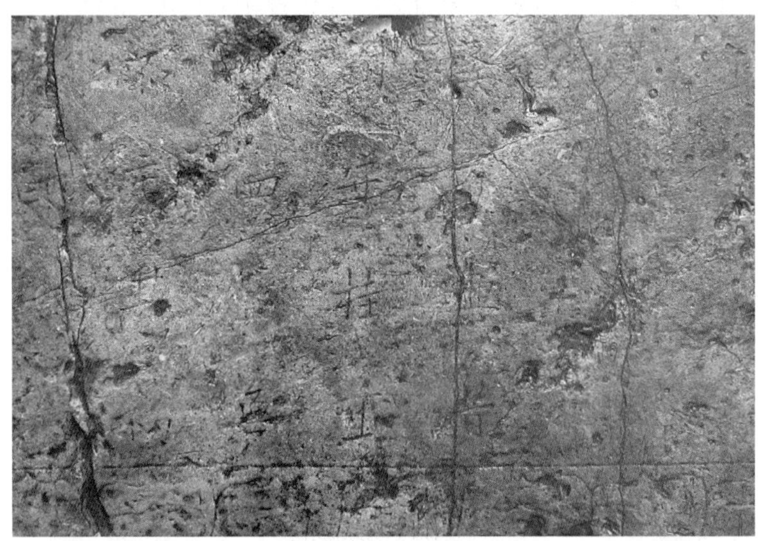

2

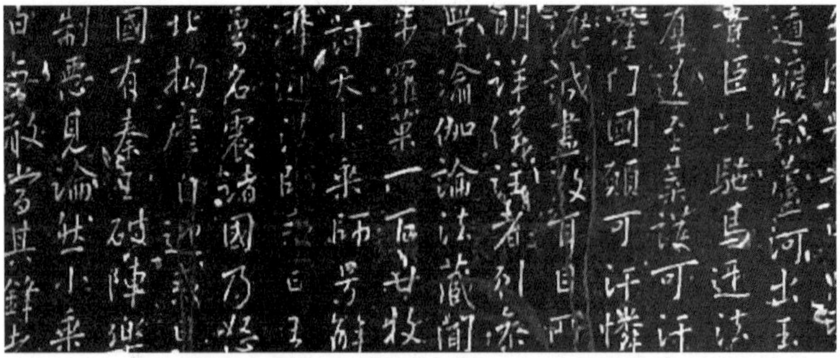

3

图八　龙泉寺记碑与西安兴教寺塔铭对比

1. 临邑“龙泉寺记”碑首部分　2. 临邑碑文中下部的残存字迹

3. 西安兴教寺唐三藏大遍觉法师塔铭（部分）

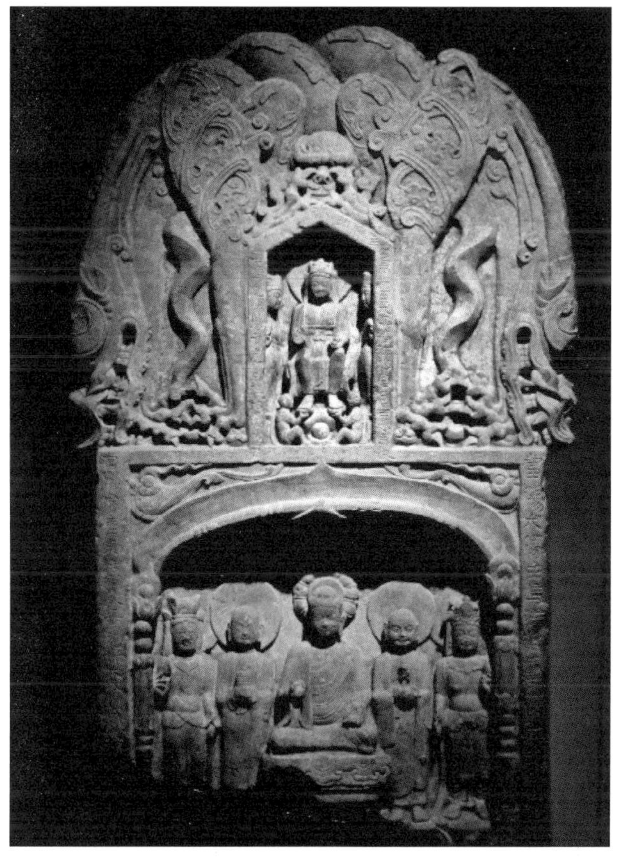

图九　北齐武平三年（572）马仕悦等造像碑

是已经成佛（菩萨化）的宣威将军本人，而前述“双丈八碑苏公之颂”碑首龛内的张氏形象，也是自认为菩萨化的结果，使该碑的像主具有双重含义，即苏万基夫妻皆可视为像主。

另外，前述两尊菩萨立像，笔者也认为是大势至和观音的形象，可惜其头部已非原貌，但躯体造型及风格与两尊大佛差异颇大，反而和双丈八碑龛内的女性人物的风格相近，例如衣纹下垂至双足之上，不见小腿部分，缺乏飘逸感，且二者手中皆持有法器或念珠等，不一而足，很有可能是东魏晚期至北齐时期的作品。换言之，双丈八碑和两尊菩萨立像是由苏公之妻张氏发愿出资同时制作的。

2. 两尊丈八佛像的制作年代

笔者将碑额篆书“双丈八碑苏公之颂”八字理解为苏公的双丈八佛之碑颂词，像主即为苏公，立碑者即供养人为苏公之妻张氏，她应该是长寿之人，活到东魏晚期甚至北齐时期，很有可能是其晚年发愿的结果。

联想到临邑龙泉寺早已立有两尊丈八佛像，二者应该是主要由叫苏万基的人物发愿出资制作的。制作体量如此高大的丈八佛，需要庞大的资金和技艺高超的匠人，更需要有适合雕凿的巨型石材，以及精通佛教思想及其美术的高僧的指导。由此不难想象，苏万基本人家境十分殷实，而且是一位在当地颇具影响的虔诚的佛教信徒。当然，由于尚未发现苏万基出资建造大佛殿竣工后的碑记，还难以断定是由他一家出资，还是由他牵头倡议，募集诸邑善男信女之资所建。根据大量已知北朝造像碑记来看，通常是由当地代表性人物倡议，并由邑众出资而建，而且出资发愿的女性较多，所拜对象多为弥勒佛，可知当时弥勒信仰之盛。但是，临邑丈八佛像本身没有确切的纪年铭，如果根据其形制及风格特点来看，无疑是孝文帝太和改制以后的作品，大体在6世纪初年，或许还略晚一些，总体上相当于北魏晚期。

下面举若干旁证材料。

一是地处滨州市博兴县湖滨镇寨高村的兴国寺大殿内有一保存比较完整的丈八佛像（图一〇）。

图一〇　博兴县兴国寺丈八佛像及网络图片（右）

该佛像靠北面南，全高6.75米，底座高1.5米，底面积7.29平方米，为单身立式圆雕青石造像。佛像面方圆，微笑，丰面硕耳，法相庄严，身披“褒衣博带式”通肩袈裟，内着僧祇支，胸前打结，手施“无畏与愿印”，跣足立于莲花座上。据寺内历代重修碑记载，这尊大佛像建于东魏天平元年，即534年，属于东魏建国之初。

笔者在殿内还看到大佛周围考古发掘清理的图片和早期莲花纹瓦当、筒瓦、瓷器等部分出土遗物，最引人关注的是地层示意图，得知在矗立大佛之前，先做了极其细密的13层夯土，以此作为地基，其总厚度达2.3米。所以，大佛能够屹立至今而不倒（图一一）。这种深打地基的建筑技法在近年实施的辽宁朝阳北魏大塔[4]、洛阳北魏永

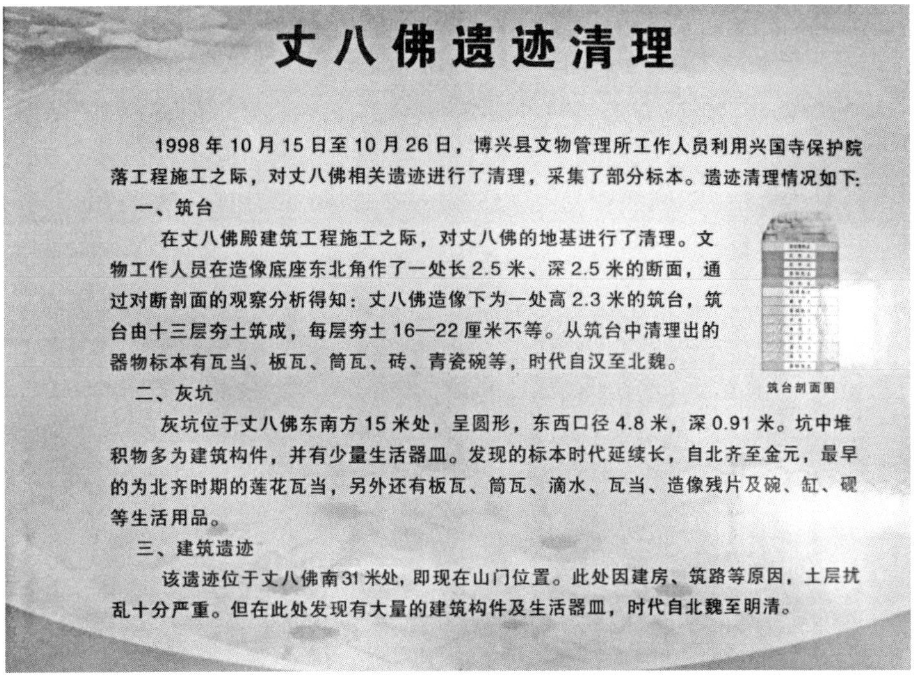

丈八佛遗迹清理

1998年10月15日至10月26日，博兴县文物管理所工作人员利用兴国寺保护院落工程施工之际，对丈八佛相关遗迹进行了清理，采集了部分标本。遗迹清理情况如下:

一、筑台

在丈八佛殿建筑工程施工之际，对丈八佛的地基进行了清理。文物工作人员在造像底座东北角作了一处长2.5米、深2.5米的断面，通过对断剖面的观察分析得知：丈八佛造像下为一处高2.3米的筑台，筑台由十三层夯土筑成，每层夯土16—22厘米不等。从筑台中清理出的器物标本有瓦当、板瓦、筒瓦、砖、青瓷碗等，时代自汉至北魏。

筑台剖面图

二、灰坑

灰坑位于丈八佛东南方15米处，呈圆形，东西口径4.8米，深0.91米。坑中堆积物多为建筑构件，并有少量生活器皿。发现的标本时代延续长，自北齐至金元，最早的为北齐时期的莲花瓦当，另外还有板瓦、筒瓦、滴水、瓦当、造像残片及碗、缸、砚等生活用品。

三、建筑遗迹

该遗迹位于丈八佛南31米处，即现在山门位置。此处因建房、筑路等原因，土层扰乱十分严重。但在此处发现有大量的建筑构件及生活器皿，时代自北魏至明清。

图一一　博兴县兴国寺丈八佛地基发掘清理结果说明牌

宁寺大塔发掘中得到了确认，只是后者的规模空前浩大，是中国古代建筑史上的一大壮举[5]。由此可以推定北朝时期的佛教建筑也继承了中国传统的土木建筑工法。

笔者注意到，该佛像整体造型与临邑龙泉寺丈八佛有许多相似之处，比如高肉髻，颈部粗而长，衣纹仍有飘逸感且露出小腿部分等，但该佛像面部造型比之于龙泉寺丈八佛要宽而短且趋于圆润，虽然有笑容，却浅了许多，显非太和改制后不久的清瘦形象。从考古类型学的角度上讲，二者应该是同型佛像的前后两个不同阶段的作品。

据报道，兴国寺原存有元朝元贞二年、明朝景泰元年、明朝万历元年、清朝道光六年的重修寺院碑记。从《博兴县志》及重修碑刻得知，兴国寺自东魏建立以来，隋唐到明清两代曾多次重修[6]。据说，寺内原有早期造像碑一通，高200厘米，宽厚各60厘米，四面浮雕佛、菩萨、供养人及飞天，从造像形制及风格看，为北魏作品，该碑于1998年7月被盗。但是，考虑到多种信息来源都说该寺共有四通碑记，那么所谓被盗者是否即为元代碑记，还是另有一通？这有待今后调查澄清。

现存的三通石碑记载了明代成化元年重修一次，明代万历十二年重修一次，最后一次是清道光六年重修。碑文中有“兴国寺之由来久矣，初闻霞光出于井，转瞬间伟然一佛”，虽然有些离奇，但据“考诸邑乘，乃北齐天平元年张建领所立”，可知大佛建立年代为534年，另从大佛的雕造风格和艺术表现形式看，也符合东魏时期的佛像特征。

到了清末，该寺因年久失修败落倒塌，部分石碑遗失，仅存丈八佛暴露在平地上。“文革期间”，大佛像也未能幸免厄运，佛头被拉掉，当地人民为保护这一珍贵文物于1976年重新予以修复，始成现状。1982年，被列为县级重点保护文物。1992年被列为省级重点保护文物。1998年，香港客商欧通国先生前来投资400万元，进行重修保护工程，新建了两座大殿和一座山门，占地13亩。现已竣工并向游人开放。每年逢农历十月十五日是这里的庙会，其香火盛势远近闻名。

下面再举一例。

同属临淄地区的西天寺有一尊保存较好的丈八佛像[7]（图一二），寺内还有一尊来自附近康山寺的同型丈八佛像（图一三）。

图一二　临淄西天寺丈八佛

图一三　临淄康山寺丈八佛

北魏石佛，系西天寺原有佛像，也就是人们所说的“西天寺造像”，是国内在原址保存体积最大、最为完整的单体北魏石佛造像。此佛名“无量寿佛”，由一巨石雕刻而成，佛身高5.6米，宽1.8米，厚1米，佛像头饰螺髻面庞丰满，身披袈裟，袒胸赤足，面南直立于2米高的覆莲座上，容颜虔祥，手施无畏与愿印。从镌刻风格来看，当属北魏时期。

据传，西天寺最初建于十六国后赵石虎当政时期（336～349年），初名兴国寺。到了北魏（386～557年）时期，统治者在寺后修建大石佛。唐代太和中期（831年前后），寺院进行了重建。五代时期（907～960年），出身无棣的高僧道圆任该寺住持，与赵匡胤有交情。赵匡胤曾来临淄拜访道圆，中午在七级塔下的阴凉地里休息，结果塔影不随时间移动，一直为赵匡胤遮荫（所谓“日影不移”）。北宋初年（960年之后），道圆取贝叶经、舍利，到开封见赵匡胤。赵想把舍利留在宫内供奉，道圆没有同意，仍带舍利回到临淄。后来，赵匡胤遵守诺言，命赵普等人重建了舍利塔（据说有十二层或十三层）。北宋祥符中期（1012年左右），寺名改为“广化寺”。元代至顺二年（1331年），僧性忻复名“兴国寺”。后来，又将兴国寺的南半部分，称为“广化寺”。元惠宗至正年间（1356年），寺院毁于兵火。明代洪武五年（1372年），临淄僧人义温（娄子村人，刘姓，号玉岩），在广化寺旧址上重修寺院，名“广化西天寺”，又名“西天寺”（百姓俗称为“西寺”）。

明清时期的西天寺规模宏大，建筑宏伟。寺内正殿九间，砖木结构，红砖绿瓦，飞檐斗梢，巍峨壮观。主殿正面供高达丈余的铜铸释迦牟尼坐像，旁立佛家众菩萨塑像，两侧是十八罗汉塑像，塑制精工，栩栩如生。前殿供弥勒佛像，后殿供“无量寿佛”（即西天寺造像）。两庑为执事房，另外有僧舍院落多重。

从以上引文和笔者亲身观察结果来看，在制作年代上，西天寺原有丈八佛的造型比康山寺的丈八佛略早，但前者又比博兴丈八佛晚一些，总体年代都已进入北齐时期。

三、诸城、青州丈八佛像的年代及性质问题

1. 诸城龙兴寺丈八佛头像

目前，在诸城地区还没有发现完整的单体丈八佛石像。

据诸城博物馆的韩岗、张健的调查研究结果，可知该地区的佛教遗物相当丰富[8]。1979年，在诸城市原龙兴寺遗址内，出土了一件巨大的石佛头像，惜未发现头部以下部分，但同出的还有唐开元二十年（732年）雕刻的“卢舍那丈八圣像放光碑”（按，碑首仅篆刻“卢舍那放光碑”六字，而碑文开头刻有“大唐密州龙兴寺卢舍那丈八圣像放光碑銘并序”二十字）。据碑文所记，此佛像为卢舍那佛。石佛头像高1.1米，最大围2.6米。据研究，该造像高肉髻，有些残缺，额部以上雕刻细密规整的螺髻，正面螺髻向下弯垂。面部经雕刻后通体磨光，十分清秀。双目及眉毛细长，目光向下，炯炯有神，嘴角上扬微笑，鼻梁高挺，唇下特意刻一莲瓣或桃形纹，大耳下垂。一看便知属于北魏晚期至东魏初年的作品（图一四~图一六）。

据清乾隆《诸城县志》记，龙兴寺建于唐贞观十三年，亦曰石佛寺。北宋大文学家苏轼治密州（治诸城）时，其文学作品中多次提及他到龙兴寺礼拜圣像之事。据此有研究者认为诸城一带对卢舍那佛的崇拜经久不衰。

笔者认为，依据开元二十年的“卢舍那丈八圣像放光碑”而认定制作于北魏晚期的丈八佛性质为卢舍那佛，实有两种可能。一是如碑文所记确属卢舍那佛，二是北魏时期盛行的弥勒佛。就此，在后文还要提及。

2. 青州出土的丈八佛头像

目前在青州也没有发现完整的单体丈八佛像的实物资料。

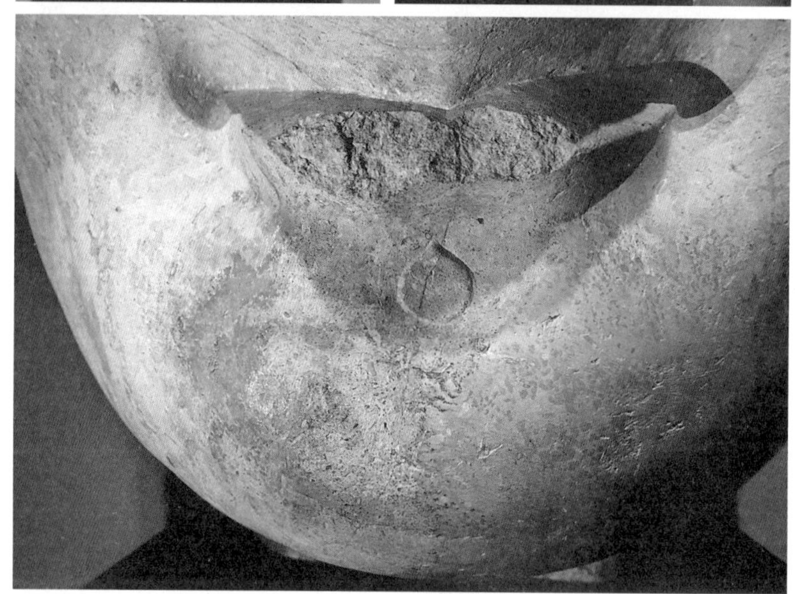

图一四　诸城市龙兴寺遗址出土的丈八佛头像及唇下一莲瓣纹或桃形纹

据调查报导，2012 年 2 月在尧王山西路延伸段工程部庄镇岔河村南路段工地施工过程中偶然发现了一颗大佛头，随即被工人们送至了青州博物馆[9]（图一七）。

该佛头高 1.4 米（按博物馆陈列说明牌上为 1.5 米），宽 0.93 米，重达 2.2 吨。根据《佛说佛像量度经》的记载，佛教造像有统一的标准，因此根据佛头尺寸可以推算出整个佛身的尺寸。《佛说造像量度经》云："以自手指量，百有二十指。肉髻崇四指，发际亦如此。面轮竖纵度，带半十二指。"第一句说佛像全身高度，第二句说肉髻及发际以上的高度，最后一句说面部长度。根据这一比例，佛头高 1.4 米，整个佛身的高度应该在 8 米以上。

图一五 卢舍那放光碑

图一六 卢舍那放光碑（右为前半部，有丈八圣像等字，左为后半部，有开元二十年等字）

图一七　青州市邵庄镇石佛寺遗址出土的丈八佛头像（颈下莲花为水泥制）

邵庄镇地处青州市西部，历史悠久。该镇文化站站长李玉森介绍，因临近齐国都城临淄，加上山清水秀，邵庄镇曾被视为齐王的“后花院”，齐王及臣子经常来此打猎游玩，境内有四座齐王王冢；十六国时期，南燕国主慕容德建都青州，修筑的广固城亦在邵庄镇。在尧王山西路延长段修筑过程中，邵庄镇之前就有文物出土，因此颇受关注。

最近，在青州市博物馆南厅一楼正式展出了这尊佛头。据青州市博物馆王瑞霞介绍，有人称这种佛为“笑佛”，佛头前额正中有一白毫，双眼凹陷，这些地方或镶嵌琉璃、宝石，或涂上颜色，佛头的下巴、鼻子和耳朵等处残缺，有明显的修补痕迹，有些地方风化比较严重，说明此佛曾长期矗立在地面之上。为了增加展览效果，青州市博物馆专门为佛头设计了一个底座，底座高 1.8 米，有四层石雕，从下至上依次为浅浮雕忍冬纹、12 尊佛像纹、两层覆莲纹。

佛头出土后，青州博物馆的工作人员对工地进行了考古勘探。初步判断，佛头出土的地方的确曾经存在一座古老的寺院，这座寺院东西宽 80 米，南北长 120 米，在施工的残土中，考古人员还找到了寺院残留的石柱。

佛头应该属于该寺院，令人奇怪的是，该寺院却几乎不见于史籍，只有《益都金石记》里有“宋石佛禅院大德行状石幢”和“宋石佛院造像题名”的记载，称寺院不是在岔河村而在离岔河村数百米远的牛家庄。

佛教自西晋时期传入青州后，逐步兴盛。据清人考证，青州第一座佛寺为宁福寺，《益都县图志》记载：“郑母店有宁福寺，旧矣。考诸府乘，实造于晋太安元年（302

年），基旧在店东，地名塔儿坡者。”慕容德建都青州后，高僧朗公随其来此传教兴寺，盛极不衰；北魏、北齐时期，青州仅有石刻可据的就有七级寺、弥陀寺、吉祥寺、重兴寺等十几处规模较大的名寺古刹；青州佛教到隋唐达到鼎盛时期，寺院林立，法务昌隆。莫非石佛院在青州众多寺院中规模过小，故不见于史籍记载？但考虑到寺内有如此巨大之佛像，这种说法应该不成立。

考古人员发现，大佛头出土的地方，曾经是一处河滩，因为年代久远，河流早已消失，专家认为佛头也有可能是被河流从牛家庄冲到了岔河村。

根据佛头的雕刻年代，专家们认为，石佛院在北魏时期已初具规模，到了唐宋时期，达到鼎盛，因为和佛头一起出土的石柱等，大多是唐宋时期的遗存。到了元代，因为战争或自然灾害等原因，石佛院成为一片废墟，佛头从佛身上断开，滚落到河滩上，被埋入泥沙之中，直到1500多年以后，又被人们发现。

根据以上报导和笔者亲眼观察结果来看，上述两尊佛头皆高肉髻，螺发工整密集，额中有白毫，环形长眉，长眼，嘴角上翘，面带笑容，惜鼻尖、下颚或双耳的一部分已被砸掉，但仍不失佛像的庄严慈祥。值得关注的是，与前述临邑丈八佛像相比，诸城的佛像面部形态总体上虽然仍有略长之感，但稍带丰满之势，前额上方的螺髻呈中间下弯的波浪状，与前者的以线刻方式显示肉髻有所不同，而且刻工精湛，面部极为光润，如同生者的光亮肌肤，尤其是面部表情，含笑而温婉，具有成熟、宁静、慈祥、美丽的特征，实属罕见，令人流连忘返，故有天下第一笑佛之美誉。

青州出土的丈八佛像，从总体上已经趋于圆润，大体上和临淄西天寺丈八佛像的面部表情最为相似，二者都具有天真、纯洁、和善的表情。但是，该头像与诸城的头像更具有相似性。最重要的是，二者皆有高肉髻和密集工整、井然有序的螺髻。只是诸城大佛面部略长，额头上部的数行螺髻呈下弯状，青州者呈平行状而已。

笔者认为，这种以密集的螺髻来表现佛头上部特征的艺术风格，与前述临邑龙泉寺等不属于同一个造像谱系，很可能和南朝佛教艺术具有较为密切的渊源关系。成都万佛寺出土的石佛中，有大量佛像的头部与前者类似，尤其是宽巷子出土的大佛头像，体量接近丈八佛，其螺髻排列之井然、面部加工之细腻，微笑安详之美，皆有同工同旨之妙（图一八）。

下面，简单谈一下这两尊头像的性质问题。

有学者根据与前者同出的唐开元二十年所刻“卢舍那丈八圣像放光碑”而提出该佛像的性质为卢舍那佛，当然不无道理，因为卢舍那信仰在北朝时期已经出现。但是，根据目前已知材料分析，整个北朝时期的主要佛教思想之一乃是弥勒信仰，很少祈拜卢舍那佛，后者之兴盛，当始于则天武后时期，龙门石窟奉先寺的卢舍那佛巨像，当是其领先杰作之一。事实上，诸城的丈八佛在先，而“卢舍那丈八圣像放光碑”在后，故不能排除唐人限于武后强势之时情而主动强调此乃卢舍那佛的可能性。因为碑文中刻意将“卢舍那、丈八圣像”二佛并列本身就已经显示了后者建造人的情不得已的矛盾心态。

以上，就山东地区北朝丈八佛雕像的形制特征、制作年代及性质等问题作了简

图一八　成都市宽巷子出土的南朝大佛头像（杜甫草堂博物馆藏，现陈列在成都博物院）

图一九　河北定州丈八佛像（河北省文物研究所提供）

要的介绍和分析。下面，谈谈河北境内的相关情况。截至目前，在定州石佛寺遗址和曲阳清化寺各立有一尊丈八佛像（图一九～图二一）。据介绍，前者通体高达8米，系北魏时期的作品[10]。后者通体高达7米，系唐代作品。两尊大佛皆右手施无畏印，左手作施与愿印，跣足立于莲花座上，和山东境内的丈八佛

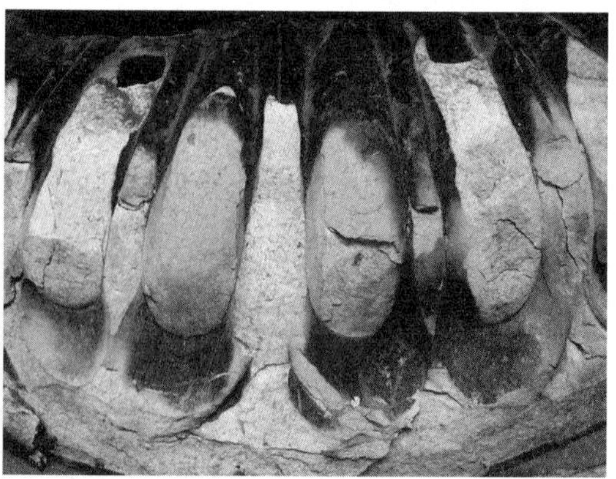

图二〇　定州丈八佛像莲座后部的两个方形石孔（火灾后拍摄，引自［10］）

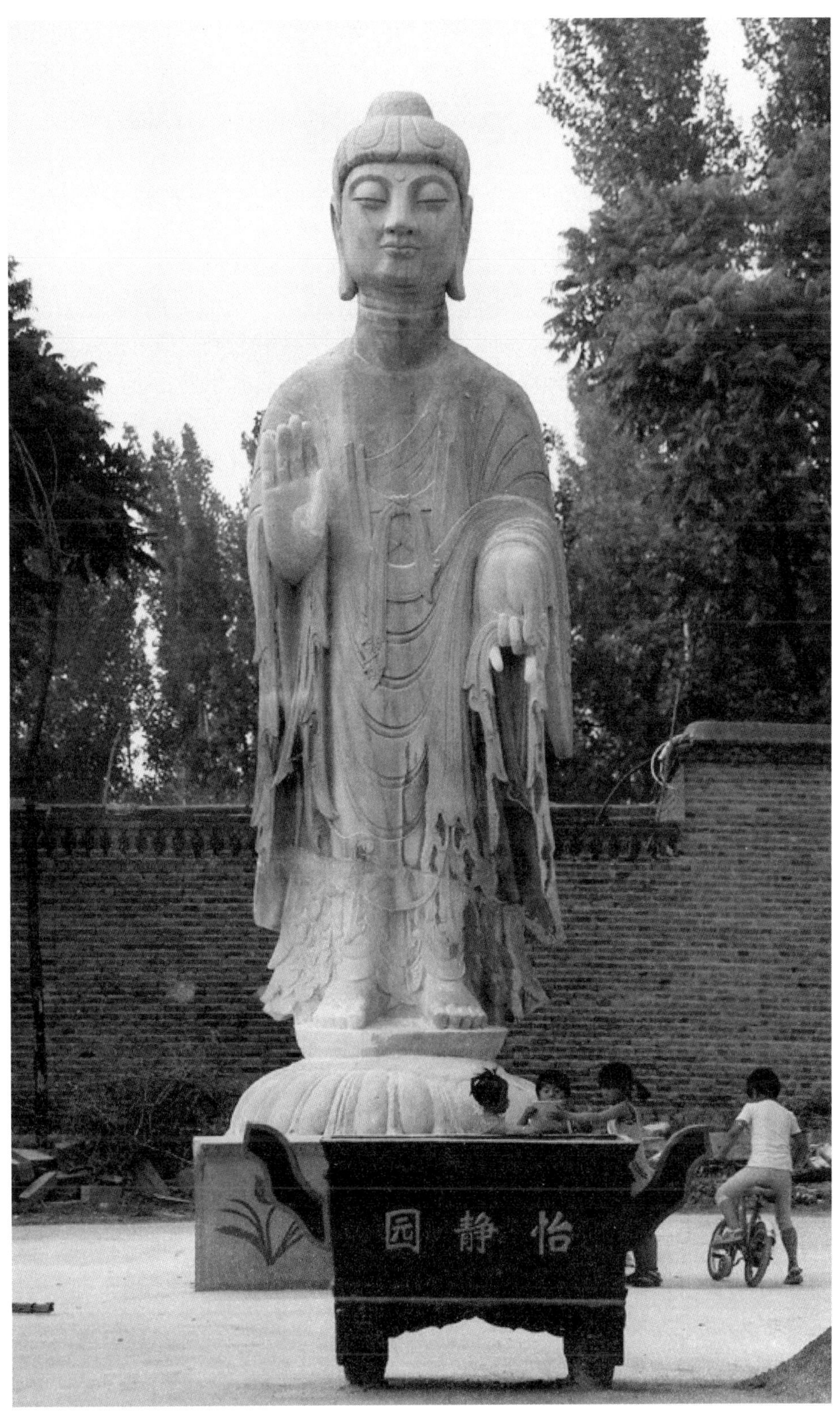

图二一　河北曲阳清化寺丈八佛像（头部、下肢部系近年复原，网络图片）

像具有许多相似之处。尤其是前者，下部衣摆的宽度明显大于肩宽，具有早期的造型特点，但衣纹多呈下垂状，总体上缺乏飘动感，时代上应晚于北魏，而在东魏晚期至北齐时期。该像于1995年由附近村民发愿修复，由于头部已经不存，于是重新制作并修建了一所临时性佛殿以便供养。可惜于2014年夏不慎失火，大佛通体大面积烧毁，但仍屹立于原地，其莲座后面的两个大方孔赫然在目，依旧见证往昔矗立佛像大背光的事实，推测当初佛头的后部也有一到两个大方孔，以便利用上下三角形原理矗立巨大的木造金色背光。至于曲阳清化寺大佛，因头部系近年重修，故无法考察其特征，唯肩宽与下摆基本等幅，虽然也是右手施无畏印，左手作施与愿印，跣足立于莲花座上，但左手垂持念珠类法具，衣纹繁缛下垂，缺乏飘逸感，可知其年代较晚，或可进入北齐，而晚不到隋唐时期。临邑龙泉寺的两尊胁侍菩萨亦手持法具，具有相类之处。

最后，谈谈丈八佛像的所处位置与寺院的关系问题。这类大型石佛像，通常都是事先选定寺址，确定大佛在大雄宝殿的中心位置后，深挖地槽并夯筑十多层地基后就地将雕凿好的大佛立于其上，然后整体包裹好佛像，方始上梁盖顶。因为重达几十吨的大佛像是不可能先盖好佛殿后搬到里面去的。更重要的是，这类佛寺都建于地势稍高的平岗上，其性质属于“平地寺”，而非“山寺”，因不受山地崎岖不平的限制，大多可以取南北向，寺院平面布局规整，塔殿高耸，法灯长明，自然庄严肃穆。大佛像是寺内唯一的主尊佛，即弥勒佛，这一特点和华北、河西地区的石窟寺有很大不同，因为后者所拥有的高达二三十米乃至更高的巨佛才是主尊佛，其两胁或周围的高度在数米或更高一些的佛像都是从属性质的。

附记：在本文写作过程中得到了青岛市博物馆、青岛市文物保护考古研究所、临淄石刻艺术馆、青州市博物馆、诸城市博物馆、河北省文物考古研究所、成都市博物院诸位同行的大力协助和指教，在此谨致谢忱。

注　释

[1] 刘凤君：《山东佛像艺术——佛教美术全集11》，文物出版社，2008年。

[2] 临淄区史志编纂委员会：《临淄区志》，中华书局，2007年。

[3] 刘海宇、史韶霞：《青岛市博物馆藏双丈八佛及相关问题探析》，《敦煌研究》2011年4期。

[4] 王晶辰、董高、杜斌：《朝阳北塔：考古发掘与维修工程报告》，文物出版社，2007年。

[5] 中国社会科学院考古研究所：《北魏洛阳永宁寺：1979～1994年考古发掘报告》，中国大百科全书出版社，1996年。

[6] 山东省地方史志办公室：《丈八佛石造像》，引自该办公室网站信息，2016年。

[7] 《临淄西天寺》，引自佛教导航网站，2013年10月31日版。

[8] 韩岗、张健：《诸城北朝佛教造像再研究》，引自宝华寺网站，2016年。

[9] 王建等：《青州大佛头之谜》，《大众日报》2012年7月31日版。

[10] 《燕赵都市报》2014年6月3日版，韩亚聪、郭立业的有关定州自来佛庙失火报导。

日本熊山古塔与唐前期佛塔类比研究

李德方

（日本东京法政大学大学院古代物质文化研究所）

2005年秋，应冈山市日中友好协会会长片冈和男先生和日本古代吉备国研究会会长出宫德尚先生邀请，笔者再次对吉备地区古坟进行调查。一次，在踏查浦间茶臼山古坟间余又查看一座奈良时代的熊山古塔。熊山古塔是日本国指定的一处重要历史文化遗产。考察时，考古学者出宫德尚先生和冈山市教育委员会犬饲广志先生向笔者作了详细解说，还送给笔者新的熊山古塔调查简报及相关资料，期望笔者协助查找中国唐塔而且主要是与佛教密宗关联的唐塔资料。笔者应允了日本朋友所求。在检阅资料时，笔者对这座古塔产生了一些看法，认为熊山古塔主要是把中国唐初多层方塔形体与日本古坟时代晚期方坟形体交揉一起，创造出塔苑奇葩。

为阐述如上认识，拟首先记述熊山古塔形制特征与年代，继而对唐前期多层方塔进行类型学考察与分期，尔后进行类比研究。

一、熊山古塔地理位置、形制特征与年代

熊山古塔位于冈山市东北约28千米的吉井川东岸熊山上，隶属冈山县赤磐郡濑户町。古塔所在山顶较为平坦，环境幽静，海拔487米。日本学者对古塔曾做过多次调查，称其为“熊山一号石积遗构”“熊山遗迹”，其中2003年的调查者在《熊山遗迹（层塔形石积遗构）的考察》一文指出其建造年代为“奈良时代晚期”[1]。

熊山古塔是一座用片石修砌的多层方塔。片石即片状石块，未经琢磨，主要用以平砌塔体，缝隙处以碎石充填。石料来源为就地取材。所谓“方塔”指古塔平面呈方形。所谓“多层”指古塔分为上下数段，包括上部现存的两层塔身和下部的塔基，整体呈上窄下宽金字塔式（图一、图二）。为便于记述，笔者绘出“熊山古塔立面示意图”（图三）。再下对塔身、塔基作以分述。

塔基 双层。下层为依山体而修砌的基台，上层为基台之上的承托塔身的基座，平面均作方形，周壁均平直。其中基台边长约11.8米，高0.2～1.2米，基座边长约8米，高约0.9米。

塔身 现存二层（级）。下部为第一级塔身，上部为第二级塔身，平面均呈方形，周壁平直或近平直。其中第一级塔身边长约5.4米，高1.3米，四侧面正中各设一方形龛，

图一　熊山古塔

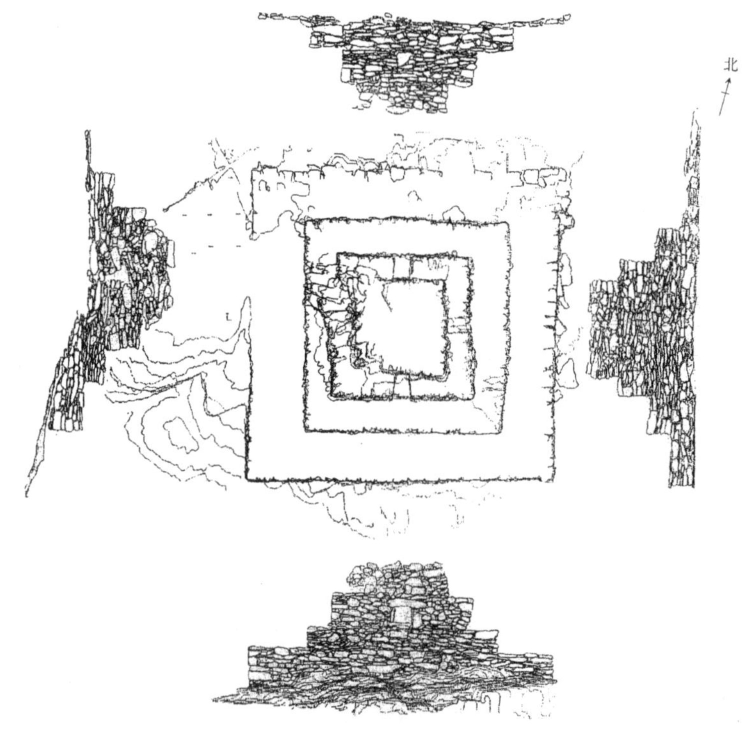

图二　熊山 1 号石构遗迹平、剖面示意图

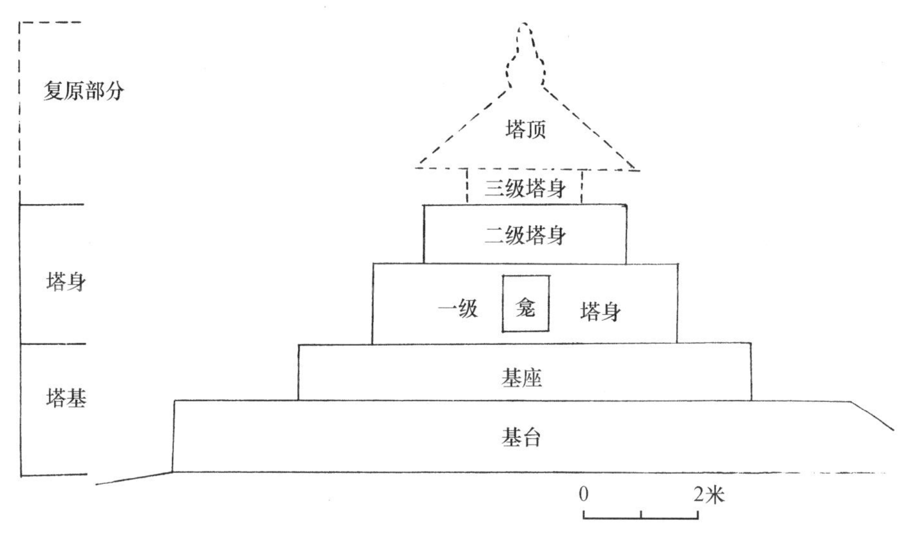

图三　熊山古塔立面示意图

第二级塔身边长约3.6米，高1.1米，中心处设一长方形石室，石室边长0.8米，深2米。据2005年《吉备地方文化研究》所刊的《熊山南山崖石积遗构实测调查报告》所记，“1937年（昭和一二年），熊山石积遗构中央部位被当地居民盗掘，竖穴式石室中出土奈良三彩小壶及陶制筒形容器”[2]。

总上，熊山古塔是一座用片石修砌的平面呈方形的、上宽下窄且分段清晰的、周壁平直且设有“四方龛”和石室的多层土塔。熊山古塔的这些特征证明其为佛塔，而第一级塔身所设的“四方龛”与塔体中部石室则为供养释迦的窟龛与供奉佛物的“塔宫”。

须指出的，笔者在“熊山古塔立面示意图”（图三）上用虚线勾勒出该塔的第三级塔身，意指现存第二级塔身之上原设第三级塔身。理由之一：从现存塔体上窄下宽的叠涩式收分观察，二级塔身较一级塔身边长内收1.8米，如果第二级塔身之上再内收1米，仍存可供修筑边长1.6米的三级塔身空间，而此三级塔身却正好罩在边长0.8米的塔宫之上，如此才能形成较为完整的塔体，方合于天竺塔式级数。《魏书·释老志》中便有天竺塔式记述：“凡宫塔制度，犹以天竺式样而重构之，从一级至三、五、七、九，世人相传，谓之浮图”。理由之二：日本现存奈良市二条町东大寺头塔（头塔为土塔讹音）的初始形态为基台之上构建三级塔身，依此可通过考古类型学“横联法”推知熊山古塔为三级塔身。目前所知奈良时代土塔极少，著名者为奈良市头塔（图四）。经调查，现存头塔由早晚两个不同时期遗构组成。早期内层构造是在塔基上构筑三层塔身，建造年代约在天平宝字四年（760年）。晚期外层构造为七层，据《东大寺要录》等文献，推定是东大寺僧实忠于神护景云元年（767年）改筑，塔体四周共设44个窟龛，内供石佛像[3]。据日本古史记载，为镇护国家道场，圣武天皇于天平十三年（741年）下令在全国建立国分寺、国分尼寺，至奈良时代晚期，全域建百余寺；熊山古塔和奈良头塔均应建于这一时期即奈良时代中晚期。奈良头塔的早期形态为大约在760年构筑的三层塔身，由此推测熊山古塔当仿自早期奈良头塔而建并亦为三级塔身。此即笔者用虚线标

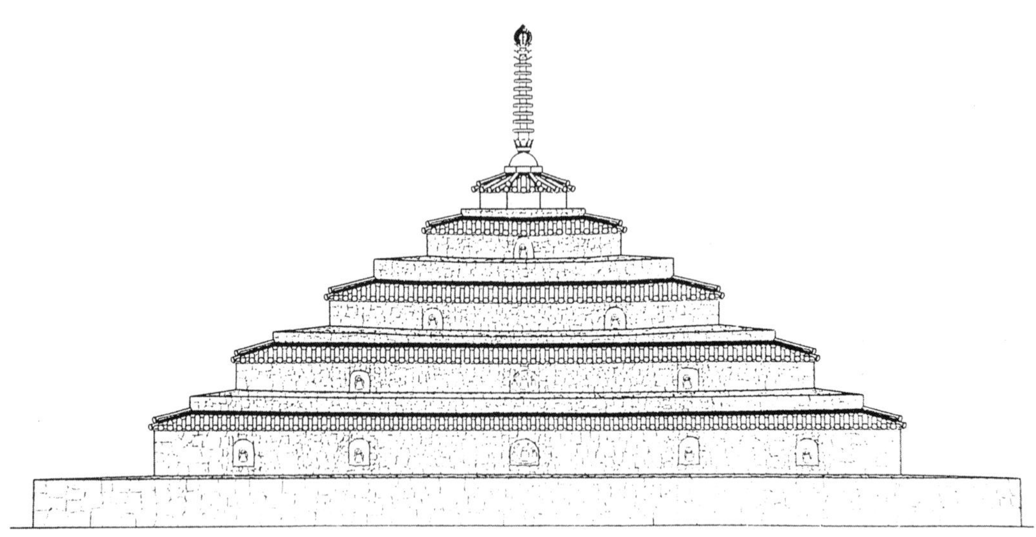

图四　日本奈良头塔全景

出熊山古塔第三级塔身的理由。当然，从考古学年代观来看，熊山古塔的考古学年代应与奈良早期头塔构建年代相当，同为奈良时代中期即760年前后。

二、唐前期多层方塔类型学考察

熊山古塔是一座奈良时代中期的多层方塔。为了将其与唐塔类比，应当对唐前期多层方塔进行初步类型学考察。

中国现存唐前期多层方塔，主要分布在唐东西二京的西安和洛阳，其他地点所存甚少。这些唐前期多层方塔，既见地表耸立的砖石修筑的佛塔，例如西安的大雁塔、小雁塔、兴教寺塔[4]等，又见从地下发掘出的塔基，例如西安青龙寺遗址的塔基[5]，还有诸多寺庙或石窟寺中所存的石雕塔，例如北京市房山县云居寺石塔和龙门石窟保存石塔等。总体而言，中国唐前期多层方塔数量并不很多，而且地表所存的塔多经后世重修，地下发掘的古塔又仅存基部，据此难能对唐前期的多层方塔进行类型学考察。如西安兴教寺玄奘墓塔，始建于唐总章二年（669年），到太和二年（828年）又彻底重修，今人所见塔形则为唐后期风格。又如唐青龙寺遗址的塔址，经发掘仅存方形塔基下部，据此尚不能排除它有可能是单层的亭式塔或其他类型塔的可能性。有幸的是，严辉、李春敏、杨超杰等学者近几年对洛阳市流散石塔进行了收集整理[6]，还对龙门石窟佛塔进行了初步分类[7]。这批石塔保留着当时实体塔的形制特征并对中国唐前期多层方塔分期研究有重要参考价值。本文主要使用这批石塔中少量有纪年的多层方塔材料，对唐前期多层方塔进行排比分析。

笔者选择出唐前期8件多层方塔标本并将其分为A、B、C、D四个类型。

A型　双层塔基且各层塔身均设佛龛。分二式。

Ⅰ式：各塔身的周壁平直。龙门石窟3号塔，高1.14米，双层塔基，三层塔身，第一层以上塔身渐次收分，各层之间的间距较大，层间叠涩出檐，顶部由莲花、覆钵丘、相轮、宝珠等组成塔刹，每层塔身设一圆拱形龛，造塔题记为“李夫人摩珂造浮图并作七佛供养永徽三年（652年）[8]”（图五，1）。

Ⅱ式：各塔身的周壁平斜。第一层塔身立面呈上窄下宽的等腰梯形，第一层以上各塔身的间距较近。偃师县寇店乡孙窑村塔，高1.79米，双层塔基，五层塔身，诸层塔身壁面平斜且间距很近，层间叠涩出檐，顶部由莲花、覆钵丘、相轮、伞盖等组成塔刹，每层塔身四面均设一尖拱形佛龛，造塔题记为“惟大唐神龙二年（706年）岁次丙午辛未朔三十日庚子[9]”（图五，2）。

B型　单层塔基（或者塔基已失）且只在第一层塔身设佛龛。分二式。

Ⅰ式：各塔身的周壁平直或近平直。洛阳古代艺术馆0033号塔，残高1.63米，七层塔身，第一层以上塔身较低，层间叠涩出檐，塔顶为覆钵丘，塔基已不存，第一层塔身正面设一尖拱形龛，塔右侧有“麟德元年”（664年）的年铭[10]（图五，3）。偃师县李村乡上庄村塔，残高6.5米，七层塔身，第一层以上塔身渐低且分段明显，层间叠

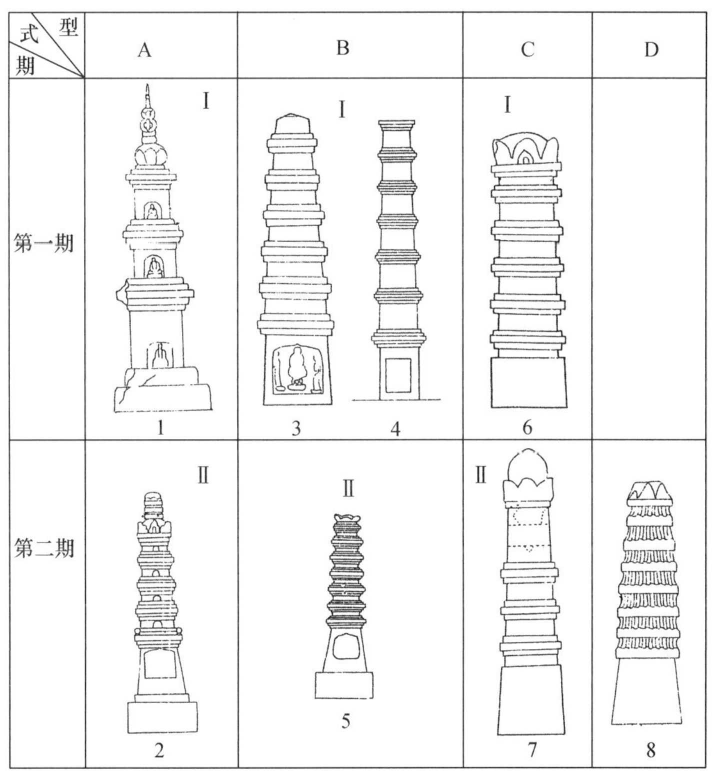

图五　洛阳唐前期多层方塔分期图

1. 龙门3号塔　2. 偃师寇店孙窑塔　3. 洛阳古代艺术馆0033号塔　4. 偃师李村上庄塔　5. 孟津县会盟铁炉塔　6. 洛阳古代艺术馆0034号塔　7. 洛阳古代艺术馆0042号塔　8. 洛阳古代艺术馆0041号塔

涩出檐，塔顶和塔基已失，第一层塔身正面有方形佛龛，内刻佛像，龛外造像题记已不识，“据造像特征推断，此塔的雕刻年代为高宗时期[11]（图五，4）”。

Ⅱ式：第一层塔身周壁平斜且立面呈上窄下宽的等腰梯形。第一层塔身以上各塔身低矮作束腰状。孟津县会盟镇铁炉塔，高 1.58 米，七层塔身，层间叠涩出檐，塔顶仅存刹基处的残莲花，第一层塔身正面设一尖拱形佛龛，下有方形单层塔基，背面的《大唐河南府洛阳县故成阳郡成府君浮图记》中有“天宝二年”（743 年）的纪年[12]（图五，5）。

C 型　第一层塔身分上下二段且各层塔身均不设佛龛。分二式。

Ⅰ式：塔身的周壁平直或近平直。洛阳古代艺术馆藏 0034 号塔，高 1.36 米，六层塔身，第一层塔身分上下二段且塔身的周壁近平直，第一层以上各塔身的间距较小，层间叠涩出檐，塔顶为由莲花和覆钵丘组成的塔刹，第一层塔身的题记中有“久视元年”（700 年）、“长安四年”（704 年）的纪年[13]（图五，6）。

Ⅱ式：第一层塔身瘦高且塔身的周壁斜直。洛阳古代艺术馆藏 0042 号塔，高 1.37 米，塔身五层，第一层塔身分上下二段且周壁斜直，其中第一层塔身的下段呈上窄下宽的等腰梯形，第一层以上各塔身的间距较小，层间叠涩出檐，塔顶由莲花和覆钵丘组成塔刹，第一层塔身的造塔题记为“大唐开元三年（715 年）正月二十七日家人石野舟为曹主故王元邵造五级浮图一区为记[14]”（图五，7）。

D 型　第一层塔身之上的各层塔身均被稠密的仿砖木结构的塔檐和瓦垄所隐匿。洛阳古代艺术馆藏 0041 号塔，整石雕刻，高 1.59 米，塔身七层，第一层塔身很高且立面呈上窄下宽的等腰梯形，塔刹为莲花承覆钵丘，第一层塔身的正面设一尖拱形佛龛，内一佛二菩萨，龛侧的造像题纪字迹不清，据龛内的造像年代特点可定此塔的雕造年代为 8 世纪中叶[15]（图五，8）。

以上 A、B、C、D 四型唐前期方塔，其中 AⅠ、BⅠ、CⅠ塔雕造年代为 705 年以前唐高宗和武周时期，而 AⅡ、BⅡ、CⅡ塔和 D 型塔年代为 705 年之后的唐玄宗前后。据此把洛阳唐前期多层方形石塔分为一、二期，其中第一期的年代为 618 ~ 705 年，第二期的年代约自 705 ~ 756 年。

从图五的“洛阳唐前期多层方塔分期图”可以看出，洛阳唐前期多层方塔流行第一层塔身高大的作风，其中 A 型塔流行双层塔基，B 型塔大约流行单层塔基，C 型塔则流行第一层塔身分作上下二段的形制。这是洛阳唐前期诸型多层方塔的共性。洛阳唐前期第一期和第二期多层方塔又有差别。第一期和第二期的主要差别是：

（1）第一期的 AⅠ塔、BⅠ塔、CⅠ塔的塔身的周壁平直或近平直；第二期 AⅡ塔、BⅡ塔、CⅡ塔和 D 型塔的第一层塔身的周壁明显斜直，立面呈上窄下宽的等腰梯形。

（2）第一期诸型塔的诸层塔身而且主要是 A、B 型塔的诸层塔身的分段清晰，而第二期的 A、B 型塔的第一层以上各层塔身的间距较小，若束腰状。

（3）第二期出现了 D 型塔。

分期结果表明，唐前期多层方塔，大约以 705 年为界，逐步完成了由唐初的分段清楚的平直塔壁向之后的层段紧密的斜直塔身的转化。

三、熊山古塔与唐前期多层方塔类比分析

阐述了熊山古塔形制特征和唐前期多层方塔类型与分期之后，继而对熊山古塔与唐塔作以类比讨论。

熊山古塔是一座多层的、周壁平直或近平直的、设有双层塔基且第一级塔身设有佛龛的奈良时代中期方形阶梯式土塔。那么，它与唐前期的哪个阶段哪个类型的佛塔有密切关系呢？为回答这个问题，需将其与诸型式唐前期多层方塔作以比较。

若将熊山古塔与C、D型塔相比，前者与后者差异显著。因为前者为分段清晰、上窄下宽的阶梯式方塔，而后者C型塔的形体则接近长方体状，D型塔的诸层塔身“均被稠密的仿砖木结构的塔檐和瓦垄所隐匿”，犹如一株伞形杉树；前者的塔身设有佛龛，后者均无佛龛。因此，可认为前者与后者并无紧密关系。

若将熊山古塔与A、B型塔相比，其明显与第二期的AⅡ、BⅡ型塔迥异，因为前者分段清晰且塔壁平直，而后者塔身低矮作束腰状且塔壁斜直。

若将熊山古塔与第一期AⅠ、BⅠ型塔相比，前者与后者则有较多共性，因为前者与后者同为分段清晰、上窄下宽、塔壁平直、塔身设龛的多层方塔。若进一步类比，则发现前者的形态与AⅠ型龙门3号塔和洛阳古代艺术馆0033号塔更为相近，因为前者的双层塔基的特征与龙门3号塔相同，而前者只在第一级塔身设佛龛的特征则与0033号塔相同。据此可以认为，熊山古塔与以龙门3号塔为代表的AⅠ型塔和以0033号塔为代表的BⅡ型塔有密切联系。

前已言及，第3号塔雕造年代为652年，第0033号塔的雕造年代为664年，均当7世纪中叶的初唐，而熊山古塔的建造年代为8世纪中叶。后者建造年代晚于前者。据此可以认为，熊山古塔的建造，仿效了7世纪唐塔，继承了唐初塔的分段清晰、周壁平直、双层塔基、塔身设龛的唐风。

但是，熊山古塔绝非是对唐初多层方塔的简单仿效，因为其又具有用片石修砌、塔体呈阶梯式、不设叠涩出檐等唐塔没有或与唐塔有异的特征，这一差别则表明熊山古塔的形体特征与古坟时代晚期方坟的形制有密切关系。

日本古坟时代的坟丘，而且特别是首长的坟丘，多筑有高耸的封丘，这些封丘呈圆形、方形、前方后圆形，等等。大的坟丘墓，封堆的形态多呈阶梯状。到了古坟时代晚期，有的方坟之外用碎石包砌，如仓敷市二子14号坟，下层的方形坟基边长13.4米，周围用碎石包砌，上部中心处则有用碎石包砌的方形石室[16]，外观颇同熊山古塔的阶梯式。再如近年调查的冈山大谷一号坟[17]及奈良西宫古坟[18]、大阪田须谷古坟[19]、京都山尾古坟[20]等也均应为包石的阶梯式方冢。这种阶梯式的石包方冢的祖形，似可追溯到高句丽国家的方坛阶梯积石墓和中国东北部的红山文化方形阶梯式积石冢[21]。前园实知雄先生曾指出，在对日本最早的正式寺院飞鸟寺的调查成果中，“最引人注目的便是塔心基础周围出土的遗物群，其中有硬玉、碧玉、玛瑙、玻璃制勾玉……基本上

和古坟时代晚期的随葬品类相同，从中可以窥视到日本最初营建寺院之际，指挥修建的负责人为了取得人们的理解，模仿了古坟而修建了释迦的墓葬[22]”。前园实知雄先生的这一认识是对笔者提出的熊山古塔在一定程度上模仿了古坟时代晚期古坟形制的观点的诠释。

综上讨论，笔者认为熊山古塔是在奈良时代吸收了多方文化因素而诞生的，它既模仿了唐前期的多层方塔又模仿了古坟时代晚期的方坟，它既不同于唐塔又不等于方坟，它既有唐文化色彩又有浓厚的地方特征，既可称其为“唐塔的东方变体”，又可称其为日本式古塔。

于此还应言及“东方丝绸之路”。2016年秋，笔者与聂晓雨先生向“首届西安丝绸之路历史文化国际学术研讨会”提交了《东瀛绽放“丝路”花》一文，指出日本一座寺院遗址出土的白凤时期的残瓦模仿了唐初宫廷用瓦[23]。笔者又曾对九州大宰府出土莲花方砖作过讨论，认为一块奈良时代的砖是对唐初宫廷用砖的摹仿[24]。日本地下出土的残砖碎瓦都传递出唐代丝绸之路的信息，可见唐代“东方丝绸之路”的繁盛；而熊山古塔亦当“东方丝绸之路”又一实证。当然，古日本对唐文化的汲取并非照搬，而是经历了学习、酝酿、再创造的过程，在积极汲收唐文化同时又保持本土文化。在这个意义上讲，古日本是一个既善于汲取他方文化营养而发展自我又善于保持本土文化的东方民族。

注　释

[1] 出宫德尚：《熊山遗迹（层塔形积石遗构）的考察》，2003年8月打印稿，第3页。收入2003年11月在就实大学召开的国际研讨会论文集《熊山遗迹是佛塔——来自韩国的比较》，就实大学主办，山阳新闻社、冈山放送、蔚山文化放送协办。

[2] 出宫德尚：《熊山南山崖石积遗构实测调查报告》，刊于就实大学吉备地方文化研究所编《吉备地方文化研究》第15号，2005年，第6页。

[3] 张学锋：《论南京钟山南朝坛类建筑遗存的性质》，《文物》2006年第4期，第65页。

[4] 张驭寰、罗哲文：《中国古塔精粹》，科学出版社，1988年，第163～166页。

[5] 中国科学院考古研究所西安工作队：《唐青龙寺遗址发掘简报》，《考古》1974年第5期。

[6] 严辉、李春敏：《洛阳地区唐代石雕塔》，《文物》2001年第6期。

[7] 杨超杰、严辉：《龙门石窟雕刻粹编——佛塔》，中国大百科全书出版社，2002年。

[8] 同[7]，第23页。

[9] 严辉、李春敏：《洛阳地区唐代石雕塔》，《文物》2001年第6期，第58页，图一四，7。

[10] 同[9]，第58页，图一四，6。

[11] 同[9]，第53、54、58页，图一四，5。

[12] 同[9]，第54、58页，图一四，8。

[13] 同[9]，第55、58页，图一四，9。

[14] 同[9]，第55、58页，图一四，10。

[15] 同[9]，第56、58页，图一四，10。
[16] 间壁忠彦：《仓敷考古馆》，伸辉印刷，1996年，第23页。
[17] 延原绖子：《大谷一号坟被葬者身份讨论》，《关注吉备国》，有限会社伸辉印刷，平城十二年八月发行，第82页。
[18] 同[17]，第75页。
[19] 大阪府文化财：《田须谷古坟群的调查》，田野考古调查报告，1996年。
[20] 京都府埋藏文化财：《京都纵贯自动车道关系遗迹——山尾古坟》，田野考古调查报告，1995年。
[21] 叶万松、李德方：《红山文化积石冢与兽面玉牌浅议》，《中国古都研究·十八（上）》，国际华文出版社，2001年，第93～99页。
[22] 前园实知雄：《飞鸟·奈良寺院伽蓝配置之我见》，《战后五十年古代史探索总论》，1996年，第98页。
[23] 聂晓雨、李德方：《东瀛绽放丝路花》，《丝绸之路历史文化研究》，陕西人民出版社，2017年，第168～172页。
[24] 韦娜、宛方（李德方）：《日本九州大宰府出土莲花纹砖浅析》，《中原文物》2005年第2期，第71～74页。

参考书目

〔日〕出宫德尚：《熊山遗迹（层塔形积石遗构）的考察》，收入就实大学编印《熊山遗迹是佛塔——来自韩国的比较》，2003年。
〔日〕出宫德尚：《熊山南山崖石积遗构实测调查报告》，就实大学吉备地方文化研究所编印《吉备地方文化研究》第15号，2005年。
〔日〕间壁忠彦：《仓敷考古馆》，伸辉印刷，1996年。
聂晓雨、李德方：《东瀛绽放丝路花》，《丝绸之路历史文化研究》，陕西人民出版社，2017年。
韦娜、宛方（李德方）：《日本九州大宰府出土莲花纹砖浅析》，《中原文物》2005年第2期。
严辉、李春敏：《洛阳地区唐代石雕塔》，《文物》2001年第6期。
杨超杰、严辉：《龙门石窟雕刻粹编——佛塔》，中国大百科全书出版社，2002年。
张学锋：《论南京钟山南朝坛类建筑遗存的性质》，《文物》2006年第4期。
张驭寰、罗哲文：《中国古塔精粹》，科学出版社，1988年。

磨盘村山城为渤海早期王城假说

王培新

（吉林大学边疆考古研究中心）

渤海早期王城故址的探索，长期以来学界大多附和“敦化敖东城说”，期间虽有具体城址的变更，但并未能动摇研究者将敦化盆地一带渤海遗存与早期王城相联系的学术努力[1]。近年，由于敦化敖东城及永胜遗址考古发掘并未发现渤海时期遗存，早期王城“敦化说”开始受到质疑[2]。2017年出版的《渤海国历史文化研究》一书，则将“旧国敦化说”存在的问题暂且搁置，强调渤海早期王城的具体城址及年代下限尚无从考证[3]。

通过和龙西古城、龙头山墓群等渤海王城及王室墓葬的发掘，已有观点将渤海早期政治中心指向图们江左岸海兰江河谷盆地一带[4]。2013年以来在图们磨盘村山城进行的考古发掘，又为在这一地区探索渤海早期王城遗址提供了重要线索。

一

与渤海王城有关的文献记载，主要出自两唐书及贾耽所著地理书。研究者反复引用的内容，有以下几条。

①《旧唐书》渤海靺鞨传：高丽既灭，……祚荣遂率其众东保桂娄之故地，据东牟山，筑城以居之。

②《新唐书》渤海传：高丽灭，（祚荣）率众保挹娄之东牟山。筑城郭以居，高丽逋残稍归之。

③《新唐书》地理志引贾耽《道里记》：又陆行四百里，至显州，天宝中王所都。又正北如东六百里，至渤海王城。

④《武经总要》前集卷十六下：显州，渤海国。按皇华四达记，唐天宝以前渤海国所都。

⑤《新唐书》渤海传：天宝末，钦茂徙上京，直旧国三百里忽汗河之东。

⑥《新唐书》渤海传：贞元时，东南徙东京。钦茂死，……华玙为王，复还上京，改年中兴。

根据上记史料，学界一般认为：“天宝中”渤海曾以显州为都，即在此前从“旧国”迁都至此，显州故址为和龙西古城，“天宝末”由显州迁往上京。贞元时，由上京徙东京，东京龙原府故址为珲春八连城。华玙为王（794年），复还上京，直至渤海国灭亡，都城再未改变[5]。

渤海政权建立者大祚荣“据东牟山筑城以居之”的早期王城故址，长期以来学界多附和“旧国敦化说”。有的学者认为，《新唐书》所记“旧国”即指早期王城。也有将“旧国”视为一个时段，使用“旧国时期都城”表述渤海早期王城的主张[6]。“旧国”一词，是在《新唐书》“天宝末，钦茂徙上京，直旧国三百里。”一句中出现的，此句中“上京”为新都，与之对应的“旧国”，是指徙上京之前的王城。《新唐书》地理志有“显州天宝中王所都”的记录，“天宝末钦茂徙上京”是从显州迁都应无问题，因此“旧国”与早期王城无关[7]。

渤海以显州为都的时间，文献中出现了“天宝中王所都”和“天宝以前渤海国所都”两种表述，而原始文献均出自贾耽的著述。《旧唐书·贾耽传》记载：“耽好地理学，凡四夷之使及使四夷还者，必与之从容，讯其山川土地之终始。……至（贞元）十七年，又撰成海内华夷图及古今郡国县道四夷述四十卷，表献之”。贾耽《道里记》实际上是《皇华四达记》的逸文，而《皇华四达记》则是《古今郡国县道四夷述》中部分内容的单行本[8]。因此，以显州为都的两种时间表述，并不存在孰是孰非难以甄别取舍的问题，而应将相关文献记载通盘考察，得出最为合理的解释。若将贾耽所记与《新唐书·渤海传》“天宝末钦茂徙上京”一句连读，则“天宝以前渤海国所都”更为通顺。贾耽记“登州海行入高丽渤海道”时，渤海王城在上京，故在“显州”之后加注了“天宝中王所都”或“天宝以前渤海国所都”，以区别徙上京之前的王都所在。

西古城城址位于和龙市东北部，地处图们江左岸海兰江河谷盆地西部。此河谷盆地向东延续至龙井市，其北方是由布尔哈通河冲积形成的延吉盆地，海兰江在此汇入图们江支流布尔哈通河，两处河谷盆地南北相接，形成了长白山主峰东北方向最大的山间平原地带。这一区域河网密布，自然条件优越，是目前发现渤海遗存最多地区。

关于西古城的性质，目前学界存在显州故址或中京显德府故址或文王大钦茂的早期王城（宫城）等不同认识[9]。经过历次调查发掘，西古城城址形制已基本清楚，即以“外城”南门和“内城”南门构成中轴；“内城”为宫殿区，主要宫殿位于在中轴线上；全城分为中、东、西三区，各区内划分若干独立的单元和院落。西古城城址布局显示，其规划设计已相当成熟，是遵循中原王朝营国理念规划设计的渤海王城。除了王城故址西古城之外，这一区域还有龙头山渤海王室贵族墓地、河南屯渤海高等级墓葬、和龙北大墓地等与王畿地区相关联的渤海遗存[10]。

龙头山墓群位于西古城东南约6千米，是一处包括渤海第三代王大钦茂在位期间王室成员墓葬的贵族墓地。1980年在龙海墓区发现贞孝公主墓，近年又在该墓区发掘了大钦茂孝懿皇后墓（M12）和第九代王大明忠顺穆皇后墓（M3），以及出土金冠饰、金托玉带的M13、M14等多座渤海王室成员的墓葬[11]。孝懿皇后的丧礼，可能发生在大钦茂大兴三十九年（776年）[12]。据墓志铭记录，贞孝公主系文王大钦茂之第四女，死于大钦茂大兴五十六年（792年）。顺穆皇后于大仁秀建兴十二年（829 年）“迁安□陵”[13]。按文献记载的渤海王城时序变化，孝懿皇后安葬时渤海王城在上京，贞孝公主安葬时渤海王城在东京，顺穆皇后安葬时渤海已复还上京三十余年。考古成果显示，最迟在第三代王大钦茂时期，和龙龙头山已经确立为渤海国王室的陵地。王城虽有变迁，但王室陵地至第九代王时并未发生改变。目前在龙头山墓群龙海墓区发现的身份明确的渤海王室成员，均为大祚荣一系，这也为在龙头山及西古城周边探寻第一代王大祚荣和第二代王大武艺的陵墓，提供了重要线索[14]。

《新唐书·渤海传》载：渤海国“地有五京、十五府、六十二州”；“以肃慎故地为上京，曰龙原府。其南为中京，曰显德府。秽貊故地为东京，曰龙原府。沃沮故地为南京，曰南海府。高丽故地为西京，曰鸭渌府”；“龙原东南濒海，日本道也。南海，新罗道也。鸭渌，朝贡道也”。所记内容表明，渤海国五京制度实为分域而治与重要交通枢纽相结合的多京型体系。而五京之中，只有中京不记为某族群故地，说明中京地区是渤海国故有的领域。中京辖区居于渤海版图的中心地带，西古城一带的地理方位，也与《新唐书·渤海传》中“保太白山之东北，恃荒远，乃建国”的记述相符。同时，显州也是贾耽《道里记》所记“登州海行入高丽渤海道”的必经之地。渤海“朝贡道”路线是固定的，并无“旧国”时期路线和徙上京之后路线之别。只有大祚荣时期渤海早期王城在延吉盆地和海兰江河谷盆地一带，“登州海行入高丽渤海道”路线才有可能必至显州。之后渤海王城虽徙上京，但朝贡道仍经由显州“又正北如东六百里至渤海王城”。这是一条已经固定化了的交通驿道[15]。

种种迹象显示，从大祚荣“据东牟山筑城以居之”，到“天宝末钦茂徙上京”这一时段，渤海的核心地区很有可能是在西古城及龙头山墓群所在的图们江左岸河谷地带。不过，“显州王所都”无论“天宝以前”的上限为何时，都还不能将其比定为“保东牟山筑城郭以居”的早期王城。

二

磨盘村山城（城子山山城）地处延吉盆地东部边缘地带，西距延吉市区约 8 千米。城址坐落在图们市长安镇磨盘村南一座近似圆形的孤立山体之上，当地俗称城子山，布尔哈通河从南、东、北三面环绕山城。

山城城墙依山势沿山脊或山腹以石块砌筑，平面呈阔叶形，周长 4549 米。共有四门，东门、北门、西门是主要城门。城内地势开阔，多为平缓的坡地，中部和东部分布有多处建筑址（图一）。曾经采集到高句丽文化风格的红色绳纹、网格纹、席纹板瓦。渤海时期的绳纹、网格纹、席纹板瓦，指压纹檐头板瓦，环耳铁锅。而大多数遗物的年代，则为金及东夏国时期，其中包括背刻“天泰二年四月二十八日造”的“兵马安抚使印”，边刻“天泰三年六月一日南京行部造”的“南京路勾当公事之印”，背刻“大同七年七月礼部造”的“勾当公事之印”，无年款的“都统所印”等铜印，以及缠枝纹、海兽葡萄纹小铜镜，宋、金铜钱，钧窑小瓷碟，多种滴水檐瓦等遗物。学界一般认为，山

图一 磨盘村山城

城始建于高句丽时期，渤海、辽金、东夏继续改筑沿用，蒲鲜万奴曾以此山城为东夏国南京治所[16]。

2013～2015年，配合《吉林省图们市磨盘村山城保护规划》的实施，吉林省文物考古研究所、延边州文物保护中心，对城址开展考古发掘。先后对东门址、北门址、北门东侧角楼及城内一处房址、三座建筑址、两座院落址实施发掘，并对城墙墙体进行了解剖。发掘及钻探结果显示，在城址中心区域有一组大型建筑群，围绕建筑群分布着多处居住址和若干院落遗址。城址中部建筑群坐落在自北向南、由低渐高人工修整的21处台地上，分布范围南北长280米，东西宽110米。其中的一组建筑群有11座建筑基址，已发掘了其中的3座（2014J1、2015J2、2015J3）。这些建筑遗迹均为东夏国时期遗存，出土了大量建筑构件、陶质生活器皿、铁制工具、武器、宋金时期钱币等遗物。值得关注的是，城内房址（2013F1）之下叠压有渤海时期遗迹，建筑群内的地层中也出有渤海早期凤鸟纹瓦当和绳纹、网格纹板瓦（图二）[17]。

通过2013～2015年的考古工作，发掘者初步认识到，磨盘村山城存在两种文化遗存，一种是以红色绳纹和红色网格纹板瓦为代表的早期文化，一种是以灰色素面板瓦为代表的晚期文化。对于晚期文化已基本形成了学术共识，即东夏国遗存。而对早期文化还存在不同意见，有学者认为是高句丽遗存，有的认为是渤海早期遗存。针对山城始建年代及沿用等问题，2017年又对城址东南部一处散布有红色绳纹瓦片的台地进行发掘，揭露出两座可能属于渤海初期的大型建筑址（6号、7号建筑基址）。

6号建筑基址，坐西朝东，为三座柱网布局各异并连成一体的组合建筑。东西最

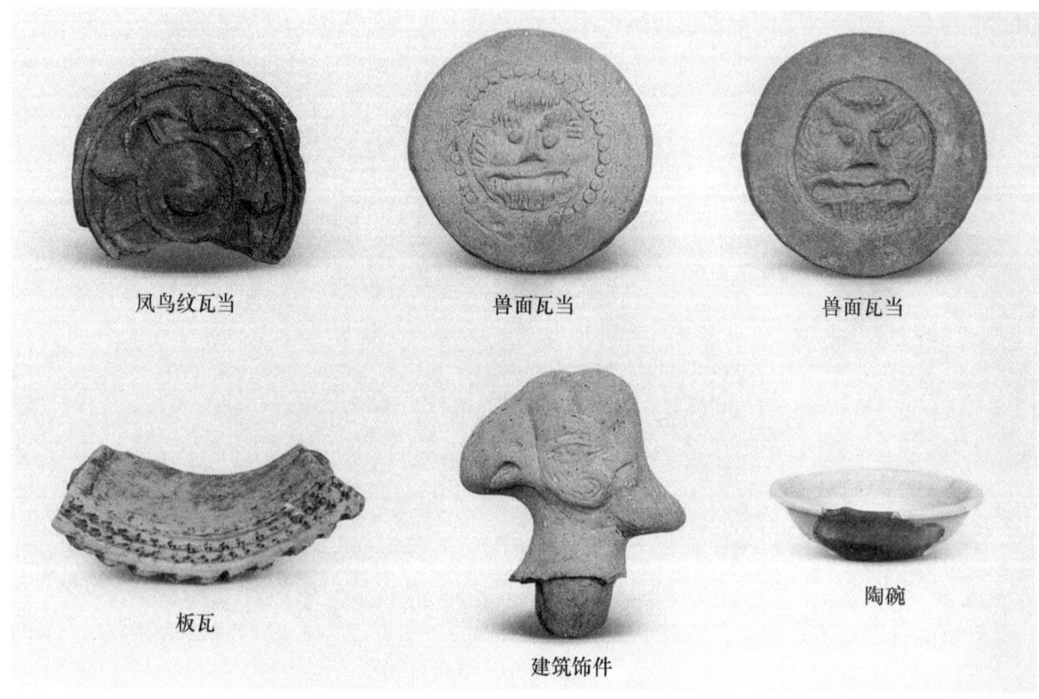

图二　磨盘村山城出土遗物

宽 9.3、南北残长 27 米。础石采用自然石块，间距 3 米。出土的板瓦施绳纹，筒瓦素面多，施绳纹的少。瓦件上有刻划近似“大”字的符号。7 号建筑基址，坐南朝北，为四座建筑连成一体的组合建筑。东西残长 27、南北宽 5 ~ 6.5 米。础石采用自然石块，间距 3 米。出土的板瓦施绳纹，筒瓦皆素面，凸面刻划有“大”“上”“下”等文字及符号。两座建筑基址，为三座和四座建筑连为一体的组合式建筑，柱础间距只有 3 米，础石全部采用大小不一、形态各异的山石，其所表露的建筑特征与渤海建国初期历史背景高度吻合[18]。

由于在磨盘村山城发现了刻有“天泰”“大同”年款的东夏国官印，因而学界关注的重点集中于山城在东夏国时期的位置等问题上，未能引起渤海史研究者的重视。2013 年至 2015 年对城门址及城址内大型建筑址的发掘，发现了东夏国时期的遗迹中大多混有渤海早期遗物，个别建筑址还有打破渤海早期遗迹的现象，表明城址内存在多处渤海早期人类活动遗存。特别是 2017 年对两座渤海初期大型建筑基址的发掘，进一步证明，磨盘村山城具备渤海早期王城的基本特征。

磨盘村山城考古工作仍在继续，发掘资料尚未系统整理，对于山城的始建年代以及渤海早期城址布局等问题，都还需要做进一步的考察，尤其是对具有高句丽文化风格的红色绳纹、网格纹、席纹板瓦的认识，需有更多的考古学证据才能甄别是属渤海早期还是高句丽遗物。但从山城规模及石筑城墙建筑特点等方面观察，磨盘村山城始筑于高句丽中晚期，渤海建立之初作为王城沿用的可能性较大。

三

两唐书对渤海建国过程的记述，内容大体相同。“保桂娄之故地，据东牟山，筑城以居之。”与“保挹娄之东牟山，筑城郭以居。”应是同一地点。

磨盘村山城位于长白山主峰东北方向最大山间平原的东部边缘，城址三面环水，城墙坚固。山城周边分布着数十处渤海遗迹，其中发现具有高句丽及渤海早期文化风格红色绳纹、红色网格纹、红色席纹板、灰色绳纹板瓦的遗址就有：延吉河龙城址、龙井英城城址、龙井土城屯城址、龙井东兴村土城、和龙杨木顶子山城、延吉台岩城址、延吉兴安城址等[19]。这些城址（遗址），沿延吉盆地和海兰江河谷盆地的边缘分布，形成了环绕“保桂娄之故地”的防御体系。此外，沿海兰江河谷盆地与延吉盆地的西部和北部边缘，有一条称为延边古长城（延边边墙）的长城遗迹，虽然延边古长城的始建年代还不能准确判断，存在高句丽或渤海时期营建等不同观点，但并不影响渤海政权建立之初利用此长城为屏障，强化早期核心地区的防御[20]。延边古长城图们水南段，于磨盘村山城北约2千米呈西北——东南向延伸。近年对磨盘村山城东约4千米的延边古长城水南关遗址进行了考古发掘。水南关遗址内分布多座半地穴式房址，出土陶器及在南墙门址提取的木炭标本碳十四测年显示，水南关为渤海时期所建[21]。以大型山城为王城，在核心区域或称都邑区的边缘地带营建防御体系，是边疆地区人群集团初建政权之时一种较为普遍的现象，如高句丽政权的“卒本都邑区”“国内都邑区”即是这种模式[22]。

以上引征磨盘村山城渤海早期遗存考古发现，初步提出磨盘村山城为渤海早期王城假说。但由于现阶段磨盘村山城考古还不能提供直接的证据，尚无法形成定论。作为目前主流观点之外的另一种意见，希冀学界关注本文提示的可能性。

附记：本文得到国家社科基金特别委托项目：“渤海都城布局与京府建制研究”（批准号：15@ZH007）资助。

注　释

[1] 李强：《渤海旧都即敖东城置疑》，《东北亚历史与文化》，辽沈书社，1991年。侯莉闽、李强：《渤海初期通往日本陆路部分的研讨》，《北方文物》1994年第4期。李健才：《渤海初期都城考》，《北方文物》2002年第3期。

[2] 王培新、傅佳欣：《渤海早期都城遗址的考古学探索》，《吉林大学社会科学学报》2003年第3期。

[3] 刘晓东、郝庆云：《渤海国历史文化研究》，黑龙江人民出版社，2017年。

[4] 王培新：《渤海早期王城研究中几个的问题》，《中国边疆史地研究》2013年第2期。

[5] 魏存成：《渤海考古》，文物出版社，2008年。

[6] 刘晓东：《渤海文化研究——以考古发现为视角》，黑龙江人民出版社，2006年。

[7] 同［4］。

[8] 赤羽目匡由:《渤海王国の政治と社会》，吉川弘文馆，2011 年。

[9] 宋玉彬:《渤海显州考》,《东北亚古代聚落与城市考古国际学术研讨会论文集》，科学出版社，2014 年。李强、白淼:《西古城性质研究——以考古资料获取的城址形制和功能为切入点》,《北方文物》2014 年第 4 期。

[10] 吉林省文物考古研究所、延边朝鲜族自治州五管理委员会办公室:《吉林和龙市龙海渤海王室墓葬发掘简报》,《考古》2009 年第 6 期。郭文魁:《和龙渤海古墓出土的几件金饰》,《文物》1973 年第 8 期。延边朝鲜族自治州博物馆、和龙县文化馆:《和龙北大渤海墓葬清理简报》,《东北考古与历史》(第 1 辑)，文物出版社，1982 年。延边博物馆:《吉林省和龙县北大渤海墓葬》,《文物》1994 年第 1 期。

[11] 延边朝鲜族自治州博物馆:《渤海贞孝公主墓发掘清理简报》,《社会科学战线》1982 年第 1 期。吉林省文物考古研究所、延边朝鲜族自治州五管理委员会办公室:《吉林和龙市龙海渤海王室墓葬发掘简报》,《考古》2009 年第 6 期。

[12] 金毓黻:《渤海国志长编》(上编),《社会科学战线》杂志社，1982 年。

[13] 同 [11]。

[14] 同 [4]。

[15] 同 [4]。

[16] 延边博物馆《延边文物简编》编写组:《延边文物简编》，延边人民出版社，1988 年。吉林省地方志编纂委员会:《吉林省志》卷四十三·文物志，吉林人民出版社，1991 年。图们市文物管理所:《图们市文物志》(内部)，2013 年。

[17] 国家文物局:《吉林延边磨盘村山城》,《2015 中国重要考古发现》，文物出版社，2016 年。

[18] 吉林省文物考古研究所:《2017 年度吉林省考古工作汇编》(内部)，2017 年。

[19] 吉林省文物志编委会:《延吉市文物志》(内部)，1985 年。吉林省文物志编委会:《龙井县文物志》(内部)，1984 年。吉林省文物志编委会:《和龙县文物志》(内部)，1984 年。鳥山喜一、藤田亮策:《間島省の古蹟》，伪满洲国文教部编，1942 年。

[20] 延边博物馆《延边文物简编》编写组:《延边文物简编》，延边人民出版社，1988 年。

[21] 吉林省文物考古研究所:《2014 年吉林省考古工作汇编》(内部)，2014 年。

[22] 王志刚:《高句丽王城及相关遗存研究》，吉林大学 2016 年博士学位论文。

日本史料中渤海高句丽继承国认识的出现与自身修正——以日本六国史为中心

刘晓东[1] 胡秀杰[2] 李 玲[2]

（1. 黑龙江省博物馆 2. 黑龙江省文化厅）

日本奈良时代修撰的《日本书纪》和平安时代修撰的《续日本纪》《日本后纪》《续日本后纪》《日本文德天皇实录》《日本三代实录》，是日本朝廷仿照中国史书用汉文修撰的，合称六国史，是日本最具权威的官修正史。

《日本书纪》为六国史的第一部，其纪事止于持统天皇十一年（697年），其时渤海尚未立国，故《日本书纪》并无直接与渤海国有关的纪事。除《日本书纪》外，其余五部史书均不同程度载有与渤海国有关的纪事[1]。

与渤海国有关的纪事首见于六国史的第二部《续日本纪》，而日本史料中一度出现的渤海高句丽继承国认识正是源自《续日本纪》。《续日本纪》在记载渤海使首次聘日相关行事的同时，对渤海国的性质进行了如下定位："渤海郡者，旧高丽国也。"这就把渤海定位为高句丽继承国。但随着日本与渤海交往的加深，日本朝廷了解到渤海并不是高句丽继承国，也就修正了渤海高句丽继承国认识。

尽管渤海高句丽继承国认识只是日本、渤海交往之初日本单方面的阶段性认识，但由于被《续日本纪》的编撰者接受并写入《续日本纪》中，这就给后世的渤海史研究造成诸多混乱。直至今天，仍有日、韩等国学者以《续日本纪》为依据，坚持渤海高句丽继承国认识，认为当时日本和渤海均有渤海高句丽继承国认识，而且认为日本的渤海高句丽继承国认识就来源于渤海使的自称——"高丽使"，特别是渤海王的自称——"高丽国王"。鉴于此，有必要对这种认识出现的源头与日本正史自身的修正等问题做进一步阐释，以期纠正在学术界的某些误读、误解或误判。

一、关于《续日本纪》中渤海使自称"高丽使"、渤海王自称"高丽国王"的纪事

《续日本纪》的纪事起于日本文武天皇元年（697年），止于桓武天皇延历十年（791年），时间跨度为95年。其中有关渤海的纪事，起于日本圣武天皇神龟四年（727年），止于桓武天皇延历六年（787年），时间跨度为61年。其中，从淳仁天皇天平宝

字三年（759年）到光仁天皇宝龟九年（778年）的20年之间，一度出现“渤海”“高丽”相混的纪事。所谓渤海使自称“高丽使”、渤海王自称“高丽国王”的纪事均出现在这一时间段内。

过去，我们在研讨“渤海乐”性质时，曾对渤海高句丽继承国认识进行过纠正[2]，后来又著文对《续日本纪》中“渤海”“高丽”相混纪事进行了系统性考察[3]。《续日本纪》中“渤海”“高丽”相混纪事，仅见于卷二十一至卷三十五，即淳仁天皇天平宝字三年（759年）到光仁天皇宝龟九年（778年）之间的纪事，此前不见“渤海”“高丽”相混纪事，此后亦不见“渤海”“高丽”相混纪事。

《续日本纪》的编纂，前后几经易手，并经过多次修订。《类聚国史》卷一四七所载的藤原继绳于桓武天皇延历十三年（794年）所上表中曾注明：“但起自宝字，至于宝龟。废帝受禅，韫遗风于简策；南朝登祚，阙茂实于洛诵。是以故中纳言从三位兼行兵部卿石川朝臣名足、主计头从五位下毛野公大川等奉诏编辑，合成二十卷，唯存案牍，类无纲纪。臣等更奉天敕，重以讨论。芟其芜秽，以撮机要；摭其遗逸，以补阙漏。刊彼此之枝梧，矫首尾差违。至如时节恒事，各有所司。一切诏词，非可为训。触类而长，其例已多。今之所修，并所不取。若其属国入朝，非常制敕，语关声教，理皈劝惩。揔而书之，以备故实。勒成一十四卷，系于前史之末。”

这段表文表明，“起自宝字，至于宝龟”的这部分纪事是由石川名足、毛野公大川编辑的，由于“唯存案牍，类无纲纪”，又由藤原继绳等“更奉天敕，重以讨论”，进一步重新修订。而《续日本纪》中一度出现“渤海”与“高丽”相混的纪事恰恰就出现在天平宝字三年至宝龟九年之间，与“起自宝字，至于宝龟”的记载正相合。而且卷二十一至卷三十五恰合“一十四卷”之数。

可见在淳仁天皇天平宝字三年（759年）至光仁天皇宝龟九年（778年），即这20年期间，一度出现的“渤海”与“高丽”相混的纪事，应与日本史官重新修订这十四卷时，个别史官考虑到“属国入朝，非常制敕，语关声教，理皈劝惩”等情况有关。同时，也与当时日本朝廷出于某种需要的强行冠名有关。正如孙玉良先生在《渤海史料全编·前言》中指出的那样：“出现这种现象的原因，客观上是对渤海历史的不甚了解，主观上是存有欲使渤海修属国之礼，将纳入日本势力范畴的政治企图”[4]。

了解到上述情况，《续日本纪》中所谓渤海使自称“高丽使”，渤海王的自称“高丽国王”的纪事显然就不是历史的真实了。如《续日本纪》卷二十一首开以“高丽”代“渤海”纪事之先河，此后才出现“渤海”与“高丽”相混的纪事。按杨承庆于天平宝字二年随小野朝臣田守出使日本，《续日本纪》卷二十一在天平宝字二年的纪事中称杨承庆为“渤海大使”、称小朝臣野田守为“遣渤海大使”，十二月的纪事中尚有“渤海王”“渤海国王”的纪事，十二月壬戌（二十四），杨承庆“入京”时，还被称为“渤海使”，可七天后（天平宝字三年春正月戊辰朔），在天皇“御太极殿，受朝”的仪式中，“渤海客”就变成了“高丽蕃客”。再过两天，“庚午，帝临轩”，“渤海使”就变成了“高丽使”，“渤海国王”也变成了“高丽国王”。

再如《续日本纪》卷二十一，记“渤海大使”杨承庆与“遣渤海使”小野朝臣田守同时“来朝”，并于天皇“御太极殿，受朝”“帝临轩”之前，小野朝臣田守奏上由“渤海”得知的一系列“唐国消息”，而且还特别提到“其唐王赐渤海国王敕书一卷，亦副状进”。试想，连唐王都承认的“渤海国王”，怎么可能自称为“高丽国王”呢？其实，提供给日方的“唐王赐渤海国王敕书”副本，也是渤海对日方称其使为“高丽使”，称其王为“高丽国王”不赞成的直接证据。对照天平宝字三年春正月“庚午，帝临轩。高丽使杨承庆等贡方物。奏曰：‘高丽国王大钦茂言’”的记载，一年后另一位渤海使访日，《续日本纪》卷二十二则记为：天平宝字四年春正月“丁卯，帝临轩。渤海国使高南申等贡方物。奏曰：‘国王大钦茂言’”。这里在“国王大钦茂言”前面为什么就没有“高丽”字样呢？而同卷在后面天皇诏书中不是也称渤海国王大钦茂为“高丽王”的字样吗？可见卷二十二记载的“国王大钦茂言”前面是应该有“渤海”两字的，只是被日本朝廷和日本史官给抹去了。而卷二十一的“高丽国王大钦茂言”中的“高丽”两字，应是日本朝廷和日本史官的对“渤海”两字的篡改。

又《续日本纪》卷二十一记“奏曰：‘高丽国王大钦茂言”，事在天平宝字三年春正月初三，可平城京出土的一块木简，却清楚的记有“依遣高丽使回来天平宝字二年十月廿八日进二阶叙”等墨书文字[5]。可见在所谓“奏曰：‘高丽国王大钦茂言”之前的65天前，作为“遣渤海使”的小野朝臣田守在日本朝廷上已经被冠以“遣高丽使”并“进二阶”了。而这件事在《续日本纪》卷二十一天平宝字二年十月二十八日的记载却是“授遣渤海大使从五位下小野朝臣田守从五位上”。既然出于某种需要，“遣渤海使”在朝廷上可以被冠以“遣高丽使”，那么出于同样的需要，“渤海国王”在朝廷上被冠以“高丽国王”就不足为怪了。

可历史毕竟是不能篡改的，不唯《续日本纪》本身在卷三十五宝龟十年以后的纪事中没有出现“渤海”与“高丽”相混的纪事，就连其后六国史的后续四部国史，即《日本后纪》《续日本后纪》《日本文德天皇实录》《日本三代实录》等史书中也不再出现“渤海”与“高丽”相混的纪事。

二、日本朝廷单方面渤海高句丽继承国认识的源头

既然了解到上述《续日本纪》中“高丽使”不是渤海使的自称，“高丽国王”也不是渤海国王的自称，那么，就没有理由说渤海国自身有高句丽继承国认识（渤海在与中原唐朝的交往中以及与新罗的交往中也从未体现出自身有高句丽继承国认识），而只能说日本单方面有渤海高句丽继承国认识。现在需要探究的就是日本的这种渤海高句丽继承国认识从何而来，它的源头在哪里。

我们认为渤海高句丽继承国认识的源头，应出自日本朝廷对渤海大武艺“王书”的曲解和误读。

《续日本纪》卷十圣武天皇神龟四年（727年）九月庚寅（二十一）下记载：“渤海郡王使首领高齐德等八人，来著出羽国，遣使存问，兼赐时服。”这是日本史料中第一

次出现的与渤海直接有关的纪事。据此可知，渤海使入日本境，是以“渤海郡王使”的身份出现的。

《续日本纪》卷十于同年十二月丁亥（二十）有“渤海郡王使高齐（一作斋）德等八人入京”纪事，十二月丙申（二十九）有天皇“遣使赐高齐德等衣服冠履”纪事，紧随其下，则对渤海国的缘起及其与日本之间的关系进行了如下阐述：“渤海郡者，旧高丽国也。淡海朝廷（天智天皇时）七年（668 年）冬十月，唐将李勣伐灭高丽，其后朝贡久绝矣。”这里，既没有渤海立国时间的记载，也没有对渤海国情的描述。显然，这只是当时日本朝廷和《续日本纪》编纂者对渤海的初步认识。这种认识可以归结为如下三点：其一，渤海国的正式称谓是“渤海郡”；其二，渤海是高句丽继承国；其三，日本曾把高句丽当作日本的朝贡国。

我们暂且不管上述三点认识正确与否，首先考察一下其来源。

作为“渤海郡王使”，高齐德一行出访日本，这是渤海与日本之间的首次交往。《续日本纪》作者在渤海与日本首次交往纪事中，显然有必要对渤海国的缘起及其与日本之间的关系进行阐述。毋庸讳言，当时日本朝廷对渤海的初步了解确应来自渤海方面。而渤海使高齐德此行所带的“渤海郡王”大武艺“王书”，则是当时日方所能看到的渤海方面最具权威、最为正式的官方文件。

据《续日本纪》卷十所载，“渤海郡王”大武艺的“王书”内容如下：“武艺启：山河异域，国土不同。延（一作遥）听风猷，但增倾仰。伏维大王天朝受命，日本开基，奕叶（一作业）重光，本枝百世。武艺忝当列国，监（原作滥）总诸蕃，复高丽之旧居，有扶余之遗俗。但以天涯路阻，海汉悠悠，音耗未通，吉凶绝问。亲仁接援，庶协前经，通使聘邻，始乎今日。谨遣宁远将军郎将（一作龙毅都尉）高仁义、游将军果毅都尉德周、别将舍航（一作舍那娄）等二十四人赍状，并附貂皮三百张奉送。土宜虽贱，用表献芹之诚；皮币非珍，还惭掩口之诮。主理有限，披瞻未期。时嗣音徽，永敦邻好。”

下面，我们就可以根据渤海“王书”来探讨上述《续日本纪》所载录的日本朝廷对渤海三点认识的原始出处。

第一，《续日本纪》称渤海国为“渤海郡”的出处。高齐德一行被日本方面称之为“渤海郡王使”，大武艺的“王书”全称应为“渤海郡王书”，《续日本纪》卷十圣武天皇给大武艺的回书中开首称“天皇敬问渤海郡王”。据此，我认为“渤海郡王使”“渤海郡王书”“渤海郡王”中的“渤海郡”就是《续日本纪》称渤海国为“渤海郡”的原始出处。

《旧唐书·渤海靺鞨传》有明确记载：“睿宗先天二年（713 年），遣郎将崔忻（原作䜣）往册拜祚荣为左骁卫员外大将军、渤海郡王，仍以其所统为忽汗州，加授忽汗州都督，自是每岁遣使朝贡。开元七年（719 年），祚荣死，玄宗遣使吊祭，乃册立其嫡子桂娄郡王大武艺袭父为左骁卫大将军、渤海郡王、忽汗州都督。”这里，已明确说明“以其所统为忽汗州”。《新唐书·地理志》亦称之为“渤海都督府”。唯独不能称之为“渤海郡”。因为唐代所封的渤海郡王、渤海郡公均为爵位封号，与唐代行政区划的府、州、郡、县无关。不能因为大祚荣、大武艺有渤海郡王的封号，就将其所统之地称之为渤海郡。高齐德一行是受大武艺派遣的，大武艺有“渤海郡王”的头衔，故日本称高齐德为“渤海郡王使”是可以理解的，但以其所统之地为“渤海郡”就明显是对“渤海郡王”含义的误解。

第二,《续日本纪》称渤海为“旧高丽国也”的原始出处。渤海郡王大武艺“王书”中有“复高丽之旧居，有扶余之遗俗”语句。我认为“复高丽之旧居”就是《续日本纪》称渤海为“旧高丽国也”的原始出处。按“高丽之旧居”绝不能理解为“旧高丽国”，且大武艺“王书”在“复高丽之旧居”一语之下，还接有“有扶余之遗俗”一语，二者为对应关系。如果“复高丽之旧居”可以理解为“旧高丽国也”，那么，“有扶余之遗俗”是否也可以理解为“旧扶余国也”？

鉴于日本朝廷产生的渤海高句丽继承国认识，有必要对大武艺“王书”做全面考察。

通观大武艺的“王书”，全篇根本就没有高句丽继承国认识。

大武艺“王书”开篇就明确了渤海与日本之间的对等关系：“山河异域，国土不同”。“山河异域”，即指渤海与日本各处一方；“国土不同”即指渤海与日本各有不同的辖区。

“大王天朝受命，日本开基，奕叶（一作业）重光，本枝百世”是对日方的赞美，与此相对应，“武艺忝当列国，监总诸蕃，复高丽之旧居，有扶余之遗俗”则是对自己的称扬。这里“天朝”无疑是指大唐。“天朝受命，日本开基”意谓“日本开基”，已得到天朝“受命”（其实日本并没有受到唐朝的册封）。尽管自七世纪初以来，日本力求对唐朝实行“对等外交”，但唐朝毕竟是当时东亚第一大国，事实上不惟唐朝不可能把日本放在与自己对等的地位来看待，就是渤海也不会把日本同唐朝等同起来。就武艺国书而言，在日本天皇方面是“大王天朝受命，日本开基”。在渤海大武艺方面则是“武艺忝当列国，监总诸蕃”。大武艺认为，自己“斥大土宇”“监总诸蕃”，作为一国之君的地位也是得到“天朝”认可的。所谓“忝当列国”，也从另一个层面表明了自己与日本的对等和并列同样。其实这不仅是渤海的认识，也是唐朝的认识。由唐玄宗亲自主撰的《大唐六典》卷三尚书户部条下云：“远夷则控契丹、奚、靺羯、室韦之贡献焉”。这里出现的“靺羯”即靺鞨[6]。这里的“靺羯”，据同书卷四尚书礼部条所释，即包括“远蕃靺鞨”和“渤海靺鞨”渤海[7]。而《大唐六典》于尚书户部之“河南道”条下则云：“远夷则控海东新罗、日本之贡献。”，可见渤海与日本并列作为向大唐朝贡的“远夷”。唐玄宗于开元十二年（724 年）的泰山封禅,《旧唐书·礼仪志》云：“……戎、狄、夷、蛮、羌、胡朝献之国：突厥颉利发，契丹、奚等王，大食、谢䫻、五天十姓，昆仑、日本、新罗、靺鞨之侍子及使，内臣之番，高丽朝鲜王，百济带方王，十姓摩阿史那兴昔可汗，三十姓左右贤王，日南、西竺、凿齿、雕题、牂柯、乌浒之酋长，咸在位。”这里出现的“靺鞨”即包括渤海，可见日本与渤海同样并列作为大唐的“朝献之国”。对应日本天皇的“奕叶重光，本枝百世”的赞美，武艺则称扬自己“复高丽之旧居，有扶余之遗俗”。案高句丽、扶余均为汉魏以来东夷立国中之佼佼者，渤海在“监总诸蕃”——统一和兼并以粟末靺鞨为主体的周边靺鞨旧部的同时，还占据当年高句丽故地——“复高丽之旧居”（也暗指领有高丽遗民），领有扶余遗民——有扶余之遗俗（当然也暗指占据了扶余故地）。武艺的这段言词。就是在夸耀：渤海不仅统一了靺鞨诸部（其实黑水就没有被其统一），还把领地扩大到当年高句丽和扶余之故地（其实高句丽和扶余之故地也没有全部为渤海所占据），并领有其遗民，也取代了过去高句丽、扶余等东夷大国在这一区域的统治地位，已俨然成为可以与日本对等的泱泱大国。

“但以天涯路阻，海汉悠悠，音耗未通，吉凶绝问”。这是说渤海与日本之间此前并无任何联系。

“亲仁接援，庶协前经，通使聘邻，始乎今日”与“时嗣音徽，永敦邻好”都表明了渤海与日本平等外交的意愿。同时也表明渤海此行就是首开渤海、日本邻国通聘之先河。

通观大武艺的“王书”，全篇根本就没有高句丽继承国认识。因此，《续日本纪》中称渤海为“旧高丽国也”完全是日方的误判，是日方对渤海大武艺“王书”中“复高丽之旧居”一语的误读和曲解。

第三，《续日本纪》认为高句丽曾是日本的朝贡国的原始出处。大武艺“王书”中并无高句丽当年曾是日本的朝贡国的相关内容。我认为应该是日本朝廷看到大武艺“王书”有“复高丽之旧居”一语，把“复高丽之旧居”误解为渤海即“旧高丽国也”之后，又格外关注了“高丽”一词。并在此基础上努力寻求日本与高句丽交往的历史材料。据《续日本纪》卷十八在记载孝谦天皇五年（753 年）渤海使慕施蒙一行访日回国时，曾带回孝谦天皇给渤海国王的“玺书”。书中在责问渤海国书“失礼”时，有“但省来启，无称臣名。仍寻‘高丽旧记’，国平之日，上表文云：族惟兄弟，义则君臣。或乞援兵，或贺践祚。修朝聘之恒式，效忠款之恳诚”等语句。所谓“高丽旧记”应是过去日本与高句丽交往、交约等旧档或旧例方面的文书资料。孝谦天皇的上述文字，是说渤海国王这次“来启”“失礼”，不合旧例。其依据就是日方寻查了“高丽旧记”。既然认定渤海是高句丽继承国，那么对渤海王“来启”规范与否，就要寻查“高丽旧记”，看其是否遵循高句丽旧例。这里“仍寻‘高丽旧记’”的“仍寻”二字，说明此前日方省视渤海王“来启”，也曾寻查过“高丽旧记”。回头再看渤海首次来使高齐德所持大武艺王书，其起首正云：“武艺启”。可见渤海使首次来访时，日方正是查寻了所谓的“高丽旧记”。

由此可见，所谓的“高丽旧记”就是《续日本纪》认为高句丽曾是日本的朝贡国的原始出处。需要指出的是，无论所谓的“高丽旧记”是否可信，但它与渤海国无任何关系。

三、日本正史对渤海高句丽继承国认识的修正

日本正史对渤海高句丽继承国认识的修正应源自《续日本纪》之后六国史的第三部《日本后纪》。《日本后纪》完成于仁明天皇承和七年（840 年），原书共四十

卷，现仅存十卷。而涉及渤海国简介或定位部分的前四卷也恰在佚失之中。值得庆幸的是有关内容曾被稍后的史书所抄录。如宇多天皇宽平四年（892年）编纂的《类聚国史》就对六国史的相关内容进行过分类辑录，从而保留了很多珍贵的原始资料。

《类聚国史》卷一九三于桓武天皇延历十五年（796年）四月戊子（二十七）下记载："渤海国遣使贡方物。其王启曰：……又告丧启曰……又传奉在唐学问僧永忠等所附书。渤海国者，高丽之故地也。天命开别天皇七年（668年），高丽王高氏为唐所灭也。后以天之真宗丰祖父天皇二年（698年），大祚荣始建渤海国。和铜六年（713年）受唐册立。其国延袤两千里，无州县馆驿，处处有村里，皆靺鞨部落。其百姓者，靺鞨多，土人少，皆以土人为村长。大村曰都督，次村刺史，其下百姓皆曰首领。土地极寒，不宜水田。俗颇知书。自高氏以来朝贡不绝。"这段史料一直是学术界研讨渤海立国、国情乃至居民构成等方面最为重要的基础史料之一。如渤海立国的确切年份——698年，就是依据这段史料而被学术界普遍认同的。

需要说明的是，上引《类聚国史》的这段史料从"渤海国者"以下的文字，多年来普遍被学术界特别是我国学术界视为"在唐学问僧永忠等所附书"的内容。但据日本渤海史专家石井正敏研究，这段史料从内容上看不应是永忠等人的书信所应言及，因此时日本已与渤海有过多次互访等直接交流，关于渤海方面的情况大可不必转而再从在唐学问僧那里寻求。从体例上看，如果是书信内容，则应在"在唐学问僧永忠等所附书"文字后有一"曰"字[8]。

我认为石井正敏的认识的确有道理。就上述史料本身而言，前有"其王启曰""告丧启曰"，"启"下均有"曰"字，然后才是内容。所以，"渤海国者"以下的文字如果是"在唐学问僧永忠等所附书"的内容，那么在"在唐学问僧永忠等所附书"的"书"字后面确应有"曰"字。

石井正敏认为上述《类聚国史》卷一九三于桓武天皇延历十五年（796年）四月戊子（二十七）下的纪事应录自《日本后纪》。即这部分纪事包括两方面内容：一方面是说渤海使在带来渤海王国书的同时，还捎来在唐学问僧永忠的书信；另一方面是在渤海使出现的同时，介绍了有关渤海立国、国情等情况。另外，日本11世纪初期编纂的《日本纪略》也转录了六国史中的相关内容。《日本纪略》卷十三延历十五年四月戊子条同样转录了上述纪事，但在"渤海国者，高丽之故地也"之前，正是略去了"又传奉在唐学问僧永忠等所附书"语句。而随渤海使的出现介绍渤海历史沿革等情况，正如前引《续日本纪》卷十在渤海使高齐德一行出现的同时，也介绍了渤海国方面的情况。石井正敏的认识已经得到日本学术界有关学者的认同[9]。

《日本后纪》是承《续日本纪》之后而写，其编纂体例也承自《续日本纪》。二者均在渤海使到访之初对渤海国做相应介绍。既然上引《类聚国史》《日本纪略》所载的"渤海国者，高丽之故地也……"等相关文字确系《日本后纪》的佚文，那么，我们就可以对照考察一下这段文字与《续日本纪》的相关文字到底有什么区别。

续日本纪	日本后纪（类聚国史转录）
渤海郡者，旧高丽国也 淡海朝廷（天智天皇时）七年（668年）冬十月，唐将李勣伐灭高丽	渤海国者，高丽之故地也 天命开别天皇（即天智天皇）七年（668年），高丽王高氏为唐所灭也
	后以天之真宗风祖父天皇（即文武天皇）二年（698年），大祚荣始建渤海国。和铜六年（713年），受唐册立。 其国延袤两千里，无州县馆驿，处处有村里，皆靺鞨部落。其百姓者，靺鞨多，土人少，皆以土人为村长。大村曰都督，次曰刺史，其下百姓皆曰首领。土地极寒，不宜水田。俗皆知书
其后朝贡久绝	自高氏以来朝贡不绝

《日本后纪》是承《续日本纪》之后而写，其编纂体例也承自《续日本纪》。二者均在渤海使到访之初对渤海国做相应介绍。

从上表可以看出，《日本后纪》对渤海的介绍完全是《续日本纪》内容格式的套用。除渤海立国时间及相关国情为新加内容外，其余部分均为《续日本纪》所原有，甚至语序用词也在沿袭，只是个别字词稍有变动。但必须注意，已经反映出《日本后纪》与《续日本纪》在对渤海国的认识已经有了变化。

首先，《日本后纪》把渤海的正式称谓由《续日本纪》的“渤海郡”改为“渤海国”，这就修正了《续日本纪》对渤海国称谓的谬误。我们在前面已经指出，《续日本纪》所以称渤海国为“渤海郡”，这是出于日本当时对渤海的不了解，因渤海人是以“渤海郡王使”身份出访日本的，以致错误地推演出渤海郡王所统之地应称之为“渤海郡”。接着，《日本后纪》又直接把《续日本纪》“渤海郡者，旧高丽国也”改为“渤海国者，高丽之故地也”，这就与《续日本纪》对渤海的认识有了本质的变化。我们在前面已经指出，《续日本纪》所以把渤海解释为“旧高丽国也”是出于对渤海大武艺“王书”中“复高丽之旧居”之误读或曲解。显然，“旧高丽国也”和“高丽之故地也”并不是同一个概念。前者强调的是国统沿袭和王朝承续，后者说的是国土区域与地理方位。由此可见，《日本后纪》在渤海国性质定位上已经对《续日本纪》进行了直接修正。

值得注意的是，日本六国史从第三部国史《日本后纪》开始，已不再延续第二部国史《续日本纪》渤海高句丽继承国的认识。《日本后纪》及其后《续日本后纪》《日本文德天皇实录》《日本三代实录》等三部国史的相关纪事中也不再出现“渤海”“高丽”相混的现象。更为重要的是，六国史之后的重要史书，如《类聚国史》《日本纪略》等在渤海国性质定位方面也摒弃了《续日本纪》“渤海郡者，旧高丽国也”的错误认识，而一致转录了《日本后纪》“渤海国者，高丽之故地也”的认识。

注　释

［1］　孙玉良：《渤海史料全编》，吉林文史出版社，1982年。

[2] 刘晓东：《渤海乐性质的文献学考察》，《北方文物》2012年第2期。

[3] 刘晓东：《〈续日本纪〉中“渤海”“高丽”相混纪事考察》，《地域文化》2017年第1期（创刊号）。

[4] 孙玉良：《渤海史料全编·前言》，《渤海史料全编》，吉林文史出版社，1982年。

[5] 田中琢：《平城京》3“文字、木简、陶器”，东京，日本岩波书店，1984年。

[6] 按：“靺羯”乃“靺鞨”之异写，二者均承“勿吉”而来，其承袭顺序应为勿吉——靺羯——靺鞨。参见李玲、东青：《也谈“靺鞨”名称之始见》，《北方文物》1997年第2期。

[7] 就《大唐六典》卷三尚书户部条下之“远夷则控契丹、奚、靺羯、室韦之贡献焉”而言，同书卷四尚书礼部之“凡四蕃之国经朝贡已后，自相诛绝及有罪见灭者，盖三百余国。今所在者，有七十余蕃”条下，唐宰相李林甫等在注其存者中就明确提到“契丹、奚、远蕃靺鞨、渤海靺鞨、室韦”。看到这种排列顺序，大家就会一目了然，即前者引所言的“远夷则控契丹、奚、靺羯、室韦”中的“靺羯”无疑就是《大唐六典》卷四尚书礼部条下的“远蕃靺鞨、渤海靺鞨”。

[8] 石井正敏：《关于渤海在日唐间的中继作用》，《东方学》（51），1976年。石井正敏：《日本渤海关系史研究》第一部第二章、第三部第五章，吉川弘文馆，2001年。

[9] 铃木靖民著，李东源译：《关于渤海首领的基础性研究》，《渤海史译文集》，黑龙江省社会科学院历史所，1986年。

试论渤海瓦当的“图们江流域地域性纹饰”类型

宋玉彬

（吉林大学边疆考古研究中心）

长期以来，由于史料信息语焉不详，加之缺少针对性、规划性的田野考古考察，学术界始终无法在渤海“天宝中王所都”的显州故址问题上达成学术共识，始终难以廓清渤海都城与渤海五京治所的内在关联。

随着《西古城》[1]《渤海上京城》[2]《八连城》[3]考古报告的相继出版，渤海城址乃至渤海文化研究开启了全新的学术阐释时代。信息丰富、数据翔实的考古新发现，不仅为渤海都城故址的辨识与考证提供了全新的学术线索，而且促使学术界思考，如何利用全新的学术平台，及时更新理念、适时引领渤海文化研究的学术进步。

围绕西古城、渤海上京城、八连城新出土的瓦当标本，同时，结合图们江流域渤海瓦构建筑遗存以往的考古发现，笔者提出“图们江流域地域性纹饰”瓦当类型的学术命名，尝试以全新的学术视角解读西古城、渤海上京城始建年代的时间节点问题，借此拓展显州故址研究的学术视野，探寻认知渤海都城历时性变化的具体路径。

一

通过开展考古类型学考察，《西古城》《渤海上京城》《八连城》对其各自所出土的瓦当进行了类型划分。基于全新的研究理念，笔者重新梳理了西古城、渤海上京城、八连城各型瓦当的共性化特征、个性化特点。在宏观的学术视野下，依托文化因素分析，将其各自所划分的瓦当类型进一步整合成不同的组群。其中，西古城、八连城出土的瓦当可以统一整合为3个组群：一是占主导地位的“倒心形”花瓣莲纹瓦当类型，二是唐文化因素“复瓣”莲纹瓦当类型，三是“图们江流域地域性纹饰”瓦当类型。同理，渤海上京城出土的瓦当，可以整合为2个组群：一是占绝对优势地位的“倒心形”花瓣莲纹瓦当类型，二是唐文化因素的“莲蕾纹”“花草纹”瓦当类型。上述分组，源于以下学术认知。

关于“倒心形”花瓣莲纹瓦当，田村晃一认为，此类瓦当初始应用于渤海上京城：作为“渤海特有的莲花纹瓦当，并不存在于迁都上京之前，而是755年迁都上京时，重新设计的具有独特图案的瓦当”[4]；与之不同，通过系列论文，宋玉彬得出“倒心形”花瓣的母题纹饰起源于图们江流域的学术结论[5]。由于存在上述认知分歧，本文将

“倒心形”花瓣莲纹瓦当单列1组。

关于西古城、八连城出土的“复瓣”莲纹瓦当（《西古城》区分的E型、《八连城》区分的B型），以及渤海上京城出土的“莲蕾纹”“花草纹”瓦当，宋玉彬认为，其纹样的形制特点均体现了唐文化因素的影响[6]。

关于“图们江流域地域性纹饰”瓦当类型，包括《西古城》区分的D、F型瓦当，《八连城》区分的C、D、Dc型瓦当[7]。其中，西古城D型=八连城C型，西古城F型=八连城D型，八连城Dc型=西古城G型[8]。需要指出的是，西古城、八连城出土的上述瓦当，另见于图们江流域的龙河南山遗址、台岩遗址、长仁遗址、河南屯寺庙址、河南屯墓葬、龙头山墓地M13～M14等渤海遗存地点[9]。这些遗存地点的考古发现，成为笔者提出“图们江流域地域性纹饰”瓦当类型的基础性数据支撑。下面，简要介绍各个遗存地点的相关发现。

西古城的D型（图一，1～3）、八连城的C型瓦当（图一，8～10），即八朵侧视莲纹瓦当，另见于图们江流域的龙河南山遗址（图一，7）[10]、台岩遗址（图一，5）[11]、河南屯墓葬（图一，4）[12]、龙头山M13～M14（图一，6）[13]。

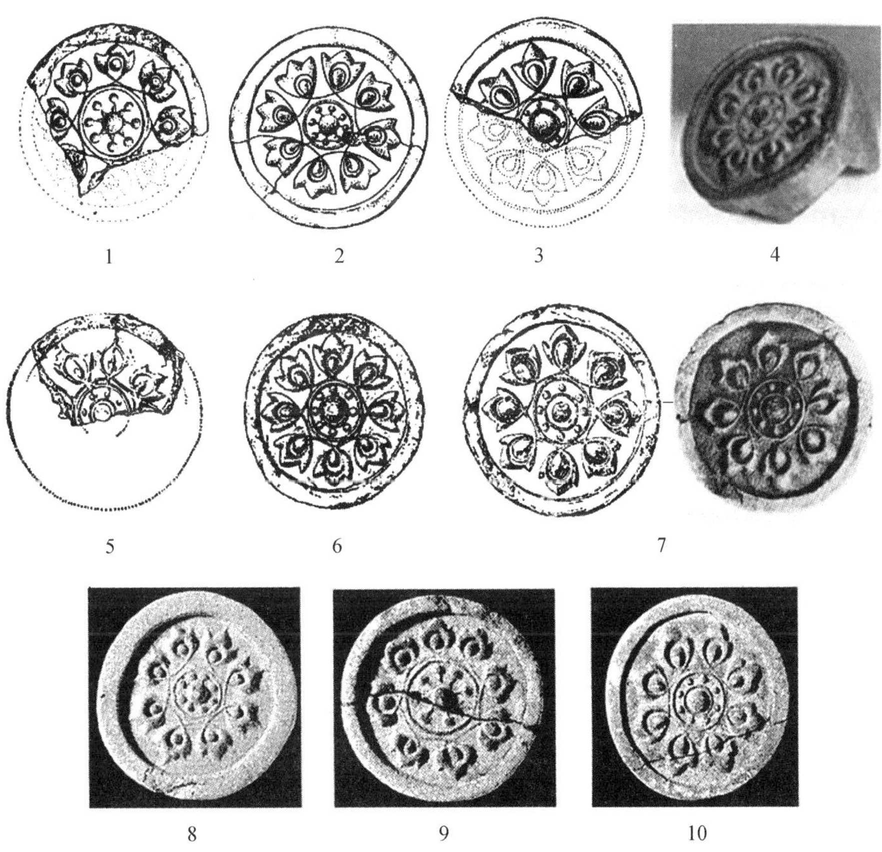

图一　八朵侧视莲纹瓦当

1～3. 西古城　4. 河南屯墓葬　5. 台岩　6. 龙头山　7. 龙河南山　8～10. 八连城

西古城的F型（图二，1、2）、八连城的D型瓦当（图二，5、6），即六枝侧视六叶花草纹瓦当，另见于图们江流域的长仁遗址（图二，4）[14]、河南屯墓葬（图二，3）[15]。

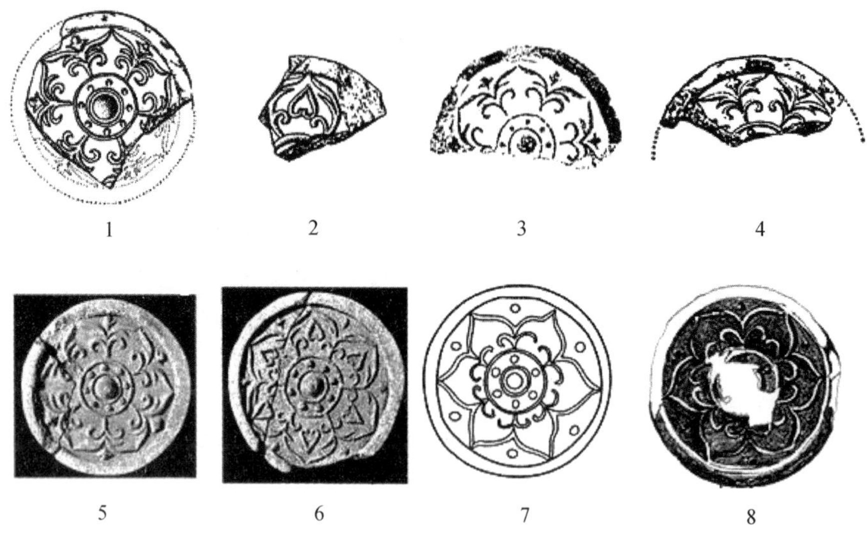

图二　六枝侧视六叶、四叶花草纹瓦当

1、2. 西古城　3. 河南屯墓葬　4. 长仁　5、6. 八连城　7. 龙头山　8. 河南屯寺庙址

西古城的G型（图三，1）、八连城的Dc型瓦当（图三，4），即六枝侧视五叶花草纹瓦当，另见于图们江流域的河南屯墓葬（图三，2）[16]、龙头山M13～M14（图三，3）[17]。

需要指出的是，河南屯寺庙址[18]、龙头山M13～M14[19]出土有同型的六枝侧视四叶花草纹瓦当（图二，7、8），其四叶花草纹主题纹饰与西古城F型、八连城D型瓦当的六叶花草纹主题纹饰相近。结合河南屯寺庙址的具体考古发现，上述两种纹样的细部差异，或为历时性形制变化。即：四叶花草纹瓦当早于六叶花草纹瓦当。

此外，田村晃一在介绍东京大学收藏的渤海上京城出土的瓦当标本时，提及1件六枝侧视六叶花草纹瓦当残块[20]。遗憾的是，与多数登记有出土地点的藏品不同，此件标号为“BT5——61”的瓦当标本，没有标注具体的遗址、遗迹信息。鉴于此，目前尚难以界定其是否出自于渤海上京城。

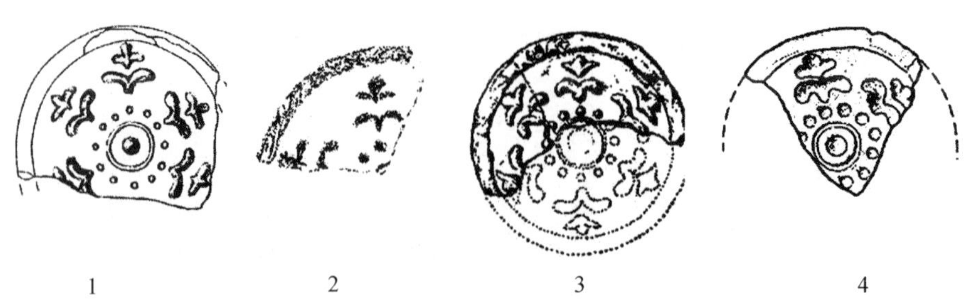

图三　六枝侧视五叶花草纹瓦当

1. 西古城　2. 河南屯墓葬　3. 龙头山　4. 八连城

通过研读《东京城》[21]《六顶山与渤海镇》[22]《渤海上京城》以及田村晃一的系列论文[23]可知，渤海上京城的主体城市设施遗存均已开展过大规模的考古发掘工作，但与西古城、八连城不同的是，在其瓦构建筑遗迹中均缺少“图们江流域地域性纹饰”瓦当类型的考古发现。基于此，笔者认为，如能厘清导致这一现象产生的原因，将有助于廓清西古城、渤海上京城始建年代的相对早晚关系问题。鉴于此，形成了本文命题的学术思考。

二

《西古城》《八连城》对其城址出土瓦当所开展的类型学考察，均止步于瓦当纹样的形制区分，均未能形成有关其各型瓦当相对早晚关系的学术判断。并且，《西古城》《八连城》所公布的基础性数据，也不足以辨识本文所划分的3个瓦当组群彼此间的历时性差别。本文以“图们江流域地域性纹饰”瓦当类型为线索，通过梳理图们江流域出土此类瓦当的各个遗存地点的具体考古发现，寻求廓清西古城、八连城3个瓦当组群相对早晚关系的具体路径，借此推进渤海都城乃至渤海文化研究的学术进步。

除了西古城、八连城，计有4处遗址、2座墓葬出土有“图们江流域地域性纹饰”瓦当类型的遗物标本。下面，简要介绍各个遗存地点出土的瓦当标本。

1. 龙河南山遗址

据《延吉市文物志》“龙河南山遗址”词条[24]，该遗址出土有3种形制的瓦当标本：Ⅰ为八朵侧视莲纹瓦当、Ⅱ为萼形间饰“心形”花瓣瓦当、Ⅲ为三角形间饰“心形”花瓣瓦当。

上述瓦当的纹饰图案，均遵循了“裂瓣纹”的构图理念[25]。

2. 台岩遗址

据《延吉市文物志》“台岩遗址”词条[26]，该遗址出土有3种形制的瓦当标本：Ⅰ为八朵侧视莲纹瓦当、Ⅱ为“‘倒心形’花瓣＋忍冬纹”瓦当、Ⅲ为“X”形间饰“倒心形”花瓣瓦当。

上述瓦当的纹饰图案，分别遵循了“裂瓣纹”（Ⅰ、Ⅲ）、“四分法”（Ⅱ）等两种构图理念。

3. 长仁遗址

据《和龙县文物志》“长仁遗址”词条[27]，该遗址出土有4种形制的瓦当标本：Ⅰ为六枝侧视六叶花草纹瓦当、Ⅱ为“‘倒心形’花瓣＋忍冬纹”瓦当、Ⅲ为“‘弧形纹＋萼形纹’＋萼形纹”瓦当、Ⅳ为萼形花纹瓦当。

上述瓦当的纹饰图案，分别遵循了“裂瓣纹”（Ⅰ、Ⅲ[28]、Ⅳ）、“四分法”（Ⅱ）、多重主题纹饰（Ⅲ）等三种构图理念。

4. 河南屯寺庙址

据《吉林和龙“河南屯古城”复查简报》[29]，河南屯寺庙址出土有7种形制的瓦当标本：Ⅰ为六枝侧视四叶花草纹瓦当、Ⅱ为“萼形纹＋‘萼形纹＋圆珠纹’＋花草纹”瓦当、Ⅲ为“弯月纹＋‘萼形纹＋圆珠纹’＋花草纹”瓦当、Ⅳ为“连珠纹＋花草纹”瓦当、Ⅴ为十字形间饰六瓣“单瓣”花瓣莲纹瓦当、Ⅵ为弯月形间饰六瓣“倒心形”花瓣瓦当、Ⅶ为倒三角形间饰云纹瓦当。

上述瓦当的纹饰图案，分别遵循了“裂瓣纹”（Ⅰ、Ⅴ、Ⅵ、Ⅶ）、“四分法”（Ⅱ、Ⅲ、Ⅶ）[30]、多重主题纹饰（Ⅱ、Ⅲ）等三种构图理念。

5. 河南屯墓葬

据《和龙渤海古墓出土的几件金饰》[31]《吉林省博物馆》[32]，河南屯墓葬出土有4种形制的瓦当标本：Ⅰ为六枝侧视六叶花草纹瓦当、Ⅱ为六枝侧视五叶花草纹瓦当、Ⅲ为八朵侧视莲纹瓦当、Ⅳ为“萼形纹＋‘萼形纹＋圆珠纹’＋花草纹”瓦当。

上述瓦当的纹饰图案，分别遵循了“裂瓣纹”（Ⅰ、Ⅱ、Ⅲ）、“四分法”（Ⅳ[33]）、多重主题纹饰（Ⅳ）等三种构图理念。

6. 龙头山 M13 ~ M14

据吉林省文物考古研究所2005年度龙头山墓地发掘资料，龙头山M13 ~ M14出土有9种形制的瓦当标本：Ⅰ为六枝侧视五叶花草纹瓦当、Ⅱ为六枝侧视四叶花草纹瓦当、Ⅲ为八朵侧视莲纹瓦当、Ⅳ为萼形间饰六瓣“倒心形”花瓣瓦当、Ⅴ为弯月形间饰六瓣“倒心形”花瓣瓦当、Ⅵ为“‘倒心形’花瓣＋忍冬纹”瓦当、Ⅶ为八瓣萼形纹瓦当、Ⅷ为双重花草纹瓦当。

上述瓦当的纹饰图案，分别遵循了“裂瓣纹”（Ⅰ、Ⅱ、Ⅲ、Ⅳ、Ⅴ、Ⅶ、Ⅷ[34]）、“四分法”（Ⅵ）、多重主题纹饰（Ⅷ）等三种构图理念。

需要指出的是，上述6处遗存地点，只有龙头山M13 ~ M14进行过正规的考古清理，其他5处遗存地点出土的瓦当标本均源自于调查、征集。鉴于此，根据现有考古发现编制的表一，其所释放的学术信息存在一定的局限性。

通过表一可知，台岩遗址、长仁遗址（图四，8）、龙头山M13 ~ M14（图四，13）均出土有“‘倒心形’花瓣＋忍冬纹”瓦当。根据图们江流域渤海遗存以往的考古发现，此类瓦当另见于河龙城址（图四，5）、北大城址（图四，6）、东南沟遗址（图四，10）、帽儿山遗址、锦城一队遗址（图四，7）、岛兴遗址（图四，9）、新生寺庙址（图四，3、4）、立新遗址（图四，11）、岐新六队遗址（图四,12）、龙泉坪遗址（图四，14）、影壁山遗址（图四,15）[35]。显然，“‘倒心形’花瓣＋忍冬纹”瓦当是应用更为广泛的“图们江流域地域性纹饰”瓦当类型。鉴于此，需要将此类瓦当纳入基于西古城、八连城出土瓦当而命名的“图们江流域地域性纹饰”瓦当类型的组群之中。

就形制特点而言，“‘倒心形’花瓣＋忍冬纹”瓦当体现了“四分法”构图理念，其

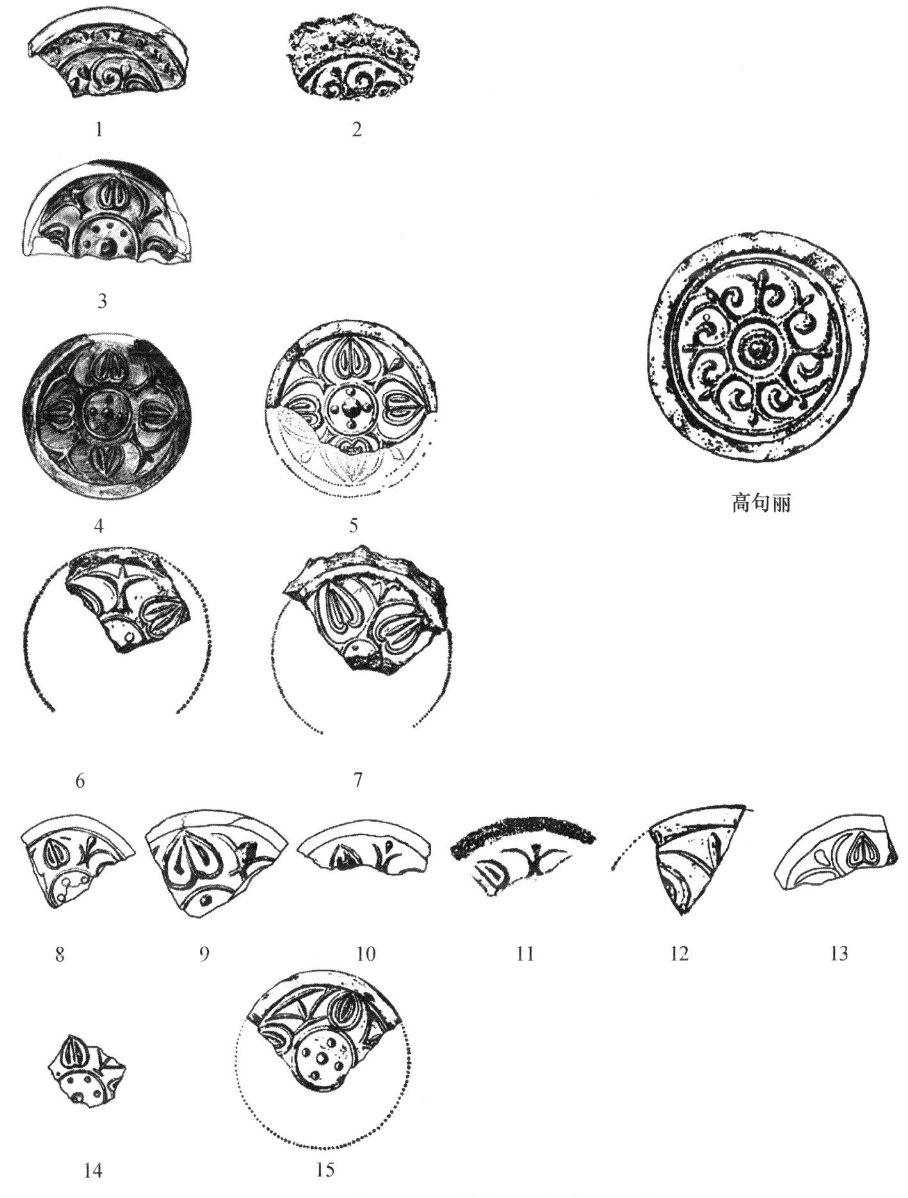

图四 “‘倒心形’花瓣＋忍冬纹”瓦当

1、2. 杨木林子 3、4. 新生 5. 河龙 6. 北大 7. 锦城一队 8. 长仁 9. 岛兴 10. 东南沟 11. 立新 12. 岐新六队 13. 龙头山 14. 龙泉坪 15. 影壁山

他“图们江流域地域性纹饰”瓦当类型则均遵循了“裂瓣纹”构图理念。就文化因素而言，“‘倒心形’花瓣＋忍冬纹”瓦当融合了高句丽（“四分法”构图之复合主题纹饰、忍冬纹）、渤海（“倒心形”花瓣）双重文化因素的影响，其他“图们江流域地域性纹饰”瓦当类型则按照当时东亚地区流行的“裂瓣纹”构图理念构思了地域性纹样。在以往的研究中，笔者曾经指出，“‘倒心形’花瓣＋忍冬纹”瓦当“是探索高句丽文化与渤海文化相互关系的重要学术切入点”[36]。根据现有考古发现，虽然尚不足以明晰“‘倒

心形’花瓣 + 忍冬纹”瓦当与其他“图们江流域地域性纹饰”瓦当类型具体应用的时间节点问题，但不可否认的是，相关问题的学术讨论是一个极具研究空间的命题线索。

关于表一所区分的个性化纹样类型，多为只见于单一遗存地点的独特纹样。透过此类纹样的表象，可以促使学术界思考渤海瓦当纹饰构思的发展脉络。根据以往的学术认知，渤海时期，佛教存在官方、民间两种途径的传播方式[37]。以渤海定都上京为时间节点，渤海建国至大钦茂执政时期，基于民间传播方式而营建的旷野佛寺，其所使用的瓦当多遵循“四分法”构图理念设计了个性化的纹样。大华玙“复还上京”以后，“裂瓣纹”构图、单一主题纹饰的“倒心形”花瓣逐渐成为渤海境内普及化推广应用的瓦当纹样。

表一　“图们江流域地域性纹饰”瓦当及其共出瓦当的纹样类型

	侧视六叶花草纹	侧视五叶花草纹	侧视四叶花草纹	八朵侧视莲纹	“倒心形”花瓣	“倒心形”花瓣＋忍冬纹	个性化纹样
渤海上京城	?[38]				√	?[39]	√[40]
西古城	√	√		√	√		
八连城	√	√		√	√		√[41]
龙河南山				√			√
台岩				√	√	√	
长仁	√					√	√
河南屯寺			√		√		√
河南屯墓葬	√	√		√			√
龙 M13 ~ M14		√	√	√	√	√	√

表二　“图们江流域地域性纹饰”瓦当及其共出瓦当的构图理念

	裂瓣纹	四分法	多重主题纹饰
西古城	√		
八连城	√		√
龙河南山	√		
台岩	√	√	
长仁	√	√	√
河南屯寺	√		√
河南屯墓葬	√		√
龙 M13 ~ M14	√	√	√

通过表二可知，出土“图们江流域地域性纹饰”瓦当标本的遗存地点，“裂瓣纹”图案是其均已采用的瓦当构图理念，即使是按照多重主题纹饰构图理念设计的瓦当类型，其内圈主题纹饰也不乏“裂瓣纹”构图模式。以宏观的学术视野审视渤海存国期间东亚地区瓦当流行的构图理念，显然，遵循时尚、体现“裂瓣纹”构图理念的“图们江

流域地域性纹饰”瓦当类型，其初始应用的时间不会早于体现高句丽文化因素影响的“‘倒心形’花瓣+忍冬纹”瓦当。

三

迄今为止，渤海国境内计有77处遗存地点出土了渤海瓦当标本。其中，53处遗存地点属于旷野类型遗址[42]。目前，实施过考古清理的此类旷野遗址，其所揭露的瓦构建筑遗迹均已被证实为佛寺遗存。种种迹象表明，渤海存国期间，檐头筒瓦尚没有普及应用到民居建筑。鉴于此，笔者在撰写博士学位论文时，便将出土渤海瓦当的旷野遗址均归类为渤海时期的佛寺遗存地点加以学术梳理[43]。

珲春河流域古城村1号寺庙址的考古发现表明，伴随佛教东渐，高句丽时期营建的瓦构佛寺结束了图们江流域“茅茨土阶”时代[44]。基于此，渤海建国初期的瓦构建筑，其所使用的檐头筒瓦（瓦当），首先接受了高句丽瓦当文化因素的影响。具体而言，肇始于高句丽以国内城为都时期的图们江流域瓦构建筑，其“裂瓣纹”构图的瓦当接受了三燕文化、高句丽文化的双重影响（见于古城村1号佛寺遗存）；高句丽迁都平壤以后，“四分法”构图的忍冬纹瓦当成为图们江流域新的瓦当类型（见于杨木林子佛寺遗存，图四，1、2）；建国初期的渤海瓦构建筑，其瓦当的纹饰图案延续了高句丽瓦当“四分法”的构图理念，但其主题纹饰则主要源自于个性化的审美取向[45]。其中，见于多处遗存地点、遵循“四分法”构图理念的“‘倒心形’花瓣+忍冬纹”瓦当表明，渤海时期，源自于高句丽文化的忍冬纹，不仅已经由单一主题纹饰转变为复合主题纹饰之一，而且没有被都城瓦构建筑所使用的瓦当所采用。

渤海第三代王大钦茂统治时期，基于其所奉行的“宪象中原”的政治举措，唐文化逐渐取代高句丽文化，成为引领社会进步的新的时尚风标。在这一社会背景下，按照中原地区流行的“裂瓣纹”构图理念构思的“图们江流域地域性纹饰”瓦当类型，开始取代“四分法”构图理念的瓦当类型，成为图们江流域瓦构建筑的新标识。

据《册府元龟》记载：“开元元年十二月，靺鞨王子来朝，奏曰：‘臣请就市交易，入寺礼拜’许之”[46]。上述朝贡史料折射的佛教信息是，“礼佛”已经成为建国初期的渤海统治集团的重要日常活动。根据西古城、八连城的城市建置，大钦茂时期的“礼佛”行为均在城外寺庙举行。显然，游离于政治制度之外的佛教文化，应该先于唐文化融入了渤海人的生活。

关于在西古城、八连城已经占据主导地位的“倒心形”花瓣莲纹瓦当，通过《渤海瓦当“倒心形”花瓣母题纹饰探源》一文[47]，笔者阐释了“倒心形”花瓣起源于图们江流域的学术主张。并且，基于类型学考察进一步指出，西古城、八连城出土的体现唐文化因素影响的“复瓣”莲纹瓦当，在八连城完成了由“复瓣”向“倒心形”花瓣的形制转化（图五）。至于西古城、八连城所见“图们江流域地域性纹饰”瓦当类型，结合河南屯寺庙址的考古发现，笔者认为，此类瓦当在都城建筑中的具体应用，应该源自于图们江流域佛寺建筑的影响。同时，牡丹江流域旷野类型遗存地点出土的瓦当标本表

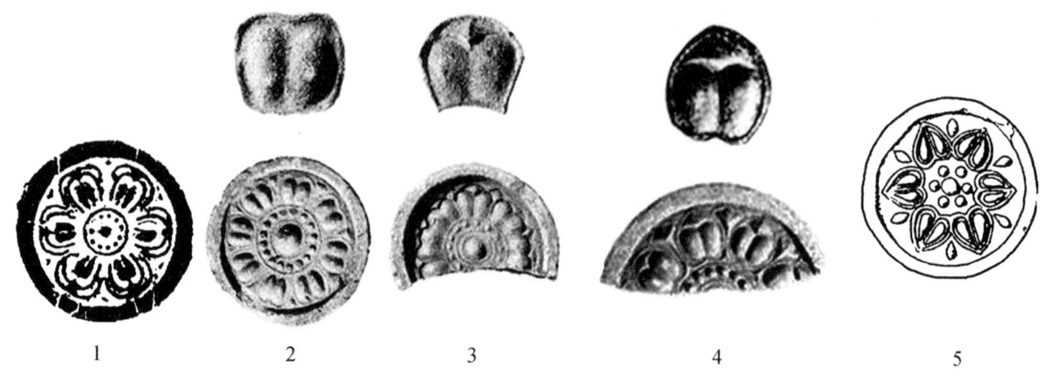

图五　“复瓣”“倒心形”花瓣瓦当

1. 唐　2～4. 八连城　5. “倒心形”瓦当

明，“天宝末”渤海迁都上京之前，佛教东渐可能还没有波及牡丹江中下游地区[48]。

综上，本文提出以下学术假说：

第一，“图们江流域地域性纹饰”瓦当类型肇始于图们江流域佛寺瓦构建筑，此类瓦当标志着“裂瓣纹”图案取代“四分法”图案成为渤海瓦当新的构图理念。其在西古城、八连城的具体应用，则是接受了佛寺瓦构建筑的影响。西古城、八连城占主导地位的“倒心形”花瓣瓦当，其母题纹饰也应起源于图们江流域佛寺瓦构建筑。具有唐文化形制特点的“复瓣”莲纹瓦当则是大钦茂执政时期“宪象中原”举措的具体体现。

第二，目前所见渤海上京城出土的瓦当，主要是大华玙“复还上京”后留存的遗物。其时，都城的瓦构建筑已经摒弃了“图们江流域地域性纹饰”瓦当类型，虽然存在少量接受唐文化因素影响的“莲蕾纹”“花草纹”瓦当，但“倒心形”花瓣瓦当不仅拥有绝对优势地位，而且逐渐成为渤海瓦构建筑普遍采用的瓦当纹样。

第三，基于“图们江流域地域性纹饰”瓦当类型的具体应用情况推断，西古城是渤海“天宝中王所都”的显州故址；贞元时为都的八连城，完成了由“复瓣”莲纹向“倒心形”花瓣的同化改造；渤海都城“复还上京”后，西古城、八连城为都时所使用的瓦当，只有“倒心形”花瓣瓦当得以沿用。

附记：本文系国家社科基金2016年度重大课题项目“东北亚视野下的渤海遗存研究”（16ZDA149）的阶段性研究成果。

注　释

[1]　吉林省文物考古研究所等：《西古城——2000～2005年度渤海国中京显德府故址田野考古报告》，文物出版社，2007年。

[2]　黑龙江省文物考古研究所：《渤海上京城——1998～2007年度考古发掘调查报告》，文物出版社，2009年。

[3]　吉林省文物考古研究所等：《八连城——2004～2009年度渤海国东京故址田野考古报告》，文物出版社，2014年。

[4] 〔日〕田村晃一:《关于渤海瓦当花纹的若干考察》,《青山史学》第19号,青山学院大学史学研究室,2001年。中译本(李云铎译),《历史与考古信息·东北亚》2003年第1期。

[5] 宋玉彬:《渤海瓦当纹饰的文化因素分析》,《中国考古学会第十二次年会论文集》,文物出版社,2010年;《渤海瓦当研究》,吉林大学2011年博士学位论文;《渤海瓦当“倒心形”花瓣母题纹饰探源》,《庆祝张忠培先生八十岁论文集》,科学出版社,2014年。

[6] 宋玉彬:《渤海瓦当研究》,吉林大学2011年博士学位论文。

[7] 笔者认为,《八连城》区分的Dc型瓦当与其Da、Db型瓦当存在明显的形制差别,应重新予以分型命名。

[8] 2009年,在西古城内城排水设施遗迹的垫层中出土了一种新型瓦当,宋玉彬在其博士学位论文《渤海瓦当研究》中,将其命名为西古城的G型瓦当(宋玉彬:《渤海瓦当研究》,吉林大学2011年博士学位论文),其后公布的考古简报中,称之为E型瓦当(吉林省文物考古研究所等:《吉林和龙西古城城址2007~2009年发掘简报》,《文物》2016年12期)。

[9] 同[6]。

[10] 吉林省文物志编委会:《延吉市文物志》(内部资料),1986年。

[11] 同[10]。

[12] 郭文魁:《和龙渤海古墓出土的几件金饰》,《文物》1973年第8期。

[13] 吉林省文物考古研究所龙头山墓地发掘资料。

[14] 吉林省文物志编委会:《和龙县文物志》(内部资料),1984年。

[15] 同[12]。

[16] 同[12]。

[17] 吉林省文物考古研究所龙头山墓地发掘资料。

[18] 吉林大学边疆考古研究中心等:《吉林和龙“河南屯古城”复查简报》,《文物》2017年第12期。

[19] 吉林省文物考古研究所龙头山墓地发掘资料。

[20] 〔日〕田村晃一:《上京龍泉府址出土瓦当の蓮花文に関する考察》,《東アジアの都城と渤海》,財団法人東洋文库,平成7年3月;中译本(唐淼译),《上京龙泉府出土莲花纹瓦当研究》,《东北亚考古资料译文集》(7),北方文物杂志社,2007年。

[21] 〔日〕东亚考古学会:《东京城——渤海国上京龙泉府址的发掘调查·附录》,东方考古学丛刊甲种第五典,1939年。

[22] 中国社会科学院考古研究所:《六顶山与渤海镇——唐代渤海国的贵族墓地与都城遗址》,中国大百科全书出版社,1997年。

[23] 〔日〕田村晃一:《关于渤海瓦当花纹的若干考察》,《青山史学》第19号,青山学院大学史学研究室,2001年;中译本(李云铎译),《历史与考古信息·东北亚》2003年第1期;《关于渤海瓦当的再考察》,《早稻田大学大学院文学研究科纪要》第47辑第四分册,2002年;中译本(何恭倨译),《历史与考古信息·东北亚》2003年第2期;《关于渤海上京龙泉府址—东京城出土的瓦当》,《渤海都城的考古学研究》,平成14、15年度科学研究经费补助金[基础研究(C)];中译本(郝海波译),《历史与考古信息·东北亚》2007年第1期;《上京龙泉府出土莲花纹瓦当的研究》,《东亚的都城与渤海》,财团法人东洋文库,2005年;中译本(唐淼译),

《东北亚考古资料译文集》(7)，北方文物杂志社，2007年。

[24] 同[10]。

[25] 关于瓦当构图理念的认知，源自于李零先生学术主张的启迪。即，秦汉至十六国时期，瓦当流行“四分法”构图理念。至迟南北朝时期，受佛教东渐的影响，瓦当开始流行“裂瓣纹”构图理念。关于此，请参考李零的系列论文《说云纹瓦当——兼论战国秦韩铜镜上的四瓣花》《“方华蔓长，名此曰昌”——为“柿蒂纹”正名》《论西辛大墓的裂瓣纹银豆——兼谈我国出土的类似器物》,《万变》，生活·读书·新知三联书店，2016年。

[26] 同[10]。

[27] 吉林省文物志编委会:《和龙县文物志》(内部资料)，1984年。

[28] “‘弧形纹＋萼形纹’＋萼形纹”瓦当，多重主题纹饰构图理念瓦当，其内圈主题纹饰遵循了“裂瓣纹”构图理念。

[29] 同[18]。

[30] “萼形纹＋‘萼形纹＋圆珠纹’＋花草纹”瓦当、“弯月纹＋‘萼形纹＋圆珠纹’＋花草纹”瓦当均为多重主题纹饰构图理念瓦当，其内圈主题纹饰均遵循了“四分法”构图理念。

[31] 同[12]。

[32] 吉林省博物馆:《吉林省博物馆》，文物出版社，1992年。

[33] “萼形纹＋‘萼形纹＋圆珠纹’＋花草纹”瓦当，多重主题纹饰构图理念瓦当，其内圈主题纹饰均遵循了“四分法”构图理念。

[34] 双重花草纹瓦当，其内圈主题纹饰遵循了“裂瓣纹”构图理念。

[35] 同[6]。

[36] 宋玉彬:《渤海瓦当研究》，国家社科基金2013年度项目(13BKG011)结项成果。

[37] 宋玉彬:《文字瓦视角下的渤海佛教遗存研究》，未刊稿。

[38] 田村晃一言及的东京大学收藏的“BT5——61”的瓦当标本，其出土地点存疑。参见〔日〕田村晃一:《上京龍泉府址出土瓦当の蓮花文に関する考察》,《東アジアの都城と渤海》，財团法人東洋文库，平成7年3月；中译本(唐森译),《上京龙泉府出土莲花纹瓦当研究》,《东北亚考古资料译文集》(7)，北方文物杂志社，2007年。

[39] 《渤海上京城》公布的“B型四瓣莲纹瓦当”，与“‘倒心形’花瓣＋忍冬纹”瓦当具有相同的构图理念。参见黑龙江省文物考古研究所:《渤海上京城——1998～2007年度考古发掘调查报告》，文物出版社，2009年。

[40] 意指渤海上京城出土的接受唐文化因素影响的“莲蕾纹”“花草纹”瓦当。

[41] 作为孤例，八连城出土1件“乳钉纹”瓦当，参见吉林省文物考古研究所等:《八连城——2004～2009年度渤海国东京故址田野考古报告》，文物出版社，2014年。

[42] 同[36]。

[43] 同[6]。

[44] 吉林大学边疆考古研究中心等:《吉林珲春古城村1号寺庙址遗物整理简报》,《文物》2015年第11期。

[45] 佛教传入高句丽以后，高句丽瓦当接受了佛教的纹饰题材，但其始终固守“四分法”构图理念。并且，其“四分法”构图理念对建国初期的渤海瓦当形成重要影响。

[46] （宋）王钦若《册府元龟》，中华书局，1982年，第11405页。

[47] 宋玉彬：《渤海瓦当“倒心形”花瓣母题纹饰探源》，《庆祝张忠培先生八十岁论文集》，科学出版社，2014年。

[48] 基于现有的考古发现，牡丹江中下游地区旷野类型遗址中出土的瓦当，其纹饰多为“裂瓣纹”构图的“倒心形”花瓣。

宋代埋葬制度和丧葬习俗研究

董新林

（中国社会科学院考古研究所）

探讨宋代埋葬制度和丧葬习俗，必须要置于“唐宋变革”的历史背景之下。政治上，宋代彻底摧垮士族门阀制度，形成皇权至上的中央集权为特色的官僚体制；经济上，宋代农业和手工业得以全面发展，商品经济促进了城市格局和社会结构的重大变化。思想文化上，宋代兼容并蓄，王安石新学、程朱理学、陆九渊心学等都对后世产生重要影响。形成以儒学为主体，以佛、道为辅翼的文化格局。释儒道相互融合，从王室权贵之间，走入百姓的日常生活之中。精神文化呈现明显世俗化的倾向。这些情况自然都对丧葬礼仪产生重要影响。可以说宋代埋葬制度和丧葬习俗，在一定程度上承袭了唐代的传统，又逐渐形成宋代特有的礼俗。埋葬制度和葬俗是有所不同的。埋葬制度通常是带有政府行为，有严格的等级规范。葬俗属于民间的习俗，约定俗成的礼仪，带有一定的随意性。

鉴于考古学研究的局限性和个人学识，这里仅择要对宋代的埋葬制度和葬俗做些梳理。

一、埋 葬 制 度

埋葬制度体现在政府的礼仪规章制度上。宋代的《开宝通礼》《政和五礼新仪》及司马光的《司马氏书仪》、朱熹的《家礼》等官私礼书，都对丧葬礼仪作了详细规定。《政和五礼新仪》记载，丧葬礼仪要分品官丧仪、庶人丧仪两个方面，在具体内容和细节中存在尊卑等级的差异。《政和五礼新仪》载：北宋丧葬仪式大致分为：初终、小敛、大敛、成服、吊赙、启殡、葬、祭后土、虞、小祥、大祥、谭、衬等内容。大体涵盖了死后报丧、葬前祭奠、殡葬、葬后祭祀等多种礼仪在内[1]。

考古学是以实物为依据进行研究的科学。一些丧葬过程中的礼仪只能依据有文字的资料记述。同时，考古发现的新资料，在一定程度上可以印证文献准确与否，甚至可以弥补文献等记载的不足。因此说，考古发掘的墓葬资料，无疑是探讨宋代墓葬制度的重要素材。

北宋时期堪舆术十分盛行。仁宗时曾有王洙等奉敕编纂《地理新书》，为当时的地理官书。 郭璞《葬经》也被时人所推崇。《司马氏书仪》卷七中对此有所记述：“世俗信葬师之说，既择年月日时，又择山水形势，以为子孙贫富贵贱，贤愚寿夭，尽系于此。”更有甚者，“世人惑璞之说，有贪求吉地未能惬意，至十数年不葬其亲者；有既葬以为不吉，一掘未已，至掘三掘四者；有因买地致讼，棺未入土而家已萧条者；有兄弟数人惑于各房风水之说，至骨肉化仇雠者。凡此数祸，皆璞之书为之也。”[2]

《地理新书》卷十三《冢穴吉凶·步地取吉穴》条云：“凡葬有八法，步地亦有八焉……八曰昭穆，亦名贯鱼，入先茔内葬者，即左昭右穆，如贯鱼之形……惟河南、河北、关中、垅外并用此法。”[3]《宋会要辑稿》详细记载了宋代皇家选择陵地和墓仪制度的情况。赵宋的皇家陵园规划按照《地理新书》“五音姓利说”进行布局规划。赵姓属角音，为吉地之位，可以福祉子孙后代。皇帝和皇后等丧葬礼仪规定严格。北宋帝陵的考古调查、勘测和试掘，与文献相佐证[4]。

《政和五礼新仪》对品官墓葬规格做了明确说明：墓一品方九十步，二品方八十步，三品方七十步，四品方六十步，五品方五十步，六品方四十步，七品以下方二十步，庶人方十八步；坟一品高一丈八尺，二品高一丈六尺，三品高一丈四尺，四品高一丈二尺，五品高一丈六品以下高八尺，庶人高六尺；墓域门及四隅四品以上筑网，六品以上立侯，七品以下（庶人同）封茔；碑璃首趺上高九尺，褐主首方趺上高四尺，兽四品以上六,六品以上四。

从考古发现看，不仅宋代帝陵有陵园，而且贵族墓地多发现墓园。宋代贵族坟墓上有封土，墓前树立石刻的神道碑、经幢，以及羊、虎、翁仲等石像生。

包拯家族墓地[5]为北高南低的坡形地，略高于周边田地。范围东西 64、南北宽 52 米。南宋庆元五年（1199 年）《重修孝肃包公墓记》记载此墓地“缭以周墙，方一百五十五步”，“祭享有堂”。墓地前面原有石人、石马、石羊各一对，以及石碑两通等。包拯生前为枢密副使，属正二品。这与《宋史·志第七十七·诸臣丧葬等仪》的规定大体符合。墓地地表分布 10 余座大小不等的土冢，多高 2～3 米不等。其中间的 M6 最高大，达 5 米左右。共清理 12 座墓，出土了包拯夫妇、大儿媳崔氏、二儿子儿媳包绶夫妇和孙子包永年的墓志铭（图一）。墓地大体从以 M8 和 M6 为中轴线，居北。东南侧 6 墓分 2 排（由西而东）：上排位包绶夫妇墓（M5）和 M9；下排为包繶夫妇墓（M7）和包永年墓（M4），以及 M3、M2。西向东排列。西南侧有 2 排：上排为包拯夫妇迁葬墓 M1；下排为 M12、M11 和 M10。值得注意的是，M8 和 M6 为变体类屋式墓，为中原葬制，而且规模最大，推测为包拯夫妇原葬墓是有道理的。其他墓则为类椁式墓和土坑竖穴墓。在此墓地西北约 3、4 千米处，有包拯父亲包令仪墓[6]。据清代道光年间庐州《包氏支谱》上墓图，包令仪墓前有 2 石人、2 石羊、2 石虎，并有“宋故赠刑部侍郎包公神道碑”。

陕西蓝田北宋吕氏家族墓地[7]，背依潼山，面向灞水。东西两侧各有小河注入灞河。墓地东、西、北三面有兆沟，正南方轴线有家庙遗址，北面为墓葬群，已发掘 29 座墓，成人墓 20 座，余为婴幼儿墓。第一代墓主吕通葬在墓地轴线最南端，其北侧葬二子吕英等；再北侧葬孙辈，其中包括著名人物吕大临等。依此类推。这是迄今发现保存最好的北宋家族墓地，具有重要学术价值。墓葬均为竖穴墓道、平顶或拱顶土洞墓

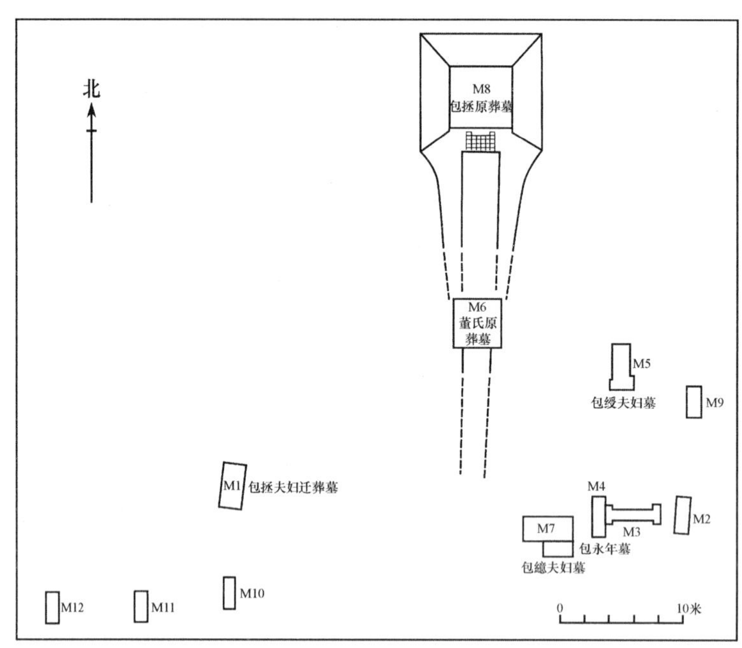

图一　安徽合肥包拯家族墓地示意图

室，墓道东、西两壁设三角形踏窝各一排。成人墓有单室墓、单主室带侧室、前后双室、并列双室、前单室后双室等。出土有陶瓷、玉石、铜铁、金银、漆木、骨器等随葬品达655件（组）。其中砖、石墓志共24合。

在南方地区，有些大墓单设茔园。南宋绍兴二十六年（1156年）郑刚中墓[8]的茔园，由南而北为神道（原有石像生）、享堂？、砖铺地坪、八边形须弥座圆顶坟丘封土及其地下墓室、环道、圆形砖砌墓墙（原文称环墉）、四角阙式建筑，以及茔园内砖铺地坪等部分。郑刚中墓为砖筑类椁式墓，双椁室南北并列，券顶。墓室凿在基岩中，前面有墓道。椁室呈凸字形。椁后壁上有小壁龛。设有排水沟。南椁室墓主人郑刚中曾任川陕宣抚副使和资政殿学士，文官散阶为朝奉大夫（正五品），爵号为郡侯，食邑一千二百户。墓志内容与《宋史》记载基本吻合[9]。贵族茔园与平民茔园不同之处，在于有神道石像生。

南宋淳祐八年（1248年）浙江云和正屏山墓[10]的地面茔园保存完好，不见神道石像生（图二）。坐西朝东，沿中轴线布局，西高东低，呈阶梯状。从后到前，茔园依次由圆形石砌围墙、环道、半圆形坟丘封土及其下方墓室、坟丘正面的砖雕须弥座、坟丘前方拜坛、台阶及其方形平台、长方形墓祠堂（墓前祭祀建筑）及两侧排水沟和道路、三瓣蝉翅慢道和最下方的平台等。这是目前发现结构最为清楚的宋代茔园，是研究宋代墓葬习俗的重要资料。

《宋史》卷一百二十四《志第七十七·礼二十七·凶礼三》载："诏葬。《礼院例册》：诸一品、二品丧，敕备本品卤簿送葬者，以少牢赠祭于都城外，加璧，束帛深青二、纁二。诸重：一品柱鬲六，五品已上四，六品已下二。诸铭旌：三品已上长九尺，

图二　浙江云和正屏山宋墓全景（东北—西南）

五品已上八尺，六品已上七尺，皆书某官封姓之柩。诸輀车：三品已上油幰、牛丝络纲施襈，两厢画龙，幰竿诸末垂六旒苏；七品已上油幰、施襈，两厢画云气，垂四旒苏；九品已上无旒苏；庶人鳖甲车，无幰、巽、画饰。诸引、披、铎、翣、挽歌：三品已上四引、四披、六铎、六翣、挽歌六行三十六人；四品二引、二披、四铎、四翣、挽歌者四行十六人；五品、六品挽歌八人；七品、八品挽歌六人；六品、九品 谓非升朝者挽歌四人。其持引、披者，皆布帻、布深衣；挽歌，白练帻、白练褠衣，皆执铎、綍，并鞋袜。诸四品已上用方相，七品已上用魌头。诸纛：五品已上，其竿长九尺；已下五尺已上。诸葬不得以石为棺椁及石室。其棺椁皆不得雕镂彩画、施方牖槛。棺内不得藏金宝珠玉。"

上述文献提及不同等级的品官送葬规模不同，为考古学研究提供了重要参考。特别是最后提及的"诸葬不得以石为棺椁及石室。其棺椁皆不得雕镂彩画、施方牖槛。棺内不得藏金宝珠玉"的内容，应是政府对丧葬制度的重要规定。

宋朝政府明令丧葬中禁止使用石材，并且设有监葬官。一般的品官通常会遵循丧礼规定，不敢越制。从考古发现看，从北宋到南宋，在南方地区的平民墓葬使用石材构建的类椁式墓屡见不鲜[11]，但这些小型的类椁式墓似乎不在违规之内。司马光曾谈到："今疏土之乡，亦直下为圹，或以石、或以砖为藏，仅令容柩，以石盖之。每布土盈尺实蹑之，稍增五尺以上，然后用杵筑之，恐土浅震动石藏故也。自是布土，每尺筑之至于地平，乃筑坟于其上。丧葬令：‘不得以石为棺椁及石室，谓其侈靡。’……此但以石御土耳，非违令也”。[12]

宋代的品官墓确实极少见使用石材修筑墓室的。目前在长江以北地区发现的几座石筑品官墓，都是较为特殊的人物。河南密县元祐九年（1094年）冯京墓[13]的类椁式墓的椁室使用石材。无独有偶，洛阳元丰八年（1085年）王栱辰墓[14]，也用青石条砌筑墓室[15]。冯京和王栱辰为同僚，均是仁宗、英宗、神宗和哲宗四朝元老，同为保守派反对王安石变法的重要人物，为皇帝所倚重。其下葬之时又恰逢保守派执政期间。或许得到特殊的礼遇。安徽合肥嘉祐八年（1063年）包拯墓（M8）和熙宁元年（1068年）包拯夫人董氏墓（M6）为条石砌筑的类屋式墓[16]，上原有封土堆。包拯官拜枢密副使，为宋仁宗朝野所敬畏的名臣。以包拯为官清廉之家风，若得不到朝廷特许，定不会违规使用石材修筑墓室。

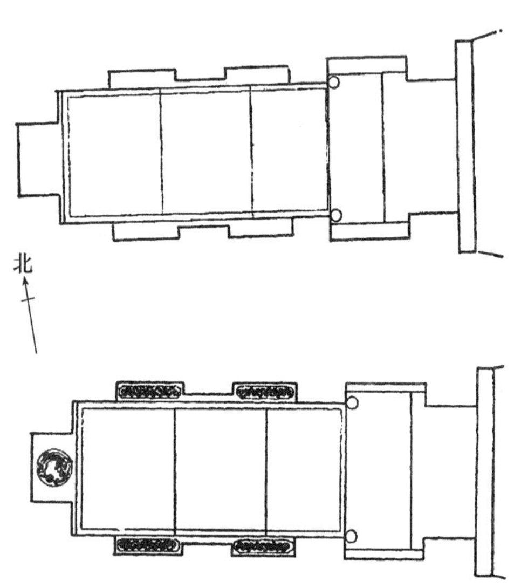

图三　四川彭山虞公著墓平面图

但是，川贵地区的石筑类屋式墓，却有相当多的达官显贵。如资中赵雄墓[17]（从一品）、华蓥安丙夫妇墓[18]（从二品）、遵义杨粲墓[19]（从四品以上）、彭山虞公著夫妇墓（从五品）（图三）等。川贵地区长期与黄土高原和北方长城地区有着较为密切的联系，形成了半月形地带[20]。这里流行石筑平顶的类屋式墓，可能与两宋之际，陕晋人口躲避战乱入川有一定关系[21]。川贵地区自古就是一个较为独立的自然地理和文化地理单元，远离中央集权的中心区域。一些品官墓使用石材，除了个别墓主人可能有朝廷特赐外，显然一些葬者是有意冒险违规的。这或许表明南宋时禁止使用石材的规定已不严格，抑或另有缘故，尚有待进一步研究。

砖筑类屋式墓是中原及北方地区最流行的墓葬形制。砖筑类屋式墓分有壁饰和无壁饰两种。有壁饰砖墓有砖雕和壁画两种。通常是在墓门和墓室内壁面用砖砌出柱、枋、斗栱、檐椽和门窗等仿木结构建筑，将墓室装饰成居室和宅院的形式。仿木结构砖筑类屋式墓大体从晚唐开始，在冀北和北京地区开始出现，多是贵族品官墓，如北京翠微路唐大中元年（847年）张氏墓[22]。北宋早期的一些达官显贵仍用这类墓。宋太宗元德皇后李氏墓为砖筑圆形单室墓[23]，墓室内壁有雕10根仿木结构倚柱，上承单下昂重栱四铺作斗栱。壁面砖雕桌、椅、灯檠、衣架、盆架和门窗等。砖雕屋檐以上彩绘宫室楼阁。而北宋晚期魏王赵頵夫妇合葬墓[24]也是砖筑类屋式墓，由墓道、甬道、甬道两侧各一耳室、墓门和圆形主室组成（图四）。仅墓门为仿木构门楼，门额上砌有一斗三升斗栱。墓室内壁没有任何装饰。政和四年（1114年）河东路第六将正将田子茂墓为砖

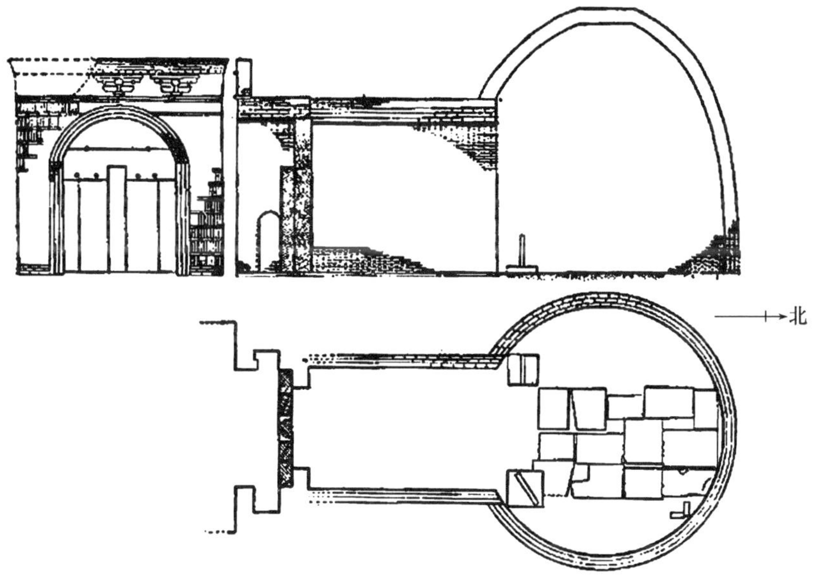

图四 河南宋魏王赵頵墓平、剖面图

筑类屋式墓[25]，出土29件铜器等随葬品，但墓室内壁没有装饰。因此，推测北宋后期起，北方地区品官墓主要采用没有装饰的砖筑类屋式墓形式。这是反映了宋代丧礼规定的“棺椁不得雕镂彩画，施方牖槛”的葬制在品官和显贵中得到了较好的执行[26]。

宋代葬仪在考古发掘中可以窥见些端倪。有些墓有专门的享堂或家庙，如陕西吕大临家族墓地；有些墓在墓室内设有供台或供桌，供放鱼、肉、果品、茶、酒等祭奠物品。如湖北麻城阎良佐墓享堂长0.78、宽1.76米，堂中横置一块长方形的石质祭台（右堂祭台为两块重叠），台上摆置不少随葬瓷器。左右两堂之间镶嵌一合墓志铭。可以说葬时祭奠是必不可少的葬仪。

漏泽园是宋代官设的墓葬制度之一。漏泽园设置始于北宋神宗元丰年间[27]，盛于徽宗年间，延续到南宋，是官办用以集中埋葬贫苦人民和无主尸骨的公共墓地。《宋史》卷一五《本纪第十五·神宗二》载，（元丰二年三月）“辛未，诏给地葬畿内寄菆之丧，无所归者官瘗之。”《宋史》卷一九《本纪第十九·徽宗一》也有（崇宁三年二月）“丁未，置漏泽园”的记载。考古发现最早的漏泽园是在山西吕梁县石楼中学，刻铭砖盖在骨灰罐上[28]。后来在河南洛阳、南阳、三门峡、华县、河北磁县、陕西岐山、江苏丹阳、四川绵竹和郫县、重庆市郊和云阳等地都有发现。目前有纪年的漏泽园墓砖主要是在徽宗年间。漏泽园主要是官府负责，也有寺庙开设的。收葬死者时都有记录，并刻铭于墓中。据《宋会要》载，漏泽园是按千字文编号，由小保长兼理此事。死者身份都是宋代社会的底层群体，有军人（包括厢军中的士兵、下级军官及其家属）、劳动密集地区的雇工及其家属、安济坊人、居养坊人、狱中罪人，以及客死异乡者和路倒者等。此类墓多是用陶或瓷罐装骨灰，在罐或死者身上盖一块砖，砖上一般刻有死者编号、籍贯、身份、死因和收葬时间等。各地葬式有所不同，如山西吕梁采用骨灰罐上盖铭砖的方式；河南洛阳漏泽园的墓葬是在土坑内置铭砖[29]；河北磁县观台窑附近墓葬[30]采用木棺和刻字填朱的专用墓志；河南滑县泽这是土坑内死者身上放铭砖的方式[31]。这反映出区域特点和死者境遇的不同。

二、丧葬习俗

从考古发现看，宋代墓葬等级差异较为模糊。从墓葬形制规模、随葬品种类和数量上，都很难识别品官和平民墓葬之间的差异。从北宋开始，一些传统的丧葬习俗发生了很大的变化。

墓志曾是等级身份的重要标志。自墓志出现以来，一直多是达官显贵的专利，一般平民不能使用墓志。北宋时期，这一制度遭到严重的破坏。手工业者和商人成为平民社会中一支不可忽视的重要群体。一些富裕的工商业者使用墓志来记录生平事迹。江苏溧阳李彬夫妇墓[32]出土一合墓志，盝顶形盖，上篆书“宋故李府君墓志铭”。墓志记载，墓主人李彬是一位一生未仕，“赀积巨万”，“平时诵佛书日数卷”的地方富豪。北宋元祐五年（1090年）李从生墓墓志记载，其子李吉在潭怀宁邑开煤矿，“吉乃以地为主，夜以计日，役工匠数百人，自赡千余口。获山泽之厚利者，皆出乎吉之分，而莫知其数焉。”[33]

有些地方豪绅商人使用墓志，而个别品官不用墓志，却使用买地券。平民使用买地券的情况更为普遍。买地券是由买地契约演变而来，其内容多带迷信色彩，起压胜避邪之物，同时也反映了宋代土地私有制的发展以及流行土地买卖等社会状况[34]。

归葬故里的丧葬习俗是中国传统的儒家思想文化。陕北东汉墓中的铭文刻石上明确记录汉人归葬的习俗[35]。唐代墓志也有很多归葬的记载[36]。宋代官员随为官在外，死后仍多归葬故里，如包拯等[37]。同时根据考古发现的墓志资料可知，一些宋代官员死后直接葬在异乡，但采用原籍或家乡的墓葬形制，可视为一种特殊的葬俗。

宋墓在中原及北方区流行类屋式墓，与辽代墓葬形制相一致，与北方唐墓有关联。流行墓室壁画和彩绘砖雕等，少见随葬品。在黄河流域发现几座特殊墓例。河南密县元祐九年（1094年）冯京墓[38]，是一座石筑“类椁式墓”，长方形并列四椁室，南北排列，无墓门，南面有长斜坡式墓道，与一般多椁室墓不同。椁室间有龛洞使四椁室贯通，椁室均长3.4、高1.78米，墓室顶上各有墓志一合，南侧二室为冯京续妻；第三室葬冯京；第四室葬冯京原配夫人王氏。冯京官拜宣徽南院使，太子少师致仕，追封太子太保。冯京虽然祖籍河朔，死后葬河南府密县义台乡南朱村之祖茔。但是他随父母生长在鄂州江夏。因此，冯京采用鄂州（今湖北地区）流行的“类椁式墓”也是可以理解的。河南方城的范致虚家族墓，清理了盐店庄村范致虚继母墓[39]、金汤寨范致虚父亲墓[40]和弟弟范致祥墓[41]等。范致虚父亲墓为带墓道的砖筑类屋式墓，有铭文砖嵌在墙壁上，出男女石俑和石雕家具等。范致虚继母墓是砖筑类椁式墓，券顶，坐西朝东，有墓道。椁室内出土男女石俑、银器和铁器。崇宁三年（1104年）范致祥墓是典型的类椁式墓。坐西朝东。椁室用砖砌圹，石板封盖。椁室东壁雕有假门。石盖板7块，其中3、4、5板上刻有墓志铭，较为特殊。范致祥为南安军判官，福建建阳人。因其兄范致虚两次知邓州，随父母到此地，殁于方城。但范致祥和其继母的墓葬形制使用了福建地区流行的样式。河南郏县宣和五年（1123年）苏适墓[42]，为砖筑类椁式墓，并列双椁室，券顶。东西向，墓室西侧辟券门，门外西侧有12米长墓道。承议郎苏适是著名文学家苏轼侄儿，苏辙之次子，祖籍四川眉山。其墓形制与四川地区宋墓形制相似。山东嘉祥钓鱼山晁无咎家族墓地[43]中，二号墓为石筑楼阁式墓，墓门向南，墓室分三层。墓道与中室接通，上室为八角攒尖顶，下室为并列二椁室。墓内发现有12尊石雕像。晁无咎官拜知齐州、达州、泗州事，济州鉅野人[44]。一号墓为其父母合葬墓；二号墓位于茔园内，主人应为晁氏家人。这种楼阁式墓在四川成都和广州也有发现[45]，是南方地区的墓葬形制。

在山西太原小井峪墓地[46]中发现一种较为特殊的葬俗。在6座土洞墓内埋葬有石质人像。根据埋葬位置推测，这很可能是象征墓主人的特殊葬俗。成都金鱼村南宋吕忠庆墓（M9）[47]也发现一个石质人像。根据镇墓券载，“今有奉道男弟子吕忠庆……预造千年吉宅，百载寿堂……今将石真替代，保命延长”。在辽代也有类似的葬俗。在宣化下八里张世卿墓[48]中，其木棺内有一躯木雕偶像，偶像内有火化骨灰。墓志记载张世卿是一名佛教信徒。《梦粱录》卷15在记载南宋葬俗时提到：“蔡汝拔庶母沈氏卒，汝拔尚幼，父用火葬，汝拔伤母无松楸之地，常言之辄泣。自后长成，以木刻母形，以衣衿棺椁择地葬之……”文献记载的情况与小井峪宋墓的情况或许属于相似的葬俗。小井峪墓地出石质人像墓多是火葬墓。这种火葬墓中置雕刻人像的习俗，也可能与墓主人的宗教信仰有关。

宋代火葬墓因不合礼俗，宋初就有禁止火葬的诏令。王偁《东都事略》卷二：“（建隆）三年（962年）……三月丁亥，诏曰：‘王者设棺椁之品，建封树之制，所以厚人伦而一风化也。近代以来，遵用夷法，率多火葬，甚愆典礼，自今宜禁之。’”但是，根据考古发现可知，在全国各地，民间的火葬墓似乎一直没有绝迹，特别是在南宋时期，一度较盛。实行火葬的人群较为复杂[49]。其一，《司马氏书仪》卷七《丧仪三》记载，一些外地为官的士大夫，不幸病死在任上，子孙可以火焚其柩，带骨殖回到故乡安葬。其二，《宋史》卷125《礼二十八》云，在河东路的平民，因为“地狭人众，虽至亲之丧，悉皆焚弃。”[50]《宋朝事实类苑》卷第二十三《禁焚尸》条引《倦游杂录》载“河东人众而地狭，民家有丧事，虽至亲，悉燔爇，取骨烬寄僧舍中。以至积久，弃捐乃已，习以为俗。”[51]其三，宗教信仰也助长了火葬墓之风。宋代一些佛寺宣传信徒火化，并为平民百姓办“化人亭”，即火葬场。佛教信徒的火葬墓较多。同时一些道教信徒也用火葬墓，如成都金鱼村南宋吕忠庆墓（M9）[52]。吕忠庆墓是一座砖筑类椁式墓，并列双椁室，椁室内除了较多陶瓷器和铜钱等，在左室后龛内还放置一个石质人像和石质镇墓券，在左室墓门后置一方石质买地券。其四，土坑竖穴墓和小型土洞墓的火葬现象突出，其主人多属于贫民或客死他乡之人囿于财力。漏泽园内火葬也属于此类。有些较大的火葬墓通常用陶罐或者木棺为葬具。

宋代墓葬尸骨一次葬形式远多于火葬。尸骨一次葬最常见于砖筑类屋式墓和类椁式墓中。这两类墓分别是北方地区和南方地区最具代表性的墓葬形制。南北方地区的丧葬习俗各具特色。北方地区的类屋式墓建筑体量大，墓室内流行仿木结构建筑、彩绘壁画和砖雕等，随葬品很少。南方地区类椁式墓罕见装饰，建筑体量不大，但是十分注意密封防腐，采用石灰糯米浆、三合土等浇筑封固椁室，随葬品较为丰富。

砖筑类屋式墓是中原及北方地区最流行的墓葬形制。约在北宋中期，仿木结构砖筑墓出现了变化。北宋品官显贵修造的砖筑类屋式墓，基本不再雕绘仿木结构建筑，多修建无壁饰的墓葬。前文已有论述，这应与政府葬制规定相关。恰恰相反，平民百姓开始越来越多地修筑有壁饰的类屋式墓。河北武邑龙店村庆历二年（1042 年）墓（M2）[53]是纪年较早的平民墓例。有壁饰的砖筑类屋式墓在北宋晚期已经很流行，并且装饰较为繁缛，以河南白沙赵大翁墓[54]为典型代表。这种习俗在金代也十分盛行，直到元代晚期衰落。壁饰通常将墓室装饰成居室或庭院的形式，有的多室墓会同时表现厅堂、居室或庭院的场景，并通过壁面上的门窗，暗示其空间的延伸。具有很强的写实色彩，是当时日常社会生活和思想观念的真实反映，表现出明显世俗化的倾向。

在壁画和砖雕墓中，北宋中晚期流行一种墓主人夫妇"开芳宴"题材。河南禹县赵大翁夫妇墓前室西壁正中有彩绘雕砖的男女主人对坐像和桌椅等物的侧面。男者袖手坐右侧，戴蓝帽；女者袖手坐左侧，梳高髻方额，髻插簪饰。二人皆面东观看东壁之乐舞。二人座椅均圆脚，椅前有脚床子。男女二人当中有一个圆脚桌，桌子上放置一注子、二盏托，桌下绘有一黑色高瓶，承以黄色小座。男女坐像后各有一屏风，右侧屏风左边立一女，露半身，面南，双手捧一盛有桃果的黑色盘子；其前一男子，童髻，双手捧清白色唾壶，面南侍立于男主人坐像之侧。左侧屏风右边一女，露半身，高髻插簪饰，袖手面北而立；其前一女子，高髻，面北，双手捧一绛色圆盒，侍立于女主人坐像之侧。将夫妇端坐图和对壁伎乐图合观，宿白认为这与文献所说"厅前歌舞，厅上会宴"的"开芳宴"相符，体现夫妻恩爱的场景[55]。这种题材是由北宋早期的"一桌二椅"装饰题材演变而来[56]。从表现简单"一桌二椅"到复杂"一桌二椅"，即桌面上雕绘注壶、盏托、碗、盘等饮食器，桌下或旁边雕绘熨斗、剪刀、尺、刀等生活用具；最后演变为夫妇"开芳宴"。近年秦大树对所谓夫妇"开芳宴"题材提出了新认识[57]。认为墓中所雕绘的墓主人夫妇像是在墓中设置的墓主人夫妇的灵位，桌上桌下的器物更接近一组祭祀用具。而对面的伎乐场面是为了"乐丧"和"愉尸"。山西侯马金天德三年（1151 年）墓在墓主人龛上方书写"永为供养"四字[58]，山西稷山马村金墓（M7）[59]内《段楫预修墓记》明确指出"修此穴以为后代子孙祭祀之所"。我们认为对这种题材不能简单地一概而论。墓葬壁饰题材有着双重性，一方面是墓主人现实生活的再现；另一方面可能也带有生者祭祀墓主人的性质。这与下葬死者的人们思想观念密切相关。

宋朝丧葬观念的变化，还体现在墓内随葬品明显减少。特别是中原及北方地区随葬品有时仅有数件。虽然"孝莫重乎丧"的观念在宋代深入民心，但是处理丧葬的方式发生了变化。学界通常认为宋墓随葬品减少，主要有两个方面的原因。一方面，人们在修筑雕梁画栋的带壁饰墓葬时，充分利用壁饰表现的空间场景，直接借用彩绘或砖雕的器物来代替日常实用器物[60]，如剪刀、熨斗、尺子、刀、罐等。另一方面，更多的是使用纸钱、纸质明器来代替实钱、陶瓷明器等实物。文献载“古之明器神明之也。今之以纸为之，谓之冥器，纸日冥财”[61]。纸钱源于汉代的瘗钱。“魏晋以来，始有（纸钱）其事”。唐代，丧葬使用纸钱已经在民间流行。宋代时，丧、葬、祭时烧纸钱已在全社会蔚然成风。不仅出现了“凿纸钱为业”的工商业者，而且在北宋开封和南宋临安都有专门出售纸质明器的商店，称为“纸马铺”。这种丧葬习俗或许是人们更注重现实中生者的炫耀，而不再是“事死如事生”的阴间世界财富的展示。实际上也是世俗化的反映。

南方地区流行砖筑类椁式墓（有些为砖圹石盖墓），与当地文化传统和特殊的地理条件密切相关。当然也离不开现实中人们的思想观念的左右。北宋中叶江休复在《邻几杂志》中曾记载“江南王公大人墓莫不为郸人所发，取其砖以卖者，是砖为累也。曰：近江南有识之家不用砖葬，唯以石灰和筛土筑实，其坚如石。”考古发现的类椁式墓有些是用糯米汁和石灰搅拌成浆灌注在椁室外；有的用砂石和石灰混填在椁室外；有的还在椁室和棺之间添加水银、木炭或松香等以防腐。这种以防潮防腐为特征的葬俗，确实有效地保护墓葬本体，为学术研究提供很珍贵的实物资料。在江苏金坛南宋周瑀墓[62]中，墓主人周瑀的尸体比马王堆一号墓女尸保存得还要好，无疑是研究医学史、古病理学、尸体防腐技术等的珍贵资料。所出大量的衣物丝织品，以纱罗为主要特色，图案绘制技艺高超，是考察我国宋代丝织技术宝贵的实物资料。江西德安吴畴妻周氏墓[63]棺内表面有一幅彩绘星宿图，保存大量的丝织品和衣物，达300余件。主要有冠帽、衣袍、靴鞋、佩饰、腰带、衾被、枕头等丝织品。福州第七中学（北郊浮仓山）发现的南宋黄昇墓[64]，在两层椁之间灌注松香或细砂等，石椁外用三合土等填实，讲究密封，也出土一大批保存完好的丝织品（图五）。这些为认识南方地区宋人的葬服提供了难得的资料。

儒释道相互融合是宋代社会思想文化的一个显著特征。援佛入儒，理学形成对儒学复兴产生了重要作用。宋初几位君主均推崇儒学，确立倚重儒学雅士治国的方略，提升儒者的社会政治地位，致使有志之士形成“以天下为己任”的群体意识。同时，大多宋代皇帝又兼信佛、道二教[65]，促进了三教合流。甚至在南宋孝宗时提倡“以佛治心、以道治身、以儒治世”[66]。从考古资料看，不仅帝王权贵阶层，而且在民间也越来越表现出儒释道三教合流的世俗化倾向。

儒家的孝道思想，在民间还是根深蒂固的。北宋时期的墓葬壁饰中，孝悌故事的内容屡见不鲜。特别重要的是，北宋时期的崇宁五年（1106年）张君墓[67]和宣和七年（1125年）巩县西村墓[68]都发现有带题记的完整“二十四孝”故事题材。这套“二十四孝”故事组合为金元时期的壁饰墓所承继，如金天会十三年（1135年）屯留宋村墓[69]、金明昌六年（1195年）崔忠墓[70]和蒙元时期宪宗六年（1256年）潘德冲墓[71]等。这表明北宋金元时期在中原及北方地区，存在着较为固定的“二十四孝”故事版本。最迟从北宋晚期开始，“二十四孝”故事在民间已经广为流传，在丧葬习俗上也充分表现出现实生活中的道德观念和意识形态。

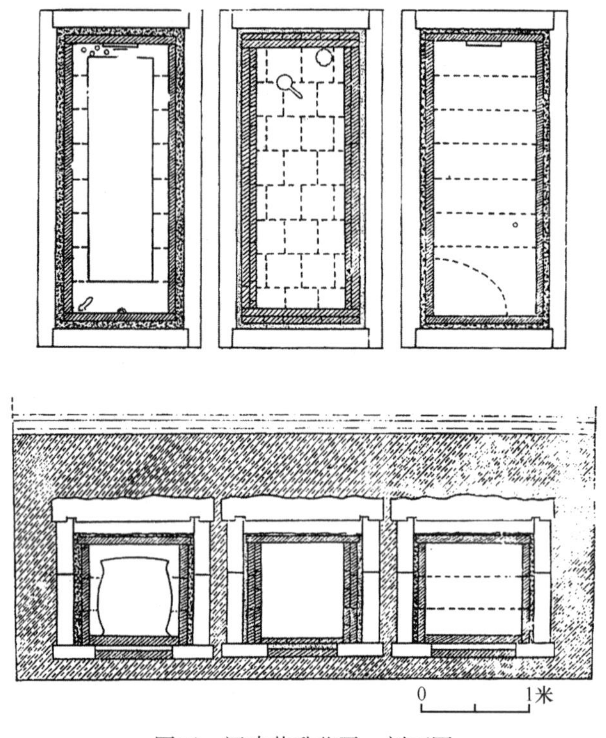

图五　福建黄升墓平、剖面图

有意思的是，在中原及北方地区，北宋金元时期墓葬壁饰所见“二十四孝”故事题材，与大家熟知的福建人郭居敬编《全相二十四孝诗选》[72]内容有较大差异，而与高丽流行的《孝行录》[73]完全吻合！这或许不是巧合，而是说明在中国北方的广大地区，北宋金元时期应该存在自成体系的“二十四孝”人物故事版本，与南方地区的《二十四孝诗选》版本有所不同。换而言之，在中国民间广为流传的“二十四孝”人物故事，在元代实际上有着南、北传统各异的不同版本。《二十四孝诗选》和《孝行录》是各自传统版本的代表[74]。

二十四孝故事，是我国古代社会晚期几乎家喻户晓的伦理道德教育题材。它的形成，有一个较长的过程。在汉代的墓葬壁饰中，多次发现有孝悌故事的内容。在敦煌石窟残存经卷中，曾发现有《故圆鉴大师二十四孝押座文》，这应是目前文献所见“二十四孝”一词的最早记载，似乎表明至少在唐代应有了“二十四孝”的提法[75]。北宋金元时期，在墓葬壁饰中屡次发现成套的“二十四孝”故事，说明这一时期正是中国传统“二十四孝”大体定形的阶段。

墓葬壁饰不仅有儒家伦理道德的内容，而且也有祈求菩萨保佑的题材。新密平陌宋墓[76]墓顶下半部的西北、北和东北壁上绘有一组壁画。北壁绘有四座前后、左右对称分布重檐歇山顶建筑，云雾缭绕，若隐若现。建筑后部金光四射；西北壁画面左侧为三人站立于祥云之上，中间一人为“四洲大圣”。他头戴黑色兜帽，身着宽袖长袍，双手合拢。其右侧为一捧盒小童，左侧为一和尚手持长旌立于面前。画面右侧绘一男一女双手合十，跪于一方毯上，做礼拜状。其后一竖条偈语“四洲大圣度翁婆”。东北壁绘有一拱桥，云雾缭绕，其上绘有八人，表现诸女护送墓主人夫妇跨越奈何桥的情形。从其分布情况来看，这三幅壁画应该是以北壁楼阁图为中心，组成一个关联的故事内容。即四洲大圣超度墓主人夫妇进入极乐世界的场景。所谓“四洲大圣”（即泗洲大圣）是中亚何国人，名叫何僧伽[77]。唐代早期来中国，在临淮（今江苏省泗洪县境内）建普光王寺。到北宋前期（988年以前）民间对僧伽崇拜已达到神化。《宋高僧传》卷十八《唐泗州普光王寺僧伽传》载“天下凡造精庐，必立伽真相，牓曰：大圣僧伽和尚。有所乞愿，多遂人心。”可见，僧伽从唐代高僧逐渐演化为北宋神僧，传为观音化身，能为百姓消灾免祸。宋代僧伽崇拜等与佛教有关的丧葬习俗充分反映出中国佛教信仰世俗化的情况[78]。江苏溧阳李彬夫妇墓[79]随葬一件绿釉陶佛像，为一尊结跏趺坐施禅定印佛的形象，同时还有2件金刚神像和七宝香炉等。李彬生前“平日诵佛书日数卷”，是一位虔诚的佛教徒，所以死后葬有与佛教有关的法器。此外，墓中还有力士俑、四神俑和二十八宿神像等道教遗物。江苏江阴宋至和二年（1055年）孙四娘子墓[80]的木棺内尸体左前方，出土《金刚般若波罗蜜经》《佛说观世音经》《金光明经》等10卷佛教经卷和一卷《太上老君说常清净经》道教经卷。浙江衢州南宋咸淳十年（1274年）史绳祖墓[81]随葬了文房四宝、瓷观音像和八卦纹银杯等。根据墓志铭可知，朝议大夫石绳祖为著作颇丰的儒学者。这些墓例或可说明北宋民间信仰的多元性和儒释道三教合流的世俗化现象。

在南方道教盛行的地方，墓葬中的道教因素也显得突出。唐宋以来，江苏常州西部的茅山一直为道教圣地之一。并以茅山为祖庭而形成上清派茅山宗。茅山宗在北宋晚期尤盛，南宋以后有所衰微。在茅山周边地区，发现了一些道教信徒或相关的墓葬。上海南宋嘉定六年（1213年）张珒墓[82]的墓室分上下两层，每层有两间。上层一间置木棺和墓志、铁牛等随葬品。棺室下面一间，四角也有铁牛，正中置1尊石雕道教神像，背后刻字“石若烂，人来换”，属于道教代人“石真”。神像后面有一块浮雕道教人物、松树等图案的砖刻插屏，神像前面置一件影青贯耳瓶。浙江德清南宋咸淳四年（1268年）吴奥墓[83]出土一件青白釉道士像，通高24.8、宽12厘米。江阴葛闳墓[84]随葬数枚铜镜，其中一件铭文镜上刻有“轩辕维法造丹药，百炼成得者身昌”等铭文。而且墓志铭由“百陵道士周型芝刊”。江浙地区常见在墓室四角放置铁牛和陶瓶，应是道教压胜之用[85]。唐宋元时期，江西清江县合皂山、贵溪县龙虎山等地都是道教兴盛地。这一地区的墓葬流行随葬俑、买地券、堆塑龙虎瓶等与道教相关的遗物。江西樟树北宋绍圣元年（1094年）墓[86]为石筑类椁式墓，石椁壁雕刻墓主人和道教教仪的内容。墓主人是道教名人——“灵宝大师”。四川都江堰市的青城山也是道教的发源地之一。唐末，著名道士杜光庭在青城山将天师道传统与上清道结合，道教更盛。在川贵地区，北宋中期以后的墓葬中道教因素十分流行，无疑与北宋时期道教盛行密切相关。这里流行随葬“天帝敕告”文券、“华盖宫”文券、“消灾真文”券、“炼度真文”券和“镇墓真文”券等道教石刻。南宋淳熙年间以前多单独使用“天帝敕告”文，此后多与“华盖宫”文券配套使用[87]。元祐八年（1093年）张确夫妇墓[88]出土有“华盖宫”文券、“天帝敕告”文券，并随葬三彩陶俑。宋徽宗崇尚道教，崇道之风到达顶峰，雅俗共享。川贵地区民间火葬之风，有一部分与道教传播有关。成都金鱼村南宋吕忠庆墓（M9）[89]墓室较小，采用火葬，但放置一个石质人像，而且随葬品丰富。根据镇墓券可知，墓主人是“奉道弟子”。[90]

宋代葬俗的区域性较为突出。南方地区流行随葬墓主人夫妇像、男女侍俑和神煞俑等各类俑。这些俑在《大汉原陵秘葬经》之《盟器神煞篇》多有记载，徐苹芳较早进行了考释[91]。赣闽地区在宋代常见墓中随葬盟器神煞俑。在江西临川发现的南宋庆元四年（1198 年）朱济南墓[92]出土了 70 件瓷俑。均为单体圆雕侍立状，模印贴塑而成，多中空。难能可贵的是在大部分瓷俑底座下有墨书题记，为我们认识这批盟器神煞俑提供了难得的资料。有常见于买地券中的张坚固俑和李定度俑，二者在地券中充当“书契人”和“知见人”。有主堪舆的张仙人俑，有引导死者升入仙界的王公俑、王母俑、指路俑和引路俑。还有童子俑、仰观、伏听、四神俑、十二辰俑、金鸡、玉犬、大小二耗等神煞俑。广东紫金县林天村高墩顶墓[93]为砖筑长方形类椁式墓。随葬品出土一组石雕像，有生肖俑 6、仰观俑 1、伏听俑 1、龙 1、凤 1、虎 1、狗 1、鸡 1。四川地区在北宋中期以后，墓葬也流行随葬俑。但基本不见四神俑和十二辰俑，除与赣闽地区大体相似的盟器神煞俑外，以墓主人像和鸟首人身俑和人面鸟身俑为特色。此外，朱济南墓还有 4 件淡青釉堆塑龙虎瓶，是较为复杂的样式。瓶盖呈笠帽状，施弦纹，顶部蹲伏一鸟。瓶体修长，盂形口，细颈施弦纹，椭圆腹，圈足略外撇。颈部有四灵、12 武士等堆塑，还有日、月、青龙、白虎、蛇、龟、仰观、伏听、金鸡、玉犬等围塑。通高 61.5 厘米。随葬堆塑龙虎瓶是赣闽地区十分流行的丧葬习俗。最早的龙虎堆塑瓶仅单个随葬。江西余江大中祥符四年（1011 年）李大郎墓[94]所出龙瓶是目前所知纪年最早的一例。北宋中期以后开始成对随葬。最早的墓例当属江西南城嘉祐二年（1057 年）李营墓[95]出土器。到了南宋和元代，成对的堆塑龙虎瓶几乎在每座墓葬中必出，成为断代典型器。

注　释

[1]　《宋史》卷一百二十一至卷一百二十五《志·礼》凶礼条，中华书局标点本。

[2]　（南宋）罗大经：《鹤林玉露》卷六《风水》，中华书局，1997 年。

[3]　宿白：《白沙宋墓》，文物出版社，1957 年，注释 175 条。

[4]　河南省文物考古研究所等：《北宋皇陵》，中州古籍出版社，1997 年。孟凡人：《北宋帝陵石象生研究》，《考古学报》2010 年第 3 期。

[5]　安徽省博物馆：《合肥东郊大兴集北宋包拯家族墓群发掘报告》，《文物资料丛刊》1980 年 3 期。

[6]　程如峰：《北宋包令仪墓神道碑》，《文物研究》（总第五辑），1989 年。

[7]　陕西省考古研究院：《陕西蓝田县五里头北宋吕氏家族墓地》，《考古》2010 年 8 期，第 46 ~ 52 页。

[8]　浙江省文物考古研究所、金华市金东区文物管理委员会：《金华南宋郑刚中墓》，《浙江宋墓》，科学出版社，2009 年。

[9] （元）脱脱等：《宋史·卷三百七十·列传第一百二十九·郑刚中》，中华书局标点本，第11512页。

[10] 浙江省文物考古研究所、云和县文物管理委员会办公室：《云和正屏山南宋墓》，《浙江宋墓》，科学出版社，2009年。

[11] 参见本文宋墓各区的墓葬形制中，类屋式墓和类椁式墓下面的石筑墓举例。金华地区文化会：《浙江兰溪县北宋石室墓》，《考古》1985年第2期。湖南省博物馆、衡阳市博物馆：《衡阳县何家皂北宋墓》，《文物》1984年第12期。江西省文物考古研究所、乐平县文物陈列室：《江西乐平宋代壁画墓》，《文物》1990年第3期。另见《江西文物》1987年第2期。广东省博物馆：《广东潮州北宋刘景墓》，《考古》1963年第9期。四川省文物管理委员会、彭山县文化馆：《南宋虞公著夫妇合葬墓》，《考古学报》1985年第3期。

[12] （北宋）司马光：《书仪》卷七《丧仪三》，文渊阁《四库全书》影印本第142册，台湾商务印书馆，1986年，501页。

[13] 河南省文物研究所、密县文物保管所：《密县五虎庙北宋冯京夫妇合葬墓》，《中原文物》1987年第4期。

[14] 洛阳地区文物工作队：《北宋王棋辰墓及墓志》，《中原文物》1985年第4期。

[15] 报道称此墓被破坏。据追忆，此墓坐西朝东，中间为方形主室，南北两侧各有一个侧室，平顶。主室边长2.7、高1.7米。若资料属实，其形制属于“类椁式墓”范畴。王棋辰是开封咸平人，其采用类椁式墓的原因值得探究。王棋辰官拜彰德军节度使、北京留守等职，曾出使大辽国，是北宋名臣。死后被赠开府仪同三司。

[16] 同[5]。

[17] 杨祖垲：《资中宋右丞相赵雄墓记实》，《四川文物》1995年第6期。

[18] 四川省文物考古研究院、广安市文物管理所、华蓥市文物管理所：《华蓥安丙墓》，文物出版社，2008年。

[19] 宋先世：《杨粲墓发掘报告摘要》，《贵州田野考古四十年》，贵州民族出版社，1993年。中国大百科全书出版社：《中国大百科全书·考古卷》第二版“杨粲条”，中国大百科全书出版社，2009年。

[20] 童恩正：《试论我国从东北至西南的边地半月形文化传播带》，《文物与考古论集》，文物出版社，1987年。

[21] 吴松弟：《北方移民与南宋社会变迁》，文津出版社，1993年。

[22] 洪欣：《北京市近年来发现的几座唐墓》，《文物》1990年第12期。张氏墓是砖筑圆形单室墓，南向。墓室内壁用朱砂影作木结构，有斗栱、直棂窗、门等。张氏是唐左金吾卫大将军纪制之妻。

[23] 河南省文物研究所、巩县文物保管所：《宋太宗元德李后陵发掘报告》，《华夏考古》1988年第3期。

[24] 周到：《宋魏王赵頵夫妇合葬墓》，《考古》1964年第7期。赵頵葬于元祐九年（1094年）；夫人合葬于大观元年（1107年），属于北宋晚期。

[25] 冯文海：《山西忻县北宋墓清理简报》，《文物参考资料》1958年第5期。

[26] 秦大树：《宋元明考古》，文物出版社，2004 年。

[27] 徐度的《却扫编》记载，“漏泽园之法，起于元丰间。初予外祖以朝官为开封府界使者常行步宿陈留佛祠，夜且半，闻垣外汹汹，若有人声，起烛之，四望积骸遍野，皆贫无以葬者。委于此，意恻然哀之，即以所见闻请斥官地数顷以葬之，即日报可。神宗仍命外祖总其事，凡得遗骸八万余，每三十为坎，皆沟洫，什伍为曹，序有表，总有图，规其他之一隅以为佛寺，岁轮僧寺之徒一人使掌其籍焉。”

[28] 杨绍舜：《吕梁县发现了罐葬墓群》，《文物》1959 年第 6 期。

[29] 贺官保：《西京洛阳漏泽园墓砖》，《文物资料丛刊》（第 7 辑），文物出版社，1983 年。

[30] 磁县文物保管所：《磁县发现北宋漏泽园丛葬墓地》，《文物春秋》1992 年第 2 期。

[31] 顿维善：《河南滑县发现宋代墓群》，《史学月刊》1986 年第 4 期。

[32] 镇江市博物馆、溧阳县文化馆：《江苏溧阳竹箦北宋李彬夫妇墓》，《文物》1980 年第 5 期。1987 年发掘的四川广汉雒城镇张承贵夫妇合葬墓（《考古》1990 年第 2 期）出土了一组陶质家具模型和俑，制作精美程度显然不如李彬墓，表明了二墓之间的等级差异。

[33] 秦大树：《宋代丧葬习俗的变革及其体现的社会意义》，《唐研究》（第十一卷），北京大学出版社，2005 年，第 334 页。

[34] 高朋：《人神之契：宋代买地券研究》，中国社会科学出版社，2011 年。

[35] 姬翔月：《从陕北汉画看汉代丧葬习俗》，《榆林学院学报》2008 年第 18 卷第 3 期。

[36] 陈忠凯：《唐代人的生活习俗——“合葬”与“归葬”》，《文博》1995 年第 4 期。裴恒涛：《唐代的家族、地域与国家认同——唐代“归葬”现象考察》，《河南科技大学学报》2011 年第 6 期。

[37] 同 [5]。

[38] 同 [13]。

[39] 河南省文化局文物工作队：《河南方城盐店庄村宋墓》，《文物参考资料》1958 年第 11 期。

[40] 方城县文化馆：《河南方城出土宋代石俑》，《文物》1983 年第 8 期。

[41] 南阳地区文物队等：《河南方城金汤寨北宋范致祥墓》，《文物》1988 年第 11 期。

[42] 李绍连：《宋苏适墓志及其他》，《文物》1973 年第 7 期。

[43] 山东嘉祥县文管所：《山东嘉祥县钓鱼山发现两座宋墓》，《考古》1986 年第 9 期。

[44] 《宋史》卷四百四十四《列传第二百三·文苑六·晁补之》，中华书局标点本。

[45] 陈建中：《成都市郊的宋墓》，《文物参考资料》1956 年第 6 期。

[46] 解希恭：《太原小井峪宋、明墓第一次发掘记》，《考古》1963 年第 5 期。

[47] 成都市文物考古工作队：《四川成都市西郊金鱼村南宋砖室火葬墓》，《考古》1997 年第 10 期。

[48] 河北省文物考古研究所：《宣化辽墓》，文物出版社，2001 年。

[49] 徐苹芳：《宋元时代的火葬墓》，《文物参考资料》1956 年第 9 期。

[50] 朱瑞熙：《宋代的丧葬习俗》，《学术月刊》1997 年第 2 期。

[51] （宋）江少虞：《宋朝事实类苑》，上海古籍出版社，1981 年。

[52] 同 [4]。

[53] 河北省文物研究所：《河北武邑龙店宋墓发掘报告》，《河北省考古文集》，东方出版社，1998 年。

[54] 同[3]。

[55] 同[3]。关于“开芳宴”，参见该书注[53]。

[56] 张鹏:《勉世与娱情——宋金墓葬壁画中的一桌二椅到夫妇共坐》,《美术研究》2010年第4期。

[57] 同[26]。

[58] 山西省考古研究所侯马工作站:《侯马两座金代纪年墓发掘报告》,《文物季刊》1996年第3期。

[59] 山西省考古研究所:《山西稷山金墓发掘简报》,《文物》1983年第1期。

[60] 同[3]。

[61] (宋)赵彦卫:《云麓漫钞》，中华书局本。

[62] 镇江市博物馆、金坛县文管会:《江苏金坛南宋周瑀墓发掘简报》,《文物》1977年第7期;《金坛南宋周瑀墓》,《考古学报》1977年第1期。

[63] 江西省文物考古研究所、德安县博物馆:《江西德安南宋周氏墓清理简报》,《文物》1990年第9期。

[64] 福建省博物馆:《福州市北郊南宋墓清理简报》,《文物》1977年第7期;《福建南宋黄升墓》，文物出版社，1982年。

[65] 陈振:《宋史》，上海人民出版社，2003年。

[66] 《文史知识》编辑部:《道教与传统文化》，中华书局，1992年。

[67] 黄明兰、宫大中:《洛阳北宋张君墓画像石棺》,《文物》1984年第7期。同出成套24个“二十四孝”人物故事题材的墓葬，目前当以张君墓为时代最早。

[68] 巩县文物管理所、郑州市文物工作队:《巩县西村宋代石棺墓清理简报》,《中原文物》1988年第1期。

[69] 王进先、杨林中:《山西屯留宋村金代壁画墓》,《文物》2003年第3期。

[70] 长治市博物馆:《山西长治安昌金墓》,《文物》1990年第5期。

[71] 山西省文物管理委员会、山西省考古研究所:《山西芮城永乐宫旧址宋德方、潘德冲和“吕祖”墓发掘简报》,《考古》1960年第8期。

[72] (元)郭居敬:《全相二十四孝诗选》，明代洪武刊本，北京图书馆藏。

[73] (高丽)权准、权溥编、权近注:《孝行录》(木刻本)，影印明永乐三年刊本，韩国首尔国立大学中心图书馆藏。

[74] 董新林:《北宋金元墓葬壁饰所见“二十四孝”故事与高丽〈孝行录〉》,《华夏考古》2009年第2期。

[75] 王重民等:《敦煌变文集》，人民文学出版社，1957年。这里提到的“二十四孝”包含大量的佛教题材，与本文论述的民间流传的“二十四孝”内容有所不同。另见：黄征、张涌泉:《敦煌变文校注》，中华书局，1997年。

[76] 郑州市文物考古研究所、新密市博物馆:《河南新密市平陌宋代壁画墓》,《文物》1998年第12期。

[77] 徐苹芳:《僧伽造像的发现和僧伽崇拜》,《文物》1996年第5期，50~58页。

[78] 冉万里:《宋代丧葬习俗中佛教因素的考古学观察》,《考古与文物》2009年第4期。

[79] 镇江市博物馆、溧阳县文化馆:《江苏溧阳竹箦北宋李彬夫妇墓》,《文物》1980年第5期。

[80] 苏州博物馆、江阴县文化馆：《江阴北宋“瑞昌县君”孙四娘子墓》，《文物》1982年第12期，第28～35页。
[81] 衢州市文管会：《浙江衢州市南宋墓出土器物》，《考古》1983年第11期，第1004页。
[82] 沈令昕、谢稚柳：《上海西郊朱行乡发现宋墓》，《考古》1959年第2期，第110页。
[83] 袁华：《浙江德清出土南宋纪年墓文物》，《南方文物》1992年第2期，第26页，图三。
[84] 江阴县文化馆：《江阴夏港北宋墓发掘简报》，《文博通讯》（三十一）1980年6月刊。
[85] 孟原召：《唐至元代墓葬中出土的铁牛铁猪》，《中原文物》2007年第1期。
[86] 江西省文物考古研究所、樟树市博物馆：《江西樟树北宋道教画像石墓》，《江西文物》1991年第3期。
[87] 陈云洪：《试论四川宋墓》，《四川文物》1999年第3期。
[88] 翁善良、罗伟先：《成都东郊北宋张确夫妇墓》，《文物》1990年第3期。
[89] 成都市文物考古工作队：《四川成都市西郊金鱼村南宋砖室火葬墓》，《考古》1997年第10期。
[90] 张勋燎、白彬：《中国道教考古》，线装书局，2006年。
[91] 徐苹芳：《唐宋墓葬中的“明器神煞”与“墓仪”制度——读〈大汉原陵秘葬经〉札记》，《考古》1963年第2期。
[92] 陈定荣、徐建昌：《江西临川县宋墓》，《考古》1988年第4期。
[93] 广东省博物馆：《广东紫金县宋墓出土石雕》，《考古》1984年第6期。
[94] 倪任福、项进良：《余江县锦江纪年宋墓出土文物》，《江西文物》1990年第3期。
[95] 薛尧：《江西南城、清江和永修的宋墓》，《考古》1965年第11期。

金代墓葬等级的考古学考察

赵永军

（黑龙江省文物考古研究所）

对于金墓的等级，文献中缺乏相应的记述。《宋史》等文献中有关于宋朝丧葬礼仪、墓葬等级方面的简略记载。由于金朝的诸多政治制度等都是以北宋制度为蓝本制定的，因此研究金墓的等级，某些方面是可以参照北宋时期的相关礼仪制度。但考察金墓所反映的等级和社会阶层结构，最基础的资料仍是金墓本身的形制结构变化和相关的墓葬附属构造及随葬品的种类、数量。

本文通过对每一类墓葬的形制结构的差异，以及对墓葬地表的一些主要附属设施如神道碑和石像生的考察，结合墓葬中出土的随葬品情况，特别是墓志和买地券等，全方位进行综合分析，对金代墓葬的等级情况作初步考察。

一、神道碑和石像生

神道即墓道，墓道前方的立碑，名之为神道碑，上面记载死者生前的事迹。只有帝王（陵）墓或级别较高的官员墓前才配享有神道碑及石刻雕像。

考古所见高等级的墓前有神道碑的，仅发现有数例。还有的发现有零散的石雕像。神道碑和石雕像是结合在一起出现的墓前设置。从发现的情况看，金墓中，官员墓前的神道碑多是在世宗大定年间的中后期及章宗前期封赐所立。石像生可能也是与此同时出现的。发现地区有Ⅰ区（东北地区）、Ⅱ区（华北长城沿线地区）、Ⅳ区（豫东、山东地区）、Ⅴ区（晋南、豫西地区）、Ⅵ区（陇东、陕西地区），而以Ⅰ区和Ⅱ区发现较多。其中Ⅲ区（晋中、冀中南地区）尚未见发现。

Ⅰ区有三块神道碑发现时间较早，都在清代至民国时期就有发现和记载。

《吉林通志》卷一二〇有载：大金尚书左丞相金源郡贞宪王完颜（希尹）公神道碑[1]。发现于吉林舒兰县的小城子发现了完颜希尹墓家族墓地。其间有残碎的石碑。有学者考证其中的神道碑约建于大定二十一至二十二年间（1181～1182年）[2]。完颜希尹家族墓地，分为五个墓区，发现7组石雕，分别为石柱、石虎、石羊、石人。

《柳边纪略》卷四有载：大金开府仪同三司左副元帅金源郡壮义王完颜（娄室）公神道碑[3]。一些文献记载墓地曾立有“完颜娄室神道碑”，并有石人、石羊、石虎、石柱等石雕。完颜娄室墓在吉林长春市石碑岭发现，该墓为石椁墓。墓葬的西南，揭露出方形的碑亭。亭内发现大量的石碑残块石龟趺一座。碑文所记立碑时间为大定十七年（1177年）。

在俄罗斯滨海地区的西部，绥芬河下游的双城子（今俄罗斯乌苏里斯克）附近，曾发现神道碑的碑额、碑座等石构件。碑额上的字为篆书五行二十字，吴大澂的《皇华纪程》记载为：大金开府仪同三司金源郡明毅王完颜公神道碑[4]。林沄先生等据碑额上的字释读、考证为金代"完颜忠神道碑"[5]。完颜忠系金朝初期开国重臣，原为居于耶懒水的耶懒猛安都孛堇，后率部迁居于苏濒水（绥芬河）。"完颜忠神道碑"碑文现已不存。在发现碑额的地点附近，还发现了石羊、石像、龟趺等石雕。

黑龙江阿城大岭乡吉兴屯海沟河北岸的山坡上，有被毁墓坑十余处，地表有石质墓碑残片 3 块，其中有碑额 1 块，碑身 2 块。碑额上有小篆汉字，保留的完整的汉字有 8 个，还有不完整的汉字 4 个，经考释，即"大……儀同……金源郡……烈王完……公神道……"。以此断定为金代贵族墓神道碑。再和其他已知的神道碑额文格式比较，判断其碑额全书为"大金开府仪同三司金源郡□烈王完颜公神道碑"。结合《金史》等记载，有学者考证墓主人为完颜斡鲁，系女真皇族。该碑所立时间不早于大定十七年（1177 年）[6]。

Ⅱ区发现有：

河北新城县时立爱墓前有神道碑，碑铭为："大金故崇进荣国公忠厚时公神道碑铭"[7]。该神道碑立于明昌六年（1195 年），时间晚于时立爱本人卒年五十二年。

Ⅳ区发现有：

河南鹿邑县涡河船闸墓地，有神道碑，神道碑铭为"丁氏阡表"[8]，碑前立有：石虎二、石羊二、石人二。碑额为半圆形。其中一墓（M2）的年代为大定二十年（1180 年），而于大定乙巳年（1185 年）琢石（石像），泰和三年（1203 年）立神道碑。

发现石像生的墓地还有：

北京平谷县东高村巨家坟墓葬发现的位置，早年曾发现石人、石马（虎）、石羊等，石雕分两行，东西相对而立，中间为青石甬道[9]。以后丢失无存。墓葬的年代为泰和三年（1203 年）。墓主人系地方官员。

陕西耀县董家河墓地地表有石刻[10]，有石人二、石羊二、石虎二、龟趺一。发现的土洞墓的年代为明昌四年（1193 年）。墓葬级别不高。

河南许昌市文峰路 2 座墓葬，推测可能为女真贵族墓，距墓葬 50 米处发现石羊一件，墓葬年代约为金中晚期[11]。

除上述外，在阿什河流域，早年曾发现较多的石柱、石人、石羊、石虎等石像生，还有石函等[12]；吉林境内也有许多的石像生发现[13]。

查史，可知以上身份明确的墓主人级别为：

完颜希尹：尚书左丞相金源郡贞宪王（正一品）

完颜娄室：开府仪同三司左副元帅金源郡壮义王（正一品）

完颜忠：开府仪同三司金源郡明毅王（正一品）

完颜斡鲁：开府仪同三司金源郡□烈王（正一品）

时立爱：开府仪同三司钜鹿郡王（正一品）

巨家坟墓巨姓墓主人，监妫州县酒（正四品）

丁氏族墓，按五品仪刻石。

以上发现有神道碑的墓地，除河南鹿邑县涡河船闸墓地，墓主人系丁氏家族成员，其数代皆为官员，立神道碑按五品级别。其余五例皆为正一品官员。墓前石像生有石人、石羊、石虎、石柱等。北京平谷县东高村巨家坟墓，墓主人官至监妫州酒，正四品官员。陕西耀县董家河土洞墓，墓主人可能系一般平民阶层。从发现的情况看，这些墓葬所在墓地前设置石像生和神道碑，时间集中于世宗大定中期以后至章宗泰和年间。墓前石像生完整的组合有石人、石羊、石虎、石柱。而上述几例中，发现较多的是石人、石羊、石虎，石柱只在一品官员的墓前有发现。这同前朝北宋礼制规定似有差异。《宋史·礼二十七》："勋戚大臣薨卒，多命诏葬……坟所有石羊、虎、望柱各二，三品以上加石人二人"[14]。两相对照，差异之处在于石柱和石人出现的情况。到了金朝，石人是石像生中不可缺少的组合之一，不再是三品以上官员才拥有的雕像。由此看出，在墓前设置石像生方面，金朝基本上是承继了北宋等级之制。在《宋史5·职官志》之"赠官、叙封"条中，对官员的"父母妻儿"都有相应的"阶爵"加封[15]。《金史·章宗本纪三》记载："泰和元年正月甲戌，初命文武官官职俱至三品者许赠其祖"[16]。从此反映出章宗泰和年之后，石像生的设置对象应有所扩大，三品以上的官员之先祖，按其级别，其墓前也可拥有一定组合的石像生排列。陕西耀县董家河土洞墓地表上所设置的石像生可能就属于此种情况，墓主人本身无官阶，其后代拥有较高的官阶，为其先祖于墓前追设了石像生。许昌市文峰路2座墓葬，一座有壁画，一座为前后双室墓，出土随葬品较为丰富和精致，推测其为女真贵族夫妇合葬墓。

综上，金代，墓前立神道碑、设置石像生，至少在五品以上的中高级官员的墓前才允可，三品以上职别的官员可赠其祖，亦可配享石像生。

二、墓志和买地券

金墓中有两种实物纪年材料，一是墓志，一是买地券。这两种实物不仅标示了墓葬的具体年代，同时直接或间接地记录了墓主人的身份和社会地位，从而成为了解金代社会阶层结构和丧葬制度等级差异的重要材料。

（一）墓　志

墓志以记载墓主人生平事迹为主，多为褒颂之词。以材质分，有石和砖两种。严格意义上的石墓志包括盖和底两部分，下底上盖，底刻志铭、盖刻标题。还有一种墓志类似小墓碑，既有石质，也有砖质。记述也简单，仅记载墓主人身份或简略记载生平。

金墓中以上两种质地的墓志均有发现。按墓志的形状和构成，本文对发现的石墓志划分为两类，即A型和B型。A型为由盖和底组成的墓志（表一）；B型为无盖的墓志（表二）。

表一　金墓出土带盖石墓志（A型）

墓地名称	质地	形状	尺寸	纹饰	墓主人身份（级别）	年代
北京张山营镇晏家堡村墓	石	正方形	边长 55 厘米	盖四边阴刻十二辰像和云纹	吕夫人	早期
河北新城县时立爱墓	石	正方形	边长 114、志石、盖各厚 20 厘米	盖四角阴刻大牡丹花叶，十二辰像，八卦和卷草图案	开府仪同三司、谥忠厚钜鹿郡□（正一品）	1143 年
时立爱（三位妻子）墓志	石	正方形	略小于时立爱墓志		时立爱三位妻子	1143 年
河北新城县时丰墓	石	正方形	边长 78、志石、盖各厚 12 厘米	盖四角阴刻大牡丹花叶和十二辰像	礼宾使、赠镇东军节度使（从三品）同中书门下平章事	1143 年
时丰（妻）墓志	石	正方形	大小略当于时丰墓志		时丰妻子	1143 年
北京石景山区八角村墓（赵励）	石	正方形、盝顶	志石边长 67 厘米		将仕郎、秘书省校书郎（从七品）	1143 年
河北兴隆县梓木林子萧仲恭墓（契丹小字）	石	正方形、盝顶	志石、盖边长 118、厚 17 厘米，盝顶上部边长 65.5、宽 63 厘米	盖四角阴刻大牡丹花叶，十二辰像，八卦、缠枝忍冬图案	燕京之留守越国王（正一品）	1150 年
北京海淀区韩访墓志	石	正方形			宣威将军、同知威州军州事、上骑都尉（正五品）	1150 年
辽宁北票县扣卜营子乡吴舜辟墓志	青砂岩	正方形	志石长 69.7、宽 67.7、厚 4.6 厘米		武安县令、上骑都尉（正五品）	1151 年
北京海淀区南辛庄 M1（张□震）	花岗岩	略呈正方形、背面呈覆斗形；盖无存	志石长 65、宽 63、厚 14 厘米		宣武将军、骑都尉（从五品）	1153 ~ 1160 年

续表

墓地名称	质地	形状	尺寸	纹饰	墓主人身份（级别）	年代
北京磁器口吕恭墓	青石	正方形、盝顶	边长 45、盖厚 11、志石厚 7 厘米	残存牡丹纹和八卦图案	修武校尉（从八品上）	1161～1167 年
北京石景山区金王村吴前鉴墓志	青石	正方形、盝顶	志石边长 75、厚 8.5 厘米	志盖周边环刻十二生肖像；志石环刻回纹	定远大将军（从四品中）、利涉军节度副使	1167 年
内蒙古敖汉旗老虎沟 M1（契丹小字）	汉白玉	长方形、盝顶	志石长 110、宽 95、厚 10 厘米，盖长 110、宽 95、厚 8 厘米	盖无纹饰	博州防御使（从四品）	1170 年（或 1171 年）
北京通县三间房石宗璧墓	大理石	正方形、盝顶	志石长 61、宽 60、厚 9 厘米		宣威将军河东路第一将正将兼知大和寨事上骑都（正五品）	1177 年
北京石景山区鲁谷 M35（吕嗣延）	青石	正方形、盝顶	志石边长 64.5、厚 7.5～10 厘米，盝顶盖上部边长 40、底边长 67.8、总厚 11.2 厘米	盖为素面	殿中侍御史、太常少卿（正五品）	1177 年刻志（1201 年迁葬增刻文字）
北京丰台区米粮屯乌古论窝论墓	青石	正方形、盝顶	志石边长 93、厚 10 厘米		金紫光禄大夫（正二品）	1184 年
辽宁开原县黄龙岗刘元德墓志	淡红色砂岩	近方形	志石长 67、宽 57、厚 6 厘米		信武将军、涿州同知（从五品上）	1190 年
河北三河县行仁庄何仲殊墓志	石灰石	正方形、盝顶	志石边长 51、厚 13 厘米，盝顶边长 49、厚 13 厘米，顶面边长 34.5、厚 7.5 厘米		奉直大夫（从六品）、授大理评事	1192 年
北京石景山区鲁谷 M56（吕嗣延父辈）	青石	正方形、盝顶	志石边长 62～63、厚 10～13 厘米，盝顶盖上部边长 28、底边长 63、盖总厚 12～13 厘米	盖四面斜坡阴刻十二辰像		辽代刻志（1201 年迁葬增补刻文字）

续表

墓地名称	质地	形状	尺寸	纹饰	墓主人身份（级别）	年代
北京丰台区米粮屯乌古论元忠夫妇墓	汉白玉	正方形、盝顶	志石边长111、厚26厘米		开府仪同三司判漳德尹驸马都尉任国简定公（从一品）	1201年
北京丰台区米粮屯乌古论元忠夫妇墓	汉白玉	正方形、盝顶	志石边长115、厚21厘米		乌古论元忠妻、鲁国大长公主	1209年
北京西郊香山蒲察胡沙墓	青石	长方形	志石长83、宽72、厚5厘米，盖长85、宽72、厚4.5厘米		光禄大夫、南京留守（从二品）	1202年
北京房山区城关镇崔宪墓志	汉白玉	正方形、盝顶	盖边长84、缘厚5厘米，志石厚9厘米	盖面与斜杀无文字和纹饰	孝义县丞（从七品下）	1203年
北京西郊百万庄张汝猷墓志	盖为青石，志石为汉白玉	正方形	盖边长91、厚10厘米，志石长91、宽89、厚11厘米		宣威将军、右宣徽使（正三品）	1207年

表二　金墓出土无盖石墓志（B型）

墓地名称	质地	形状	尺寸	纹饰	墓主人身份（级别）	年代
河南济源市龙潭湖墓	青石	长方形	长74.9、宽52、厚11.2厘米		杨志“故赠登州防御使”	1139年
山西长治市安昌村南ZAM8	青灰石	长方形、上端圆弧形	长54、宽32～37、厚10厘米		农桑富户	1143年
山西大同市云中大学M2（陈庆）	细砂岩	长方形、上端抹角	长49、宽40、厚11.5厘米		进义校尉（正九品下）	1159年
山西陵川县玉泉村墓	青石	长方形、上端圆弧形	长90、宽58、厚17厘米		农桑富户	1169年
河北崇礼县水晶屯M1（2方）	A. 刻石题记	长方形、上端圆弧形	长14.4、宽11.1、厚3厘米		李孝均与其妻阿康	1173年
	B. 墨书题记	长方形、上端圆弧形	长12.6、宽9、厚3.5厘米			

续表

墓地名称	质地	形状	尺寸	纹饰	墓主人身份（级别）	年代
山西朔州市朔城区砖室墓标本 27	青石	长方形	长 37、宽 29、厚 6 厘米		首座僧法昶等	1179 年
河南鹿邑县涡河船闸 M2	青石	上端圆弧状	长 52、宽 37、厚 8.5 厘米	周边有忍冬纹	中下级官吏	1180 年
北京门头沟区妙峰山公社仰山村窝鲁欢墓	石	长方形	志石长 50、宽 42 厘米		太保、兖国王（正一品）	1181 年
山西朔州城区南关外墓（李汝为）	石灰岩	方形	长 40、宽 36、厚 10 厘米		下级官吏	1186 年
山西大同市阎德源墓	石	长方形	长 67、宽 49、厚 16.5 厘米		道士（西京玉虚观宗主大师）	1190 年
河北宣化下八里村张子行墓	石	长方形、上端抹角	长 43、宽 35、厚 5 厘米	正反两面刻纹	保义副尉（从九品上）	1190 年
河北宣化下八里村张子忠墓	石				昭信校尉（正七品下）	1193 年
内蒙古敖汉旗英凤沟 M2（完颜之）	石	长方形	长 38、宽 31、厚 4 厘米		镇国上将军、侍卫亲军马军都指挥使（从三品）	1196 年
山东高唐县虞寅墓（2 方）	石	长方形、上部两端抹角	上长 114、宽 68、厚 18 厘米；下长 105、宽 64.5、厚 20.5 厘米		信武将军骑都尉（从五品上）	1197 年
山东滕县苏瑀墓	花岗岩	长方形、上端抹角	长 25、宽 18、厚 6 厘米		平民	1199 年
北京平谷县东高村巨家坟墓	石		长 47、宽 34、厚 9 厘米		监妫州县酒（正四品）	1203 年
辽宁铁岭县前下塔子墓	青石	长方形、上端抹角	长 73、宽 50、厚 5 厘米		下级官吏	1205 年
辽宁阜新市西山屯墓	黑色页岩	长方形、四周抹角	长 42、宽 24.7 厘米		住持僧人（“紫衣宝严大德”）	1233 年
河南许昌市文峰路 M3	青灰色白灰岩	方形	边长 35、厚 12 厘米		文字不可辨；贵族	金中晚期

A 型石墓志：由志盖和志石两部分组成。一般呈正方形，盖为盝顶状，盖的四边阴刻人身、动物头像的十二辰像和云纹、卷草纹及牡丹花叶纹等；也有的盖上无纹饰。本文对 24 例（有 2 例尺寸未详）属于 A 型的石墓志进行情况关联统计（表三），可得以下几组关系：

表三　A 型石墓志与墓主人身份对照统计表

墓志尺寸	宗室成员	一品	二品	三至四品	五至六品	七至九品	官员亲属
100 厘米以上	1	3		1			
90 ~ 100 厘米			1	1			1
80 ~ 90 厘米			1			1	
70 ~ 80 厘米				2			1
60 ~ 70 厘米					5	1	
60 厘米以下					1	1	1
总计（22 例）	1	3	2	4	6	3	3

第一组：宗室成员使用的墓志石长度在 100 厘米以上。

第二组：3 例一品官员使用的墓志石长度均在 100 厘米以上。

第三组：2 例二品官员中，1 例使用的墓志石长度在 90 ~ 100 厘米间，1 例使用的墓志石 80 ~ 90 厘米间。

第四组：4 例三 ~ 四品官员中，1 例四品官员使用了 100 厘米以上的墓志石，1 例三品官员使用的墓志石长度在 90 ~ 100 厘米间，2 例使用的墓志石长度在 70 ~ 80 厘米间。

第五组：6 例五 ~ 六品官员中，5 例五品官员使用的墓志石长度在 60 ~ 70 厘米间，1 例六品官员使用的墓志石 50 ~ 60 厘米间。

第六组：3 例七 ~ 九品官员中，1 例七品官员使用的墓志石长度在 80 ~ 90 厘米间，1 例七品官员使用的墓志石长度在 60 ~ 70 厘米间，1 例八品官员使用的墓志石长度在 40 ~ 50 厘米间。

通过对以上数据的对比考察，可得以下初步认识：

（1）宗室成员和一品官员的墓志的长度在 100 厘米以上。

（2）二品官员的墓志石长度在 80 ~ 100 厘米间。

（3）三—四品官员的墓志石长度在 70 ~ 80 厘米间。

（4）五品以下官员的墓志石长度在 70 厘米以下。

（5）官员亲属（主要是官员的夫人）的墓志石长度可能是根据官员的官阶而定，大小和官员的墓志大小基本相当，或略小。

从以上分析，我们可以看出，在金代 A 型石墓志的使用，仅限于有品级的官员中。墓志石的大小同墓主人的身份有一定的关系。地位高者，墓志较大，地位低者，墓志较小。但墓志大小的变化差异并不很显著，尤其是官员级别较近者，大小变化似乎没有太明显规律。但以上墓志中，有 3 例却明显超出了我们划定的级别范围。即内蒙古敖汉旗老虎沟 M1 博州防御使墓志[17]、北京房山区城关镇崔宪墓志[18]、北京西郊百万庄张汝猷墓志[19]，这3方墓志的大小，均比我们划定的级别范围内的尺寸要大，而且，3方墓志石均为汉白玉石，材质可谓高档。敖汉旗老虎沟M1墓主人为博州防御使，系契丹族，其情况可能较为特殊；崔宪墓志和张汝猷墓志，均稍超出其相应的墓志尺寸范围，两墓的年代都在金章宗泰和年间。这似乎不是偶然情况，反映出金朝到章宗后期，随着社会和政治出现不稳定，对墓志的规定使用有所松弛，出现下级僭越上级的现象。

B型石墓志：本文统计21例属于B型的石墓志。此类型石墓志多呈长方形，有的上边两端抹角或为圆弧形。墓志的质地为不同种类的岩石，无纹饰。B型石墓志，从形状上看，或可称之为"碑"或"碣"，但由于其均发现于墓内，我们把这类墓志石又称之为"碑志石"。考古发现和研究表明，"宋代，碑、碣、志的造型有同化的趋势，其放置位置可能逐渐从墓上转移至墓内。墓碑、墓碣、墓志从早期的功能相近、形制相异、摆放位置相异，逐渐发展为功能、形制、摆放位置基本相同，或者说是可以互相取代"。[20]金代，这种情况进一步发展。从金墓中的发现的情况分析，其墓主人一般为中下级官吏，也有身份地位较高的僧道人士。墓志的长、宽尺寸在30~100厘米之间，墓志的大小同墓主人的身份无明显的对应规律。所发现的B型石墓志中，有3例墓志所记墓主人非官吏身份。其中一例为山西长治市安昌ZAM8[21]，墓主人崔晸为农桑富户；另一例为河北崇礼县水晶屯墓[22]，墓主人为李孝均与其妻阿康，其身份为平民。该墓有2方墓志石，尺寸较其他墓志均小，长、宽只有10余厘米。所记内容也极其简略，仅记墓主人姓名及下葬年月。这两例石墓志的发现，说明在金代，民间的普通百姓已有了僭越"非官不用墓志"[23]规定的情形，出现了越界使用墓志石的情况。长治市安昌ZAM8崔晸墓志石，格式较为规范；而崇礼县水晶屯墓李孝均墓志石，无论其大小，还是所记内容、形式等，都同官员所用的墓志石有着显著的差异。这也反映出这种"越界"毕竟还是有所保留的成分在其中。

砖墓志：砖墓志形状基本同于碑志石，题刻形式也大致同。本文统计有6座墓中发现有10件墓志（表四）。有长方形和方形两种，长度在30~45厘米间。6座墓中，有2例为一般平民（富户），2例为僧道人士，1例为下级官员，1例未详。可见墓主人身份较为多样。其主要应是平民和少数下级官员使用，使用的时间在金朝中期至晚期。

表四　金墓出土砖墓志

墓地名称	质地	形状	尺寸	墓主人身份（级别）	年代
山西曲沃县安法师墓	砖	长方形、有长方体碑座	长45、宽24、厚6厘米	道士	1156年
山西离石县马茂庄土洞墓	砖	长方形	长44.5、宽31、厚6厘米	平民	1159年
甘肃临夏市南龙乡王吉墓	砖	近方形、上端圆弧	长30、宽28.5、厚4.5厘米	进义校尉（正九品下）	1175年
山西朔州市朔城区砖室墓标本28	砖	方形	边长37、厚5厘米	僧人	1179年
山西朔州市朔城区砖室墓标本29	砖	方形	边长35、厚5厘米	僧人	1179年

续表

墓地名称	质地	形状	尺寸	墓主人身份（级别）	年代
山西朔州市朔城区砖室墓标本 30	砖	方形	边长 35、厚 5 厘米	僧人	1179 年
山西朔州市朔城区砖室墓标本 32	砖	方形	边长 35、厚 5 厘米	僧人	1179 年
山西朔州市朔城区砖室墓标本 33	砖	长方形	长 35.5、宽 18、厚 5 厘米	僧人	1179 年
河南义马市千秋西路墓	砖				1209 年
河南义马市南郊 M156	砖	正方形	边长 34、厚 6 厘米	富户	1216 年

（二）买　地　券

买地券系由现实生活中的买地契约演变而来，金墓中发现的买地券多为砖质，仅 1 例为铜质（表五）。券文充满了道教色彩的迷信的内容，为驱邪压胜之物。券文大致有一种固定的格式：如说土地是买自“后土”之类的神灵处；土地的四至为“东至青龙，西至白虎，南至朱雀，北至玄武”“上至皇天，下至泉水”；土地的价值为“九万九千九百九十九贯文”；券文结尾有“急急如玉帝使者律令”一类的话，表明其“法律效力”。

表五　金墓出土买地券

墓地名称	质地	形状	尺寸	墓主人身份（级别）	年代
辽宁朝阳市北方航空飞行大队墓	砖	方形	边长 40、厚 7 厘米	下级官吏李幹妻	1149 年
河北蔚县城东砖室墓	砖		长 34、宽 24、厚 7 厘米	平民	1150 年
河南孟津县麻屯 M1159	砖	方形	边长 29.5、厚 6 厘米	平民	1150 年
河北内丘县胡里村墓	砖	方形	边长 29、厚 7 厘米	富户	1157 年
河南洛阳市苗北村 IM3634	砖	方形	边长 30、厚 5 厘米	唐寅（平民）	1160 年
山西汾阳县东龙观 M3			边长 34、厚 5 厘米	富户	1161 年
山西翼城县武池村 M4				平民	1162 年
山西汾西县郝家沟 M1	砖				1182 年
山西垣曲县东铺村墓	砖（2 方）			平民	1183 年
河南淅川县下寨 M77	砖	方形	30.4×29.6、厚 4.73 厘米	平民	1183 年
山西闻喜县小罗庄 M2	砖			平民	1188 年
河南焦作市马作村砖场墓	砖			平民	1188 年
陕西西安市北郊土洞墓（潘顺）	砖	方形	边长 32、厚 5.5 厘米	平民	1192 年

续表

墓地名称	质地	形状	尺寸	墓主人身份（级别）	年代
陕西耀县董家河 97YD M2	砖	方形	边长 35、厚 5 厘米	平民	1193 年
陕西千阳县冉家沟墓（赵海）	砖	方形	边长 30.5、厚 5.5 厘米	富户	1193 年
山西汾阳县东龙观 M5（2 方）	砖	方形	同为边长 34、厚 5 厘米	富户	1195 年
山西侯马市 64H4M102（董海父子）	砖	长方形	长 36、宽 25 厘米	富户	1196 年
河南焦作市郊老万庄 M3（冯汝楫）	铜			下级官吏	1198 年
山西侯马市乔村 M4309	砖		边长 33、厚 5 厘米	平民	1202 年
山西孝义市新义东街墓（郭裕）	砖			进义副尉（从九品下）	1209 年
山西侯马市晋光药厂 95H12M1	砖			平民	1210 年
山西侯马市 59H4M1（董明）	砖	长方形		平民	1210 年
山西侯马市 59H4M2（董玘坚）	砖	长方形		平民	1210 年
陕西西安市黄渠头村 M88	砖	方形	30.2×29.5、厚 5 厘米	富商	1216 年
河南修武县大位村墓	砖	方形	边长 37、厚 5.5 厘米	漫漶不清	中期
河南禹州市坡街砖室墓	砖		边长 33、厚 5.5 厘米	漫漶不清	中期
山西大同市西郊砖室墓	砖	方形	边长 50、厚 6 厘米	漫漶不清	中晚期
山西绛县裴家堡墓	砖			漫漶不清	晚期
山西岚县北村砖室墓	砖	方形	30×29.5、厚 4.7～4.8 厘米	朱砂楷书漫漶不清	金代

本文统计 31 例买地券存在于 29 座墓中。其中 2 例为下级官员，1 例为下级官员亲属（妻），21 例为一般平民（富户），5 例不详。由此反映出买地券的主要使用对象为平民，个别的下级官员偶尔也使用买地券。金代早期有发现，相对集中发现的时间在金朝中期至晚期。

三、石椁墓的考察

石椁墓在Ⅰ区和Ⅱ区多有发现。据构筑椁室石材及筑法不同，该种墓分二型。A 型又分六式，B 型又分二亚型。以 A 型石椁墓发现为多。对石椁墓的等级划分，已有学者做过有益的探索性研究。秦大树先生着重从石椁墓的尺寸方面考虑，将石椁墓划分为大小二式，分别对应两个层次级别的官员和相关人员[24]；刘晓东先生以构筑石椁的石板数量为出发点，结合石椁的大小尺寸，重点讨论了两种形式的石椁墓（即 6 块石板和 10 块石板构筑的石椁墓）所代表的等级差异[25]。我们认为上述两种讨论都有可借鉴之处。

A 型石椁墓中,A 型Ⅰ式（6 块石板构筑）和 A 型Ⅱ式（10 块石板构筑）发现最多。

A 型Ⅱ式石椁墓有 4 例，其中有 3 例是有明确身份标识的，即黑龙江阿城市城子村完颜晏墓[26]、吉林长春市石碑岭完颜娄室墓[27]、北京丰台区米粮屯乌古论窝论墓[28]。这 3 例墓的墓主人身份均为二品以上官员。吉林扶余县西山屯墓[29]虽不知墓主人具体身份，但其墓葬形制、结构、大小等和黑龙江阿城城子村完颜晏墓几无二致，推测其墓主人级别当不会很低。上述 4 座墓石椁的长度都在 2.8 米以上。

A 型Ⅲ式石椁墓 1 例，即北京丰台区米粮屯乌古论元忠夫妇墓[30]。石椁四壁各由 2 块汉白玉石板组成，底、盖各由 3 块青石条组成，共计 14 块石板。石椁长约 3.9、宽 3.1 米。该墓石板的材质优于 A 型Ⅱ式，长度也超过 A 型Ⅱ式。墓主人身份较为特殊，乌古论元忠为驸马、一品官员，其夫人为鲁国大长公主，系宗室成员。因此墓葬的构造要略高于 A 型Ⅱ式石椁墓也合乎常理。

A 型Ⅰ式石椁墓有身份标识的有 4 例。北京海淀区南辛庄张□震墓（从五品）[31]、北京通县三间房村石宗璧墓（正五品）[32]、北京西郊香山蒲察胡沙墓（从二品）[33]、北京平谷县东高村巨家坟墓（正四品）[34]。此外，北京房山县长沟峪 5 座石椁墓，现推测为坤厚陵，即所葬为后宫嫔妃。这些墓葬的墓主人，皆为中级以上官吏，但低于 A 型Ⅱ式石椁墓的墓主人。石椁的尺寸虽然不完全统一，却基本也是随着墓主人等级的高低略有大小的差别。其石椁长、宽尺寸明显比 A 型Ⅱ式石椁要小。

A 型Ⅳ式石椁墓 1 例，北京磁器口吕恭墓[35]。石椁四壁由 4 块石板立砌，底、盖各用 2 块石板构成，共计 8 块石板。石椁长 2.2、宽 2.1 米。墓主人吕恭为从 8 品官员，未使用 A 型Ⅰ式石椁（6 块石板）墓，而是使用了 A 型Ⅳ式石椁（8 块石板）墓，但其石椁的长、宽尺寸却比一般的使用 A 型Ⅰ式石椁、级别比其高的官员的墓的尺寸为大。这似乎是一个特例。

A 型Ⅴ式和 A 型Ⅵ式石椁墓各 1 例，虽然形制和其他石椁一致，但其构成方式和大小明显有别于其他石椁墓，墓主人身份为下级官员或富户。

B 型石椁墓发现数量少。分 Ba 型和 Bb 型两种形制。

Ba 型有 8 座，其中有 5 座为北京房山区龙门口村大房山金陵主陵区 2001FJLM1 ~ M5[36]。这五座墓虽未发现有明确的身份标识，但由于其位于皇陵主陵区特殊的区域内，应系宗室成员。另外 3 座如辽宁盖县路西石椁墓[37]、辽宁朝阳重型机器厂 1989M1[38]、辽宁朝阳市辽宁轮胎附属厂 93LTFM1[39]大小不及上述五座，级别要低一些。

Bb 型仅 1 座，即黑龙江绥滨县奥里米 1974M5[40]。根据该墓地墓葬分布情况和形制结构等分析，该墓非一般平民墓葬，墓主人当为贵族身份。

综上所述，关于石椁墓的使用情况概括为：

（1）6 块石板构筑的 A 型Ⅰ式石椁墓和 10 块石板构筑的 A 型Ⅱ式石椁墓是石椁墓中的主体形制，其他形制的石椁墓是这两种形式的石椁墓的衍生形式。

（2）A 型Ⅱ式石椁墓（10 块石板构筑）应为三至二品以上官员使用；A 型Ⅲ式石椁墓为特例，为 1 品官员和高级别的宗室成员使用。

（3）A型Ⅰ式石椁墓（6块石板构筑）主要为六至四品的中级官员和亲属及宗室成员使用。

（4）Ba型石椁墓也是部分中下级官员和亲属及一般宗室成员使用的主要对象。

（5）高级官员可以使用低等级的墓葬形制，也存在低级官员越制使用高等级的墓葬形制的现象，但其墓葬形制构成和大小会发生一定范围的相应的改变。

四、砖室墓的考察

砖室墓是金代发现数量最多的一种墓葬形制，也是分布最为广泛的一种墓葬类型。但大多数的砖室墓缺乏准确的身份判定依据。因此对于砖室墓等级的考量，主要以有明确身份标识的墓葬为基础作为参照。

砖室墓分二型：A型（单室墓）和B型（多室墓）。

B型墓（多室墓）中有2例是有明确身份标识的高级官员墓。

河北兴隆县梓木林子萧仲恭墓[41]，系三正室。有前、中、后三室。但墓室构成、形状、大小不详。

河北新城县北场村时立爱墓[42]，系二正室，前室两侧各有一个圆形耳室。该墓前室为长方形，后室为八边形。前室长4.65、宽3.8米；后室长5.45、宽4.75米；耳室直径2.8米。

上述两墓墓主人均为高官显贵。萧仲恭，契丹人，曾仕辽，后降金，封为“燕京之留守越国王”，正一品官员。时立爱，汉人，曾仕辽，后降金，封为“钜鹿郡王、荣国公”，正一品官员。两位墓主人均曾在辽朝为官，后降金，成为金朝的重臣，地位显赫。因此其墓葬均选择了高等级的极具辽墓风格的多室墓。有学者研究辽代三正室和二正室的砖室墓是郡王以上的官员使用的墓葬。此二墓的形制结构及墓主人身份也和辽代的墓葬等级制基本相符。

B型墓（多室墓）中有1例是有明确身份标识的下级官员墓。如山西长治市故漳村墓[43]，为一正室、正室两侧有耳室。正室近方形，正室两侧各有一个长方形耳室。正室长2.75、宽2.5、高4.56米；耳室长1.85、宽0.9、高1.98米。墓中题记载墓主人生前为敦武校尉（从八品下），系下级官员。

还有的多室墓，墓主人身份非官员，系一般平民。即山西侯马市西郊64H4M102[44]，为二正室，无耳室。前、后室均为方形，大小相等。边长2.3、高3.92米。墓中的砖券文书载该墓为董海与三个儿子的合葬墓。从砖券记载情况看，墓主人董海父子非官宦出身，当为平民中的富户地主阶层。

除个别型式的多室墓的墓室较小外，其余的主墓室的大小基本都和64H4M102相仿，墓室的长度在2～3米间。由于缺乏准确的表明身份的标识，目前尚难以对这类墓进行完全确切的级别定位。

A型墓（单室墓）发现数量多。从统计情况看，单室墓的墓室长度多在2～3米间，个别的稍略超出此数据范围。发现墓主人身份最高者为内蒙古敖汉旗老虎沟M1[45]，墓室呈八边形，墓室对角直径约 4 米。是单室墓中最大者。墓主人为博州防御使，四品官员。其他一些身份明确的级别稍低的中下级官员墓，墓室的长度都在 2 ~ 3 米的幅度内；一些身份明确的平民墓，墓室的长度也基本在 2 ~ 3 米的幅度内。

通过以上对砖室墓的总体考察和个例分析，可以得出以下初步认识：

（1）墓室数目的多寡，在某种程度上，并不完全反映墓主人身份的高低。

（2）金代早期，在原辽统治的区域内（主要是Ⅱ区），由于受辽的政治和文化影响较深，一些高级官员使用了相应规模的多室墓，墓室的面积也较大，有壁画装饰，使用石墓志，凸显了等级地位的差异。

（3）金代中晚期，多室墓的数量略有增加，集中在Ⅲ区、Ⅳ区、Ⅴ区、Ⅵ区，等级的意义渐趋弱化，平民中的富者也选择使用此类型的墓葬。

（4）单室墓是主要流行的墓葬形制，主体使用对象是中下级官员和平民中的富户人家，可分两类，一类是无仿木构建筑，一类是有仿木构建筑。墓室长度集中在 2 ~ 3 米间。随墓葬分布区域变化和墓主人身份、地位、经济状况变化，墓葬本身的结构、墓内的装饰等略有大小、繁简的变化。

五、石室墓的考察

石室墓数量不多，发现仅十几例。多数墓也缺少明确的身份标识，仅有数例墓可知墓主人身份。成为考察石室墓等级的基础材料。

石室墓分二型：即 A 型墓（单室墓）和 B 型墓（多室墓）。

吉林舒兰县小城子墓地第 2 墓区石室墓[46]，为单室墓，墓室呈方形。系用规整的花岗岩条石修砌而成。顶部为整块花岗岩石雕琢成的四阿式顶盖。墓室内顶部呈穹窿式藻井。墓门前的墓道处为覆斗式天井。墓室较大，室内置 5 具石函。随葬品有铁牌 1 件、铜蜡台 1 对、仿定白瓷瓶 2 件、白瓷碗 4 件。该墓曾被认为是完颜希尹墓，从目前的材料线索看，推论证据尚显不充分，有待进一步考证。但此墓墓主人作为完颜希尹家族中的一员，身份地位应该不低。

辽宁阜新市南瓦村墓[47]，为单室墓，墓室呈长方形，长 7、宽 3.5 米。墓壁基础系用规整的花岗岩条石垒砌，其上用条石叠涩成穹窿顶，顶部用一圆形花岗岩石封顶。此墓出土有钧窑瓷盘 1 件、白釉酱花四系瓶 1 件、铁马镫 1 件、铜镜 2 件等。此墓无身份标识，但从墓葬出土的随葬品及墓葬本身的形制结构、大小等分析，墓主人当为中级或中级以上官吏。

河南焦作市西北郊王庄邹瓊墓[48]，为单室墓，墓室呈八边形，长 3.1、宽 3.06 米，攒尖顶。墓内有石刻画像题材装饰。墓内题记载墓主人邹瓊非官员，当为一般平民中的富户。

山西长治市安昌村南 ZAM8 为多室墓[49]，由主室和 7 个耳室组成，有仿木构装饰。主室呈方形，主室边长 2.3、总高 3.2 米，攒尖顶。该墓系崔晸和家族成员合葬，墓主人为农桑富户。

其他单室墓的大小和砖室墓的情况基本同，墓室长度多在 2～3 米间。其形制、结构与砖室墓大致相若。

综上，可以得出以下认识：

（1）石室墓是少数人使用的墓葬形式。以单室墓为主，带有小耳室的多室墓偶见。

（2）墓葬结构的繁简、精细，墓室的大小在一定程度上体现一定的等级差异。使用的对象包括中、下级官员和富豪阶层。大致以中下级官员和富豪阶层为主要的使用对象。

六、其他类别墓葬的考察

1. 砖石（合筑）椁墓

砖石（合筑）椁墓实际上是石椁墓范畴的一种墓葬形式。四壁分两层，内壁为石板构筑，外层为砖砌筑，石板盖顶。目前仅见 4 例。吉林舒兰县小城子完颜希尹家族墓地有 3 例[50]，其中第 3 墓区 M1 被推定为完颜守道墓。此墓长 2.5、宽 1.7、高 1.35 米。完颜守道是完颜希尹的嫡孙，世宗时期曾任尚书左丞相之职，为一品官员。还有 1 例是河北新城县北场村时丰墓[51]，长 2.89、宽 2.33、残高 1.5 米左右，四壁绘有壁画。时丰为时立爱之子，为从三品官员。

以上 4 例墓葬的情况说明砖石（合筑）椁墓是同石椁墓一样，是有一定身份的官员或其家族成员使用的一种墓葬形式。这种墓糅合了石椁墓和砖室墓的构造风格于一体，体现了女真文化和汉文化融合的特点。

2. 砖石（混筑）室墓

砖石（混筑）室墓仅见 6 例。这类墓的构造和砖室墓是相同的，墓室大部分是以砖砌筑，只是局部以石填筑。5 例墓葬的墓室长度都在 2～3 米间；其中内蒙古喀喇沁旗两家村大黑山金墓是由前室、东西壁龛及后室组成的双室墓[52]。推测此类墓墓主人为平民中的富者或下级官员。

3. 土洞墓

土洞墓是除Ⅰ区之外均见有分布的一种墓葬类型，其数量约占墓葬发现总数的十分之一。这种墓是属于较为简陋的一种室类墓。从发现的情况看，尚无有确切身份的官员墓葬，随葬品也无特别之处。故可认为此类墓是主要分布于中原黄土高原带有地域特点的金墓之一，属于一般平民的墓葬形式。

4. 石棺墓

土坑石棺墓有 4 例。发现墓主人身份确切者有平民和僧人。推测其主要是平民中富者使用的一种墓葬形式。

5. 石函墓

土坑石函墓主要分布于Ⅰ区和Ⅱ区，其数量约占墓葬发现总数的十分之一。此类墓是以火葬为埋葬形式的一种墓葬类型。目前发现墓主人级别最高者有2例。一为吉林舒兰县小城子完颜希尹家族墓地第4墓区M1，即昭勇大将军夫妇墓[53]。昭勇大将军即完颜守□，官至从三品。石函长1.48、宽1.05、高0.9米。另一例为敖汉旗英凤沟M2[54]，墓主人为完颜之，从三品官员。石函长1.38、宽1、高0.94米。两位墓主人官品级别相当，石函大小也相当。而且这两座石函的尺寸要比其他同类墓葬的石函稍大。也反映出石函大小确代表一定的等级差异。

概括之，石函墓应是下级官员和平民中的富者使用的一种墓葬类型，偶见少数中级官员使用这类墓。

6. 砖椁墓

砖椁墓的数量较少。一般墓葬较为狭小，个别墓葬尺寸较大。根据墓葬的形制结构和随葬品的情况分析，这类墓的主体使用对象为一般平民。

7. 木椁墓

土坑木椁墓是较为特殊的一种墓葬形式，而且仅发现于Ⅰ区的女真人的故地——黑龙江地区。数量少。从墓葬本身的形制结构看，有较多的原始性。结合墓内出土的随葬品分析，此类墓是早期女真贵族使用的一种墓葬形式。

8. 木棺墓

土坑木棺墓分布范围广，发现的数量约占墓葬发现总数的十分之一。从墓葬本身的形制结构及墓内出土的随葬品考察，这类墓的墓主人属于平民阶层。

9. 土坑墓

土坑墓主要分布于Ⅰ区和Ⅱ区，其数量约占墓葬发现总数的十分之一。这类墓无任何葬具，随葬品简单，故此类墓的墓主人是平民中的贫者，属于最下层阶层。

七、佛、道人士墓葬的考察

金代，佛、道、儒并行。金廷对佛、道二教格外尊崇，佛教和道教在辽、宋的基础上得到了新的发展。相关记述体现了佛、道二教的基本流行情况。

洪皓著《松漠纪闻》载：“胡俗奉佛尤谨，帝后见像设皆梵拜，公卿诣寺则僧坐上坐。燕京兰若相望，大者三十有六。然皆律院”。[55]

《大金国志》卷三十六《浮图》载：“浮图之教，虽贵戚望族，多舍男女为僧尼。惟禅多而律少，在京曰国师，师府曰僧録、僧正。列郡曰都纲，县曰维那。披剃威仪与南宋等。所赐号曰大师，曰大德，并赐紫，所谓国师，在京之老尊宿也，威仪如王者。国主有时而拜，服真红袈裟，升堂问话、讲经与南朝等。僧録、僧正，师府僧职也，皆择其道行高者，限三年为一任，任满则又别择人。张官府设人从，僧尼有讼者皆理而决遣之。并服紫袈裟。都纲则列郡僧职也，亦以三年为任。有师号者赐紫，无者如常僧服。维那县僧职也，僧尼有讼者，笞以下决遣之，杖以上者并申解僧録都纲司”。[56]

《大金国志》卷三十六《道教》载：“金国崇重道教与释教同，自奄有中州之后，燕南燕北皆有之。所设道职，与师府置司，正曰道録，副曰道正，择其法籙精专者授之，以三年为任，任满则别择其人”。[57]

本文通过对考古所见金代佛、道人士墓葬的形制、结构及丧葬习俗等进行专门考察，试对金代佛教人士和道教人士所处的社会地位及佛教、道教的流行情况提供最直接的考古学范例。

（一）佛教人士（僧侣）墓葬

1. 单人葬

山西长治土坑石棺墓[58]，系火葬。棺身有题刻，墓主人为“崇仪大德淮公僧正”，为实际院僧正，赐号为“崇仪大德”。该墓纪年为1180年。

辽宁阜新市西山屯墓[59]，该墓为圆形砖室墓，直径2.1米。墓室有砖砌棺床，其上有一具散乱的骨架。随葬品为5件瓷器，有碗、碟。出土碑形石墓志一方。墓主人为北京北净修院住持，获赐号“紫衣宝严大德”，该墓纪年为1233年。

2. 多人合葬

山西朔州市朔城区墓[60]，该墓为长方形砖室墓，长3.94、宽3.72米。室内沿壁有台阶，上置30多具陶棺。根据出土的墓志及棺刻铭文知，墓主人为广福寺或广运寺僧人，均为火葬，后二次丛葬于一墓中。该墓纪年为1179年。依铭刻、志文看，这些僧人中有普通的僧侣，也有住持和拥有“赐紫大师”“大德”等封号的高级别的僧侣。

河南三门峡市崤山西路M1[61]，该墓为阶梯式墓道八边形墓。墓室内有彩绘壁画，主要为花卉，墓内两侧门框上各绘一男女侍童。墓室宽2.39米。室内有“凹”形棺床。七侧壁上各有一个壁龛，其中六个壁龛内有一或两个陶罐或陶盒，罐内盛放烧骨碎块。棺床上有一具尸骨，仰身直肢葬，无葬具。在壁龛的上方刻有十四个僧人的法号，可知为僧人合葬墓，而且级别、辈分有别。该墓纪年为1167年。

在M1周围，还有两墓，即M2、M3，均为长方形砖室墓[62]。均有零乱的烧骨碎块。其中M2有九具个体，为尸骨葬和火葬形式的合葬。这两座墓的年代为北宋晚期。M3墓壁上镶嵌有石刻《长兴禅院崇公卯塔记》。以上三墓年代相距不远。从M3出土石刻记载有长兴禅院分析，三墓内埋葬的应皆为僧人，可能为长兴禅院的僧人。

陕西韩城县安居寨墓[63]，该墓为长方形砖室墓，长2.94、宽2.05米。室内有4具陶棺、1具木棺。棺上书有墓主人名题记，知为僧人合葬，大约有七人，系火葬。墓内仅出土瓷枕一件。该墓年代为1178年。从棺上题记推断，所葬者为大庆善寺寺内僧人。

陕西甘泉县阳山洞室墓（瘗窟）[64]，由前廊、门道、三洞室组成，仿木构楼阁，洞室有前、中、后三室。中、后两室凿出倒“凹”字形棺床棺床上多具棺木，严重扰乱，尸骨混置一起，有22具个体，均为成年，男性8具，女性14具。前廊雕释迦牟尼佛像和天尊像及飞天像等；前室有浮雕群山和十六罗汉像；中室顶部雕飞天、莲花荷叶、伽陵频迦等。雕刻均为浅浮雕上加阴线刻。从雕刻内容看，有显著的佛教题材色彩，表明其为僧人丛葬墓的可能性更大一些。瘗窟的年代大致为金代晚期。

江苏徐州市户部山M2[65]，为一座砖室墓，南北向，底部平面正方形，边长1.9米。底部铺砖。四壁均高0.68米，南壁中开一门，上有石质门楣。室顶四面为坡形。顶部呈正方形方孔，方孔之上以八角石封盖。北、东、西壁各有两层龛，龛内置陶骨灰盒（棺），共21件。棺内盛骨灰，内置陶牌，上刻名称。推断该墓为一处寺庙内的地宫。

综观以上数处僧人墓葬，年代多在金代中期至晚期之间。墓葬类型有三种：砖室墓、土坑石棺墓、洞室墓。砖室墓平面形状有长方形、圆形和八边形。有的砖室墓上部结构不详，其上可能还有塔结构建筑。流行火葬，也有尸骨葬。2座单人葬的墓葬，墓主人有“大德”一类赐号，地位级别较高。其他合葬墓的僧人，多为一般僧侣，仅个别僧侣有较高的身份，获有赐号。从发现的相关的文字记述分析，这些墓葬都与僧侣生前所在的寺院相近，一般情况下，墓葬可能就近葬于寺院附近。发现随葬品不多，反映出佛教僧侣讲究薄葬的埋葬习俗和社会现象。

（二）道教人士（道士）墓葬

发现数座有明确身份标识的墓葬。

山西曲沃县西南街安法师墓[66]，该墓为方形砖室墓，边长2.1、高2.9米，攒尖顶。有仿木构装饰，彩绘壁画。壁画表现内容主要为天象图和反映道教的法师端坐作法图。墓内无棺床，墓主人为仰身直肢葬。出土砖墓志一方，标识为“安法师墓志铭”。在南壁壁龛内出土1件瓷碗。该墓纪年为1156年。

山西大同市城西阎德源墓[67]，该墓为方形砖室墓，长3.12、宽3.11、高3.28米，攒尖顶。有简单仿木构装饰。墓内有砖砌长方形棺床，棺床上横放棺椁各1具。墓主人为仰身直肢葬。出土碑形石墓志一方，墓主人为“西京玉虚观宗主大师阎德源”。随葬品有木器、瓷器、铜器、骨器、陶器、漆器、牛角印章、丝织品、石香炉、石狮、玉枕等一百余件。该墓纪年为1190年。

以上两墓形制相似，但大小、结构略有差别。葬俗皆为尸骨葬。从墓葬、随葬品墓志记述等分析，安法师似为一般的道士，而阎德源则为西京玉虚观的宗主大师，而且阎德源墓还有棺、椁双层葬具，随葬品较为丰富，种类繁多。反映出其作为宗教人士，地位之高，影响之大。墓志载“宣和侍晨张公为职籙道士命授金坛郎。迨乎上天革命稽首向风携麈而来，寓迹此地。既而卜筑于京西，兴创土木，度集徒众，琳公壮丽，计日而成清高之行，喧传宇内。由是贵戚公侯大夫士庶敬之如神，朝廷累赐师号，为羽流之宗”。从墓志的记述看，西京玉虚观也是阎德源做道士时兴建起来的，而且其本人备受当时的西京贵戚公侯大夫士庶崇敬，朝廷多次予以赐号，成为道士中的上层人物。

从发现情况看，金代，佛、道人士的墓葬是存在一定差异的。佛教僧侣，更为流行火葬和“薄葬”；而道教人士，流行尸骨葬，级别高的道士也讲求“厚葬”，反映出二教之间的差异所在。

八、结　　语

宋金时代，是我国历史上民族融合的重要阶段，也是社会发生剧变的转折时期，以等级制度为核心内容的墓葬制度出现了重要的阶段性变化。总的来看，金代，在墓葬的葬制上，礼制等级的观念趋于弱化。金墓中墓葬类型多样，但缺乏明显的层次划分，体现的更多的是各阶层墓葬的趋同化和世俗化。

砖室墓是发现数量最多、分布最为广泛的一种墓葬类型，同时也是使用最为复杂的一类墓葬。其墓室数量的多寡，虽然仍有判定身份等级的意义，但这种指示意义，在金代早期，只在原辽故地统治下的曾在辽朝为官后仕金的官员墓中有较为明显的体现，而这种情况体现的正是原辽代墓制的等级差异的延续。到中晚期，更广的范围内，体现等级的意义已近于消失。石椁墓，是金代特有的墓葬形制（以六块或十块石板构筑的石椁墓最具典型），主要是在女真贵族中流行使用的一种墓葬类型。构筑石椁的石板的数量和石椁的尺寸大小体现一定的等级身份的高低，但等级界线的差别并不显著。延续或仿效北宋的礼制，金代晚期，一些高级官员的墓前出现神道碑和石像生。体现身份的墓志在金代与碑、碣有同化的态势。传统意义的带盖的石墓志只在有品级的官员墓中使用，而且志石的大小同品级的高低存在一定的关联。碑形石墓志和砖墓志一般是下级官员和平民使用的墓志类型。金代中期至晚期，买地券较为集中地出现和流行，主要的使用对象为平民及少量的下级官员。

附记：本文为国家社会科学基金项目（批准号：16BKG017）研究成果。

注　　释

[1] 长顺（主修）：《吉林通志》，吉林文史出版社，1986年。

[2] 陈相伟：《金完颜希尹碑建碑年代考》，《博物馆研究》1989年第1期。

[3] 杨宾：《柳边纪略》，《龙江三纪》，黑龙江人民出版社，1985年。

[4] 吴大澂：《皇华纪程》，《长白丛书》（初集），吉林文史出版社，1986年。

[5] 华泉：《完颜忠墓神道碑与金代的恤品路》，《文物》1976年第4期。林沄：《完颜忠神道碑再考》，《北方文物》1992年第4期。

[6] 王久宇、王锴：《阿城金代贵族墓碑的发现和考证》，《北方文物》2007年第4期。

[7] 河北省文化局文物工作队：《河北新城县北场村金时立爱和时丰墓发掘记》，《考古》1962年第12期。

[8] 河南省文物考古研究所：《河南鹿邑涡河船闸金墓发掘简报》，《华夏考古》1994年第2期。

[9] 杨学林：《平谷东高村巨家坟金代墓葬发掘简报》，《北京文物与考古》（第四辑），北京市文物研究所，1994年。

[10] 铜川市考古研究所：《陕西耀县董家河金墓清理简报》，《文博》1998年第1期。

[11] 许昌市文物工作队：《许昌文峰路金墓发掘简报》，《中原文物》2010年第1期。

[12] 〔俄〕L. M雅克弗列夫著，佟希达译：《阿什河上游的金代墓葬》，《北方文物》1995年第1期。

[13] 庞志国：《完颜希尹家族墓群石雕艺术初探》，《文物》1982年第3期。

[14] （元）脱脱等：《宋史》，中华书局标点本，1985年。

[15] 同[14]。

[16] （元）脱脱等：《金史》中华书局标点本，1975年。

[17] 朱志民：《内蒙古敖汉旗老虎沟金代博州防御使墓》，《考古》1995年第9期。

[18] 陈亚洲：《金代〈崔宪墓志铭〉考》，《北京辽金文物研究》，北京燕山出版社，2005年。

[19] 侯堮：《金〈张汝猷墓志〉考释》，《北京文物与考古》（第二辑），北京燕山出版社，1991年。

[20] 吴敬：《南方地区宋代墓葬的区域性及相关问题研究》，吉林大学2008年博士学位论文。

[21] 商彤流：《长治市安昌村出土的金代墓葬》，《艺术史研究》（第6辑），中山大学出版社，2004年。

[22] 贺勇：《河北崇礼县水晶屯发现一座金代石函墓》，《考古》1994年第11期。

[23] （宋）郑居中：《政和五礼新仪》，文渊阁四库全书本总0647册第885页之卷二百十六《品官丧仪·葬》条目中记述品官墓中“誌一，九品以下无”。此即“非官员墓中不用墓志”。金承宋制，情况应相同。

[24] 秦大树：《金墓概述》，《辽海文物学刊》1988年第2期。

[25] 刘晓东：《金代土坑石椁墓及相关问题》，《青果集》，知识出版社，1993年。

[26] 黑龙江省文物考古研究所：《黑龙江阿城巨源金代齐国王墓发掘简报》，《文物》1989年第10期。

[27] 长春市文物管理委员会办公室：《长春市石碑岭金代墓地发掘简报》，《考古》1991年第4期。

[28] 北京市文物工作队：《北京金墓发掘简报》，《北京文物与考古》（第1辑），1983年。

[29] 吉林省博物馆：《吉林省扶余县的一座辽金墓》，《考古》1963年第11期。

[30] 同[28]。

[31] 北京市海淀区文化文物局：《北京市海淀区南辛庄金墓清理简报》，《文物》1988年第7期。

[32] 北京市文物管理处：《北京市通县金代墓葬发掘简报》，《文物》1977年第11期。

[33] 齐心：《金蒲察胡沙墓志铭考释》，《北京史论文集》，北京史研究会编印，1980年。

[34] 杨学林：《平谷东高村巨家坟金代墓葬发掘简报》，《北京文物与考古》（第四辑），北京市文物研究所，1994年。

[35] 北京市文物研究所：《器口出土金代石椁墓发掘简报》，《北京文博》2002年第4期。

[36] 北京市文物研究所：《北京金代皇陵》，文物出版社，2006年。

[37] 崔德文：《盖县路西金墓清理简报》，《辽宁文物》1980年第1期。

[38] 辽宁省文物考古研究所：《朝阳重型器厂金墓》，《辽海文物学刊》1990年第2期。

[39] 朝阳市博物馆、龙城区博物馆：《辽宁轮胎附属厂古墓清理简报》，《边疆考古研究》（第3辑），科学出版社，2004年。

[40] 黑龙江省文物考古工作队:《松花江下游奥里米古城及其周围的金代墓群》,《文物》1977年第4期。
[41] 郑绍宗:《兴隆县梓木林子发现契丹文墓志铭》,《考古》1973年第5期。
[42] 河北省文化局文物工作队:《河北新城县北场村金时立爱和时丰墓发掘记》,《考古》1962年第12期。
[43] 长治市博物馆:《山西长治市故漳金代纪年墓》,《考古》1984年第8期。
[44] 山西省考古研究所侯马工作站:《侯马102号金墓》,《文物季刊》1997年第4期。
[45] 朱志民:《内蒙古敖汉旗老虎沟金代博州防御使墓》,《考古》1995年第9期。
[46] 徐翰煊、庞志国:《金代左丞相完颜希尹家族墓调查试掘简报》,《中国考古集成——东北卷》(18),北京出版社,1997年。
[47] 赵振生:《阜新市郊南瓦金代墓葬》,《中国考古集成——东北卷》(17),北京出版社,1997年。
[48] 河南省博物馆、焦作市博物馆:《河南焦作金墓发掘简报》,《文物》1979年第8期。
[49] 商彤流:《长治市安昌村出土的金代墓葬》,《艺术史研究》(第6辑),中山大学出版社,2004年。
[50] 徐翰煊、庞志国:《金代左丞相完颜希尹家族墓调查试掘简报》,《中国考古集成——东北卷》(18),北京出版社,1997年。
[51] 河北省文化局文物工作队:《河北新城县北场村金时立爱和时丰墓发掘记》,《考古》1962年第12期。
[52] 内蒙古自治区文物考古研究所、赤峰市博物馆:《赤峰市喀喇沁旗美林镇两家村大黑山金墓发掘简报》,《内蒙古文物考古文集——配合国家基本建设专集》(第四集),科学出版社,2013年。
[53] 徐翰煊、庞志国:《金代左丞相完颜希尹家族墓调查试掘简报》,《中国考古集成——东北卷》(18),北京出版社,1997年。
[54] 敖汉旗文物管理所:《内蒙古敖汉旗英凤沟金代墓地》,《文物》1987年第8期。
[55] (宋)洪皓:《松漠纪闻》,《长白丛书》(初集),吉林文史出版社,1986年。
[56] (宋)宇文懋昭:《大金国志》,中华书局校证本,1986年。
[57] 同[56]。
[58] 王进先:《山西长治市发现金代石棺》,《考古》1986年第2期。
[59] 阜新市博物馆:《辽宁阜新市发现一座金代墓葬》,《考古》2004年第9期。
[60] 宁立新、雷云贵:《朔州市朔城区金代僧人丛葬墓发掘简报》,《山西省考古学会论文集》(三),山西古籍出版社,2000年。
[61] 三门峡市文物工作队:《三门峡市崤山西路发现三座古墓》,《华夏考古》1993年第4期。
[62] 同[61]。
[63] 任喜来、呼林贵:《陕西韩城金代僧群墓》,《文博》1988年第1期。
[64] 张燕、李安福:《陕西甘泉县金代瘗窟清理简报》,《文物》1989年第5期。
[65] 徐州博物馆:《徐州户部山东汉至金代墓葬发掘简报》,《考古与文物》2009年第2期。
[66] 孙永和、孙丽萍、张红勤:《山西曲沃西南街发现金代安法师墓》,《中国文物报》2005年2月9日第2版。
[67] 大同市博物馆:《大同金代阎德源墓发掘简报》,《文物》1978年第4期。

中华书局标点本《金史》修订成果概述

程妮娜

（吉林大学文学院中国史系）

《金史》修订工作从2009年开始展开，是中华书局点校本“二十四史”及《清史稿》修订工程中最后启动的一部。点校本《金史》以上海涵芬楼百衲本为底本，是现存《金史》最好的本子，此次修订《金史》不更换底本。以元至正五年江浙等处行中书省刻本（简称元刻本，即中华再造善本及国家图书馆所藏的三个残本）、清代乾隆二十四年武英殿刊本（简称殿本），作为本次修订的通校本。明南京国子监刻本嘉靖八年刊本（简称南监本。参用清顺治十年刊本，简称清南监本）、明北京国子监刻本清康熙二十五年重校修本（简称北监本）、清同治十三年江苏书局刻本（简称局本），作为此次修订工作的参校本。以残存《永乐大典》的有关部分，历年出土的碑刻资料，金人、宋人、元人文集、著作，以及《高丽史》等史籍，作为本次修订的他校参考书。充分参考和吸纳清代施国祁《金史详校》和近现代学者有关《金史》的校勘与研究成果。

本次修订工作重点在文字校订，对点校本已有的校勘成果，逐条复合，纠正失误，消除差错。另外，点校本虽然以殿本为参校本，吸收了以往诸多的校勘成果，但校勘记中对版本依据提及很少。修订工作从对读各种版本入手，对点校本的改字、补字、删字逐一复合。对底本中明显有误处，如干支错误、笔误现象，遵从点校本的修改，如有版本依据，一律加以注明。通假字从底本，易生歧义的字，据底本回改。此次修订回改200多字，其中有一些属于点校本改字、补字、删字不当，因回改字而删减和修改了一些不当的校勘记。这次修订工作删掉原校勘记百余条，改写错误、不准确的校勘记数十条。新增校勘记数百条，并纠正人名、地名、部名、官名以及各种标点不当处200多处，以及大小字、段落等问题。此次修订工作取得了很好的成果，下面仅就两方面的成果介绍一下。[1]

一、增补新校勘记

《金史》修订工作依据《总则》的要求，在版本校的基础上，对底本的讹、脱、衍、倒及错简，根据相关证据出校改正。出校勘记的原则是“宁紧毋宽”，对于底本错字，属唯一性的错字，点校本已经迳改处，补充校勘记。新发现的问题，有版本依据，可改字，出校勘记；无版本依据，不改字，出校勘记。内容有错误，无论有无版本依据，皆不改字，出校勘记。在出校勘记时，注意校字与校史的区别，避免过度校勘，协调好纪、传、志之间的问题。三者史源可能不同，纪是实录，传多是碑刻。尊重纪、传、志之间的差异，尊重原本的面貌，不替古人改错。新出的校勘记主要有以下几类：

（1）底本错字。遵循上述原则，出校勘记。《金史》卷九五《粘割斡特剌传》载大定十年“谍者言夏与宋人通谋犯边”，斡特剌往按其事，察知宋、夏无交通状，世宗甚悦，“赐衣马车牛弓矢器伏”。“器伏”，南监本、北监本、殿本、局本作“铠仗”。此处改字，出校勘记。卷一〇《章宗纪》载，“以尚书左司郎中粘割胡上为夏国生日使”。“粘割胡上”，诸本同。施国祁《金史详校》卷二认为“上”当作“土”。以女真人名字习惯，施说为是。但没有版本校勘依据，不改字，出校勘记。

（2）系年有误。如《金史》卷六三《后妃传》，海陵母大氏，世宗“大定七年，降封海陵太妃，削去皇后谥号。”《大金集礼》卷四，系此事于大定二十年十二月，“海陵庶人所生母尚有慈献皇后名称俱为未当”。疑此处系年有误。此次修订发现这类问题较多，皆出校勘记。

（3）叙事错乱。如《金史》卷八〇《乌延蒲卢浑》“睿宗为右辅元帅，已定关、陕，……及宋主在扬州，蒲卢浑与蒙适将万骑袭之，宋主已渡江，破其余兵”。卷三《太宗纪》，天会七年五月，“拔离速等袭宋主于扬州”，八年七月以后，以右副元帅宗辅往征陕西。卷一九《世纪补》同。故此句当在“睿宗为右副元帅，已定关、陕”之前。可见此处叙事有错乱。又如，卷七七《宗弼传》载，“宗弼自军中入朝……会置行台于燕京诏宗弼为太保……追至祁州杀之”。卷四《熙宗纪》载，天眷元年九月“丁酉，改燕京枢密院为行台尚书省”，二年七月“丙戌，以右副元帅宗弼为都元帅”，“八月辛亥，行台左丞相挞懒、翼王鹘懒及活离胡土、挞懒子斡带、乌达补谋反，伏诛”。三年正月“以都元帅宗弼领行台尚书省事”。可知此处记事时间错乱，“置行台于燕京”当移至“宗弼自军中入朝，进拜都元帅”之上，“宗弼为太保领行台尚书省都元帅如故”则当移至“追至祁州，杀之”之下。均出校勘记。

（4）记述有误，如《金史》卷七七《宗弼传》，称宗弼为“太祖第四子也”。卷六九《太祖诸子》载，太祖子景宣帝（宗峻）、宗干、宗望、睿宗（宗辅）皆年长于宗弼，宗隽与宗弼何人年长不详。故云宗弼是“第四子”显误。《大金国志》卷二七《兀朮传》，“武元第六子，江南误呼作‘四太子’”。又卷九三《承裕传》载：“猛安把添奴追宋骑兵，杀千余人，斩杨雄、李珪于阵，冯兴仅以身免。”《宋史》卷四七五《吴曦传》记载，宋宁宗开禧三年（金泰和七年）二月甲戌夜，宋李贵斩吴曦，“贼党姚淮源、李珪、郭仲、米修之、郭澄等皆诛之”。宋将李珪并非死于金宋战场。此类皆出校勘记。

（5）机构、官职、设置、封爵、谥号等名称不准确。以《金史》卷一二《章宗纪》为例，泰和八年六月，“以元帅左都监乌古论谊为御史大夫”。据本书卷一二〇《乌古论元忠附谊传》，章宗泰和“六年，伐宋，迁元帅左都监。七年。转左监军，八年，拜御史大夫”。以此处“左都监”是“左监军”之误。又同年十一月，“敕谕临潢泰州路兵马都总管承裔等修边备”。据卷二四《地理志》，“(海陵)天德二年改北京为临潢府路，……(世宗)大定后罢路，并入大定府路。”然章宗朝以后仍有临潢府路之称，卷一〇一《孛术鲁德裕传》，章宗朝，“迁左监军兼临潢府路兵马都总管”。此时泰州隶属临潢府路，故“泰州”二字为衍字，当削；并应于“临潢”下补“府”字。两处均不改动，出校勘记。

《金史》中上述各类名称，在不同的卷中，或其他史籍、碑刻中有时会出现不同的记载，有的可以判断正误，有的无法判断正误，如《金史》卷六三《后妃传》，“肃宗靖宣皇后，蒲察氏”。《大金集礼》卷三载，“请上皇曾叔祖太师尊谥曰穆宪皇帝，庙号肃宗，妣曰静宣皇后”。知“靖宣”是“静宣”之误。又卷七九《施宜生传》，“齐国废，擢为太常博士，迁殿中侍御史，转尚书吏部员外郎，为本部郎中。”宋人周密《癸辛杂识》别集卷上《汴梁杂事》载，“金皇统四年四月一日奉议大夫、行台吏部郎中、飞骑尉施宜生撰并书”。与此异，不知哪书记载有误。此次修订均出异文校。

本次修订《金史》，充分吸收学界已有的成果，《金史》共135卷，加上书后所附《金国语解》，只有7卷没有新出校勘记，有5卷新出校勘记的数量超过原有的校勘记，如卷63，原有校勘记9条，新出校勘记13条。3卷（60、61、62）金与宋、西夏、高丽的交聘表（上、中、下）的修订取得了较多的成果，卷60，原有校勘记17条，新校勘记20条；卷61，原有校勘记37条，新校勘记31条，删掉原校勘记1条；卷62，原有校勘记38条，新校勘记25条。此次修订工作共出新校勘记711条，占修订后校勘记总数的26.6%，校勘记的撰写更为规范化。

二、修订人名、地名、官名等标点与专名线的问题

《金史》标点和专名线容易出错的地方，主要是女真等北方民族的人名、地名、官名等问题，本次修订工作对于近代以来学界关于金代女真人名、女真语言、少数民族官名、边疆地名等方面研究的成果，审慎鉴别，加以吸收。注意专称和泛称的区别，如番、蛮、夷、狄、戎等，有的原是专称后为泛称，也有原是泛称后为专称，加以仔细辨别，凡专称都加专名线。此外，对存在一些标点错误和标点过简的问题也进行了修订，此次修订标点近260处，专名线30余处，力求做到标点、专名线精确，校勘精审。

1. 人名的标点与专名线的修订

随着金史与女真史研究的深入，对女真的姓氏与名字的特征有了较多的认识，此次修订发现点校本中女真人名字的标点和专名线存在一些问题。如将两人误认为一人，《金史》卷三《太宗纪》，点校本标点为：“蒲察鹘拔鲁、完颜忒里讨张万敌于白马湖。”“蒲察”是女真人的姓氏，但也有女真人名为“蒲查（蒲察）”。[2]卷五九《宗室表》称穆宗有子名蒲察，封齐国公；卷八〇《阿离补传》记载大定间所定亚次功臣有

“济国公蒲查”；卷七三《完颜希尹传》称“西京降，使蒲察守之”。“鹘拔鲁”亦为女真名。卷七一《斡鲁传》，“西京已降复叛，敌据城西浮图，下射攻城者，斡鲁与鹘巴鲁攻浮图，夺之”。卷七四《宗望传》，“辽主自金城来……照里、特末、胡拔鲁、背荅别获牧马万四千匹、车八千乘”。知蒲察与鹘拔鲁非一人，两人的名字中间当加顿号。[3]又卷七《世宗纪》，点校本标点为：“因粘拔恩部长撒里雅寅特斯等来”。据卷一二一《粘割韩奴传》，“秃里余睹、通事阿鲁带至其国见撒里雅”。知撒里雅、寅特斯为二人名，中间当加顿号。[4]卷八〇《大臭传》点校本标点为：“盘属内侍僧儿员思忠使言于宝林曰”。据本书卷六《世宗纪》载“盘属内侍僧儿言之宝林”。知僧儿与员思忠为两人，中间当有顿号。

还存在将一个人的姓氏与名字断开，误认为是二人的现象。如卷七四，点校本标点为：“宗翰使耨盌温都、移剌保报都统杲”。耨盌温都为女真姓氏，卷五《海陵纪》称贞元元年十一月“左丞相耨盌温都思忠致仕”；卷六〇《交聘表》记载，正隆四年十二月“大兴少尹耨盌温都谦为宋吊祭使”。知“耨盌温都”为姓氏；“移剌保”亦译作“乙剌补”，为本名。耨盌温都移剌保即耨盌温都（敦）思忠，为一人，中间不应断开。[5]又卷六五《谢库德传》，点校本标点为：“温迪痕、阿库德”。温迪痕为女真姓氏，该卷上文有“阿库德，温迪痕部人”，温迪痕与阿库德是一个人的姓与名。[6]又如卷九八《完颜匡》传，点校本标点为：“及管押纳合、道僧、李全家口一并发还。”“纳合”属女真“白号之姓”，[7]“纳合”与“道僧”是一个人的姓与名，不可断开。

以专名线表示人名的地方，也存在判断有误的现象。如卷六七《石显传》，点校本的专名线标为：“石显与完颜部窝忽窝出邀于路”，将完颜部人的名字标注为“窝忽窝出”。局本则作“完颜部窝忽窝出而邀诸路”，认为该人的名字为“窝忽窝”。按照金初女真人名汉译的习惯看，最多为三字，四字译法则为金末元初之俗，且“出”字与“邀”连称亦通。四库本《通鉴续编》即称：“锡馨与完颜部人鄂和共出邀于路。”与局本同，将人名断至“鄂和共”（窝忽窝）。我们以清人判断为准，将人名线画至“窝忽窝”。[8]又卷八四《杲传》，“与宋王彦之军七千人遇于沙会泺”。点校本的人名专名线标为：“王彦之”，《宋史》卷三六八《王彦传》载，“彦即为利路钤辖，俄改金、均、房州安抚使，知金州”。显然正确的专名线当在“王彦”之下。同卷《高桢传》，点校本的专名线标为：“有近侍冯僧家奴李街喜等皆得幸海陵”。日本学者小野川秀美的《金史语汇集成》以“冯僧家奴”“李街喜”为二人，崔文印的《金史人名索引》亦将“冯僧家奴”作为一个人的姓名列入索引。可见此处点校本误将李街喜视为近侍冯僧的家奴，其实近侍应为冯僧家奴、李街喜二人。[9]

2. 地名的标点与专名线的修订

修订过程中发现点校本地名的标点与专名线也存在一定问题。如将两处地点误认为是一处，卷二《太祖纪》，点校本的专名线标为：“追及跋忒于阿斯温山北泺之间”，将北泺视为阿斯温山的一部分，然文中称“阿斯温山北泺之间”，显然阿斯温山和北泺为两地，在两者之间当加顿号。“北泺”加专名线。又卷七二《娄室传》，点校本标点为：

“遂降移炖益海路太弯照撒等”。然据卷七一《斡鲁传》：“辽兵六万来攻照散城，阿徒罕勃堇乌论石准与戰於益褪之地，大破之。”益褪即移炖。卷一二一《纳兰绰赤传》，其为“咸平路伊改河猛安人。”伊改即益海。是知移炖和益海为两路，应于两者中间加顿号。

还有将一地误认为两地的现象，如卷七一《阇母传》，点校本标点为：“将士分屯于安肃、雄、霸、广、信之境”。据卷二四《地理志》遂州条称：“宋广信军，天会七年改为遂州，隶河北东路，贞元二年来隶，号龙山郡。”是知广信为军名，不应断为两地。[10]又卷九八《完颜纲传》，点校本标点为：“京兆府推官蒲察秉彝成虢华”。虢与华为二州，中间当加顿号。

金代女真与部分北方民族的社会基层组织实行猛安谋克制度，“猛安，从四品，掌修理军务，训练武艺，劝课农桑，余同防御”。“诸谋克，从五品，掌抚辑军户、训练武艺。惟不管常平仓，余同县令”。[11]作为行政建置的猛安谋克名称之下，当有专名线。但点校本对于行政建置的猛安谋克均没有加专名线，而在设置猛安谋克的地区下加上了专名线。如卷九四《夹谷衡传》，“山东西路三土猛安益打把谋克人也。”《瑶里孛迭传》，“北京路窟白猛安陀罗山谋克人也。”卷九五《蒲察通传》，“中都路胡土爱割蛮猛安人也。”此次修订，比照州县之例，在行政建置的猛安谋克（如上述猛安谋克）之下皆补上专名线。

3. 官名、官署机构标点的修订

金朝初年以女真传统制度为主，在新占领的辽宋旧地参用辽、宋制。金熙宗“天眷官制”改革，确立三省六部制。海陵王进一步改革官制，“正隆官制”确立一省六部制。随着学界对金朝政治制度研究的深入，对金代官制有了较为明确的认识，此次修订除了以校勘记的形式进行修订外，在标点修订方面也有一定的成果。如卷三《太宗纪》，点校本标点为：“移赉勃极烈宗翰兼左副元帅先锋，经略使完颜希尹为元帅右监军”。据卷七四《宗翰传》载，“宗翰为左副元帅，自太原路伐宋。”王彦潜《大金故尚书左丞相金源郡贞宪王完颜公神道碑》记，“由先锋经□□□□右监军”。[12]知此处二人的官职分别为左副元帅、先锋经略使，原标点有误。又卷七二《银术可》传，点校本标点为：“辽曳剌、麻荅十三人”。卷一一四《白华传》载，“上遣近侍局提点曳剌粘古即白华所居”，这里的“曳剌”为移剌氏的异写。卷五五《百官志》枢密院令史条下有“曳剌十五人”，这里的“曳剌”为女真官职名。无论是姓氏“曳剌”，还是职官“曳剌”，都不能与下面的麻荅分为两人。故曳剌、麻荅中间的顿号应去掉。[13]

金章宗即帝位后，于大定二十九年在全国十几个路上设置了9路提刑司。点校本存在将一个机构断开的现象，如卷九《章宗纪》，点校本标点为：“以河东南、北路提刑司言”。“河东南北路提刑司”为一个机构的名称，修订时删掉顿号。

4. 错误标点的修订

此次修订还订正了一些错误的标点。《金史》卷一〇《章宗纪》，点校本标点为：“禁射粮军，应役但成队伍”。据卷四四《兵志》载“诸路所募射粮军，五年一籍三十以下、十七以上强壮者”。此处标点当为“禁射粮军应役，但成队伍”。卷五七《百官志》，点校本标点为：“以上军员每百人为一指挥使，各一员分四都”。语句不通，当改为：“以上军员每百人为一指挥，使各一员，分四都。”卷六三《后妃传》，点校本标点为：“并杀充之子檀奴、阿里白、元奴，耶补儿逃匿。”然据卷七六《宗干传》载，“因并杀檀奴及阿里白，元奴、耶补儿逃归于世宗……世宗时，元奴为宗正丞”。据此，阿里白与元奴之间的标点当作逗号。卷六四《后妃传》，点校本标点为：“以后兄晖子天锡为太尉，石土黑后授世袭猛安”。查《金史》天锡未曾出任太尉，他是太尉石土黑之后。此处标点应为“以后兄晖子天锡，为太尉石土黑后，授世袭猛安”。卷九八《完颜纲传》，点校本标点为：“元帅右监军充右都监蒲察贞分总其事。”《金史》对于宗室之人，经常只称名，省略姓。充，即完颜充。元帅右监军充与右都监蒲察贞为两人，在“充”后当加顿号等。

5. 标点过简的修订

点校本存在标点过简的现象，给阅读者带来不便，也不符合点校的一般要求。这种现象在典志各卷中较为多见，以《百官志》为例，卷五五，“密院台部统军司令史十人”。不同机构应加标点隔开，修订为“密院、台、部、统军司”。卷五六，“伞浮图金银等尚辇仪鸾局车具亭帐之物并三国生日等礼物，织染文绣两署金线”。此处标点过简，而且不同官署之间应加顿号，修订为：“伞浮图金银等，尚辇、仪鸾局车具亭帐之物，并三国生日等礼物，织染、文绣两署金线。”卷五八，“诸京府运司提刑司节镇防刺等”。此处标点修订作“诸京府、运司、提刑司、节镇防刺等”。其他部分也存在这类现象，如卷六三《后妃传》，“婕妤美人才人三位”。修订作“婕妤、美人、才人三位”。卷九八《完颜纲传》，“成都潼川府夔利等州路宣抚副使”，修订作“成都、潼川府、夔、利等州路宣抚副使”。等等。

点校本《金史》的修订工作取得了重要成果，修订各类问题总计达1400余处，修订后校勘记总数为2600余条。目前修订工作已进入最后阶段，参考审读专家与责编的意见，进行了修改与完善。力争将错误减少到最小，争取向学界和读者交上一份合格的修订成果。

注　释

[1] 《金史》修订组共10人，主持人为程妮娜，修订组成员有：杨军教授、赵永春教授、韩世明教授、宋卿教授、王昊教授、魏影副教授、王万志博士、孙昊博士、孙久龙博士。文中介绍的内容，除了作者本人的修订内容外，其他成员的修订成果皆出注说明。

[2] 《金史》卷88《移剌道传》有载：“潍州刺史蒲察蒲查为博州防御使”。

[3] 卷3由赵永春教授修订。

[4] 卷7由杨军教授修订。

[5] 卷74由赵永春教授修订。

［6］　卷 65 由孙昊博士修订。

［7］　《金史》卷 55《百官志》。

［8］　卷 67 由孙昊博士修订。

［9］　卷 84 由宋卿教授修订。后一条又见周峰：《金史标点正误一则》，《北方文物》1998 年第 1 期。

［10］　卷 2、卷 72、卷 71 由赵永春教授修订。

［11］　《金史》卷 57《百官志》。

［12］　王彦潜：《大金故尚书左丞相金源郡贞宪王完颜公神道碑》，《金碑汇释》，吉林文史出版社，1989 年。

［13］　卷 3、卷 72 由赵永春教授修订。

中国宋代博物馆历史初探

孙敬明

（潍坊市博物馆）

宋代属于中国金石学综合发展时期，并且达到历史上的第一个高峰，而中国的金石学可谓是包罗万象，其不仅仅是后来由此衍生发展出的文物学、博物馆学与考古学和收藏学等诸多分支学科的渊薮，而且其又有历史与区域的突出特色。据中国社会科学院历史研究所林欢博士系统整理宋代人关于所谓古器物学的笔记与文献资料，当时社会所收集的文物以质地划分则有：铜器、陶器、泉币、玺印、玉器、竹木、石刻、杂项，与之相关的还有墓葬、遗址和古器物的仿制等。就此分类，不仅包罗今日的博物馆所收藏研究的对象，而且还有考古学与文物复制等方面的内容。如铜器的收藏与研究，当时则有对青铜器的起源、功能、种类、名称、收藏、著录、征史以及复制、辨伪、传拓、绘图等均有较为系统的认识。而其他种类，若与今日所划分文物类别，则基本一致。再如陶器门类，则包含砖、瓦、陶、瓷，砖瓦的出土地区域则涉及今江西、浙江、湖北、四川、河北与陕西等地，主要为两汉魏晋时期的宫室坛台或墓葬出土，并且上面大都带有铭文。所以说中国的自具特色的博物馆学到宋代已经较为完备。为便于认识宋代文物收藏研究，则依据林欢博士所整理划分的内容，分门别类作大致的揭示。

一、收藏文物门类

文物收藏属于博物馆的基本功能，同时也是博物馆得以存在的基础。世界上任何国家和地区对历史文物的认定，均与其区域文化发展的历史密切相关。如西方石材制品：雕塑、建筑，而东方社会对文物的认识与之多有差异。宋代的文物收藏之种类较多，其中主要有青铜器、陶瓷砖瓦、钱币、玺印、玉器、简牍、石刻等。

（一）青　铜　器

宋代洪迈《容斋随笔》："三代彝器，其存至今者，人皆为奇玩。然自春秋以来，固重之矣。经传所记，取郜大鼎于宋，鲁以吴寿梦之鼎贿荀偃，晋赐子产莒之二方鼎，齐赂晋以纪甗、玉磬，徐赂齐以甲父之鼎，郑赂晋以襄钟，卫欲以文之舒鼎、定之鞶鉴纳鲁侯，乐毅为燕破齐，祭器设于宁台，大吕陈于元英，故鼎返乎磿室是已。"林欢博士对容氏所论作按语："由于宗教和礼仪上的意义，三代彝器历来具有重要地位，周灭商则迁商鼎，春秋战国时期可以用作政治交往的工具，汉代以后它又作为奇珍祥瑞被收藏。时至宋代，钟鼎彝器才真正成为研究的对象。"[1]

宋人蔡絛《铁围山丛谈》云："殆魏晋六朝隋唐，亦数言获古鼎器。梁刘之遴好古爱奇，在荆州聚古器数十百种，又献古器四种于东宫，皆金错字，然在上者初不大以为事，独国朝来寖乃珍重，始则有刘原父侍读公为之倡，而成于欧阳文忠公。又从而和之，则若伯父君谟、东坡数公云尔。初，原父号博雅，有盛名，曩时出守长安。长安多古簠、敦、镜、甗、尊、彝之属，因自著一书《先秦古器记》。而文忠公喜集往古石刻，遂又著书名《集古录》，咸载刘原父所得古器铭款。繇是学士大夫雅多好之，此风一煽矣。元丰后，又有文士李公麟者出。公麟字伯时，实善画，性喜古，则又取平生所得暨其闻睹者，作为图状，说其所以，而名之曰《考古图》，传流之元符间。太上皇帝即位，宪章古始，眇然追唐虞之思，因大宗尚。及大观初，乃效公麟之《考古》，作《宣和殿博古图》。凡所藏者，为大小礼器，则已五百有几……独政和间为最盛，尚方所贮至六千余数，百器遂尽……尝有旨，以所藏列崇政殿暨两廊，召百官而宣示焉……时所重者三代之器而已，若秦、汉间物，非殊特盖亦不收。及宣和后，则咸蒙贮录，且累数至万余。若岐阳宣王之石鼓，西属文翁礼殿之绘像，凡所知名，罔间巨细远近，悉索入九禁。而宣和殿后，又创立保和殿者，左右有稽古、博古、尚古等诸阁，咸以贮古玉印玺，诸鼎彝礼器，法书图画尽在。"[2]宋代王室搜集文物数量最多，内府诸阁殿中所藏数量陆续有五百、六千至万余。但是其种类复杂，并非只是青铜器。

陆游《家世旧闻录》："先君言，紹圣初，宗室仲忽得古铜器，有铭曰：'鲁公作文王尊彝以献。'诏送秘阁，而馆中劾奏，仲忽所献，实非古物……至崇宁后，古器毕集于御府，至不可胜计。一器之值，或数千缗，多因以求恩泽。所至古冢劚凿殆遍，而仲忽所献，巍然冠众器之上矣。有《博古图》百卷，然犹其略也。宣抚司入燕，得古玉器以献，亦编入图，命王黼作序。"[3]黄伯思《东观余论》云："古宝器鼎之方者多矣，以其铭款考之，鲁公文王方鼎则谓之尊彝，单子方鼎则谓之从彝……惟陀员庚申方鼎乃谓之鼎。然则诸器制度大概相类，以其可尊而为法故曰'尊彝'"，[4]可见当时研究者对青铜器铭文的内容进行比较，而且有关名物制度之"尊彝"称谓更能深入研究。依据新的考古资料，当年仲忽所献鼎，或以为其非古物，但是黄伯思则认为属于真品，并以其铭文作为例证。清代山东梁山出土七件西周带铭文青铜器——学界称之为"梁山七器"，其中一件为周公作文王鼎。[5]

由此验证宋宗室仲忽所得铜器铭文，应该是一件西周初年的铜方鼎。只是王室古物馆中人员鉴定或误。同时，也有可能属于宋代新仿，并且作伪者见到宋代或以前出土的类似周公作文王铜鼎的铭文，由此可见宋代铜器出土著录对后来青铜器研究的重要影响。

宋叶梦得《避暑录话》云："宣和间，内府尚古器。士大夫家所藏三代、秦、汉遗物，无敢隐者，悉献于上。而好事者复争夺，不较重价，一器有值千缗者。利之所趋，人竞搜剔山泽，发掘冢墓，无所不至，往往数千载之藏，一旦皆见，不可胜数矣。吴珏为光州固始令，先申伯之国而楚之故封也。间有异物而以僻远人未之知，乃令民有罪皆入古器自赎。既而罢官，几得五六十器……后余中表续为守，闻之，微用其法，亦得十余器。乃知此类在世间未见者尚多。”对此种种现象，林欢博士谓：“宋代的古器收藏，是一场盛极一时的全国运动，朝廷重视，士大夫热衷，官吏搜刮，平民或为赎罪，或为贪财而致力于挖掘，大概举国上下，没哪个阶层不曾卷入。这一方面促进了古器物研究（不经过摩挲大量实物，不可能形成像宋代那样成熟的古器物学），另一方面，因为挖掘的盲目以及缺乏完善的出土文物保存手段，致使数量无法估算的古器、古迹受到破坏。”[6]河南东南部固始、光山、潢川一带古国众多，两周时期有蔡、申、蓼、黄、蒋与沈潘国等，后来地大部归属楚国。宋代即在此区域内出土众多青铜器，建国前后此区域出土大量两周青铜器，其中不少带有铭文，以黄国、潘国的为多见；由此亦可证明宋人所记可信。

宋邵博《邵氏闻见后录》云：“宣和殿聚殷周钟鼎尊爵等数千百种。国破，虏尽取禁中物，其下不禁劳苦，半投之南壁池中。后世三代彝器，当出于大梁之墟云。”[7]宋吴曾《能改斋漫录》：“大中祥符五年（1012 年），南康军建昌县李士衡庄……激流中得一古器，篆文款识甚奇。太守刘保衡指以为鼎……保衡绘形刻石尚在。今观石刻，制作精巧，正古酒爵，非鼎也。”林欢博士云：“误爵为鼎，苏轼也犯过同样错误……宋代对古彝器的研究始于真宗初咸平三年，是年由句中正、杜镐首开风气。自此宋人对古彝器的正名经历了一场艰苦的历程。容庚先生《宋代吉金书籍述评》云：‘《考古图序》作于元祐七年（1092 年），其书所定器名尚多乖舛……及《博古图录》成，所定器名，十九确定，亦可知当时诸人研究之猛进矣。’古器大量出土，以及临摹、传拓‘绘形刻石’等新手段出现都是宋代金石学繁荣的主要原因。”[8]蔡绦《铁围山丛谈》：“崇宁甲申议作九鼎……又政和六年，用方士王仔昔建言，徙九鼎入于大内，作一阁而藏之。”[9]虽然九鼎是所谓仿制夏禹九鼎而作，但还是视之为珍宝，存于大内设立专阁庋藏，可见对文物的重视与管理方法。又，欧阳修《归田录》记载：“照作新乐，将铸编钟，给铜铸泻务，得古编钟一枚，工人不敢销毁，遂藏于太常。钟不知何代所作，其铭曰：‘粤朕皇祖宝和钟，粤斯万年，子子孙孙永宝用。’叩其声，与王朴夷则清声合，而其形不圆则垂，正与朴钟同，然后知朴博古好学，不为无据也。”[10]从所描述钟之形状，以及铭文语句辞例，可以推考这件铜钟属于一组编钟之一件，而且时代应为春秋时期。

文莹《玉壶清话》载：“长安一巨冢坏，得古鼎，状方而四足，古文一十六字，人莫之晓。命句中正辨其篆，曰：‘此鸟迹文也。其词曰：天王迁洛水，岐、酆锡公。秦之幽宫，鼎藏于中。’命杜镐考其事，曰：‘武王克殷，都于酆、镐，以雍州为王畿。及平王东迁洛邑，以岐、酆之地赐秦襄公。’”[11]

黄伯思《东观余论》：“今观内府古器中有周之著尊，纹饰华巧，脰作夔龙蟠屈之势，腹著云雷回旋之状，而足皆触地，盖因于商礼而加文耳。”[12]当时不仅大量收集三代钟鼎甗鬲等，而且还收集汉代的青铜镜，如姚宽《西溪丛话》载：“李晦之一古镜，背有八柱十二兽，面微凸，蒂有铭，云：‘尚方佳贡大毋伤，左龙右虎辟牛羊，朱鸟玄武顺阴阳，子孙备具居中央，长保二亲乐富昌。’”林欢博士谓：“铭文是汉式，八柱十二兽又像是唐或五代的十二生肖八卦镜。”[13]敬明按：镜铭隶定“牛羊”，应为“不羊”，即“不祥”。还有汉代量器、铜壶、虎符、铜鼓等，几乎今天博物馆所收集的三代两汉甚至魏晋的青铜文物，在宋代的国家府库以及金石学家大收藏中已经见到。

依据宋人笔记所载，当时社会各界收藏的青铜器的时代，主要为商周时期，有的可到汉代等。器形主要有：钟、鼎、尊、罍、彝、舟、卣、瓶、爵、斗、卮、觯、杯、敦、簠、簋、豆、甗、斝、觚、鬲、鍑、盉、壶、盦、瓿、铺、罂、鉴、盘、匜、洗、盆、鋗、杅、磬、铎、钲、铙、戚、镦、奁、镜、节钺、戈、矛、盾、弩机、表、坐旂、铃、刀笔、杖头、蹲龙、鸠车、提梁、龟蛇、砚滴、车辂、柁辕等等。花纹：云、雷、山、鳞、细、粟、蝉、黄目、飞廉、饕餮、蛟螭、虬龙、麟凤、熊虎、龟蛇、鹿马、象鸾、夔牺、蜼凫、双鱼、蟠虺、如意、圜络、盘云、百乳、鸚耳、三螭、穟草、瑞草、篆带、星带、辅乳、碎乳、立夔、双夔纹等。时间则为商代到汉代。[14]

同时，宋代人对青铜器的研究不仅从名物制度，依据《周礼》等相关典籍研讨三代青铜器的形制、花纹、铭文、功用，乃至收藏地点和铭文内容所涉及的历史时代、人物、事件等。而且还由于社会的崇尚金钱名利的推波助澜遂使宋代的文物收藏引发历史上的大量造假，这也必定促使国家和个人对文物的真赝性质进行鉴定，所以宋代的文物鉴定也是达到相当的水平。

（二）陶瓷砖瓦

周密《癸辛杂识》：伯机云“长安中，有耕者得陶器于古墓中，形如卧茧，口与足出茧腹之上下，其色黝黑，匀细若石，光润如玉，呼为茧瓶，大者容数斗，小者仅容数合，养花成实。或云：‘三代秦以前物，若汉物，则苟简不足观也。’”林欢博士云：“按形制是‘鸭蛋壶’，又称‘茧瓶’。鸭蛋壶始见于战国晚期，盛行于秦汉，绝迹于汉代中晚期。秦汉有在灰陶器上涂黑漆或作褐漆的作法，目的是模仿漆器。汉代陶器有制作精匀、表面光滑的特点。上揭茧瓶可能是涂黑漆的汉代鸭蛋壶，非三代器。”[15]秦国茧形壶颇具地域特色，秦统一后始见在关东出土，似是主要沿今陇海线直到东海濒，山东临沂银雀山西汉墓出土，但是往北则不见。长安出土的茧形壶据描述似是秦代物；而宋代即称之为“三代秦以前物，若汉物，则苟简不足观也”。说明宋代人不仅对铜器的研究达到历史最高水平，而且对陶器的鉴定断代也很科学。由此不由人联想到清代高南阜绘画新石器时代的陶鬶内植荷花的趣事。山东大学刘敦愿先生称本校韩连琪教授所示，云青岛市文物管理委员会藏有一件灰陶罐画，上面高南阜写刻诗文云：“吸古得深味。介子城边老瓦窑，田夫掘出说前朝；老翁拾来插瓶供，得结莲房碗大饶。余家介子城下，偶得瓦器如罂罐，插莲结莲房，饱绽坚实，竟可为食，以其气足，生物有成也。时乾隆乙丑（1745 年）夏六月，南阜翁左手。”韩连琪又在青岛文物店发现高南阜所作的一幅水墨荷花，上面画有龙山文化的陶鬶，内植荷花莲房，左上侧题跋云：“介子城边老瓦窑，田夫掘出说前朝；阿翁拾来插莲供，常结莲房碗大饶。余家介子城下，常得瓦器如罂罐，可充瓶供，插莲花，房大如碗，饱绽坚实，以其气足，生物有成也。南阜老人左手画并志。”[16]宋代人以秦代的茧形壶“养花成实”，清代则以陶罐、陶鬶植莲花，“以其气足”而“饱绽坚实”得“莲房碗大”。凡此习俗古今一贯，或高南阜先生得读宋人笔记而在陶器中养花植莲，而今民间百姓多有以古陶器养花者。

邵博《邵氏闻见后录》：中隐王正叔云：“王仲至帅长安日，境中坏一古冢，有碧色大瓷器，容水一斛，中有白玉婴儿，高尺余，水故不能耗败，如新汲者。玉婴儿为仲至取去。”[17]

刘昌诗《芦蒲笔记》：“曩日周益公坐间，出示汉五砖，皆得于剑州梓潼县，因记其文，公亦书于后，并录之。”笔记所录谢君砖、范君甲砖、范君乙砖共三块，皆是墓葬铭文砖。[18]叶梦得《岩下放言》：“华人发古冢，得砖，皆有刻字，曰：‘晋升平四年，三月四日，大学博士陈留郡雍丘县都周阐字道舒妻活，晋浔阳太守谯国龙堈县柏逸字茂长小女，父晋安城太守鹰扬，男讳蟠字永时，皆镌同文。’此周阐之妻，百逸之女墓也。父晋安太守鹰扬男讳蟠者，盖阐之父，故独称讳。但妻名活，何义？字画极分明无讹。”林欢博士云：“晋升平四年是360年，东晋墓葬常见年号砖，上言砖铭记年月日、姓名、家世，殆是墓志铭。宋代学者对墓志铭发生兴趣，洪适《隶释》有《汉张宾公妻穿中二柱文》(汉建初二年)。”[19]

李学勤云：“古砖很早受到金石学家的注意，在宋代已有著录见收。”[20]

曾敏行《独醒杂志》：“赣之雩都尉庭后，旧有灌婴庙临其池上。庙毁，往往瓦甓堕池中，岁年不可记矣。因刀镊工取半瓦为砺石，人见而异之，遂求其瓦为砚，于是有灌瓦之名。”[21]

洪迈《容斋随笔》：“相州，古邺都，魏太祖铜雀台在其处，今遗址仿佛尚存。瓦绝大，艾城王文叔得其一，以为砚，饷黄鲁直，东坡所为作铭者也。其后复归王氏。砚之长几三尺，阔半之。先公自燕还，亦得二砚，大者长尺半寸，阔八寸，中为瓢形，背有隐起六隶字，甚清劲，曰：‘建安十五年造’。魏祖以建安九年领冀州牧，治邺，始作此台云。”[22]黄伯思《东观余论》：“欧阳公《研谱》云：‘相州真古瓦，朽腐不可用。然世俗尚其名尔’。……然近有长安民献秦武公羽阳宫瓦十余枚。若今人筒瓦然，首有‘羽阳千岁万岁’字。”[23]宋代人对砖瓦的研究，与青铜器一样，达到历史最高水平。因砖瓦陶土所为，一般缺少像青铜器那样的华美和神秘感，当时之所以得到重视，主要还在于砖瓦上的铭文，有的可以与石刻墓志兑读，有的文字属于吉祥语句，并且依据砖瓦的形制和铭文，大都准确判断出时代和产地，这与清代和今天的研究水平，并无太大差距。

(三)钱　币

王楙《野客丛书》：“世言钱起于周太公九府圜钱，《前汉志》云：‘凡货金钱布帛之用，夏殷以来，其实靡记。’汉《盐铁论》亦曰：‘夏后以贝，殷以紫石，后世或金钱刀布。’是周以前未用钱。仆观太公《六韬》曰：‘成王入殷，散鹿台之金钱以与殷民。’《史记》曰：‘纣厚赋敛，以实鹿台之钱。’又曰：‘散鹿台之钱以赈济贫民。’高谦之亦曰：‘昔禹遭大水，以历山金铸钱，救人之困。汤遭大旱，以庄山之金铸钱，赎人之卖子。’是三代皆已铸钱，不但周也。”[24]宋代人对钱币的研究，经今日考古发掘证明，有关考论的确是科学的。罗大经《鹤林玉露》："今世有一样古钱，其文曰'半两'，无轮郭，医方中用以为药。考之《史记》乃汉文帝时钱也。当时吴濞、邓通皆得自铸钱，独多流传，至今不绝。其轻重适中，与今钱略相似。视'五铢''货泉'，又先二百年矣。五铢货钱，比今钱稍轻。"[25]其余论述历史上铸钱，赵彦卫《云麓漫钞》曰："新莽'大黄布刀'文，谱家皆云'布刀'，细观篆文，'刀'中之一点重，即'千'字也。此币有布形，谓之刀，误也。况刀与布二物，不可得兼，曰千者，当千用之。"[26]而今钱币学界或沿用旧传误说，而多读此种布币面文曰"大布黄千"。由上所揭列，知宋人已经读曰"大黄布千"。再上推汉代人是如何读法呢？1972 ~ 1974 年甘肃省文化厅文物处、甘肃省博物馆文物队、酒泉地区及当地驻军等单位组成的居延考古队调查发掘了肩水金关、甲渠候官（破城子）、甲渠塞第四燧三处遗址，出土汉简 19400 枚。其中破城子探方五九出土汉简 937 枚，此中编号 84、191 ~ 198、201 ~ 216、218 ~ 220、222、226、227、228 共 32 枚，内容记录当时居延破城子戍守基层士吏十月的月禄领取情况，如 191 号："万岁候史宋良，十月禄大黄布十三枚。"196 号："史吏张桐，十月禄大黄布十三枚，十二月辛未自取。"215 号："第十八隧长张护，十月禄大黄布十三枚，十二月丁丑候长良取。"218 号："……十月禄大黄布十三枚，十二月丁丑候长良取"202 号："俱起隧长邹相，十月禄大黄布十三枚，三年正月己丑候长阳取。"220 号："右第十部士吏以下，吏十一人用大黄布百四十三枚，第十部吏……"由宋代人的识读顺序，再补征新出土汉代简册，凡此布币面文应以宋人读"大黄布千"为确当。[27]中国对古代钱币的研究，通常或谓最早的著作为梁顾烜《钱谱》，《隋书·经籍志》载南朝有两种钱币著录，或证顾《谱》尝引刘《志》，唐五代时期的钱币谱录如封演的《续钱谱》、张台的《钱录》等，宋代则有陶岳《货泉录》、金光袭《钱宝录》、董逌《续钱谱》、李孝美《历代钱谱》、元费《钱谱》、于公甫《古今泉货》、姚元泽《钱谱》、洪迈《泉志》等，沈括《梦溪笔谈》涉及楚国金版研究。

（四）玺　　印

宋代对玺印的收藏研究也颇具水平，马永卿《嬾真子》："仆于陕洛之间，多见古印。于蒲氏见廷尉之章，于司马氏见军曲侯丞印。"[28]马永清称："政和中，仆仕关中。于同官蒲氏家，乃宗孟之后，见汉印文云：'辑濯丞。'印文奇古，非隶非篆，在汉印中最佳。辑濯乃水衡属官。'辑'读如'楫'。'濯'读如棹。盖船官也。水衡掌上林，上林有船官。而辑濯有令丞。此盖丞印也。然皆太初元年已前所刻，太初已后皆五字故也。"[29]

周密《癸辛杂识》："保定府之西有易州，即郭药师起兵处，在易水北，州东南有故城，土人号曰'燕子城'。有人耕于城中，得小铜印数十枚，一好事者购得赵云之印，一纽不盈寸，极精好。伯机得一印于焦达卿处，古文二字莫有识者。其最可怪者，或一锸土凡得数枚，莫知其所以然也。"[30]此处所谓的"燕子城"即燕下都。

王明清《挥麈录》："亡友薛叔器家有'关外侯'印，甚奇古。后考之，魏建安二十三年尝置此名也。又友人家有'荡虏将军'章，及明清有'横武将军'印，皆不可考。伯氏有'新迁长'印，后考《前汉书》，乃新室尝以上蔡为新迁也。"[31]

据林欢博士辑录宋人关于玺印的笔札甚多，如印文"祭尊""汉叟邑长""寿亭侯印""关南司马印""周恶夫印"等，可见宋代对汉代以前的古印收藏研究君均具有较高的水平。

（五）玉　　器

程大昌《演繁露》："绍兴十三四年间，或于会稽禹庙三清殿前发地，得瘗玉。官寺初未之知，人多分取，及县官知而录之，止余四物。其一苍璧……其二苍璋……又有一物体圆如璧，两旁出两角……吴民可帅越大兴工浚镜湖，得小玉璧，以藏公帑中。"[32]

周密《志雅堂杂钞》："宣和殿中所藏殷玉钺。长三尺余，一段美玉。文藻甚精。三代之宝也。后归大金。今入大元。每大朝会，必设于外廷。"[33]

邵博《邵氏闻见后录》："绍圣初，先人官长安府，于西城汉高祖庙前卖汤饼民家，得一白玉奁，高尺余，遍刻云气龙凤，盖为海中神仙，足为饕餮，实三代器。府上于朝，批其状云：墟墓之物，不可进御，当籍收官库，尚遵祖宗典制也。"[34]宋张世南《游宦纪闻》："尝观《归田录》，载欧公家有一玉罂，形制甚古且精巧。始得之梅圣俞，以为碧玉。在颍州时，常以示僚属。坐有兵马钤辖邓保吉者，真宗朝老内臣也，识之曰：'此宝器也，谓之翡翠云。禁中宝物，皆藏宜春圣库，库中有翡翠琖一只，所以识也。'"[35]由此也可证之，宋代与前代一样，皇家宫室皆设专库存放文物珍宝。从更多的宋代人札记中获知，宋代民间偶然出土新石器时代与三代以及汉代玉器，数量较多。对此知者搜去秘藏或献与官府，或民间轻易毁弃；同时亦有故弄玄虚，伪造光怪陆离之器，比附天地神灵，附会祥瑞以欺世盗名者。但是从博物馆藏品门类来看，宋代人对预期的研究鉴定水平已远远超过唐代。

（六）简　　牍

邵博《邵氏闻见后录》云："崇宁初，经略天都，开地得瓦器，实以木简札，上广下狭，长尺许，书为章草，或参以朱字，表物数曰：缣几匹，棉几屯，钱米若干，皆章和年号。松为之，如新成者，"林欢博士曰："历史上发现古简册之事载于史册的仅三例，发现的时间和地点分别为：一，晋代，汲郡；二，齐，襄阳；三，北宋，陕右。《邵氏闻见后录》记载北宋崇宁发现木简之事，文字简练而记载详尽，可补史书之缺。该批木简的年代为东汉章帝章和年间（87年～89年）。从简书文字内容来看，其性质是遣册。"[36]

王应麟《困学纪闻》："宣和中，陕右人发地，得木简于瓮，字皆章草。"黄伯思《东观余论》："近岁关右人发地得古瓮，中有东汉时竹简甚多。往往散乱不可考，独永初二年讨羌符文字尚完，皆章草书，书迹古雅可喜。"[37]

高似孙《纬略》引《文士传》:“人于嵩山下得竹简一版，上有两行科斗之书。张华以问束皙。皙曰此明帝显节陵中竹简。”萧子显《齐书》曰:“襄阳有盗发古冢，相传是楚王冢，获竹简书。青丝编简，广数分，长二尺，皮节如新。盗以火照书。后人得十余简，以示抚军。王僧虔云是科斗书《考工记》,《周官》所缺文也。”《齐春秋》曰:“襄阳人发古冢，有玉镜及竹简古书，字不可识。王僧虔善识字体，亦不能解，云是科斗。济阳江淹博古好事，以科斗文字推之，则周宣王之前也。简殆如新。”林华博士云:“收集了前人典籍著作中有关竹简的资料，比较重要的是其中关于竹简出土的记载。虽然主要是南北朝间事，但它反映了宋人对出土竹简的关注。实际上，它总结了前人对孔子壁中书以及汲冢竹书外其他出土竹简的研究成果，另一方面，也说明了宋人的竹简研究是有其历史渊源的。”[38]

（七）石　　刻

中国石刻最早可见于岩画；文字纪事者则首推战国秦国石鼓文与中山国王陵刻石，秦汉以降碑碣志文类多，不可胜数。而对碑志文字进行搜集研究，应该滥觞在汉代，宋代则是兴盛时期。如洪迈《容斋随笔》所谓:“东武赵明诚德甫，清宪丞相中子也。著《金石录》三十卷，上自三代，下讫五季，鼎、钟、甗、鬲、盘、匜、尊、爵之款识，丰碑大碣显人晦士之事迹，见于石刻者，皆是正讹谬，去取褒贬，凡为卷二千。”[39]

张淏《云谷杂纪》:“秦汉以前字画多见于钟鼎彝器间，至东汉时刻石方盛。本朝欧阳公始酷嗜之，所藏至千卷，既自为跋尾，又命其子棐撮其大要而为之说，曰《集古录目》，晚年自号六一居士,《集录》盖其一也。其门人南丰曾公，亦集篆刻为《金石录》五百卷。后来赵公明诚所蓄尤富，凡二千卷，其数正倍于欧阳公，著《金石录》三十卷。石林叶公梦得又取碑所载事与史违误者，为《金石类考》五十卷。近时洪文惠公集汉魏间碑为《隶释续》凡四十八卷。昭武李公丙类其所有，起夏后氏竟五季著于录者亦千卷，号《博古图》，正讹谬，广异闻，皆有功于后学。”[40]宋姚宽《西溪丛语》记载汉魏石经，历经南北朝与隋唐之乱，而迁徙辗转多数残失，到唐代初年:“魏郑公鸠集所余，十不获一，而传拓之本，犹存秘府。当时《一字石经》犹数十卷,《三字石经》止数卷而已……往年，洛阳守因阅营造司所弃碎石，识而收之凡得《尚书》、《论语》、《仪礼》，合数十段。”[41]

罗大经《鹤林玉露》称:“《春秋》:‘星陨如雨。’释者曰:‘如，而也。’欧阳公《集古录》载后汉郭先生碑云:‘其长也，宽舒如好施，是以宗族归怀。’东坡得古镜，背有铭云:‘汉有善铜，出白杨，取为镜，清如明。’皆训‘如’为‘而’也。”林欢博士谓:“以古碑文、古器铭作为文字训诂的新材料，可以说是一种进步。但是，所引用的汉镜铭文有误。”[42]依据宋代人的笔记手札著作可知，当时碑刻之学极盛，上起所谓三代碑刻，如石鼓诅楚文；重点则在秦汉，如秦始皇及二世刻石、汉代石经；魏晋隋唐碑版同样作为历史资料对待，不仅对碑碣志文的起源、形制、演变、内容，甚至文字形体、语言词汇、训诂解经、讹谬俗变、书法鉴赏等均有所涉猎。看来宋代收藏古物，历代历朝均设置专门府库。

由上所揭列，宋代金石学的发展，从对文物的收藏门类考察，其与后来博物馆所庋藏的门类几乎没有多大差别，其所涉猎的门类内容区域等，如今日差别不是太大。或者说凡是今天研究考察的文物门类，在宋代几乎均已创立；所谓差距只是在于水平与所借鉴的自然手段方面。由此，可见中国宋代博物馆性质功能历史定位和发展水平，这与世界上任何国家和地区所比较都是处于遥遥领先的地位的。

二、相关古迹、墓葬、遗址

宋代金石学昌盛，人们关注鉴赏和收藏研究的对象，不仅如上所揭列的可移动文物，而且对历史古迹、墓葬、遗址亦颇多关注，对古迹墓葬遗址所在的地理位置、山川水流，及其历史旧观和当时保存情景，以及墓葬出于自然或人为的原因而出土文物种类数量等大都作些许记录。这种对野外不可移动文物古迹的调查搜访，尽管与今日的田野考古调查有区别，但是从学术发展史来考量，说明宋代不但对可移动文物的收集宝藏和研究，而且对野外不可移动文物古迹的描述记录和探究，同样达到历史上最高水平。凡此，不仅对当时金石学的发展，公私博物馆的大量出现；对相关文物出土的地理环境，甚至对其进行保护等，均具有重要的历史意义；并且对后世的文物保护与研究相关墓葬、遗址的性质特点等同样产生巨大的影响。如有关札记中记载：汉长沙王墓、长安近郊大古冢、汉大司徒朱鲔墓、澧州古冢、太原高柴古墓、上饶古冢、梁孝王墓、历代帝陵，同时还有关于墓葬出土棺椁、石函以及上面覆盖旌幡旗旐之类；并且还对古代遗址如城址、墙垣、宫殿、庙堂、台观、水渠、井泉、街巷等亦作描述记录，凡此均对今日考古学研究具有借鉴意义。

三、保存文物场所

博物馆的基本功能就是收藏、保管与研究。宋代对文物的大量收藏，应该超过历史上任何时代，而其收藏的文物种类来看较之今日并不逊色。当时收藏门类如此繁复数量众多的文物，其收藏保管的处所和措施又是如何呢？

（一）国家收藏场馆

汉代对出土的青铜器认为是祥瑞，关乎国家大事，自然极为重视而珍重宝藏。宋代同样向往三代礼制文明，将三代钟鼎彝器看作是当初礼乐文明的象征，面对钟鼎甗鬲盘匜尊敦形容精神，则仿佛回到了商周时代。所以对三代青铜器的收藏珍爱较之汉代有过之而无不及。《籀史·徽宗皇帝〈祀圜丘方择泽太庙明堂礼器六款识〉》：“肇新宋器，匹休商周……于是一洗汉唐诸儒臆说之陋，万世而下，始识三代尊彝之制，使六经所藏，不为空言。”尽管这是在谈论宋代新仿制的三代彝器，但是内种所蕴含的政治宗教和历史的文化诸种信息和精神依托，则甚至是远远又在真正的三代彝器之上的。由此可见国家对青铜器历史文物的重视程度。所以为稳妥完善的保护好这些珍贵的历史文物，国家就得建立专门的场馆选择饱学之士妥善保护研究这些历史文化遗产。从宋代官宦文人的笔记书札之中即可获见当时国家收藏文物的处所之大致情景。宋代收藏文物的处所较多，国家的如：龙图阁。王钦臣《王氏谈录》："景祐中，内出古铜钟、鼎、尊三器……非远古时物，疑似武氏时器，具上其事，诏藏于龙图阁。"宣和殿。邵博《邵氏闻见后录》称："宣和殿聚殷周鼎钟尊爵等数千百种。"周密《志雅堂杂钞》卷上载："宣和殿所藏殷玉钺。长三尺余，一段美玉。文藻精甚。三代之宝也。后归大金。今归大元。每大朝会，必设于外廷。"由此可见宋代的龙图阁与宣和殿为当时国家庋藏历史文物的场所之一。秘阁、御府。陆游《家世旧闻录》："先君言，绍圣初，宗室仲忽得古铜器……诏送秘阁，而馆中劾奏，仲忽所献，实非古物……至崇宁后，古器毕集于御府，至不可胜记。"保和殿、左右稽古阁、博古阁、尚古阁。蔡絛《铁围山丛谈》："及宣和后，则咸蒙贮录，且累数至万余……宣和殿后又创立保和殿者，左右有稽古、博古、尚古等诸阁，咸以贮古玉玺印，诸鼎彝礼器，法书图画尽在。"内府。宋叶梦得《避暑录话》云："宣和间，内府尚古器。士大夫家所藏三代、秦、汉遗物，无敢隐者，悉献于上"。宜春圣库。宋张世南《游宦纪闻》："尝观《归田录》，载欧公家有一玉罂，形制甚古且精巧。始得之梅圣俞，以为碧玉。在颍州时，常以示僚属。坐有兵马钤辖邓保吉者，真宗朝老内臣也，识之曰：'此宝器也，谓之翡翠云。禁中宝物，皆藏宜春圣库，库中有翡翠琖一只，所以识也。'"[43]当然由于笔记作者不同，对同一收藏文物的处所，或有不同的称谓，并且所谓"秘阁""御府""内府"等大概均是国家藏宝处所。陆游所谓的"馆中劾奏"之"馆"，应该是收藏文物的专馆，其中还有通晓文物研究鉴定的职司；并且名称不同于"阁""殿""府"。由此或可推断，宋代国家对文物的宝藏研究场所，有时可能依照文物的类别而设立专馆保存；同时这种"馆"的称谓，应该与中国特色的博物馆之名称出现有渊源关系。

（二）私人收藏场馆

由国家君王贵族对文物收藏的嗜好，推及社会上的官宦世家有能力者，在文物收藏的社会风尚中无疑属于较大的社会群体和起着推波助澜的作用。他们有权力和资材，广搜博取，建有豪门广厦，自然有着极好的文物收藏环境。这些文物收藏的场所，如同今日的民间私有博物馆。宋翟耆年著《籀史》称："徽宗圣文仁德显考皇帝《宣和博古图》三十卷。帝文武生知圣神天纵，酷好三代钟鼎，书集群臣家所蓄旧器，萃之天府。选通籀学之士，策名礼局，追迹古文，亲御翰墨，讨论训释，以成此书。"宋代皇帝亲自编著《宣和博古图》这部书，不但有国家所藏，而且还会萃群臣家所蓄旧器，可谓公私藏品集萃图录。

又如林欢博士《宋代古器物学笔记材料辑录》一书，搜集宋代官宦文人笔记著作等八十余种，而这些资料中往往提到文物的公私收藏，而大凡有藏品就有收藏的处所，只是因藏品数量多寡藏者势力即社会地位之高下而存广狭。容庚、张维持《殷周青铜器通论》称："关于青铜器的专著，据《籀史》所载，首推宋代《皇祐三馆古器图》，其次嘉祐八年刘敞作《先秦古器记》刻于石，二书所载皆只十一器。李公麟著《考古图》，每卷每器都绘其图像，释其形制及说明其用途，并附有释文。以上三书都已失传。至今还有传本的，最早是吕大临的《考古图》，以后著作日多，据《籀史》著录金石的书凡三四种，今所存的只有三种。根据容媛的《金石书目》及其补编，统计1092年吕大临的《考古图》至1953年的《四川大学历史博物馆所藏古铜鼓考》为止。关于青铜器的著作，依其性质分为七类。一、目录之属十九种，二、图像之属七十种，三、文字之属四七种，四、通考之属十种，五、题跋之属三种，六、字书之属六种，七、杂著之属六种，合计一六一种。依年代划分：清以前的只有十二种，清代的六二种，民国以后的八七种。"[44]据容庚、张维持《殷周青铜通论》大致统计，宋代的青铜器著作，主要有：吕大临《考古图》十卷、王黼等《博古图录》三十卷、佚名《续考古图》五卷、薛尚功《历代钟鼎彝器款识法帖》二十卷、王俅《啸堂集古录》二卷、王厚之《钟鼎款识》一卷。[45]历代对青铜器的收藏，较之其他材质的如碑版陶瓷砖瓦玉器和竹简等似更是情有独钟。宋代有关青铜器的著作，据《籀史》所记和容媛的统计大概有十数种，这是清代以前有关青铜器著作数量最多的时代。从《籀史》所记宋代金石著作三十四种，与林欢所集八十余家的笔记载录，可以想见当时社会民间收藏的风气之盛，而与之相关的文物保存场所数量一定相当可观。

李清照《金石录后序》："右《金石录》三十卷者何？赵侯德父所著书也。取上自三代，下迄五季，钟、鼎、甗、鬲、盘、匜、尊、敦之款识，丰碑、大碣、显人、晦士之事迹，凡见于金石刻者二千卷，皆是正讹谬，去取褒贬，上足以合圣人之道，下足以订史氏之失者，皆载之，可谓多矣……穷遐方绝域，尽天下古文奇字之志。日将月就，渐益堆积。丞相居政府，亲旧或在馆阁，多有亡诗逸史、鲁壁汲冢所未见书，遂尽力传写，浸觉有味，不能自已。后或见古今名人书画，一代奇器，亦复脱衣市易。尝记崇宁间，有人持徐熙牡丹图求钱二十万。当时虽贵家子弟，求二十万钱岂易得耶！留信宿，计无所出而归之，夫妇相向惋怅者数日……收书既成，归来堂起书库大橱，薄甲乙，置书册。如要讲读，即请钥上薄，关出卷帙，或少损污，必惩责揩完涂改……遇书史百家字不刓缺、本不譌者，辄市之储作副本。自来家传《周易》《左氏传》，故两家者流文字最备。于是几案罗列。枕席枕藉，意会心谋，目往神受，乐在声色狗马之上。至靖康丙午岁，侯守淄川。闻金人犯京师，四顾茫然，盈箱溢箧，且恋恋，且怅怅，知其必不为己物矣……凡屡减去，尚载书十五车……青州故地尚锁书册什物用屋十余间，"

由此《金石录后序》可见赵明诚与李清照夫妇收藏文物的种类、数量和存放的处所与管理措施等。夫妇志同道合，收藏文物不遗余力，甚至"脱衣市易"。尤其对青铜器、碑刻、书画、古籍的收藏最称用心；对珍贵稀缺的古籍还要储备副本；建立书库、内置大橱；所有藏品划分等级、编制顺序号、登记在册；出库文物要凭库房钥匙开启、并要登记在册；对在研读中污损的古籍书画要修复原样。尽管李清照对他们夫妇在青州归来堂专门用于收藏保管文物的库房未有提及，但是在写到为逃避金人南犯而清理文物"凡屡减去，尚载书十五车，青州故地尚锁书册什物用屋十余间。”收藏的文物种类数量如此之多，仅仅存放书册什物即用屋十余间。试想夫妇二人节衣缩食，积数十年之倾心收藏，还有父祖亲戚的传留馈赠，藏品得累千数万。

归来堂所藏文物有严格的管理制度和保存的措施，同时进行不间断的深入研究，还出版研究成果著作。结合林欢搜集的宋代八十余人的笔记资料以及国家收藏文物和出版图书的载录，甚至可以认为在宋代，赵明诚李清照夫妇的归来堂，应该属于当时民间规模最大、收藏文物种类数量最多、研究水平最高、管理措施最称完备的博物馆。

四、藏品研究

如上所揭列，可以看出，宋代人笔记手札中关乎历代文物的收藏往往提及对某件藏品的考正研究，笔记所载大都从历史文物的审视研读和由此而引发对社会历史的反思以及对现实社会的启迪和诘问等。所以在文物收藏种类篇章自然要提到诸多研究的实例，故而在此有些实例也就尽量从简。

（一）研究方法

从宋代金石著作和有关文人雅士的笔记甚至小说中，可以看出宋代还是比较注重对文物实物的研究与历史文献相结合的。如《籀史·徽宗皇帝〈祀圜丘方泽太庙明堂礼器款识〉》：“肇新宗器，匹休商周……于是一洗汉唐诸儒臆说之陋，万世而下，始识三代尊彝之制，使六经所载，不为空言。”王明清《挥麈录》称：“李伯时自画其所蓄古器为一图，极其精妙……真一时之奇物也。先人跋语云：‘右《古器图》，龙眠李伯时所藏，因论著自画，以为图也。……凡先秦古器源流，莫先于此轴矣。……本朝自欧阳子、刘遼父始辑三代鼎彝，张而明之，曰：‘自古圣贤所以不朽者，未必有托于物，然物固有托于圣贤而取重于人者’……所谓：‘三代邈矣，万一不存，左右采获，几见全古。’惟龙眠可以当之也。”[46]尽管当时对汉唐诸儒的研究成果，有的尚不认可，但是在考正研究方法上还是遵循汉代，尤其自郑玄以来的名物制度与六经相斟兑比较的科学方法。汉代对三代吉金通常认为属于祥瑞，但是在考证铭文书体、内容与历史相结合方面还是可以肯定的，当然这种与史互证的研究方法，最早可以认为孔子是开风气之先的。但是，历史发展到宋代，此前历经汉唐甚至魏晋南北朝时期的对文物收藏研究的成果积累，自然对宋代产生积极的影响。首先宋代并非单一将文物视之为所谓的地不爱宝天降祥瑞的，而更重要的是将文物视之为正经补史推考三代的神圣实物。这应该是宋代在中国的金石学发展史上的突出贡献之一。如宋徽宗皇帝所谓通过对三代钟鼎彝器的考证研究甚至复制传播，都能达到“一洗汉唐诸儒臆说之陋，万世而下，始识三代尊彝之制，使六经所藏，不为空言”的程度。而王明清《挥麈录》所谓：“三代邈矣，万一不存，左右采获，几见全古。”正是三代已经远去邈邈悠远，而有关文物典章万不存一，而经搜求探究则有望窥见古代面貌。

林欢博士称；“宋人已经在铜器定名、断代上摸索出一条路子，即把铜器铭文中提到的人名与文献典籍进行对照，从而推断出该器的具体年代。这一发明意义重大，即使在考古学有了质的飞跃的今天，它依然是铜器断代的一种主要手段。”[47]

（二）研究门类

如上所揭列，林欢博士关于宋代八十余人的笔记小说中关于历史文物的收藏和文物古迹的记述与研究，依据文物的材质和诸事类之性质而大致分为：一铜篇，内别则有：器类、收藏、著录与研究考史；二陶篇，内别则有：砖瓦、陶器；三泉币；四玺印篇；五玉篇；六竹木篇；七石刻篇，内别则有：碑刻、石鼓、诅楚文、石经、石权砮；八墓葬、遗址，九仿制篇；十杂篇。泉币、玺印、玉器、竹木、石刻、杂项，与之相关的还有墓葬、遗址和古器物的仿制等。就此分类，不仅包罗今日的博物馆所收藏研究的对象，而且还有考古学与文物复制等方面的内容。如铜器的收藏与研究，如对青铜器的定名、分类、用途等探索，大都是结合三代经典所记名物制度，和汉代人的研究成果。当时则有对青铜器的起源、功能、种类、名称、收藏、著录、征史以及复制、辨伪、传拓、绘图等均有较为系统的认识。而其他种类，若与今日所划分文物类别，则基本一致。再如陶器门类，则包含砖、瓦、陶、瓷，砖瓦的出土地区域则涉及今江西、浙江、湖北、四川、河北与陕西等地，主要为两汉魏晋时期的宫室坛台或墓葬出土，并且上面大都带有铭文。所以说中国的自具特色的博物馆学到宋代已经较为完备。为便于认识宋代文物收藏研究，则依据林欢博士所整理划分的内容，分门别类作大致的揭示。

（三）研究成果

见于历史、金石和后世考古研究专门著作的宋代金石学著作数量达三十四种，尽管有的已经仅存书目，而期间湮没无闻的也不载少数。还有林欢博士所搜集宋代文人雅士有关金石学著作笔记八十余种，由此可见宋代社会对金石文物的重视和其研究成果。而当时的专门性研究著作，如青铜器、玉器门类，大凡出版著作一般首先得绘制图录，对所著录器物的尺寸、重量、形制、花纹与铭文等均有所描摹；同时还有序言录目以及研究考证的文字等；尤其在青铜器研究方面与当代研究的著作体例大致相似。同时还有一部分专门绘制的青铜器图录，尤其涉及周代《三礼》中所载录的名物制度者，往往都要绘制图录。如宋代早期聂崇义所著《新定三礼图》，据《直斋书录解题》卷二记载，该书最初图画于“宣圣殿后北轩之屋壁”。[48]

宋人蔡绦《铁围山丛谈》云：“虞夏而降，制器尚象，著焉后世……独国朝来寖乃珍重，始则有刘原父侍读公为之倡，而成于欧阳文忠公。又从而和之，则若伯父君谟、东坡数公云尔。初，原父号博雅，有盛名，曩时出守长安。长安号多古簋、敦、镜、甗、尊、彝之属，因自著一书，号《先秦古器记》。而文忠公喜集往古石刻，遂又著书名《集古录》，咸载原父所得古器铭款。繇是学士大夫雅多好之，此风遂一煽矣。元丰后又有文士李公麟出。公麟字伯时，实善画，性希古，则又取平生所得暨其闻睹者，作为图状，说其所以，而名之曰《考古图》，流传至元符间。太上皇帝即位，宪章古始，眇然追唐虞之思，因大宗尚。及大观初，乃效公麟之《考古》，作《宣和殿博古图》。凡所藏者，为大小礼器，则已五百有几……独政和间为最盛，尚方所贮至六千余数，百器遂尽……尝有旨，以所藏列崇政殿暨两廊，召百官而宣示焉……时所重者三代之器而已，若秦、汉间物，非殊特盖亦不收。及宣和后，则咸蒙贮录，且累数至万余。若岐阳宣王之石鼓，西属文翁礼殿之绘像，凡所知名，罔间巨细远近，悉索入九禁。而宣和殿后又，又创立保和殿者，左右有稽古、博古、尚古等诸阁，咸以贮古玉印玺，诸鼎彝礼器，法书图画尽在。然世事则亦烂漫，上志衰矣，非复前日之敦尚考验者。俄遇僭乱，侧闻都邑方倾覆时，所谓先王之制作，古人之风烈，悉入金营。夫以孔父、子产之景行，召公散季之文辞，牛鼎象樽之规模，龙瓿雁灯之典雅，皆以食戎马，供炽烹，腥鳞湮灭，散落不存。文武之道，中国之耻，莫甚乎此，言之可为于邑。至于图录规模，则斑斑尚在，期流传以不朽云尔。”[49]三代青铜器种类繁富而造型诡谲，前所未见，无专门修养与知识者难以分辨；而寻常学者或仅拘囿历史经典，亦难认识；故欲加研究首先得辨识器形、明晰名称，欲辩理陈说推广天下，就得描摹图形、花纹、铭文，结合经典相与比较研究。而李龙眠的“作为图形，说其所以”则是一种图文并茂的研究成果形式。但是宋代以及清代出版青铜器著作，主要形式还是摹刻线图，摹写铭文，这与李龙眠的实际而形象的绘图大有距离。当今则是彩色照相，器物图像清爽逼真，然其与宋代人之用心实出一理。

王黼等撰《宣和殿博古图录》又称《博古图录》《博古图》，或简称《博古》。容庚、张维持《殷周青铜器通论》称：“此书据蔡绦《铁围山丛谈》谓：‘大观初，乃仿（李）公麟之《考古（图）》作《宣和殿博古图》，凡所藏者为大小礼器则已五百有余。’宣和乃殿名而非年号。其后增之八百余器，连宣和五年（1123年）临淄出土的齐侯镈钟亦收入书中，故王国维考证，认为：‘此书之成自当在宣和五年之后。’此书所收器分为二十类，八三九器，其中杂器四十，鑑一一三。每类各有总说，每器有图像，并记大小、容量、重量、铭识及考证，实集宋代所出青铜器之大成。《四库总目提要》（卷一一五）批评说：‘考证虽疏而形模未失，音释虽谬而字画俱存。’此书每据实物以订《三礼图》之失，宋代所出的器多见于此书。图绘也精，读者‘尚可因其所绘以识三代鼎彝之制、款识之文，以重为核订，当时裒集之功亦不可没’。”[50]

当然对此书《博古图》的评价也不一样，当时洪迈《容斋随笔·博古图》则称：“政和、宣和间，朝廷置书局以数十计，其荒陋而可笑者莫若《博古图》。予比得汉匣，因取一册读之，发书捧腹之余，聊识数事于此。”《容斋随笔·再书〈博古图〉》又称：“予昔年因得汉匣，读《博古图》，尝载其序述可笑者数事于《随笔》，近复尽观之，其谬妄不可殚举……齐侯镈仲铭云：‘咸有九州，处禹之都’。释之曰：‘齐之封域，有临淄、东莱、北海、高密、胶东、泰山、乐安、济南、平原，盖九州也。’予按铭语正谓禹九州耳，今所言郡名，周世未有，岂得便以为州乎？”[51]今天看来，洪迈解释的正确，还有后来出土的秦公簋、遂龚盨都有关于禹的记载，愈证洪迈此说之精当。而王黼等撰《博古图》开收录器物有图像加考证之先河，内容丰富，录器近三十类达八三九件，已是煌煌巨制。内中错謁伪自然难免。从汉代到宋朝金石学属于跨越式的，宋代已经达到了相当的水平，尽管有些青铜器铭文的释读不尽正确，甚至谬误，但是学术发展的道路原本如此。洪迈乔然自高贤，然其所谓之汉匜则未必！西周至春秋时期流行盘匜相配，战国时期则盘匜极为少见，所谓汉代铜匜则量少而形如匏瓢，与周代不可同日而语也。

上所称引容庚所谓："此书（《博古图》）每据实物以订《三礼图》之失，"《三礼图》全名《新定三礼图》，五代至宋聂崇义撰，最初成书在五代末，宋代初年再作修订。从《新定三礼图》的文字释解和绘图样式，可见宋代以前人们对先秦礼器的认识水平。因此，我们可以将此书定为宋代与其以前金石学发展史上有关探索水平的分水岭。宋代陈伯广《新定三礼图》跋："予观其图，度未必尽如古昔，苟得而考之，不犹愈于求诸野乎？"清钱谦益《新定三礼图》跋："宋显德中聂崇义《新定三礼图》二十卷，援据经典，考译文象，繇唐虞讫建隆，粲然可证。然如尊彝图中牺象二尊，并图阮氏、郑氏二义，而不主王肃之说。是时齐子尾送女匜之器已出地中，而聂氏考犹未核。南宋人谓'观其图，度未必尽如古昔'，有繇然也。此等书经宋人考定，其图像皆躬命繢素，不失毫发。"[52]南宋与清代人对《新定三礼图》之评骘可谓允当。同时，从该书中个别图像可以看出，作者还是参照过地下出土的文物，如《巾车》："掌王之五輅"，聂氏所绘"玉輅"车马人物伞盖鞭策，显然是参考过当时所见的汉画像石车马出行图；还有所谓的"登"，应该参考过当时所见战国带盖陶豆，[53]

但是终究因五代战乱宋朝甫新，所以可参考出土文物实在有限，如钱谦益所谓齐子尾送女匜已出地中，限于环境条件聂氏不一定能够见到。但是到了北宋末其间经过一百五六十年的飞速发展，金石学已经达到历史上的第一个高峰期，所以《博古图》自然能够"每据实物以订《三礼图》之失，"有此《新定三礼图》与《博古图》比较，不但见证唐五代到宋朝的金石学发展历程，而且还清楚地看到宋代对金石文物的研究方法的科学，和研究水平的大幅度提升，这在中国金石学和博物馆学术发展史上具有重大的历史意义。

欧阳修《归田录》称："蔡君谟既为余书《集古录目序》刻石，其字尤精劲，为世所珍。"[54]当时将金石著作摹刻上石，似是一种社会风气。当然此种作为，必定推动当时金石学的发展，而从博物馆学发展来看，这种将研究成果著作刊行，或者摹刻上石，都是一种社会传播的有效途径。

吴曾《能改斋漫录》："李伯时公麟，雅好钟鼎古文奇字。自夏商以来，以先后次第之。闻一器，则捐千金不少靳。所蓄日富，俱为图记。"[55]王明清《挥麈录》称："李伯时自画其所蓄古器为一图，极其精妙……真一时之奇物也。先人跋语云：'右《古器图》，龙眠李伯时所藏，因论著自画，以为图也。……凡先秦古器源流，莫先于此轴矣。……本朝自欧阳子、刘邍父始辑三代鼎彝，张而明之，曰：'自古圣贤所以不朽者，未必有托于物，然物固有托于圣贤而取重于人者'……所谓：'三代邈矣，万一不存，左右采获，几见全古。'惟龙眠可以当之也。"[56]林欢博士云："宋代金石学的发展，很大一部分得益于新的著录手段。”宋代金石学著作，所有绘画线图，俱是一白描手段，这在汉画像石以及魏晋墓葬壁画中已经充分运用。而关于三代青铜器的摹绘，李龙眠所绘的方法定与《博古图》等形式有别，或者采用写实敷彩形式，如此则器物形状颜色活灵活现，而今可惜不得见。

吴曾《能改斋漫录》称：“夏英公竦性好古器奇珍宝玩，每燕处，则出所秘者，施青毡列于前，偃卧牙床瞻视终日而罢。月常数四如此。”林欢博士谓：“夏竦著有《重校古文四声韵》，整理传抄古文，而传抄古文则是研究战国文字极为有用的资料。金石铭文研究和对传抄古文的整理是宋代古文字学的两项成就。”[57]《汗简》与《古文四声韵》俱是研究战国文字的著名著作，其体例大致同于汉代许慎的《说文解字》，两书收录各种古文书体，俾便研究斟兑。而类似夏竦这样的独处偃卧而对文物而瞻视终日，且月月四次，诚可谓审视入骨者也，故其对《古文四声韵》有独到的造诣，可见其审视文物是在进行细致摄入的观察思考，尤其文字形体点画之间的变化，必须达到细致入微的火候。

但是亦有将文物视为玩物者，如吕大临《考古图·序》称：“当天下无事时，好事者畜之，徒为耳目奇异玩好之具而已。”宋代洪迈《容斋随笔》：“三代彝器，其存至今者，人皆为奇玩”。由上所揭列，可以看出容氏所谓宋代人将钟鼎彝器作为珍玩之谓，似欠允当。对于类此观点，由宋代出版的大量的青铜器图形与款识的著作，以及李清照《金石录后序》所言可证明。任何时代对文物的收藏态度皆是存在极大差别的，宋代王公贵族士大夫者流，大都具备相关的历史常识，所以对文物的历史价值是有着明确的认识的；同时也确实有少部分人属于以文物装点所谓的风雅，把玩文物招摇过市；也有的不学无术，因投机钻营而得金钱地位，而文物在这些人的心目中也不过是珍玩而已。如叶梦得《岩下放言》云：“余少好藏三代秦汉间遗器，遭钱塘兵乱尽亡之。后有遗余铜鸠柱头，色如碧玉。因以天台滕杖为干置之，每置左右。今年所亲章微州在平江，有鬶铜酒器，其首为牛，制作简质，其间涂金隐隐犹可见，意古之兕觥。会余生期，章亟取为余寿。余欣然戏之曰：‘正患吾鸠杖无侣，造物岂以是假之耶？’二物常以自随，往岁自行山间，使童子操杖以从，殆以为观尔，未必直须此物也。迩来足力渐觉微，每升降殆不可无时坐石。间儿子甥侄辈环于侧，辄以杖使觥酌酒以进。即为引满，常亦自笑其癖。”[58]

附记：此乃笔者所承担2013年国家社会科学基金项目（编号：13BF052）“陈介祺研究”，下编第四章陈介祺对中国博物馆历史发展的贡献之第三节。

注　释

[1]　林欢：《宋代古器物学笔记材料辑录》，上海人民出版社，2013年，第3页。

[2]　同[1]，第55、56页。

[3]　同[1]，第54页。

[4]　同[1]，第16页。

[5] 陈梦家:《西周铜器断代·二、成王铜器》,中华书局,2004年,第45页。
[6] 同[1],第44页。
[7] 同[1],第45页。
[8] 同[1],第46页。
[9] 同[1],第165、166页。
[10] 同[1],第169、170页。
[11] 同[1],第13页。
[12] 同[1],第18页。
[13] 同[1],第33页。
[14] 同[1],第8页。
[15] 同[1],第71、72页。
[16] 刘敦愿:《根据一张古画寻找到的龙山文化遗址——山东胶县北三里河遗址调查小记》,《文史哲》1963年第2期。
[17] 同[1],第72页。
[18] 同[1],第68、69页。
[19] 同[1],第69、70页。
[20] 李学勤:为上海明止堂编《古砖荟·序》,文物出版社,2015年,第2页。
[21] 同[1],第67页。
[22] 同[1],第67页。
[23] 同[1],第68页。
[24] 同[1],第75页。
[25] 同[1],第75页。
[26] 同[1],第75页。
[27] 甘肃省文物考古研究所、甘肃省博物馆、文化部古文献研究室、中国社会科学院历史研究所:《居延新简》,文物出版社,1990年,第365页、372页、373页、374页。
[28] 同[1],第81页。
[29] 同[1],第83页。
[30] 同[1],第82页。
[31] 同[1],第82页。
[32] 同[1],第97页。
[33] 同[1],第99页。
[34] 同[1],第100页。
[35] 同[1],第99、100页。
[36] 同[1],第105页。
[37] 同[1],第106页。
[38] 同[1],第107页。
[39] 同[1],第57页。

[40]　同[1]，第113页。
[41]　同[1]，第141、142页。
[42]　同[1]，第115页。
[43]　同[1]，第99、100页。
[44]　容庚、张维持：《殷周青铜器通论》，科学出版社，1958年，第139页。
[45]　同[44]，第140~147页。
[46]　同[1]，第56页。
[47]　同[1]，第51页。
[48]　（宋）聂崇义、丁鼎点校解说：《新定三礼图·校释说明》，清华大学出版社，2006年，第3页。
[49]　同[1]，第55、56页。
[50]　同[44]，第140、141页。
[51]　同[1]，第53、54页。
[52]　（宋）聂崇义，丁鼎点校解说：《新定三礼图·校释说明》，清华大学出版社，2006年，第654、655页。
[53]　同[52]，第276~279、432、433页。
[54]　同[1]，第54、55页。
[55]　同[1]，第47页。
[56]　同[1]，第56、57页。
[57]　同[1]，第47页。
[58]　同[1]，第47页。

访北镇庙所得建筑考古研究的两点思考

冯恩学

（吉林大学边疆考古研究中心）

笔者在2013年8月访北镇庙时，观察了维修时拆除的建筑构件，获赠北镇庙碑刻资料[1]，又于庙旁收藏者家中目睹了北镇庙之旧瓦件等物，自感对建筑考古的年代分析有所启迪，故整理写出小文，为先生贺寿。

一、维修的周期

北镇庙位于辽宁省北镇市城西2千米的山冈上，是医巫闾山的山神庙，也是全国五大镇山中保存最完整的镇山庙。北镇庙始建于隋开皇十四年（594年），初称“医巫闾山神祠”。辽曾经拓展神祠，金大定四年（1164年）重修后改称“广宁神祠”。元大德二年加封医巫闾山为贞德广宁王，将神祠扩建后改称“广宁王神祠”，元末被毁。明洪武三年，太祖朱元璋敕诏在原址重建，改称“北镇庙”。北镇庙坐北朝南，依山而建。在其中轴线上，由南至北依次为石牌坊、山门、神马殿、钟鼓楼、御香殿、大殿、更衣殿、内香殿、寝宫等。庙东有乾隆年间所建的“广宁行宫”遗址。

北镇庙内保存有元、明、清三代的石碑56个，其中有祭山碑、封山碑、修庙碑，游山诗等碑。这些石碑在考古学研究和书法艺术上，都有着很高的的价值。修庙碑碑文资料对分析古代建筑在古代的维修周期有意义，把碑刻中关于维修年代的部分，列表于下。

碑名 立碑年代	碑文内修建主要资料	维修年	相距上次 维修年数
敕辽东都司碑 洪熙元年 （1425年）	（碑阳）辽东都司：北镇医巫闾之神，自昔灵应彰显，而卫国佑民，盛绩尤著。独其庙宇颓毁，至今弗克修治。朕心拳切，夙夜弗忘！敕至尔等，即择日兴工，建立祠宇。……故敕。永乐十九年三月初七日。（碑阴）镇守辽东尚宝监太监王彦，内官监左监丞顾察，……大明洪熙元年岁次乙巳五月吉日立	1421～1425年	
北镇庙重修记碑 弘治八年 （1495年）	成化癸卯御马监太监韦公朗来镇辽东，首谒斯庙，极有兴修之志。虽已命工葺理，未称心力。弘治甲寅三月旱，祷之辄应。公勃然谓余曰：“北镇，朝廷尊崇，边防仰赖。庙貌倾颓，盍葺理焉。”……起工于弘治甲寅之夏，毕工于乙卯之秋	成化癸卯即成化十九年（1483年） 弘治七、八年（1494、1495年）	58年 11年

续表

碑名 立碑年代	碑文内修建主要资料	维修年	相距上次维修年数
重修北镇庙碑记碑 正德四年 （1509年）	适正德改元春，太监芩公章，奉命简拔来辽，镇守是地。……及睹庙宇，岁久年深，不能无敝，遂命官经营，相视椽木衰朽者，则更换之，瓦片损脱者，则修葺之……正德四年岁次乙巳夏六月望日	正德元～四年 （1505～1509年）	10年
重修北镇庙记碑 万历三十四年 （1606年）	则重修至今，盖三十有四载。……目击圮坏，心甚骇焉。……捐俸探囊，市材鸠工，修葺整饬，……不数月而告成……明万历丙午夏纯阳月穀旦立	万历三十四年 （1606年）	34年
新建北镇医巫闾山尊神板阁序碑 清康熙二十九年 （1690年）	而庙貌已湮，其前后左右，一片荒基，俱鞠为茂草矣。仅存正殿与享殿二层，亦倾圮难支，风雨不蔽。……幸有少司寇高公，先为大京兆尹，曾登山谒庙，早知神像之将露处也，兹特捐俸贰拾两，令备席棚。如瑾以用席不若用板之可久，遂与主持僧众，亟商所以护神像者，……构板阁三座……清康熙二十九年岁次庚午仲秋月吉旦	康熙二十九年 （1690年）	84年
北镇庙碑文碑 康熙四十七年 （1708年）	朕省四方问俗，尝过期境。……而庙貌未隆，无以昭显。特敕修造，遣专官以恪乃事。凡所需给，皆自内府。始于康熙四十五年七月，讫于本年十一月……康熙四十七年润三月	康熙四十五年 （1706年）	16年
御制碑文碑 清雍正五年 （1727年）	康熙五十九年，朕（雍正皇帝）奉皇考（康熙皇帝）命恭谒祖陵于兴京，道径山麓躬诣展礼，瞻仰祠庙，……因捐资庀工，载加整葺。朕临御之初，复遣专官董司营治，……雍正四年冬，厥工告成……雍正五年九月初四日	康熙五十九年 （1720年） 雍正四年 （1726年）	14年
敕修北镇庙碑 光绪十八年 （1892年）	（光绪十四年大旱求雨成功），庙圮不治，何以报德！……遂于明年三月，命奉军统领记名提督、高州镇总兵左宝贵、副都统衔协领臣程世荣，率帐下将士以时经始。……越二年壬辰秋九月岁事是役也……大清光绪十有八年八月已酉丙辰建	光绪十五年～ 光绪十七年 （1889～1891年）	163年

北镇庙的系列修庙碑文基本记录了明代到清代的大修事件，但是其中也有小规模维修未刻碑记录。如明正德四年（1509年）所立《重修北镇庙碑记》碑与万历三十四年（1606年）所立《重修北镇庙记》碑相距97年，但是后者碑文说“则重修至今，盖三十有四载”，说明北镇庙在1572年维修过，但是没有刻碑纪之。

一座高等级建筑，有夯土台基础，选用优质木材建造，建筑寿命较长。而房顶铺设的瓦件在受到大风、暴雨、日晒、寒冻、地震等外力影响下，在固定瓦的铁钉锈蚀不断膨胀下，导致部分瓦开裂，瓦开裂会导致屋顶漏水，需要更换新的完整的瓦件。从古代建筑遗址普遍出土多种瓦当的现象看，维修补瓦是古代建筑的普遍现象。一座古代建筑瓦顶的维修周期是多少？这是一个难以准确回答的问题，不同地区不同质量的建筑维修周期也不会相同。

明代朝廷对北镇庙建筑高度重视，明太宗皇帝下诏命太监修建祠庙，弘治八年和正德四年的维修也是镇守辽东的太监负责，建筑质量很高。明万历三十四年（1606年）所立《重修北镇庙记》“则重修至今，盖三十有四载。……目击圮坏，心甚骇焉”，说明古代高等级建筑在30余年时已经陈旧破损很严重，需要大修。

清康熙二十九年（1690年）所刻《新建北镇医巫闾山尊神板阁序》碑距离上次维修84年，从高公捐俸贰拾两银子，令备席棚遮盖神像的记录，可以看出北镇庙殿顶已经破败到严重漏雨漏风程度，最后采用木板房遮住神像。

成化十九年（1483年）到弘治七年（1494年）相距11年，弘治七年到正德元年（1505年）相距10年，这两例维修时间间隔长度说明了古建筑10年左右需要小规模维修是必要的。

二、瓦当纹饰模仿的退化现象

瓦当是古代高等级建筑房檐装饰的重要构件。瓦当纹饰体现了建筑使用者和设计者的理念。北镇庙瓦当采用了龙纹，而且是等级最高的五爪龙，表现了朝廷对北镇庙山神的尊崇。北镇修路时在庙前发现有一瓦窑遗址，发现有佛像残块、建筑用兽头、瓦当、滴水（图一，1～3、5）、筒瓦、板瓦等。发现的建筑瓦件和佛像残块的胎一致，胎细腻如瓷胎，火候高于常见的瓦件，其质量之高，超过北镇辽代皇陵祭殿所用之瓦件。瓦当与滴水龙纹的构图意匠与北镇庙维修时拆下的瓦当、滴水如出一辙。因此可以断定该瓦窑是为大规模维修北镇庙所设。瓦窑出土的瓦件上的龙纹具有典型的明代龙纹特征，如风轮爪、比目眼。龙纹细颈特征又保留元代龙纹遗风。故可推断该窑是明代早期的。

把明代瓦当滴水的龙纹与拆件的瓦当滴水龙纹对比观察，明代的龙纹和云纹清晰生动，立体感强烈，龙体曲动有活力，爪关节粗突，弯尖苍劲。拆件虽然外罩绿色琉璃，光鲜有加，但是龙纹图案变浅呆滞，鳞片甚至模糊，龙体弯曲无力，爪变绵软。从类型学角度分析，是图案模仿过程中不断退化的表现。

瓦顶建筑遗址的考古发掘是历史考古的常见工作。高台基的瓦顶建筑使用时间都很长，所以建筑遗址的年代学研究涉及判断其建造时期、使用时期、废弃时期三个年代，由于一般遗址缺乏文献和纪年资料，地面建筑的地层关系简单，出土遗物不丰富，难以对建筑址的三个年代进行推断。发掘建筑遗址时出土物最多的是瓦砾，其中瓦当经常是几种形式并存，如何判定孰早孰晚，也是令人困扰的问题。北镇庙瓦件纹饰的模仿退化现象，在其他古建筑的维修中也会出现。因此，对一个建筑址的同类型的纹饰进行类型学排队分式，如果有退化现象，可以确定其变化的顺序。

附记：本文系教育部哲学社会科学研究重大委托项目成果，项目号：16JZDW004。

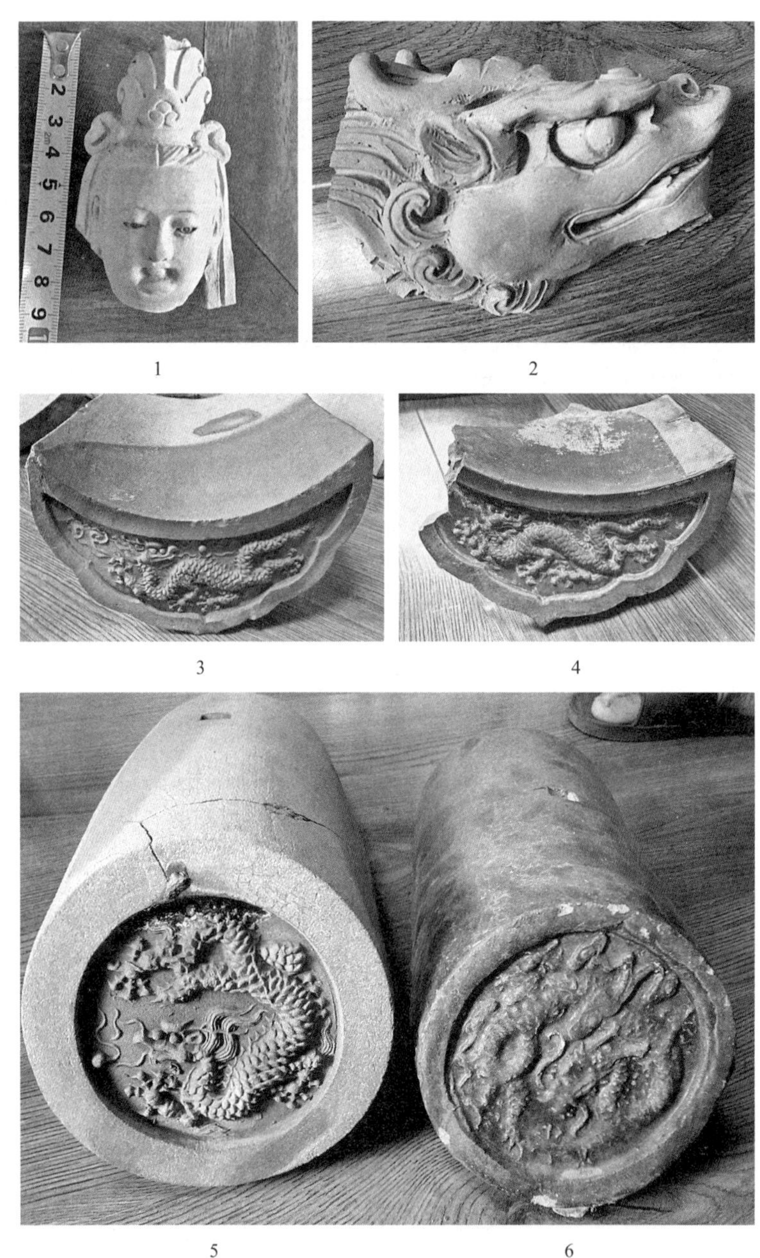

图一　北镇庙瓦件和塑像

1. 佛教造像　2. 建筑上的兽头　3、4. 滴水　5、6. 瓦当

（1～3、5. 窑址采集　4、6. 北镇庙拆件）

注　　释

［1］　北镇庙碑文解析编委会：《北镇庙碑文解析》，北镇市文化体育局，2009年。

刺尔滨鄂伦春狩猎活动的田野调查报告

魏　东　林雪川

（吉林大学考古学院）

刺尔滨鄂伦春，是现生活在黑龙江省黑河市爱辉区新生鄂伦春民族乡鄂伦春族的自称。“狩猎”是鄂伦春族长期以来主要的生产方式。新中国成立以来，鄂伦春族还有很长时间以此为主要的生计模式。这也是该民族长期以来对所在地区生态环境适应的结果。20世纪90年代中期，该地区开始实行全面禁猎，古老的狩猎活动逐渐退出了历史舞台。

作为人类早期发展阶段的基本生产生活方式，狩猎活动反映了人类早期思维和与自然环境共处的原始意识形态；也反映了技能的传递和文化的传承。作为我国民族大家庭中最后一个以狩猎为主要生产方式的民族，鄂伦春族的狩猎活动在一定层面上对研究人类对生态环境的适应，原始文化艺术的传承和早期人类的生产生活方式和原始信仰都有非常重要的借鉴意义。

2007年7月，吉林大学史学基地民族学调查组对刺尔滨鄂伦春猎民的狩猎活动进行了实地考察。在考察过程中，通过访谈和实地调查的形式搜集整理了该地猎民狩猎活动的沿革和现状。

本文重点，在于记述刺尔滨鄂伦春族狩猎活动中对自然界的适应和狩猎中应用的技能、技巧。

一

马歇尔·萨林斯曾将狩猎社会称为“原始的富有社会”。[1]任何经济模式的产生和延续，与居民生存的自然环境密切相关。刺尔滨河流域，山高林密，野生动物资源丰富。在猎民、动物与森林之间，长期以来已经形成了一种“平衡关系”。该地的猎民，曾在相当长的一段时间内过着“居无室庐，散处深山，迁徙靡定，以打牲为业，衣皮食肉”的游猎生活。“有步及野兽之能，骑马使枪习成特技……”[2]反映出刺尔滨鄂伦春猎民对这种经济模式的高度依赖和适应。从现代进化论的角度来看，是一种“选择”的结果。

通过调查本文发现，良好的身体素质和熟练的野外生存技能，丰富的生态学和生物学知识，精湛的骑术，精准的枪法，训练有素的猎犬和马匹，是狩猎活动顺利进行的必备条件。

鄂伦春猎人在进行狩猎之前，要进行一些装备和给养的准备工作。随着时代变迁和经济发展，以“乌力楞”为单位的群体性捕猎活动已经非常少见。[3]在刺尔滨地区，当代猎人多单独出猎，主要的交通工具仍然是马匹。如果拟狩猎地较远，地形复杂，也可能三两成行，汽车等一些现代化交通工具也会得到应用，但仅限于给养的运输，极少参与到实质性的狩猎过程之中。

据当地猎民介绍，鄂伦春人使用马匹年代并不久远，最早是在清末民初。马匹的种源包括体型高大的欧洲马和体型相对矮小但善奔跑的蒙古马。由于没有人专门从事放牧工作，马匹常散放于野外。后来的马匹主要靠马群的自身繁殖，数量已经逐渐减少。为了适应恶劣的野外生存环境，鄂伦春猎人对马匹的喂养方式也十分独特。鄂伦春人没有囤积牧草的习惯，在草料供应不充足的情况下，鄂伦春猎人会用兽肉作为饲料主体。在马匹年幼的时候，适量在饲料中掺入肉干，逐渐适应后，再加入生肉。[4]能以兽肉为食的马匹，在抗寒和奔跑耐久性方面，都较单纯草食的马匹为佳。在草料不足的冬季，这种独特的饲养方法发挥了重要的作用。目前在刺儿滨地区，饲养马匹的家庭已经屈指可数，且马匹至今没有成为驾车与农业用牲。禁猎后，其主要作用仍然是骑乘。

鄂伦春族的狩猎行为是贯穿一年四季的，虽然有“鹿胎期”（2～3月）、“鹿茸期”（5～6月）、“鹿尾期”（9～11月）与“打皮子期”（12～1月）的划分，[5]但主要的狩猎期还是夏猎期、冬猎期两个阶段。

狩猎服饰在夏季较为随意，冬季就比较复杂。动物毛皮制品，尤其是狍皮制品，由于其良好的御寒作用，作为狩猎经济的副产品，成为了冬季狩猎服饰的主体。狍皮被（乌鲁达）和狍皮帽（灭塔哈）在冬季狩猎中是必需品。鄂伦春猎人“每以狍皮置为囊，野外露宿，全身入囊，不畏风雪”。狍皮帽“灭塔哈”，形制奇特，“双耳捉然，如人生角”，[6]可以更好地保护头面部不被冻伤。

猎人出猎会选择相对固定的场所作为落脚点，这些落脚点通常是半地穴上搭木架覆盖草棚方式的“地窨子”。由于按照聚居地不同，不同猎人群体有不同的猎场，他们的落脚点通常并不重合，通常还有备用的燃料等生活必需品。但猎人们也欢迎临时来落脚的其他猎人，有些甚至是完全不相识的猎人。

鄂伦春猎人的狩猎装备当代主要以枪支为主，猎刀作为辅助工具也必不可缺。由于农耕技术不发达，鄂伦春族并没有专门从事金属加工的手工作坊，早期猎刀多是由交换获得，形制多样。后期由于频繁使用的需要，逐渐采用带料加工的方式形成固定形制。目前可见的传统猎刀，主要是以硬木或动物角为柄，宽刃单面无护手的短刀。除了肢解动物，猎刀可以在行进中清理道路，修整枝桠做成临时用具，必要时也可以做短锹使用。

鄂伦春猎民在长期的生产生活实践中，针对不同情况，总结出了不同的狩猎方法。主要可分为射猎、追猎、围猎、狩猎、诱猎等。

1. 射猎

木制的弹弓与弓箭，是鄂伦春猎民最早使用的狩猎工具。弓是用落叶松或者桦木制作，富有弹性，不易折断；弓弦是用驼鹿皮或者筋线编织而成，富有韧性和伸展性；箭是用桦木制作，质轻、射程远；目前可见实物中配置的箭头主要有骨质和铁质两种，据刺尔滨猎民介绍，早年也有使用石质箭头或者直接将箭杆削尖使用的。目前在新生乡博物馆中还有早期的弓箭展品陈列。在枪支传入后，弓箭已经较少使用，仅在竞技游戏中有所保留。最早的枪支是清代开始使用的散弹枪（鸟枪），后来又经历了俄式“别拉弹克”火枪和半自动、自动步枪的沿革。枪支的使用，提高了狩猎的效率，所以一经传入，就成为了狩猎工具的主流。

清高宗时，为了保护弓箭的使用技能，清政府还曾经有过大规模收缴枪支的举措。《清高宗实录》卷 374 中，曾有过以下记载：“即索伦等围猎，从前并不用鸟枪。今闻伊等不以弓箭为事，惟图利便，多习鸟枪。夫围猎用弓箭，乃从前旧规，理宜勤习；况索伦等皆猎兽之人，自应精于弓箭，故向来于精锐兵丁内，尤称手快。伊等但求易于得兽，久则弓箭旧业，必致废驰。将此寄知将军傅尔丹，令其严行传谕索伦等，此后行围，务循旧规，用弓箭猎兽。将现有鸟枪，每枪给银一两，概行收回。”但枪支由于其在狩猎过程中不可替代的优越性，仍然在鄂伦春猎民中广泛使用。

鄂伦春猎民的枪支来源，早期主要是用兽类皮毛等制品交换所得。19 世纪末普遍使用的是俄式响枪，20 世纪初开始使用步枪。新中国成立后，人民政府加强了枪支的管理，极少有增添新的枪支，一般是按户籍实名登记。禁猎后，枪支已经被统一管理。

鄂伦春猎民的射击准确率非常高，这与弹药的限量供应有直接关系。自开始使用枪支狩猎以来，弹药都是非常珍贵的资源。一方面，猎民必须提高射击命中率来节省弹药，另外一方面，弓箭、弹弓、设陷阱等一些传统的狩猎方式也得到了很好的保留与传承。

为了提高射击命中率，鄂伦春猎民发明了枪架（喜弧将）来保持射击时枪支的稳定性。熟练的猎民射手，自发现猎物，支枪架，架枪，击发一气呵成，既稳且准。枪架通常用两条硬木连缀成 X 形，高度可以随意调节，方便立射和卧射等不同的需要。枪架的尾端全部削尖，一方面方便扎入泥土稳固放置，在必要的时候还可以做扎枪使用。

扎枪也是猎民常常使用的狩猎工具，在近身搏斗中有非常重要的作用。但刺尔滨猎民并不随身携带扎枪，仅是根据需要就地取材加工。

2. 追猎与围猎

驱赶追逐猎物的狩猎方式，实际在人类捕猎的发展过程中出现得非常早。对于群居且不善长时间奔跑的动物，如鹿等，这种方式对一次性捕获多只动物非常有效。但这种方式需要多人的配合，对地形地貌也要非常了解。长期的奔跑追逐，对马匹和猎民的骑术要求也非常高。

中华人民共和国成立初期，黑河新生乡曾开设鹿场，开展野生鹿的人工养殖，最初的种鹿就是由猎民凭借精湛的骑术长时间追逐野生鹿群，最后将疲惫且惊恐不堪的鹿群驱赶至预先设置好的围栏内而取得。

鄂伦春猎民至今仍将打猎称作“打围”，也许正是源于这种多人围猎曾经是主要的狩猎方式。

3. 狩猎

蹲碱场、蹲泡子，都是鄂伦春猎民常用的蹲守捕猎方式。

所谓“碱场”，是指猎民在长有针古草的地方平整出一块场地，在上面洒满咸盐，盐渗入土里，时间长了就会在上面泛出“碱花”，形成了所谓的“碱场”。碱场可以吸引驼鹿（犴、犴达罕）等动物会来此舔舐地面补充盐分。

泡子，指的是小水塘。猎民常选择密集的水生植物作为掩体，在水塘边等待猎物到来。

蹲守常常是一个长时间的等待过程，有时会持续整天整夜。即使是多个猎民同时蹲守，彼此也不能用语言交流，以免惊走猎物。且蹲守的地点必须在当时的下风口，以免猎物嗅到气味逃走。

在充分了解了各种动物的行动规律的前提下，猎民有时候也会选择在动物觅食回归的路线旁等待猎物出现。

4. 诱猎

鄂伦春猎民都随身携带一种用落叶松制作的可以两面吹响的牛角形哨子“乌力安”，可以分别模仿雄鹿与雌鹿的声音。如果临时使用，也可以用叫做“走马芹”的植物制作。在动物的交配期，猎民隐蔽好后吹响“乌力安”，可以吸引猎物来此。

对熊，灰鼠等穴居动物，猎民有时也采用寻找洞口后烟熏的方式，迫使猎物从洞中逃出再射杀的方式。

陷阱，也是猎民常用的一种捕获猎物的装置。鄂伦春猎民设置的陷阱针对不同种类的猎物，形制多样，各有巧妙不同。总体可以分为大型和小型两种。

大型陷阱通常在出猎时设置，设置地点很随机，在狩猎完毕准备返回时查看。夏季表面通常垫草皮，冬季表面铺积雪。这类陷阱可以捕获熊、野猪等大型动物。

在猎熊的时候，猎人会观察寻找熊经常蹭后背的树桩，将其按生长方向劈成两半，用短树桩在中间支撑，做成天然的捕兽夹。

对于山鸡、兔子等小型动物，猎民用动物长鬃毛做成活扣，固定尾端，放置在动物脚印密集的道路上。这类陷阱，要当天查看，以防止猎物被其他猛兽吃掉。

“地箭”也是猎民常用的一种捕猎设施。设置方法是将弓横置于地表，开弓后，箭指向勘察确认的动物行走通道，用细绳或长鬃毛布置成触发装置。动物触动后，会被射出的箭击中。

猎犬在鄂伦春猎民的狩猎过程中一直发挥着重要的作用。犬的驯化和使用历史，也贯穿了北方渔猎民族的发展史。[7]每个鄂伦春猎民，通常自有四、五条训练有素的猎犬。禁猎后，这种养犬的习俗依然得到了保留。

刺尔滨鄂伦春猎民对猎犬犬种的选择，并没有特别的要求。各种中型犬和大型犬，都可以作为猎犬来训练。但在实际使用过程中，据猎民介绍，一些后来引进的犬种，如德国与日本的狼犬，虽然在嗅踪能力上有优势，但并不如本地繁殖的犬种有实用性。

猎犬在捕猎过程中，主要有嗅踪、助捕、守卫等几个方面的功能。嗅踪，可以发现猎物行走的轨迹。助捕，可以帮助猎民近距离撕咬猎物，有些小型动物，如灰鼠、兔等，几乎不用猎民射杀，节省了弹药。训练有素的猎犬，在撕咬过程中，甚至不会损伤紫貂、狐狸等动物的毛皮，最大限度地保护了毛皮的经济价值。守卫功能，一方面体现在危险来临时，猎犬可以吠叫通知猎人；一方面，猎犬会时刻守卫在已经获取的猎物旁，防止猎物的丢失。在茫茫林海，人迹罕至的刺尔滨地区，猎犬是孤独的猎手最好的伙伴。关于猎犬助猎、护主的传奇故事，不胜枚举。

一个猎手的犬群内部，通常有一个"头犬"，在整个群体中居于领导地位。负责组织进攻，引导犬群前进的方向。在狩猎进行时，猎手会发出"嘟噜，嘟噜"的声音，驱使猎犬的行动。

鄂伦春猎民在野外的食物主要以肉类为主，出猎仅会携带少量谷类以备不时之需。猎民对捕获的猎物常常当场宰杀、剥皮，现场完成对肉类和皮毛的粗加工。对肉类食物的加工方法相对简单，主要是煮食与烤制，调味品也仅是调配好的盐水，有时会加入少量沙葱。猎民现少食动物内脏，多将其分配给猎犬。早期生食肝脏的习俗也已经慢慢被摒弃。[8]

调查中我们发现，刺尔滨猎民野外用灶的搭建非常简单实用，是在半地穴火塘上用一端固定的单根枝桠挑起盛器，方便快捷。

对已经获取猎物的保存，是狩猎过程中不可忽略的问题。在冬季，寒冷的天气对猎物的保存非常有利。在夏季，肉类的防腐问题就显得至关重要。刺尔滨猎民多采用烟熏的方式，将肉类加工成肉干，这样就可以较为长期保存。在熏制之前，猎民会将肉类切割成长条状，一方面便于加工，一方面也便于制成品的携带。

猎民对猎物的分配，一直遵循着原始的平均分配原则。鄂伦春人认为，山林野兽是公共财产[9]。猎物的平均分配，不仅在一同出猎的猎民中实行，对在途中遇到的其他猎民，也同样适用。收获较多的猎民会将猎物分给那些没有收获或者猎物较少的猎民。

这种朴素的分配原则，与鄂伦春猎民的原始信仰有直接密切的关系。

二

鄂伦春猎民信奉"山无大小，皆有神灵"[10]。这种"万物有灵"的信仰，指导着鄂伦春人包括狩猎在内的所有社会活动。鄂伦春人信奉山神"白那恰"（白那查）[11]至今民间仍流传着很多关于山神的传说。[12]在狩猎活动开始之前，猎民必须拜祭山神。山神的具体形象通常是在粗壮的大树上绘制或雕琢的老人。祭拜之前，猎民高呼"怯，白那恰"，在祭拜过程中，敬烟、敬酒，讲述本次出猎的路线和对山神的赐予猎物的期望。在狩猎之前，不能估算狩猎成果，在狩猎过程中不大声喧哗，捕猎动物后要祈求动物原谅，在分享狩猎所得的时候，也要感谢"白那恰"，然后才开始食用。[13]

鄂伦春猎民对山林的顶礼膜拜，来源于对山林的崇敬和热爱。这种对山林的敬畏，也包括对山林中的山石树木，飞禽走兽。鄂伦春民间故事中，人类就是天神"恩都力"

用兽类的骨肉混合泥土创造的。[14]鄂伦春猎民的自然观，视自身为山林中万物的一个组成部分。他们认为，所有猎物都是神灵赐予，不是个人能力取得。所以在分配猎物时，一般遵循平均分配的原则。猎民还特别注意对山林环境的保护，生活的炉灶，宰杀动物后遗留的骨骼血液，他们在离开时都会清理干净，避免引起山火或者其他动物因为血腥不来该地活动，这样，才可以保持自身的行为不会影响其他猎手的捕猎和动物的正常生活。

鄂伦春猎民在选择猎物时，有着非常严格的禁忌。他们不打鸿雁鸳鸯，因为鸿雁鸳鸯成双成对生活，打死一只，另外一只会孤独地死去，不利于其种群的繁殖。不打正在怀孕的母兽，猎鹿的时候也不会全部消灭整个鹿群。对待猎物，他们也从不贪多，满足基本生活需要即可。往往“得一兽即还家，使妇取之，不贪多，亦不以负载自苦”。[15]一方面，他们因生活所需，不得不猎取兽类为生，一方面，他们也对山林充满热爱，对动物们充满了同情。

三

鄂伦春族世代居住的大小兴安岭，属寒温带大陆性气候，虽然夏季雨量充足，气候湿润，但持续时间短。冬季却漫长严寒，积雪期长达七个月以上，最低气温可以达到零下四十余度。这种恶劣的生活环境，使鄂伦春人在与其斗争的过程中，选择了狩猎作为主要的生产生活方式。经过长期的发展，形成了具有鲜明特点的鄂伦春狩猎文化。狩猎过程中，充满着猎民的智慧和对动植物知识的了解和运用。

出于保护自然，维持生态平衡的需要，禁猎使猎民放下了手中的猎枪。发展数百年的鄂伦春狩猎文化却不应该就此尘封于历史卷宗之中。目前，当地政府已经开始致力搜集整理有关狩猎文化的实物和口头资料，并创办了鄂伦春文化博物馆。通过这次调查，我们感到，鄂伦春猎民的狩猎文化的实质，是要保持猎民、动物和自然界的高度平衡，和谐发展。狩猎文化，应该作为鄂伦春民族珍贵的文化遗产得到保护，其和谐的自然观，也应继续得到发展。

在调查过程中，猎民们提出了一种“以猎治猎”的想法。其实质就是在加强管理的前提下，继续保持鄂伦春的狩猎经济发展，同时赋予猎民山林保护者的权利和义务。一方面，传统的狩猎文化可以得到传承和发展；另外一方面，猎民对山林的熟悉与热爱，也可以有效地遏制盗猎行为的发生。我们认为，这不失为一种两全的解决办法。

附记：本次调查吉林大学民族研究所程妮娜教授主持，调查过程中得到了黑龙江省黑河市爱辉区新生鄂伦春民族乡政府的大力支持和帮助，谨致谢忱。对猎民的访谈和记录工作由吉林大学哲学社会学院李文祥教授与笔者共同完成。

注 释

[1] 威廉·A哈维兰：《当代人类学》，上海人民出版社，1987年。

[2] 郭克兴辑、高晓燕点校：《黑龙江乡土录》，黑龙江人民出版社，1988年。

[3] 唐戈:《东北地区渔猎文化略论》,《黑龙江民族丛刊》2003 年第 6 期，第 97 ~ 102 页。
[4] 都永浩:《定居前鄂伦春族的游猎经济》,《黑龙江民族丛刊》1992 年第 3 期，第 55 ~ 61 页。
[5] 王晓芳:《鄂伦春狩猎文化研究》,《体育文化导刊》2007 年第 3 期，第 94 ~ 96 页。
[6] 张伯英等:《黑龙江志稿》(卷六)，黑龙江人民出版社，1992 年。
[7] 于学斌:《北方渔猎民族养狗使狗的文化阐释》,《北方文物》2004 年第 1 期，第 64 ~ 69 页。
[8] 丰收、瑜琼:《鄂伦春族饮食习惯及其在当代的变迁》,《黑龙江民族丛刊》1992 年第 4 期。
[9] 内蒙古自治区委员会:《民族问题五种丛书》,《鄂伦春族社会历史调查》(第一集)，内蒙古人民出版社，1984 年。
[10] (晋)葛洪:《抱朴子·内篇·登涉》(卷十七)，北京燕山出版社，2009 年。
[11] 王宪昭:《中国民族神话母题研究》，中央民族大学 2006 年博士学位论文。
[12] 王士媛等:《山神“白那查”的传说》,《鄂温克族民间故事选》，上海文艺出版社，1989 年。
[13] 王肯等:《1956 鄂伦春手记》，吉林人民出版社，2002 年。
[14] 巴图宝音:《“恩都力”造人》,《鄂伦春民间故事集》，上海文艺出版社，1984 年。
[15] (清)西青:《黑龙江外记》，黑龙江人民出版社，1984 年。

释西周金文中的“楯”

周忠兵

（吉林大学古籍研究所）

在西周金文中有一个曾被释为“闭”或“闸”的字，其字形与辞例如下（释文采宽式）：

唯王二月既生霸，辰在戊寅，王格于师戏太室。邢伯入右豆■[1]，王呼内史册命豆■。王曰：“■，锡汝戠衣、雍市、銮旂。用併（纂[2]）乃祖考事，司□俞邦君司马、弓、矢。”■拜稽首，敢对扬天子丕显休命，用作朕文考鳌叔宝簋，用锡𥎦寿，万年永宝用于宗室。(豆■簋《铭图》[3] 5326)

王若曰：“逑，丕显文武，膺受大命，匍有四方，则繇唯乃先圣祖考，夹绍先王，彝（庸[4]）勤大命，奠周邦。余弗遐忘圣人孙子，余唯■乃先祖考有彝（庸）于周邦，肆余作汝□訇。”（卌二年逑鼎甲《铭图》2501）

王若曰：“逑，丕显文武，膺受大命，匍有四方，则繇唯乃先圣祖考，夹绍先王，彝（庸）勤大命，奠周邦。余弗遐忘圣人孙子，余唯■乃先祖考有彝（庸）于周邦，肆余作汝□訇。”（卌二年逑鼎乙《铭图》2502）

身，皇剌侯乃■朕毛父，用辛■（改？），作为宝䵼，用亯于其皇文祖考，其万年子子孙孙永宝用。（X 簋《铭图》5138）

豆■簋铭中的■用为人名，除去严格隶定者外[5]，有“闭”[6]与“闸”[7]两种释读意见，释为“闭”者分析其字形或为“字从甲，或释作闸，非也”[8]。或为“字倚‘门’画其已闭，自内见其门杠之形。才非文字，乃物形，由文‘门’生意，故托以寄关闭之闭之意。”[9]。或为“闭字不从才……象用以关门的键锁之形”[10]。从我们习惯将此簋称为“豆闭簋”来看，将之释为“闭”为学界主流意见[11]。

逑鼎、X 簋为近年新出青铜器，■字在其铭文中再次出现，且用作动词，为此字提供了新的语境，也引发了学者对此字新的讨论。逑鼎铭中的■，其释读意见主要有：1. 仍释为“闭”，或读为“毖（或𨶑）”，训为慎；或认为与“巠”同意；或认为是保护、守藏义。2. 释为“闸”，或读为“念”；或读为“狎”。3. 释为“闲”，训为“察视”义。[12] X 簋铭中的■被释为“闭”，括注为“闲”[13]。或释为“闸”，疑读“盍”训“合”[14]。

与前者■的释读意见相比，只多出“闲”这样一种观点。金文“闲”字作■（毛公鼎《铭图》2518）、■（中山王譻鼎《铭图》2517），皆从门从干，与■的字形差别很明显。

所以不管是直接将释为“闬”，还是将之释为“闭”再括注为“闬”，皆难信从。

至于将释为“闭”和“闸”，这两种观点也有问题。将释为闭，是认为此字从门从才。虽说金文中有的才字写得与十字形较为接近，如（大师虘簋甲《铭图》5280），但将豆簋铭、逑鼎铭中此字门以外的字形与它们各自铭文中的才字相比，仍能看出明显差别。这两篇铭文中的才分别作、，字形中的横划与其下方笔划形成类似倒三角的形体，这与此字门以外的字形作、区别明显。且古文字中比较确定的闭作（郭店《老子》乙13），从门从必，与差别也甚为明显，故将释为闭并不可信。当然，将之释为“闭”的观点中，有认为它是纯粹的会意字，但这样一种观点也缺乏佐证，因而同样不妥。

将释为闸，是认为此字从门从甲。此字在逑鼎、X簋铭中除去门外的部分确实与甲基本无别，但在时代更早的豆簋铭中，其门以外的字形作，它与甲字有别，即其横划比竖划粗，而甲字的横竖笔划粗细是基本一致的。据此，将释为闸并不合适。

从门从，系联相关古文字字形，可知应释为盾。古文字中的盾[15]，其象形写法作（秉盾簋《铭图》3692）或（小臣宅簋《铭图》5225），进一步简化则作（逆钟乙《铭图》15191）或（五年师旋簋甲《铭图》5248），即中间的方形变作椭圆形或粗横划，这就与所从的一致了。再进一步简化，作（事戎鼎《铭图》1613，戎字所从），则与甲字基本无别了[16]。逑鼎、X簋铭中所从的盾即是此类最简省的甲字形。此外，逑鼎铭中恰好也有戎字，作、、形，其所从的盾也作甲字形，与中的盾完全一致，这亦可为我们将中的看作是盾提供很好的佐证。

如此，从门从盾，可释为楯。《说文解字》：“楯，阑楯也。从木盾声。”段玉裁注：“阑、门遮也。……今之阑干是也。王逸《楚辞注》曰：‘槛、楯也。从曰槛。横曰楯。’古亦用为盾字。”楯之本义即栏杆之横木，金文从门盾声，构形与门栏之栏金文作从门柬声的阑[17]相似。

此外，战国文字中的盾或作（清华六《太伯》甲5），从户从甲字形从目，其中的户与甲字形有可能就是由变化而来[18]。因其在简文用为“盾”，而盾的功能之一是“蔽目”，故累加义符“目”。此类（盾）形亦可为我们将释为楯提供旁证。

当然也有学者认为除去户以外的部分与左下部分（即旧认为是“盾”之象形的部分）相近，故其亦为“盾”的象形字[19]。我们认为，左下部分所谓盾之象形部分，其形体无法与象形的盾（）联系，故将之释为盾可疑。所以，虽然从表面看右下与左下接近，但两者应无承袭关系。

亦有学者将释为“盾”，并不妥。它在五年师旋簋铭中与象形盾同时出现，相关辞例为“儕汝盾：五鍚聋，生皇画内；戈：琱戫、厚柲、彤沙”。此句的句读旧多误，如作“儕汝盾（盾原释文作毌）五、鍚聋，生皇画内；戈：琱戫、厚柲、彤沙”[20]。最近新出现的宗人簋铭的相似辞例对此句的文意理解及句读很有参考意义，其辞例为“乃赐宗人盾、戈。盾：五鍚；戈：琱戫、厚柲、彤沙。仆五家。”[21]先总说赐给宗人盾、戈，再进一步说明盾、戈各自的特点。由此可知，五年师旋簋铭中盾、戈之后所列语句也应是分别修饰描述盾、戈的具体特点。即从“五”至“内”这些文字都修饰盾，五鍚指五个铜泡[22]，生皇画内指此盾牌的里侧绘有凤凰。因“弆□”两字的具体词义不清楚，其是否应与五鍚连在一起还可再研究。若能连用，则“五鍚弆□”可能指盾的表面饰有五个铜泡。总之，由于五年师旋簋铭中已有象形的盾字，且弆□是修饰盾的，故不宜将□再释为盾[23]。

需要说明的是，我们将□释为“楯”，是以其中的□为“盾”作为重要依据。不过，学界对此有不同看法[24]，苏建洲先生新近撰文重申□类形体应释为“干”，其主要论据有：

① 新出宗人簋铭有“□戈”，比对㝨簋铭中的“□戈”（干戈），可知□与□都是“干”字。② “博”字即可作□，也可作□，可证□、□为一字，“不必绕弯认为是盾、干的义符换用”。③ 㦽簋铭中的□“当分析为从干，豚声，读为盾”。④ 金文中已有盾作□，故□不宜再释为盾。⑤《礼记·郊特牲》：“朱干设鍚”，可印证鍚附属于干，故“□五鍚”应读为“干五鍚”。[25]

上述论据并不能论定□为“干”：

① 㝨簋铭中的□与□的字形差别明显，不能仅因它们皆与“戈”连用，就将它们看作一字异体。就如红旗、白旗，其中的红与白皆与旗连用，但不能证明红、白是异体关系[26]。② 博字两种异体中的□与□完全可用义符换用来解释，这种现象在古文字构形中很常见，如花东卜辞中的璧，即可从象形玉璧的圆形（□，《花东》180），也可从牙形玉璧（□，《花东》490），而象形玉璧与牙形玉璧不是一种玉璧，它们并非同一字，只是在作为璧的义符时两者可互换[27]。且“博”字还可作□（不㜸簋盖《铭图》5388），从戈，显然不能将戈也视为□、□的异体，它与□、□的关系只能解释为义符替换。③□字完全可看作是象形的“盾”加注声符“豚”，类似的例子如“藉”加注声符“昔”[28]。④□如上文所述，并不能论定是“盾”，故□释为“盾”，与之并不存在矛盾。⑤《左传·定公六年》：“献杨盾六十于简子”，其中的“杨盾”，于省吾先生指出应读为“鍚盾”，指“用鍚金以饰盾”[29]。可见在文献中鍚既可修饰干，亦可修饰盾[30]，不能因“朱干设鍚”之语而认为与鍚连用的□就一定要释为干。

从字形看□、□两者有别，且在古文字中干及其从干的字都没有写作象形盾的，如金文常见的“干害”一词中的干及从干的厈等字。与之相似，从象形盾的字也没有写作干形的，如古、戎等。所以，从目前材料看，将□、□区别开来，分别释为盾、干，应该是可行的。

以上我们从字形方面论证了□可释为楯。下面将之代入具体的语境，看看是否合适。豆楯簋铭中的楯用为人名，对验证楯的释读合适与否帮助不大。

卌二年逑鼎铭中的楯用为动词，其语境为“余唯楯乃先祖考有庸于周邦”。相似的文句在卌三年逑鼎铭中也曾出现，相关铭文如下：

> 王若曰：“逑，丕显文武，膺受大命，匍有四方，则繇唯乃先圣祖考，夹绍先王，爵（庸）勤大命，奠周邦。肆余弗遐忘圣人孙子，昔余既令汝疋（胥）荣兑总[31]司四方虞林，用宫御。今余唯巠（经）乃先祖考有爵（庸）于周邦，申就乃命，命汝官司历人。”（卌三年逑鼎甲《铭图》2503）

在卌三年逑鼎铭中，与“楯”相同位置的词被换成“巠”，故有学者指出“楯”应与“巠”同意。不过，在理解其具体词义时还有分歧，或认为此字义为“经过、遵循、怙念”[32]；或认为此字义为“念”[33]。所以，楯、巠在铭文中的具体词义为何需进一步论证确定。

卌三年逑鼎铭记录了天子对逑的册命，相似的册命在逑所作盘铭、钟铭也有记录，且它们之间有详略变化，将它们放在一起对比，可以发现，将卌三年逑鼎铭中“巠”的词义理解为其在金文中的常见词义“遵循”义是合适的。逑盘、逑钟相关铭文如下：

逑肇纂朕皇祖考服，虔夙夕敬朕死事，肆天子多锡逑休，……王若曰：“逑，丕显文武，膺受大命，匍有四方，则繇唯乃先圣祖考，夹绍先王，爵（庸）勤大命。今余唯巠（经）乃先圣祖考，申就乃命，命汝疋（胥）荣兑总司四方虞林，用宫御。”（逑盘《铭图》14543）

逑御于厥辟，不敢彖（惰[34]），虔夙夕敬厥死事。天子巠（经）朕先祖服，多锡逑休，命总司四方虞林。（逑钟二《铭图》15634）

从逑所司职务的管理范围看，周天子对逑的这三次册命时间的先后排序应该是逑盘→逑鼎→逑钟[35]。因为逑钟铭文记录的是逑自己总司四方虞林，而逑盘、逑鼎铭记录的是逑协助荣兑总司四方虞林，故逑钟的年代要晚于逑盘、逑鼎。逑盘、逑鼎两者的先后，同样可从逑所司职务范围看出，两者相比，逑鼎铭所录逑的职务范围增加了一项，即“官司历人”，这就说明其时代比逑盘要晚。此外，两者年代先后的判断亦可由“申就”一词的词义特点来推论。册命铭文中使用“申就”一词，一般说明被册命的对象有新增职司或新增赏赐物[36]，逑盘铭“申就”之后命逑“疋（胥）荣兑总司四方虞林，用宫御”，而逑鼎铭先说昔余既令汝“疋（胥）荣兑总司四方虞林，用宫御”，再“申就乃命”，命逑“官司历人”，显然说明逑除去协助荣兑管理虞林之外新增“司历人”之职，故逑鼎比逑盘时代要晚。且从“申就”一词的使用，似亦可判断逑盘铭所录并非周天子对逑的初次册命。

理清逑盘、逑鼎、逑钟三者的时代先后，再来看“巠”在三者中的具体语境，分别为“今余唯巠（经）乃先圣祖考”“今余唯巠（经）乃先祖考有庸于周邦”“天子巠（经）朕先祖服”，它们所说其实是一回事。逑鼎铭中的“巠乃先圣祖考有庸于周邦”与逑钟铭中的“巠朕先祖服”相当，也就是说“有庸于周邦”与“服”的语义接近。而逑盘铭“祖考”之后没有“有庸于周邦”这几字，大概是由于盘铭“庸勤大命”之后省去“奠周邦”之语，故后面与之呼应省去“有庸于周邦”。且盘铭前面已明确说明逑纂其“祖考服”，故“巠乃先圣祖考”之后省去“有庸于周邦”也不会造成什么理解偏差。

逑钟铭中的“服”为职事之义，若将“天子巠（经）朕先祖服”中的“巠”解释为“念”，似不好理解。而将其理解为“遵循”，此话的意思是“天子遵循我先祖的职事”，言下之意即天子将我先祖的职事让我（即逑）来继承、因袭。这与册命金文中的更某祖考服（如趩觯铭“更厥祖考服”）所说意思相近。

将“巠乃先祖考有庸于周邦”中的“巠”理解为“念”，是建立在将“有庸于周邦”理解为“有功于周邦”的基础上的，因天子念其祖考有功于周邦很好理解。故若要将逑鼎铭文中的“巠”也要解释为“遵循”义，就需对“有庸于周邦”的语义作出合理说明。

铭文中的“庸”应训为“劳”，既是勋劳之劳，又是勤劳之劳[37]。“有庸于周邦”即有劳于周邦。也就是说“有庸于周邦”的主语能勤劳于周邦之政事[38]（故而能有功劳于周邦），他是为周邦服务，在周邦有职事者。金文“有庸于周邦”之后一般接其勤劳职事的具体表现或功劳，如：

则繇唯乃先祖考有庸于周邦，捍御王身，作爪牙。（师克盨《铭图》5680）

王若曰：“彔伯㦰，繇自乃祖考有庸于周邦，佑辟四方，助[39]䩜（长[40]）天命。”（彔伯㦰簋盖《铭图》5365）

从上引两例“有庸于周邦”的用法来看，金文中周天子在说某人“有庸于周邦”时，一方面固然是说他有功劳于周邦，另一方面也在强调他能勤劳王家，在周邦有职事。所以，从这一角度来看，将逑鼎铭中的“今余唯巠乃先祖考有庸于周邦”理解为周天子遵循逑的先祖在周邦的职事也是合适的。

“今余唯巠乃先祖考有庸于周邦”一语的理解，还可参考“巠”的相关用例，如：

王曰：“克，余唯巠乃先祖考克𩔠臣先王。昔余既命汝，今余唯申就乃命，命汝更乃祖考总司左右虎臣。”（师克盨，《铭图》5680）

此例是周天子遵循器主先祖考能很好地臣事先王，亦即遵循器主先祖考在周的具体职事，故让器主继承其先祖考职事。它亦可帮助我们理解“余唯巠乃先祖考有庸于周邦”的具体语义。

综上，我们认为逑盘、逑鼎、逑钟铭中的“巠”皆可理解为“遵循”义。故而与它们处于相同位置的“楯”也可理解为“遵循”义，即可将其破读为“循”。“余唯循乃先祖考有庸于周邦”意思为“我将遵循你的先祖考有劳于周邦”。言下之意即周天子将遵循其先祖考在周邦的职事，使器主逑能继承其职事。所以，将卌二年逑鼎铭中旧释为“闭”或“闸”的字改释为“楯”读为“循”后，相关铭文皆能得到很好地理解，这也说明我们对“楯”的释读是合适的。

在讨论X簋铭文中楯的用法之前，先需对此簋铭文的释读略作说明。此簋原名“隥簋”，整理者释文为“身皇剌侯乃闭朕毛父用辛祀，隥作为宝，用亯于其皇文祖考，其万年永宝子子孙孙用”[41]。所谓器主“隥”原篆作“[illegible]”，其左侧中间部分为“酉”，故不宜将之释为“隥”，而应释为“障”，它的字形与仲姜簋（《铭图》4532）铭中的尊作“[illegible]”接近。另，所谓“祀”原篆作“[illegible]”，其右侧并不从示，似从攴，故整个字可能为“改”字[42]。

将所谓器主隥改释为障，是否可简单将此簋改名为“障簋”呢，答案是否定的。因为从其铭文最后一句“其万年永宝子子孙孙用”来看，此簋铭存在行款错乱的现象。西周金文中最后一句涉及子子孙孙者，并无“其万年永宝子子孙孙用”这样一种行文句式[43]。按其语言习惯，此句应调整为“其万年子子孙孙永宝用”[44]。据此，铭文中的“障”与“作为宝”应也存在错乱，可调整为“作为宝障”，这样更符合金文辞例。如此一来，此簋所谓的作器者名便不存在了，故而我们暂将之命名为X簋。

另整理者将铭文中的“身”理解为第一人称代词，亦不妥。因此簋铭文不全，只是一篇铭文的后半部分[45]。加上金文中的“身”未见用作人称代词的例子[46]，故宜将之与后面的"皇剌侯"断开。所以我们将此簋铭文释作"身，皇剌侯乃楯朕毛父，用辛改（？），作为宝隮，用亯于其皇文祖考，其万年子子孙孙永宝用。"

铭文中的"楯"亦可读为"循"，"皇剌侯乃循朕毛父"，与逑盘铭中的"余唯巠（经）乃先圣祖考"结构一致，"朕毛父"之后大概也省去了毛父的具体职事或功绩，所以"皇剌侯乃循朕毛父"一句的大致意思是"皇剌侯于是遵循我的毛父的某种职事或功绩"，言下之意即皇剌侯让器主去继承毛父的职事。禹鼎（《铭图》2498）铭"肆武公亦弗叚忘朕圣祖考幽大叔懿叔，命禹纂朕祖考政于邢邦"，为厉王重臣武公让他的臣属禹继承其先祖考的职事，与此为皇剌侯让器主继承其先人职事类似，两者皆非周天子直接命臣子继承其先人职事，而是由臣子的直接上司来施令。至于此器作器原因，因铭文不全，"用辛改（？）"具体所指为何，还待研究。

注　　释

［1］此字在豆[illegible]簋铭中出现四次，除去第四处笔划不清晰，第一、二处从拓片看笔划略有粘连，不过从其照片看（照片参看杜廼松：《青铜礼乐器》，上海科学技术出版社，2007年，第69页），是与[illegible]一致的横划比竖划粗，故我们选择笔划清晰的[illegible]作为此字的代表字形。分析其字形也以[illegible]的字形为准。

［2］此字读为"纂"，参看李家浩：《关于甲骨金文"厗"字的考释》，载俞伟超：《中国古代公社组织的考察——论先秦两汉的单、僤、弹》，文物出版社，1988年，第13、14页。

［3］《铭图》为吴镇烽《商周青铜器铭文暨图像集成》一书简称，上海古籍出版社，2012年。

［4］此字读为"庸"，参看裘锡圭：《甲骨文中的几种乐器名称——释"庸"、"丰"、"鼗"》，《古文字论集》，中华书局，1992年，第204页。张富海：《读新出金文偶识》，《古文字研究》（第27辑），中华书局，2008年，第235～236页。

［5］将之隶定为"閇"，参看罗福颐：《三代吉金文存释文》（卷9.4），问学社，1983年。

［6］刘心源：《奇觚室吉金文述》（1902年），《金文文献集成》（第13册），线装书局，2005年，第205页。

［7］于省吾：《双剑誃吉金文选》（卷下之二），大业印刷局，1932年。吴闿生：《吉金文录》（卷3.20），南宫邢氏藏版，1932年，等。

［8］吴大澂：《窸斋集古录》（卷10.11），商务印书馆，1908年。

［9］高鸿缙：《中国字例》，三民书局，1981年，第321页。

［10］此从段玉裁《说文解字注》认为闭不从才，参看卞仁海：《杨树达古文字释读商榷（五则）》，《古文字研究》（第30辑），中华书局，2014年，第506页。

［11］容庚编著《金文编》（中华书局，1985年，第770页）与董莲池编著《新金文编》（作家出版社，2011年，第1584页）皆将之归入"闭"字，亦可说明此观点的影响之大。

［12］以上所引各家观点参看王伟：《眉县新出青铜器铭文综合研究》，陕西师范大学2005年硕士学位论文（指导教师：胡安顺教授、王辉研究员），第46页。于秀玲：《金文文字考释汇纂（2000～2015）》，吉林大学古籍研究所2016年硕士学位论文（指导教师：何景成教授），第

358、359 页。

［13］ 陕西省考古研究院等编著：《梁带村芮国墓地：二〇〇七年度发掘报告》，文物出版社，2010 年，第 59、229 页。吴镇烽：《商周青铜器铭文暨图像集成》（第 11 册），上海古籍出版社，第 86 页。

［14］ 李零：《梁代村出土器铭探微——读〈金玉华年〉》，《两周封国论衡——陕西韩城出土芮国文物暨周代封国考古学研究国际学术研讨会论文集》，上海古籍出版社，2014 年，第 26 页。

［15］ 古文字盾的考释，参看林沄：《说干、盾》，《古文字研究》（第 22 辑），中华书局，2000 年，第 93 ~ 95 页。

［16］ 有学者将此类简省为甲形的盾字释为甲（参看吴红松：《释西周金文赏赐物“甲”》，《东南文化》2009 年第 6 期，第 110 ~ 112 页），不正确。

［17］ 张世超等：《金文形义通解》，中文出版社，1996 年，第 2765 页。

［18］ 因门、户两字义近，故两者在作义符时可替换，如清华六《子仪》篇中的开、阖两字皆从户，字形分别作[illegible]、[illegible]。

［19］ 赵平安：《清华简第六辑文字补释六则》，《出土文献》（第 9 辑），中西书局，2016 年，第 188、189 页。

［20］ 吴镇烽：《商周青铜器铭文暨图像集成》（第 11 卷），第 320 页。

［21］ 铭文拓片参看曹锦炎：《宗人簋铭文与西周时的燕礼》，《古文字研究》（第 31 辑），中华书局，2016 年，第 108 页。

［22］ 刘昭瑞《说鍚》，《考古》1993 年第 1 期，第 68 ~ 72、80 页。

［23］ [illegible]不宜释为盾，还可参看田炜：《西周金文字词关系研究》，上海古籍出版社，2016 年，第 220 页。刘昭瑞先生曾在文中将[illegible]释为“瞂”，其说是建立在认为[illegible]左下为盾的基础之上，因[illegible]左下是否为盾并无证据，故其释读也是值得怀疑的。

［24］ 如郭沫若《释干卤》（载氏著《金文丛考》，人民出版社，1954 年，第 191 ~ 209 页）、刘昭瑞《说鍚》皆将[illegible]释为“干”。

［25］ 苏建洲：《西周金文“干”字再议》，复旦大学出土文献与古文字研究中心网站 2017-2-12http://www.gwz.fudan.edu.cn/Web/Show/2980。

［26］ 林沄：《古文字研究简论》，吉林大学出版社，1986 年，第 45 ~ 47 页。

［27］ 周忠兵：《从甲骨金文材料看商周时的墨刑》，《出土文献与古文字研究》（第四辑），上海古籍出版社，2011 年，第 18、19 页。

［28］ 林沄：《说干、盾》，《古文字研究》（第 22 辑），中华书局，第 94 页。

［29］ 于省吾：《释盾》，《古文字研究》（第 3 辑），中华书局，1980 年，第 5 页。还可参看麻爱民：《说〈左传〉中的“鍚盾”》，《古汉语研究》2003 年第 3 期，第 92 ~ 94 页。

［30］ 考古发现的以鍚饰盾的例子，参看曹斌：《商周铜昜研究》，《考古与文物》2011 年第 3 期，第 32 ~ 41 页。

［31］ 此字的释读参看林沄：《华孟子鼎等两器部分铭文重释》，《吉林大学古籍研究所建所 30 周年纪念论文集》，上海古籍出版社，2014 年，第 17、18 页。

［32］ 从其对铭文的翻译，对“楯”选择了“惦念”之义，参看刘怀君、辛怡华、刘栋：《四十二、

三年逑鼎铭文试释》,《文物》2003年第6期,第86、89页。而逑盘铭中的“巠”却认为是“遵循”义,自相矛盾,参看刘怀君、辛怡华、刘栋:《逑盘铭文试释》,《文物》2003年第6期,第92页。

[33] 董珊:《略论西周单氏家族窖藏青铜器铭文》,《中国历史文物》2003年第4期,第44页。

[34] 彖字考释及破读,参看陈剑:《金文“彖”字考释》,《甲骨金文考释论集》,线装书局,2007年,第243~257页。

[35] 李学勤先生认为三者的先后关系是逑盘→逑钟→逑鼎,与我们不同。参看其《眉县杨家村新出青铜器研究》,《文物》2003年第6期,第71页。

[36] 陈汉平:《西周册命制度研究》,学林出版社,1986年,第140~142页。

[37] 前引张富海文。

[38] 朱凤瀚:《柞伯鼎与周公南征》,《文物》2006年第5期,第69页。

[39] 助字释读参看杨安:《“助”、“叀”考辨》,《中国文字》(新37期),艺文印书馆,2011年,第155~170页。

[40] 此字释读参看何树环:《金文“叀”字别解》,《文字的俗写现象及多元性》,圣环图书出版,2006年,第331页。

[41] 陕西省考古研究院等:《梁带村芮国墓地:二〇〇七年度发掘报告》,文物出版社,2010年,第229页。

[42] 李零先生将之释为从巳从寺之字,并与其后所谓隥连在一起读为“陟登”,并指出隥非器主,相关铭文的理解与我们不同,可参看其《梁代村出土器铭探微——读〈金玉华年〉》,《两周封国论衡——陕西韩城出土芮国文物暨周代封国考古学研究国际学术研讨会论文集》,上海古籍出版社,2014年,第26页。

[43] 陈英杰先生曾对金文中“子子孙孙”用语句式做过分类,可参看其:《西周金文作器用途铭辞研究》,线装书局,2008年,第602~638页。

[44] 金文中这种铭文错乱的现象并不罕见,陈英杰先生也曾讨论,参看其《西周金文作器用途铭辞研究》,线装书局,2008年,第676、677页。

[45] 陕西省考古研究院等:《梁带村芮国墓地:二〇〇七年度发掘报告》,文物出版社,2010年,第229页。

[46] 其用例参看张亚初:《殷周金文集成引得》,中华书局,2001年,第322、323页。

释“风”——兼说“空穴来风”

白于蓝

（华东师范大学中国文字研究与应用中心）

“风”字见于《说文》，小篆字形作“𩙿”。《说文》云：“风，八风也。东方曰明庶风，东南曰清明风，南方曰景风，西南曰凉风，西方曰阊阖风，西北曰不周风，北方曰广莫风，东北曰融风。风动蟲生，故蟲八日而化。从虫凡声。凡风之属皆从风。凬，古文风。”

从上引《说文》对“风”字的字形解释可以看出，许慎认为“风”是一个“从虫凡声”的形声字。至于“风”字为何会从“虫”表义，则是因为“风动蟲生”，而且“蟲八日而化”。《说文》中还保留了一个“风”字的古文形体，作“凬”，可以分析为从日凡声，隶定为“凬”。这种隶定形体的“凬（风）”字，见于《玉篇·风部》。

《说文》对“风”字的构形解释，清代注家均无异议。特别是“风”字何以从“虫”表义这一点，清代注家还做过一些补充论述，如惠栋《惠氏读说文记》云：

> 《春秋考异邮》曰：“风之为言萌也，其字，‘虫’动于‘凡’中者为风。”《注》云：“‘虫’动于‘凡’中，言阳气无不周也，明蚰蟲之属得阳乃生，遇阴则死，故风为阴中之阳也。”王充《论衡》曰：“夫蟲，风气所生。仓颉知之，故‘凡’、‘虫’为‘风’之字。取气于风，故八日而化生。”《淮南·墬形训》曰：“天一地二人三，三三而九，二九十八，八主风，风主蟲，故八日而化。”

席世昌《席氏读说文记》：

> 《五行志》：“厥风微而温，生蟲蝗；厥风温，螟蟲起。”

段玉裁《说文解字注》：

> “从虫凡声”。凡古音扶音切，风古音孚音切。在七部。今音方戎切。“风动蟲生，故蟲八日而匕”。依《韵会》此十字在“从虫凡声”之下。此说从虫之意也。大戴《礼》、《淮南书》皆曰：“二九十八，八主风，风主蟲，故蟲八日化也。”谓风之大数尽于八。故蟲八日而化，故风之字从虫。

徐灏《说文解字注笺》：

> 风无形可象，因其所生之物以制字，故从虫。堪舆家相地觇风所至，即知其下有蚁，此风动蟲生之验也。大戴《记·易本命》云：“二九十八，八主风，风主蟲，故蟲八月化也。”[1]

桂馥《说文解字义证》：

“风动蟲生，故蟲八日而化”者，《一切经音义》七八：“风中南方曰景风，风动蟲生也。”《春秋考异邮》：“二九十八，八主风，精为蟲，八日而化，风烈波激，故其命字从虫。虫之为言，屈中也。”《论衡·商蟲篇》：“夫蟲，风气所生。苍颉知之，故‘凡’、‘虫’为‘风’。‘蟲’之字，取气于风，故八日而化生。”

王筠《说文句读》：

《春秋考异邮》：“二九十八，八主风，精为蟲，八日而化，风列波激，故其命字从虫。虫之为言，屈中也。”

王筠《说文释例》：

蟲以风化，而风字从虫。是以从之者，转而为所从也。盖风、云、靁、雨，惟风、靁为无形，然靁犹有回转可象也。风之飘忽，何以象之？其来无始，其去无终，何以会之？形不可象，意无从会。乃至谐声，必先有以寄其形而后声附焉。风将以何为形哉？风无形而所化之蟲有形，故转而以其子定其母也。

孔广居《说文疑疑》：

赵宧光曰：“风者，侌昜相激而动之气。动而成形，则为蟲类。风无形，故取义于蟲也。”愚谓天地间，一切血气之属，总名为蟲。风以动为用，故蟲感其相类而成形。蟲以动为体，故风取其相类而成字。

饶炯《说文解字部首订》：

风即气也，物无风则不条达。《易》曰：“风以动之。”是其义古音读如纷。盖声因分散作之，亦动义也。篆取风动蟲生，故从虫为譬况，而寄音于凡。今音则直如动。

从上引清代各家之说可以看出，清人对“风”字从“虫”并无异词，所作补充有两个方面。第一，从思想观念上加以探讨，在《春秋考异邮》《淮南子》《论衡》《汉书·五行志》《大戴礼记》和《一切经音义》等传世文献中找出了风与蟲两者之间存在密切关系的相关语句（如“夫蟲，风气所生”“风主蟲”和“风动蟲生也”等），从而将“风”与“蟲”相关联，以此来证明“风”字从“虫”表义的合理性。第二，从文字学角度来加以解释，如徐灏认为“风无形可象，因其所生之物以制字，故从虫”，王筠则说“蟲以风化，而风字从虫。是以从之者，转而为所从也”。

清人对“风”字何以会从“虫”表义的解释，其实是难以令人满意的。第一，《春秋考异邮》《淮南子》《论衡》《汉书·五行志》《大戴礼记》和《一切经音义》等书皆成书于汉代和汉代以后，“夫蟲，风气所生”“风主蟲”和“风动蟲生也”等说法并未见于先秦典籍，其所反映的很可能是汉代和汉以后的思想观念，[2]并非先秦时代的思想观念，而“风”字的出现则早于汉代（详下文）。此外，《春秋考异邮》所言“虫之为言，屈中也”，其实是汉代今文家的说法，本身也是身为古文经学派的许慎所强烈反对的。许慎在《说文解字叙》中专门针对这类说法加以批判，指出其“皆不合孔氏古文，谬于史籀”。第二，从造字方式上看，类似“风无形可象，因其所生之物以制字，故从虫”和“蟲以风化，而风字从虫。是以从之者，转而为所从也”这类讲法，其实也不符合汉字的造字原理。作为形声字的表义偏旁，从未见到过有同类现象。

近人林义光在其所著《文源》一书中曾对《说文》和清人的看法提出过异议：

> 从虫于风义不切，象形，非虫字（犹白象儿头、田象木果之例）。象穴（泉小篆作，亦穴形），象风出穴形（宋玉《风赋》云“空穴来风”），与（云）、（雷）同意。凡声。

林氏指出“从虫于风义不切”，这是很敏锐的。但其将“风”所从之“虫”旁割裂为“”和“”两部分分别加以解释，随意拆解字形，以比附“风”义，显然不确。而且，就目前所见出土古文字材料来看，“风”字下部的确从“虫”（详下文）。

从出土古文字材料来看，“风”字的起源不算太早，甲骨文中未见“风”字。在甲骨卜辞中，通常是借“凤”为“风”，其形体作如下诸形：

（《合集》21019）　（《合集》30241）　（《合集》28558）

（《合集》28673）　（《合集补编》10290）

商周金文中亦未见有“风”字，“凤”字五见，作如下诸形（后两例由于中方鼎原器流失，来自宋代摹本）：

（凤觯盖）　（凤觯器）[3]　（玉苟盉）[4]

（《集成》2751 中方鼎）　（《集成》2752 中方鼎）

在成书于宋代的《汗简》一书中，保留有数例传抄古文“风”字字形，其中有二例作如下之形：

（《汗简》卷上之二）　（《汗简》卷下之二）

黄锡全先生根据上引甲骨文和金文中“凤”字的写法，认为“”形“所从之乃凤尾花绘、、等形讹，形似京”，同时认为“《说文》风字古文作，当由、等形省变。”[5]需要说明的是，黄先生文中所出现的“”、“”这两例字形，其实并非古文字中已经出现了的字形，而是其推测拟构出来的过渡环节的字形。

在出土战国文字材料中，学界最早见到的“风”字是出现在楚帛书当中，[6]作如下二形：

（《楚帛书》甲 1）　（《楚帛书》甲 7）

曾宪通先生依照此二例之形体，在上引黄锡全先生说法的基础上加以进一步引申，指出“风”字下部所从之“虫”旁亦是由凤尾之形省变：

> 《说文》古文取凤尾纹饰之上部“⊙”而成字；楚帛书取尾饰之下部“”而成字。两相对照，若合符节。由此可见，风字自甲骨文时代至今皆假凤为之，不过后代分别以其尾饰之局部代替凤体，故不易为人所觉察。尾饰之，犹孔雀尾端之钱斑，是凤鸟别于其他鸟类的主要特征，故以之代表凤之整体。其本与虫、日无关。许慎以其字形与虫、日相类，遂以“风动蟲

生，故蟲八日而化"强为之解，是不足为据的。

曾先生在其论述"风"字形体演变轨迹的时候，亦增补拟构了"　"、"　"这两个过渡环节的字形，指出此二形"虽然尚无出土资料的实证，然而却合乎字形发展的一般规律，应该是可信的"。[7]

目前来看，曾先生的观点似乎已经成为学界的主流看法，尚未见有学者对此提出过不同意见，而且这一观点还被后来出版的两种有重要学术影响的研究《说文》的论著所采纳。[8]

平心而论，在当时材料十分有限的情况下，黄、曾二位先生通过对已有字形的分析，推导出上述结论也是无可厚非的。近几年，随着上博简和清华简的陆续公布，"风"字和"风"旁在这两种楚简材料中大量出现。据笔者统计，战国楚简帛文字中"风"字和"风"旁共见有27例，根据其字形特点，大体可以分为四型，其中B型还可以再细分为五式，C型还可以再细分为二式。战国秦简文字中的"风"字写法则相对较为固定统一，变化不大。详见下表。

类别	型	式	字例	字例
楚简帛	A型		（飈，上博简《凡物流形》甲本简14）	（飈，上博简《凡物流形》乙本简9）
	B型	Ⅰ式	（《楚帛书》甲1）	（《楚帛书》甲7）
		Ⅱ式	（上博简《李颂》简2） （上博简《有皇将起》简2） （清华简《子犯子余》简10）	（上博简《兰赋》简4） （清华简《越公其事》简55）
		Ⅲ式	（上博简《孔子诗论》简3） （上博简《孔子诗论》简26） （上博简《弟子问》简4）	（上博简《孔子诗论》简4） （上博简《孔子诗论》简27）
		Ⅳ式	（清华简《筮法》简18） （清华简《筮法》简52）	（清华简《筮法》简47） （清华简《筮法》简61）
		Ⅴ式	（上博简《命》简2）	
	C型	Ⅰ式	（扬，清华简《祭公》简8） （[illegible]，清华简《耆夜》简7）	（扬，清华简《祭公》简8）
		Ⅱ式	（清华简《芮良夫毖》简21） （清华简《殷高宗问于三寿》简9）	（清华简《殷高宗问于三寿》简5）
	D型		（清华简《金縢》简9）	（清华简《金縢》简13）
秦简			睡虎地秦简《日书甲种》简79 放马滩秦简《日书乙种》简166	睡虎地秦简《效律》简42 放马滩秦简《日书乙种》简166

在上表楚简文字的诸例中，A型"风"旁所从"凡"之右侧未见一撇。B型Ⅰ式"风"字所从"凡"之右侧有一撇；B型Ⅱ式"凡"之右侧一撇下部还有一斜笔；B型

Ⅲ式“凡”之右侧为一竖笔，且一竖笔下部多带有一小墨点；B型Ⅳ式“凡”之右侧有一向外弯笔，弯笔下部还带有一横笔；B型Ⅴ式“凡”旁上部两横画出头，写的类似“井”字形。C型Ⅰ式“风”字所从“凡”之右侧有一弯笔，下部还从“口”，写法与“同”字近似；C型Ⅱ式“凡”之右侧亦有一弯笔，弯笔下部还带有一撇，下部亦从“口”。D型上部写法与C型Ⅱ式相同，下部所从为“蚰”，而非“虫”字。

D型字例的出现非常重要，这是因为古文字中“虫”与“蚰”在用作形声字的表义偏旁时可互换，以《说文》正篆和重文为例，如“蝘”字正篆作“□”，或体作“□”；“蠆”字正篆作“□”，或体作“□”；“强”字正篆作“□”，籀文作“□”；“蚳”字正篆作“□”，籀文作“□”；“蠽”字正篆作“□”，或体作“□”；“蟲”字正篆作“□”，或体作“□”；“蟁”字正篆作“□”，或体作“□”；“蠹”字正篆作“□”，或体作“□”。据此，由D型“风”字的写法，就可确知《说文》将“风”字字形解释为“从虫凡声”是正确的，“风”字下部所从无疑就是“虫”字。也可以说，正是因为“风”字是从“虫”表义，所以才能将所从之“虫”旁替换为“蚰”旁。退一步讲，即便“风”字下部所从之“虫”旁确如前引曾宪通先生所言是由“风”字尾部所变化而来，但其在战国文字的“风”字中显然仍是当作“虫”旁来使用的，否则不可能将所从之“虫”替换为“蚰”。而且，需要特别注意的是，在上表中除D型“风”字之外，楚简其他字例之“风”字下部所从与楚简中常见的“虫”字和“虫”旁在字形上亦是毫无二致的。[9]

需要说明的是，前文指出黄、曾二位先生分别增补拟构了“□”“□”与“□”“□”这四例中间过渡环节的“风”字字形，但这些增补拟构出来的字形，在“风”字和“风”旁大量出现的今天，仍旧尚未出现。因此，在目前的情况下继续说“风”字下部所从之“虫”是由“风”字尾部变化而来，多少也会令人生疑。

下面，笔者就“风”字何以从“虫”表义谈点看法。其实，《文选》卷十三宋玉《风赋》中的一段文字为我们合理解释这一问题提供了重要线索。为论述方便，现将《风赋》的相关文句引録如下：

> 楚襄王游于兰台之宫，宋玉、景差侍。有风飒然而至，王乃披襟而当之，曰：“快哉此风！寡人所与庶人共者邪？”宋玉对曰：“此独大王之风耳，庶人安得而共之？”王曰：“夫风者，天地之气，溥畅而至，不择贵贱高下而加焉。今子独以为寡人之风，岂有说乎？”宋玉对曰：“臣闻于师：‘枳句来巢，空穴来风。’其所托者然，则风气殊焉。”

这段文字讲述的是楚襄王和宋玉关于“风”的对白。其中宋玉所述“枳句来巢，空穴来风”已为千古名句，历代沿用。关于这段文字，李善《注》：“枳，木名也。枳句，言枳树多句也。《说文》曰：‘句，曲也。’古侯切。似橘屈曲也。《考工记》曰：‘橘踰淮为枳。’《庄子》曰：‘腾猿得柘棘枳句之间，振动悼栗。’又曰：‘空阅来风，桐乳致巢，此以其能苦其性者。’司马彪曰：‘门户孔空，风善从之。桐子似乳，着其叶而生，其叶似箕，鸟喜巢其中也。’”李周翰《注》：“枳，木名。句，谓多句曲。空穴，谓门户之穴。言木之句曲者，其多巢鸟；门户之穴，风多从也。”

李善和李周翰关于“枳”字的解释是有问题的。段玉裁《说文解字注》在“積”字下有过精彩的论述：

> 《广韵》“穑”“椒”皆训曲枝果。按，“穑椒”字或作“枳椇”、或作“枳枸”、或作“枳句”、或作“枝拘”，皆上字在十六部，下字在四部，皆诘诎不得伸之意。《明堂位》：“俎，殷以椇。”《注》：“椇之言枳椇也，谓曲桡之也。”《庄子·山木篇》“腾蝯得柘棘枳枸之闲，处势不便，未足以逞其能”，宋玉《风赋》“枳句来巢，空穴来风”，“枳句”“空穴”皆连绵字。“空穴”即“孔穴”。“枳句来巢”，陆机《诗疏》作“句曲来巢”，谓树枝屈曲之处，鸟用为巢。逸《庄子》作“桐乳致巢”，乃讹字耳。《淮南书》“龙夭矫，燕枝拘”，亦屈曲盘旋之意。其入声则为迟曲。穑与枳、枝、迟，椒与椇、句、枸、拘、曲，皆叠韵也。穑椒与迟曲，皆双声字也。

根据段《注》的解释，“枳句”与“空穴”皆为连绵字，而“空穴”即“孔穴”，所谓“枳句来巢”即“树枝屈曲之处，鸟用为巢”之意。值得注意的是，在《风赋》中“枳句来巢”与“空穴来风”很显然是对偶句式，“风”字是与“巢”字相对。如果使用“风”字的常规字义“刮风”之“风”去解释“空穴来风”之“风”，则很难使“空穴来风”和“枳句来巢”文义相对。而且从对偶关系看，“风”与“巢”相对亦颇为不类。根据段《注》对“枳句来巢”的解释，则“空穴来风”应当是指在有孔穴的地方，某类动物会将之用为“风”的意思方为合理。

“来”字古有招致、招来之义。《吕氏春秋·不侵》：“自此观之，尊贵富大不足以来士矣！”高诱《注》：“来，犹致也。”《周礼·夏官·怀方氏》：“怀方氏掌来远方之民。”贾公彦《疏》：“晓谕以王之德美，又延引以王之美誉以招来之。”这种用法的“来”后多用“徕”字表示。《商君书·徕民》：“今以草茅之地，徕三晋之民，而使之事本，此其损敌也，与战胜同实。”即其例。“枳句来巢，空穴来风”之“来”盖用作此义。

从逻辑关系上来讲，我们可以说是先有“枳句”后有“巢”，但绝不可以说是先有“空穴”后有“风”。同理，我们可以说“巢”一般是筑在“枳句”上的，所以才有了“枳句来巢”的说法，但我们绝不可以说“风”一般是刮在“空穴”里的，所以才有了“空穴来风”的说法，显然有违自然常识。“风”是由于空气流动所产生的一种自然现象，与“空穴”的有无没有任何关系，古人应该也是明白这个道理的。如果“空穴”真的可以“来风”，那么现在夏天就不用开空调和电扇了，在室内摆放一些管子就可以，还省电环保。

古书当中“巢”往往是与风有关联，“穴”却往往是与雨水有关联。如：

> 《晏子春秋·景公欲以圣王之居服而致诸侯晏子谏》：“其不为橧巢者，以避风也；其不为窟穴者，以避湿也。”
>
> 《淮南子·缪称》：“鹊巢知风之所起，獭穴知水之高下。”
>
> 《论衡·实知》：“是则巢居者先知风，穴处者先知雨。”
>
> 《汉书·翼奉传》：“犹巢居知风，穴处知雨。”
>
> 马王堆汉墓帛书《称》：“故巢居者察风，穴处者知雨。”

可见古人认为真正“来”风的是“巢”，而非“穴”。“巢”居高处，“穴”居低处。高处自然风大，低处自然雨水多，古人当明此理。若依此理，“巢”既处“枳句”，则宋玉当言“枳句来风，空穴来雨”或者直言“某巢来风，某穴来雨”方为合理。

此外，在上引“臣闻于师：‘枳句来巢，空穴来风。’其所托者然，则风气殊焉”这段文字中，宋玉是使用了引用的修辞手法，以所闻之“枳句来巢，空穴来风”来说明“其所托者然，则风气殊焉”，[10]最终是为了论证其“此独大王之风耳”的观点。从这方面来讲，将“空穴来风”之“风”解释为通常意义的“风”也不太好，因为“则风气殊焉”和“此独大王之风耳”之“风”显然也是通常意义的“风”的意思。用“风”来说明“风”，显然也不太适当。

字书中见有“蝒”“堸”二字。《玉篇·虫部》：“蝒，蟲窟。”《广韵·东韵》：“堸，蟲室。”《集韵·东韵》：“蟲室曰堸。”《类篇·土部》：“蟲室曰堸。”笔者认为，“空穴来风”之“风”正用作“蝒”或“堸”，所谓“空（孔）穴来风（蝒或堸）”即指在有孔穴的地方，蟲会用为蟲窟（或蟲室）。这种解释与前面段《注》对“枳句来巢”的解释正可完全对应。而且，窟与巢相对亦有典籍例证。《孟子·滕文公章句下》：“当尧之时，水逆行泛滥于中国，蛇龙居之，民无所定，下者为巢，上者为营窟。”《礼记·礼运》：“昔者，先王未有宫室，冬则居营窟，夏则居橧巢。”

在自然界中，动物都会出于本能而主动去选择最适合自身居住的地方去居住。“枳句”最适合用为鸟巢，鸟会主动去选择它，所以“枳句”会“来巢”；“空穴”最适合用为蟲窟，蟲会主动去选择它，所以“空穴”会“来蝒（或堸）”。“枳句”之于“巢”“空穴”之于“蝒（或堸）”，前后两者之间在逻辑上存在“选择”和“适合”这种内在必然的因果关联。这就如同买衣服一样，常人都会选择最适合的衣服来买，在选择的时候刚好遇到价格和款式等方面都适合的衣服，自然就会成交。如果我们再从这层关系上去考虑，就会发现用“刮风”之“风”去解释“空穴来风”之“风”也是不太理想的，因为“风”与“空穴”之间不具备“选择”和“适合”这种必然因果逻辑。“风”没有思想意识，我们不能说“风”会主动去选择最适合的地方去刮，同样也不能说“空穴”是最适合刮风的地方而其他地方就不太适合。从这方面来讲，“风”与“空穴”的关系，显然远不如“蝒（或堸）”与“空穴”的关系来得密切。

讨论至此，“风”字的构形本义其实已经呼之欲出了。笔者认为，“风”既然从“虫”表义，很可能最初就是用来表示蟲窟或蟲室的专字，而“蝒”“堸”二字则是用来表示这种义项的后起形声字。林沄师在《古文字研究简论》的第一章“汉字记录语言的方式”第二部分“借形记音的方法”中指出：“在‘六书’的分类法中，这种方法叫做‘假借’。按许慎的说法是‘本无其字，依声托事’。也就是说，对某一语词来说，原来没有相应的记录符号，规定用记录另一同音（或音近）词的符号来记录这个词。”林沄师同时指出：“大量表示抽象概念的语词，很难一一以形表义，特别是语言中表示语气和语词相互关系的成分，即所谓虚词，孤立地看是没有确定含义的，用以形表义法来记录实在无法胜任。但要构成能基本逐词记录语言的文字体系，记录虚词的符号又是必不可少的。从这种意义上说，当汉字这一文字体系形成之时，借形记音的方法是应该已经有了的。”[11]

汉字中类似的字例很多，比如“东方”之“东”，就属于“表示抽象概念的语词”，无形可象，很难以形表义，早期汉字就借用“(橐)”字字形来表示“东方”之“东”，之后由于该字形总是借用来表“东方”义，久借不归，所以就另造了“从橐省石声”的“”来表示“囊橐”之“橐”。[12]再比如表否定义的“莫”亦很难以形表义，所以就借用“(暮)”字字形来表否定义的“莫”，之后又另造了从日莫声的“暮”来表示“日暮”之“暮”。再如数字“万”亦很难以形表义，所以就借用毒蟲之“(蠆)”来表示数字之“万”，之后又另造了从虫萬声的“蠆”来表示毒蟲之“蠆”。“风”与“蝛”“堸”的关系应当属于同类现象。“刮风”之“风”亦无形可象，很难以形表义，所以就借用“从虫凡声”表蟲窟、蟲室义的“风”字来表示“刮风”之“风”，之后久借不归，所以就另造了“蝛”“堸”二形来表示蟲窟或蟲室之义。

至于为何“刮风”之“风”先是借用“风”字来表示后又借用“从虫凡声”表蟲窟、蟲室义的“风”字来表示的问题，裘锡圭先生在其《文字学概要》的第九章“假借”的第三部分“一词借用多字和一字借表多词的现象”中对同类现象做过专门讨论，并有大量举证。所举典型例证如第二人称代词“汝”，先借“女”字表示，后改借“汝水”之“汝”表示；指示代词“彼”，先借用“皮”字表示，后改借《说文》训为“往有所加”的“彼”字表示等等。[13]所论甚详，兹不赘述。笔者认为，“风”字的情况与之相同。

当然，“蝛”“堸”二字目前来看仅在《玉篇》等字书中出现过，在传世其他文献中尚未见到过使用，但我们不能因此否认此二字和此二字所代表的字义的存在。《说文》中也有很多字是传世其他文献中所未见到过的，难道一并否认？这显然不是一种科学严谨的态度。表蟲窟、蟲室义的“风”字在出现之后，估计很快就被借用为“刮风”之“风”字来使用了，致使其本义逐渐消失而不为后人所知。这就如同表“囊橐”义的“东”字一样，在其出现之后也是很快就被借用为表“东方”之“东”。在传世文献中，从未见到过有用“东”字来表示“囊橐”之义的例子。再比如“我”字，据其早期字形原本是一种兵器名称，但在其出现之后也是很快就被借用为表第一人称代词“我们”的“我”，所以在传世文献中，也是从未见到过有用“我”字来表示兵器之义的例子。“风”字之用来表蟲窟、蟲室义的例子在传世文献中十分罕见，应该属于同类现象。

前文论述到，从出土古文字材料来看，“风”字的起源不算太早，甲骨文和商周金文中均未见。“风”字的最早出现是在战国中期偏晚之后的楚地简帛文献中，而宋玉刚好是战国晚期的楚国贵族，又是著名辞赋家，很可能是清楚知道“风”字的构形本义和假借义的。宋玉在其《风赋》中其实是使用了两种义项的“风”，“空穴来风”之“风”是用其本义，指蟲窟或蟲室；“则风气殊焉”和“此独大王之风耳”之“风”则使用的是假借义，指“刮风”的“风”。后世不知，将两者混为一谈，遂使“空穴来风”一词历代不得其解。

宋玉一向擅长诡辩，其《登徒子好色赋》更是历史上的诡辩名篇，《風赋》亦然。“枳句来巢，空穴来風（蝛或堸）”的本意本来是讲由于事物个体特征不同，会带来不同的结果，但其前提条件是个体和结果之间要存在一定的内在因果关联，两者之间在逻辑上要存在一定的必然性。而宋玉的诡辩在于引用这句话的时候，有意忽略了其前提条件，只强调个体特征不同会导致的不同结果，从而达到其论证“此独大王之風耳，庶人安得而共之”的目的。显然又是一次诡辩。为论证其说，宋玉在《风赋》的后面甚至将“风”区别为“大王之风”和“庶人之风”两种，称“大王之风”为“雄风”，“庶人之风”为“雌风”。其诡辩如此。

现在来看，当前各类词典中对“空穴来风”一词本义的解释都是不准确的。如《辞源》和《汉语大词典》对“空穴来风”的解释均是“户穴通风”，[14]《辞海》的解释是“有贯通的孔穴就会有风”，[15]《现代汉语词典》的解释是“有了洞穴才有风进来”。[16]这些解释均不符合宋玉《风赋》的原意，本身就是“空穴来风”。

最后需要说明的是，后人之所以会对“空穴来风”一词的本义长期误解，很可能是受了所谓“过堂风”（或称“穿堂风”）的影响。“过堂风”是由于空气流通两侧大气温度气压的不同和建筑物的阻挡而导致的空气快速流动，其前提条件是空气流通两侧大气温度气压的不同。由于不同，所以产生了风，又由于受到建筑物的阻挡，所以感觉“过堂风”特别强劲。但是如果空气流通两侧大气温度气压完全相同，很显然就不会产生风，即便有建筑物阻挡，也不会形成“过堂风”。事实上，“过堂风”只是风的一种特殊形式，风不会因为堂的存在而“来”，也不会因为没有堂而不“来”。风有大小强弱，但无处不在，不能随意“空穴来风”。

注 释

[1] 《大戴礼记·易本命》“故蟲八月化也”之“八月”当为“八日”之误。王聘珍《大戴礼记解诂》：“经言八月，许言八日。经或字误也。”桂馥《说文解字义证》“风”字下亦有相关论证，可参看。

[2] 银雀山汉简《阴阳时令、占候之类·三十时》有“天不西风，蛰虫（蟲）不入”（简1800）和“天不西风，虫（蟲）不臧（藏），不吉”（简1801）语，可能反映的也是类似的思想观念。

[3] 中国社会科学院考古研究所安阳工作队：《河南安阳高楼庄南发现一座殷墓》，《考古》1994年第5期，第392页。

[4] 吴镇烽：《新见玉苟盘玉苟盉小考》，复旦大学出土文献与古文字研究中心网，2017年10月7日。http://www.gwz.fudan.edu.cn/Web/Show/3069.

[5] 黄锡全：《汗简注释》，武汉大学出版社，1990年，第216、450、451页。

[6] 战国楚简文字中亦见有“风”字，作“䳐”，出现在上博简第八册《李颂》篇，原文是“䳐（凤）鸟之所寠（集），记（竢）时（时）而复（作）可（兮）”。“䳐”字原整理者释为“鹏”（马承源：《上海博物馆藏战国楚竹书》，上海古籍出版社，2011年，第231、235页），复旦吉大古文字专业研究生联合读书会《上博八〈李颂〉校读》（复旦大学出土文献与古文字研究中心网，2011年7月17日）改读为“凤”。按，《说文》“凤”字古文或作“鹏”，“朋”“凡”音近，就古文字字形而言，“凤”亦可从“朋”声作，故“鹏”与“䳐”亦均可看作是“凤”字异构。

[7] 曾宪通：《楚文字释丛（五则）》，《中山大学学报（社会科学版）》1996年第3期。曾宪通《释“凤”“皇”及其相关诸字》[《中国语言学报》（第八期），北京语言文化出版社，1997年]一

文中亦有类似论述。

[8] 季旭升:《说文新证》(下册), 艺文印书馆, 2004年, 第224页。季旭升:《说文新证》, 福建人民出版社, 2010年, 第936、937页。董莲池:《说文解字考正》, 作家出版社, 2005年, 第533页。

[9] 李守奎:《楚文字编》, 华东师范大学出版社, 2003年, 第752~756页。李守奎、曲冰、孙伟龙:《〈上海博物馆藏战国楚竹书〉(一—五)文字编》, 作家出版社, 2007年, 第592~594页。

[10] 《文选·宋玉〈风赋〉》:“其所托者然, 则风气殊焉。”五臣本“然”作“因也”, 李善《注》:“‘者’下或有‘因’字, 非是。”按, 似以五臣本为是,“其所托者因也”即“因其所托者也”之倒装句, 意为因为其所寄托之物也。所隐含的意思就是由于所寄托之物不同, 则产生的结果也会不同。

[11] 林沄:《古文字研究简论》, 吉林大学出版社, 1986年, 第23页。林沄:《古文字学简论》, 中华书局, 2012年, 第31页, 也有相同论述。

[12] 《说文》将“橐”分析为“从櫜省石声”, 又将“櫜”分析为“从束圂声”。不确。“橐”、“櫜”以及“囊”等字所从之“𣝣”就是“囊橐”一类口袋之形的象形, 就是由“[illegible]”挖空中间笔画演变而来。

[13] 裘锡圭:《文字学概要》, 商务印书馆, 1988年, 第191~193页。裘锡圭:《文字学概要》, 万卷楼图书有限公司, 1993年, 第216~219页。

[14] 广东、广西、湖南、河南辞源修订组、商务印书馆编辑部:《辞源(修订本)》, 商务印书馆, 1979年, 第2324页。罗竹风:《汉语大词典》(第八卷), 上海辞书出版社, 1986年, 第412页。

[15] 辞海编辑委员会:《辞海》(第六版彩图本), 上海辞书出版社, 2009年, 第1255页。

[16] 中国社会科学院语言研究所词典编辑室:《现代汉语词典》(第6版), 商务印书馆, 2012年, 第742页。

“扇”字源流补说

蒋玉斌

（复旦大学出土文献与古文字研究中心）

大徐本《说文》对“扇”字是这样解说的：

扇，扉也。从户、从翄声。（《十二上·户部》）

该条有很多问题。单是字形分析，根据现在能看到的一些《说文》资料，就有以下四种版本：

① 户、从翄声	大徐本
② 从户、翅省声	慧琳音义卷三十九引《说文》、小徐本（田吴炤本）
③ 从户、翅省	小徐本（祁嶲藻本）
④ 从羽	戴侗《六书故》引《说文》唐本、《韵会》

以上各说中，“翄”“翅”实际上是一字异体，可以不论。① 大徐本说“扇”是从翄声，本身就有错误，因为“翄”根本不是“扇”的部件。它应该是 ② 或 ③ 说法的讹误。但是 ② 也是明显有问题的，因为“翅”的读音跟“扇”并不接近，没有作“扇”声符的条件。清代学者在校订《说文》时，已多改从 ③ 的说法或 ④ 从户、从羽的说法。[1] 至于这样的说法是否合理，我们到后面再作具体评判。

再看《说文》对“扇”字的训解。大徐本作“扉也”，或作“户扉也”，差别不大。古代学者多牵合这种训解来说解字形，如徐锴云“象鸟之翅，会意”，朱骏声云“门两傍如羽翼也”。按“扇”之门扉义确见于先秦文献。《墨子·备城门》有“门扇”，睡虎地秦简《法律答问》150 有“户扇”；《礼记·月令》：“乃修阖扇”，郑玄注：“用木曰阖，用竹苇曰扇。”均为门扉义之用例。

“扇”的常用义除门扉义外，还有扇子义。权威辞书中所列扇子义的书证一般偏晚，如《汉语大字典》所列最早书证为《方言》：“扇，自关而东谓之箑，自关而西谓之扇。”《汉语大词典》最早的书证则为班倢伃《怨歌行》：“裁为合欢扇，团团似明月。”均已晚至汉代。实际上先秦古书已有扇子之“扇”的用例，如：[2]

《管子·四时》：“夏三月以丙丁之日发五政。……三政曰：令禁扇去笠……”

《六韬》卷二《励军》：“冬不服裘，夏不操扇，雨不张盖，是谓将礼。”

另可注意的是一批“扇”系同源词，其出现时代都比较早：

《诗·小雅·十月之交》：“艷妻煽方处。”（煽，鲁诗作扇。《说文》引作偏。）

《尔雅·释言》：“煽，炽也。”

《尔雅·释虫》：“蝇醜扇。”（《说文·虫部》：“蝙，蝇醜蝙摇翼也。”）

王力先生把“扇、煽傓蝙”列为同源词。[3]“扇”为扇子；“煽、傓”实同一词，古训“炽也”，炽盛是摇动扇子的结果；“蝙”则是昆虫像摇扇一样摇动翼翅。这组词的语源义是扇子或扇动。“扇”作为根词，其产生时间理应在派生词“煽傓蝙”之前。由此看来，扇子义是“扇”很早就有的词义，并且极有可能就是“扇”的本义；如以扇动为“扇”的本义，扇子义也是很近的引申义。

门扉义不可能是“扇”的本义。上揭“煽、傓”意为炽盛，其条件是猛摇“扇”，这个“扇”不太可能是门扉；“蝙”指昆虫翅翼频繁摇动，与之有高度相似性的亦应是扇子，而不是相对厚重的门扇。“至于门扇称扇，那是因为先秦时期流行一种门扇形的扇子”，“这种扇的形状与门扇类似，故门扇也称为扇”。[4]门扉实乃“扇”的引申义，《说文》以之为本义，显然是受到该字从“户”的影响。

扇的起源很早。[5]时代较早的扇子实物，经考古发掘已经得到不少，如江西靖安李洲坳春秋中晚期墓出土的竹扇、湖北荆门包山二号楚墓西室出土的长柄扇和短柄扇各一、湖北江陵马山一号楚墓出土的矩纹彩漆竹扇、湖南长沙马王堆一号西汉墓出土的篾丝编木制长柄扇与小竹扇等。

古代的扇类物品，先秦称“扇”“篷/篓/翣”等，汉代以后还有“便面”等名称。前举包山二号楚墓的长柄短柄两扇，同墓所出遣册称“二竹篓”（简 260）；马王堆一号汉墓的长柄扇与小竹扇，同墓所出遣册称“大扇”（简 279）、“小扇”（简 280）。无论长短大小，皆可称“篓”或“扇”，《小尔雅·广服》“大扇谓之翣”不能真正区分两者。西汉扬雄《方言》卷五：“扇，自关而东谓之篷，自关而西谓之扇。”湖北包山、马王堆所出之扇形制略同，地理上皆属“自关而东”，却称“篓”也称“扇”，说明称“篷”可能是方言习惯，但“扇”仍是通语。

综合“扇”系词及“扇”字词义的讨论，以及扇子的名实信息，可知扇子之“扇”在先秦语言中早已出现，只不过未被现存的春秋以前古书记录下来而已。

下面打算利用先秦秦汉文字资料，讨论“扇”字更早的情况。

《说文》“扇”字篆形作。在出土文字资料中，已经确知的“扇”字较早写法有：

睡虎地秦简《法律答问》150

里耶秦简 8-1386

马王堆 M3 帛书《经法》48 下

马王堆 M1 遣册 279、280

马王堆 M3 遣册 385

张家山汉简《奏谳书》172

其字形结构与《说文》小篆并无二致。

甲骨文有下揭形体：[6]

合 1397 合 17103

于省吾先生最早把[古文字]释为“烕”，并考释说：“从火从戉，当即《说文》烕之初文……烕字自东周以后，讹戉为戌，《说文》遂有火死于戌之误解。考之初文，方知其为从火戉声。”[7]但是“戉”为斧钺之“钺”的初文，甲骨文“戉”作[古文字]（花东206），跟[古文字]还是有明显区别的。而且“从火从戉”如何有“烕（灭）”义，也很难解说。

林沄师同意于老释[古文字]为“烕”的观点，并对字形作了更为合理的分析：

> 又如甲骨文烕字作[古文字]（后下16.4）、[古文字]（后下18.9），[古文字]象扇形无疑。扇字本当作从[古文字]、从羽。但[古文字]旁和户旁形近致讹，许慎据讹变了的小篆字形而曲解为“扉也，从户从翅声。”在烕字中此旁则讹变为戌旁，所以象形的扇旁也淹没无闻了。[8]

扇子扇火，可将火扇旺，也可将火扇灭，甲骨文“烕”从扇形、从“火”，应是取意于后者。[9]先民制字，往往是通过反映事物某一方面形象、特征或关系的形体，来反映一个概念或对应一个语词；今人解字，除了要追究造字理据，也不可忽视文字记录语词时必有的约定性。比如“莫（暮）”字古文字作[古文字]，象日在草木之中。这种形象既在傍晚日落时出现，也在早晨日出时出现；用来表示“暮”这个词，完全就是一种约定。甲骨文“烕”字亦当如此看待。

甲骨文“烕”字所从的[古文字]，是现在所知最早的“扇”形。但它是怎样演变为前揭小篆及秦汉文字写法的，尚不很明晰，中间还存在缺环。

西周早期的翏父鼎传世有三件（《殷周金文集成》4.2453～2455），器主名中的“翏”字分别作：

[古文字] [古文字] [古文字]

该字裘锡圭先生隶定作“翏”[10]，张亚初先生释“翨（翳）”[11]。其所从的[古文字]/[古文字]，象在扇体（[古文字]/[古文字]）上编羽，应该就是秦汉文字“扇”的前身。

在古文字发展过程中，一些由形符构成的准合体表意字往往会解体或打破原有的布局，变成由能够独立成字的常见偏旁组成的合体字，例如“保”“鲧”“涉”等。西周金文[古文字]/[古文字]进一步的发展，当是象形程度逐渐降低，“羽”从全字中分离出来，剩下可编羽的扇体大概会被写作[古文字]/[古文字]。后者与“户”形接近，很容易被类化成“户”旁，原有的表意功能（表扇体）完全丧失，变成了一个记号。为书写美观，“羽”旁乘隙写到“户”下，从而形成后世文字的“扇”形。

单就“扇”字中“户”形而言，其来源及演变情况可图示如下：

[古文字] 甲骨文 ——→ [古文字]/[古文字] [古文字]/[古文字] 西周金文 ——→ [古文字] 睡虎地秦简 ——→

[古文字]《说文》小篆 [古文字] 张家山汉简

大家知道，今文字中的“户”旁，有不少是其他偏旁演变而来的。例如“肩”“所”中的“户”是由“肩”的初文[古文字]、[古文字]形变来[12]；“牖”字所从是从“日”旁变来[13]，“扁”字所从有可能也是从“日”变来[14]。“扇”字所从的“户”来源于[古文字]/[古文字]，并能上溯到[古文字]，又增加了类似的一例。

总之，甲骨文□应如林沄师所论，象扇形，为“扇”字初文；西周金文□/□，象编羽的扇形，即较早的“扇”字。金文写法中象扇体的部分后来讹变、类化为“户”旁，遂成为从“户”从“羽”的半记号半会意字。《说文》学家以门扉作为“扇”的本义，将其形体分析为“从户、翅省”或“从户、从羽”，是依照《说文》篆形做的“重新分析”[15]，是不符合“扇”字历史发展实际的。

2018 年 4 月改订 2008 年 7 月旧稿

注　释

[1] 丁福保:《说文解字诂林》，中华书局，1988 年，第 11573、11574 页。

[2] 杨琳:《漫说中国古代的扇子》,《寻根》2002 年第 4 期;《中国古代的扇子》,《文化学刊》2007 年第 1 期。

[3] 王力:《同源字典》，商务印书馆，1982 年，第 573 页。

[4] 参上揭杨琳先生二文。杨先生已指出“扇”的本义应是扇动，但将“扇”字分析为从羽户声则缺乏依据。古音“户”“扇”声韵俱不相近，“户”似难解为声符。

[5] 沈从文:《扇子应用进展》,《沈从文全集》(二十九卷)，北岳文艺出版社，2002 年；及同作者同内容之《扇子史话》，万卷出版公司，2005 年。

[6] 《甲骨文编》第 844 页 474 号、第 414 页 1211 号。两形分别见于《合》17103（后下 16.4）:“贞：△其殙。”《合》1397（后下 18.9）:“贞：△不殙。”均用为人名。

[7] 于省吾:《双剑誃殷契骈枝续编》，大业印刷局，1941 年，第三六、三七页。

[8] 林沄:《先秦古文字中待探索的偏旁》,《古文字研究》(第二十一辑)，中华书局，2001 年，第 361 页。

[9] 这一说解闻之于林沄先生 2002 年下半年讲授的“甲骨文研究”课上。

[10] 裘锡圭:《说“□□白太师武”》,《裘锡圭学术文集》第三卷《金文及其他古文字卷》，复旦大学出版社，2012 年，第 18 页。

[11] 张亚初:《殷周金文集成引得》，中华书局，2001 年，第 39 页。

[12] 徐宝贵:《石鼓文整理研究》(上)，中华书局，2008 年，第 833、834 页。何景成:《释“花东”卜辞的“所”》,《古文字研究》(第 27 辑)，中华书局，2008 年。又宋华强先生认为，“戾”字所从也是从“肩”初文变来的 [《释甲骨文的“戾”和“体”》,《语言学论丛》(第 43 辑)，商务印书馆，2011 年]。

[13] 刘钊:《谈考古资料在〈说文〉研究中的重要性》,《中国古文字研究》(第一辑)，吉林大学出版社，1999 年，第 229 页。

[14] 刘钊:《“瘪”字源流考》,《书馨集——出土文献与古文字论丛》，上海古籍出版社，2013 年，第 311、312 页。

[15] 关于人们对汉字字理的重新分析，参看齐元涛:《重新分析与汉字的发展》,《中国语文》2008 年第 1 期。

康卫称谓变迁考

王占奎

（陕西省考古研究院，西北大学）

卫国是西周时期的一个重要侯国。据《史记·卫康叔世家》记载，其第一代国君是武王之弟康叔封，在金文中称作康侯丰，见康侯鼎。第二代称作康伯。其封地包含有商王朝的京畿之地，即传统所说的邶、鄘、卫，国都在今河南鹤壁市（旧浚县）辛村，已为考古发掘所证实。国都之地称作卫，有郭宝钧发掘所得卫师昜（鍚）可证（见《浚县辛村》）。其国君称作康侯与康伯，已见前文。洛阳北窑出土了一件康伯壶盖，器为康伯本人所做，据蔡运章先生的研究，此人当即卫国第二代国君康伯。该文并指出："因徙卫未久，尚沿袭旧时国号，故仍称作'康伯'"。唐兰《西周铜器铭文分代史征》（页33）说："正由于摄政四年时并未封卫，所以《康诰》只称康而不称卫。"言下之意，封卫之后，自应称卫。但是，金文显示，后来称做卫的侯国，自成王到穆王时（这恐还不是其晚限）一直称康而不称卫。今就此略抒愚见，或有益焉。

首先，我认为，徙卫未久沿袭旧称一说恐难成立。兹将有关"康"的青铜器罗列如下：

（1）康侯。

康侯丰方鼎铭文为：康侯丰作宝尊。

康侯刀

康侯斤（一）

康侯斤（二）

康侯矛

康侯𠒇

康侯觯

以上诸器仅有康侯二字[1]。

又有沬司徒疑簋中也说到康侯。该簋铭文为：王来伐商邑，延命康侯鄙于卫，沬司徒疑及鄙。作厥考尊彝[2]。…

以上诸器均属西周早期，诸家如郭沫若[3]、陈梦家[4]、唐兰[5]等意见相同。

（2）康公，是他人做器纪念康公的，陈梦家《西周铜器断代》收录有一件盂与一件斝，铭文中有康公[6]。此器，陈梦家[7]、唐兰[8]均置于西周早期。

郃𠭰簋[9]铭文记某王元年三月丙寅，康公右郃𠭰受王赏赐事。据铭文字体风格与器形风格，此器当属穆、恭时期。

（3）康季，见康季鼐。铭文曰：王作康季宝尊 。时代为西周早期，王献唐认为当康、昭时期[10]。

（4）康伯，见于康伯壶盖（已见上文）及康伯簋。康伯壶盖出土于洛阳北窑，铭文有五字：康伯作鬱壶。蔡运章认为属成康时期[11]，恐失之于过早，当为穆王前后，最早不当超过昭王。

康伯簋[12]。从其铭文字体看，西周早期那种所谓波桀风格，已经全然不见踪迹，其时代当以穆王世为宜。

由以上诸器铭文可知，康侯一名，见于周初；康公一称由西周早期延续到西周中期（穆恭之际）；康伯之称由昭穆之际延续到穆王偏晚；康季仅一见，属西周早期。

其次，康字指的什么？

前人有认其作谥号者，如郑玄主张“以康为谥也”（孔颖达《尚书·康诰序》正义引）。王弼《易·晋》“康侯用锡马蕃庶”注曰：“康，美之名也”。此后，朱熹《周易本义》、江永《尚书集注音疏》、王鸣盛《尚书后案》等均主张如是。另一说则认为康是国名，如马融指出康为“畿内国名”（孔颖达《尚书·康诰序》正义引），宋忠、王肃亦然（司马贞《史记·卫康叔世家》索隐引）。近世学者因有金文资料，几乎悉从后说，如郭沫若[13]、陈梦家[14]、唐兰[15]等是。后说是而前说非。试申论如次：

第一，上列金文资料中有三器称“康侯作”或“康伯作”，如康为谥号，则人已死，作器势所不能。郭沫若[17]、唐兰[18]等认为文、武、成、康等是生称，例之以此，则不存在这种矛盾。但是，西周之王，如文王、武王、成王等，王前一字均为谥号而非死后之谥号，黄奇逸先生对此作了强有力的论证[19]，后彭裕商[20]又作了补充。上二文均以金文中时王与先王共见一器而时王均无、先王悉具所谓美称为证，彻底破除了生称旧说。二文之后，陕西长安出土的吴虎鼎铭文中时王（宣王）与前王——剌（厉）王共见[21]，为谥号说又添一证。生前美称，王自没有，他人理当亦如此。所以，生前美称与死后美（恶）谥均不能解释康侯与康伯。

第二，虽然自文王起，周王便有了谥号，但诸侯之有谥号，于金文求之，似乎要比周王晚。鲁伯禽称为鲁侯，晋之第一代称作唐公，第二代似称为晋公。曲村晋侯墓地中出土铜器中，最早的谥号为西周晚期的剌（厉）侯。应国国君墓葬出土铜器中未见谥号。燕国高等级铜器中亦未见。从文献征之，亦是如此。据《史记》之诸《世家》，鲁第一任国君称作鲁公，第二任称作考公，自此始有谥号。晋自第三代——武侯起方有谥号。齐国比较特殊，其国君称谓先是与商人一样，用日名，到了第五代——哀公始有谥号。燕国自召公以下到第九世方见侯名，称作惠侯。管、蔡、霍三叔被杀、放之前为“三监”，似不当有谥号。管叔无后，蔡国第一代国君称作蔡仲，第二代称蔡伯，第三代称作宫侯，其用谥号似以此为始。陈国，第一代称胡公，胡恐非谥号。第二代称作申公，以蔡申侯之申例之，当为谥号。宋国第一代称作微仲，第二代称作宋公稽，第五代称作宋缗公，始见谥号。越、楚、秦与周关系较远，谥号出现得更晚。是否由于文献不足征，司马迁将更早的谥号未记出呢？从理论上说，这种可能不能断然排除，但诸侯国均是如此，就不能不使人相信，诸侯、公卿之有谥号，当晚于周王。西周早、中期铜器中不乏后代为其先人做器者，但尚未见到谥号。又：西周早期周王之谥号，文、武、成、康、昭等均已见到，独不见诸侯之谥号。文献记载与当世记录是一致的。

由以上可知，诸侯之谥号最早见于鲁公第二任之鲁考公，然第一任伯禽曾事康王，据相关记载说，伯禽死于康王十六年，其子考公之卒更在此后。晋之第二任燮父曾与伯禽并事康王。虽不知其卒在何时，或不当早于伯禽，以常理推之，三监叛乱之时成王尚年少，伯禽似乎应比他大。成王弟唐叔虞则更小，其子燮父之卒当晚于伯禽。曲村晋侯墓地的发掘虽不能为晋燮父的卒年提供准确的证据，然可由此知其大概。据最新发掘成果可知，曲村晋侯墓地中最东两组（M9 组与 M114 组）中必有一组是燮父的墓，其时代约在西周中期之际。而 M9 一组的年代，也与此相距不远，发掘者推测或在穆王前后[22]。一般说的西周早期的晚限为昭王，中期则始于穆王。M114 的年代当在昭王晚期到穆王前期之间的某一年[23]。目前，关于 M9 所出“晋侯作晋公宗室”铭文的讨论产生了两种意见，对“晋公宗室”中公字的不同理解使认定哪一组属燮父之墓也有两种意见[24、25]，即 M9 为燮父之墓，M114 为武侯墓；另一种意见则相反。不论如何，晋燮父之死最早恐也在昭穆之际。其第三代武侯之“武”字的产生也早不过穆王世。《左传·僖公四年》记：“昔召康公命我先君太公”，召康公之康是谥号。召伯长寿，到康王时还侍奉朝廷。但他似不当活到昭王之世，这似乎应是目前所知最早的非王谥号。由于考古材料的缺乏，我们尚不能对其他诸侯国国君谥号的产生时间作出推测。

所以，康只能是地名。地名当中，既可以是国名，也可以是采邑名。因为在康侯方鼎中康与侯相连，则可知是国名而非采邑名。康伯之康，理论上也不排除采邑名的可能。但是，《卫康叔世家》明记第二代国君称作康伯，而称作康的采邑只是推测而已（王献唐有此说），尚无证据。况且，汉儒也未将康看作采邑。其他的康公、康季之康也应是侯国名。又：诸侯国君之称谓或作侯，或作公，或作伯，不但见于文献，而且见于金文，如应侯墓地出土铜器中以上三种称谓均有。

第三，康伯这一称谓使用的时间。据《卫康叔世家》记载，后来称作卫的侯国第一代国君称作康叔封，曾为成王之司寇。第二代国君称作康伯，也就是康伯懋父，曾事康王。其后数代，称作某（谥号）伯，国名未见记载。金文中参与东征的伯懋父即是第二代（但参与征楚的伯懋父不是此人，而是同名的另一人——祭伯谋父（彭裕商《西周青铜器年代综合研究》页 271 ~ 273 一反前人成说，提出此人是昭穆时期的祭公谋父，笔者赞同此说）。

康伯壶盖，顶部为圆形捉手，下部为素面子口，中部弧壁，外表一周饰四只两两相对的鸟纹。鸟纹为分体式，昂首。蔡运章先生将其年代估定在成康之世，《洛阳北窑西周墓》分在西周早期。由对比可知，此器花纹与命簋、禹鼎之鸟纹几乎是一致的。命簋的年代，唐兰《西周青铜器分代史征》列入穆王，张长寿等《西周青铜器分期断代研究》以为“或可早到康王”，同书之“鸟纹分期断代表”则指出此种鸟纹流行年代为昭穆时期。从铭文字体看，与穆王时期有明显差异，如早期风格尚有不少，似可偏前一些，大约可在昭穆之际。然而，禹鼎的年代是明确的。鼎之铭文记：“师雍父省道至于胡，禹从”。师雍父亦见于冬（从戈从冬，下同）器，伯冬“墓”中即出有伯雍父器，伯雍父即师雍父。冬器一般认为是穆王时期。康伯壶盖铭文字体与命簋差距大而与禹鼎接近。故其年代当接近后者，当以昭穆时期为宜，不当早到康王世。

据前文，康伯髦父曾事康王，成王三年他已经是殷八师的主帅，经过成康时期大约四十年，昭王十九年，延续到穆王是几乎不可能的。因此，此康伯不是康伯髦父，而应是另外一代国君。比较《卫康叔世家》，大约对应于僖伯。

从上文可知，到了穆王之世，所谓卫国之君犹且称作康伯。从康叔封做“卫”国之君起到此器制作，少说也有六十余年。康叔封受命为卫地之君，最晚也在成王四年（《尚书大传》称：四年建侯卫。有人认为早到武王世），成康两代，至少四十年（《古本纪年》记：成康之际，刑措四十余年不用。《周本纪》同），昭王在位十九年，已见上述。合则近六十年，减去四年，尚余五十五年，其中尚未记入康伯在穆王世之年数。如果说，第一代初年因改迁未久而沿袭旧国名尚可接受（其实，按宜侯夨簋所记，虞侯夨改封为宜侯。之后，铭文便随即改称为宜侯了），那么，到此时，这一解释无论如何是不能接受的。说卫之称自西周初年便已有之，而康叔封受命自康改封于卫，仍然称作康侯，这犹如今之河南省长改任为陕西省长之后人们仍将其称作河南省长一样不通情理，特别是在当时人非常看重的青铜器铭文（等于是书面用语）中，更加难于接受。

康、卫之变。如何疏通这一矛盾呢？我以为，不如干脆承认所谓的卫国之称谓，只是后来的事情，而其早年的正式（法定）国名是康，并不是卫。微盉铭称：微作康公宝尊彝。唐兰说：“康公应即康侯封，由于他作过三公（本文作者按：指康叔封作过成王的司寇），可以称作康公。”由此也可证明他死后还被称作康公而不是“卫公”。据我翻检金文资料，卫字作为国名是西周晚期的事情。现在见到的金文资料中，卫夫人鬲中之卫夫人，很有可能是国君夫人，称作卫夫人而非康夫人。春秋时代的卫姒数器中的卫姒，应是卫夫人。也就是说，称卫与称康在时间上并不矛盾。相反，这一时间差可为上述观点提供另一方面的证据。尽管沬司徒疑簋中说到卫——王“延命康侯鄙于卫”，但是，仍然称康侯而不称卫侯。关于这一句铭文，或可作出多种解释，唐兰说鄙是守边，陈梦家说鄙是康侯封的字，即便将鄙字解释作受封于卫，也不能否定康侯封到卫之后仍然称作康侯这一事实（因为作器晚于该器所记之事，说明“鄙于卫”之后还是康侯）。贤簋记公叔“初见于卫，贤从，”这一卫字，很像是国名，但尚不能得到确证。将此字解释作非国名的地名不是不可以的。而且，此器的年代不会早过穆王，似以穆王中晚期为宜。唐复年《西周青铜器铭文分代史征器影集》收录三件贤簋，无一可归入西周早期。（唐兰《史征》置于成王，显然失之过早）。贤簋一与二有瓦纹，腹下部明显外鼓，作下垂状。三簋同铭，显然作于同一时间。从铭文字体看，西周早期的所谓波桀风格，已几乎不见踪影。贤簋三的宝字之宝盖，两端已呈弧状下折，与早期那种直折完全不同（如果将此卫字解释作国名，则可将由康改称卫的时间大致估计在穆王早中期之间）。前述康侯、康公、康季、康伯数例，均应为国名，因此，不能用或然之证否定确然之证。

诚然，先秦时代，许多国都名与国名是一致的，但还有一些是不一致的，如秦与咸阳、楚与郢，商人之国都有亳、殷、商、邢、奄等。如果文献记载有后人以不同时代称谓前代地名之嫌，那么，上举咸阳已屡见于当时陶文。又：古代国族之迁，或随新迁之地而改国名，或将原国名随迁新地，如虢、郑、韩等例。康侯之称，应如后一类。

康最初在何处？虽然后世文献有记载说在洛阳东南汝河流域，但尚未得到考古材料的证实。康叔封在武王灭商后已经为妹邦（妹土）的一方之主，称作孟侯。《康诰》的“孟侯”就是沬侯的通假，妹邦在今河南鹤壁市，商纣王的离宫（有人说是国都）就在此地。与王子录父的地域为近邻。三监叛乱之时，康叔封“不从”（笔者有另文专论此事）。叛乱被平定之后，成王“命以《康诰》而封之以殷墟”（《左传》定公四年），康国的地域扩大到了邶、庸、卫，又改称康侯。此后，康这一国名在相当长的时间内还在沿用。

排比金文这种当世记载（而不是后世文献）可知，目前所见最早的明确可知作为国名的卫，是春秋早期。贤簋所记之卫，即便解释作国名，也只能到穆王时。此前所谓卫国的名称是康。因此，虽然康国的首都从西周初年便在卫地，但卫国之称作卫国，当在西周晚期或春秋早期。无论如何不当早于穆王。

唐兰《史征》（页33）谓：当所谓周公摄政四年时，康叔尚未封卫，因而他认为《逸周书·克殷解》的“卫叔”及《史记·周本纪》中的“卫康叔”均为后世加上了卫字。他认为康伯髦父是卫国的第一代国君，他将贤簋的年代置于康王，显然认为该铭文中的卫字是卫国的国名。这均与本文前述观点不同。从文献角度看，只有《顾命》中提到卫侯与前述观点不一致。关于《顾命》的成书年代，陈梦家《尚书通论》（页112）认为“约为西周时代的记录”。陈氏于《康诰》等篇，径言“西周初期的命书”，于《吕刑》、《文侯之命》、《秦誓》等，也明指为“西周中期以后的命、誓”，唯于《金縢》、《顾命》、《费誓》三篇，似乎难于作出决断，用一“约”字。故而可以认为，《顾命》尚不足以对本文观点构成实质性挑战，倒不如发过来说，金文材料对推断《顾命》成为今天所见的样子的年代能起到一定的参考作用。无论如何，我们还未见到卫侯、卫伯或卫公的西周铜器铭文，反倒是见到了不少的康侯、康伯与康公的西周金文记载，仅此一点就足以对“徙卫未久沿袭旧称”一说构成严峻挑战甚或否定。

附记：此文初作于北窑康伯壶盖发表之后不久，即1996年。曾经在河北清陵古代文明学术会上做过交流。本次作了很小的修改。

注　释

［1］唐兰：《西周青铜器铭文分代史征》，中华书局，1986年。唐复年：《西周青铜器铭文分代史征器影集》，中华书局，1993年。

［2］同［1］。

［3］郭沫若：《两周金文辞大系图录考释》，科学出版社，1958年。

［4］陈梦家：《西周铜器断代》，中华书局，2014年。

［5］同［1］。

［6］同［4］。

[7] 同[4]。

[8] 同[1]。

[9] 同[1]。

[10] 王献唐:《岐山出土康季鼒铭读记》,《考古》1964年第9期。

[11] 蔡运章:《康伯壶铭跋》,《文物》1995年第11期。

[12] 吴镇烽:《商周青铜器铭文暨图像集成》9卷,上海古籍出版社,2013年,第336页。

[13] 同[3]。

[14] 同[4]。

[15] 同[1]。

[17] 同[3]。

[18] 同[1]。

[19] 黄奇逸:《金文中王号生称与谥号问题的研究》,《中华文史论丛》1983年第1辑(总第25辑),上海古籍出版社,1983年。

[20] 彭裕商:《谥法起源》,《中国史研究》1999年第1期。

[21] 穆晓军:《陕西长安县出土西周吴虎鼎》,《考古与文物》1993年第3期。

[22] 北京大学考古系、山西省考古研究所:《天马——曲村遗址北赵晋侯墓地第五次发掘》,《文物》1995年第7期。

[23] 北京大学考古文博院、山西省考古研究所:《天马——曲村遗址北赵晋侯墓地第六次发掘》,《文物》2001年第8期。

[24] 梁云:《"晋公宗室"考辨》,《古代文明研究通讯》2001年第8期。

[25] 孙庆伟:《也辨"晋公宗室"——兼论晋侯墓地M114墓主人》,《古代文明研究通讯》2001年第10期。

成周八师相关问题研究

林　森

（吉林大学边疆考古研究中心）

成周是西周王朝在东方的政治、经济中心，成王时兴建，建成之后，迁殷遗民于此。据考证，成周地望在今洛阳市瀍河两岸。[1]成周八师又称殷八师，传世文献失载，目前只见于西周金文。为方便讨论，现将与成周八师有关的西周金文列举如下：

①《小臣謎簋》："伯懋父以殷八师征东夷。"（《集成》4238，西周早期）

②《競卣》："唯伯屖父以成师即东，命戍南夷。"（《集成》5425，西周早期）

"成师"即为"成周八师"的省称。

③《录或卣》："淮夷敢伐内国，汝其以成周师氏戍于□自。"（《集成》5420，西周中期）

④《盠方尊》："王令盠曰：䚄司六师眔八师艺。"（《集成》6013，西周中期）

⑤《曶壶盖》："王呼尹氏冊命曶曰：更乃祖考作冢司土于成周八师。"（《集成》9728，西周中期）

⑥《克鼎》："王命善夫克舍令于成周、遹正八师之年。"（《集成》2796，西周晚期）

⑦《禹鼎》："王廼命西六师、殷八师曰：撲伐噩侯驭方，勿遗寿幼。"（《集成》2833，西周晚期）

通过上引诸条西周金文可知成周八师是西周王朝控制东土及南土的一支重要军事力量，八师的职官由周王亲自任命。关于成周八师的兵员组成成分问题，目前学界有几种不同的说法，一种是认为成周八师由周人组成，如范文澜先生在其所著《中国通史》中说周公派八师兵力（一师二千五百人）驻成周，监视殷遗民。[2]李学勤先生也同样认为八师不是殷人后裔，而是由周人组成的。[3]

另一种观点是认为成周八师由东方各国的军队组成，持此观点的主要是孙晓春先生。[4]他论文中的第一条证据是认为成周八师的统帅多为各国诸侯，并举例《小臣謎簋》中成周八师的统帅是卫国国君伯懋父。事实上，伯懋父与卫国国君康伯髦并不是同一个人。"懋"字古音在明母侯部，而"髦"字古音则在明母宵部，两字的古音并不相通，郭沫若先生认为这两个字古音相近而推定伯懋父就是康伯髦的观点并不严谨[5]。而且从《小臣謎簋》行文的表述来看，伯懋父的身份是周王朝的卿士，他统帅成周八师是代表西周王室来行使权力，而与卫国无关。孙晓春先生列举的另一件铜器铭文是《录或卣》，他相信铭文中的或是淮水流域六国的国君，然而西周时淮水流域有淮夷盘踞于斯，淮夷向来与西周王朝不和，并且互有征伐，所以淮水流域六国的国君不太可能当上成周八师的统帅。他还认为《竞卣》铭文中的伯屖父也是列国诸侯之一，却没有给出相关证据。孙文的第二条证据是西周时期有征调诸侯国军队从征的制度。但是这一点并不能直接证明成周八师就是从东方各国征调来的军队组成的，征调诸侯国军队从征与周王朝在成周特意设立成周八师似乎并无抵牾之处。

还有一种观点认为殷遗民是成周八师的主要组成成分。于省吾先生指出："……'八𠂤'，则系周人克殷后，将殷人的投降军队改编而成，故也称之为'殷八𠂤'。""从西周金文中，时常见到周王指派某人充任八𠂤中的职官，可见殷八𠂤中的原有士官，多被周王所更换，而代之以亲信的周人。"[6]郜向平先生也认为："从墓葬等级角度来看，西周时期洛阳地区的周人基本都是不同等级的贵族，他们可以成为军队的大小将领和核心力量，但普通战士仍应以平民为主……前面已论及西周时期洛阳地区的平民基本都是殷遗民，则他们应为成周八师的主体无疑。"[7]郜向平先生是从洛阳地区西周时代墓葬的角度来进行论证，从同时期遗址的角度来看，目前成周范围内公布的几处西周遗址（种类包括铸铜遗址、祭祀遗址、车马坑及陶窑等）出土遗物皆带有明显的殷人特征，所以这些遗址大都也属殷遗民遗存，郜向平先生的观点是可信的。成周八师确应该是以殷遗民为士兵的主力，而其高级将领则以周人贵族为主。

周小而商大，周人在联合诸多盟友克商之后又施行了大分封，将周族贵族分封到全国各地，依照《左传·定公四年》的记载："分康叔以……殷民七族，陶氏、施氏、繁氏、锜氏、樊氏、饥氏、终葵氏。"[8]可知在分封卫国时还要附带上一部分殷遗民，而考古发现证明分封燕国时也带有一部分殷遗民作为帮手[9]。所以周人兵源想必会因分封而变得不甚充足，也就不太可能在宗周建立西六师之外，再有力量向成周派出主要由周人组成的八师。于省吾先生曾指出：《书·多士》称商邑为"天（大）邑商"，[10]而以殷遗民的人数，要编成八师应该是兵源充足，定制为八师有可能还要对原来的军队进行裁减。周公东征之后，营建成周并迁殷遗民而编成殷八师，正可利用殷遗民的力量来维持东方及南方的稳定。而且，允许殷遗民从军也是对其身份地位的一种肯定，如此一来，则更利于团结这些新近臣服的殷人族群，这是周人非常明智的举措。

成周考古发现的证据则更加直接，上文已经言明居住在成周的中小贵族及平民阶层基本上都是殷遗民，这些人正是殷八师士兵的主要来源。而且，有些洛阳地区殷遗民贵族的墓葬中也见随葬有青铜戈、镞等兵器，墓主人身份或与军职有关。此外，在成周考古发现的周人墓葬大都规格较高，其墓主人应该大多属于贵族阶层，例如北窑贵族墓地、杨文墓地等。尤其是在北窑墓地出土了数量众多的兵器以及带"师某"铭文的青铜器，由此可知，成周八师的统帅阶层主要是周人贵族。

于省吾先生发现西六师和殷八师中设有掌管农事的职官，例如《盠方尊》："王令盠曰：䵼司六师眔八师艺。"艺的含义就与农业种植有关。这段铭文是说周王命令盠来掌管六师及八师的谷类种艺之事。《曶壶盖》："王呼尹氏册命曶曰：更乃祖考作冢司土于成周八师。"西周金文中的司土一职，专管与土地有关的农田、仓廪以及山林川泽诸事。[11]如《截簋盖》铭称："王曰：截，令女作司土，官司籍田。"《免簠》称："令免作司土，司鄭还廪、眔吴（虞）、眔牧。"即主管仓廪、山林川泽和牲畜放牧。不惟是成周八师，西六师也有与之相类似的官职设置，《南宫柳鼎》："王呼作册尹册命柳，司六师牧、阳大□，司羲夷阳、佃事。"李学勤先生认为南宫柳负责管理六师"牧"，可能相当于《周礼》的牧师，经营牧马的场地，与放牧六牲的牧人也有关系。"阳"读为"场"，相当于《周礼》的场人，管辖各种果蔬的园圃。南宫柳又兼司羲夷的"场"和"佃（甸）"，后者相当于《周礼》的甸师，有供给果蔬的职责。[12]

成周八师和西六师均设置有与农业生产相关的职官，这说明"师"不仅仅是军事组织，而且还是能够从事农牧业生产的居民组织，成周八师就是成周的八个居民组织。这种"师"和后世《左传·襄公十一年》所载鲁国"季氏使其乘之人以其役邑入者无征，不入者倍征"的"役邑"涵义相似。杨宽先生指出当时鲁国军队即是以"役邑"居民编制而成，军赋亦在这个组织中征取。[13]杨宽先生将西周时"师"的军事编制和当时的居民组织编制相联系是有道理的，但是他进一步用《周礼》中记载的乡遂制度来解释西周时的居民组织状况恐怕未必合适，因为《周礼》所载的乡遂制度于西周时期是否真实施行过还不能确知。[14]但就春秋时代而言，杨宽先生文中所提到的齐国"十五士乡"和鲁国"役邑"即是军队编制和居民组织相结合的。由此而推想，西周时的六师、八师既是军队编制，同时还是居民编制组织。对此，前人已有相关的论述，比如说方述鑫先生认为"八师也应有八乡或类似的组织，其所征兵源亦应与乡里组织相结合。"[15]于凯先生认为"西周之'师'的具体管理方面，往往是有土有民，带有一般邑落组织的基本特征和类似的组织原则。"[16]张应桥先生也提到："居住在（成周）各乡里的居民亦即八师的士兵，他们按照族属和乡属被编入八师的不同组织单位。总之，当时的行政组织机构也就是八师的组织机构。"[17]

殷八师、西六师既是军队编制，同时又是居民组织，这应该是和西周时期的兵制有密切关系。林沄先生在《商代兵制管窥》一文中论证了商代的基本兵制是征集制，同时又存在着职业性的常备军队。该文中提及：直到《左传》所记述的春秋时代，各国军队的基本兵员仍然是在有当兵资格的公民中临时征集的。他们平时是"民"，而不是职业军人。按军队的编制进行作战训练是在定期的全国性田猎大会时进行的。[18]所以，介于晚商与春秋之间的西周时代，其兵制应该也还是以征集制为主的。成周八师和西六师是当时周王朝所倚重的主要军事力量，每当遭遇战事，需要大规模派出军队的时候，就临时征集八师和六师的普通兵员。因为维持大规模军队的开销十分巨大，所以在和平时期，八师、六师的兵员还是要回归于民，实行寓兵于农的基本策略。因此，成周八师既是西周时代的军事组织，同时又是普通民众（以殷遗民为主）的居民组织，殷遗民当中部分有资格当兵打仗的人就可以编制在成周八师之内。在成周范围内发现的殷遗民墓葬分布十分松散，未见有大规模集中埋葬的殷遗民墓地，由此可以看出殷遗民的宗族组织也应是十分松散的，其居住模式并非是严格施行大规模的聚族而居。所以，以师为单位的居民组织应该是一种地域性居民组织，八师其实就是八个地域性居民组织。周人统治者用八个地域性组织来管理成周有资格当兵打仗的殷遗民，为成周八师提供基本兵源。

师作为一种兵农合一的居民组织，早在晚商时期即已出现。殷墟卜辞中有"自、往、于十□师"的辞例：

……辰卜，旅贞，翌丁巳……𡧊至……才（在）𠂤劳……

……来……自𡧊𠂤……（《甲骨文合集》24317）

说明“□师”指的是一处聚落，韦心滢先生认为是由于军队驻扎在□地，所以该地就叫“□师”[19]。事实上，这里的师应该就是兵农合一的居民组织，□师的兵员就主要来自于该聚落居民组织。究其原因仍旧是因为商代兵制是征集制，没有大规模的常备军。

中国古代地域性居民组织与当时实行的兵制向来关系密切，此前学者已有论断。李零先生在其所撰《中国古代居民组织的两大类型及其不同来源》一文中提到：军队编制与居民编制有着同步相应的关系，但它的构成原理并不是基于后者，而是基于自身的特点和需要，即适应兵车作战的队列法。因此它在本质上决定了后者（即居民编制）的特点。[20]杜正胜先生也曾经有过论述：“先秦文献凡论及地方行政系统者，多与军队组织配合。这些文献包含经典、子书及史传，来自多源的资料，恐怕反映一些实情，不是纯粹私家议论。”[21]地域性基层居民组织建立的目的就是为了更加有效地控制和管理居民，为征兵、征发力役等提供制度上的保障。

总的来说，成周八师是为了保障兵役供给而设立的兵农一体的地域性居民组织。之所以说八师是地域性居民组织，具体原因可以列出三条：

第一，成周八师的设立是一种政治行为，其目的在于保障兵源。而地域性居民组织的出现本身就是一种政治行为，其目的也是在于保证兵役和力役等赋役的供给。所以，成周八师设立的原因与地域性居民组织形成的原因存在一致性。

第二，既称“八师”，那么就应该有八个区域供其成员居住和生活，与此同时，八师中设有掌管种植的官员说明还应该有相应的耕种区以满足八师成员生存的需要。

从《国语·齐语》“管子于是制国”一节来看，管子在齐国施行的也是兵农合一的居民组织，其目的在于“五乡一帅，故万人为一军，五乡之帅帅之。”这样十五个士乡便组成了三军，“是故卒伍整于里，军旅整于郊。内教既成，令勿使迁徙。伍之人祭祀同福，死丧同恤，祸灾共之。人与人相畴，家与家相畴，世同居，少同游。故夜战声相闻，足以不乖；昼战目相见，足以相识。其欢欣足以相死。居同乐，行同和，死同哀。是故守则同固，战则同强。君有此士也三万人，以方行于天下，以诛无道，以屏周室，天下大国之君莫之能御。”[22]这段文献把组成军队的成员平时应该居住在一起的理由讲述得很充分了。《齐语》虽成书于东周时代，但其论述的道理确是古今相通的，想必成周八师的居住规划，也是出于同样目的。

第三，成周八师士兵的主体来源于殷遗民，殷人由商入周，在周王朝的统一支配下，其血缘家族纽带遭受到破坏，从洛阳殷遗民的考古发现来看，其在成周并未实施大范围的聚族而居。由此推知：成周八师以及西六师的设立带有行政区划的内涵，是西周地域性居民组织的一种实现方式。

最后来看成周八师衰亡的问题。

孙晓春先生认为从现有金文材料来看，成周八师只存在于西周成王至厉王时期，宣幽时期便不复出现了，所以成周八师下落不明，从而认定西周王室没有在成周派驻过八师军队。[23]成周八师在西周末年确实是衰亡了，但也不能算是下落不明。成周八师在金文材料中出现的时段与成周地区西周时期的考古发现存在相通之处，那就是：成周地区西周早中期的遗存丰富，而西周晚期的考古发现则相对较少。对此，郜向平先生认为："西周晚期瀍河两岸的乙组墓大幅减少。……原因也可能是由于战争。西周晚期多有征伐，南方的淮夷和西北的犬戎还经常入侵。作为'成周八师'主要兵源的殷遗民，人口可能会因战争而有所减少。"[24]他接着还引用了厉王时期的《禹鼎》铭文："亦唯鄂侯驭方率南淮夷、东夷，广伐南国、东国，至于歷内，王迺命西六师、殷八师曰：撲伐鄂侯驭方，勿遗寿幼。"和《国语·周语上》："宣王既丧南国之师，乃料民于太原。"的记载来表明了西周晚期在战争中伤亡的人数是很多的。

所以，西周王朝历次对外战争（尤其是与南淮夷之间的战争）对成周八师造成了很大的打击，最终使得这支以殷遗民为士兵主力的军队消耗殆尽。与之相对应的是瀍河两岸西周遗存到了中晚期也开始逐渐衰落，平王东迁之后营建的东周王城选址在今天涧河附近，洛阳地区居民居住的中心也随之西移。

注　释

[1]　叶万松、张剑、李德方：《西周洛邑城址考》，《华夏考古》1991年第2期。

[2]　范文澜、蔡美彪等：《中国通史》，人民出版社，1994年，第72页。

[3]　李学勤：《论西周金文的六师、八师》，《华夏考古》1987年第2期。

[4]　孙晓春：《成周八师为东方各国军队说》，《史学集刊》1986年第4期。

[5]　郭沫若：《两周金文辞大系图录考释（二）》，《郭沫若全集·考古编》（第八卷），科学出版社，2002年，第64页。

[6]　于省吾：《略论西周金文中的"六𠂤"和"八𠂤"及其屯田制》，《考古》1964年第3期。

[7]　郜向平：《洛阳地区西周墓葬研究》，吉林大学2002年硕士学位论文，第62页。

[8]　杨伯峻：《春秋左传注》，中华书局，1990年，第1537、1538页。

[9]　刘绪、赵福生：《琉璃河遗址西周燕文化的新认识》，《文物》1997年第4期。

[10]　同[6]。

[11]　同[6]。

[12]　同[3]。

[13]　杨宽：《论西周金文中"六𠂤""八𠂤"和乡遂制度的关系》，《考古》1964年第8期。

[14]　晁福林：《先秦社会形态研究》，北京师范大学出版社，2003年，第407页。该书第五章的第三节：《周代社会结构与"乡遂制度说"》对"乡遂制度说"进行了详备地辨析，认为"乡遂制度说"的主要依据是《周礼》中的记载，《周礼》虽然有某些周代社会的史影，但其内容多为后人的杂凑或设想。晁福林先生又从《周礼》本身内容出发证明了它并没有严格的乡、遂两个系统；《周礼》中六乡的地域概念是含混不清的；《周礼》中的乡遂居民并没有称谓、身份、权力、义务的区别，所以乡、遂并不是两个不同阶级的居住地区。

[15]　方述鑫：《〈史密簋〉铭文中的齐师、族徒、遂人——兼论西周时代乡遂制度与兵制的关系》，《四川大学学报（哲学社会科学版）》1998年第1期。

[16] 于凯:《西周金文中的“𠂤”和西周的军事功能区》,《史学集刊》2004年第3期。

[17] 张应桥《洛阳北窑西周墓地性质初探》,《四川文物》2006年第2期。

[18] 林沄:《商代兵制管窥》,《吉林大学社会科学学报》1990年第5期。后收入《林沄学术文集》,中国大百科全书出版社,1998年,第148~156页。近年李忠林先生撰写的《殷商兵制若干问题刍议》(《中国史研究》2014年第2期)一文中同样认为殷商时期中央王朝的军队以临时征发的师旅为主体,商代到西周的兵制是寓兵于农的临时征集制。

[19] 韦心滢:《殷墟卜辞中的“某𠂤”与“才(在)𠂤某”》,《故宫博物院院刊》2015年第2期。

[20] 李零:《中国古代居民组织的两大类型及其不同来源》,《文史》(第二十八辑),1987年。

[21] 杜正胜:《编户齐民——传统政治社会结构之形成》,联经出版事业股份有限公司,1990年,第126页。

[22] 上海师范大学古籍整理研究所校点:《国语》,上海世纪出版股份有限公司、上海古籍出版社,1998年,第232页。

[23] 同[4]。

[24] 同[7],第64页。

巴蜀符号研究中的两类特殊符号

严志斌

（中国社会科学院考古研究所）

巴蜀符号在1936年进入学人的视界以来，研究已80有年。学者关注的焦点在于其性质问题。对此，主要有两种意见：一是认为巴蜀符号不是文字，它是纹饰；或者是看图明义的图符，所谓“巴蜀图语”[1]；或者是带有原始巫术色彩的吉祥符号[2]。二是认为巴蜀符号是文字，至少处于狭义文字的上源[3]，或者至少是具有文字意义的徽识[4]。本文主要关注巴蜀符号文字说所涉及的两类特殊的符号。

早在1960年出版的《四川船棺葬发掘报告》已经指出，巴蜀文字有两类，一类是“符号”，有的与铜兵器上的铸文相同；另一类则是“似汉字而又非汉字者”[5]。这一看法影响深远。

1972年四川省郫县红光公社独柏树墓葬出土的虎纹戈与1976年四川省郫县晨光公社向阳大队战国船棺葬出土的长胡青铜戈（详见下文）上的近似于汉字的符号则又进一步激发了学者们的学术思考。鉴于四川郫县独柏树发现的虎纹长胡青铜戈其援部刻有一行铭文十余字，童恩正先生认为：“戈上的文字，无疑应该是巴蜀文字。”这种文字是方块字，而非拼音字；是直行，而非横行。它和汉字一样，应属于表意文字的范围，而且还经历了相当长的发展历史，完全脱离了原始的象形阶段[6]。对于这类所谓直行的文字戈，钱玉趾先生认为其字形特征与彝文字母十分相似。由于彝文是一种音节文字，所以他推断古蜀文字也应该是一种音节文字[7]。梁文骏先生观察了郫县、新都、万县等5件文字戈后指出，这种文字是失传的地方文字，亦即蜀文字，属于表意文字范畴。这些戈文，与春秋战国时代中原铜戈铭文有共通之处，字形结构都是方块形、成直行。他认为“就字的形象结构而论，确实比直观的象形一文字大为进步。因为铜戈上所见的文字，已属于表意文字。它的形态已趋向于直笔化和线条化。并已表现出它已达到把字形简化、省略、向定型化发展。”并认为从广汉三星堆2号坑出土的石璋和成都十二桥出土的陶轮上刻文，可以找到戈文方块字的渊源[8]。

李学勤先生将《四川船棺葬发掘报告》巴蜀文字分为两类的符号分别称为巴蜀文字甲、乙两类：所谓“巴蜀图语”或“巴蜀符号”为“巴蜀文字甲”；脱离了象形而走向符号化的巴蜀文字为“巴蜀文字乙”。他说：“巴蜀文字乙是一种文字，研究者是公认的；而巴蜀文字甲是不是文字，还有人在怀疑。其实，《四川船棺葬发掘报告》已提供了回答这一疑问的依据”。他举出巴县冬笋坝50号墓出土的三枚带日字格的半通印，其中编号为

M50：14、M50：15的两枚是汉字印，印文皆为“中仁”；而M50：39那枚印文却是属于“巴蜀文字甲”的两个字，这显然只能理解为文字了。他指出：“巴蜀文字甲”里的文字符号又可分两种：一种是常见的、重复出现的，比较简化，可各自独立，可能用以表音；另一种不常见的，比较复杂而象形，如动物、植物或人形，可能用以表意。李学勤先生又指出：郫县独柏树、万县新田的巴蜀铜戈上，胡上既刻有“巴蜀文字甲”铭文；而援部还另有一行“巴蜀文字乙”；可见“巴蜀文字乙”不大可能是“巴蜀文字甲”的草体[9]。

段渝先生明确提出了巴蜀古文字的两系说。他认为巴蜀文字按其特点可分两系：一为方块表意文字；一为符号象形文字。郫县、新都、峨眉、万县和湖南五件铜戈铭文，是相当进步的方块表意文字。其在字形笔画构成的总体水平上，基本达到直笔化和线条化，比直观的象形字前进了一大步。巴蜀方块字的行款，为从上到下直行排列，与古汉语行款大体一致。至于符号象形文字，又可分为两类：一类是直观象形，比较复杂，称为符号Ⅰ；一类是抽象符号，比较简化，称为符号Ⅱ。符号Ⅱ似从符号Ⅰ简化而来。他认为表意文字当早于那些符号[10]。

曾就巴蜀符号探索发表过一系列文章的冯广宏先生也认为，巴蜀文字是战国时期开明王朝遗留下来的文字。“这种文字，从形态上可分两大类：一类象形的意味浓厚，且夹着个别古汉字在内，分布在各种类型的器物上，如戈、矛、剑、钺、斤、带钩、钟和印章等，可说是它的主流；另一类则符号化较为明显，主要分布在铜戈上，这种脱离了象形而走向符号化的巴蜀文字，字数约有60个。这两类文字有时在同一器物上同时存在，可见当时是并行着的。”[11]

巴蜀符号是文字，并在其内部又存在两个不同的系统。这是巴蜀符号研究中探索的步伐迈得比较远的一种认识，是很引人注目的。

巴蜀符号的流布时间，学者一般都认为是战国到西汉早期，这是由出土材料所证实的，但巴蜀符号所流传的不到300的年时间[12]内并行两同不同体系的符号系统，是让人心生疑惑的。

下文先将上文诸先生讨论到的这两种特殊的青铜戈列出，以方便讨论。

第一类为大虎纹铜戈。这类铜戈援上的符号，笔者称之为“特殊符号甲”。有如下6件：

① 重庆市万县新田乡出土[13]。通长26.6、栏宽12.8厘米（图一）。

② 1972年四川省郫县红光公社独柏树墓葬[14]。援长17.8、内长7.5厘米（图二）。

③ 重庆市云阳县高阳镇青树村李家坝墓地（M25：9）[15]，通长24.8厘米（图三）。

④ 四川省渠县土溪镇城坝遗址（器号01070）[16]，通长25.5、援长18、内长7.5、内宽4.3厘米（图四）。

⑤ 上海博物馆藏戈，通长27.4、援长19.1、阑高14.8、内长8.3厘米[17]（图五）。

⑥ 湖南省博物馆藏戈[18]，通长24.9、援长18.1、阑高14、内长6.8、宽4.5厘米（图六）。

这6件戈的型制基本相同，长方形直内，直援，中部起脊，尖锋，长胡。援本两侧装饰张嘴露齿虎纹。在戈的上援有一行符号。器形特征是典型巴蜀文化铜器，戈援上部

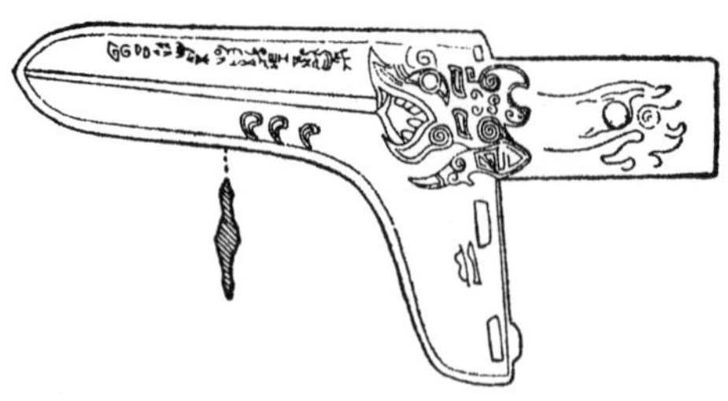
图一　重庆市万县新田乡出土戈

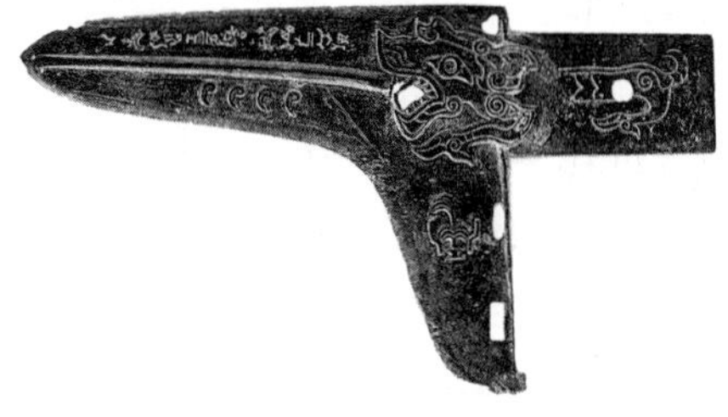
图二　四川省郫县红光公社独柏树戈

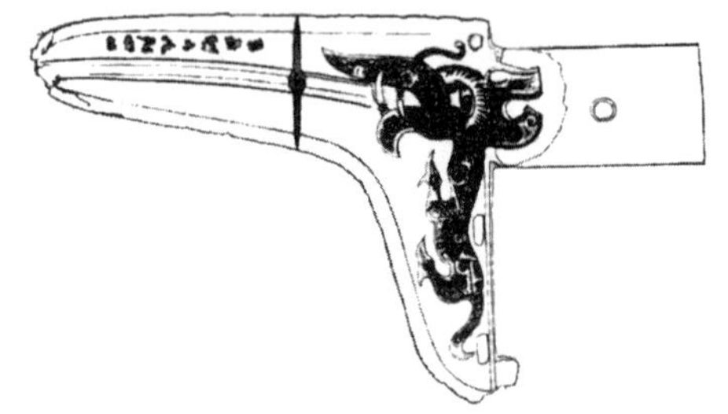
图三　重庆市云阳县李家坝戈

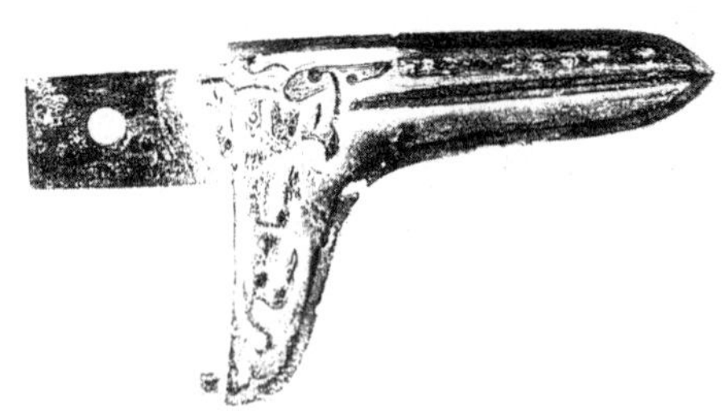
图四　四川省渠县土溪镇城坝遗址戈

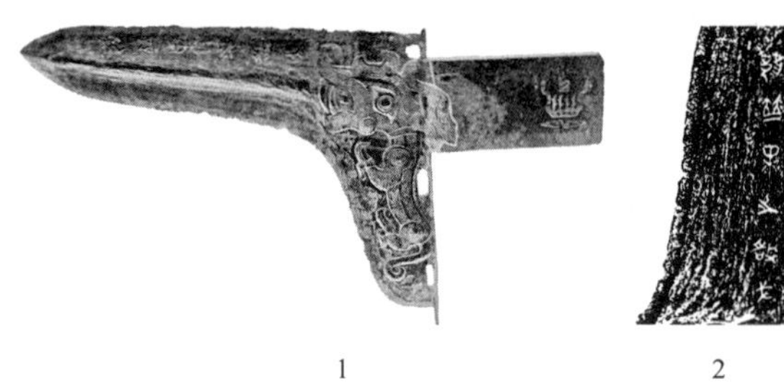
1　　2

图五　上海博物馆藏戈

图六　湖南省博物馆藏戈

往往有直行的一行符号。论者以为其是证明巴蜀符号为文字的铁证。上海博物馆藏戈，沈之瑜先生首先撰文介绍，释铭文为“[illegible]竝[illegible]之造戈”，认为“《后汉书》卷一一六载巴之先人‘禀君死，魂魄世为白虎’，证之出土巴器每多虎纹，或许白虎即是‘巴氏’氏族之图腾。此戈为巴国遗物无疑。”[19]后来，孙稚雏先生又将戈铭释为“邩竝果之造戈”，认为“邩”是姓氏，“竝果”是身居楚地的巴国贵族之名。故此戈器形属巴，而铭文有楚文字风格[20]。何琳仪先生则又释为“邩竝果之造戈”，并认为“邩竝”是地名，即是新蔡葛陵楚墓竹简乙一14简中的地名“邩竝”，二者都应该读为见于《史记·楚世家》“肃王四年，蜀伐楚，取兹方。于是楚为扞关以距之。”的“兹方”[21]。董珊先生则进一步认为戈铭中的“邩竝”即是文献中的“兹方”“兹邡”“汁邡”即后世的“什邡”。“邩竝果”是楚在“什邡”最高官长的邩竝大夫[22]。显然，援上铭文属于汉字系统；内上符号则是巴蜀符号。

湖南省博物馆藏戈上的铭文，周世荣先生认为“似有‘……楚……孙……’等字”[23]。李学勤先生释为“偲命曰：献与楚君监王孙袖”[24]。对铭文的确释当然还可斟酌，但铭中“命、楚君、王孙”诸字则断无疑义。

对此，认定这些戈援上的符号为脱离了象形而走向符号化的巴蜀文字的冯广宏先生在对比了诸戈以后，也以为“长沙戈（按即本文的湖南省博物馆藏戈）铭的文字风格，就是一种带巴蜀风味的古汉字，与郫县独柏树戈文字十分相近。特别是第一个字‘偲’，两戈竟基本一致，而且郫戈上的‘楚王孙’三字虽不明朗，其字形却与偲戈隐约相应，值得深思。万县新田戈文中的第三、四、五字，也隐约地与‘楚王孙’有共同之处。”[25]

笔者以为，上海博物馆藏戈、湖南省博物馆藏戈与其他四件戈形制近同，铭文所在方位相同，铭文风格、布局一致，这六件戈的援部的铭文其实都应该是汉字。万县新田戈、郫县独柏树戈、高阳李家坝戈、渠县城坝戈等四戈若能得到更清楚的铭拓，加之学界的努力，是很有可能被释读出来的。上海博物馆藏戈、万县新田戈、郫县独柏树戈等三戈都是汉字铭与巴蜀符号共存一器，二者的形体风格判然有别，也明确昭示其不是同一符号系统。战国时期巴蜀人可能也用汉字，亦用巴蜀符号，但两者分属不同符号系统，应该是明确的。“特殊符号甲”宜先从巴蜀符号中剔除。

另外还有一种有符号的铜戈，如四川省郫县晨光公社向阳大队战国船棺葬出土的长胡青铜戈，常被称为“棘戈”，笔者称其为“特殊符号乙”，也经常出现在巴蜀符号研究者的论著中，有 24 件。

① 1976 年四川省郫县晨光公社向阳大队战国船棺葬出土戈[26]，援长 13.7、内长 5.2、阑长 13 厘米（图七）。

② 1995 年四川省什邡市城关战国墓（M59：21）戈[27]，通长 21、援长 13.6、内长 7.4 厘米（图八）。

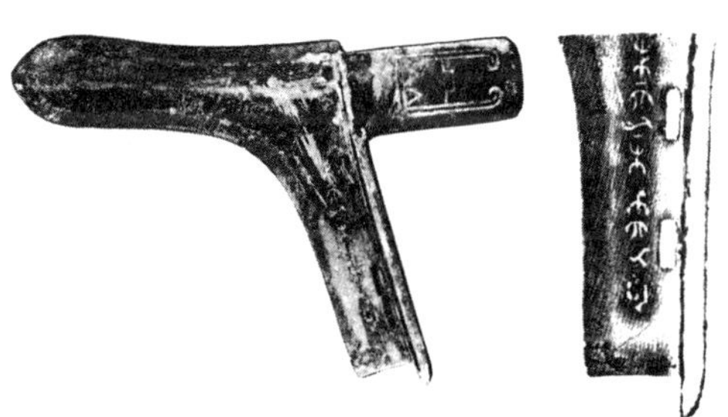

图七　四川省郫县晨光向阳战国葬出土戈

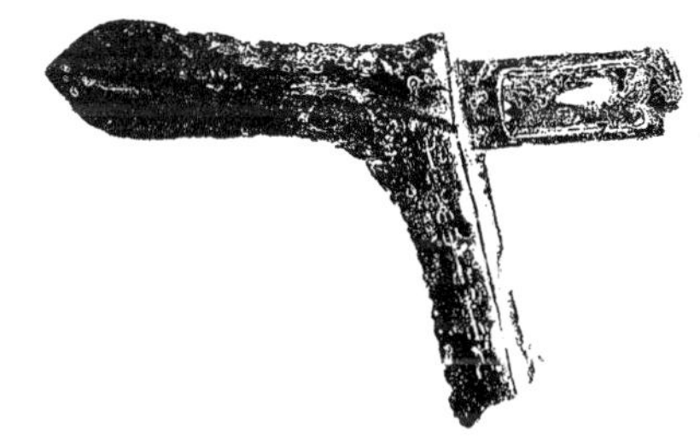

图八　四川省什邡市城关战国墓戈

③ 四川省广元市昭化宝轮院战国墓（M17：2）戈[28]（图九）。

④ 四川省宜宾市屏山县楼东乡沙坝墓地 2010PSIM5：2 戈[29]，长 21.8 厘米（图一〇）。

⑤ 1959 年湖南省常德县德山战国墓（M26）戈[30]，通长 23.4 厘米（图一一）。

⑥ 湖北省江陵县纪南城出土戈[31]。通长 19.4、援长 16、胡长 12.1、阑高 12.1、内长 3.4、内宽 1.5 厘米（图一二）。

⑦ 湖南长沙市砚瓦池战国楚墓（1952M1331：2）戈[32]。通长 22.8、援长 14.6、宽 2.6、内长 10.2 厘米（图一三）。

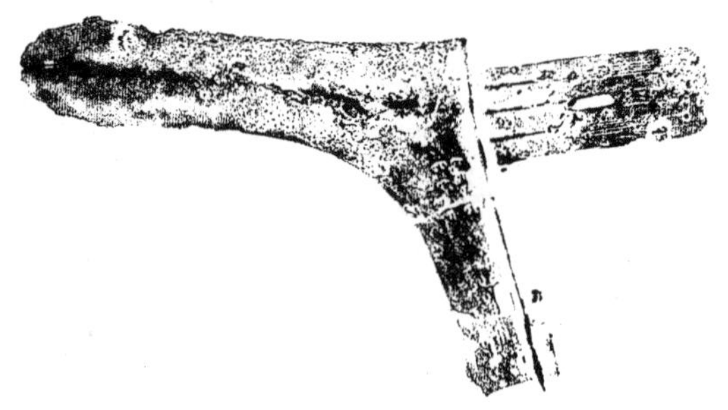

图九　四川省广元市昭化宝轮院战国墓戈

图一〇　四川省宜宾市屏山沙坝墓地戈

图一一　湖南省常德县德山战国墓戈

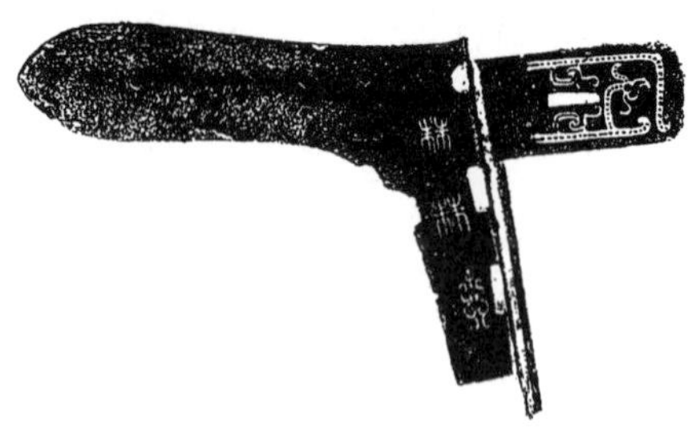

图一二　湖北省江陵县纪南城出土戈

⑧ 湖南长沙市烈士公园战国楚墓（1957M967：3）戈[33]。通长 25.8、援长 17.5、宽 3.2、内长 8.3 厘米（图一四）。

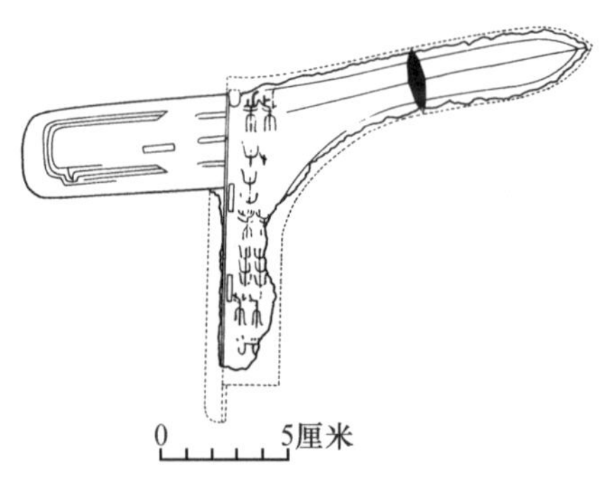

图一三　湖南长沙市砚瓦池战国楚墓戈

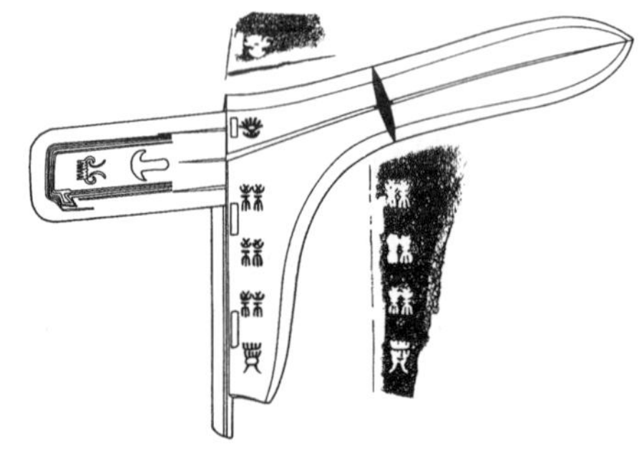

图一四　湖南长沙市烈士公园战国楚墓戈

⑨ 四川省渠县土溪镇城坝遗址出土戈（器号 01865）[34]，残长 17、援长 10 厘米（图一五）。

⑩ 湖南桃源县宝洞堉周采菱城附近战国墓出土戈[35]（图一六）。

⑪ 四川新都戈[36]（图一七）。

⑫ 龚钦龙藏戈[37]，长 20.6、阑高 11.5 厘米（图一八）。

⑬ 梦郼草堂戈[38]（图一九）。

⑭ 郁华阁戈[39]（图二〇）。

⑮ 小校经阁戈[40]（图二一）。

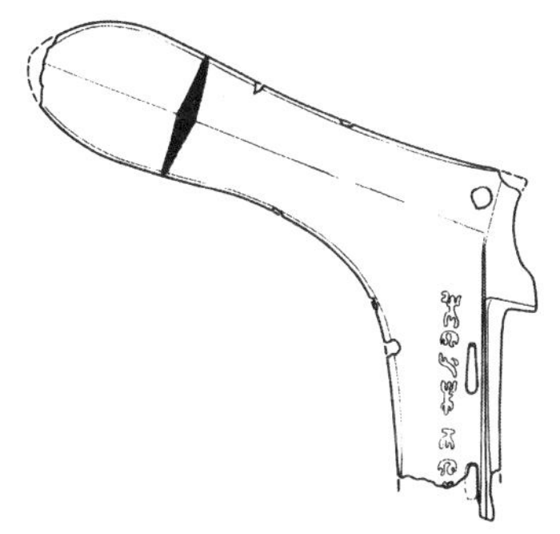
图一五 四川省渠县土溪镇城坝遗址出土戈

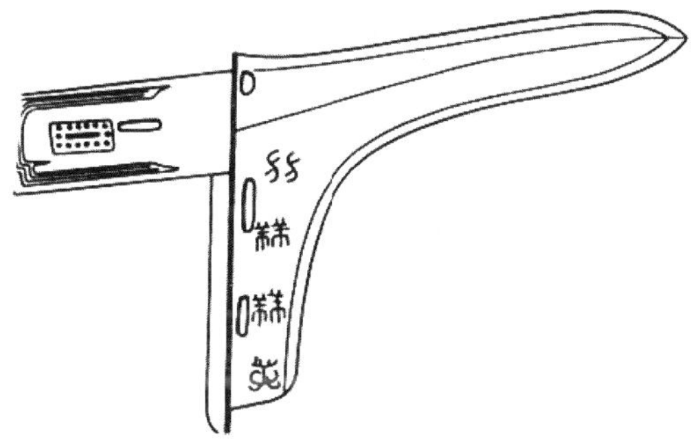
图一六 湖南桃源县宝洞墒周采菱城战国墓出土戈

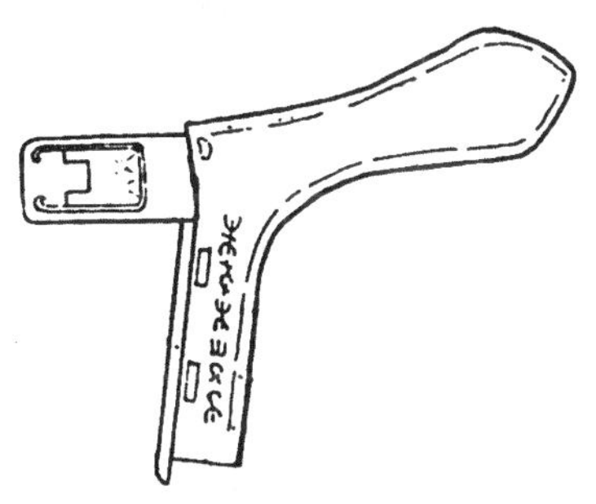
图一七 四川新都戈

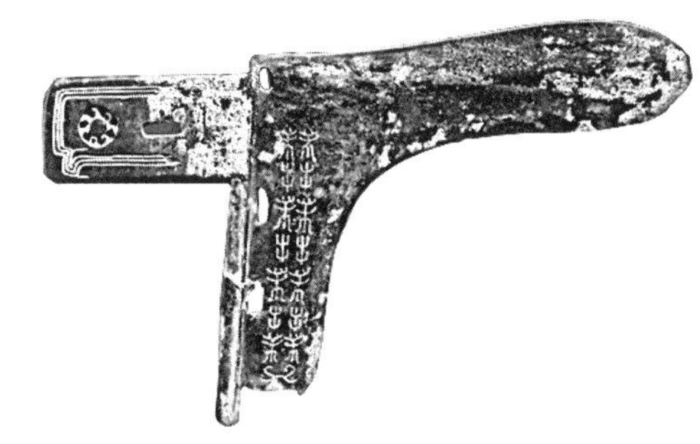
图一八 龚钦龙藏戈

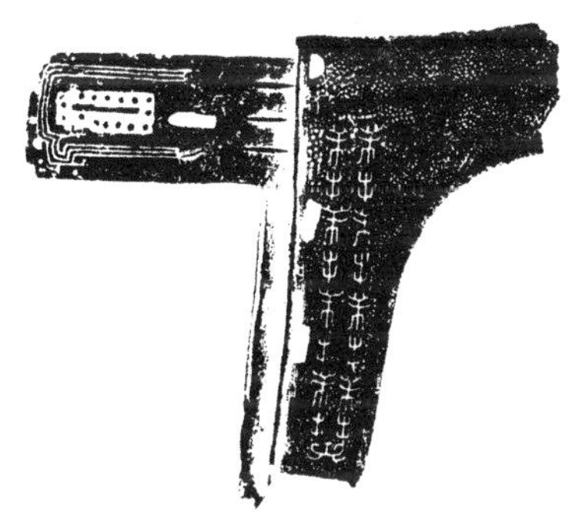
图一九 梦郼草堂戈

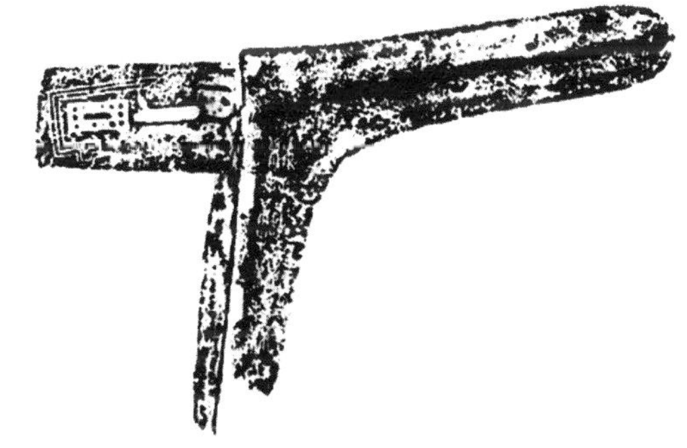
图二〇 郁华阁戈

⑯ 攈古录戈[41]（图二二）。

⑰ 双剑誃戈[42]，通长 9.6、阑高 5.2 寸（图二三）。

⑱ 1994 年湖南黔阳县黔城出土戈[43]，通长 21.6、援长 14.8、内长 6.8 厘米。湖南怀化地区文物管理处藏（图二四）。

⑲ 1974 年在西安市未央区汉城

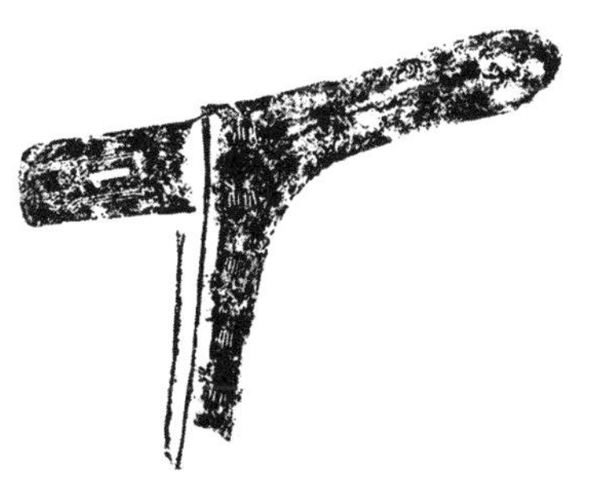
图二一 小校经阁戈

图二二 攈古录戈

图二三　双剑誃戈

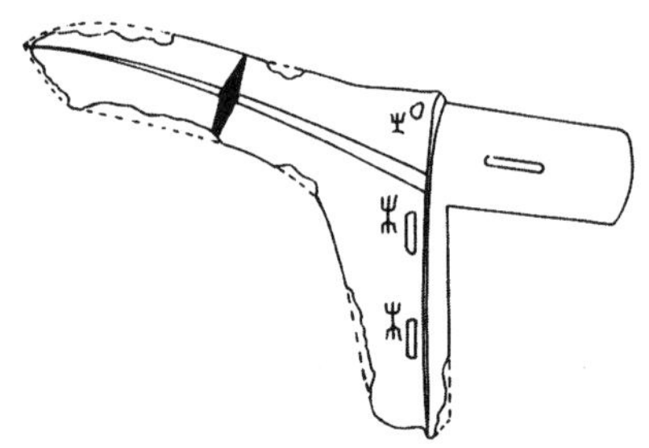

图二四　湖南黔阳县黔城出土戈

公社讲武殿村戈[44]，通长 23.2、援长 15.7、阑高 11.4 厘米。西安市文物保护考古所藏（图二五）。

⑳ 西安市文物保护考古所藏戈[45]。通长 20.5、援长 10.4、阑高 11.9 厘米（图二六）。

㉑ 湖北省荆门市十里铺镇王场村包山墓地（M4：42）戈[46]，戈长 27.4、柲全长 176 厘米（图二七）。

㉒ 越南东山文化遗址戈[47]（图二八）。

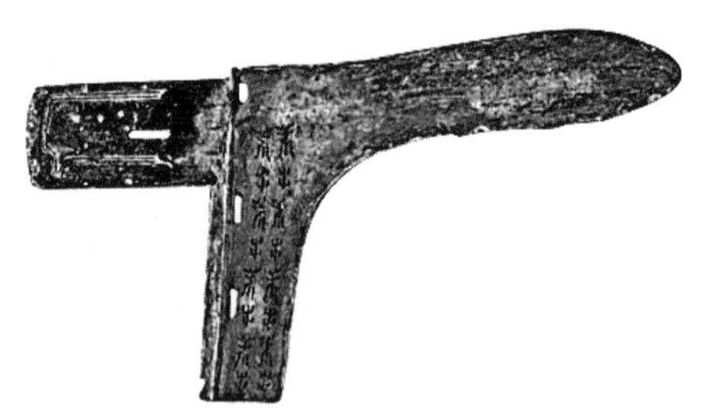

图二五　西安市未央区汉城公社讲武殿村戈

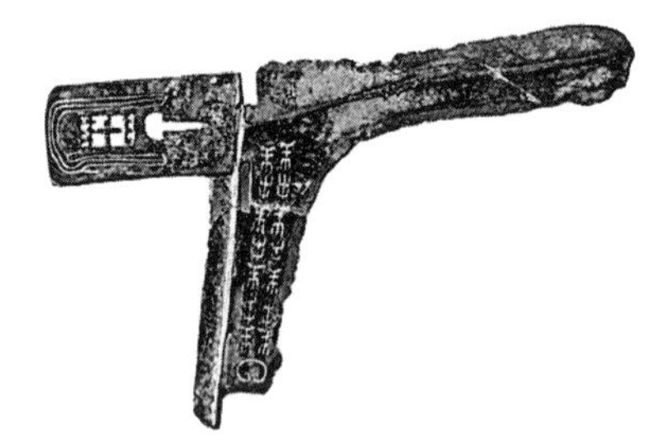

图二六　西安市文物保护考古所藏戈

图二七　湖北省荆门市包山墓地戈

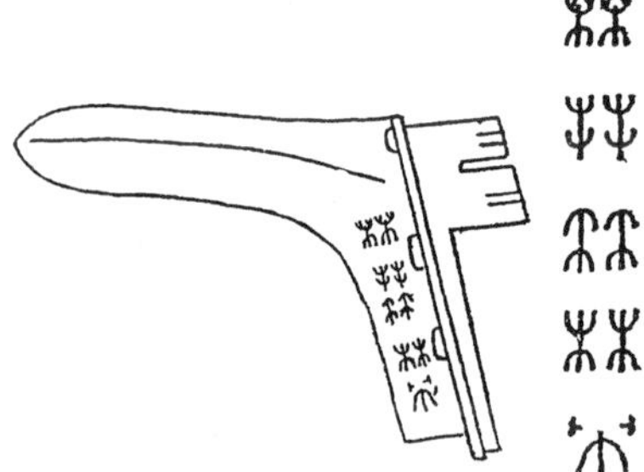

图二八　越南东山文化遗址戈

㉓ 峨眉山戈[48]，通长 21 厘米。峨眉山博物馆藏（图二九）。

㉔ 重庆市涪陵区小田溪战国墓（M12：37）戈[49]，长 20、高 12.6、厚 0.2 厘米。重庆市文化遗产研究院藏（图三〇）。

“特殊符号乙”也都出现在戈上，长援上昂，援中起脊，锋端圆鼓，圆中段略收缩，

图二九　峨眉山戈

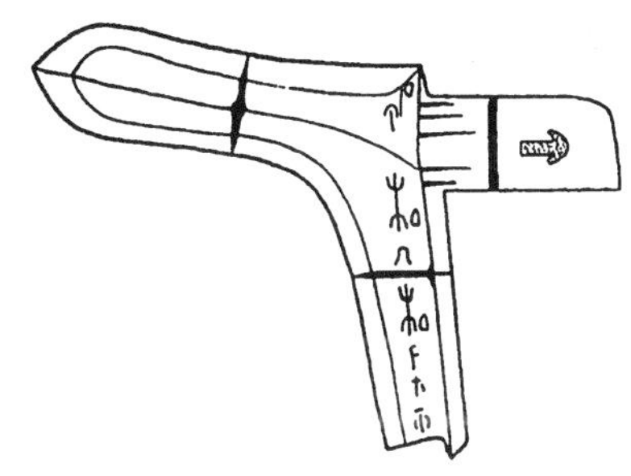

图三〇　重庆市涪陵区小田溪战国墓戈

长胡，长内。内部多有变形凤鸟纹演变来的曲折纹样。“特殊符号乙”出现的位置都在胡部，多作“木”“林”“棘”字形，故而学界也称其为“棘”字戈。它的一大特点是同一件戈上相似的符号重复出现。

研究巴蜀符号，首要的问题是有哪些种类的符号，以及巴蜀符号的形态如何。依据将巴蜀符号尽可能进行区分的原则，笔者曾区分出如下272种符号[50]，略依其所像归为人形、动物形、植物形、器物形、建筑形、几何形六类，其中，人形符号有12种（图三一），动物形符号有26种（图三二），植物形符号有33种（图三三），器物形符号有31种（图三四），建筑形符号有20种（图三五），几何形符号有150种（图三六）。

图三一　人形

两相比较，“特殊符号乙”与上举272种符号的构型与风格差别明显。这类“棘字

图三二　动物形

图三三　植物形

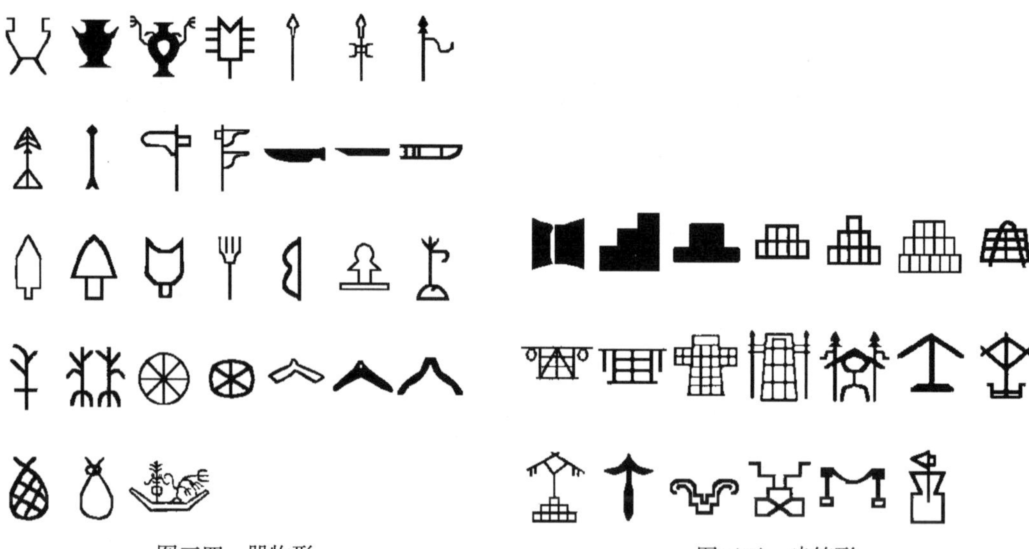

图三四　器物形　　图三五　建筑形

戈”的出土地点有巴蜀文化区的渠县、新都、什邡、宜宾、荥经、广元、蒲江、郫县、涪陵等地，也有楚文化区的桃源、益阳、长沙、江陵、黔阳、荆门、常德等地。这种戈目前尚难断定其为巴蜀文化遗物。湖北省荆门市十里铺镇王场村包山墓地 M4：43[51]与 M4：42 共出，两者形制全同，前者没有“特殊符号乙”。从戈内部的凤纹来看，这类戈应该是楚式的，而非巴蜀式的。出土于湖南常德德山 26 号战国墓的戈，戈上胡铭文当时以为是一种早期的楚文字[52]。巴蜀符号出现的器类有印、戈、剑、矛、镞、铍、鐏、刀、削、斧、钺、斤、凿、錾、盘、釜、釜甑、罍、钫、勺、豆、瓮、钟、錞于、钲、梳、带钩、兽头饰、铜泡、耳杯、棺，而且这些“特殊符号乙”仅见于铜戈上，不见于其他有巴蜀符号的器物上，与巴蜀符号显非同一系统，自然也不太可能是同一类符号框架下的两系。

1986 年陕西省紫阳县金川乡白马石村战国墓曾出土类似形制的戈（M03：1）[53]（图三七），其胡上符号与“特殊符号乙”形体有异，但仍然也是一个符号重复出现。林沄先生认为这种铭文“根本不能算一种文字，无论什么文字，不会连续使用同一符号三四次”，“这种铭文应该是本身没有文字的人们为了摹仿有文字的戈而制造出来的，只有装饰意义，假充文字而已。”[54]

笔者以为，“特殊符号乙”很可能也是这种情况。

以上，笔者以为“特殊符号甲”很可能是汉字；“特殊符号乙”也应该从巴蜀符号中剔除出去。因之，所谓的“似汉字而又非汉字者”以及“文字是方块字；是直行而非横行”者能否列入巴蜀符号系统还是很有问题的。

到目前为止，我们对巴蜀符号的整理与研究还很不充分，研究的进展也很有限。在这种情况下，笔者以为先以较为谨慎的态度较为严格的区别出巴蜀符号，是推进巴蜀符号研究的必要要求。在没有更明确的证据出现之前，笔者以为还是先将“特殊符号甲”“特殊符号乙”单列于巴蜀符号之外进行研究为宜。

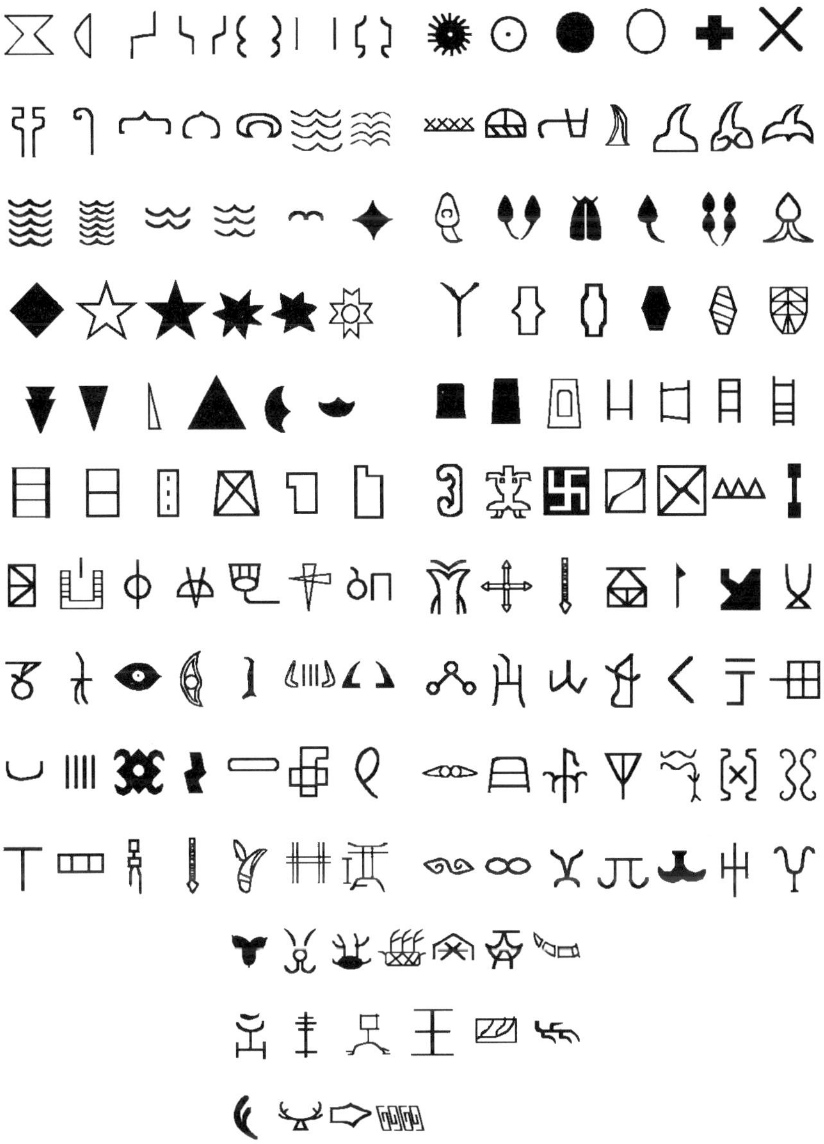

图三六　几何形

图三七　陕西省紫阳县金川乡白马石村战国墓戈

注　释

[1] 李复华、王家祐：《关于"巴蜀图语"的几点看法》，《贵州民族研究》1984年第4期。

[2] 孙华：《巴蜀符号初论》，《四川文物》1984年第1期。

[3] 刘豫川：《巴蜀符号印章的初步研究》，《文物》1987年第10期。

[4] 王仁湘：《巴蜀徽识研究》，《中国考古学会第七次年会论文集》，文物出版社，1992年。

[5] 四川省博物馆：《四川船棺葬发掘报告》，文物出版社，1960年，第59页。

[6] 童恩正：《古代的巴蜀》，四川人民出版社，1979年，第10章。

[7] 钱玉趾：《古蜀国存在过拼音文字再探》，《四川文物》1989年第6期。

[8] 梁文骏：《从战国带铭铜戈看蜀文字的存在》，《四川文物》1995年第2期。

[9] 李学勤：《论新都出土的蜀国青铜器》，《文物》1982年第1期，第41、42页。

[10] 段渝：《巴蜀古文字的两系及其起源》，《成都文物》1991年第3期。

[11] 冯广宏：《巴蜀文字探究和释读》，《成都理工大学学报（社会科学版）》2004年第3期，第2页。

[12] 笔者以为三星堆文化出土的刻划陶文一方面不能在战国时期的巴蜀符号中找到近同者，另一方面其与战国时期的巴蜀符号之间存在西周一代的时间缺环，所以并不宜将三星堆文化刻符号视作巴蜀符号的上源。

[13] 中国青铜器全集编辑委员会：《中国青铜器全集13·巴蜀》，文物出版社，1994年，第132页，图一四四。

[14] 李复华：《四川郫县红光公社出土战国铜器》，《文物》1976年第10期，第91页，图一，第93页，图一〇。

[15] 四川大学历史文化学院考古系、云阳县文物管理所：《云阳李家坝巴人墓地发掘报告》，《重庆库区考古报告集1998卷》，科学出版社，2003年，第357页，图一〇，3，第376页，图三七，7，图版一五，3。

[16] 四川省文物考古研究院、渠县博物馆：《城坝遗址出土文物》，上海古籍出版社，2014年，第13页，图一〇，8，第17页，图一四，1，图版二五～二七。

[17] 沈之瑜：《𨚕竝䇂戈跋》，《文物》1963年第9期，第62页。

[18] 周世荣：《湖南楚墓出土古文字丛考》《湖南考古辑刊》（第1辑）岳麓书社，1982年，第93页，图三，1。周世荣：《湖南出土战国以前青铜器铭文考》，《古文字研究》（第十辑），中华书局，1983年，第275页，图三二。熊传新：《湖南发现的古代巴人遗物》，《文物资料丛刊》（第7辑），文物出版社，1983年，第30页，图1.1。

[19] 沈之瑜：《𨚕竝䇂戈跋》，《文物》1963年第9期。

[20] 孙稚雏：《郳竝果戈铭释》，《古文字研究》（第七辑），中华书局，1982年，第103～108页。

[21] 何琳仪：《新蔡竹简地名偶拾—兼释次竝戈》，《中国历史文物》2003年第6期。

[22] 董珊：《释楚文字中的"汁邡"与"朐忍"》，《出土文献》（第一辑），中西书局，2010年，第165页。

[23] 周世荣:《湖南楚墓出土古文字丛考》《湖南考古辑刊》(第1辑),岳麓书社,1982年,第91页。
[24] 李学勤:《湖南战国兵器铭文选释》,《古文字研究》(第十二辑),中华书局,1985年,第333页。
[25] 冯广宏:《古蜀国汉字蜀字并用小考》,《成都文物》1997年第1期,第27页。
[26] 郫县文化馆:《四川郫县发现战国船棺葬》,《考古》1980年第6期,图版贰,1、2。
[27] 四川省文物考古研究院、德阳市文物考古研究所、什邡市博物馆:《什邡城关战国秦汉墓地》,文物出版社,2006年,第216页,图二二八,1,第217页,图二二九,图版二三〇。
[28] 四川省文物考古研究所、广元市文物管理所:《广元市昭化宝轮院船棺葬发掘简报》,《四川考古报告集》,文物出版社,1998年,第208页,图二一,1,图二二。
[29] 四川省文物考古研究院:《考古宜宾五千年》,文物出版社,2015年,第86页。
[30] 周世荣:《湖南出土战国以前青铜器铭文考》,《古文字研究》(第十辑),中华书局,1983年,第274页,图三〇一。
[31] 王毓彤:《江陵发现一件春秋带铭夔纹戈》,《文物》1983年第8期,第72页,图一。
[32] 湖南省博物馆、湖南省文物考古研究所、长沙市博物馆、长沙市文物考古研究所:《长沙楚墓》,文物出版社,2000年,第191页,图129,4。
[33] 同[32],第202页,图135,1。
[34] 四川省文物考古研究院、渠县博物馆:《城坝遗址出土文物》,上海古籍出版社,2014年,第13页,图一〇,2,第17页,图一四,4,图版二九、三〇。
[35] 冯广宏:《巴蜀文字的期待(三)》,《文史杂志》2004年第3期,第28页,图4。
[36] 刘瑛:《巴蜀兵器及其纹饰符号》,《文物资料丛刊》(第7辑),文物出版社,1983年,第15页,图三,8。
[37] 南京博物院:《台湾龚钦龙藏越王剑暨商周青铜兵器》,南京出版社,2003年,第109页。
[38] 罗振玉:《梦郼草堂吉金图》(中9),台联国风出版社,1978年。
[39] 盛昱:《郁华阁金文》,《金文文献集成》第15册,2005年,第422页。
[40] 刘体智:《小校经阁金文》10.49.2,中华书局,2016年。
[41] 吴式芬:《攈古录金文》2之1.45.1,《金文文献集成》第11册,第199页。
[42] 于省吾:《双剑誃吉金图录》下21,《金文文献集成》第二十册,香港明石文化国际出版有限公司,2005年,第48页。
[43] 湖南省博物馆:《湖南考古辑刊》(第7辑),岳麓书社,1999年,第274页,图2。
[44] 西安市文物保护考古所:《西安文物精华·青铜器》(114),世界图书出版公司,2005年。
[45] 西安市文物保护考古所:《西安文物精华·青铜器》(115),世界图书出版公司,2005年。
[46] 湖北省荆沙铁路考古队:《包山楚墓》,文物出版社,1991年,第299页,图一九五,2,第300页,图一九六,图版二一七,6,彩版一六,3。
[47] 饶宗颐:《由牙璋略论汉土传入越南的遗物》,《南中国及邻近地区古文化研究》,香港中文大学,1994年,第3页,图1-1,4。
[48] 峨眉山风景名胜区管理委员会:《峨眉山文物》,文物出版社,2007年,第50、51页。
[49] 重庆市文化遗产研究院、重庆市涪陵区博物馆、重庆市文物局:《重庆涪陵小田溪墓群M12发

掘简报》,《文物》2016年第9期，第12页，图二一，第21页，图四一，1。

［50］ 严志斌、洪梅：《巴蜀符号述论》,《考古》2017年第10期。

［51］ 湖北省荆沙铁路考古队编：《包山楚墓》文物出版社，1991年，第299页，图一九五，3。

［52］ 熊传新：《湖南发现的古代巴人遗物》,《文物资料丛刊》(第7辑)，文物出版社，1983年，第30页。

［53］ 陕西省安康水电站库区考古队：《陕西紫阳白马石巴蜀墓发掘简报》,《考古与文物》1987年第5期，第18页，图四，1、2，第19页，图五，1、2。

［54］ 同［53］，第20页。

清华简《良臣》“五之疋”补说

李天虹

（武汉大学历史学院、简帛研究中心）

清华藏简第叁册《良臣》7号简记：[1]

吴王光又（有）五（伍）之疋（胥）

整理者注：

五之疋，《古今人表》“中上”作“五子胥”。

如整理者所注，“五之疋”，确切无疑即《汉书·古今人表》的“五子胥”。但是“伍子胥”是春秋史上著名人物，这个称谓深入人心，“伍之胥”的称谓，却不见于其他文献，似乎值得解释。《良臣》整理者应是从注释宜简洁的角度出发，没有就此多着笔墨。这里我们尝试略作补说。

古人族氏、名字之间有时加“之”字，“之”系助词，前人早已就传世文献中的这种现象作过研究。如杨树达先生在《古书疑义举例续补》“人姓名之间加助字例”条说：[2]

王氏《经传释词》卷九云：“《礼记·射义》‘公罔之裘’。郑注曰：‘之，发声也。’僖二十四年《左传》：‘介子推。’杜注曰：‘之，语助。’凡《春秋》人名中有‘之’字者，皆仿此。”按：庄八年《左传》，有石之纷如。又二十八年有耿之不比。《论语·雍也篇》有孟之反。《孟子·离娄篇》有庾公之斯、尹公之他。皆姓名中加“之”字者也。例证甚多，不必尽举。

董珊先生对传世及出土文献中的这类人名作过系统梳理，在有关出土文献类似格式人名的研究上多有创获，[3]可以并参。

清华简《系年》整理者在对该篇人名“高之巨尔”作注释时，举杨树达先生的著作为证：[4]

亓（其）夫=（大夫）高之巨尔杀卲（昭）公而立亓（其）弟子亹（眉）寿。（《系年》11号简）

整理者注：“高之巨尔，即高渠弥。之，助词。先秦古书习见在人姓名中加‘之’的用法，可参看杨树达《古书疑义举例续补》‘人姓名之间加助字例’条。高渠弥杀郑昭公，事见《左传》桓公十七年。”

《左传》桓公十七年原文作：

初，郑伯将以高渠弥为卿，昭公恶之，固谏不听。昭公立，惧其杀己也。

辛卯，弑昭公而立公子亹。

可知整理者的意见正确可信。

《系年》还有几处类似的人名例：

献公卒，乃立奚齐。亓（其）夫=（大夫）里之克乃杀奚齐而立亓（其）弟悼子，里之克或（又）杀悼子。（《系年》32、33号简）

整理者注："里之克，即晋大夫里克。"

晋竞（景）公立八年，随会率师，会者（诸）侯于断道，公命郇之克先聘于齐，且卲（召）高之固曰："今萅（春）亓（其）会者（诸）侯，子亓（其）与临之。"齐同（顷）公囟（使）亓（其）女子自房中观郇之克，郇之克将受齐侯币，女子笑于房中，郇之克降堂而折（誓）曰："所不复颌于齐，毋（毋）能涉白水。"乃先归，须者（诸）侯于断道。高之固至莆池，乃逃归。（《系年》66～69号简）

整理者注："郇之克即郤克、郤献子，《左传》宣公十二年或称'驹伯'，其子郤锜，成公十七年传也称'驹伯'。郇，即'驹'，当为其封邑。聘齐事见《左传》宣公十七年：……高之固，即齐卿高固、高宣子。"

兹不避繁琐，将史书里与这两段简文相关的内容列举于此，以便读者参阅：

二十六年，献公卒。里克……于是杀奚齐、卓子及骊姬，而请君于秦。既杀奚齐，荀息将死之。人曰："不如立其弟而辅之。"荀息立卓子。里克又杀卓子，荀息死之。（《国语·晋语二》"二十六年，献公卒"章）

十七年春，晋侯使郤克征会于齐。齐顷公帷妇人使观之，郤子登，妇人笑于房。献子怒，出而誓曰："所不此报，无能涉河。"献子先归，使栾京庐待命于齐，……齐侯使高固、晏弱、蔡朝、南郭偃会。及敛盂，高固逃归。（《左传》宣公十七年）

此外，《系年》81号简人名"五之鸡"，又写作"五鸡"：

亓（其）子五（伍）员与五（伍）之鸡逃归吴。五（伍）鸡将吴人以回（围）州来，为长壑而洍之，以败楚师，是鸡父之洍。（《系年》81、82号简）

依例类推，《良臣》"五（伍）之疋（胥）"的"之"，也应该是族氏与名字之间的助词，那么"伍之胥"就相当于"伍胥"。而大家都熟悉的"伍子胥"，文献中确实也可见称为"伍胥"的例子。

《系年》整理者所说《古今人表》中的"五子胥"，传世文献多写作"伍子胥"，如《史记·伍子胥列传》记载："伍子胥者，楚人也，名员。员父曰伍奢。员兄曰伍尚。其先曰伍举，以直谏事楚庄王，有显，故其后世有名于楚。"上博藏战国楚竹书《鬼神之明》3号简则写作"五子疋"："及五子疋者，天下之圣人也，鸱夷而死。"[5]湖北云梦睡虎地77号西汉墓竹简或作"五子胥"，"楚平王令曰："有能得五子胥，予之田百万亩……"（J102）[6]

"伍子胥"，时常省去姓氏"伍"，直作"子胥"：

吴将伐齐，越子率其众以朝焉。王及列士，皆有馈赂，吴人皆喜。唯子胥

惧，曰：“是豢吴也夫。”(《左传》哀公十一年)

夫差将欲听与之成，子胥谏曰：“不可。夫吴之与越也，仇雠敌战之国也。……”(《国语·越语上》)

子疋(胥)前多功，后翏(戮)死，非亓(其)智衰也。(郭店《穷达以时》9、10号简)[7]

“子胥”又可以单称“胥”：

伍子胥之初犇吴，说吴王僚以伐楚之利。公子光曰：“胥之父兄为僇于楚，欲自报其仇耳，未见其利。”(《史记·吴太伯世家》)

其子二人皆出亡，一子五(伍)子尚，一子胥。胥走郑而[8](云梦汉简M77∶J95)

称“伍子胥”为“伍胥”的例子也不少见：

伍尚谓伍胥曰：“闻父免而莫奔，不孝也；父戮莫报，无谋也；度能任事，知也。子其行矣，我其归死。”(《史记·楚世家》)

阖闾闻楚得湛卢之剑，因斯发怒，遂使孙武、伍胥、白喜伐楚。(《吴越春秋·阖闾内传》)

传曰：“见清知浊，见曲知直，人君选士，各象其德。”夫差浅短，以是与嚭专权，伍胥为之惑，是之谓也。(《越绝书·越绝外传纪策考》)

据《国语·吴语》韦昭注，在助吴平楚之后，吴以申地封伍子胥，因此又称其为“申胥”，与“伍胥”之名可以类比：

夫申胥、华登简服吴国之士于甲兵，而未尝有所挫也。(《国语·吴语》“吴王夫差起师伐越”章)

韦昭注：“申胥，楚大夫伍奢之子子胥也，名员。鲁昭二十年，奢诛于楚，员奔吴，吴子与之申地，故曰申胥。”

“申胥”，又见于张家山汉简《盖芦》：[9]

盖芦问申胥曰：“凡有天下，何毁何举，何上何下？”(1号简)

整理者注：“申胥，即伍子胥，楚人，后奔吴，封于申。”

这样，从字面上看，《良臣》“五(伍)之疋(胥)”，直接对应文献中多见的“伍胥”，两个称谓的区别，仅在于助词“之”的有无。只不过“伍之胥”的称谓，目前仅见《良臣》这一个用例，显得有点特别。

最后还可提及，“伍之胥”，是在族氏和字中间加助词“之”。文献中有确切的这种例子。如《左传》哀公十一年“孟之侧后入以为殿”，杜注：“之侧，孟氏族也，字反。”《论语·雍也》“子曰：‘孟之反不伐’”，孔注：“鲁大夫孟之侧。”是鲁国大夫孟之侧，字反，也称“孟之反”。[10]新蔡葛陵楚墓N：260号骨器刻文有“卲(昭)之良”，即楚简所见文平夜君“子良”、亦即《左传》哀公十七年的楚昭王之子“子良”。[11]按古人名字通例，“子良”当是其人之字。[12]

附记：小文草成后，蒙李守奎教授和黄杰博士提供宝贵意见，谨此致谢。

注　释

[1] 李学勤：《清华大学藏战国竹简（叁）》，中西书局，2012年。本文引出土文献，对本来需要造字但用法无异议者，一律直接释写为通行字。

[2] 俞樾等：《古书疑义举例五种》，中华书局，2005年，第186页。

[3] 董珊：《出土文献所见"以谥为族"的楚王族——附说〈左传〉"诸侯以字为谥因以为族"的读法》，《出土文献与古文字研究》（第二辑），复旦大学出版社，2008年，第110～130页。

[4] 李学勤：《清华大学藏战国竹简（贰）》，中西书局，2011年。

[5] 马承源：《上海博物馆藏战国楚竹书（五）》，上海古籍出版社，2005年。

[6] 熊北生：《云梦睡虎地77号西汉墓出土简牍的清理与编联》，《出土文献研究》（第9辑），中华书局，2010年，第37～41页，图版叁。此墓资料尚未系统公布，发掘情况可参湖北省文物考古研究所、云梦县博物馆：《湖北云梦睡虎地M77发掘简报》，《江汉考古》2008年第4期。

[7] 荆门市博物馆：《郭店楚墓竹简》，文物出版社，1998年。

[8] "走"，整理者释为"老"，兹从何有祖先生释，参氏作《睡虎地77号西汉墓出土简牍札记》，《简帛》（第5辑），上海古籍出版社，2010年，第401页。又，张新俊先生也将此字改释为"走"，参氏作《睡虎地77号汉墓出土的伍子胥简文释读札记》，《学灯》（第二十八期），http://www.confucius2000.com/admin/list.asp?id=5779，2013年10月16日。

[9] 张家山二四七号汉墓竹简整理小组：《张家山汉墓竹简【二四七号墓】（释文修订本）》，文物出版社，2006年，第161页。此条资料笔者失察，蒙李守奎先生提示。

[10] 王引之《经义述闻（下）·卷二十二·春秋名字解诂上》"鲁孟之侧字反"条，上海书店2012年，第107页。

[11] 同[3]，第118、119页。

[12] 古人以"子良"为字之例，参看王引之《经义述闻（下）·卷二十二·春秋名字解诂上》第92页"郑公子去疾字子良"条、"齐高强字子良"条。

古玺复姓统计及相关说明

吴良宝

（吉林大学古籍研究所）

学界所说的古玺，通常是指秦统一以前行使于六国的玺印，而习惯上将秦印单列为一类。已经出版的古玺资料工具书首推《古玺汇编》（罗福颐主编，文物出版社1981年。以下简称《玺汇》）一书。此后又有《中国玺印集粹》（1996年）、《珍秦斋藏印·战国篇》（2001年）、《戎壹轩藏三晋古玺》（2017年）等多种古玺印谱出版。

《玺汇》"复姓私玺"部分共收玺印381方（3761～4141号），"补遗"部分也有十多方复姓私玺（其中个别的为秦印）。不过，"复姓私玺"栏中混入了一些"姓名私玺"或"官玺"，而后两者中也误收了部分"复姓私玺"。判断古玺复姓的方法，有学者总结为可与姓氏书对应、可与秦汉印中的姓氏相互参照、借助"="合文标识与印文格式加以推断等。[1]不过，仅靠印面格式、符合标识来推测古玺复姓具有明显的不确定性，且不易被证实。因此，严谨可靠的方法只有见于姓氏书、可与秦汉印复姓相对应（如《玺汇》3583"白羊"、4057"下沱"）、[2]两次以上重复出现于古玺（如《玺汇》4101～4125"□吴"）、[3]来源于当时的双字地名[4]等。

古玺资料中复姓的数量，已有的统计结果各不相同，原因在于新资料的不断公布以及新成果的出现。本文拟在已有讨论的基础上，对古玺复姓重作统计，凡著录于《玺汇》一书的一般迳给出编号、宽式释文，《玺汇》未收录的则用给出出处及编号（或页码）。

一

吴大澂《说文古籀补》（1884年）、丁佛言《说文古籀补补》（1924年）、强运开《说文古籀三补》（1933年）等字书都收录了古玺文字及复姓资料，比如《说文古籀补》引用了"臧孙、公孙"等个别复姓古玺，《补补》收录了"高堂、阳城、东里、窒孙、窒中、上官、成公"、疑释"闾丘、子鲜"等复姓，但误释齐系复姓"公乘"为"公软"、"䣙孙"为"颛孙"、"夏侯"为"履侯"、"亡羊"（按即见于《玺汇》3583）为"宰"、"尸昜"为"伤"、疑"大复"为"大迮"，不识"虐坧、命狐、赤章、公乘、羊闵"复姓，《三补》收录了"东阳、枯成"复姓，但误释"乘马"复姓为"騬""邯郸"为"鄲"，而"公族、赤阴、大弔、马帝、亓母、姑陶、文是、北宫、軙城"等复姓资料则被放入附录待考。罗福颐《玺印文字征》（1930年）释出了"夏侯、西方、中匀、相里、空侗、丌毋、司徒”等复姓（限于体例而未加以说明），但不识“中行、五鹿、虘坧、尸昜、疋于、公乘、赤阴、弔中、献邴”等复姓。

古玺中的复姓资料，吴大澂《续百家姓印谱》（1900年）、罗振玉《玺印姓氏征》（1925年）及其《补正》（1928年）等对此均有涉及。比如，前者引用了齐系“吾丘”复姓私玺（《续齐鲁古印攈》。《玺汇》未收录），后者引用了“空侗、室中、夏侯”等古玺复姓，但将三晋官印“下西闵”与秦官印“颤里典”、燕系姓名私玺“王生达”误当作复姓资料。不过，这两部书引用的主要是秦汉印，[5]使用的古玺资料非常少。

学界自觉地研究古玺中的复姓资料始于20世纪80年代。下面大致按照作者、论文发表时间的顺序，介绍近五十年来古玺复姓的主要考释意见。

1971年钱君匋、叶潞渊释出了三晋复姓“马帀”（《伏庐藏印》。《玺汇》4079）。[6] 1972年朱德熙释出了“疋于”复姓，[7]1983年释出了《玺汇》3430“句渎”。[8]1978年裘锡圭释出了《撷华斋古印谱》燕玺复姓“中行”（《玺汇》未收录）。[9]1981年李家浩释出了《碧葭精舍印存》“水丘”复姓（《玺汇》3508）。[10]

1983年曹锦炎释出了“句渎”（《玺汇》3430），1985年释出了“五鹿”复姓（《玺汇》3275）。[11]

1983年吴振武释出了《玺汇》“公石、白羊、驵正、栗师、少曲、坣谷、公芸、公上、方正、司空、閁丘、甘士”（0266、3099、3297、3371、3404、3549、3676、3679、3750、3840、4012、5570）等复姓，[12]有的复姓考释曾另以专文刊出；[13]1984年释出了“胡匋、门梪、赤阴”（2735、4000、4072）等古玺复姓；[14]1990年释出了“翯母”复姓；[15]1998年新释了《玺汇》“九侯、芁嗌、中勻、马矢、大弔、东户”（1095、2294、2707、3081、3428、3995）复姓以及“弔中”（《凝清室所藏周秦玺印》）、“东郭”（《吉金斋古铜印谱续集》）、“南宫”（《金薤留珍·府》）、“西都”（《吉林大学藏古玺印选》）、“春狐”（《湖南省博物馆藏古玺印集》）、“郇亡”（《铁云藏印续集》）、“白牛”（《吉林出土古代官印》）、“若嚣”（自藏玺印钤本）等复姓，疑《玺汇》4101燕玺复姓为“轩辕”；[16]2001年释出了“西门、桐木、子马”等（《珍秦斋藏印·战国篇》35、36、38）复姓。[17]

1984年汤余惠释《玺汇》3087齐玺的姓氏为复姓“臧马”，1993年将3552复姓隶定为“緐偖”。[18]

1984年林素清释《玺汇》2735等复姓为“匋君”省笔合文，1990年释出了《玺汇》3554齐玺“公乘”复姓。[19]

1988年刘乐贤考释《玺汇》3202为“公帀”、3297为“马是”等复姓，1999年释读《玺汇》3583为“白羊”、3235为“白土”复姓。[20]

1988年刘钊释《玺汇》2245复姓为“叁单”、3428为“大佗”；1991年考释了《玺汇》2211“少帀（师）”、3742“东乡”复姓，将3996、3081释为复姓“东仓”、“马奔”，疑《玺汇》5674为“公驳”复姓等；1998年疑《玺汇》4073为复姓“上秀”，疑《古玉印精华》19·2为“戠（戏）䐑”复姓。[21]

1989年陈汉平释读《玺汇》3238“者余”为“屠余（黍）”、3241“商容”、

3191“冯城”、3192“□多”为“柔移”、3583为“亡羊”复姓。[22]

1993年何琳仪释《玺汇》3371为“栖市（栖疏）”复姓，1998年读《玺汇》4072“赤阴”为“叔阴”、3421“疋茖”为“籍姑”、3725“命鱼”为“令狐”或“灵姑”、3427“大逯”为“大迭（太史）”、4101为“衛咘（铁弗）”、3434“东谷”为“东楼”、3752为“叁毋（三乌）”、“者余”为“诸御”、3758为“嗌缶（益寿）”、2245为“三蜀（三州）”，[23]2003年疑三晋玺印的“疋茖”与上博简《容城氏》“茖疋（赫胥）”有关。[24]

1994年施谢捷新隶释了《玺汇》3341“邡梁”、3347“夭疋（沃租）”、3552“繺偖（栾书）”复姓，疑读3421“疋茖”为“下落”（《汉志》上谷郡属县）、读3671“工赏”为“公上”；[25]1996年考释了《玺汇》3569“胡毋”、1095“九侯”复姓；[26]1997年考释了见于王常《集古印谱》卷六的楚玺“隥（登）徒”复姓；[27]1998年疑读《玺汇》3421“疋茖”为“下落”（《汉志》上谷郡属县），以及见于《尊古斋金石集》的“四水”复姓；[28]1999年释读了《玺汇》3453“安即”复姓、释0171与0325为复姓“阳门”，2000年考释了《玺汇》3384“九单”、5570的“甘士”、5674“公戯”、“长勺、在丘”（《鹤庐印存》）、“公户”（《中国玺印类编》）等；[29]2006年搜集列举了133种古玺复姓，其中新释了《玺汇》0323“信城”、2548“尸昜”、“浩生”（《香港中文大学文物馆藏印续集一》）、“东山、俞首、侯氏（《乐氏古玺印选集》）”、“公荟（《战国古玺印叞》）”、“西夫”（《鸭雄绿斋藏中国古玺印精选》）、“中弔（《陕西新出土古代玺印》）”、“关人、大敢、尚螳、乘徒”（私家藏印）等古玺复姓，指出见于《铁云藏印续集》的所谓“句芒”复姓并不可信、《玺汇》4022复姓“献于”当来自于地名；[30]2013年找出了古玺“弔梁”（《盛世玺印录》099）复姓，2015年考释了古玺中的“公先、於坦”等复姓。[31]

1996年黄德宽释《玺汇》3997复姓为“西郭”。[32]

1999年魏宜辉、申宪读《玺汇》2797为复姓“南郭”、3411“分虐”为“番吾”，认为3341“亡丘”是人名、读为“无咎”，认为3435印文应右读为复姓“戏阳”。[33]

2002年吴良宝辨析了“武州、叁□”（《玺汇》1325、2245）、“王子”（《顾氏集古印谱》62页）、“工师”（《湖南省博物馆藏古玺印集》18）、“刑丘”（《西泠印社古铜印选》第2页）等古玺复姓，统计出126种古玺复姓；2017年找出了古玺复姓“闾枳（虑虒）”。[34]

2002年徐在国考释了《玺汇》“马尸（马矢）、甘事（甘士）、嗌午（夷吾）”（3475、3590、3758）等复姓；2013年释读《玺汇》4101“□吴”复姓为“衒（？）唤（轩辕）”；2014年释读了楚玺复姓“戢厤”为“斗廉”。[35]

2002年萧毅认为《玺汇》3326是复姓“郑丘”，2017年据秦汉印人名“相夫”定0239“区夫相鉨·敬”为姓名私玺；2018年提出《香港中文大学文物馆藏印续集一》105“郾白”为复姓，私家藏印中的“公鲁、句垭”为复姓。[36]

2003年董珊释读《玺汇》4101“□吴”复姓为“率吴（鲜虞）”。[37]

2004年陈松长认为“中嬴君”的“中嬴”是古玺复姓。[38]

2005年程鹏万新释了古玺复姓“公良”（《中国玺印类编》第272页）。[39]

2006年田炜考释了古玺中的“白豥”（《古代玺印辑存》67）复姓，2008年考释了《玺汇》3600“贾市”、“新城”（《古代玺印辑存》41）、“大事（太史）”等复姓。[40]

2009年刘杰统计出古玺复姓共计172种，2015年将古玺复姓“高堂”读为“高唐”（地名，在今山东高唐县南）。[41]

2009年陈光田释《玺汇》4074的复姓为“鲜阳”。[42]

2010年程燕释《古玉印集存》87“戓曆”为复姓“钟离”、105“司口”疑读为复姓“司寇”。[43]

2012年张振谦释读《玺汇》4101“□吴”复姓为“彝吴（夷吾）”，2016年认为《玺汇》3532为“石丘”复姓合文。[44]

2015年李家浩将《玺汇》3099的复姓释读为“鲜于”、2715的复姓释读为“鲜阳”。[45]

2015年汤志彪释读《陶文图录》7·13·4、5的陶文印文为“公昜（公羊）”复姓。[46]

二

古玺复姓的数量，学者曾给出了126种、133种、172种等不同的说法。统计数据不同甚至差别较大，原因在于以往的讨论中存在重复收录、文字释读有误、官印误判为复姓私玺等情况。下面分别举例说明。

旧以为古玺复姓资料的3229“梁丘”、3941“尾生”等，从辞例上看应予排除。从楚玺“曲昜君□”（《古玺汇考》第149页）、西汉“宛朐侯埶”（《楚王陵汉印原拓珍藏印谱》）、汉印“阳陵侯则”（《新见古代玉印选续》0298）来看，楚玺“长信侯□”（《湖南古代玺印》）中的“长信”可能并非复姓，这几方印可能都是专为随葬用的印物。

古玺复姓的用字时有不同，比如“五蔾”（3083）、“五麛”（《盛世玺印录续壹》084）即“五鹿”（3083），“甘事”（3590）即“甘士”（5570）、“公先”（私家藏品）即“公西”（《盛世玺印录》098）等，[47]这些都不能作为两种复姓加以统计；而《玺汇》4015“鲜于”、4022“献于”以往多视为复姓“鲜于（虞）”的异写，当以吴荣曾、施谢捷定为两种复姓为是。[48]

从古玺复姓的用字习惯来看，读“工赏”（3671）为“公上”、“分虘”（3411）为“番吾”、“命鱼”（3725）为“令狐”，都需要存疑，况且仅是从印面格式推测其为复姓；“公昜”无需破读为“公羊”，《顾氏集古印谱》即有“公阳敖”汉印（汉印中或作“公伤”，比如《十钟山房印举》14·24收录有“公伤安汉·长幸”穿带印）。

古玺中的个别所谓复姓因文字释读不可信而需要存疑，比如《玺汇》3087齐系私玺的所谓“臧马”，《史记·建元以来侯者年表》、《汉书·景武昭宣元成功臣表》载有汉武帝时“臧马康侯雕延年”，似乎与齐地“臧马”相对应，但印文的所谓“马”字与战国齐系文字写法不相符，李家浩改隶为“臧”、读作“庄”，[49]近是；施谢捷释读《玺汇》2234“白（柏）人”为复姓，[50]该字或释为“貌”、[51]或释为“郳”；[52]《玺汇》3295、3326所谓“郑丘”复姓，实为“奠（郑）”字误释（可参看《盛世玺印录》087号）。

有些古玺的分类尚有争议，比如施谢捷释《玺汇》0323为“信城医”复姓私玺，何琳仪改释为“信城厌（侯）”，归入官印，[53]当以施说为是；《玺汇》3430“句渎旗”曾被归入复姓私玺，从“武□左旗”（《待时轩印存》）、“左旗”（《待时轩印存》）、“右旗”（《十钟山房印举》）等三晋官印来看，当以官印为妥。[54]

《玺汇》官印栏0239“区夫相鉨·敬”，施谢捷以为“区夫”复姓，萧毅据秦汉印人名“相夫”定之为姓名私玺，是否为复姓存疑。“中嬴君”的“中嬴”并非复姓（“嬴君”为常见的人名），而且这不是一方古玺。“子马绍”（《珍秦斋藏印·战国篇》38）以子马为氏，可能来源于清华简《系年》第二十三章的郑国贵族子马，[55]属于以人名为氏的类型。

已经公布的古玺复姓，还有个别资料诸家尚未谈及，比如，《中国古印——程训义古玺印集》1~157号的“夫西”可读作“扶柳”，《汉志》信都国有扶柳县，在今河北冀州市西北，该复姓属“以地为氏”类型（“夫西”还见于赵国的三孔布币，从同见于三孔布币的“南行唐、封斯”等资料来看，扶柳也是赵国的县名）；《匋玺室藏古印存》收录三晋系“白人潍”私玺，“白人”即复姓“柏人”，也见于赵国“白人”小直刀币。

通过上面的梳理，可以筛选出可确认或基本无争议的古玺复姓约147种：[56]

0226 公石　0251 渝城　0323 信城　1095 九侯　1305 子鲜　1325 武州　2245 郕□
2294 九益　2314 阳埇　2548 尸昜　2625 申乇　2707 中匀　2715 玄羊　2735 胡陶
2895 文是　3081 马矢　3099 白羊　3136 □闵　3192 □多　3202 少帀　3260 疋于
3274 北宫　3275 五鹿　3311 者余　3341 邡梁　3347 夭疋　3350 大弔　3371 栗师
3384 九单　3404 少曲　3412 公族　3421 疋茖　3426 大成　3427 大复　3434 东谷
3448 王子　3453 安即　3508 水丘　3549 尚谷　3552 栾书　3584 亦章　3679 公上
3742 东乡　3761 司徒　3763 司马　3831 司寇　3840 司空　3841 公孙　3929 王孙
3931 长孙　3934 臧孙　3937 室孙　3939 正孙　3957 东方　3963 西方　3967 上官
3972 空侗　3984 相里　3986 命狐　3988 夏侯　3989 夏后　3991 东里　3992 东野
3993 东阳　3999 高堂　4000 门柤　4001 亓母　4008 乘马　4010 吾丘　4012 闾丘
4015 鲜于　4022 献于　4024 淳于　4034 邯郸　4038 阳城　4048 犷求　4049 枯成
4053 成公　4057 下池　4062 韩侯　4064 韩城　4066 右行　4068 公乘　4071 赤阴
4074 □阳　4075 驲正　4079 马帝　4089 马帀　4090 室中　4101 彝吴　4141 亡丘
5570 甘士　5626 丘孙　5674 公叡

中行（《撷华斋古印谱》）
若敖（《寒香书屋金石拓本》）
公可（《待时轩印存》）
南宫（《金薤留珍》）
乘臼（《平庵考藏古玺印选》）
四水（《衡斋藏印》）
公荎（《战国古玺印叚》）
长勺、胡毋（《鹤庐印存》）
登徒（王常《集古印谱》）
公易（《陶文图录》7·13·4）
䜣门（《顾氏集古印谱》）
柏公、困石、梁城（《中国玺印集粹》）
城父（《考古》1993.1）
大宰（《文物春秋》2002.3）
东山、俞首、侯氏（《乐氏古玺印选集》）
春狐、攻师（《湖南省博物馆藏古玺印集》）
西宫、公户、公孟、公良（《中国玺印类编》）
弔中（《凝清室所藏周秦玺印》）
新城、白豕（《古代玺印辑存》）
中弔（《陕西新出土古代玺印》）
弔梁、公西（《盛世玺印录》）
西都（《吉林大学藏古玺印选》）
西夫（《鸭雄绿斋藏中国古玺印精选》）
东郭（《吉金斋古铜印谱续集》）
白牛（《吉林出土古代官印》）
栽磿（《古玉印精萃》）
荆丘（《戎壹轩藏三晋古玺》）
浩生（《香港中文大学文物馆藏印续集一》）
在丘（《二百兰亭斋古铜印存》）
白人（《匋玺室藏古印存》）

洞沐、西门、子马（《珍秦斋藏印 • 战国篇》）
夫西（《中国古印——程训义古玺印集》1 ~ 157）
关人、大事、尚螳、於丘、闾枳、芥丘、公鲁、句坵（私家藏品）

附记：本文是国家语委重大项目（YWZ—J015）的阶段性成果。本文撰写过程中，梁鹤、蔡一峰博士曾帮助扫描部分资料，修改过程中承蒙吴师振武先生、施谢捷先生指正，谨此一并致谢。

注　释

［1］林素清：《战国文字研究》，台湾大学中文研究所 1984 年博士论文，第 136 ~ 140 页。刘乐贤：《古玺汉印复姓合证三则》，《中国古文字研究》（第一辑），吉林大学出版社，1999 年，第 133 页。刘杰：《战国文字复姓统计与初步整理》，《古文字研究》（第三十辑），中华书局，2014 年，第 310 ~ 312 页。

［2］还可以举出“困石”复姓（《中国玺印集粹》“困石关”古玺、《虚无有斋摹辑汉印》3763“困石非印 · 臣非”）、“子鲜”（《玺汇》1305“子鲜头”与《盛世玺印录续贰》035“子鲜罹尔”古玺、《虚无有斋摹辑汉印》3836“子鲜蒙印”）等例子。

［3］《玺汇》2314“阳堷陞”与《中国古印——程训义古玺印集》1 ~ 44“阳堷瓔”、《玺汇》4048“狄求迲痯”与《盛世玺印录》094“狄求相奴”、《玺汇》3427“大遉庆”与《匋斋藏印》“大遉贾”、《玺汇》4070“赤阴猛”与《戎壹轩藏三晋古玺》016“赤阴蒠”、《玺汇》3371 与 3410 的“栗市（师）”、《玺汇》4000“门柤狘”与《陕西书法》总第八期第一页“闵柤豈”、《玺汇》2245“郚□苍”与私家藏印“郚□明”等，在古玺私玺中出现两次及以上，虽然不见于姓氏书，已足以确认为复姓。

［4］《玺汇》2245“郚□苍”的“郚□”也见于 2226“郚□亩鄃”三晋官印、3421“疋茖瓶”的“疋茖”也见于 0045“疋茖司马”三晋官印等，可以推断为复姓。

［5］（清）张澍《姓韵》（1839 年编成，三秦出版社，2003 年）辑补了一些不见于姓氏书的资料，有的是依据《续汉书》《列仙传》《集韵》，比如“屋兰氏、羡门氏、鲜卑”等；有的则是依据秦汉印，比如《定香亭笔谈》中引用的“阳官马”秦印（第 483 页“按：……官字笔迹微似宜”）、《集古印谱》的“单门东、单门段”汉印等；有的是依据汉魏碑刻、造像等，比如“弓仲氏、无丘氏”等，未见使用古玺的情况。

［6］钱君匋、叶潞渊：《中国玺印源流》，香港上海书局，1971 年。

［7］朱德熙、裘锡圭：《战国文字研究六种》，《考古学报》1972 年第 1 期，第 80 页。

［8］朱德熙：《古文字考释四篇》，《古文字研究》（第八辑），中华书局，1983 年，第 16 ~ 18 页。

［9］裘锡圭：《战国货币考（十二篇）》，《北京大学学报（哲学社会科学版）》1978 年第 2 期，第 82 页。

［10］李家浩：《战国时代的“冢”字》，《语言学论丛》（第七辑），商务印书馆，1981 年，第 115 页。

［11］曹锦炎：《释𦤎》，《史学集刊》1983 年第 3 期，第 90 页；《战国玺印文字考释（三篇）》，《考古与文物》1985 年第 4 期，第 82 页。

［12］吴振武：《〈古玺汇编〉释文校订及分类修订》，《古文字学论集（初编）》，香港中文大学中国文化研究所、吴多泰中国语文研究中心，1983 年，第 490、513、514、515、517、520、521、526 页。

[13] 吴振武:《古玺合文考(十八篇)》,《古文字研究》(第十七辑),中华书局,1989年,第271~276页;《战国玺印中的“申屠”氏》,《文史》(第三十五辑),中华书局,1990年,第48页。

[14] 吴振武:《〈古玺文编〉校订》,吉林大学1984年博士学位论文。

[15] 吴振武:《释湢》,《文物研究》(第六辑),黄山书社,1990年,第221页。

[16] 吴振武:《古玺姓氏考(复姓十五篇)》,《出土文献研究》(第三辑),中华书局,1998年,第74~88页(按,此文系1993年据1987年初稿增定而成);《燕国玺印中的“身”字》,《胡厚宣先生纪念文集》,科学出版社,1998年,第197页。

[17] 萧春源:《珍秦斋藏印·战国篇》(吴振武释文),澳门基金会,2001年。

[18] 汤余惠:《略论战国文字形体研究中的几个问题》,吉林大学1984年博士学位论文,第165页;《古文字研究》(第十五辑),中华书局,1987年,第84页;《包山楚简读后记》,《考古与文物》1993年第2期,第71页。

[19] 林素清:《战国文字研究》,台湾大学中文研究所1984年博士论文,第166页;《〈古玺文编〉补正》,《金祥恒教授逝世周年纪念论文集》,1990年,第110页。

[20] 刘乐贤:《古玺文字考释(十则)》,《古文字研究》(第二十一辑),中华书局,2001年,第286、288、289页(此为1988年古文字年会论文);《古玺汉印复姓合证三则》,《中国古文字研究》(第一辑),吉林大学出版社,1999年,第135、136页。

[21] 刘钊:《古文字中的合文、借笔、借字》,《古文字研究》(第二十一辑),中华书局,2001年,第400、401页(此为1988年古文字年会论文);《古文字构形研究》,吉林大学1991年博士学位论文,第524、544、508、570、547页;《玺印文字释丛(二)》,《考古与文物》1998年第3期,第78、81页。

[22] 陈汉平:《屠龙绝绪》,黑龙江教育出版社,1989年,第275、282、290、292页。

[23] 何琳仪:《古玺杂释再续》,《中国文字》(新十七期),艺文印书馆,1993年,第294、295页;《战国古文字典》,中华书局,1998年,第200、488、501、922、950、1283、1419、1486、1487、1491、1501页。

[24] 何琳仪:《第二批沪简选释》,《学术界》2003年第1期,第89页。

[25] 施谢捷:《〈古玺汇编〉释文校订》,《容庚先生百年诞辰纪念文集(古文字研究专号)》,广东人民出版社,1998年,第649、650页(此为1994年古文字年会论文)。

[26] 施谢捷:《古玺印考释十篇》,《印林》1996年第2期(总第98期),第33~35页;《古玺印文字考释五篇》,《南京师范大学学报(社会科学版)》1996年第4期,第126、127页。

[27] 施谢捷:《释战国楚玺中的“登徒”复姓》,《文教资料》1997年第4期,第110~113页。

[28] 施谢捷:《〈古玺汇编〉释文校订》,《容庚先生百年诞辰纪念文集(古文字研究专号)》,广东人民出版社,1998年,第649页;《古玺印文字丛考(十篇)》,《南京师范大学学报(社会科学版)》1998年第1期,第116、117页。

[29] 施谢捷:《古玺印文字丛考(十篇)》,《语言研究集刊》(第六辑),江苏教育出版社,1999年,第88~90页;《古玺复姓杂考(六则)》,《中国古玺印学国际研讨会论文集》,香港中文大学文物馆,2000年,第31~48页。

[30] 施谢捷：《古玺汇考》，安徽大学2006年博士学位论文，第243、298～300、317、322、326、334、345页。

[31] 吴砚君编著：《盛世玺印录》（施谢捷释文），艺文书院，2013年，第59页。施谢捷：《新见战国私玺零释》，《中国书法》2012年第11期，第98～101页；《文字与解释学术交流会论文集》，中西书局，2015年，第81、82、85～88页。

[32] 黄德宽：《古文字考释二题》，《于省吾教授百年诞辰纪念文集》，吉林大学出版社，1996年，第276页。

[33] 魏宜辉、申宪：《古玺文字考释（十则）》，《东南文化》1999年第3期，第96～98、100页。

[34] 吴良宝：《古玺复姓统计及相关比较》，《古籍整理研究学刊》2002年第4期，第40～44页；《战国地名"肤施""虑虒"及相关问题》，《文史》2017年第2辑（总第一一九辑），第285页。

[35] 徐在国：《古玺文释读九则》，《考古与文物》2002年第5期，第95、96页；《燕国文字中的"奂"及从"奂"之字》，《中国文字研究》（第十五辑），上海书店出版社，2013年，第33、34页；《利用清华简考释楚玺一则》，《历史语言学研究》（第七辑），商务印书馆，2014年，第178～181页。

[36] 萧毅：《古玺文字研究》，中山大学2002年博士学位论文，第87、88页；《古玺读本》，凤凰出版社，2017年，第207、208页；《古玺文分域研究》，崇文书局，2018年，第253、282、284页。

[37] 董珊：《试说燕玺复姓"鲜虞"》，《战国题铭与工官制度研究——附论新见铜器和简帛》，北京大学2004年博士后流动站出站报告，第89页。

[38] 陈松长：《湖南古代玺印》，上海辞书出版社，2004年，第39页。

[39] 程鹏万：《古玺复姓考释三篇》，《古籍研究》（2005卷上），安徽大学出版社，2005年，第147页。

[40] 田炜：《古玺字词丛考（十篇）》，《古文字研究》（第二十六辑），中华书局，2006年，第388页；《古玺探研》，中山大学2008年博士学位论文。

[41] 刘杰：《战国文字所见姓氏整理及疏证》，中山大学2009年博士学位论文，又，后来给出的统计结果是171种，说见：《战国文字复姓统计与初步整理》，《古文字研究》（第三十辑），中华书局，2014年，第307～309页。刘杰：《复姓源流新证释例》，《古文字论坛》（第一辑），中山大学出版社，2015年，第210、211页。

[42] 陈光田：《战国玺印分域研究》，岳麓书社，2009年，第312页。

[43] 程燕：《〈古玉印集存〉释文校订》，《古文字研究》（第二十八辑），中华书局，2010年，第374、375页。

[44] 张振谦：《燕玺复姓"夷吾"考》，《中国文字学报》（第四辑），商务印书馆，2012年，第114～120页；《齐系合文考释（四则）》，《印学研究》（第八辑）（安丘印派研究专辑），文物出版社，2016年，第315页。

[45] 李家浩：《战国私印中的复姓"鲜于"》，《印学研究》（第七辑）（印外求印专辑），文物出版社，2015年，第186～201页；《战国私印中的复姓"鲜阳"》，《印学研究》（第七辑）（印外求印专辑），文物出版社，2015年，第201～208页。

[46] 汤志彪：《战国陶玺文字考释七则》，《中国文字研究》（第二十二辑），上海书店出版社，2015年，第82、83页。

[47] “吾丘”（4010）或作“虐垢”（3433）或作“虍垢”（《顾氏集古印谱》)、“亦章”（3584）即“赤章”（《匋斋藏印》)、“榦城”（4064）即“斡城”（4065）、“司工（《珍秦斋藏印·战国篇》)”即“司空（3840)”、“空侗”（3973）即“空桐”（《中国玺印集粹》166）、“东野”（3995）即“东埜”（3992）、“工帀”（《戎壹轩藏三晋古玺》006）即“攻师”（《湖南省博物馆藏古玺印集》18）、“古成”（《中国古印——程训义古玺印集》1～53）即“枯成”（4049）、“鬳于”（4022）即“献邪”（《梦庵藏印》)、“敦于”（4033）即“辜于”（4023）、“夏句”（《善斋玺印录》）即“夏后”（3990）、“中匀”（2707）即“中均”（《铭像》17318 戈）、“乘徒”（《古玺汇考》323 页）即“胜徒、申屠”，都属于同样的情况。

[48] 吴荣曾：《中山国史试探》，《历史学》1979 年第 4 期，第 38 页。施谢捷认为《玺汇》4022 复姓“献于”当来自于《左传·襄公十八年》中的“献于”地名，说见：《古玺汇考》，第 317 页。按，《殷周金文集成集成》9715 杕氏壶“鲜于”即“鲜虞”国族名，即为确证。

[49] 李家浩：《庚壶铭文及其年代》，《古文字研究》（第十九辑），中华书局，1992 年，第 95 页。

[50] 施谢捷：《〈古玺汇编〉释文校订》，《容庚先生百年诞辰纪念文集（古文字研究专号）》，广东人民出版社，1998 年，第 647 页。按，《古玺汇考》第二部分“姓名私玺·复姓”中未收录“白（柏）人”复姓。

[51] 刘钊：《古文字构形研究》，吉林大学博士学位论文，第 525 页。按，2006 年正式出版时已删除此条。

[52] 汤志彪：《三晋文字编》（第二册），作家出版社，2013 年，第 955 页。

[53] 何琳仪：《战国文字通论（订补）》，江苏教育出版社，2003 年，第 299 页。

[54] 李家浩：《谈战国官印中的“旗”》，《纪念徐中舒先生诞辰 110 周年国际学术研讨会论文集》，巴蜀书社，2010 年，第 202～206 页。

[55] 苏建洲、吴雯雯、赖怡璇：《清华二〈系年〉集解》，台北万卷楼图书股份有限公司，2013 年，第 899 页，苏建洲按语疑简文“子马、子池”可能是“美称＋名”，同时又推测“子马、子池”可能为氏。

[56] 还有四十余种从印面格式疑为古玺复姓的资料，均不见于秦汉印复姓且只出现一次：0306 □觑、0325 易门、0865 长□、2498 [illegible]都、2574 竧成、2617 徒屯、2638 灵城、3191 焉城、3239 垧閔、3241 商容、3411 分虘、3413 □马、3418 旨庐、3420 □阳、3435 □阳、3440 □闵、3451 □阳、3600 贾市、3658 □□、3659 □□、3660 □陵、3663 □□、3668 □矢、3671 工赏、3675 夕孙、3676 公芸、3677 □复、3678 □孙、3680 马济、3683 □高、3694 雷族、3725 命鱼、3738 □□、3752 □毋、3757 □丘、3997 西郊、4073 上汖、枯才（《铁云藏印续集》)、子柏（《中国玺印集粹》)、都英（《南京市博物馆藏印选》)、郊竘（私家藏品）等。

古代人名研究三则

刘　钊

（复旦大学出土文献与古文字研究中心，出土文献与中国古代文明研究协同创新中心）

一、嬃

《说文·女部》："嬃，女字也。《楚词》曰：'女嬃之婵媛。'贾侍中说：'楚人谓姊为嬃。'从女，须声。"[1]王逸《楚辞章句》曰："女嬃，屈原姊也。"宋洪兴祖《楚辞补注》谓："《说文》云：嬃，女字也，音须。贾侍中说：'楚人谓女曰嬃。'前汉有吕须，取此为名。"[2]

王逸《楚辞章句》最早指出"女嬃"是屈原之姊，但却没有提出任何根据，所以"女嬃"的身份仍可存疑。

《说文》引贾逵说"楚人谓姊为嬃"，可宋洪兴祖《楚辞补注》引贾逵的解释却是"楚人谓女为嬃"。"楚人谓女为嬃"的说法应该出自《集韵》，《集韵》"嬃"字下就是这样解释的[3]。《集韵》是宋代的著作，很显然，洪兴祖的说法是根据当时韵书的训释，是来源有自的。

贾逵的"楚人谓姊为嬃"似乎是出自王逸的"女嬃，屈原姊也"，可王逸的意思只是说"叫女嬃的这个人是屈原的姐姐"，并没有说"嬃"是楚人对姐姐的通称。贾逵怎么可能从"女嬃，屈原姊也"的解释生发出"楚人谓姊为嬃"的训释呢？

《说文》既说"嬃"是"女字"，又引贾逵说"楚人谓姊为嬃"，这两种训释本来就难以并存，加上贾逵的"楚人谓姊为嬃"有"楚人谓女为嬃"的另一种异文，这似乎可以提示我们，"嬃"很可能本来就是指女人的名字，贾逵本来说的也就是"楚人谓女为嬃"，而"楚人谓女为嬃"不过是"嬃，女字也"的另一种说法，两者并不矛盾。后来因为"女嬃"被王逸解释成"屈原姊"，于是"楚人谓女为嬃"就被误写或误传成了"楚人谓姊为嬃"。明梅膺祚《字汇》"嬃"字下的训释是："新於切，音胥。女字。贾侍中说：'楚谓姝为嬃。'"[4]"姝"意为"美女"，"楚谓姝为嬃"和"楚人谓女为嬃"虽然"姝"和"女"用字不同，但其含义却相差无几，这应该是贾逵本来的意思。《字汇》虽然编纂时代偏晚，但在"嬃"字的训释上，显然保留了更合理的解释。

《易·归妹》："六三：归妹以须，反归以娣。"高亨注："须，借为嬃，姊也。"[5]高亨将"须"读为"嬃"，训为"姊"的说法被很多人信从，其实却是可疑的。首先"嬃"字除了见于《楚辞》，再没有在其他先秦典籍出现过，因此是个孤证；其次，按高亨的理解，《易·归妹》文意说的是嫁姊不成反嫁妹的意思，可古代典籍在表示这个意思时，只用“姒娣”这一相对的称呼，从来没有“媭娣”相对的用法和习惯。“归妹以须”的“须”马王堆帛书《周易》本作“嬬”。《说文·女部》：“嬬，弱也。一曰：下妻也。”段玉裁《说文解字注》谓：“下妻，犹小妻。《后汉书·光武纪》曰：‘依托为人下妻。’《周易》‘归妹以须’《释文》云：‘须，荀、陆作嬬。陆云：妾也。’”[6]清俞正燮《癸巳类稿·释小补楚语笄内则总角义》：“小妻，曰妾、曰嬬、曰姬、曰侧室、曰簉室。”[7]章炳麟《新方言·释亲属》：“广州谓妾曰嬬。”[8]《史记·天官书》“婺女，其北织女。”《索隐》曰：“《尔雅》云‘须女谓之务女。’或作‘婺’字。”[9]《正义》曰：“须女，贱妾之称，妇职之卑者，主布帛裁制嫁娶。”[10]将“须女”训为“贱妾”，也是读“须”为“嬬”的。我们认为“归妹以须”的“须”还是应该按《释文》所引陆绩训为“妾”的解释为好，将“须”读为“媭”，训为“姊”的说法是不合适的。

“媭”从“须”声，“媭”“须”可通，因此典籍中“女媭”又作“女须”，“吕媭”又作“吕须”。从文字的孳乳规律看，“媭”显然是“须”的加旁字，即当“须”经常用为女人的名字后，就在“须”字上加上一个表意的“女”旁，从而分化出了“媭”。

女人以“须”为名，有什么寓意呢？在此可稍加推测。

“须”有“迟缓”之义，《荀子·礼论》：“故天子七月，诸侯五月，大夫三月，皆使其须足以容事，事足以容成，成足以容文，文足以容备，曲容备物之谓道矣。”[11]王念孙《读书杂志·〈荀子〉补遗》载王引之曰：“须者，迟也。《论语》‘樊须，字迟’。谓迟其期，使足以容事也。杨云‘须，待也，谓所待之期也’，则失之迂矣。”[12]即其证。“须”又有“须臾”的意思，《荀子·王制》：“贤能不待次而举，罢不能不待须而废。”杨倞注：“须，须臾也。”[13]“须臾”同时又有“优游”“逍遥”“从容”的意思，《史记·淮阴侯列传》：“足下所以得须臾至今者，以项王尚存也。”王念孙《读书杂志·史记五》：“此‘须臾’与《中庸》‘道不可须臾离’异义。须臾，犹从容，延年之意也。言足下所以得从容至今不死者，以项王尚存也。《汉书·贾山传》：‘愿少须臾毋死，思见德化之成也。’‘少须臾’即少从容，亦延年之意也。故《武五子传》‘奉天期兮，不得须臾’，张晏曰：‘不得复延年也。’从容、须臾，语之转耳。”[14]类似的例子还如“迟”义为“缓慢”，但“迟迟”就有“从容”的意思，《礼记·孔子闲居》：“孔子曰：‘无声之乐，气志不违；无体之礼，威仪迟迟。’”孙希旦《集解》：“威仪迟迟，行礼以和，而从容不迫也。”[15]“徐”有“缓慢”的意思，同时“徐”也有“宽缓”“娴雅”的意思，如《尔雅·释训》：“其虚其徐，威仪容止也。”郭璞注：“雍容都雅之貌。”[16]又《庄子·应帝王》：“泰氏，其卧徐徐，其觉于于。”陆德明《释文》引司马彪云：“徐徐，安稳貌。”成玄英疏：“徐徐，宽缓之貌。”[17]从情理上看，凡迟缓的动作，都会显得从容、悠闲、安稳。而从容、悠闲、安稳与雍容、娴雅、平和又义本相因，所以古代典籍中的“须臾”“逍遥”“舒迟”“迟迟”“舒缓”“徐徐”“安徐”“安舒”“安闲”“宽缓”“宽柔”“慢易”（又作嫚易）等词，都是既有“缓慢”“宽缓”义，又用为“从容”“雍容”“悠闲”“娴雅”的意思。古人要求君子言行要从容不迫，即举止要娴雅，所以《礼记·玉藻》说：“君子之容舒迟。”孔颖达疏：“舒迟，闲雅也。”[18]古人要求女人举止要舒缓，所以《诗·召南·野有死麕》说：“有女如玉，舒而脱脱兮。”毛传：“舒，徐也。”[19]

通过以上分析我们可以做出这样的推测：古代女子以“须”为名，是缘于“须”有“迟缓”义，而“迟缓”义与“宽柔”“娴雅”一类形容女人仪态美丽的意思相因，所以“须”最初应该可以用为形容女人宽柔、娴雅、美丽的一个词。这样看来，《字汇》所引贾逵训“嬃”为“楚谓姝为嬃”就应该是合适的答案。“须”为“迟缓”义，可以用来形容女人的宽柔、娴雅、美丽，从词源的角度看，与“媛”“曼”两字的用法相似。“媛”的声符为“爰”，表示缓慢义的“缓”就从“爰”声，“媛”就用为“美女”义；[20]表示缓慢义的“慢”就从“曼”声，“曼”也用为“柔美”义，古汉语中“曼姬”指美女，“曼丽”就是“美丽”，“曼妙”就是美妙。以上所举，都是女人名字所用字兼有“缓慢”义和“娴雅”义的例子。当然，有《楚辞》中的“女嬃”在前，其后以“嬃”命名名字的，追慕仿效“女嬃”可能是最主要的原因。

典籍记载女人以“嬃”（须）为名的除了《楚辞》中的“女嬃”外，还有西汉吕后的妹妹，即嫁给樊哙的吕嬃。《汉书·广陵厉王胥列传》载：“始，昭帝时，胥见上年少无子，有觊欲心。而楚地巫鬼，胥迎女巫李女须，使下神祝诅。女须泣曰：‘孝武帝下我。’左右皆伏。言‘吾必令胥为天子。’胥多赐女须钱，使祷巫山。会昭帝崩，胥曰：‘女须良巫也！’杀牛塞祷。及昌邑王征，复使巫祝诅之。后王废，胥浸信女须等，数赐予钱物。宣帝即位，胥曰：‘太子孙何以反得立？’复令女须祝诅如前。”[21]文中提到的女巫李女须，就是姓李名“女须”的一个女子。广陵战国时为楚地，女巫李女须的名字，应该是仿效《楚辞》中的女嬃而来。

满城汉墓二号墓是西汉中山王刘胜的妻子窦绾的墓，墓中出土有窦绾的印，印为两面印，一面为“窦绾”，一面为“窦君须”（图一，1），[22]由此可知窦绾字“君须”。这也是一个女人以“须”为名字的例子。

秦汉印中还有一些以“嬃”或“须”做名字的例子，如《秦代印风》158有“新嬃”（图一，2），《吉林大学藏古玺印选》329有“赵嬃”（图一，3），《续齐鲁古印捃》171有“韩嬃之印·韩少孺”（图一，4），《汉印文字征》12·12b有“韩嬃”（图一，5），《汉印文字征补遗》12·4b有“霍嬃”（图一，6），《汉印文字征补遗》12·4b有“矦（侯）嬃”（图一，7），《汉印文字征补遗》12·4b有“黄嬃”（图一，8），《匋斋藏印》第三卷有“张须”（图一，9），《虚无有斋摹辑汉印》1533有“吕少须·吕中君”（图一，10），《虚无有斋摹辑汉印》1557有“马女之印·马少须印”（图一，11），《汉印文字征》12·12b有“范翁嬃”（图一，12），《汉印文字征补遗》12·4b有“赵稚嬃”（图一，13），《汉印文字征》9·3b有“时翁须”（图一，14），《十钟山房印举》19·34有“王君胥印”（图一，15），《汉铜印丛》9也有“王君胥”（图一，16）等。

其中《汉印文字征》12·12b的“范翁嬃”与《汉印文字征》9·4b的“时翁须”，一个名“翁嬃”，一个名“翁须”，更可看出“嬃”“须”的用法相同。《虚无有斋摹辑汉印》1533的“吕少须”与《虚无有斋摹辑汉印》1557的“马少须”名字相同，他们与《汉印文字征补遗》12·4b的“赵稚嬃”名字含义也近似。“稚”就是“少”的意思，所以“稚嬃”也就是“少须”。古代“翁”有“年长”“年老”的意思，所以《汉印文字征》12·12b的“范翁嬃”和《汉印文字征》9·4b的“时翁须”中的“翁嬃”或“翁须”，

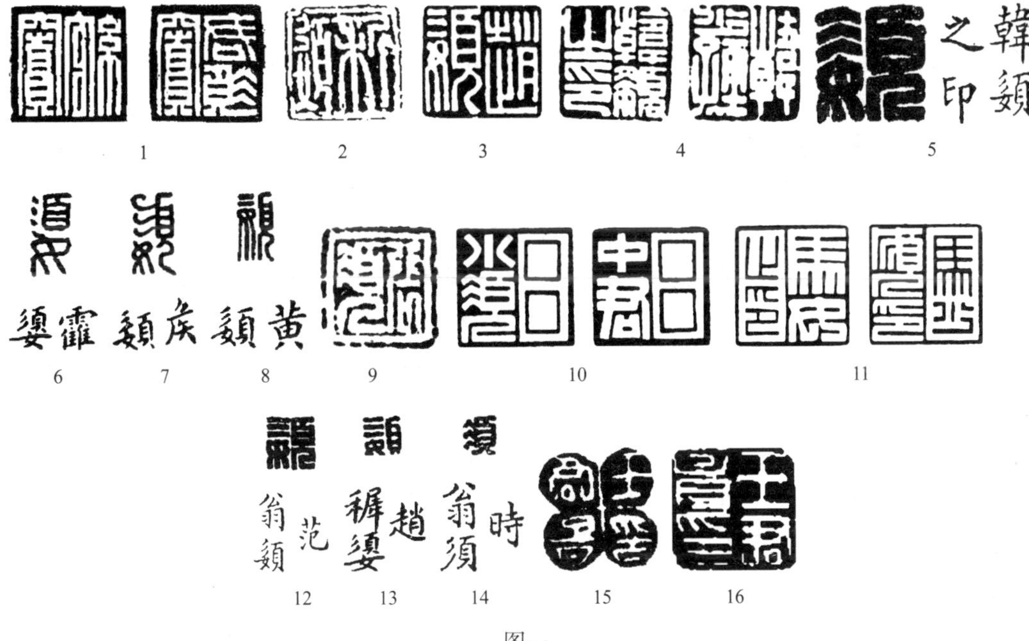

图一

是与“少须”相对的“长须”或“老须”的意思。

施谢捷先生曾指出汉印中所见的复姓“斫胥”或写作“斫须”。[23]上古音“须”在心纽侯部，“胥”在心纽鱼部，读音很近，所以《十钟山房印举》19·34和《汉铜印丛》9的“王君胥”中的“胥”也应该读为“须”，“王君胥”的“君胥”，就是窦绾印中“窦君须”的“君须”。

《论语》曾提到“樊须”，《居延新简》EPT51·16有戍卒“張须”，是男人也有名“须”者，因此上引印中以“须”为名字的人中肯定会有男性。但是其中有相当一部分，尤其是字做“媭”者，应该是女人名字是没有问题的。

二、娟　之

《列女传》卷六“齐威虞姬”条说：

> 虞姬者，名娟之，齐威王之姬也。威王即位，九年不治，委政大臣，诸侯并侵之。佞臣周破胡专权擅势，嫉贤妒能，即墨大夫贤，而日毁之，阿大夫不肖，反日誉之。虞姬谓王曰：“破胡，谗谀之臣也，不可不退。齐有北郭先生者，贤明有道，可置左右。”破胡闻之，乃恶虞姬曰：“其幼弱在于闾巷之时，尝与北郭先生通。”[24]

《列女传》传为汉代刘向所撰，在其记载的早期的历史故事中，往往会虚拟人物，造作故事。譬如在上引“齐威虞姬”条中，就讲了一个战国时期的故事。故事中名“娟之”的虞姬和名“周破胡”的佞臣就都是虚拟出来的人物。“周破胡”姓“周”名“破胡”，“破胡”乃“攻破匈奴”的意思，是汉代非常习见的人名。典籍中如《汉书》载昭帝时有水衡都尉“吕破胡”，《汉书·景武昭宣元成功臣年表》载有高丘哀侯“刘破胡”和梁其侯“任破胡”，居延新简中有“第十九燧长丁破胡”（EPT51·106）。汉印中也有不少名“破胡”者，如《陕西新出土古代玺印》1308的“赵破胡之印”（图二，1）《中国玺印集粹》11·1061的“王破胡”（图二,2），《十钟山房印举》14·10a的“梁破胡”（图二,3），《尊古斋金石集拓》336的“李破胡”（图二,4），《汉印文字征》9·12a的“儿破胡”（图二,5），《汉印文字征补遗》1·6b的“薛于破胡”（图二,6），《汉印文字征补遗》5·1a的“范破胡”（图二，7）等，由此可见《列女传》中“周破胡”这个人物不光是虚拟出来的，其名字也是借用了汉代流行的名字。从“周破胡”的“破胡”是汉代常见的人名这一点出发，我们认为虞姬的名字“娟之”也有可能是汉代常见的一个人名，并由此推测“娟之”的“娟”应该是“捐”字之误。从汉代的用字习惯看，“娟”不大可能是“捐”的通假字或异文。“娟”“捐”皆从“肙”声，“娟”讹为“捐”既有可能是音讹，也有可能因为“虞姬”是美人的代表，“娟”意为美好秀丽，正好迎合了名字的主人为美女这一点，因此或将“捐”字改成了“娟”。

“捐之”是汉代一个多见的人名。《汉书》有《贾捐之传》，这个贾捐之是贾谊的曾孙，元帝时曾任待诏，就是以“捐之”为名的[25]。汉简中有不少以“捐之”为名的，如仅肩水金关汉简中就有“田捐之”（73EJT26·73）、“吴捐之”（73EJT37·6）、“狄捐之”（73EJT31·33）、“宋捐之”（73EJT37·1059）、“徐捐之”（73EJT9·137）、“张捐之”（73EJT37·757）、“郷捐之”（73EJH1·78）等，[26]居延新简中有“赵捐之”（EPT50·4）。汉印中也有不少名“捐之”的，如《伏庐藏印》103的“霍捐之”（图二，8），《古鉨印精品集成》545的“张捐之印”（图二，9），《乐只室古玺印存》48的“张捐之印”（图二，10），《铜鼓书堂藏印》利部41的“史捐之”（图二，11），《十六金符斋印存》134的“扈捐之·臣捐之”（图二，12），《中国历史博物馆藏法书大观·第四卷玺印篆刻》150的“曼

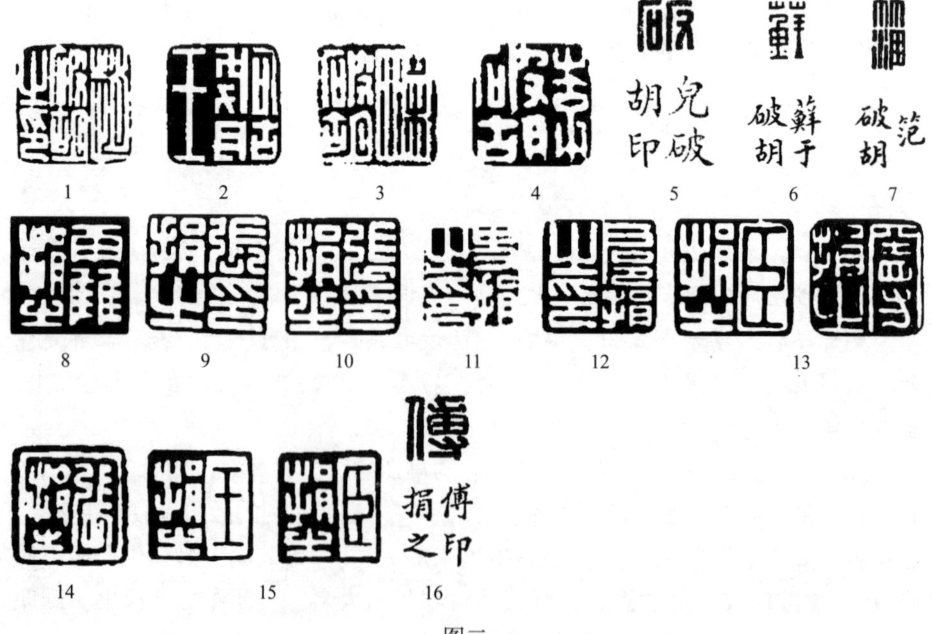

图二

捐之”（图二，13），《乐只室古玺印存》2的“张捐之”（图二，14），《王氏集古印谱》3·38的“王捐之·臣捐之”（图二，15），《汉印文字征》8·4a的“傅捐之”（图二，16）等。

“捐之”的“捐”是舍弃的意思，“捐之”犹言“弃之”“释之”“赦之”“舍之”“置之”“措之”。“舍”“释”“置”“措”都有“舍弃”的意思。《汉书·景武昭宣元成功臣年表》载有“新市侯王弃之”，就是以“弃之”为名的人。《汉书》载以“释之”为名的人有吕后的次兄建成侯“吕释之”，文帝时廷尉“张释之”，《高惠高后文功臣年表》有张节侯“毛释之”，《蒯通传》有“陈释之”。汉简中人名有名“释之”的，如肩水金关汉简有“郭释之”（73EJT29·113）。[27]汉印中也有以“释之”“赦之”“舍之”“置之”“措之”为名的人，其中名“释之”的人最多。“释之”之名也见于战国古玺和秦印，可见这个名字流行的时间很长。“释之”的“释”字或借“择”“泽”“绎”“斁”“萚”等字为之，如《浙江省博物馆典藏大系：方寸乾坤》046的“郾斁（释）之”（图三，1），《赫连泉馆古印存》092的“事（史）释之”（图三，2），《玺印集林》35的“孙绎（释）之”（图三，3），《秦代印风》173的“李泽（释）之”（图三，4），《古玉印集存》345的“周泽（释）之”（图三，5），《故宫历代铜印特展图录》048的“成择（释）之”（图三，6），《伏庐藏印》103的“孟择（释）之”（图三，7），《汉铜印原》120的“张释之”（图三，8），《古印精粹》340的“徐泽（释）之印”（图三，9），《玺印集林》212的“陈燮·陈泽（释）之”（图三，10），《吉林大学藏古玺印选》316的“王泽（释）之印·臣泽（释）之”（图三，11），《续齐鲁古印捃》161的“王泽（释）之·日利”（图三，12），《柿叶斋两汉印萃》81的“戴萚（释）之”（图三，13）等。最后一例“戴萚（释）之”的“萚”字写得有些怪异，怀疑其所从的“睪”旁是倒写的，与图11“臣释之”中倒写的“泽”字所从的“睪”旁写法颇为接近，可以比较。

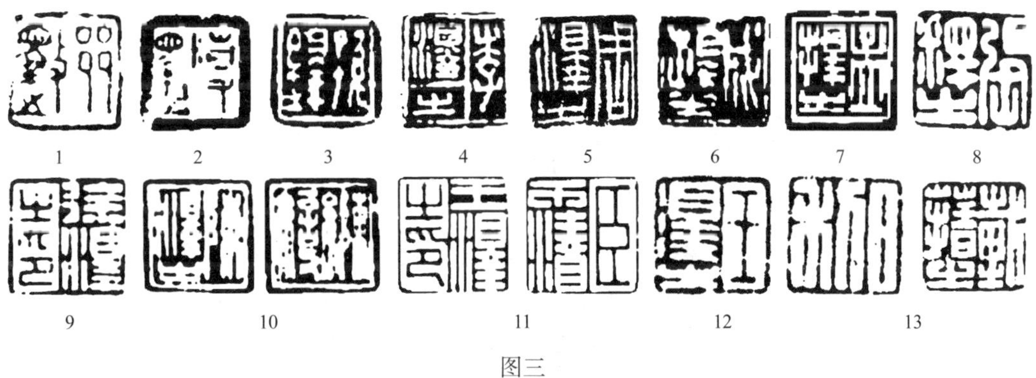

图三

其次是名“赦之”和“舍之”的，居延新简有“察微隧长卑赦之”（EPT51·77），戍卒“赵赦之”（EPT50·4），止害隧长“赦之”（EPT51·234），“隧长杨赦之”（EPT52·43），“吞远隧长赦之”（EPT52·156），“居延甲渠候长季赦之”（EPT52·507），“史赦之”（EPT56·323），“东郭赦之”（EPT50·84，此即EPT52·156的“吞远隧长赦之”），居延旧简有“尉史赦之”（33·10，又见于259·7），“不侵守候长成赦之”（58·11），“氐池骑士千秋里王赦之”（560·19），“佐赦之”（43·12A），“张赦之”

（217·15＋217·19）。《敦煌汉简》有“公乘闵赦之”（2083）。汉印中名“赦之”的也很多，如《鹤庐印存》262的“公孙赦（赦）之”（图四，1），《十钟山房印举》17·15a的“卢赦之”（图四，2），《王氏集古印谱》6·14的“获赦之”（图四，3），《吉金斋古铜印谱》171的“资赦之印·孙资私印”（图四，4），《汉印文字征补遗》3·6a的“太叔赦之·太叔长子”（图四，5）。秦汉印中还有名“舍之”“置之”和“错（措）之”的，如《香港中文大学文物馆藏玺印续集一》56的“荆（邢）舍之”（图四，6），《续封泥考略》6·30b的“方生舍之”（图四，7），《匋斋藏印》第三集的“公孙舍之”（图四，8），《续齐鲁古印攈》186的“轧舍之·臣舍之”（图四，9），《玺印集林》220的“韩置之·臣置之”（图四，10）和《汉印文字征》6·13b的“南错（措）之”（图四，11）等。

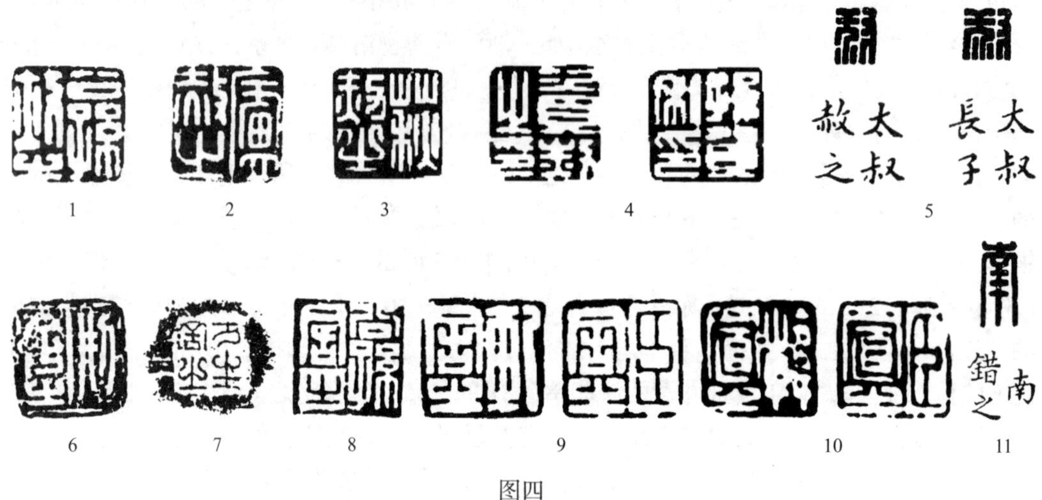

图四

战国秦汉时期如此多地用“舍弃”一类意思的字来作为人的名字，是一件非常有意思的事情。

三、黑　　要

《左传·成公二年》有一段说：

> 楚之讨陈夏氏也，庄王欲纳夏姬。申公巫臣曰：“不可。君召诸侯，以讨罪也；今纳夏姬，贪其色也。贪色为淫。淫为大罚。《周书》曰：‘明德慎罚’，文王所以造周也。明德，务崇之之谓也；慎罚，务去之之谓也。若兴诸侯，以取大罚，非慎之也。君其图之！”王乃止。子反欲取之，巫臣曰：“是不祥人也。是夭子蛮，杀御叔，弑灵侯，戮夏南，出孔、仪，丧陈国，何不祥如是？人生实难，其有不获死乎！天下多美妇人，何必是？”子反乃止。王以予连尹襄老。襄老死于邲，不获其尸，其子黑要烝焉。[28]

文中提到了襄老的儿子“黑要”。“黑要”这个名字很特殊，如果按照春秋时期的起名习惯和秦汉玺印中人名的起名特点，我们可以推测“黑要”的“要”应该读为“腰”。

施谢捷先生在《释楚器中的人名“赤目”“墨膂”》一文中，就已将“黑要”的“要”读为“腰”，这是非常正确的。[29]“要”即“腰”的本字，早期典籍中“腰”写作“要”的例子不少，出土简帛中“要”通作“腰”的例子更是比比皆是。“黑要（腰）”与春秋时期周桓公“黑肩”、晋成公“黑臀”、卫公子“黑背”、鲁成公“黑肱”起名的理据完全相同，推测都是以身体的某一部分有黑色胎记这一特征来命名的。

古人常常违反《左传·桓公六年》起名“不以隐疾”的原则，经常有以身体某一部位的特征来起名字的例子。上引施谢捷先生《释楚器中的人名“赤目”“墨膂”》一文曾举楚屈子篮中的“赤目”、析君墨膂之部（造）戟中的“墨膂”、《左传·桓公六年》的“公子黔牟（眸）”、《汉印文字征补遗》7·1a的“晋黑子”为例，其所言极是。“墨膂”的“膂”，后有学者改释为“肩”，[30]因此“墨膂”也就是周桓公“黑肩”的“黑肩”。“黑子”指痣，敦煌汉简681有“敦煌寿王里田仪，年廿八岁，长六尺五寸，青白色，右颊有黑子”的记载，正可以与《汉印文字征补遗》中的“晋黑子”一名相对照。

春秋时期这一起名习惯中的“黑”字，到了秦汉时期，基本都变成了用“青”字来表示。因为“青”在古代就经常用为黑色的意思。汉简人名中有不少是“青+身体部位”的形式，如肩水金关汉简中有“任青肩”（73EJT24·309），“张青首”（73EJT11·4），“仁青跗”（73EJT8·7），“惠青辟（臂）”（73EJT33·40A），“陈青辟（臂）”（73EJT23·320），[31]敦煌汉简有“邮人青辟（臂）”（1248），居延旧简有“青辟（臂）”（62·32），“卅八隧长韩青背”（184·15），“武成隧卒孙青肩”（203·7）等。秦汉印中有《珍秦斋古印展》045的“青肩”（图五，1），《戎壹轩秦印汇》473的“青肩”（图五，2），《天津市艺术博物馆藏古玺印选》98的“谢青肩印”（图五，3），《澄秋馆印存》115的“田长宾印·田青肩印”（图五，4），《浙江省博物馆典藏大系：方寸乾坤》85的“青肩”（图五，5），《古鉨印精品集成》334的“张青肩印”（图五，6），《古鉨印精品集成》435的“田青肩印”（图五，7），《汉铜印丛》23的“臣青肩”（图五，8），《金石千秋——故宫博物院藏二十二家捐献印章》121的“王青肩”（图五，9），《柿叶斋两汉印萃》80的“薛青肩·臣青肩”（图五，10），《十钟山房印举》17·40a的“郑青肩”（图五，11），《续百家姓印谱》03的“放青辟（臂）”（图五，12），《玺印集林》142的“苏青臂印”（图五，13），《古玺汉印集萃》437的“芮青臂印”（图五，14），《汉铜印丛》84的“董（董）青辟（臂）”（图五，15），《秦汉印统》4·11b的“高青辟（臂）”（图五，16），《十钟山房印举》14·20 b的“田宾私印·田青臂印”（图五，17），《陕西新出土古代玺印》0942的“王青臂印”（图五，18），《十钟山房印举》17·30b的“任青辟（臂）”（图五，19），《柿叶斋两汉印萃》74的“苏青辟（臂）印”（图五，20），《汉印文字征》2·3b的“犁青辟（臂）”（图五，21），《铜鼓书堂藏印》177的“虞青弓（肱）印”（图五，22），《二十世纪出土玺印集成》234的“杜青弓（肱）印”（图五，23），《汉铜印丛》77的“张青弓（肱）”（图五，24），《秦汉印统》6·11a的“李青弓（肱）印”（图五，25），《秦汉印统》6·36a的“尹青弓（肱）印”（图五，26），《汉铜印丛》09的“张青首印”（图五，27），《秦汉印统》4·01b的“燕青首”（图五，28），《秦汉印统》4·37b的“张青首印”（图五，29），《汉印文字征》9·3b的“黄青首”（图五，30），《戎壹轩秦印汇》472的“青北（背）”（图五，31），《铜鼓书堂藏印》122的“张青北（背）”（图五，32），《铜鼓书堂藏印》179的“家青跗印”（图五，33），《中国玺印篆刻全集》2玺印下101的“郭青拳”（图五，34），《秦汉印统》3·11a的“亲（辛）青夬”（图五，35），《十钟山房印举》14·08 b的“钟青决·苏猜（青）决”（图五，36）等。

图五

其中“青弓”一名中的“弓”，魏宜辉先生读为“肱”。[32]“弓”“肱”古音皆在见纽蒸部，相通没有问题。从春秋鲁成公名“黑肱”看，将“青弓”读为“青肱”也很合适。《秦汉印统》3·11a的“亲（辛）青夬”和《十钟山房印举》14·08 b的“钟青决·苏猜（青）决”中的“青夬”和“青决”，“夬”和“决”记录的是同一个词应该没有问题，但具体读为什么，还不能肯定。

注　释

[1]（汉）许慎撰，（宋）徐铉校定：《说文解字》，中华书局，2013年，第260页。

[2] （宋）洪兴祖：《楚辞补注》，中华书局，1983年，第18页。

[3] （宋）丁度等编：《集韵》，上海古籍出版社，1985年，第79页。

[4] （明）梅膺祚：《字汇》，《续修四库全书》（232册），上海古籍出版社，2002年，第510页。

[5] 高亨：《周易大传今注》，齐鲁书社，2009年，第391页。

[6] （汉）许慎撰，（清）段玉裁注：《说文解字注》，上海古籍出版社，1981年，第624页。

[7] （清）俞正燮：《癸巳类稿》，辽宁教育出版社，2001年，第214页。

[8] 章炳麟：《章太炎全集·新方言》，上海人民出版社，2004年，第94页。

[9] 文中"《尔雅》"当为《广雅》，文见于《广雅》卷九《释天》。

[10] （汉）司马迁撰，（宋）裴骃集解，（唐）司马贞索隐，（唐）张守节正义：《史记》，中华书局，1959年，第1311页。

[11] （清）王先谦撰，沈啸寰、王星贤点校：《荀子集解》，中华书局，1988年，第375页。

[12] （清）王念孙撰，徐炜君等点校：《读书杂志》，上海古籍出版社，2015年，第1950页。

[13] 同[1]，第148页。

[14] 同[12]，第365页。

[15] （清）孙希旦撰，沈啸寰、王星贤点校：《礼记集解》，中华书局，1989年，第1276、1277页。

[16] （晋）郭璞注，（宋）邢昺疏：《尔雅注疏》，北京大学出版社，1999年，第112页。

[17] （清）郭庆藩撰，王孝鱼点校：《庄子集释》，中华书局，1961年，第288、289页。

[18] 同[15]，第834页。

[19] （清）陈奂：《诗毛氏传疏》，清道光二十七年（1847年）刻本。

[20] 典籍载早期以"媛"为名字的女性有：《汉书·哀帝纪》中名"冯媛"的中山孝王太后，《后汉书·列女传》中字"媛姜"的赵氏之女，《晋书·后妃列传》中字"媛容"的景怀夏侯皇后，（清）汤球辑《九家旧晋书缉本》中名"媛姬"的怀王皇太后，（刘宋）刘道荟《晋起居注》中名"刘媛"的采女等。

[21] （汉）班固撰，（唐）颜师古注：《汉书》，中华书局，1962年，第2760、2761页。

[22] 中国社会科学院考古研究所、河北省文物管理处：《满城汉墓发掘报告》（上册），文物出版社，1980年，275页。

[23] 施谢捷：《汉印文字校读札记（十五则）》，《中国文字学报》（第二辑），商务印书馆，2008年，第75页。

[24] （汉）刘向编：《古列女传》，中华书局，1985年，第169、170页。

[25] （汉）班固撰，（唐）颜师古注：《汉书》，中华书局，1962年，第2830页。

[26] 沈思聪：《肩水金关汉简人名索引与释文校订》，复旦大学2018年硕士学位论文，第4页。

[27] 同[26]。

[28] 杨伯峻：《春秋左传注》（修订本），中华书局，2009年，第803、804页。

[29] 施谢捷：《释楚器中的人名"赤目""墨脋"》，《江汉考古》1995年第4期，第56~59页。

[30] 宋华强：《新蔡葛陵楚简初探》，武汉大学出版社，2010年，第316、317页。

[31] 沈思聪：《肩水金关汉简人名索引与释文校订》，复旦大学2018年硕士学位论文，第4页。

[32] 见魏宜辉自编资料《玺印释文》。

参考书目

（明）罗王常辑：《秦汉印统》，明万历三十六年（1608年）重印本。
（明）王延年：《王氏集古印谱》，明万历三年（1575年）印本。
（清）陈宝琛：《澄秋馆印存》，上海书店出版社，1988年。
（清）陈汉第：《伏庐藏印》，上海书店出版社，1987年。
（清）陈介祺：《十钟山房印举》，北京市中国书店，1985年。
（清）顾荣木：《鹤庐印存》，荣宝斋出版社，1998年。
（清）郭裕之：《续齐鲁古印攈》，上海书店出版社，1989年。
（清）何昆玉：《吉金斋古铜印谱》，上海书店出版社，1989年。
（清）汪启淑：《汉铜印原》，西泠印社，1996年。
（清）汪启淑集印，徐敦德释文：《汉铜印丛》，西泠印社，1998年。
（清）吴大澂：《十六金符斋印存》，上海书店出版社，1989年。
（清）吴大澂编辑、胡琦峻增补：《续百家姓印谱》，中国物资出版社，1998年。
（清）郑本茂：《柿叶斋两汉印萃》，山东美术出版社，2011年。
〔日〕菅原石庐：《中国玺印集粹》，二玄社，1996年。
戴山青：《古玺汉印集萃》，广西美术出版社，2001年。
方斌、郭玉海：《金石千秋——故宫博物院藏二十二家捐献印章》，紫禁城出版社，2007年。
伏海翔：《陕西新出土古代玺印》，上海书店出版社，2005年。
高络园：《乐只室古玺印存》，上海书店出版社，1999年。
韩天衡、孙慰祖：《古玉印集存》，上海书店出版社，2002年。
黄濬：《尊古斋金石集拓》，上海古籍出版社，1990年。
吉林大学历史系文物陈列室：《吉林大学藏古玺印选》，文物出版社，1987年。
李东琬：《天津市艺术博物馆藏古玺印选》，文物出版社，1997年。
林树臣：《玺印集林》，上海书店出版社，1991年。
刘家琳：《中国历史博物馆藏法书大观·第四卷玺印篆刻》，〔日〕柳原书店1999年。
罗福颐：《汉印文字征》，文物出版社，1978年。
罗福颐：《汉印文字征补遗》，文物出版社，1982年。
罗振玉：《赫连泉馆古印存》，上海书店出版社，1998年。
骆坚群：《浙江省博物馆典藏大系：方寸乾坤》，浙江古籍出版社，2009年。
施谢捷：《虚无有斋摹辑汉印》，日本艺文书院，2014年。
台北“故宫博物院”编辑委员会：《故宫历代铜印特展图录》，台北“故宫博物院”，1987年。
《匋斋藏印》（四集），上海望平街有正书局、北京厂西门有正书局印行，1911年。
《铜鼓书堂藏印》（四册），（清）嘉庆四年（1799年）钤印本。
王仁聪：《香港中文大学文物馆藏玺印续集一》，香港中文大学出版社，1996年。
魏广君：《古印精粹》，河南美术出版社，1994年。

萧春源:《珍秦斋古印展》，澳门市政厅，1993 年。
许雄志:《秦代印风》，重庆出版社，1999 年。
张小东:《戎壹轩秦印汇》，北京文雅堂，2015 年。
周明泰:《续封泥考略》，京华书局，1928 年。
周晓陆:《二十世纪出土玺印集成》，中华书局，2010 年。
庄新兴、茅子良:《中国玺印篆刻全集·2 玺印下》，上海书画出版社，1999 年。
庄新兴:《古鉨印精品集成》，上海古籍出版社，1998 年。

近现代考古：考古学年代下限的变迁

高蒙河

（复旦大学文博系）

中国考古学研究的年代下限问题，学界曾经在2003年有过一次专题讨论。会上，大家提出了各种各样的观点：建议以辛亥革命或五四运动为下限者有之，认为可以到新中国成立之前、甚至文革时期者也不乏见[1]。

尽管这些讨论当时并没有在业内形成普遍的认同，但有一点是可以肯定的，那就是考古学研究的年代下限已引起了大家的关注，乃至成为了学术性的专业论题。同样重要的是，在考古实践过程中，越来越多的以往不在资料收集范畴里的清代甚至近现代的遗存，成为了野外调查和发掘的对象。

笔者就职于高校，考古课上下，也不乏学生提问考古学研究的下限问题。我在与学生沟通时，常常把我的思考与他们交流，认为这个问题先后经历了三个认识和实践阶段，并反映了中国考古观的变化历程。

一、长期以明代为下限

众所周知，1986年出版的《中国大百科全书·考古卷》上明确地写道："考古学是历史学科的组成部分。但其研究的范围是古代，所以它与近代史、现代史是无关的。……一般说来，中国考古学的年代下限可以定在明朝的灭亡（1644年）。[2]" 正是由于这样的考古止于明代的认识和做法，该书有关考古年代下限的内涵也定为"宋元明考古"，遗址、墓葬、石窟寺、碑刻、古建筑等各种遗存栏目中的词条，也都是到明代为止。

无独有偶，2001年有关部门评选中国20世纪的一百个考古大发现，按时代顺序排下来，位列最后第100名的便是北京明代万历皇帝定陵的考古成果[3]。凡此，这种以明代为终点的考古学年代下限的定位，反映了20世纪我国考古学发展进程中的学术理念，影响至深[4]。

长期以来，中国考古学发现和研究的时间下限不但到明代结束，甚至在大学讲授的各段考古学，基本上是到宋元时代就截止了。"中国考古学研究的年代下限，早已进入宋元，从秦汉到宋元并已取得了十分客观的成果。[5]" 截止于20世纪末，中国每年数以百计地出版的考古报告，除少数明代考古以外，实难见到清代及其以后时代考古为发现和研究对象的重要专题成果，专职从事清代及其以后时代考古的从业人员几乎为零，一直没有也不可能形成与其他各段考古相均衡的考古业态。

换言之，中国考古学重史前、认汉唐，忽视明清的做法，是学科发展过程的时代局限性造成的。其中，既有国际方面的原因，也有国内方面的原因。

就国际方面的原因来说，《中国大百科全书·考古卷》把下限定在明代，当时是参照了其他国家考古学的年代下限的，“例如，英国考古学的年代下限为诺曼人的入侵（1066年），法国考古学的年代下限为加洛林王朝的覆灭（987年），美洲各国考古学的年代下限为C. 哥伦布发现新大陆（1492年）。”从国内方面的原因来看，该书开篇上说考古学的任务是根据古代人类遗存以研究人类古代社会的历史。“考古学所研究的‘古代’，除了史前时代以外，还应该包括原史时代和历史时代。就中国考古学而言，历史时代不仅指商代和周代，而且还包括秦汉及其以后各代。”从这段话中不难看出，清代应该是被计入了“历史时代”范畴的，但又被剔除出了考古学的范畴。我还记得20世纪80年代在大学时，也曾与师友们讨教过为什么把明代设定为考古学研究下限的问题。当时，大家的看法大多倾向于从历史研究角度来说，明代以后存世的历史文献汗牛充栋，不需要那么多的考古发现来研究或者复原历史。

二、近期以清代为下限

没有清代考古的提法和意识，不等于20世纪中国数以千计的考古工作中没有发现、收集甚至研究过清代遗存。稍有考古常识的人都知道，晚期的地层是叠压在早期的地层之上的，清代遗存最接近现代地表，往往在它下面才会有其他朝代的遗存。考古时，先要把清代遗存清理掉，才能发现比清代早的遗存。近年，有东北同行在结合实践回顾有关清代考古历史的时候，也曾说过：“在以往的调查中，常常能在一些辽金遗址上采集到清代青花瓷片及铜钱。但由于清朝距离现在太近，文化遗存不受重视，考古工作很少。目前主要对一些墓葬进行了正式的考古发掘。[6]”

在考古实践中遇到清代遗存怎么办？我自己也亲身经历挖与不挖的困惑。那就是20前在三峡考古中，我们曾经收集过一些清代遗存，并在一次库区考古汇报会上作过一些介绍，但遭到的吐槽也不少，戏谑我“是不是没什么可挖的了”的同行不乏其人。倒是莅会的三峡库区文物保护规划领导小组组长俞伟超先生对清代遗存所蕴涵的考古信息，持肯定态度，并要求各个考古队不能放弃对清代遗存的清理，打那以后，情况逐渐得到好转，包括我们在内的一些考古队也把所发掘的清代遗存写进了考古报告[7]。

实际上，清代考古遗存的考古实践，早在三峡考古之前既已开始，一些早期做的工作至少可以追溯到1990年前后[8]。进入新世纪以来，仅从笔者下面撮举的一些比较重要的考古实践成果来看，清代考古出现了逐渐增多的趋势，既有野外发现，也有水下成果，到了近年乃至成为了考古新常态，在发现基础上的研究以及保护利用成果，也开始不断进入我们的视野。

1999年，成都发掘了可将明、清、民国乃至现当代都连接起来水井街酒坊遗址，揭示出一个延续五六百年未间断生产的完整发展脉络[9]，被评为1999年度全国十大考古新发现，也意味着清代考古逐渐进入考古的工作范畴并取得认同。

2001年，陕西对大荔李氏家族墓地进行了大规模勘探与发掘，成为陕西省明清时期一项重要的考古发现，并由此将陕西省考古工作的下限由过去的元代延伸到清代。同年，配合圆明园遗址公园规划，北京对圆明园长春园含经堂遗址进行发掘。这两次发掘的主要成果都很快结集出版，成为了中国考古史上的最早的大型清代考古专题报告[10]。

2002年，江西在进贤县李渡镇发掘了始于元代，历经明、清，连续不断发展至今的烧酒作坊遗址[11]。

2004年，江西发掘了景德镇珠山明、清御窑遗址；同年，四川发掘了绵竹剑南春清代至民国酒坊遗址[12]。

2005年，湖北发掘了武当山遇真宫遗址，考古出土了大量明清时期考古遗存；同年，江苏清理了苏州虎丘观音殿清代同治年间的建筑遗址[13]。

2006年，江苏清理了包括清代遗存在内的陕西会馆建筑遗址[14]。

2007年，江西发掘高安市华林造纸作坊遗址，清理出宋至清初的房址等遗存[15]。

2008年，湖北清理了包括清代墓葬在内的多个时代的遗存[16]。

2010年，河南发掘了荥阳后真村、官庄遗址，发现了包括清代墓葬、窖穴、水井等遗存在内的多个时期的文化遗存[17]。

2012年，辽宁发掘了沈阳汗王宫清代遗址，作为国家社会科学基金重大项目“盛京城考古与清代历史文化研究”的阶段性成果，为清代史研究提供了重要的资料[18]。

2016年，湖南对明末清初时期的桐木岭遗址进行了考古发掘，揭露了一批保存完整、规模宏大的炼锌及多金属冶炼遗迹，出土了一系列重要的冶炼遗物，再现了当时的冶炼场景。获评2016年度全国十大考古新发现[19]。

2017年，北京市文物局发布的年度7项重要考古发现中，清代遗存涉凡其中的5项[20]。

相对于田野考古而言，水下考古中开展清代遗存的实践可以早到20世纪中叶到70年代[21]。

1989年以来，福建沿海水下考古调查成果也发现了不少与清代相关的沉船遗址和水下文物地点。包括连江白礁二号遗址、平潭碗礁一号清代沉船遗址、平潭碗礁二号清代水下文物点、东山冬古湾明末清初沉船遗址以及南日岛北日岩三号水下文物点发现的清代铜钱等，其中还出版了《福建连江定海湾沉船考古》专题报告[22]。

2009年，浙江重点调查和试掘了清代道光年间的“小白礁Ⅰ号”清代沉船[23]。

2014年，辽宁对“丹东一号”清代沉船进行水下考古调查，根据考古实物资料，结合甲午海战档案、北洋海军舰船制造档案和海域当地的口述史料综合判定“丹东一号”沉船应为致远舰，成为考古学与海洋物探等现代科技相结合的成功案例，开启了中国水下考古对近代沉舰展开调查的新领域。所获考古调查资料为中国近代史、甲午海战和世界海军舰艇史的研究提供了十分珍贵的实物资料。被评为2015年度全国十大考古新发现[24]。

在清代考古实践不断发展的同时，清代考古的相关研究也逐渐得以开展[25]。如魏宏伟直接就考古学研究的年代下限问题，提出了新主张[26]。他通过我国对明代以后水下遗址的发掘，论证了中国考古学研究的年代下限的突破，提出清（鸦片战争之前）这一仍属于古代社会的时段已纳入考古学的视野。

有关清代考古的课题立项和研究近年也开始成为一个新趋势，并已经取得了一定的研究成果。如周必素等提出“土司考古”的课题，其中土司考古的时间范围不仅包括广泛推行土司制度的元明时期，向后则可延续到清至民国时期土司制度的残留阶段[27]。再如赵宾福等编撰的《吉林省地下文化遗产的考古发现与研究》成果中就专立《清代的地下文化遗产》一章。该成果的附录二《吉林省地下文化遗产统计表（1937～2012年）》中也在包括多座清代墓的考古调查统计表，辑录了近90个清代遗址。该书的作者还指出，从中可以发现，很多工作都是20世纪80、90年代就开始做了的[28]。

时隔近30年，与《中国大百科全书·考古卷》将考古年代下限止于明代不同，2014年出版的《中国考古学大辞典》专辟了“秦汉至元明清篇”，有关清代考古遗存的词条被大量收入[29]。

其中，遗址栏目中收入了玉溪窑遗址、漳州窑遗址、景德镇窑遗址、南旺分水枢纽遗址、古井贡酒酿造遗址、李渡烧酒作坊遗址、华林造纸作坊遗址、成都水井街酒坊遗址、圆明园含经堂遗址、永顺老司城遗址等，甚至一些沿用至今的近现代遗址，如醴陵窑遗址、泸州大曲老窖池遗址、五粮液老窖池遗址等也都一并收入。

墓葬栏目中收入了清永陵、清昭陵、清福陵、清东陵、清西陵、清代李氏家族墓地、阿巴和名麻扎墓等；古建筑栏目中收入了呈坎村古建筑群、故宫、北海及团城、颐和园、雍和宫、避暑山庄、须弥福寿之庙曲阜孔庙及孔府、留园、拙政园、扎什伦布寺、噶丹寺、普乐寺、普宁寺、普陀宗乘之寺、沈阳故宫、武侯祠等，甚至一些沿用至今的近现代建筑，如三坊七巷和朱紫坊建筑群等也都一并收入。

石窟寺及石刻栏目中收入了法华洞石窟、太平寺石窟、香泉寺石窟、蒲江石窟、大像山摩崖造像、龙拖湾摩崖造像、中岩寺摩崖造像、安岳石窟、雪水村摩崖造像、弹子石摩崖造像、马蹄寺石窟、仙人崖石窟等，甚至一些沿用至民国的石窟，如西沃石窟、翔龙山摩崖造像等也都一并收入。

凡此等等，在21世纪前后的几年里，清代考古的发现和研究已有渐成正果之象，有的还引起了国外学者的关注甚或参与[30]，成为中国考古观变化的阶段性也是标志性的事件，为历史时期考古的下限补齐了过去只到明代结束的短板，也为近现代考古的登场开辟了先河。

三、目前以近现代为下限

“考古学可分为多个学科分支。如根据其研究的物质遗存的时代特征，可分为旧石器时代考古、新石器时代考古、青铜时代考古、铁器时代考古、近代考古等。[31]”如果说清代考古正在或已经成为了一个考古学年代研究的概念范畴的话，那么随着考古实践和理念的发展，近现代考古在可预见的将来成为又一个考古学年代研究的新的概念范畴并借此扩大考古学的年代下限，已经愿景可期。

这里，先以上面撮举过的2002年江西发掘的自元代一直延续至今的李渡烧酒作坊遗址为例。以往的考古报告介绍地层时，对第1层常用“耕土层”或“近现代层”一带而过。但李渡烧酒作坊遗址考古，则详细做了介绍：“第1层，厚0.05～1.76米，开口于该层下并打破第2层的遗迹包括墙基F2、砖柱F1、砖池P1～P3，以及增建、修补并沿用的水井J1和圆形酒窖C7～C9。遗迹中出有近代清花瓷盘、碗、盅等。”另外还把第2层清代中晚期、第3层清代早期的遗迹和遗物情况也都做了翔实的介绍，用了专门的地层介绍近代地层，对近代遗迹酒窖也有专门的描述。“腰形、长方形酒窖在近代以后开始出现。其中，腰形酒窖是把两个圆形酒窖的地缸封闭后改造成，长2、宽0.78～0.94、深1.43米。长方形酒窖以砖砌，窖底涂泥，属于现代酒窖，长2.13、宽1.08、深1.48米。[32]”

对现代考古遗存进行的直接的实践或研究工作，也不乏实例[33]。如2011年，长春市文物保护研究所按照国家文物局相关规定，对日军一〇〇部队旧址建筑范围和15处建筑基址进行了考古勘探，获取了的第一手资料，并对每座建筑基址分别进行了详细的介绍，包括现代厂房建设时对原建筑的破坏情况等[34]。

黑龙江省在考古学年代下限后延的趋势中，也走出了自己的新路。众所周知，位于哈尔滨的侵华日军第七三一部队本部旧址是中国人民抗日战争和世界反法西斯战争的重要史迹之一，既具有实证日本法西斯侵略者反人类、反文明、反伦理的本质及其战时犯罪、战争责任和战后危害的历史价值，又具有重要国家纪念意义和爱国主义教育意义。因此，其先后成为全国重点文物保护单位并入选《中国世界文化遗产预备名单》，而与旧址相关的侵华日军第七三一部队罪证陈列馆也先后被列入国家级抗战纪念设施、遗址名录和国际二战博物馆协会会员单位等。

对于这类现代史上的重要遗址，按照过往的文物工作惯例，通常是遗产保护和博物馆展示方面发挥着比较多的作用，几无考古学的身影。但黑龙江文物考古研究所等单位却先后多次对这一遗址进行了调查、勘测、清理和发掘，走出了一条素以古遗址和古墓葬为主要对象的考古学参与现代遗址发掘之路，践行了近百年来已经和正在发生变化的中国考古观。

回顾这段以现代为时段的考古实践，黑龙江文物考古部门对侵华日军第七三一部队旧址的调查，实际上从20世纪80年代就开始了，21世纪以来的2000年和2008年先后进行过二次勘测以及清理。2013年起，为纪念抗战胜利70周年，该省考古研究所又按照考古工作规程的要求对旧址进行了更为全面的发掘，揭露了俗称“四方楼”的细菌实验室和特设监狱等七三一部队旧址中最为核心的要害部门遗存，出土了1000余件足以实证日本侵略者直接犯罪的实物证据。

对一处现代遗址，做一个虽有断续但时间跨度长达约30年的调查和考古过程，专业考古进入的程度不断得以强化，专业考古所发挥的作用得以不断提升，这反映出黑龙江省的考古求索已经超越了包括明清在内的历史时代范畴，进入到了现代遗址考古的新境界。据我所知，在田野工作后短短的两年时间他们已经编制完成了大型考古报告成果，并已付梓[35]。

行文至此，我们可以说，长期以来，清代和近现代考古研究明显滞后于日益增加的材料，尚没有取得与其他各段考古那样的斐然成果。所以现在对清代和近现代考古遗存进行阶段性梳理和研究不仅是必要的，也是可行的。

到了21世纪，伴随着清代考古工作的全面展开，涌现出大量的各种类型的遗存，积累了丰富的野外资料，有些材料填补了某些领域的空白，有些材料则印证了过去的学说，深化了我们的认识，也有一些材料对传统的认识产生了巨大的冲击，甚至还纠正了过去的错误看法，具有了刷新中国考古学传统，促进中国考古观变化，丰富考古学定义和范畴，参与考古学学科共建，改写中国考古学发现和研究的年代下限的实践论价值和认识论意义。

附记：本文得到全国优秀博士学位论文专项资金资助项目，课题批准号200515。

注　释

[1] 古研：《考古所举办考古学理论研讨会》，《中国社会科学院院报》2003年3月25日。

[2] 中国大百科全书出版社编辑部：《中国大百科全书·考古卷》，中国大百科全书出版社，1986年。

[3] 考古杂志社：《二十世纪中国百项考古大发现》，中国社会科学出版社，2002年。

[4] 巩文：《“中国20世纪100项考古大发现”评选活动纪实》，《考古》2001年第4期。

[5] 张忠培：《中国考古学的昨天、今天和明天》，《中国考古学的跨世纪反思》，商务印书馆，1999年。

[6] 赵宾福等：《清代的地下文化遗产》，《吉林省地下文化遗产的考古发现与研究》（下），科学出版社，2017年。

[7] 重庆市博物馆、复旦大学文博系：《万州麻柳沱遗址发掘报告》，《重庆库区考古报告集（1998卷）》，科学出版社，2003年。重庆市文物局等：《万州下中村遗址》，科学出版社，2017年。

[8] 刘红宇：《长春市区清末民国初年遗迹调查述要》，《长春文物》1987年第1期。长春市文物管理委员会办公室等：《长春市新立城清代长春厅遗址发掘报告》，《长春文物》1994年第8期。

[9] 陈剑、李明斌等：《四川成都水井街酒坊遗址发掘简报》，《文物》2000年第3期。

[10] 陕西省考古研究所：《大荔李氏家族墓地》，三秦出版社，2003年。田亚岐：《一次难以忘怀的考古发掘——陕西大荔李氏家族墓地》，《中国文物报》2012年6月22日。北京市文物考古研究所：《圆明园长春园含经堂遗址发掘报告》，文物出版社，2006年。

[11] 江西省文物考古研究所：《江西进贤县李渡烧酒作坊遗址的发掘》，《考古》2003年第7期。

[12] 北京大学考古文博学院等：《江西景德镇市明清御窑遗址2004年的发掘》，《考古》2005年第7期。四川省文物考古研究院等：《2004年绵竹剑南春酒坊遗址发掘简报》，《四川文物》2007年第2期。

[13] 湖北省文物局等编著：《武当山遇真宫遗址》，科学出版社，2017年。王霞、周官清：《虎丘观音殿建筑遗址发掘简报》，《苏州文物考古新发现》，古吴轩出版社，2007年。

[14] 王霞、周官清：《陕西会馆建筑遗址考古发掘报告》，《苏州文物考古新发现》，古吴轩出版社，

2007 年。

[15] 江西省文物考古研究所：《江西高安市华林造纸作坊遗址发掘简报》，《考古》2010 年第 8 期。

[16] 湖北省文物局等：《武当山柳树沟墓群》，科学出版社，2015 年。

[17] 河南省文物局等：《荥阳官庄遗址》，科学出版社，2015 年。河南省文物局：《荥阳后真村》，科学出版社，2018 年。

[18] 李树义、赵晓刚：《沈阳“汗王宫”遗址的考古发现与研究》，《沈阳故宫博物院院刊》（第十三辑），2013 年。沈阳市文物考古研究所：《辽宁沈阳汗王宫遗址发掘简报》，《文物》2018 年第 2 期。

[19] 湖南省文物考古研究所等：《湖南桂阳县桐木岭矿冶遗址发掘简报》，《考古》2018 年第 6 期。

[20] 李瑞：《2017 年北京市地下文物保护成果发布》，《中国文物报》2017 年 12 月 15 日。

[21] 吴春明：《环中国海沉船》，江西高校出版社，2003 年。赵嘉斌、吴春明：《福建连江定海湾沉船考古》，科学出版社，2011 年。

[22] 国家文物局水下文化遗产保护中心等：《福建沿海水下考古调查报告（1989 ~ 2010）》，文物出版社，2017 年。

[23] 宁波市文物考古研究所等：《浙江象山县“小白礁Ⅰ号”清代沉船 2012 年发掘简报》，《考古》2015 年第 6 期。

[24] 国家文物局水下文化遗产保护中心等：《辽宁“丹东一号”清代沉船》，《考古》2016 年第 7 期。

[25] 曹金萍：《重视明清考古：学科发展的趋势》，《中国社会科学报》2013 年 1 月 31 日。马悦婷、岳升阳等：《圆明园宫门区古环境研究》《华夏考古》2018 年第 2 期。

[26] 魏宏伟：《试谈水下考古对我国考古学研究年代下限的突破》，中国第八届科技考古学术讨论会，2006 年。

[27] 周必素等：《贵州遵义播州杨氏土司遗存的发现与研究》，《考古》2015 年第 11 期。

[28] 赵宾福等：《吉林省地下文化遗产的考古发现与研究》，科学出版社，2017 年。

[29] 王巍：《中国考古学大辞典》，上海辞书出版社，2014 年。

[30] 吉林大学考古学院王立新教授曾告诉笔者，2018 年 2 月 18 日，法国国立文化广播电台采访了法国国立科学院东亚文明研究所史宝琳（Pauline Sebillaud）博士，介绍了她 2017 年参加发掘的吉林省梨树县偏脸城清末教民墓地发现的 19 世纪末法国派往中国东北地区传教士 Déan 的考古成果。https://www.franceculture.fr/emissions/carbone-14-lagazine-de-larcheologie/explorer-la-chine-du-nord-est。

[31] 王巍：《考古学》，《中国考古学大辞典》，上海辞书出版社，2014 年。

[32] 江西省文物考古研究所：《江西进贤县李渡烧酒作坊遗址的发掘》，《考古》2003 年第 7 期。

[33] 长春市文物保护研究所：《长春市“一五”时期工业遗产调查报告》（内部资料），2009 年。王媛媛：《长春市近现代工业遗产调查与思考》，《长春文物》2012 年第 24 期。

[34] 长春市文物保护研究所：《日军一〇〇部队旧址考古勘探简报》，《长春文物》2012 年第 24 期。

[35] 黑龙江省文物考古研究所等：《侵华日军第七三一部队旧址——细菌实验室及特设监狱考古发掘报告》，科学出版社，2018 年。